2008
国民账户体系
System of National Accounts 2008

联合国、欧盟委员会、经济合作与发展组织、国际货币基金组织、世界银行/编
中国国家统计局国民经济核算司、中国人民大学国民经济核算研究所/译

European Commission

International Monetary Fund

U0892986

Organisation for Economic Co-operation and Development

United Nations

World Bank

中国统计出版社
China Statistics Press

图书在版编目（CIP）数据

2008年国民账户体系／联合国等编；中国国家统计局国民经济核算司，中国人民大学国民经济核算研究所译. —北京：中国统计出版社，2012.10

书名原文：System of National Accounts 2008

ISBN 978－7－5037－6726－5

Ⅰ.①2… Ⅱ.①联… ②中… ③中… Ⅲ.①国民经济计算体系－2008 Ⅳ.①F222.33

中国版本图书馆CIP数据核字（2012）第243734号

2008年国民账户体系

作　　者／联合国、欧盟委员会、经济合作与发展组织、国际货币基金组织、世界银行
译　　者／中国国家统计局国民经济核算司、中国人民大学国民经济核算研究所
责任编辑／徐　颖　尹　伊
封面设计／黄　晨
出版发行／中国统计出版社
通信地址／北京市西城区月坛南街75号　邮政编码／100826
办公地址／北京市丰台区西三环南路甲6号　邮政编码／100073
电　　话／邮购（010）63376909　书店（010）68783171
网　　址／http：//csp.stats.gov.cn
印　　刷／河北天普润印刷厂
经　　销／新华书店
开　　本／880mm×1230mm　1/16
字　　数／1330千字
印　　张／54.75
版　　别／2012年11月第1版
版　　次／2012年11月第1次印刷
印　　数／1—7000册
定　　价／298.00元

如有印装差错，由本社发行部调换。

前　言

《2008 年国民账户体系》是一个为决策、分析和研究提供一套全面、一致和灵活的宏观经济账户的统计框架。它是在联合国、欧洲联盟委员会、经济合作与发展组织、国际货币基金组织和世界银行集团的主持下制订和发布的。依照联合国统计委员会 2003 年所作任务规定，这五个组织共同负责对《1993 年国民账户体系》进行了更新，形成了《2008 年国民账户体系》。和早期的版本一样，《2008 年国民账户体系》反映了不断变化的用户需求、经济环境的新近发展和方法论研究领域的进展。

由这五个组织的代表组成的工作组负责管理和协调相关工作。世界各国的国家统计局和中央银行也作出了宝贵的贡献。专家小组对正在审查中的问题开展了研究。此外还成立了一个专家咨询小组，提供来自许多国家的专家意见。在更新工作期间，联合国统计司在其网站上张贴了相关建议和更新案文，供世界各国评论，从而实现了整个过程的完全透明化。

《2008 年国民账户体系》是针对所有国家使用的，其设计宗旨在于满足处于不同经济发展阶段的各个国家的需要。它还提供了一个其他经济统计领域的总体标准框架，以促进这些统计系统的整合，使其与国民账户保持一致。

联合国统计委员会在其第四十届会议上，一致通过了《2008 年国民账户体系》作为国民账户的国际统计标准。我们鼓励所有国家尽快在《2008 年国民账户体系》的基础上编制和报告其国民账户。

联合国
秘书长
潘基文

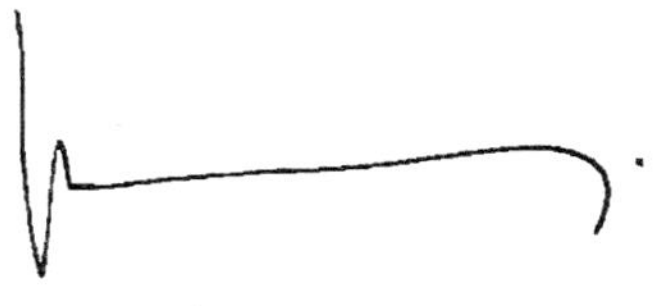

欧洲联盟委员会
主席
若泽·曼努埃尔·巴罗佐

经济合作与发展组织
秘书长
安赫尔·古里亚

国际货币基金组织
总裁
多米尼克·斯特劳斯－卡恩

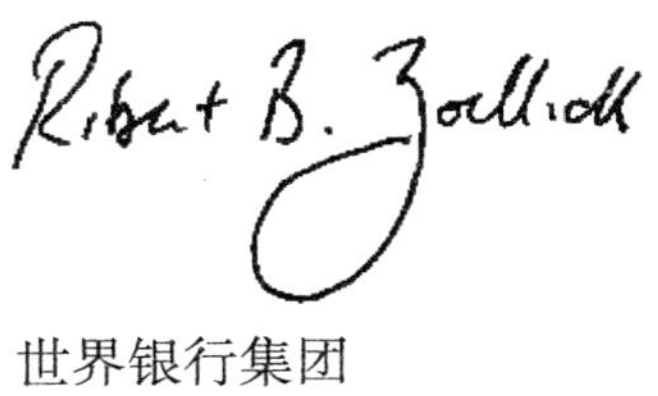

世界银行集团
行长
罗伯特·佐利克

译者说明

《2008 年国民账户体系（SNA）》（旧译“国民经济核算体系”）是《1993 年国民账户体系》的更新版本。经联合国正式授权，由中国国家统计局国民经济核算司与中国人民大学国民经济核算研究所联合组成翻译组，承担了 2008 年 SNA 的中文翻译工作。1993 年 SNA 曾有两个中文版本，一个是联合国出版的中文版本，另一个是由中国国家统计局翻译在国内出版的中文版本。2008 年 SNA 则只有一个中文版本，由国内中国统计出版社出版。以下将相关事项做一说明。

首先，关于本书的中文译名。联合国此前版本一直译为“国民账户体系”，而国内则从 1968 年 SNA 开始一直沿用“国民经济核算体系”的译法，并已得到广泛认同。此次中文版本遵照联合国相关机构的要求，将书名统一为“国民账户体系”，希望国内读者能够逐渐习惯这一变化。

其次，本书在关键性专业术语的处理上，绝大部分延续了 1993 年 SNA 的译法，以便于读者阅读使用，只对若干个词语做了适当修正，比如，将原来的“原始收入”改为“初始收入”。此外，2008 年 SNA 还出现了很多新的专门词语，译本均参照国内相关领域的习惯用法斟酌给出中文对译。有关词语的中英文对照，读者可参见书后的“索引表”。

最后，在翻译过程中还发现英文原版中若干处行文或词语错误，译本在确认其有误前提下做了更正，并在更正处做了注释，敬请读者注意。

2012 年 9 月

目　　录

表目录

图目录

序

A. 引言

《2008年国民账户体系》（SNA2008）是《1993年国民账户体系》（SNA1993）的更新版本。这是SNA的第五个版本，第一个版本出版于50多年前。2003年第33届大会上，统计委员会决定对SNA1993予以更新，以便使国民经济核算框架与数据用户的需要联系起来。更新的背景在于，自1990年代前期SNA1993发布以来，许多国家的经济环境发生了显著变化，而且，过去十余年间，针对该账户体系中一些比较困难的组成部分，相关的方法论研究在核算方法改进方面业已取得很多成果。根据该委员会的授权，SNA2008没有打算进行根本性或综合性变动，那样将会给那些依据早期版本实施国民经济核算的国家——其中包括SNA1968版本，仍然有若干个国家以此为其国民经济核算框架——如何顺利转型带来困难。进一步看，与相关统计手册——比如国际收支统计、政府财政统计、货币金融统计——保持一致，也是实施更新的一个重要原因。

SNA2008是在国民账户秘书处工作组（ISWGNA）的支持下完成的，该工作组由以下五个组织组成：欧盟委员会统计办公室（Eurostat）、国际货币基金组织（IMF）、经济合作与发展组织（OECD）、联合国统计司和联合国地区委员会、世界银行。SNA2008是由这五个组织联合发布的。

从实践目的出发，SNA2008分两卷向联合国统计委员会报告，第1卷包括前17章，第2卷包括后12章和4个附录。第1卷已在2008年2月26—29日纽约召开的联合国统计委员会第39届会议上原则通过（见注释1和2）。在其形成过程中，第1卷的内容已经过广泛的评论——评论期到2008年4月30日才截止，为此，联合国统计委员会向联合国经济与社会理事会建议，SNA2008应该作为新的编辑国民经济核算统计数据的国际标准使用。第2卷已在2009年2月24—27日纽约召开的联合国统计委员会第40届会议上通过，建议终止“第1卷”、“第2卷”的提法，SNA2008应作为一个统一的文献发布（见注释3）。

SNA2008从绪论和综述开始，然后给出核算规则、账户和表，最后进行综合。这些主题分别构成第1章至第17章（原来作为第1卷）的对象。第18章至第29章进一步就该套账户的各个方面做详细阐述，并提出一些可能的扩展，以便在一个宽泛的目标下提升该套账户的有用性。

本文献的完整的电子版本可以通过联合国统计司网站获取，从作为ISWGNA成员的其他组织的网站也可以链接到这个网址，同时还会以传统印刷方式出版。

为提高文本的可读性做出了很多努力，仿照早期版本的做法，也给出了一个贯通始终的数字案例，从网上可以下载该数字实例的电子数据表。该电子版中将包括对其他领域出版物的链接以及与外部出版物的链接。还将针对相关文献、数字实例增加跨期链接，对相关关键主题的重要研究进展予以更新。

B. 国民账户体系的新面貌

根据统计委员会的指示，SNA2008的新面貌在于，将那些近年来越来越重要的经济特征引入核算之中，对那些日益成为分析焦点的各种观点做详细阐述，澄清这一系列广泛主题在国民经济核算中的处理方法。这些新面貌涉及研究、实践经验、以及（如果必要）作为企业会计和公共核算的国际标准。然而，从 SNA1993 到 SNA2008，其间变化不如 1993 版本发布所体现的变化那么广泛。

新面貌主要包括以下五个方面：资产；金融部门；全球化及其相关问题；一般政府和公共部门；非正规部门。以下分别予以介绍。

资产

先前称之为“无形生产资产”的资产，现在采用“知识产权产品”这一更具说明性的提法，对其核算处理做了进一步澄清和扩展。许多此类资产——常常被冠之以“新经济”——都与这种或那种形式的知识产权的确立有关。

改进了数据库、原件与拷贝的处理方法。研究与开发支出开始作为资本形成处理。

重新审视了资产的一般定义，以便能够将有关资产的讨论纳入该框架之中。通过此番审视，完善了几处有关非生产性非金融资产的处理，包括有形资产（例如自然资源）和无形资产（合约、租约和许可，它们在特定情况下可以视为资产）。

在符合一般资产定义的武器系统上的支出，被重新归类为固定资本形成。

引入了资本服务这一分析性概念。对市场生产者，在附属表中给予了详细的展示，由此将近几十年在增长和生产率领域的研究进展纳入 SNA 之中，从而有助于满足许多用户的分析需求。

金融部门

更新了有关金融部门的建议，使其能够反映这一在许多经济中都显示出快速变化的领域的进展。特别地，SNA2008 对金融服务提供了一个更加综合的概括。

SNA1993 几年前曾做修改，以适应 1990 年代在金融衍生工具方面的进展。在 1999 年 5 月会议上，联合国统计委员会批准了关于金融衍生工具处理上的变化。其中两个最显著的变化是：金融资产的边界被扩展到包括金融衍生合约，无论其是否“交易”或交换；与利率掉期有关的流量被记录为金融交易而不是记录为利息流量。此外，引入了一些新的功能分类。

改进了非寿险服务的核算方法，以便适应那些会带来很大保险赔付的重大事件，提供更显真实的估计。详细解释了受损（不良）贷款的处理方法。

在 SNA1993 建议之实施经验基础上，改进了间接测算的金融中介服务（即所谓 FISIM）的计算方法。

金融领域的最大变化，是针对养老金权益记录方法给出了新的指导。无论该基金是否存在，SNA 都要识别雇主养老金计划的负债。关于政府提供的养老金，各国在具体处理上有一些灵活性，可以不同于核心表体系的规则。然而，进行养老金综合分析所需要的一套完整信息，应该基于一套新的标准表式提供，在此套表式中，要显示其负债及有关所有私人和公共养老金计划的其他流量，无论是否设立了基金，是否包括在社会保障中。

全球化及相关问题

澄清并详细解释了针对那些显示经济全球化特征的存量和流量的处理方法。

扩展了来自国外移民的汇款的处理方法，覆盖了那些更接近于经济实际的流量。

普遍采用了货物所有权变更原则，结果改变了送去加工（海外加工以及在国内加工）然后返回其所有者的货物的贸易记录方法。通过此类改变，转换了关注问题的焦点，不再关注货物的实物运动，而是关注产品所有者和加工者对经济的影响。通过这样处理，使其与国际金融交易（在全球化经济中越来越重要）的处理保持了一致。

为了识别在许多国家不断变化的生产和金融结构，针对由公司或政府创建的“特殊目的实体”——有时称为壳公司或铜牌公司——提供了有关指导，建议应将其作为机构单位处理，还为如何对其进行归类、其运行如何处理提出了建议。

一般政府和公共部门

为了开发关于政府的核算标准，澄清并改进了若干条原则。

澄清了政府和公共部门与经济体其他部门之间的界限。

澄清了关于公营公司支付的超级红利、对公共企业的注资等项目的处理方法。

为公私合伙企业的处理提供了框架，详细阐明了重组机构的处理方法。

为了改进对那些可能会显著影响到政府债务的项目的记录，澄清了对一般政府部门与有关公营公司之间的交易、以及通过证券化工具所完成的交易的核算方法。

澄清了几类贷款担保的核算方法，并在诸如出口信贷担保和学生贷款担保等标准化担保中引入了新的核算方法。

还有其他一些新特点，虽然不容易总结，但并非不重要。其中较为突出的变化有：澄清了附属单位和控股公司，引入了对雇员股票期权的核算，雇员股票期权在 1990 年代在某些国家开始广泛采用。

在既有的坚实框架之上，这些新特点有助于使 SNA 在一个经济和制度急剧变迁的时代具有意义。相应地，SNA2008 针对核算规则、账户与表式及其整合所提供的指导，与各国落实 SNA1993 的持续努力是相一致的。从这个意义上说，SNA1993 序言中指出的关于 SNA 的综合性、应用的广泛性等四点概括不仅仍然成立，而且在 SNA2008 版中得到了强化。

非正规部门

SNA2008 设置了一章来阐述如何测量在住户内部进行的非正规活动（即所谓非正规部门）和游离于正规统计测量之外的活动（即所谓未观测经济）有关的问题。

C. SNA 与其他统计体系

SNA 为国民经济核算提供了几乎全球普适的指导

SNA1993 最后阶段的工作适逢 1990 年代初期到中期那些前中央计划经济国家向市场经济转型之时。自彼时以来，SNA 在此类经济体中的适用性和稳健性已经被证明是经得起检验的。《欧洲核算体系 1995》的设计在定义、核算规则与分类等方面与 SNA1993 保持高度一致，其正处于修订中的新版本，将采纳为 SNA2008 所提出的已取得国际共识的建议和澄清。关于货物加工与国外工人汇款所提出的新核算方法，对于那些正在融入全球经济的发展中经济体尤为重要。此外，关于公私合伙以及非常住单位使用自然资源的核算方法所提出的新指南，在许多国家都可能具有重要的意义。

SNA 承认需要灵活应用

SNA1993 采纳了卫星账户的概念，由此在提高 SNA 灵活性的方向上迈出了一大步。进一步地，卫星账户有望继续为具有挑战性的测算（例如环境核算问题中的测算）提供有用的解决方案，赋予其更高的可信度。利用卫星账户来扩展相关国民经济核算账户、同时又不影响用于经济决策之中心框架的可比性，这一做法已经被用来开发和检验各种新的数据来源与方法。另外，SNA2008 还引入了“补充”项目与“补充”表。当 SNA 认为某些项目仅在某些国家才有意义或者仅具有某种分析意义、无法使一张表达到与中心系列账户相同的精度时，就会采用此类“补充”形式。

SNA 加强了国民账户体系在统计体系中的中心地位

SNA2008 使用的概念和分类与其他国际统计标准和手册是协调一致的，其协调程度比 SNA1993 有过之而无不及。特别需要指出的是，《国际收支》手册的修订与 SNA 的更新是同步进行的，两个过程之间存在密切协作。价格与物量测算一章得益于自 SNA1993 发布以来在国际比较项目以及消费者价格和生产者价格指数之国际手册所取得的进展。SNA2008 与国际劳工统计学家会议决议中所给出的建议也保持了高度一致。有一章专门阐述非营利机构在经济中的作用，该章汇集了自 SNA1993 发布以来在该领域所取得的成果。对于环境账户，已经奠定了与经修订的《*国民账户手册：综合环境经济核算*》（该手册有望成为一个国际标准）保持一致的基础。类似地，SNA2008 与各主要分类体系也保持了一致，其中最为重要的有《*全部经济活动的国际标准产业分类*》（*第4 版*）和《*主产品分类*》（*第2 版*）。

未来发展方向：研究议程

第一套综合国民经济核算标准于 1953 年发布，随后在 1968 年、1993 年和 2008 年经过了三次大的修订。不过，国民经济核算的发展显然不是每隔 15 到 20 年才爬一次台阶的，因此，尽管全面修订是间断的，但是确认 SNA 所需要的更新却是一个连续的过程。SNA 的发展应该是经济发展（如出现新的金融工具）、统计估计和测量技术进展、以及数据收集手段完善等综合作用的产物。

此次 SNA 的修订过程中考虑了一些有争议的议题，并根据目前所能得到的最好的信息与技术，就这些议题做出了最终决定。但是，还有某些方面的研究在此次 SNA 更新过程中尚未完成，因此，基于这些未竟研究所得的某些结果，可能在 SNA 进行下次修订之前就需要做出调整。

ISWGNA 已经指出了许多此类未竟的研究领域。ISWGNA 建议将这些主题包括在国民经济核算的研究议程中。有待考虑的项目清单，即在更新过程结束时识别出来的那些项目，已列在附录 4 中。

ISWGNA 将负责推进这些议题（以及任何其他已知的重要问题）的研究进展，但是它需要得到全世界其他负责国民经济核算的机构的支持。有了这些研究结果，才有可能在下次重大更新之前将研究结果整合进 SNA2008 中。

D. 致谢

SNA2008 是一个因透明和国际统计界通力参与而著称的过程的产物，这一过程之所以具有这些特征，源于创新性地使用了一个项目网站作为交流工具。这一过程包括六个阶段：

第一阶段（2002—2004）：就更新时需要考虑的议题进行识别并达成共识；

第二阶段：就这些议题进行研究，并提出修改 SNA1993 的建议；

第三阶段（2004—2006）：专家考虑这些议题并就初步建议达成一致；

第四阶段（2006）：征求各国关于建议的意见；

第五阶段（2007）：向统计委员会提出一整套建议；

第六阶段（2007—2009）：将取得共识的建议整合进 SNA2008 文本中，统计委员会分别于 2008 年和 2009 年两次予以批准。

ISWGNA 及其项目组人员

修订过程涉及组成 ISWGNA 的五个国际组织；其他国际性、区域性和非政府组织；项目成员；很多国家负责编制官方统计数据的机构；工作组、其他专家组以及电子讨论小组；以及来自全世界各个地区的国民经济核算和相关领域的专家个人。在如此复杂且持续的一个过程中，SNA2008 凝聚了众多来自方方面面的贡献是可想而知的。

与 SNA1993 的修订过程一样，应统计委员会的要求，由 ISWGNA 管理并协调整个修订过程。ISWGNA 的成员组织既提供现金支持，也提供实物支持。其高级代表包括：

Pieter Everaers 和 Laurs Norlund（Eurostat）；

Carol S. Carson 和 Robert Edwards（IMF）；

Enrico Giovannini（OECD）；

Willem de Vries 和 Paul Cheung（United Nations Statistics Division）；

Shaida Badiee（World Bank）。

经常性地参与协调任务并担任实质性领导的国民经济核算专家和 ISWGNA 组织的其他专家包括：

Eurostat：Gallo Gueye，Christian Ravets，Dieter Glatzel 和 Brian Newson。

IMF：Adriaan Bloem 和 Kim Zieschang。

OECD：François Lequiller 和 Charles Aspden。

United Nations Statistics Division：Ivo Havinga，Viet Vu，Magdolna Csizmadia，Gulab Singh，Herman Smith 和 Annette Becker。

United Nations Economic Commission for Europe：Lidia Bratanova 和 Tihomira Dimova。

World Bank：Barbro Hexeberg。

做出重要贡献的 ISWGNA 组织的其他人员包括：

Eurostat：Paolo Passerini，Francis Malherbe，Ligia Frankford 和 John Verrinder。

IMF：Edgar Ayales，Sagé de Clerck，Robert Dippelsman，Keith Dublin，René Fiévet，Cornelis Gorter，Robert Heath，John Joisce，Lucie Laliberté，Alfredo Leone，Ralph Kozlow，Russell Krueger，Jaroslav Kucera，Randall Merris，Jose－Carlos Moreno，Neil Patterson，Lisbeth Rivas，Armida San Jose，Manik Shrestha 和 Mick Silver。

OECD：Nadim Ahmad，William Cave，Jean－Pierre Dupuis，Anders Nordin 和 Paul Schreyer。

United Nations Statistics Division：Alessandra Alfieri，Youlia Antonova，Ralf Becker 和 Vetle Hvidsten。

联合国统计司经济统计处的工作人员在 Ivo Havinga 的领导下，履行了 ISWGNA 秘书处的职能。联合国统计司开发并维护了其项目网站，该网站提供了更多参与者的信息，本序言只是择其要者而列之（参见 http：//unstats. un. org/unsd/nationalaccount/snarev1. asp）。一个来自世界银行发展数据组的小组在 Misha Belkindas 的领导下，提供了行政管理支持，包括管理为 SNA 更新项目建立的捐助者信托基金。

项目组人员包括自 2004 年至 2008 年 2 月担任项目组经理的 Carol S. Carson，自 2008 年 2 月起担任项目组经理的 Paul McCarthy，以及编辑 Anne Harrison。Anne 在项目的各个阶段担任专家发言人，并承担了 SNA2008 文本修订的众多任务。

顾问专家组

国民经济核算的顾问专家组（AEG）成立于 2003 年。该顾问组在修订过程中一直发挥着核心作用，它要斟酌各项修订建议并陈述己见。下述各位是 AEG 的成员：菲律宾的 Heidi Arboleda；丹麦的 Ole Berner；哥斯达黎加的 Mariam Cover Jimenez；埃塞俄比亚的 Meshesha Getahun；约旦的 Omar Mohammad Ali Hakouz；澳大利亚的 Peter Harper；捷克共和国的 Jan Heller；俄罗斯联邦的 Andrey Kosarev；印度的 Akhilesh C. Kulshreshtha；大不列颠及北爱尔兰联合王国的 Robin Lynch；法国的 Jacques Magniez；欧盟中央银行的 Reimund Mink；美利坚合众国的 Brent R. Moulton；马来西亚的 Chellam Palanyandy；特立尼达和多巴哥的 Peter Pariag；南非的 Johan Prinsloo；巴西的 Roberto Luís Olinto Ramos；立陶宛的 Irena Tvarijonaviciute；荷兰的 Peter van de Ven；加拿大的 Karen Wilson。

AEG 开过六次碰头会：2004 年 2 月，华盛顿，由 IMF 主办；2004 年 12 月，纽约，由联合国统计司主办；2005 年 7 月，曼谷，由联合国经济与社会亚太委员会主办；2006 年 1—2 月，法兰克福，由欧盟中央银行主办；2007 年 3 月，纽约，由联合国统计司主办；2008 年 11 月，华盛顿，由世界银行主办。ISWGNA 的国民经济核算专家也出席了各次会议，参与电子征询，并提出了自己的观点。Paul McCarthy 是 2005 年 7 月、2006 年 2 月和 2007 年 3 月会议的报告起草人。

为 AEG 所准备的论文构成了研究的主体。这些论文在前面给出的项目网站上仍可获得。作者们包括：Nadim Ahmad，Alessandra Alfieri，Charles Aspden，Adriaan Bloem，Stuart Brown，Carol S. Carson，William Cave，W. Erwin Diewert，Robert Dippelsman，Brian Donaghue，René Fiévet，Russel Freeman，Jean Galand，Antonio Galicia－Escotto，Jeff Golland，Cornelis Gorter，Anne Harrison，Ivo Havinga，Tony Johnson，John Joisce，Brett Kaufmann，Andrew Kitili，Ralph Kozlow，François Lequiller，Robin Lynch，Christoph Maier，Reimund Mink，Brent R. Moulton，

Anders Nordin, Patrick O' Hagan, Neil Patterson, John Pitzer, Jens Reinke, Lisbeth Rivas, Philippe de Rougemont, John Ruser, Carlos Sánchez Muñoz, Paul Schreyer, Richard Shepherd, Manik Shrestha, Gulab Singh, Herman Smith, Pierre Sola, Philippe Stauffer, Hidetoshi Takeda, Viet Vu, John Walton 和 Chris Wright。

其他专家组

议题的绝大部分研究工作以及向 AEG 提出更新建议的准备工作是由主题专家组承担的，其中一些组是现有的，另外一些是专门为推进修订而成立的小组。专家组包括负责非金融资产测算的堪培拉 II 组（主席是 Peter Harper，秘书是 Charles Aspden），负责雇主退休计划的 IMF - BEA 工作组（主席是 Adriaan Bloem 和 John Ruser，秘书是 Brian Donaghue），负责公共部门账户协调的 IMF - OECD 工作组（主席是 Lucie Laliberté，秘书是 Jean - Pierre Dupuis），负责金融服务的 OECD 工作组（主席是 Ruth Meier，秘书是 Philippe Stauffer 和 Anders Nordin），负责非寿险测算的 OECD 工作组（首任协调人是 Fenella Maitland - Smith，继任是 François Lequiller），以及负责股权计价和测算的 OECD 工作组（协调人是 Patrick O'Hagan）。序言的附录列出了由这些小组准备和考察的议题论文的作者。IMF 国际收支统计委员会（主席是 Robert Edwards，秘书是 John Joisce，Manik Shrestha 和 Andrew Kitili）及其下属小组考察了许多为国民经济核算人员和国际收支平衡表编制人员所共同关注的议题。这些与 SNA 高度相关的议题论文的作者也列在附录中。

许多其他小组负责将一些与 SNA 相关的主题作为其更广泛议程的组成部分。其中包括：负责一般政府部门养老金计划资产与负债测算的欧盟中央银行/欧盟委员会统计办公室工作组（主席是 Eduardo Barredo 和 Reimund Mink，秘书是 John Verrinder），负责科学与技术的 OECD 各国专家组（主席是 Fred Gault，秘书是 Alessandra Colecchia），负责劳动力与雇员报酬的巴黎小组（协调人是 Denis Ward），负责非正规部门统计的德里小组（主席是 Pronab Sen），负责产业统计的联合国专家组（主席是 Ivo Havinga，秘书是 Viet Vu 和 Gulab Singh），负责国际分类的联合国专家组（主席是 Ivo Havinga，秘书是 Ralf Becker），以及负责自然人移动—模式 4 的联合国技术小组（主席是 Ivo Havinga，秘书是 Alessandra Alfieri）。

其他咨询小组也介入了修订过程。包括 OECD 的会议和欧盟委员会统计办公室的国民经济核算工作组，一些联合国区域委员会的国民经济核算会议和研讨会，以及国际收入与财富研究协会。

国家参与

负责官方统计编制的机构通过若干种不同的方式参与到修订过程中。首先，各国统计局局长通过参加统计委员会而参与到修订过程中，他们同意监督修订过程，然后确定修订中拟考虑的议题的清单。

其次，各国对更新的初步建议提出了评论，评论深度是空前的。每次会议之后，AEG 的建议都会被传达给各国的统计机构和有关的中央银行，邀请它们参与评论。每轮建议后都有 40—60 个国家会给出评论。总之，共计收到近 100 个的评论。所有评论都会张贴在项目网站上，它们详细解释了各国为何会支持或在某些情况下反对某建议，申明各国关于执行该建议的看法，提出各国希望在新版 SNA 中看到何种指南的要求。

第三，各国对章节初稿提出了评论。大约 70 个国家在 2008 年 4 月和 5 月间对第一卷的终稿提出了评论，在 2009 年 1 月和 2 月间对第二卷的终稿提出了评论。

第四，一些国家的统计机构提供了实物帮助，例如赞助 AEG 成员会议（并向发展中国家的 AEG 成员提供旅费资助）。

最后，还有一些国家统计局和中央银行通过捐款的方式支持修订项目。捐款来自瑞典统计局、澳大利亚统计局、加拿大统计局、塞浦路斯中央银行、哈萨克斯坦中央银行、荷兰统计局、英国统计局和美国经济分析局。

注释

1. 参见统计委员会第 39 届大会的报告（文件号：E/2008/24 和 E/CN. 3/2008/34），见 **http：//unstats. un. org/unsd/statcom/doc08/Report – English. pdf**

2. 在联合国统计委员会大会上被称为 SNA1993 第一次修订版。

3. 参见统计委员会第 40 届大会的报告（文件号：E/2009/24 和 E/CN. 3/2009/29），见 **http：//unstats. un. org/unsd/statcom/doc09/Report – English. pdf**

参考文献

Commission of the European Communities, International Monetary Fund, Organisation for Economic Cooperation and Development, United Nations and World Bank, *System of National Accounts 1993.* Brussels/Luxembourg, Washington, D. C. , Paris, New York, 1993. United Nations Publication, Sales No. E. 94. XVII. 4.

Commission of the European Communities, *European System of Accounts 1995.* Luxembourg, 1999.

International Monetary Fund, *The Balance of Payments and International Investment Position Manual*, sixth edition. Washington, D. C. 2009.

Commission of the European Communities, International Monetary Fund, Organisation for Economic Cooperation and Development, United Nations and World Bank. *Handbook of National Accounting: Integrated Environmental and Economic Accounting 2003.* Luxembourg, Washington, D. C. , Paris, New York, 2003.

United Nations. *International Standard Industrial Classification of All Economic Activities, Revision 4.* New York, 2008. United Nations Publication, Sales No. E. 08. XVII. 25.

United Nations. *Central Product Classification, Version 2.* New York, 2008. United Nations Publication, Sales No. E. 08. XVII. 7.

附录：为考察 SNA 修订议题的工作组、小组和委员会所准备的议题论文的作者

负责非金融资产测算的堪培拉 II 组

Nadim Ahmad, Charles Aspden, John R. Baldwin, Desmond Beckstead, Dirk van den Bergen, Lauren Binns, Ariel Coremberg, Carol Corrado, Mariam Cover Jimenez, Martin Daniels, W. Erwin Diewert, Emma Edworthy, Barbara Fraumeni, Guy Gellatly, Dominique Guellec, Mark de Haan, Michael Harper, Peter Harper, Anne Harrison, Ivo Havinga, Richard Hemming, Peter Hill, Charles Hulten, Ning Huang, Vetle Hvidsten, Tony Johnson, Andreas Kuipers, François Lequiller, Robin Lynch, Christophe Maier, Pablo Mandler, Ian McPhee, Franciso Moris, Brent Moulton, Carol Moylan, Carl Obst, Sumiye Okubo, Dean Parham, Soli Peleg, John Pitzer, Marshall Reinsdorf, Carol Robbins, Antoine Rose, Paul Romanis, Salem, Oda Schmalwasser, Paul Schreyer, Daniel Sichel, Yusuf Siddiqi, Zuzana Stara, Leo Sveikauskas, Luke Thompson, Jeff Tyndall, André Vanoli, Peter van de Ven, John Verrinder 和 Viet Vu。

负责国际收支统计的 IMF 委员会

Stuart Brown, Robert Dippelsman, Robert Edwards, Antonio Galicia – Escotto, René Fiévet, Jean Galand, Robert Heath, John Joisce, Andrew Kitili, Carlos Sanchez Munoz, Neil Patterson, Jens Reinke, Richard Shepherd, Manik Shrestha, Pierre Sola, Hidetoshi Takeda 和 Chris Wright。

负责雇主退休计划的 IMF – BEA 工作组

Bo Bergman, Ole Berner, Dieter Glatzel, Peter Harper, Anne Harrison, Tony Johnson, Ramesh Kolli, François Lequiller, Jacques Magniez, Tonya Manning, Reimund Mink, Tulsi Ram, Marshall Reinsdorf, Ingber Roymans, Peter Van de Ven 和 J. S. Venkateswarlu。

负责协调公共部门账户的 IMF – OECD 工作组

Bruce Baker, Matthew Bohun, Søren Brodersen, Paula Burges, Ian Carruthers, Giseal Csonka, Sagé De Clerck, Tim Dobbs, Jean – Pierre Dupuis, Keith Dublin, Jeff Golland, Betty Gruber, Ivo Havinga, Christopher Heady, Richard Hemming, Graham Jenkinson, Brett Kaufmann, Robert Keys, François Lequiller, Jacques Magniez, Reimund Mink, Robert Kilpatrick, Lucie Laliberté, François Lequiller, Ian Mackintosh, Iana Paviola, John Pitzer, Tulsi Ram, Brooks Robinson, Philippe de Rougemont, Veronique Row, André Schwaller, Richard Shepherd and Paul Sutcliffe, Ken Warren, Kurt Wass 和 Graham Watkins。

负责金融服务的 OECD 工作组

Dennis Fixler, Anne Harrison, Anders Nordin, Paul Schreyer, Philippe Stauffer, John Turnbull 和 John Walton。

负责非寿险测算的 OECD 工作组

Robert Dippelsman, Fenella Maitland – Smith, François Lequiller, Anne Harrison, Ingber Roymans, Gabe H. de Vries 和 John Walton。

缩略语

ABO 累积福利义务
ADB 亚洲开发银行
AEG 国民经济核算专家咨询小组
AMNE 跨国企业活动

BD 经合组织外国直接投资基准定义
BIS 国际清算银行
BOOT 建设、拥有、运营、转让
BOP 国际收支平衡表
BPM 国际收支和国际投资头寸手册

CIF 到岸价格（成本、保险费和运费）
CISSTAT 独联体国家间统计委员会
COFOG 政府职能分类
COICOP 按目的划分的个人消费分类
COLI 生活成本指数
COPNI 为住户服务的非营利机构的目的分类
COPP 按目的划分的生产者支出分类
CPC 主产品分类
CPD 国家产品虚拟（方法）
CPI 消费者物价指数
CPL 相对价格水平

DBMS 数据库管理系统

ED 征求意见稿
EDG 电子讨论小组
EEZ 专属经济区
EKS Eltetö – Köves – Szulc（方法）
ESO 雇员股票期权

FATS 外国附属机构统计
FDI 外国直接投资
FDIR 直接投资关系框架
FISIM 间接测算的金融中介服务
FOB 离岸价格
F_P 费舍价格指数
FPI 营利性机构
F_Q 费舍物量指数
FRA 远期利率协议

GDI 国内总收入
GDP 国内生产总值
GFS 政府财政统计
GFSM 政府财政统计手册
GK Geary Khamis（方法）
GNI 国民总收入
GVATI 旅游业总增加值

HS 商品名称及编码协调制度

IASB 国际会计准则委员会
IC 保险公司
ICLS 国际劳工统计学家会议
ICNPO 非营利组织国际分类
ICP 国际比较项目
ICPF 保险公司和养老基金
ICSE 国际就业状况分类决议
ICT 信息、计算机和通信
IFRS 国际财务报告准则
IIP 国际投资头寸表
ILO 国际劳工组织
IMF 国际货币基金组织
IMTS 国际商品贸易统计：概念及定义
IPSASB 国际公共部门会计准则委员会
ISIC 所有经济活动的国际标准产业分类
ISWGNA 国民经济核算秘书处间工作组
ITC 邀请评论

KAU 活动类型单位
KLEMS 资本 – 劳动 – 能源 – 材料 – 服务投入

L_P	拉氏价格指数
L_Q	拉氏物量指数
MFP	多要素生产率
MFSM	货币和金融统计手册
MMF	货币市场基金
MNE	跨国公司
MPI	进口价格指数
MSITS	国际服务贸易统计手册
n. e. c.	未另分类
NDP	国内生产净值
n. i. e.	其他地方未包括
NIF	票据发行便利
NNDI	国民可支配净收入
NNI	国民净收入
NOE	未观测经济
NPI	非营利机构
NPISH	为住户服务的非营利机构
NPV	净现值
OECD	经济合作与发展组织
OEEC	欧洲经济合作组织
PAYE	代扣所得税计划
PBO	预计福利义务
PF	养老金基金
PFI	私人主动融资
PIM	永续盘存法
PIM	永续盘存模型
P_P	帕氏价格指数
PPI	生产者价格指数
PPP	公私伙伴关系
PPP	购买力平价
P_Q	帕氏物量指数
R&D	研究与开发
SAM	社会核算矩阵
SDR	特别提款权
SEEA	环境经济核算体系
SHA	卫生账户系统
SITC	国际贸易标准分类
SNA	国民账户体系
SPD	产品构成描述
SPE	特殊目的实体
TDGDP	旅游业直接国内生产总值
TDGVA	旅游业直接总增加值
TFP	全要素生产率
T_P	唐氏价格指数
T_Q	唐氏物量指数
TSA	旅游卫星账户
UJV	非法人合资企业
UNECE	联合国欧洲经济委员会
UNESCAP	联合国亚洲及太平洋经济社会委员会
WHO	世界卫生组织
XMPI	出口和进口价格指数
XPI	出口价格指数

第1章 绪　　论

A. 什么是国民账户体系？

1.1 国民账户体系（SNA）是一套按照基于经济学原理的严格核算规则进行经济活动测度的国际公认的标准建议。这些建议的表现形式是一套完整的概念、定义、分类和核算规则，其中包含了测度诸如国内生产总值（GDP，衡量经济表现最常用的指标）之类项目的国际公认的标准。通过SNA的核算框架，经济数据得以按照经济分析、决策和政策制定的要求以一定程式予以编制和表述。这些账户本身以凝缩的方式提供了根据经济理论和理念组织起来的有关经济运行的大量详尽信息。它们详细而全面地记录了一个经济体内发生的复杂的经济活动，以及在市场或其他地方发生的不同经济主体之间、不同经济主体组之间的相互作用。在SNA的框架中，整个账户体系具有以下特性：

a. 全面性。因为，一个经济体中所有设定的活动和所有经济主体运行的结果都包含在其中了。

b. 一致性。因为，在度量一项特定活动对于所有参与主体产生的结果时，使用了相同的核算规则，形成了一致的价值。

c. 完整性。因为，某经济主体之特定活动所产生的所有结果都在对应的账户中得到了反映，包括对资产负债表中财富度量的影响。

1.2 SNA账户不仅反映某一个时点上的经济情况，实践中此套账户要在一段连续时期内编制，因此就为监测、分析和评估一经济体在不同时间上的表现提供了必不可少的连续信息流。SNA不仅提供一段时期内发生的经济活动的有关信息，还提供一定时点上一经济体之资产和负债规模以及其居民之财富规模的信息。另外，SNA还包括一个对外账户，以展示该经济体和国外的联系。

1.3 某些关键总量统计指标，如广泛应用于反映经济总体经济活动情况的国内生产总值，是由SNA界定的，但这些总量的计算早已不是编制该套账户的主要目的。要了解一个经济体的运作状况，至关重要的是能够观察和分析发生在该经济体中不同部门之间的相互作用。SNA可以在以下不同总量层次上实施：单个经济主体或本体系所称机构单位层次；这些单位组或机构部门层次；经济总体层次。

1.4 SNA是为经济分析、决策和政策制定而设计的，无论一国的产业结构如何，其经济发展处于何种阶段。SNA的基本概念及定义是以一套经济逻辑和原理为基础的，这些逻辑和原理应该具有普适性，不会因具体经济环境不同而改变。类似地，它所遵循的分类和核算规则也是普遍适用的。比如说，没有理由认为，在一个欠发达国家，其SNA的组成应该不同于那些发达国家，类似地，对于一个相对封闭的大国和一个相对开放的小国，一个高通胀的经济体和一个低通胀的经济体，也不应该对应不同的SNA。SNA中确立的某些定义或者核算规则在某些情形下可能是多余的（例如在没有通货膨胀的情形下），但作为一个综合体系，SNA有必要将适用于所有情况的定义和规则都包含在内。

1.5 有些国家（至少在最初阶段）或许只能编制一小部分国民账户和表式，即使这一小部分账户，也很少或根本没有按部门分解，但是，这些被简化的账户或表式也应该服从 SNA 而不是另搞一套。不同国家之间的经济情况差别可能相当大，因此难以制定普遍适用的数据收集的优先顺序。在实践中，各国的优先顺序只能由熟悉本国经济形势、需要和问题的分析人员或政策制定者确定。例如，从世界范围看，发展中国家是一组差别极大的国家，要给出具体说明普遍适用于这些国家的优先顺序可能是徒劳的。数据收集优先顺序在两个发展中国家之间的差别，可能和一个发展中国家与一个发达国家之间或两个发达国家之间的差别差不多。

B. SNA 的基本概念

1.6 SNA 要测度经济中各主体之间出于各种目的所发生的一切交易。SNA 的核心是货物服务的生产，这些生产出来的货物服务可能用于核算期当期的消费，也可能积累起来留待以后再使用。简言之，生产过程所产生的增加值便是 GDP。将与 GDP 相对应的总收入分配给不同经济主体或不同经济主体组成的群体，构成其收入，这就是分配与再分配的过程；通过该过程，一个经济主体可以消费由另一个经济主体生产出来的货物服务，或者可以获得货物服务以备在未来时期进行消费。SNA 刻画此类经济流量模式的途径是：分别经济体中的不同机构单位，针对货物服务在生产和最终消费过程中从一个阶段到另一个阶段的相关交易来构造各个账户，由此对相关活动予以识别。下面对这些概念进行扼要介绍，第 2 章及之后各章节中将对其进行更深入的讨论。

1. 活动和交易

1.7 SNA 旨在以有利于分析的形式提供有关机构单位行为及其所从事诸如生产、消费和资产积累之类活动的信息。为达此目的，要记录机构单位之间以交易形式发生的货物、服务和资产交换。同时也要记录体现交换支付形式的其他交易，这些支付可能是货物、服务或具有类似价值的资产，但更常见的是包括纸币和硬币在内的某种金融债权。

1.8 交易数据为账户编制提供了基本的资料来源，从中可获得或推算出账户中各个项目的价值数据。使用交易数据具有以下显著优点。首先，市场上买卖双方通过交易实现的货物服务交换价格，直接或间接地提供了对账户中所有项目进行估价所需要的信息。其次，发生在两个不同机构单位之间的交易必然同时记录在交易双方，因此一般会在宏观经济账户中出现两次。由此可以在 SNA 的各个账户之间建立起重要的联系。例如，通过加总销售的数额、易货贸易的数额或转移给其他单位的数额，再加上入库额减去出库额（即存货变动），就可以得到产出总额。实际上，产出价值就是通过以交易数据记录的产出各种使用得到的。利用这种方法，即可从生产者到最终使用者来对货物服务流量进行全经济系统的跟踪。如果同一单位同时从事两种活动，比如既生产又消费同一货物或服务，此时的交易就只是一种内部记账交易；但是，绝大多数交易都是发生在市场上不同单位之间的。

2. 经济中的机构部门

1.9 SNA 对如下两类主要机构单位或交易者进行了区分：住户和法律实体。法律实体既包括以生产为目的而创立的实体，比如公司和非营利机构，也包括政治过程创立的实体，尤其是政府单位。机构单位本质上是能够拥有货物和资产、承担负债、从事经济活动并有权与其他单位进行交易的单位。

1.10 SNA把经济体中的常住机构单位分成五个互不包容的部门，这些部门由以下几类单位组成：

a. 非金融公司；

b. 金融公司；

c. 政府单位，包括社会保障基金；

d. 为住户服务的非营利机构（NPISH）；

e. 住户。

这五个部门一起组成整个经济总体，其中每个部门还可进一步分为若干个子部门。例如，非金融公司和金融公司部门被分成子部门，以便将受政府或外国单位控制的公司与其他公司区分开来。如果需要的话，SNA还为每个部门和子部门以及经济总体准备了一套完备的可供编制的流量账户和资产负债表。因此，可供编制的账户数量可以相当大，这将取决于由需求和可行性所决定的部门分类程度。只有分解成部门和子部门，才能观察那些为制定政策目的而需要测算和分析的经济体中不同部分之间的相互作用。

1.11 常住在国外的机构单位合在一起组成国外部门。SNA不要求就发生在国外的经济活动编制账户，但是为了全面核算常住单位的经济行为，常住单位和非常住单位之间的所有交易必须予以记录。常住单位和非常住单位之间的交易可以合并为一个账户，即国外账户。

3. 账户及对应的经济活动

1.12 本节的目的是非常简洁地概述SNA的账户序列。要在这样短短一节中正确评价SNA所包含的丰富信息是很难的，必须参阅第2章对本体系的综述。

货物服务账户

1.13 SNA的最基本恒等式是一个经济体中所生产的货物和服务必须用于消费、资本形成，或者用于出口；同时在该经济体中使用的所有货物和服务要么来自于国内，要么来自于进口。由此可知，只要就产品税和产品补贴对价格的影响做适当处理，即可推导出货物服务账户，进而可估计出GDP。

账户序列

1.14 详细的SNA包括以下两个部分：一套与一定时期内各类经济活动有联系的、相互关联的流量账户序列，一套记录机构单位和部门在该时期期初、期末持有资产和负债存量价值的资产负债表。每个流量账户都涉及一类特定的活动，如生产，收入的形成、分配、再分配或使用。每个账户都分别显示各机构单位可利用的来源以及这些来源的使用。账户通过一个平衡项实现平衡，该平衡项被界定为账户两侧所记录的总来源和总使用之间的差额。一个账户的平衡项结转为下一个账户的初始项，从而使账户序列形成一个环环相扣的整体。平衡项通常会概括该账户所覆盖活动的净成果，因此这些平衡项中就包含了那些具有重要经济意义和分析意义的项目，如增加值、可支配收入和储蓄。账户和资产负债表之间也具有密切的联系，因为，一定时期内对机构单位和部门持有资产或负债发生影响的全部变化均会被系统地记录在这个或那个流量账户中。

1.15 以上描述的一整套账户被称为“账户序列”。应该指出的是，虽然按一定顺序表述账户是必要的，但不能认为该顺序就是账户中所描述活动发生的时间顺序。例如，收入是由生产过程连续形成的，而对所生产产出的购买支出可能是几乎同时发生的。经济体是一个一般均衡系统，在这个系统中，涉及不同机构单位之间无数笔交易的相互依存的经济活动在同时进行。一类经济活动对另一类经济活动的反馈是连续发生的。

经常账户

1.16 经常账户记录货物服务的生产，生产中的收入形成，收入在机构单位之间的分配和再分配，以及出于消费或储蓄目的对收入的使用。

1.17 生产账户记录了本体系界定的货物服务生产活动。它的平衡项——总增加值——被定义为产出价值减去中间消耗价值，是衡量各个生产者、产业部门或机构部门对 GDP 所做贡献的指标。总增加值是本体系中初始收入的来源，因此要转入收入初次分配账户。增加值也可以按总增加值减去固定资本消耗后的净额计算，固定资本消耗反映生产过程中所使用固定资本的消耗价值。

1.18 收入分配和使用账户由一套环环相扣的账户组成，它们反映与收入有关的以下问题：

a. 怎样在生产中形成的；

b. 怎样分配给那些对生产所创造增加值有贡献的机构单位的；

c. 怎样在机构单位之间——主要由政府单位通过社会保障缴款、社会福利以及税收——进行再分配的；

d. 怎样被住户、政府单位或为住户服务的非营利机构（NPISH）出于最终消费或储蓄目的而使用的；

e. 怎样形成用于财富积累的储蓄的。

收入账户本身具有重要的内在经济意义。特别地，需要用收入账户来解释机构单位作为最终消费者的行为，所谓最终消费者，是指出于满足住户和社会的个人和集体需要而使用货物服务者。整套收入账户的平衡项是储蓄。

1.19 收入账户中的平衡项——储蓄，要转入资本账户，资本账户是本体系积累账户序列中的第一个账户。

积累账户

1.20 积累账户是用来记录那些会影响资产负债表从期初到期末状态的流量的账户。有四个积累账户：资本账户、金融账户、资产物量其他变化账户以及重估价账户。

a. 资本账户，记录因如下原因引起的非金融资产的获得和处置：与其他单位进行交易，与生产有关的内部记账交易（存货变动和固定资本消耗），以及通过资本转移进行财富再分配。

b. 金融账户，记录通过交易而发生的金融资产和负债的获得和处置。

c. 资产物量其他变化账户，记录因交易之外因素引起的机构单位或部门持有资产和负债的变化额，例如，固定资产因自然灾害导致的毁损。

d. 重估价账户，记录因价格变化引起的资产和负债价值的变化。

1.21 积累账户和经常账户之间的联系是由以下事实决定的：储蓄一定用于获取包括现金在内的这种或那种金融或非金融资产。如果储蓄为负，消费超过可支配收入的部分一定是通过处置资产或发生负债进行弥补的。金融账户反映了资金从一组单位流向另一组单位（尤其是通过金融中介机构所实现）的运动方式。融资一般是从事各种经济活动的先决条件。

资产负债表

1.22 资产负债表反映机构单位或部门在核算期初和期末的资产和负债存量价值。正如已经指出的，在任何时刻上，每当交易、价格变化或影响持有资产负债物量的其他变化发生时，所持有的资产和负债的价值即会自动变化。这些变化都会被记录在这个或那个积累账户中，因此期初与期末资产负债表的价值之差可以在 SNA 中全部得到解释，当然，其前提是，在资产负债中记录的资产负债与交易和其他变化的估价是一致的。

SNA 中的其他账户

1.23 SNA 是一个丰富而详尽的经济核算体系，其内容并不限于上述主要账户序列的范围，而是还囊括了其他的账户和表式，这些账户和表式或是包含了主要账户未能包括的信息，或是以更适于某些分析的其他方式（例如矩阵）来提供信息。这里不打算像第 2 章那样逐个列出这些方式，但有必要对在 SNA 中发挥重要作用的两个特殊部分予以关注。

供给使用表

1.24　除了前文所述流量账户和资产负债表之外，SNA 中心框架还包括了一个以矩阵形式表现的细分类供给使用表，一方面记录各类货物和服务的来源——如何由国内各产业部门和进口来提供，另一方面记录这些货物服务的去向——如何在各项中间使用或最终使用（包括出口）间进行分配。供给使用表涉及一套完整的按产业部门编制的生产和收入形成账户，编制此类账户的数据来源于产业普查或调查中的细分类数据。通过供给使用表可以提供一个核算框架，在此框架下，用于编制国民经济账户的商品流量法才可以得到系统性地拓展使用，因为，该方法要求表中各类货物服务的总供给和总使用必须相互平衡。利用供给使用表提供的基础信息，还可以导出详细的、可广泛用于经济分析和预测的投入产出表。

物量核算

1.25　SNA 还在方法论层面为编制一套关于货物服务流量、总增加值、净增加值和 GDP 的价格、物量指数提供了具体指导，这些建议与本体系的概念和核算原则是一致的。SNA 建议尽可能使用年度链式指数。

1.26　可以用 SNA 各主要总量的价格指数和物量指数来衡量通货膨胀率和经济增长率，它们是评估过去经济表现、制定未来经济政策目标的关键变量。它们是 SNA 的基本组成部分，当通货膨胀在许多国家出现且逐步成为主要问题时，尤其如此。SNA 还认识到，GDP 物量增长和经济体中的实际收入增长不是一回事，因为，国际贸易条件的变化会造成贸易损益。

C.　SNA 的用途

1.27　SNA 的主要目标是提供一套综合的概念和核算框架，以便建立一个适于分析和评估经济表现的宏观经济数据库。该数据库的存在是制定明智、合理的政策并进行决策的先决条件。以下简要论述 SNA 的一些具体用途。

1.　经济活动的监测

1.28　SNA 中的某些关键总量指标，比如 GDP 和人均 GDP 等，已获得广泛认可，作为衡量经济活动和福利的综合性、全局性指标为分析人员、政治家、媒体、商业界和大众所广泛使用。这些总量指标的变动和与之相关的价格和物量测度，常被用于评估经济总体的表现，判断政府所采取经济政策的相对成败。

1.29　国民经济核算数据所提供的信息涵盖了不同类别的经济活动和经济中的不同部门，从而可以从价值和物量角度动态监测诸如生产、居民消费、政府消费、资本形成、出口和进口等主要经济流量指标的变化情况。此外，本体系还可提供某些只能在相关核算框架下定义和计算的关键平衡项和比率的信息，例如预算盈余或赤字，针对各个部门或经济总体计算的储蓄或投资占收入的比重，以及贸易差额等。SNA 还能为解释和评估诸如工业生产、消费品价格或生产者价格月度指数等短期指标变动提供背景。尽管 SNA 的许多账户、表式或资产负债表通常不能以高于一年一次的频率编制，但是只要体系中的某些主要总量指标是以季度及年度编制的，就可以极大提高对经济行为的监测效果。

2. 宏观经济分析

1.30 国民经济核算也可用于研究经济中的因果机制。此类分析通常采取的形式是：将计量经济方法运用于依据国民经济核算框架编制的现价和不变价的时间序列数据，估算不同经济变量之间函数关系的参数。进行此类研究采用什么样的宏观经济模型，会因研究人员所属经济思想学派和所持分析目的不同而有所差别。但是，SNA 是非常灵活的，可以适应不同经济理论或模型的需要，只要它们接受 SNA 赖以建立的生产、消费、收入等基本概念。

1.31 短期经济政策制定是在评估近期经济行为和目前经济状况、展望或准确预测未来发展趋势的基础上形成的。短期预测通常采用上述经济计量模型进行，而中长期经济政策则必须结合各种经济战略来制定。

1.32 各级政府、公营企业和私营企业都会涉及经济政策的制定和决策。大型企业，例如跨国公司，有能力建立适合自身需要的宏观经济模型，为此它们需要国民经济核算数据。骨干企业的长期投资计划必须依赖于对未来经济发展的长期预测，这也需要国民经济核算数据。还有为客户提供预测并收取费用的专业机构，它们通常需要非常详细的国民经济核算数据。

3. 国际比较

1.33 SNA 能够以一种标准的、国际通行的概念、定义和分类形式向世界报告其国民经济核算数据。由此产生的数据可广泛应用于主要总量之物量的国际比较，例如 GDP 或人均 GDP，也可用于统计数据的结构比较，例如投资、税收和政府支出占 GDP 的比重。经济学家、新闻工作者和其他分析人员在评价一国经济表现与类似的他国经济表现时，经常使用这种比较。就像人们判断一国在不同时间上的经济发展状况一样，这些比较也能帮助公众和政界针对经济计划是否相对成功进行判断。多国国民账户可以组成一个国家集团数据库，这些数据可用于计量经济学分析，在分析中可以将时间序列数据和截面数据汇集起来，提供更宽泛的观测资料，估计函数间的相互关系。

1.34 国际组织还使用各国 GDP 或人均国民收入（GNI）数据来决定其是否有资格得到贷款、援助或其他资金，或决定一国得到此类贷款、援助或其他资金的条件。如果目的是要比较货物服务的人均产量或人均消费量，则必须将以本国货币计量的数据按照购买力平价（而不是汇率）转换成以通用货币计量的数据。众所周知，通常市场汇率和固定汇率都不能反映不同货币之间的内在相对购买力。若按照汇率将 GDP 或其他统计数据转换为以通用货币计量的数据，则相对于低收入国家来说，高收入国家的货物服务价格会被高估，结果就会夸大二者实际收入的差异。因此，不能将通过汇率换算的数据作为衡量货物服务相对量的尺度。不同国家 GDP 或人均 GDP 指标还会全部地或部分地用来决定一个国际组织各成员国所缴纳的用以维持该组织运转的会费。

1.35 尽管国际组织会利用 SNA 收集国际可比的国民经济核算数据，但 SNA 并不是为此目的创立的。SNA 已经成为一个标准的或通用的体系，对世界大多数国家而言，稍加修改或不加修改即可将其应用于各自的国民经济核算。通过确保本体系满足其自身分析需要和政策需要，各国统计部门和政府机构从中受益良多，因此它们在 SNA 开发过程中发挥了积极的作用。

D. SNA的范围

1. 非货币交易

1.36 如果经济中生产的货物服务是经货币交易出售的，其价值会自动纳入SNA的账户之中。但是，很多货物或服务并没有真正出售，而是以其他方式提供给其他单位的，例如：可能以易货形式用于交换其他货物或服务，或是以转移形式免费提供。对于这类货物和服务，尽管它们的价值需要估算，但也必须将其纳入SNA的账户中。此类货物服务的生产与用于销售的货物服务的生产没有本质区别。并且，向其他单位提供货物服务的交易也属于有效交易，即便在交换中生产者并没有获得货币收入。将这类产出描述为“虚拟产出”是一种误解。例如，SNA中所谓间接测算的金融中介服务是确实发生过的，只是其价值需要间接估算。需要“虚拟”的是其价值，而不是交易本身。

1.37 对于自用的货物或服务来说，生产者没有与其他单位发生任何交易。在这种情况下，为了能够在账户中记录这些货物或服务，就必须对内部交易进行记录，反映生产者用于自身消耗或资本形成的那部分货物和服务，并估算其价值。

1.38 因此，为了能够在账户中记录那些未通过与其他单位之间进行货币交易来处置其产出的生产行为，就必须运用估算和虚拟的方法。采用此类估算和虚拟的方法，并不是要在SNA中引入假设的生产行为或货物服务流量，恰恰相反，这样做的目的是为了能在账户中反映那些经济中已实际发生但却被忽视的重要货物服务流量。为了保证核算的全面性，所有生产出来的货物和服务，即使未经销售渠道而是通过其他方式被处置，其价值也都必须进行估算。

1.39 然而，在实际操作中，SNA并没有记录所有的产出，因为由住户成员生产和消费的家庭和个人服务被排除在外了。由于这个主要例外，本体系将GDP定义为所有常住机构单位所生产的总增加值之和。GDP的统计范围被限于可以由一个部门提供给另一个部门的经济生产活动的产出。从经济角度看，并非所有付出时间和精力的行为都具有生产性。例如，吃饭、喝水和睡觉，一个人无法为了他人的利益而从事这些活动，因而这些活动不具备经济意义上的生产性。

2. 生产范围

1.40 生产活动是最基本的活动。在SNA中，生产被理解为是在机构单位负责、控制和管理下进行的一种物理过程，在此过程中，劳动和资产用于将货物服务投入转换为另一些货物服务产出。作为产出的所有货物和服务都必须能够在市场上出售，或者至少能够有偿或无偿地由一个单位提供给另一个单位。因此，SNA将实际上注定要进入市场的全部生产——无论是用于销售还是用于以货易货——均列入生产范围。它也包括由政府单位或NPISH无偿提供给单个住户或社会团体的所有货物或服务。

住户生产

1.41 要界定SNA生产账户所记录活动的范围，所面临的主要问题在于如何处理本来能够通过市场提供给其他单位、但实际上生产者却留作自用的那部分货物服务的生产活动。这类生产性活动所涵盖的范围很广，特别是：

a. 住户企业为自身最终消费所进行的农产品生产；

b. 住户为自身最终使用目的所进行的其他货物的生产，包括住宅建造、食物和服装的生产等；

c. 自有住房者为自身最终消费所进行的住房服务的生产；

d. 供同一住户内消费的家庭服务和个人服务的生产，包括做饭、照顾和培育儿童、清洗、修理等。

从经济角度看，上述所有活动都是生产性活动。然而，把这些活动纳入 SNA，不仅仅是如何估计这些活动产出之货币价值的问题。如果给这些产出赋予价值，则也就给其生产所形成的收入以及产出的消费分配赋予了价值。显然，这些流量的经济意义完全不同于货币流量。例如，其所形成的收入将自动地与所生产的货物服务的消费相联系，而与经济中的通货膨胀、通货紧缩或其他失衡现象的分析却几乎没有任何关联。将大量的这类非货币流量与货币流量一起纳入账户，会使市场上发生的问题含糊不清，并降低数据的分析效果。

1.42 设计 SNA 的目的是为了在广泛范围内满足分析和政策的需要。因此，一方面需要使账户的核算范围尽可能地全面，另一方面又要防止用于市场行为和市场失衡分析的流量数据受到非货币价值的影响，生产范围的确定需要在这两种需求之间寻求平衡。因此，SNA 的生产范围包含所有自产自用的货物，因为生产者可以在货物被生产出来之后再确定是将其出售还是自用。但是，SNA 把为住户自身最终消费而进行的全部服务生产排除在生产范围之外（付酬家庭雇员所生产的服务和自有住房者的自给性住房服务生产除外）。因为，在提供这些服务之前，生产者已经明确该服务是用于住户内部消费的。SNA 关于生产范围的界定其实是一种妥协，但作为一个严谨的体系，它充分考虑了绝大多数用户的需求。应该指出的是，在劳动力统计中，经济活动人口被定义为从事如 SNA 所定义的生产活动的那些人口。如果将生产范围扩展为包括住户成员为其自身最终消费所从事的个人和家庭服务的生产，那么所有从事这些活动的人口都将是自雇人口，这将导致无法对失业做出定义。这说明了在 SNA 和其他相关的统计体系中，将生产范围限定于市场活动或准市场活动的必要性。

其他生产范围问题

1.43 自然过程是否可以作为生产活动，要取决于所发生的环境。将某项活动视为生产活动的一个必要条件是：该活动必须在机构单位的推动、控制和管理下进行，并且该机构单位对所生产的货物享有所有权。例如，公海中鱼类数量的自然增长不能作为生产活动，因为这个过程没有受到任何机构单位的管理，并且这些鱼类也不属于任何机构单位所有。但另一方面，养殖场内的鱼的生长则是生产过程，同样牲畜饲养也是生产活动。类似的，野生的、未经培育的森林、野果或野浆果的自然生长不属于生产活动，而经济林木的培育，以及为用作木材或其他用途而种植的树木，则与各种一年生作物的生长一样，都属于生产活动。但是，在野生森林中砍伐树木、采集野果野浆果和拾拣木柴等活动则属于生产活动。同样，降雨以及天然河道的水流不属于生产活动，而水库和水坝的蓄水以及利用管道或运输工具把水从一处输送到另一处则属于生产活动。

1.44 这些例子表明，给既是生产者又是消费者的机构单位带来好处的许多活动或过程，并不都是经济学意义上的生产过程。降雨可能对一国的农业生产至关重要，但它却不是生产过程，其产出不能包括在该国的 GDP 中。

3. 消费范围

1.45 如何界定 SNA 生产范围，其影响远远超出了生产账户本身。生产范围决定了所记录的增加值数额，从而决定了生产所形成的收入总量。住户最终消费支出和实际消费中所涵盖的货物服务的范围，也要受生产范围的制约。例如，这些支出应该包括自产自用的农产品的估计价值，也包括自有住房服务的价值，但不包括自己动手修理和维护车辆或家庭耐用品、清扫住宅、看护培育儿童的价值，以及类似地为自身最终消费而生产的家庭和个人服务价值，只有用于这些目的所消耗的货物支出（例如清洁材料）才包括在住户最终消费支出中。

4. 资产范围

1.46 资产负债表是为机构单位或机构部门编制的，用于记录这些单位或部门所拥有资产或所承担负债的价值。SNA将资产定义为由某个或某些单位所拥有的实体，其所有者会因对它们的持有或在一段时间内的使用而获取经济利益。金融资产和诸如机器、设备、建筑物这些本身是过去作为产出生产出来的固定资产，显然都属于这个定义范围。然而，所有权标准对于确定哪些自然资源属于SNA中的资产是非常重要的。自然资源，例如土地、矿藏、能源储备、非培育性森林或其他植物和野生动物，只要机构单位能够对其行使有效的所有权，即确实能够从中获得经济利益，那么即可包括在资产负债表中。资产不一定要归私人所有，也可以由政府部门代表整个社会行使所有权。因此，许多环境资产都可以包括在SNA中。资产范围中不包括诸如空气或公海等无法有效行使所有权的自然资源与环境，以及尚未发现或开采的矿藏和能源储备，因为在现有技术条件和相对价格下，这些资源无法为其所有者带来任何经济利益。

1.47 机构单位所拥有的自然资源在两个相邻时点资产负债表间的价值变化，要记入SNA的积累账户。例如，自然资源因生产中的使用而枯竭，要与因自然灾害（比如洪水、地震等）毁坏而产生的损失一起，记录在资产物量其他变化账户中。相反地，当矿藏或能源储藏被探明时，或者先前无法开采的储藏变得可以开采时，它们的出现也要记入这一账户，并以这种方式记入资产负债表。

5. 国民范围

1.48 SNA的账户是针对归并成部门和子部门的常住机构单位编制的。这里定义的常住概念与国际货币基金组织（IMF）在《国际收支平衡和国际投资头寸手册》第六版（即BPM6）中使用的概念是一样的。当一个机构单位在一国经济领土上保持一个经济利益中心，即当它无限期或在一个长时期（通常为一年）内从事或打算从事一定规模的经济活动或交易时，就称其为该国的常住单位。

1.49 作为衡量生产的总量指标，一国的GDP是所有从事生产的常住机构单位的总增加值之和（加上不包括在产出价值中的所有产品税减补贴）。它不同于发生在该国地理范围内的全部生产活动的总增加值之和，因为常住机构单位的某些生产活动可能发生在国外，例如，某些出口机器或设备的安装，或临时在国外工作的专家顾问组承担的咨询项目。相对应地，发生在本国内的某些生产活动可能是由非常住机构单位进行的。

1.50 当从支出角度核算GDP时，还需要对常住单位消费的由非常住单位生产的货物服务，以及非常住单位消费的由常住单位生产的货物服务予以反映。为了保持SNA核算范围的完整性，与国外部门之间的所有交易都必须进行识别和记录，以便恰当地反映这些交易对该国有关经济指标产生的影响。SNA中记录的与国外部门的所有交易，与国际收支平衡表中记录的有关交易是完全匹配的。

6. 最终消费、中间消耗和固定资本形成总额

1.51 这些账户的内容不仅取决于SNA的概念框架、定义和分类，还取决于实际工作中对它们的理解和实施的方式。无论这些概念和分类从原则上看是多么简单明了，在实际操作中仍然会碰到不可避免的划分困难，并且这些困难很难预先确定。通过研究经济学和SNA中有关消费和固定资本形成总额（在其他文献中通常被称为固定资产投资总额）之间的基本区别，即可略见一斑。

1.52 在区分消费和投资之前，有必要先弄清楚消费的本质。消费是指机构单位耗尽货物

或服务的一种活动，但有两种截然不同的消费，即中间消耗和最终消费。中间消耗，是指在核算期内的生产过程中耗尽的货物和服务。最终消费，是指核算期内各住户或全社会为满足它们个人或公共需要或需求而使用的货物和服务。与中间消耗一样，涉及固定资本形成总额的活动仅限于具有生产者身份的机构单位，它被定义为固定资产获得减处置后的价值。固定资产是在多个核算期（超过一年）内反复或持续使用的生产性资产（例如机器、设备、房屋或其他建筑物）。区分中间消耗和资本形成总额的关键在于：所使用的货物和服务是否在一个核算期内被完全消耗。在一个核算期内完全消耗的货物和服务是经常交易，记录为中间消耗；反之，则是积累交易，记入资本账户。

1.53 固定资本形成总额和消费（无论是中间消耗还是最终消费）之间的区别就其一般性质和目的而言是明确的，二者间的区分对于经济分析和政策制定至关重要。然而在实践中，消费和固定资本形成总额之间的界限并不总是那么容易划清的。有些活动从某个角度看起来像是消费，但同时从另一个角度看又像是资本形成。为了保证 SNA 实施的统一性，有必要采用一定方式，对那些难以区分甚至有争议的项目进行归类。下面给出两个例子予以说明。

人力资本

1.54 通常认为，应当将员工培训和教育支出作为一种人力资本的投资方式，归为固定资本形成总额。因为，知识、技能和资格的获得会提升当事人的生产潜能，并构成个人未来经济利益的来源。但是，尽管从广义上来看，知识、技能和资格确实是资产，却无法将其等同于 SNA 所界定的固定资产。知识、技能和资格是通过个人自身的学习、研究和实践获得的，无法由别人替代，因此知识的获得不是生产过程，尽管教育服务是生产活动。所以，由中小学、大专院校等所提供的教育服务可视作学生获取知识和技能过程中的消费，这种类型的教育应作为最终消费处理。当雇主为了提高员工的工作效率而对其进行培训时，所发生的相关成本可视为中间消耗。

1.55 尽管对教育成本的处理与 SNA 中生产和资产的范围是一致的，但无法使所有用户在所有情况下都满意。为此，正如下面所解释的，SNA 鼓励用户以卫星账户形式开发替代方法（关于卫星账户将在第 29 章进行阐述），人力资本记录的替代方法就属于此类应用。

修理、维护和固定资本形成总额

1.56 要说明把消费和固定资本形成总额截然分开所具有的内在困难，还有一个不太常见的例子是修理和维护。企业为维持固定资产处于良好工作状态而进行的日常维护和修理费用，通常作为中间消耗处理。但为了改善性能、增加产能或延长使用寿命而对固定资产（包括机器和建筑物）进行的大修、改造或扩建，则视为固定资本形成。虽然 SNA 中提供了一些针对性建议，但在实践中要划清日常修理维护与大修之间的界限是很不容易的。一些分析人员认为，日常修理维护与大修扩建之间的区分既不具备可操作性，又无充分理由。他们赞成采用一种更加笼统的“总额”记录法，即将所有这些活动都作为固定资本形成总额来处理。

E. 作为不同统计体系协调框架的 SNA

1. 不同统计体系之间的协调

1.57 作为经济统计的协调框架，是 SNA 的一个非常重要的功能，这主要体现在两个不同方面：第一，它作为一个概念性框架，可以确保在相关不同统计领域中所使用的定义和分类具有一致性；第二，它作为一个核算框架，可以确保来自不同来源的数据具有一致性，这些来源包括工业调查、住户调查、商品贸易统计、增加值统计和其他行政资料来源。

1.58 不同统计体系之间保持协调一致，会增强所有相关统计数据的分析作用。国民账户体系在经济统计中一直占据核心地位，来自更为专门的统计体系的数据，如国际收支统计或劳动力统计，一般说来都必须与国民经济核算数据配合使用。为在SNA与诸如金融统计或国际收支统计之类相关统计体系之间进行协调，需要其他统计体系与SNA密切协作，同时进行修订。这种协调一致可以消除不同体系之间在概念上的差异——除若干因满足不同种类数据的具体特点和不同种类用户的特殊要求而保留的概念差异以外。事实证明，SNA和其他主要体系之间的协调工作是非常成功的，通过调整SNA以及其他体系，促成了它们之间的协调一致。

2. 微观数据在宏观经济核算中的运用

1.59 从原则上讲，SNA的一系列账户和资产负债表可以在任何汇总层次上，甚至可以在单个机构单位层次上进行编制。如果部门或经济总体的宏观经济账户能够通过汇总各个单位的数据而直接获得，这是求之不得的。如果有与部门和经济总体之相应宏观经济账户完全匹配的微观数据库，那对分析会大有好处。一般说来，总量或平均数据常常会掩盖在所涉总体内所发生变化的大量有用信息。例如，经济理论表明，收入分配模式的变化对消费总量的影响，应比收入总量变化对消费总量的影响要大得多。用户可能需要获得单个单位的信息，这不仅是为了更好地理解经济运行状况，而且是为了能够监测政府政策或其他事件对备受关注的某些类型单位（如低收入住户）所带来的影响。此外，利用微观经济数据集还能够跟踪观测单个单位的动态行为。随着电脑和通信技术的不断进步，大型微观数据库的管理和分析变得越来越简单。数据可以从不同的来源获得，例如行政和工商纪录以及专门进行的普查和调查。

1.60 然而，在实践中，宏观经济账户很少能够通过相应微观数据的简单汇总获得，因为，即使各个机构单位保存了账户或记录，但适用于微观层面的概念可能在宏观层面上并不适用。单个单位可能不得不使用为其他目的（如税收）而设计的概念。微观层次上所使用的核算惯例和估价方法通常不同于SNA所要求的核算惯例和估价方法。例如，广泛使用的历史成本核算法意味着单个企业的账户与SNA所使用的账户具有明显的不同。从经济角度来看，将以税收目的下计算的折旧作为固定资本消耗是非常武断且不可取的。在这种情况下，试图在汇总之前对成千上万的单个企业账户进行调整显然不切实际。在实践中，这些数据是经过一定程度的汇总后才进行调整的。当然，并不是在调整之前必须将数据汇总到经济总体的层次，甚至无须汇总到部门或产业层次，对较小的更具同质性的单位群数据进行调整可能更加有效。这就需要编制所谓的中间账户体系。无论对哪个层次的汇总数据进行调整，都会导致最终的宏观数据与原先获得的微观数据的简单汇总不相等。如果微观数据的来源不是工商会计或行政记录，而是统计性质的普查和调查，则所使用的概念可能与所要求的比较接近，但也会因普查或调查覆盖范围不全（如调查仅限于一定规模以上的企业）和被调查者回答错误产生的偏差，仍然需要在宏观层次上对调查结果进行调整。

1.61 大多数住户都不会有SNA所需要的那种账户。有关住户的微观数据主要来源于抽样调查，但此类调查明显受制于回答和填报误差。要想针对住户拥有的小型非法人企业活动获得可靠且有意义的数据，就更加困难。以住户调查为基础的汇总数据必须对某些种类的偏差——如某些支出类别（如烟草、酒精饮料、赌博等）的低报——做出适当调整，同时还必须使该总量与其他来源的宏观数据（例如进口）保持一致。微观数据的系统开发也可能因人们对这类数据库的保密性和可能滥用的情况日益关注而受到限制。

1.62 因此，可以肯定的是，由于各种原因，在实践中要想实现微观数据库和宏观经济账户的完全匹配，即使不是不可能，也是非常困难的。然而，作为一个总的目标，经济核算中所使用的概念、定义和分类应尽可能地在宏观和微观层面上保持一致，以促进这两类数据的互相衔接。

F. 与工商会计之间的联系

1.63 SNA 所使用的核算规则和程序是以工商会计长期使用的那些规则和程序为基础的。传统的复式记账原则，即一笔交易要在交易双方每一方的账户中做一对互相匹配的借方和贷方登录，这是经济核算或国民经济核算的一个基本原则。例如，对于产出的销售，不仅要在卖方的生产账户中有一笔登录，同时必须在卖方金融账户中也有一笔等值的登录，以记录因出售产出而收到的现金或短期金融信贷。由于这两笔等值登录也是买方所必需的，因此这项交易实际上在涉及卖方和买方两方的宏观经济账户体系中同时会有四笔等值的登录。一般说来，两个不同机构单位之间的交易，总是需要在 SNA 账户中同时作四笔等值的登录（即四式记账），即使该交易仅是一种转移而不是交换，甚至没有发生货币转手也是如此。多重记账使得不同机构单位和部门之间的交互作用能够得到记录和分析。但是，一个机构单位的内部交易（例如单位对自身产出的消费）只需两笔记录即可，而且其交易价值需要估算。

1.64 SNA 的设计和结构高度依赖于经济理论和原则以及工商会计的核算惯例，例如生产、消费和资本形成等基本概念都根植于经济理论。当工商会计的惯例与经济原理相冲突时，要优先考虑后者，这是因为，SNA 是为了经济分析和政策制定的目的而设计的。工商会计和经济理论之间的区别，可以通过 SNA 中所使用的生产成本的概念来说明。

1.65 工商会计通常（但不是一成不变）按历史基础来记录成本，从而在一定程度上保证其完全客观性。历史成本核算要求对生产中所使用的货物或资产按照获得时发生的实际支出估价，不管这些支出是在过去什么时候发生的。然而，SNA 所使用的是经济学中定义的机会成本概念。换句话说，在某一特定生产过程中使用或耗尽的某些现有资产或货物的成本，是通过将这些资产或货物以其他方式使用时能够获得的收益来衡量的。机会成本是以在使用资产或资源时放弃的机会为基础来计算的，它不同于为获得该资产或货物而发生的成本。在实践中，机会成本核算的最切实际的近似值是现期成本核算，为此要对生产过程中所使用的资产和货物按照该项生产活动发生时的实际或估算的当期市场价格进行估价。有时将当期成本核算称之为重置成本核算，尽管在使用该资产或货物后可能并没有实际替换它的打算。

1.66 如果发生了持续的通货膨胀，即使是温和的通货膨胀，使用历史成本也会低估经济意义上的生产机会成本，也许会导致历史成本利润大大高于 SNA 所定义的营业盈余。基于历史成本计算的利润很容易对生产过程的盈利性发出误导信号，因为相对于产出来说，投入被系统地低估了。这样的误导可能同时会在宏观和微观经济层次上导致错误的决策。

1.67 现期成本核算会产生一些继发影响，并渗透到整个国民经济核算体系。它影响着所有的账户、资产负债表及其平衡项。关于总增加值和 GDP 核算的一个基本原则是，产出和中间消耗必须按生产发生时的现价进行估价。这就意味着从存货中提取的货物必须按照货物出库而非入库时的市场价格进行估价。这种记录存货变动的方法并没有在工商会计中被普遍使用，因此这两种方法有时会产生非常不同的结果，尤其在存货水平随价格上升而发生剧烈波动时更为突出。同样，在 SNA 中，固定资本消耗是根据资产使用时的机会成本来计算的，这与该资产获得时的价格不同。即使在核算期间已经用尽的固定资产实际上并未重置，作为生产成本提取的固定资本消耗额也应足以更换该资产（如果需要的话）。当出现持续通货膨胀时，即使 SNA 和工商会计对资产使用寿命及其磨损和淘汰的速度做出相同的假设，固定资本消耗的价值也可能远大于按照历史成本计算的折旧。为了避免混淆，SNA 使用“固定资本消耗”这一术语，以区别于工商会计中常用的“折旧”。

1.68　SNA 与工商会计的一个区别在于，SNA 中所使用的平衡项并不采用工商会计中“利润”这个术语。企业收入近似于税前利润，可支配收入近似于税后利润。SNA 使用可支配收入这个术语是基于以下事实：住户部门的可支配收入反映住户在维持其资产净值（即按现价估计的资产减去负债后的价值）不变的情况下，可用于消费的最大数额。对于企业来说，由于它没有最终消费，因此其可支配收入等于可用于投资的数额。

1.69　与工商会计的另一个区别在于，SNA 在计算收入时不包括因那些仅仅由不同单位之间的财富再分配而产生的资本转移才得到或处置的资产，也不包括从与生产无关的事件（如地震、其他自然灾害或战争）中得到或处置的资产，同理，生产活动所得的收入中也不包括由于相对价格变化引起的资产或负债实际持有收益和损失。

1.　国际会计准则

1.70　SNA2008 最新修订的一个特点在于，它认识到了国际会计准则在企业和公共部门中越来越广泛的应用。以下各章都参考了国际会计准则委员会（IASB）和国际公共部门会计准则委员会（IPSASB）制定的相关条款。在某些情况下，特别是在养老金负债和无形资产的核算中，能否将某些项目包括在 SNA 中，其可行性将特别依赖于国际会计准则的应用。

G.　SNA 范围的扩展

1.71　SNA 的设计旨在全面和综合，任何一个国家，不论其经济结构、制度安排或发展水平如何，都能够根据各自的需要和能力从 SNA 中选择对其最相关最有用的部分来实施。SNA 应当以灵活的方式实行，本卷中介绍的账户、表格、分类和部门划分都不是一成不变的。例如，通过进一步的加总或分解，可以实施灵活的机构单位、交易和资产的分类，以适应数据的可获得性和不同国家的特殊环境。然而，对分类的灵活运用并不会改变 SNA 中的基本概念和定义。

1.72　在某些情况下，SNA 会对灵活性提出明确要求。例如，第 4 章中提出一般政府部门细分的两种方法，但并没有指出孰优孰劣。类似的，尽管 SNA 建议应按照住户主要收入来源对住户部门进行细分，但同时强调这只是部门细分中的一种可行标准。在某些情况下，按照社会经济标准或者住户所处的地理位置来划分可能更加合适，或者也可以同时使用两种或两种以上的标准对住户部门进行分层细分。

1.73　第 18 章到第 29 章阐述了 SNA 为适应不同环境和需求的各种应用方式。第 29 章介绍了如何通过开发与 SNA 主体系密切相关的卫星账户将灵活性发扬光大，而不一定要使用完全相同的概念或是受制于以货币表示的数据。开发卫星账户旨在满足某些特殊用途的需要，例如监测全社会的卫生或环境状况。卫星账户也可以用于新方法和核算程序的研究，当研究成熟并被广泛接受后，就可以在适当时候将其纳入主体系，例如，投入产出分析就已经被纳入了 SNA。

1.74 灵活运用 SNA 的另一种方式是按照社会核算矩阵形式重新组织账户中的数据，以更好地满足某些特殊的分析和政策需求。这类矩阵并不是建立不同的体系，而是用另一种方式来呈现 SNA 中所包含的大量信息，很多用户和分析人员发现这种方法能够提供更多更有用的信息，更加有助于对社会经济发展的监测和模拟。

H. SNA 与福利测算

1.75 国内生产总值（GDP）常被用作福利测度指标，但 SNA 并没有认同这种说法，实际上，SNA 中有几项惯例是反对对相关账户作出福利解释的。本节以下对部分惯例的含义进行简单介绍。

1. 用支出测度福利的条件

1.76 在市场经济中，用来估计货物服务价值的价格不仅应当反映其相对的生产成本，而且还应当反映将其用于生产或消费会获得的相对利益或效用。这样，在生产和消费总量变化与福利变化之间就建立了相应联系。然而，消费物量的变化并不等同于福利的变化。在其他条件相同的情况下，货物服务支出的增加会导致福利的增加，这一点是被广泛接受的。但福利的增加可能不与支出的增加成比例，发生支出的单位也不一定能从福利的增加中受益。SNA 对实际消费和消费支出进行了区分，实际消费反映的是货物服务实际消费量。住户实际消费通常高于其消费支出，因为前者还包括了由一般政府部门和 NPISH 为单个住户所发生的支出。

1.77 生活极度贫困的人与实现温饱的人相比，前者增加食品支出所带来的福利增加可能大于后者。但是，SNA 无法对此进行区分，尽管根据相关规定可以区分发生支出的单位和实际消费的单位，但是 SNA 的估价基础是食品价格，没有针对从消费中获得的福利进行质量调整。用支出衡量福利，最多可以将其作为支出所产生的福利水平的一个合理下限。

2. 非付费服务和福利

1.78 SNA 的生产范围中不包括住户自产自用的服务，只将自有住房的虚拟房租以及付酬家庭雇员的工资包括在其中。类似地，SNA 也不包括个人为非营利机构提供的非付费劳务。在这两种情况下，所投入的时间增加了社会中其他个体的福利。从生产中剔除这些服务并不是对其福利性质的否定，而是认为对于 SNA 的设计目的（即经济分析、决策和政策制定）来说，包含这些服务将削弱而不是提高 SNA 的有效性。

3. 外部事件对福利的影响

1.79 个人和国家的福利水平可能受到一系列非经济因素的影响。例如寒冬和流感，在其他条件不变的情况下，由于严寒和流感创造了额外需求，许多货物服务的生产和消费可能会相应增加；燃料、衣物和医疗服务的生产和消费也可能有所增加。与上一年相比，受极端恶劣天气和流感的影响，人们会觉得他们的总体情况变坏了，尽管对应于取暖和卫生服务的额外需求，相应的生产和消费可能增加了。从这个角度来说，尽管 GDP 在物量上有所增加，但总的福利水平可能是下降的。

1.80 这种情况并不意味着在其他条件不变情况下，福利不会随着 GDP 的增加而增加。假设发生了严寒和流感，公众可能会发现与不发生相比，整体福利会随着取暖和卫生服务的额外生产和消费而提高。从广义上来看，甚至会有一个促进生产的普遍趋势，去弥补因特殊事件给人们造成的福利损失。例如，为了修复地震、飓风和洪水等自然灾害造成的损害，生产可能会趋于增加。假定灾难已经发生，额外的生产活动将会增加福利。但问题在于，应该如何测算福利随时间的变化？如果损害得以修复，一个遭受自然灾害袭击的地区将会拥有更高的福利水平，但是相比于没有灾难的情况，应当如何衡量这个新的福利水平？

4. 外部性对福利的影响

1.81 一些生产活动会导致福利损失，但后者无法记录在 SNA 中。例如，一家工厂可能产生噪声并且向空气和附近水域中排放污染物，破坏了周边的原有环境，从而导致附近居民的福利损失。只要不对这家工厂进行经济处罚，SNA 就无法对后果进行测量。如果依据政府立法或其他规定，工厂增加开支以减少噪音或污染物排放量，则成本和福利都将增加，但两者的增加并不一定是相称的，治理污染后的福利水平可能会低于直接关闭这家工厂所达到的福利水平。

1.82 环境外部性是对福利测算和经济增长本身测算产生关注的一个主要原因。出于这些考虑，专家们开发了一个卫星账户并正在逐步改进，以期回答这些问题。

5. 非经济因素对福利的影响

1.83 个人的福利水平并非仅由经济因素决定。个人和家庭的环境、健康状况、从工作中获得的满足感等，都是影响福利的因素。很难用一种客观的方法对这些因素进行量化，要将这些因素包括在一个主要用于促进经济分析的体系中，就更难保证其有效性。

6. 福利指标和宏观经济总量指标

1.84 福利是一个范围很广的概念，涵盖了很多不同的方面。其中有些方面可以直接从 SNA 的一个或多个关键总量指标中获取，另外一些方面可以通过 SNA 的基本结构并对某些内容进行扩展来获得，例如将环境损害的影响和非付费服务纳入统计范围。但对于不以福利测算作为主要目标的 SNA 来说，还有些方面的数据可能永远无法通过它来得到。否认这一点是不明智的，因为要想使一个经济核算体系能够随着需要自动地进行令人完全满意的福利测算是不现实的。

第2章　综　述

A. 引言

2.1　本章对 SNA 的账户框架做一个综述，并对后面的绝大部分章节进行简要介绍。

a. 本章介绍构成核算体系的概念性要素，以及核算体系所遵循的核算规则。B 节和 C 节对这些内容有进一步的解释，详细阐述见第 3、第 4 和第 5 章。

b. 本章给出对构成核算主体结构的中心框架的标准理解。介绍每个账户时，会指出账户的性质，并探析可由每个账户引发的分析内容。账户在 D 节给出，并在第 6 至第 17 章逐一加以介绍。

c. 最后，本章将介绍适应特定国家的需要而对中心框架加以灵活应用的若干方式。特别地，本章将介绍卫星账户。这些对 SNA 的扩展与应用将在 E 节作简要概括，并在第 18 至第 29 章中作深入阐述。

2.2　如同第 1 章所指出的，中心框架描绘了构成经济活动的各种本质现象：生产、消费、积累以及与收入和财富有关的一些概念。SNA 的目的是表述这一系列现象及其相互联系，尽管为了使读者更好地理解这些内容，这种表述是经过简化的，但是它仍然涵盖了所有的重要事项。为了达到这一目的，中心框架必须满足两个条件，即它必须既是完整的，又是一致的。

2.3　为了使中心框架具有综合性，必须在所有的账户和子账户中使用相同的概念、定义和分类。例如，一旦住宅被作为资产记录，则无论住宅是房主自有的、还是在市场上租住的，所有的住宅都一定会产生住房服务，该服务应包括在生产范围内。同理，所有的住宅都产生收入，在 SNA 中，无论房主和居住者之间是什么关系，这些收入应当按照同样的方式进行记录。

2.4　为了使中心框架具有一致性，SNA 中出现的每个经济流量或存量水平，在其交易各方都必须采用相同的度量。在整个 SNA 中采用相同的概念和定义，对 SNA 中的所有登录使用同一套核算规则，一致性就可以实现。在实践中，出于种种原因，基本单位所提供的实际会计或统计数据不会完全一致，因此需要做大量的额外工作，方能达到 SNA 所要求的一致性。

1. 分析流量与存量

2.5　从根本上说，国民账户体系的目标是记录经济流量和存量。经济流量可以从不同的角度来理解。考虑这样一个问题：“*谁做什么？*”“谁”指的是做某件事的经济主体，即经营者。“什么”则与这个经济主体正在实施的某种活动有关。在某些情况下，对这个很简单的问题做回答，就可以较好地概括一个经济流量的基本特征。但是在通常情况下，这个问题过于简单，无法对一个特定流量进行大致的经济描述。例如，某人买了一条面包。为了总结这个流量的特征，有必要考虑这条面包是从谁那里买的（面包房或是超市），以及购买时支付的是什么（硬币或纸币）。因此刚才的问题应换一种提法：“谁、做什么、*和谁、交换什么？*”这个相当简单的流量涉及两个经营者（一个买者，一个卖者），两个主要活动（一个购买，一个出售），两个次级活动（一个支付，一个收受），以及两个对象（面包，硬币或纸币）。此外，一个完整的描述可能还需要更多的信息：至少应包括面包的重量、种类和价格。

2.6 现实中的情况远比上面的例子复杂。在流量发生之前，卖者在他的店里已经存有一定数量的面包；出售面包之后，他的面包减少了但是钱却多了。买者先有一定数量的钱，然后他的钱少了但是（在吃掉面包之前）拥有了一些面包。因此发生在他们之间的流量改变了他们的初始状况。这就意味着不能孤立地看待流量；还需要考虑流量发生前和发生后的状况。在这两个时点上，人们必须考虑“谁有什么？”这样的问题。面包师不仅有面包和通货，还有一个设有店面的房子、烤制设备、一些面粉、银行存款、汽车，等等。换言之，他有（拥有）一定存量的物品。买者亦然。在流量和存量自身概念基础上，流量可以改变存量。流量与存量的变化有内在的联系。因此，前面的问题可进一步转化为：“谁、做什么、和谁、交换什么，*存量变化如何*？”

2.7 然而，还有一些考察本例的角度未被穷尽。在面包师出售面包之前，他必须把面包烤制好。他使用面粉、水、电、烤制设备等。因此，另一个问题是“*谁用什么做什么*？”他做什么也可以用两种方法来概括：他的活动（烤面包）及其活动的结果（产品：面包）。至于买者，我们会问“他为什么买面包？”一个显而易见的目的是为了把面包当作食物来吃；不过，也可能是为了施善行而施舍给乞丐。这就提出了一个问题：“谁、做什么、*为了什么目的*？”

2.8 把所有这些问题合并在一起，就会出现一个由简单问题连接起来的、非常复杂的组合问题：“谁？做什么？和谁？交换什么？用什么？为了什么目的？存量变化如何？”对一个特定的经济体中的所有经济流量和存量以及经营者都回答这些问题，将会产生大量的描绘整个经济联系网络的信息。但是，这要求有大量的基础数据，而数据未必总能获取，而且未必是完整的，有可能只涵盖这个复杂的问题链的某些方面。进一步地，有必要将各种经济流量和存量记录按照一种易于理解的方式组织起来，下一节将讨论这个问题。

2. 记录流量与存量

2.9 用户的需求对核算框架提出了一些特定的要求。第一个要求是，核算框架应当提供一幅经济图像，而且该图像必须简单明了，以保证其可理解性和可操作性。第二个要求是，核算框架应当如实表述经济活动，应当以一种均衡的方式涵盖所有的重要方面，而不能厚此薄彼。最后，核算框架应当刻画出经济活动的所有重要的经济联系及其结果。尽管有必要满足上述所有要求，但是它们在一定程度上是相互矛盾的。在这些要求之间达成恰当的平衡并不容易。过分简化就会遗漏或忽略经济活动的某些重要方面；过分逼真就会使图像过于繁琐并降低其洞察力；而过分复杂的联系又会降低可理解性并误导一些用户；如此等等。

2.10 为了满足上述要求，SNA使用了有限的基本类别对纷繁复杂的基础流量中的某些方面（谁？什么？什么目的？存量如何？）进行分析和汇总。然而，SNA简化了该图像，它在描述经济联系时并不是以完全系统的方式来记录“从谁到谁？”的问题，即它并不总是把不同类型经营者之间的流量网络全部描绘出来。考虑三个单位，A、B和C，每个单位都对其他两个单位做出了相同类型的支付；例如，他们可能是三个店主，各自出售不同类型的货物。假定A从B处购买了2，从C处购买了3；B从A处购买了6，从C处购买了1；C从A和B处分别购买了4。如果对这些流量进行完整的描绘，则可以用下面的3×3的表来表示：

	A	B	C	总购买
A		2	3	5
B	6		1	7
C	4	4		8
总销售	10	6	4	20

2.11 尽管只指明了购买支付量，但是从表中也可得到每个单位的销售收受量。最右边一列的合计显示了三个单位各自的总购买量，最下边一行的合计数则显示了三个单位各自的总收受量。显然，依行计算的合计数必须等于依列计算的合计数，因为两个合计数都是表中所有项目之和。在中心框架中，一般来说并不显示来自 A、B 和 C 中各方并去向其他两方的流量的全部细节；仅仅显示最右边一列和最下边一行的合计数、并且知道二者相互匹配就足够了。

2.12 在某些情况下，尤其是在利用矩阵形式进行记录的情况下，可能会显示这些附加的细节。第 14、第 28 和第 29 章会讨论这种情况。不过即使在中心框架中，也有可能获得全部细节。例如，在有些情况下，A、B 和 C 并不是彼此交易，而是都与另外的一个单位 G 进行交易，比如交税，则只显示四个项目：A、B 和 C 各自的支付和 G 的收受。

2.13 SNA 进行简化的另外一种情形是关于“用什么交换什么?”的问题；例如，它并不指明购买货物和服务或支付税款的金融对应物（通货或存款或短期贷款等）的特定属性。

2.14 虽然 SNA 只是以二维而非三维的形式进行表述，不过我们已然看到了 SNA 是综合的这一事实，这一事实并不会冲淡对它的一致性的要求。实际上，SNA 的目标是得到一套一致的账户，其一致性应当与假如账户是完全衔接地编制的情况下所能达到的一致性相同；就所涉及的双方而言，每个经济流量或存量应采用相同的测算方法。通过在整个体系中应用相同的概念和定义以及采用一套严格的核算规则，SNA 实现了其一致性。

B. SNA 的概念性要素

2.15 SNA 包含若干个基本概念，它们决定了 SNA 的核算框架，从而能够回答上述一系列问题的不同方面。这些概念包括：

a. 机构单位和机构部门（*谁?*）；

b. 交易和其他流量（*什么?*）；

c. 资产和负债（*什么存量?*）；

d. 产品和生产单位（*谁*和*什么*的其他方面）；

e. 目的（*为什么?*）。

下面依次加以介绍。

1. 机构单位和机构部门

2.16 SNA 所识别的最基本单位是能够从事所有交易，并能够以自己的名义拥有资产、发生负债的经济单位。这些单位被称为机构单位。另外，由于能为其活动承担法律责任，因此机构单位是经济活动各方面的决策中心。现实中，有些机构单位是由其他单位控制的，因此决策自主性并不完整，而且会随时间改变。依法独立持有资产和负债与自主行为并不总是一回事。在 SNA 中，通常更注重前一方面，原因是它更便于组织统计数据的搜集和显示，当然在某些情况下它不是非常有效。

机构部门

2.17 将机构单位按照主要职能、活动和目标分组，形成以下机构部门：

a. *非金融公司*：主要从事市场货物和非金融服务生产的机构单位；

b. *金融公司*：主要从事包括金融中介在内的金融服务活动的机构单位；

c. *广义政府*：除了履行政治义务和经济监管职能之外，主要基于非市场基础为个人消费或公共消费生产服务（也可能是货物）、对收入和财富进行再分配的机构单位；

d. *住户*：由一个人或一群人组成的机构单位。经济中所有的自然人必须属于且只能属于一个住户。住户的主要职能是提供劳动力，进行最终消费，充当企业主，生产市场货物和非金融（也可能是金融）服务。住户的企业主活动是指保留在住户内部的非法人企业——某些特殊情况除外；

e. *为住户服务的非营利机构（NPISH）*。主要从事面向住户或全社会的非市场服务生产的法人实体，其主要资源来自于志愿捐献。

2.18 根据层级分类（见第4章），每个部门可划为若干个子部门。每个子部门由完整的机构单位组成，每个机构单位属于且仅属于一个子部门，当然也可能有其他的分组方式。为了满足决策的需要，SNA中还按照公有、本国私有和外国控制的公司进行区分，并对住户部门中的不同社会经济群体进行区分。

界定经济总体和国外

2.19 经济总体是根据机构单位定义的。经济总体由在一个国家经济领土内常住的所有机构单位组成。一国经济领土的主体是地理领土，不过二者并不完全重合；对地理领土做一些加减之后才能得到经济领土（见第26章）。SNA中的常住性概念不是建立在国籍或法律标准之上的。如果一个机构单位在一国经济领土内拥有一个主要的经济利益中心，则称该机构单位是该国的常住单位；即该机构单位在一个较长的时期内（实践中以一年及以上为准）在该国的经济领土内从事经济活动。上述机构部门仅包括常住单位。

2.20 常住单位会与非常住单位（即其他经济体的常住单位）发生交易。这些交易是该经济体的对外交易，归入国外部门核算。严格讲来，国外是对常住单位与非常住单位之间发生的交易的核算，不过也可以视为与常住单位发生交易的所有非常住单位的集合。在SNA的核算结构中，非常住单位仅在其与常住单位发生交易时才被包括进来，不过国外的作用与机构部门的作用是类似的。

2. 交易与其他流量

2.21 机构单位承担着各种经济职能，生产、消费、储蓄、投资，等等。它们可能作为企业主从事不同类型的生产（农业、制造业等），也可能提供劳动或供给资本。在所有这些经济职能和经济活动的方方面面里，它们从事着大量的基本经济行为。这些行为可以被归纳为各种经济流量，通过这些流量（分门别类为工资、税、固定资本形成等），创造、转换、交换、转移或清偿了经济价值，并会牵涉到机构单位之资产或负债的物量、构成或价值的变化。经济价值可以体现为对有形物品（一条面包，一幢住房）或无形资产（电影原件）或金融债权（负债被理解为具有负的经济价值）的所有权。总之，经济价值潜在地可用来获取货物或服务、支付工资或缴税等。

2.22 多数经济活动是按照机构单位之间的相互协议而发生的。它们或者是一项经济价值的交换，或者是一项自愿的转移——一个机构单位向另一个机构单位转移一定数量的经济价值而没有获得对应的回报。这种按两个机构单位双方协议而发生的活动在SNA中被称为交易。SNA还把某些仅涉及一个机构单位的经济活动作为交易看待，这些活动被称为内部交易。例如，自给性固定资本形成被视为机构单位自己与自己进行的一项交易：机构单位一方面作为生产者，另一方面作为固定资本的获得者。从本质上看，此类交易与两个不同的机构单位按相互协议而进行的活动是类似的。

2.23 然而，并非所有的经济流量都属于交易。例如，某些由一个机构单位单方面进行的活动会对其他机构单位造成影响，却没有征得后者的同意。SNA只在有限的范围内对此类活动加以记录，主要限于政府或其他机构单位不经充分补偿就占有其他机构单位（包括非常住单位）的资产的情况。

实际上，单方面的经济活动会对其他经济单位产生影响（外部性），无论其影响是积极的还是消极的，此类影响的范围很广，但是 SNA 并不记录这些外部性。人类活动可能导致自然资产向经济活动的转移，以及随之而来的此类资产的转化。SNA 将这种现象记录为经济流量，这些流量会产生经济价值。一些非经济现象，例如战争和自然灾害，可以毁灭经济资产，对这种经济价值的灭失必须加以记录。在持有期内，随着价格的变化，经济资产和负债的价值可能发生变化。这些流量以及类似的流量并非交易，SNA 中称其为其他经济流量，将在第 12 章进行阐述。

2.24 经济流量可以是实际的、可观测的流量，也可以是出于分析目的而建立或估计出来的。某些流量可以以价值形式被直接观测。两个机构单位之间的货币交易就是如此，例如货物的买卖或缴税。发生在两个机构单位之间的其他流量虽然可以被观测，但是不能直接得到其价值。易货交易属于这种情况，学生消费的由政府免费提供的教育服务也属于这种情况；必须赋予此类交易一个货币价值。易货交易是涉及“补偿物”的两单位间流量的一个例子，即一个方向的流量与相反方向的对应流量相联系；现金社会福利是不涉及补偿物的两单位间流量的一个例子。另一类流量仅涉及一个机构单位。这种流量可能是可观测的、有形的，例如为了自给性消费或固定资本形成而提供的产出，又如自然灾害造成的破坏。对此类流量也必须赋予价值（在某些情况下，这是轻而易举的，例如大部分产出被出售的情形）。与前面所说的流量不同，其他内部流量可能是不可观测的；为了正确地测算经济运行状况，必须为它们设立核算登录。固定资本消耗或资产负债的重估价就属于这种情况。还有一些特定的内部流量如外国直接投资的再投资收益，也需要出于分析目的而设立核算登录。最后，某些可观测的货币交易并不是按照其实际观测到的价值进行记录，或者是由于它们具有混合的性质（如名义利率，保费总额），或者是由于它们的法律性质与其经济性质不一致（如金融租赁）。因此，在 SNA 中，这些流量要分解为不同的部分，并要对其分类和记录方式进行调整。

2.25 尽管货币交易在 SNA 的流量估价中具有基础性作用，但是非货币交易也非常重要。非货币流量包括机构单位之间的货物和服务流量，必须对这些流量的价值加以估计，此外，还有一些假定发生在机构单位内部的流量。非货币交易的相对重要性依据经济的类型以及核算体系所追求目标的不同而不同。虽然相比而言，非货币流量在欠发达经济体中的规模往往会更大一些，但其在发达经济体中的规模也是不容忽视的。

交易与其他流量的主要类型

2.26 基本交易与其他流量是数不胜数的。按照性质，可以把流量分为若干个类别。SNA 对交易与其他流量的主要分类包括四个一级类，在每个一级类之下再按照层级进行细分。这种分类方式被系统地应用在中心框架的账户和表中，并与机构部门分类、产业分类和产品分类以及目标分类等形成交叉分类。完整的交易分类体系及其代码见附录 1。

2.27 *货物和服务（产品）交易*，反映货物服务的来源（国内产出或进口）与使用（中间消耗、最终消费、资本形成或出口）。根据定义，SNA 中的货物和服务都是生产的成果：或者是国内生产的成果，或者是国外的成果；或者是当期的成果，或者是前期的成果。因此，产品这个术语是货物和服务的同义语。

2.28 *分配交易*，包括将生产创造的增加值分配给劳动力、资本以及政府的交易，以及涉及收入和财富再分配的交易（如所得税、财产税和其他转移）。SNA 区分经常转移和资本转移，认为后者是对储蓄或财富的再分配，而不是对收入的再分配。（第 8 章会详细讨论二者的区别。）

2.29 *金融工具交易*（或金融交易），是指针对各种金融工具的金融资产净获得或者金融负债净发生。此类变化通常是作为非金融交易的对应部分而出现的。纯粹的金融工具交易也属于金融交易。在 SNA 中，或有资产和负债的交易不被视为交易（见第 11 章）。

2.30 *其他积累项*，包括改变资产和负债之数量或价值的、不属于前面几种类型的交易和其他经济流量。具体包括：非生产性非金融资产的获得减处置；非生产资产的其他经济流量，例如地下资源的发现或耗减，或其他自然资源向经济活动的转移；非经济现象的影响，如自然灾害和政治事件（如战争）；由价格变动引起的持有损益，以及其他一些较小项目。

SNA 中交易的特点

2.31 为了更好地回答流量分析中所提出的问题，SNA 在记录某些交易时，并不是按照直接观测到的结果来记录。SNA 常常采用与经济概念更为一致的类别。例如，固定资本总形成是货物服务交易的一个子类，其范围比狭义的“固定资产购买”更广泛。为了更贴近经济概念，固定资本形成既包括新固定资产获得也包括现有固定资产的获得，获得方式可以是购买、易货交易或自给性固定资本形成，同时要减去现有固定资产的处置，处置方式可以是出售，也可以是易货交易。

2.32 正如前面的例子所表明的，SNA 还常常使用经压缩的类别——将若干基本交易合并起来。例如，“存货变动”是指入库与出库之差以及经常性损失。类似的取净值的做法也用于金融工具交易。作为资产（或负债）持有的某种金融工具的所有交易都被归并在该金融工具名下。例如，“贷款”包括新发放的贷款以及现有贷款的转换、偿还和注销。最后，对于 SNA 中某些交易类别，需要把一个实际的交易拆分成几部分，例如与利息和非人寿保险费净额有关的分配交易。

3. 资产和负债

2.33 资产和负债是经济总体与机构部门之资产负债账户的构成内容。与反映经济流量的账户不同，资产负债账户反映的是在一个特定时点上，由一个单位或部门或经济总体所持有的资产和负债的存量。资产负债账户通常是在核算期的期初或期末编制，但原则上它们可以在任何一个时点上编制。不过，现有存量是由过去的交易与其他流量积累而成的，而且会被未来的交易与其他流量所改变。因此存量和流量是紧密联系的。

2.34 资产的范围被局限于这样一些资产：它们的所有权有归属、所有者可以通过持有它们或在 SNA 所定义的经济活动中使用它们而取得经济收益。大多数耐用消费品、人力资本和自然资源都不能为其所有者带来经济收益，因此不在 SNA 的资产范围内。

2.35 资产的分类，在第一级别区分为金融资产和非金融资产（后者包括生产资产和非生产资产）（见第 10 章）。大多数非金融资产通常被用于两个目的：主要是在经济活动中作为可被使用的物品，同时还可以充当价值储藏手段。金融资产必须是而且主要是用作价值储藏手段，当然它们也可以发挥其他作用。

4. 产品和生产单位

产品

2.36 货物和服务，也被称为产品，是生产的成果。它们可用于交换和其他各种目的：可作为其他货物服务生产的投入，作为最终消费品或投资品。SNA 在这里再次对市场货物服务、为自己最终使用的货物服务以及非市场货物服务做了理论上的区分，原则上讲，每种货物或服务都能被归入上述三种类型之一。

生产单位

2.37 诸如公司等机构单位可以生产不同类型的货物和服务。这些货物服务是生产过程的产物，生产过程可能会依所消耗的材料和用品、所使用的生产设备和劳动力以及所采用的技术不同而不同。换言之，同样的货物服务可能来自不同的生产活动。为了更细致地研究货物和服务交易，SNA 使用了主产品分类（CPC）。

2.38 为了详细研究生产和生产职能，有必要使用同质性较强的单位。理想的解决办法是识别并观察那些仅从事一种生产活动的单位。此外，由于还有必要描绘生产的空间分布，这个单位还应当仅在一个地点（或相邻场所）从事活动。在实践中，并不总是能够从从事多种活动的单位内部区分出那些从事单一活动的生产单位，并取得这些单位的必要数据。结果不得不将一些无法分离出去的次要活动包含在内。出于这个原因，为了对生产进行详细研究，SNA 使用了这样一种单位：除了其主要活动之外，可能还包含了一些次要活动。这种单位就是基层单位。

2.39 根据《所有经济活动的国际标准产业分类》（ISIC，第四版），基层单位按照其主要活动的相似性被归类为不同的产业部门。

2.40 鉴于市场在现代经济中发挥的重要作用，SNA 把基层单位区分为市场生产者、为自己最终使用的生产者和非市场生产者，这种分类是 SNA 结构的一个基本特征。市场基层单位生产货物服务的目的，主要是为了以有经济意义的价格出售它们。为自己最终使用的生产者生产货物服务的目的，主要是为了企业主自己的最终消费或固定资本形成。非市场基层单位则会免费或以非经济意义价格提供其所生产的大部分货物服务。

2.41 在机构单位与基层单位之间存在着层级关系。一个机构单位会包含一个或多个完整的基层单位；而一个基层单位属于且仅属于一个机构单位。

5. 目的

2.42 目的或功能的概念与一次或一批交易需要满足的需求类型有关，或者与它所追求的目标类型有关。在 SNA 中，首先根据交易的性质对其进行分析。其次，对于特定的部门或交易类型，则要按照目的对支出方进行分析，从而回答前面提出的“为了什么目的”这样的问题。在第 14 章介绍供给与使用表时，将对根据目的进行的分类加以阐述。

C. 核算原则

1. 引言

账户两方的术语

2.43 对于增加一单位或部门之经济价值的交易，SNA 使用*来源*这样的术语。例如，工资与薪金是其接受单位或部门的来源。按照惯例，来源放在经常账户的右方。账户的左方被称为*使用*，使用是指减少一单位或部门之经济价值的交易。仍以工资与薪金为例，对于支付的单位或部门而言，它们是使用。

2.44 在资产负债账户中，*负债和资产净值*（资产与负债的差额）放在右边，资产放在左边。通过比较两张连续的资产负债账户，可以得到负债和资产净值的变化以及资产的变化。

2.45 积累账户与资产负债账户有机地联系在一起，积累账户的右边被称为*负债和资产净*

值的变化，左边被称为*资产的变化*。在金融工具交易中，负债的变化是指负债的（净）发生，资产的变化则是指资产的（净）获得。

所有权变更与货物服务交易的记录

2.46 货物可能被一个单位持有并加工，而这个单位却不具有该货物的所有权。例如一件货物被送到某单位进行修理。修理者的活动仅仅体现为修理过程中发生的成本，而所修理货物的成本并不会出现在修理者的账户上。对于日常所见的修理活动而言，如修鞋或修车，这是不言而喻且顺理成章的。然而，如果一个单位以另一个单位的名义对货物进行加工，同样的原则仍然适用。例如，一个单位可能从另一个单位收到一套元件，然后把组装好的产品返回去。

2.47 SNA 对法定所有权和经济所有权作了区分。在 SNA 中，记录产品从一个单位转移给另一个单位时所遵循的准则，是该产品之经济所有权从一单位转移给了另一单位。法定所有者是依法对产品价值中所蕴含收益享有权益的单位。然而，一个法定所有者有可能与另一个单位签订协议，同意由后者在生产中使用产品，并承担由此带来的风险、享有由此带来的利益，从而换取一个约定好的、蕴含风险因素较小的金额。例如，如果一家银行在法律上拥有一架飞机，不过它同意一家航空公司使用这架飞机，从而换取约定的金额。航空公司对这架飞机的飞行频次、飞行目的地以及机票价格等进行全权决策。于是航空公司被认为是这架飞机的经济所有者，尽管银行仍然是其法定所有者。编制账户时，飞机应记录为由航空公司购买，而不是由银行购买。同时要虚拟一笔由银行发放给航空公司的贷款，其金额等于在双方协议的有效期内应付给银行的金额。

2.48 同样的原则也适用于被送到国外进行加工的货物。如果加工者并不关心由其所组装的物品将怎样出售、卖到哪里以及价格是多少，那么法定所有者仍然拥有该货物的经济所有权。尽管该货物从形体上看可能从一个国家运到了另一个国家，但是它不会被记录为进口和出口，因为其经济所有权并未发生变更。

2.49 在一个有若干个专业化基层单位的大型企业内部，对一个基层单位交付给另一个基层单位的货物是否应加以记录，并不是显而易见的。既然所有的基层单位都有同样的所有权，那么经济所有权与法定所有权之间的差别就需要更精细的界定。SNA 所采用的准则是：如果从经济风险和收益来看是由接收单位承担责任的，则应记录货物交付。如果接收单位并不承担责任，例如它会把加工好的物品送回原来的发送单位，则认为接收单位只是提供了一项围绕物品的服务，因此不记录货物从第一个单位到第二个单位的发送。

复式记账还是四式记账

2.50 对于一个单位或部门而言，国民经济核算如同工商会计一样，是以复式记账为基础的。每笔交易必须记录两次，一次作为来源（或负债变化），另一次作为使用（或资产变化）。记录为来源或负债变化的交易总额与记录为使用或资产变化的交易总额必须相等，这样才能检查账户的一致性。依据 SNA 的构造，那些不是交易的经济流量自有其直接作为资产净值变化的对应部分。D 节将表述这一点（另见第 12 章，该章将阐述资产物量其他变化账户以及重估价账户）。

2.51 复式记账原则的含义在许多情况下不难理解：如果住户赊购一件消费品，则该笔购买将作为使用列在最终消费支出项下，同时作为负债发生列在贷款项下。但是，如果货物是用现金支付的，则情况会稍许复杂一些：列在最终消费项下之使用的对应方现在变成资产负获得，列在现金和存款项下。还有些交易则更为复杂。货物的产出记录为生产者账户的来源，作为其对应方的使用记录为存货正变化。如果产出被出售了，则有一个存货的负变化，即非金融资产的负获得，然后由一笔金融资产（如通货或存款）的正获得来平衡。正如前面所解释的那样，在很多情况下，人们之所以难于理解如何使用复式记账的原则，主要是由于在 SNA 中各种交易类别被压缩了。

2.52 原则上讲，记录一项活动对所有单位、所有部门的影响，应以四式记账原则为基础，因为大多数交易都会涉及两个机构单位。每项此类交易都必须由交易双方分别记录两次。例如，由政府单位向住户支付的现金社会福利，在政府账户中，要作为使用列在有关的转移项下，同时作为资产的负获得列在通货和存款项下；在住户账户中，要作为来源列在转移项下，同时作为资产的获得列在通货和存款项下。即使账户中并没有显示出部门间“从谁到谁”的详细关系，四式记账原则也同样适用。正确地记录与此有关的四笔交易，才能确保账户的完全一致性。

2.53 正如引言部分所指出的那样，现实中，国民经济核算编制者能够获得的数据一开始可能并不满足 SNA 的一致性要求。针对国家的一套账户不会像企业单位或政府的账户那样，实际记录发生在一段时期内的全部流量。国家账户要依赖于不同单位的账户，而各单位的账户不一定是一致的、完整的，甚至是得不到的。尤其是住户账户，不得不使用从住户调查等途径得来的其他统计数据。协调这些形形色色的数据来源以满足由四式记账原则所决定的一致性要求，是编制一套完整的账户的基础工作。

2. 记录时间

2.54 四式记账原则的含义之一是，交易或其他流量必须在同一时点记入交易双方的有关账户中。同样的原则也适用于金融资产和负债的存量。

2.55 国民经济核算的总原则是机构单位间的交易必须在债权和债务产生、转换或取消之时进行记录。这种记录时间被称为权责发生制。一个机构单位的内部交易也要按同样的方法记录，即在经济价值被创造、转换或清偿之时记录。总的来说，所有的交易，无论是何种交易，都始终被视为与经济价值有关。

2.56 因此，必须仔细区分一项交易以及与其相应的现金流发生的时点。就算一笔交易（例如购买或出售某货物）与其收付是同时发生的，仍然存在这两个方面。作为货物交付的对应部分，购买者发生了一笔负债，出售者获得了一笔债权；然后，债务和债权随着付款而取消。在大多数情况下，实际交易与其相应的收付之间会存在时滞。原则上讲，国民经济核算是按照权责发生制对实际交易进行记录，而不是按照现金收付制。从理论上看，国民经济核算遵循了与工商会计相同的原则。

2.57 虽然原则很明确，但实施起来远没有这么简单。机构单位并不总是应用同样的规则。就算它们采用同样的规则，由于各种现实原因，如通讯的时滞，实际记录也会有差异。结果，交易双方可能在不同时间上对交易进行了记录，有时甚至会记录在不同的核算期。国民经济核算必须通过事后调整的办法来消除这些差异。此外，由于债权或负债产生的时间并不总是明确无误的，因此会产生更多的实施问题。后续章节，尤其是第 3 章，将会介绍 SNA 针对特定交易所使用的规则和惯例。

3. 估价

一般原则

2.58 按照四式记账原则，一笔交易还必须在交易双方的各个账户中以相同的价值加以记录。同样的原则也适用于资产和负债。这意味着金融资产及其负债对应部分必须在债权人和债务人账户中以相同的金额进行记录。

2.59 交易是按照交易双方约定的实际价格来估价的。因此，市场价格就成为 SNA 估价的基本基准。如果没有市场交易，应按照发生的成本来估价（例如，政府生产的非市场服务），或者参照类似货物或服务的市场价格来估价。

2.60 资产和负债应按照编制资产负债账户时的当期价格来记录，而不是按照原价来记录。从理论上说，国民经济核算是以如下假定为基础的：资产和负债的价值应连续不断地按照当期价格进行重估，虽然事实上重估价只能定期进行。资产和负债的恰当的估价基础，是在需要估价的时间上可以在市场上买到它们的价格。估计时最好采用市场上的实测价格，或根据实测的市场价格估算出来的价格。如果得不到此类价格，资产负债账户的当期价格估价还可以采取另外两种方法：对一段时期内的交易进行累加和重估价，或者估计某资产未来期望收益的贴现值（见第 13 章）。

2.61 内部交易应按照交易发生时的当期价格进行估价，而不是按照原价。这些内部交易包括存货的入库和出库、中间消耗以及固定资本消耗。

估价方法

2.62 对产品（货物和服务）交易进行估价时，如何处理产品税、补贴以及贸易和运输加价所产生的影响，有不同的方法。

2.63 对产出进行估价的优先方法是基本价格，当然，如果得不到基本价格，也可以采用生产者价格。二者的区别在于对产品税和产品补贴的处理方式不同。基本价格是在加上产品税和减去产品补贴之前计算的价格。生产者价格则要在基本价格之上加上增值类型税以外的产品税减产品补贴。由此产生了三种对产出的估价方法：基本价格，不含增值类型税的生产者价格，以及含增值类型税的生产者价格。

2.64 在同一套账户和表中，关于货物服务使用的所有交易（如最终消费、中间消耗、资本形成）都要按照购买者价格估价。购买者价格是购买者支付的金额，不包括增值类型税中的可抵扣部分。购买者价格对用户而言是其实际发生的成本。

2.65 对中间消耗的估价总是采用购买者价格，但由于对产出估价采用的方法不同，因此会影响到生产者、部门或产业之增加值（总产出减中间消耗之差）的内涵及其应用。如果产出用基本价格估价，那么，增加值中除了由劳动力和资本创造的初始收入之外，仅包括产品税减产品补贴之外的生产税减生产补贴；如果产出用生产者价格估价，则增加值中还会包括增值类型税之外的产品税减产品补贴（如果没有增值类型税，这就意味着所有的产品税减产品补贴都包括在内）。此外，基于不包括任何生产税的要素成本，还可以给出增加值的另一种界定，但 SNA 没有明确使用这一概念。

物量计算和实际值计算

2.66 到目前为止，只介绍了与当期价值有关的内容。此外，SNA 还包括对某些交易的实际价值的测算——利用过去时期通行的价格系统。货物服务流量以及多类资产的当期价值随时间所发生的变化要被分解为两部分：这些货物服务或资产的价格变化，以及它们的物量变化。以物量来度量流量或存量，要考虑每件物品的价格变化。但是，很多流量或存量本身不具有价格和数量这两个方面。可以用某些相关的一揽子货物服务或资产的价格变化，或者用价格总水平的变化，对其当期价值进行缩减。在后一种情况下，流量或存量被称为（按照不变购买力计算的）实际价值。例如，SNA 提出应按照实际价值计算收入。在空间比较中也会遇到与在时期比较中类似的问题，但由于涉及处于不同发展阶段的国家，因此问题会更为复杂。

2.67 时期比较和空间比较的方法在第 15 章讨论。

4. 合并和取净额

合并

2.68 合并可以涵盖不同的核算过程。总而言之，所谓合并是指：如果从事交易的单位被合并为一组，就要把这些单位间发生的交易从使用和来源两方面加以剔除，并把相互间存在的金融资产及其相应的负债予以剔除。

2.69 从原则上讲，处于同一子部门或部门范围内的机构单位之间的流量是不应当合并的。但是，为了补充说明或分析，可以编制合并账户。即使编制合并账户，那些在不同账户中出现的交易也不能合并，以便保证平衡项不受合并的影响。例如，如果把政府部门作为一个整体，则合并是有用的，可以显示政府与经济体中其他部分的“净”关系。第22章会详细解释这种情况。

2.70 如果对经济总体的账户做完全合并，就产生了国外账户（外部交易账户）。

取净额

2.71 必须把合并同取净额区别开。对于经常性交易而言，取净额是指使用与来源的相互抵消。在SNA中，只对一些特定的情形才取净额。例如，产品税可以用扣除产品补贴之后的净额来表示。对于资产变化或负债变化而言，取净额可以用两种方式来处理。第一种方式是针对资产变化的不同类型（例如入库和出库）或者负债变化的不同类型（例如新发生负债和现有债务的清偿）分别取净额。第二种方式是对某金融工具而言，将金融资产的变化与负债的变化（或者在资产负债账户上的金融资产和负债本身）二者取净额。从原则上讲，SNA不鼓励超出SNA所列示的分类层次之上取净额。尤其要避免对金融资产（金融资产的变化）和负债（负债的变化）二者取净额。第3和第11章将讨论取净额的问题。

“净”额的用途

2.72 除了极少数例外，SNA所说的“净”额仅用于账户平衡项的表述——与“总”额并列。这些例外包括：资产净值、与积累账户有关的净借入和净贷出、与保险有关的净保费等。

D. 账户体系

1. 引言

2.73 利用在前面B节和C节所介绍的办法，可以对所有的流量和存量进行记录。它们被记录在SNA的账户中。每个账户与经济行为的某个特定方面相关。账户记录流量或存量，显示一个机构单位或一批单位（例如一个部门或国外）的所有登录。一般地，账户中的登录从理论上看并不平衡，因此必须引入一个平衡项。平衡项本身就是有关经济运行过程的有意义的测量指标。如果对经济总体计算平衡项，就会形成一系列重要的总量。

2.74 账户体系包括两个部分：

a. 综合经济账户；

b. 核算体系的其他部分。

2.75 综合经济账户采用B节所述SNA概念性要素中的前三个要素（机构单位和部门、交易、资产和负债）以及国外的概念，从而形成一组覆盖范围广泛的账户。综合经济账户包括机构部门（单独的或集体的）、国外以及经济总体的全套账户序列。全套账户序列的简要描述见下文。对每个账户的详细解释是第6至第13章的任务。国外账户在第26章中介绍。

2.76 账户体系的其他部分会用到B节介绍的另外三个概念性要素，即基层单位、产品和目的，此外还有人口和就业。这些账户包括：第14章介绍的供给和使用框架，第

19 章介绍的人口和就业表，第 27 章介绍的关于金融交易以及金融资产和负债存量的、显示部门间关系（从谁到谁）的三维分析，此外还包括功能分析，其中会将机构部门的某些交易按照其服务的目的来表述。这些内容出现在包括第 14 章在内的很多章节中。

2.77　接下来的各节将会介绍：

a. 全套账户序列；

b. 包括货物服务账户、国外账户在内的账户体系的综合表述，以及对 SNA 总量的考察；以及

c. 核算体系的其他部分。

2.　全套账户序列

2.78　在展示机构单位和机构部门的全套账户序列之前，有必要做几点初步说明。本节的目的在于解释 SNA 总的账户结构，而不是表述每个特定单位或部门账户的确切内容。在整个 SNA 中，账户结构是一致的。这种结构既适用于机构单位、子部门、部门，也适用于经济总体。然而，有些账户可能与某些部门无关。类似地，并不是所有的交易都与每个部门有关，如果有关，它们就会构成某些部门的来源，其他部门的使用。

2.79　第二个说明是关于在表述账户总体结构时所使用的交易的分类方式。B 节只是介绍了交易的主要类别，而不是详细类别，详细类别会在本手册后面的相关章节中阐述。但是，为了使账户清楚起见，有必要将一些特定的交易包含在内。为达此目标，要利用 SNA 中对交易的实际分类，其详细程度要足以使人们很好地理解账户。如果不是绝对必要，这里暂且不对这些交易进行定义，而是放在后面的章节中。

2.80　此外，还有必要指出，平衡项既可以表达为总额，也可以表达为净额，二者的差异在于是否包括固定资本消耗。从理论上看，净额平衡项更有意义。但是，总额平衡项，尤其是有关总量指标的总额，使用要更加广泛，而且总额账户的估计比起净额账户来往往更容易、更准确、更快捷。为了把两种方法都包括进来，并使账户的综合表述更为方便，这里把两个平衡项都表述出来。

2.81　最后必须指出，该账户系列表述的是 SNA 账户体系的结构；这不一定就是发布结果时所使用的形式。

账户序列的三个部分

2.82　整个账户序列被分为三类：经常账户、积累账户和资产负债账户。

2.83　经常账户记录生产以及收入的形成、分配和使用。除了第一个账户，其他每个账户一开头都将上一个账户的平衡项记录在来源方。经常账户的最后一个平衡项是储蓄，在 SNA 中，它代表由国内或国外生产所产生的收入中没有被用于最终消费的部分。

2.84　积累账户记录资产和负债的变化以及资产净值（任一机构单位或一批机构单位的资产与负债的差额）的变化。积累账户包括资本账户、金融账户、资产物量其他变化账户以及重估价账户。积累账户显示了两个资产负债账户之间的全部变化。

2.85　资产负债账户表述资产和负债以及资产净值的存量。对全套账户序列而言，其中要包括期初和期末资产负债账户。即使没有编制资产负债账户，也有必要清晰地理解积累账户与资产负债账户之间的理论关系，因为它关系到能否正确地阐释积累账户。

生产账户

2.86　生产账户（见表 2.1）的设置是用来显示 SNA 中的重要平衡项之一：增加值。因此，该账户并没有覆盖与生产过程相关的所有交易，而仅仅覆盖了生产的成果（产出）和生产产出过程中所用掉的货物和服务（中间消耗）。中间消耗不包括固定资本的逐渐磨损。后者作为一项单独的交易

表 2.1：生产账户

使用	来源
中间消耗	产出
增加值	

（固定资本消耗）来记录，就是它，造成了平衡项总额和净额之间的差异。

2.87 如同 C 节所解释的那样，根据在基本价格或生产者价格之间所做出的选择，可以对产出使用不同估价方法。如果使用生产者价格，还会有包含或不包含增值类型税的差别。因此，增加值中所包含的产品税（减产品补贴）的程度是不同的。

2.88 所有的机构部门都设有生产账户。但是，在机构部门的生产账户中，总产出与中间消耗都只列出合计数，而没有按产品细分。

2.89 生产账户的平衡项是增加值。与经常账户的所有平衡项一样，增加值既可以是总额，也可以是净额。

收入分配账户

2.90 由于收入分配和收入再分配过程非常重要，因此有必要区分收入分配的不同步骤，并在不同的账户中分别反映这些步骤。收入分配被分解为三个主要的步骤：初次分配、再分配以及实物再分配。只要 SNA 中所包含的各种分配性经常交易都被实际测算出来，那么增设一些账户既不增加什么工作量，还可以引出一些平衡项，这些平衡项是有意义的收入概念。

收入初次分配账户

2.91 收入初次分配账户表述了总增加值是如何被分配给劳动力、资本和政府的，此外，必要时还会显示来自国外的流量和流向国外的流量。事实上，收入初次分配账户从来不是一个单独的账户，而是一向被分解为两个子账户。第一个子账户是收入形成账户（见表 2.2），这个账户表述增加值如何分配给劳动（雇员报酬）、资本和政府（生产和进口税减去生产和进口补贴，前提是它们被包含在总产出的估价中）。分配给资本的收入出现在该账户的平衡项中，即营业盈余或混合收入。

2.92 初始收入分配账户（见表 2.3）表述收入初次分配的其余部分。它把营业盈余或混合收入作为来源。对每个部门，该账户记录了应收和应付的财产收入，对于住户部门还要记录应收的雇员报酬，对于政府部门还要记录应收的生产和进口税减去生产和进口补贴。此类交易也可能出现在国外账户中，因此也必须把这些交易包括进来。

表 2.2：收入形成账户

使用	来源
雇员报酬 生产和进口税与生产和进口补贴（－）	*增加值*
营业盈余 *混合收入*①	

① 原文为“营业盈余净额”和“混合收入净额”，联系表中项目及前后各表看，疑有误，故去掉了“净额”二字。——译者注。

表 2.3：初始收入分配账户

使用	来源
	营业盈余
	混合收入
	雇员报酬
	生产和进口税与生产和进口补贴（－）
财产收入	财产收入
初始收入	

2.93 初始收入分配账户（以及整个收入初次分配账户）的平衡项是初始收入。

2.94 对于非金融公司和金融公司而言，初始收入分配账户还可以作进一步的细分，以便显示出一个附加的平衡项，即业主收入，它比较接近于工商会计中的税前当期利润概念。这个平衡项及其相关的子账户见第 7 章。

收入再分配账户

2.95 收入再分配账户（见表 2.4）包括通过转移完成的收入再分配，但由政府和 NPISH 支付的实物社会转移除外。实物社会转移在实物收入再分配账户中记录。在收入再分配账户的来源方，除了初始收入之外，还要记录所得税和财产税等经常税、以及实物社会转移以外的其他经常转移。使用方也要记录同类的经常转移。由于这些转移对某些部门是来源，而对其他部门是使用，因此其确切内容会随部门而异。

2.96 这里需要对社会保障缴款在 SNA 中的记录方式稍加说明。尽管社会保障缴款通常是由雇主代表其雇员直接支付给社会保险计划，但是在 SNA 中，这种支付被处理为好像它们首先被支付给雇员，然后再由雇员支付给社会保险计划。从账户来看，这就意味着缴款首先会出现在雇主之收入形成账户的使用方，列在雇员报酬项下，同时出现在住户之初始收入分配账户的来源方（用对外支付的雇员报酬调整之后）。然后，它们被记录在住户（也可能是国外）之收入再分配账户的使用方，同时记录在社会保险计划管理部门之该账户的来源方。所有的由雇主支付的社会保障缴款都采用这种记录方式。在这种记录方式下，交易好像遵循的是另外一种路径，此种记录方式常常被称为“改道”。

2.97 收入再分配账户的平衡项是可支配收入。对于住户部门而言，可支配收入是可以用作最终消费和储蓄的收入。对于非金融公司和金融公司而言，可支配收入是在支付所得税之后剩余的未分配给权益所有者的收入。

表 2.4：收入再分配账户

使用	来源
	初始收入
经常转移	经常转移
所得税和财产税等经常税	所得税和财产税等经常税
净社会缴款	净社会缴款
实物社会转移以外的社会福利	实物社会转移以外的社会福利
其他经常转移	其他经常转移
可支配收入	

实物收入再分配账户

2.98 由于所涉及的交易的特殊性质，该账户仅对政府、住户和 NPISH 才有意义。在收入再分配过程中，实物社会转移包括两部分内容。第一是由政府和 NPISH 提供的个人服务的非市场生产，第二是由政府和 NPISH 购买、并免费或以非经济意义价格向住户转移的货物和服务。实物收入再分配账户（见表 2.5）中，实物社会转移的记录方式是：住户记录为来源，政府和 NPISH 记录为使用。

2.99 本账户有四个目的。首先，它可以绘制一幅图像，更清楚地反映政府向单个住户提供货物服务的作用。其次，它可以更全面地测算住户的收入。第三，在经济社会体制不同或者发生变化的情况下，它有助于跨国比较和跨时期比较。最后，它可以更全面地反映子部门之间或住户其他子类之间的收入再分配过程。实物收入再分配是收入的第三次分配。

2.100 实物收入再分配账户的平衡项是调整后可支配收入。

收入使用账户

2.101 收入使用账户有两种形式：可支配收入使用账户（见表 2.6）和调整后可支配收入使用账户（见表 2.7）。可支配收入使用账户把收入再分配账户的平衡项（即可支配收入）结转过来，记在来源方。调整后可支配收入使用账户则把实物收入再分配账户的平衡项（即调整后可支配收入）结转过来，记在来源方。对于那些进行最终消费的部门（即政府、NPISH 和住户）而言，这两个账户都反映了可支配收入或调整后可支配收入是如何在最终消费和储蓄之间分配的。此外，对于住户和养老金而言，两个收入使用账户里还包括一个关于养老金权益变化的调整项，该调整与 SNA 对住户和养老金之间的交易的记录方式有关。该调整项将在第 9 章进行解释，这里不予赘述。

表 2.5：实物收入再分配账户

使用	来源
	可支配收入
实物社会转移	实物社会转移
调整后可支配收入	

表 2.6：可支配收入使用账户

使用	来源
	可支配收入
最终消费支出	
养老金权益变化调整	养老金权益变化调整
储蓄	

表 2.7：调整后可支配收入使用账户

使用	来源
	调整后可支配收入
实际最终消费	
养老金权益变化调整	养老金权益变化调整
储蓄	

2.102 两个收入使用账户在来源方的区别取决于它们从上一个账户结转过来的平衡项是什么。从使用方来看，二者的区别在于记录的是最终消费支出还是实际最终消费。可支配收入使用账户记录的是前者，调整后可支配收入使用账户记录的是后者。

2.103 一个部门的最终消费支出包括围绕货物服务最终消费而发生的交易，该部门是这些消费支出的最终承担者。政府和NPISH生产非市场货物和服务，记录在其生产账户中，中间消耗或雇员报酬被记录为生产账户的使用。用这些非市场货物服务产出的价值减去其以非经济意义价格出售产品所得到的收入，结果就是这些生产者的最终消费支出。此外，这些单位的最终消费支出也包括那些由政府和NPISH购买的、不经任何改变而最终转移给住户的货物和服务。

2.104 住户的实际最终消费包括住户可实际用于个人消费的货物和服务，无论其支出最终是由政府、NPISH还是住户自己承担。政府和NPISH的实际最终消费等于其消费支出减去实物社会转移，也即集体消费。

2.105 从经济总体来看，可支配收入等于调整后可支配收入，同时，最终消费支出等于实际最终消费。只有在考虑有关部门时，它们才存在差别。对于每个部门，最终消费支出与实际最终消费的差别等于其提供的或收到的实物社会转移。这个差别也等于可支配收入与调整后可支配收入之间的差别。由于在两个收入使用账户中，记录在来源方的收入的差异等于记录在使用方的消费的差异，因此两个账户得到的储蓄数额相等。

2.106 两个收入使用账户的平衡项是储蓄。储蓄是经常账户系列的终结。

积累账户

2.107 储蓄是最后一个经常账户的平衡项，因此成为积累账户的起始项。

2.108 第一组积累账户包括了在储蓄和资本转移是资产净值变化的唯一来源的条件下，与资产或负债以及资产净值的全部变化相对应的交易。这组账户包括资本账户和金融账户。区分这两个账户是为了显示出在经济分析中很有用的一个平衡项，即净贷出或净借入。

2.109 第二组积累账户记录了由其他原因导致的资产、负债和资产净值的变化。例如，地下资源的发现和耗减，由政治事件（如战争）或自然灾害（如地震）所造成的破坏。这些因素确实改变了资产的物量，可能是形态改变，也可能是数量改变。资产其他变化还可能与价格水平和价格结构有关。在后一种情况下，资产和负债的物量没有改变，但是价值改变了。由此，第二组积累账户分为资产物量其他变化账户和重估价账户。

资本账户

2.110 资本账户（见表2.8）记录了与非金融资产获得有关的交易，以及涉及财富再分配的资本转移。账户右方记录了净储蓄、应收资本转移以及应付资本转移（用负号表示），从而得到由储蓄和资本转移引起的资产净值变化。资本账户的使用方包括非金融资产投资的各种方式。固定资本消耗是固定资产的负变化，因此在账户左方以负号记录。在账户同一方记录固定资本形成总额减固定资本消耗，相当于记录的是固定资本形成净额。

2.111 资本账户的平衡项如果是正值，就称为净贷出，衡量一个单位或一个部门可用来直接或间接地借给其他单位或部门的资金数额；如果是负值，就称为净借入，衡量一个单位或一个部门不得不从其他单位或部门借入的资金数额。

金融账户

2.112 金融账户（见表2.9）按照金融工具类型记录了各种金融交易。在SNA中，账户左方记录的交易反映金融资产的净获得，账户右方记录的交易反映负债的净发生。

表 2.8：资本账户

资产变化	负债和资产净值变化
	储蓄
固定资本形成总额	
固定资本消耗（-）	
存货变化	
贵重物品的获得减处置	
非生产资产的获得减处置	
	应收资本转移（+）
	应付资本转移（-）
净贷出（+）/净借入（-）	*因储蓄和资本转移引起的资本净值变化*

表 2.9：金融账户

资产变化	负债和资产净值变化
	净贷出（+）/净借入（-）
金融资产净获得	金融负债净发生
货币黄金与 SDR	货币黄金与 SDR
通货和存款	通货和存款
债务性证券	债务性证券
贷款	贷款
股权与投资基金份额	股票与投资基金份额
保险、养老金和标准化担保计划	保险、养老金和标准化担保计划
金融衍生工具和雇员股票期权	金融衍生工具和雇员股票期权
其他应收/应付款	其他应收/应付款

2.113 金融账户的平衡项还是净贷出或净借入，不过这里出现在账户的右方。原则上，资本账户和金融账户所计算出的净贷出或净借入应当相等。在实践中，实现这种恒等关系是编制国民经济账户时遇到的最棘手的任务之一。

资产物量其他变化账户

2.114 资产物量其他变化账户（见表 2.10）记录各种异常事件的影响，这些事件不仅会导致资产和负债价值的变化，而且会导致资产和负债物量的变化。除了前面已经提到的事件（如战争或地震）以外，该账户还会记录一些调整项目，如分类和结构的变化，这种变化可能会、也可能不会影响资产净值（见第 12 章）。该账户的平衡项是由资产物量其他变化引起的资产净值变化，记录在账户右方。

重估价账户

2.115 重估价账户（见表 2.11）记录持有损益。它以名义持有损益作为起始项。该项目记录了从核算期初或者是从资产或负债进入存量之时以来，到资产或负债退出存量之时或者核算期末为止的时期内，由于资产和负债之价格变化而导致的资产或负债价值的全部变化。

2.116 正如资产的交易和其他流量出现在账户的左方、负债的交易出现在右方一样，资产的名义持有损益记录在重估价账户的左方，而负债的名义持有损益记录在账户的右方。金融负债的重估价为正，相当于发生了名义持有损失；负债的重估价为负，则相当于获得了名义持有收益。

表 2.10：资产物量其他变化账户

资产变化	负债和资产净值变化
资产的经济出现	资产的经济出现
非生产资产的经济消失	非生产资产的经济消失
巨灾损失	巨灾损失
无偿没收	无偿没收
未另分类的其他物量变化	未另分类的其他物量变化
分类变化	分类变化
物量其他变化总计	物量其他变化总计
生产资产	生产资产
非生产资产	非生产资产
金融资产	金融资产
	由资产物量其他变化引起的资产净值变化

表 2.11：重估价账户

资产变化	负债和资产净值变化
名义持有损益	***名义持有损益***
非金融资产	非金融资产
生产资产	生产资产
非生产资产	非生产资产
金融资产/负债	金融资产/负债
	由名义持有损益引起的资产净值变化
中性持有损益	***中性持有损益***
非金融资产	非金融资产
生产资产	生产资产
非生产资产	非生产资产
金融资产/负债	金融资产/负债
	由中性持有损益引起的资产净值变化
实际持有损益	***实际持有损益***
非金融资产	非金融资产
生产资产	生产资产
非生产资产	非生产资产
金融资产/负债	金融资产/负债
	由实际持有损益引起的资产净值变化

2.117 重估价账户的平衡项是由名义持有损益引起的资产净值变化。

2.118 名义持有损益被分解为两个组成部分。第一部分是与一般价格水平同比例的重估价，它是通过运用同一时期之一般价格水平变化指数对全部资产或负债的初始价值进行重估而得到的重估价，那些货币价值固定的资产或负债也要包括在内。由于所有资产和负债的购买力在重估后都保持不变，因此这个重估价结果被称为中性持有损益。

2.119 第二个部分是名义持有损益与中性持有损益之差。这个差值被称为实际持有损益。

如果某些资产的名义持有损益大于中性持有损益，则产生实际持有收益，原因在于平均来说，这些资产的实际价格比一般价格水平提高得更快（或下降得更慢）。换言之，资产的相对价格提高了。同理，资产相对价格的下降会导致实际持有损失。

2.120　这三类持有损益应根据资产和负债的主要类别进行细分，即使是在简化的账户表述中，这种分解也是必要的。由名义持有损益引起的净值变化可以被分解为由中性持有损益引起的净值变化和由实际持有损益引起的净值变化。

资产负债账户

2.121　期初和期末资产负债账户（见表 2.12）在左方显示资产，右方显示负债和净值。如前所述，资产和负债是按照资产负债账户编制日的价格进行估价的。

2.122　资产负债账户的平衡项是净值，即资产和负债之差。净值相当于一个单位或部门持有的经济价值存量的现值。

2.123　资产负债变化账户概述了积累账户的内容，就是说，在该账户中，每项资产或负债的登录应等于该资产或负债在四个积累账户中登录的总和。利用这些登录可以计算出净值变化，但是按照定义，它必须等于资本账户中由储蓄和资本转移引起的净值变化加上资产物量其他变化账户中由资产物量其他变化引起的净值变化，再加上重估价账户中由名义持有损益引起的净值变化。

2.124　从理论上看，逐项资产和逐项负债在期末资产负债账户上的登录应等于它们各自在期初资产负债账户上的登录加上在四个积累账户中所记录的变化。

表 2.12：期初资产负债账户，资产负债变化账户和期末资产负债账户

资产存量及其变化	负债存量及其变化
期初资产负债账户	***期初资产负债账户***
非金融资产	非金融资产
生产资产	生产资产
非生产资产	非生产资产
金融资产/负债	金融资产/负债
	资产净值
交易和其他流量总额	***交易和其他流量总额***
非金融资产	非金融资产
生产资产	生产资产
非生产资产	非生产资产
金融资产/负债	金融资产/负债
	资产净值变化总额
	储蓄和资本转移
	资产物量其他变化
	名义持有损益
期末资产负债账户	***期末资产负债账户***
非金融资产	非金融资产
生产资产	生产资产
非生产资产	非生产资产
金融资产/负债	金融资产/负债
	资产净值

3. 账户的综合表述

2.125 现在，我们可以把前面各节介绍的不同内容合在一起了，这样可以对综合经济账户进行更详细的表述。表2.13是综合经常账户的简化示范。该表取自表2.1、表2.2、表2.3、表2.4和表2.6，系将它们一个接一个地叠加而成。在这个表中，交易和其他流量项目名称被放在表的中间，左边的列显示其使用，右边的列显示其来源。如果用这种方法进行一个完整的表述，则我们感兴趣的每个部门或子部门都会占据一列。这里只是为了简要地介绍这个表，因此表2.13中仅仅给出四列。第一列是经济中五个部门（非金融公司、金融公司、一般政府、NPISH和住户）的合计，第二列是国外，第三列是货物和服务，最后一列是前三列的合计。最后一列没有什么经济意义，但它是保证表的完整性和一致性的重要方式，因为每一行的左方合计与右方合计必须相等。（当平衡项出现在上一个账户的最后一项，又出现在下一个账户的第一项时，这个恒等关系会串行，不过依然是显而易见的。）

2.126 表2.14是综合账户的继续，包括了在前面表2.8、表2.9、表2.10、表2.11以及2.12中介绍的积累账户和资产负债表。这里，左边的列表示资产或资产的变化，右边的列表示负债或负债和资产净值的变化。表2.13和表2.14共同构成综合经济账户。两个表中的数据来自一个数值例子，该例子将贯穿整个手册。第6至第13章中每个账户的表式都是这两个表的扩展，扩展时所有机构部门在账户中都占有一列，而且交易和其他流量也更加全面。这两个表的完整版——囊括适才指出的所有细节——见附录2。

2.127 综合经济账户提供了包括资产负债账户在内的经济总体账户的完整图像，它能够表述出各主要经济关系及其主要总量。该表同时还展现出了SNA的总体账户结构，以及机构部门、经济总体和国外的一套数据。

2.128 以这种方式表述的综合账户是鸟瞰账户体系的多种方式之一。另一种方法是图2.1给出的图示法，它可以提供同样的信息。

2.129 综合经济账户对经济总体进行了综述。正如前面所指出的，综合表述可以比表中所包含的内容要多得多，而且，如果你愿意，还可以用它作更细致的观察。可以为子部门设置列。国外这一列可以按照不同的地理区域进行细分。货物和服务这一列可以把市场货物和服务单独列示。每行中交易的分类可以更为细致。可以进行诸如此类的各种细化。不过，在一个表中同时包括太多的细节可能会使表变得过于复杂，不易管理。为此，如果要对货物服务的生产和交易、金融工具的交易、详细的资产负债账户等进行更详尽的分析，或者根据特定需要进行一些分析，需要在其他框架下进行。下一节将介绍这一点，并阐述它们与综合经济账户的联系。

国外账户

2.130 国外账户包括常住机构单位与非常住机构单位之间发生的交易，以及有关的资产和负债存量。

2.131 国外在账户结构中的作用类似于机构单位，因此国外账户是从国外的角度设置的。国外的来源是该经济总体的使用，反之则反。平衡项为正值，表示国外有盈余，而该经济总体则是赤字，平衡项为负值则含义相反。

2.132 货物和服务的国外账户与机构部门的生产账户位于同一个层次。货物和服务进口（499）是国外的来源，出口（540）是国外的使用。货物和服务的对外差额为－41。如果符号为正，表明国外为顺差（国内为逆差），反之则反。在此基础上，要加上或减去付给国外的或来自国外的各种税、雇员报酬和经常转移。对外经常交易差额为－32，表明国外是逆差，而国内是顺差。同样，如果该差额为正值，则表示国外有顺差（国内为逆差）。

表 2.13：整套经常账户的综合表述

使用　　　　　　　　　　　　　　　　　　　　　　　　　　来源

经济总体	国外	货物和服务	合计	交易和平衡项	经济总体	国外	货物和服务	合计
		499	499	货物和服务进口		499		499
		392	392	货物进口		392		392
		107	107	服务进口		107		107
	540		540	货物和服务出口			540	540
	462		462	货物出口			462	462
	78		78	服务出口			78	78
				生产账户				
		3604	3604	总产出	3604			3604
		3077	3077	市场产出	3077			3077
		147	147	为自己最终使用的产出	147			147
		380	380	非市场产出	380			380
1883			1883	中间消耗			1883	1883
		141	141	产品税	141			141
		-8	-8	产品补贴（-）	-8			-8
1854			1854	总增加值/国内生产总值				
222			222	固定资本消耗				
1632			1632	*净增加值/国内生产净值*				
	-41		-41	*对外货物和服务差额*				
				收入形成账户				
				总增加值/国内生产总值	1854			1854
				净增加值/国内生产净值	1632			1632
1150			1150	雇员报酬				
235			235	生品税和进口税				
141			141	产品税				
94			94	其他生产税				
-44			-44	补贴				
-8			-8	产品补贴				
-36			-36	其他生产补贴				
452			452	营业盈余总额				
61			61	混合收入总额				
214				营业盈余总额中的固定资本消耗				
8				混合收入总额中的固定资本消耗				
238			238	营业盈余净额				
53			53	混合收入净额				
				初始收入分配账户				
				营业盈余总额	452			452
				混合收入总额	61			61
				营业盈余净额	238			238
				混合收入净额	53			53
	6		6	雇员报酬	1154	2		1156
			0	生品税和进口税	235			235
			0	补贴	-44			-44
391	44		435	财产收入	397	38		435
1864			1864	初始收入总额/国民总收入				
1642			1642	初始收入净额/国民净收入				
				收入再分配账户				
				初始收入总额/国民总收入	1864			1864
				初始收入净额/国民净收入	1642			1642
1212	17		1229	经常转移	1174	55		1229
212	1		213	所得税和财产税等经常税	213	0		213
333	0		333	净社会缴款	333	0		333
384	0		384	实物社会转移以外的社会福利	384	0		384
283	16		299	其他经常转移	244	55		299
1826			1826	*可支配收入总额*				
1604			1604	*可支配收入净额*				
				可支配收入使用账户				
				可支配收入总额	1826			1826
				可支配收入净额	1642			1642
1399			1399	最终消费支出			1399	1399
11	0		11	养老金权益变化	11	0		11
427			427	总储蓄				
205			205	净储蓄				
	-13		-13	*对外经常差额*				

表 2.14：整套积累账户及资产负债账户的综合表述

资产变化　　　　　　　　　　　　　　　　　　　　　　负债和资产净值变化

经济总体	国外	货物和服务	合计	交易和平衡项	经济总体	国外	货物和服务	合计
				资本账户				
				净储蓄	205			205
				对外经常差额		-13		-13
414			414	资本形成总额			414	414
192			192	资本形成净额			192	192
376			376	固定资本形成总额			376	376
-222			-222	固定资本消耗			-222	-222
				按资产类型的固定资本形成总额				
28			28	存货变化			28	28
10			10	贵重物品获得减处置			10	10
0			0	非生产资产获得减处置			0	0
				应收资本转移	62	4		66
				应付资本转移	-65	-1		-66
				由储蓄和资本转移引起的资产净值变化	202	-10		192
10	-10		0	*净贷出（+）/净借入（-）*				
				金融账户				
				净贷出（+）/净借入（-）	10	-10		0
436	47		483	金融资产/负债净获得	426	57		483
-1	1		0	货币黄金与 SDR				
89	11		100	通货和存款	102	-2		100
86	9		95	债务性证券	74	21		95
78	4		82	贷款	47	35		82
107	12		119	股票与投资基金份额	105	14		119
48	0		48	保险、养老金和标准化担保计划	48	0		48
14	0		14	金融衍生工具和雇员股票期权	11	3		14
15	10		25	其他应收/应付款	39	-14		25
				其他流量				
				资产物量其他变化账户				
13			13	物量其他变化总计	3			3
-7			-7	生产资产				
17			17	非生产资产				
3			3	金融资产/负债	3			3
				由资产物量其他变化引起的资产净值变化	10			
				重估价账户				
				名义持有损益				
280			280	非金融资产				
84	7		91	金融资产/负债	76	15		91
				由名义持有损益引起的资产净值变化	288	-8		280
				中性持有损益				
198			198	非金融资产				
136	12		148	金融资产/负债	126	22		148
				由中性持有损益引起的资产净值变化	208	-10		214
				实际持有损益				
82			82	非金融资产				
-52	-5		-57	金融资产	-50	-7		-57
				由实际持有损益引起的资产净值变化	80	2		66
				负债存量及其变化				
				期初资产负债账户				
4621			4621	非金融资产				
8231	805		9036	金融资产/负债	7762	1274		9036
				资产净值	5090	-469		4621
				资产资产和负债变化总额				
482			482	非金融资产				
523	54		577	金融资产/负债	505	72		577
				资产净值变化总额	500	-18		482
				储蓄和资本转移	202	-10		192
				资产物量其他变化	10			10
				名义持有损益	288	-8		280
				中性持有损益	208	-10		198
				实际持有损益	80	-2		82
				期末资产负债账户				
5103			5103	非金融资产				
8754	859		9613	金融资产/负债	8267	1346		9613
				资产净值	5590	-487		5103

图2.1：经济总体的综合经济账户图

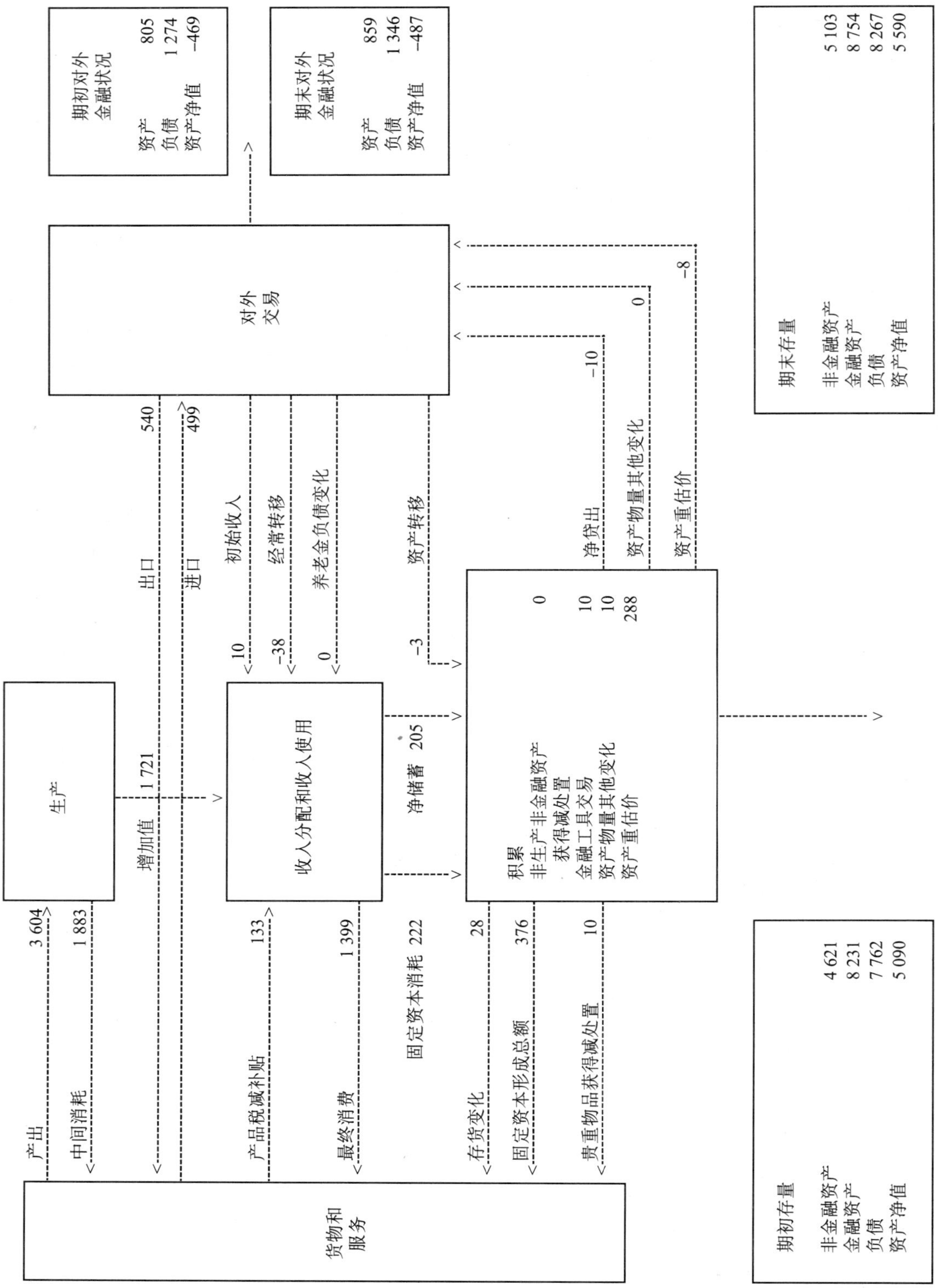

货物和服务账户

2.133　如同前面所指出的，在综合账户中，左右两方分别包括了一列货物和服务。通过这两列，可以记录出现在机构部门账户中的各种货物服务交易。机构部门账户中的货物服务使用记录在右方的货物服务列下；机构部门账户中的货物服务来源则记录在左方的货物服务列下。在表的来源方，货物和服务纵列中显示的数值是各部门及国外记录为使用的对应部分：出口（540）、中间消耗（1883）、最终消费（1399）、固定资本形成总额（376）、存货变化（28）以及贵重物品获得减处置（10）。在表的使用方，货物和服务纵列中显示的数值是各部门及国外记录为来源的对应部分：进口（499）和产出（3604）。产品税（减补贴）也包括在账户的来源方，其中所包含的内容会依产出估价方法不同而不同（见 C 节关于估价的讨论）。产出价值中未包含的那部分（或全部）产品税（减产品补贴）在特定部门或产业中并不出现；它是经济总体的来源。在这个数值例子中，产品税减产品补贴（133）直接放在货物和服务纵列下。它们是货物和服务供给价值的组成部分，但却没有哪个机构部门的产出价值与其相对应。

2.134　货物和服务账户非常重要，因为它是对人们耳熟能详的 GDP 进行定义的基础。表 2.15 就是货物和服务账户，该表采用的形式与本章前面的表相同（只是包括了数值例子）。

总量

2.135　SNA 的总量，例如增加值、收入、消费和储蓄等，都是为了反映经济总体的某类活动而测算的综合价值，它们是宏观经济分析以及时间和空间比较中使用的汇总指标和关键总量。SNA 的目标在于为复杂的经济提供一幅简明但全面而细致的图像，因此这些总量的计算既非国民经济核算的唯一目标，也非其主要目标；尽管如此，这些汇总数值还是非常重要的。

2.136　有些总量可以通过加总 SNA 中的某些特定交易而直接得到，例如最终消费、固定资本形成总额和社会保障缴款。其他总量可以通过加总机构部门的平衡项而得到，例如增加值、初始收入、可支配收入和储蓄。对这些总量可能需要作进一步解释。不过其中一些总量颇为常用，因此有必要在这里做一些补充解释。

2.137　图 2.2 概括了 SNA 的总量，并指出其所在的账户。

国内生产总值（GDP）

2.138　总的来说，GDP 是从增加值这个概念得来的。总增加值是指产出与中间消耗之差。GDP 就是所有常住生产单位的总增加值之和，另外还要加上没有包含在产出估价中的那部分（或全部）产品税减去产品补贴。

表 2.15：货物和服务账户

使用		来源	
中间消耗	1883	产出	3604
最终消费支出	1399	货物和服务进口	499
资本形成总额	414	产品税	141
固定资本形成总额	376	产品补贴（－）	－8
存货变化	28		
贵重物品获得减处置	10		
货物出口	540		
总使用	4236	*总来源*	4236

图2.2：主要账户、平衡项和主要总量概览

账户	平衡项	主要总量
经常账户		
生产账户		
生产账户	增加值	国内生产总值（GDP，NDP）
收入分配账户①		
收入初次分配账户		
收入形成账户	营业盈余	
	混合收入	
初始收入分配账户	初始收入	国民收入（GNI，NNI）
业主收入账户	业主收入	
其他初始收入分配账户	初始收入	
收入再分配账户	可支配收入	国民可支配收入
实物收入再分配账户	调整后可支配收入	
收入使用账户		
可支配收入使用账户	储蓄	
调整后可支配收入使用账户	储蓄	国民储蓄
积累账户		
资本账户	净贷出(+)/净借入(-)	
金融账户	净贷出(+)/净借入(-)②	
资产其他变化账户		
资产物量其他变化账户		
重估价账户		
资产负债表		
期初资产负债表	资产净值	国民财富
资产和负债变化	资产净值变化	
期末资产负债表	资产净值	国民财富
资产净值变化的原因		
资本账户	*由储蓄和资本转移引起的资产净值变化*	
资产物量其他变化账户	*由资产物量其他变化引起的资产净值变化*	
重估价账户	*由名义持有损益引起的资产净值变化*	

2.139 其次，GDP也等于用购买者价格度量的货物服务最终使用（从所有使用总计中扣除中间消耗）的总和减去货物服务进口的价值。

2.140 最后，GDP也等于由常住生产单位所分配的初始收入总和。

总额和净额

2.141 原则上，增加值在概念上不应当包括固定资本消耗。后者实际上并不是新创造的价值，而是以前创造的固定资产因用于生产过程而逐渐减少的价值。因此，从理论上看，增加值应是一个净额的概念。这个结论同样也适用于国内产值；即从理论上看，国内产值应当是净额。从GDP中扣除固定资本消耗就可得到国内生产净值（NDP）。

2.142 然而，出于种种原因，常用总额来测量生产和收入。工商会计中计算的固定资产折旧通常满足不了SNA的要求。计算固定资本消耗要求统计人员对固定资本存量的现值、不同类型资产的使用寿命以及折旧模式等进行估计。并非所有国家都能进行这

① 原文为“收入分配和使用账户”，疑有误，这里改为“收入分配账户”。——译者注
② 此两项原文为“净借入(+)/净贷出(-)”，疑有误，这里做了改正。——译者注

样的计算，而且这样做的国家所使用的计算方法也可能不一样（有些国家使用工商企业数据，即使这些数据并不充分）。结果，总量数据更容易获得，或者可以更快地获得，而且一般认为它们具有更强的国际可比性。因此，尽管从理论上看，GDP不如NDP更能说明问题，但是它仍被广泛使用。不过，必要时也应当利用改进后的固定资本消耗估计来计算NDP，以便为不同类型的分析提供一个重要工具。

国民总收入（GNI）

2.143 由常住生产单位在生产活动中所形成的初始收入，主要分配给其他常住机构单位，但可能会有一部分分配给非常住单位。相应地，一部分由国外形成的初始收入也可能支付给本国常住单位。[①] 于是就产生了国民总收入（GNI）的概念及其测算方法。GNI等于GDP减去应付给非常住单位的初始收入，加上应收自非常住单位的初始收入。换言之，GNI等于GDP减去应付给国外的生产税（减补贴）和进口税（减补贴）、雇员报酬以及财产收入，再加上应收自国外的此类项目。因此，GNI就是常住机构单位或部门应收的初始收入总额。与GDP不同，GNI不是增加值的概念，而是一个收入概念。

2.144 从GNI中扣除固定资本消耗，就得到国民净收入（NNI）。前面在生产核算中关于净额理论意义的说明同样适用于国民收入，而且其意义甚至更为重要。

国民可支配收入

2.145 常住机构单位得到的初始收入中，有一部分可能会转移给非常住单位，同时常住单位也可能收到源自国外初始收入的转移。国民可支配总收入等于GNI减去应付给非常住单位的经常转移（生产税减补贴和进口税减补贴除外），加上常住单位应收自国外的此类转移。国民可支配总收入测量了经济总体可用于最终消费和总储蓄的收入。如果在国民可支配总收入中扣除固定资本消耗，就可得到国民可支配净收入。国民可支配收入等于所有常住机构单位或部门的可支配收入之和。

物量账户

2.146 上述各个总量都是用现价计算的。还可以消除价格变化的影响。为了反映从一个时期到另一个时期发生的实际变化，需要从物量角度计算国内生产。这种做法是可行的，因为产出、中间消耗和产品税减补贴都可以从物量角度进行计算。另一方面，收入总量可能不好表达为物量，因为严格来说，收入流量可能无法分解为数量和价格两个组成部分。但这些总量可以按照不变购买力计算，或者计算其实际价值。从按照物量计算的国内生产转向实际国民收入时，必须把经济总体与国外之间的贸易条件变化的影响考虑进去。第15章将介绍这一必要的调整。

4. 账户体系的其余部分

核心供给使用表及其他投入产出表

2.147 按照产业分类对生产进行深入分析，按照产品分类对货物和服务流量进行深入分析，是综合性中心框架的有机组成部分。可以设法在综合经济账户表中涵盖更多详细信息。例如，可以根据经济活动类型对产出、中间消耗和增加值等横行进行细分；也可以按照产品类型对货物和服务纵列进行细分。但是，SNA并没有采用这种方法，原因在于如果这样做，表就会变得过于繁复。SNA所采用的方法是：按照机构部门和产业部门，对产出、中间消耗和增加值及其组成部分进行系统的交叉分类。第14章和

① 原文直译为“相应地，国外形成的初始收入，可能有一部分来自常住单位。”从上下文看疑有误，这里做了改动——译者注。

第28章将对此作详细阐述，这里只概括其主要特征。

2.148 综合经济账户中只包括机构部门的生产账户和收入形成账户，以及货物和服务的总体平衡。供给和使用表则可以对生产活动和产品平衡做详细分析。该表可以提供如下信息：

a. 对每种产品而言，货物和服务的来源及其使用；

b. 按照经济活动类型划分的每个产业部门的生产账户和收入形成账户；

c. 关于各产业使用的生产要素（劳动力和固定资本）的数据。

金融交易与金融资产和负债表

2.149 综合经济账户可以反映哪些部门获得何种金融资产、发生何种金融负债。为了审视金融部门的作用，对金融账户的第一个扩展是在金融公司内部区分出9个子部门，以及将金融资产和负债划分为8个类别。第4章讨论金融机构的子部门，第11章介绍金融工具的详细内容。

2.150 但是，正如本章引言部分所说明的，本章所表述的金融账户还没有做到彻底衔接，即使在第4和第11章对子部门和金融工具作了细分以后也是如此。金融账户能够反映哪些部门及其子部门获得了贷款、形成了存款，但却不能对中间过程进行详察，即它不能提供如下信息：一家金融机构吸收资金，将资金重新打包，然后把它们作为另一种金融工具发行给其他单位。为了研究这一过程，需要一种“从谁到谁”的三维表。该表有时被称为资金流量矩阵。金融交易的三维表常常被表示为一系列矩阵，每一种金融工具都有一个矩阵，可以反映从一个部门到另一个部门的流量。

2.151 这样的表式在实际表述数据时不一定有用，因此，现实中发布数据时可能会采用其他形式。例如，把金融工具的详细分类与部门分类结合在一起，按金融工具分类与部门分类的交叉分类表述，从而反映债务部门的债务状况变化，同时反映债权部门的债权状况变化。简而言之，与综合经济账户中的金融账户相比，这种方式意味着，如果需要，就可以在金融工具名下引入部门类别（全面的解释见第27章）。

完整的资产负债表和资产负债账户

2.152 在综合经济账户中，资产负债表是高度综合的。如果需要，可以利用资产和负债的详细分类为各个部门或子部门建立一个更为完整的资产负债表。这样就既可以从每种资产和负债的角度，也可以从每个变化原因的角度，对各部门的资产和负债变化进行分析。

2.153 此外，对三维表的深入解析还可以针对每种金融工具揭示“从谁到谁”的联系，从而做出更好的分析。该表在形式上与金融交易表完全相同，只不过是用资产和负债存量替换了资产或负债的变化，用每个部门的净金融状况替换了净贷出或净借入。这些表所遵循的原则与流量表的原则极为相似，第27章会对此加以介绍。

功能分析

2.154 如同B节所解释的，对交易的描述揭示了哪类流量会被记录下来，但是却没有解释为什么要记录这些交易。为了分析交易的目的，有必要对基本交易进行功能分析。例如，不是按照产品对住户消费进行细分，而是按照衣、住、保健、娱乐等进行细分。对于政府消费，则可以按照法律和秩序、国防、健康或教育等对其消费进行区分。针对不同部门的需要，会采用相容但不相同的分类方法，因此，这些按照目的进行的分析不可能被整合进一张表中，而且，在大多数情况下，无法在中心框架中穷尽经济总体的所有可能的功能分析。

2.155 看待功能分析的另外一种方式是识别出与某种特定功能活动有关的所有支出，例如，环保支出。并不是所有的相关支出都能够很容易地识别出来，因此建议在中心框架之外的卫星账户中进一步开发这种方法。

人口与劳动力投入表

2.156 通过计算人均数据，可以使许多国民经济核算总量的用处更大。对于那些广为采用的总量，例如GDP、GNI或住户最终消费，分母通常采用总（常住）人口数。在编制住户部门的子部门账户或部分账户时，还需要各子部门住户数和人数这样的数据。

2.157 在生产率研究中，每个产业在生产过程中使用的劳动力投入数据是必不可少的。总工作时数是SNA测量劳动力投入的首选指标。此外还可以选择全日制等值职位数或者受雇人数。

2.158 通常必须对人口和劳动力投入的数据进行调整，以求与SNA的概念、定义和分类保持一致。所得的表是SNA的有机组成部分，相关解释见第19章。

E. 综合中心框架及其灵活性

1. 灵活应用中心框架

2.159 从概念和核算结构来看，SNA的中心框架是一致的。为了简明且完整地描述SNA的结构，前面已经介绍了该综合账户体系中的不同部分之间的联系。不过这种表述方式并没有指明在编制国民账户时应采用何种优先顺序或频率（季度、年度等）。确定编制国民账户的优先顺序是一个统计政策问题，无法给出一个普遍适用的建议。（有关的使用手册中会给出适用于某些特定情形的建议。）类似地，账户结构也不意味着核算结果一定要严格按照本章或其他章节所述的方式来表述。一国既可以选择公布那些主要时间序列，也可以只公布某些账户或总量，或采取其他做法。

2.160 总的来说，应当用一种既一致又灵活的眼光来认识SNA。根据分析的需要和数据的可获得性，对中心框架各方面的侧重会有所不同。一般地，对机构部门、产业、产品、交易以及账户序列进行分解时可能会有不同的层次，可能会采用不同的估价方法，对账户不同部分的优先顺序和编制频率可能有不同的设置，可能会重新排列核算结果，或者可能会增加一些额外的内容，等等，上述种种都可能导致侧重点的不同。

2.161 以住户部门为例，可以很好地说明应该进一步做什么，以便深入分析住户状况及其经济总体的运行状况。首先，在SNA所设主要子部门分类基础上进行住户部门分解，可以对住户部门进行深入分析，例如，可以区分住户从事的经济活动类型（正规的或非正规的）、住户的所在地（城镇或农村）以及住户的技能水平。其次，可以利用编制账户序列的方式来描绘住户活动。例如，可以采用自由支配收入的概念——从可支配收入中扣除那些以实物形式获得的部分和那些住户无权决定如何花费的收入，或者可以补充住户交易的分类，以便反映其不同类型收入来自哪些产业，等等。

2.162 通过公共部门（其组成会在机构部门分类系统中给予系统展示），可以更好地揭示SNA的灵活性。可以对公共部门的组成部分进行重新排列，从而对整个公共部门账户进行分组。这些账户可以放在合并账户的前面或后面，利用它们可以描述公共部门与私人部门之间的关系，以及公共部门与国外之间的关系（需要把公共部门的外部交易单独分离出来）。

2.163 第21至29章会详细分析上述例子，而且会解释如何在关键部门核算、外部账户问题以及非正规经济等领域灵活应用中心框架。

2. 引入社会核算矩阵

2.164 社会核算矩阵（SAM）是SNA的矩阵表述

形式，它可以包含更多的受到特别关注的细节。目前，SAM 的编制者已经利用它的灵活性突出了一些特殊的关注点与问题，例如对住户部门的分解，显示收入形成和消费之间的关系等。与 SNA 一样，SAM 的功能来自于通过适当的分解来研究所关注的问题。除了灵活应用之外，SAM 还可以包含更多的扩展性调整，这些调整具有卫星账户的性质，其目的是服务于特殊的分析目的。对矩阵表述以及 SAM 的详细解释可见第 28 和第 29 章。

3. 引入卫星账户

2. 165 在某些情况下，仅仅利用中心框架是不够的，即便灵活应用也不行。尽管中心框架从理论上看是一致的，但是如果细节太多，它就会繁复不堪。此外，有些要求可能与中心框架的概念和结构是相抵触的。

2. 166 对于某些类型的分析而言，其基本目的并非要使用某些替代性经济概念，而只是要在国民经济核算的框架中重点分析经济社会行为的某个领域或方面。其目的是要使人们看清楚隐藏在中心框架账户之中的或者表露有限的一些方面，并对其进行深入分析。旅游业就是一个很好的例子。与旅游业有关的生产和消费活动的很多方面可能在活动、产品与目的的详细分类中有所体现。但是，只有在少数情况下，旅游业特有的交易和目的才会单独出现。为了在国民经济账户中描述和测算旅游业，有必要在两个方法之间做出选择：一种方法是在中心框架账户中对很多内容进行细分，以便得到旅游业所需的数据，其代价是账户的许多内容变得繁琐且失衡；另一种方法是为旅游业建立一个专门的核算框架。利用后一种方法，可以修订各种分类，并测算一些附加的总量，如国民旅游支出，它可以既包括最终消费也包括中间消费。

2. 167 在其他一些类型的分析中，可能更注重使用替代性的概念。例如，生产范围可能会发生改变，往往是扩大生产范围，比如把住户成员为自己最终消费而进行的家庭服务生产纳入生产范围。通过把耐用消费品和人力资本包含在内，可以扩大固定资产以及有关的固定资本形成概念。通过记录地下资源或其他自然资源的耗减或退化，还可以在环境核算中以不同方式记录自然资源与经济活动之间的关系。这些方法以不同方式刻画了经济过程本身，并计算了一些补充的或替代性的总量。建立一个框架，使之一方面包含那些已经在中心账户中明确或隐含地包括的内容，同时再增加一些补充内容（货币量或实物量）和替代性概念和表述，将有助于分析一些重要领域，如社会保护、健康或环境等。但是，在任何情况下，都应该明确这些框架与中心框架的联系；许多内容是共有的，对立的特征不应贸然采用，而是要经过对现实情况的深思熟虑。

2. 168 这些与中心框架并非完全一致的特殊构造被称为卫星账户，将在第 29 章进行深入讨论。

第3章　存量、流量和核算规则

A.　引言

3.1　SNA是测算经济价值的存量和变动，识别对经济价值具有要求权的个体、群体、合法实体或社会实体的核算体系。本章讨论经济价值存量和反映经济价值变动的流量这两个概念，以及记录存量和流量的核算规则。为了在核算体系中描述流量和存量，有必要确定对那些按存量核算或受流量影响的经济价值具有要求权的参与人。这些参与人就是相关的个体、群体、合法实体和社会实体。SNA称其为机构单位，并根据它们的经济目标、功能和行为划分为机构部门。第4章将介绍这些单位和部门。

3.2　存量是一个时点的经济价值，流量是经济价值在一个时期内的变化。存量出现在资产负债表和相关表中（某些存量在投入产出表的使用表中显示）。流量出现在SNA的所有其他账户和表中。在机构部门完整账户序列中，流量账户由经常账户和积累账户组成，经常账户反映生产、收入和收入的使用，积累账户反映两个资产负债表间的全部变化。

3.3　为了使该体系保持完整和一致，以存量测算的经济价值在两个时点间的全部变化必须等于流量。要确立核算惯例，首要条件是恰当定义存量和流量的含义。明确了定义之后，需要制订规则以衡量核算体系中经济价值的变化。这些规则和定义确保了SNA在价值、记录时间和分类上的一致。

1.　存量和流量

3.4　***存量是指某一个时点的资产和负债头寸或持有***。通常SNA把存量记录在核算期期初、期末编制的资产负债表中。然而，存量与流量有关：它们来源于以前的交易和其他流量的积累，随着核算期的交易和其他流量而变化。实际上，存量就是一定资产或负债在持有期内伴随某些物量或价值变化而连续增减的结果。

3.5　***资产是一种价值储备，反映经济所有者在一定时期内通过持有或使用该实体而产生的一次性经济利益或连续性经济利益。它是价值从一个核算期向另一个核算期结转的载体***。资产可以是金融性的也可以是非金融性的。对于几乎所有金融资产来说，它们都有对应的（金融）负债。***当一个单位（债务人）在特点条件下有义务向另一个单位（债权人）提供一笔或一系列支付时，负债即得到确立***。这些定义的解释、其中所包含的概念以及SNA中不同资产和负债类型都将在本章B节介绍。

3.6　***经济流量反映经济价值的产生、转换、交换、转移或消失；它会涉及机构单位之资产和负债在物量、构成或价值方面的变化***。与经济多样性相对应，经济流量也具有多种性质，如工资、税收、利息、资本流量等，它们记录了一个单位之资产和负债的变化方式。

3.7　经济流量由交易和其他流量组成。***交易是一种经济流量，这种流量或是来自于达成协议的机构单位间的合作活动；或虽是某机构单位的内部活动，但该活动被处理为交易在分析上是有益的，通常这样处理是因为该机构单位存在两种不同身份***。资产或负债价值也会受到一些不满足交易要求的经济流量的影响，这类流量称为***“其他流量”，指在不发生交易的情况下资产和负债的价值变化***。例如由于自然灾害和价格变化造成的资产负债价值的损失。

3.8 经济流量的不同类型将在本章 C 节讨论。

2. 平衡项

3.9 经济流量分组合计进入账户，在账户中，左方记录经济流量的流出（可称为借方项目、使用或资产变化），右方记录经济流量的流入（可称为贷方项目、来源、负债变化或资产净值）。***平衡项是通过账户一方登录的总价值（使用或资产变化）减去另一方登录的总价值（来源或负债变化）来构建的一个核算指标。它不是独立于账户中各项目的测度，而是一个派生结果，反映了一般核算规则在账户两方特定项目中的应用***。资产负债表的平衡项是资产净值，等于资产和负债的差额。

3.10 之所以构建平衡项，是因为它可以传递一些有意义的经济信息。SNA 的许多关键总量指标，包括 GDP，实际上都是作为平衡项而出现的。平衡项的讨论详见 D 节。

3. 存量和流量分类

3.11 SNA 中的账户和表式涵盖了一定时期内发生的经济活动或事件的有关信息，以及这些事件对该时期期初、期末资产负债存量影响的相关信息。

3.12 SNA 中流量和存量的分类体系详见附件 1。在最高一级上，交易和其他流量分为五类：产品交易、在 SNA 范围内的收入分配和再分配交易、非生产资产交易、金融资产和负债交易、其他积累项目。在积累账户中，要同时按照交易和所涉及的资产类型进行分类。

3.13 流量和存量记入各有关机构单位账户，并相应地记入机构单位所属的部门账户。第 4 章将阐述机构单位和部门。一般来说，流量和存量记入现在拥有或曾经拥有有关货物和资产的机构单位账户，记入提供或接受服务的单位账户，或者记入提供劳动力和资本或在生产中使用劳动力和资本的单位账户。基于某些目的，参与生产的机构单位被视为是由一个或多个基层单位组成的，要在基层单位基础上划分产业。基层单位和产业将在第 5 章予以界定和讨论。

4. 核算规则

3.14 账户中所有项目必须用货币来计量，因此，这些项目的构成元素也必须用货币来计量。在某些情况下，记录的数额是实际支付额，它们组成了与货币有关的流量；在其他情况下，记录的数额则是参照实际货币价值估计出来的数额。因此，货币是记录所有存量和流量的计量单位。

3.15 原则上，可选择任何一段时间作为核算期。时期太短的缺点是统计数据容易受偶然因素影响；时期太长则不能充分描述经济中持续发生着的变化。只有当核算期覆盖周期性经济现象的一个完整变化周期时，才能避免季节性影响。大多数企业和政府的核算是年度核算。一般而言，日历年度、财政年度或季度最适宜于编制整套国民账户。

3.16 SNA 覆盖了所有经济活动，因此有可能形成各组单位或所有经济单位的账户。为了实现这个目标，流量和存量在估价、记录时间、分类和分组等方面的核算规则必须一致。为了给以下 B、C、D 节所进行的存量、流量和平衡项性质的讨论提供一些背景知识，这里将这些规则概述如下：

a. 流量和存量的记录必须在估价方面保持一致。各项登录应采用当期市场价值（即双方商定价值）或者最接近的相当价值。市场价值可能需要调整到 SNA 界定的存量或流量的范围，并根据流量或存量的性质，适当地表示出来，其中涉及产品税和产品补贴、运输成本和商业毛利。

b. 流量和存量的记录必须在记录时间方面

保持一致。流量是在核算期内权责发生的时刻（即经济价值产生、转换、交换、转移或消失）记录。存量是在与账户编制有关的时刻记录，一般在核算期初或期末记录。

c. 流量和存量项目必须在分类方面保持一致，按照交易、其他流量和资产分类中的类别，以及按照由交易者构成的机构（子）部门或产业部门分类中的类别进行记录。

d. 根据项目的性质，应该区分来源和使用，或者区分资产和负债。在归类过程中，可能会隐含着对若干个项目取净额，但不提倡合并。

3.17 SNA 的基本核算框架体现了四式记账。这意味着每一笔交易在交易双方各记录两次。对于每笔登录，每个单位内部要纵向一致，两个单位之间要横向一致。四式记账原则将在本章 E 节进一步详细解释。

B. 存量

3.18 存量是某一时点的资产或负债总额。（在国际收支核算方法中，存量水平被称为头寸。）为了讨论存量，有必要先定义资产和负债，这些定义主要取决于经济利益和所有权的概念。定义明确后，进一步要讨论资产负债表中的资产和负债分类、项目登录或撤销的方法。

1. 经济利益

3.19 SNA 的核心是描述劳动力、资本、自然资源（包括土地）被如何用于货物服务的生产。SNA 认为，这些货物服务将用于三种经济活动：生产、消费和积累。经济利益是指通过一种行为产生的收益或正效用，它意味着要在两种状态之间进行比较。在 SNA 中对此可做如下解释：经济利益可以视为提供服务——例如投入生产的那些劳动和资本服务——的报酬，也可以视为获得货物服务——用于当期或未来的生产、消费或积累——的手段。

3.20 有时候，经济利益可以直接用货物服务表示，例如，自产自用产品或实物工资和薪金。更多情况下，经济利益要以交换媒介（货币）来表示，例如工资和薪金。消费活动只在当期发生，但可以用过去所得经济利益来支付其费用；生产和积累也会将经济利益延期到未来时期。因此，必须确认那些使经济利益从一个核算时期转移到另一个核算时期的手段。由此形成了各种形式的资产和负债。通过它们，一个时期的经济利益被转换为一个或多个未来时期的经济利益。同样，可以通过各种形式的金融负债，花费未来经济利益获得货物服务（即变成当期经济利益）。

2. 所有权

3.21 所有权区分为两类：法定所有权和经济所有权。***诸如货物服务、自然资源、金融资产和负债的法定所有者，是指在法律上有权并能持续获得这些相关实体之经济利益的机构单位***。

3.22 有时候，政府可以代表一般团体拥有实体的法定所有权。SNA 认为，任何实体，在单个意义上或者在集体意义上，都应有一位法定所有者。

3.23 生产、消费和积累行动存在不同程度的风险。主要风险有两类。第一类是生产风险。这些风险产生于以下方面的不确定性：对已生产的货物服务的需求，经济的总体发展状况，影响从资本和自然资源中获取经济利益的技术创新。就是说，由营业盈余所体现的来自资本、自然资源和劳动力的经济利益以及来自就业的收入是无法完全预测的，因而蕴藏着一定的风险。

3.24 第二类风险发生于经济利益在两个时期之

间的转移过程中。这种风险产生于未来时期利率的不确定性，它反过来影响到不同类型经济利益的相对表现。

3.25 当经济代理人决定消费或积累时，需要判断应在当期将经济利益转换为货物服务还是留待未来再予转换，两者谁更具优势。这样，所有经济活动都会涉及经济利益和风险两个方面。两个时期之间的经济利益转换不可避免地涉及转换风险。一个代理人可能选择风险低但未来经济利益比较确定的转换，而不选择经济利益比较高但确定性较低的转换。特别有趣的情况是，代理人会将有关生产的经济利益和风险与有关金融资产和负债的经济利益和风险进行交换。

3.26 ***诸如货物服务、自然资源、金融资产和负债等实体的经济所有者，是指由于承担了有关风险而有权享有该实体在经济活动期间内运作带来的经济利益的机构单位***。

3.27 每个实体都具有法定所有者和经济所有者，虽然很多情形下各实体的经济所有者和法定所有者是相同的。在法定所有者和经济所有者不同的情况下，法定所有者对经济所有者在经济活动中使用该实体所涉及的风险以及相关的经济利益具有责任。作为回报，法定所有者要从经济所有者处获得另外的风险和经济利益。一般而言，在SNA中，若提到“所有权”或“所有人”等词语且法定所有者和经济所有者不同时，应理解为是指经济所有者。第17章第5部分介绍了合约、租约和许可，其中就涉及许多法定所有者和经济所有者不同的情况。

3.28 当政府代表整个社会拥有某实体的法定所有权时，代表整个社会的政府也享有其经济利益。这样，政府既是这些实体的法定所有者也是其经济所有者。

3.29 金融资产和负债的固有经济利益很少会以完全相同的形式从法定所有者转移给经济所有者。它们通常要以金融机构为中介转换为新的金融资产和负债形式，在这一过程中，金融机构承担部分风险和收益，并将剩余的风险和收益转移给其他单位。

3. 资产的定义

3.30 根据以上描述，资产可以定义为：***资产是一种价值储备，代表经济所有者在一定时期内通过持有或使用某实体所产生的一次性或连续性经济利益。它是价值从一个核算期向另一个核算期结转的载体***。

3.31 SNA中，所有资产均是指经济资产。诸如声誉、技能等通常被认为是资产，但SNA不予认可，因为基于所有权视角，它们在本质上没有经济意义。

4. 金融资产和负债

3.32 一个经济单位得以与另一个经济单位交换一组特定经济利益的机制，是一项特别重要的经济机制。经济利益依靠支付实现交换，由此即可以定义金融债权和负债。SNA认为没有非金融负债，因此负债一词仅指金融负债。

3.33 ***当一个单位（债务人）在特定条件下有义务向另一个单位（债权人）提供一次性支付或连续性支付时，负债即得到确立***。最普遍的情况是，负债是依据具有法律约束力的合法合同确定的，该合同明确了期限、付款方式，并规定应依合同无条件付款。

3.34 另外，长期且得到普遍接受的惯例可以替代合同确立负债。这种情况下，债权人尽管没有具有法律约束力的合法合同，但具有有根据的支付期望。这类负债称为推定负债。

3.35 无论是哪种负债，债权人对债务人均享有相应的债权。***金融债权指债务人基于合约条款应向债权人所做的一次性或连续性支付***。和负债一样，债权的主张是无条件的。此外，如下金融债权也可以存在：债权人有权向债务人索取支付，就债权方而言，索取本身具有酌情行事的特点，而对债务人而言，只要债权人索取，就必须无条件支付。

3.36 ***金融资产由企业的所有债权、股票或其他***

公司权益，加上货币当局所持有的黄金储备所组成。货币当局作为储备资产持有的金块按金融资产处理，尽管持有者没有对其他特定单位拥有债权。股票处理为金融资产，即使持有者对公司的金融求偿权不是一个固定的或预先确定的货币金额。

5.　资产范围和资产一级分类

3.37　SNA 的资产包括符合上述资产定义的所有实体。非金融性的资产称为非金融资产。非金融资产进一步区分为生产性和非生产性两类。

3.38　资产代表未来经济利益的储备，因此所有资产可以表示为货币价值。该价值代表着从市场观点来看资产所能带来的经济利益之和。没有直接市场价值的资产，其价值按其他方法近似估算。相关内容在第 11 章讨论。

3.39　只有其所有者是本经济体之常住单位的非金融资产才属于该经济体的资产范围。然而，就多数自然资源和不动固定资产而言，它们在物理上无法离开本经济体，如果其经济所有者在技术上是非常住单位，则需要建立一个名义上的常住单位来处理此种情况。通过这种方式，此类资产就会变为常住经济所有者的资产，因此可以包括在资产范围中，并纳入资产负债表。在物理上处于一个经济体内但属于非常住者所有的可移动非金融资产不包括在资产负债表中；而那些在物理上处于国外但被常住者所有的可移动非金融资产则包括在资产范围内。例如，属于国内航空公司的飞机无论在世界上任何地方，永远是国内经济体的资产。

或有负债和准备金

3.40　按照上述 3.33 段的定义，一旦合同确立的负债被当事双方接受，负债就是无条件的。如果负债不是通过合法合同而是根据长期且得到普遍接受的惯例而确定的，这种负债就是推定负债。某些负债可能涉及一个合法合同，但是指定了仅在某些特定条件具备的情况下，当事者一方才必须向另一方提供一次性或连续性支付，这种负债称为或有负债。一般而言，SNA 包括（合法）负债和推定负债，但不包括或有负债。标准化担保是个例外，此种情况下，虽然就单个协议而言属于或有负债，但是许多类似这样的担保合在一起，实际上就形成了由担保比例所确立的负债。

3.41　一个企业留出的用于应对意外事件或顾客违约的资金称为准备金。SNA 中，这些准备金不处理为负债，因为它们不受与负债有关的合法或推定合同的约束。例如，虽然金融机构定期冲销坏账，但是把留出的准备金看作是借款人的资产是不合适的。即使指定了准备金的具体用途，但作为准备金的这笔资金仍属于企业资产净值的一部分。准备金是有特定用途的资金，就其本身而言不构成金融资产和负债的一种类型。

6.　资产负债表的资产进入和退出

3.42　所有资产都显示在经济体的资产负债表中。资产的第一级分类非常重要，因为这三类资产在资产负债表中的登录和注销处理方法并不相同。

3.43　生产性非金融资产通过生产加工或进口形成。但有两个例外。历史性纪念碑包括在生产资产中，即使它们是在经济账户出现很早以前建造的。有时，纪念碑会因具有价值被重新确立为生产资产，而不是通过当期生产过程进入生产资产范围。与此类似，人工制品按贵重物品处理也存在争议。生产性非金融资产退出资产范围有以下途径：耗减、出售给常住单位不再作为未来经济利益来源继续使用、或出售给非常住单位。

3.44　非生产性非金融资产有三类：自然资源；合约、租约和许可；外购商誉和营销资产。哪些自然资源属于资产范围哪些不属于，其界限取决于第 10 章所描述的一系列因素。如果协议限定了产品的一般使用或者供给、并使协议参与方所获得的经济利益超过了未限定供给时的经济利益，合约、租约和许可就构成其持有者的资产。在协议签订并明显增加了经济利益时，这些资产开始形成。如果对进入的约束条件消失或持有约束进入的资产不再带来经济利益，它们就要退出资产负债表。在 SNA 中，商誉和营销资产仅在它们被用于销售时才被视为资产。

3.45 当一个单位许诺向另一个单位进行支付时，金融资产和负债就产生了。当一个单位对另一个单位进行支付的承诺消失时，金融资产和负债就终止了。终止的原因可能是承诺中特定协议条款已经失效或者其他原因。

7. 不包括在资产范围内的项目

3.46 资产范围限定在经济活动中使用和拥有所有权的资产；因此，耐用消费品、人力资源以及没有所有者的自然资源不包括在资产范围中。

3.47 耐用消费品因为其提供的服务不属于生产范围而不属于 SNA 所界定的资产。耐用消费品存量信息具有分析价值，因此建议将耐用消费品信息作为备忘指标体现在资产负债表中，但不计入表的总量。

3.48 人力资源在 SNA 中不作为资产。人的“所有权”确定非常难，即使这个问题可以解决，估价也是个大问题。

3.49 某些环境资源不包括在 SNA 的资产范围内。这些资源在形式上通常与资产范围中的某些资产相同，但却没有经济价值。

C. 流量

3.50 经济流量有两种类型，大多数流量是交易；SNA 包括的、但不符合下面描述的交易特征的流量被称为“其他流量”。交易出现在所有流量账户和表式中——除资产物量其他变化账户和重估价账户外；而其他流量则仅出现在后面这两个账户中。通过对两类经济流量的描述，可以赋予流量定义以更多的意义。

1. 交易

3.51 ***交易是一种经济流量。这种流量是机构单位之间基于共同协议所发生的相互作用，或是某个机构单位内部的行为——由于这种单位常常以两种身份进行活动，因此将此类内部行为作为交易处理具有分析价值。***

3.52 根据定义，机构单位是 SNA 的基本经济单位。第 4 章描述和界定了基本经济单位。下面是机构单位的主要属性，这些属性与参与交易有关：

a. 它们有权拥有货物或资产，并因此能够对其进行交换。

e. 它们能够进行经济决策、实施经济活动，为此直接负责并承担法律责任。

c. 它们能够代表自身利益而承担负债、其他义务或未来承诺以及订立合同。

3.53 交易的定义规定，机构单位之间的相互作用要通过共同协议实现。交易按共同协议进行，这意味着机构单位对此是预先知道的和同意的。然而，这并不意味着两个单位一定是自愿地进行交易，因为某些交易是由法律强制规定的，例如纳税或其他强制性转移。虽然各个机构单位不能自由决定它们所支付的税金数额，但是，整个社会对纳税义务仍然有共同的认可和接受。因此，尽管纳税是强制性的，但它仍然被视为交易。

3.54 交易会采取许多不同的形式，因此即使有上述解释，一般性定义还是相对不够精确。为更精确起见，必须对各种类型的交易进行系统的描述和分类。首先是货币交易和非货币交易间的区分。接下来可以针对每一类进行区分，比如有对应物的交易和没有对应物的交易之间的区分。通常，日常经济生活中发生的单项的、可识别的交易要直接加总起来放到账户中；有时，为了形成 SNA 的交易类别，要对这些交易进行细分和重新安排。

货币交易

3.55 ***货币交易是这样一种交易，在这种交易中，机构单位会以货币单位做出一笔支付（收到一笔支付）或发生一笔负债（得到一笔资产）***。在 SNA 中，所有流量都以货币形式记录，而货币交易的特有特征是交易各方会以货币形式表示他们的协议。例如，货物的购买或出售按每单位货物一定数量的货币单位进行，劳动力的雇佣或提供按每小时或每天一定数量的货币单位进行。

3.56 所有货币交易都是机构单位间的相互作用；也就是说，所有货币交易都是双边交易。常见货币交易有以下几种：

a. 货物和服务消费支出

b. 证券的获得

c. 工资和薪金

d. 利息、红利和租金

e. 税金

f. 现金社会救济福利

有对应物的交易和没有对应物的交易

3.57 货物服务消费支出，证券、工资薪金、利息、红利和租金的获得，都是双边交易，在这种交易中，一方向另一方提供货物、服务、劳动力或资产，然后会得到对应价值作为回报。这类交易有时称为“有换有”交易或有对价物的交易。此类交易有时被称为交换。

3.58 税金和社会救济福利是另一类双边交易的例子：一方向另一方提供货物、服务或资产，但不获得对应物作为回报。这类交易有时称为“有换无”交易或无对价物交易，在 SNA 中称之为转移。

3.59 在描述交换和转移时，所提到的对应物的范围不包括对于或有福利的权利或公共服务。这样的福利一般是不确定的或无法定量表示的，或者两者兼而有之。而且，各个单位最终可能得到的这种福利的数额与以前支付的数额并不成比例，前者可能比后者大得多或小得多。因此，即使诸如社会保险缴款或非人寿保险费这样的支付可能使支付单位有权得到某种未来的或有福利，纳税住户也可能能够享受到政府单位提供的某些公共服务，但这些支付仍被视为转移而非交换。

3.60 转移进一步区分为经常转移和资本转移。资本转移的特点在于：在这种转移中，会发生资产（而非现金或存货）所有权的转移，或者会导致一方或双方有义务获得或处置其资产（而非现金或存货）。资本转移是对财富的再分配，但不影响储蓄，如资本税和投资补助金等项目都属于资本转移。其他转移被称为经常转移。经常转移是对收入进行的再分配，收入税和社会福利等都属于经常交易。对转移的全面描述见第 8 章。

交易的重新安排

3.61 货币交易在账户中的记录方式，并不总是与它们在有关机构单位实际出现的方式相同。这些实际的或可观察到的交易的价值可以在有关单位账户中获得，但 SNA 要对某些交易进行重新安排，以便更清楚地揭示出其潜在的经济关系。有三种类型的重新安排将影响人们所观察到的交易的发生渠道、发生次数或涉及的单位。以下三节分别说明这些重新安排的主要特征以及要达到的分析目的。

改变交易的流程（改道）

3.62 改变交易流程，是要按照不同于实际发生的途径来记录所发生的交易，或者要记录从经济意义上看已经发生但从实际记录看并未发生的交易。在第一类改道中，单位 A 和单位 C 之间的直接交易要做为间接地通过第三单位 B 进行的交易来记录，通常在交易类别上还要做些改变。在第二类改道中，从单位 A 到单位 B 的一项交易要与从单位 B 到单位 A 的另一项不同类别交易匹配起来记录。

3.63 社会保障缴款支付的记录是第一种改道的例子。实践中，雇主通常会从雇员工资薪金中扣除雇员需要缴纳的社会保障基金。此外，雇主也可能会代表雇员用雇主自有资金支付社会保障基金。两种缴款都是由雇主直接向社会保障基金支付的。然而，在 SNA 中，这些雇主缴款被处理为雇员报酬的一部分，记录为对雇员的支付。然后，要将雇主缴款和雇员自己缴款全部记录为雇员对社会保障基金的支付。社会保障缴款要严格按照 SNA 关于交易记录的一般原则来记录，目的是显示出为管理方便所采取的方法背后的经济实质。由于改道处理，雇主社会保障缴款就可以列为劳动成本的一部分。

3.64 外国直接投资企业留存收益的处理是第二种改道的例子。外国直接投资企业的收益可能会有一部分或全部保留在企业内，应将其视为外国所有者有意识做出的投资决定。因此，这种留存收益在 SNA 中被改变流程，首先把它显示为汇给外国所有者的财产收入，然后显示为外国所有者对直接投资企业股本的再投资。

3.65 同样，人寿保险基金准备金上所获得的财产收入应被视为首先支付给保单持有者，然后作为追加保险费再支付给保险企业，即使实际上这种财产收入是由保险企业留存下来的。因此，个人或住户的储蓄包括了改道财产收入的数额，而保险企业的储蓄则不包括相应的数额。储蓄状况的这种变化正是改道的目的，它可以更好地反映经济的真实情况。

分割交易

3.66 分割交易是把交易各方视为单一的交易记录划分为两个或多个不同分类的交易。例如，承租人依照融资租约实际支付的租金，不能记录为是对服务的支付，而是要分解为本金偿还和利息支付两项交易。对所付租金的分割反映了 SNA 对融资租赁所持的经济观点和相应的处理方法，它被认为是筹集购买资本设备资金的一种方法，融资租约在 SNA 中被显示为是出租人对承租人的贷款。

3.67 另一个例子是某些金融服务的处理。例如，SNA 规定，把金融中介应付存款利息和应付给金融中介的贷款利息分割为两部分。一部分为 SNA 的名义利息，其余部分是对金融中介机构没有直接收费的金融中介服务的购买。实施这种分割的目的是为了区分出服务，其处理会影响某些产业部门和机构部门的中间消耗和最终消费，也会影响到国内生产总值。但是，所有有关单位，包括金融中介机构本身的储蓄不受影响。

3.68 SNA 关于批发商和零售商交易的记录没有再现有关方面看待这种交易的方式。在此并不直接记录批发商和零售商等单位为转售而购买的货物，这些商人被认为是出售了服务——储存并在方便的地方摆放这些货物以便于顾客购买的服务，而不是出售了货物。在这种分割中，批零贸易商的产出要按出售所购买货物而实现的贸易加价来衡量。

代表其他参与方进行交易的单位

3.69 许多服务活动由一个单位替交易双方安排实施交易，交易一方或双方以手续费作为酬金。这种交易记录在交易双方的账户上，而不记录在促成交易的第三方账户中。但有一些服务产出可以被认为是属于代理人的。例如，一个商业代理人在另一方指示和承担费用的情况下所做的购买，应被直接认定为后者的购买，代理人账户上只显示通过提供中介服务向委托人收取的酬金。

3.70 第二个例子是一个政府单位代表另一个政府单位征税。SNA 遵循政府财政统计手册（IMF，2001），即 GFSM2001 的规定，一般来说，税收会在以下情况下分配给这个政府单位：

a. 行使职权征收税金（作为委托方或者通

过委托方的权威机构）；

b. 具有建立和调整税率的最终决策权。

3.71　当一个政府为另一个政府或代表另一个政府征收一定数额的税收，且后者具有征税、制定和调整税率的权力时，就意味着前者担当着后者的代理人，且所得税额需要再分配。征税政府作为征收手续费留存的数额应该处理为服务支付。征税政府留存的任何其他数额，例如税收比例留存等，应该作为当期补贴。如果征税政府拥有权力制定和调整税率，那么征收的税金要作为这个政府的税收收入。

3.72　在不同政府联合平等地制定税率、决定收益分配，没有一个政府具有最终压倒性决策权的情况下，税收收入按各自份额在各政府间分配。如果协议允许某个政府单位拥有压倒性最终决策权，则所有税收收入计入该政府单位。

3.73　也存在如下情况：依据宪法或某个政府的其他权力而征税，但其税率由其他政府在其管辖范围内独立制订，此时各个政府管辖范围内形成的税收收益要作为那个政府的税收收入。

3.74　类似原则也适用于补助金或社会福利支付。

非货币交易

3.75　***非货币交易指原本不以货币单位表示的交易***。因此，SNA 记录的此类交易的价值来自于间接计量或另外估计。在某些情况下，这种交易也许是实际交易，需要估计一个价值以便记录在账户中。易货贸易是一个明显的例子。在另外一些情况下，必须构建整个交易，然后估计它的价值。固定资本消耗就是一例。（在过去，价值估计有时被称为虚拟，但是最好是把虚拟这个术语留给不仅要估计一个价值而且要构建一个交易的情况。）

3.76　与非货币交易有关的货币数额的登录，因为它不代表可自由支配的货币数额，其经济意义不同于现金支付的登录。非货币交易的各种估价方法在 E 节估价中讨论。

3.77　非货币交易可能是双边交易或一个机构单位内的活动。双边交易包括易货贸易、实物报酬、实物报酬以外的实物支付和实物转移。以下首先讨论双边交易，随后再讨论内部交易。

3.78　虽然实践中确实存在双边实物交易，但 SNA 中常常采用与货币交易相同的方式，将它们记录为实物项目的提供和与之相关的支出。这样即可保证：赠予者没有获得转移产品但其财富发生了变化，同时接受者获得了产品但没有发生任何财富变化。进一步讨论参见第 8 章经常转移和第 10 章资本转移。

易货交易

3.79　易货交易涉及两方，一方向另一方提供货物、服务或现金以外的资产，作为对另一方所提供货物、服务或现金以外的资产的回报。如上所述，易货交易是必须估计其实际交易价值的例子。以货物换取货物的易货交易一直是很重要的。这种易货交易可能是在正常的市场上系统地组织进行，或者只是在某些国家小规模地偶尔发生。国家之间会发生涉及出口和进口的易货交易。

实物报酬

3.80　当雇员接受货物和服务形式的支付来代替货币形式的支付时，就产生实物报酬。在大多数经济中，这种做法是很普遍的，其原因多种多样，从雇主希望为其部分产出找到稳定的市场，到逃税、漏税。实物报酬的形式很多，如下所列是一些最常见的类型，它们通常都是由雇主以免费或减价的方式向其雇员提供的货物和服务：

a. 膳食和饮料；

b. 为雇员所属住户之所有成员使用的住房服务或住宿设施；

c. 提供给雇员个人使用的车辆服务；

d. 雇主自己生产过程中生产出来的货物和

服务，如免费提供给矿工的煤。

此外，除了货物和服务，某些雇员也可能愿意或被迫接受金融或其他资产作为其部分报酬。

实物报酬以外的实物支付

3.81 在种类繁多的支付中，任何以货物和服务的形式而不是货币形式的支付，都属于实物报酬以外的实物支付。例如，医生可能接受酒的支付以代替货币支付。或者，土地或固定资本使用者会分别向其所有者支付货物或服务以代替货币租金。例如，在农业中，可能通过向地主交付所生产的部分收成作为“地租”支付（即分成制）。税金也可以用实物支付，例如，遗产税可以通过捐赠绘画或其他贵重物品来支付。

实物转移

3.82 如上所述，实物交易通常按如下虚构的方式记录在账户中：货币转移以及与之相伴随的接受方对相关产品的购买支付。这种处理适用于政府的国际合作、赠与和慈善捐献。为方便、效率或赋税的目的，政府的国际合作、赠与和慈善捐献经常采用实物形式。例如自然灾害后的国际援助，如果直接采用药品、食品和帐篷的形式，而不是货币形式，可能更有效，交付更迅速。实物慈善捐献有时候能避免将有关货物或服务出售后以货款捐献给慈善事业应付的税金。

3.83 实物转移的一个特例是实物社会转移，包括一般政府和为住户服务的非营利机构（NPISH）向各个住户提供的货物和服务。医疗和教育服务是最好的例子。与其提供一定数额的钱用来购买医疗和教育服务，往往还不如以实物的形式提供这类服务，可以确保对这种服务的需要得到满足。（有时，接受者购买服务，而由保险或救济计划予以报销。这样的交易仍视为实物交易，因为接受者只起到了保险计划代理人的作用）。

3.84 实物社会转移被记录为从政府、NPISH 向住户的隐含收入转移，以及货物和服务消费的转移。转移后测算的收入称为调整后的可支配收入（而不是可支配收入），测算的消费称为实际最终消费（而不是最终消费支出）。

内部交易

3.85 为了对生产和产出的最终使用做出在分析上更有用的描述，SNA 把一单位内部的某些活动视为交易。这些只涉及一个单位的交易被称为内部交易或单位内交易。

3.86 一些住户、所有 NPISH 和一般政府既是生产者，也是最终消费者。当一个机构单位从事两种活动时，它可能选择在生产活动结束后消费自己生产的部分或全部产出。在此情况下，没有发生机构单位之间的交易，但却有必要构建一种交易并估计它的价值，以便在账户中记录这些产出和消费。

3.87 对于住户来说，SNA 的原则是：由个人生产的被同一个人或同一住户成员用于最终消费的所有货物都包括在产出中，其处理方式与在市场上出售的货物相同。这意味着假设了一种交易，在这个交易中，负责货物生产的个人被认为向他们自己或其住户成员提供了这些货物。必须把这些交易同价值联系起来，以便把它们记入账户中。

3.88 政府或 NPISH 拥有的基层单位常常向住户免费或以没有显著经济意义的价格提供教育、医疗或其他类型服务。提供这些服务的费用由政府或 NPISH 承担，其价值被记录为内部交易，即记录为政府或 NPISH 对其所拥有的基层单位所生产产出的最终购买支出。（正如已经解释过的，住户获得这些服务被分别记录在实物社会转移项下，这是政府单位或 NPISH 与有关住户之间的另一种形式的非货币交易）。

3.89 为了更全面地描述生产，SNA 区分了同一企业内的几种其他交易。例如，当企业为自用而生产固定资产时，SNA 记录为企业向作为后续用户的自己的交货。同时，当企业在生产过程中使用固定资产（不论是自给性的还是购买的）时，SNA 将生产期内这种资产价值的下降记录为成本。

3.90 一个基层单位和同一企业的另一基层单位之间的交货如何记录，将在 6.104 中讨论。

外部效应和非法活动

3.91 以上几节讨论了 SNA 视为交易的活动类型。本节集中讨论外部效应和非法活动，说明外部效应为什么不应视为交易，并要区分被视为交易和不被视为交易的各种类型的非法活动。

外部效应

3.92 机构单位在未征得某些单位同意的情况下开展某些经济行动，从而引起这些单位的条件或情况发生变化。这些变化就是外部效应：它可视为没有获得受影响单位同意而提供的未经请求的服务或反服务。它是一种非合作的行动，通常产生不合乎需求的后果。

3.93 首先要考虑是否应当对此类外部效应赋予价值。经济账户必须在决定相对价格和费用之特定法律和社会经济制度范围内计量诸如生产或消费等活动的经济功能。而且，要将有经济意义的价值与本质上属于非市场现象的外部效应联系起来，其技术难度会相当大。因为外部效应并不是机构单位出于自己的意愿进行的市场交易，因此没有任何机制确保所涉及各方对外部效应所赋予的正值和负值会相互一致。此外，包括外部效应价值的账户不能被解释为代表均衡或经济上可持续的状况。如果这样的价值被实际支付所取代，所涉及的单位的经济行为可能变化相当大。

3.94 典型的例子是生产者对其他单位用于生产或消费的空气或水的污染。如果允许生产者制造污染，不付代价也无需冒被罚的风险，那么污染者的生产成本将低于社区的社会成本。某些国家，至少在其历史上的某些时期，可能选择制订允许某些生产者制造污染而不受惩罚的法律，从而降低其私人成本。例如为了促进迅速实现工业化，就可能有意这样做。这种政策是否明智，尤其从长远来看是很值得怀疑的，但不能因此说，经济账户将社会不愿承认的成本让生产者承担，以纠正这种假定在体制上的失误是适当的或在分析上有用的。例如，试图通过对污染物质的排放征税或征收其他费用而将某些外部效应内部化，这种做法的全部目的在于改变生产工艺以减少污染。对外部效应进行完整的核算是极其复杂的，因为仅仅把成本计入生产者账户是不够的，还有必要引进在经济意义上有争议的各种其他调整，才能使账户得到平衡。

3.95 这类例子说明，卫星账户最适合开展某些分析，因为在卫星账户中，可以放松 SNA 的一些常规约束和惯例。关于污染问题，SEEA2003 在其他环境部分中已经进行了清晰的阐述和探讨。

非法活动

3.96 符合交易特征（特别是交易双方有共同协议）的非法活动应按合法活动处理。某些货物或服务，如麻醉品，其生产或消费可能是非法的，但这样的货物和服务的市场交易在账户中必须记录。如果因非法之故而忽视住户关于非法货物或服务的支出，住户的储蓄就会高估，从而认定住户得到了他们事实上没有得到的资产。显然，如果将事实上发生的货币交易排除在外，整个账户就可能被严重扭曲。当然，要获得非法交易的数据可能是困难的，甚至是不可能的，但是，原则上应当把它们包括在账户中，哪怕只是为了减少平衡项等其他项目的误差。

3.97 然而，许多非法活动是对人或财产的犯罪，这种活动决不能解释为交易。例如，盗窃很难解释为两个单位依共同协议进行的活动。从概念上讲，盗窃或暴力是外部效应的一种极端形式，它是故意地而不仅仅是意外或偶然地使另一个机构单位遭受损害。因此，如从住户盗窃货物等活动不应视为交易，其估计价值也不记入住户支出项目。

3.98 如果盗窃或暴力行为（包括战争）涉及资产的重大再分配或毁坏，就有必要考虑它们。正如下面所解释的，它们应被处理为其他流量而非交易。

2. 其他流量

3.99 ***其他流量是指不是源自于交易的资产和负债的价值变化***。这些流量因其不符合交易的一个或多个特征而不作为交易。例如，有关机构单位可能不是依据共同协议而行动，如资产的无偿没收。或者由自然事件如地震而不是纯粹的经济现象引起的变化。此外，外币资产价值受汇率变动引起的变化也是一例。

3.100 其他资产变动账户由两个账户构成，其他流量项目会出现在其中的某个账户上。资产物量其他变化账户包括由于资产的数量或外观特征改变引起的资产价值的变化。重估价账户包括由于价格水平和价格结构变化引起的资产、负债和资产净值的变化，这种变化反映在持有收益和损失中。

资产物量的其他变化

3.101 资产物量的其他变化分为三个主要类别。

3.102 第一种类别涉及除交易原因以外的资产和负债的出现和消失。其中一些可能与自然产生的资产有关，如与地下资源有关，所以资产和负债的出现和消失是作为机构单位与自然界之间的相互作用而发生的。另外一些与人类活动所创造的资产如贵重物品有关。例如，对于贵重物品来说，资本账户将其记录为新生产的货物或交易中的进口，同时还记录归入贵重物品的现有货物的交易。这是对尚未计入资产负债表之货物具有重要的或特殊的价值的承认，该价值被视为一种经济出现，被记录为一种其他流量。这些贵重物品不包括在资产负债表中，可能有若干种理由：它们产生在这些账户之前，或者它们最初被记录为消费品。

3.103 第二种类别与外部效应和灾难影响有关。比如一个机构单位未经所有者同意，就从所有者处有效地取走了资产。这是一种不被视为交易的行动，因为它不具有共同协议因素。还有包括诸如自然灾害或战争等毁坏资产的事件。相反，诸如固定资本消耗或库存变化等交易指的是正常的损耗或毁坏率。

3.104 第三种类别与如下原因所导致的资产和负债变化有关：机构单位在部门间分类的变化，机构单位结构的变化，或资产和负债分类的变化。例如，如果一个非法人企业在财务上逐渐与其所有者分离开来，具有了一个准公司的特征，那么，它和它持有的资产和负债就要从住户部门转移到非金融公司部门，由该准公司拥有的资产和负债在部门配置上的变化要记录在该项目之下。

持有收益和损失

3.105 对资产及负债所有者来说，如果这些资产和负债的价格在核算期内发生变化，就可能产生正值或负值的名义持有收益。持有收益有时称为“资本收益”，但在这里用“持有收益”表述更可取，因为它强调，持有收益的发生纯粹是一定时期内持有资产或负债的结果，资产或负债本身并未发生任何方式的改变。持有收益不仅包括持有诸如固定资产、土地和金融资产等“资本”的收益，而且包括生产者持有的所有各种类型货物存货（包括在制品）带来的收益，这种收益通常称为“存货升值”。在核算期内，不论资产持有时间多长，都可能产生持有收益，因此，不仅仅是核算期内全程持有的资产会产生持有收益，既未出现在期初资产负债表上也未出现在期末资产负债表上的资产也可以产生持有收益。

3.106 名义持有收益取决于一定时期内资产和负债价格的变化。这里所说的价格是资产在市场上出售的可能价格。名义持有收益可以进一步分解为反映一般价格水平变化的中性持有收益和反映资产相对价格变化的实际持有收益。

D.　平衡项

3.107　***平衡项是通过从账户一方项目总价值中减去另一方项目总价值所得到的***。它不能独立于其他项目进行计量；作为一个导出项，它反映一般核算规则在账户两方具体项目上的应用。它与任何具体的交易或任何资产没有关系，所以它不能以它自己的价格或数量单位来表示。

流量账户的平衡项

3.108　平衡项并不只是用来确保账户平衡。各个平衡项经常会作为评价经济现象的重要宏观经济指标。它蕴含了大量的信息，包括账户中最重要的一些项目，以下就是从各个流量账户中再生产出来的平衡项：

a. 增加值或国内产值

b. 营业盈余

c. 可支配收入

d. 储蓄

e. 净贷出/净借入

f. 对外经常账户差额

资产负债表的平衡项

3.109　资产净值被定义为机构单位或机构部门拥有的所有非金融资产和金融资产价值减去其所有未偿负债价值，资产净值是资产负债表的平衡项。像 SNA 中的其他平衡项一样，资产净值的计量不能脱离其他项目，它与任何特定交易集没有关系。

3.110　资产净值是一种存量价值，不同种类的交易和其他流量都可以引起资产净值变化。如同任何资产总量变化可以通过核算期内交易和其他流量变化来描述，资产净值总量变化可以根据引起资产和负债总水平变化的交易和其他流量来体现。

E.　核算规则

3.111　如引言所述，本节包括四式记账原则、估价、记录时间、核算项目分类和交易分组。这些核算原则在各个流量和存量上的应用，将在描述各种表和核心账户序列所涉及的各种项目的章节中分别进行详细说明。各账户核算项目分类的详细讨论见第 6 章至第 13 章。

1.　四式记账

3.112　SNA 核算系统主要源自簿记原理。为了理解 SNA 的核算系统，特将簿记原理区分为以下三类：

1. 垂直复式记账法，即企业会计使用的简单复式记账法
2. 水平复式记账法
3. 四式记账法

3.113　垂直复式记账法的主要特征是每笔交易最少产生两笔登录，按照传统定义，要在交易者的账簿中做一笔贷方分录和一笔借方分录。该原则可以确保所有交易的贷方分录合计等于借方分录合计，由此即可检查每个单位之账户的一致性。每笔交易需要登录两次。

3.114　其他流量在资产净值变化项下直接登录。因此，垂直复式记账法可以保证一个单位之资产负债表的基本恒等，即资产总值等于负债总值加上资产净值。一个实体拥有的资产总值减去负债总值即可得到资产净值。

3.115　水平复式记账法在概念上有助于以一致的方式编制那些反映不同机构单位之间共同经济关系的账户。它意味着，如果单位 A 提供某物给单位 B，A 和 B 双方的账户应该反映相同数额的交易：A 账户的支付、

B账户的获得。水平复式记账法可以确保有关双方针对每个交易类别进行记录的一致性。例如，如果将与国外之间的交易也包括在内，所有经济体的应付红利应该等于应收红利。

3.116 垂直复式记账法和水平复式记账法同时应用，结果就是四式记账法——SNA核算记录所采用的方法。通过四式记账，可以用一致的方法处理多个分别执行垂直复式记账法的交易者或者交易者组。这样，一笔交易在对应双方会引起四笔登录。与企业会计不同，国民核算需要平行处理大量发生在单位之间的相互作用，因此需要特别注意一致性问题。例如，一个单位负债会对应于另一个单位的金融资产，因此需要在估价、时间分配以及分类上保持一致，以避免按部门或经济总体汇总各单位资产负债表时出现矛盾。所有交易和其他流量也是如此，因为它们会影响双方的资产负债表。

3.117 SNA使用下列惯例和术语记录与国外之间的往来流量。例如，进口来自国外而被国内经济使用，进口支付对国内经济而言是财富的减少，但却是国外的资金来源。通过设定一个国外账户部门，可以应用四式记账核算原则，实现所有存量和流量在经济体内和国外之间的完全平衡。国际收支平衡表以合并方式描述了所有国内部门与国外部门之间的总体情况，因此可以作为SNA中之国外部门账户的准确镜像。尽管SNA和国际收支平衡表在具体项目设置上存在差异，但两个体系在范围、测算方法和分类上是一致的，详细讨论见第24章。

2. 估价

一般原则

3.118 作为一种分析工具，SNA的作用主要在于它能够将众多的、各种各样的经济现象联系起来，通过一个单独的核算单位予以表现。SNA并不想确定在其范围内产生的这些流量和存量的效用。相反，它只是以货币单位测度账户中各个项目的现期交换价值，即货物和其他资产、服务、劳力可进行交换或能够交换的现金（货币或可转让存款）价值。

交易的估价

3.119 交易的市场价格是指有意购买者从有意出售者手中获得某物所支付的货币数额；交换在两个独立当事人之间进行并仅以商业考虑为基础，有时称为“平等”交换（at arm's length，即双方均不受对方控制的交换——译者注）。根据这个严格定义，市场价格仅指一定条件下一个特定交换的价格。即使交换环境几乎完全相同，同一单位进行第二次交换所形成的市场价格也可能不同。如此定义的市场价格即可与市场报价、世界市场价格、通行价格、合理市场价格，或者其他任何用以表达某类假定相同交换的一般性价格（而非特定交换的实际价格）等清晰地区分开来。此外，市场价格不应该必然地被认为等价于自由市场价格；也就是说，不能认为市场交易仅在纯粹的竞争市场内发生。事实上，市场交易可以发生在卖方垄断、买方垄断或任何其他市场结构中。当然，市场可能狭小到只由独立当事人之间同类产品的单一交易构成。

3.120 交易发生前双方达成价格共识时的价格属于协议价格或契约价格，无论交易发生时的通行价格是多少，此类价格都被认定为是市场价格。

3.121 多数情况下，实际交换价值代表了如以上各段所述的市场价格。3.131－3.134段描述了实际交换价值不代表市场价格的例子。涉及倾销或打折交易的价格是市场价格。货物和服务的交易价格中应包含合理的税和补贴。市场价格是购买者考虑销售者所采取的所有诸如退税、退款等调整措施后应付的价格。

3.122 金融资产和负债交易按获得或处置时的价格记录。金融资产和负债交易不应该记录佣金、手续费以及无论征收与否的税——这些应包括在购买者价格中，或者应从销售者收益中扣除。这样做是因为，债务人和债权人双方针对相同的金融工具记录相同的数额。佣金、手续费和税要从金融资产和负债交易中剥离出来单独记录在其他项目类别下。金融工具的估价要将佣金等扣除在外，这种处理不同于非金融资产的估价，后者要将所有权转移的全部成本包括在内。

3.123　当交易的市场价格不可观测时，可以按等价物的市场价格进行估价，作为市场价格的一种近似估计。这种情况下，只要存在相同或类似交易的市场价格，就可以提供应用市场价格原则的很好基础。如果存在经常进行大量的、相同环境下之相同或相似项目交易的市场，市场价格一般可从该市场获得。如果没有经常交易特定货物或服务的市场，有关货物或服务的交易估价则需要根据类似货物服务的市场价格通过质量和其他差异调整来得到。

农场销售的农产品

3.124　对于农场直接销售的农产品，必须在前面所述基础上补充一个重要条件。所谓的农场出厂价格会明显低于能观测其价格之最近市场的价格，因为该市场价格中包括了货物到达市场的运输费用。另外，在某种农作物只有一小部分上市时，其价格要高于所有该种农作物都上市时的价格。因此，所要补充的条件就是：只有在类似产品被大量地、在相似环境下进行交易形成的价格，才是恰当的市场价格。不具备这些条件时，必须对所观察价格进行调整。

易货贸易

3.125　易货贸易需要做专门考虑。易货贸易的商品必须既在生产完成时估价，也在为消费或形成资本而获得时估价。虽然可能出现生产者进行的小范围易货贸易无须支付产品税的情况（或者名义上应该付税，但易货贸易方式意味着可以避税，实际上没有付税），但并不意味着这些产品可以自动免除缴税义务。易货贸易产品在概念上可以存在补贴，但是不可能很显著。根据易货贸易的性质，易货贸易产品中不存在批发或零售贸易加价，但可能会发生相应的货物运输费用。如果提供货物方同时还提供运输服务，一般而言，这就意味着在易货贸易“一揽子”活动中包括运输服务，因此接受方价格就应该是包含运输费用的购买者价格。如果是货物接收方提供运输服务，那就会降低接收方的货物估价。

3.126　易货贸易的交易对象可以是新货物，也可以是易货贸易参与方已经获得的现存货物。就前者而言，易货贸易的价值就是获得该产品的成本；对后者而言则应是现存货物的可实现价值。

3.127　易货贸易涉及两个单位和（至少）两种产品。易货贸易项目对每个单位而言会有不同的价值。由于 SNA 核算原则要求双方必须按同一价值记录，从实际来看，可以采用不同估价（含各种税和运输费用）的简单平均价值作为交易价值。

3.128　易货贸易包含的两个交易并非总是同时发生。如果出现这种情况，虽然交易双方都没有发生货币支付，但也应该同时在收/支账户中予以记录。

报价价格

3.129　货物交易中，市场估价还会遇到以下问题：合同设立的报价时期经常会跨越货物交换后的好几个月。在这种情况下，需要估算所有权转移时点的市场价值。一旦实际市场价值已知，就要据此修正此前的估算价值。如果不知道所有权转移时点，则以合同价格作为市场价值。

实物转移的估价

3.130　当所提供的是无互换物的非金融资源时，应该按这些资源如果在市场上销售可以获得的市场价格来对其进行估价。如果缺乏市场价格，赠与人所认定交易的虚拟价值往往会与接受人认定的价值很不相同，此时建议以赠与人认定的价值作为记录依据。

转让定价

3.131 有时实际交换价值并不代表市场价格。例如附属企业之间涉及转让价格的交易、与第三方的控制协议和某些非商业性交易，包括优惠利息（即政策因素降低利率的应付利息）。此时价格会高于或低于发票价格，为此需要估算市场等价物的价格。尽管当实际交换价值不符合市场价格时应该进行调整，但很多情况下可能无法操作。调整实际交换价值来反映市场价格，将会影响到其他账户。因此，一旦进行这种调整，其他账户也应做出相应的调整，例如，如果调整了货物价格，就要调整相关收入账户、金融账户或两个账户同时调整。

3.132 发票所记录的价值可能会系统性地或大幅度地偏离类似项目的市场支付价格，可以推测，该总价值中覆盖了指定交易以外的价值。一个例子是所谓的转让定价：附属企业在制订企业间交易价格时，为了实现未指明的收入支付或资本转移，会人为地将价格定高或定低。如果交易价值很大，并会影响账户的合理解释，就需要另外处理。有些情况下，转让定价会受收入分配或股权集结或撤资等动机所左右。当扭曲严重、且可用于调整的数据（例如来自海关或税收部门或伙伴经济体的修正）可得时，原则上应用等价物的市场价值替代账面价值（转让价格）。当然，如何挑选最佳等价物，以其市场价值替代账面价值，这是一项要求具有谨慎且有见地的判断力的工作。

3.133 附属企业之间的货物交换常常属于不会发生在独立当事人之间的交换活动（例如只能用于组合某种成品的专业零件）。与此类似，诸如管理服务和专业技术推广等服务交换，通常也没有发生在独立当事人之间的近似等价物。因此，确定附属方之间的与市场价值可比的交易价值很困难，编表者没有任何选择，只能接受企业在生产直接成本或其他分配价值基础上的估价。

优惠性定价

3.134 有一些非商业交易如实物补助是没有市场价格的，而其他一些非商业交易虽然基于隐含价格发生，但因为这种价格包括某些补助或优惠成分，因此也不属于市场价格。这类交易的例子有政府间协议货物交换和低利率政府贷款，在优惠期、还款期或其他条件类似的情况下，该利率会低于纯商业贷款的利率。优惠贷款将在第 24 章介绍。一般政府主体和不从事纯商业活动的私人非营利实体所进行的交易通常都包含非商业的考虑。但其他经济部门也可能提供或接收有关货物和服务的转移。

成本估价

3.135 如果存在合适的可用以类比的市场，则特定的非货币流量或存量项目的价值可通过类比获得，如果不存在这样的市场，则可以利用关系密切程度稍次些的市场上所形成的价格来推出相应项目的估价。最后，有些货物服务只能按照目前生产它们所需成本的数额来估价。按这种方法对市场性和自给性货物服务进行估价，应当考虑生产者应获得的营业盈余或混合收入净额，将此作为一个加项加到成本上去。然而，对于政府单位或 NPISH 生产的非市场性货物和服务来说，则不应该考虑任何营业盈余净额。

资产估价

3.136 有时有必要使用经减记的当期获得价值或生产成本来对存量进行估价。减记中应当包括自从该项目购进或生产出来以来所发生的一切变化（如固定资本消耗、局部损坏、耗竭、退化、意料之外的报废、异常损失和其他未预期事件）。同样的方法可应用于现有资产的非货币流量。

3.137 如果上述方法都不能应用，源于资产使用所形成的存量或流量可以按照预期未来收益的贴现值来记录。对于某些金融资产，特别是那些拥有未来某个时刻票面价值的金融资产，当期市场价值可通过将票面价值按照市场利率贴现到现在的方式得到。因此，如果能够合理稳健地估算资产带来的未来收益流，结合适当的贴现率，原则上就可以测算当期价值。然而，由于很难准确估算具有相当不确定性的未来收益，而且还需要做出资产使用寿命以及贴现因素等方面的假定，因此，采用本方法前，应该充分利用前面章节所描述的其他估价方法。此外，如果使用本方法，还有必要对某些假定进行敏感度测试。事实上，此类将未来收益流与生产中所用固定资产价值下降联系在一起的方法，主要是用来测算固定资本消耗和固定资本存量的（这就是永续盘存法，详细描述见第 13 章和第 20 章）。

3.138 尽管净现值法要依赖于对未来收益的预测和贴现率，但对大部分金融资产而言，它在理论上具有合理性并经常可以得到验证。如果将该方法用于非金融资产，就有必要对某些假定进行敏感度测试。

3.139 按照一般规则，提供资产、服务、劳力或资本用以换取外币现金，应按照交易双方商定的实际交换价值记录。与外币有关的流量和存量要按它们记入账户时——即交易或其他流量发生时、或资产负债表编制时——的通行汇率转换成本国货币价值。所使用的汇率应当是买入汇率和卖出汇率的中间值，以便排除任何服务费用。

企业会计估价

3.140 企业会计、报税单和其他经营记录是编制国民账户的主要数据来源。然而，应当知道，这些资料不一定都符合 SNA 的估价要求，因此需要进行调整。特别是，从审慎原则出发，企业会计常常采用未必适宜于国民经济核算的估价方法。同样，征税目的下进行估价所要达到的目标常常不同于宏观经济分析的目标。例如，企业会计喜欢采用的折旧方法和税务部门所规定的折旧方法几乎总是不同于 SNA 所使用的固定资本消耗概念。

跨类流量的估价

3.141 如果一项支付涉及（SNA 所界定的）一种以上的交易类别，需要把各个流量分开记录。这种情况下，分解后各个交易的总价值一定要等于实际发生的市场价值。例如，涉及外币的实际交易价值中包括了外币兑换佣金，外币兑换的这一部分应该作为服务交易分开记录。又如，SNA 建议把与金融企业有关的利息交易分成两个交易类别：一部分表示 SNA 概念的利息，另一部分代表对金融中介服务的隐含支付。

3.142 分解不只局限于交易。实际持有收益就是一例，为分析的目的，需要区分实际持有收益和与一般价格水平变化成比例的中性持有收益。

3.143 在某些情况下，分解与欺骗行为有关。3.132 段讨论的那种转让定价就是一例。

3.144 如果资产提供和有关货币支付不是同时发生的，就会产生一种不太明显的混合交易。如果时滞特别长和所提供的商业信贷数额非常大，即可以断定其中隐含地收取了利息费。在这种极端情况下，为了得到所转移资产的正确价值，应当根据应计利息对实际支付进行调整。对于正常的商业信贷，建议不进行这种调整。

有关产品的特殊估价

3.145 通常来说，由于存在产品税和产品补贴、支付的运输费用和发生的商业毛利等项目，生产者和使用者对给定产品的价值会具有不同看法。为了尽可能接近经济交易者各自的观点，SNA 在记录产品使用时均采用包括上述这些项目的购买者价格，而在测度这些产品的产出价值时，所采用的价格则不包括这些项目。

3.146 产品的产出按基本价格记录。基本价格定义为：生产者销售单位货物或服务从购买者处应得到的金额，减去因生产或出售它们而应付的产品税，再加上应得的产品补贴。它不包括生产者单独开具发票的任何运输费用。如果确实不可能得到按基本价格估价的信息时，产出可以按生产者价格估价。生产者价格定义为：生产者销售单位货物或服务从购买者处应得到的金额，减去任何增值税或类似可抵扣税（给购买者开具了发票）。它也不包括生产者单独开具发票的任何运输费用。

3.147 产品的使用按购买者价格记录。购买者价格定义为：购买者在其指定的时间和地点取得单位货物或服务所支付的金额，扣除任何可抵扣的增值税或类似可抵扣税。货物的购买者价格包括购买者在指定的时间和地点取得货物而单独支付的任何运输费用。

3.148 产品在生产出来时所记录的价值和它被使用时（如最终消费支出）所记录的价值之间可能存在很大差别。这个差别包括如下组成部分：

a. 生产者应支付的产品税减产品补贴；

b. 商业毛利和运输费用，包括批发商和零售商应付的产品税减产品补贴；

c. 消费者单独支付的运输费用，包括产品税减产品补贴；

d. 可预测的由质量提高引起的附加产出量减去储存期间的当期损失；

e. 产品给生产者和批发商及零售商带来的持有收益。

由上述组成部分可以看出，对特定货物而言，从最初的基本价格到最终的购买者价格，其间差额中既包括纯价格因素，也包括物量因素。当然，在实践中，这种估计并不是针对单个产品的，而是要针对各产品类别进行更综合的估计。

3.149 SNA 按边境价值记录货物的进口和出口。货物的进口总额和出口总额按离岸价值（FOB，即出口国海关边界价值）估价。有可能得不到按详细产品分类的离岸价值，因此先用包含外贸详细情况的报表反映按进口国海关边界价值（CIF，到岸价值，包括成本、保险和货运费）估价的货物进口，然后将其全面调整为离岸价。到岸价值中包括发生在出口者边界和进口者边界之间的保险和货运费。商业发票上开具的价值可能与上述两种价值都不相同。

3.150 进口和出口的总体平衡必须与实际情况相符，因此，货物的边界价值会对 SNA 货运费和保险费的记录产生影响。通常，这些服务项目的进口和出口价值必须进行相应调整，以便与对外货物贸易中的特殊惯例相适应。关于此类处理方法的进一步细节见第 14 章和第 26 章。

其他流量的估价

资产物量的其他变化

3.151 为了得到资产物量其他变化的估价，通常有必要分别估计资产物量变化前后的价值然后求其差额，该差额不属于任何交易而要作为其他变化的价值。

3.152 金融资产和负债的其他物量变化按类似工具的市场对应价格记录。针对按名义价值估价注销的金融工具，在资产账户之物量其他变化项中所记录的价值要符合它们注销前的名义价值。如果对资产和负债进行重新分类，其新、旧工具的估价应该相同。

持有收益和损失

3.153 无论是非金融资产和负债，还是金融资产和负债，持有收益和损失都会持续产生。一般来说，持有收益和损失要通过从资产价值总变化中扣除那些因交易和物量其他变化所引起的变化来估算得到。

3.154 在一国经济内部或在与国外往来中，多数金融资产是与负债相匹配存在的，因此在一方的持有收益与另一方的持有损失之间保持对应非常重要，反之亦然。资产价值增加或负债价值减少会产生持有收益；资产价值减少或负债价值增加会出现持有损失。各种资产负债之持有收益和持有损失的变动净额就是核算期内的持有收益和损失价值。实践中，每项资产和负债都要计算以下两个时点间的持有损益，一个是核算期初、或资产（或负债）获得（或产生）时，另一个是核算期末、或资产（或负债）出售（或注销）时。

金融资产和负债头寸的估价

3.155　在资产负债表报告日，金融资产和负债存量的估价方法应该是：如果当日通过市场交易购买这一存量规模，所需支付的费用是多少，那么存量的价值就是多少。许多金融资产定期在市场中进行交易，因此可以直接利用这些市场报价进行估价。如果金融市场在资产负债表报告日期关闭，估价中应采用市场开放时最近日期的价格作为市场价格。债券有当期市场价值和票面名义价值之分，此时，对某些目的而言，有必要针对债券头寸票面价值提供某些辅助数据。

3.156　对那些从不或只是偶尔在金融市场上进行交易的金融资产和负债，需要按等价物的市场价值估价。对这些资产和负债，有必要估算其公允价值，该价值可以有效逼近市场价格。当然，使用恰当的贴现率，未来现金流的当期价值也能作为近似的市场价格。

3.157　市场价值、公允价值和名义价值不同于摊销价值、面值、账面价值和历史成本等概念。

a. 公允价值是等价物市场价值。它被定义为知情且有意愿的当事方在平等交易中交换资产或清偿负债的金额。因此它代表了对债权人出售债权所能获得金额的估计。

b. 名义价值是指债务人欠债权人的金额，它由未偿还本金和全部应付利息组成。

c. 摊销价值反映以初始确认金额减去已偿还本金额来测度的金融资产或负债的数额。超出预定本金偿还额的额外付款可以减少摊销价值，反之，低于预定本金偿还额或预定利息的付款会增加摊销价值。在每个预定日期上，摊销价值与名义价值相同，但在其他日期上两者可以不同，因为名义价值中包括应计利息。

d. 面值是需要偿还的未经贴现的本金数额。

e. 企业会计中的账面价值一般是指企业记录中所记价值。由于账面价值受资产或负债获得的记录时间、公司收购、重估价频率、税收和其他规章的影响，它可能有不同的含义。

f. 严格地讲，历史成本体现的是资产或负债获得时刻的成本，但有时它也反映非常规的重估价。

3.158　企业或其他被调查者在数据报告中提供的金融资产和负债估价可能是以商业、监管、税收或其他核算标准为基础的数据，未必完全反映资产和负债的市场价格。这种情况下，要对数据予以调整，以便尽可能地体现金融资产和负债的市场价值。（关于估价规则的更多说明参见《*外债统计：编制者和使用者指南*》，国际清算银行、英联邦秘书处、欧盟统计局、国际货币基金组织、经济合作与发展组织、巴黎俱乐部秘书处、联合国贸易与发展会议和世界银行（2003），即“外债指南”）。

3.　记录时间

记录时间的选择

3.159　讨论 SNA 的记录时间，应当把在资产负债表中记录的存量数据和账户中记录的流量数据区分开来。根据定义，资产负债表对应特定的时点，而流量则是分散在某一选定核算期间内所发生的各项交易和其他流量的总和。

3.160　因此，SNA 虽然不显示逐项交易和其他流量，但是有两条理由说明为什么必须明确给出关于逐项交易和其他流量记录时间的规则。第一，必须拟订规则，说明各种分散发生的流量应该记录在哪个核算期间；第二，核算期内各流量的确切记录时间，对于区分因交易引起的资产净值变化和因持有收益或损失引起的资产净值变化来说是至关重要的。这种区分在严重通货膨胀情况下尤其重要。

3.161 确定交易记录时间所面临的一个问题是：机构单位的活动时常会持续一段时间，其间存在好几个可以识别该项交易的重要时刻。例如，许多商业销售是从出售者与购买者之间签订合同开始的，然后会有某个交货日期和一个或多个到期支付日期，直到出售者得到最后一笔支付的日期，销售才完成。以上每个不同时刻在某种程度上都具有经济意义。

3.162 同样，进行政府支出分析，可能需要区分预算被立法机构表决的日期、财政部授权某个部门支出资金的日期、各部门承担具体义务的日期、交货发生的日期，以及最后发出支付指令和支付支票的日期。以纳税为例，有以下不同的重要时刻：纳税义务产生的日期或时期，明确地确定纳税义务金额的时刻，不受处罚到期付税的日期和实际付税或退税的日期。

3.163 显然，要在机构单位活动之一系列可辨别的阶段都进行记录，理论上虽然是可能的，但会过分加重 SNA 的负担。因此，必须综合（a）宏观经济分析的需要、（b）微观视角和（c）通常可得到的资料来源，做出某种选择。通常是在现金收付制、到期应付制、承诺制和权责发生制等几种记录流量的方法之间进行选择。针对某些资料来源也可能使用其他记录时间方法，例如物流法或行政程序法。SNA 建议自始至终应按权责发生制进行记录。

选择权责发生制作为记录原则

3.164 现金收付制只记录现金支付，并在这些支付发生时记录。这种方法被广泛应用于某些商业目的。它的一个实际优点是避免了那些与非货币流量估价相联系的问题。然而，现金收付制不能作为一般原则应用于经济和国民核算，因为支付发生的时间可能会与经济活动和交易（与支付相关）发生的时间显著不同，而 SNA 要描述的又正是这些支付背后的活动和交易。而且，现金记录不适用于 SNA 中的许多非货币流量。

3.165 到期应付制记录在不引起附加费用或罚款的最后支付时刻产生的现金支付流量，除此之外，还记录在支付发生时的实际现金支付。在到期应付时刻和实际支付时刻之间的时段（如果存在的话），要通过在金融账户中记录应收应付项而连接起来。到期应付制记录比现金收付制提供了更全面的货币流量描述，其缺点是所登录的仍只限于货币流量。

3.166 权责发生制核算是在经济价值被创造、转换、交换、转移或消失时记录各流量。这就是说，所有权变更的流量在所有权转移时记录，服务在提供时记录，产出在产品创造时记录，中间消耗在材料和用品被使用时记录。SNA 选择权责发生制作为核算原则，是因为：

a. 权责发生制核算的记录时间与 SNA 界定经济活动和其他流量的方式完全一致。这种一致性可以支持用户正确（即不受现金流量超前和滞后的干扰影响）评价生产活动的盈利能力、正确计算一个部门在任何时点上的资产净值。

b. 权责发生制作为核算原则可应用于非货币流量。

3.167 许多交易——比如住户在商店日常购物——都是货币交易，其中某些资产是在现金支付的同时或者几乎同时就实现了交付。此时这里讨论的三种方法之间没有差异。针对各种各样的内部交易（比如产出用于增加生产者存货）、双方在不同时间的交换（比如延期支付的出售）和强制性转移（税金和与社会保障有关的流量），根据权责发生制确定记录时间会特别具有意义。

3.168 通常，权责发生制是相关机构单位进行记录的常规原则。大量交易由两个企业之间的交换组成，如货物同金融资产的交换。在这样的交换中，每个企业会进行对应的会计登录，显示在同一日期上，一方获得货物、交付金融资产，另一方获得金融资产、交付货物。然而，有时交易所涉及的双方并不认为交易是在同一时刻发生的。而且，某些交易者，尤其是政府单位，可能不按权责发生制对购买做记录。在这种情况下，SNA 的一致性原则要求，应设法校正基层统计中出现的主要偏离和缺陷。下面讨论权责发生制作为一般记录规则在最常规情况下的应用。

货物服务获得的记录时间

3.169 货物获得的记录时间是货物之经济所有权发生转移的时刻。当所有权的变更不明显时，交易各方在账簿中登录的时刻可能是一种好的选择；如果没有这样的记录，则可以参照货物的物理占有和支配的时刻作为记录时间。这些辅助规则尤其适用于内部交易或所有权变更依照金融租赁或分期付款购买协议发生的情况。货物的进口和出口在所有权变更发生时记录。如果没有说明所有权变更日期的资料，则强制性假设该货物在所有权变更前后很短时间内就越过了有关国家的边界。因此常常利用贸易统计——以记录货物越过国家或关境之实物运动的海关记录为依据——作为近似资料。

3.170 在 SNA 中，服务在提供时记录。某些服务具有持续供应的特征，因此具有特殊性。营业租赁、保险和住房服务（包括自有住房服务）就是此类服务的例子。这些服务应该在合同持续或住房可使用期内持续提供时被记录。

再分配交易的记录时间

3.171 按一般规则，分配交易在有关债权产生的时刻记录。所以，诸如雇员报酬、利息、地租、社会缴款和福利均在应支付数额形成的时期登录。同样，税金是在基础交易或其他流量产生纳税义务时登录。这意味着产品税和进口税应根据征税原则在有关产品生产、进口或出售时记录。当期所得税应在与税收有关的收入获得时记录，虽然税收中的可扣除项目不得不在实际扣除时才记录。对某些分配交易而言，权责发生的时间可能取决于单位何时分配收入或做出转移的决定。如果股息额不能明确地归于一个特定的赚取期，那股息应在宣布除息时记录。另外的例子还有准法人公司的收入提取和各种各样的自愿转移，应在其实现时记录。

金融资产和负债交易的记录时间

3.172 在 SNA 中，金融资产交易（包括现金的支付）的记录以所有权变更为准。SNA 所界定的某些金融债权/债务，尤其是商业信用和预付款，是非金融交易的隐含结果，并无专门证明。在这些情况下，金融债权被认为是在它的非金融对应物出现时产生的。同样的原则也适用于 SNA 记录的发生在准法人公司和其所有者之间的金融交易。

3.173 一项金融交易在所涉及双方各自账簿中可能是以不同日期记录的，因为，它们得到交易证明文件的时间可能具有差异——由于结算程序、支票邮寄时间等引起。就可转让存款和其他应收应付账款而言，此类“时滞”所涉及的金额一般会很大。按照一致性要求，双方应以同一日期记录交易。如果所有权变更的准确日期不能确定，那么起决定作用的应该是交易全部完成的日期（因此是债权人得到支付的日期）。

3.174 对有价证券而言，交易日期（指有价证券所有权变更的时间）可能早于结算日期（即有价证券正式移交日期）。双方应按金融资产所有权变更时间记录交易，不应按正式移交时间记录。交易日期和结算日期之间如果出现重大差异，应按照应付款和应收款处理。

3.175 按照权责发生制，债务偿还款项应在其偿清时记录（例如债务支付、或重新计划、或债权人免除债务时）。如果发生到期未付款，无须虚拟任何交易，在债务偿还前按原有工具继续显示即可。如果合同规定了金融工具一旦成为到期未付款就会发生的特征变更，则应按这种变更重新分类记录在金融资产和负债账户的其他变化中。重新分类也适用于原始合同依然存在但合同条款有所改变的情况（例如利率或偿还周期）。如果合同经重新协商，或金融工具从某种工具类别变为另一种（例如从公债变为股本），其结果应被记录为新的交易。

产出和中间消耗的记录时间

3.176 根据权责发生制，产出应在生产过程发生的时期记录。这样，在制品的增加会随着工作的进行被持续记录下来。当生产过程终止时，累计到那一时点的全部在制品将被实际转换成准备交货或出售的制成品存量。

3.177 同样，货物或服务的中间消耗应在货物或服务进入生产过程的时间记录，该时间不同于生产者获得相应货物或服务的时间。

存货变化和固定资本消耗的记录时间

3.178 存货可能是生产者作为投入而持有的材料和用品、尚未出售的产出，或者是批发商和零售商持有的商品。在所有这些情况下，存货增加都要在产品被购买、生产或以其他方式获得时记录。存货减少应在产品被售出、作为中间消耗使用或以其他方式放弃时记录。

3.179 固定资本消耗的记录时间与其估价问题几乎是不可分割地联系在一起的。固定资本消耗是一种成本，它产生于该固定资产用于生产的整个时期，在核算期内如何准确地分摊，将取决于折旧率。

复合交易和平衡项的记录时间

3.180 对那些作为两个或多个其他交易差额计量的交易，应遵循其基本构成流量发生的时间来记录。例如间接测算的金融中介服务（FISIM），应按贷款和存款发生利息的时刻记录。

3.181 平衡项采用相同的记录时间原则。然而，由于所涉及的交易和其他流量多种多样，且各有特点，因此在解释平衡项时需要加以考虑。例如，分析非金融法人公司的“储蓄”平衡项时应当知道，营业盈余产生的时间不一定与其他要素如股息应付时间完全一致。

其他流量的记录时间

3.182 资产其他物量变化通常是在某一准确时刻或在相当短的时期内产生的离散事件。

持有收益和损失的记录时间

3.183 价格的变化往往具有连续性的特征，尤其是对那些存在活跃市场的资产而言。在实践中，应该计算以下两个时点之间的名义持有收益或损失。

a. 一个时刻，即

- 核算期开始的时刻；或
- 从其他单位获得所有权的时刻（通过购买或实物交易）；或
- 资产生产的时刻；

b. 另一时刻，即

- 核算期终止的时刻；或
- 放弃资产所有权的时刻（通过出售或实物交易）；或
- 在生产过程中消耗资产的时刻。

3.184 人们可能不解，为什么名义持有损益不在以两个单位同意交换资产之时为起点计算，而在以获得资产之时为起点计算。签订合同确定了价格，不就意味着此后任何价格变化风险已经转移了吗？SNA 认为，在当事方之一履行了它的义务（把某些资产的所有权转移给另一方，提供服务、提供劳力或资本）之前，由合同产生的义务是有条件的义务。而且一个单位也可能只是在它有经济所有权的资产或负债上产生持有收益和损失。这两条规则合起来意味着，在签订合同日与第一方交货日之间的时期内，第二方不能就此合同承担任何价格风险：第二方既不拥有将被交付的资产，也不拥有应记录在金融账户中的对第一方的债权。

3.185　根据 SNA 的原则，结构和分类的变化应当在某单位或资产进入同以前分类不同的类别时记录。SNA 是个完整的存量流量体系，因此要求记录所有的重新分类，并在同一时间记录重新分类的所有项目。

3.186　为了得到时间上更具可比性的统计序列，人们也许会把一些重要的重新分类搁置若干年，到这个时期结束时再成批处理。这种做法虽然可以理解，但却与 SNA 的建议不一致，后者的目的是要对分类层次做出正确的估计。只有对重新分类予以记录，原则上才有可能基于核算期的情况重新构造时间序列。

国际交易的记录时间调整

3.187　由于存在各种各样的因素，经济体之合作伙伴的记录时间可能会有不同。国际交易记录的一个本质问题是时区不同，此外还可能因为邮递迟滞或清算过程而导致记录时间差异。大多数情况下，编制国际账户使用的是总合水平的数据，而不是个体记录。可能会采用多种资料来源，针对这些资料间存在的主要差异，进行记录时间调整非常重要。

3.188　从可获得的统计资料中进行选择时，编制者可能希望优先采用那些具有精确记录时间的数据。例如，借贷实际提款记录被认为是最好的资料来源，因为它提供了授权日期或实际中可能未注意到的日程。编制者选取的被认为是最合适的某些资料来源，可能并不是专门为编制国际收支平衡表而设计的。

资产负债表项目

3.189　资产负债表可以在任何时点编制。SNA 要求所有部门的资产负债表都应在一个核算期结束和新核算期开始的时刻编制。一时期期末资产负债表与下一时期的期初资产负债表是相同的，所以不会有未经 SNA 正式承认的价格变化、重新分类或其他经济流量。

4.　汇总、取净额、合并

汇总

3.190　SNA 范围内的大量个体交易、其他流量和资产必须本着可操作、分析上有用的原则进行分组。在 SNA 中，此类分组要按照两种或更多种分类相交叉来构造。首先要以机构部门或产业部门分类与交易、其他积累登录或资产分类进行交叉分组。此外，还必须区分来源与使用、资产与负债。为了满足更详细的分析，这些类别还可以进一步细分：比如按产品或资产类型分组、按功能分组、按交易伙伴分组等。

3.191　SNA 的分类包括若干层次并用代码予以明确标识，据此即可区分出相应的汇总水平。

3.192　从概念上说，每个总量的价值都是其中各有关类别所有基本项目价值之和，但实际中常常要使用其他估计方法。首先，基础交易、其他流量和资产的有关信息可能不完备，甚至不存在。其次，由于定义上的差异和口径上的不同，从不同初始来源获得的数据通常会存在不一致，有必要在总量一级进行调整，使它们相互协调。

取净额

3.193　个体单位或部门内部可能发生以下情况：同一类交易既作为使用出现也作为来源出现（例如，它们既支付利息，也得到利息），同一种金融工具，既作为资产出现也作为负债出现。将所有构成项目的全部价值加总起来，这样的合并称为总额记录；如果某些构成项目是用账户另一方的相同项目抵消、或通过取相反符号而加总合并而来的，则称为净额记录。

3.194 SNA 推荐按总额记录，除非分类本身具有取净额的内在性质。但事实上，取净额已经成为 SNA 诸多建议中的一个特征。这主要是为了突出在经济上的某些重要属性，用总额数据看这些属性是不明显的。

3.195 取净额隐含在许多交易类别中，最突出的例子是“存货变化”，以此强调其在整个资本形成中的分析意义，而不是追踪日常的入库和出库。同样，除少数例外，金融账户和资产其他变化账户也是按净额记录其资产增加和负债增加，在核算期期末显示出此类流量的最终结果。当然，所有平衡项也是取净额。为了避免混乱，SNA 只在限制性很强的意义上使用“总额”和“净额”这两个词语。除了若干项目（“净保费”、“资产净值”和“净贷出或净借入”）之外，“净额”一词在 SNA 分类中专指扣除了固定资本消耗之后的变量价值。

3.196 对金融资产和负债流量而言，“资产净变化”和“负债净变化”被用来显示金融流量的状况。金融流量反映核算期内全部贷方和借方登录引起的变化。也就是说，金融流量对每一种金融资产和负债都分别按净额进行记录。使用“资产净变化”和“负债净变化”等词语，可以使金融账户与积累账户的惯例保持一致，由此成为金融账户、金融资产和负债其他变化账户的通用术语。使用这些术语，也可以简化对数据的说明。对于资产和负债来说，正值变化表示存量增加，负值变化表示存量减少。如果用贷方或借方概念表述增加或减少，其解释将取决于这些增加或减少是涉及资产还是负债（资产的借方是增加，负债的借方是减少）。金融账户并不重视交易对应借方还是贷方，而是认为有必要认可并保持核算的一致性；例如，概念上说，贷方总是与相应的借方相匹配的，后者要么是资产的增加要么是负债的减少。

合并

3.197 合并是针对流量和存量的另一种类型的相互抵消，应当将其与取净额区分开来。合并的目的是要消除发生在属于同一机构部门或分部门之两个交易者之间的交易或借方/贷方关系。不能认为合并会造成信息的完全损失；通过交易伙伴，仍然可以给出一些基本说明。合并可能主要涉及金融机构和一般政府。更详细的讨论说明见第 22 章和第 27 章。对于某些类型的分析来说，关于这些（子）部门与其他部门的交易以及相应的“对外”金融头寸的信息比综合性的总额数字更有意义。然而，作为一项规则，SNA 对各个项目的记录不做合并处理。

3.198 对“产出”和“中间消耗”等类交易，采用一种特殊的不合并规则。这些交易自始至终是在基层单位这一级记录，这就是说，各机构部门和产业部门账户不应当对同属某一机构单位之基层单位之间提供的产出进行合并。

第4章 机构单位和部门

A. 引言

4.1 本章给出机构单位的定义和解释，并说明把机构单位合并成SNA之部门和子部门的方法。经济总体是由其全部常住机构单位所组成的，所以本章讨论的另一个重要概念是常住性。

1. 机构单位

4.2 ***机构单位是指能够以自己的名义拥有资产、发生负债、从事经济活动并与其他实体进行交易的经济实体***。机构单位的主要属性可描述如下：

a. 机构单位有权以自己的名义拥有货物或资产，并因此能够通过与其他机构单位的交易变更对货物或资产的所有权；

b. 机构单位能够作出经济决策、从事经济活动，并以自己的名义在法律上承担相应的直接责任；

c. 机构单位能够代表自己发生负债，或承担其他的义务、承诺，签订合同等；

d. 机构单位或者编制有一套包括资产负债表在内的全套账户，或者在被要求时，有可能编制出这样的全套账户，而且从经济观点看，这种编制是有意义的。

4.3 在现实社会中，具备成为机构单位条件的单位主要有两类：一类是以住户形式出现的个人或一群个人，另一类是法律或社会实体。

4.4 SNA认为，***住户是指这样的一群个人：他们共用生活设施，把成员的部分或全部收入或财产汇聚起来使用，集体性地消费某些货物和服务——主要是住房和食物***。除了个体住户之外，还有所谓的机构住户，是指长期住在医院、养老院、宗教场所、监狱等地的人员所组成的住户。

4.5 多成员住户中的每个个体不作为单独的机构单位处理。首先，许多资产拥有或负债发生是由住户中的两个或更多成员共同承担的；其次，为了整体的利益，住户中的个体成员们会把获得的部分或全部收入汇集起来共同分享；再次，许多支出决策，尤其是与食物、住房消费相关的决策，是为了住户整体而集体做出的。这样，要为住户成员个体构建有意义的资产负债表或其他账户几乎是不可能的。上述种种原因，使得SNA必须把住户整体而不是其中的个体处理为机构单位。

4.6 第二类机构单位是代表自身从事经济活动和交易的法律或社会实体，例如公司、非营利性机构（NPI）、政府等。***一个法律或社会实体是指，被法律或社会承认的、独立于可能拥有或控制它的自然人或其他实体而存在的实体***。这些单位都要为其所做出的经济决策或行为负责，即使是其自主权可能在一定程度上受制于其他机构单位的情况下，比如从根本上说由股东们控制的公司。有些属于住户或政府的非法人公司在运作模式上可能与公司大体相同，若其能提供全套账户，则将之视为准公司。

4.7 在法律意义上，公司可用不同的名称来描述：公司、法人企业、公营有限责任公司、公营公司、私营公司、股份公司、有限责任公司、有限责任合伙公司等等。另外，有些具有非营利机构性质的法律实体有时也称作“公司”，所以一个机构单位的属性不能完全顾名思义，而是要通过衡量其目的和功能来判断。在 SNA 中，***公司这一术语，覆盖依法成立的法人公司，以及合作社、有限责任合伙企业、名义常住单位和准公司等***。对这些各类机构单位的说明将在 B 节给出。

4.8 ***非营利性机构（NPI）是出于生产货物或服务的目的而建立的法律或社会实体，但其法律地位不允许那些建立它们、控制它们或为其提供资金的单位利用该实体获得收入、利润或其他财务收益***。实践中，非营利机构的生产活动一定会有盈余或亏损，只不过产生的任何盈余都不能为其他机构单位占有。通常在建立非营利机构的章程中会有明文规定：控制或管理非营利机构的机构单位无权分享所产生的任何利润或其他收入。同时由于此原因，非营利机构常常会被免征多项税收。在 SNA 中如何处理 NPI 的说明将在 C 节给出。

4.9 ***政府单位是唯一一类通过政治程序设立的、在特定区域内具有对其他机构单位行使立法、司法或行政权的法律实体***。政府单位作为机构单位，其根本功能在于：用来源于税收或其他收入的资金承担为社会和住户提供货物和服务的责任；通过转移的手段进行收入和财产的再分配；从事非市场生产。

2. 常住性

4.10 所谓一个机构单位的常住性，是指它与其所在的经济领土有着最紧密的联系，换言之，在此经济领土上具有显著的经济利益中心。SNA 中的经济领土概念与 BPM6（国际收支手册第 6 版）是一致的。下文将说明有关经济领土的一些关键特性。最广义的，经济领土是指任何有统计需求的地理区域或管辖区域。某实体与某一确定的经济领土的联系，取决于该实体的自然存在地点和是否受该领土上政府之管辖等因素。使用最普遍的经济领土概念是指处于单一政府有效经济控制下的区域。不过，经济领土的含义可能会大于或小于这一概念，比如它可以是一个货币或经济同盟、也可以是国家的一部分或世界的一部分。

4.11 经济领土涵盖陆地、天空、水域，包括有捕鱼权和能源或矿物开采权的管辖区域。就海洋领土而言，经济领土包括属于领土范围的岛屿。经济领土还包括在国（境）外的领土飞地。所谓飞地，是指位于国（境）外领土内，经与所在地政府达成正式协议后，为一政府所拥有或租用，用于外交、军事、科学或其他用途的有清晰界限的土地区域（例如，使领馆、军事基地、科学站、信息或移民办公机构、援助机构、央行的代表机构等，它们一般具有外交豁免权）。

4.12 经济领土既有坐落何处的自然属性，又有归谁管辖的社会属性。经济领土和常住性概念的设计是为了保证每一个机构单位是唯一一个经济领土上的常住者。以经济领土作为经济统计的范围意味着，一个包含多个附属企业的集团，其每一个成员都是各自所在经济领土的常住者，而不是全部归并到总部所在地的经济体中。

4.13 一般而言，说一个机构单位在一个且仅在一个经济领土上常住，是根据它在该经济领土上具有显著经济利益中心而确定的。但有些在一个以上经济领土上进行无缝运营的跨国公司可以作为例外，此时，虽然该企业在多个经济领土上都从事着实质性的活动，但因为其运行过程不可分，没有独立的账户或决策，从而不能将该企业拆分成独立的子公司或母－子公司。此类企业常常涉足于各种跨境活动，包括水运、空运、界河上的水电工程、管道、桥梁、隧道、海底电缆等。如果不能辨别出母公司或单独的子公司，就有必要把企业的总运营指标按比例分配给各个经济领土。关于此种特殊情况的更多信息，可参阅 BPM6。

4.14 如果一个机构单位使用一个经济领土内的一些地点、住宅、生产场地或其他活动场所从事而且有意持续（无限期或者相当长期限）从事具有显著规模的经济活动或交易，则称该机构单位在该经济领土上具有显著的经济利益中心。只要在同一经济领土内，具体地点可以并不固定。判定常住性的操作化定义是，事实上或意向上住在一地的时间达一年或一年以上。当然时间选择为一年带有一定主观性，之所以如此，是为了避免不确定性和有利于国际一致性。

4.15　SNA 中的常住性概念与 BPM6 是完全一致的。以下是由之引申出的几个关键推论：

a. 个人的常住性决定于其所属的住户而非其工作地。即使有住户成员从事跨界工作，或者是在国外居住一段时间，同一住户的所有成员应与住户本身具有相同的常住性。但如果有人在国外工作或居住的时间长到在国外形成了经济利益中心的程度，则其不再是原住户的成员；

b. 不属于准公司的非法人企业不能成为独立于其所有者的单独的机构单位，因此与其所有者有相同的常住性；

c. 正常情况下可认为，公司和 NPI 在其依法成立和登记的国家具有经济利益中心。但可能存在如下情况：公司的常住国并非其股东的常住国；子公司的常住国不同于母公司的常住国。如果一个公司或非法人公司，为了长期（通常是一年以上）从事生产活动而在别国保有分支机构、办事处或生产场地，但并未因此成立子公司，则这样的分支机构、办事处或生产场地应被视为常住所在国的准公司（即独立的机构单位）；

d. 一国经济领土上的土地、建筑物等不动产的所有者，或者持有上述任一种不动产长期租赁协议的单位，即使在该国并没有从事除此之外的经济活动或交易，也总是被认为在该国具有经济利益中心。因此，所有的土地和建筑物都为常住者所拥有；

e. 开采地下资源的活动只能由常住机构单位进行。一家进行资源开采的企业，即使之前不是常住单位，当其获得必需的许可证或租赁协议后就应视为是常住单位；

f. 对于那些几乎没有关于其活动场所特征信息的实体，如一些特殊目的实体，可以将其公司成立的地点确定为活动场所。

关于各类跨界案例更加详尽的讨论在第 26 章和 BPM6 中给出。

3.　部门划分和经济行为

4.16　SNA 的机构部门由具有相似特征的机构单位合并而成。由于在经济目的、功能和行为方式等方面的不同，公司、NPI、政府单位和住户在本质上彼此不同。

4.17　应根据机构单位所从事经济活动的特性将其归入相应的机构部门。SNA 记录了三种基本经济活动：货物和服务的生产、满足人类需求的消费、各种形式的资本积累。公司或从事生产活动或从事积累活动（或两者都从事），但不会进行（最终）消费；政府代表全社会从事生产（但基本上以不同于公司的方式）、积累和最终消费；全体住户代表自己进行消费，同时也可能从事生产和积累活动。NPI 在性质上呈现多样化：有的像公司，有的实际上是政府的一部分，还有的虽独立于政府但从事着类似政府的活动。

4.18　公司和政府的根本区别在于进行生产的基础是不同的。公司为市场而生产，努力以有显著经济意义的价格卖出产品。所谓有显著经济意义的价格是指，对生产者愿意供给的数量和消费者愿意购买的数量具有显著影响的价格。当生产者或是为了长线获利（或是为了至少能弥补资本和其他成本）而愿意调整其供给，而消费者具有购买与否的自由并可根据要价来做出选择时，通常就会形成这样的价格。关于有显著经济意义的价格的定义和市场与非市场生产的含义，在第 6 章和第 22 章有更广泛的讨论。

4.19　公司被划分为两类：一类主要提供金融服

务；一类主要提供货物和其他服务。这两类公司就是一般所称的金融公司和非金融公司，作如此划分是由于金融公司在经济中所扮演的特殊角色。

4.20 政府单位在经济目的、功能和行为方式等方面是独具特色的。政府单位会组织和提供资金支持，向个别住户和社会供给货物和服务，并因而产生最终消费支出。政府能够自己生产其供给的货物服务中的大部分，但其产品通常或是免费提供，或是以由纯粹的市场力量之外的因素决定的价格提供。政府单位还通过税收和其他转移手段进行收入与财产的分配和再分配。社会保障基金属于政府单位。

4.21 住户在经济目的、功能和行为方式等方面又有所不同。住户主要是消费单位，但也能从事生产活动。一般而言，这种生产活动的规模较小，其中还包括一些非正规的和维持生计的活动。如果住户中的生产单位不是法律实体（那就不能被处理为法律实体），就将其称为非法人企业，它们仍是其所属住户这个机构单位的一部分。

4.22 建立 NPI 这种机构单位的目的是生产或分配货物或服务，而不是为了给那些控制或提供资金给 NPI 的单位创造收入或利润。但实际中，有的 NPI 是以具有显著经济意义的价格向客户提供货物服务的，此时 SNA 则按与公司相同的方式处理之。由政府控制的 NPI 被处理为政府单位。其余的 NPI，就是那些既不以有显著经济意义的价格出售所生产的货物和服务，也不受政府控制的 NPI，被归为专门的一类，称为为住户服务的非营利机构（NPISH）。实际上，它们是非政府社会机构。

4. 经济总体

4.23 *经济总体定义为所有常住机构单位的集合*。构成经济总体的常住单位被分为五个相互独立的机构部门。机构部门是机构单位的集合，而所有机构单位中的每一个都必须归属于 SNA 中的某一个机构部门。SNA 的全套账户可以以一个机构单位为对象编制，也可以以一个机构单位群为对象编制。4.2 段所阐述的机构单位特征解释了为什么针对一个机构单位中的一部分编制全套账户是不可行的。然而，针对公司中从事不同类别生产活动的某部分编制一些子部门账户，却是可能的、有价值的、在实践中经常使用的做法，这将是第 5 章的主题。本章的关注点在于一个完整的单位应该划入哪一个部门。

5. 机构部门概览

4.24 每个常住机构单位都要归属于五个机构部门中的某一个且唯一一个部门。这五个机构部门是：

非金融公司部门

金融公司部门

一般政府部门

为住户服务的非营利机构部门

住户部门

4.25 如何把一个单位归属于适合的机构部门，其概念基础可参见图 4.1。图中，经济总体的所有部门和国外部门用双线框围绕。一旦把非常住单位和住户除外，余下的就只有常住法律和社会实体。此时只需再问三个问题就能确定所有此类单位的部门归属。首先要问：该单位是市场生产者还是非市场生产者？答案取决于该单位的多数产出是不是以有显著经济意义的价格提供的。

4.26 决定部门归属的第二个问题是针对非市场单位的。所有的非市场单位，包括非市场 NPI，或归属于一般政府部门，或归属于 NPISH 部门。其决定因素是：该单位是否是政府的一部分，或为政府所控制。控制与否的标准，将在 C 节讨论。

4.27 决定部门归属的第三个问题是针对市场性单位的。所有的市场性单位，包括市场性

框图 4.1　机构单位归属机构部门的流程图

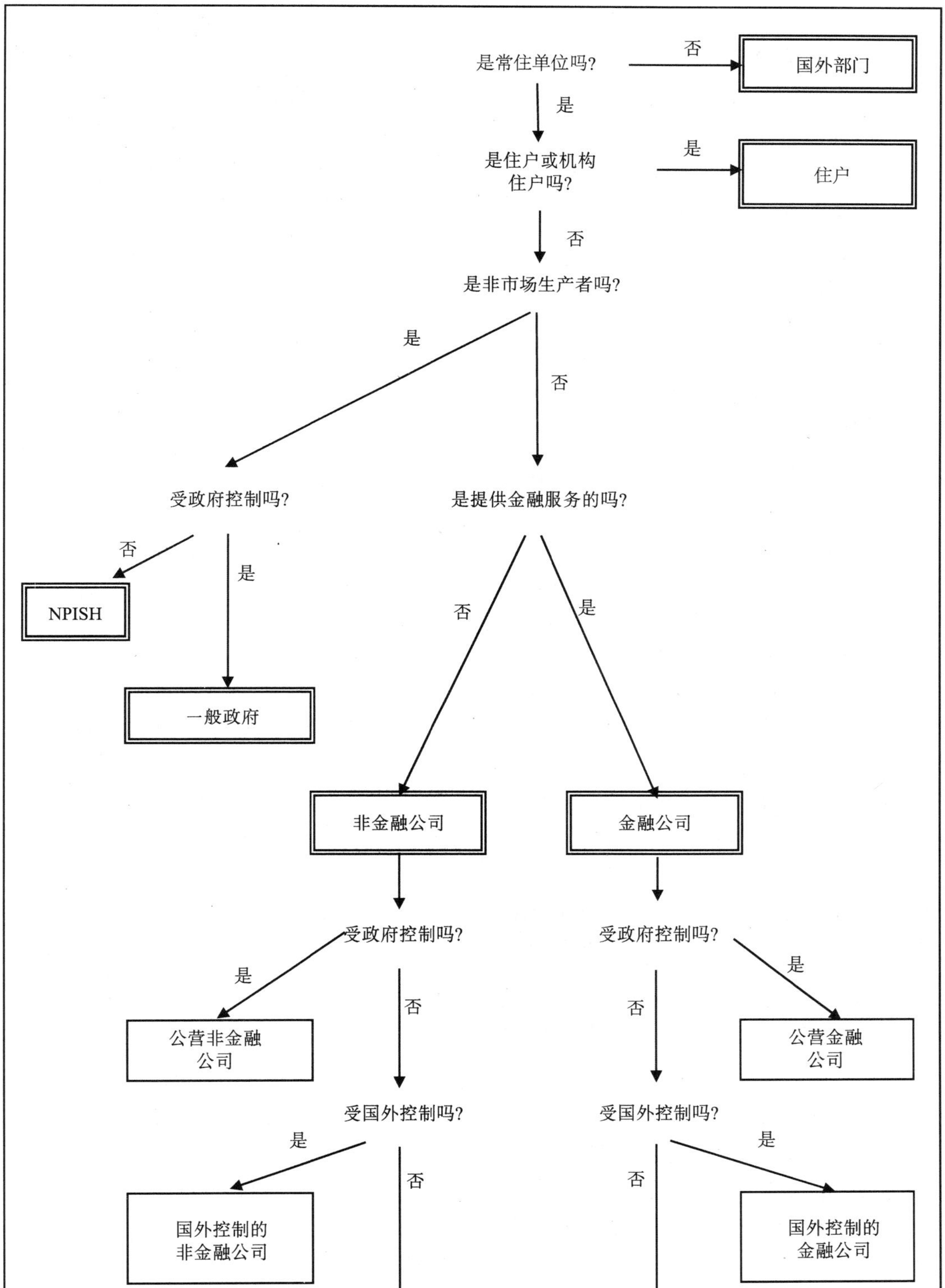

NPI，或归属于非金融公司部门，或归属于金融公司部门。与SNA中其他地方一样，在部门的语境下，公司这个术语包括依法成立的法人公司，以及合作社、有限责任合伙企业、名义常住单位和准公司。

4.28 所有的常住非金融公司都归于非金融公司部门，且在实际中占了该部门的大多数。此外，该部门还包括从事市场性货物和非金融服务生产的NPI，比如，收取费用并能弥补其经常性生产成本的医院、学校；经费来自非金融公司或非法人企业缴款的、因而其角色是推进和服务于这些企业之利益的各种行业协会、商会等。D节将对非金融公司部门作进一步讨论。

4.29 金融公司部门包括所有主营活动是提供金融服务——包括金融中介、保险和养老金服务——的常住公司，以及所从事的活动能为金融中介提供便利的单位。此外，该部门还包括从事具有金融特性之市场生产的NPI，例如，那些经费来自金融企业缴费、从而其角色是推进和服务这些企业之利益的NPI。E节将对金融公司部门作进一步讨论。

4.30 一般政府部门主要由如下单位构成：中央政府单位、省级政府单位和省之下的地方政府单位，以及受这些政府单位影响和控制的社会保障基金，此外还有受政府和社会保障基金控制的从事非市场生产的NPI。

4.31 为住户服务的非营利机构部门由所有为住户或社会提供非市场性货物服务的常住NPI构成，但要除去受政府控制的NPI。

4.32 住户部门由所有的常住住户组成，其中包括由长期住在医院、养老院、宗教场所、监狱等地的人员所组成的机构住户。如前所述，住户所拥有的非法人企业被认为是住户整体的一部分，而不作为独立的机构单位，除非它具备足够详细的账户，才能如处理准公司的活动那样处理其活动。

6. 子部门

4.33 上述五个机构部门中的每一个都能再分成子部门。但是，不存在一个对所有目标或对所有国家都是最优的子部门划分方法，所以，对特定的部门会对应地推荐可供选择的子部门划分方法。把经济总体分解为各机构部门，能加强账户在经济分析中的作用，因为机构部门是按照目的相似、行为方式相似的原则把机构单位集合起来而形成的。划分部门和子部门的作用还在于：为了政策目标，可以定位或监控特定的机构单位组群。例如，把住户部门分成不同子部门，是为了可以观察不同社会阶层在经济发展过程中，或在政府的经济、社会政策措施下是如何受影响或受益的。同样，在金融公司部门和非金融公司部门下，把受非常住单位控制的公司作为单独的子部门处理可能也是具有重要意义的，这不仅是因为其行为方式很可能与受国内单位控制的公司不一样，还因为政策制定者希望能够通过这种区分来观察经济中受外部影响部分的情况。怎样把部门分成子部门，取决于开展分析的类型、政策制定者的需求、数据的可得性和国家的经济环境与制度安排等多方面的因素。

公营部门和外资控制部门

4.34 一种常见的子部门划分是识别出那些由政府控制的非金融公司和金融公司，即所谓的公营公司，以及识别出那些受国外控制的公司。而余下的公司则组成了经济体中的本国私营公司。B节将讨论是否受政府或国外控制的标准。图4.1显示了对这两种公司的子部门划分。

非营利机构

4.35 如前所述，SNA根据是否从事市场生产的标准——而不论动机、雇员构成和从事何种活动——把NPI分别归于不同的部门。然而，现今越来越多的人倾向于把所有NPI作为“公民社会”的标志，所以有建议认为应该把公司和政府中的NPI划分出来，放入一个独立的子部门，这样就可以在需要时，直接导出一个描述所有 NPI 活动的补充表。

其他子部门划分

4.36 以下各节将在对每个部门进行更详细的讨论时，论及子部门划分的问题。对一般政府、金融公司和住户部门提出若干种专门的子部门划分方法。

7. 国外部门

4.37 有时会直接将非常住住户或公司称为国外的常住单位。只要是（像编制经济总体账户一样）编制机构部门的账户，就要编制一个额外的账户来反映与国外部门关系。从效果上看，记录与国外的交易时，事实上就好像是把国外当成了第六个部门。

B. SNA 中的公司

1. 公司的类别

4.38 SNA 所使用的公司概念，要比单纯法律意义上的概念更为宽泛。一般而言，所有实体如果满足以下条件：

a. 能够为其所有者创造利润或其他财务收益；

b. 在法律上被认定为独立于其承担有限责任的所有者的法律实体；

c. 为从事市场生产而成立。

即可作为 SNA 概念中的公司，而不论它们如何描述自己，或冠以何种称呼。公司这个术语，既包括依法成立的法人公司，也包括合作社、有限责任合伙企业、名义常住单位和准公司等。无论何时，只要使用公司这个术语，除非另有说明，就是指宽口径概念，而不是法律意义上的窄口径概念。下文将依次讨论宽口径公司的各主要组成部分。

依法成立的法人公司

4.39 依法成立的法人公司可以有多种名称：公司、法人企业、公营有限公司、公营公司、私营公司、股份公司、有限责任公司、有限责任合伙企业等。***依法成立的公司是一个法律实体，它成立的目的是生产市场性货物或服务，并以此作为公司所有者获得利润或其他财务收益的来源；它由股东集体所有，股东有权任命负责常规管理的管理者***。

4.40 各国在依法成立公司的设立、管理和运营等方面的法律规定不尽相同，所以不太可能给公司下一个普遍有效且精确的法律定义。然而，尽量详细地揭示公司的那些与 SNA 观点最相关的典型特征却是可能的。这些特征总结如下：

a. 公司是按照法律程序成立的实体，被承认具有独立于其他机构单位——即使是拥有公司股份的机构单位——而存在的地位。为此，公司的存在、名称、地址等信息要在专门机构做登记。正常情况下，可以认为公司在其建立和登记的国家具有显著经济利益中心（即是常住者）。

b. 若建立公司的目的是在市场上以有显著经济意义的价格出售其所生产的货物或服务，这就意味着该公司是市场生产者。（第 6 章和第 22 章将说明有显著经济意义的价格和市场与非市场生产的区别。）

c. 公司在法律上对自身的行为、义务和合同负全责，这是 SNA 中机构单位的一项关键特征。公司因其生产活动、收入或资产而接受其常住国家的税务当局的管理。

d. 公司的所有权归股东集体所有，在任一单独核算期，以红利形式实际分配给股东的收入额度由公司管理者决定，分配通常是根据股东所持股份的价值或数量，或者其他资本份额成比例地进行。同一个公司可能会发行拥有不同权利的多种股票。

e. 当公司被清盘或清算时，股东有权以类似分红的方式对公司的资产净值进行分割，资产净值是公司在变卖了所有资产且偿还了所有债务之后的剩余价值。如果公司因为负债额超过资产额而宣布破产，股东没有义务偿还超出部分的债务。

f. 对公司的控制最终是由股东们集体实施的。公司董事会负责政策制定和高级管理人员的任命，而董事会一般由股东集体投票产生。

g. 但实际上，有些股东对公司的政策和运营发挥着比其他股东大得多的影响或控制。

h. 股东的投票权可以不相同。有些股票没有投票权，而有的则有额外权利——例如，对董事会做出某些特定任命的权利，或者否决某些根据多数投票做出的任命的权利等。当政府作为公司股东时，就可能拥有这种额外权利。

i. 许多有投票权的股东选择不使用权利。这样，少数有组织的活跃股东就有可能处于控制公司政策和运营的地位。

合作社、有限责任合伙企业等

4.41 生产者们建立合作社的目的是营销其共同的产出。合作社的利润按达成的协议进行分配，而不一定按持股比例进行分配，但在运营方面，合作社实际上与一般公司一样。合伙企业是独立的法律实体，其成员承担有限责任，其运营方式与一般公司类似。合伙人既是股东同时又是管理者。

准公司

4.42 有些非法人企业在所有（或几乎所有）方面的行为都像是法人企业，在 SNA 中称之为准公司，准公司和公司一起被纳入非金融和金融公司部门。所谓准公司：

a. 或是常住机构单位拥有的非法人企业，它有编制全套账户的充分资料，如同独立公司一样运营，而且事实上它与所有者的关系就像公司与股东的关系。

b. 或是非常住机构单位拥有的非法人企业，但由于该非法人企业长期或无限期在经济领土范围内从事有显著数量规模的生产，它被认为是常住机构单位。

4.43 在 SNA 中，主要有以下三类准公司：

a. 政府单位拥有的非法人企业，它们从事市场生产，运营方式与公营公司类似；

b. 住户拥有的非法人企业，包括非法人合伙公司或信托公司，其运营方式与私营公司类似；

c. 非常住机构单位拥有的非法人企业，被视作“分支机构”。

4.44 准公司概念的清晰意图是：应该把那些相当程度上独立的，其运行方式与公司一样的非法人企业，与其所有者分离开来。而如果与公司一样运营，就必然会有全套账户。事实上，保有包括资产负债表在内的全套账户，是将一家企业处理为准公司的必要条件，否则从核算的角度看，把准公司与其所有者区分开是不可行的。

4.45 把准公司处理为独立于其所有者的机构单位，它就必须有自己的增加值、储蓄、资产、负债等，就必须能够区分并记录发生在准公司与其所有者之间的收入流量和资本流量。在给定的核算期内，准公司所有者能决定对准公司收益的提取额度，这种提取相当于公司对股东的分红。给定了收益提取额度，准公司的储蓄额（即留存在准公司的收益）也就随之确定。准公司还需要有资产负债表，以反映用于生产的非金融资产的价值、以企业名义拥有的金融资产和发生的金融负债。

4.46 许多国家的经验表明，把住户拥有的非法人企业作为准公司处理存在着困难，而且，在住户拥有的准公司的定义中引入其他标准（如规模等）并没有什么用处，如果企业的实际运行并不像公司一样，且没有自己的全套账户，即使规模再大，也不能且不应作为准公司处理。

分支机构

4.47 如果一个非常住单位在一个显著长的时期中在该经济领土内从事着实质性的活动，即使没有独立的法律实体，仍可将其视为具有机构单位身份的分支机构。为了统计目的而把分支机构划分出来，是因为分支机构除了不是法人外，从各方面看，其活动都与活动地点有着很强的联系。对一个在国外的非法人企业，如果其实质性活动能与其所属实体其他部分的活动区分开，则可以把该企业处理为准公司。与其他准公司一样，该单位或者已有全套的账户，或者从经济观点看，编制这些账户是有意义的。具备独立的记录就表明确实存在着一个单位，对此单位进行统计就是可行的。以下是识别分支机构时所应全部具备或多数具备的要素：

a. 在与总部所在地不同的经济领土内，从事或意向从事一年或以上的生产活动：

- 若生产过程涉及自然存在，则其运营活动就是在自然所在地的领土范围内进行。用于反映在领土范围内有运营意图的指标有：购买或租用业务用房产、获得资本设备和招聘当地雇员等。
- 若生产过程不涉及自然存在，例如银行、保险或其他金融服务，则可以通过其运营活动的注册地或法律上的经营地来确定其运营活动所在的领土范围。

b. 运营活动被认定要受所在地所得税制度的管理，即使是享有免税待遇时也是如此。

4.48 有些由非常住承包商开发的建筑项目也会产生分支机构。建筑活动的执行或管理方可能是并不在当地成立法律实体的非常住企业，例如，由于大型项目（如桥梁、水坝、电厂等）一般耗时一年或以上才能完成，其管理需要通过当地的现场机构进行。

名义常住单位

4.49 不动产，如土地和其他自然资源、建筑和构筑物等，一般都被常住单位所有，只有一种特殊情况除外。如果法律上的所有者在事实上是非常住者，SNA 就人为虚设一个单位，称之为名义常住单位。名义常住单位被记录成资产所有者，并获得该资产所产生的地租或租金，而法律上的所有者则拥有该名义常住单位的权益，并获得该名义常住单位以向国外支付财产收入的形式所提供的收入。唯一的例外是位于外国政府拥有治外法权的飞地上（例如大使馆、领事馆、军事基地等）的土地和建筑物，它们受母国领土法律的约束，不属于其自然所在地位于的领土。

4.50 土地和其他自然资源等不动产的长期使用租约也必须由常住者持有，如果需要，也可以在这种情况下引入名义常住单位。

2. 特殊情形

集团公司

4.51 大型集团公司或多元化企业集团是由母公司及其所控制的若干个子公司组成的，而一些子公司又可能会控制自己的子公司，这种关系可能是多层级的。为了某些特定目的，可能需要有关集团公司整体的信息。但每一个个体公司，不论其是否集团的组成部分，都应处理为独立的机构单位。即使是完全被其他公司所拥有的子公司，也是独立的、需要根据法律和税收当局的要求编制包括资产负债表在内的全套账户的法律实体。虽然子公司的管理可能受其他公司的控制，但子公司仍然要对其从事生产活动的行为负责。

4.52 不把集团公司作为单一机构单位的另一理由是：在实践中，并非总能很好地界定集团，也并非总能稳定地或容易地识别集团。对于从事并非紧密关联的活动的集团而言，取得其数据是有困难的；另外，许多多元化企业集团的规模太大而呈很强异质性，也不能被处理为单一单位，而且，集团的规模和组成还会由于兼并、收购等原因而不断发生变化。

总部和控股公司

4.53 有两种非常不同的单位都可称为控股公司。一种是对子公司在某些方面实施管理性控制的总部，有时总部员工的人数显著少于子公司（只是其级别更高），但总部仍积极从事着生产活动。在第 4 版 ISIC 的 M 门类 7010 小类，对这种活动的描述是：

本小类的活动是对公司或企业其他单位进行监督和管理，承担公司或企业之战略或组织规划、政策制定的角色，执行对相关单位的经营控制和日常运营管理。

这种单位应归属于非金融公司部门，但当其大部分或全部的子公司是金融公司时，则可按惯例归入金融公司部门的金融附属活动。

4.54 更适合被称为控股公司的一类单位是掌握子公司的资产，但并不进行任何管理活动的单位。在第 4 版 ISIC 的 K 门类 6420 小类，对这种活动的描述是：

本小类是关于控股公司的活动，控股公司是指掌握（拥有达到控制程度的权益）一组子公司资产的单位。它的主要活动就是拥有一组公司。本小类中的控股公司并不对所控股企业的业务提供任何其他的服务，换言之，对其他单位既没有行政上的，也没有经营上的管理。

即使其全部的子公司都是非金融公司，此类单位也总是归入金融公司部门，处理为专属金融机构。

特殊目的实体

4.55 有些机构单位可称为特殊目的的实体（SPE）或特殊目的的工具。关于 SPE 没有通用的定义，但可能具备如下一些特点。

4.56 这类单位一般没有雇员，也没有非金融资产。可能除了确认其注册地的“铜牌”外几乎没有任何自然存在。它们总是和另一个公司相关联，通常是作为其子公司，特别的是，SPEs 通常常住在与所关联公司不同的经济领土上。如果一家企业没有任何自然信息，其常住地可根据其依法成立公司或登记时所在的经济领土而定。关于其他问题的详细说明参见 BPM6。

4.57 此类实体经常由另一家公司的员工来管理，而这家公司可能与该实体相关联，也可能不相关联。此类单位会为所得到的服务支付费用，同时向母公司或其他关联公司收取费用以弥补成本。这是此类单位所参与的唯一生产活动，虽然它经常会代表其所有者发生负债，并经常通过所持有的资产获得投资收入和持有收益。

4.58 一个单位不论是完全具有还是完全不具有这些特点，不论是被称为还是不被称为特殊目的实体或其他类似的实体，SNA 对之的处理方式与对所有其他机构单位的处理方式是一致的，即根据其主营活动来归属部门和行业，除非该单位属于以下三种情况之一：

a. 专属金融机构；

b. 公司的虚拟子公司；

c. 一般政府的特殊目的单位。

以下对每种情况加以说明。

专属金融机构

4.59 只拥有子公司资产而不提供任何服务的控股公司，是专属金融机构的一个例子。其他一些具有上述 SPEs 特点的单位也要处理为专属金融机构，包括：投资和养老基金、为个人或家庭持有和管理财富的单位、为资产证券化而持有资产的单位、代表关联公司发行债券的单位（这种公司可被称为导管公司）、作为证券化工具和执行其他金融功能的单位。

4.60 这类实体对资产和负债行使了一些实质性控制，达到了承担相关风险和获取相关收益的程度，由此表明了其独立于母公司的程度。此类单位归入金融机构部门。

4.61 如果这类实体不能独立于母公司运作，仅作为一个资产和负债的被动持有者（有时称这种情况为“自动驾驶”），它就不能单独作为机构单位，除非它是母公司所属经济体之外的经济体的常住者。当它与母公司常住在同一经济体内时，它应被处理为马上在下文描述的“虚拟子公司”。

公司的虚拟子公司

4.62 在 SNA 中，公司这一术语所指称的机构单位既包括法律所承认的公司，也包括 SNA 中处理为公司的其他单位，明确地说就是准公司、分支机构和名义单位。但在下面六个段落中，公司术语只用于指称作为法律实体的公司。

4.63 有一类子公司，它们完全为母公司所有，创建它们的目的在于为母公司或同一集团下其他公司提供如下服务：避税，破产时使负债最小化，在特定国家的税法和公司法之下获得其他技术上的好处。例如，母公司可以成立一个子公司，把母公司对土地、建筑物和设备的所有权都转移给该子公司，而子公司的唯一功能就是把这些所有权回租给母公司；又例如，一个子公司可以是所有与集团中其他公司签订了合同的员工的名义雇主，该子公司可能会在独立的计算机设备上保有母公司的账户和记录。成立这类子公司就是为了获得融资、管理等方面的优惠。母公司还会在某些情况下设立“休眠”子公司——实际并不从事任何生产活动，但在母公司需要时可被激活。

4.64 一般而言，这类公司并不满足 SNA 中关于机构单位的定义，因为它们缺乏独立于母公司的行动能力，而且，它们持有和交易其资产负债表上之资产的能力也可能是受到限制的。它们的产出量和产出价格都是由作为其唯一客户的母公司（也可能是同一集团中的其他公司）决定的。这样，在 SNA 中这类公司就不能处理为独立的机构单位，而应做为母公司的一部分，其账户应和母公司的账户统一编制。如前所述，被动型 SPE（处于“自动驾驶”状态）的账户也要和其母公司账户统一编制，除非它与母公司分属不同经济体的常住者。

4.65 母公司也可能出于与成立上述子公司类似的理由成立如合伙、信托等形式的准公司。在 SNA 中，这些准公司要做为母公司的一部分处理，从而其账户要与母公司统一编制。

4.66 必须对刚才所描述的虚拟子公司和只从事辅助活动的单位加以区分。第 5 章 D 节将会详细阐述：辅助活动的范围只限于那些所有企业都或多或少需要的服务功能，例如物业保洁、员工薪酬发放或为企业提供信息技术基础设施等。只从事辅助活动的单位一般都不满足成为机构单位的条件（基于同样的原因，虚拟子公司也不满足条件），但如果有分析价值，有时可将它处理为独立的企业基层单位。

一般政府的特殊目的单位

4.67 一般政府也可能成立具有与上述专属金融机构和公司虚拟子公司相似特点与功能的特殊目的单位。这种单位不具有独立行为的权力，所能从事的交易范围也受到限制。它们不需要承担或获得与所持有资产和负债相联系的风险和收益。此种单位，若是常住者，则作为一般政府的一部分处理，不作为独立单位。其执行的任何在国外的交易都应视为与政府的相应交易。所以，此类单位在国外的借款要被等额地看作是（国外）对一般政府的贷款，且所属项目也与原始借款相同。

3.　公司的所有权与控制

4.68 上市公司的所有权按所持股份比例分散在

持有该公司股票的各个机构单位。有可能是一个单独的机构单位——无论是另一家公司、一个住户还是一个政府单位——拥有上市公司的全部权益或股份，但更常见的情况是：上市公司的所有权分散在数家或很多家机构单位。

4.69 如果单独一个机构单位持有一个公司过半数的股份或权益，它就能在需要时通过投票胜过所有其他股东从而控制公司的政策和经营。类似地，少数有组织的股东只要其加在一起的股份超过总数的 50%，就能通过一致行动控制公司。当然也存在例外的情况，如特定股票的持有者可享受到特殊的投票权，比如“黄金股”具有的否决权。但一般而言，只要一个机构单位或一组机构单位拥有一个公司过半数的有投票权的股份，就能够以自己选择并任命董事等方式来实施对公司的完全控制，因此，公司董事和经理们行使自主权的程度可能差别很大，这取决于有多少所有权份额集中到了少数其他机构单位的手中，无论这些其他机构单位是其他公司、住户还是政府单位。一般而言，机构单位不必具有完全的自主权，但必须要对它们制定的决策、采取的行动负责。

4.70 由于许多股票持有者并不行使其投票权，单独一个持股者，或少量一致行动的持股者，即使其所持股份远低于总股份的一半，也有可能获得对公司的控制。就是说，当股份的所有权分散在相当多的股东手中时，即使只拥有明显低于半数总股份的股份，也可能实现控制。

4.71 但是，不可能制定出一个保证在所有情况下都能实施控制的、50% 以下的最低持股数。这个最低数必定会随着股东总数、股份在股东中的分布和小股东的积极参与程度等因素的变化而变化。

子公司和联营公司

4.72 对公司而言，拥有别的公司的股份是常见的情况，从 SNA 的立场看，需对公司间的某些相互关系加以规定。

子公司

4.73 当出现如下情况时，称公司 B 为公司 A 的子公司：

a. 公司 A 控制了公司 B 半数以上的股东投票权；或者

b. 公司 A 是公司 B 的股东，拥有任免公司 B 多数董事的权力。

4.74 在上述情形下，公司 A 可被称为母公司。由于母公司和子公司间的关系是按控制而非所有来定义的，这种关系一定是可传递的：这就是说，如果 C 是 B 的子公司，而 B 是 A 的子公司，则 C 一定也是 A 的子公司。如果 A 持有 B 的多数股权，而 B 又持有 C 的多数股权，那么，A 可能未必也持有 C 的多数股权，但 A 如能控制 B，则一定能控制 C。参照人类家庭关系类推，公司 B 可称为公司 A 的第一代子公司，公司 C 则为 A 的第二代子公司。显然，在所建立的公司大家庭中，每一层或每一代的子公司数目可以是任意的，代的数目也可以是任意的。一些国家已经出现了超大规模的公司大家庭——多元化企业集团。所辖公司常住于不同国家的多元化企业集团被称为跨国公司。

联营公司

4.75 如果公司 A 及其子公司持有公司 B 10% ~ 50% 的股东投票权，由此 A 对 B 的决策和管理有了一定的影响力，则可把公司 B 称为公司 A 的联营公司。

4.76 根据定义，一家公司对联营公司所能施加的影响力会小于对子公司的影响力。虽然有的公司可以对其联营公司施加可观的影响，但不能保证能够一直具有这种影响力。联营公司间的联系要弱于母公司与子公司间的联系，因此也就不能对联营公司集团给出一个清晰的界定。

政府控制的公司

4.77 如果一家公司由一个政府单位、或另一家公营公司、或某种政府单位和公营公司的组合形式所控制，则称其为公营公司。此处的控制是指具有决定公司总体政策的能力。此处的“公司总体政策”应作广义的理解，指与作为市场生产者的公司的战略目标相关联的财务和运营方面的关键政策。

4.78 因为政府是通过颁行法律、实施法规、发布命令等方式来行使权力的，这就需要仔细地判定，是否由于此种权力的行使而导致了某家公司总体政策的确定并因此控制了该公司。应用于全社会所有单位或某一行业所有单位的法律法规不应视为对这些单位的控制。

4.79 具有决定公司总体政策的能力，并不必然意味着直接控制公司的日常活动或运营，正常情况下，是由公司的官员来管理这些事务的，而且管理方式是与公司总体目标相一致并且支持总体目标的。决定公司总体政策的能力也并不必然意味着直接控制公司在专业、技术或科研等方面的一切决定，即使这些方面一般被看作是公司的核心竞争力。例如，一家从事飞机适航性认证的公司，虽然公司整体政策中具有由政府单位确定其总的运营、财务政策（包括适航标准等）的内容，但公司按照政府的各项审批意见，执行专业或技术方面的规定，不应该被认为是受到控制。

4.80 由于控制公司的安排多种多样、差异很大，无法（也没有必要）明确给出一张罗列各种需要考虑的要素的清单。但是，以下还是列出了八个标志，它们通常是最重要、也是最可能想到的要素：

a. *控制大多数有投票意愿者*。在一股一票制的基础上，拥有多数股票通常就可形成控制。股票分直接持有或间接持有，应该加总所有其他公共实体拥有的股票。如果不是一股一票制的决定机制，应该基于其他公共实体拥有的股票是否达到多数进行判断。

b. *控制董事会或其他主管团体*。根据现行的法律、规章、契约或其他协议可以预料，拥有任免董事会或其他主管团体多数成员的能力将构成控制。如果能影响理事成员的选择，甚至拥有对任命提议的否决权也是一种控制形式。如果是另一个团体负责任命董事，那么就有必要检查其构成成份以判定公共影响力的大小。如果政府负责任命首期董事，但不控制对董事的更换，那么该单位在最初任命到期之前，属于公共部门的一部分。

c. *控制关键人员的任免*。如果对董事会或其他主管团体的控制较弱，那么对关键管理人员的任命就是决定性的，关键管理人员包括：首席执行官、主席、财务主管等。不直接参与公司日常经营事务的董事若处在关键的位置上——如决定高级职员收入的薪酬委员会，也会与控制力相关。

d. *控制实体中关键的委员会*。董事会或其他主管团体下设的委员会将能决定实体的关键经营和财务政策，若公共部门的成员在这些委员会中占多数，就能形成控制。此类委员会的会员资格系依据公司的章程或其他可用工具而获得的。

e. *黄金股和期权*。政府可能拥有公司——尤其是私营化公司——的黄金股，在某些情况下，黄金股给予政府一些保留权力以保护公共利益，例如，阻止公司变卖某些种类的资产，任命在某些情形下具有很大权力的特设董事。黄金股本身并非控制权的标志，但如果黄金股的权力确实赋予政府在特定情形下决定一实体之总体政策的能力，而且这些特定情形是现实存在的，该实体就应从黄金股权力可以实施之日起归入公共部门。政府单位或公营公司在某些情形下会拥有购买公司股票的期权，这在概念上与上述黄金股的安排有相似之处。就期权问题有必要考虑：如果行使期权的条件得到满足，期权所允许购买的股票数量和购买的后果是否意味着政府通过行使期权就具有了“决定实体的公司总体政策的能力”。一般而言，一个实体的状态应根据政府在正常条件下决定公司政策的实际能力而定，而非战争、动乱或自然灾害等例外经济或其他情形。

f. *管制和控制*。管制适用于一个类别或行业中的所有实体，而控制则是针对个体公司的，两者间的界限有时难以辨清。政府通过管制介入经济的例子有许多，尤其是在垄断和公用事业私有化等领域。在一些重要领域可能存在管制性介入，例如在实体并未转让其公司总体政策控制权的情况下设定价格。实体能选择进入或者留在高度管制的环境中运营，意味着该实体并未受到控制。只有当管制收紧到能有效支配实体开展业务的方式的程度，才可认为管制是一种形式的控制。如果一个实体在诸如是否向公共部门实体发生融资、与之进行商业交往或其他交易等问题上保留了单方面的决定权，那么该实体就具有最终决定公司政策的能力，就是一个不受公共部门实体控制的实体。

g. *以大客户身份实施控制*。如果一个公司的全部销售只以一个或一组公共部门单位为客户，客户显然就具有了支配性的影响。若有少量私营部门客户存在，则通常意味着公司还能独立地做出一些决定，因此就不应把它看作受控制的实体。一般而言，若能明确证实某一公司因为公共部门的影响而不能选择与非公共部门客户交易，则意味着该公司已受到公共部门的隐性控制。

h. *通过政府借款实施控制*。贷款方经常把能施加控制作为贷款的条件。如果政府通过贷款，或提供比通常情况（如一个健康的私营部门实体向银行借款时）更多的担保来实施控制，则控制是显性的。类似地，只要政府准备提供贷款，就可能有隐性的控制。

上述某一个标志就足以确定控制的存在，但对其他一些情况来说，则需要一组标志共同确定控制的存在。综合各方面标志做出的判断从本质上讲肯定是具有主观性的，但在类似情况下做出的判断必须是明显类似的。

非常住单位控制的公司

4.81 一般而言，如果非常住单位持有常住公司50%以上的权益，则认为非常住单位控制了常住公司。非常住单位的分支机构从本质上说总是受国外控制的。但是，只要非常住单位能够运用前文所述的政府用以实施控制的一些权力——比如，控制董事会或其他主管团体，控制关键人员的任免，控制公司关键的委员会等等，即使持有权益低于50%也可能实施控制。

4.82 在国际收支平衡表中，对非常住单位持有权益50%以上的公司和持有权益10% ~ 50%的公司做了区分。所有外方持股10%以上的公司称为外商直接投资企业，其所得要进行特殊处理，第7章和第26章将对此方面的问题做详细讨论。这里需要指出一点：虽然所有受国外控制的公司都是外商直接投资企业，但反过来则不成立。例如，即使是一个由公共部门控制的公司，也可能是一个外商直接投资企业，因为，除了政府所控制的半数股份之外，只要再有10%的股份为非常住者所有，即可满足外商直接投资企业的条件。

C. 非营利机构

4.83 ***非营利机构是这样一类法律或社会实体：其创建目标虽也是生产货物和服务，但其法律地位不允许那些建立它们、控制它们或为其提供资金的单位利用该实体获得收入、利润或其他财务收益***。实践中，非营利机构的生产活动一定会产生盈余或亏损，但产生的任何盈余都不能分配给其他机构单位。在非营利机构的成立章程中一般会有这样的条文：控制或管理非营利机构的机构单位无权分享非营利机构所产生的任何利润或其他收入。也正因为如此，非营利机构经常被免除多种税收。

4. 84　NPI 可以由住户、公司、政府等创建，但创建的动机有多种。例如，成立 NPI 可能是为那些实施控制或提供资金的住户或公司自己提供服务；或者是出于慈善、关爱人类或福利的原因而向需要帮助的人提供货物或服务；或者是提供虽然收费但不以营利为目标的健康或教育方面的服务；或者是为了推进工商业界或政界压力集团的利益；等等。

1.　NPI 的特征

4. 85　NPI 的主要特征可概括如下：

a. NPI 是按照法律程序成立的法律实体，被承认独立于成立它、向它提供资金、控制或管理它的个人、公司或政府单位而存在。NPI 的宗旨通常会在其成立时明确记载在机构章程的条文或类似文件中。在一些国家，尤其是发展中国家，非营利机构可能是一个非正式实体，其存在虽被社会承认但并不具有任何正式的法律身份；成立此类 NPI 的目的是为个体住户或住户群提供非市场货物或服务。

b. 许多 NPI 的控制者是团体，团体的成员有平等的权利，包括对所有影响 NPI 事务的重大决定的平等投票权。成员对 NPI 的运营承担有限责任。

c. 不存在对 NPI 的利润或权利具有索取权的股东。所有成员都无权分享 NPI 通过生产活动所创造的任何利润或盈余，这些利润要存留在 NPI 中。

d. NPI 的政策决定权通常归属于一组管理人员、理事会或类似的团体，它们是全体成员以简单多数原则投票选出来的。这些管理人员就相当于公司董事会中的董事，并负责任命付酬的经理人员。

e. NPI 的称谓来自于如下事实：控制 NPI 的团体的任何成员都不可以从其运营中获得财务利益，也不能将其所挣得的任何盈余划归已有。但这并不意味着 NPI 不能通过其生产获得营业盈余。

4. 86　在有些国家里，NPI 享有优惠的税收政策，如免征所得税等，但这并非必然如此，也不是认定 NPI 的决定性因素之一。

4. 87　对于政府单位拥有的生产者单位，区分市场 NPI 和非市场 NPI 是很重要的，因为这关系到把 NPI 归属到哪一个经济部门。NPI 不一定从事非市场生产。

2.　从事市场生产的 NPI

4. 88　市场生产者是以有显著经济意义的价格销售其大部分或全部产出的生产者，换言之，其销售价格会对生产者愿意提供的数量和消费者愿意购买的数量有显著的影响。作为 NPI 的学校、学院、大学、诊所、医院等，如果根据其生产成本来收取费用，且费用高到足以对所提供服务的需求产生显著影响，则它们就是市场生产者。它们的生产活动一定会产生营业盈余或亏损。所产生的任何盈余都要留在机构内部，因为 NPI 的身份将阻止它们把盈余分配给其他单位。另一方面，“非营利机构”的身份允许它们向个人、公司或政府吁请捐献而筹集额外的资金，用此种方式，它们可以要求获得能产生可观财产收入的资产，以此作为其收费收入的补充，从而使其收费能低于平均成本；然而，只要其收费标准主要是依生产成本而定，并高到足以显著影响需求的程度，就要继续把它们作为市场生产者处理。成立这样的 NPI 不是为了慈善，其真实目标通常是提供高水平的教育、健康或其他服务，使用来自于捐助的收入仅仅是为了能有所降低不得不收取的高费用。

为企业服务的市场 NPI

4. 89　有些市场 NPI 的服务对象限定为某些特定的其他市场生产者。多数为企业服务的市场性 NPI 由企业协会成立，而这些协会的目标是推进会员企业的利益。企业协会主要包括：商会，农业、制造业或贸易业的同业公会，雇主组织，研究或测试实验室，其他组织或机构，它们从事的活动服务于控制它们、向它们提供资金的一组企业的共同利益。NPI往往代表这些团体从事宣传活动、游说政客、或为由于各种原因而有难处的个体会员提供建议或帮助。NPI的资金一般来自相关企业群体的捐助或缴款，这些缴款被处理为对所提供服务的支付而非转移支付，因此这些NPI应该划归市场生产者之列。当为企业利益服务的商会或者类似组织受政府单位控制时，他们就属于非市场NPI。

3. 从事非市场生产的NPI

4.90 在多数国家，NPI的主体是非市场生产者而不是市场生产者。非市场生产者是免费或以无显著经济意义的价格提供其大多数产出给其他单位的生产者，所以，判别NPI主要从事非市场生产时，不仅要观察到它不能为控制和管理它的单位提供财务收益，而且要观察到它必须主要以资金支持而不是销售收入来弥补其生产或其他活动的成本。其主要资金来源是控制它们的协会之成员的定期缴款，或来自包括政府在内的第三方转移或捐献，或来自财产收入。

4.91 主要从事非市场生产的NPI可分为两类：被政府控制的NPI和没有被政府控制的NPI。前者属于一般政府部门；后者称为“为住户服务的非营利机构”（NPISH），并在SNA中自成一个独立部门。

政府控制的非营利机构

4.92 控制一个NPI被定义为：具有决定其总体政策或规划的能力。所有归入一般政府部门的NPI应该在统计记录上保持其NPI的身份，以方便对全体NPI进行分析的需要。判断一个NPI是否被政府所控制，应该考虑以下五个控制标志：

a. *官员的任命*。根据NPI的章程、协会的规定，或其他可授权文书，政府有权任命管理NPI的高级管理人员。

b. *授权文书的其他条款*。授权文书可能含有有别于管理人员任命的条款，该条款实际上允许政府决定NPI总体政策或规划的重要方面。例如，授权文书可以规定或限制NPI的功能、目标或其他一些经营方面的事项，从而使得管理层的任命变得较不重要，甚至无所谓；授权文书也可以赋予政府更换关键人员或否决任命提名的权利；其他可形成控制的条款还包括：要求在预算和资金安排上预先征得政府的同意；不允许NPI未经政府同意而修改章程、宣布解散或终止与政府的关系。

c. *合约安排*。政府和NPI间合约安排的存在，可能会允许政府决定NPI总体政策或规划的关键方面。只要NPI对其政策或规划的最终决定权达到一个显著的程度，比如能够违反合约安排并承担后果，能够除了通行的规则要求外，无须征得政府同意即可修订自己的章程或宣布解散，则可认为它未受政府控制。

d. *资金来源状况*。一个NPI的资金若主要来源于政府，则可能受政府控制。但一般而言，如果NPI能够保持其对政策或规划的决定权达到如上条所述的显著程度，则可认为它未受政府控制。

e. *风险暴露*。如果政府公开地让自己暴露在与NPI活动有关联的所有、或大部分的财务风险面前，那么这样的安排会形成控制。当然仍要判别是否满足以上两条所涉及的不受控制的条件。

有些情况下，只需以上一个方面的标志就足以识别控制，而在另一些情况下，需要把多个方面的标志结合起来识别控制的存在。综合各方面指标做出的判断肯定具有主观性。

为住户服务的NPI（NPISH）

4.93 ***为住户服务的非营利机构（NPISH）是指那些不受政府控制的非市场NPI***。它们免费或以没有显著经济意义的价格向住户提供货物或服务。这些货物或服务的大部分属于个人消费，但 NPISH 也可能提供公共服务。

D. 非金融公司部门及其子部门

4.94 ***非金融公司是指那些以生产市场性货物或非金融服务为主要活动的公司***。非金融公司部门由以下常住机构单位组成：

a. 所有的常住非金融公司（为 SNA 所理解的公司，不限于依法成立的公司），无论其股东的常住性如何；

b. 非常住企业在该经济领土内长期从事非金融生产的分支机构；

c. 作为货物或非金融服务市场生产者的所有常住 NPI。

4.95 有些非金融公司或准公司会有一些次要的金融活动。例如，货物生产商或零售商可能直接向其消费者提供消费信贷。但正如以下会详细解释的那样，这些公司或准公司因为其主要活动是非金融的而应被整体地划入非金融公司部门。部门就是机构单位的集合，每一个机构单位——即使是从事了一种以上类型的经济活动，必须被整体地归入 SNA 的这一个或那一个部门中。

4.96 划分非金融公司部门的子部门时，会使用两种分类标准：一种是把 NPI 与部门中的其他单位区分开做单独显示，所有不是 NPI 的单位就称为营利机构（FPI）；另一种标准是根据控制权将非金融公司分为如下类型：

a. 公营非金融公司；

b. 本国私营非金融公司；和

c. 国外控制的非金融公司。

由政府、非常住单位控制的公司和 NPI 的标准，在 B 节已有详细讨论，由非常住单位控制的公司被称为国外控制的公司。

4.97 对非金融公司部门之子部门进行完全划分，可通过一个双重分类表（见表 4.1）来展示。但子部门的具体呈现形式要考虑分析和统计两方面的因素。如果 NPI 的数量过少，会出现某些控制类型是零或数量很少的情况，出于保密的原因就不能显示其细节。但至少有必要分离出表 4.1 中最左一列与最底下一行的各项，而且这也应该是可行的。

表 4.1：非金融公司部门的子部门

非金融公司	NPI	FPI
公营非金融公司	公营非金融 NPI	公营非金融 FPI
本国私营非金融公司	本国私营非金融 NPI	本国私营非金融 FPI
国外控制的非金融公司	国外控制的非金融 NPI	国外控制的非金融 FPI
非金融公司合计	非金融 NPI 合计	非金融 FPI 合计

E. 金融公司部门及其子部门

4.98 ***金融公司部门包括所有的主要从事向其他机构单位提供金融服务（含保险、养老基金服务等）活动的常住公司***。构成金融公司部门的常住单位包括如下类型：

a. 所有的常住金融公司（为 SNA 所理解的公司，不限于依法成立的公司），无论其股东的常住性如何；

b. 非常住企业在在经济领土内长期从事金融活动的分支机构；

c. 作为金融服务市场生产者的所有常住 NPI。

金融服务的产出是金融中介、金融风险管理、流动性转换或辅助性金融活动的成果。由于提供金融服务通常要接受严格的监管，提供金融服务的单位通常不会提供其他的货物和服务，金融服务一般也不会作为次要产出来提供。

4.99 有一类金融创新活动出现了显著增长，这类活动在传统上是由金融公司或通过金融公司进行的，但现今也可以由非金融企业自己直接来做了。例如，有些国家出现了货物生产者或零售商直接向其消费者提供消费信贷的趋向。再例如，有些国家出现了非金融企业通过直接在货币或资本市场上出售自己的证券来融资的趋向。但是，只要如下条件成立，这些企业仍必须整体划入非金融公司的范畴：

a. 非金融企业没有成立一个新的机构单位（如子公司）来从事金融活动；同时

b. 相对于其主要活动，金融活动在该企业中仍属次要活动。

4.100 上述划分子部门的原则同样适用于金融公司部门。举例来说，许多中央银行也从事着一些商业银行的活动，但作为一个单一机构单位，中央银行整体，包括它的商业银行活动，仍归入“中央银行”子部门。同样，若中央政府内的某些机构执行着中央银行或货币当局类型的功能，但这些机构又不是独立于政府的机构单位，则不能把这些机构归入中央银行子部门。（在随后各节和第 22 章中将对此方面内容作进一步讨论。）

4.101 金融公司可以分为三大类：金融中介机构、金融辅助机构和其他金融公司。金融中介机构是以通过在市场上从事金融交易获得金融资产为目的、以自己的名义发生负债的机构单位，其中包括保险公司和养老基金。金融辅助机构是主要为金融市场提供服务、但不获得所经手的金融资产和债务所有权的机构单位；其他金融公司是提供金融服务、但其大多数资产或负债并不在公开市场上交易的机构单位。

4.102 根据公司在市场上的活动和其负债的流动性，可以把金融公司部门分成九个子部门。这九个子部门见表 4.2，本节随后将对其中各项分别加以说明。其中，子部门 6 对应于金融辅助活动；子部门 7 对应于其他金融活动；而所有其他子部门都属于不同种类的金融中介机构。

4.103 金融公司部门可以按金融活动的性质来划分子部门，也可以用非金融公司部门的方法来划分子部门，以显示出 NPI 和 FPIs 的区别，显示出哪些单位为政府所控制、哪些是本国私营公司、哪些是国外控制的公司。所以，在原则上，表 4.2 的每一行都可以用表 4.1 的方式做进一步分解，但给出所有的交叉分类是不可能的，能够根据当地条件或某些特定的分析需求给出缩小的子部门划分通常就足够了。

表 4.2：金融公司部门的子部门

1. 中央银行
2. 中央银行以外的存款性公司
3. 货币市场基金（MMF）
4. 非 MMF 投资基金
5. 保险公司和养老基金（ICPF）以外的其他金融中介机构
6. 金融辅助机构
7. 专属金融机构和贷款人
8. 保险公司（IC）
9. 养老基金（PF）

1.　中央银行

4.104　***中央银行是对金融系统的关键方面实施控制的国家金融机构***。一般而言，如下金融中介机构归入此子部门：

a. 国家中央银行，包括中央银行系统的各个部分。

b. 发行由外汇储备完全支撑的国家货币的货币委员会或独立货币当局。

c. 编制有全套的账户但并未归为中央政府一部分的、在本质上具有公共性的中央货币机构（如外汇管理机构或银行票据、硬币发行机构）。作为独立机构单位的监管机构不归入中央银行，而是归入金融辅助机构。

只要中央银行是独立的机构单位，即使它基本上是一个非市场生产者，也总是把它归入金融公司部门。

2.　中央银行以外的存款性公司

4.105　***中央银行以外的存款性公司以金融中介活动为其主要活动。为达到这一目的，它通过存款或是作为存款近似替代物的金融工具（如短期存单）来形成负债***。通常会把存款性公司的负债包括在广义货币指标中。

4.106　一般而言，如下金融中介机构会归入此子部门：

a. 商业银行，“全能”银行，“通用”银行；

b. 储蓄银行（包括信托储蓄银行、储蓄与贷款协会）；

c. 邮政直接转账机构，邮政银行，直接转账银行；

d. 农村信贷银行，农业信贷银行；

e. 合作信贷银行，信用合作社；和

f. 从事吸收存款或发行存款近似替代物活动的专业银行或其他金融公司。

3.　货币市场基金（MMF）

4.107　***货币市场基金（MMF）作为共同投资计划通过向社会发行股份或权益单位来融资，所得款项主要投资于货币市场工具、MMF股份或权益单位、距到期时间不超过一年的可转让债务工具、银行存款和追求回报率接近于货币市场工具利率的工具。MMF的股份可以通过支票或其他直接第三方支付的方式转让***。由于所投资的工具的特性，其股份或权益单位可视为存款的近似替代物。

4.　非 MMF 投资基金

4.108　***非MMF投资基金是通过公开发行股份或权益单位来融资的共同投资计划。所得款项主要投资于金融资产（但不包括短期资产）和非金融资产（通常是房地产）***。投资基金的股份或权益单位一般不能作为存款的近似替代物，也不能通过支票或其他直接第三方支付方式转让。

5.　保险公司和养老基金（ICPF）以外的其他金融中介机构

4.109　***保险公司和养老基金以外的其他金融中介机构是指以下述方式提供金融服务的金融公司：以自己的名义发生负债——负债的形式不包括通货、存款、存款的近似替代物，进而试图在市场上从事金融交易来获得金融资产***。此类金融中介机构的一个特点是：其资产负债表两边的交易项目都是在公开市场上进行的。

4.110　一般而言，如下金融中介机构应划入此子部门：

a. 从事资产证券化的金融公司；

b. 证券和衍生产品交易商（独立经营）；

c. 从事贷款的金融公司，包括零售商的资金互助社——负责金融租赁和为个人或商业用途提供资金融通；

d. 中央对手方清算机构。这类机构提供证券和衍生产品的清算和结算交易。清算与交易双方的义务确认有关，而结算是指证券和衍生产品的交换及对应的支付。中央对手方清算机构本身也参与到交易中以降低交易对手风险；

e. 提供下列服务的专业金融公司：

- 公司合并和收购所需的短期融资
- 出口/进口融资
- 代收账款服务
- 风险投资公司和发展投资公司

6. 金融辅助机构

4.111 ***金融辅助机构是指这样一些金融公司：主要从事与金融资产和负债交易相关联的活动，或与对这些交易进行监管相关联的活动，但在交易过程中并不获得所交易的金融资产和负债的所有权***。

4.112 一般而言，如下金融辅助机构应归入此子部门：

a. 保险经纪人、估价与理赔人员（他们或为保险公司雇佣，或是独立的理赔师，或是保单持有者雇用的公共理赔师）、保险和养老基金顾问；

b. 贷款经纪人、证券经纪人、投资顾问等；

c. 管理证券发行的发行公司；

d. 主要功能是以背书、票据和类似工具提供担保的公司；

e. 安排（不包括发行）衍生产品和对冲工具，如掉期、期权和期货等的公司；

f. 为金融市场提供基础设施的公司；

g. 养老基金、共同基金等的管理人（不是所管理的基金本身）；

h. 提供股票交易和保险交易的公司；

i. 外汇交易咨询公司；

j. 为金融公司服务且具独立法律实体地位的非营利机构；

k. 金融公司的总部，如果其主要从事对金融公司或金融公司集团实施控制，而不是亲自从事金融公司业务；

l. 具独立机构单位身份的、对金融中介机构和金融市场进行监管的中央机构。

7. 专属金融机构和贷款人

4.113 ***专属金融机构和贷款人是指这样一些机构单位：提供金融服务，其大部分资产或大部分负债不在公开市场上交易***。它包括仅在成员有限的单位组（如子公司）的内部进行交易的实体，或属于同一个控股公司的子公司，或用来源于单一赞助者的资金或自有资金发放贷款的实体。

4.114 一般而言，如下金融公司应归入此子部门：

a. 信托公司、不动产公司、会计代理记账公司或铜牌公司这样一些法律实体单位。

b. 只持有一组子公司资产（拥有能进行控制的权益额）的控股公司，公司的主要活动就是拥有其持有权益的这组子公司，而并不向子公司提供任何服务，即不对其他单位进行行政和经营方面的管理。

c. 具有机构单位资格，并为母公司在公开市场上融资的特殊目的实体或导管公司。

d. 以自有资金或来源于单一赞助者的资金，向一定范围的客户提供排他性金融服务，并承担债务人违约金融风险的单位，此类单位包括：

- 贷款人。
- 使用来自于一家赞助者（如政府单位、非营利机构）的基金进行贷款活动（如学生贷款、出口/进口贷款）的公司。
- 主要从事放贷活动的典当行。

8. 保险公司（IC）

4.115 ***保险公司可以是法人公司、共同公司和其他形式的实体，其主要功能是向个体机构单位或团体单位提供人寿、意外事故、健康、火灾或其他险种的保险服务，或向其他保险公司提供再保险服务***。仅为其所有者服务的保险公司，即专属保险公司也包括在这一子部门中。开展存款保险、存款担保及其他标准化担保的业者，若其是独立实体，且像保险公司一样收取保费、保有准备金，即可归入保险公司子部门。

9. 养老基金（PF）

4.116 当雇主或政府责成或鼓励住户成员参加一项能在退休后领取收入的社会保险计划时，就发生了养老基金负债。社会保险计划可以由雇主或政府来组织，也可以由保险公司代表雇员来组织，还可以成立单独的机构单位来持有和管理用于形成养老基金和分发养老金的资产。***养老基金子部门只包括有机构单位身份、且独立于其创建单位的社会保险养老基金***。

F. 一般政府部门及其子部门

1. 作为机构单位的政府单位

4.117 政府单位是一种独一无二的法律实体，它通过政治程序而设立，能在一给定区域内对其他机构单位行使立法、司法和行政方面的权力。作为机构单位，政府的主要功能是：承担向社会和个体住户供给货物和服务的责任，并通过税收和其他收入在资金上支持这种供给；通过转移的手段对收入和财产进行再分配；从事非市场性生产。一般而言：

a. 政府单位通常具有通过向其他机构单位征税或强制转移以获得资金的权力。为了满足 SNA 中对机构单位的基本要求，一个政府单位，无论是在经济总体层面上，还是在区域或地方层面上，都必须通过向其他单位征税、或接受其他政府单位的转移而使自己拥有资金，并有权为实现其政策目标而全部或部分地支出这些资金。政府单位还必须能以自己的名义借入资金；

b. 政府单位的最终支出有三种典型类型：

- 第一类是向社会提供免费的公共服务（如公共管理、国防、司法、公共卫生等）时所发生的实际或虚拟支出。这些服务由政府集体组织，其资金源于政府的税收或其他收入；
- 第二类是在向个体住户免费、或者以没有显著经济意义的价格提供货物或服务时发生的支出。这类支出的发生是政府为了追求其社会和政策目标而有意为之的结果，即使可以根据使用量而对居民收取费用时政府也会这么做，支出的资金来源于政府的税收或其他收入；
- 第三类是向其他机构单位（主要是住户）的转移支付，目的是对收入和财产进行再分配。

4.118 在一个经济领土内，当存在中央、省级和地方多级政府时，会形成许多个独立的政府单位。此外，社会保障基金也构成一类政府单位。在以下关于一般政府子部门划分的说明中，将会对这些不同种类的政府单位进行讨论。

作为生产者的政府单位

4.119 政府不仅会提供公共服务，而且会以免费或者没有显著经济意义的价格向住户或其他机构单位提供许多货物和个人服务，这一事实并不必然说明这些货物或服务都肯定由政府自己生产。即使是那些公共服务或所谓“公共产品”，政府的责任可能也仅表现为组织产品生产和为生产提供资金，而不是直接生产产品。但是在实践中，政府单位也确实从事着范围广泛的生产活动：不仅是公共服务，而且包括许多货物和个人服务。生产什么货物和服务在很大程度上属于政治选择，所以，政府单位所生产货物和服务的范围在不同国家间差异很大。除了如公共管理、国防等公共服务外，有些种类的生产，如教育和卫生服务，即使经常由政府单位提供，也很难说它们从本质上就是属于政府范畴的。

4.120 如果一个政府单位希望介入生产领域，它可以有三种选择：

a. 创建一个公营公司，该公司之诸如定价和投资等公司政策由政府控制；

b. 创建一个受政府控制的 NPI；

c. 通过一个为政府所拥有、但没有脱离政府单位而成为独立法律实体的基层单位，生产货物或服务。

4.121 但是，政府的一个基层单位，或一组在统一管理下从事同类生产活动的基层单位，在具备如下三个标准时应处理为准公司：

a. 该单位对产出的定价具有显著经济意义；

b. 该单位用与公司类似的方式实施经营和管理；

c. 该单位具有全套账户，从而能独立地识别和测度其营业盈余、储蓄、资产和负债等。

这样的准公司应作为独立于拥有它们的政府机构单位的市场生产者处理，在分类上、部门与子部门归并上都应采用与公营公司一样的处理方式。

4.122 作为准公司处理的前提是，政府必须允许企业在管理上有相当大程度的决定权，这种权力不仅体现在生产过程的管理上，而且体现在资金的使用上。政府准公司必须能够保持自身经营的节余和商业信用，能够以自有的储蓄、减值准备或借款等为其部分或全部资本形成提供资金。能够把准公司和政府的收入流量和资本流量区分开就意味着，虽然两者并未成为彼此独立的法律实体，但准公司的运营和融资活动实际上并未完全与政府的收入或财政统计交织在一起。

4.123 不能处理为准公司的政府生产单位，应和所有不能与其所有者分离开来的非法人企业一样，被视为与其所有者处在同一个机构单位中，在本议题下就应属于一般政府部门。此类政府生产单位主要或全部是由非市场生产者组成，也就是说，其大部分或全部产出都是以免费、或没有显著经济意义的价格提供给其他单位的。除了向社会公众提供非市场货物或服务之外，还有些政府生产者为其他政府单位的中间消耗或固定资本形成提供非市场货物或服务，例如，政府中从事武器生产、印刷服务、运输服务、计算机或通信服务等生产的单位。不过，政府中的非法人企业仍有可能成为市场生产者，博物馆中的书店就是一个例子。

社会保障计划和社会保障基金

4.124 社会保障计划是指由政府单位实施和控制的、覆盖全社会或社会大部分人群的社会保险计划。该计划包括多种多样的以现金或实物形式为年老、伤残或死亡、抚恤、疾病和生育、工伤、失业、家庭补助、卫生保健等提供福利或救济的项目。在该计划中，个体缴款的数量与其可能获得的福利数量并不具有必然的直接关联。

4.125 如果社会保障计划与政府单位的其他活动是分开运作的，单独持有资产和承担负债，并以自己的名义从事金融交易，它就获得了作为机构单位的资格，被称为社会保障基金。但是，各国在社会保障计划的机构安排上是有差异的，有些国家的社会保障计划与政府其他财政活动的联系相当紧密，于是就会产生是否应将其处理为独立机构单位的疑问。

4.126 可能会为了实现某些与通过社会保障计划

向社会成员提供社会福利的概念并无直接联系的政府政策目标，而精心调控通过社会保障缴款筹集到的资金数额和福利性支出的数额。比如，通过提高或降低筹集资金或福利支出的数额，来影响经济体的总需求水平。但不管怎样，只要社会保障计划能够保持其作为独立设立的基金的性质，就必须将之处理为 SNA 中的独立的机构单位。

2.　一般政府部门

4.127　一般政府部门由以下几种常住机构单位组成：

a. 所有的中央、省级或地方政府单位（下面即作讨论）；

b. 所有政府单位控制下的非市场 NPI；

此部门中还包括社会保障基金，无论它是作为机构单位还是作为中央、省级或地方政府的一部分。该部门不包括公营公司，甚至在此类公司的所有权益都由政府单位所持有的情况下也是如此；同样，该部门也不包括政府单位拥有或控制的准公司。然而，政府单位拥有的、不属于准公司的非法人企业仍是政府单位不可分割的一部分，因此必须归于一般政府部门。

3.　一般政府部门的子部门

4.128　对一般政府来说，一个完整的子部门划分应该可以在中央、省级和地方政府每一个层级上都能把 NPI 和社会保障基金区分出来。不过在实践中，通常会把社会保障基金全部放在一个子部门中表示，或者是与相应的政府层级合并表示，而不是如政府那样按层级表示。而 NPI 则通常是作为一般政府整体的其中项，或中央、省级、地方各级政府各自的其中项。

4.129　一般政府子部门划分的第一种方法为：

a. 中央政府；

b. 省级政府；

c. 地方政府；

d. 社会保障基金。

此处应该这样理解：在子部门 a、b、c 的每一项中都包含 NPI，但都不包含社会保障基金。

4.130　一般政府子部门划分的第二种方法为：

a. 中央政府；

b. 省级政府；

c. 地方政府。

此处应该这样理解：在子部门 a、b、c 的每一项中，都既包含 NPI，又包含社会保障基金。

4.131　不论采用哪一种子部门划分方法，NPI 都是相应层级政府标题下的其中项。

4.132　在两种子部门划分方法间如何取舍，主要取决于一个国家社会保障基金的规模、重要性和管理方式。

4.133　在有些国家，中央政府和地方政府之间不存在中间层级，这种情形下就不必分出省级政府子部门；在其他一些国家，在中央政府之下可能有多于两层的政府，这种情形下就要把多出的层级与省级或地方政府合并起来。

中央政府

4.134　中央政府子部门由组成中央政府的机构单位或单位、再加上由中央政府控制的非市场 NPI 所组成。

4.135　中央政府的政治权力遍及国家的全部领土。因此，中央政府有权对所有常住单位和在国内从事经济活动的非常住单位征税。中央政府的政治责任包括：国防，维护法律和秩序以及与外国政府的关系。它要通过恰当的法律和管制来保证社会和经济系统的有效运行。它要为了全社会的利益而提供集体服务，并为此目的而支出经费用于国防和公共管理，支出还可用于提供主要针对个体住户福利的教育、卫生等服务。最后，中央政府还可能对其他的机构单位

——即住户、NPI、公司、其他层级的政府——实施转移支付。

4.136 在大多数国家，中央政府是一个庞大而复杂的子部门，它一般由一组中央部委（作为一个单独的机构单位）外加（在某些国家）其他机构单位而组成。部委可能会在政府总体预算框架下负责数量相当可观的支出，但通常它们并不能独立于中央政府这个整体成为一个拥有资产、发生负债和从事交易的独立机构单位。

4.137 中央政府各部门在地理上常常分散开来位于国家的不同地方，但它们仍然是一个单独的机构单位的组成部分。类似地，如果中央政府为了满足地方需要，在国家的不同地方设有分支或代理机构，包括服务于国防目的的军事基地或军事设施，这些机构也必须看做是中央政府这个单独机构单位的组成部分。

4.138 除了政府部门之外，可能还存在一些具有独立法律地位和实质自主权的中央政府代理机构，这些机构可以自己决定其支出的规模和结构，可以有直接的收入来源，如专用目的税。建立此类机构经常是为了执行如道路建设、卫生或教育服务的非市场生产等特定职能。如果此类机构有全套的账户，则应处理为独立的机构单位，但如果其生产的服务是非市场性的，且同时被中央政府所控制，则仍应视为中央政府子部门的一部分。

4.139 有些国家的中央政府会包括一些从事金融交易的单位，而这在其他国家则是中央银行的职责。特别是，中央政府单位可能负责货币发行、国际储备管理、外汇平准基金的操作，以及与国际货币基金组织（IMF）的交易等。如果这些单位在财务上与中央政府交织在一起，而且处于中央政府的直接控制和监管之下，就不能处理为单独的机构单位。而且，中央政府所执行的任何货币当局的功能，都要记录在政府部门中，而不是在金融公司部门中。但是，因为涵盖货币当局整体的账户对分析而言很重要，同时也为了提供与其他统计体系——如 BPM6、GFSM2001、货币和金融统计手册（国际货币基金组织（IMF）2000，即 MSFM）——的联系，建议对执行货币当局和存款功能的中央政府单位的交易进行独立识别，这样就能在需要时将它们与中央银行和其他存款公司的交易整合在一张特定的表中加以反映。

省级政府

4.140 省级政府子部门由作为独立机构单位的省级政府和受省级政府控制的非市场 NPI 构成。

4.141 省级政府是执行某些政府功能的机构单位，其层级在中央政府之下、在地方政府之上。这种机构单位在财政、立法、行政方面的权力仅及于一个“省”（国家作为一个整体分为多个省）。“省”的概念在不同的国家可能有不同的名词来表达。有些国家——尤其是小国家，可能不存在省级区域和省级政府。而在一些比较大的国家——尤其是实行联邦制的国家，省级政府则被赋予了很大的权力和责任。

4.142 省级政府通常拥有财政权力，据此能对常住在管辖范围内的机构单位或对在管辖范围（而非其他区域）内从事的经济活动或交易征税。省级政府必须在能以自己的名义拥有资产、筹集资金、发生负债之时，才被认作机构单位。在遵守国家一般法规前提下，省级政府应有权部分地或可能是全部地根据自己的政策来使用或分配所收取的税收及其他收入，尽管有些来自中央政府的转移收入的使用是与特定目的挂钩的。它还应该能独立任命自己的官员，而不受外界行政控制。另一方面，如果一个地区单位完全依赖于中央政府的资金，而且这些资金在该地区也要按中央政府规定的方式使用，则该单位就应作为中央政府的派出机构处理，而不是独立的机构单位。

4.143 识别省级政府（如果存在的话）所依据的事实是：其财政权力覆盖国家整体出于政治或行政管理目的所做区划的最高一级地理区域。有些国家在中央政府和最低一级地方政府机构单位间有不止一级政府存在，这种情况下，为了 SNA 部门划分的需要，中间层的政府就应和联系最紧密的政府层级合并，或归入省级政府或归入地方政府。

4.144　省级政府可能以与中央政府一样的方式拥有或控制着一些公司。类似地，这些公司可能是从事市场生产的单位，此时，只要其经营方式和账目记录能证明这一点，就应把相关生产者作为准公司处理。

地方政府

4.145　地方政府子部门由作为机构单位的地方政府加上受地方政府控制的非市场 NPI 构成。原则上，地方政府单位是其财政、立法、行政权力覆盖国家出于政治和行政管理目的所做区划的最低一级地理区域的机构单位。地方政府的权力范围一般来说远小于中央或省级政府，它们可能有也可能没有对常住自己辖区内的机构单位征税的权力，因而通常会高度依赖于上级政府的拨款或转移，在某种程度上它们是作为中央或省级政府的代理人来活动的。地方政府必须在能以自己的名义拥有资产、以自己的名义通过借款方式筹集资金和发生负债之时，才能被认作是机构单位；类似地，它们必须对资金如何使用具有一定的决定权，它们还应该能不受外界行政控制地任命自己的官员。地方政府在某种程度上是作为中央或省级政府代理人的事实，并不妨碍将之处理为机构单位，只要它们能够按照自己的意愿和自己的责任去筹集和使用资金。

4.146　地方政府是与辖区内常住机构单位联系最紧密的政府单位，因此，地方政府单位通常要向当地常住者提供范围广泛的服务，所需资金部分来源于上级政府的转移。对地方政府所从事的货物和服务生产，其处理规则与对中央政府和省级政府同样行为的处理规则是一致的。政府开办的基于市场规则提供货物或服务的单位——如影剧院、博物馆、游泳池等，只要有相应的核算信息，就应处理为准公司，并归入非金融公司部门。其他基于市场规则提供货物和服务的单位，应作为地方政府内的非法人企业处理。基于非市场规则提供如教育或卫生服务的单位，则依然作为所属地方政府单位的不可分割的一部分。

社会保障基金

4.147　社会保障基金子部门由各级政府运作的社会保障基金构成。

4.　另一种子部门划分方法

4.148　另一种划分一般政府子部门的方法是，将各级政府所运营的社会保障基金与相应的政府单位以及各级政府控制和提供资金的 NPI 集合在一起，按政府层级划分子部门。两种子部门划分方法适用于不同的分析需求，对特定国家来说，哪一种方法更适宜，不能仅靠主观推断，而要取决于社会保障基金的重要性如何，以及它的管理能在多大程度上独立于所关联的政府单位。如果社会保障基金的管理与政府总体经济政策的短期或中期目标具有非常紧密的联系，会为了总体经济政策而对缴款和福利进行精心调控，那么，就很难在概念层面上对社会保障基金管理和政府的其他经济功能做出清晰的区分。另外，还有些国家的社会保障计划尚处于起步阶段。在这两种情况下，都难以把社会保障基金处理为与中央、省级、地方政府一样的子部门，而更适合于采用另一种子部门划分方法，即把社会保障基金与对应层级的政府单位集合在一起，按政府层级进行划分，这正是 GFSM2001 所推荐的方法。

G. 住户部门及其子部门

1. 作为机构单位的住户

4.149 就 SNA 而言，住户被定义为这样的一群人：他们共用生活设施，把成员的部分或全部收入或财产汇聚起来使用，集体消费某些货物和服务——主要是住房和食物。一般而言，每一个住户成员对住户中的集体资源都拥有一定的权利。至少某些影响消费或其他经济活动的决定必须由住户成员全体做出。

4.150 住户与家庭经常是一致的，但同一住户的成员不一定要属于同一家庭，因为住户只要求在资源和消费上存在某些共享。由于传统、宗教、教育、气候、地理、历史和其他社会经济因素的影响，在不同的社会或文化中，住户可以有不同的规模，可以有种类广泛的不同形式。熟知某给定国家社会经济情况的统计调查工作者所采用的住户定义，虽然会加上一些适用于该给定国家的更精确、或更可操作的判断标准，但一般而言与 SNA 的住户概念是很接近的。

4.151 和雇主生活在同一住所的家政人员，即使他们被提供住宿和膳食作为实物报酬，仍不能成为雇主所在住户的成员。因为付酬的家庭雇员对雇主住户的集体资源没有主张的权利，而其消费的住宿和膳食也并不包括在其雇主的消费中。所以他们应处理为独立于雇主住户的其他住户的成员。

4.152 永久居住在某机构中的人员，或者可预期将在相当长或无上限的时期内居住在该机构中的人员，即使只有很少或者没有行动的自主权或经济事务的决策权，仍要作为该单独机构住户的成员处理。属于机构住户的人员可举例如下：

a. 居住在寺院、修道院或者类似宗教机构中的成员；

b. 医院（包括精神病院）的长期住院病人；

c. 长期服刑的犯人；

d. 长年在养老院中居住的人。

4.153 另一方面，短期进入医院、诊所、疗养院、宗教静修场所或类似机构的人员，常住在学校、学院或大学学习的人员，以及短期服刑的人员，应处理为他们正常所属住户的成员。

4.154 个人的常住性决定于其所属住户的常住性，而非其工作地的常住性。同一住户的所有成员与住户本身有同样的常住性，即使他们跨越边境工作或者在国外呆上一段时间也是如此，但如果在国外工作或居住的时间长到在国外具有经济利益中心的程度，他们就不再是原属住户的成员了。

2. 住户中的非法人企业

4.155 如绪论所言，住户不同于公司之处在于住户要进行最终消费；而相同之处在于住户也可能从事生产。住户成立市场性非法人企业的目的，在于生产能在市场上销售或易货的货物或服务。住户事实上可以从事所有的生产活动：农业、采掘业、制造业、建筑业、零售业或其他种类的服务业，其规模可以差异很大：小到几乎不需要资本或不动产的单人工作，如街头小贩或擦鞋匠，大到拥有许多员工的大型制造、建筑或服务企业。

4.156 住户的市场性非法人企业也包括那些生产能在市场上销售或易货之货物或服务的非法人合伙企业。合伙人可以来自不同的住户。当合伙人对于企业债务承担无限责任时，合伙企业必须处理为住户部门内的非法人企业，其理由是，住户的所有资产，包括住所本身，在企业破产时都是有清偿风险的。但是，由合伙人组成的诸如大型法律、会计或建筑企业等一些非法人合伙企业，其行为模式类似于公司，如果此类合伙企业具有全套账户，就应该将其处理为准公司。合伙人承担有限责任的合伙企业实际上就是一个独立的法律实体，如已指出的那样，应处理为公司。

4.157　只有在有可能将住户所有资产——包括直到现金层次的金融资产——划分为作为消费者所需的部分和作为生产者所需的部分时，一家非法人企业才能处理为公司。

3.　住户部门及其子部门

4.158　住户部门由所有常住住户构成。划分住户部门的子部门有多种方法，建议统计机构对各种可能都给予应有的考虑。如果不同的用户、分析者、政策制定者对划分住户部门的需求不同，可以采用一种以上的划分方法。

4.159　应该灵活而非僵化地应用 SNA。为了实施下文建议的任何一种可能用于划分住户部门子部门的方法，每个国家必须确定什么是其认为最有价值的分类。所以，尽管此处以分析价值为标准提出了各种特定、详细的分类方法，但不能就此认为：此分类所提出的特征一定是或总是实现经济分析和政策制定目标的最重要特征。

按收入划分子部门

4.160　住户可以按其最大收入来源的性质进行分组，形成子部门。那么，就要把住户收入分为如下类型：

a. 来自住户非法人企业（有付酬雇员）所有者的收入（雇主的混合收入）；

b. 来自住户非法人企业（无付酬雇员）所有者的收入（自雇工作者的混合收入）；

c. 雇员报酬；

d. 财产收入和转移收入。

4.161　根据哪一类是住户整体的最大收入——即使它未必总能占住户总收入的半数以上，住户被归入相应的子部门。若同一个住户在某收入类型上获得了一份以上的收入，例如有一个以上的住户成员挣取雇员报酬，或获得一份以上的财产或转移收入，则应针对该类收入计算总数，并在此基础上决定住户的子部门归属。四类子部门列示如下：

a. 雇主；

b. 自雇工作者；

c. 雇员；

d. 财产收入和转移收入接受者。

4.162　第四类子部门，即以财产收入和转移收入为最大收入来源的住户，是一个异质的集合，建议在可能时应将其进一步划分为三个子部门，这三个子部门是：

- 财产收入接受者；
- 养老金接受者；
- 其他转移收入接受者。

按参照人的特征划分子部门

4.163　另一种子部门划分方法通常需要在每个住户中确定出一个参照人。参照人不必是住户中被其他成员视为“户主”的那个人，因为参照人是根据经济重要性而非年龄或地位排行来决定的。参照人通常是有最多收入的那个人，但也可以是对住户消费做出主要决定的那个人。

4.164　一旦确定了参照人，就可根据参照人的特征对住户进行分组，成为子部门，比如，子部门的定义根据可以是：

a. 参照人的职业；

b. 如果工作，参照人工作所在的行业；

c. 参照人的受教育程度；

d. 参照人所拥有的资格或技能。

上列每一类标准都能划分出相应的子部门。如果出于某种原因不能按住户所获得的最大收入类别对住户进行分组，还可以根据参照人的主要收入把住户分组归入子部门——使用上文推荐的按最大收入划分住户类别的收入分类项。

按住户的规模和所在地划分子部门

4.165 最后需要指出的是，可以用适用于全部住户的标准来划分住户子部门。例如，可以根据如下指标来界定子部门：

a. 住户总收入；

b. 住户成员数；

c. 住户居住地区的类别。

最后一项标准用以划分农村住户、城镇住户或大都市住户，或者可以用来划分居住在不同地理区域的住户。

H. 为住户服务的非营利机构部门

4.166 之前各节已经说明：NPI 如果从事市场生产，应将其归入公司部门；如果从事非市场生产且受政府控制，则应归入一般政府部门。剩下的 NPI 就称为为住户服务的非营利机构（NPISH），它们全都是免费或以没有显著经济意义的价格提供货物和服务的。

4.167 第一类 NPISH 是团体为了满足成员的需求而建立的，它优先向成员提供货物或服务（服务更常见）。这些服务一般是免费提供的，其资金来源于定期缴纳的会员费或缴款。此类 NPISH 包括：专业或学术团体、政党、工会、消费者协会、教会或宗教团体，以及社会、文化、娱乐、体育等方面的俱乐部。政府控制的有类似功能的机构不在其列。对于宗教机构而言，即使其资金主要来源于政府单位，但只要这种多数资金地位并不意味着政府的控制权，则仍可将其处理为 NPISH。一党制国家中的政治党派，被政府单位通过提供必要的资金而控制，应属于一般政府部门。

4.168 在有些社会里，NPISH 可以没有法律地位，或没有正式的组织章程。但只要它们发挥着与上述社会团体、政党、工会等相同的功能，即使它们没有依法成立为 NPISH，也应处理为 NPISH。但是，当一组住户合作进行社区建筑项目（如房屋、道路、桥梁、沟壕、堤坝等的建设）时，应该将其视为从事自营建筑活动的非正式合伙公司而非 NPISH。NPISH 在正常情况下应该是一个持续的角色，而不是只为一个项目而成立并只会存在有限的一段时间的单位。

4.169 第二类 NPISH 是出于慈善目的而成立的慈善、救济或援助机构，它们不是服务于控制它们的团体的成员利益的。此类 NPISH 基于非市场原则向有需要的住户提供货物或服务，包括那些受自然灾害或战争影响的住户。此类 NPISH 的资源主要来自于社会公众、公司或政府的现金或实物形式的捐赠，也可能来自非常住者——包括常住于其他国家的同类机构——的转移。

4.170 第三类 NPISH 是提供公共服务的机构，如无偿提供其成果的研究机构、环保组织等。与前两类 NPISH 相比，这类机构比较少见，在一国中可能没有显著的代表性。

4.171 如果由国外资助的 NPISH 在数量或规模上相当可观的话，就有必要把 NPISH 分解成主要由国内资助和主要由国外资助两部分。

I. 国外

4.172 在 SNA 中，***所有与常住单位有交易或有其他经济联系的非常住机构单位构成了国外***。虽然为方便起见，经常称国外为部门，但它其实并不是一个一定要编制全套账户的部门。关于国外的账户或表，只限于记录常住单位与非常住单位间的交易或其他经济关系，例如常住者对非常住者的索赔，或相反。国外应包括在自然意义上处于国家地理边界以内的某些机构单位，例如，使领馆或军事基地等外国飞地以及国际组织。

1.　国际组织

4.173　某些国际组织具有机构单位的所有基本特性。在 SNA 中，“国际组织”这一术语所具有的特征可总结如下：

a. 国际组织的成员或者是民族国家，或者是由民族国家组成的其他国际组织；所以，该组织的权利或者直接来源于作为本组织成员的民族国家，或者间接地来源于其他国际组织；

b. 国际组织是通过成员国间正式的、具有相当于国际条约地位的政治协议而成立的实体；其存在应获得成员国法律的承认；

c. 由于经国际协议而成立，国际组织享有超越国家主权的地位；也就是说，国际组织不受所在地国家（一国或多国）法律或规章的管辖；这样国际组织就不能处理为所在地国家的机构单位；

d. 成立国际组织的目的多种多样，其中包括如下活动类型：

- 为成员利益而提供非市场公共服务；
- 国际层面的金融中介服务，即在不同国家的借方贷方之间融通资金。

4.174　经国际组织所有成员所达成的正式协议，有时在成员国内部也具有法律效力。

4.175　大多数国际组织的资金全部或部分来源于成员国的捐献（转移），但有些国际组织也另有筹资渠道，如在金融市场上借款，或要求成员国认缴国际组织股本，或接受成员国的贷款。在 SNA 中，把国际组织作为国外常住单位处理。

2.　货币联盟的中央银行

4.176　货币联盟的中央银行是一类特殊的国际组织，该组织的成员是货币联盟成员国的政府或中央银行。货币联盟的中央银行不作为联盟中任何一个国家的常住单位处理，而是作为联盟区域整体的常住单位。更多关于货币和经济联盟的处理方法可见 BPM6 的附件 3。

第 5 章　企业、基层单位和产业

A.　引言

5.1　机构单位的定义已在第 4 章给出，本章所关注的是生产活动和从事这些活动的单位。讨论从机构单位开始，也会涉及机构单位的组成部分。***企业是以货物和服务生产者形象出现的机构单位***。企业这一术语可以指公司、准公司、非营利机构和非法人企业。公司和为住户服务的非营利机构（NPISH）以外的非营利机构成立的基本目的是进行生产，因此其全部核算信息都与生产和相关的积累活动有关。对政府、住户和 NPISH 三者而言，在必定有消费活动的同时，可能也从事生产活动；事实上，政府和 NPISH 一直从事生产活动，而许多住户——虽然不是全部——也会从事生产活动。如第 4 章所述，只要存在所需的核算信息，就要把这些单位从事的生产活动和其他活动区分开来，并作为准公司处理；如果无法识别所需信息，则要把它们作为非法人企业。由此可以给非法人企业一个定义：***政府单位、NPISH 或住户中无法作为准公司处理的生产活动，构成一个非法人企业***。

5.2　大多数企业往往只从事一种生产活动，然而大部分的生产是由数量相对较少的大公司承担的，而且大公司往往进行多样化生产——其多样化的程度是没有限制的。如果根据主要活动性质对企业进行分类，则从生产过程或所生产的货物服务产品角度看，至少有些类别所包括的内容会是异质的。然而，若要进行主要以生产技术为特征的生产分析，其对象就必须是实质上从事着同样生产的生产者。为此需要将某些机构单位分解成更小、更同质的单位——SNA 称之为基层单位。***基层单位可以是企业，也可以是企业的一部分，它具有单独的场所，只从事一种生产活动，或者其主要生产活动在其全部增加值中占有最大部分***。SNA 在基层单位基础上定义产业。***产业是由从事相同或类似活动的基层单位组成的***。在 SNA 中，生产账户和收入形成账户既针对产业编制也针对部门编制。

5.3　本章首先讨论生产活动及其分类，以便为定义基层单位和产业奠定基础。所有企业的生产活动都需要一些基本的、日常的服务性活动作为支持，如果这些活动是由企业内部提供的，则称之为辅助活动。辅助活动的记录要根据提供记录的方式而遵循相应的惯例，这些将在 D 节讨论。

5.4　关于活动类型和除基层单位之外统计单位的定义，无论是显性的还是隐性的，都和《全部经济活动的国际标准产业分类》第 4 版（*ISIC*, *Rev. 4*）的定义相一致。如果本章词语与 *ISIC* 引言有差异，下文都会在适当地方给予提示和解释。此处以及别处也会参照《主产品分类》第 2 版（*CPC 2*），它是 SNA 所采用的产品分类标准。

B.　生产活动

5.5　如第 6 章将要详细讨论的，SNA 的生产是指在机构单位控制之下、并由机构单位承担责任的生产过程或活动，在这样的过程或活动中，机构单位要投入劳动力、资本、货物和服务，产出货物和服务。可以根据各种特征对这些活动进行描述和分类，比如：

a. 根据产出的货物和服务种类分类，

b. 根据被使用或被消费的投入种类分类，

c. 根据所采用的生产工艺技术分类，

d. 根据产出被使用的方式分类。

同一种货物或服务其生产方法可能不同。某些货物的生产可能有相当不同的投入，比如，生产糖的原料可以是甘蔗，也可以是甜菜；发电可以用煤、油、核能，还可以用水力。很多生产过程会生产出用途非常不同的联产品，比如肉类和皮革。

1.　SNA 的活动分类

5.6　SNA 依据 *ISIC*（*Rev. 4*）进行生产活动分类。*ISIC* 包括 21 个门类、88 个大类、238 个中类和 420 个小类，四个层次的分类依据相当复杂。在大类和中类层次上，对每一类所讨论的活动，主要关注作为该项活动之主产品的货物或服务的性质，判别主产品性质时，要考虑其物理构成、所处的制造阶段和所能满足的需求。以这些分类标准为基础，根据产品在原材料消耗和需求方面的相似性和关联性，即可对生产单位进行分类。另外，分类时还要考虑以下两方面的依据：一是货物和服务的用途，二是生产的投入、过程和工艺技术。

5.7　从本章目的出发，不必对一项活动的性质做详细解释，但却有必要分清主要活动和次要活动以及辅助活动之间的根本区别。

2.　主要活动和次要活动

主要活动

5.8　***如果某项活动在一家生产单位所产生的增加值超出该单位所有其他活动，则该项活动就是该单位的主要活动***（生产单位可能是企业，也可能是基层单位，具体见下文讨论）。主要活动的产业归类要以 *ISIC* 为标准进行，先在较高层次上归类，然后逐步过渡到更详细的类别。企业的主要活动是由主产品及其副产品（伴随主产品而生产出来的产品）组成的，主要活动的产出必须是能供应给其他单位的货物或服务，即使这些货物或服务可能被用于自身消费或自身资本形成。

次要活动

5.9　***次要活动是一家生产单位在主要活动之外实施的活动，与主要活动一样，其产出也必须能够供应给本单位以外的单位***。根据定义，次要活动的增加值必须小于主要活动的增加值。次要活动的产出是次要产品。大多数生产单位会生产至少一种次要产品。

3.　辅助活动

5.10　顾名思义，辅助活动是企业主要活动的附带活动，它为企业有效率地运行提供便利，但并不产生能供应市场的货物和服务。对于相对较小且只有一处场所的企业而言，可以不对辅助活动进行单独区分；但对于有多处场所的大企业而言，有必要像对待次要活动、甚至主要活动一样去处理辅助活动。如何记录辅助活动的相关问题将在 D 节详加讨论——在主要活动、次要活动记录问题之后。

C. 把企业分解为更具同质性的单位

5.11 虽然用 *ISIC* 就能根据主要活动情况将企业归类并且合并成“产业”，但是，因为有些企业可能存在多种与主要活动差异较大的次要活动，故而这样合并而成的产业很可能非常不同质。为了使生产者的集合更具同质性，企业必须分解为更小、更同质的单位。

1. 生产单位分类

活动类型单位

5.12 一种方法是按其活动对企业做分解，分解形成的单位被称为活动类型单位（kind－of－activity unit，KAU）。***一个活动类型单位可以是一个企业，也可以是企业的一部分，它只从事一种生产活动，或者其主要活动产生了大部分的增加值***。根据定义，每个企业由一个或多个活动类型单位组成，分解成两个或更多的活动类型单位之后，所形成的单位肯定比原有的整体企业在产出、成本结构、生产工艺技术诸方面更同质化了。

地点单位

5.13 企业通常在不止一个场所从事生产活动，出于某些目的，可能有必要按地点对企业做分解。***一个地点单位（local unit）可以是一个企业，也可以是企业的一部分，其生产活动只在一个地点进行或只来自一个地点***。此定义只涉及地点，并不关心该单位从事什么性质的生产活动。地点的含义可以根据目的来确定，狭义讲可以是一处具体地址；广义讲可以是一个县、一个市、一个省等。

基层单位

5.14 基层单位是产业活动维度和地方维度的综合。***基层单位可以是一个企业，也可以是企业的一部分，它只位于一个场所，且只从事一种生产活动，或由其主要活动产生大部分的增加值***。基层单位有时被认为是地点活动类型单位（local KAU）。

5.15 基层单位在定义上并不否认可能会从事一种以上次要活动，但是，其次要活动的规模应当比主要活动小，如果次要活动与主要活动一样重要或者几乎一样重要，那就应该把该次要活动处理为另一个独立的基层单位的主要活动。

5.16 所以，经这样设计的基层单位可以为侧重于生产技术研究的生产分析提供更合适的数据。然而，若要供投入产出分析之需，还需要对数据做必要的变换，关于这方面的问题，将在随后说明同质生产单位时做简要讨论，并在第 28 章中做详细论述。

5.17 实际操作时，通常会通过一个独立的场所——在此场所从事一种特定的生产活动——识别一个基层单位，此类场所包括：农场、矿井、采石场、工厂、车间、商店、仓库、建筑工地、运输场站、飞机场、修车厂、银行、办公楼、医疗诊所等。

2. 基层单位的数据和账户

5.18 对基层单位而言，唯一有编制意义的数据就是与生产活动相关的数据，包括：

a. 生产账户、收入形成账户中的项目；

b. 雇员人数、雇员类别、工作小时数等统计；

c. 所使用非金融资本和自然资源存量的估算；

d. 存货变动和固定资本形成总额的估算。

5.19 编制生产账户、收入形成账户，就意味着肯定能够计算产出、中间消耗从而得到增加值，能够计算劳动者报酬、生产税和进口税及补贴、营业盈余或混合收入等项目。原则上，在基层单位这一层，至少可以收集到上述项目的统计资料，尽管在实际中未必总能得到或总是必需的。

3. 特定情况下原则的运用

5.20 上述使企业分解为基层单位的原则，实施起来未必总是畅通的。本节将讨论几种特殊情况，这些情况中的生产组织结构方式会给原则实施带来困难。

综合性企业中的基层单位

5.21 ***横向一体化企业是指这样一类企业：使用相同的生产要素同时进行若干种不同的活动，生产出可供市场销售的不同货物或服务***。此定义与 *ISIC*（*Rev. 4*）是一致的，在此引用如下：

当一项活动生产出数种具有不同特点的最终产品时，则发生横向一体化。可以在理论上将之表述为使用相同的生产要素且同时进行的数种活动。在这种情况下，不可能为了统计目的把整个活动分成不同的过程、分到不同的单位中，或者提供细分活动的不同数据。通过垃圾焚化过程发电就是一个例子，此例中的垃圾处理活动与发电活动是不能分离的。

5.22 SNA 要求，只要可能，就应该把每一项不同的活动作为一个独立的基层单位。

5.23 ***纵向一体化企业是指这样一类企业：将通常由不同企业完成的不同阶段的生产，全部由一个企业的不同组成部分连续完成***。上一阶段的产出构成下一阶段的投入，只有最终阶段的产出才真正在市场上出售。ISIC 对纵向一体化企业给予如下解释：

当同一单位连续地进行不同的生产阶段、一个阶段的产出作为后续阶段的投入，就发生了生产活动的纵向一体化。常见例子有：树木砍伐和现场锯切，黏土采挖和砖的制作，纺织厂中合成纤维的生产等。

5.24 *ISIC*（*Rev. 4*）对纵向一体化的处理与对其他形式的多重活动的处理是一样的。一个有纵向一体化活动链的单位应该归入其链条范围内之主要活动所对应的类别，所谓主要活动，是指把增加值从大到小排列后份额最大的那类活动。这种处理方法改变了前几版 *ISIC* 的做法。应该注意的是，此处“活动”一词是指生产过程中每一个在 *ISIC* 中有对应小类的阶段，即使在此阶段的产出并不会在市场上销售。

5.25 如果纵向一体化生产过程中某阶段的增加值或其替代指标不能通过单位自身的账户直接得到，就需要与其他单位（比如中间消耗和最终产品都是用市场价格衡量的单位）进行比较后推算得出。如果仍然不能确定生产过程中各阶段的增加值或其替代指标所占的份额，可以采用典型垂直综合企业的结构值作为默认替代值。《*ISIC* 和 *CPC* 的配套指南》（联合国即将推出）提供了一组这方面的例子。

5.26 此类处理纵向活动的方法可能会应用到所有单位，所以应该注意，SNA 推荐的是：当纵向一体化企业中的活动涉及两个及以上的 *ISIC* 门类时，每个门类至少要有一个基层单位。这样，纵向一体化单位中的活动就不会超出 *ISIC* 的门类边界。

5.27 从核算角度看，很难把纵向一体化企业分解成基层单位，因为产出并不能真正在市场上出售，为此就必须虚拟出前一阶段生产的产出价值，并以之作为后一阶段的中间投入。有些企业可能会以市场价格记录这些内部“交易”，但有些企业则不会。即使每个生产阶段所发生的成本数据很充分，在各阶段间分配企业营业盈余时，仍然可能难以找到合适的方法。可能的解决方法之一是对每个阶段的成本使用统一的营业盈余率。

5.28 尽管存在上述现实困难，SNA 仍然建议，如前所述，如果纵向一体化企业覆盖两个及以上 *ISIC* 门类，则每个门类中至少要有一个基层单位。*ISIC* 门类对应的是诸如农业、渔业、采掘业、制造业等大级别的产业集合。

一般政府所属的基层单位

5.29 从所从事活动的类别看，政府尤其是中央政府可能是非常庞大、复杂的。上述原则应该一致而系统地应用于政府，后文是处理政府所属各主要生产者的方法。

5.30 如果政府所属非法人企业是一个市场生产者，并具备成为准公司的充分数据，即可相应地将之作为非金融公司部门或金融公司部门中的公共单位处理，常规的区分不同基层单位的做法也适用于准公司。

5.31 市立游泳池就是一个把非法人市场性企业处理为准公司的例子，它独立经营，具有可以使其收入、储蓄和资本等的计量与政府分开的账户，这就意味着它与政府之间发生的收入流量或资本流量是可以识别的。

5.32 如果一个政府所属非法人企业虽然是市场生产者，但却不具备成为准公司所需的充分信息，或者它就是一个非市场生产者，则它应该仍保留在一般政府部门内，但应作为独立的基层单位处理，归入适合的产业。

5.33 对于如公共管理、国防、卫生、教育等提供最终货物或服务的非市场生产者，应按照 *ISIC*（*Rev. 4*）中相应门类（O、P、Q 门类等）的定义，将它们分解成基层单位。中央政府各机构可能在国家各地有派出单位，为此应有必要将其识别出来作为在不同的地点从事活动的基层单位处理。

5.34 如果一个政府机构向另一个政府机构提供货物，应将其视作独立的基层单位，归入相应的 *ISIC* 类别。这种处理适用于武器等军需品、文件印刷和文具、道路或其他建筑物等的生产。政府自己生产武器，再供应给自己的武装力量，实际上相当于一个跨两个以上 *ISIC* 门类的纵向一体化企业，所以，至少应该在每个门类下分解出一个基层单位。政府的印刷等生产活动也应如此处理。

D. 辅助活动

5.35 如 B 节所述，根据辅助活动的不同情况，需要有不同的记录方法，所以自然要对辅助活动加以特别考虑。第一步还是应该明了辅助活动的确切含义。从本质上看，辅助活动是每个企业都需要的、保证其有效运营的基础性服务，它包括：通过书面的或计算机管理的文件或账目记录各种活动，提供电子的和传统书写方式的通信设施；材料和设备采购；雇员的录用、培训、管理和薪酬发放；材料和设备的存贮管理；仓库管理；单位内外货物和人员的运输；市场营销；楼房等建筑物的清洁和维护；机器设备的维修和维护；安全保卫和实时监控。

5.36 这些服务可以由单位内部生产，也可以在市场上向专门的生产者购买——但实际上，当地市场并不能保证按时按量地提供所需的服务内容。一旦这些服务由内部生产，就是所谓的辅助活动。***辅助活动就是企业在其内部进行的支持性活动，它能为主要或次要活动的开展创造条件***。另外从产出看，辅助活动具有如下共同特点：

a. 辅助活动产出没有用于企业之外的意向；

b. 典型辅助活动的产出可以作为几乎所有类别生产活动的投入；

c. 辅助活动的产出形式是服务（作为例外，也会有货物产出，但其并不作为主要或次要活动产出的实际构成部分）；

d. 与企业主要或次要活动相比，辅助活动的产出价值通常较小。

5.37 辅助活动是企业主要或次要活动的支持性活动，其产出供企业内部使用，这两条定义性特征还不足以识别一项辅助活动。有许多活动，其产出完全在同一企业内消费，但却不能视为辅助活动。货物通常不能像会计、运输或清洁这些服务一样地作为公共性投入。例如，一家企业所生产的牛奶可以全部用于该企业的奶油或奶酪生产，但牛奶生产不能被看作是辅助活动，因为牛奶是特定生产活动的特定投入。一般的，如果货物已经内含在主要或次要活动的产出中，则它就不是辅助活动的产出。

5.38　有些活动虽然常见，但仍然达不到可被认定为辅助活动的程度。许多企业自行生产机器设备、建造建筑物、开展研发，但不论这些活动是否集中进行，都不作为辅助活动处理，因为它们并不是所有企业（不论大小）都能经常进行或普遍存在的活动。

辅助活动产出的记录（或不记录）

5.39　辅助活动不是为自身开展的，而纯粹是为相关主要或次要活动提供支持性服务。如果所有辅助活动及其产出的使用都发生在基层单位范围内，则应把辅助活动和相关的主要或次要活动视为一体。由此带来的结果是：

a. 辅助活动产出无法明确识别出来，从而 SNA 不能单独记录这些产出。

b. 辅助活动中消耗的所有投入，包括材料、人工、固定资本消耗等，都作为辅助活动所支持的主要或次要活动的投入处理。

5.40　如果企业生产发生在两个以上基层单位里，某些辅助活动可能集中进行，为所有基层单位提供集体性服务。例如，企业采购、销售、会计、计算、维修等部门会负责全部的相应业务，但其办公室却与从事主要或次要活动的基层单位不在一处。

5.41　如果一家专门从事辅助活动的基层单位具备了所从事生产活动的独立账目，或者与所服务的基层单位在地理上不在一处，即在统计上是可被观测的，那就应该把它作为独立的单位，并根据其主要活动归入相应的产业类别，而且这样做也是有意义的。但统计工作者不应在缺乏足够基础资料情况下，付出额外的努力来人为地区分出这样的独立基层单位。

5.42　一旦可以认定此类单位，则辅助活动就是其主要产出。产出的价值应基于总成本计算——包括该单位的资本使用成本。根据其母企业是非市场性或是市场性的，该项产出也被相应地看作是非市场性的或市场性的。如果是非市场性的产出，其资本成本就应该代之以固定资本消耗，加总各项成本即可得出产出的价值。辅助单位的产出是其所服务的各基层单位的中间消耗，应该依据合适的指标在各个基层单位间分劈，分劈指标可以是基层单位的产出、增加值或劳动力等。

5.43　对服务于中央政府的专门机构——比如计算机或通信机构，此类机构往往较大——可以在整体上将其作为独立的基层单位处理。

5.44　即使一项辅助活动是在使用该活动的企业内部进行的，它仍可能发展到能向企业外提供服务的程度，比如，一个计算机数据处理单位可能会将其对内服务能力拓展到满足外部的需求。当一项活动开始向外提供服务时，应把外销的那部分产出作为次要活动而不再是辅助活动来处理。

辅助活动在经济体系中的作用

5.45　对那些在某些情况下会作为辅助活动的服务活动，SNA 的生产账户无法提供全面信息。由此就难以得到有关信息来反映其在经济中的作用，例如，难以知道生产了多少产出，有多少从业人员，消耗了多少资源等。对某些目的而言，这可能是一种严重的缺陷。比如，如果把信息处理与信息传输看作是典型的辅助活动，会不利于分析“信息技术”对生产率的影响；分析货物运输的作用时也是如此。为了某些目的，可以编制卫星账户对某种活动进行整体估算，不管它是否是辅助活动。此时，产出和中间消耗会以同等的量增加，所以估算出来的增加值在总量上不会变，但却能够为该类活动在经济中的作用提供更为全面的描述。第 29 章将对卫星账户的作用进行讨论。

E. 产业

5.46 SNA对产业的定义与*ISIC*是一致的：一个产业是从事相同或类似活动的基层单位的集合。在最详细的分类层级，产业就是属于某个*ISIC*小类的所有基层单位的集合。在经汇总形成的较高层级上——对应着*ISIC*的中类、大类以及最终的门类，产业由大量从事类似活动的基层单位组成。

1. 市场、自给性和非市场生产者

5.47 “产业”一词并不是专属市场生产者的，如*ISIC*和*SNA*所定义的那样，产业由一群从事同类生产活动的基层单位组成，而不论从事活动的机构是否是市场生产者。区分市场性生产与其他生产是从另外一个维度看生产和经济活动，例如，一国卫生产业由一群基层单位组成，一部分是市场生产者，其他部分则是非市场生产者。区分市场性生产和其他生产的标准与根据活动本身特性进行区分的标准是不一样的，因此，根据活动类型分类和根据市场生产者、非市场生产者还是自身最终使用生产者来分类，结果可能形成基层单位的交叉分类。

2. 产业和产品

5.48 如前所述，活动与产品间不存在一一对应关系，从而产业和产品间也同样不存在这种对应关系。某些活动可同时产生多种产品，而同一种产品也可以通过不同的生产工艺技术生产出来。

5.49 如果两种以上的产品同时由同一种生产活动生产出来，它们被称作“联产品”。联产品的例子有：屠宰动物产生的肉和皮革，提炼甘蔗而产生的糖和糖浆。一种活动生产的副产品也可能会通过其他活动生产，但有些副产品，比如糖浆，却只能作为一种特殊生产活动的副产品而生产出来。

5.50 一项活动与一个产品在分类上的关系，可以由*ISIC*和*CPC*间的关系来表现。*CPC*是根据货物的物理特征或服务的本质特点分类的，而*ISIC*除此之外还要考虑生产过程中的投入和生产过程中使用的工艺技术。*CPC*在其开发中试图这样定义其所列出的每一项货物或服务，即在正常情况下它应是由*ISIC*所定义的唯一的一类活动生产的。然而，由于所采用的标准不同，这种目标并不是总能实现的。蘑菇就是一个例子，它可以通过有控制的栽培而生产出来——属于*ISIC*的农业活动，也可以通过采集野生的蘑菇而生产出来——属于林业活动。对*ISIC*的能源生产活动，在国家级详细分类中，根据工艺技术的不同可以作进一步细分，比如可以单列出水力发电活动、核能发电活动等，但这些活动都只产生电力这一种产品。

5.51 相反地，每一项*ISIC*的活动，不论其定义的范围多么狭窄，都可能生产出*CPC*所定义的数种产品，虽然它们可以在*CPC*的结构中合并，形成一“种”产品。应尽可能根据现实实际，使*CPC*的每一个产品类别分别与ISIC中主要生产这种货物或服务的类别相对应，以此建立起两种分类间的对应关系。当然，由于前述原因，通常在*ISIC*与*CPC*之间不能形成一一对应的关系：多数情况下是一对多的关系，少数情况下是多对一的关系。要想把这种关系强制性地变成更严格的对应，从多对一的对应中选择一种即可。这种选择当然有利于数据转换，但却未必是两种分类对应关系的真实反映。

F. 同质生产单位

5.52 在大多数统计领域中，统计单位的选择和统计方法的使用在很大程度上要受统计的目的——即如何应用统计数据——的影响。从投入产出分析的目的出发，最理想的情形是每个生产单位只从事一项生产活动，这样，只需合并所有的从事该生产活动的单位就能形成一个产业，无须考虑任何次要活动。这样的单位被称为“同质生产单位”。

5.53　同质生产单位对特定分析目的——尤其是投入产出分析——是最优的单位，但却不大可能直接从企业或基层单位取得关于同质生产单位的核算数据。因而这种数据只能通过对企业数据在多种假设条件下的转化而推算得到。这样通过对所收集数据进行统计处理而形成的单位被称为分析单位。

5.54　如果一生产单位从事一项主要活动和一项以上的次要活动，它可以被分解成同样个数的同质生产单位。如果要编制分地区的生产账户和投入产出表，就必须把处在不同地区的同质生产单位按不同的独立单位处理，即使它们从事的是同一种活动或者属于同一机构单位。

5.55　第 28 章将讨论满足投入产出分析之需的分析单位的估计方法。

第 6 章　生产账户

A.　引言

6.1　机构单位和机构部门序列账户展示了收入在经济体中是如何产生、分配和使用的，而生产账户则是其起点。因此，哪些活动定义为生产，将会决定 GDP 的规模和整个经济的收入水平。从概念上看，经济总体的生产账户是各个生产单位类似账户的汇总。重要的是，生产账户既可以按机构单位和机构部门编制，也可以按基层单位、进而按产业编制。正是这种特点，才得以对经济中的产业活动进行研究并编制供给使用表和投入产出表。

6.2　生产账户与生产的概念相关。***生产是在机构单位负责、控制和管理下，利用劳动、资本、货物和服务投入而生产货物和服务的活动***。生产账户反映了生产活动的产出和各项投入。为此，需要澄清以下三个概念。

6.3　首先需要澄清 SNA 所指生产的构成，即生产范围。然后，根据生产是用于销售、自用或无偿（或收取很少的费用）提供给其他单位，来确定几种关键的生产类型。

6.4　另一个需要说明的概念是如何估价产出。解决这个问题的关键在于搞清楚政府针对产品和生产活动征收的各种税收（和所发放的补贴）在其中所扮演的角色。

6.5　第三个需要考虑的主要概念是，生产过程如何增加货物服务的价值从而产生收入。是将劳动和资本的全部价值都加入到这些货物和服务的价值中去？还是仅需考虑资本价值随着使用而下降的部分？

6.6　账户序列中各账户的一般格式是：来源是如何得到的，使用是如何被扣除的，剩下来的就是一个平衡项。生产账户是账户序列中的第一个账户，因此在此第一次出现平衡项的概念。在依次考察生产账户的各项目之前，将先讨论平衡项的一般意义，然后讨论生产账户之平衡项的特殊意义。

6.7　机构单位和机构部门的生产账户见表 6.1。除了平衡项外，它只包括三个项目。生产活动的产出记录在账户右侧的来源方，它还可以按产出的不同类型进行分解。例如，在机构部门账户中，如果可能，应将非市场产出、市场产出和为自身最终使用的产出分开列示。使用记录在账户左侧，包括中间消耗和固定资本消耗，它们也都可以进一步细分。

6.8　生产账户的平衡项是增加值，它根据是否包含固定资本消耗，可以按总额或净额来计算。

a. ***总增加值是总产出价值减去中间消耗价值后的差额；***

b. ***净增加值是总产出价值减去中间消耗价值和固定资本消耗价值后的差额***。

6.9　增加值是用于衡量生产过程所创造的新增价值的，而固定资本消耗是生产费用，因此增加值应该按净额计算。然而，正如后面所解释的，计算固定资本消耗实际上是比较困难的，并且也未必总能对其价值做出令人满意的估计，由此也会影响到净增加值的计算。因此，SNA 不得不规定，增加值既可以按总额计算，也可以按净额计算。这样，SNA 随后账户中的各平衡项也可以同时按总额或按扣除固定资本消耗后的净额来计算。

B. 生产的概念

1. 作为经济活动的生产

6.10 一般地说，可以把生产描述为企业利用投入而生产产出的活动。但对生产进行经济分析时，主要关注的是那些其产出能够交付或提供给其他机构单位的生产活动。除非生产的产出能够个别地或共同地提供给其他单位，否则就不存在劳动分工、生产专业化或贸易收益。产出主要有两种类型，即货物和服务，为了区分经济意义上的生产活动和其他活动，就有必要考察货物和服务的特征。本体系将货物和服务统称为产品。

6.11 在 SNA 中，通常不需要对货物和服务做出明确区分，但在将它们与其他数据集联系在一起时，就经常需要了解哪些产品属于货物，哪些产品属于服务。

6.12 诸如 ISIC 之类的产业分类，确定了制造业的分组。然而，这其中的许多产业同时也从事服务生产。例如，有些飞机发动机制造商可能既生产飞机发动机，也提供现有发动机的维修和保养服务。如果货物运送到另一个单位加工但并不改变其所有权，则加工便构成了一项服务，即使它可能是由一家制造企业完成的。将加工活动列为一项服务与加工者属于制造业之间并不矛盾。

6.13 同样地，一些服务产业生产的产品可能具有货物的很多特征。为方便起见，SNA 将这些产业的产品称为知识载体产品(knowledge - capturing products)。

6.14 ***产品包括货物与服务（含知识载体产品），它们是生产过程的结果***。

货物

6.15 ***货物是指对它有某种需求、并能够确定其所有权的有形生产成果，这种所有权可以通过市场交易从一个机构单位转移给另一个机构单位***。由于货物不仅可以用于满足住户或社会需要，而且可以用于生产其他货物或服务，因此，它们是社会所需要的。货物的生产和交换是完全独立的两种活动。有些货物可能从不交换，而另一些货物可能被买卖多次。货物的生产可以与其随后的销售或转售相分离。

服务

6.16 服务的生产仅限于一个单位为其他单位服务而进行的活动。否则，服务业就无法发展，也不可能有服务市场。一单位也可能从事自给性服务的生产，但前提是该项服务本来可以由其他单位提供。

6.17 ***服务是生产活动的结果，通过这些生产活动，可以改变消费单位的状况，或促进产品或金融资产的交换***。这些服务大体可以分为两类，一类是变化促成服务（change - effecting service)，一类是增值服务（margin service)。所谓变化促成服务，是指生产者按照消费者需求进行的活动，以实现消费单位状况的改变。此类服务不是能够确定其所有权的独立存在实体，无法脱离生产单独交易。生产一旦完成，它们必定已经提供给了消费者。

6.18 服务消费者通过聘请服务生产者提供服务所能获得的变化，可以表现为如下多种不同形式：

a. 改变消费品的状况：生产者通过运输、清洁、修理或其他改变货物的方式，直接作用于消费者所拥有的货物上；

b. 改变消费者的身体状况：生产者向消费者提供运输、食宿、医疗或手术、美容等服务；

表 6.1：生产账户——使用方

使用

交易和平衡项	非金融公司	金融公司	一般政府	住户	NPISH	经济总体	国外	货物和服务	合计
产出								3604	3604
市场产出								3077	3077
为自身最终使用的产出								147	147
非市场产出								380	380
中间消耗	1477	52	222	115	17	1883			1883
产品税								141	141
产品补贴（-）								-8	-8
总增加值/国内生产总值	1331	94	126	155	15	1854			1854
固定资本消耗	157	12	27	23	3	222			222
净增加值/国内生产净值	1174	82	99	132	12	1632			1632

c. 改变消费者的精神状况：生产者向消费者提供教育、信息、咨询、娱乐或类似的面对面服务。

6.19 这些改变可能是暂时的，也可能是永久的。举例来说，医疗或教育服务可能引起消费者状况的永久性变化，消费者可以从中受益多年。而参加一场足球比赛则是一种短暂的经验。一般而言，可以姑且认为这些变化是一种改善，因为服务是按照消费者的需求提供的。这种改善通常体现在消费者个人身上或他们所拥有的货物上，而不是属于生产者的独立实体。生产者无法将这种改善作为存货持有，也不能将它们脱离生产而单独交易。

6.20 一个生产过程可以同时向一群人或一组单位提供服务。例如，一群人或属于不同机构单位的货物可以由同一架飞机、同一艘轮船、同一列火车或其他交通工具一起运输。人们可以一起参加同一节课、同一场讲座或观看同一场表演，一起接受教育或享受娱乐。某些服务可以被共同地提供给整个社会或其中的大部分成员，如法律和秩序的维护、国防等。

6.21 如果一个机构单位为另外两个机构单位之间的货物、知识载体产品、某些服务或金融资产的所有权变更提供了便利，就产生了增值服务。增值服务是由批发商、零售商和各类金融机构所提供的。增值服务与变化促成服务类似，也不是能够确定其所有权的独立实体，不能脱离生产单独交易；当生产完成时，它们必定已经提供给消费者了。

知识载体产品

6.22 知识载体产品是指那些以消费单位能重复获取知识的方式而提供、存储、交流和发布的信息、咨询和娱乐。生产这些产品的产业是那些涉及提供、存储、交流和发布各种信息、咨询和娱乐的产业，从最广义的角度来看，包括生产一般或专业信息、新闻、咨询报告、电脑程序、电影、音乐等的产业。这些产业的产出可以确定所有权，它们经常存储于一个实物（无论是纸质媒体还是电子媒体）之中，而这些实物可以像普通货物一样进行交易。它们具有货物的很多特征，例如可以确定这些产品的所有权并可以重复使用它们。无论将这些产品定性为货物还是服务，它们都具备基本的共同特征，即可以由一个单位生产并提供给另一个单位，从而使劳动分工和市场的出现成为可能。

表 6.1（续）：生产账户——来源方

来源

交易和平衡项	非金融公司	金融公司	一般政府	住户	NPISH	经济总体	国外	货物和服务	合计
产出	2808	146	348	270	32	3604			3604
市场产出	2808	146	0	123	0	3077			3077
为自身最终使用的产出	0	0	0	147	0	147			147
非市场产出			348		32	380			380
中间消耗								1883	1883
产品税						141			141
产品补贴（－）						－8			－8

2. 生产范围

6.23 明确了作为产出生产出来的货物和服务的一般特征，就可以定义生产。首先要为生产下一个一般定义，然后再给出 SNA 所使用的具有较多限制的生产定义，接下来再讨论生产的范围问题，因为它会影响到住户活动和未观测活动。

一般生产范围

6.24 可以将经济生产定义为：在机构单位控制和负责下，利用劳动、资本、货物和服务作为投入以生产货物或服务的活动。必须有一个机构单位对生产过程负责任，并拥有作为产出的货物或知识载体产品，或者有权因其提供变化促成服务或增值服务而得到付款或其他补偿。没有人类参与或管理的纯自然过程不是经济意义上的生产。例如，国际水域中鱼类资源的自然生长不是生产，而渔业养殖活动则是生产。

6.25 尽管货物的生产过程不难确认，但是要把服务生产与其他重要而有益的活动区分开来却并非总是那么容易。经济意义上的非生产性活动包括吃饭、喝水、睡觉、锻炼等基本的人类活动，这些个人的基本活动无法由他人代替进行，付钱雇他人进行锻炼不能使自己身体健康。另一方面，洗衣、做饭、照看儿童、看护病人、照顾老人等活动都可以由其他单位提供，因此在一般生产范围之内。许多住户雇佣付酬家政人员为他们提供这些服务。

SNA 中的生产范围

6.26 SNA 对生产范围的限制比一般生产范围更严格。由于下文所解释的原因，除自有住房服务和付酬家政人员提供的服务外，住户为自身最终使用而进行的服务生产都不在 SNA 的生产范围之内。除了这一点，SNA 的生产范围与上一节中定义的一般生产范围完全一致。

6.27 ***SNA 的生产范围包括以下几类活动：***

a. 生产者提供或准备提供给其他单位的所有货物或服务的生产，包括在生产这些货物或服务过程中所消耗的货物或服务的生产；

b. 生产者为了自身的最终消费或资本形成所保留的所有货物的自给性生产；

c. 生产者为了自身的最终消费或资本形成所保留的知识载体产品的自给性生产，但（按照惯例）不包括住户部门的自给

性产品生产；

d. 自有住房者的自给性住户服务；

e. 雇佣付酬家政人员提供的家庭和个人服务的生产。

住户部门的生产范围

不包括住户部门的大部分自给性服务

6.28 住户成员为自身最终消费而进行的服务生产历来不包括在国民经济核算的生产范围内，这里有必要简要说明一下这样做的原因。首先有必要列出那些由住户成员生产并在同一住户内消费的、不在账户中记录的服务，它们是：

a. 住户对其所住房屋的清洁、装饰和维护，包括通常由房主和承租人进行的小修；

b. 包括家用车辆在内的住户耐用消费品或其他货物的清洁、保养和维修；

c. 膳食的准备和提供；

d. 儿童的看护、培养和管教；

e. 病人、体弱者或老人的照顾；

f. 住户成员或其货物的运输。

6.29 在大多数国家，相当多的劳动被用于生产这些服务，而这些服务的消费对经济福利具有重要贡献。但是，国民账户服务于多种分析和政策目的，并非仅为或主要为获得福利指标而编制。对于住户内生产和消费的、不付酬的家庭或个人服务，不虚拟估算其价值的原因可以归纳如下：

a. 住户内部服务的自给性生产是一种自给自足的活动，对经济中其他部门的影响非常有限。住户决定生产住户服务的同时也决定了消费该项服务。而货物的生产则不同。例如，如果一个住户从事农产品生产，并不意味着他会消费其所有的产出。一旦农作物收获了，生产者将面临选择：多少用于消费，多少存储起来供未来的消费或生产，多少在市场上出售或交换其他物品。尽管习惯上称为货物的自给性生产，但实际上，在生产时无法确定最终有多少被生产者消费。举例来说，如果农作物收成比预期要好，住户可能会在市场上卖掉一些农作物，虽然原来可能打算全部用于自己消费。对于服务来说，不存在这种可能性，不可能生产出一项服务后再决定是否出售。

b. 由于绝大多数住户服务不是为市场而生产的，因此通常没有合适的市场价格可用来对这些服务进行估价。所以，估算服务产出以及相关收入和支出的价值，并且使之与货币性交易（账户中大多数项目以此为基础）价值加起来仍有意义，这是非常困难的。

c. 除自有住房的虚拟租金以外，自给性服务的生产决定既不受经济政策的影响，也不影响经济政策的制定，因为其虚拟价值不等于货币流量。例如，住户服务生产水平的变动不影响经济中的税收收入或汇率水平。

6.30 就是说，核算人员之所以不愿虚拟估算与住户内部服务的生产和消费有关的产出、收入和支出的价值，是有多种原因的，即：这些活动与市场是相对分离和独立的；对其价值进行具有经济意义的估价极其困难；对账户体系在制定政策、分析市场和市场失衡方面的有效性将产生不利影响。

6.31 生产范围内不包括住户服务，对劳动力和就业统计是有意义的。国际劳工组织（ILO）的相关准则规定，经济活动人口是指在 SNA 生产范围内从事生产活动的人口。如果将生产范围扩大至包括住户服务的自给性生产，则几乎所有成年人口都是经济活动人口，失业也就不存在了。因此，在实践中即使仅仅是为了得到有意义的就业统计，也有必要回到 SNA 现有的生产范围上来。

货物的自给性生产

6.32 尽管住户内部为自身消费而生产的服务不

包括在 SNA 的生产范围之内，但由于某些住户活动在一些发展中国家非常重要，因此有必要对这些活动的处理方法给予进一步的指导。SNA 的生产范围包括所有货物的生产。下列几种类型的住户生产，无论是否用于自身最终消费，都包括在生产范围内：

a. 农产品的生产及随后的储存；野果或其他野生作物的采集；林业；伐木和木柴采集；狩猎和捕鱼；

b. 其他初级产品的生产，如采盐，刨泥炭等；

c. 农产品加工；谷物脱粒；面粉生产；皮革加工；鱼肉制品的生产和存储；通过烘干、罐装等方法储藏水果；黄油、奶酪等乳制品的生产；啤酒、葡萄酒或白酒的生产；编筐或织席等；

d. 其他类型的加工，如织布、制衣、制鞋；陶器、器皿或耐用器具的生产；家具制作等；

e. 水的供应在这里也被视为货物生产活动。原则上，供水活动类似于原油的开采和管道运输。

6.33 要详尽列出所有可能的生产活动是不切实际的，但上面所列已经涵盖了最常见的生产类型。对一国而言，如果能确认由住户内部生产的货物量相对于该种货物的国内总供给量非常重要，就应该记录这种生产。否则，在实践中就不值得费力去估算它。

自有住房服务

6.34 自给性服务生产一般不在生产范围之内，但自有住房者为自身最终消费生产的住房服务是个例外，它一直都包括在国民经济核算的生产范围之内。自有住房与租用住房的比率，在不同国家之间，在一个国家的不同地区之间，甚至在同一国家或同一地区的各较短时期之间，都可能存在较大的差异。因此，如果不虚拟估算自有住房服务的价值，住房服务生产和消费的国际比较和跨期比较就会失实。有些国家还对自有住房服务的虚拟收入额征税。

雇佣付酬家政人员生产家庭和个人服务

6.35 付酬家政人员提供的很多服务如果由住户成员承担的话是要被排除在 SNA 的生产范围之外的，然而，如果付报酬给一个外人让其到家里来做诸如洗碗、做饭或照看孩子等事务，就类似于送衣服到洗衣店、去饭店吃饭或付费给托儿所照顾孩子等一样，属于市场活动。但按照惯例，仅将家政人员的工资视为产出价值，而他们在工作中使用的其他材料则视为住户消费支出，因为很难确定这些材料哪些是家政人员所用，哪些是住户成员所用。支付给其他住户成员的费用也不视为服务支出，即使该项支出名义上是为了家庭事务，例如给孩子的零花钱。

“自己动手”的装修、维护和小修

6.36 住户成员“自己动手”进行的耐用消费品和住房的维修和保养属于自给性服务，不包括在 SNA 的生产范围之内，所购买的原材料作为最终消费支出处理。

6.37 对住宅而言，“自己动手”的活动包括通常由承租人和房主进行的各类装饰、维护和小修（包括相关装置的修理）。另一方面，由房主进行的较大规模的维修，如重新刷墙或修屋顶，在本质上属于住房服务生产活动的中间投入。但是作为住房服务生产者，这种维修活动只是自有住房者的次要活动。这两种活动的生产账户可以合并，这样，在实际处理时，维修材料的购置便成为住房服务生产过程中的中间费用。住房的重大翻新和扩建应作为固定资本形成予以单独记录。

消费品的使用

6.38 住户内部为直接满足人的需要或欲望而使用货物不能视为生产。这个原则不仅适用于为消遣或娱乐活动而购买的材料和设备，也适用于为准备膳食而购买的食品。准备膳食是一项服务活动，在 SNA 和 ISIC 第 4 版中都是这样处理的。因此，为住户成员的自身消费而准备膳食不是生产活动。个人或住户为其自身利益或为满足自身需要而使用汽车等耐用消费品，本质上是一种消费活动，不应视为生产的扩展或延续。

"未观测"经济

6.39 未观测经济现象备受关注。未观测经济是指由于某种原因，在常规统计调查中未被观测到的活动。原因可能是这项活动是非正规的，从而避开了面向正规活动开展的调查；也可能这虽是一项合法活动，但生产者急欲掩盖它；或可能因为它是一项非法活动。第 25 章讨论了住户部门内非正规经济的测算问题。

6.40 某些活动可能明确属于 SNA 的生产范围，同时也是完全合法的活动（如果它们遵守了某些标准和规章），但出于以下原因而故意向政府当局隐瞒。这些原因是：

a. 为了避免缴纳所得税、增值税或其他税；

b. 为了避免缴纳社会保障缴款；

c. 为了避免遵从某些法定标准，如最低工资、最长工时、安全或卫生标准等；

d. 为了避免遵守某些行政管理程序，如填写统计调查表或其他行政管理表格。

6.41 尽管某些生产者试图对政府当局隐瞒其活动，但并不意味着实际中这些活动不包括在国民经济核算中。许多国家在将未观测经济包含在内的生产核算方面取得了相当成功的经验。对一些产业，如农业或建筑业，运用各种调查和商品流量法就可以对产业总产出作出令人满意的估算，但却不能识别或测算出其中的未被观测部分。由于未观测经济可能在一些国家的经济总量中占据着重要位置，因此尽力估算包括未观测经济在内的总产出特别重要，即便未必总能将未观测经济单独区分出来。

6.42 未观测经济和非法生产之间可能没有明确的界线。例如，不符合某些安全、卫生或其他标准的生产可以被视为非法。同样，逃税本身通常是一种犯罪行为。不过，对 SNA 来说，没有必要确定未观测经济和非法生产之间的精确界限，因为无论如何这两种活动都包括在生产范围之内。这就是说，在与官方市场（例如，受官方价格管制的外汇市场或货物市场）并存的非官方市场中进行的交易也必须包括在账户中，无论该市场实际上是合法的还是非法的。

6.43 非法生产有两类：

a. 法律禁止销售、流通或持有的货物和服务的生产；

b. 生产活动本身通常是合法的，但由于生产者未经许可而成为非法活动，如未获得行医许可的人员所从事的医疗活动。

6.44 虽为非法，但在经济意义上属于生产性活动的例子有：麻醉品的制造和销售，货物走私、人口偷渡等非法运输，以及卖淫等色情服务。

6.45 只要生产过程真实，产出的货物和服务具有有效市场需求，以上这两种非法生产就都应包括在 SNA 的生产范围之内。这些货物服务的购买者，例如购买走私物品的单位，可能并未参与任何非法活动，甚至不知道其交易对象的行为是非法的。需要记录这些非法货物服务的购买和销售交易，不仅仅是为了全面核算生产和消费，而且也是为了防止在其他账户中出现误差。因为非法生产形成的收入可能完全合法地花掉，相反地，在非法货物服务上的支出却可能是合法获得的资金。如果这些非法交易的结果被记录在金融账户和对外账户中，而在生产账户和收入账户中却没有相应记录，就会导致重大误差。

6.46 库存产品的常规性盗窃不包括在产值中。假设一间店铺的库存经常遭到盗窃，在计算该商店的产值时，所售货物的部分利润必须用于弥补被盗货物的成本。因此，利润等于所售货物的价值减去出售货物和被盗货物的成本。如果被窃产品在其他地方，比如在街边货摊出售，街道小商贩的产值仍是以他们销售货物的价值和为此付出的成本之差来计算的，但是在这种情况下，小商贩没有为货物支付任何费用，则整个销售价值就是利润。

6.47　非法生产不涉及外部效应的产生，如污染物的排放。外部效应可能产生于完全合法的生产过程。外部效应的产生并不需要得到受影响单位的同意，SNA 也不虚拟估算其价值。

6.48　尽管需要专门考虑未观测活动和非法活动，但无须将它们从正常的数据收集过程中排除。

C.　基本价格、生产者价格和购买者价格

6.49　根据产品税、产品补贴以及运输费用的记录方式，可以采用不同的价格来估价产出和投入。此外，增值税（VAT）和类似可抵扣税也可以采用不同的方式来记录。本节将介绍 SNA 中使用的估价方法。

6.50　第 7 章 C 节会详细讨论生产税，但在讨论不同价格测度指标时区分产品税（和补贴）和其他生产税（和补贴）是非常重要的。顾名思义，产品税就是每单位产品应缴纳的税。产品税可以根据产品数量定额征收或是按照其销售价值的百分比来征收。其他生产税是对生产者征收的，其征税对象既不是产品，也不是生产利润。例如对在生产中使用的土地和房屋或雇用的劳动力所征收的税。产品补贴和其他生产补贴也基于类似的标准来划分。

1.　基本价格和生产者价格

6.51　SNA 使用两种价格来核算产出，即基本价格和生产者价格：

a. ***基本价格，是生产者就其生产的每单位货物或服务产出从购买者那里所获得的、扣除了生产或销售时应付的所有税、再加上所获得的所有补贴后的金额。它不包括生产者在发票上单列的任何运输费用。***

b. ***生产者价格，是生产者就其生产的每单位货物或服务产出从购买者那里所获得的、扣除了向购买者开列的所有 VAT 或类似可抵扣税后的金额。它不包括生产者在发票上单列的任何运输费用。***

生产者价格和基本价格中都不包括在销售发票上单列的增值税或类似可抵扣税。

6.52　与基本价格不同，生产者价格中包括产品税（每单位产出的应缴税额），但不包括产品补贴（每单位产出获得的补贴）。生产者价格是不包括（在生产者开具给购买者的发票中单列的）增值税的价格。基本价格是归生产者所有的那部分，因此该价格同生产者的决策密切相关。在许多国家越来越普遍的做法是，生产者在他们的发票中分别注明各项税款，这样一来，购买者就能知道他向生产者支付了多少钱、向政府缴纳了多少税。

6.53　基本价格中不包括生产者从购买者那里获得、再转移给政府的任何产品税，但包括生产者从政府那里获得、用于降低向购买者所收取价格的所有产品补贴。

6.54　生产者价格和基本价格都是能够直接观测和记录的实际交易价格。在统计调查中获得的通常是基本价格，一些官方的“生产者价格”指数实际上是指基本价格，而不是这里定义的生产者价格。

VAT 和类似可抵扣税

6.55　许多国家都征收某种形式的 VAT（即增值税）。VAT 是一种涉及面很广的税种，通常要覆盖大部分或所有的货物和服务。在一些国家，VAT 可以取代大多数其他形式的产品税，但也可以在征收其他产品税（如对烟草、酒精饮料或燃油所征收的消费税）之外，再征收 VAT。

6.56 VAT 是在各个环节上由企业征收的一种产品税。生产者按政府要求对其销售的货物或服务征收一定比例的 VAT。VAT 在销售者开具的发票中单独列示，这样购买者就能知道他支付了多少税款。但是生产者不必向政府缴纳他们在开给顾客的发票上所列的全部 VAT，因为通常这些 VAT 是可以用生产者在购买用于中间消耗、转售或固定资本形成的货物服务时自己所支付的 VAT 来抵扣的。生产者必须缴纳的增值税额只是销项 VAT 与（购买中间消耗或固定资本形成时的）进项 VAT 的差额，这也就是增值税一词的由来。VAT 税率根据货物和服务的类别和购买者的类型而不同。例如，非常住游客购买的商品有时被作为出口，从而可以免征 VAT。

6.57 实际中还存在一些不称为 VAT 但以类似方式运转的税种。SNA 将 VAT 这一术语应用于任何类似可抵扣税种，即使其范围比完整的 VAT 体系窄。

6.58 下列术语需要界定：

a. ***发票单列 VAT：生产者销售时的应交 VAT，它在生产者出具给购买者的销售发票上单独列出。***

b. ***可抵扣 VAT：购买用于中间消耗、固定资本形成或转售的货物或服务时的应交 VAT，允许用于抵扣生产者在出具给顾客的发票上单列的、应交给政府的 VAT。***

c. ***不可抵扣增值税：购买者支付的、无法从其应交增值税额（如果有的话）中扣除的 VAT。***

因此，市场生产者可以通过从 VAT 负债（即给自己顾客所开具发票上的 VAT）中扣除自己购买所产生的任何应付可抵扣 VAT，从而收回这部分成本。但另一方面，住户用于最终消费或针对住宅的固定资本形成所缴纳的 VAT 不能被抵扣。此外，政府单位或 NPISH 所属的非市场生产者的应缴 VAT 也不能被抵扣。

VAT 总额和净额的记录

6.59 记录 VAT 的可选方式有两种，即“总额”制和“净额”制。在总额制下，所有交易，包括发票单列 VAT 税额都要予以记录。这样，无论购买者随后能否抵扣 VAT，购买者和销售者都按同一价格记录。

6.60 总额记录制似乎符合按“市场”价格记录的传统概念，但存在一些困难。首先，许多国家多年实施 VAT 的实际经验表明，由于工商会计的记账方法和记录的保存方式，很难（如果不是不可能的话）使用总额制。大多数产业调查和企业调查中填报的销售额不包括发票单列 VAT。反过来，生产者记录的货物和服务的购买通常不包括可抵扣 VAT。虽然有些国家试行使用总额制，但由于上述原因不得不放弃。其次，可以认为总额制歪曲了经济的真实状况，因为它不能反映企业实际缴纳的 VAT 税额。大量发票单列 VAT 都可以被抵扣，因此它仅代表名义税负或假定税负。

6.61 因此，SNA 要求按净额制记录 VAT。在净额制中：

a. 货物和服务的产出价值不包括发票单列 VAT；进口价值同样也不包括发票单列 VAT；

b. 货物和服务的购买额中包括不可抵扣 VAT。

在净额制下，VAT 被记录为由买方而非卖方支付，并且只由那些不能抵扣 VAT 的买方支付。因而在 SNA 中，几乎所有 VAT 都被记录为在最终使用——主要是在住户消费——上的支付。只有少量 VAT 由企业支付，因为企业的某些进项 VAT 是不可抵扣的。

6.62 净额制的缺点在于：当 VAT 不可抵扣时，同一交易的双方会记录不同的价格。生产者记录的价格中不包括发票单列 VAT，而只要这部分 VAT 不可抵扣，它就包括在购买者记录的价格中。这样，在汇总时，购买者记录的总支出必定超过生产者记录的对应的销售总收入，超出部分等于不可抵扣 VAT 的合计额。

6.63 这样一来，SNA 所界定的生产者价格是一种混合价格，它排除了部分而非全部产品税。相比之下，不包括任何产品税（但包括产品补贴）的基本价格的概念更加清晰，从而成为生产者产出估价的首选方法。

2. 购买者价格

6.64 ***购买者价格是购买者在指定时间地点获得每单位货物或服务所支付的金额，它不包括任何可抵扣 VAT 或类似可抵扣税。货物的购买者价格包括按购买者要求在指定时间运送货物到指定地点而另行支付的运输费用。***

6.65 如果购买者直接从生产者手中购买，那么购买者价格超出生产者价格的部分可能包括：

a. 购买者支付的任何不可抵扣的 VAT；

b. 购买者另行支付的货物运输费用，这部分费用不包括在生产者价格中。

可见，购买者价格超出基本价格的部分等于上面列举的两项加上（除 VAT 之外的）产品税减去产品补贴。

6.66 如果购买者不是直接从生产者手中购买产品，而是从批发商或零售商那里购买，那就需要将批发商零售商的毛利包括在基本价格和购买者价格的差额中。

6.67 出于某些包括投入产出分析在内的目的，将产品购买看作两个独立的交易可能更加方便。第一是从生产者手中购买产品，第二是向产品的批发商或零售商支付商业毛利。商业毛利是指：经过批发和零售环节后，产品最终购买者支付的价格和该产品最初生产者所获得的生产者价格之间的差额。

6.68 在 VAT 或类似可抵扣税制下，“市场”价格的传统概念变得有些模糊不清，因为一项交易根据税项是否可以抵扣可能存在两种不同的价格：一种为销售者价格，另一种为购买者价格。为了防止混淆，SNA 建议，在定义增加值和所采用的价格基础（基本价格、生产者价格或购买者价格）时，应避免使用“市场价格”这一术语。

3. 基本价格、生产者价格和购买者价格——总结

6.69 图 6.1 概括了基本价格、生产者价格和购买者价格之间的本质区别。

图 6.1：基本价格、生产者价格和购买者价格

基本价格
+
产品税，不包括发票单列 VAT
−
产品补贴
=
生产者价格
+
购买者的不可抵扣 VAT
+
另行支付的运输费用
+
批发商和零售商的商业毛利
=
购买者价格

D. 增加值和 GDP

1. 总增加值和净增加值

6.70 经常账户的平衡项是来源方合计与使用方合计的差额。将各项交易划分到一套账户之中的基本原理在于，每个账户的平衡项都具有经济意义。生产账户的平衡项是增加值，之所以称为增加值，是因为它衡量

了生产所创造的价值。由于机构单位、机构部门、基层单位或产业均可编制生产账户，因此可以获得它们之中任何一个层次的增加值。增加值具有分析意义，因为，所有常住单位增加值之和，再加上产品税（减产品补贴），就构成了国内生产总值（GDP）。

6.71 增加值代表劳动和资本对生产过程的贡献。一旦增加值中扣除了以其他生产税形式拨给政府的那部分增加值并加上相应的补贴，剩下的就是劳动和资本的报酬。但是，以固定资本形式存在的资本，其使用寿命有限，因此应将一部分增加值视为固定资本因其在生产过程中使用而扣减的价值，这部分补偿价值被称为固定资本消耗。

6.72 固定资本消耗是SNA中最重要的要素之一。在大部分情况下，一提到"总额"和"净额"的区别，"总额"就意味着没有扣除固定资本消耗，而"净额"则意味着扣除了固定资本消耗。特别是账户中所有的主要平衡项，从增加值到储蓄，都可以记录成总额或净额，也就是在扣除固定资本消耗之前或之后的数额。还应该指出的是，固定资本消耗一般比大多数的平衡项净额大得多，大约可以占到GDP的10%或者更多。

6.73 固定资本消耗是本账户体系中在概念上最难定义、在实际中最难核算的项目之一。此外，固定资本消耗不代表一系列交易的汇总价值，它是一项虚拟价值，其经济意义不同于账户中其他主要根据市场交易设置的项目。基于上述原因，国民经济账户中的各个主要平衡项总是既按包括固定资本消耗的总额也按扣除固定资本消耗后的净额来记录。这一版SNA继续保持这一惯例，规定从增加值到储蓄的所有平衡项都按上述两种方式记录。一般来说，总额数字比较容易核算，因而也可能更加可靠。但对于分析来说，净额在概念上更加合适和贴切。

6.74 如前所述：

a. 总增加值是指产出价值减去中间消耗价值之差；

b. 净增加值是指产出价值减去中间消耗和固定资本消耗价值之差。

在下面章节中，当净增加值的相应结论是显而易见时，为了避免重复，将仅在总增加值层面进行讨论。

2. 增加值的不同测度

6.75 SNA中，中间投入在其进入生产过程的时候进行估价和记录，而产出则在它们从生产过程中出现的时候进行估价和记录。中间投入通常按购买者价格计算，而产出按基本价格计算，当基本价格无法获得时就按生产者价格计算。中间投入的价值与产出价值之差就是总增加值，总增加值在扣除固定资本消耗、生产税（减补贴）和雇员报酬后的余值（可正可负）便是营业盈余或混合收入净额。

6.76 如上所述，通过将不同的价格基础与一组投入量和产出量相结合，可以计算得到不同的总增加值。下面介绍使用SNA认可的不同价格基础所计算的各种总增加值。

按基本价格计算的总增加值

6.77 ***按基本价格计算的总增加值定义为按基本价格估价的产出减去按购买者价格估价的中间消耗***。虽然产出和投入按不同的价格标准估价，但为了简洁起见，这里用估价产出的价格来描述增加值。从生产者的角度看，估价投入的购买者价格和估价产出的基本价格代表了实际的收付价格，使用这些价格得到的总增加值特别适合于生产者角度的测算。

按生产者价格计算的总增加值

6.78 ***按生产者价格计算的总增加值定义为按生产者价格估价的产出减去按购买者价格估价的中间消耗***。前面已经提到，如果没有VAT，无论按生产者价格还是购买者价格计算，消耗的中间投入的总价值都是一样的，在这种情况下，按生产者价格计算的总增加值与同时用生产者价格计算投入和产出所得到的结果是相同的。因此，用这种方法计算的总增加值具有经济意义，它相当于传统所说按市场价格计算的总增加值。但是，如果存在 VAT，由于生产者价格不包括发票单列 VAT，因此把这种总增加值描述为按“市场”价格计算就不合适。

6.79　这种总增加值与上节介绍的总增加值都使用购买者价格来估算中间投入。这两种总增加值的区别完全在于对产出上应付的产品税或产品补贴（不包括发票单列 VAT）的不同处理方式。按照定义，按生产者价格计算的产出超出按基本价格计算的产出的部分（如果有的话），其数额应等于产品税减产品补贴，因此上述两种相关联的总增加值的差额也必定等于这一数额。

按要素成本计算的总增加值

6.80　按要素成本计算的总增加值这一概念在 SNA 中并未明确提出，但它很容易从上述任何一种总增加值中推算出来，即从以上定义的总增加值中减去应付生产税减补贴。例如，在按基本价格计算的总增加值中，应付生产税只有“其他生产税”。其他生产税主要是对企业使用的劳动或资本所征收的经常税（或拨付的补贴），例如工资税、对车辆或房屋征收的经常税等。因此，按基本价格计算的总增加值减去“其他生产税（减其他生产补贴）”便可得到按要素成本计算的总增加值。

6.81　按要素成本计算的总增加值在概念上的难点在于它缺少可观测的价格，如果存在合适的价格，用它乘以产量即可直接得到按要素成本计算的增加值。按照定义，“其他生产税或生产补贴”不是产品税或产品补贴，后者能从投入和产出价格中扣除。因此，尽管按要素成本计算的增加值这一名称由来已久，但严格来说它不是增加值的一个测度指标，它实质上是一个收入测度指标而非产出测度指标。按要素成本计算的增加值反映了从总增加值（无论如何界定）中扣除所有应付生产税（减生产补贴）后的待分配余额。至于选用哪种总增加值是无关紧要的，因为上述几种计算方法的差异仅在于总增加值中应扣除的生产税或生产补贴的数额。

3.　国内生产总值（GDP）

6.82　经济总体之国内生产总值（GDP）这一概念的理论基础是，它应当衡量经济中所有常住机构单位生产的总增加值的合计。然而，虽然 GDP 概念是以此原则为基础的，但 SNA 所定义的 GDP 却是一个等式，即按增加值、收入法和支出法所计算的 GDP 应该相等。要做到这一点，重要的是，以上三种方法中生产税必须对 GDP 具有相同的贡献。支出法计算的 GDP 应包括所有生产税和进口税，因为这些税项最终都要包括在最终使用者的购买者价格中。

6.83　根据 GDP 的定义，对所有常住生产者求和时，有下列等式：

a. GDP ＝按生产者价格计算的总增加值之和
　＋ 进口税
　－ 进口补贴
　＋ 不可抵扣 VAT；

b. GDP ＝按基本价格计算的总增加值之和
　＋ 所有产品税
　－ 所有产品补贴；

c. GDP ＝按要素成本计算的总增加值之和
　＋ 所有产品税
　－ 所有产品补贴
　＋ 所有其他生产税
　－ 所有其他产品补贴。

在等式（b）和（c）中，产品税和产品补贴中既包括对产出征收的税和补贴，也包括进口税和补贴。

4.　国内生产

6.84　GDP 测度了所有常住生产者的生产活动，

但未必与该经济领土的地理范围内发生的所有生产活动相符合。常住生产者的某些生产活动可能发生在国外，而在该经济体地理范围之内发生的某些生产活动可能是由非常住生产单位进行的。例如，常住生产者可能派雇员到国外暂时从事设备安装、修理或操作，该产出属于常住生产者的出口，而且这项生产活动不会增加活动发生国的 GDP。因此，有关常住和非常住机构单位的区分对 GDP 的定义和核算范围至关重要。实际上，常住生产者的大部分生产活动都发生在其常住国的范围内。但是，那些不管客户位于何处，通常必须直接向客户提供其产出的服务业生产者，目前越来越倾向于在多个国家从事生产，而交通和通信设备的快速发展更加助长了这种趋势。对流动服务生产者来说，相邻国家之间的地理边界正变得越来越不重要，尤其是对那些与几个国家接壤的小国而言。

E. 产出的测度

1. 生产与产出

6.85 生产是基层单位所从事的一项活动。一个基层单位所从事的活动究竟是生产货物还是提供服务，有时很难明确区分。例如，一家炼油厂用自有原油提炼产品属于货物生产（炼油）；而同一家炼油厂对属于另一个单位的原油进行提炼，则是给那家单位提供提炼服务。货物在同一企业的不同基层单位间传递时，经常出现这种难以确认的情况，明确何时将其记录为货物产出、何时记录为变化促成服务是非常重要的。如果基层单位属于不同企业（即不同机构单位），则应以经济所有权为原则。如果一个基层单位无权决定货物的生产水平、销售价格和销售目的地，则可以认定该机构单位对于所加工的货物没有经济所有权，其产值只应作为加工服务来处理。上述所举炼油厂提供服务例子就属这种情况。

6.86 如果相关基层单位属于同一企业，由于两个基层单位的所有者相同，所以不存在所有权的变更，但是伴随所有权变更的风险转移原则仍然适用。例如，假设一个基层单位收到来自同一企业另一基层单位的煤炭，用它来发电并在公开市场上出售。发电单位有权决定煤的需求量、发电量和电的售价。在这个案例中，虽然由于两个基层单位属于同一企业，所有权在法律上没有发生变更，但在测度发电价值时仍应包括发电过程中所消耗的煤的成本。

6.87 一般而言，由同一基层单位生产然后使用的所有货物和服务都不包括在产出测度之中，但也有例外。例如，如果生产的货物和服务被基层单位用于资本形成，就要记录为产出。类似地，进入存货的产品也要记录为产出，即使这些产品在后来某时期最终将作为同一基层单位的中间消耗而退出存货。如果基层单位是一个种植玉米的住户非法人企业，则玉米的产出中应包括留作住户消费的那一部分。

6.88 一个基层单位生产的货物和服务可能用于自己的中间消耗。例如，瓷器只有在上釉之后才交付给其他单位。一般而言未上釉的瓷器不记录为产出，但是在生产期末仍未上釉的瓷器应该记录为在制品，并进入存货。在接下来的生产期中，未上釉的瓷器将从存货中提取出来并被上釉，上釉后的瓷器构成这一期的产出。

6.89 尽管生产与活动相关，一个生产过程的产出就是一组产品，但是产出是对基层单位进行测度的，可能包括多个生产过程的产出。因此***产出被定义为，一个基层单位生产的货物和服务，它不包括：***

***a.* 基层单位在生产中使用的不承担风险的任何货物和服务的价值，**

***b.* 同一基层单位消耗的货物和服务的价**

值，但用于资本形成（固定资本形成或存货变动）或自身最终消费的货物服务除外。

2. 记录时间

6.90 大部分货物和服务的产出通常在其生产完成时予以记录。然而，如果生产一单位产出所要花费的时间很长，就需要将该产出视为持续性生产，并记录为“在制品”。例如，某些农产品或船舶、建筑物等大型耐用品的生产，可能需要数月或数年才能完成，在这种情况下，如果将全部产出都作为生产过程结束时生产的，将会扭曲实际的经济情况。因此，只要生产过程持续两个或两个以上核算期，就需要计算每个核算期完成的“在制品”，以便核算每个时期的产值。

6.91 另一方面，货物和服务可能在一个核算期内被生产出来，但是没有在该核算期内交付（出售）给使用者。由于产出是在完工时而不是出售时记录，从而对一个核算期而言，其产出价值与销售价值之间可能会存在很大差别，该差别可以通过制成品和在制品的存货变动来解释。

3. 产出的估价

6.92 在市场上按有显著经济意义的价格出售的货物和服务，可以按基本价格或生产者价格进行估价。首选估价方法是基本价格，在实行 VAT 或类似可抵扣税制时尤其如此。只有在按基本价格估价行不通时，才使用生产者价格。

6.93 市场生产者为自身最终使用生产的产出，应按照市场上销售的相同货物服务的平均基本价格来估价，前提是此类货物服务的销售数量足够多，从而可以获得其平均价格的可靠估值。如果无法获得平均基本价格，则应以所发生的生产总成本来核算这些产出，生产总成本包括固定资本消耗、除产品税（或产品补贴）以外的生产税（减生产补贴）、生产中使用的固定资产和自然资源的净收益。本章 H 节介绍了资本净收益这一概念，第 20 章对它作了进一步的讨论。

6.94 政府单位和 NPISH 生产的、无偿或以无显著经济意义的价格提供给其他机构单位或整个社会的非市场产出，应以生产总成本估价，生产总成本包括固定资本消耗、除产品税（或产品补贴）以外的生产税（减生产补贴）。按照惯例，非市场生产不含资本净收益。与此类似，当以生产总成本估价时，非市场生产者为自身最终使用进行的生产的估价中也不包括资本净收益。

4. 市场产出、为自身最终使用的产出和非市场产出

6.95 由于产出的估价方法不同，市场产出与非市场产出在 SNA 中具有根本性区别。市场产出是市场经济的一般情形，生产者根据预期的需求水平和供给成本来决定生产什么以及生产多少。生产决策背后的决定性因素是起主导作用的、有显著经济意义的价格。***有显著经济意义的价格是指对生产者愿意提供和购买者愿意购买的产品数量有重要影响的价格。这些价格通常产生于如下情形出现时：***

a. 出于长期盈利，或至少也能弥补资本和其他成本等目的，生产者有调整供给的动机；

b. 消费者有购买或不购买的自由并根据价格做出选择。

6.96 第 22 章将对有显著经济意义的价格做进一步讨论。

6.97 非市场产出是在缺少有显著经济意义价格的情况下，由一般政府和 NPISH 生产的产出。如果某一价格对生产者准备提供的产品数量没有或只有很少影响，并且对需求量的影响也很小，则称该价格不具有显著经济意义。无论从供给角度还是需求角度看，此价格都不具有数量显著性。以此价格定价可能是为了获得一些收入，或是抑制免费服务所引起的过度需求，但目的并

不是消除这种过度需求。一旦基于行政管理、社会或政治方面的原因，对某一非市场货物或服务的总供应量做出决定，其定价将会故意低于使市场出清的均衡价格。因此，无显著经济意义的价格和零价格之间的区别，只是程度上的不同。无显著经济意义的价格只能抑制那些需求最不迫切的单位的购买，而不会大幅度削减总需求量。

6.98 非市场产出的生产可能出于以下两方面原因：

a. 要让个人为公共服务付费从技术上来说是不可行的，因为无法对这些消费进行监测和控制。当交易费用过高且存在市场失灵时，价格机制将无法发挥作用。因此，这类服务的生产必须由政府单位集中组织，资金来源不是销售收入，而是税收或其他政府收入。

b. 政府单位和 NPISH 本来也可以向住户提供收费的货物和服务，但由于社会或经济政策方面的原因它们没有这样做。最常见的例子是免费或按无显著经济意义的价格提供教育或卫生服务，当然也可以提供其他种类的货物和服务。

市场产出

6.99 ***市场产出是指准备以有显著经济意义的价格予以销售的产出***。市场产出的价值由下列各项之和构成：

a. 以有显著经济意义的价格出售的货物和服务的价值；

b. 用于交换其他货物、服务或资产的货物或服务的价值；

c. 用于实物支付（包括实物报酬）的货物或服务的价值；

d. 一个基层单位向属于同一市场企业的另一基层单位提供的、用于中间投入的货物或服务的价值，继续生产的相关风险也随货物而转移；

e. 准备用于上述某种用途的制成品和在制品存货的变动价值。

f. 提供货物服务所收取的服务费、运输费、金融资产获得和处置的附加费等。

销售的记录

6.100 销售的记录时间是产生应收应付的时间：即货物的所有权从生产者转移到购买者或服务提供给购买者的时间。货物或服务应按其销售时的基本价格估价，如果不能按基本价格估价，可以用生产者价格代替。如果需要以生产者价格而非基本价格估价所销售的货物，那么增值服务的隐含价值中也应包括适用的所有产品税。对一些增值服务，尤其是涉及金融资产的服务而言，其服务价值可能是隐含的。

6.101 销售价值由生产者和购买者的应收应付额决定，并适当地进行贸易加价和运输费用的调整。应收应付额与实收实付额并不总是完全一致。应付额记录在生产账户中，而应付额和实付额之差则记录为金融账户中的应付/应收款。这些未偿款项的后续支付记录为金融交易，不在生产账户中体现。由于提前支付或拖欠支付而产生的利息费用应记录为一项单独交易，不包括在销售价值中。

易货交易的记录

6.102 如果用货物和服务交换其他货物、服务或资产，就产生了易货交易。进行易货交易的货物或服务的价值，应在货物所有权发生转移或服务提供之时进行记录。易货货物的产出按它们如果出售时可得到的基本价格进行估价。

实物报酬或其他实物支付的记录

6.103 作为实物报酬提供给雇员、或用于其他实物支付的货物或服务，应该在货物所有权发生转移或服务提供之时进行记录。它们应按如果出售时可得到的基本价格进行估价。

企业内部交付的记录

6.104 只有在接收货物的基层单位有权决定其向市场提供的产出水平和价格时，才将相关产品记录为内部交付。在记录交付时，应按如果出售可得到的基本价格进行估价。

制成品存货变化

6.105 制成品存货变化核算的基本原则是，无论产出是出售或是予以它用，还是进入库存将来再销售或使用，都应在其生产时进行记录，并按同一价格进行估价。实际上，只有生产出来后未立即销售或予以他用的货物才进入库存。类似地，当某一货物的需求量超过当期产出时，该货物的存货就减少。除非发生了 F 节所述的仓储活动，否则以前生产的货物出库用于销售或其他用途时，不记录为产出。

6.106 因此，制成品存货可以解释一个时期内生产和销售（或其他用途）之间的差异。进入库存的货物必须按入库时通行的基本价格估价，而从库存中退出的货物则应按其销售价格估价。存货变化的这种估价方法，被称作“永续盘存法”（PIM），但是，在实践中这种方法有时很难实行，并且可能导致与直觉相反的结果。

6.107 如果价格稳定，对存货变化的核算会相对比较简单。但是，如果存在通货膨胀（或通货紧缩），那么库存货物的价格可能显著上涨（下降）。货物生产出来后若作为存货持有，则其持有收益（损失）不能包括在产出价值中。按所使用的估价方法，当价格不断变化时，不同时间入库和出库的货物应按不同的价格估价，即使在同一核算期内也是这样（在不同时间出售的货物也是如此）。所以，原则上要求对所有入库和出库的货物在其发生时进行连续记录，这也正是永续盘存法的复杂性所在。永续盘存法对出库货物按其出库时的市场价格估价，而不是按其入库时的价格（或称为“历史成本”）估价，从而能够确保剔除持有收益（或损失）。在通货膨胀时期，通过永续盘存法计算的产出额和利润额比采用历史成本为基础的企业会计计算的数值要小得多。第 10 章将对存货估价作进一步的讨论。

6.108 根据上述一般原则，可以得出：

a. 进入库存的货物按其入库时通行的基本价格（即该货物最初生产出来时的销售价格）估价；

b. 从存货中退出的货物按其出库时通行的基本价格（即该货物销售时的价格）估价。

6.109 库存货物随着时间的推移会变质，还存在被盗或受到意外损坏的风险。由正常损耗、盗窃和意外损坏导致的经常损失，其处理方法与出库货物相同，即减少产出价值。即使损失相对于产出而言较高，但只要它是经常性的，也必须按此方法处理。某一核算期内产成品存货变化的总价值计算如下：

入库货物的总价值

－ 出库货物的总价值

－ 库存货物的所有经常性损失的价值

在制品存货变化

6.110 如果生产过程持续时间很长，就必须用正在不断生产的在制品来识别其产出。随着生产过程的持续，中间投入在连续消耗，这就需要记录其对应的产出，否则，所记录的投入和产出就好像是在不同时间、甚至是在不同核算期发生的，这将会导致增加值数据没有意义。在制品实质上是尚不能销售的未完工产出，即未充分加工的、不能随时提供或出售给其他机构单位的产出。只要生产过程未在一个核算期内完成，就有必要对在制品产出进行记录，以便将在制品从一个核算期结转至下一个核算期。在这种情况下，截至一个核算期末完成的在制品的当期价值，被记录在期末资产负债表中，同样也记录在下一期的期初资产负债表中。

6.111 任何产业都可能需要记录在制品，包括电影制片业等服务业，这取决于生产一单位产出所需要的时间。这对于生产周期较长的产业尤其重要，例如，某些农产品的生产，或耐用生产资料的生产，其生产周期可能持续好几年。

6.112 SNA 将在制品视为生产者持有的存货产出中的一部分。但是，很难明确区分部分完工的房屋建筑物存货和固定资本形成之间的界限。固定资本形成由固定资产的使用者承担，因此在资产的法定所有权从生产者转移到使用者之前不能记录为固定资本形成总额，而转移通常要在生产过程结束时才发生。但如果事先签订了销售合同，即可认为法定所有权是随着价值形成而逐步转移的。在这种情况下，通常用购买者的分期付款额作为固定资本形成总额的近似估计，尽管分期付款有时预先支付，有时延期支付，前者相当于购买者向生产者提供短期信贷，后者相当于生产者向购买者提供短期信贷。如果没有销售合同，无论部分完工的建筑物有多大，都应将产出作为生产者存货的增加即在制品处理。当生产过程结束时，所有累积的在制品都有效转变为可供交付或销售的制成品存货。当销售发生时，必须从存货中减去与销售额相等的价值，这样一来，只有在上述生产过程中记录的在制品增加额才是产出。通过这种方法，可将产出在整个生产过程中进行分摊。

6.113 在制品增加和减少的处理方法与制成品入库和出库的处理方法相同，必须在发生时、按当时通行的基本价格记录。但是，鉴于在制品本身的特点，还需要进一步解释其估价，相关内容将在第 20 章中介绍。

为自身最终使用的产出

6.114 ***为自身最终使用的产出是指生产者为自身最终消费或资本形成而留用的产品***。它的价值等于下列各项之和：

a. 住户非法人企业生产的、被同一住户消费的货物的价值；

b. 付酬家政人员为住户提供的服务的价值；

c. 自有住房服务的虚拟价值；

d. 企业某一基层单位生产的、并被同一企业为将来在生产中使用而留用的固定资产的价值（自给性固定资本形成总额）；

e. 打算用于上述某一用途的制成品和在制品存货变化价值；

f. 在例外情形下，可能有用于自身中间消耗的产出，本节后面会对此进行介绍。

住户部门生产的货物

6.115 住户部门生产的所有货物都包括在生产范围内，那些不提供给其他单位的货物应作为即时消费或是供将来使用的存货。

家政人员的服务

6.116 付酬家政人员（保姆、厨师、园丁、司机等）在形式上被视为该住户所有的非法人企业的雇员，所生产的服务被生产它们的同一单位消费，从而构成一种自给性生产。依照惯例，家政服务生产过程中所发生的任何中间成本都不视为家政服务产出的中间消耗，而应视为该住户的最终消费支出。因此，其产出价值必然与所支付的雇员报酬相等，其中包括食宿等所有实物报酬。

自有住房服务

6.117 对所居住的房屋拥有所有权的住户，在形式上被看作为自身消费提供住房服务的非法人企业的所有者。如果存在规范的房屋租赁市场，可以使用市场上同类服务的销售价格对自给性住房服务产出进行估价，这与自给性货物或服务的一般估价方法是一致的。换言之，自有住宅者的住房服务产出是根据承租人在市场上租住同样住房所愿支付的租金来估计的，其中要考虑住房的地理位置、邻里关系以及房屋本身的大小和质量等因素。同一数据也记录在住户部门的最终消费支出项中。在很多情况下并不存在规范的房屋租赁市场，这就需要研究其他方法来核算住房服务价值。

自身固定资本形成总额

6.118　任何企业，无论是法人企业还是非法人企业，都可能为自身固定资本形成而生产货物或服务。举例来说，这些货物和服务包括：工程企业生产的供自己使用的专用机床，住户部门从事的房屋建造或扩建。有些国家可能会采用一个比较宽泛的建筑活动范围，以便反映农村地区为自身的固定资本形成总额，包括住户团体进行的公共建筑活动。此外，研发和软件等知识产权产品也可能为了自用而生产。

存货变化

6.119　打算自用的建筑物在制品的增加，应记录为生产者的固定资产获得。为自身最终使用而生产的货物服务可能进入制成品存货供将来使用。对于这些产品，应按照其入库时市场上销售的同类产品的基本价格估价，如果没有合适的基本价格，就按其生产成本估价。

自身中间消耗

6.120　在同一基层单位内用于中间消耗的货物和服务通常不予记录，但也存在例外。如果进行记录，则相关的货物和服务将同时加大中间消耗和产出的价值，因此对增加值没有影响。

6.121　如果类似于送货服务这样的活动具有特殊意义，并且对于是将它作为次要产出（对服务收费）还是作为自给性服务（对服务不收费）处理存在分歧，那么合理的做法是，将所有送货服务均视作次要产品，如有必要可将其产出记录为自身中间消耗。

6.122　正如 6.104 段所解释的，如果一基层单位将一产品交付给同一企业内的另一基层单位，则只有在后者有权决定其向市场提供的产出水平和价格时，才将该产品记录为前者的产出和后者的中间消耗。当不符合以上情形时，第一个基层单位的产出应计入存货，而第二个基层单位应作为对该产出提供加工服务并收取服务费处理。在编制整个企业的生产账户时，更好的做法是：在第一种情形下，将该产品同时记录为企业的产出和中间消耗，而不是将二者合并掉；在第二种情形下，整个企业的产出价值是前一个基层单位生产的产品价值加后一个基层单位的加工费。

6.123　在某些情况下，部分当期产出可以放入库存供将来的中间消耗使用。农业就是一个例子，当期的一些农作物在将来可以作为种子使用。

为自身最终使用的产出估价

6.124　为自身最终使用的产出应该以这些货物和服务如在市场上销售所能得到的基本价格来估价。为此，同类货物或服务在市场上必须拥有足够多的买卖量，以计算用于估价的可靠的市场价格。“在市场上”这一表述是指，在货物服务生产的某一时间和地点，价格是在有意愿的买方和卖方之间起支配作用的因素。以农业生产为例，由于可能包含运输成本和批发商的商业毛利，当地市场的价格不一定等于基本价格，最接近的替代价格可能是所谓的“农场出厂”价格，即农场主向直接去农场收购农产品之购买者出售其产品的价格。

6.125　如果无法获得可靠的市场价格，可以使用次优方法来计算：为自身最终使用而生产的货物或服务的产值等于其生产成本之和，也就是下列各项之和：

a. 中间消耗；

b. 雇员报酬；

c. 固定资本消耗；

d. 固定资本净收益；

e. 其他生产税（减生产补贴）。

按照惯例，非市场生产者进行自给性生产时，产值不包括固定资本净收益。

6.126 对非法人企业来说，可能无法单独核算雇员报酬、固定资产消耗和资本收益，此时，应该估算涵盖所有这些项目的混合收入。

6.127 直接核算不准备销售的各个具体建筑项目的产出比较困难，因此，通常需要根据成本来核算自给性建筑的产出。如果建筑物是企业为自己最终使用建造的，那么获取所需的成本资料可能比较容易。但是，对于住户的自建住房，非正式住户协会或住户团体所建造的公益性公共建筑物，就很难获得所需的成本资料。公共建筑项目的大部分投入，包括劳动投入在内，很可能是无偿提供的，因此即便是对投入进行估价也可能存在问题。由于无偿劳动可能占总投入的很大一部分，因此，利用本地劳动力市场上同类工作的工资率对其价值进行适当估价就很重要。虽然要找到一个合适的工资率比较困难，但相比于对具体建筑项目本身进行直接估价，可能要容易些。对劳动力投入的价值进行虚拟估算，是一种近似估算建筑物市场价格的方法，并不意味着将这些劳动成本也视作雇员报酬。如第 7 章中所解释的，如果劳动者为某生产单位（而非劳动者所在住户）提供的是义务劳动，则无须虚拟其雇员报酬。如果提供的劳动获得了象征性的报酬，那么只有这部分报酬才记录为雇员报酬。其他劳动成本都被视作混合收入。

非市场产出

6.128 ***非市场产出是指由为住户服务的非营利机构（NPISH）或政府生产的、免费或以没有显著经济意义的价格提供给其他机构单位或全社会的货物和个人/公共服务***。尽管这一产出在收入使用账户中显示为政府和 NPISH 的获得，但是不能将它与自用性生产混淆。虽然非市场产出的支出由政府和 NPISH 承担，但是个人货物和服务的使用者是住户，公共服务的使用者是住户或其他常住机构单位。对于自用产出来说，生产单位不但要虚拟相关支出，而且还是产出的实际使用者。因此，决不能将非市场产出与自用产出混淆。第 9 章将对支出和使用之间的差别进行更详细的讨论。

6.129 如上所述，由于市场失灵或出于经济、社会政策的考虑，政府单位或 NPISH 可能从事非市场生产，其产出在产生时记录，对于非市场服务来说，生产时间也是交货时间。然而，一般来说，不能采用为自身最终使用或自身资本形成而生产的货物服务的估价方法来估算非市场产出的价值，因为前者除了供自身使用以外还可以大量生产并在市场上出售。公共服务，不仅如公共管理和国防是没有市场的，即便是提供给住户个人的非市场教育、卫生或其他服务也缺少合适的价格。虽然与非市场服务类似、且以市场为基础进行生产并销售的同类服务不在少数，但二者往往在所提供的服务类型和质量上存在明显差异。大多数情况下，要找到足够多的、与对应非市场服务充分相似的市场服务，并用其价格估算非市场服务是不可能的，当非市场服务的产量非常大时，更是如此。

6.130 向住户部门免费提供的非市场产出的价值按以下生产成本之和核算：

a. 中间消耗；

b. 雇员报酬；

c. 固定资本消耗；

d. 其他生产税（减生产补贴）。

6.131 如果支付象征性的成本就可以获得产出，那么相关价格就不是有显著经济意义的价格，它既不能反映相关生产成本也不能反映相关消费者的偏好，因此也就不能以此为基础来计算相关货物服务的产出。以这些价格出售的非市场货物服务的产出的估价方法，与那些免费提供的货物服务的估价方法一样，应按照其生产成本计算。这些非市场产出，部分会被住户部门购买，剩余部分则构成政府单位或 NPISH 的最终消费支出。

6.132 政府单位和 NPISH 可能同时从事市场和非

市场生产活动。只要有可能，就应该将从事这两种活动的基层单位区分开来，但这有时可能行不通。因此，非市场基层单位也可能销售其作为次要活动生产的市场产出，从而获得一些收入，例如，非市场性博物馆可以销售各种复制品。然而，即使非市场基层单位可能有销售收入，其总产出（包括市场和非市场产出）仍然按生产成本估价。市场产出的价值等于市场产品的销售收入，非市场产出的价值等于总产出与市场产出之间的差额。以无显著经济意义的价格出售非市场货物服务所获得的收入是非市场产出价值的一部分。

市场和非市场生产者

6.133 ***市场生产者是指其大部分或全部产出是为市场而生产的基层单位；非市场产出者是指政府单位或 NPISH 所拥有的基层单位，它们免费或以无显著经济意义的价格向住户或全社会提供货物或服务***。非市场生产者也可能销售一些次要性的市场产出，意在以其价格补偿成本或取得盈利，例如，非市场性博物馆销售的复制品。尽管政府和 NPISH 的某些基层单位可能从事市场生产（包括自给性资本形成），但是它们的大部分活动还是非市场生产活动。

6.134 为自身最终使用的生产若由一般政府或 NPISH 部门中的单位所承担，应处理为由非市场生产者所从事的生产。为自身最终使用的生产也可以由市场生产者承担，或由一般政府和 NPISH 以外、只为自己最终使用而生产的单位来承担。

F. 特殊产业的产出

1. 引言

6.135 记录和估价产出的一般规则，并不足以确定某些产业——特别是服务业，如批发和零售贸易、金融机构等产业——之产出的测度方法。下文对一些具体产业的产出核算方法作了进一步阐述。为了方便起见，以下按照 ISIC 中的产业排序来分别予以介绍。

2. 农业、林业和渔业

6.136 由机构单位控制、管理和负责的庄稼、树木、牲畜或鱼类的生长和再生，构成了经济意义上的生产过程，此类生长不能解释为生产范围外的纯粹自然过程。很多生产过程都是利用自然力量来达到经济目的的，例如，水电站利用河流和重力发电。

6.137 由于农业、林业和渔业的生产过程可能要持续数月甚至几年，因此其产出的计算比较复杂。很多农作物是一年生的，其大部分成本发生在种植季之初播种的时候，以及季末收获的时候。而未成熟的农作物的价值取决于它们距离收获期的时间。因此，需要将农作物的价值在一年之中分摊，并作为在制品处理。农作物的最终价值通常不等于其早期估计值和收获前农作物的虚拟价值。在这种情况下，需要对早期的估值进行修正以反映实际结果。农作物收获后，在制品的累积价值就转为制成品存货，然后随着生产者的使用、出售或虫害损失等逐渐被消耗掉。

6.138 一些植物和很多动物要经过好几年才能成熟。在这种情况下，应将其价值的增加反映在产出中，并根据该植物或动物是否能够生产重复性的产出，来决定是将所增加的价值作为固定资本还是存货处理（第 10 章对于此间差别作了更详细的讨论）。植物或动物价值的增加应该考虑到其产出获得实现之前的延迟，这在第 20 章中有相关解释。植物或动物一旦成熟，其价值就会下降，下降的价值应记录为固定资本消耗。

3. 机器、设备和建筑物

6.139 船舶、重型机器、房屋和其他建筑物等高价值资本品的生产可能需要几个月或几年才能完成。这类生产的产出一般必须通过在制品来计算，而不能简单地在生产过程结束时一次性记录。记录和估价在制品的方法将在第 20 章中介绍。

6.140 与其他跨期生产不同，如果房屋和其他建筑物在动工之前预先签订了销售合同，则应将每期完成的产出视为在期末就销售给了购买者，即作为销售而非在制品处理。事实上，工程承包者生产的产出按分阶段销售给购买者处理，因为后者是该产出的合法所有人。因此，该产出应记录为购买者的固定资本形成总额，而不是生产者的在制品。若合同要求分期付款，则产出的价值通常以每期付款额来近似估计。但是，如果没有签订销售合同，则必须将每期的未完工产出记录为生产者的在制品。带有投机动机（即没有预售合同）而建造的住宅在出售之前应作为建筑公司的存货，如果在完工时还未出售，则存货状态应由在制品转变为制成品。

4. 运输和仓储

运输

6.141 运输业的产出用运送货物或旅客的应收额来测度。经济学理论认为，相同货物在不同地点的品质是不同的，所以将货物从一个地点运输到另一个地点是生产过程，在此过程中，即使货物没有发生其他变化，也认为其发生了显著的经济变化。运输服务量可以用吨公里或人公里等指标衡量，上述指标综合考虑了货物数量或旅客人数和运输距离。此外，运输速度、间隔时间或舒适度等因素也会影响所提供服务的质量。

仓储

6.142 虽然市场化的仓储服务的规模可能不是非常大，但由于很多企业都从事这项活动，因此它对整个经济来说非常重要。存储期间，必须将库存货物存放于某处。很多货物都必须被储存于一个受到恰当控制的环境中，仓储活动将货物从一个时间点“运送”至另一个时间点，因此它本身就成为生产的一个重要过程。在经济学中，通常认为同一货物在不同的时间或地点，可能会存在质量上的差别，从而其价格也不同。一件产品价格的增加是由于它经过存储并且在这一生产过程中发生了存储成本，因此其价格增加就是一个生产过程。然而重要的是，仓储导致的价格增加与持有收益和损失明显不同，因此与其他生产活动一样，不能将这部分持有损益计入仓储生产价值。

6.143 货物最初生产出来后可能被存储一段时间，以期在未来销售、交换或使用时能获取更多的收益。如果货物的升值只反映了价格的上升，而没有仓储所导致的质量变化，那么除了刚才所描述的仓储成本外，这一时期就不存在更多的生产。然而，以下三种理由可以说明为什么货物升值可视为进一步的生产。第一个原因是：生产过程足够长，以至于应该把贴现因子应用到在交付前相当长时间已完工的部分上；第二个理由是，货物的品质可能随着时间的推移而改善（如葡萄酒）；第三个理由是，即使货物的物理品质没有发生任何变化，但季节因素可能对该货物的供求产生影响，从而导致其价格在一年内发生有规律且可预测的变动。在这些情况下，可以将仓储活动视为生产过程在时间上的延续。仓储服务被纳入货物成本，从而在存储过程中增加了货物的价值。因此，原则上，存货价值的增加不仅包括货物入库时的价值，还应包括货物存储期间新增产出的价值。

6.144 然而，大部分工业制品是全年持续生产和销售的，且不受供求状况常规变化的影响，也不会在储存期间逐渐“成熟”。因此，库存中的这些货物的价格变化不能作为在制品价值的增加。为了对超出存储成本的那部分库存货物增值进行估计，可以使用预定时期内超出一般通货膨胀率的预期价值增值。预定时期之外产生的任何收益都将继续记录为持有收益或损失。本章附录进一步解释了仓储价值的计算以及与持有损益分离的问题。

6.145 这种将存储带来的产出纳入存货价值的方法，只适用于生产周期很长的货物，该类货物或者具有确定的年度季节性模式，或者它们的完成是规律性生产过程的一部分。它不适用于所持有的金融资产、贵重物品或是土地和建筑等其他非金融资产，虽然在这些情况下也会产生价值的预期增长，但持有这些项目的动机只是为了投机。因此，此时应将价值的增长处理为持有收益而不作为生产过程的一部分。

5. 批发和零售

6.146 虽然批发商和零售商实际上买卖了货物，但它们所购置的货物不能作为中间消耗处理，因为它们在转卖过程中仅对货物作极少量的加工，如分级、清洗、包装等。因此，可将批发商和零售商视为向顾客提供服务：即在方便的场所存储和展示其所挑选的货物，方便顾客购买。它们的产出应该用转售其所购货物而实现的商业毛利总额来衡量。***商业毛利（或称贸易加价），是指转售所购货物时的实际价格或虚拟价格减去该货物在经销商销售时或另作他用时如想重新购置该货物所需支付的价格。***如果降价销售，那么有些货物的商业毛利可能为负。因浪费或被盗而从未售出的货物，其商业毛利肯定为负数。

6.147 测算批发商或零售商的产出时，需要对标准公式作如下修正：从用于销售或其他用途的货物价值中扣除该货物的重置价值，后者中应包括用于弥补由正常损耗、被盗、意外损坏造成的经常损失所需的额外货物。在实际操作中，批发商和零售商的产出按下列公式计算：

产出价值 = 销售价值

\+ 为转售而购买的货物价值中用于中间消耗、雇员报酬等的价值

\- 为转售而购买的货物价值

\+ 用于转售的存货的增值

\- 从存货中退出用于转售的货物价值

\- 由于正常损耗、被盗或意外损坏造成的经常损失的价值。

6.148 应注意以下几点：

a. 所售货物的价值按其实际销售价格计算，即使经销商为了消除积压或避免浪费不得不降价销售。此外，会员计划或其他类似计划会在一定条件下向某些顾客提供折扣价，由此造成的降价影响也要予以考虑。

b. 作为实物报酬提供给雇员的货物，应按照经销商重置该货物的当前购买者价格估价。也就是说，实现的商业毛利为零。类似地，对于非法人企业所有者为其最终消费而提取的货物也应以此价格估价。

c. 为转售所购货物的价值中不包括供应商另开发票收取的、或由批发商和零售商向第三方支付的任何运输费用，这些运输服务构成批发商或零售商中间消耗的一部分。

d. 转售货物的存货增加应按其入库时的通行价格估价。

e. 出库用于转售的货物的价值取决于，货物的取得是否是为了获取经过一定存储期后的持有收益。一般情况下，如果转售货物预期在存储期内不会产生实际持有收益，那么从库存中提取货物的价值应该等于：批发商或零售商在提货的时点上再去获取完全相同的、用于以后销售的替代货物所要付出的成本。作为 SNA 的一般规则，产出的价值核算中应扣除持有收益和损失。然而，如果由于价格季节波动的原因而存储货物，或者存储是货物成熟过程中的一部分，则应将经过预计时期后的期望实际持有收益从出库货物的重置价值中扣除。扣除的价值在货物入库时就确定了，不会改变实际或名义持有收益。

f. 经常损失是由于正常损耗、盗窃或意外

损坏造成的，而损失货物的估价方法与从库存中提取货物相同。因此，通常将这两个术语合并在一起。

6.149 批发商和零售商的库存成本不增加出库货物的价值，而是作为中间消耗的一部分。

6.150 根据所购转售货物的最终用途不同，由此所实现的商业毛利也有所差异。按经销商制定的全价出售货物所实现的商业毛利称为正常商业毛利。在确定这些商业毛利时，经销商考虑的不仅是中间消耗和雇员报酬等正常成本，还要考虑到有些货物可能最终不得不降价出清，还有一些货物可能被浪费或是被盗。那些降价货物实现的商业毛利明显低于正常商业毛利，并且有可能为负。那些用于向雇员支付实物报酬或用于业主最终消费的货物，由于所采用的估价方法会使其商业毛利为零。最后，损耗或被盗货物的商业毛利为负，等于重置该货物的当前购买者价格。因此，可以预计所购转售货物实现的平均商业毛利要低于正常商业毛利，某些种类的货物，例如时尚货物或易坏货物等，其平均商业毛利可能会更低。

6. 中央银行的产出

6.151 在讨论更一般的金融服务之前，有必要先介绍中央银行的产出。中央银行的服务分为三大类，即货币政策服务、金融中介服务和一些临界情形。货币政策服务本质上是服务于整个社会的公共性服务，因此是非市场产出。金融中介服务是中央银行在没有对利率进行政策干预的情况下所承担的本质上具有个体性的服务，被视为市场生产。某些临界情形，例如监管服务，既可以划分为市场服务也可以划分为非市场服务，这主要取决于是否存在足以弥补服务成本的直接收费。

6.152 原则上应该区分市场产出和非市场产出，但在实施这些理论建议之前，应该考虑操作的可行性，以及进行这种区分的相对重要性。当无法将市场产出和非市场产出区分开来时，中央银行的所有产出都应被视为非市场产出，其价值等于成本之和。

诸如监管服务之类的临界情形

6.153 中央银行频繁地从事监督金融公司的监管服务。有观点认为，这是一项造福社会的行为，在国民经济核算账户中应记录为政府部门的最终消费。为了支持这种观点，可以列举出一些类似的情况，例如某些执行市场监管政策的政府部门，也会委托专门机构或从事道路、水坝和桥梁建设的政府单位来执行监管。从这个角度来看，监管服务是公共服务，应记录为政府的消费支出。

6.154 然而，也有观点认为，政府监管的服务对象是金融中介机构，因为这些服务有助于金融机构的正常运作和业绩的提升。从这个角度来看，它类似于政府的某些监管服务，例如食品和药品的质量控制，这些服务在国民经济账户中被记录为生产者的中间消耗。在有些国家（例如拉丁美洲的很多国家），金融中介机构需要为这些服务付费，这一事实也支持了这个观点。根据这个逻辑，金融监管服务不是公共服务，应该记录为金融中介机构的中间消耗。然而，即使由于金融监管服务是收费服务而采纳这种观点，但如果央行收取的费用不足以弥补其监管成本，那么该项服务就应作为非市场产出，记入政府部门的消费支出。

非市场产出的提供

6.155 中央银行只要能够作为一个独立的机构单位，就应该始终属于金融机构部门，而不是一般政府部门。以货币政策服务为代表的公共消费记为一般政府部门的支出，但政府并不承担中央银行发生的成本。因此，非市场产出的价值应作为经常转移，记录为中央银行的应付项和一般政府部门的应收项，以对应政府对中央银行非市场产出的购买。8.130 段对此进行了阐释。

市场产出的提供

6.156 如果中央银行所提供的金融中介服务非常

重要，且有可能并值得为提供服务的独立基层单位编制数据，那么这些服务应记录为服务接收单位的应付项。被视为市场产出的监管服务按同样方式记录。

7.　保险和养老基金以外的金融服务

6.157　关于核算期内金融资产和负债对收入形成、分配及财富变化的影响，将在第 17 章第 4 部分中予以全面讨论。以下将概述影响金融服务产出测算的主要方面。金融活动可以分为三类，即金融中介服务、金融辅助服务和其他金融服务。金融服务包括：监测服务、便利服务、流动性提供、风险承担、承销和贸易服务。

6.158　金融中介活动包括金融风险管理和流动性转换，以及机构单位主要以获取金融资产为目的而发生金融负债的活动。从事这些活动的公司通过各种途径获得资金，不仅吸收存款，还发行票据、债券或其他有价证券。它们通过向他人提供垫款或贷款、购买票据、债券或其他有价证券等方式，将这些资金和自有资金主要用于获取金融资产。金融辅助活动是为风险管理和流动性转换活动提供便利。金融辅助机构是主要从事金融辅助活动的单位，它们通常代表其他单位发生金融负债或获取金融资产，并将其作为中介服务的一部分，但自身并不承担风险。

6.159　金融服务几乎只能由金融机构提供，因为这些服务的提供通常会受到严格的监管。同样地，金融机构也很少提供其他服务。举例来说，如果一个零售商想要向其客户提供信贷服务，那么此项服务通常要由该零售商的某一附属机构来提供，该附属机构就被视为一个独立的金融机构，而无论其母公司是何种类型的公司。金融机构也可以建立专门从事某些金融服务的子公司。例如，信用卡的运作可能与某一银行相关，但在机构上可能是分开的。

6.160　金融服务费可能是直接收取的，也可能是隐含的。一些金融资产的交易可能既包含直接收费也包含隐含费用。金融服务的提供和收费有以下四种主要途径：

a. 直接收费并提供相应金融服务；

b. 与存贷款利息费用相关的金融服务；

c. 与金融市场上金融资产和负债的获得与处置相关的金融服务；

d. 与保险和养老金计划相关的金融服务。

以下各节将依次介绍上述四种途径。第 17 章对与各类金融工具相关的交易和其他流量进行了概述。有关投资收益的记录将在第 7 章中介绍，金融资产和负债的获得与处置将在第 11 章中介绍，由交易以外的原因引起的金融资产和负债价值变动将在第 12 章中介绍。

直接收费并提供相应金融服务

6.161　在此标题下可包含多种服务，并且可能由不同类别的金融机构提供。吸收存款机构——例如银行——可能向住户部门提供抵押贷款、投资组合管理、税务咨询、不动产管理等收费服务。专业金融机构可能会向非金融公司提供股票发行或企业重组管理等收费服务。但是，最普遍也可能是数量最大的直接收费，是信用卡发放机构向接受信用卡作为对其提供货物和服务之支付手段的那些单位所收取的费用。费用通常按销售额的一定百分比计算，就零售商而言，销售额是指营业额而不是产出。因此，尽管从绝对数来看这一百分比通常很小，也许只是 1% 或 2% ，但对应总数庞大的营业额而言，就意味着收费总额是非常可观的。收费额代表了信用卡公司的产出，以及接受信用卡作为支付手段的公司的中间消耗。忽视信用卡公司的作用，并不影响相关货物和服务支出（通常是最终消费或出口）的测度，但却会低估货物和服务供给者的成本和信用卡公司的产出，从而导致增加值错误地从信用卡公司分配给了货物和服务的供给者——这些货物和服务是用信用卡付款的。

6.162　信用卡公司的例子清楚表明，金融公司可以针对不同顾客或不同环境提供不同方式的付费服务。前面讨论了对接受信用卡作为支付手段的企业的收费问题。信用卡公司通常每年还将向持卡人收取一定数额的直接费用。此外，如果持卡人使用信用卡所提供的信贷便利，他还将支付与未偿信贷（在 SNA 中作为贷款）应付利息相关的间接费用。

与存贷款利息费用相关的金融服务

6.163 提供金融服务的传统方式是通过金融中介机构。它是指这样一个过程：金融机构——如银行——向拥有闲置资金并希望从中获取利息的单位吸收存款，并将这些存款借给那些资金不足以满足其需求的单位。银行通过这种方式提供了一个机制，使得第一家单位可以借款给第二家单位。双方都向银行支付服务费，贷出资金的单位获得的利率要低于借款单位支付的利率，存贷利差中即包含了银行向存款人和借款人收取的隐含费用。从这一基本思路出发，可以引出“参考”利率的概念。借款人向银行支付的利率与参考利率的差额，加上参考利率和实际付给存款人的利率之间的差额，即为间接测算的金融中介服务（FISIM）费用。

6.164 然而，金融机构的贷款额与存款额完全匹配的情况是很少的，可能有些存款尚未贷出，而有些贷款可能来自银行的自有资金，而非借入资金。但是，对于存款人来说，无论资金是否被贷出，它都会获得同等的利息和服务；对于贷款人来说，无论资金是来源于中介资金还是银行的自有资金，它都要支付相同的利率并得到相同的服务。基于这个原因，金融机构提供的所有存贷款服务都要虚拟为收取了间接服务费，而不考虑其资金来源。参考利率既适用于贷款利息也适用于存款利息，从而记录在 SNA 中的利息额等于参考利率与相应存款或贷款数额的乘积。计算的利息额与金融机构实际收付的利息额之差，记录为存款人或贷款人支付给金融机构的服务费。为了清楚说明该问题，将 SNA 中记录的根据参考利率得出的利息额称为“SNA 利息”，将实际支付给金融机构或由金融机构支付的利息总额称为“银行利息”。这样一来，隐含服务费就等于银行贷款利息之和减去相同贷款数额的 SNA 利息，加上存款的 SNA 利息减去同一存款数额的银行利息。这些服务费应作为应付项目记录在相应的贷款人或存款人名下。

6.165 按照 SNA 的惯例，这些与利息相关的间接收费只适用于金融机构提供的存贷款业务。这里所说的金融机构不一定是常住单位；金融机构的客户也不限于常住单位，因此，可能发生这类金融服务的进出口。金融机构不必同时提供吸收存款和发放贷款服务，零售商的金融辅助机构就是一个只发放贷款但不吸收存款的金融机构。拥有详细账目、被作为法人或准法人的贷款人可以收取这项费用，事实上，由于贷款人通常收取非常高的利率，由此其服务费可能大大超过 SNA 利息。

6.166 用于计算 SNA 利息的参考利率介于银行的存贷款利率之间。然而，由于存贷款额不一定相等，因此不能使用存贷款利率的简单平均数来计算参考利率。参考利率应该不考虑服务因素，而要反应存贷款的风险和期限结构。银行间拆借利率或许就是一个比较合适的参考利率。但是，需要为各种币种的存贷款确定不同的参考利率，特别在涉及非常住金融机构的情况下。对同一经济体中的银行而言，在提供与银行间互相借贷相关的服务时，通常很少存在上述多币种问题。

6.167 银行可以提供它们称之为固定利率贷款的贷款。在这种情况下，由于银行的利息水平是固定的，而参考利率是变动的，因此 SNA 利息和服务费会发生变化。

6.168 如果企业通过融资租赁获得固定资产，则要将此虚拟为出租人和承租人之间的一项贷款，租期内的定期付款被视为利息支付和本金的偿付。如果出租人是金融机构，融资租赁条款下的应付利息就相当于银行利息，和其他贷款一样，这部分利息应分为 SNA 利息和金融服务费。

6.169　即使一项贷款成为不良贷款，在 SNA 中仍应继续记录利息和相关服务费。第 13 章中讨论了不良贷款的处理方法。

与金融市场上金融资产和负债获得与处置相关的金融服务

6.170　债务性证券——如票据和债券——是其他能够产生利息支付的金融资产，利息由证券发行人向证券持有人支付。如第 17 章中所述，随着证券接近到期，证券价值会变化，一些利息费用本身可基于此种变化来进行虚拟。金融机构给所销售的证券定价时，就包含了服务费，证券的购买价格（或要价）表现为证券的估计市场估值加上服务加价。证券销售时还需要征收另一项服务费，提供给卖方的价格（出价）表现为市值减去服务加价。

6.171　证券价格可能发生快速波动，为了避免在计算服务加价时包含持有收益和损失，用中间价来计算销售和购买加价非常重要。证券的中间价是给定时点上出价和要价的平均数。因此，购买证券的加价就是购买时要价和中间价之差，销售证券的加价就是销售时的中间价与出价之差。

6.172　在证券购买日至到期日（或购买后出售的日期）之间，证券的价值会增长，在测算这一阶段的利息时，重要的是要从一个中间价到另一个中间价进行测度，同时把购买、销售或赎回时的中间价与出价或要价之差作为服务加价。如果忽略服务加价，就会低估金融机构的产值，也可能会低估利息支出。

6.173　股票和投资基金份额或单位产生的是财产收入而不是利息，但与债务性证券一样，其销售价格与购买价格也不相同。与证券的处理方法一样，买价和中间价之差以及中间价和卖价之差应作为金融服务的供给。出于相同的原因，适用于证券的相同原则也在此适用。

6.174　尽管不涉及财产收入流量，但买价与卖价之差作为加价的原则也适用于外汇购买（包括以外币计价的交易，如进出口支付以及外币实物纸币及铸币的获得）。与证券的处理方法一样，这些加价应作为金融服务的供给。

8.　与保险和养老金计划相关的金融服务

6.175　本标题下的金融服务包括以下五类活动：

非寿险；

寿险和年金；

再保险；

社会保险计划；

标准化担保计划。

6.176　所有这些计划都将导致资金的再分配，并记录在收入再分配账户或金融账户中。对于非寿险服务和标准化担保计划来说，大部分再分配活动发生在同一时期的不同单位之间。大量客户每人缴纳相对较少的保费或费用，而它们中的少数人将收到相对较多的赔偿或给付。对于寿险、年金和养老金计划来说，主要（并非完全）是对单个客户在不同时期间的收入进行再分配。保险公司和养老基金在履行其管理资金的职责时，会涉及风险管理和流动性转换等金融机构的主要职能。

6.177　非寿险的业务范围涵盖了保单持有人在事故中遭受的损失或伤害。保单持有人向保险公司支付保费，只有当保险事故发生时保单持有人才能获得赔付。保单中已经规定了事故一旦发生后的最高赔偿额，所以不确定性在于是否发生赔偿，而不在于赔付数额是多少。

6.178　根据寿险保单，投保人将在一段时期内多次缴纳小额保费，承保人在未来或以一次趸付的形式、或以在某些预先约定的时间分期支付的形式对投保人进行支付。人寿保险中很少包含限制条款，通常的情况是，赔付是确定的但数额却可能是不确定的。

6.179　年金服务由保险公司提供，是个人将一次性趸交转换为未来给付流的一种方式。

6.180 就像个人通过购买保单来控制其风险暴露一样，保险公司本身也要控制风险。两家保险公司之间的保险被称为再保险（再保险之外的其他保险称为直接保险）。很多再保险交易是由少数几个国际金融中心的专业机构提供的。再保险人也可能购买再进一步的再保险保单，这种做法被称为“分保”。

6.181 社会保险计划是由第三方（通常是雇主或政府）鼓励或强迫个人参加的一项计划，它会在一些被认定的状态下向参加人提供包括退休金在内的福利。社会保险计划同直接保险有很多相似之处，也可以由保险公司运营。但实际中也不一定如此，同时社会保险计划在缴款支付（相当于直接保险中的保费）和福利如何记录上存在一些特殊之处。

6.182 在某些情况下，一个单位——可能（但不一定）属于一般政府——可以提供大量的同质担保，例如出口担保和学生贷款。由于这类担保的数量众多且非常相似，因此可以对担保人需要赔付的违约数量进行稳健的统计估计，这种处理方式也类似于直接非寿险的处理方式。

6.183 有关这些活动的详细记录方法将在第 17 章第 3 部分中介绍，包括产出的测算，保险公司或养老基金与保单持有人或受益人之间的流量记录，对应两类机构之资产负债表变动的含义。下面将对上述各项活动产出核算的关键特征进行概述。

非人寿保险

6.184 非人寿保险保单下，保险公司接受并留存客户的保费，直至做出赔付或保险到期。同时，保险公司将保费用于投资，投资收入成为弥补应付索赔的一项额外资金来源。投资收入代表了客户的预计收入，因此应作为实际保费的隐性补充追加来处理。保险公司设置保费水平时，会使实际保费加上实际保费赚取的投资收入之和在减去预期赔付后能给自己留下一个差额；该差额即代表了保险公司的产出。在 SNA 中，为确定保险行业产出，需要模拟保险公司设定保费的过程。

6.185 核算非寿险产出的基本方法如下：

实收保费总计

\+ 追加保费

\- 调整后已生索赔

6.186 ***实际保费是指为了获得在一具体时期内某个特定事件的保险覆盖而向直接保险人或再保险人支付的金额***。一次提供的保险常常覆盖一年，保费要在年初支付；然而保险覆盖的时间也可能短一些（或长一些），保费也可能分期支付，比如按月支付。

6.187 ***实收保费是指实际保费中覆盖核算期的那一部分***。比如，如果一份 120 单位保费的年度保单在 4 月 1 日生效，且账户按日历年度编制，则该日历年度的实收保费就是 90 单位。未满期保费是指已收取的、实际保费中覆盖核算时点以后部分的金额。在刚刚给出的例子中，在核算期末将会有 30 单位的未满期保费，为次年的头三个月份所准备。***赔付（保险金）是指在保单有效期内所覆盖事件发生的情况下，由保险人或再保险人支付给投保人的金额***。当事件发生时，赔付一般会变成应付状态，即便支付是在此后某时发生的。（8.121 段介绍了时间记录上的例外情况）。变成应付状态的赔付称为已生索赔。在某些极端的情形下，引发索赔事件的发生和赔付完成之间可能会有几年的时间差。***未决索赔包括未报告、已报告未受理及已报告已受理但未付款的各种索赔情况***。

6.188 未满期保费和未决索赔构成了保险公司的准备金，这一准备金叫做专门准备金，保险公司用它来获取投资收入。由于专门准备金是保险公司对保单持有人的负债，所以由此产生的投资收入也应作为保单持有人的财产收入。然而，实际上这部分收入留在了保险公司，并事实上成为显性保费的一项隐性补充。这部分收入因此被处理为保单持有人向保险公司缴纳的追加保费。

6.189　很显然，保险公司必须预先设定保费水平，这就需要对期望索赔额进行估计。在 SNA 中有两种确定恰当索赔水平（称为调整后已生索赔）的方法。一是事前方法，称为期望法，它是以公司过去的应付索赔模式为基础建立一个模型，据此估计出调整后已生索赔的水平。推导调整后已生索赔的另一种方法是运用会计信息。保险公司的账户内有一个项目称为“平准准备金”，它用来引导保险公司为应对预期之外的大额索赔而预留的资金。调整后已生索赔是事后推算的，它等于实际索赔额加上平准准备金的变动。在平准准备金不足以使调整后已生索赔回到正常水平的情况下，保险公司就必须增加投入部分自有资金。

6.190　有时，专门准备金和平准准备金的水平会由于金融监管制度改变而发生变动，这种变动并不是由于保费的预期模式和索赔发生改变引起的。专门准备金和平准准备金的上述变化应当计入资产物量其他变化账户中，并且在计算产出时应当予以剔除。

6.191　在这两种计算调整后已生索赔方法所需信息都无法获得的情况下，可能有必要加总包括正常利润在内的成本来估计非寿险服务的产出。

人寿保险

6.192　人寿保单是一种储蓄计划。保单持有人在较长年限内向保险公司缴纳保费，保险公司则承诺在未来某些日期里向其支付保险金。保险金的数额可能与其所付保费有关，或者也可能会取决于保险公司运用这笔资金进行投资的结果。

6.193　保险业公司在承诺的保险金应付日期之前会将投保人缴纳的保费累积起来，同时运用准备金获得投资收入。其中部分投资收入会用于增加属于保单持有人的寿险准备金，以满足未来的收益支付。此部分投资收入是保单持有人的一项资产，但由保险公司留存并用于继续投资，直至保险金应付时为止。其余未分配给保单持有人的投资收入作为服务费归保险公司所有。

6.194　寿险产出核算的一般原则与非寿险相同，但由于收到保费和支付保险金之间存在时间间隔，因此必须对专门准备金的变动予以专门调整。

6.195　寿险服务的产出通过下列公式计算：

实际实收保费

\+　追加保费

\-　到期应付保险金

\-　寿险专门准备金的增加（加准备金的减少）

6.196　寿险保费的界定方式与非寿险保费完全相同。

6.197　追加保费对于寿险比对非寿险更加重要。追加保费全部由保单持有人准备金的实收投资收入构成，其金额是保单持有人将资金交由保险公司处置而放弃的收益，因此应记录在初始收入分配账户的财产收入中。

6.198　保险金应在其被裁定或支付时进行记录。对于寿险来说，不需要对保险金做调整，因为寿险保单的到期支付不存在意外波动。保险公司可以提前几年对到期应支付的保险金做出稳健的估计。

6.199　寿险专门准备金每年会因新缴保费和新分配给保单持有人的投资收入（但不能被其提取）而增加，因所支付的保险金而减少。因此，可以将寿险的产出表述为以下两个部分的差额：寿险专门准备金上发生的实收投资总收入减去实际分配给保单持有人的投资收入，然后减去用于增加保险专门准备金的投资收入。

再保险

6.200　再保险服务产出的核算方法与非寿险服务完全相同，无论再投保的是寿险保单还是非寿险保单。

社会保险计划

6.201　社会保险有以下四种不同的组织形式：

a. 一些社会保险由政府社会保障计划提供；

b. 一些雇主可能为其雇员组织社会保障计划；

c. 一些雇主可能委托保险公司为其雇员运营保险计划，并支付一定费用；

d. 保险公司可能为几个雇主运行一个计划，获得的财产收入和持有收益中，除应归属计划参与人的部分外，超过的部分作为保险公司的回报。这种安排被称作多雇主计划。

不同模式下运营的社会保险计划，其产出应按不同方法计算。

6.202 社会保障计划是一般政府部门业务的一部分。如果能够识别出进行运作的独立单位，则社会保障产出的计算与非市场产出一样，应使用成本加总的方法。如果不能识别出独立的单位，则社会保障产出应包括在负责运作的政府部门的产出中。

6.203 当雇主自己运作社会保险计划时，其产出的价值也由成本之和决定，包括对该计划运作中所使用的任何固定资产之回报的估计值。即使雇主建立了一个独立的养老基金以管理该计划，其产出的价值仍然以相同的方式进行核算。

6.204 当雇主委托保险公司管理社会保险计划时，其产出的价值就是保险公司收取的费用。

6.205 对于多雇主计划，应使用核算寿险保单的方法计算其产出的价值，即：用该计划应收的投资收入减去为满足当前和未来养老金权益需要而增加到准备金上的数额，以其超出部分作为该计划的产出价值。

标准化担保计划

6.206 如果以市场生产者方式运行担保计划，则产出价值应按照与非寿险服务相同的方法计算。如果以非市场生产者方式运行该计划，则产出价值应以成本加总的方式计算。

9. 研究和开发

6.207 研究和开发是一项有计划有步骤进行的创造性活动，其目的在于增加知识存量，并利用这些知识存量来发现或开发新产品——包括改进现有产品的版本和质量，或是发现和开发新的或更有效的生产工艺。研究和开发不是一项辅助活动，应当尽可能为此单独设立一个基层单位。市场生产者为自身利益从事的研究和开发，原则上应按其如被商业转包所应支付的基本价格进行估价，但实际操作中很可能不得不以生产总成本（包括生产中使用的固定资产成本）来估价。专门的商业性研究室或研究机构进行的研究和开发，根据惯例应按销售收入、合同收入、佣金收入、服务费等进行估价。政府单位、大学和非盈利性研究机构等进行的研究和开发属于非市场生产活动，应以发生的总成本估价。研究与开发活动不同于教学活动，在 ISIC 中被单独分为一类。原则上，大学或其他高等教育机构所从事的这两种活动应当被明确区分开来，但在实践中，当从事这两种活动的是同一批职员时，将两者区分开来就相当困难。在某些情况下，由于教学和研究之间相辅相成，要将两者区分开来，即使只是在概念上区分开来都并非易事。第 10 章讨论了将研究和开发费用视为资本形成所涉及的问题。

10. 原件和复制品的生产

6.208 书籍、唱片、影片、软件、磁带、磁盘等的生产过程包括两个阶段，第一阶段是原件的生产，第二阶段是原件之复制品的生产和使用。第一阶段的产出就是原件本身，其法定所有权或事实所有权可以通过版权、专利或保密状况等确立。原件的价值取决于在第二阶段销售或使用复制品获得的实际或预期收入，该收入须要弥补原件成本和第二阶段发生的成本。

6.209 第一阶段的产出是属于原件生产者（作家、电影公司、程序设计人员等）的固定资产。原件生产者为了销售或为自身固定资本形成而从事生产。由于该资产可能出售给另一机构单位，因此资产所有者并不一定在任何时候都是原件生产者，虽然二者通常是同一个人或同一个单位。如果原件生产出来后被销售，则原件生产者的产出价值就是其销售价格。如果原件未被销售，则其价值可通过在生产成本基础上加成来估计。加成的多少取决于在将来生产中使用该原件所能获得预期收入的贴现值，因此，尽管该贴现值不确定，但却实际上决定了原件的价值。

6. 210　资产所有者在接下来的时期内可以直接使用原件来生产复制品。复制品的价值也记录为生产，但必须与原件生产相分离。同生产中使用的其他固定资产一样，制作复制品过程中对资产的使用也要记录为固定资本消耗。

6. 211　资产所有者也可以授权其他生产者在生产中使用原件。后者可以生产和销售复制品，或以其他方式使用复制品，例如放电影或举办音乐会。复制品生产者从事复制品的生产，部分复制成本是获许可者向资产所有者或许可人支付的费用。该费用代表了获许可者的中间消耗和资产所有者的产出，记录为向获许可者出售的服务。获许可者的支付可以有各种称呼方式，如服务费、佣金或版税，但是不管怎样称呼，它们都应作为对原件所有者提供服务的付款。

6. 212　在某些情况下，复制品制作许可证也可以作为区别于原件的一项资产处理。有关这种处理方式的适用条件及所产生的后果，将在第 17 章中详细讨论。

G.　中间消耗

1.　中间消耗的范围

6. 213　***中间消耗是指生产过程中作为投入所消耗的货物和服务的价值，但这里的投入不包括固定资产，对后者的消耗要记录为固定资本消耗***。这些货物或服务在生产过程中或被改变形态，或被耗尽。有些投入在改变实物形态融入产品后又重新出现，例如谷物可被碾成面粉，随后面粉可以做成面包。其他投入则被完全消耗或用尽，例如电力和大部分服务。

6. 214　中间消耗不包括企业用于贵重物品的支出，这些贵重物品包括艺术品、贵金属和宝石以及由其加工而成的时尚珠宝。贵重物品是作为价值贮藏而获取的资产，它们不会在生产中被消耗，在物理上也不随着时间而发生退化。贵重物品支出记录在资本账户中。中间消耗也不包括企业所拥有固定资产的逐渐磨损而引起的成本：核算期内固定资产价值的下降额被记录为固定资本消耗。但是，中间消耗中包含为使用固定资产所支付的租金，无论是通过经营租赁从其他单位租借的设备或厂房，还是上述许可协议中应付的服务费、佣金和版税等。

6. 215　如果未将辅助服务记为一个独立基层单位的产出，则投入到辅助活动（例如购置、销售、营销、会计核算、数据加工、运输、仓储、维护、安全保卫等）中的所有货物或服务都应包括在中间消耗中。在此情况下，因辅助活动所消耗的货物服务没有与该生产单位之主要（或次要）活动所消耗的货物服务区分开来。如果某单位只提供辅助服务，那么，只要可以获得必要的信息，就应继续将它作为一个独立的单位。关于辅助活动的处理方法在第 5 章中有更详细的讨论。

2.　中间消耗的记录时间和估价

6. 216　货物或服务的中间消耗在其进入生产过程时予以记录，这个时间不同于生产者获得它们的时间。实践中，基层单位通常并不直接记录生产中实际使用的货物，而是记录要作为投入而使用的材料和用品的购买，以及这些货物之存货数量的变化。从材料和用品的采购价值中扣除相关存货的变化价值，便可估算出某一核算期内的中间消耗。材料和用品的存货变化等于入库额减去出库额以及存货的经常性损失。由于经常性损失减少了存货变化的价值，因此增加了中间消耗。虽然经常性损失通常数额较大，但只要有规律地发生，就应将其作为中间消耗。入库货物、出库货物或经常性损失按其发生时的通行购买者价格估价。这里所采用的方法与核算作为生产过程产出的制成品存货变动的方法完全一致。因此，上述有关 PIM 性质和特点的讨论也同样适用于投入品的存货。

6.217 作为中间投入而消耗的货物或服务通常按照它进入生产过程时通行的购买者价格估价，也就是在货物被使用时生产者如要重置该货物所需支付的价格。C 节已经详细解释过，可以认为购买者价格由以下三个因素构成：

a. 货物或服务生产者得到的基本价格；

b. 购买者在指定时间和地点提货时另行支付的运输费用，加上货物经批发或零售环节所产生的累积商业毛利；

c. 货物或服务在生产或运送给买方的过程中应支付的不可抵扣产品税减去产品补贴。

在编制投入产出表时，有必要对上述三个部分加以区分，但对于机构部门账户或中心供给使用表来说，则没有必要进行这种区分。

6.218 来自同一企业其他基层单位的中间投入，应该按照估价这些基层单位产出所使用的同一价格进行估价，再加上未包括在产出价值中的所有附加的运输费。

6.219 如果某一基层单位生产的货物服务又作为投入进入同一基层单位的生产，它们应仅在已经被记录为该基层单位之产出情况下才能被记录为中间消耗。关于这种处理方法何时适用，已在 E 节进行了讨论。对于同一企业不同基层单位之间的货物服务交付，只有当接受单位有效地承担完成生产过程的所有风险时，它们才被记录为生产单位的产出和接受单位的中间投入。

3. 中间消耗和雇员报酬之间的界限

6.220 企业使用的某些货物服务并没有直接进入生产过程，而是被在此生产过程中工作的雇员所消耗。在这种情况下，有必要确定这些货物服务是中间消耗，还是提供给雇员的实物报酬。一般说来，雇员为直接满足自己的需要或要求、在他们自己的时间内自主使用的货物或服务，应作为实物报酬处理。但是，雇员为了完成工作而必须使用的货物服务则应作为中间消耗处理。

6.221 对雇主来说，将这些货物服务作为中间消耗还是雇员报酬并不重要，因为从雇主的角度来看，两者都是生产成本，其营业盈余不会发生变化。但是，将这些货物服务从实物报酬重新划入中间消耗，或是相反操作，将会改变增加值和初始收入，从而影响整个 GDP。

6.222 下列几种提供给雇员的货物服务必须作为中间消耗处理：

a. 专门或主要在工作中使用的工具或设备；

b. 普通消费者一般不会选购或穿戴的、专门或主要在工作中穿着的衣物或鞋类，例如防护服、工作服或制服；

c. 雇员家人不能使用的、在工作场所提供的住宿服务，如军营、舱位、集体宿舍、棚屋等；

d. 特殊工作条件下所必需的专用膳食或饮料，向现役军人和其他正在执行公务的人员提供的膳食或饮料；

e. 对因公出差的雇员提供的交通和住宿服务以及伙食补助；

f. 因工作性质所需的更衣设施、厕所、淋浴、浴缸等；

g. 因工作性质所需的急救设施、医疗检查或其他健康检查。

雇员有时可能自己购买上述类型的货物或

服务，随后由雇主现金报销。这类现金报销应作为雇主的中间消耗，而不能作为雇员工资和薪金的一部分。

6.223　向雇员提供的其他类型的货物和服务，如普通住房服务，工作之外大量使用的车辆和其他耐用消费品服务、上下班交通等，应当作为实物报酬处理，这将在第 7 章中详细说明。

4.　中间消耗和固定资本形成总额之间的界限

6.224　中间消耗衡量的是核算期内在生产过程中改变物质形态或完全耗尽的那部分货物服务的价值。它既不包含企业拥有的固定资产的使用成本，也不包含获取固定资产的支出。下面将详细解释此类支出和中间消耗之间的界限。

小型工具

6.225　小型、廉价和操作相对简单的耐用生产资料的支出可作为中间消耗处理，前提是这些支出会经常发生，且与机器和设备支出相比数额非常小。手工工具，诸如锯、铁锹、刀、斧、锤、改锥等，就是其中一例。但是在某些国家，这些工具在生产者的耐用品存量中所占比重很大，在这种情况下，可以将其作为固定资产处理。

保养和修理

6.226　保养、修理与固定资本形成之间的界限并不清晰。一般来说，对生产中所使用固定资产进行的日常定期保养和修理，应作为中间消耗处理。包括更换坏损零件在内的日常保养和修理，是典型的辅助活动，但这些服务也可以由同一企业的独立基层单位提供或者从其他企业购买。

6.227　实际问题在于，要将日常保养和修理与固定资产的重大更新、改造或扩建区分开来，这种更新、改造或扩建已远远超出仅维持固定资产正常运转的需要。对现有固定资产的重大更新、改造或扩建可以提高固定资产的生产效率或生产能力，或是延长其预期使用年限。应将这类活动作为固定资本形成来处理，因为它们增加了现有固定资产存量。

6.228　日常保养和修理具有两个特征：

a. 保养和修理是固定资产的所有者或使用者为了确保该资产在预期使用年限内的使用而必须定期进行的活动，是继续使用该固定资产不可避免的经常成本。如果所有者或使用者不进行保养和修理，则该固定资产的预期使用年限可能会明显缩短。

b. 保养和修理不改变固定资产或其性能，只是确保其正常运转，或者在发生故障时使其能恢复到原有状态。用同一类型的新零件替换损坏的零件，并不改变固定资产的基本性能。

6.229　另一方面，固定资产的重大更新或扩建具有如下特征：

a. 固定资产的更新、改造或扩建是一项审慎的投资决策，该决策可在任何时候实施，且不受现有固定资产状况的影响。船舶、房屋或其他建筑物的重大更新常常远在它们正常使用年限结束之前就进行。

b. 重大更新或扩建提高了现有固定资产的性能或生产能力，或显著延长了其以前预期的使用年限。扩大或扩建现有房屋或建筑物，显然属于上述重大变化，此外，房屋或船舶的全面整修或内部改造也属于这种情况。

研究和开发

6.230　研究和开发通常被视为资本形成，除非这项活动明确地不会给其所有者带来任何经济利益，在这种情况下它被作为中间消耗处理。

矿藏勘探和评估

6.231　矿藏勘探和评估支出不应作为中间消耗。

无论是否成功，这都是获得新储备所必须进行的活动，因此这些支出都应全部列入固定资本形成总额。

军事设备

6.232 包括大型军事武器系统在内的军用设备支出，都作为固定资本形成处理。炸弹、鱼雷及其零部件之类的军事耐用品支出最初记录为存货，在其被使用时记录为中间消耗和存货的减少。

5. 政府为生产者提供的服务

6.233 政府可以向生产者提供服务。这些服务在一定程度上是收费的，这些服务费应作为生产者的中间消耗。然而，当收费未达到一个具有显著经济意义的价格的水平，向生产者提供的服务价值就会大于生产者支付的成本。但是，并不对生产者获得的这项收益进行估算，收费未能弥补的服务成本将包括在政府部门的公共消费中。

6. 实物社会转移

6.234 政府或 NPISH 会从市场生产者处购进货物或服务，不再加工而直接提供给单个住户或住户集体，其相应支出应构成政府或 NPISH 的最终消费支出，而不是中间消耗。这种货物和服务被作为实物社会转移并记入住户部门的实际消费。

6.235 按照惯例，非金融公司和金融公司不进行实物社会转移，也不参与最终消费。

7. 商会提供的服务

6.236 以各种商会形式存在的非营利机构属于市场生产者，这些机构由会员出资并以维护会员利益为目标。会员的捐款构成对协会所提供服务的支付。这些服务应作为会员的中间投入被消耗，其价值依照会员缴纳的捐款、赞助费或会费估算。

8. 外包

6.237 生产者正在逐渐改变其生产活动的完成方式。可以将生产的不同阶段或不同的支持性活动（例如办公室清洁或电子元件组装等）承包给国内或是国外的其他生产者。这种行为改变了中间投入的模式，即使所使用的技术是一样的。外包对投入产出表的影响将在第 14 章和第 28 章中进行讨论。

9. 固定资产租赁

6.238 通过经营租赁租用而不是购买来取得建筑物、机器或设备，此类行为可能会对中间消耗与增加值的比例以及增加值在生产者之间的分配产生很大影响。经营租赁下之建筑物、机器或设备的租金支出构成了服务的购买，应记录为中间消耗。但是，如果一个企业拥有自己的建筑物、机器和设备，与其使用相关的大部分成本都不计入中间消耗。资产的固定资本消耗是总增加值中的一部分，而利息成本，无论是实际的还是隐含的，都会包括在营业盈余净额中。只有用于维护和修理的材料成本才构成中间消耗。选择租赁而不是购买，此类决定可能会受到诸如税收政策、可用资金或是资产负债表状况等因素的影响，但这些都与生产技术无关。

6.239 经营租赁下的固定资产租用与融资租赁下的资产获得有很大差别。在经营租赁下，出租人具有一项涉及相关设备的生产活动，并承担与资产运行状态相关的生产风险，承租人的付款被视为对服务的支付。在融资租赁下，承租人承担资产在生产中使用的所有风险并获得所有收益。因此，融资租赁被视为出租人向承租人发放了一笔贷款，承租人利用这笔贷款购置了设备。后续支出作为承租人向出租人的利息支付和本金偿还。有关经营租赁和融资租赁的详细处理情况将在第 17 章中进一步介绍。

H. 固定资本消耗

1. 固定资本消耗的范围

6.240 ***固定资本消耗是指在核算期内由于自然退化、正常淘汰或正常事故损坏而导致的，生产者拥有和使用的固定资产存量现期价值的下降***。通常用折旧一词代替固定资本消耗，但在 SNA 中不应这样替换，因为商业会计中的折旧通常用于历史成本的核销，而 SNA 中的固定资本消耗则取决于资产的现期价值。

6.241 固定资本消耗是针对生产者所拥有的全部固定资产计算的，但不针对贵重物品（贵金属、宝石等）计算，因为，生产者之所以获取这些贵重物品，是因为它们的实际价值不会随时间推移而降低。固定资产肯定是在 SNA 所定义的生产过程中作为产出生产出来的，因此，固定资本消耗中不包括自然资产（例如土地、矿物或其他矿藏、煤炭、石油或天然气）或者合约、租约和许可等的耗减或退化。

6.242 资产价值不仅可能因为自然退化而下降，还可能因为技术进步和新替代品的出现导致对其服务需求减少而下降。实践中，包括公路和铁路轨道在内的许多构筑物，会由于遭淘汰而被废弃或拆毁。即使诸如道路、桥梁、水坝之类的建筑物，其预计使用年限可能很长，但也不能认为是无限的。因此，所有类型的建筑物（包括由政府单位拥有和维护的）以及机器和设备，都需要计算资本消耗。

6.243 由正常或预料之内的意外损坏所导致的固定资产损失，也就是说，由于火灾、风暴和人为失误等致使生产中所使用的固定资产发生的损坏，也应包含在固定资本消耗中。如果这些事故的发生有一定的规律性，则在计算该固定资产的平均使用年限时就应该将其考虑在内。对一个或一组单位来说，某时期的平均正常意外损坏与其实际正常意外损坏之间通常会存在差异，这一差异应记录在资产物量其他变化账户中。但是，就整个经济而言，某一核算期内实际发生的正常意外损坏应等于或接近于平均水平。

6.244 另一方面，由于战争或不常发生的严重自然灾害，如大地震、火山爆发、潮汐、异常严重的飓风等造成的损失则不包括在固定资本消耗中。没有任何理由将这些损失作为生产成本列入生产账户。由此损失的资产价值应记入资产物量其他变化账户。同样地，虽然固定资本消耗应包括由正常可预计的报废所引起固定资产价值的下降，但不应包括因意想不到的技术进步（可能大大缩短某些现有固定资产的使用寿命）所造成的固定资产的损失。这种损失应与超出平均正常意外损坏的那部分损失作同样的处理。

2. 固定资本消耗和固定资产租金

6.245 可以对固定资本消耗和经营租赁下的资产租金进行比较。***租金是固定资产使用者按照经营租赁合约或类似合同，为在指定时期内在生产中具有使用该资产的权利而应支付给其所有者的金额***。租金必须足以弥补以下各项成本：（1）资产所有者的直接成本，包括资产的维护成本，（2）租赁期内资产价值的减少（固定资本消耗），（3）租赁期初资产价值的利息成本。利息成本既可以是对借入资金支付的实际利息，也可以是由于将自有资金投资于该固定资产而不是金融资产所造成的利息损失。无论资产是自己所有还是租赁的，在生产中使用固定资产的全部成本不仅仅是以固定资本消耗来计算，而应按其实际租金或虚拟租金计算。当通过经营租赁或类似合同实际租用固定资产时，租金就作为对出租人服务的购买，记录在承租人的中间消耗中。

如果资产的使用者和所有者是同一单位，应将直接成本记录为中间消耗。固定资本消耗代表该资产之使用成本中的第二项。成本中的第三项即上面提到的利息成本，也被称作固定资本收益。与固定资本消耗一样，资本收益也是增加值的一部分。固定资本消耗与资本收益之和即为该资产所提供的资本服务。有关资本服务的内容将在第 20 章中详细讨论。

6.246 对于资产所有者来说，固定资产在任一时刻的价值都由该资产在预计剩余使用年限内能够提供的资本服务的现值（即未来租金流的贴现值总和减去运营成本的贴现值总和）所决定。固定资本消耗由本核算期期初与期末之间剩余预期未来收益流现值的下降额来计算。下降的程度不仅受固定资产使用效率在本期内降低的影响，而且还受其使用寿命缩短及剩余使用期内经济效率降低的影响。这种下降体现在相同资产的当前平均价格中，但不包括资产的持有收益和损失。如果计算固定资本消耗的未来收益流贴现值中包含了通货膨胀因素，则应使用名义贴现率。如果未来收益流使用的是当期价格，则应使用实际贴现率。这两种计算方法得到的结果都应该是以当期价格反映的现值。

6.247 固定资本消耗是一种前瞻性的指标，它由未来事件而不是过去事件决定，即由机构单位在资产剩余使用年限内、在生产中使用该资产预期可获得的未来收益所决定。与通常在企业会计中计算的折旧不同，固定资本消耗至少在原则上不是一种在后续核算期内分摊固定资产已发生成本的方法。固定资产在某一时刻的价值仅取决于从其使用中所能获得的剩余收益，因此固定资本消耗核算必须以按这种方式计算的价值为基础。

3. 固定资本消耗的计算

6.248 固定资产可能是过去购置的，当时的相对价格和一般价格水平与当前价格有很大差别。为了与同一生产账户中的其他项目相一致，固定资本消耗必须参照用于估价产出和中间消耗时的同一套现价来估价。固定资本消耗应反映生产发生时的潜在资源成本和相对需求。因此，固定资本消耗不应当按最初获得时的价格来计算，而应该按该资产当前通行的实际价格或估计价格以及租金来计算。固定资产的“历史成本”，即最初支付的价格，由于价格随时间的波动而在固定资本消耗的计算中变得无关紧要。

6.249 由于上述原因，企业会计中记录的折旧无法提供计算固定资本消耗所需的正确信息。如果使用折旧数据，至少必须将其从历史成本调整为当前价格。但是，出于纳税考虑的折旧扣除额，总体看会受主观性操控，目的在于试图影响投资率，因此在很多情况下最好对它不予考虑。为此建议应结合资本存量的估计值，单独计算固定资本消耗的估计值。根据过去的固定资本形成总额数据，并结合固定资产效率在其使用期内的下降率，便可以估算出固定资本存量。

6.250 应该尽量保证一项新固定资产的初始价值是其获得时市场通行的价值。如果各种年限和规格的资产都在市场上定期进行交易，则应使用这些交易价格来衡量处于各使用年限上的资产的价值。然而，由于二手资产价格信息的缺乏，必须采用一个更加理论化的方法来确定各使用年限资产的价格。

6.251 从概念上来说，市场力量应该确保新固定资产的购买者价格等于该资产未来收益的现值。因此，如果已知相关资产的初始市场价格和特征，就可以计算该资产的未来收益流并不断更新其剩余现值。这种核算资本存量及其随时间的变化量的方法就是永续盘存法，或缩写为 PIM。固定资本消耗的估计是作为 PIM 的“副产品”而获得的。

4. 永续盘存法

6.252 本节将简要介绍，如何在使用永续盘存法计算资本存量时附带计算出固定资本消耗。有关固定资本消耗、资本收益和资产存量之间的联系将在第 20 章进行概述。关于如何计算资本存量的详细介绍可参见《资本存量测算手册》（OECD，2009）。

资本存量总额的核算

6.253 永续盘存法要求估计生产者手中现有的固定资产存量。第一步是估计因过去年份的固定资本形成而建造安装的固定资产到当期还剩多少。为达此目的，可将基于观察或技术研究而得到的平均使用年限或生存函数应用于过去的投资；运用合适的固定资产价格指数，将过去以不同价格购置的固定资产转换为当期价格。要构造一个涵盖很长时期的合适的价格指数，在理论上和实践上都存在困难，然而无论如何，价格核算中的这些技术问题在估算资产负债表中的资产价值时都必须面对。由过去投资形成的且按当前购买者价格重新估价的固定资产存量被称为资本存量总额。如果希望得到物量意义上的资本存量总额的年度时间序列，也可以按照给定的基年价格来计算资本存量总额。

相对效率

6.254 某一固定资产对使用该资产之生产的投入会随着时间推移而趋于减少。资产类型不同，其使用效率的下降速度也不相同。最简单的一种情况是，其使用效率保持不变直到资产损坏，如电灯泡。其他一些比较简单的情况是效率在其使用期限内线性递减或指数递减。还有符合双曲线的效率损失率，即效率下降的幅度在最初几年相对较小，但随着时间的推移急剧增大。然而，在实际操作中并不是逐一针对每项资产计算的，而是要按照相似年限和特性的资产组群分类计算。尽管组群中单个资产的报废时间不同，但是整个组群的效率退出曲线通常是凸向原点的。

6.255 固定资产的效率曲线决定了它在使用年限内的收益曲线。一旦确定了固定资产在使用年限内的收益曲线，就能够逐期计算其固定资本消耗。

固定资本消耗率

6.256 正如前面所解释的，固定资本消耗等于剩余收益现值的减少额。该减少额和它随时间的变化率必须与资本资产本身的效率下降明确区分开来。尽管某些效率特征如灯泡的资产，其效率以及收益可能在损坏之前的各个时期保持不变，但是该资产的价值将随着时间的推移而下降，从而固定资本消耗不是固定的。在这种情况下很容易看出，资产剩余收益现值的下降额在使用前期要远小于该资产的寿命末期。固定资本消耗将随着资产的老化而逐渐增大，即使效率与收益一直保持不变。

固定资本消耗的价值

6.257 固定资本消耗不能脱离资本存量数据而单独计算。编制资产负债表需要使用资本存量数据，并且如第 20 章所述的，试图脱离资产存量水平和资产的价格模式及效率下降模式单独计算固定资本消耗，很容易产生误差。

第6章附录　从持有损益中分离出仓储所致产出

A.　引言

A6.1　6.142段到6.145段建议，在某些情形下，库存货物的增值可被视为储存活动的产出而非持有收益。本附录将对此问题做进一步探讨，并举例说明何时将一个产品的全部增值都处理为生产的产出是恰当的，以及如何将仓储所致产出从余下的持有损益中分离出来。

1.　仓储成本和持有损益

A6.2　持有库存产品总会涉及成本，无论是最初生产者持有还是随后的批发商或零售商持有。这些仓储成本包括：与提供物理储存能力相关的成本，有关存货水平、种类等信息的维护成本，将存货提供给客户的成本，以及与通过获得置换品以更新存货水平有关的成本（不包括这些货物本身的成本）。这些成本构成了由制造商收取的基本价格的一部分，或者需要由批发零售商获取的商业毛利来补偿。上述所发生的成本包括在中间消耗、雇员报酬和资本成本中。此外，也可能出现专业仓储生产者向其他生产者提供仓储服务的情形，由此所产生的成本应包含在后者的中间消耗中。

A6.3　对于多数产品——称为“类型I”产品——而言，与仓储相关的内容仅限于此。与仓储有关的所有成本都包含在了生产成本中。从库存中退出的货物的价值应按生产成本或当时获得重置品的成本来估价。因此，测度产出时应排除产品作为存货持有时所发生的任何价值变化，这种价值变化应被处理为持有损益，下例将对此作出详细解释。

A6.4　假定一个批发商每一时期都买卖100包洗衣粉，为了适应需求的变化，需要保持10包的存货。在期初，每包洗衣粉的价格为2，因此其存货价值为20。在该时期，每包洗衣粉的获取成本提高到2.1，因此10包存货的价值上升到21，但所增值的1仅反映以下这个事实：如果将这10包洗衣粉从库存中提取出来用于销售并用相同产品进行重置，则新的产品的获得成本将为21。由于产出要对所有单位进行测度，无论它们是新生产的还是从库存中退出的，每单位按新的价格2.1进行估价，因此存货增值1并不计入生产的测度之中，而仅出现在重估价账户中，以解释期初价值为20的10包库存如何被期末价值为21的相类似的10包库存所替代。

B.　真实价值跨时变化的货物

A6.5　在以下三种特定情形下，上述处理不能令人满意，因为货物在储存时期内会受到其他因素干扰。处于这种情形的货物可被称为“类型II”产品。这三种特定情形是：

（1）生产过程非常长的货物；

（2）在储存时其物理特性会发生变化的货物；

(3) 供给或需求其中一方面具有季节特性的货物。

下面依次讨论以上各种情形。

1. 生产过程非常长的货物

A6.6 如果一个产品因其生产过程长而持续作为存货持有，原则上应在计算交付日期之前每个时期的完工价值时使用贴现因子。例如，一个最终价值为200的建筑项目要在4年内连续施工才能完成，则把第一年对生产的贡献记为50是不符合实际的。任何购买者都会考虑以下事实，即在此后的三年里它不能实现该项生产价值，因此要对该价值进行相应贴现。随着时间的推移，持有该产品的单位会随着贴现的逐步消失而享有该收入。第20章还将描述这种情形，并给出这一数值例子的详情。

A6.7 建议在实际操作中仅对那些价值量显著高和生产周期显著长的货物引入贴现因子，在完工之前的各个时期里，都应将该货物记录为在制品或自用资本形成。

2. 在储存时其物理特性发生变化的货物

A6.8 第二种特定情形是指，有些货物在储存期间其物理特性会发生变化，因为成熟化是其生产过程的一部分。相关货物在价格没有发生总体或相对变化的情形下，因为在储存期间其品质随时间而不断改进，其价值仍在不断增加。比如经发酵的食品、陈年的葡萄酒和烈性酒。此类产品从库存中退出时，其物理特性已不同于刚进入成熟化阶段的新产品，因此用新入库产品的获取成本来估价出库产品是不合适的。问题的关键是，如何把因成熟化引起的增值与该货物之价格的一般上涨分开。

A6.9 假定某个产品需要三年才能达到可出售的完全成熟状态，直到它达到这种状态时才会有最终需求。如果进行该货物的交易——甚至在其未成熟状态下，就会有一系列的价格：未成熟也就是新制成品的价格，存放一年后的产品价格，存放两年后的产品价格和成熟产品的价格。假定该产品很受认可，那么，在任何时点都存在新制成产品和一年成熟度、二年成熟度和三年成熟度的产品。如果这些不同成熟度的产品都存在相应的价格，则分离出其仓储活动的价值并非难事。在第一年，新产品转化为成熟度为一年的产品。如果新产品的价格为 P_0，成熟度一年的产品价格为 P_1，令 t 表示第一年，$t+1$ 表示次年，则产品数量 Q 的价值变化为 $Q(P_{1,t+1}-P_{0,t})$。价值增加主要是由两个因素引起的：一是本年生产的类似新产品的价格与上年生产的新产品价格之差($Q(P_{0,t+1}-P_{0,t})$)；二是本年生产的类似新产品的价格与本年一年成熟度产品价格之差($Q(P_{1,t+1}-P_{0,t+1})$)。将上述两部分加在一起，便得到产品数量为 Q 的价值变化值，其中第一项表示持有收益，第二项表示因仓储所致产出的价值。

A6.10 对于任意两个相邻时期，都有如下等式成立：

从 T 期到 $T+1$ 期的价值增加

= 同一成熟度（或年份）的产品从 T 期到 $T+1$ 期的价值变化（处理为持有收益）

+ 在 $T+1$ 期两个相邻成熟度（或年份）产品的价值变化，处理为仓储所致产出。

也就是说，在第二年，一年成熟度产品价格在该年初和年末之间的增长归为持有收益，在该年年末二年成熟度产品价格与一年成熟度产品价格之差归为仓储所致产出的价值，如此类推。

A6.11 A6.10段中的公式是针对当期价值而言的，此时，每一项中都包含（或由其构成）名义持有收益（或损失），或者，每一项都用通胀总水平来缩减，以使每一项都包含（或由构成）实际持有收益（或损失）。按物量计算的增值部分——即没有价格上涨——应作为仓储所致产出处理。

A6.12 在实践中，对应成熟化过程不同时点的稳健的价格时间序列很可能是不存在的，也许可以找到一些相近的替代指标，但即使要做到这一点也非易事。那么，在缺乏这些价格数据前提下，如何将仓储所致产出与持有收益分开？

A6.13 从长期经验看，生产者也许能对因仓储而引起的增值做出合理的预测。假定在一个特殊情形下，生产者预期三年后其物量价值是所生产新产品成本的二倍半，如果新产品价值为 100，则成熟度为三年的产品价值为 250。这表明仓储所致实际产出在接下来的三年中每一年都是 50（像以上讨论持续性建筑产品生产一样，原则上应对初始的 100 和头两个 50 引入贴现因子进行调整，因为该产品直到第三年末才能制成用于出售）。如果缺少有关该产品价格上涨相对于总体价格上涨的信息，有必要假定该产品不存在实际持有收益，实际的价值增加必须都作为仓储所致产出的现值。一旦完全成熟产品的价格已知，就可以对其进行一些调整，或者更实际些，对最初预测值与最终实际值之差用一般通胀水平进行调整，即可作为实际持有收益或损失。

A6.14 仓储所致产出不受相对价格波动影响这一假定并不一定理想，但在多数价格上涨由仓储引起、且缺乏更好的基础数据情形下，通过这种处理方法，可以对仓储所致产出给出一个务实的估计，它将优于将所有增值都简单归结于持有收益的假设。

3. 具有供给或需求季节模式的货物

A6.15 第三种情形是指，如果储存货物是为了能利用供给或需求模式在一年内的变化，那么，货物价值的变化就不能都归结于持有损益。最常见的情形是诸如玉米之类主要作物的储存，在一年中它有一个相对短暂的收获期，但需求则在全年中保持稳定。因此，随着库存的减少价格会上涨，直至下一个收获期供给的增加导致价格又重新下跌。也可以想象相反的情形：需求呈现季节性波动，但生产者要在全年或年内大部分时间内生产该货物以节约成本，即使年内各个时间里所生产的货物直接进入库存等待需求高峰来临也比较划算。

A6.16 这类产品不同于类型 I 产品的理由是：与因成熟而改变物理特性的货物相同，相对于通胀总体水平，其价格是以或多或少可以预测的方式上涨的，因为，其间存在着跨时输送货物的效应，即把货物从供给充足的时期通过储存输送给一个相对稀缺的时期。这与纯粹出于投机目的而储存货物大不相同，在投机动机下，不存在价格很可能上涨的既定模式，因此也无法预知货物要储存多少时间。

A6.17 理想的情况是：农作物预期的价格上涨存在一个固定的、稳健的季节模式。在这种情形下，价格的季节模式可被用于确定储存所致产出，剩余的增值部分则代表持有损益，后者通常可以分为实际持有损益和中性持有损益。

A6.18 然而，鉴于每年气候条件不同，作物收获的总水平每年大不相同，作物实际收获的时间在不同年份也略有差异，因此，要建立作物价格的稳健季节模式并非易事。在这种情形下，切实可行的建议类似于上述针对不具备完美信息的成熟期货物给出的操作建议。前提是价格上涨将归结于以下两个因素，第一是与价格总体上涨相匹配的价格上涨，与此相对应的存货价值增加应被视为名义持有损益；第二是季节稀缺值，该元素应处理为储存所致产出。假定除与平均价格上涨相匹配的价格上涨外，所有价格上涨都是源于储存，这就意味着不存在任何实际持有收益。

4. 谁从仓储货物的价值增加中获益？

A6.19 类型 II 产品能够产生仓储生产，只取决于产品的类型，不取决于该产品的生产者。如果一个农民生产一种季节性作物，然后将其大部分储存起来，以便在整个一年内一点儿一点儿出售，他会把因储存引起价值增加带来的收益记录在其产出中。然而，如果他在收获期将所有作物都卖给另一个单位（如一个批发商），后者又将其储存起来且在年内持续出售，这样该单位就获得了来自储存作物的收益，并将这些本来该由农夫记录为产出的收益记入自己的产出。尽管在生产和销售之间类型 II 货物可能会易手多次，但其因储存引起的产出价值仍保持不变。很有可能是这样：每次该货物易手时，相关的中间消耗将增加，进而增加值将相应减少，但产出水平却不受影响。就是说，获得该价值增加的，是持有该货物的那个单位，对类型 II 货物来说，如果持有者是一个批发商或零售商，他可以如原始生产者一样拥有仓储所致产出。

5. 何时应记录仓储所致产出？

A6.20 仓储所致产出是在一个连续基础上被生产出来的。为了生产和存货能有一套彼此衔接的信息，就必须分期计算仓储所致产出。如果价值正在发生变化的货物仍处在存货状态，则应由该货物的所有者拥有此额外的产出，处理为存货的增加。即使库存的数量没有变化，但经质量调整的测度确实发生了改变，以反映那些应处理为质量变化而非持有收益的价格上涨。

6. 举例

A6.21 以下举一些简单例子，演示如何用近似方法计算不同假设下的仓储产出。

例 1

A6.22 单位 A 购买了价值为 100 的货物，到年份 2 的年中，A 出售该货物，货物价值升为 110。在年份 1 的年末，该货物的价值为 108，在此期间不存在总体通货膨胀。

A6.23 在年份 1，A 的仓储产出记录为 8，存货的总价值上升到 108。在年份 2，A 的仓储产出记录为 2，存货的价值增加 2，退出库存的货物的销售额为 110。

例 2

A6.24 例 1 中购买的货物价值也会随着总体通货膨胀而上涨，由此它在年份 1 的年末值为 115，在出售时价值 120。

A6.25 年份 1 的记录中，要在原有基础上增加该年持有收益 7。在年份 1 的年末，需要对处置该货物的期望价格水平进行重新估计。如果估计值为 117，表明与先前预计的绝对增幅完全相同，则在年份 2 记录一个数值为 3 的持有收益。

例 3

A6.26 例 1 中的货物在一年内按 105 的价格分批出售给单位 B。随后 B 持有该货物，直到年份 2 同一时点以 110 的价格出售。

A6.27 在年份 1，A 的仓储产出为 5，存货的重置价格为 105。A 把从存货中退出的货物以 105 的价格出售给 B。在年份 1，B 的仓储产出为 3，记录为存货的增加。因此在年份 1，B 的存货总增加额为 108。在年份 2，B 的仓储产出为 2，存货的增加额为 2，退出库存货物的销售额为 110。

第7章　收入初次分配账户

A.　引言

7.1　因参与生产过程或因拥有生产活动所需资产的所有权而获得的收入，将在机构单位间进行分配。SNA 用如下两个账户记录这种收入分配行为是怎样进行的，其中，第二个账户又被进一步分为两个账户：

a. 收入形成账户

b. 初始收入分配账户

- 业主收入账户
- 其他初始收入分配账户

7.2　初始收入的概念是上述所有账户的基础。***初始收入是机构单位因参与生产活动或拥有生产所需资产的所有权而获得的收入***。初始收入的一个主要构成项目是雇员报酬，代表个人将其劳动投入生产过程而获得的回报；财产收入也是初始收入的一部分，它产生于贷出金融资产或出租包括土地在内的自然资源给其他单位在生产中使用；生产税和进口税收入（减去生产补贴和进口补贴）被视为政府部门的初始收入——尽管并非所有的生产税和进口税都会被记做企业增加值的应付项。初始收入不包括对社会保险计划的社会缴款和从社会保险计划得到的社会福利，也不包括所得税、财产税等经常税和其他经常转移，这些经常转移将记录在收入再分配账户中。

1.　收入形成账户

7.3　收入形成账户（如表7.1所示）是生产账户的进一步延伸或者说细化，在收入形成账户中，记录了政府部门初始收入和那些直接参与生产活动的单位的初始收入。正如生产账户一样，收入形成账户既可以按产业活动单位和产业部门编制，也可以按机构单位和机构部门编制。在收入形成账户中，各个机构部门、机构子部门或产业部门的初始收入指的是它们所创造的初始收入，而非所获得的初始收入，两者是不相同的。例如，在住户部门的收入形成账户中，有一个雇员报酬项目，其含义是住户所有之非法人企业的应付雇员报酬，这与住户部门应得的雇员报酬全然不同。住户部门应得的雇员报酬记录在初始收入分配账户中。

7.4　来源方列示在收入形成账户的右方，只包含一个项目，即由生产账户结转而来的平衡项——增加值。如第6章所述，增加值的口径既可以是未扣除固定资本消耗的增加值（总增加值），也可以是已扣除固定资本消耗的增加值（净增加值）。与之类似，在 SNA 的其余账户，也必须对相关平衡项用总额还是净额测算做出规定。第6章已经详细论述了固定资本消耗的概念与计量方法。为行文简便，除非内容需要使用总增加值并明确提出，增加值均为净额口径。

7.5　收入形成账户的左方记录增加值的各种使用，其中必须由生产者从增加值中支付的主要费用只有两项：一项是应付给生产过程所雇员工的雇员报酬；另一项是因从事生产活动应缴纳的所有生产税减去应得的所有生产补贴。***雇员报酬的定义如下：在核算期内企业按雇员在生产活动中的贡献***

支付给雇员的全部现金和实物报酬。生产税减生产补贴项目所包括的内容是：因从事以货物或服务为产出的生产活动所应缴纳的税款和应得的补贴；其他生产税或补贴是指如因在生产中使用劳动、机器、房屋或其他资产所应缴纳的税款等。生产税不包括任何针对生产活动所得收入而征收的所得税，无论收入获得者是雇主还是雇员。

7.6　产出估价方法不同，增加值中应付的生产税减生产补贴项目的内涵亦不同。在企业开具给购买者的销售发票中，增值税（VAT）或其他类似的可抵扣税从来都不作为向购买者收取价格的一部分。无论产出估价采用生产者价格还是基本价格，发票上列出的增值税都不包括在产出价值中。因此，对生产者来说，发票单列的增值税不属于从增加值中支付的费用，也不记录为生产者收入形成账户的应付项目。但是，当产出估价采用生产者价格时，所有其他应缴纳的产品税在核算时都会被处理为生产者向购买者销售价格的一部分。所以对生产者来说，生产者价格增加值的应付项目中是包括其他产品税的，也就是说，其他产品税应记录在收入形成账户“生产税减生产补贴”项目下。与此类似，生产者从政府所获得的对产出的产品补贴，应作为其应收项目记入收入形成账户，成为生产者价格增加值的补充。但依照惯例，产品补贴并不记录在来源方，而是将其假想为负的产品税，记录在“生产税减生产补贴”项目下。

7.7　第 6 章已解释过，生产者价格减去单位产出的应付产品税（不包括发票单列的增值税，该项税收没有包括在生产者价格中），再加上单位产出的应收产品补贴，即得到基本价格。因此，当使用基本价格这一 SNA 优先使用的估价方法对增加值进行测度时，所有产品税和产品补贴都不会记录为生产者收入形成账户中的应付或应收项目。当使用基本价格对产出进行估价时，“生产税减生产补贴”项目也仅指其他生产税减生产补贴。

7.8　从增加值中扣除雇员报酬和生产税净额后，就获得了收入形成账户的平衡项。该平衡项在账户的左方——使用方下端列示，它测度了由于生产活动所获得的盈余或赤字的规模，当然，此处的盈余或赤字还没有考虑企业因借入金融资产或租用自然资源所应支付的利息、租金及其他类似费用，同样也没有考虑企业因贷出金融资产或出租自然资源所应收取的利息、租金及其他类似收入。

营业盈余和混合收入

7.9　收入形成账户的平衡项一般可称为营业盈余，唯有住户所拥有的非法人企业是个例外。在此类企业中，企业所有者或者同一家庭的成员所投入的劳动可能是不付酬的，尽管此类劳动与付酬员工提供的劳动类似。这时，此类企业的平衡项被称为混合收入，因为其中显然包含了企业所有者或者同一家庭的成员的劳动报酬，并且该劳动报酬无法从所有者作为业主所得收益中分离出来。当然在很多例子中，混合收入的主体其实也就是劳动报酬。在实践中，所有住户所拥有的非法人企业（不是准公司）的收入形成账户平衡项都被称为混合收入，除非是提供居住服务以满足自身最终消费需求的自有住宅者、出租房屋的住户以及雇佣了付酬员工的住户。对自有住宅者和出租房屋的住户来说，全部增加值都是营业盈余，而对内部付酬员工来说，全部增加值都是雇员报酬（除非发生了应缴纳的生产税或应得的生产补贴）。

7.10　第 6 章已经指出，市场价格 GDP 等于所有常住企业总增加值之和，再加上产品税减产品补贴（不是依企业产出价值而定的应付产品税），具体来说，如果产出估价使用生产者价格，就加上进口税减补贴以及不可抵扣的增值税；如果产出估价使用基本价格，就加上全部产品税减产品补贴。因此之故，尽管进口税、进口补贴、增值税等项目并不在单个机构单位或部门的收入形成账户中出现，但在经济总体的收入形成账户中，却必须将这些项目记录在

GDP 的使用方。

7.11 如前所述，增加值的测度应优先使用已经扣除固定资本消耗的净增加值口径。但 SNA 的各个账户做了规定：增加值以及随后取决于增加值的各个平衡项可按总额口径测度，也可按净额口径测度。因此，营业盈余和混合收入也既可用总额表示又可用净额表示。

7.12 营业盈余/混合收入测度了由于生产活动所获得的盈余，但还没有扣除企业因借入生产活动所需的金融资产、土地或其他自然资源所应支付的显性或隐性的利息、租金或其他财产收入等费用。这就意味着：营业盈余/混合收入的规模与下列情况无关：

- 生产中使用的土地或其他自然资源是企业自有，还是租借而来；
- 企业拥有并用于生产的存货、固定资产、土地或其他自然资源是用自有资金（或股本）购得，还是用借来的资金（或贷款）购得。

7.13 尽管营业盈余/混合收入与土地自有的程度无关，与资产在多大程度上是由融资得来的无关，但是，营业盈余/混合收入必须足以支付企业显性地租与隐性地租，以及企业为其拥有资产所承担的显性利息支出与隐性利息支出，只有这样，上述土地和资产才能继续用于以后的生产。企业使用自有资金去购买存货、固定资产或其他资产所产生的隐性利息成本就是这些资金选择此种使用方式的机会成本，是因此而放弃的其他选择——将这些资金用于借贷形成金融资产——所能获得的收益。因此，隐性成本可以通过对资本服务的估计而得到。那些因租借土地、借入资金而实际应付的租金和利息的数量将记录在初始收入分配账户和业主收入账户中。

7.14 不过，对单个生产单位来说，营业盈余/混合收入与生产中所用固定资产自有或租用的程度并非无关。当企业租用房屋、其他设施、机器或设备的情况下，按照经营租赁合同所支付的租金将记录为对服务的购买，构成中间消耗的一部分。因此正如第 17 章的解释，相比生产者自有资产的情形，租用固定资产而导致的租金支付将会减少总增加值。就净增加值而言，由于对承租人来说租来的固定资产不需计算固定资本消耗，中间消耗虽增加但固定资本消耗的扣减会减少，因此所受影响相比总增加值有所减小。但即使如此，当生产者租用固定资产时，净增加值也会减少，因为，这个租金被出租人用来支付运营与利息成本。而在经济总体水平上，承租人盈余下降，同时出租人营业盈余增加，两者将相互抵消。

表 7.1：收入形成账户——使用方（简版）

使用

交易和平衡项	非金融公司	金融公司	一般政府	住户	NPISH	经济总体	国外	货物与服务	合计
雇员报酬	986	44	98	11	11	1150			1150
生产税与进口税						235			235
补贴						-44			-44
营业盈余总额	292	46	27	84	3	452			452
混合收入总额				61		61			61
营业盈余总额中的固定资本消耗	157	12	27	15	3	214			
混合收入总额中的固定资本消耗				8		8			
营业盈余净额	135	34	0	69	0	238			238
混合收入净额				53		53			53

2.　初始收入分配账户

7.15　收入形成账户主要记录常住机构单位或者部门作为生产者所创造的初始收入，而初始收入分配账户（如表 7.2 所示）则主要记录常住机构单位或者部门作为接受者所获得的初始收入。初始收入分配账户显示如下的信息：收入形成账户中各应付项目的去向，为哪些单位或部门所接受；常住机构单位或者部门应收和应付财产收入的数量。如前所述，与生产活动相关的收入形成账户既可以按产业活动单位和产业部门编制，也可以按机构单位和机构部门编制。但初始收入分配账户则不然，它与生产活动之间不具备收入形成账户那样的直接联系，只能按机构单位和机构部门编制。

7.16　企业可以将其盈余投资于金融资产甚至土地，在充满不确定性和高利率的时代更是如此，这种投资可以带来数量可观的财产收入。由于公司支出的财产收入数量要受到所得财产收入数量和营业盈余的影响，因此，把一家企业所有的财产收入支出都看做是营业盈余所应该负担的来记录是不恰当的。有些利息成本，尤其是隐性成本，可以产生于那些并没有在生产中实际使用的资本。由于收入形成账户的来源方只记录生产活动所创造的增加值，因此，一家企业应付的隐性和显性利息成本不应记录在收入形成账户中，它们要与其他各种应收财产收入、营业盈余一起，记录在初始收入分配账户中。

7.17　在初始收入分配账户的右方（来源方）列有两类收入，第一类显示收入形成账户所记录的初始收入的去向信息，具体如下：

a. 住户部门、非常住住户的应收雇员报酬；

b. 本国政府、外国政府的应收（或应付）生产税（减补贴）和进口税；

c. 企业的营业盈余或混合收入，由收入形成账户结转而来。

第二类收入是应收财产收入，它来自于金融资产或自然资源的所有权，具体包括：

d. 常住单位或非常住单位金融资产所有者的应收投资收入；

e. 自然资源所有者向其他单位出租自然资源的应收地租。

表 7.1（续）：收入形成账户——来源方（简版）

来源

交易和平衡项	非金融公司	金融公司	一般政府	住户	NPISH	经济总体	国外	货物与服务	合计
总增加值/国内生产总值	1331	94	126	155	15	1854			1854
净增加值/国内生产净值	1174	82	99126	132	12	1632			1632
雇员报酬									
生产税与进口税									
补贴									

平衡项与国民收入

7.18 初始收入分配账户左方（使用方）只有一个交易项目，即机构单位或部门应付给债权人、股东、土地所有者等的财产收入。除自然资源租金外，其余的财产收入既可以向常住单位支付，也可以向非常住单位支付。使用方还记录初始收入分配账户的平衡项——***初始收入，其定义是：一个机构单位或部门的应收初始收入之和减去应付初始收入之和***。在经济总体水平上，该平衡项被称为国民收入。

7.19 不同部门初始收入的构成差异很大，这是由于某些特定类型的初始收入只能为某些特定部门或国外部门所获得，比较典型的例子如：税收的获得者只有一般政府和国外部门，而雇员报酬的获得者只有住户和国外部门。各个机构部门初始收入构成情况描述如下：

a. 非金融公司部门与金融公司部门的初始收入等于营业盈余加应收财产收入减应付财产收入；

b. 一般政府部门的初始收入由如下项目构成：应收生产税、进口税减应付的生产补贴；应收财产收入减应付财产收入。它也可能包括少量的营业盈余，来自于属于一般政府部门的从事市场化生产的单位；

c. 住户部门的初始收入由如下项目构成：雇员报酬和属于住户的混合收入；应收财产收入减应付财产收入。它也可能包括一些营业盈余，一般来自于自有住宅者为自身消费而提供的居住服务；

d. 为住户服务的非营利机构部门（NPISH）的初始收入几乎完全由应收财产收入减应付财产收入构成。

国民净收入与国民总收入

7.20 ***国民净收入（NNI）是所有部门初始收入净额加总后的总量值；与之类似，国民总收入（GNI）是所有部门初始收入总额加总后的总量值***。

7.21 严格来讲，总增加值是一种严格的生产测度，它仅由产出和中间消耗决定。由于GDP是通过以下项目加减得到的：将作为生产者的常住机构单位的总增加值加总，再加上未包含在常住生产者产出价值与增加值中的生产税、进口税，再减去生产补贴和进口补贴，所以，GDP 自然也是对生产的测度。GNI 则由常住机构单位初始收

表 7.2：初始收入分配账户——使用方（简版）

使用

交易和平衡项	非金融公司	金融公司	一般政府	住户	NPISH	经济总体	国外	货物与服务	合计
雇员报酬							6		6
生产税与进口税									0
补贴									0
财产收入	134	168	42	41	6	391	44		435
初始收入总额/国民总收入	254	27	198	1381	4	1864			1864
初始收入净额/国民净收入	97	15	171	1358	1	1642			1642

入加总获得。由于二者涉及的常住机构单位是相同的，GNI 与 GDP 的数值差别就等于：常住者应从非常住者处获得的初始收入与常住者应付给非常住者的初始收入二者的差额（即来自国外的净收入）。但是，既然 GDP 与 GNI 都是通过对相同的常住机构单位集进行加总而获得，那就没有充分的理由将一个称为“国内”，一个称为“国民”。两项总量指标的测度对象都是由全体常住机构单位或部门所构成的经济总体，两者的差别不在于指标所覆盖的范围，而在于一个测度生产、另一个测度收入。因此，两项指标都有理由被称为“国内”或“国民”，但由于“国内生产总值”、“国民总收入”这两个术语在经济领域的应用已经非常广泛，于是不再对其进行调整。但还需再次强调，这两个由首字母构成的缩写词，重点都在第三个字母而非第二个字母上，以此来强调这一事实：GDP 测度生产（产出）；GNI 测度收入。

3.　业主收入账户

7.22　初始收入分配账户可分为两个子账户：业主收入账户和其他初始收入分配账户。这样做的目的在于区分出另一个也许对市场生产者有用的平衡项：业主收入。与营业盈余和混合收入一样，业主收入也只与生产者有关，但它只能按机构单位和机构部门计算，不能按产业活动单位和产业部门计算。

7.23　营业盈余减应付利息与地租再加上应收财产收入，即得到业主收入。对非金融公司部门与金融公司部门来说，业主收入与初始收入的唯一区别在于：业主收入的测度是在支付红利、从准公司提取收入以及支付再投资收益之前进行的。除这两类部门外，其他部门不计算业主收入，其中原因在于：对政府部门和住户部门来说，尽管部门中可能包含从事市场生产活动的非法人企业，但用于市场生产活动的资产无法从该机构的资产整体中分离出来，由此导致与此类活动相关的财产收入很难识别、区分出来（如果资产与财产收入能得到识别与区分，那么就有可能将非法人企业处理为准公司并纳入企业部门）。

7.24　业主收入是一个收入概念，它接近于企业会计中所理解的利润与亏损概念（至少在没有通货膨胀的环境下是如此）。另一方面，应该记住的是：企业会计虽基于历史成本计算利润，但也会包括企业所有存货和其他资产的名义持有损益，这在通货膨胀时期可能会是一个相当巨大的数字。

表 7.2（续）：初始收入分配账户——来源方（简版）

来源

交易和平衡项	非金融公司	金融公司	一般政府	住户	NPISH	经济总体	国外	货物与服务	合计
营业盈余总额	292	46	27	84	3	452			452
混合收入总额				61		61			61
营业盈余净额	135	34	0	69	0	238			238
混合收入净额				53		53			53
雇员报酬				1154		1154	2		1156
生产税与进口税			235			235			235
补贴			-44			-44			-44
财产收入	96	149	22	123	7	397	38		435

4. 其他初始收入分配账户

7.25 按机构单位或部门编制业主收入账户后，为得到初始收入，继之就需要编制其他初始收入分配账户。在其他初始收入分配账户中，来源方的第一项就是结转来的业主收入账户的平衡项——业主收入，而不是收入形成账户的平衡项——营业盈余或混合收入。对非金融公司部门与金融公司部门来说，该账户除平衡项之外只包含一个项目——已分配的公司收入。

7.26 对一般政府、住户和 NPISH 来说，其他初始收入分配账户的平衡项与初始收入分配账户是相同的。

7.27 表 7.3 列示了业主收入账户和其他初始收入分配账户。

B. 雇员报酬

1. 雇员的认定

7.28 一个人是雇员还是自雇者并非总是不言自明的，例如，在按成果付酬的工人中，可能一些是雇员，另一些人就是自雇者。两者的界限将影响住户部门子部门的划分。SNA 对

表 7.3：业主收入账户和其他初始收入分配账户——使用方

业主账户

使用

交易和平衡项	非金融公司	金融公司	一般政府	住户	NPISH	经济总体	国外	货物与服务	合计
财产收入	87	153				240			240
利息	56	106				162			162
公司已分配收入									
外商直接投资的再投资收益									
投资收入的支付		47				47			47
地租	31	0				31			31
业主收入总额	301	42				343			343
业主收入净额	144	30				174			174

其他初始收入分配账户

使用

交易和平衡项	非金融公司	金融公司	一般政府	住户	NPISH	经济总体	国外	货物与服务	合计
雇员报酬							6		6
生产税与进口税									
补贴									
财产收入	47	15	42	41	6	151	63		214
利息			35	14	6	55	13		68
外商直接投资的再投资收益						0	14		14
地租			7	27	0	34			34
初始收入总额/国民总收入	254	27	198	1381	4	1864			1864
初始收入净额/国民净收入	97	15	171	1358	1	1642			1642

雇员的定义与国际劳动统计会议（ICLS）关于经济活动人口的定义是一致的。但是，SNA 的主要目标是明确雇佣关系性质以确定雇员报酬与其他种类的收入之间的界限。因此，一些人，较典型的如准公司的所有者、公司的所有者兼管理者，他们在劳动统计中被归为自雇者，在 SNA 中则被归为雇员。第 19 章将会进一步讨论劳动力的测度以及相关术语的定义。

雇佣关系

7.29 只有从事 SNA 生产范围内活动的人，才能归之为就业者，即雇员或自雇者。当企业和个人之间达成正式或非正式的书面或口头协议后，雇主、雇员关系即成立，协议在正常情况下由劳资双方自愿达成，雇员根据协议按其贡献获得现金或实物报酬。报酬的多少通常由工作时间或其他一些考察工作量的客观指标来决定。

7.30 自雇者是那些为自己工作的人，他们拥有的企业在 SNA 中既非独立法人实体，亦非独立的机构单位。自雇者可能是他们为之工作的非法人企业的唯一所有者或共同所有者，也可能是合作生产者中的一员或有贡献的家庭劳动者（也就是在非法人企业工作的不取酬的家庭成员）。

a. 从事完全以自用最终消费或自用资本形成为目的之生产活动的工人，无论是个

表 7.3（续）：业主收入账户和其他初始收入分配账户——来源方

业主账户

来源

交易和平衡项	非金融公司	金融公司	一般政府	住户	NPISH	经济总体	国外	货物与服务	合计
营业盈余总额	292	46	27	84	3	452			452
混合收入总额				61		61			61
营业盈余净额	135	34	0	69	0	238			238
混合收入净额				53		53			53
财产收入	96	149				245			245
利息	33	106				139			139
公司已分配收入	10	25				35			35
外商直接投资的再投资收益	4	7				11			11
投资收入的支付	8	8				16			16
地租	41	3				44			44

其他初始收入分配账户

来源

交易和平衡项	非金融公司	金融公司	一般政府	住户	NPISH	经济总体	国外	货物与服务	合计
业主收入总额	301	42				343			343
业主收入净额	144	30				174			174
雇员报酬				1154		1154	2		1156
生产税与进口税			235			235			235
补贴			-44			-44			-44
财产收入			22	123	7	152	38		190
利息			14	49	7	70	21		91
外商直接投资的再投资收益			0	3	0	3	0		3
地租			0	21	0	21			21

人还是集体，都是自雇者，尽管对于这些自给生产活动来说，可以基于成本虚拟核算其包括预计人工费用在内的产出价值，但从事此类活动的工人的工资是不进行虚拟估计的，即使对于那些有成组工人共同工作的集体或公共项目，也同样如此。虚拟产出价值超过任何显性货币成本或生产税的盈余，则作为混合收入总额处理；

b. 不取酬的家庭劳动者，包括那些在全部或部分从事市场生产的非法人企业从事不取酬工作的人，也作为自雇者处理；

c. 公司全部权益可以归单一股东或一小群股东所拥有，如果这些股东也为公司工作并且接受分红以外的报酬，他们就属于雇员；与之类似，准公司的所有者如果为公司工作并且接受准公司盈利提成以外的报酬，也被视为雇员；

d. 外包工既可能是雇员也可能是自雇者，这要取决于他们当时所处的状态与环境。下文将对外包工的处理进行更详细的讨论。

7.31 自雇者的报酬作为混合收入处理。

7.32 学生是教育与培训服务的消费者，并非雇员。但如果学生也依据某种正式承诺将其劳动投入于企业生产过程，例如作为学徒工或其他类似受训人员、雇员、学生护理员、研究或教学助理、医院实习生等，那么，无论他们是否因为工作而获得除以培训作为实物报酬之外的现金报酬，都被处理为雇员。

雇主和自雇工作者

7.33 自雇者可分为两类：一类会在连续时间内雇佣付酬员工；另一类在连续时间内不雇佣付酬员工。前者称为雇主而后者则称为自雇工作者。这种划分将用于住户部门的细分。自雇工作者又可以进一步分为外包工和普通自雇工作者。外包工是根据一些正式或非正式的合同向特定企业提供货物或服务的人；普通自雇工作者既可以从事市场生产活动，也可以为自用最终消费或资本形成而进行生产。

外包工

7.34 所谓外包工是这样一类人，他们依据事先的安排或合同，同意为特定企业工作，或者同意为特定企业提供一定数量的货物或服务，但他们的工作地点不在该企业的任何一个产业活动单位内。企业不控制外包工的工作时间，也对他们的工作条件不承担责任，但企业可能检查其工作的质量。大部分外包工在家工作，但他们也可以选择其他的地点。对于某些外包工，企业提供了设备或原材料，甚至两者都提供；而对另一些人来说，也许要自己购买设备或原材料，甚至两者都需自己购买。无论哪一种情况，外包工都必须自己负担一些生产成本：如其工作所用房屋的实际或虚拟租金；供热、照明、供电的费用；仓储和运输费用等。

7.35 外包工既具有雇员的一些特征，也具有自雇工作者的一些特征。雇员与自雇工作者的主要区别在于他们获得报酬的方式。下面两种获得报酬的方式在本质上相当不同，因此可以据此做出清楚的划分：

a. 计酬的直接或间接依据是劳动者所完成的工作量，也即劳动者在生产过程中的劳动投入量，而非产出价值或生产过程所产生的利润。凡以此种计酬方式获得报酬者即为雇员。

b. 劳动者所得收入主要取决于所负责的某些生产过程产出的价值，而不论所投入劳动的多或是少。凡以此种计酬方式获得报酬者即为自雇工作者。

7.36 在实践中，应用上述标准区分雇员和自雇者，有时也会遇到困难。那些雇佣付酬员工进行工作的外包工，必须作为非法人企业的自我雇佣所有者，也即雇主处理，因此，问题的关键在于区分自雇工作者与雇员。

7.37 一个外包工被视为雇员的条件是：企业与

该外包工之间存在着雇佣关系，也即在两者之间存在着明确或隐含的合同或协议，规定外包工系基于所完成的工作量取酬。与此相反，一个外包工被视为自雇工作者的条件是：不存在着上述那样的明确或隐含的合同或协议，同时，外包工所得收入主要取决于提供给企业的货物或服务的价值。这意味着市场、经营规模、融资等方面的决策权均在外包工手中，他们也很可能购买或租用自己生产所需的机器或设备。

7.38　外包工的分类对账户有重要意义。如果一个外包工属于自雇工作者，那么企业对他的支付就构成对货物与服务的中间消耗，对该外包工来说，企业支付给他的报酬代表了产出的价值，产出的价值超出外包工支付的直接成本（处理为中间消耗）的部分就是总混合收入。如果一个外包工属于雇员，企业对他的支付则构成劳动者报酬，因而是企业增加值的一部分。因此，外包工的分类既会影响到企业间增加值的分配，也会影响到雇佣企业的雇员报酬和住户净混合收入的分配。

2.　雇员报酬的构成

7.39　雇员报酬记录在收入形成账户的使用方和初始收入分配账户的来源方。收入形成账户的使用方和初始收入分配账户的来源方列示了雇员报酬的详细项目，分别见表 7.4 和表 7.5。除了平衡项之外，与这些账户相关但并未在上述表中列示出来的项目只有一个，即国外的雇员报酬，该项目记录在初始收入分配账户的使用方。

7.40　如前所述，雇员报酬的定义是：企业因雇员在核算期内所做工作而应付给雇员的现金或实物报酬总额。

7.41　雇员报酬基于权责发生制进行记录，这也就是说：雇员报酬是按雇员因在相关时期内所完成工作而有权从雇主处获得的现金和实物报酬的价值来计算，而不论报酬的获得是在工作之前、工作同时还是工作之后。对于那些自愿从事的不付酬工作，其中包括住户成员在该住户所有的非法人企业所做的工作，按照这一原则是不产生应付雇员报酬的。雇员报酬不包括任何雇主应付的、基于工资或薪金计算的税收，如工薪税，此类税收与生产中由于使用建筑、土地或其他资产而应缴纳的税收相同，处理为生产税。

7.42　雇员报酬主要由如下两个项目构成：

a. 应付工资或薪金，可以是现金形式也可以是实物形式；

b. 雇主应付的社会缴款。它包括对社会保险计划的缴款；对其他就业相关社会保险计划的实际社会缴款；对其他就业相关社会保险计划的虚拟社会缴款。

第 8 章 D 节将讨论社会保险计划以及它所提供的福利的性质。

工资和薪金

7.43　出于管理便利的考虑或其他原因，雇主会采用代扣代缴的方式向社会保险计划、税收机关直接缴纳雇员应付的社会缴款、所得税等，即使如此，工资和薪金中仍包括雇员应付的社会缴款、所得税等项目的价值。工资和薪金可以有多种支付方式，包括作为现金报酬替代或补充而向雇员提供的货物或服务等实物报酬。

现金工资和薪金

7.44　以现金形式支付的工资或薪金包括如下报酬类型：

a. 按周、按月或按其他间隔定期应付的工资和薪金，包括按工作成果支付和计件支付；因加班、夜班、在周末或其他私人时间工作而获得的超常工资或专门津贴；因到外地工作、或在不满意的或危险的环境下工作而获得的津贴；在国外工作的出国津贴，等等；

b. 定期应付的辅助津贴，如住房补贴、交通补贴等，但不包括社会福利（参见下文）；

表 7.4：收入形成账户——使用方——雇员报酬

使用

交易和平衡项	非金融公司	金融公司	一般政府	住户	NPISH	经济总体	国外	货物与服务	合计
雇员报酬	986	44	98	11	11	1150			1150
工资和薪金	841	29	63	11	6	950			950
雇主社会缴款	145	15	35	0	5	200			200
雇主实际社会缴款	132	14	31	0	4	181			181
雇主实际养老金缴款	122	14	28	0	4	168			168
雇主实际非养老金缴款	10	0	3	0	0	13			13
雇主虚拟社会缴款	13	1	4	0	1	19			19
雇主虚拟养老金缴款	12	1	4	0	1	18			18
雇主虚拟非养老金缴款	1	0	0	0	0	1			1
生产税和进口税						235			235
补贴						-44			-44
营业盈余总额	292	46	27	84	3	452			452
混合收入总额				61		61			61
营业盈余总额中的固定资本消耗	157	12	27	15	3	214			
混合收入总额中的固定资本消耗				8		8			
营业盈余净额	135	34	0	69	0	238			238
混合收入净额				53		53			53

c. 在雇员因度假或生产暂时停止等原因而短期离开工作期间应付给雇员的工资和薪金，但所谓的短期离开工作期间不包括因疾病、工伤等原因而产生的缺勤（参见下文）；

d. 根据激励制度，与企业整体业绩挂钩而给付的专项奖金或其他特殊支付；

e. 雇员所获得的佣金、赏金或小费。这些项目均应视为对雇佣雇员企业所提供服务的支付，因此当第三方直接支付给雇员时，这些项目也应包括在雇佣雇员企业的产出和总增加值中。

7.45 雇员为能够接手新的工作岗位或完成工作所进行的支出，可以由雇主报销，由报销所得现金不计入现金工资与薪金。例如，以下两种报销收入就不包括在现金工资与薪金中：

a. 对雇员为接手新的工作岗位或应雇主的要求，把家搬到本国其他地区或国外所支付的旅费、搬迁费或其他相关费用的报销；

b. 对雇员在工具、设备、专门服装或其他项目上（这些项目应专门或主要用于其工作）购买支出的报销。

报销金额应作为雇主的中间消耗处理。那些按就业合同要求购置了工具、设备、专门服装等等的雇员，其购买支出在一定程度上并没有全部报销，未报销的费用应从雇员所得工资和薪金中扣除并相应加到雇主中间消耗上去。无论报销与否，雇员在专门或主要用于其工作的各种项目上的支出，不构成住户最终消费的一部分。

表 7.5：初始收入分配账户——来源方——雇员报酬

来源

交易和平衡项	非金融公司	金融公司	一般政府	住户	NPISH	经济总体	国外	货物与服务	合计
营业盈余总额	292	46	27	84	3	452			452
混合收入总额				61		61			61
营业盈余净额	135	34	0	69	0	238			238
混合收入净额				53		53			53
雇员报酬				1154		1154	2		1156
工资和薪金				954		954	2		956
雇主社会缴款				200		200	0		200
雇主实际社会缴款				181		181	0		181
雇主实际养老金缴款				168		168	0		168
雇主实际非养老金缴款				13		13	0		13
雇主虚拟社会缴款				19		19	0		19
雇主虚拟养老金缴款				18		18	0		18
雇主虚拟非养老金缴款				1		1	0		1
生产税和进口税			235			235			235
补贴			-44			-44			-44
财产收入	96	149	22	123	7	397	38		435

7.46　现金工资和薪金也不包括雇主支付的以下形式的社会福利：

a. 儿童、配偶、家庭、教育方面的补助，或其他与被赡养人有关的补助；

b. 向因疾病、意外伤害、生育等原因未在岗的员工所支付的全额或部分工资或薪水；

c. 向因裁员、丧失工作能力、意外死亡等原因失去工作岗位的员工或其遗属所支付的离职金。

在实践中，如果因疾病、意外等原因短期离职期间所支付的工资和薪金和其他工资和薪金是合并在一起的，那么做出区分可能并不容易。

7.47　在一些情形中，像汽车或额外缴纳的养老金这样的福利，并非免费提供，而是雇主通过预支雇员工资为雇员“购买”的。这样做的好处在于可以减税：相比个人直接购买汽车来说，由雇主先购买然后再卖给雇员，可以享受较低的税率；缴纳的养老金可以在计税前扣除，因此其税率与其他收入不同。在这样的情况下，全部薪金都应记为应付现金，同时上述费用应显示为雇员的消费支出或养老金缴纳或其他合适项目。

实物工资和薪金

7.48　有很多原因会使雇主选择以实物形式向雇员支付报酬，例如：

a. 不支付现金或对雇主、或对雇员、或对两者有税收方面的好处；

b. 当产出周期性过剩时，雇主希望减少库存。

7.49 由于在如何花费收入方面没有选择的自由，实物收入没有现金收入受欢迎。有些发给雇员的货物或服务，由于其类型或质量的原因，雇员在正常情况下是不会购买的。但尽管如此，这些实物报酬的估价原则也必须与其他货物服务保持一致：即货物服务如果是雇主购买的，就应采用购买者价格对其进行估价；如果是企业自己生产的，则应采用生产者价格对其进行估价。如果货物服务是免费发给雇员的，这些实物工资和薪金的价值就是所发放货物服务的全部价值；如果货物或服务是以较低价格卖给雇员的，这些实物工资和薪金的价值就是所发放货物服务的全部价值与雇员按较低价格支付额的差值。

7.50 雇主提供给雇员的货物或服务，如果是出于使雇员能够从事工作的目的，如特殊防护服（第 6.222 段有一个此类项目的目录），则该货物或服务的价值应作为雇主的中间消耗处理。另一方面，属于实物报酬的货物服务是指：并不必须用于工作，雇员能够在自己的私人时间里自主决定其使用方式，以满足自己或住户成员的需求的货物与服务。

7.51 几乎所有的货物或服务都可以作为实物报酬。下面列示的是雇主免费或低价提供给雇员的实物报酬中一些最常见的类型：

a. 日常向雇员提供的食品和饮料，包括对单位食堂的所有补贴（为实际操作方便，不必单独估计公务招待或出差中的食品和饮料消费）；

b. 可由雇员所属住户全体成员使用的住房服务或某种类型的膳宿服务；

c. 提供给雇员个人使用的机动车或其他耐用品服务；

d. 雇主自身生产过程所生产的货物与服务，如铁路或航空公司提供给员工的免费旅程，采矿企业提供给员工的免费煤炭等；

e. 提供给雇员及其家庭的运动、娱乐或度假设施；

f. 免费的上下班交通工具和停车场，如果需要雇员付费，则体现为雇主给雇员的相应补贴。

g. 为雇员子女开办的幼儿园。

7.52 雇主所提供的某些服务，如上下班班车、停车场、幼儿园等，具有一些中间消耗的特征。但是，雇主之所以提供这些服务设施，不是生产过程的性质或雇员工作的物质条件的要求，而是为了吸引和留住员工。总的来说，比起中间消耗，对这些服务的消费更像是其他形式的雇员报酬。有许多雇员不得不从自己的收入中支付上下班交通费用、停车费以及幼儿园费用，相关支出是要记录为最终消费支出的。

7.53 另一类经常提供的实物报酬是汽车。汽车可以免费提供给雇员，但出于纳税方面的考虑，在雇员的收益中仍表现为虚拟的现金形式。在一个有大量汽车都是由企业提供给雇员作为其额外福利的国家，雇主会因其强大购买力在汽车购买价格上获得很大折扣。因此，雇员将得到比自己个人用等量现金能购买到的更高质量的汽车。雇员所得汽车的价值，应按雇主购买的实际成本估计。

7.54 当雇主以较低的利率、甚至零利率向雇员提供贷款以供其购买住房、家具或其他货物或服务时，实物报酬也包括雇主所放弃的利息收入。此类实物报酬价值的估计方法是：用按平均抵押贷款利率、或消费者信贷利率等市场利率计算雇员所本应支付的利息，减去实际支付的利息。当名义利率因通货膨胀而很高时，此类实物报酬的数额可能较大；反之，则可能因数额太小太不确定而不值得估算。

股票期权

7.55 雇主给予雇员的在未来某些时候买入股票的期权，是另一种形式的实物收入。第 17 章第 6 节将详细说明股票期权的估值与记录方法。

雇主社会缴款

7.56 ***雇主社会缴款是指：雇主为使其雇员能获得社会福利而应缴付给社会保障基金或其他就业相关社会保险计划的款项***。社会保障基金由政府管理；其他就业相关社会保险计划可以由雇主自己进行管理，也可以由某家保险公司或某个自主养老金计划进行管理。

7.57 雇主社会缴款的目的在于使自己的雇员能获得社会福利，因此，雇主社会缴款应与现金、实物工资与薪金一起记为雇员报酬的一部分。随后，社会缴款将记录为雇员对社会保障基金或其他就业相关社会保险计划的经常转移支付。尽管雇主代替雇员缴纳社会缴款在管理上更有效率，但如下经济事实必须明确：雇主对社会保障基金或其他就业相关社会保险计划的缴款，事实上并非雇主的经常转移，而是雇员用自己从雇主处所得收入对社会保障基金或其他就业相关社会保险计划的经常转移支付。与此处情形类似的另一个例子是雇员应缴所得税，它虽由雇主从雇员工资薪金里扣除并直接缴纳给税收机关，但很明显所得税不是雇主的经常转移支付。按照惯例，雇主社会缴款改由雇员的初始收入分配账户和收入再分配账户共同进行描述，通过这些账户可以正确地描述各种应收、应付项。无论是雇主向社会保障基金或其他就业相关社会保险计划直接缴纳社会缴款，还是雇主向税收机关直接缴纳所得税，其实只不过是出于管理便利和效率的原因而采取的便捷处理方法。

7.58 雇主社会缴款在核算中的处理方法是：首先将社会缴款的等值金额记录在收入形成账户的雇员报酬项目下；然后根据情况，或是在收入再分配账户中记录为住户向社会保障基金或其他就业相关社会保险计划的转移支付，或是在收入使用账户中记录为住户对与运行保险计划相关的金融服务的支付。一旦社会缴款义务产生，就应同时在上述三个账户中进行记录。雇主代雇员缴给社会保障计划的社会缴款，既可以针对每一员工提取一个固定数额，也可以由雇员工资或薪金水平来决定。向其他就业相关社会保险计划的缴纳数额则取决于雇主与雇员间所达成的协议。

7.59 在养老金方面的社会保险计划有两种类型：定额缴款计划和定额福利计划。在定额缴款计划下，参加者的福利由其对计划的实际缴纳数量决定；而在定额福利计划下，最终的福利则要根据社会保险计划条款中规定的公式来计算。与此类似，由于在最近核算期内从事工作而导致的雇员应得权益的增长量，也应根据条款中规定的公式来计算。

7.60 雇主向社会保险计划的缴款分为实际缴款和虚拟缴款。

7.61 无论是实际缴款还是虚拟缴款，与养老金相关的缴款和与其他福利相关的缴款都应分开列示。

雇主向社会保险计划的实际缴款

7.62 雇主向社会保险计划的实际缴款由向社会保障基金的缴款和向其他就业相关社会保险计划的缴款构成。账户中还区分了与养老金相关的缴款和与其他福利相关的缴款，应单独给出各自数据。

雇主向社会保险计划的虚拟缴款

雇主虚拟养老金缴款

7.63 不存在向社会保障基金的虚拟缴款。

7.64 对定额缴款养老金计划来说，除非是雇主自己管理，否则不存在虚拟缴纳。而在雇主自己管理养老金计划的情况下，管理的成本作为应付给雇员的虚拟缴纳处理，记录在雇员报酬中。同时，也按同等金额记录为住户的金融服务最终消费支出。

7.65 对定额福利养老金计划来说，是存在虚拟缴纳的，计算方法是将其作为余值进行推算。计算的依据是：雇主全部实际缴款加上雇员全部缴款再加上雇主虚拟缴款，等于因当期就业所导致的收益增长加上养老金计划的管理成本。

7.66 有些定额福利养老金计划运转良好，可得资金超过了对当前和过去参加该计划的雇员的支付义务之所需，在此种情况下，雇主可能暂停缴纳，在一个或更多的时期内不进行实际缴纳，但是，仍然要按这里所描述的方法计算和记录雇主的虚拟缴纳。

7.67 由于雇员从未做过任何实际缴纳，有些养老金计划可被称为不用缴款的养老金计划，不过如前所述，仍然需要计算虚拟缴纳。

雇主虚拟非养老金缴款

7.68 有一些雇主会在不通过保险公司或自主养老基金、不建立专门基金或独立准备金的情况下，直接向其目前、过去的雇员或被赡养人提供非养老金福利。在此种情形下，尽管没有建立可提供未来应得权益的准备金，仍可认为现有雇员得到了针对各种特定需要或环境的保护。因此对于这样的雇员来说，他们所得到的此类报酬应进行虚拟估算，其价值量应等于保证雇员能获得自己积累的社会福利所需社会缴款的数量。该数量考虑了雇主和雇员的所有实际缴款，不仅取决于当前应付福利的水平，而且取决于在此种计划下雇主负债在未来发展变化的路径，目前以及过去雇员的人数、年龄分布、预期寿命等因素的预期变化都将对路径产生影响。所以，原则上，此类缴款价值的虚拟估算应该基于精算方法，即保险公司决定应收保费水平时所使用的方法。

7.69 但在实践中，确定虚拟缴款的规模应有多大可能并不容易。企业为了计算未来可能的负债，可能会基于向类似已建基金保险计划的缴款，自己来估计虚拟缴款，如果完成了估计，其结果是可以使用的。否则，实践中唯一的替代方法也许就是：用企业在同一核算期内应付的未建基金的非养老金福利来估计用以支付虚拟缴款的虚拟报酬。有很多显而易见的理由会使所需虚拟缴款的价值偏离同一时期实际支付的未建基金的非养老金福利，例如，企业劳动力构成和年龄结构的变化，但当前期实际支付的福利可能仍是虚拟缴款及与之关联的虚拟报酬的最可行估计。

7.70 不考虑其他因素，对一个无需缴款的计划所缴纳的价值可能正好等于其受益价值，此一事实并不意味着要将该受益本身作为雇员报酬的一部分处理。

C. 生产和进口税

1. 生产和进口税的记录

7.71 ***税收是由机构单位缴纳给政府单位的强制性的、无回报的现金或实物***。之所以用无回报来描述税收，是因为政府不会向单个纳税单位提供任何回报，尽管政府可能会使用由税收筹集的资金，向其他单位——或为个体或为集体——或者是整个社会提供货物或服务。

7.72 生产和进口税的完整分类如下：

产品税
- 增值类税（VAT）
- 进口税和进口关税，不包括 VAT
  - 进口关税
  - 进口税，不包括 VAT 和关税
- 出口税
- 产品税，不包括 VAT、进口和出口税

其他生产税

7.73 在分类的最顶级层次上，生产和进口税分为两项：产品税；其他生产税。产品税是

指：对生产、销售、转移、出租或交付货物或服务而征收的税收；或者对以自身消费或资本形成为目的使用货物或服务而征收的税收。在 SNA 中，记录产品税的方式取决于下文所描述的用于产出记录的估价方法。其他生产税的主要构成项目是：针对生产中所用的土地、建筑、其他资产等的所有权或使用而征收的税收；或是针对雇佣劳动力或支付雇员报酬而征收的税收。无论产出采用何种估价方法，其他生产税总是记录为收入形成账户中增加值的一项使用。

7.74　在讨论了记录税收的规则之后，下文将给出生产和进口税每一分类的完整解释。在解释中将给出税收收入数据的主要出版物，包括：《政府财政统计手册，2001》（GFSM2001）和*税收统计*（经济合作与发展组织（OECD）的年度出版物）。

7.75　在企业会计中，当为纳税或其他目的而计算利润时，除发票单列增值税以外的生产税通常都处理为可由销售收入或其他收入支付的生产成本。此类税收与传统所理解的“间接税”是相对应的，所谓间接税，其特点在于可全部或部分地通过提高货物或服务的销售价格转嫁给其他机构单位。但是，确定各种税收的实际承担者即使不是不可能，至少也是极其困难的，因此，目前“直接”和“间接”税的术语在经济学中已不再使用，在 SNA 中也是如此。

生产和进口税在账户中的记录

7.76　生产和进口税记录在收入形成账户的使用方和初始收入分配账户的来源方。

7.77　在收入形成账户中，进口税仅在经济总体层次上记录，这是因为进口税并非国内生产者增加值的应付项目。此外，在单个机构单位或部门的层次上，只有那些未从该单位或部门产出价值中扣除的产品税才需要记录在收入形成账户的使用方。具体哪些税收未扣除则要取决于产出的估价方法：如果采用基本价格，所有因生产作为产出的货物或服务而应缴纳的产品税（应收生产补贴）都要从生产者价格的产出中扣除（加上），因此在有关单个机构单位或部门收入形成账户的使用方，就不会记录产品税（补贴），而只有在经济总体层次才会进行记录，正如进口税的处理方法一样；如果产出估价使用生产者价格，所有应付产品税和应收产品补贴都会记录在有关单个机构单位或部门收入形成账户的使用方，只有发票单列增值税或类似可抵扣税不包括在其中，这是因为发票单列增值税肯定不是产出价值的一部分。不可抵扣的增值税和类似税收将与进口税一样，仅在经济总体层次账户的使用方记录。

7.78　其他生产税或补贴，也即因在生产中使用土地、资产、劳动力等而应付的税收，因其不以单位产出来计税，故不能从生产者价格产出中扣减。此类税收将记录为相关单个生产者或部门增加值中的应付项目。

7.79　在初始收入分配账户中，生产和进口税只出现在一般政府部门账户和经济总体账户的来源方，但其中不包括应付给国外部门的此类税收。

税收与收费

7.80　政府的管理职能之一是：禁止某些单位拥有或使用某些特定货物，除非他们获得表示特殊许可的执照或其他证明，而获得此执照或证明是需要交费的。如果某些单位支付一定费用后自动获得执照，执照的发放不涉及或者很少涉及政府，那么，这有可能纯粹就是一种获得收入的手段，即使政府可能会提供某种证明文件或授权作为回报也是如此。但如果政府借发放执照来执行一些适当的管理职能，如检查有关人员的能力或资格、检查有关设备的运行效率和安全性能，或者进行一些其他形式的控制，如果这些行动在不缴费的情况下政府并无义务去做，那么，此时所缴纳的费用应视为对政府服务的购买而非税收缴纳，除非所缴纳的费用大大超出了提供服务的成本。在实践中，税收与因提供服务而收费二者之间的界限并非总是清晰的（下文 8.64（c）在缴费者为住户的情况下对此有进一步的解释）。第 17 章第 5 部分讨论了政府发放许可证的一般案例。

与 IMF 和 OECD 税收分类的联系

7.81 SNA 的税收范围包括了因央行实施的利率高于市场利率所带来的隐性税收，除此之外，该范围与 GFSM2001 中定义的“税收收入”相一致。与*税收统计*中定义的“税收”相比，SNA 的税收还包括了官方实施多重汇率所导致的虚拟税收或虚拟补贴，央行实施的利率高于或低于市场利率所导致的虚拟税收或虚拟补贴，但 SNA 税目中不包括社会保障缴款。GFSM2001 的第 5 章详细列示了各种税项，并根据税收性质对其进行了分类。*税收统计*的附录 A 也载有一个几乎完全一致的税收分类。

7.82 在 SNA 中，税收的分类取决于如下三个因素的交互作用，税收的性质仅是其中之一：

a. 税收的性质，GFSM2001/OECD 的税收分类以此为划分依据；

b. 纳税机构单位的类型；

c. 纳税时所处环境。

表 7.6：收入形成账户——使用方——生产税和补贴

使用

交易和平衡项	非金融公司	金融公司	一般政府	住户	NPISH	经济总体	国外	货物与服务	合计
雇员报酬	986	44	98	11	11	1150			1150
生产税和进口税						235			235
产品税						141			141
增值类税（VAT）						121			121
进口税和进口关税，不包括 VAT						17			17
进口关税						17			17
进口税，不包括 VAT 和关税						0			0
出口税						1			1
产品税，不包括 VAT、进口和出口税						2			2
其他生产税	88	4	1	0	1	94			94
补贴						-44			-44
产品补贴						-8			-8
进口补贴						0			0
出口补贴						0			0
其他产品补贴						-8			-8
其他生产补贴	-35	0	0	-1	0	-36			-36
营业盈余总额	292	46	27	84	3	452			452
混合收入总额				61		61			61
营业盈余总额中的固定资本消耗	157	12	27	15	3	214			
混合收入总额中的固定资本消耗				8		8			
营业盈余净额	135	34	0	69	0	238			238
混合收入净额				53		53			53

7.83　因此，在 SNA 中，缴纳完全相同的税，可能记录在两个不同的项目下。例如，根据货物是来自进口还是由国内生产，消费税既可以记在"进口税，不包括 VAT 和关税"项目下，也可以记在"产品税，不包括 VAT、进口和出口税"项目下。车辆年税的情况也类似，根据缴纳者是企业还是住户，车辆年税既可以记在"其他生产税"项目下，也可以记在"所得税、财产税等经常税"项目下。因此之故，不可能简单地通过对 GFSM2001/OECD 的税收分类进行重新分组来获得 SNA 的分类。但为了利用现有的详细分类，下文所涉每一个税收种类都会给出与 GFSM2001 和 OECD 分类中对应类别的对照关系。还应指出的是，即使 SNA 的类别包含在 GFSM2001 和 OECD 类别中，但也并非完全相同。

基于权责发生制进行记录

7.84　在 SNA 中，所有的税收都应基于权责发生制进行记录，这意味着，当那些产生纳税义务的活动、交易或其他事件发生时，就应进行记录。但是，存在一些经济活动、交易或事件，虽然按税法规定其相关单位负有纳税义务，但却永久逃脱了税务机关的注意。对于此类活动、交易或事件，假

表 7.7：初始收入分配账户——来源方——生产税和补贴

来源

交易和平衡项	非金融公司	金融公司	一般政府	住户	NPISH	经济总体	国外	货物与服务	合计
营业盈余总额	292	46	27	84	3	452			452
混合收入总额				61		61			61
营业盈余净额	135	34	0	69	0	238			238
混合收入净额				53		53			53
雇员报酬				1154		1154	2		1156
生产税和进口税			235			235			235
产品税			141			141			141
增值类税（VAT）			121			121			121
进口税和进口关税，不包括 VAT			17			17			17
进口关税			17			17			17
进口税，不包括 VAT 和关税			0			0			0
出口税			1			1			1
产品税，不包括 VAT、进口和出口税			2			2			2
其他生产税			94			94			94
补贴			-44			-44			-44
产品补贴			-8			-8			-8
进口补贴			0			0			0
出口补贴			0			0			0
其他产品补贴			-8			-8			-8
其他生产补贴			-36			-36			-36
财产收入	96	149	22	123	7	397	38		435

设它们产生了应收、应付形式的金融资产或负债，是不现实的做法。因此在 SNA 中，唯有那些有证据的应纳税额才能记录，所谓证据包括税收评估、税收申报的单据或其他凭据，如销售发票或报关单等，只有这些凭据才能产生清晰的纳税义务（在评估纳税额时，应当注意不要包括不可能征收到的税收）。然而，按权责发生制，税收的记录时间应是纳税义务产生的时间。例如，产品销售、转让或使用税应在销售、转让或使用发生时记录，这一时点未必与税务机关得到通知的时点相同，未必与发出纳税要求的时点相同，也未必与应纳税时限或实际纳税时点相同。但是，所得税扣减的记录时间是允许有一定灵活性的。

7.85 在某些国家，有些税收的实际纳税额与应纳税额之间存在着巨大而系统的差异，差异程度很大，以至于有些应纳税额不再能有力地解释为 SNA 所理解的金融负债的构成项。在此种情形下，出于分析和政策应用的目的，忽略那些未缴纳的税收，在 SNA 内仅测度已实际缴纳的税收，是更加可取的选择。但实际纳税额的记录时间仍然要依据权责发生制，在纳税义务产生之时进行记录。

利息、罚金或其他罚款

7.86 原则上，因逾期不纳税而加收的利息、罚金或对试图逃税所进行的罚款，都不应记录为税收，而应单独记录。但将利息、罚金或其他罚款的支付与相关税款的缴纳区分开来，是不太可能的，这就导致在实践中利息、罚金或其他罚款通常会与税收合并在一起。

初始收入分配账户中的税收和补贴

7.87 表 7.6 列示了记录在收入形成账户使用方的税收和补贴的详情，表 7.7 列示了记录在初始收入分配账户来源方的税收和补贴。按照 SNA 记录产品税和产品补贴的方法，表 7.6 中没有分部门的产品税和产品补贴，只有一个总数，这与表 6.1 的情况是一致的。国外部门的产品税和产品补贴在此并不记录，只显示在初始收入分配账户的来源方。

2. 产品税

7.88 ***产品税是按每单位货物或服务应缴纳的税收***。产品税可以按每单位数量的货物服务缴纳某一特定的金额来计算（货物服务的数量单位或是离散单位，或是连续单位，如体积、重量、强度、距离、时间等物理变量）；也可以采用从价计税的方法来计算，即按所交易货物服务价值或单位价格的一定百分比缴纳产品税。当生产、销售或进口产品时，通常就应缴纳产品税；在其他一些情况下，如出口、出租、转移、交付货物，或为自身消费或自身资本形成而使用货物，也可能要缴纳产品税。在开给客户的发票或账单上，企业也许会逐项单独列出产品税额，但也可能不这样处理。

增值类税

7.89 ***增值类税（VAT）是在货物或服务的转移过程中，分阶段由相应企业征收，但最后完全由最终购买者承担的税收***，在 6.55 到 6.62 段，已经对此类税种进行过说明。增值类税被称为“可抵扣”税，这是因为生产者通常并不需要按开具给客户的发票上所列出的税额向政府全额缴纳，而是可以进行抵扣：生产者自己购买用于中间消耗或固定资本形成的货物服务时，作为购买者将获得发票，发票上会列出增值税额，此部分金额可从生产者作为销售者的应缴增值税中扣除。计算增值税所依据的货物服务的价格通常是包含了所有其他产品税的价格。进口的货物服务在缴纳进口关税或其他进口税以外，还要缴纳增值税。（GFSM2001 11411；OECD，5111）

进口税和进口关税，不包括 VAT

7.90 ***当货物跨越经济领土意义上的国境或关境，***

或服务由非常住生产者提供给常住机构单位时，这些货物或服务所应缴纳的税收即为进口税和进口关税。

7.91　进口货物进入本国经济领土并已缴纳所有进口应纳税收之后，还有可能因在本国经济体内流转而需继续纳税。例如，进口货物在经批发链或零售网络流通时，也许就需缴纳消费税或销售税，但无论货物由常住企业生产还是进口，此种税收都是一体征收的，因此，已进口货物所纳此类税收不再记录在进口税项目下，而应记录在“产品税，不包括 VAT、进口和出口税”项目下。

7.92　例外的是，如果货物的实体进入本国经济但其所有权并未改变，不作为进口处理，但也要对货物征收关税或某些其他税收。不过，此类税收或关税仍然属于进口税和进口关税这一税目。

进口关税

7.93　某一特定类型的货物进入经济领土时所应缴纳的关税或其他进口费用，即为进口关税。关税的多少由海关税则规定。进口关税可以是一种增加财政收入的手段，也可以用来限制进口以保护常住生产者（GFSM2001，1151；OECD，5123）。

进口税，不包括 VAT 和关税

7.94　***进口税，不包括 VAT 和关税，由所有 GFS/OECD 分类中定义的当货物进入经济领土或服务由非常住者提供给常住者时应纳的税收（不包括 VAT 和关税）构成***。具体包括如下类型：

a. *一般销售税*：当货物进入经济领土或服务由非常住者提供给常住者时应缴纳的一般销售税（不包括 VAT）（GFSM2001，11412；OECD，5110－5113）；

b. *消费税*：对特定类型货物所征收的税，典型代表如酒精饮料、烟草、燃料等；当货物进入经济领土时，不仅要缴纳进口关税，还需缴纳消费税（GFSM2001，1142；OECD，5121）；

c. *特定服务税*：非常住企业向经济领土内常住单位提供服务时应缴纳的税（GFSM2001，1156；OECD，5126）；

d. *进口专营利润*：由对某些货物或服务进口实施专营的进口品经销管理机构或其他公营企业转移给政府的利润。与 7.96（e）中所说明的对财政专营利润的处理相比，将此种利润处理为隐性产品税也同样是合理的（GFSM2001，1153；OECD，5127）；

e. *多重汇率导致的税*：这也是一种隐性税收，由中央银行或其他官方机构实施多重汇率所致（GFSM2001，1154）。

出口税

7.95　***当货物离开经济领土或服务由常住者提供给非常住者时应纳的税收，即出口税***。出口税包括如下类型：

a. *出口关税*：出口所缴纳的一般或特定的税收或关税（GFSM2001，1152；OECD，5124）；

b. *出口专营利润*：由对某些货物或服务出口实施专营的出口品经销管理机构或其他公营企业转移给政府的利润。与 7.96（e）中所说明的对财政专营利润的处理相比，将此种利润处理为隐性产品税也同样是合理的（GFSM2001，1153；OECD，5124）；

c. *多重汇率导致的税*：这也是一种隐性税收，由中央银行或其他官方机构实施多重汇率所致（GFSM2001，1154）。

产品税，不包括 VAT、进口和出口税

7.96　***“产品税，不包括 VAT、进口和出口税”是指：对生产、销售、转移、出租或交付货物服务而征收的税收；或者对出于自身消费或资本形成的目的使用货物服务而征收的税收***。该类税收一般包括如下类型：

a. *一般销售税或流转税*：包括制造、批发和零售税，购买税，营业税等等，但不包括 VAT 和其他可抵扣税（GFSM2001，11412 – 11413；OECD，5110 –5113）。

b. *消费税*：包括对特定类型货物所征收的税，典型代表如酒精饮料、烟草、燃料等（GFSM2001，1142；OECD，5121）。

c. *特定服务税*：包括对交通、通信、保险、广告、住宿、餐饮、娱乐、赌博和彩票、体育运动等所征收的税（GFSM2001，1144；OECD，5126）。

d. *金融和资本交易税*：包括因购买或销售非金融、金融资产（包括外汇）而应缴纳的税。当土地或其他资产的所有权发生改变时，就应缴纳该税（GFSM2001，1134；OECD，4400）。但是，如果是因为资本转移（主要指遗产继承和赠与）而导致所有权发生改变，此时所纳税收应处理为对单位出售资产之服务所征收的税。

e. *财政专营利润*：财政专营者转移给政府的利润。政府不是以促进公共经济或社会利益为目的，而是出于增加财政收入的考虑，给予公营公司、公营准公司或政府所有之非法人企业在特定货物服务生产或销售领域的法定专营权，这样的公司就是财政专营者。财政专营者所生产的典型货物服务多为在其他国家被赋以重税的货物或服务，如酒精饮料、烟草、火柴、成品油、盐、扑克牌等。行使专营权是政府增加财政收入的一种替代方法，以避免采取向此类产品私人生产者征税这一更加明显的手段。当存在专营时，应认为专营者的销售价格包含了所销售产品的隐性税收。但是在原则上，只有专营利润超出所谓的"正常利润"的超额部分，才能算作税收，但超额数量很难估计，因此在实践中，将财政专营者实际转移给政府的利润额视为纳税额（GFSM2001，1143；OECD，5122）。如果是由于货物或服务或生产技术的特殊性质（如公用事业、邮电通讯、铁路等），政府根据精心制定的经济社会政策而给予公营企业以专营权，那么此种情况不能处理为财政专营。一般来讲，财政专营主要限于消费品或燃料的生产领域。由于财政专营利润是在企业整体层次上来计算的，因此当一家企业生产两种或两种以上的货物服务而又没有引入不同产品纳税税率的假设时，不可能估计出已销售货物服务的单位平均纳税额。所以如没有更好的理由，就应假定所有产品使用同一从价税率，该税率的计算方法是：隐性税收总价值/（总销售价值 – 隐性税收总价值）。为了能计算相关产品的基本价格，算出这一税率是必要的。

f. *中央银行实施高于市场水平的利率产生的税*：该税将在 7.122 到 7.126 段进行说明（GFSM2001 中未包括该税）。

3. 其他生产税

7.97 ***其他生产税是指：除产品税以外，企业因从事生产活动而应缴纳的所有税收***。该类税收不包括任何针对企业所得利润或其他收入而征收的税，无论生产活动的盈利情况如何，都应缴纳。如果在生产过程中以及某类活动或交易中使用了土地、固定资产或雇佣了劳动力，就应缴纳此类税收。其他生产税包括如下类型：

a. *工薪或劳力税*：企业按所付工资和薪金的一定比例，或者按每名雇员某固定数额来计算应纳税额。该税不包括雇主缴纳的强制性社会保障缴款，也不包括雇员自己用工资或薪金缴纳的任何税。（GFSM2001，112；OECD，3000）；

b. *土地、房屋或其他建筑物定期税*：由于拥有或使用企业生产用土地、房屋或其他建筑物而应定期缴纳（通常是按年缴纳）的税，无论这些资产是企业自有还是租赁而来，都需纳税（GFSM2001，1131；OECD，4100）；

c. *营业和执业执照税*：企业为获得允许从事特定种类的营业活动或职业执照而缴纳的税收。这里所说的执照包括出租车执照和娱乐场所执照等。但在某些情形下，为获得使用自然资源的执照而缴纳的费用并不处理为税收，而是处理为资产的销售。第 17 章第 5 部分将对这些情形进行说明。如果政府以进行某些检查作为发放执照的条件，那么企业所缴纳的费用就不是无回报的，因此除非执照费用远大于政府进行检查的成本，执照费用都应处理为对政府所提供服务的支付（GFSM2001，11452；OECD，5210）。政府通常会进行的检查包括：对企业房屋适用性和安全性的检查；对所用设备可靠性和安全性的检查；对雇员职业能力的检查；对生产出来的货物服务的质量或标准的检查等（关于住户出于自己个人使用目的而获得的执照如何进行处理，请参阅 8.64（c）段）；

d. *固定资产使用或其他活动税*：对企业出于生产目的使用车辆、船舶、飞机或其他机械设备（无论自有还是租赁）而定期征收的税。此类税收通常称为牌照税，一般数额固定，不因资产实际使用率高低而异（GFSM2001，11451 - 11452 和 5.5.3；OECD，5200）；

e. *印花税*：指不属于针对已确定交易类型征收的印花税，如法律文件或支票上的印花税。该税一般处理为对工商业生产或金融服务征收的税，但对酒精饮料或烟草等特殊产品销售所征收的印花税，则处理为产品税（GFSM2001，1161；OECD，6200）；

f. *污染税*：对向环境中排放有毒气体、液体或其他有害物质而征收的税。它不包括为政府当局收集和处置废物或有毒物质而支付的费用，该费用构成企业的中间消耗（GFSM2001，11452；OECD，5200）；

g. *跨国交易税*：对海外旅行、国外汇款或类似与非常住者间的交易所征收的税（GFSM2001，1156；OECD，5127）。

D.　补贴

7.98　***补贴是政府部门（包括非常住政府部门）根据企业生产活动水平或企业生产、销售、进口货物服务的数量或价值量给予企业的经常性无偿支付***。接受补贴者为常住生产者或进口者。就常住生产者而言，给予补贴是为了影响其生产水平、影响其产品销售定价或从事生产之机构单位所得的报酬。从对营业盈余的影响来看，补贴与生产税的作用方向相反，可视为负生产税。

7.99　补贴不应付给最终消费者，政府直接支付给住户（作为消费者）的经常转移被处理为社会福利。补贴也不包括政府为帮企业资本形成融资或补偿企业资本资产的损失而给予企业的补助，这些补助处理为资本转移。

1.　产品补贴

7.100　***产品补贴是按每单位货物或服务计算应得到的补贴***。这种补贴可以从量计算，即按每单位数量货物或服务给以一固定数额的补贴；也可以从价计算，即按单位产品价格的一定百分比给以补贴。补贴也可以按特定目标价格与买者实际支付的市场价格之间的差额来计算。通常在生产、出售或进口货物服务时，政府即应向企业支付产品补贴，在另一些情况下，如转移、出租、交付货物或为自身消费或自身资本形成而使用货物时，也可以产生应付产品补贴。

进口补贴

7.101 ***进口补贴是指：当货物跨越经济领土的边界或服务由非常住单位提供给常住机构单位时应得到的补贴***。进口补贴包括由于官方多重汇率体系的实施所产生的隐含补贴，它也包括由于精心制定的政府政策而使政府贸易组织（其职能是从非常住单位购买产品然后再以较低价格卖给常住单位）所蒙受的亏损（参见 7.103 段对出口补贴的论述）。

7.102 与进口税的情况一样，货物的进口补贴不包括当货物越过边境进入本国经济领土后的流通过程中所应得到的补贴。

出口补贴

7.103 ***出口补贴是指：当货物离开经济领土或服务由常住单位提供给非常住单位时政府应支付的补贴***。出口补贴包括如下类型：

a. 对出口应付的*直接补贴*：当货物离开经济领土或服务提供给非常住单位时，应直接付给常住生产者的补贴；

b. *政府贸易组织的亏损*：由于精心制定的政府政策而使政府贸易组织（其职能是从常住单位购买产品然后再以较低价格卖给非常住单位）所蒙受的亏损。买价和卖价之间的差别就是出口补贴（参见 7.105（b）段）；

c. *多重汇率导致的补贴*：这是一种隐含补贴，由官方实施多重汇率体系所致。

不包括在出口补贴中的项目

7.104 出口补贴不包括货物服务在通过关境时得到的、之前在经济领土内已纳税收的退税。出口补贴也不包括如下的税收减免：如货物在经济领土内销售或使用本应缴纳的税因出口而不再征收。出口品通常无需缴纳一般产品税，如销售或购买税、VAT、消费税或其他产品税。

其他产品补贴

7.105 ***常住生产者生产、销售、转移、出租或交付自己生产作为产出的货物服务，或者对出于自身消费或资本形成目的而使用这些货物服务所应得到的补贴，即为其他产品补贴***。该类补贴的最常见类型如下：

a. *国内使用产品的补贴*：常住企业因其产品在经济领土内使用或消耗而应得的补贴；

b. *政府贸易组织的亏损*：指那些旨在买卖常住企业产品的政府贸易组织所蒙受的亏损。由于精心制定的政府经济或社会政策，政府贸易组织以比购入价格低的价格来销售货物并因此而导致亏损，此时，买卖价差就应处理为补贴。此类组织所持有的货物存货按其所支付的购买者价格估值并入账，补贴则在货物售出时记录；

c. *对公营公司和准公司的补贴*：该补贴作为定期转移用以弥补公营公司和准公司因定价低于其平均生产成本所导致的生产活动持续性亏损（即负的营业盈余），导致这种亏损的原因是精心制定的政府经济和社会政策。为了能计算出此类企业的基本价格产出，假设存在一个适用于所有产出的统一的隐含从价补贴率往往是必要的，该比率应等于：补贴额/（销售额＋补贴额）；

d. *中央银行实施低于市场水平的利率产生的补贴*：该补贴将在 7.122 至 7.126 段进行说明（GFSM2001 中未包括该补贴）。

2. 其他生产补贴

7.106 **其他生产补贴是指产品补贴以外的、常住企业因参与生产所应得的补贴**。此类补贴的一些例子如下：

a. *工薪或劳力补贴*：包括按工资或薪金总

额支付的补贴；按劳动力总人数支付的补贴；向某些特定类型的就业者——如身体残疾者——支付的补贴；向长期失业者支付的补贴。此类补贴也可用于弥补企业组织或资助的培训计划的部分或全部成本；

b. *减少污染补贴*：用以弥补企业为减少或消除污染排放而进行附加处理活动的部分或全部成本。

E.　财产收入

1.　财产收入的界定

7.107　当金融资产和自然资源所有者将其资产交由其他机构单位支配时，财产收入就会随之产生。因使用金融资产而产生的应付收入称为投资收入；而使用自然资源而产生的应付收入则称为地租。***财产收入即为投资收入与地租之和***。

7.108　***投资收入是金融资产所有者因向另一机构单位提供资金而应得的作为回报的收入***。在因资金由债权人转移到债务人而形成的金融工具中，通常会就如何管理投资收入做出规定。这一规定通常仅适用于一个有限的时期，其后资金就必须收回。该时期可以为几个月或几年，但有关规定是可以续订的。

7.109　***地租是指自然资源的所有者（出租人或地主）将自然资源交由另一机构单位（承租人或佃户）支配以供其在生产中使用而应得的收入***。资源租赁中对应付自然资源地租的条款做出了规定。***所谓资源租赁，就是一种协议，据此，作为一种永久存在自然资源的法定所有者可以从承租人处获得定期支付，这种支付被记录为财产收入并被称为地租***。资源租赁可应用于在本体系中被承认为资产的所有自然资源。对于土地这样的资源来说，本体系假设当资源租赁结束之时，土地应以租约开始时的状态原样返还给法定所有人；对于如地下资产这样的资源来说，尽管可能永久存在，但当资源租赁结束之时，是不能原样返还给法定所有人的，这是因为订立租约的目的就是要对资源进行开采和处置。虽然资源耗减可能超出各种新发现或重估的规模（或者是可再生资源的自然补充），但是地租中没有扣减自然资源耗减的这一事实意味着：在 SNA 中，考虑收入形成时，资源实际上被视为可永久使用。

7.110　自然资源（如地下资产）承租人所进行的定期支付通常被称为特许权使用费，但在 SNA 中则称之为地租。在本手册中，保留用“地租”这个术语来指称自然资源租赁费；依据经营租赁做作的支付则被称为“租金”。

7.111　在 SNA 中，财产收入的分类如下：

投资收入

　　利息

　　公司已分配收入

　　　　红利

　　　　准公司收入提取

　　外国直接投资的再投资收益

　　其他投资收入

　　　属于投保人的投资收入

　　　养老金权益的应付投资收入

　　　属于投资基金股东集体的投资收入

地租

下文将对其中每一项做出更详细的说明。

7.112　表 7.8 对表 7.2 进行了扩充，包括了应收和应付财产收入的详细情况。

2. 利息

7.113 ***利息是财产收入的一种形式，它是某种类型金融资产——即存款、债券、贷款和其他应收账款（有可能）——的所有者因将其金融资产交由另一机构单位支配而应得的财产收入***。因特别提款权（SDR）的持有和分配所得的收入，也处理为利息。能产生利息的金融资产都是债权人对债务人的债权。债权人将资金借给债务人，就会产生上文所述的这种或那种金融工具。债务人对债权人的负债金额即为本金，随着时间的变化，负债金额会随着债务的偿还而减少，随着利息的产生而增加，在任何时点，余额即为未偿本金。

7.114 利息可以有一个预先确定的总偿还金额，也可以是未偿本金的某个固定或可变百分比。如果期内债务人未向债权人支付部分或全部利息，则未支付的数量可以加到未偿本金上，也可以形成债务人要承担的另一个独立的债务。不过，在未来某一时点之前，可能无须支付利息，有时在贷款或其他金融工具到期之前都不必支付利息。

按权责发生制记录

7.115 利息按权责发生制记录，也就是说，按未偿本金额应付给债权人的利息在时间上是连续发生的，应对其连续进行记录。所产生的利息是债权人的应收额和债务人的应付额，它可能既不同于给定时期内的实际支付利息额，也不同于期内到期应付的利息额。在一些金融工具中，规定随着利息的产生，债务人必须逐期地定期支付利息，但在另一些金融工具中就没有这样的要求。正如在第 17 章第 4 部分所解释的那样，现在金融工具多种多样，新的金融工具层出不穷，因此利息的支付方式也多种多样，且并非总是被明确地称为利息。然而，在掉期或远期利率协议中，净结算支付流（可能在合同中被称为“利息”）并不被视为财产收入，而是在金融账户中记录为金融衍生产品的交易（见 11.111 到 11.115 段）。

表 7.8：初始收入分配账户——使用方——财产收入

使用

交易和平衡项	非金融公司	金融公司	一般政府	住户	NPISH	经济总体	国外	货物与服务	合计
雇员报酬							6		6
生产税和进口税									0
补贴									0
财产收入	134	168	42	41	6	391	44		435
利息	56	106	35	14	6	217	13		230
公司已分配收入	47	15				62	17		79
红利	39	15				54	13		67
准公司收入提取	8	0				8	4		12
外国直接投资的再投资收益	0	0				0	14		14
投资收入的支付		47				47	0		47
属于投保人的财产收入		25				25	0		25
养老金权益的应付投资收入		8				8	0		8
属于投资基金股东集体者的投资收入		14				14	0		14
地租	31	0	7	27	0	65			65
初始收入总额/国民总收入	254	27	198	1381	4	1864			1864
初始收入净额/国民净收入	97	15	171	1358	1	1642			1642

贷款和存款的应收应付利息

7.116　如第 6 章所述，应付给金融企业的贷款利息额与应从金融企业获得的存款利息额都含有一个加价服务的成分，表示对金融企业提供贷款、接受存款服务的隐含支付。对金融企业的实际支付或从金融机构的实际所得，称为银行利息。在 SNA 中，需要对银行利息进行区分，以便能分别记录利息和服务费。借款者向金融企业支付的 SNA 意义下的利息要少于银行利息，差别在于应付服务费的估计值；而存款者所获得的 SNA 意义下的利息要高于银行利息，差别同样也在于应付服务费。服务费的价值将在金融企业生产账户中记录为服务的销售，同时在其客户的账户中记录为使用。

7.117　如果存在未偿还的银行利息，就一定意味着 SNA 意义下的利息和服务费都没有支付。这就是说，SNA 意义下的未付利息与未付服务费，都会增加未偿本金的数额。

债券应付利息

7.118　对某些金融工具，如票据、零息票债券等来说，在资产到期之前，债务人没有义务向债权人作任何支付。这也就是说，在资产到期之前，没有应付利息，而在资产到期之时，债务人要一次性地偿还包括债权人最初提供的本金和资产存在期间所累积利息在内的全部债务。在此种情形下，证券持有期间内的应付利息额等于该工具在获得时的价值与到期时价值的差。

进一步的阐释

7.119　第 17 章第 4 部分中有一节详细说明了在账户中怎样记录与金融工具相关的所有交易和其他流量。该节还特别就每种相关金融工具的利息如何计算给出了专门的建议。

表 7.8（续）：初始收入分配账户——来源方——财产收入

来源

交易和平衡项	非金融公司	金融公司	一般政府	住户	NPISH	经济总体	国外	货物与服务	合计
营业盈余总额	292	46	27	84	3	452			452
混合收入总额				61		61			61
营业盈余净额	135	34	0	69	0	238			238
混合收入净额				53		53			53
雇员报酬				1154		1154	2		1156
生产税和进口税			235			235			235
补贴			-44			-44			-44
财产收入	96	149	22	123	7	397	38		435
利息	33	106	14	49	7	209	21		230
公司已分配收入	10	25	7	20	0	62	17		79
红利	10	25	5	13	0	53	14		67
准公司收入提取			2	7		9	3		12
外国直接投资的再投资收益	4	7	0	3	0	14	0		14
投资收入支付	8	8	1	30	0	47	0		47
属于投保人的财产收入	5	0	0	20	0	25	0		25
养老金权益的应付投资收入				8		8	0		8
属于投资基金股东集体的投资收入	3	8	1	2	0	14	0		14
地租	41	3	0	21	0	65	0		65

名义和实际利率

7.120 当债务人通过支付与借款额的货币价值相等的款项再加上债务存在期间按协议利率计算的利息来偿清债务时，相关的利息支付即是“名义”利息支付。在通货膨胀环境下，还给债权人资金的购买力要小于债权人当初所借出资金的购买力，因此“名义”利息支付不能反映债权人所获得的“实际”回报。在长期通货膨胀环境下，债权人通常会索要更高的名义利息，以弥补其资金最终被偿还时的期望购买力损失。

7.121 在实践中，初始收入分配账户所记录的利息并没有按上述方式进行划分。所记录的利息总是名义上的应收或应付额（加上或者减去相关但没有直接付款的金融中介服务费）。但是，由于债权人实际持有损失会记录在重估价账户中，因此 SNA 全面提供了计算实际利息所需的信息。

中央银行设定利率的特殊情形

7.122 中央银行的主要职责是阐释和执行部分经济政策，因此其作用与其他金融企业不同，而且通常会被授予政府权威从而使其观点更有力。如果中央银行用其特殊权利迫使市场参与者付出无直接回报的转移支付，则应将此收益记录为隐含税；相反，如果中央银行明显出于政策原因而不是商业原因给市场参与者以支付，则可将其视为隐含补贴。下面将说明三个这样的例子：

a. 中央银行可以为存款准备金制定一个低于市场水平的利率；

b. 当货币面临贬值威胁时，央行会支付高于市场水平的利率；

c. 央行执行如发展银行一样的职能，向优先发展产业提供低息贷款。

7.123 如果央行利率和商业银行利率不一致，那么，按参考利率所计算的利息流量与按照央行设定之实际利率计算的利息流量之间的差异，就不应记录为间接计算的金融中介服务（FISIM）的市场产出，而是应如刚才所说明的那样处理为隐含税和补贴。与这一处理方法类似和一致的是：将央行所定汇率与市场汇率之间的差别处理为隐含税收或补贴。

对存款准备金制定低于市场水平的利率

7.124. 假定中央银行仅对商业银行的存款准备金按 3% 的利率支付利息，而此时市场利率为 5%，那么 SNA 将按如下方式进行记录：

a. 尽管商业银行实际得到的仅是 3 个百分点的“利息”，但应记录为他们获得了 5 个百分点的利息，同时向政府缴纳了金额相当于 2 个百分点利息的生产税；

b. 对政府部门的账户来说，应记录其从商业银行获得的金额为 2 个百分点利息的生产税，然后将此金额以经常转移的方式支付给了中央银行（这两个流量都是名义量）；并且

c. 中央银行实际支付了 3 个百分点的利息给商业银行，但应记录为中央银行支付了 5 个百分点的利息给商业银行但同时从政府得到金额为 2 个百分点利息的经常转移。

在上述改道处理中，不涉及金融账户中的交易。

为支持货币设定高于市场水平的利率

7.125 假定货币在某段时期内面临压力，中央银行因此在有限期内向商业银行按 7% 的利率支付利息，而此时市场利率为 5%，那么 SNA 将按如下方式进行记录：

a. 尽管商业银行实际得到的是 7 个百分点的“利息”，但应记录为他们获得了 5 个百分点的利息，同时从政府获得了金额为 2 个百分点利息的生产补贴；

b. 对政府部门来说，应记录其向商业银行支付了金额为 2 个百分点利息的生产补贴，同时从中央银行获得了 2 个百分点利息的经常转移（这两个流量都是名义

量）；并且

c. 中央银行实际支付了 7 个百分点的利息给商业银行，但应记录为中央银行支付了 5 个百分点的利息给商业银行，同时向政府支付了金额为 2 个百分点利息的经常转移。

在上述改道处理中，不涉及金融账户中的交易。

对优先支持产业设定低于市场水平的利率

7.126 假定中央银行仅按 3% 的利率向优先支持产业提供贷款，而此时市场利率为 5%，那么 SNA 将按如下方式进行记录：

a. 尽管优先支持产业实际支付的仅是 3 个百分点的“利息”，但应记录为他们支付了 5 个百分点的利息，但从政府获得了金额为 2 个百分点利息的生产补贴；

b. 对政府部门来说，应记录其向优先支持产业支付了金额为 2 个百分点利息的生产补贴，同时从中央银行获得了 2 个百分点利息的经常转移（这两个流量都是名义量）；并且

c. 中央银行实际从优先支持产业获得了 3 个百分点的利息，但应记录为获得了 5 个百分点的利息，但同时向政府支付了金额为 2 个百分点利息的经常转移。

在上述改道处理中，不涉及金融账户中的交易。

3. 公司已分配收入

红利

7.127 公司按其权益发行股票来筹集资金，股票的持有人则获得分享公司分配利润的权利，以及公司破产清算时分配资产剩余价值的权利。股东是公司的集体所有者。

7.128 ***红利是财产收入的一种形式，它是股东因将其资金交由公司支配而有权获得的财产收入***。以发行股票来筹集股本是以借款来筹集资金的一种替代方法。但与贷款相比，股本不会产生固定金额的负债，也不会使公司股票持有人具有获得固定或先定收入的权利。

7.129 SNA 将从事生产活动的机构单位的集合都理解为公司，而不管它们实际中取用何种名称——如私营或公营股份有限公司、私营或公营公司、合作社、有限责任合伙企业等，与此相同，红利也必须理解为涵盖了所有形式的公司分配给股东或所有者的利润，而无论其具体叫什么名称。红利偶尔可以用派发股票的形式来发放，但这不包括仅仅由于自有资金、准备金和未分配利润的相互转换而派发的奖励股。

记录时间

7.130. 尽管红利是某一较长时期内——通常为 6 个月或 12 个月——所产生收入的一部分，但在 SNA 中红利并非严格依据权责发生制进行记录。在公告分红和实际应分红之间的一个较短时期内，股票可以“不带红利”（除息）的状态卖出，这意味着在公告分红之日起应付给所有者的红利却在实际应付日不再支付给其所有者了。因此以“不带红利”状态卖出的股票，其股价要低于无此约束的股票。在 SNA 中，红利应在开始公告股票价格除息的时间进行记录。

超级红利

7.131 尽管红利在名义上是从当期营业盈余中支付的，但公司经常会平滑红利的支付，在多数情况下支付的红利是小于营业盈余的，但有时也会略多于营业盈余，尤其当营业盈余本身很低时更是如此。出于操作的原因，SNA 并没有试图使红利支付与收入保持一致，但仍有下述情况是例外：如果当期红利与近期红利水平和当期收入严重不成比例。为判断红利是否严重不成比例，需要引入可分配收入概念。***公司可分配收入等于业主收入加上全部应得经常转移减***

去全部应付经常转移再减去与公司养老金计划相关的养老金权益变动的调整。利用这一指标，可以观察近期红利占可分配收入的比率，据此比率，就可通过与过去经验的比较来评价当期公告的红利水平是否合理，当然在判断时还应考虑到当期红利水平允许进行一定程度年度平滑的情况。如果当期公告的红利水平大大超过了合理水平，超出部分就要处理为一种金融交易，明确地说，即作为所有者从公司收回权益处理。

7.132 该处理方法适用于所有的公司，无论是公司还是准公司，无论是公营、外资还是国内私人资本控制。第 22 章将对公营公司的情形做进一步讨论。

准公司收入提取

7.133 ***准公司收入提取是指：所有者从准公司所提取的可分配收入***。准公司所有者提取的收入类似于通过股东分红从公司提取的收入，因此该收入被视为准公司所有者的财产收入。准公司所有者所提取的收入应是可识别的，只有这样才能为准公司建立一套完整账户，并将准公司处理为能与其所有者区分开的独立机构单位。

7.134. 准公司收入提取不包括对销售或处置准公司资产——如存货、固定资产、土地或其他非生产资产的销售——所得资金的提取。此种销售应在准公司资本账户中记录为处置，由销售获得资金的转移则在准公司的金融账户中记录为准公司权益的提取。与此类似，通过对准公司所积累的留存收益或其他准备金进行大额清算——其中包括公司计提的固定资本消耗准备金——所提取的资金也处理为权益提取。此种处理方法与之前所述企业应付超级红利的处理方法是一致的。

7.135 反向看，准公司所有者为获得资产或减少债务而提供的资金应处理为所有者权益的增加。正如公司可分配收入不可能以负红利的形式进行负分配一样，准公司可分配收入也不可能以负提取的形式进行负分配。但如果准公司为政府所有，并因政府精心制定的经济社会政策而导致营业盈余长期为负，那么如之前 7.105（c）所解释的那样，企业从政府获得的用以弥补亏损的所有定期转移，都应处理为补贴。

外国直接投资的再投资收益

7.136 如第 26 章所述，外国直接投资企业是因外国投资者进行外国直接投资而形成的法人或非法人企业。外国直接投资企业可以是下列两种情形之一：

a. 非常住公司或非法人企业的（非法人）分支机构，一般处理为准公司；或

b. 至少有一个外国投资者（可以是，也可以不是另一家公司）拥有足够的股份从而在公司管理中具有发言权的公司。

7.137 外国直接投资企业的实际分配是用可分配收入支付的，可采用的形式包括分红或准公司收入提取。用这些形式对外国直接投资者所作的支付，将作为投资收入的跨国流量记录在 SNA 账户和国际收支平衡表中。但是，两个体系都要求将外国直接投资企业的留存收益按如下假设流程进行处理：先假定留存收益已按投资者所拥有的企业权益比例分配并已汇给外国直接投资者，然后，这些投资者再以在金融账户中增加权益的方式，进行再投资。在 SNA 中，这些虚拟汇出的留存收益属于已分配收入的一种形式，是与分红或准公司收入提取等任何实际支付相区别的一种附加分配方式。

7.138 采用上述处理方法的原理是：按定义，外国直接投资企业要受某个或某些外国直接投资者的控制或影响，因此企业作出留存部分收益的决定也必定能代表外国直接投资者的精心投资决策。在实践中，大部分外国直接投资企业或是外国公司的子公司，或是外国企业的非法人分支机构，是由其外国母公司或所有者完全控制的。

7.139 ***公司的留存收益等于可分配收入减去应付***

红利；准公司的留存收益则等于可分配收入减去准公司收入提取。如果外国直接投资企业完全为单个外国直接投资者所拥有（如作为外国企业的分支机构），那么全部留存收益都被认为应汇给投资者然后再投资，在此种情况下，企业的储蓄一定为0。如果外国直接投资者仅拥有直接投资企业的部分权益，那么被认为先汇出而后再投资的金额应与外国投资者在权益中占有的份额成比例。

国内企业的留存收益

7.140 能否将分配留存收益的处理方法扩展到其他公司——尤其是公营公司——的所有者，相关建议已经被提出。就该建议进行调查是未来研究计划的一部分。

4. 投资收入支付

属于投保人的投资收入

7.141 属于投保人的投资收入应按非寿险投保人和寿险投保人进行区分。

7.142 对非人寿保单来说，保险公司对投保人的负债包括：预付保险费，所有应付而仍未付的索赔金额，备付未报索赔或已报但未理赔索赔的准备金。为应对上述负债，保险公司会持有专门准备金。这些准备金的投资收入处理为属于投保人的收入，并假定先由保险公司分配给投保人然后再由投保人返还给保险公司作为追加保费，前者在初始收入分配账户中记录，后者在收入再分配账户中记录。相关准备金与保险公司所承认的对投保人的负债是相对应的。

7.143 对于管理有偿标准担保计划的机构单位来说，计划的准备金也可以产生投资收入，该收入也应显示为分配给付费单位（与获益于该担保的单位可以不是同一个单位）的财产收入，并在收入再分配账户中处理为追加费用。

7.144 对于人寿保单和养老金保险来说，保险公司对投保人和养老金领受人的负债等于期望索赔的现值。为应对负债，保险公司设立了属于投保人的基金，它由分红保单所公告的分红、为将来向投保人和年金领受人支付红利或其他应得所建立的准备金等构成。这些资金会投资于一些金融资产，也可能投资于非金融资产，比如财产、土地等。保险企业从金融资产和土地获得投资收入，通过出租住房和其他建筑获得营业盈余净额。此外，保险企业还会因持有金融资产而产生持有损益。保险公司向人寿保单持有人所公告的分红应记录为投保人（一般是常住者，当然也可能是非常住住户）的应收投资收入，并同时处理为投保人向保险公司追加缴纳的保险费。如利息和红利一样，应付投资收入的来源可以不是投资收入本身，而是遵从SNA记录投资收入的明确标准：当支付的接受者将该支付视为自己将金融资产交由保险公司支配而获得的报酬时，就应将该支付记录为投资收入。

7.145 属于人寿保险投保人的投资收入，在初始收入分配账户中记录为保险公司的应付项和住户的应收项。与养老金权益变动的情况不同，人寿保险投资收入自动单独提存，无需通过调整项进行调整，它被处理为追缴的保险费，从而构成了保险费净额的一部分。该投资收入减去索赔金额，作为寿险和养老金权益变动记录为金融账户中住户的应付项和保险公司的应收项。

7.146 与非寿险和养老金的情况不同，人寿保险投资收入需单独提存，并记录为金融交易，该收入加上新缴保险费，减去服务费和应付索赔，即构成人寿保险公司负债的增加。

养老金权益的应付投资收入

7.147 第17章第2部分将会解释，养老金权益来自于以下两类不同的养老金计划之一，这两类计划是：定额缴款计划（有时称为货币购买计划）和定额福利计划。

7.148 在定额缴款计划下，计划管理者代表作为未来养老金领受者的雇员用雇主和雇员的缴款进行投资。养老金没有其他可得资金来源，资金也没有其他用途。定额缴款计划的应付投资收入等于：基金投资收入加上通过出租基金所有的土地或建筑物而获得的全部营业盈余净额。

7.149 在定额福利计划下，应付福利按公式决定。公式通常采用的形式是：应付福利是最终薪金（因此定额福利计划又称最终薪金计划）或特定时期内平均薪金的函数。公式也可以用很多方式来表达，如可以是定额缴款计划下某个变量——如资金收益的增长率或最小百分比增长——的函数。

7.150 由于在定额福利计划下收益是根据公式进行计算的，这就有可能确定任何时点上为满足未来支付而必需的权益水平。具体说，权益值就是所有未来支付的现值，在计算时要依据精算中关于寿命的假设和经济学中关于利率或贴现率的假设。年初时的权益值会增加，因为权益成为应付项目的期限又接近了一年。这一增加额既不受养老金计划是否实际拥有足以应付所有义务的资金的影响，也不受资金增加类型的影响，例如，既可以是投资收入，也可以是持有收益。

属于投资基金股东集体的投资收入

7.151 属于投资基金股东或单位（包括共有基金和单位信托公司）的投资收入要分为以下两项独立显示。第一项是已分配给投资基金股东的红利；第二项是属于投资基金股东的留存收益。

7.152 红利的记录方式与前述单个公司红利的记录方式完全相同。留存收益的记录原则也与外国直接投资企业留存收益的记录原则相同，但其计算中不会出现任何外资直接投资的再投资收益。这就是说，剩下的留存收益要视为已分配给了股东（流出了投资基金，没有留存）但由股东通过记录在金融账户的交易重新将其注入了基金。

5. 地租

不同于租金的地租

7.153 地租和在经营租赁下之应收应付租金的区别在于：地租是财产收入的一种形式；而租金要处理为服务的销售或购买，对 SNA 而言，这是一种基础性的区分。租金是指经营租赁中承租人因使用属于另一单位的固定资产所做的支付，在此过程中，资产所有者是有生产活动的，他要对出租的固定资产进行维护、必要的替换，并要按承租人的要求提供固定资产。地租是指资源租赁中因使用自然资源而发生的支付。地租和租金之间，不仅出租资产的类型不同，租约的性质也不同。关于不同类型租约之间的差别将在第 17 章第 5 部分进行说明。

自然资源地租

7.154 ***地租是指：自然资源的所有者（出租人或地主）因将自然资源交由另一机构单位（承租人或佃户）支配供其在生产中使用而应得的收入***。土地地租和地下资产地租是两种主要形式的资源地租，其他自然资源的资源地租可参照这两种模式处理。

土地地租

7.155 在土地所有者和佃户所签合同的执行期间，土地所有者应得地租是连续产生并记录的。特定核算期内所记录的地租等于该期累积应付地租的价值，但不同于该期到期地租额，也不同于实际支付地租额。

7.156 地租可以以现金或实物形式支付。在佃农耕种或类似安排下，应付租金并非一个预先固定的货币金额，而要根据基本价格，即佃农按合同应交给地主的产出的价值，来进行计算。土地租金也包括因开发内陆水和河流用做休闲娱乐或其他目的——包括钓鱼——而应付给其所有者的地租。

7.157　土地所有者可以因拥有土地而需要支付土地税或某些养护费用。但按惯例，这些税或费应处理为承租人的应付项——作为地租的扣除项，无需支付给土地所有者。以此种方式扣除土地所有者应付税或费后的地租被称为“税后地租”。照此惯例，土地税或费会被记录在承租人的生产账户或收入形成账户中。此种处理并不会改变承租人的收入。采用该惯例的好处在于：无需为作为出租人的土地所有者建立一个名义上的企业。

7.158　建筑物或其他构造物的应付租金被处理为对服务的购买。但在实践中，当一个机构单位出租的土地既包括土地改良，也包括处在自然状态下的土地，还可能包括了位于土地之上的所有建筑物时，在单一合约或租约中是无法区分出地租和租金这两类支付的，那么一笔支付就可能既包括地租也包括了租金。例如，某农民出租农舍、农场建筑、耕地和牧地，而在所签定的合约中规定统一支付上述四种出租物的租金，就属于此种情况。如果没有客观的基础来划分土地地租和建筑物租金，本体系推荐的处理方法是：当牧地的价值被认为超过建筑物和耕地的价值时，就把全部支付金额都处理为地租；否则就都处理为租金。

地下资产地租

7.159　以矿石或化石燃料（煤、石油或天然气）储量形式存在的地下资产，其所有权要取决于法律界定财产权的方式和国际协议，例如水下资源储量方面的国际协议。在一些情况下，地下资产归其上土地的所有者所有；在另一些情况下，则归地方或中央政府所有。

7.160　地下资产的所有者，无论是私人单位还是政府单位，都可以与其他机构单位签订租约，允许它们在特定时期内开采储量，自己则获得作为回报的地租。这些支付通常被称为特许权使用费，但在本质上仍是所有者将资产交由其他机构单位在特定时期内处置所得的回报——即地租，SNA 也将其处理为地租。该类地租可以采用定期支付固定数额的缴纳形式，这样地租就和开采速率无关，但更常见的情况是：地下资产地租是对资产储量开采数量或体积的函数。从事勘测活动的企业可能要向表面土地所有者支付费用，以换取对地下资产钻屑试样或通过其他手段进行调查的权利，由此获知地下资产存在与否及其存在的位置。尽管并没有进行开采，但这些支付也要处理为地租。

第8章 收入再分配账户

A. 引言

8.1 本章描述了两个账户，以显示收入是如何通过经常转移的支付与获得在机构单位之间进行再分配的。在SNA账户中，这种再分配代表了收入分配过程的第二个阶段。这两个账户即为收入再分配账户和实物收入再分配账户。

8.2 收入再分配账户显示了各机构单位或部门的初始收入是怎样通过经常转移支付与获得（不包括实物社会转移）而转变成该单位或部门的可支配收入的。

8.3 实物收入再分配账户则是收入再分配过程的一个延续阶段。它显示了住户部门、为住户服务的非营利机构（NPISH）和政府部门的可支配收入是怎样通过实物社会转移支付与获得而转变成其调整后可支配收入的。此过程不涉及非金融公司部门与金融公司部门。

8.4 收入再分配账户和实物收入再分配账户中记录了各种类型的经常转移，本章很多内容都是关于这些经常转移的详细定义、描述和分类的，其中有一部分涉及社会保险计划的构成及其中的社会缴款接受者和社会福利发放者角色。

8.5 理解如下四个相关概念的差别对于正确理解本章所描述的两个账户来说十分关键：社会保险；社会保障；社会救济和实物社会转移。下面将对这四个概念做简要说明，更详细的解释将在本章后面部分给出。

8.6 在社会保险计划下，雇员、其他人、或由雇主代表雇员支付社会缴款，以保证雇员和其他缴款者本人及其家属或遗属拥有在当前或以后的时期中获得社会保险福利的权利。社会保险计划的应付社会福利有以下两种：养老金；其他福利，如医疗、教育、居住或失业等方面的福利。养老金总是以现金形式支付，非养老金福利可能以现金形式支付，也可能以实物形式支付。

8.7 社会保险计划可以分为两种主要类型：

a. 第一类即社会保障计划，其覆盖面是全社会或社会中大部分人群，该类计划的费用征收、管理、融资等工作都由政府承担。在此类计划下，应付养老金与受益人薪金水平或就业经历可能相关，也可能无关；而非养老金福利则通常与薪金水平没有什么联系。

b. 第二类为其他就业相关计划。该类计划产生于养老金权益条款（它是就业条件的一部分）中所规定的雇主—雇员关系。在此类计划下，给付福利的责任不会转由政府社会保障计划承担。

8.8 以现金形式支付的社会救济福利是政府部门或为住户服务的非营利机构（NPISH）应支付给住户部门的经常转移。与社会保险福利相比，二者满足了住户的相同需求，但其差别在于：住户通常需要支付社会缴款才能参加社会保险计划，而社会救济则不需要。

8.9 实物社会转移是以实物形式支付的社会保障福利和社会救济福利。

1. 收入再分配账户

8.10 在收入再分配账户中，除从初始收入分配账户中结转而来的平衡项——初始收入——和收入再分配账户的平衡项——可支配收入——以外的所有项目，都属于经常转移。***所谓转移，是这样一种形式的交易：在交易中，一个机构单位向另一个单位提供货物、服务或资产但又不向后者索取任何货物、服务或资产作为与之直接对应的回报***。转移分为经常转移和资本转移。***资本转移也是无回报的转移，认定一项转移是资本转移的条件，或是支付转移方通过处置资产（不含现金或存货）来实现资助，或是接受转移方不得不将资助用于形成资产（不含现金），或是两者都满足***。资本转移通常规模大、发生没有规律性，但这两者都不是认定一项转移是资本转移而非经常转移的必要条件。资本转移以外的其他转移都被称为经常转移。***所谓经常转移，是这样一种形式的交易：在交易中，一个机构单位向另一个单位提供货物、服务或资产但又不向后者索取任何货物、服务或资产作为与之直接对应的回报，并且交易的一方或双方无需获得或处置资产***。下文 B 节对转移的概念做了更详细的解释。

8.11　表 8.1 给出了收入再分配账户的简明形式，列示了经常转移的主要类型。经常转移可以发生在常住单位和非常住单位之间，也可以发生在常住机构单位之间。

8.12　机构单位或部门的应付转移记录在账户的左方，即使用方。例如，在表 8.1 中，住户部门应付的所得税、财产税等记录在该项目所在行和住户部门使用列的交叉处。机构单位或部门的应得转移记录在账户的右方，即来源方。例如，住户部门应得的除实物社会转移以外的社会福利记录在该项目所在行和住户部门来源列的交叉处。

8.13　与 SNA 的一般核算规则相一致，除了平衡项，账户中的所有项目记录的都是应付和应得数额，它们可能不一定等于同一核算期内实际支付和实际获得的数额。所有应付而实际未付的数额，所有应得而实际未得的数额都要记录在金融账户中的应收或者应付账款下。

8.14　收入再分配账户中区分了三种主要的经常转移，它们是：

a. 所得税、财产税等经常税；

b. 社会缴款和社会福利；

c. 其他经常转移。

下面各段落总结了它们的一般性质及用途。

所得税、财产税等经常税

8.15　***所得税、财产税等经常税主要包括：对住户收入或公司利润所征收的税；每个纳税期定期应征收的财产税（它不同于非定期征收的资本税）***。在表 8.1 中，应收所得税、财产税等经常税出现在一般政府部门的来源方，当然也可能出现在国外部门的来源方；而应纳税收则出现在住户部门、非金融企业部门和金融企业部门的使用方，当然也可能出现在为住户服务的非营利机构（NPISH）和国外部门的使用方。

社会缴款和社会福利

8.16　***社会缴款是指对社会保险计划的实际或虚拟支付，以便为社会保险的福利给付提供准备***。社会缴款可以由雇主代表雇员来支付，在此种情况下，社会缴款会构成雇员报酬的一部分，包括在住户部门初始收入之中。在收入再分配账户中，雇主代雇员支付的缴款与住户作为雇员、自雇者或未受雇佣者自己所支付的缴款一起，记录为住户部门的应付项和负责社会保险计划单位的应收项。社会缴款可以是任何部门中负责向其雇员提供社会保险计划之单位的应收项（很少见的情况是：住户自身作为非法人企业，为其雇员提供社会保险计划），也可以是被指定为计划管理机构的第三方单位的应收项。但大部分缴款很可能会记录在一般政府部门的来源方（其中包括社会保障基金）和金融公司部门中保险公司和养老基金的来源方。只有在住户部门，社会缴款才会记录在使用方，无论常住者还是非常住者。

表 8.1：收入再分配账户——使用方（简版）

使用

交易和平衡项	非金融公司	金融公司	一般政府	住户	NPISH	经济总体	国外	货物与服务	合计
经常转移	98	277	248	582	7	1212	17		1229
所得税、财产税等经常税	24	10	0	178	0	212	1		213
净社会缴款				333		333	0		333
实物社会转移以外的社会福利	62	205	112	0	5	384	0		384
其他经常转移	12	62	136	71	2	283	16		299
可支配收入总额	228	25	317	1219	37	1826			1826
可支配收入净额	71	13	290	1196	34	1604			1604

8.17 ***社会福利是住户部门所获得的经常转移，用来满足因某些特定事件或环境而产生的需求，例如：疾病、失业、退休、居住、教育或家庭环境***。社会福利或由社会保险计划提供，或由社会救济提供。

8.18 由雇主提供的实物社会保险福利被视作以现金形式支付，并包括在收入再分配账户中。如果不这样处理，相关货物服务的购买就会显示为雇主的使用，但这些产品并非中间消耗，而且也不是企业的最终消费。但是，一般社会保障计划所提供的实物社会保险福利和所有实物社会救济福利都要作为实物社会转移，因此仅记录在实物收入再分配账户中。在表 8.1 中，除实物社会转移以外的社会福利都记录在住户部门的来源方，从原则上讲，除实物社会转移以外的社会福利也可以记录在作为雇主管理之社会保险计划的任何部门的使用方。

其他经常转移

8.19 ***其他经常转移是指发生在常住机构单位之间、或常住单位与非常住单位之间，除所得税、财产税等经常税、社会缴款与社会福利以外的所有经常转移***。其他经常转移的类型包括：非寿险的净保费和索赔；不同政府单位间的经常转移（通常发生在不同级政府之间或本国政府与国外政府之间）；支付给 NPISH、或从 NPISH 获得的经常转移；常住住户和非常住住户之间的经常转移。

2. 可支配收入

8.20 ***可支配收入是收入再分配账户的平衡项，它基于机构单位或部门的初始收入，经过以下计算而得：***

a. ***加上单位或部门应得的除实物社会转移以外的全部经常转移；然后***

b. ***减去单位或部门应付的除实物社会转移以外的全部经常转移***。

8.21 像初始收入一样，可支配收入可以按包含固定资本消耗的总额口径记录，也可以按扣除固定资本消耗的净额口径记录。通常，在概念上应优先选择净额口径。但由于固定资本消耗的测算非常困难，也有可能不

表 8.1（续）：收入再分配账户——来源方（简版）

来源

交易和平衡项	非金融公司	金融公司	一般政府	住户	NPISH	经济总体	国外	货物与服务	合计
初始收入总额/国民总收入	254	27	198	1381	4	1864			1864
初始收入净额/国民净收入	97	15	171	1358	1	1642			1642
经常转移	72	275	367	420	40	1174	55		1229
所得税、财产税等经常税			213			213	0		213
净社会缴款	66	213	50	0	4	333	0		333
实物社会转移以外的社会福利				384		384	0		384
其他经常转移	6	62	104	36	36	244	55		299

得不按总额口径记录可支配收入，尽管固定资本消耗是生产成本而并非收入的一部分。在下面的讨论中，可支配收入指的是净额概念。

8.22　可支配收入的形式并非都是现金。账户中包含一些与自给性生产、以物物交换为目的的生产或实物报酬相关的非货币交易。这意味着：住户在消费某些特定种类的货物服务时，不得不虚拟估算可支配收入中用于这些货物服务的支出的价值。由政府单位或 NPISH 支付给住户的实物社会转移会单独记录在实物收入再分配账户中，但其他实物转移却要与现金转移一起记录在收入再分配账户中。其他实物转移可以包括：为减轻饥荒或其他自然灾害、战争带来的困苦而发生的食品、衣服、药品等的国际转移。按惯例，获得除实物社会转移以外的实物转移时，要虚拟估算所得货物或服务的消费支出进行记录，就好像这些转移是现金形式的一样。

8.23　住户也会获得几类虚拟的财产收入流，但是住户不能按自己的意愿使用这些收入。这些虚拟财产收入流包括在保险、年金和养老金权益上的投资收入，也包括来自共同投资基金或单位投资基金的收入。人寿保险、年金不视为社会保险，与其相关的收入流和与投资基金相关的收入流会形成可支配收入，但这些收入会自动地表现为住户在负责管理这些基金和保单的金融机构所持有的资产的增加，因此住户无法决定收入的使用方式。那些与非人寿保险和社会保险计划相关的收入流则被记录在收入再分配账户中，视为对非人寿保险公司或社会保险计划的再支付，但是，在此类与非人寿保险和社会保险计划相关的收入流中，不包括已经确定用来缴纳与保单或社会保险计划相关的服务费部分，它们不是可支配收入。

8.24　对住户来说，可支配收入还包括：SNA 意义上的存款利息高于银行存款利息的部分，以及 SNA 意义上的贷款利息低于银行贷款利息的部分。这些利息差额也要用来支付金融机构为提供存贷款服务所收取的间接服务费（FISIM）。（对于除金融中介机构以外的其他机构部门来说，FISIM 被视为中间消耗的一部分，并不属于收入。）

与经济理论中收入概念的联系

8.25 我们可以将 SNA 核算的可支配收入与经济学中通常理解的收入概念加以对比。从理论视角来看，收入通常的定义是：住户或者其他单位在不减少其实际资产净值的条件下可能实现的最大消费数额。但是，一个单位的实际资产净值既可以因资本转移的获得或支付而变化，也可以因所拥有资产或负债的实际持有损益而发生变化，还可以因自然灾害等会改变资产物量的事件而发生变化。所以，资本转移、实际持有损益和由于诸如自然灾害之类事件所导致的资产物量的其他变化都应明确地从本章所核算的可支配收入中排除（资本转移记录在 SNA 的资本账户中，资产物量的其他变化和实际持有损益则记录在资产其他变化账户中）。这样，可支配收入就可以狭义地解释为：核算期内，住户或其他单位不必通过减少现金、处置其他金融资产或非金融资产、或增加负债等方式为自己的支出筹措资金，即能最大限度负担得起的货物或服务消费。只有当期初资产净值没有因资本转移、资产物量的其他变化或实际持有损益而发生变化时，这一概念才与经济理论中的概念等价。

国民可支配收入

8.26 大部分的经常转移，无论是现金转移还是实物转移，都既可能发生在常住机构单位与非常住机构单位之间，也可能发生在常住单位之间。***国民可支配收入总额或国民可支配收入净额可基于国民总收入或国民净收入经过以下计算获得：***

a. ***加上常住机构单位应从非常住单位获得的全部现金或实物经常转移；***

b. ***减去常住机构单位应付给非常住单位的全部现金或实物经常转移。***

8.27 下面是发生在常住者和非常住者之间的较重要的经常转移：

a. 社会缴款或社会福利；

b. 所得税或财产税等经常税；

c. 非寿险保费和索赔；

d. 经常性的国际合作，即不同政府间的经常转移，例如在援助计划——其目标是将那些受战争或自然灾害（如干旱、洪水和地震等）影响的人们的消费维持在一定水平——下进行的转移；

e. 常住住户和非常住住户间的汇款。

表 8.2：实物收入再分配账户——使用方（简版）

使用

交易和平衡项	非金融公司	金融公司	一般政府	住户	NPISH	经济总体	国外	货物与服务	合计
实物社会转移			184		31	215			215
实物社会转移 - 非市场产出			180		31	211			211
实物社会转移 - 从市场购买的产品			4			4			4
调整后可支配收入总额	228	25	133	1434	6	1826			1826
调整后可支配收入净额	71	13	106	1411	3	1604			1604

8.28　如果要分析一国消费发展变化趋势，可支配收入净额是比国民净收入（NNI）更合适的指标。

3.　实物收入再分配账户

8.29　在实物收入再分配账户中，除可支配收入和调整后可支配收入这两个平衡项外，所有的项目都属于实物社会转移。实物社会转移只有如下两种类型：实物社会福利；政府单位——包括社会保障基金和NPISH——提供给住户的个人非市场货物服务的转移。

8.30　由于实物社会转移仅发生于政府单位、NPISH 和住户之间，非金融公司部门和金融公司部门不需要建立实物收入再分配账户。

8.31　政府单位或 NPISH 的应付实物社会转移记录在实物收入再分配账户的左方，即使用方。例如，在表 8.2 中，当政府单位以免费或以无显著经济意义的低价提供个人非市场货物服务时，其价值就记录在该项目行和一般政府部门使用列的交叉处。住户部门应得社会转移则记录在账户的右方——来源方。由于只有住户部门才会获得实物社会转移，因此该账户中其他四个部门的来源列都是空项。

4.　调整后可支配收入

8.32　***调整后可支配收入是实物收入再分配账户的平衡项，它基于机构单位或部门可支配收入经过以下计算获得：***

a.　***加上单位或部门应得实物社会转移的价值；***

b.　***减去单位或部门应付实物社会转移的价值。***

与可支配收入一样，调整后可支配收入可以按包含固定资本消耗的总额口径记录，也可以按扣除固定资本消耗的净额口径记录。实物社会转移是政府和 NPISH 部门的应付项，是住户部门的应得项，这就意味着一般政府和 NPISH 部门的调整后可支配收入会低于可支配收入，而住户部门的调整后可支配收入会高于可支配收入。无论高还是低，这一差额都等于实物社会转移的总价值。因此，对于经济总体来讲，调整后可支配收入与可支配收入是相同的。

8.33　住户调整后可支配收入可以解释为：住户在不采用减少现金、处置其他资产或增加负债等方式筹措资金的情况下，当期能够获得的最终消费货物服务的最大价值。该价值不仅取决于能买得起的货物服务

表 8.2（续）：实物收入再分配账户——来源方（简版）

来源

交易和平衡项	非金融公司	金融公司	一般政府	住户	NPISH	经济总体	国外	货物与服务	合计
可支配收入总额	228	25	317	1219	37	1826			1826
可支配收入净额	71	13	290	1196	34	1604			1604
实物社会转移				215		215			215
实物社会转移－非市场产出				211		211			211
实物社会转移－从市场购买的产品				4		4			4

的最大价值（可支配收入），也取决于从政府单位或 NPISH 所获得的、作为实物社会转移的货物服务的价值。与此相反，一般政府部门调整后可支配收入可以解释为：在不处置资产或增加负债的情况下，能提供给社会的公共服务的最大价值。

B. 经常转移

8.34 按上文的定义，***所谓转移，是这样一种形式的交易：在交易中，一个机构单位向另一个单位提供货物、服务或资产但又不向后者索取任何货物、服务或资产作为与之直接对应的回报***。支付转移的单位不会获得任何能记录为该交易一部分的明确、可计量的回报。不过，社会保险缴款或非寿险保费的支付可能会使支付单位在未来有权获得一些或有收益。例如，住户在某些事件发生或某些条件满足的情况下，可能有权获得一些社会福利。此外，所有的居民住户都可以享受政府部门提供的公共服务。但是，某单位支付了转移，并不一定意味着就能获得福利，即便获得福利，其数额也并不与转移的数额相称。因此，SNA 认为转移并没有直接对应物。

8.35 如下两个过程在本质上都是分配性的，其一是政府征税并使用这些收入来提供政府服务；其二是保险公司在某年接受大量非寿险投保人的保费，并向其中的小部分人支付索赔。在单一核算期内，机构单位（政府或保险公司）按一套既定程序接受并支付资金，但是导致资金支付的事件和这些机构单位的资金分配并无直接关联。

8.36 相反，住户成员在任何社会保险计划之外，出于自愿所缴纳的个人人寿保险保费以及相应获得的给付收益，则不属于转移。对人寿保险来说，保险公司代表指定住户管理基金，基本不存在持有类似保单的住户间的再分配，每个住户都能较确定地（程度合理）预测他们未来能获得给付收益的数量和时间。因此，此类保单就构成了金融资产的获得与处置，应作为寿险和养老金权益变动的一部分，记录在 SNA 的金融账户中。

8.37 从某方面来讲，养老金计划的运作方式类似于人寿保险计划，因此应将其处理为单个住户的储蓄计划。但在 SNA 中，却将就业相关养老金包括在了社会保险计划中，从而导致相关缴款与福利被视为转移。这样处理的理由有三：首先，社会保障在本质上是社会各个群体间的再分配过程，一些人支付缴款以便使那些有需要者能获得福利；其次，养老金为退休后的生活提供了定期、稳定的经济来源，因此在其他的经济应用领域中，如收入和支出调查，养老金的获得均被视为收入而不是负储蓄；最后一个将养老金视为收入而不是负储蓄的理由是：如果领受人（或遗属）去世，养老金通常会随之终止，但其他金融资产则不受所有者死亡的影响。从这方面来看，养老金权益与其他金融资产是有区别的。

1. 经常转移和资本转移的区别

8.38 转移既可以是经常转移，也可以是资本转移，我们可以关注一下资本转移的特征，以便区分二者。如上所述，资本转移应与资产（无论是金融资产还是非金融资产）的获得和处置有关系。机构单位能够区分资本转移与经常转移，并且我们可以推定：在核算期内，机构单位处理资本转移的方式与处理其在整个核算期内所持资本的方式是相同的。例如，一个谨慎的住户是不会把特定时期内所得到的资本转移在同一核算期内就全部用于最终消费的。反过来说，支付资本转移（例如遗产税）的住户也不会按转移的全部数额来考虑减少自己的最终消费。可以说，如果机构单位不能区分资本转移与经常转移，不能对二者做出不同反应，那么，无论在理论上还是实践上，就都不可能对收入进行测度。

8.39　所有不属于资本转移的转移都构成了经常转移。经常转移会直接影响到可支配收入的水平，也会影响到货物服务的消费水平。在实践中，资本转移一般规模大、频率低、发生无规律；而经常转移则通常规模相对较小、经常并且定期地发生。然而，尽管规模、频率和规律性能有助于区分经常转移和资本转移，但它们都不是定义两种转移类型的令人满意的标准。例如，尽管生育和死亡很明显是发生频率很低的事件，但以生育或死亡养恤金形式体现的社会保障福利，却在本质上是用以支付因生或死而增加其消费支出的经常性转移。

8.40　某些现金转移有可能被交易的一方视为资本转移，而被另一方视为经常转移。例如，遗产税的缴纳可以视为住户的资本转移，但对政府来说，它又可以被视为经常转移。与此类似，某些大国定期给予一些小国投资补助，尽管这些补助提供的资金专门用于获取资产，但该支付可能会被视为经常性的。然而，如果交易双方对该笔交易的分类不同，那在 SNA 这种综合核算体系中是不可行的。因此，如果一项转移明确涉及到交易双方中任一方的资产转移，那么交易双方都要将其归为资本转移。

2.　转移的记录

8.41　尽管对转移来说，其支付并不直接对应货物、服务或资产的回报，但将一项转移记入账户时，仍然会产生四条账户登录。下面的各个例子将给出转移（现金或实物）和实物社会转移的记录方法。

现金转移

8.42　第一个例子是关于现金经常转移的，例如以现金形式支付的社会保障福利。此类转移应在收入再分配账户中记录为社会保障基金的应付项和住户的应收项（如假设该转移是资本转移，那就应该记录在资本账户中而非收入再分配账户）。随之它还会导致社会保障计划金融资产的减少（或金融负债的增加）和住户金融资产的增加。住户对所得现金的最终使用则作为另一项单独交易随后记录。

	住户		社会保障基金	
	使用/资产变化	来源/负债和资产净值变化	使用/资产变化	来源/负债和资产净值变化
收入再分配账户		应收转移	应付转移	
金融账户	金融资产增加		金融资产减少	

企业提供货物和服务

8.43　在下面这个例子中，某制药企业向慈善团体（NPISH）捐赠了部分产品。如前所述，有两项交易需要进行记录，每一交易都对应四笔分录。在本例中，第一项交易是企业向 NPISH 支付现金转移；第二项交易则是 NPISH 使用转移所得的资金购买药品。在金融账户中，每项交易都对应两笔分录，如果两项交易在同一核算期内完成，则在交易双方单位各自的金融账户中，两项交易分别记录的金融资产变化将相互抵消，因此账户体系中仅有四笔分录；但是，如果转移的记录时间和药品交付的发生时间存在差别，那么金融账户中也会有分录，记在其他应收或应付项下。

	NPISH		企业	
	使用/资产变化	来源/负债和资产净值变化	使用/资产变化	来源/负债和资产净值变化
收入再分配账户		应收转移	应付转移	
金融账户	金融资*产增加		金融资产减少	
生产账户				药品产出
收入使用账户	药品支出			
金融账户	金融资产减少		金融资产增加	

8.44　一个更加复杂的情况是：企业 A 从企业 B 购买药品然后捐赠给 NPISH。尽管 A 企业确实从 B 企业购买了货物，但这些货物并不构成 A 企业中间消耗或资本形成的一部

分，而且由于 A 是一个企业，这些货物也不能视为 A 的最终消费。与之前的例子一样，企业 A 支付给 NPISH 的实物转移需要虚拟为现金转移，还要虚拟 NPISH 的药品购买。如果两项交易在同一核算期发生，对 NPISH 来说，其金融账户中的两笔分录互相抵消，因此账户体系中仅留有八笔记录中的六笔。

	NPISH		企业 A		企业 B	
	使用/资产变化	来源/负债和资产净值变化	使用/资产变化	来源/负债和资产净值变化	使用/资产变化	来源/负债和资产净值变化
收入再分配账户		应收转移	应付转移			
金融账户	金融资产增加		金融资产减少			
生产账户						药品产出
收入使用账户	药品支出					
金融账户	金融资产减少				金融资产增加	

实物社会转移

8.45 在 SNA 中，只有政府、NPISH 和住户会有最终消费支出。住户的所有消费支出均是为了满足自身的需要；但政府的消费支出则是为了社会大众的利益（公共消费），或是为了住户个人的利益。公共消费支出和个人消费支出的区别在 SNA 中非常重要，第 9 章将对之进行详细讨论。政府和 NPISH 为住户而进行消费支出（即政府和 NPISH 的个人消费支出）的目的是为了进行实物社会转移，它包括政府和 NPISH 免费或以没有显著经济意义的价格提供给住户的非市场产出，也包括政府和 NPISH 从市场生产者手中购买然后再免费或以没有显著经济意义的价格提供给住户的货物服务。

	一般政府	
	使用/资产变化	来源/负债和资产净值变化
生产账户		教育服务产出
收入使用账户	教育服务消费支出	

8.46 下一个例子将讨论属于政府部门的非市场生产者向住户提供教育服务的情况。在 SNA 的账户中，教育服务的提供实际需要记录两次。首先，按国民经济核算的传统方法在生产账户中记录为政府的产出，在收入使用账户中记录为政府的最终消费支出。由于该交易被视为政府部门的内部交易，这就导致该交易在账户中仅在政府部门下做两笔分录，而非四笔。

8.47 该记录方法未能显示出这一事实：实际上，教育服务是政府提供给住户的实物社会转移。

	住户		一般政府	
	使用/资产变化	来源/负债和资产净值变化	使用/资产变化	来源/负债和资产净值变化
生产账户				教育服务产出
实物收入再分配账户		应收实物社会转移	应付实物社会转移	
调整后可支配收入使用账户	教育服务的实际消费			

8.48 对于实物社会转移来说，教育服务的消费被视为住户的实际消费，记录在调整后可支配收入账户的使用方，其来源是政府提供给住户的实物社会转移，记录在实物收入再分配账户中（住户、政府和 NPISH 的实际消费与消费支出的区别将在第 9 章中做进一步的阐述）。

8.49 最后一个例子更为复杂，它涉及如下两项相互关联的交易：政府单位或 NPISH 从市场生产者手中购买诸如药品之类的货物或服务，然后免费提供给住户。

8.50 按 SNA 通常的记录方法，这一交易需要做如下四笔分录：企业销售药品，作为政府最终消费支出的购买，以及由此而导致的两个单位的金融账户的变化。此项购买本

	住户		一般政府		企业	
	使用/资产变化	来源/负债和资产净值变化	使用/资产变化	来源/负债和资产净值变化	使用/资产变化	来源/负债和资产净值变化
生产账户						药品产出
实物收入再分配账户		应得实物社会转移	应付实物社会转移			
调整后可支配收入使用账户	药品实际消费					
金融账户			金融资产减少		金融资产增加	

该视为政府的消费支出，但如果该购买明显属于实物社会转移，那么政府消费支出的那笔记录将被如下两笔记录所替代：实物社会转移和住户的实际消费。金融账户中的分录则仍按政府购买的常规方法进行记录。

8.51　该例的处理方法也适用于住户直接从药店购买药品然后由社会保障基金、其他政府单位或 NPISH 报销的情况，后者是这些费用的最终承担方。只不过在这种情况下，在住户部门不会记录任何实际支出，支出应记录在社会保障基金或其他最终承担费用的单位下。如果住户部门购买药品的时间和得到报销的时间存在差异，会产生其他应收款项（住户部门）和其他应付款项（最终承担费用的单位）。

C.　所得税、财产税等经常税

1.　税收

8.52　***税收是机构单位以现金或实物形式向政府作出的支付，它具有强制性和无回报性的特点***。尽管政府根据其经济和社会政策，的确会向社会整体、个别单位或一组单位提供货物或服务，但是由于政府不向纳税的个体单位提供任何直接回报，税收仍旧是一种转移。所得税、财产税等经常税主要指对住户和公司所得所征收的税，该税要靠收入来支付，在收入再分配账户中记录在住户和公司部门的使用方，此外，非常住者、政府单位或非营利机构也可能应缴纳此类税收。所得税、财产税等经常税在过去被称为“直接税”，但正如第 7 章所解释的，SNA 已经不再使用“直接”、“间接”这类术语。“所得税、财产税等经常税”中的“等”字是不能被省掉的，因为在该类税收中还包括了一些既不依据住户或其成员的所得，也不依据住户或其成员的财产来对住户征收的定期税，如人头税。

8.53　税收的一般性质和 SNA 记录税收的核算原则已在 7.80 到 7.86 段作过论述，但为方便阅读，以下再次给出这些段落。

税收与收费

8.54　政府的管理职能之一是：禁止某些单位拥有或使用某些特定货物，除非他们获得表示特殊许可的执照或其他证明，而获得此执照或证明是需要交费的。如果某些单位支付一定费用后自动获得执照，执照的发放不涉及或者很少涉及政府，那么这有可能就纯粹是一种获得收入的手段，即使政府可能会提供某种证明文件或授权作为回报也是如此。但如果政府借发放执照来执行一些适当的管理职能，如检查有关人员的能力或资格、检查有关设备的运行效率和安全性能，或者进行一些其他形式的控制，如果这些行动在不缴费的情况下政府并无义务去做，那么此时所缴纳的费用应视为对政府服务的购买而非税收缴纳，除非所缴纳的费用大大超出了提供服务的成本。在实践中，税收与因提供服务而收费二者之间的界限并非总是清晰的（下文

8.64（c）在缴费者为住户的情况下对此有进一步的解释）。

与 IMF 和 OECD 税收分类的联系

8.55 SNA 的税收范围包括了因央行实施的利率高于市场利率所带来的隐性税收，除此之外该范围与 GFSM2001 中定义的“税收收入”相一致。与*税收统计*中定义的“税收”相比，SNA 的税收还包括了官方实施多重汇率所导致的虚拟税收或虚拟补贴，央行实施的利率高于或低于市场利率所导致的虚拟税收或虚拟补贴，但 SNA 税目中不包括社会保障缴款。GFSM2001 的第 5 章详细列示了各种税项，并根据税收性质对其进行了分类。*税收统计*的附录 A 也载有一个几乎完全一致的税收分类。

8.56 在 SNA 中，税收的分类取决于如下三个因素的交互作用，税收的性质仅是其中之一：

a. 税收的性质，GFSM2001/OECD 的税收分类以此为划分依据；

b. 纳税机构单位的类型；

c. 纳税时所处环境。

8.57 因此，在 SNA 中，缴纳完全相同的税，可能记录在两个不同的项目下。例如，根据货物是来自进口还是由国内生产，货物税既可以记在“进口税，不包括 VAT 和关税”项目下，也可以记在“产品税，不包括 VAT、进口和出口税”项目下。车辆年税的情况也类似，根据缴纳者是企业还是住户，车辆年税既可以记在“其他生产税”项目下，也可以记在“所得税、财产税等经常税”项目下。因此之故，不可能简单地通过对 GFSM2001/OECD 的税收分类进行重新分组来获得 SNA 的分类。但为了利用现有的详细分类，下文所涉每一个税收种类都会给出与 GFSM2001 和 OECD 分类中对应类别的对照关系。还应指出的是，即使 SNA 的类别包含在 GFSM2001 和 OECD 类别中，但也并非完全相同。

基于权责发生制进行记录

8.58 在 SNA 中，所有的税收都应基于权责发生制进行记录，这意味着，当那些产生纳税义务的活动、交易或其他事件发生时，就应进行记录。但是，存在一些经济活动、交易或事件，虽然按税法规定其相关单位负有纳税义务，但却永久逃脱了税务机关的注意。对于此类活动、交易或事件，假设它们产生了应收、应付形式的金融资产或负债，是不现实的做法。因此在 SNA 中，唯有那些有证据的应纳税额才能记录，所谓证据包括税收评估、税收申报的单据或其他凭据，如销售发票或报关单等，只有这些凭据才能产生清晰的纳税义务（在评估纳税额时，应当注意不要包括不可能征收到的税收）。然而，按权责发生制，税收的记录时间应是纳税义务产生的时间。例如，产品销售、转让或使用税应在销售、转让或使用发生时记录，这一时点未必与税务机关得到通知的时点相同，未必与发出纳税要求的时点相同，也未必与应纳税时限或实际纳税时点相同。但是，所得税扣减的记录时间是允许有一定灵活性的（参见 8.61 段）。

8.59 在某些国家，有些税收的实际纳税额与应纳税额之间存在着巨大而系统的差异，差异程度很大，以至于有些应纳税额不再能有力地解释为 SNA 所理解的金融负债的构成项。在此种情形下，出于分析和政策应用的目的，忽略那些未缴纳的税收，在 SNA 内仅测度已实际缴纳的税收，是更加可取的选择。但实际纳税额的记录时间仍然要依据权责发生制，在纳税义务产生之时进行记录。

利息、罚金或其他罚款

8.60 原则上，因逾期不纳税而加收的利息、罚金或对试图逃税所进行的罚款，都不应记录为税收，而应单独记录。但将利息、罚金或其他罚款的支付与相关税款的缴纳区分开来，是不太可能的，这就导致在实践中利息、罚金或其他罚款通常会与税收合并在一起。

2.　所得税

8.61　***所得税是对收入、利润和资本收益征收的税***。所得税的计算依据是个人、住户、NPISH 或公司的实际或估算收入。如果要按财产、土地或房地产的持有情况来估计其所有者的收入，因持有财产、土地或房地产而征收的税也属于所得税。在一些情况下，缴纳所得税的义务在收入发生当期并不能确定，而只有在其后的核算期才能加以确定。因此，此种情况下所得税的记录时间需要有一定的灵活性。对在源头直接扣减的所得税来说，如代扣代缴所得税，定期预缴所得税等，可以在实际缴纳时期记录，而任何基于收入的最终纳税义务都能够在义务确定之时进行记录。所得税包括如下类型：

a. *个人或住户所得税*：是指个人所得税，包括雇主代扣的所得税（代扣代缴）和附加税。此类税收通常基于有关个人申报或估算的所有来源的收入来计算，收入来源一般包括：雇员报酬、财产收入、养老金等，但要扣除协议约定的免征额。非法人企业所有者缴纳的所得税也包括在此类中（GFSM2001，1111；OECD，1110）；

b. *公司所得税*：包括法人所得税、法人利润税、法人附加税等。此类税收的计税依据通常是公司从所有渠道所获得的总收入，而不仅限于生产所创造的利润（GFSM2001，1112；OECD，1210）；

c. *资本收益税*：指对个人或公司的资本收益（SNA 称之为持有收益）征收的、在当前核算期内到期应付的税，它与收益产生的时期无关。资本收益税征收的依据通常是名义资本收益而非实际资本收益，是已实现资本收益而非未实现资本收益（GFSM2001，1111 – 1113；OECD，1120，1220）；

d. *彩票或赌博收益税*：彩票或赌博活动中赢家按其所赢得的数额应缴纳的税，它不同于彩票或赌博活动组织者按其营业额所缴纳的税，后者视为产品税（GFSM2001，1111 – 1113；OECD，1120）。

8.62　在计算所得税时，通常会有某些收入是免交所得税的，这种豁免被称为税收免征。此外，政府可以将一定数量的收入视为已经交过了税，这被称为税收抵免，是税收免征的一种替代形式。在某些情况下，如果应纳税款少于税收抵免，差额可以返还给受益人，被称为应付税收抵免。第 22 章将进一步讨论税收抵免问题。

3.　其他经常税

资本经常税

8.63　***资本经常税是指对机构单位财产或净财富定期——通常是每年——征收的税，它不包括对企业拥有或租用并用于生产的土地或其他资产所征收的税，后者处理为其他生产税***。在对财产或财富所征收的各种税中，如果该税的征收很少发生并且是不定期的，或者只在特殊情况下发生，如遗产税，那么此种税收就不属于资本经常税，而应视为资本税。如果机构单位的收入不能得到令人满意的估计，那么只有根据机构单位所拥有的财产的价值来估计收入并据此计算应缴所得税，此种税收也不属于资本经常税，而应记录在前一个项目——所得税下。资本经常税包括如下种类：

a. *土地和房屋经常税*：指土地或房屋所有者（包括自有住宅者）因使用或拥有土地或房屋而定期（多数情况下为每年）应缴纳的税。该税不包括对企业拥有或租用并用于生产的土地或房屋所征收的税（GFSM2001，1131；OECD，4100）；

b. *净资产经常税*：土地或固定资产的价值扣除所有因这些资产所欠的债务，即为净资产，对净资产定期（多数情况下为每年）征收的税即为净资产经常税，该税不包括对企业拥有并用于生产的资产所征收的税（GFSM2001，1132；OECD，4200）；

c. *其他资产经常税*：包括对如珠宝或其他作为财富表征的资产定期（通常按年）征收的税（GFSM2001，1136；OECD，4600）。

经常税杂项

8.64 该项目包括了各种不同种类的定期（通常是按年）应纳税，其中最常见者如下：

a. *人头税*：对每名成人或每个住户按规定金额征收的税，它与征税对象的实际或估算收入无关，也与征税对象的实际或估算财产无关。但是，人头税的税额会依个人或住户的不同情况而变化（GFSM2001，1162；OECD，6000）；

b. *支出税*：该税的计税依据是个人或住户的总支出，而非他们的收入。支出税是所得税的另外一种形式，它根据总支出水平，采用累进税率来征收，这和个人所得税的计税方式是相同的，只是税率更高一些。在实践中，此类税收并不常见（GFSM2001，1162；OECD，6000）；

c. *住户为获得某些执照而做出的支付*：包括个人或住户为得到如下执照而做出的支付：拥有或使用汽车、船、飞机的执照，打猎、射击或钓鱼的执照等，这些支付被视为经常税。对所有其他类型执照的支付（例如，汽车驾驶或飞机驾驶执照，电视或无线电执照，枪支执照等）或付给政府的费用（例如护照费、机场建设费、诉讼费等）都视为对政府提供服务的购买支出。在多数国家的账户编制中，税和服务购买支出之间的界限是根据实际遵循的惯例而设定的（GFSM2001，11451 和 11452；OECD，5200）；

d. *跨国交易税*：包括对国外旅游、国外汇款、外国投资等所征收的税，不包括生产者应付的部分（GFSM2001，1155 和 1156；OECD，5127）。

D. 社会保险计划

8.65 社会保险计划是指满足如下两个条件的保险计划：

a. 该计划的参与者获得福利是有条件的，并且所获得的福利是 SNA 中所定义的社会福利的构成部分。

b. 至少符合以下三种情况之一：

- 参与该计划是依法应尽的义务；或者是已经列入一个雇员或者一群雇员就业协议中的相关条款或条件。
- 该计划是针对特定的劳动者群体的集体计划。参与者仅限于这一群体的成员，无论其处于雇佣状态还是失业状态。
- 雇主代其雇员支付了社会缴款（实际缴款或者虚拟缴款），不管雇员自己是否也进行了社会缴款的支付。

社会保险计划可以由私人组织，也可以由政府组织。社会保险福利可以以现金形式发放，也可以以实物形式发放。当某些对相关住户福利有负面影响——或增加其支出或减少其收入——的事件发生或环境存在时，就应支付社会保险福利。保险所覆盖的风险事件的范围因计划不同而不同，但某些应得社会保险福利的认定不仅取决于保险的覆盖范围，还取决于提供保险的方式。

1. 社会保险计划的覆盖范围

8.66 社会福利可能由社会保险计划支付，或者由社会救济支付，二者支付社会福利所需满足的情形是相似的。

8.67　社会福利可以分为两种主要的类型：养老金；所有其他社会福利，在 SNA 中称为非养老金福利。当个体因退休停止工作时所得到的养老金是最重要的一类养老金。养老金也可能应付给其他个体，如丧偶者或永久残疾人士。而当个人暂时失业或因就医而在一定时期内不能工作时，他们所得到的福利被视为非养老金福利。

8.68　当出现如下六种情形时，就可支付社会保险非养老金福利：

a. 受益人或受其赡养者由于疾病、受伤、怀孕、慢性疾病、年老等原因，需要进行内科、牙科或其他的治疗，或者需要住院、疗养或长期护理。在此种情形下，社会保险福利通常以实物形式提供，具体方式如下：免费或以没有显著经济意义的价格提供治疗或护理服务；或报销住户的相关支出。当然社会保险福利也可能会以现金形式支付给需要卫生保健服务的受益人；

b. 受益人必须抚养各类受赡养人，如配偶、子女、年老的亲属、病人或残疾人等。在此种情形下，社会保险福利通常以定期发放的受赡养人津贴或家庭津贴的形式用现金给付；

c. 由于不能全日制工作，导致受益人的收入减少。在此种情况的整个持续期间，社会保险福利通常定期以现金形式发放。在一些场合下，在定期支付以外还会给予一次性支付，或者用一次性付清取代定期支付。人们不工作的原因可以有很多，包括非自愿失业、暂时遣解雇或从事短期工作、疾病、意外伤害、孩子出生等，这些都会阻碍人们去工作或从事全日制工作；

d. 由于主要收入获得者的死亡，导致受益人收入减少。在此种情况下，社会保险福利通常以现金形式发放，一般采取定期津贴的形式，在某些情况下也会采取一次性付清的形式；

e. 受益人以如下方式获得住房服务：免费，或以没有显著经济意义的价格提供；或报销住户支出；

f. 受益人获得津贴以支付自己或受其赡养者的教育费用；教育服务有时也会以实物形式提供。

8.69　上述六种情形是应付社会保险福利的典型情形，但这些只是列举，并未列出全部情形。例如，在某些计划下，可能会有一些其他类型的福利需要支付。反过来说，也没有一个社会保险计划会提供所有上述列举情形下的福利。在实践中，不同国家的社会保险计划或同一国家内不同社会保险计划的覆盖范围差别很大。

8.70　不必进行有效缴款即可享受的福利被视为社会救济的一部分。典型的社会救济的提供方是政府，接收方是所有有需求但又没有支付缴款参加正式社会保险计划的人。在不同的国家，社会救济的程度差别甚大，在一些国家，只有低收入人群才能获得社会救济福利，此种福利通常根据“经济状况审查”（means - tested）的结果来加以发放，在此处，所谓“经济状况”是指有资格获得福利的最高收入水平。

2.　社会保险计划的组织

8.71　社会保险计划的目的在于：在受益人及受其赡养者的工作和退休期间，为他们提供保障，受益人可以包括雇主、雇员、自雇工作者、或者暂时失业者。获得社会保险福利的条件是：受益人或受其赡养者，或有人代替他们在当前或之前的核算期一直在支付社会缴款。如前所述，社会缴款不仅可以由参与者自己直接支付，也可以由雇主代雇员来支付。

8.72　社会保险计划必须是为工人群体而组织，或者必须依法可以由全体工人或特定种类的工人——可以包括失业人口和在业人口——所享受。从单个雇主为其部分雇员安排的私人计划，到覆盖该国全体劳动力的社会保障计划，都可以归为社会保险计划的范围。相关工人可以自愿参加此类计划，但更常出现的情况是强制参加。例如，在雇主和雇员共同达成的就业协议中，就会有条款和条件要求雇员参加雇主所组织的计划。除了这些已经参加私人计划的人以外，按法律规定，全体劳动力都有义务参加政府单位组织的全国性的社会保障计划。

8.73 很多社会保险计划是为工人群体而组织的，这就导致参与者并无必要以自己的名义办理个人保险保单。在此种情况下，区分社会保险和个人保险并不困难，但是，有些社会保险计划可能允许、甚至会要求参加者以自己的名义办理保单。个人保险能处理为社会保险计划一部分的条件是：参加者被保之概率事件或情形必须属于8.65段所列情形，此外，还需满足以下条件中的一个或者多个：

a. 参加计划是特定种类工人——无论其处于雇佣状态还是失业状态——依法应尽的义务；或者是已经列入一位雇员或一组雇员就业协议中的相关条款或条件；

b. 该计划是针对特定的劳动者群体的集体计划。参与者仅限于这一群体的成员，无论其处于雇佣状态还是失业状态。

c. 雇主代其雇员支付了社会缴款（实际缴款或者虚拟缴款），不管雇员自己是否也进行了社会缴款的支付。

社会保险计划下个人投保的应付保费和应得索赔，要记录为社会缴款和社会保险福利。

8.74 社会保险计划在本质上是这样一种计划：雇主或政府强制要求或鼓励工人办理保险，以应对某些可对工人或受其赡养者的福利产生负面影响的概率事件或情形。当个体独立于其雇主或政府，自愿地以自己的名义购买保单时，应缴保费和应得索赔就不再视为社会缴款和社会保险福利，即使个人投保的是与社会保险计划保障范围——如意外、疾病、退休等——相同的概率事件或情形，也是这样处理。对非人寿保险来说，个人投保的应缴保费和应得索赔要在收入再分配账户中记录为经常转移；对人寿保险来说，个人投保的应缴保费和应得索赔则要在金融账户中记录为金融资产的获得和处置。

8.75 从对个人投保的讨论可以看出，仅依据福利的性质是绝对无法充分认定一项交易的社会性质的。例如，享受免费医疗服务并不总是一种社会福利，如果一个住户所享受的医疗服务是由另一个住户来付费的，那么这就不是社会福利而是住户间的转移。提供给在岗雇员的急救服务也不是社会福利，相关成本要记录为雇主的中间消耗。一般来说，住户是不能为另一住户提供社会福利的，除了住户所有的非法人企业为其雇员的福利而经营社会保险计划，但这种情况是很少发生的。

8.76 所有的社会保险计划都要基于雇佣关系，即使参与者是自雇者或当前处于失业状态也是如此。社会保险计划可以分为两个主要类别：

a. 第一类是覆盖整个社会或社会大部分群体的社会保障计划，该计划由政府单位收取缴款、进行管理并提供经费。在社会保障计划下，应付养老金可以与受益人薪金水平或就业历史相关，也可以与之无关；非养老金福利则更少与薪金水平挂钩。

b. 第二类是其他就业相关计划。该计划来自于养老金条款中规定的雇主雇员关系，也可能来自于作为就业条件一部分的其他权利中规定的雇主雇员关系。对此类计划来说，提供福利的责任不会被交给社会保障福利的提供者——政府。

在一些国家，管理计划和支付福利的最终责任由政府代表很多不为政府工作的雇主来承担，此时区分两类社会保险计划是困难的。在没有此种制度安排的国家里，政府单位为自己的雇员而非全体劳动人口所组织的社会保险计划，应该归为其他就业相关计划，而不应仍算作社会保障计划。

社会保障计划

8.77 在很多国家，到目前为止社会保障计划是最重要的一类社会保险计划，因此有必要对其特征进行总结。社会保障计划是由政府单位收取缴款、进行管理并提供经费的计划，其目的在于向全体社会成员或社会特定群体的成员提供社会福利。为此目的而建立的社会保障基金是一个独立的机构单位，其组织、管理都独立于其他政府基金。社会保障基金的收入主要来源于个人所支付的缴款和雇主代表雇员支付的缴款，但也可能包括来自于其他政府基金的转移。一般来说，某些特定个人如雇员或其代表者支付社会保障缴款是法定应尽的义务，但一些其他的个人为获得享受社会保障福利的资格，可以选择自愿缴纳。

其他就业相关社会保险计划

8.78　就业相关社会保险计划的条款由雇主决定，但也可能是由雇主与雇员共同商定。计划的管理者可以是雇主自己，但更经常出现的情况是：基金形成一个独立的机构单位（自主养老基金），或由保险公司代表雇主进行管理。

8.79　不是所有的就业相关社会保险计划都能获得充分的资金。在收入再分配账户中，记录交易的方式就好像计划已获得充分的资金一样，任何缺口都记录在金融账户的其他应收/应付款项目下。养老金计划记录方法的完全概览将在第 17 章给出。

E.　净社会缴款

8.80　在 SNA 中，支付给社会保险计划的所有缴款都显示为住户的支付。但是，支付额中包括了如下几项构成元素：第一项是雇主代表雇员支付的缴款额，它是雇员报酬的一部分，在收入形成账户中记录为住户的获得并因此构成住户初始收入的一部分；第二项是住户按当期对其养老金份额或其他与当期相关的规定所实际做出的支付，该支付可以由雇员、自雇者或未受雇佣者做出；第三项是住户的追加缴款或虚拟支付，它来自于起始年的养老金权益和其他非养老金福利准备金所产生的财产收入。在初始收入分配账户中，这些收入属于住户部门，并且同雇主缴款的处理方式一样，被包括在了住户的初始收入之中。还应当将养老金计划的管理单位所收取的服务费从这些支付额中扣除，当管理单位独立于雇主时，它可以是其所收取的显性费用；当管理单位就是雇主时，也可以是雇主管理计划的全部成本。按计划的性质，服务费的价值或是包括在雇主缴款中，或是包括在财产收入中。

8.81　按照上述标准对表 8.1 中的社会缴款进行分解，结果如表 8.3 所示。为了更满足实践的要求，在该表中，雇主缴款和财产收入的数值同初始收入分配账户中记录的数值是相同的，并单独列示了服务费。但服务费并不是再分配交易，而是产出和消费支出的一部分，将服务费包括在表中只是为了阐明社会保险基金获得资金的方式。第 17 章第 2 部分将对养老金计划要记录的交易进行更广泛的讨论。

1.　社会缴款的构成

8.82　***净社会缴款是指：住户向备付社会福利的社会保险计划所支付的实际或虚拟缴款。计划管理者所收取的服务费不属于应付缴款***。在收入使用账户中，这些服务费视为住户的消费支出。

2.　雇主实际社会缴款

8.83　该项目与 7.62 段描述的记录在初始收入分配账户中的雇主实际社会缴款完全相同。

3.　雇主虚拟社会缴款

8.84　该项目与 7.63 到 7.69 段所描述的记录在

表 8.3：收入再分配账户——详细列示税和社会缴款项目——使用方

使用

交易和平衡项	非金融公司	金融公司	一般政府	住户	NPISH	经济总体	国外	货物与服务	合计
经常转移	98	277	248	582	7	1212	17		1229
所得税、财产税等经常税	24	10	0	178	0	212	1		213
所得税	20	7	0	176	0	203	1		204
其他经常税	4	3	0	2	0	9			9
净社会缴款				333		333	0		333
雇主实际社会缴款				181		181	0		181
雇主实际养老金缴款				168		168	0		168
雇主实际非养老金缴款				13		13	0		13
雇主虚拟社会缴款				19		19	0		19
雇主虚拟养老金缴款				18		18	0		18
雇主虚拟非养老金缴款				1		1	0		1
住户实际社会缴款				129		129	0		129
住户实际养老金缴款				115		115	0		115
住户实际非养老金缴款				14		14	0		14
住户追加社会缴款				10		10	0		10
住户追加养老金缴款				8		8	0		8
住户追加非养老金缴款				2		2	0		2
社会保险计划服务费				6		6	0		6
实物社会转移以外的社会福利	62	205	112	0	5	384	0		384
其他经常转移	12	62	136	71	2	283	16		299
可支配收入总额	228	25	317	1219	37	1826			1826
可支配收入净额	71	13	290	1196	34	1604			1604

初始收入分配账户中的雇主虚拟社会缴款完全相同。

4. 住户实际社会缴款

8.85 ***住户实际社会缴款是雇员、自雇者或未受雇佣者独立应付给社会保险计划的社会缴款***。住户实际社会缴款基于权责发生制进行记录，对有工作的人来说，记录时点就在从事会引起支付缴款责任的工作之时。

5. 住户追加社会缴款

8.86 住户追加社会缴款是指在核算期内住户持有的养老金和非养老金权益所产生的财产收入，它在初始收入分配账户中记录为养老金基金管理者应付给住户的财产收入。

F. 实物社会转移以外的社会福利

8.87 社会福利是住户所获得的经常转移，用于满足因某些事件或情形而产生的需求。社会福利可分为两类：养老金；所有其他（非养老金）福利，例如因疾病、失业、居住、教育或家庭情况而应付的福利。

8.88 社会福利的获得在账户中的记录方式取决

表 8.3（续）：收入再分配账户——详细列示税和社会缴款项目——来源方

来源

交易和平衡项	非金融公司	金融公司	一般政府	住户	NPISH	经济总体	国外	货物与服务	合计
初始收入总额/国民总收入	254	27	198	1381	4	1864			1864
初始收入净额/国民净收入	97	15	171	1358	1	1642			1642
经常转移	72	275	367	420	40	1174	55		1229
所得税、财产税等经常税			213			213	0		213
所得税			204			204	0		204
其他经常税			9			9			9
净社会缴款	66	213	50	0	4	333	0		333
雇主实际社会缴款	31	110	38	0	2	181	0		181
雇主实际养老金缴款	27	104	35	0	2	168	0		168
雇主实际非养老金缴款	4	6	3	0	0	13	0		13
雇主虚拟社会缴款	12	2	4	0	1	19	0		19
雇主虚拟养老金缴款	12	1	4	0	1	18	0		18
雇主虚拟非养老金缴款	0	1	0	0	0	1	0		1
住户实际社会缴款	25	94	9	0	1	129	0		129
住户实际养老金缴款	19	90	6	0	0	115	0		115
住户实际非养老金缴款	6	4	3	0	1	14	0		14
住户追加社会缴款		10				10	0		10
住户追加养老金缴款		8				8	0		8
住户追加非养老金缴款		2				2	0		2
社会保险计划服务费	2	3	1			6	0		6
实物社会转移以外的社会福利				384		384	0		384
其他经常转移	6	62	104	36	36	244	55		299

于一些彼此相互影响的因素，这些因素包括：社会福利的类型是养老金还是非养老金；福利是否由社会保险计划支付；福利是否由政府支付；是否以现金形式支付等。下面各节将讨论支付福利的不同制度安排，然后讨论不同类型的福利，之后总结这些福利如何记录在账户中。

1.　制度安排

社会保险计划或社会救济

8.89　社会福利可以由社会保险计划支付，也可以作为社会救济由政府支付。与社会救济不同，所有的社会保险计划都要求受益人的正式加入。参加社会保险计划是与就业挂钩的，并且通常要求参与人、或雇主或这两者向计划支付缴款作为参加的证据。社会保障是一类重要的社会保险，并且像社会救济一样，也是由政府提供。因此，当政府提供社会福利时，有必要确定它是社会保障的一部分还是社会救济的一部分。

社会保障和社会救济

8.90　政府提供的社会福利或为社会保障福利或为社会救济福利，两者的分配比例要取决于国家的制度安排，因此不同国家差别巨大。政府提供的社会保障福利和社会救济福利之间存在着根本差别。

8.91　社会保障是社会保险计划的一种形式。在社会保障计划下，受益人通常通过向计划支付缴款或让代理人支付缴款来参加计划。缴款的代理支付者可以是雇主、家庭中某位成员，在某些情况下甚至可以是政府自身（例如，在失业期间可能就是如此）。由于社会保障计划是一个通过缴款以获得福利的计划，因此政府和受益人之间会存在某种合约。在一些国家，合约会有严格的法律形式并且一旦生效即不能修改；在其他的国家，合约更加宽松并允许回溯调整。对所有的社会保障计划来说，应收缴款和应付福利之间的差别会列入政府预算的监控内容，因为如果应收缴款少于应付福利，那么除非增加缴款或降低福利或两种措施同时进行，否则就会产生永久赤字，这将是不可持续的。

8.92 社会救济不同于社会保障之处在于：受益人不需要通过支付缴款来证明自己已参加计划，就可以有资格获得社会救济福利。一般来说，所有常住住户成员都有权利申请社会救济，但给予是有条件的。通常，要评估住户能够动用多少收入来满足其基本需求，只有那些其收入低于某给定限制水平的住户才可以有权利获得社会救济（这一过程通常被称为“经济情况审查”）。

8.93 社会救济向住户提供多少收入在国家与国家之间存在很大的差别。事实上，在一些国家，根本就没有社会保障，因此政府要在没有社会缴款的情况下提供所有用来满足社会需求的收入，但这种情形并不常见。

2. 社会福利的类型

8.94 社会福利可以在三种不同的制度安排下支付：它们可以由政府以社会救济的方式支付；可以由政府以社会保障的方式支付；还可以由其他就业相关社会保险计划支付。在三种制度安排下，养老金的记录方式是类似的，但社会救济与社会保险计划下的养老金记录略有差别；应付现金非养老金福利的记录方式也是类似的，但社会救济与社会保险计划下的记录也有区别。对应付实物非养老金福利来说，政府应付的部分——无论是社会救济还是社会保障——都要采用不同的方式记录。

养老金

8.95 以现金形式支付的主要社会福利是付给退休者的养老金。但是，还有其他类型的人也有权利获得养老金，如寡妇和终身残疾者。养老金几乎总是以现金的形式发放，但在某些情形下，也会以实物形式出现，如免费或以低价向养老金领受人提供住房服务，此时，住房福利的价值应视为现金支付的一部分，其数额等于领受人向福利提供者购买住房服务的花费。

8.96 前文已述，社会保险计划下的应付养老金不同于作为社会救济的应付养老金。

现金形式的应付非养老金福利

8.97 通常，养老金的特征十分明显，但要将其他某些社会保险的支付从对用户的其他支付中区分开来需要特别小心。如果能做到这一点，现金形式的非养老金福利就可以记录在社会保险非养老金福利和现金形式的社会救济福利项目下。

住户应得但不属于社会福利的项目

8.98 政府可以因住户的生产活动而向住户支付，例如，为了鼓励特定农作物的生产向农户支付。此类支付应视为给住户企业的补贴。一个实践中很不常见、但理论上有可能存在的情况是：政府给住户以支付，允许他们获得固定资产用于生产，这种情况应被记录为投资补助（资本转移的一种）。

8.99 雇主——无论是否为政府——可以给雇员提供他们从事劳动服务所必需的设备，例如制服，或如理发所用的剪刀、送邮件所用的自行车之类的小工具。这些设备要记录为雇主企业的中间消耗，不能记录为雇员所属住户的获得。相同的惯例也适用于雇主给雇员提供完成任务所需服务的情况，例如，由雇主负担的雇员因公出差的旅馆食宿成本，要处理为雇主的中间消耗而不是雇员的消费。

8.100 当雇员的确在生产过程之外使用了雇主所提供的货物或服务时，这些货物服务要视为实物工资和薪金，以现金形式记录，其价值与雇员自己购买这些货物服务时所需的花费相同。例如，雇员获得的免费住房服务或为雇员配置的汽车，既可以因私使用也可以因公使用。典型的处理方法是：出于纳税的考虑，将这些货物服务的价值处理为雇员收入的一部分。

8.101 住户可以从其他住户——包括同一经济体的常住者和国外单位——那里获得大量的赠予；也可以从其他单位得到补偿，例如因受伤或误拘禁等。即使这些支付可以改善住户的生活水准（在彩票上获胜也可以做到这一点），在 SNA 中也不将其视为社会福利。住户以及经济体中其他部门的应付应收其他经常转移将在 G 节进行更详细地讨论。

实物形式的应付非养老金福利

8.102 除社会保障计划外，记录就业相关社会保险计划所产生的所有福利时，都将受益人的获得看做现金形式。例如，即使雇员最初并没有为治疗付费，他们只是简单地将账单送交其社会保险计划要求后者付费，社会保险计划所支付的金额也要按如下方式记录：先付给雇员；然后再由雇员来承担其健康服务的支出。这样处理的基本原理是：私人社会保险计划是作为金融公司而运营的，不可能有最终消费支出。雇主所提供的某些服务要视为雇主的中间消耗，例如，在工作场所为那些在工作或培训中——这些工作或培训是雇员为雇主的利益而从事的——患病的人所提供的医疗服务。但是，社会保险计划所提供的一般健康和教育服务是雇员报酬体系的一部分，不构成雇主的中间消耗。

政府提供的实物福利

8.103 对于以现金形式支付的社会福利，住户对其使用的方式等同于从其他收入来源获得的收入。而当社会福利以实物形式发放时，住户对福利的使用就不再有选择权，福利的获得仅仅是减少了住户其他来源收入的开支。全世界的政府都有责任向住户提供如下类型的服务：这些服务不能交换其他的服务，也不能在住户之间进行交换；它们是政府免费或以没有显著经济意义的价格提供给住户的个人服务。此类服务被称为实物社会转移，记录在 H 节所描述的实物收入再分配账户中，而不是收入再分配账户中。

8.104 应付实物福利的一个特殊例子是报销，即最初住户用现金付了费，但政府报销了一部分或全部费用的情况。例如，雇员或常住住户其他成员为获得教育和健康服务而进行了支付并随后由政府报销，此时，这笔支付就不是社会保险福利和雇员报酬的一部分，而应视为政府在单个住户成员健康服务方面的部分支出。政府在个人服务方面的支出属于政府最终消费支出，而不属于住户最终消费支出，也不属于雇员报酬。

8.105 如果政府仅报销了住户享受健康（或其他）服务的部分费用，那么已报销的部分视为政府最终消费支出，未报销的部分则视为住户最终消费支出。只有当雇主明确同意为雇员报销政府未报销的那部分费用时，才能将这一部分费用视为雇员报酬的一部分。

8.106 所有政府提供的实物社会福利都用相同的方式处理，不必将其区分为社会保障和社会救济。

3. 收入再分配账户中记录的社会福利

8.107 考虑前述事项，收入再分配账户中记录的社会福利的构成如下：

实物社会转移以外的社会福利

现金形式的社会保障福利

社会保障养老金福利

现金形式的社会保障非养老金福利

其他社会保险福利

其他社会保险养老金福利

其他社会保险非养老金福利

现金形式的社会救济福利

8.108 ***现金形式的社会保障福利，是社会保障基金应以现金形式支付给住户的社会保险福利***。该福利分为养老金和非养老金福利。

8.109 ***其他就业相关社会保险计划福利，是社会保障以外的社会保险计划应付给计划缴款人及受其赡养者或遗属的社会福利***。该福利分为养老金和其他福利。

8.110 ***现金形式的社会救济福利，是政府部门或为住户服务的非营利机构（NPISH）应支付给住户部门的经常转移。社会救济福利所满足的需求与社会保险福利相同，但两者的差别在于：在社会保险计划下获得福利通常要求先支付社会缴款，社会救济则不需要***。因此社会救济福利不包括社会保障基金所支付的所有福利。该福利分为养老金和其他福利。

8.111 社会救济福利不包括如下内容：因那些社会保险计划通常不保的事件或情形而支付的经常转移。因此，社会救济福利不包括如干旱、洪水或地震这样的自然灾害所导致的现金或实物转移。此种转移要单独记录在其他经常转移项目下。

8.112 表 8.4 列示了按上述标准对表 8.1 中的社会福利进行分解后的结果。

表 8.4：收入再分配账户——详细列示社会福利项目——使用方

使用

交易和平衡项	非金融公司	金融公司	一般政府	住户	NPISH	经济总体	国外	货物与服务	合计
经常转移	98	277	248	582	7	1212	17		1229
所得税、财产税等经常税	24	10	0	178	0	212	1		213
净社会缴款			333		333	0			333
实物社会转移以外的社会福利	62	205	112	0	5	384	0		384
现金形式的社会保障福利			53			53	0		53
社会保障养老金福利			45			45	0		45
现金社会保障非养老金福利			8			8	0		8
其他社会保险福利	62	205	7	0	5	279	0		279
其他社会保险养老金福利	49	193	5	0	3	250	0		250
其他社会保险非养老金福利	13	12	2	0	2	29	0		29
现金形式的社会救济福利			52			52			52
其他经常转移	12	62	136	71	2	283	16		299
可支配收入总额	228	25	317	1219	37	1826			1826
可支配收入净额	71	13	290	1196	34	1604			1604

G. 其他经常转移

8.113 其他经常转移包括除所得税、财产税等经常税、社会缴款和社会福利以外的，所有发生在常住机构单位之间、常住者和非常住者之间的经常转移。其他经常转移由大量不同目的下的多种转移组成，可以将它们分为四类：保险相关交易；政府内转移；国际经常性合作；其他杂项经常转移。下文将依次描述每一类其他经常转移。

8.114 表 8.5 显示了按上述分类对表 8.1 中的其他经常转移进行分解后的结果。

1. 保险相关交易

8.115 此项目下有三类交易，它们是：与直接保险相关的净保费和索赔；与再保险相关的净保费和索赔；与标准化担保相关的支付。下文将对它们逐一进行说明，第 17 章第 1 部分和第 2 部分将分别对与保险相关的交易和与标准化担保相关的交易进行更详细的说明。

8.116 应该指出的是，本文所用的“净保费”中的“净”字，意味着保险服务费已经从实际缴纳的保费和追加保费之合计中扣除了。直接保险和再保险之间没有交叉，因此它们的记录是完全可分的。

非寿险净保费

8.117 非寿险保单的保险范围包括：由自然或人为原因所引起的，导致货物、财产损失或

表 8.4（续）：收入再分配账户——详细列示社会福利项目——来源方

来源

交易和平衡项	非金融公司	金融公司	一般政府	住户	NPISH	经济总体	国外	货物与服务	合计
初始收入总额/国民总收入	254	27	19 888	1381	4	1864			1864
初始收入净额/国民净收入	97	15	171	1358	1	1642			1642
经常转移	72	275	367	420	40	1174	55		1229
所得税、财产税等经常税			213			213	0		213
净社会缴款	66	213	50	0	4	333	0		333
实物社会转移以外的社会福利				384		384	0		384
现金形式的社会保障福利				53		53	0		53
社会保障养老金福利				45		45	0		45
现金社会保障非养老金福利				8		8	0		8
其他社会保险福利				279		279	0		279
其他社会保险养老金福利				250		250	0		250
其他社会保险非养老金福利				29		29	0		29
现金形式的社会救济福利				52		52			52
其他经常转移	6	62	104	36		244	55		299

人员伤害的各种事件或意外（例如火灾、洪水、坠毁、碰撞、沉没、失窃、暴力、意外、疾病等）；或疾病、失业、意外等事件导致的经济损失。企业、政府单位、NPISH 或单个住户都可以办理非寿险保单。单个住户办理的保单是指单个住户主动地、为了自己的利益而办理的保单，这与雇主或政府无关，也不属于任何社会保险计划。***非寿险净保费等于：投保人为在核算期内获得保险而应付的实际保费（实收保费），加上属于投保人的财产收入中应付的追加保费，减去应付给保险公司的服务费***。6.184 到 6.191 段已解释了服务费的计算方法。在从非寿险保费与追加保费之和中扣除服务费后，剩余的部分就称为非寿险净保费。只有非寿险净保费才构成经常转移并记录在收入再分配账户中；服务费是投保人对服务的购买，记录为中间消耗或最终消费才是合适的。

非寿险索赔

8.118 ***非寿险索赔是指：核算期内，因理赔非寿险保单所保事件导致的损失而应支付的数额***。通常情况下，当保单条款中规定的、引起有效索赔的不确定事件发生时，即应确认应付索赔，但下列情形除外：只有在相关事件发生很长时间之后才能确定是否可以进行索赔。例如，对于某严重疾病，只有在确定了该疾病的引发原因是患者接触了石棉，才能确认一系列的应付索赔。此时，应付索赔的确认时间是保险公司接受其负债之时。该时点与应付索赔的规模得到确定的时点可能有所不同，与应付索赔的偿付时间也有可能不同。

8.119 非寿险索赔的理赔视为支付给索赔者的转移，索赔者通常就是投保人但并不总是投保人。索赔通常都视为经常转移，甚至在由于固定资产的意外破坏或严重个人人身伤害而导致索赔额巨大的情况下也是如此。索赔者所获赔偿通常并无特定使用目的，已受损或毁坏的货物或资产并非必须进行修理或替换。

8.120 一些索赔来自于投保人给第三方的财产或人身带来的损失或伤害，例如，已参保的机动车驾驶人可能会给其他机动车或个人带来损失或伤害。在此种情况下，有效索赔应直接记录为保险企业对受损方的应付项目，而不必通过投保人间接记录。

8.121 在一些很少见的情形下，某些部分的索赔可以不记录为经常转移，而是记录为资本转移。第 17 章第 1 部分将对此类保险活动的功能进行描述，解释何时这样处理才是恰当的。

再保险净保费和索赔

8.122 直接保险业者提供了一种在定期投保人之间进行收入再分配的手段。投保人只需定期缴纳相对较少的费用，就可以在发生概率很小的大损失事件真的发生时，向保险公司索赔，如果保险公司受理，就可以在当年避免大额损失。再保险保单以相同的方式运作，这就使得直接保险业者（或其他再保险业者）可以通过在专门从事再保险业务的保险公司办理再保险保单，来规避特别巨额索赔带给自己的损失。

8.123 再保险净保费和索赔的计算方式与非寿险保费和索赔完全一样。但由于只有少数国家开展了再保险业务，在全球范围内，大部分的再保险保单都是与非常住单位签订的。

标准化担保的费用和代偿

8.124 一些单位，尤其是政府单位，可以为债权人提供违约担保，担保与非人寿保险具有很多相同的特征。当许多同一种类的担保被提供并且有可能对总体违约的概率水平作出可靠估计时，此类担保就称为标准化担保。在标准化担保中，所支付的费用（和用这些费用所赚到的财产收入）的处理方式与非寿险保费相同；代偿的处理方式则与非寿险索赔相同。第 17 章第 3 部分将对标准化贷款担保进行详细讨论。

8.125 标准化担保的范围只涉及金融工具，不涉及产品担保领域。

2.　一般政府内经常转移

8.126　***政府内经常转移是指不同政府单位间的经常转移***。它包括：不同级政府间的经常转移，例如在中央政府和省级或地方政府单位之间经常发生的转移；一般政府和社会保障基金之间的经常转移等。政府内经常转移不包括那些构成固定资本形成总额的资金转移，此种转移要处理为资本转移。

8.127　一个政府单位可以作为另一个政府单位的代理机构代行其某些职能，例如，在征收自己应收税收的同时，代为征收那些本应缴给另一政府单位的税收。用此种方式代另一单位所征之税要直接记录为缴纳给了另一单位，不应将其视为该单位给另一单位的经常转移。该单位延迟移交给另一单位的税款则要记录在金融账户中的“其他应收/应付款”项目下。

3.　国际经常性合作

8.128　***国际经常性合作是指：发生在不同国家政府之间或政府与国际组织间的现金或实物经常转移***。它包括：

a. 接受者用以进行经常支出的政府间转移，包括自然灾害后的紧急援助，此类转移包括食品、衣服、毯子、药品等形式的实物转移；

b. 成员国政府支付给国际组织的年度或其他定期缴款（不包括应向超国家组织缴纳的税）；

c. 政府或国际组织对其他政府的支付，用于给那些被认为是其工作所在国家常住者的技术支持人员支付薪水。

国际经常性合作不包括用于资本形成的转移，此类转移记录为资本转移。

4.　杂项经常转移

8.129　***杂项经常转移包括除保险相关保费和索赔、一般政府内经常转移、国际经常性合作外的经常转移***。下文阐述了其中比较重要的几种类型：

中央银行和一般政府之间的经常转移

8.130　如 6.155 段所述，有一种经常转移代表了中央银行的非市场产出的价值，记录为中央银行对一般政府的应付项。非市场产出中包括货币政策服务，它被视作公共消费。

8.131　当中央银行因政策目的以偏离市场利率的利率向一般政府收取利息时，也视为中央银行和一般政府之间发生了转移，该转移也包括在本项目中。对于这种情形下的转移如何进行记录，7.122 到 7.126 段已经做过了描述。

支付给 NPISH 的经常转移

8.132　***支付给 NPISH 的经常转移是指：NPISH 从其他常住机构单位或非常住机构单位处获得的，表现为会员费、募捐、自愿捐赠等形式（无论定期还是非定期缴纳）的经常转移***。给 NPISH 的转移或用来支付 NPISH 非市场生产活动的成本，或用来形成基金，利用基金可以以社会救济福利的形式向常住或非常住住户支付经常转移。向慈善团体捐献食品、衣服、毯子、药品等，让慈善团体将这些物品分配给常住或非常住住户，考虑物品由住户重新获得，此种形式的转移也属于支付给 NPISH 的经常转移，并按购买这些商品的支出处理为现金转移。来自于住户的那些已不需要的赠予物和用过的物品通常是没有市场价值的，因此作为转移在账户中是显现不出来的。贵重物品的赠予处理为资产负债表中贵重物品价值的转移。向如商会或贸易协会这样的为企业服务的非营利机构（NPI）支付的会员费或捐助，处理为对所提供服务的支付，因此并非转移（参见 4.88 段），此种会员费或捐助要作为中间消耗记录在生产账户中，而不能记录在收入再分配账户中。

表 8.5：收入再分配账户——详细列示其他经常转移项目——使用方

使用

交易和平衡项	非金融公司	金融公司	一般政府	住户	NPISH	经济总体	国外	货物与服务	合计
经常转移	98	277	248	582	7	1212	17		1229
所得税、财产税等经常税	24	10	0	178	0	212	1		213
净社会缴款				333		333			333
实物社会转移之外的社会福利	62	205	112	0	5	384			384
其他经常转移	12	62	136	71	2	283	16		299
非人寿保险净保费	8	13	4	31	0	56	2		58
非人寿直接保险净保费	8	0	4	31	0	43	1		44
非人寿再保险净保费		13				13	1		14
非人寿保险赔付		48				48	12		60
非人寿直接保险赔付		45				45	0		45
非人寿再保险赔付		3				3	12		15
一般政府内经常转移			96			96	0		96
国际经常性合作			31			31	1		32
杂项经常转移	4	1	5	40	2	52	1		53
支付给 NPISH 的经常转移	1	1	5	29	0	36	0		36
常住住户与非常住住户间的经常转移				7		7	1		8
其他经常转移杂项	3	0	0	4	2	9	0		9
可支配收入总额	228	25	317	1219	37	1826			1826
可支配收入净额	71	13	290	1196	34	1604			1604

住户间经常转移

8.133 ***住户间经常转移是指：常住住户向其他常住住户或非常住住户支付，或者从他们那里获得的经常转移***。此类转移包括所有现金转移和实物转移的价值。对于汇款来讲，住户之间的经常转移通常是指个人转移。它包括了在同一国家不同区域常住、或在不同国家常住的同属一个家庭的成员之间的定期汇款，这种汇款通常来自于家庭中某位在国外工作了一年或以上时间的成员。由于季节性工人在国外工作的时间不到一年，他们仍是原居住国的常住者（也就是说，仍是原住户的成员），因此季节性工人给其家庭的汇款不属于国际间转移，如果他们在国外工作期间是作为非常住国的雇员或服务提供者，他们的所得要记录为来自国外的雇员报酬。

8.134 非常住住户支付给常住住户的经常转移（反之亦然）是政策很关心的项目。此外，也建议为个人汇款和总汇款在国际收支平衡表中设置备忘项目。来自国外的个人汇款等于：来自国外的个人转移加上来自国外的雇员报酬再减去雇员在国外的支出。

表 8.5（续）：收入再分配账户——详细列示其他经常转移项目——来源方

来源

交易和平衡项	非金融公司	金融公司	一般政府	住户	NPISH	经济总体	国外	货物与服务	合计
初始收入总额/国民总收入	254	27	198	1381	4	1864			1864
初始收入净额/国民净收入	97	15	171	1358	1	1642			1642
经常转移	72	275	367	420	40	1174	55		1229
所得税、财产税等经常税			213			213	0		213
净社会缴款	66	213	50	0	4	333	0		333
实物社会转移之外的社会福利				384		384	0		384
其他经常转移	6	62	104	36	36	244	55		299
非人寿保险净保费		47				47	11		58
非人寿直接保险净保费		44				44			44
非人寿再保险净保费		2				3	11		14
非人寿保险赔付	6	15	1	35	0	57	3		60
非人寿直接保险赔付	6		1	35		42	3		45
非人寿再保险赔付		15				15	0		15
一般政府内经常转移			96			96	0		96
国际经常性合作			1			1	31		32
杂项经常转移	0	0	6	1	36	43	10		53
支付给 NPISH 的经常转移					36	36			36
常住住户与非常住住户间的经常转移				1		1	7		8
其他经常转移杂项			6			6	3		9

因此，个人汇款显示出收入从国外住户或在国外工作不到一年的住户成员处转移到常住住户的总流量。来自于国外的总汇款等于个人汇款加社会福利（包括国外到期应付的、与住户成员的先前工作相关的养老金）。给国外的支付也与此相应地来定义。如果要进一步了解相关事项的详情，可以参考第 26 章和 BPM6。

罚金和罚款

8.135　***法院或准司法性主体对机构单位所收取的罚金和罚款视为强制性的经常转移***。但是，税收机关对逃税或逾期缴税所收取的罚金或其他罚款通常并不与税本身分开，因此在实践中归为税收而不记录在罚金和罚款项目下；为获得执照而支付的费用与之情况类似，此种支付或是税或是对政府单位所提供服务的支付（参见 8.54 段）。

抽彩和赌博

8.136　彩票和赌注的支付额包括了两个部分：对组织抽彩或赌博的单位所支付的服务费；

剩余部分则为付给赢家的经常转移。服务费在数额上可以相当巨大，需要用来缴纳对赌博服务所征收的生产税。在 SNA 中，转移被视为直接发生在抽彩或赌博的参与者之间，也即住户之间。

8.137 某些彩票的支付额中可以包括三个部分，有两项是刚才已说明过的服务费和住户间的转移，第三项则是给慈善团体的捐款，这一部分显示为支付给慈善团体——通常是 NPISH——的转移。

8.138 如果非常住住户参加了抽彩或赌博，住户部门和国外部门之间就可能发生大规模的净转移。

8.139 在某些情况下，抽彩的赢家并不立刻一次性地获得全部所赢金额，而是在未来以收入流的形式逐渐获得。在 SNA 中，此种情况处理为一次性获得了全部所赢金额并立即购买了年金。年金的记录将在第 17 章第 1 部分进行说明。

补偿支付

8.140 ***补偿支付是指：机构单位支付给其他机构单位的，以补偿前者所造成的、非寿险公司未理赔的人身伤害或财产损失为目的的经常转移***。补偿支付或者是按法庭判决执行的强制性支付，或者是在法庭外由双方协商决定。该项目包括对其他机构单位所致伤害或损失的补偿，也包括政府单位或 NPISH 为补偿自然灾害所致伤害或损失而支付的优惠赔付。

H. 实物社会转移

8.141 G 节已经解释过，收入再分配账户关注和记录收入是怎样通过现金转移和视为现金转移的实物转移在部门之间进行再分配的。但是，仍有一些重要类别的转移，所涉及的消费支出是由政府和 NPISH 承担的，这种转移被称为实物社会转移。***实物社会转移是指：政府和 NPISH 免费或以没有显著经济意义的价格提供给住户的货物和服务***。此类转移特点鲜明，因此有两个专门的账户用来记录它们。

8.142 实物社会转移是指政府和 NPISH 代表住户所进行的最终消费支出。因此实物社会转移被做为个人消费的货物服务，它不同于国防或路灯之类在 SNA 中称为公共服务的公共物品（第 9 章将对政府个人支出和公共支出的差别进行更多地讨论）。政府选择向住户提供个人服务的原因主要有二：其一，由政府来集中地满足社会大部分人群、甚至全社会的需求，以实现更高的成本效率；其二，政府能确保以对住户来说较合理的成本提供服务，能规定可测的服务标准，能要求住户利用服务，例如要求孩子上学。

8.143 出于分析的目的，核算住户消费时，将实物社会转移所提供的货物和服务包括在内是十分可取的。但是，要对住户消费的口径进行扩展，必须同时也扩展收入的口径，以便与之匹配，因为住户储蓄是不受不同口径的影响的。为了能在体系中包括不同口径的住户收入和住户消费，SNA 引入了如下两个账户：其一形成于收入的替代测度（实物收入再分配账户），另一个显示消费的替代测度，即在第 9 章描述的调整后可支配收入使用账户。

1. 实物收入再分配账户

8.144 实物收入再分配账户开始于收入再分配账户的平衡项——可支配收入，并根据实物社会转移价值对之进行调整，以获得新的平衡项——调整后可支配收入。对住户来说，调整后可支配收入要高于可支配收入，对政府和 NPISH 来说则相反。

2. 支付给非常住者的实物社会转移

8.145 原则上，实物社会转移可以支付给非常住者。一个简单的例子是：一般政府部门中的医院向外国游客所提供的紧急医疗服务。但正如非常住住户可以从本国政府的实物社会转移中获益一样，常住住户也可以从另一经济体政府的实物社会转移中获益。一般来说，付给非常住者的流量在实物社会转移总规模中只占一个较小的比例，因此除非有有力的反面证据，按惯例可以假设：付给非常住者的流量等于从其他经济体政府（和 NPISH）获得的流量。按这一惯例，经济总体的可支配收入总额恰等于调整后可支配收入总额。

第9章　收入使用账户

A. 引言

9.1 收入使用账户用于反映住户、政府和为住户服务的非营利机构（NPISH）如何将可支配收入在最终消费和储蓄之间进行分配。除非特别说明，本章中的消费均指最终消费。与可支配收入和消费这两个概念相对应，存在着两个收入使用账户。第一个收入使用账户是可支配收入使用账户，如表9.1所示，着重强调可支配收入和源于此项收入的消费性货物服务支出；第二个收入使用账户是调整后可支配收入使用账户，如表9.2所示，着重强调机构单位——特别是住户——所获得并使用的消费性货物服务，无论这些消费性货物服务是通过支出获得的还是通过实物社会转移获得的。为解释两个账户的差别，需要定义一些关键术语。

9.2 ***消费性货物服务是指：住户部门、NPISH或政府部门用于直接满足个人需要（或需求）或社会成员公共需要（无须在SNA所定义的生产过程中进一步加工）的货物或服务。***

9.3 ***个人消费性货物服务是指住户获得并用于满足住户成员需要或需求的货物或服务。***个人消费性货物服务通常都能在市场上买卖，尽管它们有时是免费或以无经济意义的价格提供（如实物社会转移）的。实际上，所有货物和大部分服务都是个人消费性货物服务。

9.4 ***公共消费性服务是指同时提供给社会全体成员或某一部分成员（如生活在某一地区的所有住户）的服务。***公共服务由全社会或某一部分成员自动获得并消费，而无须他们采取任何行动。典型的例子如全国或地方一级的公共管理和安全保障。公共服务即经济理论中所说的“公共物品”。从其性质上说，公共服务不能在市场上出售给个人，要由政府以税收或其他财政收入来支付。个人和公共消费性货物服务的区别详见9.91段至9.98段。

9.5 NPISH向其成员提供的某些服务具有公共服务的一些性质；例如，NPISH进行的某些研究可能使社会全体成员受益。但是，从其性质上讲，NPISH提供的大部分服务是个人服务；如果无法识别出那些具有公共服务性质的NPISH产出，就可以将NPISH提供的所有服务都作为个人服务处理。

9.6 正如本章后文所述，支出属于承担费用的机构单位，即使货物服务并未提供给它们。因此，政府或NPISH通过实物社会转移将个人货物服务提供给住户，为此发生的支出应记录为政府或NPISH的最终消费支出。尽管政府或NPISH实际上并没有消费以实物社会转移形式提供的货物和服务，但它们为这些货物服务付款并可以决定所要提供的数量，因此，它们在这些货物服务上的支出必须与其可支配收入一起记录在SNA的账户中。但是，如果消费这些货物服务的单位不是控制和出资单位，那仅仅记录该项支出还不够。为了弄清这些消费的受益单位，还必须显示出这些货物服务实际上是转移给住户部门使用的。由此产生了最终消费支出与实际最终消费的区别。

9.7 在可支配收入使用账户中，主要来源项目是可支配收入，即从收入再分配账户结转的平衡项，主要使用项目是最终消费支出。***最终消费支出是消费性货物服务的支出总额***。在调整后可支配收入使用账户中，主要来源项目是调整后可支配收入，即从实物收入再分配账户结转的平衡项，主要使用项目是实际最终消费。***实际最终消费测量的是所获得的消费性货物服务总量***。

9.8 在第 8 章介绍的实物收入再分配账户中，住户部门的调整后可支配收入是其可支配收入加上应得的实物社会转移价值，而政府和 NPISH 的调整后可支配收入则是其可支配收入减去应付的实物社会转移价值。与实物收入再分配账户相对应的是调整后可支配收入使用账户，其中住户部门的实际最终消费是其最终消费支出加上应得的实物社会转移价值，而政府和 NPISH 的实际最终消费则是其最终消费支出减去应付的实物社会转移价值。因此 SNA 中有两个账户描述可支配收入的来源，同时也有两个收入使用账户。

9.9 在可支配收入使用账户和调整后可支配收入使用账户中，需要有一个调整项来反映记录在金融账户中的养老金权益的变化。储蓄是这两个收入使用账户的平衡项，它既可用进行了养老金权益变化调整的可支配收入减去最终消费支出来计算得到，也可用进行了养老金权益变化调整的调整后可支配收入减去实际最终消费来计算得到。因此，无论是可支配收入使用账户还是调整后可支配收入使用账户，计算出来的储蓄是相同的。

9.10 由于很难估算固定资本消耗，所以，与可支配收入和调整后可支配收入一样，储蓄可能不得不按总额记录，即包含固定资本消耗。但是，正如在其他地方所述，从理论上来讲，净额更合适。

9.11 企业部门没有最终消费支出。它们购买的货物服务可能与住户用于最终消费的货物服务（例如电或食物）没有什么两样，但这些货物或服务者被用于中间消耗，或者作为实物报酬提供给其雇员。SNA 假定，企业部门不会对住户部门转移消费性货物或服务。企业部门既不提供也不接受实物社会转移，因此区分可支配收入与调整后可支配收入就没有实际意义。所以，就企业部门而言，可支配收入使用账户和调整后可支配收入使用账户都是虚设账户，不存在最终消费支出或实际最终消费的记录。除了上文提到过并将在 9.20 至 9.25 段详述的养老金权益这一调整项外，企业部门总储蓄（或净储蓄）肯定等于其可支配收入或调整后可支配收入总额（或净额）。在其他文献里，***公司的储蓄通常被称为公司“留存收益”或“未分配收入”***。

1. 可支配收入使用账户

9.12 如表 9.1 所示，除平衡项储蓄外，可支配收入使用账户仅包括三个主要项目。可支配收入，从收入再分配账户平衡项结转而来，记录在账户右边的来源方；最终消费支出则记录在账户左边的使用方。正如前文所述，本账户主要与三个发生最终消费支出的部门有关，即一般政府部门、NPISH 和住户部门。

9.13 本账户的平衡项是储蓄。但是，在测算该项目之前，必须先引入反映养老金权益变化的调整项，以将一定数量的储蓄在部门间重新分配。之所以需要该调整项，是由养老金缴款及福利在收入再分配账户中的记录方式决定的。对住户而言，该调整项记录在右边的来源方，对金融机构或其他承担养老金债务的单位而言，则记录在左边的使用方。

9.14 表 9.1 中列示的最终消费支出已经在个人消费支出和公共消费支出之间进行了分解，从而即可得出后文所述的核算关系。但是，通常希望能够按支出目的或货物服务类别对最终消费支出进行细分。多数用户希望至少能够进行一定程度的细分，例如，区分出货物支出与服务支出，耐用品支出或

表 9.1：可支配收入使用账户——使用方

使用

交易和平衡项	非金融公司	金融公司	一般政府	住户	NPISH	经济总体	国外	货物与服务	合计
最终消费支出			352	1015	32	1399			1399
个人消费支出			184	1015	31	1230			1230
公共消费支出			168		1	169			169
养老金权益变化调整	0	11	0		0	11	0		11
总储蓄	228	14	-35	215	5	427			427
净储蓄	71	2	-62	192	2	205			205
对外经常项目差额							-13		-13

非耐用品支出。在供给和使用表中则需要按货物和服务种类进行划分，具体讨论见第 14 章。

2. 调整后可支配收入使用账户

9.15 如表 9.2 所示，除平衡项储蓄外，调整后可支配收入使用账户同样包括三个主要项目。调整后可支配收入，从实物收入再分配账户平衡项结转而来，记录在账户右边的来源方；实际最终消费记录在账户左边的使用方。同可支配收入使用账户一样，在测算平衡项储蓄之前，也要引入养老金权益变化这一调整项。本账户主要与一般政府部门、NPISH、住户部门有关。

9.16 住户部门的实际最终消费是其最终消费支出加上应得的实物社会转移价值，而政府部门和 NPISH 的实际最终消费则是其最终消费支出减去应付的实物社会转移价值。有些实物社会转移由非常住单位获得（例如公立医院对非常住游客提供的紧急医疗服务），但是它在实物社会转移总额中占比非常小。另外，在国外的本国常住单位也可能以类似方式从非常住政府（或 NPISH）的实物社会转移中受益。因此，除非有确凿的理由，这里假定这两个数据正好互相抵消，因此实物社会转移总额可表示为应付给常住居民的实物社会转移。这样，对经济总体而言，实际最终消费价值就等于最终消费支出总额。

表 9.2：调整后可支配收入使用账户——使用方

使用

交易和平衡项	非金融公司	金融公司	一般政府	住户	NPISH	经济总体	国外	货物与服务	合计
实际最终消费			168	1230	1	1399			1399
实际个人消费				1230		1230			1230
实际公共消费			168		1	169			169
养老金权益变化调整	0	11	0		0	11	0		11
总储蓄	228	14	-35	215	5	427			427
净储蓄	71	2	-62	192	2	205			205
对外经常项目差额							-13		-13

表 9.1（续）：可支配收入使用账户——来源方

来源

交易和平衡项	非金融公司	金融公司	一般政府	住户	NPISH	经济总体	国外	货物与服务	合计
可支配收入总额	228	25	317	1219	37	1826			1826
可支配收入净额	71	13	290	1196	34	1604			1604
最终消费支出								1399	1399
个人消费支出								1230	1230
公共消费支出								169	169
养老金权益变化调整				11		11	0		11

9.17　住户部门实际最终消费衡量的是住户部门获得的（无论是通过购买还是通过政府或NPISH 转移得到的）并用于满足自身需求（或需要）的消费性货物服务的价值。因此，与最终消费支出相比，它能更好地反映居民的生活水平。在有些国家，以实物社会转移形式提供给住户的非市场个人货物服务的价值相当大，当然这主要取决于这些国家政府所奉行的社会经济政策，所以，住户部门实际最终消费的价值可能大大超过其支出。基于上述原因，住户部门实际最终消费有时也被称作“扩大的”居民消费或居民“总”消费，但 SNA 不使用这些术语。同时，一般政府部门的实际最终消费则相应地小于其最终消费支出。

3.　两个收入使用账户的联系

9.18　两个收入使用账户之间既非序列关系也非层级关系，它们是服务于不同分析目的或政策目的的平行账户。一个说明是哪些单位发生了支出，另一个说明是哪些单位从支出中受益，以及住户消费的自给程度。SNA 对作为实物社会转移的货物服务价值采取两种不同方式记录，这两种方式都反映了政府或 NPISH 资源的使用：

a. 作为政府部门或 NPISH 支付的最终消费支出；

b. 作为政府部门或 NPISH 支付的、住户

表 9.2（续）：调整后可支配收入使用账户——来源方

来源

交易和平衡项	非金融公司	金融公司	一般政府	住户	NPISH	经济总体	国外	货物与服务	合计
调整后可支配收入总额	228	25	133	1434	6	1826			1826
调整后可支配收入净额	71	13	106	1411	3	1604			1604
实际最终消费								1399	1399
实际个人消费								1230	1230
实际公共消费								169	136
养老金权益变化调整				11		11	0		11

部门获得的实物社会转移，并记录为住户部门实际最终消费的一部分。

9.19 尽管可支配收入和调整后可支配收入的差别在于实物社会转移，但是，切不可将可支配收入理解为可得到的现金收入。可支配收入还包括很多非现金项目，例如第 8.22 段和 8.23 段中介绍的自产自用或实物报酬等非现金收入。

4. 养老金权益变化调整

9.20 个人在整个工作生涯中都在通过社会保险计划积累养老金权益，因此，这种权利构成个人的资产、最终支付养老金的单位的负债。社会救济下的养老金不包括在内，因为其数额并不随时间以可预知方式或因可预见的原因而自然增加。社会保障福利也存在同样的问题。有些国家，政府负责支付养老金（甚至包括向非政府雇员支付），而这些养老金要通过社会保障基金支付。第 17 章第 2 部分将详细讨论，何时将这些计划产生的负债纳入系列账户中，何时只能反映在附表中。在本章中，“养老金计划”这一说法用来指代那些负债能纳入系列账户（包括积累账户和资产负债表）的社会保障计划以及其他所有就业相关计划。

9.21 SNA 将养老金计划作为对拥有计划债权的住户的负债。养老金领取者向基金支付养老金缴款和领取养老金则构成其金融资产的获得与处置。但是，这可能与有关住户、特别是领取养老金的住户的认知不一致，他们习惯于将领取的养老金视为经常转移收入。而且，SNA 确实是将（至少一部分）通过社会保障计划和社会救济领取的养老金处理为经常转移。

9.22 为了提供对分析有关住户行为更加有用的收入资料，领取养老金的住户向所有养老金计划和社会保障支付的养老金缴款以及领取的养老金要分别作为社会缴款和社会保险福利记录在收入再分配账户中。因此，它们会影响住户部门的可支配收入水平。

9.23 将养老金缴款和福利作为经常转移的理论基础在于，从整个经济看，养老金发放本质上是住户部门之间的再分配过程。由于缴款与福利不一定完全相等，为此就会影响住户的储蓄，例如，如果全体住户支付的缴款比领取的福利要多，其储蓄就要相应减少。同样地，如果住户领取的福利超过了他们的缴款，储蓄却没有反映这个事实，即权益的负变化代表资产净值的减少。然而金融账户已经明确地将养老金权益变动显示为住户资产净值的增加，所以，必须根据收入再分配账户中养老金缴款和福利的差额对储蓄进行调整。

9.24 因此，在可支配收入使用账户和调整后可支配收入使用账户中均有养老金权益变化调整这一项目。它等于：

根据养老金计划应付的实际的和虚拟的社会缴款总额

\+ 归属于养老基金受益人的财产收入中应付的追加缴款总额

\- 相关服务费

\- 养老金计划中作为社会保险福利支付的养老金总额

9.25 当然，对负责支付养老金的单位而言，其收入使用账户应作相反的调整。这些调整可能会影响到非常住机构单位，包括住户部门和养老金支付者。

5. 储蓄

9.26 储蓄是这两个收入使用账户的平衡项。无论是可支配收入减去最终消费支出，还是调整后可支配收入减去实际最终消费，得到的储蓄数值都是一样的（在两种方法中，都要先对上述养老金权益变化进行调整）。

9.27 如前所述，非金融公司和金融公司没有最终消费支出或实际最终消费，其净储蓄等于其可支配收入净额或调整后可支配收入净额（对养老金权益的调整除外）。

9.28 ***储蓄是可支配收入（已调整养老金权益变化）中没有用于货物服务最终消费的部***

分。它可能是正数也可能是负数，这要取决于可支配收入是否超过最终消费支出。假定储蓄为正（并假定不存在资本转移），那么，这部分未用的收入必定要用于获得资产（可能只是现金的增加）或减少负债。如果储蓄为负，那就意味着，必定是变卖了某些金融资产或非金融资产（包括现金的减少）或增加了负债。因此，SNA 中，储蓄为经常账户和接下来的积累账户提供了一个连接纽带。

9.29　如果储蓄为零，即最终消费支出等于可支配收入加养老金权益变化调整，在不存在资本转移的情况下，机构单位就无须处置任何资产或增加任何负债。因此，正如第 8 章所述，可支配收入是一个机构单位在不减少其现金、不变卖其他资产或增加负债情况下，在该核算期内能用于货物服务最终消费的最大数额。

6.　计算储蓄率

9.30　储蓄率，尤其是住户部门储蓄率，是一个很关键的经济变量，通常用各部门的储蓄除以其可支配收入来计算。但是，可支配收入使用账户和调整后可支配收入使用账户中都包含养老金权益变化调整项目，由此使这一计算过程变得比较复杂。参与计算的不是使用收入再分配账户或实物收入再分配账户的平衡项（可支配收入或调整后可支配收入），而是使用加上养老金权益变化调整后得出的可支配收入总额或调整后可支配收入总额。这样的总计数据才是储蓄率计算中的分母。

B.　货物和服务的支出、获得和消费

9.31　最终消费支出与实际最终消费间的区别取决于货物服务支出与获得之间的一般性区别。本节的目的不但要解释支出与获得之间的区别，还要解释它们与货物服务实际使用或实物使用之间的区别。

1.　支出

9.32　***货物服务支出定义为：为得到出售者提供给购买者或其指定的其他机构单位的货物和服务，购买者向出售者支付或同意支付的价值额***。承担支付责任的购买者未必是占有货物服务的单位。如前所述，政府或 NPISH 常常为出售者提供给住户的货物服务支付费用。而且，正如后文所述，购买者不一定要用现金支付。

货物服务支出的记录时间

9.33　当购买者承担对出售者的负债时，货物或服务的支出就发生了。它通常发生在：

a. 货物所有权从出售者转移到新的所有者；或

b. 生产者提供的令消费者满意的服务完成时。

9.34　出售者因交付货物服务而实际获得付款的时间不一定就是支出发生的时间。正如第 3 章所述，支付款项可以发生在所出售货物服务实际交付之前或之后。因此，支出额是以支出发生时应收和应付金额计算的。如果在支出发生之前或之后付款，那么，在所有权变动或服务完成时，两个相关单位的金融资产或负债（现金除外）就必须做相应改变。

9.35　实际上，在有些情况下，很难确定货物所有权转移的确切时间或令消费者满意之服务完成的确切时间。所以，有时会发生双方对此看法不一甚至发生争议的情况。

2.　获得

9.36　***当机构单位成为货物的新所有者，或向其提供的服务完成之时，意味着它们获得了***

这种货物服务。支出单位所支付的交易价格即为获得的价值。大多数情况下，交易价格是市场价格。一个机构单位或部门所获得的货物服务价值等于通过自己支出而获得的货物服务价值、加上以实物社会转移形式而获得的货物服务价值、减去以实物社会转移形式交付给其他单位的货物服务价值。

9.37 最终消费支出和实际最终消费之差正好是消费性货物服务支出与获得之差。由于所有的消费性货物服务都既是支出对象同时也是获得对象，因此各部门最终消费支出和实际最终消费之差解释了通过实物社会转移形式而实现的货物服务再分配。

9.38 消费支出和实际消费以及支出和获得之间的区别只存在于最终消费中，实物社会转移很好地解释了这个区别。

3. 货物服务消费

9.39 ***货物服务消费是指在生产过程中或为了直接满足人类需求（或需要）而把货物服务完全消耗掉的行为***。***消费行为包括为满足个人或公共需求（或需要）而使用货物服务***。最终消费对需求（或需要）的满足是即时的、直接的；而中间消耗则是间接的、延迟的，因为，这些货物服务要用于生产那些最终满足人类需求（或需要）的其他货物服务。

9.40 就货物而言，获得和使用的区别是相当清楚的。生产者所获得的货物在生产过程中实际用尽之前，可保留长短不一的时间。住户也可能先保留消费性货物然后再满足其需求（或需要）。只是少数货物极易腐烂，需要立即使用。例如，大多数食品都不必在获得之后立即食用，而是可以存放一段时间。

9.41 但是，就服务而言，区分获得和使用可能没有多大的实际意义。接受服务的单位从接受服务的那一刻起，即自动受到这些服务的影响，并不需要采取进一步的行动来从中受益。

耐用品与非耐用品

9.42 就货物而言，区分获得与使用对分析来说很重要。在此基础上可以区分耐用品和非耐用品，这是一种在经济分析中广泛使用的区分。事实上，耐用品与非耐用品的区别并非在于其物理耐久性，而在于该货物是一次性用于生产或消费，还是反复或连续地使用。例如，从物理意义上讲，煤是一种经久耐用品，但是它只能燃烧一次。因此，***耐用品是指可在至少一年的时间内反复或连续使用，并假定具有正常或平均物理使用率的物品***。***耐用消费品是以消费为目的、可以反复或连续使用一年以上的货物***。

作为货物服务使用的消费

9.43 消费函数将效用表示为货物服务消费量的函数，其中所用的消费是指货物服务使用而不是支出或获得。为了测算此类消费活动，需要采用类似于生产账户中所使用的核算程序。在生产账户中，针对用于生产过程的货物，清楚地区分了购买及随后作为投入的使用。

9.44 实际上，SNA 仅仅按支出和获得来测算住户的消费。住户对耐用品的反复使用只能通过扩大生产界限才能进行确认，即假定耐用品在假设的生产过程中逐渐被消耗掉，其产出就是服务；然后这些服务记录为住户在一段连续的时间内获得。但是，SNA 并不是用此方法来处理耐用品的。可以通过卫星账户采用这种扩大的生产界限，作为 SNA 的一种补充扩展。

C. 间接测算的非货币交易价值

9.45 根据买卖双方达成的协议，购买者可用货物、服务或其他非现金资产来偿还债务。

例如，在易货交易时，买卖双方可以相互交换货物或服务。再比如，雇员可以提供劳动而得到货物服务等实物报酬。

9.46　如果购买者未能支付或不愿支付现金，则需要用市场上以现金购买类似货物服务的适当价格对这一支出作虚拟计算。

9.47　住户自产自用的货物的价值以及属于生产界限范围内的家庭服务的价值也必须间接测算。

9.48　为简洁起见，须虚拟计算其价值的交易称之为“虚拟支出”，并在下文中使用这一术语。但是，严格来讲，虚拟的只是货物服务的价值，而不是支出本身。换句话说，估价是虚拟的，发生了交易却是事实。因此，更合适的表达应该是间接测算的流量，而不是虚拟计算的流量。

1.　易货交易

9.49　***易货交易是用一篮子货物服务与另外一篮子不同的货物服务进行交易，双方没有货币支付***。在易货交易中获得的货物服务价值构成了虚拟支出。在易货交易中，交换的货物服务价值必须虚拟计算为它们的市场价值。因此，如果将通过易货交易获得的货物服务用于居民消费，其虚拟价值必须记录为住户部门的最终消费支出。如果用于易货交易的货物是现存货物并且不是当期的产出，则提供货物的单位必须将其记录为负的虚拟支出，就如同将现存货物的销售记录为负支出一样。

9.50　在易货交易中，交易双方都要记录其支出。支出价值应以易货产品的生产者价格为基础来计算。实际操作中可能不涉及产品税或运输成本，在这种情况下，生产者价格与基本价格没有区别。用作易货交换的货物服务价值不一定一致，因此，所虚拟的易货交易价值应该是所交换的货物或服务估价的简单平均数，以此保证交易双方都按相同的支出金额记录。某项易货交易的标的物品可能随后会以更高的价格与另一主体进行交换，而主导这两项交易的主体会从中获取价差。但是，每一项易货交易都仅包括两方，其中不存在批发或零售加价。

2.　作为实物收入获得的货物服务支出

9.51　雇员得到的实物收入是以雇主作为劳动者报酬而提供给雇员的货物服务的价值来测算的。收到实物报酬的雇员被认为做出了与其所收到货物服务的市场价值（雇主生产货物服务按生产者价值计算，雇主购买的货物服务则按购买者价值计算）相等的一笔支出，其支出费用即源于所收到的实物报酬。因此，此类货物服务价值既要记为住户部门的最终消费支出，又要记为其实物收入。

9.52　必须将作为实物报酬提供给雇员的货物服务与因工作需要提供给雇员的货物服务区别开来，后者属于企业的中间消耗。原则上这一区别是很清楚的。为使雇员能完成工作，雇主必须向雇员提供工具、设备、专用工作服等货物或服务，这些是企业的中间消耗；另一方面，那些雇员可在自己支配的时间内用于直接满足自己或家庭成员需求或需要的货物服务则属于实物报酬。但在实际中，必然存在难以确定的两可情况，例如，工作服既可在工作时间穿，又可以在工作以外的时间穿。列入实物报酬的货物服务的详细清单，可见第 7 章雇员报酬一节。

3.　自产自用货物服务的支出

9.53　如果机构单位将自己生产的货物服务用于自己的最终消费或固定资本形成，显然就是由自己承担了这些费用。因此，应将这些费用记为发生的支出，其金额以市场上销售类似货物服务的基本价格来估算，如果没有合适的基本价格，则使用其生产成本估算。

9.54　住户部门最终消费支出中应包括由住户所拥有的非法人企业生产的、被留作住户成员消费的货物服务价值。在同一住户内为自己消费而从事的服务不属于 SNA 的生产范围，但自有住房所有者提供的住房服务和付酬家庭雇员提供的服务则要包括在其中。住户为自己消费而生产的货物或服务的费用是由自己负担的，因此很明显，这一支出额虽然必须间接测算，但也是在住户处发生的。同一住户内自产自用的货物和服务主要有以下几类：

a. 农户（包括自给性农户或仅将农业生产作为次要活动甚至是闲暇活动的其他住户）生产并用于自己最终消费的粮食或其他农产品；

b. 住户所拥有的非法人企业所生产的、并为其成员所消费的其他种类的货物；

c. 自有住房所有者为自己最终消费而提供的住房服务（下文将对该项目作进一步讨论）；

d. 住户雇用付酬家庭雇员（家务劳动者、厨师、园艺师、司机等）为自身最终消费提供的家庭服务或其他服务。

9.55 除付酬家庭雇员的服务外，上述货物或服务的价值均需要根据现行市场上类似货物服务的基本价格进行估算，如果没有合适的基本价格，则可用生产成本估算。依据常规，付酬家庭雇员提供的服务价值直接按所支付的现金和实物报酬估算。

D. 住户最终消费支出

1. 引言

9.56 ***住户部门最终消费支出是指由常住住户承担的消费性货物服务的支出***。除购买的消费型货物服务外，最终消费支出还包括易货交易的虚拟支出、以实物收入形式收到的货物服务的虚拟支出、同一住户自产自用的货物服务的虚拟支出，其估算方法已在 C 节解释。

9.57 最终消费支出不包括住宅等固定资产或贵重物品支出。住宅是为所有者提供住房服务的货物，因此，住户在住宅上的支出属于固定资本形成总额。所有者出租住宅的租金记为所有者的住房服务产出和承租人的最终消费支出。如果是所有者的自用住宅，其住房服务的虚拟价值要同时记录为所有者的产出和最终消费支出。贵重物品是永不变质的珍贵耐用品，不会在消费或生产中被消耗掉，获得的主要目的是保值。贵重物品主要包括艺术品、宝石、贵金属以及用宝石和贵金属加工的珠宝。人们持有贵重物品是希望其价格相对于其他货物服务价格而言会随着时间的推移而增加，或至少不会下降。尽管贵重物品的所有者可能因拥有它们而满足，但它们并不会像一般消费品（包括耐用消费品）那样会随着时间的推移而被消耗掉。

9.58 下面简要介绍某些特定情况或某些特定类型的货物服务支出的处理。

2. 拥有非法人企业的住户的支出

9.59 如果一住户中存在由一个或多个成员拥有的非法人企业，为经营目的发生的所有支出均不列入住户消费支出。必须确保只有直接满足人的需求（或需要）的那部分支出才能包括在住户部门最终消费支出中。但这在实践中并不那么容易做到，因为同一货物或服务（如电或其他燃料）既可用于经营目的又可用于最终消费。因此不能仅根据购买的货物服务的种类来判断是否属于经营支出。需要特别注意的是农场（包括自给性农场），各种货物无论是购买的还是自产的，都既可用于住户最终消费也可用作中间消耗，例如，玉米或土豆既可用于住户成员消费也可用于喂养牲畜或留作种子。

9.60 同样，也要注意汽车、家具或电器设备等耐用消费品的购买。如果出于经营目的而购买，应视作固定资本形成总额；但如果是为了住户成员自用，则应视作最终消费支出。原则上说这种区分是清楚的，但在实践中往往很模糊，尤其是企业所有者将汽车等耐用品部分用于经营目的、部分用于个人使用的时候更是如此。此时，耐用品的购买支出应按其用于经营目的和个人使用目的的用量比例，分为企业的固定资本形成总额和住户的最终消费支出。如果耐用品完全或部分是为经营目的而购买的，那么这种耐用品在经营中使用而减少的价值就应记为该非法人企业的固定资本消耗。

3. 特定类型货物服务的支出

金融服务支出

9.61 在适当情况下，对住户承担的、由金融机构提供但未直接收取费用的服务支出，应虚拟计算其价值。在金融机构收费服务项目上的支出应按通常办法记录。

保险和养老基金服务以外的金融服务

9.62 金融机构（不包括保险公司和养老基金）和贷款人会收取比参考利率高的利率，支付比参考利率低的利率。正如第 6 章和第 7 章所述，SNA 的利息应按参考利率记录在初始收入分配账户中，而 SNA 的利息与银行利息之差则要记录为住户的最终消费支出（如果能够识别出住户之非法人企业的利息支出和收入，则此费用应作为这些企业的中间消耗，但这通常是不可能的）。

9.63 当住户购买或处置外汇和其他金融资产时，金融资产交易商通常会提出该资产的买价和卖价。交易时实际应收或应付价格与买卖价均值之差也要处理为针对金融机构服务的支出。

保险和养老基金服务

9.64 本体系第 6 章阐述了针对保险公司和养老金计划所提供服务价值的计算方法。各部门、子部门或机构单位消费的保险服务价值，是按它们实际支付的保费比例分摊保险公司提供的服务价值而得到的。如果产出价值是分业务估算的（如果可行这样处理是合适的），则按保费比例分配的服务费也必须分业务进行。住户支付的金额记作最终消费支出（住户拥有的非法人企业购买的保险服务除外，这部分应作为中间消耗）。养老金计划的服务费则全部由住户（有些可能是非常住住户）承担。

住宅服务、维修和改良

自有住房服务

9.65 对所居住的房屋拥有所有权，视同为拥有一家非法人企业，该企业提供了住房服务并被其所属住户的居民所消费。提供的住房服务价值等于在市场上租用同样大小、质量和类型的房屋所要支付的租金。需要关注针对房屋所缴纳的税款。住房服务通常很少缴纳增值税等税款，但如果应缴纳并且自有住房所有者又被免除交税，则此笔税款应从自有住房价值中扣除。住房服务的虚拟价值记作房主的最终消费支出。

装饰、小修理及维护

9.66 房客“自己动手”进行的常规装饰和小修理活动，不包括在生产范围之内，为此所购买的材料费应作为最终消费支出，与支付给建筑工人、木匠、水管工人等的服务费的处理方式相同。由房客负责的维护也要视为最终消费支出。

9.67 所有者（包括自住者）在房屋装饰、小修理和维护方面的支出通常被视为房主的责任，这部分支出不能作为住户部门最终消费支出而应处理为住房服务生产过程中发生的中间费用。这些支出或者是对专业建筑人员或装修工提供服务所支付的费用，或者是购买用于“自己动手”修理和装饰的材料费用，后一种情况不涉及劳动成本。只有自有住房服务虚拟租金里的增加值才属于营业盈余。

重大改良

9.68 住宅重大改良（即再建、改建或扩建）支出不列在上述装饰、小修理和维护类中。因此，它们不属于住户最终消费支出，而是要作为住宅所有者（包括自住者）的固定资本形成总额处理。

耐用品的维修和保养

9.69 包括车辆在内的所有耐用消费品的维修和保养支出，其处理方式与房客进行的住房小修理的处理方式相同。无论是专业人员进行的还是住户成员“自己动手”进行的维修和保养，都属于最终消费支出。在后一种情况下，只将购买的材料价值列入住户消费支出。

执照和收费

9.70 为了获得各种牌照、许可证、证书和护照，住户要向政府单位支付费用。有时，并不清楚政府单位是否实际提供了服务（如测试或检验）作为回报，也不清楚这种付款是否事实上属于税收。正如 8.64（C）段所述，根据大多数国家的实际做法，对存在争议的情况，均按以下惯例处理：住户为领取汽车、船只或飞机的保有或使用牌照和领取狩猎、射击或钓鱼许可证所支付的费用，作为税收处理；支付的特定活动许可证（如出租车许可证）费用，作为生产税处理；为其他种类的牌照、许可证、证书、护照等支付的费用，则作为服务购买处理，并列入住户部门消费支出。

4. 住户部门最终消费支出分类

9.71 住户部门最终消费支出是一个典型的覆盖范围很大的总量指标，其中包括了各种各样的货物和服务。因此，常常需要对这一指标进行细分。可以利用“主产品分类（CPC）”按产品或服务种类细分；也可利用“按目的划分的个人消费分类（COICOP）”按目的或功能（如食物、保健和教育服务等）细分。

5. 住户部门最终消费支出的记录时间和估价

记录时间

9.72 根据 SNA 所采用的一般原则，当应付支出发生时，即购买者对出售者有付款义务时，就应记录这一支出。也就是说，对货物的支出应在其所有权变更时记录，而对服务的支出则应在该服务交付完成时记录。非货币交易在相关货物可供住户使用时记录。

9.73 采用分期付款购买协议、融资租赁或类似融资方法购买的货物，从交货时开始，购买者就要承担货物所有权带来的风险并享有回报。因此，应在交货时虚拟为所有权发生了变更，即使此时没有发生法律意义上的所有权变更，也应假定此时发生了经济所有权的变更。在金融账户中也必须反映购买者对提供分期付款的公司或金融公司的负债。

估价

9.74 住户支出是以住户支付的购买者价格记录的，包括购买时应付的所有产品税。按照 6.64 至 6.68 段的定义，货物的购买者价格是指在购买者指定的时间和地点交付一单位货物应付的金额，包括未列入销售者发票价格但由购买者承担的所有运费。

9.75 易货交易的虚拟支出，以实物收入形式收到的货物的虚拟支出，均按最初发生支出的单位所支付的价格记录。自产自用货物的虚拟支出应按基本价格估价，并要与其作为产出的估价一致。

9.76 由于市场的不完善，不同住户可能对同一产品支付不同的价格。价格差异可能会一直存在，因为，住户可能未意识到存在价格差异；或者住户只能掌握不完备的信息——寻找以最低价销售的零售店的成本太大。即使住户注意到价格差异的存在，但要到最低价销售的商店购买也可能不太方便或花费太大。价格差异存在的另一个原因是许多服务生产者有意识地实行价格歧视，即对同一种服务向不同住户收取不同的价格（例如，向养老金领取者或低收入者收取较低的费用）。由于服务不能转卖，因此，在服务生产者中，价格歧视极为常见，甚至是普遍存在的。不过住户支出仍要按实际支付的价格记录，因为这是交易的实际价值。

9.77　相同货物服务之间出现明显的价格差异，往往并不是真正的价格差异，而是由于不同质量（其中包括不同的销售条件）所造成的。例如，大宗购买货物或淡季购买服务往往要价较低。当然，这种支出必须按照实际支付的价格记录，就是说，要从标价或报价中扣除大宗购买或淡季购买给予的所有折扣。

对赊购的估价

9.78　当出售者向购买者提供赊购服务时，购买者价格不包括由此可能产生的任何利息或服务费。同样，购买者价格也不包括由于未能在购买时所确定的期限内付款而可能承担的额外费用，这类费用实际上是对出售者提供赊销的利息付款。正如 9.62 段所述，如果赊购是通过金融机构办理的，应将总费用划分为金融服务费和利息。如果赊销由非金融机构提供，则没有金融服务费。但需要注意，许多大零售商设有处理信贷业务的附属公司，这些附属公司本身应属于金融机构。

6.　常住与非常住住户的支出

9.79　常住住户出国旅游时要发生支出，而非常住住户在一国经济领土内也要发生支出。SNA 的住户最终消费支出是指由常住住户承担的支出，无论这种支出发生在经济领土之内，还是在国外。

9.80　计算常住住户最终消费支出总额最方便的做法，是先计算经济领土内所有住户（无论常住还是非常住）的支出总额，然后再对这一数字进行调整：加上常住住户在国外的支出，减去非常住住户在本国经济领土内的支出。常住住户在国外的支出构成进口，而非常住住户的支出构成出口。不过，虽然上述计算方法中使用了经济领土内所有住户的支出总额这一指标，但它并非 SNA 所确认的一个总量指标。

E.　住户部门实际最终消费

9.81　***住户部门实际最终消费是指各个住户获得的消费性货物和服务***。住户部门实际最终消费价值是以下三部分之和：

a. 住户在消费性货物服务上的支出价值，其中包括针对以无经济意义价格销售的非市场货物或服务的支出；

b. 政府单位以实物社会转移形式向住户提供个人消费性货物服务时承担的相应支出价值；

c. NPISH 以实物社会转移形式向住户提供个人消费性货物服务时承担的相应支出价值。

9.82　政府单位或 NPISH 承担的实物社会转移的支出价值等于提供给住户的货物服务的价值减去按无经济意义的价格收费时住户承担的支出金额。

9.83　如后文 F 和 H 节所述，政府和 NPISH 在个人货物服务上的支出要区分为以下两个部分：一是这些单位作为非市场生产者进行生产所发生的支出，二是这些单位从市场生产者那里购买货物服务并免费或以无经济意义的价格提供给住户而发生的购买支出。这意味着住户部门实际最终消费总额也可分为这两部分。

F. 一般政府部门的消费支出

9.84 很多消费性货物服务（无论是公共服务还是特定的个人货物或服务）支出是由一般政府部门承担的。

9.85 一般政府部门最终消费支出有好几种分类方法，尤其是以下几种：

a. 根据货物服务是由市场生产者生产还是非市场生产者生产进行分类；

b. 根据支出是用于公共服务还是用于个人货物服务进行分类；

c. 根据“政府职能分类（COFOG）”的职能或目的进行分类；

d. 根据“主产品分类（CPC）”的货物或服务种类进行分类。

1. 在市场和非市场生产者产出上的支出

9.86 非市场生产者免费或以无经济意义的价格向住户或社会公众提供其产出，此方面的支出在一般政府部门最终消费支出中所占比例最大，因此首先考虑这部分支出。

在非市场生产者产出上的支出

9.87 政府部门可能为自身最终消费而生产，也可能提供一些市场化产出，但一般政府单位的生产大部分属于非市场性的。正如第6章所述，非市场产出价值要以其生产过程中的总成本来估算。尽管政府会将货物和服务转移给个人或群体，但所发生的成本仍要记录为政府部门的最终消费支出。

9.88 政府在非市场货物服务上的最终消费支出不一定正好等于这些货物服务的政府产出价值。其支出金额应该等于产出的价值减去用于政府资本形成的产品价值再减去销售产品所获得的收入。这些销售收入可能来自以无经济意义的价格销售某些货物或服务，也可能来自以有经济意义的价格销售某些货物或服务（即次要的市场产出的销售）。

在市场生产者生产的消费性货物或服务上的支出

9.89 政府单位也会购买市场生产者生产的消费性货物和服务，并直接将它们提供给住户。政府单位的作用仅限于为这些货物服务付款并保证它们能够作为实物社会转移分配给住户。政府单位不对这类货物服务进行任何进一步加工，因此此项支出属于政府单位的最终消费支出而不是中间消耗。以这种方式分配的货物服务价值属于实物社会转移。这样，政府代表住户在市场货物服务上的支出要同时记录为政府最终消费支出和住户部门的实际最终消费。

政府产出和最终消费支出

9.90 政府最终消费支出可由下式推出：

一般政府的产出价值

\- 用于政府部门自身资本形成的产出价值

\- 以无经济意义价格和以有经济意义价格出售的货物服务价值

\+ 向市场生产者购买并免费或以无经济意义价格转移给住户的货物服务价值。

2. 在个人与公共货物服务上的支出

9.91 政府消费支出应分为两部分，一部分是为住户个人承担的支出，另一部分是为整个社会或社会特定阶层承担的支出。

个人货物服务

9.92 个人货物服务实质上是“私人的”，不同于“公共”货物服务。它们应具有如下特征：

a. 该项货物或服务被某住户或其成员获得，必须是可以被观察到的并可以按照发生的时间予以记录的；

b. 住户必须同意接受该项货物或服务的供给，并会采取必要的行动使这种供给成为可能，如去上学或去看病；

c. 此类货物服务必须符合这样的条件：即当一个住户或个人或有限的一个小群体获得了该货物或服务，就排除了其他住户或个人对该货物或服务的获得。

9.93 之所以要提到有限的小群体是因为，某些服务是同时提供给一小群人的。例如，几个人可同乘一辆汽车、火车、轮船或飞机，或者在同一班级上课、听同一场讲座、听同一场音乐会或看同一场戏。但是，如果能消费这些服务的人数有限，则它们本质上仍属个人服务。社会的其他成员不能消费这些服务，因而也不能从中受益。

9.94 从福利角度来看，个人货物服务的一个重要特点是，某一住户、个人或群体得到这种货物或服务，不会（或很少）给社会其他成员带来好处。虽然提供某种个人保健或教育服务（如接种、疫苗）可能会给社会其他成员带来某种外部收益，但一般来讲，主要受益者仍是个人。因此，政府单位在个人货物服务供应上发生支出时，它不仅需要决定花费的总额，还要决定如何在社会成员间分配这些货物服务。从社会经济政策角度来看，分配方式和支出总额同样重要。

按生产者类型划分的个人消费

9.95 在实物收入再分配账户与调整后可支配收入使用账户中，一般政府部门针对个人的消费全部视作实物社会转移。为便于分析，需要将此类消费区分为两部分：政府作为非市场生产者生产的货物服务，政府从市场生产者那里购买并免费或以无经济意义价格提供给住户的货物服务。

公共服务

9.96 大多数货物可归私人所有，因此，从这个意义上讲，货物消费都属于个人性消费。与此不同的是，某些服务是可以集体性地提供给整个社会的。这些公共服务的特点可概括如下：

a. 公共服务可以同时提供给社会每个成员或社会的某些特定部分，如某一特定地区的社会成员；

b. 这些服务的使用通常是被动的，而且不需要所有相关个人的明确同意或积极参与；

c. 向某个人提供一种公共服务并不减少它所属团体或团体某特定部分中其他成员所获得的服务量。因此，在公共服务获得方面不存在竞争。

9.97 政府提供的公共服务主要包括安全和国防、法律和秩序的维护、立法和制定规章条例、公共卫生的维护、环境保护等。社会所有成员都能从这些服务中受益。由于无法记录个人对公共服务的使用，因此不能按其使用情况对个人收费。

个人服务与公共服务的界限

9.98 如果涉及政府政策的制定和执行、公共标准的制定与实施、对生产者进行管理、发放许可证或进行监督等，则政府针对诸如保健、教育等个人服务上的支出也应作为公共服务处理。例如，国家卫生部或国家教育部发生的支出，由于涉及政策、标准和规章条例等一般事务，所以应包括在公共消费支出中。另一方面，与一组医院、中小学、大学或类似机构的管理或运转有关的所有管理费用则应包括在个人支出中。例如，一组私人医院拥有一个中心机构，该中心机构提供诸如采购、实验室、救护车或其他设施等共同服务，这些公共服务的费用将包括在向病人收取的费用中。即使医院是非市场生产者，也必须遵循同样的原则，即向特定个人提供服务所发生的一切费用，包括提供公共服务的中心机构的那些服务费用，都应包括在个人服务支出中。

政府的个人和公共支出分类

9.99 政府职能分类（COFOG）是用于一般政府及其子部门的一种交易分类。它分为如下十类：

01 一般公共服务；

02 国防；

03 公共秩序和安全；

04 经济事务；

05 环境保护；

06 住房和公共设施；

07 保健；

08 娱乐、文化和宗教；

09 教育；

10 社会保护。

9.100 从 01 到 06 类都是公共服务；保健类里的 07.5 与 07.6，娱乐、文化和宗教类里的 08.3 至 08.6，教育类里的 09.7 与 09.8，以及社会保护类里的 10.8 与 10.9，也是公共服务。在此部分里，要包括那些未作为资本形成记录的，发生在一般行政管理、规章、研究上的支出。保健、娱乐、文化和宗教、教育和社会保护类里的其他部分（是这些类别的主要项目）属于个人服务。

向企业提供的非市场服务

9.101 许多政府支出会使企业同住户一样受益，例如，对公路、桥梁、隧道等的清扫、维修，提供路灯照明等的支出。这些服务的消费可以被监测，因此，这类服务往往是按市场原则通过收取道路通行费来提供的。但是，如果上述服务是免费提供的，则很难将免费提供给企业的服务与免费提供给住户的服务区分开来，因此，依照惯例，所有这类支出都被当作公共最终支出处理。

9.102 警察提供的治安、消防服务等公共服务是免费提供给整个社会的，也使企业与住户同样受益。

G. 一般政府部门实际最终消费

9.103 政府实际最终消费等于其最终消费支出减去以实物社会转移形式提供给住户的个人货物服务支出。因此，政府单位的实际最终消费等于其在公共服务上所承担的支出。尽管公共服务是使整个社会或社会中的某些部分受益而非政府受益，但是正如前文所述，这些服务的实际消费不可能在单个住户或部分住户（如住户部门的子部门）或企业之间分配。因此，仍属于承担其支出的政府单位的实际最终消费。

9.104 确认和计算政府实际最终消费是为了达到以下两个主要的分析或政策目的：

a. 公共服务可视同为公共财政和经济理论中界定的“公共物品”。从技术上讲，按照其使用情况对某些公共服务的消费者收费是可能的，但是这样作的交易成本会惊人的高。这就为政府介入提供了一个经济的而非政治的理论依据；

b. 公共服务并未提供在住户之间重新分配资源的机制。由于再分配可能是政府政策的主要经济目标之一，所以将没有这种效果的公共服务与由政府付款但最终转移给各个住户的个人货物服务区分开是有益的。

H.　NPISH 的消费支出

9.105　NPISH 所承担的消费支出的处理方法与一般政府部门非常类似，本节只列示不同之处。政府支出的主要资金来源是税收，而 NPISH 支出的主要资金来源是募捐、缴款、捐赠或财产收入。

9.106　NPISH 提供服务的对象往往仅限于附属于它们的成员，尽管它们也可能会向第三方提供个人货物或服务。许多 NPISH 只关心保护自己成员的利益或福利，或提供给住户或个人单独行动不易得到的娱乐、体育或文化设施。尽管 NPISH 是为其成员群体提供服务，但这些服务本质上说是个人的而非公共的。一般来说，其成员以外的人被排除在外，不能从它提供的服务中受益。

9.107　NPISH 也有可能提供公共服务。例如，私人出资的非营利机构可能进行医学研究并将其成果让大家免费使用。但是，除非这类活动是明显的并可以计量的，否则通常假定 NPISH 的支出仅为个人货物服务支出。

9.108　NPISH 的最终消费支出可以按不同的方法分类，主要是以下几种：

a. 根据货物或服务是由市场生产者生产还是非市场生产者生产进行分类；

b. 根据支出是用于公共服务还是用于个人货物服务进行分类；

c. 根据“为住户服务的非营利机构支出目的分类（COPNI）”的职能或目的进行分类；

d. 根据“主产品分类（CPC）”的货物或服务种类进行分类。

9.109　与政府部门相同，NPISH 也可能从市场生产者那里购买货物分配给住户。它也可能以无经济意义的价格出售其非市场产出或以有经济意义的价格出售其次要的市场产出而获得销售收入。但是，对许多 NPISH 而言，其消费支出额就是其非市场产出额。

按生产者类型划分的个人消费

9.110　在实物收入再分配账户与调整后可支配收入使用账户中，NPISH 的全部个人消费均作为实物社会转移处理。为便于分析，可以将其分为两部分：NPISH 作为非市场生产者生产的货物服务，NPISH 从市场生产者那里购买并免费或以无经济意义的价格提供给住户的货物服务。

I.　NPISH 的实际最终消费

9.111　NPISH 的实际最终消费等于其最终消费支出总额减去以实物社会转移形式提供给住户的个人货物服务支出。因此，NPISH 的实际最终消费额等于其在公共服务上的支出。如果不能识别和测算 NPISH 提供的公共服务，则在账户中就不显示 NPISH 的实际最终消费。

J.　最终消费支出与实际最终消费：总结

9.112　本节概要说明发生最终消费的三个部门——住户部门、NPISH 部门和政府部门——的主要消费总量在概念上的相互关系。

1. 最终消费支出

9.113 ***住户部门最终消费支出是指常住住户在个人消费性货物服务上的支出和虚拟支出，包括那些以无经济意义的价格出售的以及那些在国外获得的消费性货物和服务。***

9.114 ***一般政府部门最终消费支出是指一般政府部门在个人消费性货物服务以及公共消费性服务上的支出和虚拟支出。***

9.115 ***NPISH 的最终消费支出是指常住 NPISH 在个人消费性货物服务以及可能的公共消费性服务上的支出和虚拟支出。***

2. 实际最终消费

9.116 ***住户部门实际最终消费测量的是常住住户获得的所有个人消费性货物服务的价值。***计入住户部门实际最终消费的货物服务有以下三类：

a. 通过住户自身支出获得的货物服务；

b. 以实物社会转移形式从一般政府部门和 NPISH 处获得的货物服务，是这些非市场生产者的产出；

c. 以实物社会转移形式从一般政府部门和 NPISH 处获得的货物服务，是这些机构从市场生产者那里购买并免费或以无经济意义的价格提供给住户的。

9.117 ***一般政府部门的实际最终消费测量的是一般政府向社会或社会大部分人提供的公共消费性服务的价值。***

9.118 ***NPISH 的实际最终消费测量的是 NPISH 向社会或社会大部分人提供的公共消费性服务的价值。***

3. 经济体的最终消费总额

9.119 整个经济体的最终消费总额可以从两个角度来看。从支出角度来看，它可以定义为常住住户、常住 NPISH 和政府单位发生在个人和公共消费性货物服务上的支出总额。从实际最终消费角度来看，它可以定义为常住住户获得的所有个人货物服务价值加上政府和 NPISH 向社会或社会大部分人提供的公共服务的价值。

9.120 如 8.145 段所述，实物社会转移也可以提供给非常住住户，例如，公立医院对外国游客实施的紧急医疗服务。但是，与非常住住户可能受益于一国政府的实物社会转移一样，常住住户也可能从其他国家的实物社会转移中受益。总的来说，这部分对非常住住户的转移相对于实物社会转移总量来说很小，除非有确凿的理由，否则通常假定，对非常住住户的转移与从其他国家政府（或 NPISH）获得的转移正好相等。因此，对于经济总体而言，消费支出与实际消费正好相等。

9.121 为了确保这两个总量指标相等，常住住户通过实物社会转移获得的货物服务必须按照其在估算支出总量时使用的同一价格估值，以实物社会转移形式得到的货物服务的记录时间也必须同支出总量的记录时间一致。

第 10 章　资本账户

A.　引言

10.1　机构单位所持有资产价值量的变化会涉及四个账户。资本账户是其中的第一个，它记录非金融资产的交易，第二个是金融账户，记录金融资产和负债的交易。资产物量其他变化账户记录既非交易也非价格变化导致的非金融资产和金融资产价值的变化，重估价账户记录价格变化对资产价值的影响。这四个账户通过记录机构单位或部门所持有资产的所有价格和物量变化(不论其是否由交易引起)，即可显示资产净值从期初到期末的变化，并能够按照构成项目对其进行分解。所有四个账户的影响全部集中反映在资产负债表中，接下来的各章会描述刚才提到的各其他账户。

10.2　表 10.1 所示为资本账户，其目的是记录常住机构单位通过交易所获得或处置的非金融资产价值，并对由储蓄和资本转移引起的资产净值变化进行说明。交易可以涉及其他机构单位（常住单位和非常住单位皆可）；也可以是内部交易，即该机构单位保留自己生产的产品作为资本形成的交易。

10.3　编制资产负债表时，习惯的做法是将资产记录在左边，负债和资产净值记录在右边。积累账户也采取同样的做法，资产变化记录在左边，其他项目记录在右边。如同经常账户一样，资本账户的平衡项，即净贷出或净借入，记录在左边，固定资本消耗也记录在本账户的左边。

10.4　资本账户右边记录资产积累的资金来源，具体包括净储蓄（即从收入使用账户转来的平衡项）和资本转移。应付资本转移用负号记录。

1.　所有权和资产的定义

10.5　第 3 章已经对所有权和资产进行了定义，但这里回顾一下这些定义的关键特征是很有帮助的。区分法律所有权和经济所有权十分重要：***诸如货物服务、自然资源、金融资产和负债等实体的法定所有者，是指在法律上有权并能持续获得这些相关实体之经济利益的机构单位***。相比之下，***诸如货物服务、自然资源、金融资产和负债等实体的经济所有者，是指由于承担了有关风险而有权享有该实体在经济活动期间内运作所产生的经济利益的机构单位***。

10.6　每项实体都有一个法定所有者和经济所有者，虽然在很多情况下这个实体的经济所有者和法定所有者是相同的。当两者不相同时，法定所有者会把承担在经济活动中使用这些实体之相关风险的责任和获取相关收益的权利转交给经济所有者。作为回报，法定所有者会接受来自经济所有者的另一组相关收益和风险。

10.7　当政府代表所有民众拥有一项实体的法律所有权时，由此产生的收益也归这个代表所有民众的政府拥有。这样，政府既被视为这些实体的法定所有者，也被视为其经济所有者。

10.8　***资产是一种价值贮备，反映经济所有者在一段时期内通过持有或使用该实体所生成的一次性或连续性经济利益。它是价值从一个核算期转移到另一个核算期的载体***。SNA 的所有资产都是经济资产。

2. 非金融资产

10.9 有两类不同的非金融资产需要加以区别：生产资产和非生产资产。

a. 生产资产是 SNA 生产范围内作为生产过程的产出而形成的非金融资产。

b. 非生产资产是通过生产过程以外的方式形成的非金融资产。

生产资产

10.10 生产资产主要有三类：固定资产、存货和贵重物品。固定资产和存货是只有生产者才持有的、以生产为目的的资产。贵重物品可以被任何机构单位持有，主要作为价值贮藏手段。

10.11 ***固定资产是生产过程中被反复或连续使用一年以上的生产资产***。固定资产的显著特征并不在于其具备某种物理意义上的耐用性，而是它可以在一段超过一年的长时期里反复或连续地用于生产。某些货物——比如煤——从物理上来说可能是非常耐用的，但它们不是固定资产，因为它们只能被使用一次。固定资产不仅包括构筑物、机器和设备，也包括可反复或连续用于生产水果或奶制品等其他产品的树木或牲畜等培育性资产。固定资产还包括在生产中使用的诸如软件或艺术品原件等无形资产。

表 10.1 资本账户——简表——资产变化

资产变化

交易和平衡项	非金融公司	金融公司	一般政府	住户	NPISH	经济总体	国外	货物与服务	合计
资本形成总额	308	8	38	55	5	414			414
资本形成净额	151	-4	11	32	2	192			192
固定资本形成总额	280	8	35	48	5	376			376
固定资本消耗	-157	-12	-27	-23	-3	-222			-222
按资产分类的固定资本形成总额									
存货变化	26	0	0	2	0	28			28
贵重物品获得减处置	2	0	3	5	0	10			10
非生产资产获得减处置	-7	0	2	4	1	0			0
应收资本转移									
应付资本转移									
净贷出（+）/净借入（-）	-56	-1	-103	174	-4	10	-10		0

10.12 ***存货由货物和服务组成，这些货物服务是在当期或者较早时期产生的，持有存货的目的是用于销售、在生产中使用或者在后期作其他用途***。存货包括在进行进一步加工、出售、交付其他单位或以其他方式使用之前仍然被其生产单位持有的产出存量，以及从其他单位获得的准备用于中间消耗或不经过进一步加工就转卖的产品存量。服务存货包括在制品或成品，例如未完成的建筑图纸或已完成正等待依此来开始建造的建筑图纸。政府所持有的存货包括（但不限于）战略物资、粮食以及对国家特别重要的其他商品库存。

10.13 ***贵重物品是指***主要***不是用于生产或消费，而是在一段时间内作为价值贮藏手段持有的、具有相当大价值的生产性货物***。预计在正常情况下经过一段时间，贵重物品的实际价值会上升或至少不会下降，其质量也不会变坏。贵重物品包括贵金属和宝石、珠宝、艺术品等。经济体中的所有部门都可能持有贵重物品。

非生产资产

10.14 ***非生产资产包括以下三类：自然资源；合约、租约和许可；外购商誉和营销资产***。

10.15 ***自然资源包括自然形成的资产，如具有经济价值的土地、水资源、非培育性森林和矿藏***。

表 10.1（续）：资本账户——简表——负债和资产净值变化

负债和资产净值变化

交易和平衡项	非金融公司	金融公司	一般政府	住户	NPISH	经济总体	国外	货物和服务	合计
净储蓄	71	2	−62	192	2	205			205
对外经常差额							−13		−13
资本形成总额								414	414
资本形成净额								192	192
固定资本形成总额								376	376
固定资本消耗								−222	−222
按资产分类的固定资本形成总额									
存货变化								28	28
贵重物品的获得减处置								10	10
非生产资产获得减处置								0	0
应收资本转移	33	0	6	23	0	62	4		66
应付资本转移	−16	−7	−34	−5	−3	−65	−1		−66
储蓄和资本转移引起的资产净值变化	88	−5	−90	210	−1	202	−10		192

10.16 只有当满足下列两个条件时，合约、租约和许可才可以作为资产。

a. ***合约、租约和许可规定了使用资产或提供服务的价格，该价格不同于缺乏合约、租约、许可时遵循的价格***。

b. ***合约的一方必须能够合法地而且在实际上实现了这个价格差异***。

第二个条件预先假定存在一个合约市场。推荐的处理方法是：在实践中，只有当持有人确实行使了他的权利去实现价格差异时，才应该在账户中记录合约、租约和许可。

10.17 ***外购商誉和营销资产反映了一个机构单位的全部或部分资产净值***。只有当一个机构单位被整体购买或者一项可识别的营销资产被售予另一机构单位时，才记录外购商誉和营销资产。

3. 资本账户的构成

储蓄

10.18 资本账户的右边反映负债和资产净值的变化。第一个项目是从可支配收入使用账户转来的平衡项——净储蓄。如果是正数，净储蓄表示未花费于货物服务消费的那部分可支配收入，于是，这部分收入将用来购买包括现金在内的某种或多种非金融资产或金融资产，或用来偿还负债。如果是负数，净储蓄表示最终消费支出超过可支配收入的数额：超过部分必须通过处置资产或发生新债务的方式来弥补。

资本转移

10.19 ***资本转移是无回报的转移，在资本转移中，或者给予转移的一方要通过处置资产（现金或存货除外）、放弃债权（应收账款除外）来筹集资金，或者接受转移的一方必须获得资产（现金除外），或者两个条件同时满足***。资本转移往往数额较大，且发生无规律，但这都不是认定一项转移是资本转移（而非经常转移）的必要条件。如果难以判断一项转移应该是经常转移还是资本转移，那就将其视为经常转移。

10.20 应收资本转移表示资产净值的增加，列示在接受方账户的右边。按照惯例，相当数目的应付资本转移要作为负项记录在转移给予方账户的右边（即资产净值的减少）。

储蓄和资本转移导致的资产净值变化

10.21 账户右边会明确地给出各项目的总计数，用以反映因储蓄和资本转移导致的资产净值变化。它不是一个平衡项。***储蓄和资本转移导致的资产净值变化表示一单位或部门能够购买多大金额的非金融资产和金融资产，这一数额可能为正数，也可能为负数***。

非金融资产的获得减处置

10.22 资本账户左边记录由储蓄和资本转移引起的资产净值变化中有多少用于获得非金融资产以及还有多少剩余，剩余部分将会体现在金融账户的金融资产获得或负债发生上。处置现有资产所得到的收入作为负项列示在账户的左边。除了资产的购买和出售，易货获得（或处置）的非金融资产或自产自用非金融资产也记录在该账户中。

10.23 资本账户中列示了非金融资产价值净变化的三项内容：

a. 资本形成总额；

b. 固定资本消耗；

c. 非生产非金融资产的获得减处置

本章接下来将阐述以上每一项内容的处理方法。

10.24 ***资本形成总额反映以固定资本形成、存货或贵重物品为目的的生产资产的获得减处置***。如果单个机构单位或部门向其他单位或部门出售了足够多的现有资产，那么它的固定资本形成总额有可能（这种情况很少出现）是负数。

10.25 ***固定资本消耗是核算期内生产者所拥有和使用的固定资产存量现值的下降，这种下***

降是由物理性消耗、正常陈旧或正常事故性损坏而造成的。如果如 SNA 所建议的那样，从收入使用账户转来的平衡项是净储蓄，那就意味着资产净值中已经扣除了固定资本消耗（固定资产在这一时期内的减少额）。既然资本账户是用于体现资产净值是怎样通过获取非金融资产而增加的，固定资本消耗就必须从新获得的固定资产价值中予以抵消，所以固定资产之资本存量的增加应该是一个净额。由于这个原因，固定资本消耗要作为资产变化的负项记在资本账户的左边。

10.26　如果由于缺乏数据而无法计算固定资本消耗，那么从收入使用账户中转来的储蓄数必定是总额。在这种情形下，资本账户中没有固定资本消耗的记录。如果必须从账户两边略去固定资本消耗的记录，那么账户的平衡项不受影响；不论是否能估算出固定资本消耗，都可以用剩余法求得净贷出或净借入。然而，如果估算不出固定资本消耗，那么积累账户就无法表现出两个相连的资产负债表之间的所有变化。

10.27　资本账户左边剩下的项目是非生产非金融资产。非生产非金融资产获得减处置总额也可能是正数或负数。由于自然资源被实际或名义常住单位拥有，对于经济整体来讲，这部分通常是零。（外国政府为建立大使馆或军事基地而购买土地的情形例外）。但这里也可能会记录与非常住单位进行的合约、租约、许可或者营销资产的交易。

净贷出

10.28　资本账户中的平衡项是***净贷出，它被定义为：储蓄和资本转移造成的资产净值变化和非金融资产净获得（非金融资产获得减处置，减去固定资本消耗）之间的差额。如果差额为负则代表净借入***。它表示剩下来供借出的或者需要借入的资金来源总量。就算资金没有被借出而是以现金或银行存款的形式存在，这些金融资产所代表的相应义务的承担者实际上已经从持有现金或银行存款的单位借入了资金。

10.29　资本账户的平衡项等于金融账户的平衡项，这是整套账户体系的一个重要特点。一个单位的借入一定是另一个单位的贷出，反之亦然。尽管在实践中两个平衡项可能由于计算误差而产生重大差异，但平衡项之间在概念上的相同性可以用来检验整套账户数字的一致性。

10.30　一般而言，在 SNA 中，特别是在平衡项中，前缀“净”意味着扣除了固定资本消耗。对于净贷出却不是这样的；它代表可以向其他单位提供资金的资产与需要从其他单位筹措资金的资产之间的差额。

B.　资本形成总额

10.31　资本形成总额是以固定资本形成总额、存货变化和贵重物品获得减处置的总价值来度量的。在详细探讨记录在每个项目下的子项目之前，有必要先弄清楚每个项目的覆盖范围和诸如计价、记录时间和所有权的确认等记账原则的应用。

1.　固定资本形成总额

10.32　***固定资本形成总额是指生产者在核算期内获得的固定资产减处置的固定资产，加上对附着于非生产资产价值上的某些服务的特定支出***。为了准确地定义固定资本形成总额的覆盖范围，有必要先定义哪些是固定资产，哪些不是固定资产，以及哪些活动可以被视为增加了非生产资产的价值。

资产界限（范围）

10.33　所有通过生产、进口或生产资产处置而提供给经济体的货物和服务，一定会用于出口、消费（中间消耗或最终消费）、或者作为资本形成的一部分。在保留在本经济体中的产品中，用于消费（消耗）的产品与用于资本形成的产品之间有一条界限，这就是资产界限。***固定资产指那些在生产过程中使用超过一年的货物和服务***。

10.34 首先应该注意两个被排除在资产范围之外的项目。第一个是耐用消费品，不能将其视作固定资产。这些耐用消费品提供的服务是住户服务，而住户服务是不在 SNA 的生产范围之内的。例如，如果把洗衣机看作固定资产，那么生产范围就必须扩展到包括所有洗衣服务，不管它是由机器完成还是手工完成。就这一点来看，生产范围限定了洗衣服务仅仅指那些提供给其他单位的服务——既包括由机器提供的服务也包括手工提供的服务。然而，自有住宅不被视为耐用消费品，而是包括在资产范围以内。自有住宅的房主被认为是提供住房服务用于自己消费的非公司性企业单位的所有者。

10.35 第二个被排除在外的是小型工器具，这是从实用角度（而不是概念上）考虑的。某些货物可能在许多年内被反复或连续地用于生产，但它们可能较小、较便宜，并且用于比较简单的作业，例如锯、铲、小刀、斧子、锤子、起子和扳手等手工具。如果这种工具的购买比较频繁，且与购买比较复杂的机器设备的支出相比它们的价值很小，那么将其视为用于中间消耗的材料或用品可能更为恰当。但也并非绝对如此，这要视这些工具的相对重要性而定。在一些国家，如果此类项目在某产业之耐用性生产性货物存量价值中占有很大比重，那就有可能被视为固定资产处理，生产者对它们的获得和处置要记在固定资本形成总额项下。

10.36 所有包括在资产范围以内的货物未必都是新生产的。由于资产有较长的使用年限，它们也许会被易手，并继续为其新所有者发挥固定资产的功能。因此，有必要考虑如何定义什么是现有固定资产、在核算固定资本形成总额时如何处理它们。

10.37 哪些服务应该包括在资产范围之内，难以一言以蔽之。资产范围内包括一些重要的服务种类，因为它们对新资产或现有资产的价值有很大影响，如现有资产的重大改良、资产所有权转移成本。以下在定义现有资产之后，将阐述这些问题的处理。

现有固定资产

10.38 由于资产是有使用年限的，住宅或其他构筑物的使用年限可能长达 50 年或更久，所以在它们最终报废、拆毁或丢弃之前，其所有权可能要多次易手。***现有固定资产是这样一类资产：其价值已经在本核算期较早时点或以前某核算期被国内至少一个生产单位包括在其固定资本形成总额里***。许多国家存在着组织得很好的市场，由此就为买卖许多种类的现有固定资产——特别是汽车、船舶、飞机、住宅和其他构筑物——提供了方便。事实上在某个给定时期内，现有住宅的买卖数量可能会大大超过新住宅。在实践中，多数现有固定资产会被其当前所有者用于生产，但所有者也可能在实际使用前就把它卖掉。

10.39 一般地说，现有货物（不论是否为固定资产）的出售或者以其他方式进行的处置，都应记录为负的支出或负的获得。因此，当现有固定资产的所有权从一个常住生产者转移到另一个常住生产者时，售出的、易货贸易的、或转移的资产价值要在前者处记录为负的固定资本形成总额，在后者处记录为正的固定资本形成总额。购买者记录的正值超过销售者记录的负值的部分，代表购买者负担的所有权转移费用。这些费用的处理将在下一节中做详细说明。

10.40 如果销售发生在两个常住生产者之间，那么，除所有权转让费用以外，所记录的固定资本形成总额的正值和负值对经济整体来说可以相互抵消。同样，如果建筑物等现有不可移动的固定资产出售给一个非常住单位，那么按惯例可视为：某名义常住单位购买了这笔不可移动的固定资产，而那个非常住单位购买的则是代表名义常住单位权益的金融资产，所以，资产的销售和购买仅发生在常住单位之间。然而，如果船舶或飞机等现有可移动固定资产被出口到国外，那么，在本经济体的别处不会记录正的固定资本形成总额，因此就无法抵消销售者的负的固定资本形成总额。

10.41 有些耐用品——如车辆，可以归入固定资产，也可归入耐用消费品，这要依据其所有者及其使用目的而定。因此，如果这样一件货物的所有权从一个企业转移到一个住户被后者用作最终消费，那么就要将其记录为企业的负固定资本形成总额，住户的正消费支出。如果一个企业获得了一辆由某住户拥有的车辆，那么即使它是一件现有货物，也应将其记录为企业的“新”固定资产获得，住户的负消费支出。常住生产者进口已被使用过的产品作为资产时，也应采用类似的处理方法。

10.42 因此，由于销售或处置现有的固定资产，个别机构单位的固定资本形成总额完全可能是负的，尽管对于大型的集团单位——子部门、部门或整个经济——来说，汇总的固定资本形成总额不大可能出现负值。

现有资产的重大改良

10.43 对诸如建筑物或计算机软件等现有固定资产进行改良，可以作为固定资本形成总额的一种形式，这种改良能提高资产的生产能力，延长它们的使用年限，或者两者兼而有之。按照定义，这种固定资本形成方式并不会形成一种可单独识别和估价的新资产，但会增加被改良资产的价值。于是，与 SNA 相关的资产变成经过改良的资产，相应地也应核算这些资产的固定资本消耗。

10.44 自然状态下的土地的改良要采用不同的处理方式。此时，这种改良被视为创造了新的固定资产，而不是自然资源价值的增加。如果曾被改良过的土地被进一步改良，这样就可以按现有固定资产的改良来进行正常处理了。

10.45 一般的维护和修理作为中间消耗处理，但它与视作资本形成的改良之间的界限并不明显。正如第 6 章 6.226 至 6.229 段中所解释的，一般的维护和修理有两个特点：

a. 一般维护和修理是为了使固定资产在其预期使用年限内保持工作状态而必须定期进行的活动。欲使资产持续用于生产，所有者或用户就不得不选择对其进行维护和修理。

b. 一般维护和修理并不改变固定资产的性能、生产能力或预期使用年限。它仅仅使固定资产保持良好的工作状态，必要时会用某种相同的新零件更换老零件。

10.46 另一方面，构成固定资本形成总额的现有固定资产的改良，必须远远超过一般维护和修理的要求，即必须使现有固定资产的某些特性发生重大变化。以下是识别固定资产改良的一些特征：

a. 翻新、改建或扩大固定资产的决定是一项在任何时候都可能做出的、甚至在有关货物处于良好工作状态无须进行修理的情况下也可能做出的、经过慎重考虑的投资决定。船舶、房屋或其他建筑的大翻新往往发生在远不到其正常使用年限的时侯。

b. 翻新、改建或扩大会提高现有固定资产的性能或生产能力，或者大大延长其之前的预期使用年限，或者两者兼而有之。扩大或加高现有房屋或建筑就属于这类重大改变，对房屋或船舶进行内部改装或改建、对现有软件系统进行扩展提高也属于此类。

10.47 很难提供一个能使改良与修理相区别的简单的客观标准，因为任何修理都可以说提高了未经修理的资产的性能，或者延长了它们的工作寿命。例如，机器可能由于一个小零件发生故障而完全停止运转。然而，更换这样一个零件并不构成固定资本形成总额。因此，改良的认定要看固定资产特性变化的大小，例如看它们的体积、形状、性能、能力或预期使用年限发生了多大变化，或者看它是否满足这一事实：这一改良不是其他同类固定资产日常发生的变化，后者是一般维修或修理计划的一部分。

资产的获得和处置费用

10.48 固定资产的购买通常是一个复杂的过程，也许还会涉及通过律师建立对资产的法律所有权，通过工程师验证该资产是否处于满意的工作状态等。一项固定资产的所有权发生改变，也许还要支付随之引起的有关税款。更进一步，对于非常复杂的机器，交付和安装过程可能会发生大量费用，这些费用并未包括在购买价格中。

10.49 使用资产于生产所获得的利润不仅要弥补资产的原始价格，也要弥补上述各种费用。获取资产所产生的费用应被视为该单位固定资本形成总额价值的组成部分，因此，该资产进入新所有者的资产负债表时，其价值中也应包括这些费用。新资产或现有资产都是如此。

10.50 资产的处置也可能产生费用，其中有些费用可能与获取资产所产生的费用类似，如法律费用和卸载费用。然而，对于一些巨大和重要的资产，例如油井钻探设备和核电站，可能会因该资产生产寿命结束停止使用而产生大量费用。对于一些土地，如那些用作垃圾填埋场的土地，也许会有与恢复那块土地有关的大量费用。所有这些费用统一定义为终期费用。

10.51 所有这些与资产获得和处置相关的费用都可以视为所有权转移费用。所有权转移费用由以下几项组成：

a. 获得或处置资产的单位所发生的一切业务费或佣金，例如付给律师、建筑师、测量员、工程师、估价师等的酬金，付给房地产中间商、拍卖行的佣金等；

b. 由购买方承担的一切交易和运输费用；

c. 资产获得单位应缴纳的所有与资产所有权转移相关的税；

d. 处置资产应付的一切税款；

e. 未包括在资产获得或处置价格里的所有交付、安装或卸载费用；

f. 资产寿命期末产生的一切终期费用，例如保证建筑物安全或恢复资产所在地环境所要求的那些费用。

10.52 所有这些所有权转移费用都应被视为固定资本形成总额。它们可能归属于购买者也可能归属于出售者，这要看哪个单位承担该项费用。这些费用的记录时间将在下面进行讨论。终期费用应该在资产的整个寿命期内进行摊销，除此之外的费用则应按照固定资本消耗部分所讨论的方法，在其新所有者对该资产的预期持有期间内被视作固定资本消耗而进行摊销。

记录时间

10.53 何时记录固定资产获得减处置的一般原则是，当固定资产的所有权转移到打算用它进行生产的机构单位之时进行记录，但以下两种特定情况除外。这个时间一般不同于固定资产被生产出来的时间，也不一定是它们被投入到生产中用来生产其他货物或服务的时间。

10.54 这两个例外是培育性生物资源以及需要花费一些时间才能生产出来的资产，例如建筑工程。一般而言，未完工的建筑工程、未成熟的动物和人工林应被视为在制品。当完工和成熟并交付给决定将其用作固定资产的单位时，它们将被重新归类，从存货变为固定资产。但是，如果资产是自产自用的，则处于加工中的半成品产品应直接作为固定资本形成。

10.55 如果是先签订销售协议后开工生产的资产，生产者应像正常情况一样，将其记为在制品；但在分期付款情况下，如果本期付款超过了已完成工作量的价值，那么就应将其视为购买了（部分）固定资产或被视为提前交易。对于后面那种情形，在分期付款结清之前，工程进展过程中投入的工作量都应视为是交付给最终所有者的固定资本。如果没有事先商定的销售合同，施工企业必须根据完工与否，将其所生产的产出记为在制品或产成品存货的增加。例如，根据市场预测建造的已经竣工的住宅，在以出售或者其他方式被用户获得以前，仍然视为生产者制成品存货的增加。

资产的所有权

10.56　在大多数情形下，很容易确定固定资产的所有权，它应该归为在生产中使用而获得该资产的单位所有。但是，需要注意以下三种例外情形。第一是被融资租赁的资产，第二是通过集体出力而生产的资产，第三是由非常住单位拥有的不动产。

10.57　融资租赁是出租人与承租人之间签订的这样一类合同：出租人在法律上拥有该资产，但按照租赁条款的规定，承租人既承担了在生产中使用该资产的经济风险，也享有相应的报酬。因此，实际上承租人成为了该资产的经济所有者，即使出租人仍是法定所有者。在此情形中，应视为承租人获得了该项资产，同时出租人向承租人提供了一笔贷款。于是该资产应记在承租人而非出租人的资产负债表中。在租赁协议下应支付的租金可视为归还的贷款本金以及支付的利息，可能还有一些服务费用。第 17 章给出了有关这些处理的更详细说明。

10.58　某些建筑物可能是由一些住户集团为其共同使用而建造的，例如房屋、公路、桥梁等。这种建筑物在竣工后，所有权可能会转移给一些承担其维修责任的政府单位。当转移发生时，原先归属于住户集团的自用固定资本形成总额，因其对政府机构的实物资本转移而被负的固定资本形成总额所抵消，最后保留下来的固定资本形成总额就是政府单位通过实物资本转移获得的资产。如果不存在这样的转移，则该建筑物仍然是负责建造它的住户集团的共同财产，为此要创设一个提供集体服务的 NPISH（为住户服务的非营利机构）。

10.59　决定所有权时，需要进一步考虑那些在私人主动融资（PFI）下建造起来的资产，私人主动融资有时也被描述为公私伙伴关系（PPP）、建设—拥有—经营—转让（BOOT）模式或者一些其他类似的缩写。第 22 章给出了关于如何确定此类模式所有权的临时性指导。

10.60　按照惯例，经济领土内的所有房屋和其他构筑物都视为归常住单位所有。如果其经济所有者（或者融资租赁下的承租人）不具备常住单位的资格，就要特意创设一个名义常住单位，假定名义常住单位购买（或租赁）了该房屋或建筑物，其法定所有者（或出租人）则被视为对名义常住单位持有等价值的权益。如果房屋或建筑物部分归常住单位所有，部分归一个或几个非常住单位所有，则针对每一个所有者都要建立一个名义常住单位与之对应，由所有者拥有名义常住单位的相应比例的权益。

估价

10.61　固定资产获得减处置的各组成部分列示如下：

a. 购买的固定资产的价值；

b. 通过易货贸易获得的固定资产的价值；

c. 作为实物资本转移而接收的固定资产的价值；

d. 生产者留做自用的固定资产的价值，其中包括为自用而生产的、尚未完工或成熟的固定资产的价值；

减去

e. 出售的现有固定资产的价值；

f. 在易货贸易中交付的现有固定资产的价值；

g. 作为实物资本转移交付的现有固定资产的价值。

（a）到（d）项中，包括新资产、现有资产、对资产进行改良的价值和与这些资产之所有权转移相关的费用。（e）、（f）和（g）项所包括的资产处置中含有那些其新所有者可能不再把被处置资产作为固定资产使用的情况，比如车辆由企业销售给住户用于个人使用，固定资产被其新所有者拆毁或破坏，固定资产被用于出口。

10.62　通过易货贸易获得的固定资产的价值等于

所估算的购买者价格加上一切所有权转移费用。实践中可能不存在产品税和运输费用，在这种情况下，购买者价格等于产品的基本价格。为自用而生产的固定资产或实物转移的资产应以估算的基本价格估价，如果无法得到满意的基本价格估算值，则用其生产成本来估价。

10.63 住户共同建造的固定资产需要做特殊考量。如果资产的价值只能以成本为基础来确定，并且住户提供的劳动力是部分或全部免费的（这是有可能发生的），那就要估算劳动力成本并将其计入总生产成本之中（劳动力成本可以根据附近或本区域类似劳动力的工资率来估算），否则，竣工的建筑物价值会被严重低估。然而，估算的劳动力成本不应被视为雇员报酬，而要当作混合收入处理。先增加相关住户的收入，然后假定住户使用这笔收入最终“购买”了该项建筑物。如果该建筑物随后被移交给了政府，则住户共同体应记录负的固定资本形成，以此抵消先前所记录的资产获得，政府则记录正的固定资本形成以及资本转移，其数额就是由住户共同体转移给政府的建筑物的价值。

固定资本交易

10.64 ***针对某特定类别固定资产的固定资本形成总额包括：生产者在此类资产上获得的新产品或现有产品价值减去他们所处置的同类资产的价值。***固定资本形成总额是在固定资产所有权转移到打算在生产中使用它们的单位时记录的，除非它是按照事先商定好的协议已被订购而制造的。这样，尚未出售的新资产应属于其生产者所持有的制成品存货增加。同样，进口产品只有在被打算使用它的单位获得之时，才记为固定资本形成总额。

10.65 表 10.2 说明了表 10.1 所列资产方的变化，并将其扩展到体现固定资产交易的各有关项目。应注意，SNA 建议，如果将某些类别资产的获得与处置分开能够提供对分析有用的数据，就应将其分开列示。

10.66 在资本账户报告中，固定资本形成总额通常按资产类型来列示，每一类固定资产的核算都要贯彻上述原则。表 10.2 还对 SNA 使用的固定资产分类做了合并。下面将依次给出固定资产各主要类型的定义，并对其进行描述。

10.67 SNA 没有在分类中直接区分有形资产和无形资产。然而，可以认为，住宅、其他建筑和构筑物、机器和设备、武器系统和培育性生物资源等类别相当于有形资产，其他类别相当于无形资产。

住宅

10.68 ***住宅是指完全或基本作为居住使用的房屋或房屋的指定部分，包括各种附属结构，如车库和在住所中习惯安装的所有永久性固定装置。***作为住户主要居住场所的居住船只、移动设施和大篷车也包括在内。基本可视为住宅的公共纪念物同样也包括在内。

10.69 可以通过《主产品分类》第二版（CPC 2.0）所包括的产品来例举，主要涉及 5311 级之居住房屋和 387 组。前者包括单体和复合住宅建筑以及用作社区、养老院、旅馆、孤儿院等的住宿房屋，后者则包括预先建造的房屋，包括那些打算用作住宅或车库等附属于住宅的建筑物。

10.70 清理建筑场地的费用是新住宅（或其他建筑物和构筑物）成本中的一部分，因此包含在房屋价值中。

10.71 如果最终用户被认为已获得所有权，不管是因为自己施工的，还是由销售或者购买合同的存在作证明，未完工的住宅也应包括在内。

10.72 这一项目还包括军队获得的住宅，因为正如民用单位获得的住宅一样，它们也是用来提供住宅服务的。

其他建筑和构筑物

10.73 其他房屋和构筑物由非住宅建筑、其他构筑物和土地改良组成。下面依次对它们进行描述。

非住宅建筑

10.74 ***非住宅建筑包括未被指定为住宅的整个或部分建筑物，固定装置、设施和设备等建筑物的组成部分也包括在内***。对于新建房屋，其价值还包括场地清理费和准备费。基本被视为非居住房屋的公共纪念物也包括在该项目中。

10.75 通过 CPC2.0 例举，就是 5312 级之非居住房屋中包括的产品，如仓库和工业用房、商业用房、用于公共娱乐的房屋、旅馆、餐馆、学校、医院、监狱等。监狱、学校和医院被视为非住宅建筑，尽管事实上它们可能为机构住户提供了住宿。

表 10.2：资本账户——固定资产分类

资产变化

交易和平衡项	非金融公司	金融公司	一般政府	住户	NPISH	经济总体	国外	货物和服务	合计
资本形成总额	308	8	38	55	5	414			414
资本形成净额	151	-4	11	32	2	192			192
固定资本形成总额	280	8	35	48	5	376			376
固定资产获得减处置	263	8	35	48	5	359			359
新固定资产的获得	262	8	38	45	5	358			358
现有固定资产的获得	5	0	0	3	1	9			9
现有固定资产的处置	-4		-3	0	-1	-8			-8
非生产资产所有权转移费用	17					17			17
固定资本消耗	-157	-12	-27	-23	-3	-222			-222
按资产分类的固定资本形成总额									
住宅									
其他建筑和构筑物									
非住宅建筑									
其他构筑物									
土地改良									
机器和设备									
交通设备									
ICT 设备									
其他机器和设备									
武器系统									
培育性生物资源									
重复提供产品的动物资源									
重复提供产品的林木、庄稼和植物资源									
非生产资产所有权转移费用									
知识产权产品									
研究和开发									
矿藏勘探和评估									
计算机软件和数据库									
计算机软件									
数据库									
娱乐、文学或艺术品原件									
其他知识产权产品									
存货变化	26	0	0	2	0	28			28
贵重物品的获得减处置	2	0	3	5	0	10			10
非生产资产的获得减处置	-7	0	2	4	1	0			0
应收资本转移									
应付资本转移									
净贷出（+）/净借入（-）	-56	-1	-103	174	-4	10	-10		0

其他构筑物

10.76 ***其他构筑物是指除房屋以外的构筑物，其中包括街道、下水道的成本等，也包括场地清理费和准备费***。这一项目还应包括：不能归为住宅或非居住房屋的公共纪念物，与采掘地下矿藏和能源有关的隧道和其他构筑物，以及海堤、堤坝、防洪障碍物等意在改进相邻土地质量和增加其数量的构筑物。培育水生动物所必需的基础设施也包括在内，如养鱼场和贝类养殖场。

10.77 通过 CPC 2.0 例举，就是 532 组之民用工程设施中所包括的产品，如公路、街道、道路、铁路和机场跑道；桥梁、高架公路、隧道和地铁；水路、港口、大坝和其他水上设施；长途管道、通信和电力线；地下管道和电缆、辅助设施；用于采矿和制造的构筑物；用于运动和娱乐的构筑物。

10.78 新的公共纪念物的修建应属于固定资本形成总额。同样，对现有公共纪念物的大翻新也应包括在固定资本形成总额里。***公共纪念物由于具有特定的历史、民族、区域、地方、宗教或象征性意义，所以是能够识别的***。它们通常对公众开放，参观的人进入公共纪念物或其附近往往是要付费的。其所有者——可能为政府单位、非营利机构、公司或住户——通常据此提供文化或娱乐服务。原则上，公共纪念物的固定资本形成总额应根据不同情况，分别归入住宅、非居住房屋或其他构筑物中，但在实践中，把它们归为其他构筑物也许更为合适。核算新公共纪念物或对现有公共纪念物重大改善的固定资本消耗时，应先假定它们有一个适当长的使用年限。

土地改良

10.79 ***土地改良是指能够极大改良土地的数量、质量或生产率，或者防止土地退化的行为***。与该土地结合在一起的活动都可视为土地改良，如土地清理、土地修筑、修筑水井和灌溉水渠等。修筑海堤、堤坝、水坝和大型灌溉系统等活动是在土地附近进行的，并未与土地结合在一起，经常会影响同属于几个所有者的土地，通常由政府来实施，因此所形成的资产应归为建筑物。

10.80 土地在改良之前属于非生产资产，土地改良则代表了一类与之不同的固定资产。改良之前的土地仍然是非生产资产，所产生的持有收益或损失应该与因改良带来的价格变动分开。如果无法将改良前的土地价值与土地改良价值区分开来，就应该将整个土地归入价值较大的那个类别中。

10.81 所有土地的所有权转移费用都应包括在土地改良中。

机器和设备

10.82 ***机器和设备包括交通设备，用于信息、计算机和通信（ICT）的机器，以及其他机器和设备***。正如前文所解释的，融资租赁下的机器和设备应视为由使用者（承租人）获得——而不是由出租人获得——的资产。本项目不包括那些比较便宜并经常购买的工器具，如手工工具。构成住宅和非居住房屋一部分的机器和设备也不包括在这个类别内。对于为军事目的而获得的机器和设备，除了武器系统之外都包括在内；武器系统属于另外的类别。

10.83 住户为最终消费获得的机器和设备（例如交通工具、家具、厨房设备、计算机、通信设备等）不是固定资产，它们的获得也不应视为固定资本形成总额。然而，作为住户主要居住场所使用的居住用船只、移动设备和大篷车应视为住宅，因此住户对它们的获得应包括在固定资本形成总额中。

运输设备

10.84 ***运输设备是指运送人或物体的设备***。通过 CPC 2.0 例举，就是包括在第 49 类运输工具（除部分产品外）中的产品，如机动车辆、拖车和半挂车、船舶；铁路和有轨机车、铁路货车和客车、飞机和太空船；摩托车和自行车等。

ICT 设备

10.85 ***信息、计算机和通信（ICT）设备包括使用电子控制装置的设备和组成这些设备的电子零部件***。通过 CPC 2.0 例举，就是包括在第 452 组和 472 组中的产品。实践中常将 ICT 设备的范围缩小到主要指计算机硬件和通信设备。

其他机器和设备

10.86 ***其他机器和设备是指没有包含在其他类别中的机器和设备***。通过 CPC 2.0 例举包括：第 43 类，通用机械中的大部分产品；第 44 类，特种机器；第 45 类，办公、核算和计算设备；第 46 类，电工机械和仪器；第 47 类，无线电、电视、通信设备和仪器；第 48 类，医疗器具、精密仪器和光学仪器、表和钟。此外还有第 337 组，但核反应堆燃烧室不包括在内；第 381 组，家具；第 383 组，音乐器械；第 384 组，运动器材；第 423 组，除了中心加热锅炉以外的蒸汽发电机。

武器系统

10.87 ***武器系统包括诸如军舰、潜艇、军用飞机、坦克、导弹运载工具和发射架等交通设备和其他设备***。它们所运载的大多是一次性使用的武器如弹药、导弹、火箭、炸弹等——一般都被视为军用存货。然而某些只使用一次的物品，如某类具有高度毁灭性力量的弹道导弹，也可以提供威慑入侵者这种持续的服务，因此满足作为固定资产的一般分类标准。

培育性生物资源

10.88 ***培育性生物资源包括能重复提供产品的动物资源和能重复产果的树木、庄稼和植物资源，这些资源应处于机构单位的直接控制、负责和管理之下***。

10.89 一般地说，当固定资产的生产要经过很长时间才能完成时，那些在核算期结束时尚未完工的固定资产应被视为在制品。然而，如果生产的资产是为自用的，那在它们被生产的同时就应记录为使用者的资产获得，因此不能视其为在制品。这些一般原则也可应用于可能需要经过很长时间才能成熟的牲畜或树木等培育性资产的生产。有两种情况需要彼此加以区别：饲养或苗圃等专业生产者关于培育性产品的生产，使用者关于培育性资产的自给生产。

10.90 如果生产者是专业生产者，应当将未完工尚且不能出售或交货的牲畜或树木视为在制品，例如刚刚一岁但需饲养到两岁才能作为赛马出售的小马，或者需要经过进一步生长以后才能出售的幼小果树。这种在制品的记录和估价方法，与通过其他生产方法进行生产的产品是完全一样的。

10.91 然而，如果打算用作固定资产的牲畜或树木是由农民或其他人自给性生产出来的，那些尚未成熟还不能用于生产的牲畜、树木等未完成资产，不能视为在制品，而应视为生产单位以最终用户身份拥有的固定资本形成总额。

重复提供产品的动物资源

10.92 ***重复提供产品的动物资源是指其自然生长和繁殖都在机构单位的直接控制、负责和管理之下的动物***。它们包括种畜、奶牛、役畜、绵羊或其他用于产毛的动物，用于运输、比赛和娱乐的动物。包括家禽在内的为宰杀而饲养的牲畜不是固定资产，而是存货。除非自产自用，否则发育未完全的培育性资产也是排除在外的。

10.93 这一项目下包括重复生产产品的水生资源，即为控制其繁殖而喂养的水生资源。然而一般情况下这些水生资源规模较小，除非其有显著的重要性，否则也许会被忽略。

10.94 对于为年复一年地生产产品而培育的牲畜（奶牛、役畜等），其固定资本形成总额用获得减处置的价值度量，同时还要考虑如前所述自给性生产中的未成熟牲畜。因此，它等于牲畜使用者获得的一切成熟的和自给性生产中未成熟的牲畜的总价值减处置牲畜的价值。处置的牲畜指出售的或用其他方法处置的牲畜，包括供屠宰的出售、被牲畜所有人宰杀的牲畜。由于发生大的流行病、污染、旱灾、饥荒或其他自然灾害而造成的异常损失应被视作资产物量其他变化，而不作为牲畜的处置。自然原因造成的牲畜偶尔死亡所引起的意外损失，是固定资本消耗的一部分。牲畜的固定资本消耗应按其随着年龄增大而发生的价值下降来测算。

重复提供产品的林木、庄稼和植物资源

10.95 ***重复提供产品的林木、作物和植物资源是指其自然生长和繁殖都在机构单位的直接控制、负责和管理之下的植物***。它们包括为产水果和坚果、树汁或树脂、树皮和树叶而培育的林木（包括葡萄藤和灌木）。木材用树木只有在被砍伐时才视作一次性提供了最终产品，它们不属于固定资产，正如只在收获时生产一季作物的庄稼和蔬菜不属于固定资产一样。

10.96 针对种植园、果园等的固定资本形成总额是指已成熟果树、灌木等获得减处置的价值，其中包括自给性生产获得的未成熟树木、灌木等。如上所述，如有必要，后者的价值可根据核算期内其生产中发生的成本价值近似地求出，例如在树木成熟并开始出产产品之前，因准备场地、栽种、立桩、保护树木不受恶劣天气和病害的损害、修剪、培训等而发生的成本。处置指出售或以其他方式转移给其他单位以及在其使用年限结束之前被砍伐掉的树木和灌木等。所有的农业产出都会受到天气的影响，预期的产出必须考虑气候状况的变化，异常损失应该局限于那些近期未曾经历过的损失。由于旱灾或大风、飓风等其他自然灾害而造成的树木的异常损失，不属于处置，而应记入资产物量其他变化账户。

非生产资产所有权转移费用

10.97 非生产资产所有权转移费用相当于生产资产所有权转移费用，但是其价值不能与其他生产资产价值合并，必须作为固定资本形成总额的一个单独类别加以列示。土地是一个例外，按照惯例，土地的所有权转移费用包括在土地改良之中。第 10.48 段至 10.52 段给出了所有权转移费用的定义。

知识产权产品

10.98 知识产权产品的例子包括研究和开发的成果、矿藏勘探和评估、计算机软件和数据库以及娱乐、文学或艺术品原件。它们具有这样的特征：大部分价值都是靠脑力劳动形成的。总的来说，它们可以用以下方式来描述：***知识产权产品是研究、开发、调查或者创新的成果，这些行为会产生知识，开发者能够销售这些知识，或者在生产中使用这些知识来获利，因为通过法律或其他保护手段，这些知识的使用是受到限制的***。知识也许是形成一种独立的新产品，或者包含到其他某项产品中。对于后一种情形，相对于没有包含知识的类似产品，包含知识的产品的价格会更高。一旦知识的使用为其所有者创造了某种垄断利润，知识就成为了资产。如果知识不再受保护或者由于后来的发展而过时了，它就不再是资产。

10.99 有些知识产权产品由负责开发的单位或经转移后得到产品的单个单位单独使用，矿藏勘探和评估就是这样的例子。其他产品，例如计算机软件和艺术品原件，都有两种使用形式。第一种是原件或“原版拷贝”，它们通常仅由一个单位控制——但也存在例外，下文将对此进行解释。第二种是把原件制成复制品，再将复制品提供给其他单位。复制品可以直接出售，或者由其他单位通过许可而获取复制品。

10.100 如果一件被直接出售的复制品能够满足下述必要条件，即它被用于生产的时期会超过一年，就可将其视作固定资产。对那些需要使用许可才可获得的复制品，如果它们也能满足下述必要条件，即它被用于生产的时期会超过一年，且许可证持有者承担了与所有权相关的一切风险和报酬，那么也可将其视作固定资产。这里存在一个适当但非必要的假设前提：一次性付款购买了可以使用多年的使用许可证。如果需要使用许可才可获得的复制品是通过长期合约下的分期付款获得的，而且经判断，被许可人已经获得了复制品的经济所有权，那么它也应该被视为资产的获得。如果是在没有长期合约条件下通过分期付款得到使用许可的，那么该付款应被视为对服务的付款。如果最初有一笔大额付款，然后在接下来的年份中有一系列相对小额的付款，那么最初的付款记作固定资本形成总额，接下来的付款则视为对服务的支付。如果许可证允许其持有者对原件进行复制，随后承担发放、维护和保养这些复制品的责任，那么该许可证被称为复制许可证，应视作向持有复制许可证的单位销售了部分或全部原件。

10.101　如果所有者免费发放复制品，那么在 SNA 中不会记录所有者和接受者之间的流量。如果尽管复制品是免费的，但预期其所有者仍然能获得利润，那么应该将这些利润的现值记录在其资产负债表中。可能会出现这种情况：免费发放的信息并不完全，随后所有者打算以高价出售详细的信息，在测试版阶段免费发放的软件就是一个这样的例子。还有一种情况是：所有者知道免费发放复制品为其生产带来的收益能够弥补其费用，他们会为了占领市场、创造商誉或其他认为值得的情况提供复制品。

10.102　对某些知识产权产品通常会出现这种情形：该产品可以刺激其他单位对其他知识产权产品的生产，从而使除其所有者之外的其他单位获得利润。比如，某种新药物开发上的重大突破会导致其他企业开发竞争性的同类药物；在一个特定地区矿藏勘探的成功或失败，会为邻近地区具有勘探权的其他单位提供有关信息。这些活动的处理方式和 SNA 对其他外部性的处理方式是相同的。SNA 对此不予记录，除非该活动对一方或双方造成了可以用货币来计量的影响。《知识产权产品资本测算手册》（经济合作与发展组织，即将出版）正在准备之中。

研究与开发

10.103　知识产权产品包括研究与开发（R&D）的成果。***研究与（试验性）开发支出是指：为了增加知识储备（包括有关人类、文化和社会的知识）并利用这种知识储备开发新的应用，系统性地从事创造性工作而支出的价值。这并没有将 SNA 的资产延伸到包括人力资本在内***。研究和开发（R&D）的价值应该按照它未来预期可提供的经济利益来决定。政府获得 R&D 成果用来提供公共服务的情形也包括在内。原则上，不向其所有者提供经济利益的 R&D 不形成固定资产，而应视作中间消耗。正如第 6 章中所描述的，除非能够直接测算 R&D 的市场价值，否则，按照惯例，只能以其费用之和对 R&D 进行估价，其中包括未成功 R&D 的费用。

10.104　R&D 应该作为资本形成的一部分。要实现这种处理方式，有几个问题需要讨论，包括 R&D 测算推导方法、价格指数和使用寿命。需要在方法论和实际操作方面提供指导，由此可以形成一些有用的方法，使测算结果能达到恰当的可信度水平。

10.105　由于 R&D 费用包含在资本形成中，因此专利本身不再构成 SNA 的资产。取而代之的是，要把专利权协议看作一种获准使用 R&D 的法律协议。专利权协议是许可证的一种形式，应被视为对服务的购买或资产的获得。

矿藏勘探和评估

10.106　***矿藏勘探和评估是指对石油、天然气和非石油矿藏进行勘探，并随后对这些发现进行评估所支出的价值***。这些支出包括获取许可证前的费用、许可证费用、评估费用和实际试钻费用，以及使得试钻得以进行而发生的航空测绘和其他测绘的费用、运输费用等。商业勘探开始后还可能发生再评估，这些再评估费用也应包括在固定资本形成总额中。

10.107 勘探矿藏的目的是发现新的矿物或能源储量，并可以对其进行商业开采。这种勘探可以由从事采矿或燃料开采的企业进行，以供自己使用。此外，也有一些专门的企业可能为了自己使用或者赚取勘探费而进行勘探。从勘探中得到的信息将在此后若干年内对得到此类信息者的生产活动产生影响。因此，某一核算期内发生的勘探支出，不论是否属于自给性勘探，都应视为获得知识产权产品的支出，并包括在企业固定资本形成总额里。

10.108 固定资本形成总额中的勘探支出不仅包括实际试钻费用，而且还包括为了进行试钻而发生的费用，例如航测或其他勘测费、运输费等。产生的资产价值不是以勘探发现的新藏量的价值来计算的，而是以核算期内用于勘探的资源的价值来计算的。当这些活动由承包商来进行时，这些承包商的要价及其营业盈余，都应成为需要支付的费用的一部分。在计算此类资产的固定资本消耗时，可以采用与进行自给性勘探的采矿或石油公司相似的平均使用年限。

计算机软件和数据库

10.109 计算机软件和数据库被归为一类，因为，如果没有数据库管理系统（DBMS），不可能独立开发出计算机数据库，DBMS 本身就是一种计算机软件。

计算机软件

10.110 ***计算机软件包括计算机程序、程序描述和上述系统与应用软件的支持材料***。计算机软件的固定资本形成总额包括初始的开发、随后软件的升级，以及那些属于资产的复制品的获得。

10.111 计算机软件开发属于知识产权产品的开发。开发者预期在生产中使用一年以上的计算机软件应被视为资产。开发者也许仅仅打算自己使用这种软件，也可能打算用复制的方式来进行销售。如果软件复制品在市场上销售，其处理方式应遵循第 10.101 段所描述的原则。从市场上购买的软件按购买者价格估价，而单位内部开发的软件则按估计的基本价格估价，如果其基本价格无法估计，则按其生产成本估价。

数据库

10.112 ***数据库是指以某种允许高效访问和使用数据的方式组织起来的数据文件***。数据库的开发可能是为自己专门使用，或者是为了整体销售，或者是为了以许可证形式销售——有了许可才可以访问数据库所包含的信息。能否将自己使用的数据库、购买的数据库或购买的访问数据库许可作为资产，需要应用各种标准或条件加以判断。

10.113 一般而言，数据库创建只能用费用加总法进行估价。数据库的成本中不应包含所用数据库管理系统（DBMS）的成本，后者属于计算机软件资产，除非它是经营租赁得来的。以恰当的格式进行数据准备的费用应包括在数据库的成本里，但获取或得到数据的费用不包括在内。其他费用包括：根据数据库开发过程中所花费时间而估计的时间人力成本、开发数据库过程中所使用资产资本服务的估值、当作中间消耗使用的项目的成本。

10.114 用于销售的数据库应该以其市场价格来估价，这个市场价格中包括了数据库所包含的信息的价值。如果可以单独得到软件成分的价值，应该将其记入软件销售。

娱乐、文学或艺术品原件

10.115 ***娱乐、文学或艺术品原件指记录或体现有戏剧表演、广播电视节目、音乐表演、体育比赛、文学和艺术作品等的影片、录音、手稿、磁带、模型等***。此类作品通常是自行开发的，随后它们可能被一次性或通过许可证的方式销售。如果符合标准条件，原件和复制品应被视为固定资产。如果原件是当作贵重物品获得的，那么，其生产不应被视为固定资产的自给生产，然而，在生产过程中可能已被归类为在制品。

10.116 在市场上购买的原件以购买者价格估价。自己内部开发的原件以其估算的基本价格估价，如果不可能估算得到其基本价格，就以其生产成本估价。

其他知识产权产品

10.117 ***其他知识产权产品包括除上述具体项目之外的、属于固定资产的其他一切产品。***

2. 存货变化

10.118 ***存货变化是这样测算的：核算期内进入的存货价值减去退出的存货价值和存货中所持有货物所有经常发生的损失价值。***在这些获得和处置的存货中，某些可归因于实际的购买和销售，其他存货获得和处置则是由于企业的内部交易。

10.119 在这种情况下，有必要对企业所行使的下述两种职能加以区别：作为货物服务生产者的职能，作为资产所有者的职能。一件货物入库，表示其所有者通过购买（或易货）或者通过与生产者进行内部交易获得该货物，并将其视为资产；相反，一件货物出库，表示其所有者通过销售或其他使用方式——内部转让给生产者或者作为经常性损失（经常发生的浪费或意外损坏或偷盗）——而处置了该项资产。

存货的储存和存储

10.120 大部分货物进入存货后仅保存起来，直到它们以与进入时同样的状态退出。当货物作为存货保存时，其价格可能会提高（这种现象不是经常发生），但这些提高不是来自生产，而仅仅是持有收益。然而，有些货物在仓库存储一段时间之后其特性会有所改变。在这种情形下，因储存而产生的价值增长应被视为生产，而非持有收益，即使同时也会发生持有收益（或损失），也要如此处理。

10.121 将储存作为生产活动是指这样一种情形：经过一段既定时间，所存储货物的价格与一般价格水平相比有望以一个特定幅度提高。例如，根据过去的经验，到冬天，小麦的价格可能会达到收获时价格的数倍之高。同样地，根据可预测的因素，几年陈酿的葡萄酒比当年所酿的葡萄酒要更珍贵。

10.122 任何机构单位都可能进行储存活动，而不仅是产品的原始生产者；如果货物在储存期间又变更了所有权，那就可能发生由几个单位连续进行储存活动的情况。

10.123 储存中的货物应归类为在制品，而不是制成品。核算期内其价值增加至当时所预期的水平，这要视为储存生产；与这个水平的任何差异则被视为持有收益或损失。在第 6 章的附录中描述了对储存估价的方法。但是，对于储存时间超过一年的项目，应该按照下面所描述的在制品估价原则来计算其预期的价格水平。

估价

10.124 作为生产者的企业可能为了当前使用而在市场上购买货物服务作为中间消耗，或者通过内部转换提取存货作为中间消耗的货物服务。为了确保所有被用作中间消耗的货物和服务能够以现行价格一致地估价，从存货中转出的货物应以其退出存货时的现行购买者价格进行估价。

10.125 类似地，生产者的产出可能被出售，或者以别的方式处置，或者作为制成品或在制品转换为存货。为了确保对产出进行一致的估价，对于转换为存货的制成品，应以其如被出售所应采纳的现行价格水平来估价；而在制品的增加，则以它们增加存货时的价值来估价。

在制品的估价

10.126 大量在制品的存续时间很短，其作为存货只是因为，生产是一个连续不断的过程，总有一些货物在核算期期末尚未完成但距离生产完成的下一核算期期末还有一段时间。对于那些生产周期不到一年的产出，假设其价格和成本在生产期间内是稳定的，就可以这样近似计算某核算期内非农业产品在制品的增加价值：先计算该核算期内发生的在制品生产成本占总生产成本的比例，然后以这一比例去乘以制成品基本价格。这样就可以按照其在每个核算期内发生成本所占的比重，将制成品产出价值在生产该制成品的若干核算期内进行分配。如果价格和成本的平均水平在每个核算期都有变化，那么产出应首先按其完成时所采用的价格和成本估价，然后根据前几个核算期的平均水平变动情况按比例重新估算前几个核算期的在制品价值。

10.127 对于农产品来说，这种在几个时期分配产出的方法可能行不通。在播种时会有一大笔支出，此后直到收获所需的支出就很少了，其间并不成比例。根据庄稼的物理生长情况将产出按比例分摊也许可行，但考虑到庄稼在收割前会面临气候灾害的高度风险，如此分摊可能会引起对产量的高估。为此不得不根据过去的经验，以经验分布来分摊产出；如果复种是一种常态，也可以计算在庄稼收获期各种收获物所占比例然后进行产出分摊。

10.128 一些重要的活动，如房屋、构筑物和复杂机器的建造，其生产过程可能会花费好几年。在此情形下，部分完工产品价值的确定尤其需要慎重，因为此类大型工程本身的价值是很高的。

10.129 以五年为一个期间，即使每年都完成五分之一的工作，这也不意味着每年应该记录五分之一的价值（为简化处理假定为零通胀）。第一年所完成的工作不能在后四年使用，因此考虑到这种延迟，应将其价值进行贴现。在第二年中，通过贴现因子，第一年所完成工作的价值将有所增长，这部分增长将增加第二年所完成工作的价值，以后年度依此类推。第 20 章对这种情况进行了更详细的讨论。

存货交易

10.130 资本账户中，与存货有关的交易列示了每一类存货的水平变化。存货变化等于入库的存货减去出库的存货，再减去存货的正常毁损。表 10.3 是对表 10.1 的扩展，其中包含了各类存货变化。下面对每类存货进行描述和定义。

材料和用品

10.131 ***材料和用品是指企业存在仓库里打算作为中间投入用于生产的所有货物***。然而，并不是所有的材料和用品一定会被这样使用掉，因为有些可能会由于物质损耗、经常发生的意外损坏或偷窃而损失掉。此类损失的记录和估价方法与实际出库用于生产的材料和用品的记录和估价方法相同。

10.132 企业在材料和用品这一项里可能持有种类十分不同的各种货物，最常见的是燃料、工业原料、农业原料、半加工品、供组装的部件、包装材料、粮食、办公用品等。每一个企业，包括政府机构所拥有的非市场生产者，都会有一些材料和用品库存，哪怕只是办公用品的库存。

10.133 材料和用品不包括企业获得的作为贵重物品的艺术品、贵重金属或者宝石。然而，有些生产者确实用黄金、钻石等作为中间投入来生产其他货物和服务——例如，珠宝制造商或牙科医生。打算用于生产的库存黄金、钻石等，当然要记入材料和用品项下。

在制品

10.134 ***在制品是指企业生产的、加工尚不够充分的产品，它们还未达到能被其他机构单位使用时的正常状态***。所有行业都存在在制

表 10.3：资本账户——存货和贵重物品变化

资产变化

交易和平衡项	非金融公司	金融公司	一般政府	住户	NPISH	经济总体	国外	货物和服务	合计
资本形成总额	308	8	38	55	5	414			414
资本形成净额	151	-4	11	32	2	192			192
固定资本形成总额	280	8	35	48	5	376			376
固定资本消耗	-157	-12	-27	-23	-3	-222			-222
按资产分类的固定资本形成总额									
存货变化	26	0	0	2	0	28			28
材料和用品									
在制品									
培育性生物资产在制品									
其他在制品									
制成品									
军事存货									
供转售的货物									
贵重物品的获得减处置	2	0	3	5	0	10			10
非生产资产的获得减处置	-7	0	2	4	1	0			0
应收资本转移									
应付资本转移									
净贷出（+）/净借入（-）	-56	-1	-103	174	-4	10	-10		0

品，但对于那些需要很长时间才能生产出一个成品的产业，在制品特别重要，如农业，或者船舶、住宅、计算机软件或电影等复杂固定资产的生产行业。因此，在制品可以具有各种不同的形式，从正在生长的庄稼，到部分摄制完成的电影产品或者编制了一部分的计算机程序。虽然在制品这一产出还未达到其在其他机构单位使用时应表现出的正常状态，但在必要时，它的所有权是可以转移的。例如，在企业在进行破产清算这种特殊的情况下，可以将其出售。

10.135 核算期末尚未完工的所有产品都必须记录为在制品。尤其是那些需要较长时间才能完工的产品，如建筑物。核算期越短，在制品——相比于产成品——的核算越重要。尤其是许多农作物的生长过程要在一年之内而非一个季度之内完成，因此对于它们，在制品核算对季度账户的意义可能大于其对年度账户的意义。某些部分完工工程的生产是为了自用，或者存在销售或购买合同，那么可以视为其最终所有者已经取得了该工程的所有权，这是不将未完工产品记做在制品的唯一的例外情形。

10.136 生产过程完成时，在制品减少。这时，一切在制品都变成制成品。这种重新分类会出现在资产物量其他变化账户中。

10.137 如果价格和成本已经提高，必须按照生产完成所在核算期的价格和成本对从先前核算期结转过来的在制品进行重新估价。

10.138 由于物质损耗、经常性意外损失、偷窃造成的在制品经常损失，应从损失发生所在核算期生产的在制品增加中减去。

10.139 在制品由如下定义的培育性资产在制品和其他在制品组成。

培育性生物资源在制品

10.140 ***培育性生物资源在制品是指尚未达到能供其他机构单位正常使用的状态、未完全成熟的产出***。在这种情况下，区分一次性使用的植物、树木和牲畜——也就是说，只生产一次产出的动植物（当树木被砍伐、拔掉或牲畜被宰杀时）——与在一年以上的时间里反复或连续用来生产水果、坚果、橡胶、牛奶、羊毛、动力、运输和娱乐等产出的树木（包括葡萄树和灌木）和牲畜是有必要的。对于一次性使用的资源应记作在制品。对于重复产出的资源（自给性生产或按照与其他单位商议好的协议进行培育），其生长应该算作固定资本形成，而不是存货。其他对重复产出资源的培育应该视为在制品，例如，赛马或其他特殊动物的饲养就是这种情况。

其他在制品

10.141 ***其他在制品是指除培育性生物资源之外的、其加工程度尚未达到能供其他机构单位正常使用状态的产出***。

制成品

10.142 ***制成品是指作为产出而生产的、生产者欲将其提供给其他机构单位且在此之前不再打算做进一步加工的货物***。当生产者完成了其计划的生产过程，该货物就被视作制成品，即使它随后可能被用作其他生产过程的中间投入也是如此。因此，尽管电站储存的煤要列示在材料和用品项目下，但是采矿企业生产出来并加以储存的煤则应视作制成品。蓄电池制造厂家生产的蓄电池存货是制成品，但是车辆和飞机制造商持有的同样的蓄电池则列在材料和用品项下。

10.143 制成品存货可能只会由其生产企业持有。入库或出库的制成品按这些货物入库或出库时发生的基本价格估价。由于物质损耗、经常性意外损失、偷窃造成的制成品的经常损失应在损失发生时以当时的价格估价。

军事存货

10.144 ***军事存货是指武器或武器系统中供一次性使用的物品，如弹药、导弹、火箭、炸弹等***。正如前文讨论作为固定资本的武器系统时所指出的，大部分只能使用一次的项目视为存货，但是那些具有高度毁灭性力量的弹道导弹可以视为固定资产，因为它可以提供威慑入侵者这种持续的服务。

供转售的货物

10.145 ***供转售的货物是指诸如批发商或零售商等企业购买的货物，目的是为了将其转卖给顾客***。购买供转售货物的企业除了采用对顾客有吸引力的方式将这些货物展现出来用作转卖以外，不再对其做进一步的加工。因此，用于转卖的货物可以由其所有者进行运输、储存、分等、分类、清洗和包装等，但是不能以其他方式对货物进行改造。

10.146 进入企业存货的供转售货物应按其实际的或估计的购买者价格估价。这些价格中应包括付给供应者以外的企业的额外运费，但是不包括提货企业自给性运输服务所花费的费用。原则上，通过易货交易获得的货物应按其获得时估计的购买者价格估价。然而，由于易货交易的货物不会有税金或者利润，所以其购买者价格等于基本价格。

10.147 对于从存货中转出的供转售的货物，应按提货时重新购买这些货物需要支付的购买者价格估价，这种价格不同于在获得它们时可能已经支付的购买者价格。存货的减少都按这种方法估价，不管这些货物的出售带来利润还是亏损；甚至该货物未被出售，其减少只是由于物质损耗或经常发生的意外损失或偷窃，也要按这种方法估价。

10.148 按照惯例，政府为实物社会转移分配而获得的、但尚未实施转移交付的货物也应包括在供转售的货物中。

3.　贵重物品的获得减处置

资产范围

10.149 贵重物品包括贵金属和宝石、古董与其他艺术品、以及其他贵重物品。然而并不是所有满足上述描述的物品都必须包括在所有者之资产负债表的贵重物品里。贵重物品这一项目是为了记录那些通常被视为投资替代形式的项目。在很多时候，投资者也许会购买黄金而不是金融资产。我们还知道，当金融资产价格剧烈波动时，一些养老基金会去购买“老艺术家”的绘画作品。个人（即 SNA 术语中的住户）也会做此类选择，因为他们知道当有必要筹措资金时，可以出售贵重物品。

估价

10.150 进行贵重物品交易经常会产生所有权转移费用，例如支付给估价人和拍卖人的酬金。和其他非金融资产一样，记入资产负债表时，应将这些费用视为固定资本形成，包含在这些项目的价值里。

贵重物品的交易

10.151 可以对贵重物品进行如下分类：贵金属和宝石，古董与其他艺术品，以及其他贵重物品。这种分类只是建议性的和补充性的，而不是标准分类。下面对每一类别的具体内容进行描述，以便用来进行贵重物品的确认和计价。

贵金属和宝石

10.152 不是由企业为了销售或作为生产过程的投入而持有，不是作为货币黄金而持有，也不是以未分配金属形式作为金融资产而持有，此时持有的贵金属和宝石应被视为贵重物品。

古董和其他艺术品

10.153 不是由企业为了销售而持有的、被公认为艺术品和古董的绘画、雕塑等，除此之外的部分应被视为贵重物品。原则上博物馆的展品属于贵重物品。

其他贵重物品

10.154 不属于其他分类的贵重物品，包括有公认市场价值的邮票、硬币、瓷器、书籍等收藏品，以及精美的首饰、时尚的宝石和有重大可实现价值的金属。

C.　固定资本消耗

10.155 固定资本消耗的概念首先是在第 6 章描述和定义的，它造成了总增加值和净增加值的区别，然后影响到所有接下来的平衡项，还使固定资本形成（原文是固定资本消耗，疑有误——译者注）分为总额和净额。对固定资本消耗而言，资本账户的记录与生产账户的记录是相对应的，不过，是以负项记在与生产账户相同的一边，而不是记在相反的一边。

10.156 固定资本消耗是生产用固定资产价值的负向变动项目。固定资本消耗必须参照一套给定价格，即核算期内该类固定资产的平均价格来衡量。这样即可将它界定为一家企业所拥有的固定资产在核算期期初期末之间由于固定资产物质损耗以及正常陈旧和意外损坏率而引起的价值下降。从固定资本形成总额中扣除固定资本消耗，就得到固定资本形成净额。这个固定资本形成净额与从收入使用账户结转来的平衡项净储蓄是对应的。

10.157 所有固定资产都要在其用于生产的每个年份提取固定资本消耗。因为所有权转移费用，包括终期费用，都已被视为固定资产，所以对它们也要提取固定资本消耗。假定所有房屋和其他构筑物（包括铁路、道路、桥梁、隧道、机场、港口、管道、大坝等）即使在适当维护下，仍然只具有有限的使用年限，所以对所有这些资产都要计算固定资本消耗。使用年限不单纯由物理耐用性决定，许多设备与房屋建筑物一样，会由于其逐渐过时而最终被废弃。然而，有些构筑物——如某些道路、桥梁、大坝等——的使用年限可能会很长，甚至会超过一个世纪。

1. 所有权转移费用

10.158 获得和处置固定资产时所发生的所有权转移费用已被视为固定资本形成总额，包含在资本账户记录的资产获得和处置价值中，同时包含在资产负债表的资产价值中。然而，对于所有权转移费用以外的资产价值，固定资本消耗是在整个寿命期内进行计算，而对于所有权转移费用，固定资本消耗只在所有者预期持有资产期间内进行计算。这样一来，当资产出售给新的所有者时，资产价值中就不包括剩余的所有权转移费用，所以，除了新所有者承担的所有权转移费用外，原所有者所收到的金额就等于新所有者所支付的金额。

10.159 对于除土地之外的自然资源，所有权转移费用在资本账户中作为固定资本形成交易列示，与自然资源的获得和处置是分开的，但在资产负债表中的自然资源价值则包括了所有权转移费用的价值。所有权转移费用仍然要在所有者预期的资产持有期间内进行摊销，并被视为相关生产账户中的固定资本消耗。

10.160 对于土地，所有权转移费用视为土地改良的一部分，土地改良本身则被视为生产资产。除了所有权转移费用之外的土地改良价值会在一个长度合适的期间内进行摊销，但是所有权转移费用则要在其所有者预期的土地持有期间内进行摊销。

2. 终期费用

10.161 原则上，一旦考虑价格变化，某资产在寿命期内累计的固定资本消耗应该等于该资产获得价值减处置价值之差。对于处置时会有实际成本的资产，则意味着固定资本消耗还应该能够补偿预期的终期费用。因此，不管资产在其寿命期内有几个所有者，终期费用都应该在资产的整个寿命期内摊销。就是说，在即将处置之前，资产价值会是负的；当产生的终期费用被计入固定资本形成总额时，资产的价值才变成零。资产价值为负看起来很怪，它反映了这样一个事实：资产所有者不但不能出售它，而且还必须向接管资产责任的另一个单位支付一笔费用。

10.162 实践中很难准确地预计终期费用。这样一来，累计的固定资本消耗也许不能包括所有的终期费用。然而，仍然应该将全部成本做为固定资本形成总额处理，资产寿命期内所有未包括在固定资本消耗之中的成本都应该在成本发生的期间内摊销，计入固定资本消耗。这是一种带有实用性质的建议，会导致 NDP 在资产整个使用期内被高估，而在其余成本发生的年份被低估。

10.163 第 20 章将进一步讨论所有权转移费用和终期费用的处理。

D. 非生产非金融资产的获得减处置

10.164 SNA 中包括三类完全不同的非生产非金融资产：自然资源，合约、租约和许可，商誉和营销资产。除了都是非生产的和非金融的资产之外，这三类资产几乎没有任何共同点。每一类资产都需要单独讨论。

10.165 表 10.4 是对表 10.1 的扩展，详细给出了非生产非金融资产的标准分类。其中每一类都会在适当部分进行讨论。

1.　自然资源

资产范围

10.166 并非所有的环境资源都符合经济资产的条件。因此，把自然产生的资源区分为 SNA 资产与非 SNA 资产是十分有用的。

表 10.4：资本账户——非生产非金融资产

资产变化

交易和平衡项	非金融公司	金融公司	一般政府	住户	NPISH	经济总体	国外	货物和服务	合计
资本形成总额	308	8	38	55	5	414			414
资本形成净额	151	-4	11	32	2	192			192
固定资本形成总额	280	8	35	48	5	376			376
固定资本消耗	-157	-12	-27	-23	-3	-222			-222
按资产分类的固定资本形成总额									
存货变化	26	0	0	2	0	28			28
贵重物品的获得减处置	2	0	3	5	0	10			10
非生产资产的获得减处置	-7	0	2	4	1	0			0
自然资源的获得减处置	-6	0	2	3	1	0			0
自然资源									
土地									
矿物和能源储备									
非培育性生物资源									
水资源									
其他自然资源									
无线电频谱									
其他									
合约、租约和许可的获得减处置	-1	0	0	1	0	0			0
合约、租约和许可									
可交易的经营租赁									
自然资源使用许可									
从事特定活动的许可									
货物和服务的未来排他性权利									
商誉和营销资产的购买减销售	0	0				0	0		0
应收资本转移									
应付资本转移									
净贷出（+）/净借入（-）	-56	-1	-103	174	-4	10	-10		0

10.167 首先，必须指出，SNA 的账户和资产负债表是针对机构单位或单位集合编制的，只有为这些单位所有的资产价值才能记入。因此，只有那些所有权已经确立并已得到有效实施的自然性资产才有资格作为经济资产，并记入资产负债表。它们不一定必须为个别单位所拥有，也可以由多个单位共同拥有或由政府代表整个社会拥有。然而，要确定某些自然产生的资产的所有权也许是行不通的，例如空气和海洋。此外，可能还有一些资产不能作为经济资产来对待，因为它们实际上不隶属于任何具体单位。这些资产不仅包括那些其存在尚不为人所知的资产，而且也包括那些其存在可能已为人所知、但却因距离太远或者无法取得因而实际上不在任何单位有效控制之下的资产，比如非培育性森林。

10.168 第二，为了符合经济资产的一般意义，自然资产不仅必须要由所有者拥有，而且，在给定技术、科学知识、经济基础设施、可动用的资源，以及与资产负债表日期有关的或在不久的将来可预料到的一套通行的相对价格下，它还应该能够为其所有者带来经济利益。因此，在可以预见的将来不具有商业开发价值的已知矿藏不包括在 SNA 的资产负债表中，尽管在以后的某一天，由于技术取得意外的重大进展，或者价格发生重大变动，这些矿藏也许可能变得具有商业开发价值。

10.169 具有生物群形式的自然产生的资产——树木、植物、牲畜、鸟类、鱼类等——是可以更新的。树木、作物或其他植物的栽培，或者牲畜、鸟类、鱼类等的饲养，可以在机构单位的直接控制、负责和管理下进行。在这种情况下形成的资产是培育性资产，此类活动被视为 SNA 范围内的生产活动。生活在野外的牲畜、鸟类、鱼类等的生长，或者森林里非培育性植物的生长不属于经济生长过程，因此，所产生的资产不可能是生产资产。尽管如此，当森林和（或）牲畜、鸟类、鱼类等实际上为机构单位所有、并且成为其所有者的利益来源时，它们就构成了经济资产。当野生牲畜、鸟类、鱼类等生活的地点使得机构单位无法对它们行使所有权时，它们就不属于资产范围。同样，生长在这种地区的森林或其他植物也不算作经济资产。另一方面，遵照国际协议，单个国家可以在公海中捕捞的鱼可以包括在资产范围内。

所有权

10.170 对经济领土内的土地和不可移动自然资源，其一切所有者和购买者都被认为在这个经济中具有一个经济利益中心。如果某所有者或购买者在某方面不具备常住单位资格，就要为此创建一个名义常住单位。认为是该名义常住单位购买了土地，非常住单位则被认为购买了名义常住单位的权益——获得的是金融资产而不是非金融资产。这样，名义上所有的土地买卖都发生在常住单位之间，除非经济领土的边界本身由于土地购买或出售而发生变化——比如一个外国政府或一个国际组织购买或出售土地，以增加或减少其在本国领土内之使馆或办事用地的范围。

10.171 此外，由于土地和自然资源的购买或出售在记录时不包括买卖双方的所有权转移费用，所以，在经济总体水平上，土地和自然资源购买和出售的总价值必然相等，尽管在单个部门或子部门水平上可能不等。

10.172 类似地，要假定只有常住机构单位才能开采地下资源。一旦开始准备创建一个企业来开采资源，比如获得许可证，在那个时点上，这家企业就被认为是常住单位了。

估价

10.173 由于自然资源是非生产性的，因此，其所有权转移费用要作为固定资本形成的一部分在资本账户中单独列示，不属于非生产资产的交易价值。按照惯例，土地的所有权转移费用应包含在土地改良中。

自然资源交易

10.174 根据表 10.4 所给出的分类，自然资源交易用所讨论资产的获得减处置表现。

土地

10.175 ***土地被定义为地面本身，包括覆盖的土层和附属的地表水，所有者通过持有或使用它们可以对其行使所有权，并获取经济利益***。以下内容不包括在土地的价值之中：坐落在该土地上或途经该土地的房屋或其他构筑物，培育的农作物、树木和动物，矿物和能源储备，非培育性生物资源和地下水资源。附属的地表水包括可以对其行使所有权、并因此可以作为机构单位之间交易对象的所有内陆水域（水库、湖泊、河流等）。然而，对于经付款可从中定期提取水在生产中使用（包括灌溉）的水体，不属于土地的附属水，而是包括在水资源中。

10.176 正如上面所解释的，土地改良和与土地有关的所有权转移费用被视为固定资产，而且要单独列示。结果，购买者和销售者对自然资源获得或处置都要以相同的价值数额记录。既然交易双方都必须是常住单位，因此可以说，如果把经济作为一个整体来看，土地的全部购买总价值必然等于全部销售总价值，但在较低层次——如单个部门或子部门——其总量一般情况并不相等。因此，对于整个经济体来说，土地的获得减处置的价值是零（正如10.170段所指出的，引起经济领土边界本身发生变化的交易除外）。

10.177 房屋或其他构筑物以及种植园往往与它们所坐落的土地一起被购买或出售，而不是对土地和构筑物分开估价。如果构筑物已经存在，那么，即使无法得到构筑物和土地各自的价值，但可以确定在其共同价值中是土地占大部分还是构筑物占大部分，则可以根据价值较大者认定该笔交易属于土地购买还是构筑物购买。如果不能确定土地价值大还是构筑物价值大，那么按惯例，这笔交易应算作购买构筑物，也就是说要记入固定资本形成总额。类似的原则也适用于种植园。

10.178 SNA 没有明确规定土地的具体分类，如果需要对土地进行细分，建议采用 SEEA 所使用的分类。

矿物和能源储备

10.179 ***矿物和能源储备是指位于地球表面以上或以下的，在给定的现有技术和相对价格下具有经济可开采性的矿物和能源储备***。对矿物和能源储备的所有权通常应与对土地本身的所有权分开。矿物和能源储备由存在于地下或地球表面上的、已探明的矿藏量组成：煤、石油、天然气或其他燃料，金属矿，以及非金属矿物，其中包括海底矿藏。记录在资本账户里的交易仅仅是指那些已经确立了所有权的矿物和能源储备。在大多数情况下，矿物和能源储备资源的所有权与其所附属土地的所有权可能是分开的，但在其他一些情况下，法律可能规定，矿物和能源储备的所有权与其所在土地的所有权是不可分割地联系在一起的。

10.180 记在资本账户里的矿物和能源储备交易指矿物和能源储备的获得或处置，通过交易，资产所有权由一个机构单位转让给另一个机构单位。以生产为目的进行采掘会减少矿物和能源储备的已探明储量，由此造成的价值下降不记入资本账户，而是记入资产物量其他变化账户。

10.181 如果需要具体分类，再次推荐遵照 SEEA 的分类。

非培育性生物资源

10.182 ***非培育生物资源是指这样一些动物、鸟类、鱼类和植物：可能产生一次性产品也可能重复产生产品，所有者能够对其行使所有权但其自然生长和繁殖不在机构单位的直接控制、负责和管理之下***。比如在一国领土内的原始森林和渔场。只有那些目前可以进行经济开发或很可能不久就要进行经济开发的资源才应包括在内。

10.183 在 SEEA 中，非培育性生物资源被进一步分为：水生资源，除了水生资源以外的动物资源，林木、作物和植物资源。水生资源被进一步分为本国水域（包括专属经济区（EEZ）内的水生资源和那些生长在公海里的水生资源。

水资源

10.184 ***水资源是指其稀缺性已导致了行使所有权或使用权、进行市场估价和采取某些经济控制措施的地下蓄水层和其他地表水***。如果不可能将地表水的价值和其所附属的土地分开，那么就要将两者作为整体归类于在总价值中占比较大的那个类别。

其他自然资源

10.185 其他自然资源目前只包括无线电频谱。借助于市场测量仪器执行环境政策的快速推进，其他自然资源可能会逐步被视为经济资产。如果确实如此，这就是一类应该被分配的资源。

2. 合约、租约和许可

资产范围

10.186 ***只有当下列两个条件都满足时，合约、租约和许可才被视为资产***。

a. ***合约、租赁和许可这些术语明确规定了所使用的资产或提供服务的价格，这个价格不同于缺少合约、租约和许可时的流行价格***。

b. ***契约的一方必须能够合法地并且实际上实现这个价格差异***。

第二个条件意味着一个契约市场的存在。建议实践中应该在合约、租约和许可持有者确实实际行使了他的权利以实现价格差异时，才将合约、租约和许可记录在账户中。

10.187 第 17 章第 5 部分探讨了 SNA 处理契约的所有问题，如果对一项合约、租约和许可是否应视为资产有疑问，可查阅这一部分内容。

10.188 与自然资源一样，与合约、租约和许可获得与处置有关的所有权转移费用应该作为固定资本形成单独列示。

合约、租约和许可所包括的资产类型

10.189 SNA 中有四类合约、租约和许可被视为资产：可交易的经营租赁、自然资源使用许可、从事特定活动的许可、货物和服务的未来排他性权利。

可交易的经营租赁

10.190 ***可交易的经营租赁是一种与固定资产有关的第三方财产权***。比如，一栋房屋的租户要交纳固定数量的租金，但是如果没有租约，房屋租金会更高。在这些情况下，如果这个租户能够合法地且实际转租这间房屋，这样他就拥有了可交易的经营租赁这类资产。

自然资源使用许可

10.191 ***自然资源使用许可是与自然资源有关的第三方财产权***。比如，一个人持有一个捕鱼配额，同样地，他能够合法地且实际把这个配额转卖给其他人。

从事特定活动的许可

10.192 ***一个从事特定活动的许可包含以下要素***：

a. ***许可在数量上是有限的，所以允许持有者获取垄断利润***；

b. ***垄断利润不是来自于使用属于许可发放方的资产***；

c. ***许可的持有者能够合法且实际上对第三方出售其许可***。

这样的许可主要由政府发放，但也可能由其他单位发放。

10.193 如果政府通过发放许可来限制授权从事出租车运营的汽车数量，或限制授权的娱乐场所数量，它们实际上是为已获授权的运营者创造了垄断利润，并索取其利润的一部分作为收费。获取这样一张许可证的动机在于，获准许可者相信他将因此取得获取垄断利润的权利，该垄断利润至少会等于他为获得许可证所支付的金额。如果获准许可者通过出售资产许可能够实现这种权利，那么这种未来的收入流就应被视为资产。这类资产被称为从事特定活动的许可，其价值取决于未来垄断利润的流量。

10.194 除政府外，很少有单位能够限制其他单位参与一项特定的行动。财产所有者限制可以经营其财产的单位数量大概可以算一例。例如一个旅馆可能这样规定：只允许一个出租车公司来搭乘其客人。在这种情况下，许可被视为提高了对服务的支付金额。尽管这也许不是一种普遍的情况，但如果此类许可能够在市场上转让，那原则上就没有理由不将其视为资产。

货物和服务的未来排他性权利

10.195 ***货物和服务的未来排他性权利是指这样的情形：已经签约在将来某一时点以固定价格购买货物或服务的一方能够把协议第二方的义务转移给第三方***。比如足球运动员的签约、一个出版商独家出版知名作者的新作品或者独家发行指定音乐家的录音带的权利。

3. 商誉和营销资产

10.196 一个企业的潜在购买者常常会准备支付一笔超过该企业可单独识别和估价的资产与负债净价值的额外费用。这个超过的部分称为“商誉”，它反映了公司治理架构的价值，以及该公司所汇集的人力资源和管理、公司文化、分销网络和顾客基础的价值。如果与其他资产分离，商誉可能是没有价值的，但商誉却增强了那些其他资产的价值。从另一方面来看，它是因这些单项资产能够彼此联合起来使用而附加于各单项资产价值之上的价值。

10.197 商誉不能被单独识别并出售给另一方。它的价值只能由出售公司所得价值减去属于 SNA 资产范围内的其他资产和负债价值而推导得到。（实际上，由于商誉是作为余值被估计出来的，所以其估计值中也会包含其他资产和负债估计值的误差和遗漏。）

10.198 除了余值误差，商誉的价值中可能还会包括被称为营销资产的公司项目的价值。***营销资产是指诸如品牌名、报头、注册商标、公司标识和域名等项目***。一个品牌可以被解释为远不只是一个公司名称或公司标识，它是顾客或潜在顾客对该公司及其产品的全部印象。更广泛地理解，还可以认为它包括了商誉的一些特征，如顾客忠诚度。

10.199 ***商誉和营销资产的价值被定义为以下两项价值之差额：购买一家生意兴隆的企业而支付的价值，该企业的资产总额减负债总额——其中每一项资产或负债都是可单独识别和估价的***。尽管大部分公司都可能存在商誉，但由于难以可靠计量，所以只有当商誉的价值通过市场交易（通常是出售整个公司）而表现出来时，才记入 SNA。例外的是，可识别的营销资产有可能被单独出售，而且与整个公司分离，在这种情形下，它们的出售也应该记在这个项目下。

E. 资本转移

1. 对应经常转移的资本转移

10.200 资本转移是无回报的转移，在资本转移中，给予转移的一方通过处置资产（不包括现金或存货）、放弃金融债权（不包括应收账款）来筹集资金；或者接受转移的一方必须获得资产（不包括现金）；或者两个条件同时满足。资本转移往往数额大，且无规律，但数额大和无规律都不是认定一项转移是资本转移而非经常转移的必要条件。

10.201 经常转移会减少第一方之收入和消费的可能性，增加第二方之收入和消费的可能性。因此，经常转移并不与交易的一方或双方之资产获得或处置相联系，或者不以此为条件。

10.202 有些现金转移可以被一方认为是资本转移而被另一方认为是经常转移。例如，纳税人可能认为缴纳的遗产税是资本转移，而政府可能因为它接受许多这样的转移而认为它是经常收入。相似地，向一些较小国家提供投资补助金的大国可能把这种补助金当作经常转移，即使补助金是专门为购买资本资产而提供的资金。然而，在 SNA 这样的综合核算体系中，是不能把同一笔交易在该体系的不同部分中归入不同类别的。因此，一项转移即使它只涉及某一方的一项或几项资产的获得或处置，也应被交易双方同时归类为资本转移。按照惯例，社会转移总是被视为经常转移。

10.203 可能有这样的情况：根据现有证据很难确定一项现金转移是经常转移还是资本转移。如果存在严重疑问，应将此项转移列为经常转移而不是资本转移。然而，应当指出，如何确定一项转移的性质，会对储蓄数额在部门和部门之间、子部门和子部门之间、甚至整个经济与国外之间的分配产生重要影响。在其他条件相同情况下，经常转移会增加接受方的储蓄，减少捐赠方的储蓄，而资本转移则不会影响任何一方的储蓄。因此，如果现金转移不能正确地划归经常转移或资本转移，结果会通过有关单位或子部门所记录的储蓄而误导经济分析和决策。

表 10.5：资本账户——资本转移—负债和资产净值变化

负债和资产净值变化

交易和平衡项	非金融公司	金融公司	一般政府	住户	NPISHs	经济总体	国外	货物和服务	合计
净储蓄	71	2	-62	192	2	205			205
对外经常差额							-13		-13
资本形成总额								414	414
资本形成净额								192	192
固定资本形成总额								376	376
固定资本消耗								-222	-222
按资产分类的固定资本形成总额									
存货变化								28	28
贵重物品的获得减处置								10	10
非生产资产的获得减处置								0	0
应收资本转移	33	0	6	23	0	62	4		66
应收资本税						2			2
应收投资补助	23	0	0	0	0	23	4		27
应收其他资本转移	10	0	4	23	0	37			37
应付资本转移	-16	-7	-34	-5	-3	-65	-1		-66
应付资本税	0	0	0	-2	0	-2	0		-2
应付投资补助			-27						-27
其他应付资本转移	-16	-7	-7	-3	-3	-36	-1		-37
储蓄和资本转移引起的资产净值变化	88	-5	-90	210	-1	202	-10		192

2.　现金转移和实物转移

10.204 正如第 9 章中所解释的，转移可能以现金形式发生或以实物形式发生。实物资本转移必然会涉及捐赠方在先前账户中将产品记做非金融资产所有权的变更。在这种情况下，与交易有关的四笔分录都要记录在资本账户中。两笔涉及资本转移所隐含的财富转移，其他两笔作为资产的处置列示——由捐赠方转出和由接受方获得。通过集体建造生产然后转移给政府去维护的固定资产，其处理方法可见 10.58 段的讨论。

10.205 对所有其他资本转移，都会有两笔分录记录在资本账户中，两笔分录记录在金融账户中。以债务豁免为例，在金融账户中的两笔分录要分别体现接受方对捐赠方之债务责任的减免和捐赠方对接受方之债权的减免。其他资本转移应记做现金转移，体现为捐赠方现金或存款的减少和接受方现金或存款的增加。

估价

10.206 不论是新的还是使用过的非金融资产，其转移都应按照该资产在市场上可能出售的估计价格加上捐助人支付的运费、安装费或其他所有权转移费用进行估价，但其中不包括接受方发生的此类费用。包括债务豁免在内的金融资产转移的估价方法与金融资产或负债的其他获得或处置是一样的。

3.　资本税

10.207 ***资本税是指针对机构单位所拥有的资产价值或资产净值，或针对机构单位之间作为遗产、生者之间的赠予或其他转移物所转移的资产价值，不定期或间隔相当长时间而征收的税***。具体包括资本税和资本转移税：

a. 资本税是指针对机构单位所拥有资产或资产净值的价值、不定期或间隔相当长时间征收的税。资本税由住户或企业缴纳，有关单位和政府都将其作为不常发生的事情处理。资本税中包括改善性征税，也就是由于政府规划允许为商业或住宅目的开发土地而对农用土地增值所征收的税（政府财政统计（GFSM）2001 税收代码 1133；OECD4500）。

b. 资本转移税是指针对机构单位之间所转移资产的价值所征收的税。主要包括遗产继承税或遗产税，以及赠予税——其中包括同一家庭的成员之间为避免缴纳或尽量少缴纳遗产税而进行的生者之间的赠予，但不包括针对资产销售所征的税，因为它不属于转移（政府财政统计（GFSM）2001 税收代码 1134；OECD4300）。

4.　投资补助

10.208 ***投资补助是指这样一类资本转移：政府向常住或非常住机构单位提供的、全部或部分用作获得固定资产的资金***。接受者必须将所收到的投资补助用于固定资本形成，并且补助金往往是与具体投资项目（如大型建筑项目）联系在一起的。如果投资项目要持续很长一段时间，现金补助可能要分期支付。分期支付仍然归类为资本转移，只是可能要分别记录在相连的几个核算期内。

10.209 实物投资补助是指由政府向其他常住或非常住单位转移的交通设备、机器和其他设备，以及向常住或非常住单位直接提供的房屋或其他构筑物。它们可能是由援助国政府所拥有的企业生产的，或是由援助国直接对其付款的其他企业生产的。在这种情况下，通常要先记录一笔现金资本转移，然后记录购买了这个实际上由实物转移的项目。例外的情况是，如果转移的是现有资产，而且接受方是常住单位，那么资产的所有权转移可能由政府记录为负的资本形成，由接受方记录为正的资本形成，但是仍然要记录为资本转移，这样双方的资产负债表才能正确地反映已经发生的资产净值变化。

5. 其他资本转移

10.210 ***其他资本转移包括除资本税和投资补助以外的一切资本转移***。此处所包括的一个引人注目的类别是债权人和债务人经共同协议对债务的取消。这种取消作为债权人对债务人的资本转移处理，其价值等于债务取消时未清偿债务的价值。它包括（但不限于）非常住单位与常住单位之间债务的取消。

10.211 然而，如果所注销的债务不是机构单位之间的交易，它就既不出现在 SNA 的资本账户中，也不出现在金融账户中。如果债权人认可这种注销或不履行债务的行为，它应当记入债权人和债务人的资产物量其他变化账户。坏账准备被视为企业内部核算项目，不出现在 SNA 中。除了作为备忘项目出现在平衡项中的非执行贷款的预期损失，债务人单方面拒绝偿还债务也不是交易，SNA 不予承认。

10.212 资本转移还可能采取其他形式，下面举一些这样的例子：

a. 为补偿保险单未包括的大规模损坏或严重损伤而支付的大笔款项。这些款项的支付可能是由法院判决的，或是庭外裁定的。它们可能是支付给常住单位的，也可能是支付给非常住单位的，包括对大爆炸、石油泄漏、药物副作用等造成的损害的赔偿款项；

b. 灾难过后特别巨大的保险赔付。至于何时记录是合适的，详细内容请参见第 17 章；

c. 为弥补在两年或更长的时间里积累的巨额营业亏损，由政府单位向公有或私有企业的转移；

d. 中央政府向下级政府机构的转移，用作固定资本形成的部分或全部费用，或弥补多年（两年或更长的时间）累积的巨额支出赤字；

e. 遗产或生者之间的巨额赠予，其中包括捐给非营利机构的遗产；

f. 住户或企业对非营利机构的特大捐赠，用以为固定资本形成提供资金。例如，赠予大学用于修建新的供寄宿的学院、图书馆、实验室等的费用；

g. 对应领养老金的责任转移，例如当一般政府承担了本应由雇主承担的提供养老金的责任；

h. 由政府或 NPISH 承担维护责任的集体建造资产。

第 11 章　金融账户

A.　引言

11.1　金融账户是记录机构单位间交易之系列账户中的最后一个。净储蓄是收入使用账户的平衡项，而净储蓄加上应收/应付资本转移净额可用于非金融资产的积累。如果它们并未全部用于非金融资产积累，则其盈余就称为净贷出。如果净储蓄和资本转移净额不足以弥补非金融资产的净积累，则其短缺就称为净借入。这种盈余或短缺、净贷出或净借入是资本账户的平衡项，并转入金融账户。金融账户与前面几章讨论过的所有账户不同，它没有可结转到其他账户的平衡项。它仅解释净贷出或净借入如何受到所持有金融资产和负债之变化的影响。理论上，这些变化之和在数值上应等于资本账户的平衡项，但要放在与资本账户平衡项相反的一方。

11.2　金融账户记录发生在常住机构单位之间或常住机构单位与国外之间的、涉及金融资产和负债的交易。账户（见表 11.1）左方记录的是金融资产获得减处置，右方记录的是负债发生减偿还。

1.　金融资产和负债

11.3　如第 3 章所述，资产的定义如下：***资产是一种价值贮藏，它代表在持有或使用该实体的期间应归属于经济所有者的一次性或连续性经济利益。它是将价值从一核算期转移到另一核算期的手段。***

11.4　通过支付工具可交换这些利益，由此即可定义金融债权和负债。SNA 不承认非金融负债，因此负债这一术语本质上必然是指金融负债。

11.5　***一单位（债务人）承担在特定条件下对另一单位（债权人）进行支付或系列支付的义务时，负债就产生了。***负债产生的最常见情况是，具有法律约束力的合约规定了支付条款后，要根据合约无条件付款。

11.6　此外，负债的产生也可能不是来自合约，而是来自得到长期广泛认同的惯例（通常不容易否认）。政府对个人的有些支付就是这样。此时，尽管缺少具有法律约束力的合约，但债权人有合理的支付预期。这种负债被称为推定负债。

11.7　只要上述各类负债之一存在，债权人对债务人相应就有一项金融债权。***金融债权是债权人应得的、由债务人根据债务条款进行的支付或系列支付。***与负债一样，债权也是无条件的。此外，也可能存在这样的金融债权，它使债权人有权要求债务人支付，且一旦做出要求，债务人必须无条件支付。当然就债权人而言，要求本身是无条件的。

11.8　***金融资产包括所有金融债权、公司股票或公司其他权益、以及被货币当局持作储备资产的黄金。***货币当局持作储备资产的黄金要按金融资产处理，即使持有者并没有对其他特定单位有要求权。股票要按金融资产处理，即使股票持有者对公司的债权并不是固定的或预先确定的金额。

2.　四式记账

11.9　第 3 章在 SNA 的核算规则部分描述了四式核算原则是如何实施的。一机构单位将货物、服务、资产或负债出售给其他机构单位时，要进行两对登录。第一对登录是本单位物品的提供和其他单位物品的获得，第二对登录是其他单位为获得物品而提供的支付工具和本单位获得的支付工具。涉及财产收入和转移的交易也要采用类似的四式记账。第二对登录通常出现在金融账户，只在实物转移这种少数情况下，第二对登录才可能表现为正负最终消费支出或非金融资产处置与获得。除金融资产获得或负债清偿以外，其他所有情况下，第一对登录均是出现在一个或多个非金融账户里。在金融工具交换情况下，所有四笔登录都出现在金融账户里。

11.10 所以，金融账户里的登录有两个原因，其一是作为其他账户登录的对应登录；其二是记录仅涉及金融资产和负债交换的交易，此时无论是初始登录还是对应登录都应记入金融账户。

3. 非金融交易的对应项

11.11 货物或非金融资产所有权的转移、服务或劳动的提供等交易几乎都需要在金融账户进行对应登录，显示其支付工具或支付工具的未来索取权。即使是易货交易和实物报酬等实物交易，理论上也要在金融账户登录。如果A单位将价值x的产品提供给B单位，并预计将会得到相同价值的另一产品作为交换，则A对B拥有x的债权。当B履行了承诺的产品交付时，这一债权得到清偿，不再记录。如果实物交易的所有要素未同时完成，就需要在金融账户登录。

11.12 货物、服务或资产销售可能会以通货或可转让存款的变化作为其对应项。此外，它们的对应项也可能以商业信用或其他应收/应付款的形式反映在金融账户中。

4. 金融资产和负债的交换

11.13 一笔金融资产与另一笔金融资产交换，或用一笔金融资产偿还一笔负债时，交易仅记入金融账户。这些交易改变了金融资产和负债的组合构成，也可能改变了金融资产总额和负债总额，但它们不会改变金融资产总额和负债总额相抵后的差额。例如，债务人将支付工具提供给债权人，商业信用所代表的债权就不再存在了，即商业信用通过支付而得到清偿。此时在金融账户中进行的四笔登录是：

a. 债权人减少其持有的商业信用，增加其支付工具（通货或可转让存款）；

b. 债务人减少其（商业信用形式的）负债，同时减少其（支付工具形式的）金融资产。

表 11.1：金融账户（简表）——资产变化

资产变化

交易和平衡项	非金融公司	金融公司	政府	住户	NPISH	经济总体	国外	货物和服务	合计
金融资产净获得	83	172	-10	189	2	436	47		483
货币黄金和特别提款权		-1				-1	1		0
通货和存款	39	10	-26	64	2	89	11		100
债务性证券	7	66	4	10	-1	86	9		95
贷款	19	53	3	3	0	78	4		82
股权和投资基金份额	10	28	3	66	0	107	12		119
保险、养老金和标准化担保计划	1	7	1	39	0	48	0		48
金融衍生工具和雇员股票期权	3	8	0	3	0	14	0		14
其他应收/应付款	4	1	5	4	1	15	10		25

11.14　如果是用现有金融资产交换其他金融资产，所有登录均发生在金融账户里，并且只影响资产。例如，一机构单位在二级市场上将其现有债券出售给另一机构单位，出售者持有的证券减少而持有的支付工具等量增加；购买者持有的证券增加而持有的支付工具减少。

11.15　一机构单位通过负债发生而创造新的金融资产时，相关登录也全部记入金融账户。例如，一公司可能通过发行短期证券来交换支付工具。公司部门的金融账户上相应地要显示证券形式下的负债增加和支付工具形式下的金融资产增加；购买部门的金融账户要显示支付工具形式下的资产减少和证券形式下的资产增加。

5.　净贷出

11.16　一些部门或子部门是净贷出者，而其他部门或子部门则是净借入者。机构单位之间进行金融交易时，一部门的盈余资源就可通过相关单位转给其他部门使用。金融账户表明，短缺部门或净借入部门如何通过发生负债或减少资产而获得必须的金融资源，净贷出部门如何通过获得金融资产或减少负债而配置其盈余。金融账户还表明各类金融资产对这些交易的相对贡献。

11.17　从表 11.1 中可清楚看出净贷出的变化过程。非金融公司有 56 的净借入要求，该融资要求通过发生负债 139 和获得金融资产 83 而得到满足，两者之间的差额等于净借入。同样，住户部门通过获得金融资产 189 和发生负债 15 而有净贷出差额 174。

11.18　尽管大部分借入和贷出要通过金融中介机构，但也有一些借款人直接与非金融贷款人交易。例如，政府在市场上发行证券，这些证券可以由金融机构购买，也可以由住户、非金融公司和国外部门购买。但在许多其他情况下，金融中介机构的专门职能就是通过建立金融市场将贷款人和借款人间接地联系起来。金融机构通过吸收存款或发行证券对净贷出者负债，并将这些金融资源以贷款、债务性证券持有或权益证券持有等形式提供给借款人。因此，金融机构在金融资产和负债上的交易相对于其他部门以及金融机构自己的净贷出/借入规模而言要大得多。表 11.1 中，金融公司部门的净借入为 1，通过负债净发生 173 和资产净获得 172 而实现①。

11.19　先核查合并后的金融部门的金融交易，再核查其子部门的金融交易，往往是有益的。

表 11.1（续）：金融账户（简表）——负债和资产净值变化

负债和资产净值变化

交易和平衡项	非金融公司	金融公司	政府	住户	NPISH	经济总体	国外	货物和服务	合计
净贷出（+）/净借入（-）	-56	-1	-103	174	-4	10	-10		0
负债净获得	139	173	93	15	6	426	57		483
货币黄金和特别提款权									
通货和存款		65	37			102	-2		100
债务性证券	6	30	38	0	0	74	21		95
贷款	21	0	9	11	6	47	35		82
股权和投资基金份额	83	22				105	14		119
保险、养老金和标准化担保计划		48	0			48	0		48
金融衍生工具和雇员股票期权	3	8	0	0	0	11	3		14
其他应收/应付款	26	0	9	4		39	-14		25

① 英文原文中，上述三个数字分别为 15、182、167，疑有误，此处根据表内数据做了更正。——译者注

11.20 必须注意，对每个机构部门而言，金融账户都可以表明该部门为发生负债和获得金融资产而使用了哪些金融工具类型，但它并不表明负债是对哪个部门发生的，资产是对哪个部门的金融债权。关于部门间金融流量更详细和复杂的分析在第 27 章讨论，此处的分析仅按金融资产类型来阐述债务人/债权人关系。

11.21 假定在封闭经济情况下，常住机构单位不与非常住单位进行交易，短缺部门的净借入要求将必然由盈余部门的净借出满足，所以各部门的净贷出总计和净借入总计必定相等。对整个经济来说，净贷出或净借入应是零。这一等式反映了金融资产和负债的对称性。如果常住单位与非常住单位发生了交易，构成经济总体的各部门净贷出与净借入之和必然等于经济总体对国外的净贷出或来自国外的净借入。表 11.1 中经济总体有 436 的金融资产获得和 426 的负债发生，因此该经济总体向国外净贷出为 10。

6. 或有事项

11.22 机构单位间的许多金融合约安排并不会引起支付或提供其他有价值物品的无条件要求，安排本身往往也没有可以转让的经济价值。这些安排（通常被称为或有事项）不是当期实际的金融资产，SNA 不予记录。或有事项的主要特点是，必须有一个或多个条件实现后，金融交易才会发生。第三方的一次性支付担保是或有事项，因为只有当主债务人违约时，才能要求第三方支付。在没有明显违约之前，一次性担保的价值应作为备忘项目记录。信贷额度提供了可得资金的担保，但在资金实际预付之前，金融资产是不存在的。只有在提供了合约规定的文件时，信用证才是付款承诺。票据发行便利（NIF）的包销提供的担保是，潜在债务人能够卖出其发行的短期证券（票据），银行或发行便利的银行将认购未在市场上售出的所有票据，或提供等值的预付款。便利本身是或有的，它的产生不会引起金融账户的任何登录。只有包销机构被要求提供资金时，才获得了应记入金融账户的实际资产。

11.23 某些金融衍生工具不被视为或有金融资产，而被视为实际资产，这将在后文 C 节阐述。标准化担保也被认为引起的是实际负债而不是或有负债。标准化担保是发行了许多具有类似特性的担保的一种担保。即使任何一项担保被行权的可能性都是不确定的，但由于存在许多类似的担保，这就意味着能可靠地估计这项担保下行权的数额。债务规模不确定的负债通常被称为准备金。如果将被请求支付并且已就支付额或计算支付额的方式达成协议，则使用负债这一术语。如果肯定将被请求支付但未就支付额达成协议时，则应使用准备金这一术语。或有负债是指支付额可能是确切的也可能是不确切的，但是否将被请求支付是不确定的。

11.24 SNA 对或有事项的处理比较简单。任何因建立或有事项安排而支付的费用都被视为对服务的支付。只有在产生实际金融资产或改变金融资产所有权时，才在金融账户中记录交易。但是，通过赋予某些可能影响未来决策的权利或义务，或有事项安排显然会对有关各方产生经济影响。总的来说，这种或有事项对金融规划制定、政策和分析是重要的。因此，在或有事项对政策和分析具有重要意义的场合，建议收集和展示有关信息，作为 SNA 的辅助数据。即使有可能最终也没有对或有负债进行支付，但或有负债的大量存在也可能显示了承担这些负债的单位处于一种不理想的风险水平。支票账户的透支服务就是一例，在透支之前都是或有的。

11.25 判断哪些工具是或有的，哪些工具是应记入资产负债表的实际资产，各国的做法互不相同。考虑到各国的实际做法和这些金融工具性质上的差异，对此建议可灵活执行。银行承兑汇票（在贸易融资中相当重要）就是一例。银行承兑汇票涉及金融机构对汇票的承兑和在指定日期支付指定金额的无条件承诺。银行承兑汇票代表了持有者的无条件债权和承兑银行的无条件负债，银行的对应资产是对其客户的债权。因此，即使没有兑付资金，SNA 仍建议将银行承兑汇票视为实际金融资产。

11.26 在其他一些情况下，即使支付额和将要进行支付在很大程度上是明确的，也不将这种未来支付视为资产。例如，尽管银行对个人的贷款是以此人从事具有正常工资的固定工作为担保的，但未来收入承诺不能被视为金融资产；企业未来的销售收入、政府未来的税收收入流也不应视为金融资产。

B. 金融资产和负债交易

1. 金融资产和负债分类

11.27 由于金融债权与负债具有对称性，因此对资产和负债采用了同样的分类。而且，此种分类将在涉及金融交易的所有积累账户中使用。在 SNA 中，"工具"这一术语用来指资产负债表中的各个资产或负债项目。在货币统计中，有些资产负债表外项目也称作工具。SNA 只是为了方便才使用了这一同样的术语，并不意味着资产和负债的范围扩展到包括那些表外项目。

11.28 有两类金融资产并不是对其他特定机构单位的确定债权，但也包括在金融工具的类别里。第一类是由货币当局和受其有效控制的其他机构（作为金融资产和外汇储备的组成部分）所拥有的黄金，货币黄金没有对应的负债。第二类是股票、其他公司权益证券和融资参股，与其他许多金融资产不同，它们没有固定的清偿价值，仅代表股东对公司净值的索取权。

11.29 表 11.2 详细阐述了表 11.1 中合并了的金融工具类别。C 节将论述各种工具的确切范围和定义，并对出现在金融账户中且牵涉各种工具的交易类型进行解释。本节余下部分将介绍分类的一般事项以及 SNA 核算规则在金融工具交易中的运用。

11.30 分类的详细程度取决于有待分析的机构部门。与其他部门相比，住户所交易的金融资产的类型较窄，信息来源通常较为有限。金融公司的交易则可以涵盖全部的金融工具，而且在所有机构单位中，金融公司的信息通常是最详细和最及时的。因此，可为金融公司设计更详细的分类。表 11.2 中，空白（而不是 0）表示这一登录理论上是不可能有的；0 表示登录是可能存在，但预期其数额非常小。

11.31 金融资产和负债的标准分类项目为进行各国数据的国际比较提供了有用的基础。然而，具体数据编制必须符合各国的分析需要，反映各国惯例，因此各国所选的具体编制形式反映了各自在制度安排、国内金融市场的范围和特性、现有金融资产的复杂性、金融管制和其他金融控制的程度等方面上的不同。所以，建议在 SNA 标准内容之外使用补充项目，后者将与标准项目一起在 C 节论述。

11.32 金融创新过程中，许多新的、往往是复杂的金融资产和其他金融工具被开发出来并日益得到应用，以此来满足投资者在期限、收益、风险规避以及其他方面的需要，由此使金融交易的分类变得更加困难。各国金融工具的特点不同，金融工具核算和分类做法不同，因此使金融交易的识别问题变得更加复杂。这些因素往往限制了就 SNA 内某些交易的处理提出合理建议的范围。因此，分类需要有高度的灵活性，尤其要支持做进一步细分，以便与各国的能力、资源和要求相匹配。特别地，为了从上述类别中识别出一些重要的资产类型（例如包括在货币范围里的短期证券），许多国家可能希望针对标准项目做进一步细分。

2. 可转让性

11.33 金融债权可按其能否转让进行区分。如果债权的法定所有权通过转让或赠予随时能从一个单位转移到另一个单位，则这一债权是可转让的。虽然所有的金融工具都可能交易，但可转让工具是为了在有组织的市场和其他市场间交易而设计的。可转让性关系到工具的法定形式，那些能够转让的金融债权叫做证券。有些证券也许是可合法转让的，但事实上并不存在一个高流动性市场能随时买卖它们。证券包括股票和债务性证券，上市的金融衍生工具（如认股权证）有时也被认为是证券。

表 11.2：金融账户（明细表）——资产变化

资产变化

交易和平衡项	非金融公司	金融公司	政府	住户	NPISH	经济总体	国外	货物和服务	合计
金融资产净获得	83	172	-10	189	2	436	47		483
货币黄金和特别提款权		-1				-1	1		0
货币黄金		0				0	0		0
特别提款权		-1				-1	1		0
通货和存款	39	10	-26	64	2	89	11		100
通货	5	15	2	10	1	33	3		36
可转让存款	30	-5	-27	27	1	26	2		28
银行间头寸		-5				-5			-5
其他可转让存款	30	0	-27	27	1	31	2		33
其他存款	4	0	-1	27	0	30	6		36
债务性证券	7	66	4	10	-1	86	9		95
短期	10	13	1	3	0	27	2		29
长期	-3	53	3	7	-1	59	7		66
贷款	19	53	3	3	0	78	4		82
短期	14	4	1	3	0	22	3		25
长期	5	49	2	0	0	56	1		57
股权和投资基金份额	10	28	3	66	0	107	12		119
股权	10	25	3	53	0	91	12		103
上市股票	5	23	1	48	0	77	10		87
非上市股票	3	1	1	2	0	7	2		9
其他股权	2	1	1	3	0	7	0		7
投资基金份额/单位	0	3	0	13	0	16	0		16
货币市场基金股份/单位	0	2	0	5	0	7	0		7
其他投资基金份额/单位	0	1	0	8	0	9	0		9
保险、养老金和标准化担保计划	1	7	1	39	0	48	0		48
非寿险专门准备金	1	2	0	4	0	7	0		7
寿险和年金权益	0	0	0	22	0	22	0		22
养老金权益				11		11	0		11
养老金经理人的养老基金债权		3				3	0		3
非养老保险金权益				2		2	0		2
标准化担保代偿准备金	0	2	1	0	0	3	0		3
金融衍生工具和雇员股票期权	3	8	0	3	0	14	0		14
金融衍生工具	3	8	0	1	0	12	0		12
期权	1	3	0	1	0	5	0		5
远期	2	5	0	0	0	7	0		7
雇员股票期权	0			2		2			2
其他应收/应付款	4	1	5	4	1	15	10		25
商业信用和预付款	3		1	3		7	8		15
其他应收/应付款	1	1	4	1	1	8	2		10

3.　　交易估价

11.34　涉及金融资产和负债的合约所要求的支付几乎总是会包含不止一项 SNA 所指的交易。金融机构规定的贷款利息和存款利息的支付，是对金融机构提供贷款或保护存款等服务的支付，涉及 SNA 所记录的利息和服务费。外币和股票的买价与卖价通常是不同的，买价与中间价格之差代表向买者收取的服务费用，中间价格和卖价之差代表向卖者收取的服务费用。中间价格是交易发生时买价和卖价的中值，如果股票的购买和销售不是同时发生的，则销售和

表 11.2（续）：金融账户（明细表）——负债和资产净值变化

负债和资产净值变化

交易和平衡项	非金融公司	金融公司	政府	住户	NPISH	经济总体	国外	货物和服务	合计
净贷出（+）/净借入（-）	-56	-1	-103	174	-4	10	-10		0
金融负债净获得	139	173	93	15	6	426	57		483
货币黄金和 SDR									
货币黄金									
SDR									0
通货和存款		65	37			102	-2		100
通货			35			35	1		36
可转让存款		26	2			28	0		28
银行间头寸		-5				-5			-5
其他可转让存款		31	2			33			33
其他存款		39				39	-3		36
债务性证券	6	30	38	0	0	74	21		95
短期	2	18	4	0	0	24	5		29
长期	4	12	34	0	0	50	16		66
贷款	21	0	9	11	6	47	35		82
短期	4	0	3	2	2	11	14		25
长期	17	0	6	9	4	36	21		57
股权和投资基金份额	83	22				105	14		119
股权	83	11				94	9		103
上市股票	77	7				84	3		87
非上市股票	3	4				7	2		9
其他股权	3					3	4		7
投资基金份额/单位		11				11	5		16
货币市场基金股份/单位		5				5	2		7
其他投资基金份额/单位		6				6	3		9
保险、养老金和标准化担保计划		48	0			48	0		48
非寿险专门准备金		7				7	0		7
寿险和年金权益		22				22	0		22
养老金权益		11				11	0		11
养老金经理人的养老基金债权		3				3	0		3
非养老保险金权益		2				2	0		2
标准化担保代偿准备金		3	0			3	0		3
金融衍生工具和雇员股票期权	3	8	0	0	0	11	3		14
金融衍生工具	2	7	0	0	0	9	3		12
期权	2	2	0	0	0	4	1		5
远期	0	5	0	0	0	5	2		7
雇员股票期权	1	1				2			2
其他应收/应付款	26	0	9	4	0	39	-14		25
商业信用和预付款	6	0	6	4	0	16	-1		15
其他应收/应付款	20	0	3	0	0	23	-13		10

购买的中值不一定相等。对债券等金融工具而言，价值随时间而增加的部分视为利息，而不是简单地作为资产价格的增加。有些情况下，需要多次调整交易的表面价值，以辨识出与资产相关的服务费和利息。

11.35 金融账户中所记录的应该是金融工具的交易价值，不应包括服务费用和利息支付。第 17 章第 4 部分就各类工具论述了为实现这些剔除所必须进行的调整。

11.36 与业主对准法人企业权益积累净增加和住户对保险企业及养老基金的债权变化有关的金融交易，会引起复杂的估价问题，这些问题将在以下和第 17 章所述的这些交易分类的相关项目中进行详细讨论。

4. 记录时间

11.37 原则上，金融交易双方应在同一时点记录交易。如果金融账户中某笔登录的对应登录是在另一个账户上，则记录金融债权的时间要与其他账户记录引起该金融债权的交易的时间一致。例如，货物或服务销售引起的商业信用，应在货物所有权转移或服务提供时登录在金融账户中。同样，涉及税收、雇员报酬和其他分配性交易产生应收/应付款时，也应在有关非金融账户进行登录时才登录在金融账户中。

11.38 当一项交易的所有登录只属于金融账户时，应在资产所有权转移时进行记录。当交易涉及现有金融资产的销售时，这一时点通常是清楚的。当交易涉及负债的发生或偿还时，交易双方都应在负债发生或偿还时记录该交易。大多数情况下，债权人将现金或其他金融资产交给债务人、或债务人将它们偿还给债权人的时间就是交易时间。

11.39 实践中，金融交易双方可能会觉得交易是在不同时点完成的。当商业信用或其他应收/应付款因最终支付而被偿清，但付款和收款之间存在时滞时，情况尤其如此，此时就出现了一个“浮动量”。债权人和债务人记录交易分几个阶段。债务人把支票或其他支付工具寄给债权人时，他就可以把负债注销。到债权人收到该支付工具并记入账户之前，可能已过去了很长一段时间。然后，债权人把支票交给银行、兑现支票以及交易的最终结算，之间还可能再有一段时滞。因此，很可能出现该项交易记录时间的不同步，除非债务人按“支票兑现”制（一种相当罕见的核算程序）记录交易——金融债权一直存在到付款兑现、债权人控制资金时，此时是记录交易的最佳时点。实际中，浮动量可能相当大，可能会对（尤其是）可转让存款、商业信用和其他应收款产生影响。这种影响在邮政系统和银行结算程序薄弱的国家特别明显。当浮动量显著并且会造成较大的报告误差时，为了调整账目，有必要估算浮动量的规模。

5. 取净额和合并

取净额

11.40 正如第 3 章所述，取净额是将同一交易项目和同一机构单位账户两方的登录互相抵消的过程。通常情况下，SNA 倾向于尽可能避免取净额，但这并非总是可行的，而且对某些特殊的分析来说也非总是必要的。

11.41 金融资产和负债交易取净额的程度主要取决于数据用来做什么分析。实践中，取净额程度取决于如何报告数据，而对不同类型的机构单位而言，报告可能有很大差异。如果能持续报告有关金融交易的详细信息，则可以按总额表述；如果交易必须从资产负债表数据推算，在某种程度上取净额就是不可避免的。取净额可分为如下几种程度：

a. 不取净额或完全按总额报告：将资产的购买和出售、负债的发生和偿还分开记录；

b. 在某一特定资产内取净额，如用获得的债券减出售的债券，或用按新债券形式发生的负债减赎回的债券；

c. 在某类资产中取净额，如用获得的所有债务性证券资产减处置的所有债务性证券；

d. 负债交易与同一资产类别的资产交易取净额；

e. 一组负债交易与相同组别中的资产交易取净额。

11.42 金融账户中记录的交易是资产的净获得和负债的净发生。但是，很显然，如果数据能够尽量按总额收集，就可以针对各种特定用途进行任何程度的取净额；如果数据是按净额收集的，则它们就不能够还原成总额。一般来说，比 11.41 段（c）中所述程度更高的取净额方法是不可取的，因为它会妨碍金融账户用于追踪经济体如何从净贷出为正的机构单位筹集资源，然后将其转移给净借入者。对详细的资金流量分析而言，按总额报告或按 11.41 段（b）中所述的取净额程度是可取的，对证券分析来说更是如此；但即使按（c）以上水平取净额，仍能提供有用的金融流量信息。

合并

11.43 金融账户合并是指把某一组机构单位的资产交易与同一组机构单位对应的负债交易相抵消的过程。合并能够在经济总体、机构部门和子部门层次上进行。不同层次的合并适合于不同类型的分析。例如，在经济总体层次上合并金融账户，强调的是该经济体与国外的金融往来状况，因为所有国内金融头寸都是合并后的净额。部门的合并可追踪净贷出部门与净借入部门之间的全部资金流动情况，并识别出其中的金融中介机构。仅在金融公司子部门层次上进行合并，其结果能够提供有关中介活动的详细信息，并且还能够弄清中央银行与其他金融中介机构的交易。合并具有指导性意义的另一个领域是政府部门，可以对各级政府之间的交易进行合并。第 22 章将对此进行专门介绍。但是，SNA 不鼓励在主要系列账户之间进行合并。

C. 各个金融工具的记录

1. 货币黄金和特别提款权（SDR）

11.44 货币黄金和货币基金组织（IMF）发行的特别提款权（SDR）是通常仅由货币当局持有的资产。

货币黄金

11.45 ***货币黄金是由货币当局（或受货币当局有效控制的其他机构）所拥有的，并作为储备资产而持有的黄金***，它包括金块（包括在分配黄金账户里持有的黄金）和非分配黄金账户，后者是非常住单位授予的黄金交割要求权。所有的货币黄金都是储备资产或由国际金融组织持有。只有作为金融资产和外汇储备组成部分持有的黄金才是货币黄金。因此，除少数体制外，黄金只能是中央银行或中央政府的金融资产。货币黄金交易包括货币当局之间的黄金销售和购买。货币黄金的购买（销售）作为资产增加（减少）记入国内货币当局的金融账户，对应项作为国外的资产减少（增加）记录。非货币黄金交易（包括货币当局持有的非储备黄金和其他金融机构持有的所有黄金）被视为贵重物品的获得减处置——如果交易的唯一目的是为了储藏财富，否则被视为最终消费、中间消耗、存货变动、出口或进口。以黄金计价的存款、贷款和证券视作金融资产（而不是黄金），并与用外币计价的类似资产一起划归到适当类别。分配和非分配黄金账户的处理将在通货和存款类别下讨论。

11.46 金块通常采取含金量至少为 99.5% 的硬币、金砖、金条形式，它通常在有组织的市场或通过中央银行之间的双边协议进行交易。因此，这类交易的估价不是问题。作为储备资产的金块是唯一没有对应负债的金融资产。

特别提款权

11.47 ***特别提款权（SDR）是由国际货币基金组织（IMF）创立并分配给会员以补充现有储备资产的国际储备资产***。货币基金组织的特别提款权司通过在货币基金组织会员国和某些国际机构（统称参加国）之间分配 SDR 来管理储备资产。

11.48 SDR 的创立（称作 SDR 的分配）和消失（称作 SDR 的取消）的过程被视作交易。这些交易按分配总额记录，一方面记入一个参加国货币当局的金融账户，另一方面记入代表参加国全体的国外。

11.49 SDR 由官方持有者，即中央银行和其他某些国际机构所专有，在参加国和其他官方持有者之间是可转让的。持有 SDR 代表了每一持有者能够从 IMF 其他会员那里获得其他储备资产（尤其是外汇）的一种有保证的、无条件的权利。SDR 是有对应负债的资产，但是它代表的是对参加国全体而不是对 IMF 的债权。一参加国可将其持有的部分或全部 SDR 出售给其他参加国，并收到其他储备资产（特别是外汇）作为回报。

2. 通货和存款

11.50 通货和存款上的金融交易包括通货的增加或处置、存款的设立或增加或提取。对一项存款而言，其价值的明显增加可能来自针对现有存量水平的利息支付。银行利息的支付总是被分为 SNA 利息和间接计算的金融中介机构服务费（FISIM）。SNA 利息首先记录在初始收入分配账户中，然后作为一项新存款记录在金融账户中。存款增加对应的可能是通货的减少，反之亦然。

11.51 一般总要就通货、可转让存款（包括银行同业存款）和其他存款做合计。通货和存款应按本币和外币划分。如果认为每种外币的数据都是有用的，则应按币种划分通货和存款。

通货

11.52 ***通货指那些由中央银行或中央政府发行或授权的具有固定面值的纸币和硬币***。（未实际流通的纪念币以及未发行或停止使用的通货都不应包括在内。）要区分本币（即通货是中央银行、其他银行和中央政府等常住单位的负债）和外币（它们是外国中央银行、其他银行和政府等非常住单位的负债）。所有部门都持有作为资产的通货，但通常只有中央银行和政府才可以发行通货。某些国家的商业银行，在中央银行或政府的授权下也可以发行通货。

11.53 纸币和硬币以其全部面值视为负债。纸币和硬币的生产成本记录为政府支出，不能从发行通货的收入中抵扣掉。

可转让存款

11.54 ***可转让存款包括如下种类的存款：***

a. ***没有违约金或限制，按面值即期兑现的存款；***

b. ***以支票、汇票、直接转账单、直接借/贷或其他直接支付方式等直接进行支付的存款。***

有些类别的存款账户仅体现了有限的可转让性，因而不能包括在可转让存款类别里，要作为其他存款处理。例如，有些存款限制第三方每期支付的数额，或限制个体第三方支付的最小规模。可转让存款没有负值。例如，银行通货或支票账户通常视为可转让存款，但如果出现透支，资金提取到零的那部分视为存款的提取，而透支的部分则视为贷款。

11.55 可转让存款应按如下标准做交叉分类：

a. 以本币计价还是以外币计价；

b. 是常住机构的负债还是国外的负债。

银行间头寸

11.56 银行这个术语常常用作中央银行和其他存款吸收公司的同义词——虽然严格来说并不准确。银行从所有其他部门吸收存款，并对所有其他部门进行贷款。银行子部门之间可能也有大量的借入和贷出，但其经济意义与涉及其他部门的银行中介活动的经济意义具有不同。第 27 章描述了如何对每种工具的债务人和债权人部门进行全面分析，这种分析称为详细的资金流量表，但不是所有的国家都能及时提供这些表。银行同业头寸通常是可识别的，将其作为单独的工具类别记录是有益的。这是将银行同业存贷款与其他存贷款分离开来的一个原因，另一个原因是为了计算间接测算的金融中介机构服务费（FISIM）。计算时首先要知道银行对非银行客户的贷款和存款水平，其次要计算银行收到或支付的利息与基准利率利息之差。但是，由于银行间借入和贷出通常采用无风险利率，所以即使银行间存在着应付的 FISIM，也是非常小的。基于上述原因，银行同业贷款和存款应从其他贷款和存款中分离出来。

11.57 因参与方不甚明确，或一方认为是贷款而另一方认为是存款时，就可能出现银行同业头寸的工具分类不清楚这种情况。因此，作为保证对称性的一个惯例，除证券和应收/应付款以外的所有银行同业头寸及头寸变动都归入存款类别。第 27 章所述的详细的资金流量表不再将银行同业存款作为单独一类分列。

其他可转让存款

11.58 ***其他可转让存款指的是交易的一方或双方（即债权人或债务人或双方）都不是银行的那些存款。***

其他存款

11.59 ***其他存款包括除可转让存款以外的，由存款证明所代表的所有债权。***此类存款的典型形式是储蓄存款（总是不可转让的）、定期存款和不可转让存款证。此类存款还包括由储蓄和贷款协会、房屋互助协会、信用合作社和类似机构发行的股份或类似的存款证明。具有有限可转让性的存款不属于可转让存款类，而包括在此类里。作为国际储备的组成部分、且不以贷款表现的对 IMF 的债权，也应归入其他存款类。（表现为贷款的对 IMF 的债权应列入贷款类。）与金融衍生工具合约有关的应付现金保证金付款（后文阐述）列入其他存款类，一天或期限很短的回购协议，如果认为它们是本国广义货币的一部分，也应包括在此类中。其他回购协议应列入贷款类。

11.60 有可能同时持有“已分配黄金”和“未分配黄金”账户。它们的区别是明确的、可行的，在持有这些账户的单位的资产负债表中是可识别的。已分配黄金账户提供了完全绝对的黄金所有权，相当于所有权的一种保管记录。未分配黄金账户的持有者没有实物黄金所有权，但是拥有对账户发行人的黄金索取权。因此，它实际上是一种以黄金计价的存款，所以将其视为外币存款。另一方面，除货币当局或由其授权的其他机构作为储备而持有的已分配黄金以外，持有的其他已分配黄金账户均视为贵重物品持有。

11.61 各种贵金属如果采用类似方法被划分为未分配账户和已分配账户，也应以相同的方式处理，即未分配金属账户是外币存款，而已分配金属账户是贵重物品持有。如果实践中这种做法已经波及金属以外的其他商品，那还要考虑是否要在实际核算处理上加以扩展。

11.62 可转让存款和其他存款可以由所有部门持有。存款通常是金融公司作为负债吸收的，但是在某些国家，体制上也允许非金融公司、一般政府和住户吸收作为负债的存款。

11.63 其他存款应按下列标准作交叉分类：

a. 存款是以本币计价还是以外币计价；

b. 它们是常住机构的负债还是国外的负债。

3. 债务性证券

11.64 ***债务性证券是作为债务证明的可转让工具***。它们包括票据、债券、可转让存款证、商业票据、债权证、资产支持证券和通常可在金融市场交易的类似工具。***票据是赋予持有者在约定日期收取预先声明的固定数额的无条件权利的证券***。票据按一定的贴现率在有组织的市场上发行和交易，贴现率取决于利率的高低和期限的长短。国库券、可转让存款证、银行承兑汇票和商业票据都是短期证券。***债券和债权证是赋予持有者收取固定付款或合约规定之可变付款的无条件权益的证券，也就是说，利息收益不取决于债务人的收益***。债券和债权证还赋予持有者在约定日期收取固定金额作为本金偿还的无条件权利。

11.65 在一定情况下，贷款能从一个持有者手中转让到另一个持有者手中，这时，它应从贷款类重新分类到债务性证券类。为了进行这种重新分类，必须有二级市场交易的证据，包括做市商的存在、常见的报价文书（如提供的买卖差价）。

11.66 非参与优先股指支付固定收入但在法人企业解散时不能参与剩余价值分配的那些股票，这些股份归入债务性证券类。可转换为股权的债券在转换日之前也应归入此类。

11.67 ***资产支持证券和抵押债务凭证是利息和本金的支付要以特定资产支付或收入流为支撑的一种安排***。这一过程也称为证券化。资产支持证券可由某一特殊持有单位或载体来发行，其发行证券所募集的资金用来支付给标的资产的原始所有人。由于证券发行人有进行支付的要求，并且持有者对标的资产没有剩余索取权，因此资产支持证券要归入债务性证券类。如果持有者有剩余索取权，则这一工具应归入股权类或投资基金份额类。资产支持证券可由抵押贷款和信用卡贷款等金融资产、非金融资产或未来收入流（如音乐家的未来收入或政府的未来财政收入，在宏观经济统计中，它们并未被视为经济资产）来支撑。

11.68 ***银行承兑汇票由金融公司对汇票进行承兑，是在约定日期支付约定数额的一种无条件承诺***。和承兑相比，更普遍的是银行承兑汇票必须可交易，许多国际贸易采用此种方式融资，银行承兑汇票归入债务性证券类。银行承兑汇票代表的是持有者的无条件债权和承兑金融公司的无条件负债；金融公司的对应资产是对其客户的债权。从提示承兑开始，即将银行承兑汇票视作金融资产，即使资金要过一段时间后才兑现。

11.69 ***拆分证券是将本金和息票付款分割为一系列零息债券的一种证券，这些零息债券的到期日依息票付款日和本金偿还日的不同而不同***。拆分使得投资者能以不同于原有证券混合现金流的方式获得特定的现金流。拆分证券的发行者可以不是原发行者，此时，就发生了新负债。下面是拆分证券的两个例子：

a. 第三方获得原始证券，用其作支撑发行拆分证券，然后募集到新的资金，此时产生了一种新的金融工具。

b. 即使没有募集到新的资金，但发行者或机构（如拆分经销商）按发行者的意愿将原有证券的支付分拆后单独销售。

11.70 ***与指数挂钩的证券是息票付款（利息）或本金或二者同时与价格指数或商品价格挂钩的一种工具***。其目的是要在通货膨胀时期，除挣得利息收入外，还能保护购买力或财富。当息票付款与指数挂钩时，它们完全被视为利息，正如对所有利率可变的金融资产的处理一样。当本金价值与一个通货膨胀的广义测度指标挂钩时，证券的发行价格作为本金记录，定期和到期支付的指数化付款作为利息处理。该指数化付款应记为证券存续期内的利息（财产收入），对应项应记入金融账户的债务性证券类。当证券与商品挂钩时，可能会有较大的价格波动，本体系推荐了许多种处理这种过程的方法，它们将在第 17 章第 4 部分详细阐述。

债务性证券的补充分类

11.71 债务性证券的一种补充子分类是按到期日分为长期和短期，其分类标准如下：

a. 短期债务性证券包括原始到期日为一年或少于一年的那些证券。即使是票据发行便利等长期金融工具名义下发行的证券，如果其到期日为一年或少于一年也应列入短期。

b. 长期债务性证券包括原始到期日长于一年的那些证券。到期日可选（最近的在一年以上）的债权和无明确到期日的债权都应列入长期。

此外，区分上市债务性证券与未上市债务性证券并将其按长短期分别记录也是有用的。

4. 贷款

11.72 *贷款包括以下所有金融资产：*

a. 债权人直接将资金借给债务人时产生的金融资产；

b. 以不可转让单据作为凭证的金融资产。

11.73 贷款包括透支、分期付款贷款、分期付款购物信用和商业信用融资贷款。对 IMF 的贷款形式的债权或债务也包括在内。来自可转让存款账户透支便利的透支也列入贷款类。但是，未提取的信贷额度不是负债，因为它们是或有的。证券回购协议，黄金掉期和融资租赁也应列入贷款类。但是，应收/应付款是金融资产的一个单独类别，而已成为债务性证券的贷款也不包括在贷款类里。

11.74 *证券回购协议是一种以证券换取现金、并承诺在未来某一约定日期（通常是此后的一天或数天，也可能更久）或在相机决定的到期日以固定价格回购同一或类似证券的安排*。有现金抵押和先卖再买的证券借贷业务从经济意义上讲与回购协议是相同的，它们都有证券准备金作为贷款或存款的抵押。*回购是一种证券回购协议，此时，提供证券以获得现金，并承诺在未来某一约定日期以固定价格回购同一或类似证券*。（从证券供应者角度而言叫回购，从证券持有者角度而言叫反向回购。）

11.75 证券回购协议下的资金供应和接收可视为贷款或存款。通常它是一种贷款，但如果它包括吸收存款公司的负债并被包含在一国广义货币的范围内，则应属于存款。如果证券回购协议不涉及现金供应（即用一种证券交换另一种证券，或一方提供无抵押的证券），它就不是贷款或存款。但是，回购下的现金保证金追缴通知应列入贷款类。

11.76 证券借贷业务（包括证券回购协议）中作为抵押品提供的证券，其经济所有权视作未变。采用这种处理是因为获得现金者仍承担着证券价格变动的所有风险或收益。

11.77 黄金互换是以黄金交换外汇存款，并协议在未来约定日期以约定的黄金价格再作反向交易。黄金接受者（现金提供者）通常不在其资产负债表中记录这笔黄金，而黄金提供者（现金接受者）通常也不将这笔黄金从其资产负债表上删除。因此这种交易类似于回购协议，应记录为抵押贷款或存款。除抵押品是黄金外，黄金互换与证券回购协议是类似的。

11.78 融资租赁获得货物时，即视为经济所有权发生了从出租人到承租人的变更。经济所有权的变更以所有权上的所有风险和收益都从货物法定所有人即出租人那里转移到货物使用人即承租人那里来判别。承租人根据合约进行的支付使出租人在合约期内能够弥补包括利息在内的所有或几乎所有的费用。这种所有权事实上的变更记录为出租人给承租人的贷款，承租人使用这一贷款获得了资产，而承租人对出租人的支付代表的不是资产的租金，而是对利息、可能的服务费用的支付和虚拟贷款本金的偿还。利息作为应收/应付财产收入记录，债务的偿还在金融账户中应记为出租人的资产（贷款）价值的减少和承租人负债的减少。有关融资租赁更详细的讨论见第 17 章第 5 部分。

贷款的补充分类

11.79 贷款还可以补充分为短期贷款和长期贷款。

a. 短期贷款指原始到期日在一年或一年以下的那些贷款。根据债权人的要求偿还的贷款也应列入短期，即使预计一年以上都无须偿还这些贷款。

b. 长期贷款包括原始到期日超过一年的那些贷款。

11.80 将核算期内剩余到期日不足一年的长期贷款与抵押贷款加以区分，也是有用的。

5. 股权和投资基金份额

11.81 股权和投资基金份额的显著特征是持有者对发行单位的资产有剩余索取权。股权代表机构单位中持有者的资金。与债务不同，股权持有者通常没有获得预定数额或按固定公式计算的数额的权利。

11.82 投资基金份额是投资在其他资产上的一种集体投资，在金融中介里有特殊作用，因此要单列。

股权

11.83 ***股权包括证明对清偿了债权人全部债权后的公司或准法人公司的剩余价值有索取权的所有票据和记录***。股权是发行机构单位的负债。

11.84 法人权益的所有权通常以股份、股票、存托凭证、参股证或类似的文件为凭证。股份和股票具有相同的含义，而存托凭证是方便证券所有权在其他经济体上市的证券，受托者发行的在某一交易所上市的证券代表了在另一交易所上市的证券的所有权。参与优先股是向参与者提供法人企业解散时的剩余价值的股份。这些优先股也是权益性证券，而无论其收入是固定的或是依公式计算的。（如前所述，非参与优先股视为债务性证券。）

11.85 股权可细分为：

a. 上市股票；

b. 非上市股票；

c. 其他股权。

上市股票和未上市股票都是可转让的，因此都是权益性证券。

11.86 ***上市股票是在交易所上市的权益性证券***。通常也被称为挂牌股票。在交易所上市的股票牌价的存在，意味着可随时得到现行市价。

11.87 ***非上市股票是未在交易所上市的权益性证券***。未上市股票通常也被称为私募股权，风险资本通常采取这种形式。未上市股票通常由附属机构和小规模企业发行，通常有不同的监管要求，发行资格也不一定相同。

11.88 ***其他股权指非证券形式的权益***。包括在准法人公司（如分支机构、信托公司、有限责任公司和其他合伙企业）、非法人基金、房地产所有权的名义单位和其他自然资源上的权益。有些国际组织的所有权未以股票形式出现，所以被列入其他股权类（尽管国际结算银行的权益是未上市股票形式）。

11.89 金融账户里包括三种不同类型的股权交易。第一种是对在交易所买卖的股票价值的记录。公司有时会重组其股票并且可能会对股东以前持有的每一股配送新的股票。但是，送股并不视作交易而视作一种重新确定面值的形式，因为新股数乘以新价格后的价值与旧股数乘以旧价格一样，代表的是相同的公司价值比例。

11.90 第二种股权交易是所有者注资，有时是所有者退股。如果股利总是以当期的营业盈余来支付的话，则记入初始收入分配账户。然而，企业通常希望有一个平滑地股利支付记录轨迹，因此有时支付的数额超过当期营业盈余，有时又少于当期营业盈余，其差额作为储蓄（可能是负的）记入积累账户。但是，如果股利支付显著超过近期的平均收益，则超出额不再全部记入初始收入分配账户，而应视作所有者退股，记入所有者退股项目。这种支付有时被称作“超级股利”。退股可能采取固定资产或其他资产销售收益的形式、或将固定资产或其他资产从准法人公司转移给所有者、或从累计留存收益和固定资本消耗储备里提取资金。（政府和国有企业之间的支付是一种特例，将在第 22 章讨论。）同样的，企业破产时支付给股东的清算股利应记为退股。

11.91　相反的，所有者可能向企业注入额外的资金。如果一个企业是国有的，每年都因政府的经济或社会政策而出现常规性亏损，而这一亏损可从政府获得收入来弥补，则政府的这种支付被称为补贴。如果政府支付是非常规的，但明显是为了弥补累计损失，则视为资本转移。如果政府对国有公司进行了投资补助，这也视为资本转移。但是，也存在这种情况，所有者（公共的或私人的）同意扩充资本，也就是说，这不是债务的减少而是企业自有资金的增加。资本包括企业用于购买固定资产、增加存货、获得金融资产或偿还负债的资金。所有者转移给准法人公司的固定资产或其他资产作为权益增加也包括在此。这种支付作为权益获得包括在本项目中，即使没有发行新股票来对应这些资本增加。

11.92　第三种股权交易专指外商直接投资企业收益再投资的权益增加或收回情况。在初始收入分配账户中，与外国直接投资者的权益份额成比例的那部分营业盈余，要显示为权益收回并作为再投资收益分配给这些投资者。它不是实际上的收回，通过将其作为收益再投资记入金融账户，会增加企业的权益价值。

11.93　名义常住单位的处理方式与准法人公司相同。例如，非常住者扩建度假住宅应记作名义常住单位拥有的资产价值的增加，并对应增加了非常住所有者的权益。但是，来自度假住宅的全部收入视作名义常住单位的所有者退资，因此不再有留存收益用于再投资。这样处理可保证名义常住单位的全部净值正好是其财产价值。

投资基金份额或基金单位

11.94　***投资基金是将投资者的资金集中起来投资于金融或非金融资产的集体投资***。购买基金份额的那些单位由此将其风险分散到基金的所有工具上。

11.95　在详细的资金流量表中，通过投资基金获得的工具要与基金份额的获得分开列示，针对从谁到谁之交易者的全面分析已经包括了通过投资基金所持有的各种工具，因此无须为此单列一类。但是，在讲述银行同业头寸类别时已提到过，及时的资金流量表并非总是能得到的。因此，为辨识非金融单位是直接购买证券和股权等金融工具还是通过购买投资基金获得的，必须将后者单列。

11.96　投资基金包括共同基金和单位信托基金。投资基金采用公司结构时，发行基金份额；采用信托结构时，发行基金单位。投资基金份额指的是共同基金发行的股份，而不是共同基金持有的股份。

11.97　投资基金可分为货币市场基金（MMF）和非货币市场基金两种。两者之间的本质差别在于，货币市场基金通常投资于不到一年就会到期的货币市场工具，它通常是可转让的，并且通常被视为最接近存款的替代品。非货币市场投资基金通常投资于长期金融资产以及房地产，它们是不可转让的，通常不被视为存款的替代品。

11.98　投资基金份额或基金单位价值的增加——不包括来自持有损益的价值增加，也不包括再投资收益——在 SNA 中应做如下处理：先记录为对基金份额或基金单位持有者的分配，然后在金融账户中记录为持有者的再投资。

货币市场基金份额或基金单位

11.99　***货币市场基金是仅投资或主要投资于国库券、存款证和商业票据等短期货币市

场证券的投资基金。货币市场基金的功能有时近似于可转让存款（如具有无限制支票填写权利的账户）。如果这些基金份额包括在一经济体报告的广义货币里，则应将它们单列以便于与货币统计相协调。***货币市场基金份额或基金单位代表的是对既定货币市场基金价值的一定比例的债权***。

其他投资基金份额或基金单位

11.100 ***其他投资基金份额或基金单位代表的是对货币市场基金以外的其他既定投资基金价值的一定比例的债权***。

投资基金份额的补充分类

11.101 将上市与未上市的投资基金份额区分开是有意义的。

11.102 投资基金投资的资产范围包括债务性证券、股权、商品挂钩投资、房地产、其他投资基金份额和结构资产。在那些投资基金具有重要意义的经济体里，投资基金的资产构成数据会很有用。

6. 保险、养老金和标准化担保计划

11.103 保险、养老金和标准化担保计划都是金融机构进行财富调节或收入再分配的形式。再分配可能发生在同一时期各机构单位之间，或同一机构单位不同时期之间，或这两种情况的结合。参与计划的单位向计划缴款，并在同期或后期领取保险金（或得到赔付）。参加者持有资金，而保险公司代表它们将这些资金进行投资。作为财产收入分配给参与者的投资收入中，有一部分会作为额外缴款而返回。任何情况下，净缴款额或净保费均指实际缴款或保费加上分配的财产收入减去相关金融机构留存的服务费用。因此，在金融账户上的登录，反映的是向这些计划支付的净缴款或净保费与这些计划支付的保险金和赔付之间的差额。计划准备金的其他明显增加来自资产存量的其他变化，尤其是持有收益。第 17 章第 1、2、3 部分将对这些计划的记录进行讨论。

11.104 保险、养老金和标准化担保计划适用的准备金有五种，它们是非寿险专门准备金、寿险和年金权益、养老金权益、养老金经理人的养老基金债权和标准化担保代偿准备金。

非寿险专门准备金

11.105 ***非寿险专门准备金包括预付的用于非寿险未决索赔的保费和准备金净额***。其中包括未到期但已支付的保费（称为未满期保费）和应付但未付的索赔，金额存在争议或导致索赔的事实尚未汇报的（称为未决索赔）情况也包括在内。记入金融账户的唯一的非寿险专门准备金交易是其应计调整。

寿险和年金权益

11.106 ***寿险和年金权益显示了投保人对提供寿险或年金的企业所拥有的金融债权***。记入金融账户的唯一的寿险和年金权益交易是应收保费净额与应付索赔之差。

养老金权益

11.107 ***作为雇主与雇员所签的报酬协议的一部分，养老金权益反映了现有和未来的养老金领取者对其雇主或雇主指定的到期支付养老金的基金所拥有的金融债权***。记入金融账户的唯一的养老金权益交易是应收缴款净额和应付保险金之差。金融账户中显示的养老金权益增加等于收入使用账户中登录的养老金权益变化加上此前养老金经理人的权益转移。

养老金经理人的养老基金债权

11.108 雇主可能与第三方签定合约，让它为自己的雇员管理养老基金。如果雇主一直对养

老金计划的条款有决定权，并负责基金的亏损，保留基金的盈余，此时，雇主叫做养老金经理人，在养老金经理人指导下进行工作的单位叫做养老金代管人。如果雇主与第三方的协议是雇主将基金的风险与亏损责任全部转交给第三方，同时第三方享有基金的盈余权利，此时，第三方既是养老金经理人又是养老金代管人。

11.109 养老金经理人与养老金代管人不相同时，由于亏损责任与盈余权利都属于养老金经理人，则养老金经理人的养老基金债权就记录在此标题下。（如果养老基金从其持有的养老金权益那里得到的投资收入大于必须增加的养老金权益，则登录是负的，差额应付给计划的养老金经理人。）

标准化担保代偿准备金

11.110 ***标准化担保代偿准备金包括预付的用于标准化担保未付代偿的费用和准备金净额***。标准化担保代偿准备金交易在金融账户中的记录与非寿险准备金类似，包括预收费用和未结算的代偿。

7.　金融衍生工具和雇员股票期权

金融衍生工具

11.111 ***金融衍生工具是与某种特定金融工具或特定指标或特定商品挂钩的金融工具，通过金融衍生工具，特定的金融风险本身就可以在金融市场上交易***。金融衍生工具的价值来自标的项目的价格，即参考价格。参考价格可能涉及商品、金融资产、利率、汇率、其他衍生工具或是两个价格的差价。衍生工具合约也可能指的是一种指数或一篮子价格。

11.112 标的项目的可观测的市场价格或指数对计算金融衍生工具的价值是至关重要的。如果金融衍生工具因标的项目缺乏现行市价或指数而无法估价，则不应将其视为金融资产。与债务性工具不同，金融衍生工具无须预付本金，也就无须偿还本金，它也没有应计的投资收入。金融衍生工具是为了风险管理、套期保值、在市场间套利和投机等多种目的而使用。金融衍生工具通常不交易原始资产或商品（但并非总是如此），而是使一方将特定金融风险（如利率风险、通货、股票和商品价格风险、信用风险等）卖给更愿意或更适合承担或管理这些风险的其他实体。衍生工具合约中的风险既可通过交易合约本身（如期权）来交易，也可通过设立新合约来交易，这一新合约的风险正好可以与所持有的现有合约的风险反向对冲。后者叫平仓，在远期市场或没有正式通过交易所而进行的衍生工具交易中尤为常见。

11.113 无论交易发生在场内还是场外，如果金融衍生工具能够从其挂钩的标的项目独立出来单独估价，就应视为金融资产。金融衍生工具交易应视为独立的交易，而不是其挂钩的标的项目交易价值中不可分割的一部分。衍生工具的交易双方进行交易的动机可能不同。一方可能是进行套期，而另一方则可能是经营衍生工具或将购买的衍生工具作为投资。即使双方都在进行套期，它们进行套期的交易或风险可能涉及不同的金融资产，甚至涉及不同账户上的交易。因此，如果将衍生工具交易视为其他交易不可分割的一部分，则可能导致账户的不同部分核算不对称或机构部门间核算不对称。

11.114 为安排期权、期货、互换和其他衍生工具合约而向券商或其他中介机构支付或收取的任何佣金，在相关账户中都视为对服务的付款。金融衍生工具交易可能在交易双方之间直接发生，也可能通过一个中介机构而发生。后者可能涉及隐含的或明确的服务费用。但是，通常不太可能识别出隐含服务要素。因此会将衍生工具合约支付结算净额记为金融交易。但是，如果可能，其中的服务费用部分应单独记录。金融衍生工具合约通常在商品期货等场内交易合约到期之前就以净现金支付进行结算。现金结算是用金融衍生工具来交易独立于标的项目所有权的风险的必然结果。但是，有些金融衍生工具合约，尤其是涉及外汇的，与标的项目的交易是相关的。以金融衍生工具合约的标的资产进行交割的交易应以资产的现行市价记录，而现行市价和实际支付价格（乘以资产数量）之差记录为金融衍生工具交易。

11.115 金融衍生工具可分为两大类：期权合约（期权）和远期类合约（远期）。在每一类里，均可按市场风险类别细分为：外汇、单一货币利率、股票、商品、信用和其他。

11.116 远期和期权合约的主要区别是，远期合约的每一方都是潜在的债务人，但期权合约的买方获得资产，而立权方发生负债。但是，期权合约到期时经常是无价值的；期权持有者只有在合约结算对其有利时才会行使期权。

期权

11.117 ***期权是赋予期权购买者如下权利（但不是义务）的一种合约，即期权购买者可按事先约定的价格（执行价格），在某一时期（美式期权）或某一日期（欧式期权），购买（买进期权）或出售（卖出期权）某一特定金融工具或商品***。许多期权合约在行使期权时都是以现金支付结算，而不是以合约涉及的标的资产或商品的交割来结算。期权可在股票、利率、外币、商品和特定指数等多种标的物基础上出售或“立权”。期权买方因卖方承诺按买方要求出售或购买约定数量的标的工具或商品，要向卖方支付权利金（期权价格）。理论上，支付给期权卖方的权利金应包括服务费，但在实践中要区分出这笔服务费通常是不可能的。因此，全部价格都应作为买方金融资产获得和卖方负债发生记录。但是，如果有可能的话，服务费应单独记录。

11.118 各种期权权利金的支付时间是不同的。根据合约的类型，权利金可能在合约开始时、行使期权时、或期权到期时支付。期权成立时，价值应按全部权利金记录。如果权利金是在购买期权后才支付，则在购买衍生工具时将应付权利金作为一项资产记录，由立权人的应收款项来支付。期权随后的购买和出售也应记入金融账户。如果以金融资产为基础的期权被履行，或以商品为基础的期权进行了商品交割，则标的资产的购买或出售应按现行市价记入相关账户，而现行市价与实际支付金额之差应记录为金融衍生工具交易。

11.119 认股权证是一种期权形式，它在金融账户中的处理方式与其他期权相同。***认股权证是一种可交易工具，它使持有者有权在规定的时间内按规定的条款从认股权证的发行人（通常是公司）那里购买一定数量的股票或债券***。此外还有以一定量的某种货币为基础的、必须购买另一种货币的货币权证和与第三种货币挂钩的交叉货币权证。它们可脱离其挂钩的标的证券单独交易，因而具有市场价值。认股权证的发行人发生了负债，该负债是购买者持有资产的对应方。

远期

11.120 远期合约的双方同意按合约规定的价格（执行价格）在特定日期交换约定数量的标的物（实物或金融资产）。期货合约是在有组织的交易所交易的远期合约。***远期合约是一种在特定日期具有结算义务的无条件金融合约。期货和其他远期合约通常（但并非总是）以现金或其他金融工具的准备金来结算，而不是以标的物的实际交割来结算，因此可脱离标的物单独估价和交易***。合约订立初期，双方交换市场价值相等的风险暴露，因此合约价值为零。随着时间的推移，双方风险暴露的市场价值出现差异，因此一方拥有资产（债权人），而另一方会发生负债（债务人）。在远期合约的有效期内，债务人/债权人关系的规模和方向都有可能改变。

11.121 常见的远期合约类别包括利率互换、远期利率协议（FRA）、外汇互换、远期外汇合约和交叉货币利率互换。

a. ***利率互换合约涉及在一定时期内交换与某种货币名义本金之利息收付相关的现金流量，但并不交换本金***。其结算通常是一方向另一方进行净现金支付。

b. ***远期利率协议（FRA）是这样一种安排：协议双方为保护自己不受利率变化的影响，就某一永不交换的名义本金在规定的结算日应支付的利率达成协议***。远期利率协议以净现金支付结算。实际发生的支付只是远期利率协议商定的利率和结算日现行市场利率之差。如果现行利率高于商定利率，则远期利率协议的买方将从卖方收到付款；如果现行利率低于商定利率，卖方将收到付款。

c. ***外汇互换是指按即期汇率出售/购买一种货币，同时在将来按约定的远期汇率进行同一种货币的购买/出售***。

d. ***远期外汇合约指合约双方同意在商定的未来某一日期以商定的汇率交易约定数量的外汇***。

e. ***交叉货币利率互换，有时也称作货币互换，是指交换与利息支付相关的现金流量以及到期时按商定汇率交换本金***。

11.122 在合约期初，也有可能存在本金的交换，在这种情况下，其后的一段时间内都要按预先确定的规则进行利息偿还和本金偿还。互换安排引起的结算净支付流量应记为金融衍生工具交易，而本金的偿还应记入金融账户的相关工具类别下。

信用衍生工具

11.123 上述金融衍生工具与证券、商品、利率和汇率的市场价格变化产生的市场风险相关。***信用衍生工具是以交易信用风险为主要目的的金融衍生工具***，是为了交易贷款和证券的违约风险而设计的。信用衍生工具可采用远期类或期权类合约形式，并且与其他金融衍生工具一样，它们通常根据标准化的法定条款来拟定，并涉及抵押品和保证金程序，这些抵押品与保证金程序要考虑市场估价的方式。

保证金

11.124 保证金是对金融衍生工具尤其是期货或场内交易期权的实际或潜在义务进行的现金支付或抵押。可返还保证金包括对方为防范违约风险而要求存入的存款或其他抵押品，但其所有权仍归存入保证金的单位。尽管存款的使用受到限制，但如果存款者保留存款所有权上的风险和报酬，则该项存款应列入可返还类。现金支付的可返还保证金是存款交易，而不是金融衍生工具交易。存款者对持有存款的交易所或其他机构拥有债权。有些编制者宁愿将这些保证金列入其他应收/应付款，以保证存款这一术语用于代表货币总量。如果可返还保证金以证券等非现金资产支付，则不会发生登录，因为存款者对证券发行者的债权并未发生改变。不可返还保证金减少了金融衍生工具合约所产生的金融负债。支付不可返还保证金的实体不再保留保证金的所有权及其相关的风险和报酬权（如持有收益带来的收入或持有损失风险）。不可返还保证金的支付通常记录为通货和存款的减少，对应登录是金融衍生工具负债的减少，而收到不可返还保证金应记录为通货和存款的增加，对应登录为金融衍生工具资产的减少。

雇员股票期权（ESO）

11.125 ***雇员股票期权是雇主与雇员在某日（授权日）签订的一种协议，根据协议，在未来约定时间（含权日）或紧接着的一段时间（行权期）内，雇员能以约定价格（执行价格）购买约定数量的雇主股票***。行权日是行使期权的日期，它不能早于含权日，也不能晚于行权期结束日。雇员股票期权交易按股票期权的价值记入金融账户，作为以股票期权代表的雇员报酬要素的对应方。雇员股票期权的估价方式和记录时间在第 17 章第 6 部分讨论。

8. 其他应收/应付款

商业信用和预付款

11.126 本类包括提供给公司、政府、为住户服务的非营利机构、住户和国外的货物服务的商业信用、在建工程（如果将其列入存货类）或拟建工程的预付款。商业信用和预付款不包括商业信用融资贷款，它应列入贷款类。按照其他短期和长期金融资产划分的相同标准，把短期商业信用和预付款与长期商业信用和预付款区分开来是有价值的。

其他

11.127 本类包括上述类别以外的应收/应付款，这些款项与货物服务的供应无关。它们是与税、红利、证券买卖、租金、工资薪金、社会保障缴款有关的应收应付款。包括在本类中的尚未支付的应计利息，仅指在利息支付时没有被资本化（通常如此）的应计利息。

11.128 本类不包括统计误差。

9. 备忘项目

外商直接投资

11.129 因提供或接受外商直接投资引起的金融资产和负债交易要记入相关类别，即记入债务性证券、贷款、股权、商业信用或其他。但是，列入上述每一类别中的外商直接投资额也应作为备忘项目单独记录。外商直接投资将在第 17 章和第 24 章进一步讨论。

不良贷款

11.130 将与不良贷款相关的交易识别出来作为备忘项目记录是有用的。第 13 章讨论了不良贷款的定义和记录。此外，如果它们很重要，将所有利息欠款和偿还分组记入备忘项目也是有用的。

第12章　资产其他变化账户

A.　引言

12.1　本章内容涉及由非交易流量（或称为其他流量）引起的从期初到期末之资产、负债和资产净值变化的记录问题。资产、负债交易及交易对资产净值的直接影响应记录在资本账户和金融账户中。由固定资本消耗和经常性存货损失引起的生产资产价值变化应当作交易处理，因此不出现在资产其他变化账户中。

12.2　尽管该账户的记录涉及的是非交易流量，但它们却不是“残差”项。相反，通过这些项目可以反映由各种其他事件给资产负债表各项目价值和构成带来的显著变化。

12.3　资产其他变化账户记录多种不同资产、负债和资产净值的变化。有些记录是某些资产类型所特有的，有些则适用于所有类型的资产。一切与持有损益有关的变化都包含在重估价账户中，所谓持有损益，产生于价格水平及结构随时间而发生的变化。所有其他资产价值的变化都应当作为由于质量变化（而不是价格变化）引起的物量变化，记录在资产物量其他变化账户中，后者包括直接产生于一项资产的重新分类或者其他一次性事件的价值变化。

12.4　本章依次讨论这两个账户，先讨论资产物量其他变化账户，继而讨论重估价账户。在每个账户中，要分别论述各类资产的记录内容和记录方式。

B.　资产物量其他变化账户

12.5　资产物量其他变化账户记录期初和期末资产负债表之间资产、负债和资产净值方面的下述变化：这些变化既不是因机构单位之间的交易引起的（这要记录在资本账户和金融账户中），也不是因持有损益引起的（这要记录在重估价账户中）。如表12.1所示，资产物量其他变化账户的结构类似于其他积累账户。资产变化登录在左方，负债变化登录在右方。生产性非金融资产、非生产性非金融资产、金融资产都要予以单独列示。账户中的平衡项，即资产物量其他变化引起的资产净值变化，是账户中记录的资产变化合计超过负债变化合计的差额，显示在账户的右方。

1.　资产物量其他变化账户的功能

12.6　在资本账户中，生产资产通过固定资产获得减处置、固定资本消耗、存货入库出库及经常性损失而进入和退出SNA。在金融账户中，多数金融资产在债务人获得有价值的东西并接受向债权人一次性或分期付款的义务时进入SNA。当债务人按照协定条款履行了该金融义务时，债权和债务就随之消失。

12.7　资本账户和金融账户都会记录各机构部门间发生的针对现有资产的交易。但是，这些获得和处置只改变资产的所有权，而不改变整个经济体的资产净值总计，除非交易发生在常住单位和国外之间。

12.8 因此，资产物量其他变化账户的一个重要功能是允许某些资产不通过交易进入和退出 SNA。进入和退出资产负债表的行为被分别称为经济出现和经济消失。一旦自然形成的资产如地下资产获得了经济价值或者变得没有经济价值，进入和退出就产生了。当机构单位与自然之间发生相互作用时，就会出现这种进入和退出现象，由此就会与由交易造成的进入和退出现象形成对比——交易一般是通过机构单位之间的共同协议达成的。还有一些进入和退出可能与人类活动创造的资产有关，如贵重物品、外购商誉或者黄金。

12.9 该账户的第二个功能是记录那些意外的、不可预测的事件给得之于资产（和相应的负债）的经济利益所带来的后果。这类意外事件属于外部事件影响，包括一个机构单位未经资产所有者同意，便从资产所有者那里实际取走资产的行为。这种行为不是交易，因为不存在双方同意这一前提条件。此外还包括那些诸如自然灾害或战争等损坏资产的事件。

12.10 该账户的第三个功能是记录因机构单位和资产的分类变化以及机构单位结构变化而引起的资产变化。

12.11 在接下来的三个小节中，首先讨论资产经济出现和经济消失的记录问题，然后讨论外部事件对资产价值的影响，最后讨论资产分类和结构变化对资产价值的影响。

2. 非交易资产的出现和消失

12.12 记录资产出现和消失，可以分别按以下主要资产类型考虑：

a. 与生产资产识别有关的项目；

b. 与自然资源进入和退出资产范围有关的项目；

c. 与合约、租约和许可有关的项目；

d. 商誉和营销资产的变化；

e. 与金融资产有关的项目。

表 12.2 是对表 12.1 的进一步细分，其中包括了有关资产经济出现和经济消失的各种项目。

表 12.1：资产物量其他变化账户——简表——资产交易

资产变化

其他流量	非金融公司	金融公司	一般政府	住户	NPISH	经济总体	国外	货物和服务	合计
资产的经济出现	26	0	7	0	0	33			33
非生产性非金融资产的经济消失	-9	0	-2	0	0	-11			-11
巨灾损失	-5	0	-6	0	0	-11			-11
无偿没收	-5	0	5	0	0	0			0
未另分类的其他物量变化	1	1	0	0	0	2			2
分类变化	6	-2	-4	0	0	0			0
其他物量变化总计	14	-1	0	0	0	13			13
生产性非金融资产	-2	-2	-3	0	0	-7			-7
非生产性非金融资产	14	0	3	0	0	17			17
金融资产	2	1	0	0	0	3			3

生产资产的经济识别

12.13　在此项目下对应两类资产：公共纪念物和贵重物品。如第 10 章所述，公共纪念物是指具有重大价值或者特殊价值的物品、构筑物或者场所。贵重物品是指为价值储藏而持有的物品，因为预期其价值会随时间变化而升高，或者至少不会随时间变化而降低。如果贵重物品和公共纪念物是新近生产出来的或者是进口的货物，资本账户会记录其获得，并且记录为已归类为贵重物品和公共纪念物的现有货物的交易。

12.14　然而，现有货物、贵重物品和公共纪念物可能会由于种种原因没有记入资产负债表中；其存在可能早于账户覆盖的核算期，可能最初是按消费品记录的，或者已经被注销掉了（如果是构筑物的话）。

公共纪念物

12.15　公共纪念物应与住宅、其他建筑物以及构筑物一起包含在固定资产中。一座尚未记录在资产负债中的构筑物或者场所，一旦其所具有的特殊的考古学、历史或文化意义被首次认定，它就要作为经济出现处理，记录在资产物量其他变化账户中。例如，一项认定可能是针对某一现存构筑物或场所的，而后者已经被完全注销掉，因而没有记录在资产负债表上。另一种情况是，一座构筑物或者场所已划入资产范围——全新的或已有一部分被注销，它也可能被评定为公共纪念物。如果该纪念物先前已经被注销，那么，要将它认定为公共纪念物，需要作为资产的经济发现处理。如果它先前是被归类于某种资产的，那就要按资产重新分类（下面将讨论）处理，但如果对该纪念物进行重估价，所增加的价值应该记录在经济出现项下。如果该资产在出售时发生了重新分类，比如由一般政府获得某项资产，其获得应该正常记录在资本账户中。

贵重物品

12.16　对诸如宝石、古董和其他艺术品这类贵重物品而言，如果一项尚未记录在资产负债中的物品被首次认定具有很高的价值或艺术重要性，应归类为经济发现。也许该物品此前几乎没有任何价值而且未曾被认定为资产。例如，该物品可能只作为一件普

表 12.1（续）：资产物量其他变化账户——简表——负债和资产净值交易

负债和资产净值变化

其他流量	非金融公司	金融公司	一般政府	住户	NPISH	经济总体	国外	货物和服务	合计
资产的经济出现									
非生产性非金融资产的经济消失									
巨灾损失									
无偿没收									
未另分类的其他物量变化	0	0	0	1	0	1			1
分类变化	0	0	2	0	0	2			2
其他物量变化总计									
生产性非金融资产	0	0	2	1	0	3			3
非生产性非金融资产									
金融资产									
由资产物量其他变化引起的资产净值变化	14	-1	-2	-1	0	10			

通货物，其购置已包含在住户最终消费支出中，或者被认作一件耐用消费品。现在将其价值认定为一项价值贮藏，它就要作为一件贵重物品进入资产负债表。认定以前未获估价物品的价值，经常与出售（比如拍卖）相联系。如果该物品首次进入出售者的资产负债表，此次出售就要作为贵重物品的出售和购买记录在资本账户中。

自然资源进入资产范围

地下资源的发现和重估价上调

12.17 在 SNA 中，地下资产是指那些已探明、在现有技术和相对价格条件下具有经济开采可行性的地下资源，如煤炭、石油和天然气，金属矿物和非金属矿物。资本账户记录符合这些条件的现有资源在机构部门间的获得和处置，经济体整体上的总物量增减变化则要记录在资产物量其他变化账户上。

12.18 可能造成资源增加的一种方式是发现新的可开采矿藏，可能是经系统的科学勘探或勘查发现的，也可能是偶然发现的。原先不具有经济开采可行性、由于技术进步或者相对价格变化现在变得经济的矿藏，如果现在包括在内，资源就会增加，由此也应认为是发生了经济出现。

非培育性生物资源的自然增长

12.19 诸如天然林和鱼类等非培育性生物资源的自然生长可能有不同方式：一片天然林木可能长得更高，港湾里的鱼可能数量增多。虽然这些资源是经济资产，但这种生长并没有处于一个机构单位的直接控制、负责和管理之下，因此不会作为生产处理。因此，此类资产自然生长应视为一种经济出现，记入资产物量其他变化账户中。

表 12.2：资产物量其他变化账户——由经济出现和经济消失引起的资产变化

资产变化

其他流量	非金融公司	金融公司	一般政府	住户	NPISH	经济总体	国外	货物和服务	合计
资产的经济出现	26	0	7	0	0	33			33
生产性非金融资产			3			3			3
非生产性非金融资产	26	0	4	0	0	30			30
自然资源	22		4			26			26
合约、租约和许可	4					4			4
商誉和营销资产									
非生产性非金融资产的经济消失	-9	0	-2	0	0	-11			-11
自然资源耗减	-6	0	-2	0	0	-8			-8
自然资源	-6		-2			-8			-8
非生产性非金融资产的其他经济消失	-3	0	0	0	0	-3			-3
自然资源						0			0
合约、租约和许可	-1					-1			-1
商誉和营销资产	-2					-2			-2
巨灾损失	-5	0	-6	0	0	-11			-11
无偿没收	-5	0	5	0	0	0			0
未另分类的其他物量变化	1	1	0	0	0	2			2
分类变化	6	-2	-4	0	0	0			0
其他物量变化合计									
生产性非金融资产	14	-1	0	0	0	13			13
非生产性非金融资产	-2	-2	-3	0	0	-7			-7
金融资产	14	0	3	0	0	17			17

12.20　原则上，如下文所述，应把自然生长按总额记录，而把这些资源的耗减记录为经济消失。这种记录方法应与资本账户中针对资产获得和处置分别记录保持一致。不过，许多国家实际上只按净额记录自然生长，因为，唯一可用做记录依据的实物指标实际上就是一个净生长量。将这些实物指标与单位资产的市场价格结合起来，就可以估计出拟记录的物量变化价值。

其他自然资源向经济活动的转移

12.21　列入一国地理表面区域内的所有土地未必都属于 SNA 的资产范围之内。如果土地从荒废状态转变到可以确定其所有权并可用于经济目的状态，土地就要作为经济出现处理。土地也可能会由于附近的活动而获得价值。例如，因为附近确定了一个新的开发项目或者修建了一条道路，土地变得更有吸引力从而具有更大的价值。对一块土地直接造成影响的土地改良成本，应视作资本形成，并记录为土地改良，随后要计提固定资本消耗。超出土地改良价值的土地价值增加，或者任何由于相关资本活动引起的土地价值增加，都应记录为经济出现。

12.22　对于其他自然资源，其首次实质性的市场出现一般都会涉及商业开发，这是本账户作记录的基准点。就原始森林而言，采集薪柴不属于商业开发，但为得到木材进行大规模采伐就是商业开发，为此会使森林进入资产范围。同样，从天然泉眼取水并不会使地下蓄水层进入 SNA 的资产范围，但要大量采集地下水，那就要将这些水资源纳入资产范围。定期从地表水体取水进行收费这样的措施可能也导致将水资源纳入资产负债表中。

表 12.2（续）：资产物量其他变化账户——由经济出现和经济消失引起的负债和资产净值变化

负债和资产净值变化

其他流量	非金融公司	金融公司	一般政府	住户	NPISH	经济总体	国外	货物和服务	合计
资产的经济出现									
生产性非金融资产									
非生产性非金融资产									
自然资源									
合约、租约和许可									
商誉和营销资产									
非生产性非金融资产的经济消失									
自然资源耗减									
自然资源									
非生产非金融资产的其他经济消失									
自然资源									
合约、租约和许可									
商誉和营销资产									
巨灾损失									
无偿没收									
未另分类的其他物量变化	0	0	0	1	0	1			1
分类变化	0	0	2	0	0	2			2
其他物量变化合计	0	0	2	1	0	3			3
生产性非金融资产									
非生产性非金融资产									
金融资产	0	0	2	1	0	3			3
由资产物量其他变化引起的资产净值变化	14	－1	－2	－1	0	10			

经济用途变化引起的自然资源质量变化

12.23 一般说来，SNA 将质量差异作为物量差异处理。正如第 15 章中就货物和服务所说明的，不同的质量反映不同的使用价值（就货物和服务而言，它意味着不同的资源成本）。因此，不同质量彼此在经济上是有区别的。这一原则也适用于资产。这里记录的质量变化同时作为经济用途变化——显示为下文要讨论的分类变化——的对应方出现，例如，将耕地重新划归为建筑用地，不仅会引起分类的变化，还可能引起价值的变化。在这种情况下，该资产已在资产范围之内，因经济用途变化引起的资产质量变化，应视为是该资产总量附加额的出现。另一个例子是被作为资本形成处理的家畜（例如奶牛），如果它们早于预期就被送去屠宰，也会发生经济用途变化。

自然资源退出资产范围

12.24 自然资源退出资产负债表，应在账户左边按负数记录。可能存在的许多记录只不过就是对应刚讨论过的正记录的负记录。

地下资源的开采和价值下调

12.25 这里记录的变化是由于技术或者相对价格的变化而对可开采资源重新评估所造成的、对可开采地下资源储量总增加的抵消量。在实践中，也许只能获得净增加，而且会将该净增加记录在地下资源发现和价值上调项下。

12.26 自然资源耗减是指由于资产的自然消失和消耗所造成的地下资产储量价值减少。

非培育性生物资源的收获

12.27 由于超出可持续开采水平的收获、森林砍伐或者其他使用而引起的，包含在资产范围内的天然林、公海鱼类和其他非培育生物资源的耗减，应当列在这里。

其他自然资源从经济活动的退出

12.28 由于技术变化或者对该产品需求的减少，或者由于立法上的原因，在经济活动中可能会停止对一些自然资源的有效使用。例如，休渔以确保鱼类的生存。

经济用途变化引起的自然资源质量变化

12.29 这里记录的变化与因分类变化引起的物量上调变化是对等的。例如，土地利用变化导致一些土地从耕地重新划归为公有的放牧地，由此很可能引致土地价值的变化。

12.30 由经济活动引起的土地、水资源和其他自然资产的所有退化都应记录在资产物量其他变化账户中。这种退化可能是由常规经济活动引起的可预料的结果，也可以是由于滥伐森林或不当农业活动对土地造成的不易预测的侵蚀和其他损害。

合约、租约和许可的订立与解除

12.31 就其自身权利而言，可视为资产的合约、租约和许可都是某种形式可转让的租约、合约或者许可。它们可能与一项经营租约下某种固定资产的使用有关，与一项资源租约下某种自然资源的利用有关，与从事某种特定经济活动的许可有关，或者与一项未来服务由某个指定个人提供的服务合同有关。只有在以下两条件必备前提下，持有经营租约、资源租约、许可或服务合同对持有者而言才代表一项资产。

a. 资产使用、许可或者提供该服务的现有通行价格不同于合约或租约中约定的价格或者支付给许可的价格；

b. 通过转订租约或合约、或者出售许可，持有者能够合法地实现这种价差。

在实践中，建议仅在其被出售时才尝试记录这类资产。在这种情形下，它们应先被记录在资产物量其他变化账户中，随后作为一项交易（或者一系列交易）记录在资本账户中。

12.32 作为一项资产的合约、租约或者许可，其价值等于通行价格超出合同价格部分的净现值。随着约定期限的临近，价格上的差异不再明显，超出部分的净现值将随之下降。由于通行价格变化造成合约、租约或者许可价值的变化应记录为重估价；在有效期内由资产所带来的利益随着期满而导致的价值变化，应记录为资产物量其他变化。在第17章第5部分，对合约、租约和许可的处理有更加广泛的讨论。

商誉和营销资产的价值变化

12.33 当一个企业（不管是公司、准公司还是非法人公司）被出售时，支付的价格可能不等于该企业所有资产减去其负债的差额，二者之差就是该企业的外购商誉和营销资产，可能为正，也可能为负（或者为零）。不管该企业的法律地位如何，通过计算上述差额并将其明示为企业的一项资产，该企业在其被购买时的资产净值就恰好为零。

12.34 外购商誉和营销资产的价值应在出售时计算，并记入出售者资产物量其他变化账户中，然后作为与购买者的交易记录在其资本账户中。此后，通过购买者的资产物量其他变化账户的其他变化项，外购商誉和营销资产的价值必须予以减记，减记的比率应当遵循商业会计标准。出现在企业资产负债表上的数额通常可能比较保守，并且应当接受财务报表的“减值测试”，借此会计人员能够使自己满意，因为企业在未来出售的情况下其剩余价值是可以实现的。

12.35 SNA不会把未经出售或购买的商誉看作经济资产。但如果某项营销资产可能被出售，或许可以作为例外。在这种情况下，当整个企业被出售时，应当沿用对外购商誉和营销资产同样的处理方式在买方和卖方进行记录。

金融资产和负债的出现和消失

12.36 金融资产——对其他机构单位的债权——是在债务人接受未来向债权人付款的合约时产生的，会在债务人根据协定条款履行合约后取消。不过，以金块形式存在的货币黄金不能以这种方式产生和取消。当黄金成为一种储备资产时，要作为资产物量其他变化账户中的重新分类项目——从贵重物品到货币黄金——记入资产负债表的金融部分（被货币当局获得时应先做为贵重物品处理）。对作为货币黄金一部分的已分配黄金账户也按同样方式记录。当已分配黄金账户成为储备资产时，同样也在资产物量其他变化账户中将其从通货和存款重新划入货币黄金。货币黄金可以出售给另一个货币当局，否则，任何持有的减少都应遵循与上述相似的反向路径记录：货币黄金要么被重新划分为贵重物品（在以金块形式存在的情况下），要么被重新划归为通货和存款（在分配黄金账户的情况下）。随后的交易，如果发生的话，则以贵重物品或者通货和存款项目而不是以货币黄金项目予以记录。

12.37 资产物量其他变化账户还记录在设定金融债权条款时未预料到的事件的结果。

债务运作

12.38 除了正常偿债，有若干种情况可能导致债务的削减或取消，下面描述最常见的情况。

12.39 债务人和债权人可能成为某个双边协议——此项金融债权不再存在——的某一方（常常指“债务豁免”）。此类协议会在SNA中引起应付或应收资本转移的记录（在债务豁免发生之时记录在资本账户中），同时会发生债权取消的记录（记录在金融账户中）。债务豁免通常与政府债务有关。政府认定的一些从一开始就不大可能收到的税和社会保险缴款，不应包括在税收和社会保险缴款收入中，因而这些项目不会出现在资产物量其他变化账户中。

12.40 当债务合同的条件（期限、利率等）发生变化或者债权人/债务人所属机构部门发生变化时，源于债务假定或重新安排的债权变化应当反映在金融账户中，因为这些被认为是新的合同安排。但是，源自注销和资产减值的所有其他债权变化都不应包括在金融账户中，因为不存在双方认可的协议。特别地，债权人认识到由于破产、清算或其他因素，再也不能收回一笔金融债权，它就可能将该债权从其资产负债表中注消，这种由债权人认可的债务注消应在资产物量其他变化账户中予以反映（与此相应的，负债也必须从债务人的资产负债表中注消，以保持经济总体账户的平衡）。

12.41 大多数商业情形下，确认不能收回的债务均可视为债务单方取消。SNA 不承认由债务人造成的金融债权单方取消（单方不履行债务）。反映金融资产实际市场价值的资产减值应当在重估价账户中予以反映。然而，只是为了满足管理、监督或者核算需要而强加的价值变化并不反映那些金融资产的实际市场价值，不应当在 SNA 中进行记录。

12.42 还有一个涉及 SNA 应如何记录其债务运作的问题是债务废止。债务废止允许债务人（其债务通常以债务性证券和贷款形式表现）通过匹配与负债具有相等价值不可撤销的资产，进而从其资产负债表中注消某些负债。债务废止后，该资产和负债都不包括在债务人的资产负债表中，通常也不需要在统计报表中反映。债务废止可能要么通过把配对的资产和负债放在有关机构单位内的一个信托账户中实现，要么通过把它们转移到另一个机构单位实现。在前一种情况下，对债务废止不做任何登录，但该单位的资产负债表不能将该资产和负债排除在外。在后一种情况下，应把将资产和负债转移到第二个机构单位的交易记录在有关单位的金融账户中，并在持有该资产和负债之单位的资产负债表中予以报告。所以，债务废止本身决不导致负债游离于 SNA 之外，尽管它有时只会引起报告那些负债的机构单位内部的某一变化。

表 12.3：资产物量其他变化账户——由外部事件引起的资产变化

资产变化

其他流量	非金融公司	金融公司	一般政府	住户	NPISH	经济总体	国外	货物和服务	合计
资产经济出现	26	0	7	0	0	33			33
非生产性非金融资产经济消失	-9	0	-2	0	0	-11			-11
巨灾损失	-5	0	-6	0	0	-11			-11
生产性非金融资产	-5		-4			-9			-9
非生产性非金融资产			-2			-2			-2
金融资产/负债						0			0
无偿没收	-5	0	5	0	0	0			0
生产性非金融资产	-1		1			0			0
非生产性非金融资产	-4		4			0			0
金融资产/负债						0			0
未另分类的物量其他变化	1	1	0	0	0	2			2
生产性非金融资产	1					1			1
非生产性非金融资产						0			0
金融资产/负债		1				1			1
分类变化	6	-2	-4	0	0	0			0
物量其他变化合计	14	-1	0	0	0	13			13
生产性非金融资产	-2	-2	-3	0	0	-7			-7
非生产性非金融资产	14	0	3	0	0	17			17
金融资产	2	1	0	0	0	3			3

金融衍生工具的创建和消失

12.43 通常而言，金融衍生工具不会记录在资产物量其他变化账户中，当有关双方达成某项协议时，金融衍生工具就出现在金融账户中。雇员股票期权在转让之日在同一个账户中作类似记录，然后它们可被视为金融账户中的交易。当衍生工具中所描述的协议被激活生效，或者因为期限已到而失效时，该衍生工具的价值就变为零，其价值变化在重估价账户中予以反映。

12.44 如果某金融衍生工具应付额在它到期后仍有效，那么该数额不再代表金融衍生工具，因为已不再有任何与之相关的风险，因此它被重新划分为其他应收/应付款。

3. 外部事件对资产价值的影响

12.45 有三类主要原因可以造成资产减值或完全消失，这些原因与资产的性质无关，却与该经济体中影响资产价值或者所有权的通行条件有关。这些原因是巨灾损失、无偿没收和资产的其他物量变化。下面分别讨论每一种情形，表 12.3 是表 12.1 的扩充，以将这些事件的影响包括进来。

巨灾损失

12.46 在资产物量其他变化账户中作为巨灾损失记录的物量变化，是可能几乎毁灭所有类型资产的大规模的、离散的和可识别事件所造成的结果，这类事件一般很容易识别。它们包括大地震、火山爆发、海啸、特大飓风、旱灾和其他自然灾害；战争、骚乱和其他政治事件；以及诸如有毒物质大量溢漏或放射性颗粒释放到空气中等技术事故。这里还包括这样一些重大损失：异常洪灾或风灾造成的土地质量的恶化；旱灾或疾病流行造成培育性资产的毁坏；因森林火灾或地震造成建筑物、设备或贵重物品的毁坏。

表 12.3（续）：资产物量其他变化账户——由外部事件引起的负债和资产净值变化

负债和资产净值变化

其他流量	非金融公司	金融公司	一般政府	住户	NPISH	经济总体	国外	货物和服务	合计
资产经济出现									
非生产性非金融资产经济消失									
巨灾损失									
生产性非金融资产									
非生产性非金融资产									
金融资产/负债									
无偿没收									
生产性非金融资产									
非生产性非金融资产									
金融资产/负债									
未另分类的物量其他变化	0	0	0	1	0	1			1
生产性非金融资产									
非生产性非金融资产									
金融资产/负债	0	0	0	1	0	1			1
分类变化	0	0	2	0	0	2			2
物量其他变化合计	0	0	2	1	0	3			3
生产性非金融资产									
非生产性非金融资产									
金融资产	0	0	2	1	0	3			3
由资产物量其他变化引起的资产净值变化	14	－1	－2	－1	0	10			

12.47 金融资产的巨灾损失比较少见，但因所有权的证据依赖书面记录，如这些记录被损毁，则不可能对所有权进行重建。自然灾害或政治事件可能造成货币或不记名证券的意外毁坏。

无偿没收

12.48 政府或其他机构单位可以以纳税、罚款或类似的征税以外的理由，占有包括非常住单位在内的其他机构单位的资产却不给予全额补偿。如果补偿额大大低于资产负债表上所列资产的价值，则其差额也应当记录在无偿没收项目中，记录为没收机构单位资产的增加和被没收机构单位资产的减少。

12.49 应当指出，债权人取消抵押品赎回权和收回货物不应作为无偿没收处理。它们被视作交易，即视作债务人的处置和债权人的获得，因为很明显或根据通常的理解，债务人与债权人的协定提供了这一追索的渠道。

未另分类的物量其他变化

12.50 固定资产价值会因为固定资本消耗而持续减少，直到该资产被处置或者没有保留价值为止。不过，有关固定资本消耗计算的假定可能是错误的，当出现这样的情况时，就需要在资产物量其他变化账户中进行纠正。同样，如果关于存货损耗率的假定是错误的，这也应当在资产物量其他变化账户中加以纠正。可能受物量变化影响的金融资产和负债是保险、养老金和标准化担保计划的代偿准备金。第 17 章的第 1、2、3 部分对此有进一步的论述。

固定资产

12.51 固定资本消耗的计算涉及到有关自然退化、废弃和事故损失的正常比率的假定，这些假定中的每一个都有可能被证明是错误的。在这种情况下，就必须在资产物量其他变化账户中进行调整。原则上，经修订的反映新情况的假定，应当用来计算该资产余下的使用寿命期内的固定资本消耗。如果没有这样做，则就有必要在资产物量其他变化账户中进行连续的调整，而在随后的年份中这可能会造成对净增加值的高估。

12.52 自然退化可能包括意外的环境退化对固定资产的影响。因此，必须在资产物量其他变化账户中对固定资产价值的下降进行记录，比如，空气中酸度提高和酸雨对建筑物表面或者运输工具本身的影响。

12.53 引入先进技术，例如改进的资产样式或者新的生产工艺，会导致不再需要该资产，由此可能引起资产的意外淘汰。结果是，以前预计过时的资产数量可能少于实际过时的资产数量。

12.54 正常预期的损失量也可能少于实际损失。就整个经济体而言，这一差额在正常情况下应当不大；但就各个单位而言，这一差额可能会相当大并且可能有波动迹象。所以，在资产物量其他变化账户中必须就这些事件造成的固定资产价值下降进行调整。这些损失会大于正常数额，但其规模不至于大到被视为是灾难性的。

12.55 如同第 10 章里说明的那样，所有权转移费用应随着资产购买者占有的预期时间减记。如果该资产在所有权转移费用完全被减记之前就被处置了，那么所有权转移费用的余下部分应当也记录在资产物量其他变化账户中。

12.56 可能最初对任何一个或者所有这些情况的假定都过分谨慎。如果事实如此，那么应当对资产价值进行向上的修订而不是向下修订。

12.57 建造期很长的生产设施可能在完工或投入运行前就丧失经济合理性。例如，某一核电厂或者工业场所可能永不会投入使用。一旦做出废弃的决定，记录在资产负债表中的固定资产（或在某些情况下为在制品存货，如第 10 章中所说明的）价值应通过资产物量其他变化账户注销。

存货的异常损失

12.58 火灾、抢劫、储粮的虫害、家畜大规模疾病等造成的异常损失应记录在这里。这里所说的异常损失是指那些不仅价值大、而且不常发生的损失。正如第 10 章中所说明的那样，即使发生很大的损失，但如果它们是定期发生的，也应该在计算存货变化时予以考虑并记录在资本账户中。

人寿保险和年金权益

12.59 对于一项年金而言，考虑到当时可获得的死亡数据，保费和给付之间的关系通常在签订合同时就确定了。任何以后的变化都将影响年金提供者对受益者的负债，并将该结果记录在这里。

养老金权益

12.60 养老金权益准备金的物量变化适用于定额福利计划，所提供的养老金完全或者部分由某个公式确定。对定额缴款计划不需要作这类调整，其收益仅由对注入该计划的缴款额的投资收益来确定。

12.61 将养老金权益变化究竟处理为交易还是处理为资产物量其他变化，目前仍在研究之中。第 17 章第 2 部分描述了目前的研究状况。

标准化担保计划下的代偿准备金

12.62 如果标准化担保是在一个纯商业基础上提供的，那么代偿准备金将通过支付的费用和投资收益以及违约债务人的赔偿得以弥补。然而，政府经常认购这类计划。当情况果真如此时，政府账户中就应当设立一项准备金，以应对在该计划下代偿款预期超出任何收到的缴费、投资收益或者违约赔偿的部分。如果该担保涉及期限较长，并且在违约情况下政府为违约资产设立了准备金，那么，在该计划下预期超出的部分应当在代偿额之净现值基础上进行计算。无论什么时候，一旦引入新的计划或者代偿额超出所支付的费用或其他应收款项的预期水平发生显著变化，就需要进行记录。

4. 分类变化

12.63 资产物量其他变化账户所记录的资产负债变化，主要包括各部门之间的机构单位分类变化、机构单位结构的变化、资产和负债分类变化。表 12.4 显示了对表 12.1 的扩展，以把分类变化的记录包括进来。

部门分类和结构的变化

12.64 将某个机构单位从一个部门重新归类到另一个部门，就需要转移它的整个资产负债表。例如，如果一个非法人企业在财务上变得更为有别于它的所有者，由此具有一个准法人公司的特点，它和它的资产负债表应一并从住户部门转到非金融法人公司部门；或者，如果一个金融法人公司新近获准可以吸收存款，它就可以从“其他金融中介机构”重新分类到“除央行外的存款公司”。

12.65 如果一个住户从一个经济体迁移到另一个经济体，并且带上其财产（包括金融资产），则该资产也应记录在分类和结果变化项下。由于财产所有权没有发生变化，因此不存在任何交易。

12.66 第 21 章论述了公司重组时需要记录的流量，不管是两个公司合并为一个公司（一个被另一个接管），还是一个公司被分为两个或者更多的单位。大部分由此产生的金融后果应被记录为交易，但是有些可能会被记录为其他物量变化。第 21 章还论述了国有化和私有化的影响，并讨论了这些流量何时应处理成交易，何时应处理为包括按部门重新分类在内的其他物量变化。

12.67 证券交易的结果需要做重新分类处理。当 A 单位将证券出售给 B 单位时，A 单位就有了一项负债，而 B 单位就有了一项资产。如果 B 单位现在把同样的资产出售给 C 单位，则 B 单位和 C 单位之间的交易就作为证券出售记录在金融账户里。虽然 A 单位没有卷入 B 单位和 C 单位之间的证券售买事务中，但是由于最初欠 B 单位的负

表 12.4：资产物量其他变化账户——由分类变化引起的资产变化

资产变化

其他流量	非金融公司	金融公司	一般政府	住户	NPISH	经济总体	国外	货物和服务	合计
资产经济出现	26	0	7	0	0	33			33
非生产性非金融资产经济消失	-9	0	-2	0	0	-11			-11
巨灾损失	-5	0	-6	0	0	-11			-11
无偿没收	-5	0	5	0	0	0			0
未另分类的物量其他变化	1	1	0	0	0	2			2
分类变化	6	-2	-4	0	0	0			0
部门分类和结构的变化	6	0	-4	0	0	2			2
生产性非金融资产	3		-3			0			0
非生产性非金融资产	1		-1			0			0
金融资产	2					2			2
资产和负债分类的变化	0	-2	0	0	0	-2			-2
生产性非金融资产		-2				-2			-2
非生产性非金融资产	0	0	0			0			0
金融资产	0	0	0			0			0
物量其他变化合计	14	-1	0	0	0	13			13
生产性非金融资产	-2	-2	-3	0	0	-7			-7
非生产性非金融资产	14	0	3	0	0	17			17
金融资产	2	1	0	0	0	3			3

债现在变成欠 C 单位的负债，A 单位的资产负债表也会受到影响。这一重新分类应显示在资产物量其他变化账户中。

资产和负债分类的变化

12.68 一项资产可能在期初资产负债表上出现在一个栏目下，而在期末资产负债表上出现在另一个栏目下。因为资产交易必须登记为一方持有的增加和另一方同一资产持有的减少，该分类变化的过程就必须记录在资产物量其他变化账户中。该资产可以先按最初的分类记录为一项交易，然后在其新拥有者的资产负债表中记录为一项分类变化。或者，资产也可以在第一个拥有者那里首先显示为一项重新分类，然后在新的分类项下显示为一项交易。如果分类变化导致了价值变化，它应被视为质量的变化，因而是物量变化，这一点在先前关于经济出现和经济消失中已阐述。至于是先重新分类然后记录为交易还是反过来，取决于交易者的性质以及最初拥有者或新的拥有者是否从价格变化中受益。下面给出一些重新分类的例子。

土地和建筑物的出售及重新分类

12.69 单位 A 向单位 B 出售农田，后者在上面建房。如果单位 A 在出卖该土地之前即获得规划许可，则应当在 A 的账户中登记为一项分类变化（可能有一项增值收入也发生在 A 的账户中，记录为其他物量变化），然后是出售给 B 单位的一块建设用地。如果单位 B 在该出售完成后才取得规划许可，那么出售的就是农田，而 B 应在它的账簿里记录一项分类变化（可能是一项其他物量变化）。

表 12.4（续）：资产物量其他变化账户——由分类变化引起的负债和资产净值变化

负债和资产净值变化

其他流量	非金融公司	金融公司	一般政府	住户	NPISH	经济总体	国外	货物和服务	合计
资产经济出现									
非生产性非金融资产经济消失									
巨灾损失									
无偿没收									
未另分类的物量其他变化	0	0	0	1	0	1			1
分类变化	0	0	2	0	0	2			2
部门分类和结构的变化	0	0	2	0	0	2			2
生产性非金融资产									
非生产性非金融资产									
金融资产	0	0	2	0	0	2			2
资产和负债分类的变化	0	0	0	0	0	0			0
生产性非金融资产									0
非生产的非金融资产									0
金融资产	0	0	0	0	0	0			0
物量其他变化合计	0	0	2	1	0	3			3
生产性非金融资产									
非生产性非金融资产									
金融资产	0	0	2	1	0	3			3
由资产物量其他变化引起的资产净值变化	14	－1	－2	－1	0	10			

12.70　如果应官方指定某地点上的建筑物须用于特定用途的要求，建筑物从住房转变成商用房屋或者反过来，可采用与上述类似的处理方法。如果该转化仅仅是对以前建筑物追加新投资引起的，则不属于资产物量其他变化，而是固定资本形成总额的结果。

影响存货的分类变化

12.71　在所有情况下，在制品在出售之前需要重新归类为制成品。一些动物被当作固定资本处理，是因为要取用它们的奶或者它们的毛，而在它们生产寿命结束时将被屠宰取其肉。在这种情况下，当它们停止重复提供产出时，原则上应当将其从固定资产重新划分为存货。如果这一点不可行，或者被看作太挑剔，那么这些肉的来源应理解为固定资本的减少，而不是存货的减少。原则上，从一种存货到另一种存货的重新分类或者从固定资产到存货的重新分类，应当不包含价值变化。如果在转换时，以前的估价不同于新估价，那么应在资产物量其他变化账户中的经济出现或者经济消失项下进行登录。如果发现这种情况并非偶然发生，就应当重新检查对存货的估价方法。

5.　其他物量变化总结

12.72　表 12.2 至 12.4 列示了其他物量变化中每一类变化的细目以及作为次级分类的每一种资产的详情。如表 12.5 所示，不管物量变化的原因如何，其信息都可以按资产类型汇总。由此显示出，来自资产物量其他变化账户的信息可用于期初和期末资产负债表之间的协调。

表12.5：资产物量其他变化账户——按资产类型分的资产变化

资产变化

其他流量	非金融公司	金融公司	一般政府	住户	NPISH	经济总体	国外	货物和服务	合计
物量其他变化合计	14	-1	0	0	0	13			13
生产性非金融资产	-2	-2	-3	0	0	-7			-7
固定资产	1		-3			-2			-2
存货	-3					-3			-3
贵重物品		-2				-2			-2
非生产性非金融资产	14	0	3	0	0	17			17
自然资源	10	0	1	0	0	11			11
合约、租约和许可	4		2			6			6
商誉和营销资产	0					0			0
金融资产	2	1	0	0	0	3			3
货币黄金和特别提款权						0			0
通货和存款						0			0
债务性证券						0			0
贷款						0			0
股权和投资基金份额/单位	2					2			2
保险、养老金和标准化担保计划		1				1			1
金融衍生工具和雇员股票期权						0			0
其他应收/应付款						0			0

C. 重估价账户

1. 持有损益的不同概念

12.73 如表12.6所示，重估价账户记录核算期内金融资产、非金融资产和负债所有者应计的持有损益。首先记录的是名义持有损益，然后这些持有损益被分解为中性持有损益和实际持有损益。资产的持有损益记录在账户的左方，而负债的持有损益则记录在右方。

12.74 ***非金融资产的名义持有收益是指因资产价格随时间发生变化而对资产所有者产生的收益价值。金融资产的名义持有收益是指该项资产在交易（包括利息随时间发生的自然增长）和资产物量其他变化之外发生的价值增加。负债的名义持有收益是指该项负债在交易或者其他物量变化之外发生的价值减少。***负的名义持有收益被称作持有损失。正的持有收益，不管是特定资产价值的上升所引起，还是特定负债价值的降低而引起，都会增加有关单位的资产净值。相反，持有损失会减少有关单位的资产净值，无论是特定资产价值的下降引起的，还是特定负债价值的提高而引起的。

12.75 除了资产价值的绝对变化外，还有必要了解应该如何以该价值变化与总体通货膨胀指标相比较。如果在给定时期里某资产价值的上升幅度超过一般价格水平，那就意味着，该资产在期末比它在期初可以用来交换更多物量的（为一般价格指数所覆盖）货物、服务和资产。保持交换完全相同物量之货物服务的价值增加称为中性持有收益。***一段时期的中性持有收益（损***

表 12.5（续）：资产物量其他变化账户——按负债类型分的负债和资产净值变化

负债和资产净值变化

其他流量	非金融公司	金融公司	一般政府	住户	NPISH	经济总体	国外	货物和服务	合计
物量其他变化合计	0	0	2	1	0	3			3
生产性非金融资产									
固定资产									
存货									
贵重物品									
非生产性非金融资产									
自然资源									
合约、租约和许可									
商誉和营销资产									
金融资产	0	0	2	1	0	3			3
货币黄金和特别提款权									
通货和存款									
债务性证券									
贷款						0			0
股权和投资基金份额/单位			2			2			2
保险、养老金和标准化担保计划				1		1			1
金融衍生工具和雇员股票期权									
其他应收/应付款									
由资产物量其他变化引起的资产净值变化	14	-1	-2	-1	0	10			

失）是指在不发生交易和资产物量其他变化情况下，一笔资产为保持其能够交换到与期初相同数量的货物服务而增加（减少）的价值。

12.76　同一资产在给定时期内发生的名义持有损益和其中性持有损益之间的差额称为实际持有损益。如果该资产价值上升速度比中性持有收益快，那就存在实际持有收益；如果慢于总体价格增长速度，那么，该资产的所有者就要记录一项实际持有损失。***实际持有收益（损失）是指一段时期内在不发生交易和资产物量其他变化前提下，一项资产价值增加（降低）超过中性持有收益的数额***。下文将更详细地阐释名义、中性和实际持有收益以及它们之间的相互联系。

12.77　重估价账户上的平衡项是***名义持有损益引起的资产净值变化。它被界定为一个机构单位全部资产和负债之正负名义持有收益的代数和***。正如名义持有收益被分解为中性和实际持有收益一样，由名义持有收益引起的净值变化也可以分解为由中性持有损益引起的资产净值变化和由实际持有损益引起的资产净值变化。后者是一个对分析大有裨益的项目。

12.78　为了简化术语和说明，通常将不明确提及持有损失，除非上下文要求这样做。“持有收益”这一术语被用来涵盖持有收益和持有损失两种情况，其确切的理解是，持有收益可为正数，也可为负数。同样，“资产”一词也用来包括资产和负债，除非上下文要求特指负债。

12.79　持有收益有时被称为“资本收益”。“持有收益”一词在企业核算中被广泛使用，这里选用它作为术语，是因为它强调了这样一个事实：持有收益纯粹由于一段时间内持有一项资产而形成，并没有使之发生丝毫改变。持有收益不仅包括固定资产、土地和金融资产等“资本”上的收益，而且包括生产者持有的各类货物（包括在制品）存货上的收益——常被称为“存货增值”。对大多数金融资产而言，一个单位在某项资产上所取得的持有收益，会在总体上或部分地与持有对应负债的单位所承担的持有损失相匹配。但对非金融资产而言，情况并非如此，因为不存在非金融负债。

12.80 一旦一项因名义持有收益而增值的资产被出售或者被另外处置，就说这些持有收益被实现了。如果该资产仍被当前所有者保有，该持有收益就没有实现。按一般惯例，该项已实现收益通常被理解为产生于整个资产拥有期或负债未偿期，无论该时期是否与核算期一致。但是，在 SNA 中，全部持有损益仅从当前核算期的起点测算。***如果一项资产——该资产因自核算期期初开始的持有收益（损失）而发生了价值增值（减值）——被出售、赎回、使用或另外处置，或者，一项包含持有损益的负债被偿还，这就是实现的持有收益（损失）。未实现的持有收益是指发生在那些核算期末仍然拥有的某项资产或仍未偿付的某项负债上的持有损益***。这样，一项资产的名义持有损益就是该时期已实现和未实现持有损益之和。

名义持有收益

12.81 有必要区分引起名义持有收益的四种不同情况，以及每一种情况下所采用的估价方法。为了能够给予清楚阐述，假定在所涉及的两个日期之间，既没有发生交易，也不存在其他物量变化干扰。

a. 在整个核算期内一直持有的资产：核算期内应计的名义持有收益等于期末资产负债表价值减去期初资产负债表价值。这些资产的价值是在编制资产负债表时，如果获得它们应估算的价值。这是未实现的名义持有收益。

b. 核算期期初持有并在此期间内出售的资产：应计的名义持有收益等于实际或估计的处置价值减去期初资产负债表价值。这是已实现的名义持有收益。

c. 核算期间内购置而且到期末仍持有的资产：应计的名义持有收益等于期末资产负债表价值减去资产的实际或估计的购置价值。这是未实现的名义持有收益。

d. 核算期间内购置并予以处置的资产：应计的名义持有收益等于实际或估计的处置价值减去实际或估计的购置价值。这是已实现的名义持有收益。

12.82 将资产负债表、交易、其他物量变化和名义持有收益联系起来的恒等式可以做如下表示：

期初资产负债表上按编表日价格估价的资产存量价值

\+ 通过交易获得或处置的按交易发生日价格估价的资产价值

\+ 按发生日估价的体现资产物量其他变化的价值

\+ 资产名义持有收益价值

= 期末资产负债表上按编表日价格估价的资产存量价值

期末资产负债表上的资产和负债价值中包含未实现的持有损益。交易价值中包括已实现的持有损益价值。因此，重估价对象的正确价值必须既包括已实现的持有收益、又包括未实现的持有收益，换句话说，必须包括全部的名义持有损益价值。

12.83 一项特定资产在给定时间内发生的总名义持有收益，既要覆盖那些在期初或期末资产负债表中出现的资产，也要覆盖那些在核算期内获得或处置的资产，所以，不可能仅仅根据资产负债表本身的数据计算出总持有收益。这一点可以通过一个例子加以说明。

12.84 假定一个公司在核算期期初拥有 100 单位的存量（比如存货或者股份），单位价值为 20，总计价值为 2000。在核算期内的某一时点上，单位存量价格升至 22，于是买入另外 15 单位，成本为 330。到核算期期末，单位存量价格升至 25，于是出售大约

15 单位，价值 375。期末资产负债表中的存量仍然是 100 单位，但估价到为每单位 25，总计价值 2500。资产负债表上增加的 500 是 100 单位存量的未实现持有收益。其交易价值在资产负债表上表现为价值减少，因为加到资产负债表中的存量价值（330）少于出售的存量价值（375）。该差额，-45，代表由已实现的持有收益所带来的资产净值下降。因此，总的名义持有收益是 545，它使以下恒等式得以成立：期初存量价值（2000）+交易价值（-45）+名义持有收益价值（545）+资产物量其他变化价值（0）=期末资产负债表价值（2500）。

12.85　因此，为了直接计算总持有收益，除了要保留核算期期初和期末所持有资产的价格和数量外，还必须保留核算期内所有获得和处置的资产记录以及获得和处置它们的价格。这种记录在金融资产和负债中更为常见——与非金融资产相比。

12.86　12.80 段用以解释资产负债表变化之恒等式的五个组成项目中，每一个项目都可以独立于其他四个项目而直接计算出来。因此，各个项目的地位平等，没有任何一个是用剩余法作为平衡项而定义的。尽管如此，可以看出，如果五个项目中有四个项目被直接计算出来，第五个项目就可以用剩余法估计。因此，可利用这一恒等式通过其他四个项目来估算名义持有收益，但这并不意味着名义持有收益就是 SNA 的一个平衡项。

中性持有收益

12.87　要计算一笔资产的中性持有收益，最好是选用一种涵盖尽可能多的货物、服务和资产的综合价格指数。实际上，最终支出价格指数是一种多数国家可接受的选择，尽管视数据的可得性也可采用其他综合指数。不过，这样一种综合指数只能一年或至多一个季度获得一次，而且要在相当长的时间后才能得到。由于一些只持有很短时间的资产也会形成持有收益，因此可能有必要利用一种能够每月度量价格变化、不拖延太长时间就能得到的指数。消费价格指数（CPI）通常能够满足这些要求，因此，一个可以接受的方法是，利用消费价格指数来内推和外推一个基础更广的指数的变动，以便计算中性持有收益。

12.88　一笔资产在给定时期上的中性持有收益应等于：核算期期初的资产价值乘以用来衡量一般价格水平变化的某些综合价格指数的相应变化率。因此，在整个核算期内一直持有、期初和期末资产负债表中都出现的资产，其中性持有收益很容易计算。比较难的是如何追踪在核算期内获得或处置的资产的中性持有收益，除非知道各种获得和处置发生的时间。

实际持有收益

12.89　一项资产的实际持有收益被界定为该资产的名义和中性持有收益之差。这样，资产实际持有收益的价值将取决于该资产的价格在给定期间内相对于用综合价格指数度量的其他平均价格的变动。一项资产相对价格的提高，会导致正的实际持有收益，相对价格下降则会导致负的实际持有收益，而不管一般价格水平是提高、下降还是固定不变。

12.90　对国内通货和作为国内通货的存款和贷款而言，其名义持有收益始终为零。在通货膨胀期间，此类资产和负债的中性持有收益一定是正数，因此，实际持有收益一定是负数，并且其绝对值等于中性收益。换言之，由于通货膨胀，对债权人和债务人来说，这些资产的实际价值都下降了。从债务人的观点看，一笔负债的实际价值降低，意味着用实际单位表示的资产净值的提高。实际上，一笔价值相当于资产或负债之负数实际持有收益的实际购买力，从债权人隐含地转移到了债务人。如果债权人能够预计到这种转移，就可能会相应提高贷款和存款的名义利率以补偿预期的转移，或者可能用按指数偿付的贷款取代固定货币值的贷款。

12.91 由于相对价格的变化可能有正有负，因此一些资产的所有者会受益于实际持有收益，而另一些资产的所有者则会遭受实际持有损失。实际持有收益可能导致机构单位、部门、甚至国家之间实际资产净值的重大再分配，其程度取决于所发生的相对价格变动大小。虽然在没有普遍通货膨胀的情况下也会发生这种变动，但在通货膨胀情况下，由于综合价格水平上升会导致货币型资产和负债的实际价值下降，因此，总存在着与总的通货膨胀率相关联的系统性影响。

12.92 实际持有收益会提高或降低资产所有者的购买力，因此这种收益会对其经济行为产生影响。除了用于分析消费或者资本形成之外，实际持有收益本身也是重要的经济变量。有人提出，应当将实际持有收益与SNA 所定义的收入合起来，以得到一个更全面的收入指标，但对此尚未形成一致的意见。先不谈估算实际持有损益所面临的实际困难，它们对经济行为的影响也很可能同现金或实物收入不一样。尽管如此，有一点是清楚的，就是需要向用户、分析人员和决策者提供关于实际持有收益的信息。

12.93 实际持有收益可用剩余法从名义持有收益减去中性持有收益求得，因此，计算实际持有收益的可行性将取决于计算名义和中性持有收益的可行性。

2. 特定资产的持有损益

固定资产

12.94 计算名义持有收益的前提，是在测算持有收益期间内，资产或负债本身的质量和数量都保持不变。因此，对于诸如建筑物、设备或者存货等生产者持有的有形资产而言，如果其价值改变是源于资产随时间而产生的某些自然的或者经济上的改变，就都不能计为持有收益。特别是，由自然损坏、正常速率的陈旧、事故性损坏等造成生产者所拥有固定资产价值的下降，应该记为固定资本消耗，而不是记为一项负的持有收益。

12.95 固定资本消耗中不能包括任何持有收益，为此，应当以核算期的平均价格准确估价核算期期初和期末存量，以此计算固定资本消耗。经常用核算期的期中价格作为核算期的平均价格，在适度通货膨胀率之下，这可能是一个可接受的近似值；但在较高的通货膨胀情况下就不是这样，而在严重通货膨胀条件下，采用这种替代可能会使估算误入歧途。

12.96 现存固定资产会因为普遍的通货膨胀或者资产本身价格随时间发生变化而产生名义持有收益。如果同类资产仍在生产并在市场上销售，出现在期初或期末资产负债表上的该项现存资产应按这样一种价格估价：作为一项新生产资产的现行购买者价格，减去根据资产负债表编表时之通行价格计算的直到当时的累计固定资本消耗。如果同类新资产已不再生产，现存资产的估价可能会在概念上和实际操作上遭遇困难。如果有大致相同类型的资产仍在生产，即使其特点可能与现存资产的特点具有差异（例如新型的车辆或飞机），仍然可以合理地假定，现存资产如果仍在生产，其价格走向将会和新资产一致。不过，当新资产的特点由于技术进步而大为改进时，这样一种假定就成问题了。《资本测算》手册中对此有进一步论述。

存货

12.97 由于缺乏存货交易或其他物量变化的数据，对存货的名义持有收益做估算可能很难。正如第 6 章中所说明的，在制品和制成品存货的交易属于内部交易，因此可能不会对其作充分的记录。进入存货的货物可视为是企业所有者从作为生产者的企业本身购进的，而退出存货的货物可视为是该企业所有者将货物处置给企业的生产者以用于生产或销售。这些内部交易应按交易发生时的通行价格估价。因此，提取的存货价值里应包括储存期间发生的持有收益，以此保证产出中不包括任何持有收益价值。然而，如同 6.142 至 6.145 段所说明的，如果货物储存实质上就是生产过程的延伸，那么储存所引起的货物价值增加不应记作名义持有收益。对用于转售的货物而言，提取存货时的货物价值应当包括其在储存期间所发生的持有损益，但不应包括批发商或零售商获取的毛利。也就是说，从存货中提取的货物应以货物提取时的通行价格进行估价，进入存货的货物也应按同样的方式进行估价（仓储除外）。

12.98　其他物量变化大体包括诸如自然灾害（水灾、地震等）或大火等异常事件毁坏的货物存货。货物存货的周期性损失——例如经常性浪费或偷窃造成的损失——应按与审慎出库同样的方式处理。因此，一旦将异常性和周期性存货损失都纳入考虑之中，则存货的名义持有收益就只与存货水平有关。

12.99　如果不记录货物进出存货的数量及其在进出时的价格，就不可能直接算出存货变化的价值。很可能得不到这种记录，为此就必须通过一定方法用期初、期末存货的价值和数量来推导出存货变化的价值，即设法将期初、期末两个资产存量价值之差区分为交易和名义持有收益两部分。只有所依据的假定是正确的，这些方法才可靠。仅在期末数据基础上估算持有损益涉及两个有问题的假定。首先是价格在整个核算期呈线性增长；其次是在期初和期末资产负债表之间，存货的物量变化呈线性增加或线性下降。这两个假定都不太可能，尤其是对那些季节性产品而言。还应当指出，这个问题不仅关系到积累账户，因为要计算中间消耗、产出和增加值以及还有 SNA 的所有平衡项，都需要投入和产出的存货变化价值。一般地，如果为了推算持有损益而需要做出这类假定，它们就应当在一个尽可能短的期间上做出。特别是，基于季度估算的加总会比同类年度估算更可取。

贵重物品

12.100　贵重物品的性质是：持有它们作为价值贮藏，期待其将随时间而升值。贵重物品的任何升值都应作为名义持有收益处理。像正常情况一样，名义持有收益可以分为中性和实际持有收益。

金融资产和负债

12.101　金融资产和负债未必都能够表述为具有价格，所以，尽管同样的基本原则适用于所有种类，但就不同类别而言，其持有损益看起来却像是按不同方式处理的。如 B 节所描述的那样，金融资产和负债可能存在物量其他变化，但以下叙述中要省略这些变化。

12.102　除货币黄金和特别提款权外，以下先讨论以国内货币计值的资产，然后再讨论当资产以外币计价时所带来的影响。

货币黄金和特别提款权

12.103　黄金的价格通常以美元报价，黄金自身价格会发生变化，汇率也会发生变化，所以，货币黄金易受到名义和实际持有损益的影响。

12.104　特别提款权的价值是以一篮子四种主要货币为基础的，所以特别提款权的价值总是易受到名义和实际持有损益的影响。不时地会进行新的特别提款权分配；这样发生的分配应记录为交易。

通货

12.105　国内通货不易受名义持有损益的影响。它可以被看作是通货单位的一个固定“量”，具有总是一致的价格。但是，虽然名义持有收益为零，通货的中性持有收益却不为零。在通货膨胀条件下，中性持有收益为正数，因而相关的实际持有收益为负数，并具有同样大小的数额。

存款和贷款

12.106 出于与通货同样的原因，作为国内通货的存款和贷款也不记录名义持有损益。在一个核算期内，一笔贷款或存款的价值可能增加，但这一定是由于包括对以前本金水平上所产生的利息在内的交易所致。与通货一样，对称之为国内通货的存款和贷款，也要记录与其中性持有收益同样大小的实际持有损失。

债务性证券

12.107 债务性证券典型地具有市场价值，其市场价值会随时间而变化。但是，并不是所有这些价值变化都应当作持有损益对待。

12.108 债券是这样一种证券，它使持有人拥有无条件的权利，可以在规定的期间获得一笔固定的货币收入或合同确定的可变货币收入，而且（永久性债券除外）还有权获得一笔在规定的日期作为本金偿还的固定金额。有息债券通常上市交易，而且在债券有效期内，其持有人可能易手多次。这种债券的发行人有时候可能通过在到期日前购回债券而随时偿还未偿本金。

12.109 如在第 17 章第 4 部分中所说明的，如果债券是贴现发行的——包括高贴现债券和零息债券，其发行价与票面价值或到期赎回价值之差，用以计量发行人在债券有效期限内必须支付的利息。这种利息被记录为债券发行人应付而债券持有人应收的财产收入，另外还有发行人在债券有效期限内按规定间隔实际支付的息票利息。原则上，应计的利息应同时作为债券持有人向债券的再投资处理。因此，这种利息在金融账户上应记录为对现有资产上追加价值的获得。这样，那些可归因于应计、再投资利息累积的债券市场价格的逐步上涨，反映的是未偿还本金规模的增大，这实质上是一种数量或物量的增加而不是价格的上涨。它不给债券持有人产生任何持有收益，也不给债券发行人产生持有损失。由于利息自然产生而造成的价值增加，应记录在初始收入分配账户和金融账户中，而不记录在重估价账户中（也不记录在资产物量其他变化账户上）。

12.110 不过，当市场利率变化时，固定价格可出售债券的价格也会起变化，其价格变化与利率变化的走向相反。债券越接近到期时间，约定的利率变化对它的影响就越小。市场利率变化造成的债券价格变化应属于价格变化而不是数量的变化。因此，它们会给债券的发行人和持有人双方产生名义持有收益或损失。利率提高给债券发行人产生名义持有收益，而给债券持有人产生等量的名义持有损失，如果利率下降，情况正好相反。每当利率变化时，债券的市场价值就会变化；这一价值变化应记录为重估价。在 SNA 中，由于偿还日期日益临近而记录的利息是在发行日利率的基础上计算的。因此，在债券的整个有效期内，持有收益和损失会互相抵消，所记录的利息总数为发行价和赎回价之差。

12.111 由于发行人或保证人信用程度（上升或下降）的变化，债券价格也可能会起变化。由于利率变化，这样的变化会引起同类型的登录。这是因为，债券市场价格会发生变化，以反映市场对发行人信用可靠程度的看法。它并不意味着贷款和存款的削弱，因此应当作为重估价对待。13.66 段至 13.68 段论述了对受损贷款的适当处理方法。

12.112 票据也可能形成名义持有损益，其方式与债券相同。不过，由于票据是短期证券，到期时间短得多，利率变化产生的持有收益一般比票面价值相同的债券的持有收益小得多。

股权和投资基金份额

12.113 对外国直接投资企业和投资基金公司来说，任何未分配收益在初始收入分配账户上显示为用于再投资的收益，并在金融账户上显示为收益再投资。收益再投资增加了股权和投资基金份额的价值。上市股票和投资基金份额／单位的市场价格是存在的，其来自于再投资收益以外的价值变化作为持有损益处理，就正如对不含存储成分的存货或贵重物品的处理一样。

12.114 对其他形式的股票而言，应以与计算股票价值类似的方法计算持有收益。例如，对一个其他股票价值是由资产减去负债的差额推导出来的准公司而言，其持有收益应按照资产持有收益总数减去负债持有收益总数之差额记录。

保险、养老金和标准化担保计划

12.115 当保险和标准化担保计划的准备金以国内通货计值时（正如通货或者存贷款那样），它们一般是没有名义持有损益的。例外地，如果已经商定一笔未付款的债权价格，而且已经约定在支付以前用它来指明，那么有可能为它记录名义持有收益或损失。

12.116 就养老金权益而言，应将由指数化而引起的权益价值增加记录为应付给受益人的投资收入再投资，而不是在重估价账户中记录。

12.117 那些金融机构用来实现其计划许诺的资产确实会产生持有收益，例如在股票和投资基金上的投资，但是对应保险客户及其受益者的负债，只能通过交易和资产物量其他变化才会发生变化。

金融衍生工具和雇员股票期权

12.118 像上市股票、投资基金份额／单位那样，金融衍生工具已开出价格，因此应记录其名义持有损益。如第 17 章第 6 部分所说明的，雇员股票期权也可能出现名义持有损益。

其他应收／应付款

12.119 以国内通货计值的其他应收／应付款不记录名义持有损益。在核算期期初和期末之间的所有价值变化都是由交易、可能包括应计利息所引致的。像通货一样，可能存在实际持有收益，其大小等于通货膨胀条件下的中性持有损失。

以外国货币计值的资产

12.120 正如非常住者可能持有以国内货币计值的资产一样，常住者可能持有以外国货币计值的资产。对资产负债表目的而言，一项以外国货币计值的资产的价值是以其现期外国货币价值转换为所有人常住之本国货币的中间价和资产负债表编表日期上的汇率报价来测算的。因此，名义持有收益可能发生，不仅因为以本地货币计的资产价格会发生变化，而且因为汇率的浮动。

12.121 中性持有收益应按与任何其他种类资产相同的方法计算，即假定以国内货币表示的资产价格与国内一般价格水平变化相同，计算出持有收益的价值。然后可用剩余法，从名义收益减去中性收益，得出仍然用国内货币表示的实际持有收益。除了以外国货币表示资产外，债权人或者债务人可能不是常住者，此时，如果两国一般通货膨胀率不同，债权人的实际持有收益（损失）不必等于债务人的实际持有损失（收益）。

表 12.6：重估价账户——资产变化

资产变化

	其他流量	非金融公司	金融公司	一般政府	住户	NPISH	经济总体	国外	货物和服务	合计
名义持有收益和损失	非金融资产	144	4	44	80	8	280			280
	生产性非金融资产	63	2	21	35	5	126			126
	固定资产	58	2	18	28	5	111			111
	存货	4		1	2		7			7
	贵重物品	1		2	5		8			8
	非生产性非金融资产	81	2	23	45	3	154			154
	自然资源	80	1	23	45	3	152			152
	合约、租约和许可	1	1				2			2
	商誉和营销资产									
	金融资产	8	57	1	16	2	84	7		91
	货币黄金和特别提款权		11	1			12			12
	通货和存款						0			0
	债务性证券	3	30		6	1	40	4		44
	贷款						0			0
	股权和投资基金份额/单位	5	16		10	1	32	3		35
	保险、养老金和标准化担保计划						0			0
	金融衍生工具和雇员股票期权						0			0
	其他应收/应付款						0			0
中性持有收益	非金融资产	101	3	32	56	6	198			198
	生产性非金融资产	60	2	20	34	5	121			121
	固定资产	58	2	18	28	5	111			111
	存货	1		1	2		4			4
	贵重物品	1		1	4		6			6
	非生产性非金融资产	41	1	12	22	1	77			77
	自然资源	40	1	12	22	1	76			76
	合约、租约和许可	1					1			1
	商誉和营销资产									
	金融资产	18	71	8	36	3	136	12		148
	货币黄金和特别提款权		14	2			16			16
	通货和存款	8		3	17	2	30	2		32
	债务性证券	2	18		4	1	25	3		28
	贷款	1	24	3			28	1		29
	股票和投资基金份额/单位	3	14		9		26	2		28
	保险、养老金和标准化担保计划	1	1		5		7	1		8
	金融衍生工具和雇员股票期权						0			0
	其他应收/应付款	3			1		4	3		7
实际持有收益和损失	非金融资产	43	1	12	24	2	82			82
	生产性非金融资产	3	0	1	1	0	5			5
	固定资产	0	0	0	0	0				
	存货	3	0	0	0	0	3			3
	贵重物品	0	0	1	1	0	2			2
	非生产性非金融资产	40	1	11	23	2	77			77
	自然资源	40	0	11	23	2	76			76
	合约、租约和许可	0	1	0	0	0	1			1
	商誉和营销资产									
	金融资产	-10	-14	-7	-20	-1	-52	-5		-57
	货币黄金和特别提款权	0	-3	-1	0	0	-4	0		-4
	通货和存款	-8	0	-3	-17	-2	-30	-2		-32
	债务性证券	1	12	0	2	0	15	1		16
	贷款	-1	-24	-3	0	0	-28	-1		-29
	股权和投资基金份额/单位	2	2	0	1	1	6	1		7
	保险、养老金和标准化担保计划	-1	-1	0	-5	0	-7	-1		-8
	金融衍生工具和雇员股票期权	0	0	0	0	0				
	其他应收/应付款	-3	0	0	-1	0	-4	-3		-7

表 12.6（续）：重估价账户——负债和资产净值变化

负债和资产净值变化

	其他流量	非金融公司	金融公司	一般政府	住户	NPISH	经济总体	国外	货物和服务	合计
名义持有收益和损失	非金融资产									
	生产性非金融资产									
	固定资产									
	存货									
	贵重物品									
	非生产性非金融资产									
	自然资源									
	合约、租约和许可									
	商誉和营销资产									
	金融资产	18	51	7	0	0	76	15		91
	货币黄金和特别提款权							12		12
	通货和存款									
	债务性证券	1	34	7			42	2		44
	贷款									
	股权和投资基金份额/单位	17	17				34	1		35
	保险、养老金和标准化担保计划									
	金融衍生工具和雇员股票期权									
	其他应收/应付款									
由名义持有损益引起的资产净值变化		134	10	38	96	10	288	-8		280
中性持有收益	非金融资产									
	生产性非金融资产									
	固定资产									
	存货									
	贵重物品									
	非生产性非金融资产									
	自然资源									
	合约、租约和许可									
	商誉和营销资产									
	金融资产	37	68	13	5	3	126	22		148
	货币黄金和特别提款权							16		16
	通货和存款	1	26	2		1	30	2		32
	债务性证券	1	21	4			26	2		28
	贷款	18		7	3	1	29			29
	股权和投资基金份额/单位	14	14				28			28
	保险、养老金和标准化担保计划		7				7	1		8
	金融衍生工具和雇员股票期权									
	其他应收/应付款	3			2	1	6	1		7
由中性持有损益引起的资产净值变化		82	6	27	87	6	208	-10		214
实际持有收益和损失	非金融资产									
	生产性非金融资产									
	固定资产									
	存货									
	贵重物品									
	非生产性非金融资产									
	自然资源									
	合约、租约和许可									
	商誉和营销资产									
	金融资产	-19	-17	-6	-5	-3	-50	-7		-57
	货币黄金和特别提款权	0	0	0	0	0	0	-4		-4
	通货和存款	-1	-26	-2	0	-1	-30	-2		-32
	债务性证券	0	13	3	0	0	16	0		16
	贷款	-18	0	-7	-3	-1	-29	0		-29
	股权和投资基金份额/单位	3	3	0	0	0	6	1		7
	保险、养老金和标准化担保计划	0	-7	0	0	0	-7	-1		-8
	金融衍生工具和雇员股票期权	0	0	0	0	0	0	0		0
	其他应收/应付款	-3	0	0	-2	-1	-6	-1		-7
由实际持有损益引起的资产净值变化		52	4	11	9	4	80	2		66

第13章 资产负债表

A. 引言

13.1 本章侧重于资产存量的测算，包括非金融资产以及金融资产和负债。可以将各种类型的资产和负债进行加总，以反映某一机构单位资产减负债的总价值，或称资产净值。也可以得到经济中所有单位持有的某一类资产的总价值。描述第一种情况的表称为资产负债表；描述第二种情况的表称为资产账户。无论是资产负债表还是资产账户，还有一项重要的作用，是要反映那些在一个核算期内记录的交易和其他流量情况，以说明核算期期初到期末之间存量的价值变化。一个时期开始时的存量价值称作期初存量，该时期结束时的存量价值称作期末存量。有时将存量水平称为头寸，特别是在国际收支部分。

1. 资产负债表

13.2 ***资产负债表是在某一特定时点编制的、记录一个机构单位或一组机构单位所拥有的资产价值和承担的负债价值的报表***。资产负债表可以针对机构单位编制，也可以针对机构部门或经济总体编制。还可以针对非常住单位编制类似的账户，以反映其所持有的来自该经济总体的资产和负债存量，以及常住单位所持有的国外资产和负债存量。BPM6将这一账户称作国际投资头寸表（IIP），不过IIP是站在常住单位角度编制的，而SNA则是站在国外角度编制，对国外和国内部门按照同样方法处理。

13.3 资产出现在一个单位的资产负债表中，该单位是资产的经济所有者。在许多情况下，该单位也是资产的法定所有者，但在融资租赁情况中，被租赁的资产出现在承租人的资产负债表中，同时出租人拥有一个等价的金融资产以及对承租人的相应债权。与此不同的是，如果一项自然资源成为资源租赁的对象，尽管大多数经济风险和在生产中使用资产的回报都由承租人承担，但资产依然记录在出租人的资产负债表中。第17章第5部分完整叙述了对租赁的处理方法。第3章介绍了法定所有者和经济所有者的区别。

13.4 资产负债表中记录的某机构单位或部门支配的金融资源和非金融资源，是一个反映经济状况的指标。这些资源合计起来，即得到资产净值这个平衡项。***所谓资产净值，是一个机构单位或部门拥有的所有资产价值减去其所有未偿还的负债价值***。对于经济总体而言，资产负债表反映了非金融资产之和以及对国外的净债权，该总和通常被称作国民财富。

13.5 资产负债表是一系列账户的终结，反映了生产账户、收入分配和使用账户以及积累账户中登录的最终结果。

13.6 与流量账户相结合的一套资产负债表，有助于分析人员在监测和评估经济和金融状况以及行为时进行更全面的观察。资产负债表提供了进行多专题分析的信息。例如，在决定住户行为的要素研究中，消费和储蓄函数经常要包括财富变量，以捕捉诸如公司有价证券的价格波动、或涉及住户购买方式的耐用消费品存量的磨损和报废等要素的影响。此外，也需要具备分组的住户资产负债表，以评估财富和流动资金的分配。

13.7　经济学家可以利用资产负债表评估一个部门的金融状况，例如进行中央银行的风险分析。对于法人公司而言，利用资产负债表，可以在不同项目层次上对数据进行更广泛的比率估算。例如，银行和其他金融机构被要求维持特定的准备金率，可以通过资产负债表对此进行监控。非金融法人公司可以查验某些比率，如流动资产与流动负债之间的关系，以及公司股票的市场价值与调整后账面价值的关系。可利用法人公司和其他机构单位拥有的固定资产存量数据研究其投资行为和资金需求。资产负债表可以提供非常住单位所持有的金融资产和承担的负债等信息，这些是反映一个国家经济资源的重要指标，也是评估一个国家对外究竟是债务人还是债权人时值得关注的指标。

2.　资产账户

13.8　如同编制资产负债表以反映某一机构单位所持有的全部资产价值一样，还可以编制一个类似的账户，反映经济中所有机构单位所持有的单一类别资产（或负债）的价值，即所谓资产账户。通过以下基本核算恒等式，可以将某类资产的期初资产负债表和期末资产负债表连接起来：

期初资产负债表中某类资产的存量价值；

+　在核算期间内通过交易获得的同类资产的全部价值，减处置同类资产的全部价值：非金融资产交易记录在资本账户（包括固定资本消耗）中，金融资产交易记录在金融账户中；

+　持有这些资产的其他正负物量变化价值，如发现地下资产或某一资产的报废（因为战争或自然灾害）：这些变化记录在资产物量其他变化账户中；

+　在核算期间内因为资产价格变化而产生的正负名义持有收益价值：这些变化反映在重估价账户中；

=　资产负债表期末资产存量价值。

13.9　虽然资产负债表与商业会计中的资产负债表更为相似，但是，资产账户对某些分析却有其特殊的用途。一个例子是环境核算，资产账户可以专门反映某类资产的使用是否是可持续的。另一个例子与研究固定资产的资本存量序列有关。许多金融统计要描述针对单一金融资产所进行的评估，比如要反映借贷规模随着时间推移是如何变化的。

3.　资产负债表的结构

13.10　资产负债表在左边记录资产，在右边记录负债和资产净值——与记录这些项目变化的积累账户的记录方法相同。表 13.1 中仅列出了数量有限的资产类别，尽管原则上表中可以包括第 10 章给出的所有非金融资产类别，以及第 11 章介绍和定义的全套金融资产和负债。资产负债表记录的是某一时点上的资产和负债价值。SNA 提供了在核算期期初（与上一期期末价值相同）和期末编制的资产负债表，随后提供了一套资产负债表中各项目价值在期初和期末之间变化的完整记录——与 SNA 的流量账户相关。资产负债表中的平衡项是资产净值，如前所述，该项目被定义为由一个机构单位或部门所拥有的全部资产减其未偿还的所有负债。因此，资产净值的变化可以完全由资产负债表中所有其他项目的变动所解释。

13.11　表 13.1 包括三部分。第一部分反映每一机构部门及经济总体的期初资产、负债和资产净值。对于国外，相关登录只包括金融资产、负债和资产净值。

13.12　表 13.1 的第二部分显示了资本账户、金融账户、资产物量其他变化账户以及重估价账户中所登录的内容总和，按照资产类别分类列示。例如固定资产，其中包括资本账户、资产物量其他变化账户以及重估价账户中针对固定资产的全部登录。在这些登录下有一个细分类，反映资产净值变化中有多少是由于储蓄和资本转移、资产物量其他变化以及持有收益所导致的。没有来自金融账户的项目，

表 13.1：包含资产变化的期初期末资产负债表

	资产的存量和变化量	非金融公司	金融公司	一般政府	住户	NPISH	经济总体	国外	货物和服务	合计
期初资产负债表	非金融资产	2151	93	789	1429	159	4621			4621
	非金融生产资产	1274	67	497	856	124	2818			2818
	固定资产	1226	52	467	713	121	2579			2579
	存货	43		22	48	1	114			114
	贵重物品	5	15	8	95	2	125			125
	非金融非生产资产	877	26	292	573	35	1803			1803
	自然资源	864	23	286	573	35	1781			1781
	合约、租约和许可	13	3	6			22			22
	商誉和营销资产									
	金融资产/负债	982	3421	396	3260	172	8231	805		9036
	货币黄金和 SDR		690	80			770			770
	通货和存款	382		150	840	110	1482	105		1587
	债务性证券	90	950		198	25	1263	125		1388
	贷款	50	1187	115	24	8	1384	70		1454
	股权和投资基金份额/单位	280	551	12	1749	22	2614	345		2959
	保险、养老金和标准化担保计划	25	30	20	391	4	470	26		496
	金融衍生工具和雇员股票期权	5	13	0	3	0	21	0		21
	其他应收/应付款	150		19	55	3	227	134		361
资产变化合计	非金融资产	300	-2	57	116	11	482			482
	非金融生产资产	195	-4	29	67	7	294			294
	固定资产	165	-2	23	53	7	246			246
	存货	27	0	1	4	0	32			32
	贵重物品	3	-2	5	10	0	16			16
	非金融非生产资产	105	2	28	49	4	188			188
	自然资源	101	1	26	48	4	180			180
	合约、租约和许可	4	1	2	1	0	8			8
	商誉和营销资产	0	0	0	0	0	0			0
	金融资产/负债	93	230	-9	205	4	523	54		577
	货币黄金和 SDR	0	10	1	0	0	11	1		12
	通货和存款	39	10	-26	64	2	89	11		100
	债务性证券	10	96	4	16	0	126	13		139
	贷款	19	53	3	3	0	78	4		82
	股权和投资基金份额/单位	17	44	3	76	1	141	15		156
	保险、养老金和标准化担保计划	1	8	1	39	0	49	0		49
	金融衍生工具和雇员股票期权	3	8	0	3	0	14	0		14
	其他应收/应付款	4	1	5	4	1	15	10		25
期末资产负债表	非金融资产	2451	91	846	1545	170	5103			5103
	非金融生产资产	1469	63	526	923	131	3112			3112
	固定资产	1391	50	490	766	128	2825			2825
	存货	70	0	23	52	1	146			146
	贵重物品	8	13	13	105	2	141			141
	非金融非生产资产	982	28	320	622	39	1991			1991
	自然资源	965	24	312	621	39	1961			1961
	合约、租约和许可	17	4	8	1	0	30			30
	商誉和营销资产	0	0	0	0	0	0			0
	金融资产/负债	1075	3651	387	3465	176	8754	859		9613
	货币黄金和 SDR	0	700	81	0	0	781	1		782
	通货和存款	421	10	124	904	112	1571	116		1687
	债务性证券	100	1046	4	214	25	1389	138		1527
	贷款	69	1240	118	27	8	1462	74		1536
	股权和投资基金份额/单位	297	595	15	1825	23	2755	360		3115
	保险、养老金和标准化担保计划	26	38	21	430	4	519	26		545
	金融衍生工具和雇员股票期权	8	21	0	6	0	35	0		35
	其他应收/应付款	154	1	24	59	4	242	144		386

表 13.1（续）：包含负债和资产净值变化的期初期末资产负债

	负债的存量和变化量	非金融公司	金融公司	一般政府	住户	NPISH	经济总体	国外	货物和服务	合计
期初资产负债表	非金融资产									
	非金融生产资产									
	固定资产									
	存货									
	贵重物品									
	非金融非生产资产									
	自然资源									
	合约、租约和许可									
	商誉和营销资产									
	金融资产/负债	3221	3544	687	189	121	7762	1274		9036
	货币黄金和 SDR						0	770		770
	通货和存款	40	1281	102	10	38	1471	116		1587
	债务性证券	44	1053	212	2		1311	77		1388
	贷款	897		328	169	43	1437	17		1454
	股权和投资基金份额/单位	1987	765	4			2756	203		2959
	保险、养老金和标准化担保计划	12	435	19		5	471	25		496
	金融衍生工具和雇员股票期权	4	10				14	7		21
	其他应收/应付款	237		22	8	35	302	59		361
	资产净值	-88	-30	498	4500	210	5090	-469		4621
负债和资产净值变化合计	非金融资产									
	非金融生产资产									
	固定资产									
	存货									
	贵重物品									
	非金融非生产资产									
	自然资源									
	合约、租约和许可									
	商誉和营销资产									
	金融资产/负债	157	224	102	16	6	505	72		577
	货币黄金和 SDR							12		12
	通货和存款	0	65	37	0	0	102	-2		100
	债务性证券	7	64	45	0	0	116	23		139
	贷款	21	0	9	11	6	47	35		82
	股权和投资基金份额/单位	100	39	2	0	0	141	15		156
	保险、养老金和标准化担保计划	0	48	0	1	0	49	0		49
	金融衍生工具和雇员股票期权	3	8	0	0	0	11	3		14
	其他应收/应付款	26	0	9	4	0	39	-14		25
	资产净值的变化量，合计	236	4	-54	305	9	500	-18		482
	储蓄和资本转移	88	-5	-90	210	-1	202	-10		192
	资产物量其他变化	14	-1	-2	-1	0	10			10
	名义持有损益	134	10	38	96	10	288	-8		280
	中性持有损益	82	6	27	87	6	208	-10		198
	实际持有损益	52	4	11	9	4	80	2		82
期末资产负债表	非金融资产									
	非金融生产资产									
	固定资产									
	存货									
	贵重物品									
	非金融非生产资产									
	自然资源									
	合约、租约和许可									
	商誉和营销资产									
	金融资产/负债	3378	3768	789	205	127	8267	1346		9613
	货币黄金和 SDR							782		782
	通货和存款	40	1346	139	10	38	1573	114		1687
	债务性证券	51	1117	257	2	0	1427	100		1527
	贷款	918	0	337	180	49	1484	52		1536
	股权和投资基金份额/单位	2087	804	6	0	0	2897	218		3115
	保险、养老金和标准化担保计划	12	483	19	1	5	520	25		545
	金融衍生工具和雇员股票期权	7	18	0	0	0	25	10		35
	其他应收/应付款	263	0	31	12	35	341	45		386
	资产净值	148	-26	444	4805	219	5590	-487		5103

因为由于储蓄和资本转移引起的资产净值变化被金融资产和非金融资产交易中的变化抵消了。

13.13 表 13.1 的第三部分反映期末资产负债表，其各单元数字应等于表的前两部分对应单元数字之和。尽管在实际操作中这些数据要单独确定，但必须保证表中的平衡关系。

4. 资产账户的结构

13.14 表 13.2 给出了一套资产账户数例。同类资产的期初和期末存量数据与表 13.2 相同，但采用了更详细的分类，同时各列显示了资本和金融账户、资产物量其他变化账户以及重估价账户中对各类资产的登录。

表 13.2：经济总体的资产账户

	期初资产负债表	资本和金融账户	资产物量其他变化账户	重估价账户			期末资产负债表
				名义持有损益	中性持有损益	实际持有损益	
非金融资产	4621	192	10	280	198	82	5103
生产资产	2818	175	−7	126	121	5	3112
固定资产	2579	137	−2	111	111	0	2825
住宅							
其他建筑和构筑物							
机器和设备							
武器系统							
培育性生物资源							
知识产权产品							
存货	114	28	−3	7	4	3	146
贵重物品	125	10	−2	8	6	2	141
非生产资产	1803	17	17	154	77	77	1991
自然资源	1781	17	11	152	76	76	1961
土地							
矿物和能源储备							
非培育性生物资源							
水资源							
其他自然资源							
合约、租约和许可	22	0	6	2	1	1	30
商誉和营销资产	0	0	0	0	0	0	0
金融资产	8231	436	3	84	136	−52	8754
货币黄金和 SDR	770	−1	0	12	16	−4	781
通货和存款	1482	89	0	0	30	−30	1571
债务性证券	1263	86	0	40	25	15	1389
贷款	1384	78	0	0	28	−28	1462
股票和投资基金份额/单位	2614	107	2	32	26	6	2755
保险、养老金和标准化担保计划	470	48	1	0	7	−7	519
金融衍生工具和雇员股票期权	21	14	0	0	0	0	35
其他应收/应付款	227	15	0	0	4	−4	242
金融负债	7762	426	3	76	126	−50	8267
货币黄金和 SDR	0	0	0	0	0	0	0
通货和存款	1471	102	0	0	30	−30	1573
债务性证券	1311	74	0	42	26	16	1427
贷款	1437	47	0	0	29	−29	1484
股票和投资基金份额/单位	2756	105	2	34	28	6	2897
保险、养老金和标准化担保计划	471	48	1	0	7	−7	520
金融衍生工具和雇员股票期权	14	11	0	0	0	0	25
其他应收/应付款	302	39	0	0	6	−6	341
资产净值	5090	202	10	288	208	80	5590

13. 15 与表 13. 1 不同的是，表 13. 2 未包括国外持有资产的登录，因为它着眼于常住单位所持有的特定的资产和负债。但是，通过比较相同金融工具下的金融资产和负债数据，就可以推算出国外部门的资产负债差额。例如，在期初资产负债数据表中，对应通货和存款的金融资产是 1482，负债是 1471，由此即可说明国外对该国民经济有净负债 11。在表 13. 1 中可以看到，国外的资产头寸是 105，负债头寸是 116。

B. 估价的一般原则

13. 16 为使资产负债表与 SNA 的积累账户保持一致，资产负债表上每一项目的估价，应当将其视为是在资产负债表编表日期上获得的。这就意味着，针对各类具体资产，要用一套在资产负债表编表日的现期价格来估价其资产和负债（以及资产净值）。对于除土地以外的非金融资产，估价要包括与所有权转移有关的一切费用。未在金融市场交易的债权的估价，等于债务人要付给债权人以抵消债务的金额。

13. 17 资产在市场上被买卖的价格，是投资者、生产者、消费者以及其他经济机构决策的基础。例如，金融资产（如证券）和自然资源（如土地）的投资者要依据其市场价值做出获得或处置这些资产的决定。生产者要参照市场价格来决定某商品的生产量及销售地点。对某项资产而言，在购买者所付价格与销售者所收到的价格之间有一个清晰的关系。对于非金融资产，由于存在所有权转移费用，购买者支付的价格会超过销售者得到的价格。对于金融资产，其价值对债权人和债务人而言则是一致的，因为金融资产和负债的转移费用是作为消费而不是积累来处理的。

13. 18 理想说来，资产负债表中的所有资产和负债都应当采用可观测的市场价格估价。如果所有资产在市场上都能够正规、活跃、自由地交易，以现期市场价格对资产负债表进行估价时，可以采用市场中所有交易的总平均价格。如果资产在近期内没有在市场上买卖，从而没有可观测到的市场价格，那就只能按照一个假定价格——假定在资产负债表编表日期之市场上获得该资产时的可能价格——进行估算。

13. 19 除了利用市场中观测到的价格或基于市场观测价格而估算的价格，还可以用其他两种方法得到近似的现期价格。在某些情况下，通过在资产的使用年限内累加和重估价该资产的获得减处置，就可得到近似的市场价格。对固定资产来说，这通常是最切实际的、也是优先使用的方法，但该方法也可用于其他资产。在另一些情况下，通过某一资产之预期未来经济收益的现期价值或贴现价值，也可以得到近似的市场价格。这一方法适用于许多金融资产、自然资源以及固定资产。比如，如果有良好的信息和一个有效率的市场，通过累加和重估价交易得到的资产价值，应当等于或至少近似等于这些资产的未来收益之现期价值或贴现价值，也应该等于活跃的二手市场中该资产的市场价值。下面将概括讨论这三种估价基础。

1. 市场中观测到的价值

13. 20 进行价格观测的理想来源是市场，如证券交易所，在其中交易的每一资产都是完全同质的，经常有较大数量的成交，并可按定期间隔列出市场价格。以此类市场产生的价格数据，乘以数量指标，就可以计算出由部门持有的各类资产和负债的全部市场价值。几乎全部金融债权、现有运输设备、农作物、牲畜以及新生产的固定资产和存货，都可以获得此类市场价格。

13. 21 例如在证券交易所上市的证券，可以收集各笔资产以及各类资产的价格，此外，还可以确定某种类型资产的现有全部证券的总估价。另一个由于资产大量交易从而可以提供有用价格信息的例子是某些国家的现有住宅市场。

13.22 除了提供直接观测到的实际交易的资产价格，来自这些市场的信息还可以用于确定未进行交易的类似资产的价格。例如，通过将证券交易所的信息与未上市的类似股票进行对比，并考虑未上市股票可销售性较低的因素，可以确定未上市股票的价格。同样，出于保险或其他目的对资产进行估价，通常也是基于观测到的相近替代品的价格，尽管这些替代品与要估价的资产不完全相同，这一方法也可用于资产负债表的估价。与直接投资企业有关的特殊估价问题的讨论，见第 21 章和 26 章。

2. 通过累积和重估交易得到的价值

13.23 对大多数非金融资产而言，其每年的价值变化反映了其市场价格的变化。同时，初始获得成本也会由于在资产预期寿命期内的固定资本消耗（固定资产）或其他折旧形式而减少。这种资产在其寿命周期内某一时点的价值，是通过一个同等新资产的现行获得价值减累积折旧而得到的。这一估价有时被称为“折后重置成本”。对旧资产而言，如果得不到一个可靠的、直接观测到的价格，该方法可以提供一个在市场上能够出售该资产的合理近似值。

3. 未来收益的现值

13.24 对那些其收益被延迟（如林木）或分布在很长时期内（如地下资产）的资产来说，尽管可以用市场价格来估价其最终产出，但还必须用贴现率来计算预期未来收益的现值。

4. 以外币计值的资产

13.25 以外币计值的资产和负债，应该按照资产负债表编表日期的市场汇率换算为本币。该汇率应当是货币交易买进价和卖出价的中间点。

C. 资产负债表中的登录

13.26 资产负债表中各类资产的详细分类及其定义，见第 10 章非金融资产和第 11 章金融资产。本节重述这些定义，仅仅是为了提供一些与特定资产的特殊估价问题和其他专业问题有关的信息。

1. 生产资产

固定资产

13.27 原则上，固定资产应当按照相同技术规格和年龄的资产在市场中的通行价格进行估价。在实际中无法获得详细信息，因此必须求助于其他方法进行估价，最通行的估价方法是：用资产负债表期初（或获得新资产的时间）价值加上核算期内资产的重估价因素，减去核算期内估算的固定资本消耗以及任何其他物量变化和处置价值。在计算固定资本消耗价值时，即使得不到完全的市场信息，也要对该资产价格的下降进行假设，并应当用局部信息检查该假设是否与此相一致。

13.28 估算固定资本消耗时，必须将购买者承担的、与这些资产有关的所有权转移成本的价值下降包括在内。这些成本将在购买者预期拥有资产的期间内得到冲销。在许多情况下，拥有资产的时期与资产的预期寿命长度是一致的，但对于有些类型的资产，特别是车辆，购买者在一定时期之后可能会出售其资产，例如为了得到规格更高、维护成本更低的更新型资产。对安装成本也应以类似方法处理。可能的话，固定资本消耗的估算还要考虑预期的终期费用，如退役或复原费用。对这些调整的进一步解释见第 10 章和第 19 章。利用永续盘存法（PIM）估算固定资产资本存量价值的详细介绍可见 OECD《资本测算手册》。

13.29 对于住宅，从新住宅销售和现有房屋销售中可能会获得足够的信息，用以估算资产负债表中全部住宅的价值。但是，房屋价格在相当大程度上要取决于该时期内所出售房屋的位置和地形，可能无法充分覆盖所有区域。在此情况下，就不得不利用像永续盘存法这样的测算技术进行估算。这一技术也可以用于许多其他结构较为特殊的建筑物和构筑物的测算。

13.30 土地改良价值按最初实施改良的价值记录，并要进行适当的重估价。它永远等于土地在未改良或天然状态时的价值与改良后价值的差，尽管土地的价格和土地改良的价格都会随时间而发生改变。

13.31 对现有汽车、飞机及其他运输工具，市场可能有足够的代表性以对这些存量的估价进行有用的价格观测，或者至少可与永续盘存法的假设相衔接。但是，对于现有工业厂房和设备，观测到的市场价格却未必适用于确定资产负债表中的价值，其中原因可能在于，出于某些原因，许多被交易的资产可能并不具有典型性，也可能在于，因为太陈旧或鉴于财务制度它们是被迫处置的。

13.32 从资产负债表的目的出发，应当对那些年复一年在生产中被连续使用的牲畜，以某一年度该动物的购买者现价为基础进行估价。这种信息不像培育的树木（包括灌木）年复一年生产产品那样易于获得；为此应当以累积资本形成的经减记的现行价值进行记录。

13.33 根据合同实施的研发支出以合同价格进行估价。如果自行开展研发，就要按照累计成本进行估价。两种估价都需要考虑因价格变化而增加，或因资产随着寿命而产生的固定资本消耗而减少。

13.34 非生产资产（土地除外）的所有权转移成本在资本账户中是单列出来的，并作为固定资本形成总额处理，但在资产负债表中，这些成本要与它所相关的资产（即使该项资产是非生产资产）的价值合并在一起。这样，在资产负债表中就不会单独列出所有权转移成本。当资产由企业或政府获得时，金融资产的所有权转移成本要作为中间消耗处理；当资产由住户获得或通过服务出口被非常住单位获得时，金融资产的所有权转移成本要作为最终消费处理。

13.35 对于矿藏勘探和评估，要么以根据合同支付给其他机构单位的总额为基础进行估价；要么以自己勘探所发生的费用为基础进行估价。这些费用应当包括勘探活动中所使用固定资本的回报。对于在过去勘探中发生的、还未全部核销的那部分费用，应以现期价格和费用进行重估价。

13.36 知识产权产品的原作，如计算机软件和娱乐、文学或艺术原创，应当基于其最初成本的经减记的价值，以现期价格进行重估价。由于这些原作通常是自己创作的，最初成本可以用发生费用之和来估算，其中包括生产中使用的固定资产的资本回报。如果不能采用这一方法，可以通过原作之未来收益的净现值进行估算。

13.37 在以下情况中复制品会被作为资产：（1）原作所有者将生产和为复制品使用者提供支持的责任转给他人；（2）根据有效的融资租赁合同使用作品。在这些情况下，可以用市场价格进行估价。

存货

13.38 对存货，应当用资产负债表编表日期的价格进行估价，而不是用产品进入存货时的价格进行估价。在资产负债表中，存货的数据常常通过调整工商会计中存货的账面价值来进行估算，这在第 6 章中有介绍。

13.39 如 SNA 在其他地方所述，材料和用品存货按购买者价格估价，制成品和在制品存货按基本价格估价。批发商和零售商准备转销、不再加工的货物存货按购买它们的价格估价，不包括任何运输费用，这些费用由批发商和零售商单独记录，包括在其中间消耗当中。

13.40 对于在制品存货，资产负债表期末价值等于期初资产负债表的价值，加上当期发生的投入，并根据核算期间内的价格变化而进行必要的重估价。像第 6 章和第 19 章中所介绍的，根据交货日期法，不同时间在制品价值的时间序列应当反映早期产品价值的增加。

13.41 人类活动培育的正在生长的一次性农作物（包括林木）以及为屠宰而饲养的牲畜，也视为在制品存货。对正在生长的林木，常规估价方法是，扣除林木培育、伐木等费用，确定销售林木的未来收益，然后贴现为现期价值。在大多数情况下，其他农作物和牲畜可以参考此类产品的市场价格进行估价。

贵重物品

13.42 考虑到贵重物品的基本作用是价值储藏，特别需要按现期价格对艺术品、古董、珠宝、宝石和贵金属进行估价。如果有组织良好的市场，贵重物品应当按资产负债表编表日期的实际购买价格或估算的购买价格估价，其中不包括销售者应付的代理人费用或佣金。从获得方进行估价时，要对这些物品以购买者支付的价格估价，包括代理人费用和佣金。

13.43 如果缺乏有组织的市场，一种方法是根据可获得信息的程度，利用为防火、防盗等投保的价值数据对贵重物品进行估价。

2. 非生产资产

自然资源

土地

13.44 原则上，记录在资产负债表之自然资源项下的土地价值，不包括土地改良的价值以及土地之上建筑物的价值。土地改良价值单列在固定资产项下，建筑物价值也单列在固定资产项下。土地以新所有者支付的现期价格估价，不包括所有权转移费用——根据惯例，后者要作为固定资本形成总额以及固定资本消耗处理。

13.45 土地的现期市场价值会因为其位置不同以及用途不同而有明显区别，因此，需要识别每一块土地的位置和用途或土地的地域范围，然后予以估价。

13.46 对于其上有建筑物的土地，有时市场可以直接提供土地价值的数据。但最常见的情况是无法获得这些数据，此时较通用的方法是，根据价值评估报告计算场地价值与建筑物价值的比率，然后利用建筑物的重置成本或土地和建筑物的合并市场价值，推算出土地的价值。如果土地价值不能与其上的建筑物、构筑物、种植园、葡萄园等分开，该复合资产应当划入价值较大的那一类资产中去。类似地，如果土地改良价值（包括为建筑物施工或农作物种植而进行的场地清理和准备）无法与自然状态的土地价值分开，土地的价值也要根据价值较大的那一部分而归入相应类别的资产当中。

13.47 通常，在经济总体层面上把土地和建筑物分开，比在个别部门或子部门层面上操作容易得多。分开的数据是研究国民财富和环境问题所必需的。幸运的是，合在一起的数据常常可用来分析机构单位和机构部门的行为。

13.48 法定所有者资产负债表中的土地不包括用于融资租赁的土地，因为它常常与土地之上的建筑物或种植园的融资租赁联系在一起。根据惯例有一个例外：建筑物的法定所有者不是建筑物所附着土地的法定所有者，但建筑物的购买价格包括了为其下土地而预先支付的未来租金。

矿物和能源储备

13.49 地下矿产和能源资源价值通常取决于该资

产之商业性开发的预计净收益的现值。尽管该估价受不确定性影响，并有可能不时修正，但由于地下资产所有权不可能通过市场经常改变，因此很难获得合适的、能够用于估价的市场价格。实践中，也许有必要使用资产所有者在自己会计核算中使用的估价。

13.50 常见的情况是资源开采企业并不是资源所有者。例如在许多国家，石油资源为国家所有。但资源的耗减速度是由开采者决定的，由于资源在人类历史中是不可再生的，因此，尽管并没有法律规定，上述情况仿佛是将资产的经济所有权转移给了开采者。所面临的情况是，直到该项资源耗尽，开采者只拥有开采权。没有一种完全令人满意的方法将该项资产价值分劈给法定所有者和开采者，因此当前的处理方法是，资产价值全部归入法定所有者的资产负债表，同时将开采者对所有者的支付作为租金处理。（因此此处使用的资源租金概念可以扩展应用于可耗竭资产。）

非培育性生物资源，水资源及其他自然资源

13.51 一些被认为有经济价值的非培育性生物资源、水资源及其他自然资源也包括在资产负债表中，但其中不含与其相应的土地的价值。由于无法获得可观测到的价格，通常是通过预期未来收益的现值进行估价。

合约、租约和许可

13.52 合约、租约和许可，可能是可在市场运作的使用自然资源的租约和许可证，也可能是开展某项活动的许可、以及未来货物和服务专用的授权。如第 17 章第 5 部分所述，此类合同只在以下条件下才被作为资产：法律协议使得持有者的受益超出了支付给自然资源出租人、所有者或许可发放者的价格，并且在法律上和实际上得到持有者的认定。建议只在资产价值较大且可以认定、并有必要的合适市场价格时才对这些资产进行记录。一旦超出合同协议时间，该资产便不复存在，因此，其价值应该随着合同剩余期限的缩短而下降。

商誉和营销资产

13.53 对商誉和营销资产，资产负债表记录的是企业被接收或营销资产被出售时出现在金融账户上的摊销后价值。对这些记录不进行重估价。

3. 金融资产和负债

13.54 遵循上述一般估价原则，只要金融资产和负债是在有组织的市场上有规律地交易，就对它们按现价估价。债权不在有组织的市场上交易，要根据债务人必须付给债权人以抵消债务的数额对债权进行估价。债权在资产负债表中具有同样的价值，无论其作为资产出现还是作为负债出现。价格应当不包括进行交易时对所提供服务支付的服务收费、酬金、委托金及其他类似费用。在第 11 章和第 17 章第 4 部分对此进行了更详细的讨论。

货币黄金和特别提款权

13.55 货币黄金按在有组织的市场上形成的价格或中央银行之间双边协议确立的价格来估价。

13.56 特别提款权的价值由国际货币基金组织根据货币篮子每日决定。它对本币的汇率可以从外汇市场价格中获得。该货币篮子和权数可以随时调整。

通货和存款

13.57 对通货来说，其名义价值或面值即是其估价。对于存款而言，债权人和债务人资产负债表中记录的价值是存款结清时债务人根据契约规定应偿还给债权人的数额。未偿本金数额中包括各种应付但未付的利息和服务费用。外币通货和存款以资产负债表编制日之现汇卖出价和买入价的中间点兑换为本币。与金融衍生合同有关的应偿还现金保证金费用应包括在其他存款中。

债务性证券

13.58 短期证券及对应的负债应以其当期市场价值进行估价。在高通货膨胀或高名义利率情况下，特别需要以此种方法估价。

13.59 长期证券应当始终按其市场价格估价，无论它们是定期支付利息的债券，还是付息很少的高贴现债券或不付息的零息票债券。其价格总是要将随时间发生的利息包括在内（即所谓含息价）。尽管长期证券发行者的名义负债可以固定为某一货币金额，但利息固定的证券的市场交易价格却可以随一般市场利率的波动而有相当大的变化。长期证券发行者通常有机会在市场上购回该证券来清偿其债务，因此按市场价格估价对长期证券的发行者和持有者都是合适的，特别是那些积极操纵资产或负债的金融交易者。

13.60 对于指数化债务证券，在资产负债表中也应按照市场价格估价，而不管与证券相挂钩的指数具有何种特点。

13.61 如果一项债务工具的本金和息票以某种外币为参照而被指数化，应当将该项债券视同是由该外币表示的，要按资产负债表编制日的中间点汇率将外币兑换为本币处理。

贷款

13.62 债权人和债务人的资产负债表中都要记录的贷款价值，是指未偿付本金的数额。这个数额中包括已产生但未付的利息。还应当包括间接测算的由该项债务所承担的已产生但未付的服务费用的数额（银行利息与 SNA 利息的差）。在一些例子中，已产生的利息会列在应收/应付款下，但如果可能最好是包括在贷款中。

13.63 贷款的价值不反映资产负债表日之后应付利息的影响，虽然在最初的贷款协议中可能规定了这种影响。

13.64 如果有贷款的二手市场，而且可以得到市场报价单，就应将此类贷款重新归类为证券。一份贷款只被交易一次，没有在市场中继续交易，就不再重新归类，只作为贷款处理。在此遵循债券和贷款的估价原则。

13.65 如果贷款的本金是指数化的，或本金和利息是某种外币的指数，应当将其按上述具有类似特征的债券相同的方法处理。

不良贷款

13.66 尽管资产负债表中记录的贷款是名义价值，但应当对那些有时没有支付利息的某些贷款进行确认，并将其包括在债权人资产负债表的备忘项目里。根据定义，属于如下三种情形之一的贷款即属于不良贷款：***应付利息和/或本金逾期 90 天及以上；根据协议逾期 90 天及以上的应付利息被资本化、再融资或延期；虽然应付利息逾期不足 90 天，但债权人有充分理由（如债务人申请破产）怀疑利息不能完全支付***。考虑各国在确认贷款为不良贷款时有不同惯例，这一不良贷款的定义可以灵活解释。一旦贷款被划为不良贷款，它（或任何重置贷款）应保持原有分类，直到收到支付或将本金核销，或以后来的贷款取代了原有贷款。

13.67 建议设立两个与不良贷款相关的备忘项目。第一个是贷款的名义价值，包括产生的利息和服务费用。第二个是这些贷款的市场等量值。最接近于该市场等量值的是所谓公允价值，即“近似于当事人之间进行市场交易而产生的价值”。可以利用可比较工具进行的交易、或利用现金流贴现的现期价值来建立公平价值，有时也可以从债权人的资产负债表中得到公平价值。当缺乏公平价值数据时，备忘项目只能利用一种次优方法确定，即以名义价值减去预期贷款损失。

13.68 这些备忘项目应当作为政府部门和金融部门的标准。如果它们对其他部门或对于与国外之间的贷款也有意义，就应当将其作为补充项目。

股权和投资基金

股权

13.69　***上市股票***会在证券交易所或有组织的金融市场中有规则地交易。在资产负债表中应以现期价格估价。

13.70　对于***未上市股票***，可能没有可观测的市场价格。这种情况经常发生在直接投资企业、私人权益资本、未上市或退市股权、上市但是非流通公司、合资企业、以及非法人企业。

13.71　在无法获得实际市场价值时，需要进行估算。可采取各种接近直接投资企业中股东权益市场价值的方法。以下这些方法无法按优劣排列，每一种方法都需要根据实际情况和结果的合理性进行评估。

a. ***近期交易价格***。未上市股票在过去年份里可能偶尔被交易，因此可以按曾经交易的近期价格进行估价。如果情况未变，近期价格就是现期市场价值的良好指标。该方法可以从交易日起在企业情况没有重大变化时尽可能长时期使用。随着时间和情况变化，近期交易价格会越来越不准确。

b. ***净资产价值***。可以对未交易股权进行评估，这样的评估可能要通过有一定知识的管理者或企业经理来实施，或者通过独立审计提供，以现期资产价值总额减去市场价值的负债（不包括权益）。估价应当是近期完成的（在过去一年之内）。

c. ***现值/市盈率***。未上市股权的现值可以通过预测未来收益然后进行贴现来估算。最简单地，可以采用与该方法近似的方法，即参照一个市场或行业的市盈率与该未上市企业的（平稳的）最近的过去收益，计算出一个价格。此方法比较适合于那些资产负债表信息很少但可以得到较多收益数据的情况。

d. ***统计人员根据宏观信息调整的企业账面价值***。对于未交易股权，可以从企业收集到“自有资金账面价值”信息，然后以合适的价格指标为基础形成一些比率——比如在同一经济中进行类似操作的上市股票的价格/账面价值比，进行调整。此外，可以利用适当的资产价格指数，对企业以成本计值运营的资产（如土地、工厂、设备、存货）进行重估价，转换为现期价格。

e. ***自有资金账面价值***。该方法采用直接投资企业账面上记录的企业价值来估价权益，它是以下几项之和：（1）实收资本（不包括企业发行股票中被自己持有的部分，但包括股票溢价款）；（2）企业资产负债表中被确定为股权的所有类型的公积金（包括会计准则认定为公司公积金的投资补助）；（3）累计再投资收益；（4）包括在账户自有资金中的持有损益，无论是作为重估价储备或收益/损失。对资产和负债的重估价越频繁，就越接近市场价值。几年不进行重估价的数据，不能很好地反映市场价值。

f. ***摊销全球价值***。全球企业集团的现期市场价值可以以其在证券交易所交易股票的市场价格为基础得到——如果它是上市公司，在交易所其股权是被交易的。如果可以确定一个合适的指标（比如销售、净收入、资产或劳动力），就可以以这些指标为基础，假设净市场价值对销售、净收入、资产或劳动力之比率在整个跨国企业集团里是固定的，将全球价值分摊到它有直接投资企业的各个经济体中。（选用不同指标，可能会产生显著不同的结果。）

13.72　如果上述几种方法都不可行，也许就需要使用一些不太合适的数据。例如，唯一可利用的资料是累计流量或以前的经过后续流量调整的资产负债表。这些资料使用的是以前时期的价格，因此应当用后续的价格进行调整，比如利用综合股票价格或资产价格指数进行调整，并要考虑有关的汇率变动。不建议采用未经调整的过去交易的总和。股权代表所有者的资金。生成股权的方法有多种，如发行股票，无须发行股票的股权注入（有时称作“盈余配送”或“资本配送”），股票发行溢价，累计再投资收益，或重估价。如果需要将累计流量用作测算股权价值的起点，这些都应当加以考虑，但不同类别都是股权的组成部分，在其他情况下不需要一一单独确定。

13.73 如果不能直接观测到现期市场价格，要决定到底采取哪一种方法，应考虑信息的可获得性，并要对最接近市场价值的可用方法做出判断。不同方法也许适用于不同的情况，如果市场价格无法直接观测到，无法按照固定模式比较各种备选方法的优劣。应当清楚所采用的方法，并要对其做出清晰的描述。《OECD 外国直接投资的基准定义－第四版》（OECD，2008）中对直接投资股权头寸的估价方法有更详细讨论。

13.74 ***其他股权***覆盖了其他各种不发行股票的公司或准公司的股权。这些公司包括公共企业、中央银行、一些其他特别政府单位、合伙企业、无限责任公司以及准公司，无论何时它们都是没有股票的机构单位。其他股权的估价应当等于该单位的资产价值减去其负债的价值。

投资基金份额/单位

13.75 货币市场基金和其他投资基金中的份额（或单位）可以用股权中所建议的类似方法估价。上市基金份额采用基金份额的市场价格估价。未上市基金份额则可从上述未上市股权估价方法中选择某一种方法估价。

保险、年金、养老金以及标准化担保计划

非寿险专门准备金

13.76 应记录在资产负债表中的非寿险准备金数额，是指资产负债表编表当日未满期保费，加上留出弥补未决赔款的数额。后者是处理索赔所预备支付的数额，包括有争议的索赔，以及意外索赔金额，它假定这些会发生只是尚未报告。

寿险和年金权益

13.77 在寿险和年金权益项下记录的存量价值与非寿险专门准备金相似，也表示有足够的准备金以弥补所有未来的索赔。不过对于寿险，准备金数额相当大，它代表了所有预期索赔的现期价值。在保险公司的商业会计中，有一些准备金被记录为奖金和折扣准备金。这是保险行业为了平滑收益，以及为了直到保单到期仍然保留一些收益的做法的结果。

养老金权益

13.78 养老金计划下的权益包括两项：一是当养老金数额的决定方式是事先商定的（像在一个定额福利计划之下一样）；二是当养老金数额依赖于从未来养老金缴款中获得金融资产（定额缴款计划）的投资绩效。对于前者，应采用养老金提供者负债的精算估计值；对于后者，其价值是代表未来收益人的养老金持有金融资产的市场价值。养老金权益的基础是计算出来的，第 17 章将对 SNA 处理此类问题的另一种方法进行详细介绍。

标准化担保下的代偿准备金

13.79 进入资产负债表作为标准化担保下的代偿准备金，应等于现有担保索赔的预期水平减去任何预期收回。严格说来，这些数额将代表那些担保受益单位的资产重复核算程度。例如，如果金融机构贷出 1000 份 20 个单位的担保，10 份是预期违约，贷款的价值仍然显示为 20000，此外贷方有一个涉及担保预期代偿为 200 的资产。但是，提供担保的单位有一个 200 的负债没有资产匹配，因此整个经济的资产净值并没有被夸大。

金融衍生工具

13.80 第 11 章讨论金融衍生工具的处理方法。包括在资产负债表中的金融衍生工具应当是其市场价值。如果得不到市场价值数据，也许可以采用其他适当的估价方法如期权模型或现值。

期权

13.81 在资产负债表中，期权应当以期权的现期价值（如果有的话）估价，或以应付权利金的数额估价。负债应记入期权卖方所在的部门，表示收购持有者期权的现期成本或持有收益的增加。这要取决于保证金制度如何操作，一个期权的价值为零可能更为适宜，因为持有者每天将得到（付出）盈利（损失）。这些资产项目的对应方为负债。

远期合约

13.82 远期合约以市场价值记录。当支付实现后，资产及相应负债的价值被分期清偿，并随后反映在资产负债表编表日期的价值中。期货合同的市场价值可在核算期间内根据标的项目中价格的变动，在一个资产头寸与一个负债头寸之间转换。所有价格的变化，包括这种变动的结果，都作为重估价处理。

雇员股票期权

13.83 雇员股票期权（ESO）应根据所授予的权益工具的公允价值进行估价。对于权益工具的公允价值，应利用在授予日已交易的期权同等的市场价值（如果可以得到的话）进行测算，或利用一个期权定价模型（二项式模型或 Black – Scholes 模型）进行测算。IASB 针对如何对雇员股票期权进行估价给出了详细建议，其建议可能被那些将雇员股票期权作为一种雇员报酬形式的企业所采纳。随着股票价格的变化，雇员股票期权的价值会在授权日与含权日之间，以及随后在含权日与行权日之间发生变化。第 17 章第 6 部分更详细地介绍了雇员股票期权。

其他应收/应付款

13.84 商业信用、预付款和其他应收或应付项目（如税、红利、地租、工资薪金、社会缴款），对债权人和债务人来说，都应按债务清偿时债务人有合同义务向债权人支付的本金额估价。产生于其他应收／应付款上的利息应包括在内，但通常而言，产生于债券上的利息则要作为该项资产的价值增长记录。存贷款利息应遵循各国的实际，如果未能纳入相应的贷款或存款原则之中，就应当归入这里。

4. 资产净值

13.85 资产净值是在特定时刻上所有金融和非金融资产与所有负债的差额。为了计算资产净值，每一资产和每一负债都要分开确定和估价。作为平衡项，对机构单位、部门以及经济总体都要计算资产净值。

13.86 对于政府、住户和为住户服务的非营利机构，资产净值的价值很清楚就是其所有者单位的价值。对于准企业，资产净值是零，因为假定所有者股权的价值等于其资产减负债。对于其他企业，情况则不很清晰。

13.87 在 SNA 中，企业资产净值的计算方法与其他部门完全相同，是全部资产合计减全部负债合计。在这样做时，股票及其他股权的价值作为企业的负债，包括在负债价值中。股票以资产负债表编表日期的市场价格包括在其中。这样，尽管一个企业是被其股东集体所有，但可以看到在股东权益价值之外还有一个资产净值（可能是正也可能是负）。

13.88 另一种计算方法与准公司的处理方法类似。根据这种股东权益价值计算方法，其资产净值是零。所计算的股东权益被称作自有资金，计算方法是用其资产总和减去不包括股票价值的负债总和。

13.89 导致自有资金价值非零的原因有许多。原因之一是存在未被识别出来的“资产”，例如SNA中的商誉和营销资产。另一个原因是SNA对一些金融资产（如债券和不良贷款）价值所持观点不符合公允价值方法。这些项目（其中一些或全部）可以从企业资产负债表获得，将这些因素之和与作为资产净值和所有者股权价值之差得到的数额做比较，可能是有用的。（对于未上市股票，实际上这可能就是估价这些股票的方法之一。）此外，股票市场价值反映了市场对未来收入流的敏感性，而未来收入流的波动要比企业潜在价值波动剧烈得多。

13.90 自有资金中包括各期积累起来的未予分配而是用作再投资的收益。企业收入加上应收经常转移，扣除应付经常转移（以及养老金权益调整），结果就可以作为红利分配。留存收益就是公司收入中可作为红利分配但未加分配的数额。该数额有时会是负的，表示从自有资金中撤资。对直接投资企业而言，一定比例的留存收益要作为再投资收益处理，该比例取决于直接投资者对该公司的控股程度。这些收益在金融账户中作为企业再投资记录，构成自有资金的一部分。

13.91 有时，部分自有资金可能会转入（或转出）一般或专项准备金，后者由于所有者的资本注入或收到投资补助而增加。

5. 备忘项目

13.92 除了不良贷款作为备忘项目以外，SNA还要求在资产负债表上保留另外两个备忘项目，以便显示那些在核心框架中未单独识别、但对特定机构部门具有专业分析意义的资产。这两个备忘项目是耐用消费品和外国直接投资。

耐用消费品

13.93 住户通常会拥有诸如汽车和电器之类的耐用消费品，然而，这些并不被视为用于导致住户服务的生产过程。它们不构成固定资产，因此也不体现在资产负债表中。但拥有这些数据是有用的，所以耐用消费品要作为备忘项目包括在资产负债表中。住户所有的耐用消费品存量要以现期价格估价，包括总额和扣除累计折旧——等同于固定资本消耗——后的净额。资产负债表中作为备忘项目记录的数据应当是这些累计费用的净额。

13.94 非法人企业拥有的耐用货物，可能会部分用于企业生产，部分用于家庭成员最终消费。企业使用的那部分价值应该在企业资产负债表中反映，但在实际中可能难以弄清这部分价值有多少。

外国直接投资

13.95 有趣的是，像外国直接投资会显示在金融账户中一样，资产负债表中也有类似的项目显示由非常住单位在本国投资以及常住单位对国外投资所形成的资产和负债存量。所有部门都可能对国外投资；但只有金融和非金融企业（不包括其中的非营利机构）才会收到来自国外的投资。

第 14 章 供给使用表及货物服务账户

A. 引言

14.1 第 6 章到第 13 章所描述的账户序列，刻画了经济的运转过程，其中特别强调收入是如何形成、分配、再分配、用于消费或资产获得的；什么时候应处置资产或发生负债，以获得其他资产或进行超过现有收入的消费。另一种观察经济的角度则较少关注收入，而是更多关注生产和消费过程：产品从何而来，又是如何被使用的。本章就是研究账户的这一方面，首先描述产品的平衡关系，然后将其推广到货物服务账户，并介绍这些账户在理论上和实际中的用处。本章还将阐述如何编制整个经济的供给使用表，以及与第 28 章中描述的投入产出表的联系。

14.2 相对于“商品平衡”和“商品流量法”，本章以及其他章节更偏爱用“产品平衡”和“产品流量法”这样的表达方式，因为近来使用更多的词汇是“产品”而非“商品”。然而，术语的变化并不表示方法有变化。

14.3 供给使用表是一个强有力的工具，可用于比较和比对不同来源的数据，从而改进整个经济信息系统的一致性。它们可用于对不同市场和产业进行分析，也可以在此分量水平上进行生产率分析。如果供给使用表是使用基层单位数据编制的（通常就是这样），它们还有助于在 SNA 体系与其他经济统计数据之间建立联系。

1. 产品平衡

14.4 可以肯定，一种产品之可供经济使用的数量，要么是由国内生产的，要么是由进口供给的。在核算期内，同样数量的这种产品进入经济活动，必定是用于中间消耗、最终消费、资本形成（包括存货变化）或出口。把这两句话合起来，可得到如下产品平衡式：

产出 + 进口 = 中间消耗 + 最终消费 + 资本形成 + 出口

14.5 第 3 章介绍的核算规则，包括第 6 章以及其他章节介绍的记录时间和估价规则，都适用于该恒等式中的各项目。由于产品的使用通常是以购买者价格计算的，而产品的生产通常以基本价格计算，所以有必要在等式左边（供给方）加上贸易和运输加价以及产品税减产品补贴，这样等式两边就都是按购买者价格计算的了。因此，对任何产品而言，更全面的***产品平衡勾稽关系是：按基本价格计算的总产出加进口、加贸易和运输加价、加产品税减产品补贴，等于按购买者价格计算的中间消耗、最终消费和资本形成之和再加上出口***。流通费用和税的处理很复杂，B 节将对其做详细阐述。进口和出口的估价需要特别考虑，将在下面的 B 节和 C 节中阐述。

14.6 以上产品平衡式对编制者来说是一个非常有力的工具，下面通过实例来说明。烟草制品（主要是香烟）的生产通常可以很好地核算出来，但是香烟的消费并不能很好地核算，因为在住户调查中，被调查者可能不愿准确报告其在这上面的花费。假定产出、进口、出口的测算是准确的，那么通过以上产品平衡等式就可以得到一个与等式中其他项目相协调的消费数据。于是，必要时，编制者可以自行判断，通过调整其构成项而使等式达到平衡。

14.7 等式中最薄弱的构成项未必总是最终消费数据。在某些情况下，消费数据可能比产出数据更可靠。例如，可能有许多出租车服务是由无管制或未观测到的活动提供的，此时，估计住户在出租车方面的消费，会有助于改善对产出的估计，将这些未被观测到的经济活动包括在内。

14.8 即使对那些没有非正规活动问题的项目，产品平衡式也是有用的。飞机的制造过程很长，既可用制造商申报的已完成数量，也可用潜在的购买者分期付款已支付的金额来测算在制品。必要时，这两方面的数据还需与金融账户中应收/应付款项目的记录保持一致。

2. 货物服务账户

14.9 如果针对经济中所有货物服务（单个产品或产品组）都建立了以上产品平衡等式，那么，将其加总起来，得到总计的产出、进口、中间消耗、最终消费、资本形成和出口，结果必定等于前面各章阐述的账户序列中提到的对应项。表现为加价的贸易和运输服务，可视为产品，用于中间消耗或最终消费、资本形成或出口。货物价值之中可能已包括这些加价价值，但这一事实并不会影响上述等式的平衡。因此，在对所有货物服务的产品平衡进行汇总时，这些加价肯定已经包括在内，不再需要另外设置专门的项目。

14.10 此处之产出和中间消耗数据对应着生产账户中记录的产出和中间消耗，因此所有产品平衡之和经过重新整理，即可得到以下***货物服务账户***：

产出 - 中间消耗 + 产品税 - 产品补贴 = 最终消费 + 资本形成 + 出口 - 进口

如第6章所述，等式左边是按市场价格计算的GDP，右边也等于按市场价格计算的GDP——这就是众所周知的按“支出法”计算的GDP。相对应的，等式左边就是按“生产法”计算的GDP。

14.11 货物服务账户是SNA中最基本的恒等式之一。它表达了这样一个观念：生产范围内的全部产出，加上进口，必定用于SNA其他两方面的基本活动：货物服务的消费或者积累。如果没有货物服务账户，供给使用表将无法全面阐明和列举出经济中的所有产品。整个账户序列就是在货物服务账户基础上，通过加入那些与收入形成、分配、再分配以及储蓄有关的交易来建立的。汇总所有机构部门和国外的这些交易，总来源就等于总使用。如果对账户序列中的这些交易加以“合并”，那么最终只会剩下货物服务账户。

14.12 供给使用表的每一行都体现着货物服务账户的基本恒等式。

3. 供给使用表

14.13 有了全部产品的平衡式，供给使用表就能建立起来。供给表和使用表在相同的估价和产品分类水平上成对编制。最常见的供给使用表是按购买者价格计算的。***其中，按购买者价格计算的使用表由一整套产品平衡式组成：这些产品平衡式涵盖了经济体系中的所有产品，以一个长方形矩阵的形式来表示，行向看是按购买者价格计算的产品价值，而各列则展示产品的各类使用。以购买者价格计算的供给表也是一个长方形矩阵，各行是与使用表相匹配的同样的产品组，各列是以基本价格计算的来自国内生产的供给，再加上进口列和价值调整列——以便得到每种产品（组）以购买者价格计算的总供给***。

14.14 下面的B节和C节，将分别描述供给表和使用表。

14.15 供给使用表是编制第28章所述投入产出表的第一步，同时其本身也有非常重要的作用，不论是作为分析工具还是数据质量控制工具。根据最初编制的供给使用表（它们不太可能是平衡的，到后来才会逐步平衡），生产法 GDP 与支出法 GDP 之间是存在差异的。只有供给使用表才能够提供足够严谨的框架来消除在测算整个经济之货物服务流量时的差异，以确保不同测算方法下的 GDP 能得到同样的数据。

14.16 在某些国家，由于统计体系不够完善，在常规统计基础上难以直接获取详细分类的住户消费支出资料。而供给使用表肯定可以提供这种分类数据。由此产生的一个好处就是，可以将在不同产品组上分配的支出比例，与消费者价格指数（CPI）的权重进行比较，以此检验 CPI 权重和供给使用表之间的合理性和一致性。

4. 产业维度

14.17 理论上有可能编制这样一套供给使用表，中间消耗只是一个总数，而使用表则体现每种产品有多少用于中间消耗，但没有进一步的细节。无论作为编制成果还是分析工具，这种供给使用表都没有什么价值，只不过是对供给使用表及投入产出表的一个最初描述，要将经济中使用的产品与这些产品的生产单位联系起来，还必须引入进一步的细节。最简单的情况（也是教科书中经常提到的情况）是，假设有可能在产品和生产单位间建立一一对应关系。事实上这就是将基层单位定义为仅生产一种产品的单位的真正动机。然而，尽管如此，也没有必要进行一对一的匹配，因为，当前在许多国家，矩阵中的产品分组数会多于生产单位分组数。出现如此结果的最重要原因是，大多数单位会生产多种产品，例如，一家制鞋厂可能同时生产凉鞋、运动鞋、制式靴和时装鞋，不可能也无必要针对每类鞋都规定一个基层单位。

14.18 一旦确定了生产单位分组，即可扩充供给矩阵，以准确展示每一组生产单位供给的产品；同时扩充使用矩阵，来显示每一组生产单位的中间需求。另外，与生产单位有关的附加信息可以添加到中间消耗的需求下，于是记录生产单位的各列就包括了增加值各构成要素以及总产出。换句话说，除了与总产品等价以外，还有下列恒等式：

中间消耗 + 增加值 = 产出

显然上述等式对每组生产单位（产业）都是成立的。此外还可以添加更多的信息，例如资本形成和雇员人数。这些扩展将在 D 节讨论。

5. 一个数字例子

14.19 E 节给出了一个供给使用表示例并辅之以相关文字说明。这些表格包含了本章所述的所有要点，但由于只是为了举例说明，因此它们的汇总程度较高而不够详细。另外，为了阐明其中要点，以下行文中会从这些表格中做局部摘录。

B. 供给表

14.20 供给矩阵的主要部分是分产业的产品（商品）矩阵，表示哪个产业供给或“制造”了哪些产品。由于这个原因，它有时也被称为“制造矩阵”。

1. 产品和生产单位

14.21 虽然可以用企业作为基本结构单元来编制一张供给表，但更常见的是基于基层单位编制，一般也建议使用基层单位。正如引言所述，基层单位指仅生产一种产品的单位，这一想法来自投入产出表，即希望产品分组和生产单位分组之间能够一一对应。第 5 章所述确定基层单位的所有规定，在用基层单位数据编制供给矩阵时也同样适用；实际上，尽管在一些短期经济指标中可能会使用基层单位水平的数据，但在 SNA 中，它们仅用于供给使用表。

14.22 产品分组的最常用基础是主产品分类（CPC），由此得到的组通常称为“商品”——即现在所说的“产品”。生产单位分组的最常用基础是 ISIC，由此得到的组通常称为“产业”。

14.23 在生产单位分组数和产品分组数相同的情况下，每一列将会有一个数值很大的单元，代表该组生产单位的主要产品，也就是在增加值中占了最大比例的产品。如果某生产单位组由纯基层单位组成，那么这一列中就不会有其他项。但绝大多数情况下还是会有一些次要生产，由此会在该列其他单元格中显示出一个比较小的数字。

14.24 如果生产单位分组数和产品分组数相同，应这样部署行与列：使主产品项目位于该矩阵的对角线上。

14.25 实践中，产品分类数总是比生产单位的分类数更多些。例如，有必要对产品按照农作物种类进行细分，但却没必要也不太可能把耕种活动细分到各类农作物上。因此，供给表（制造矩阵）应该是一个行多于列的长方形，但相似的产品应安排在相邻行，从而便于汇总相似产品行以得到方阵。

14.26 编制过程中，用到的产品细目数越多，分散在主产品项之外的项目就会越多；例如，如果一个农场生产不止一种农作物，或者一家机械制造商生产多种类型的机械，就会出现这种情况。在“农产品”和“机械”这样的分类水平上，非对角线上的单元就都会合并到对角线单元上来。

14.27 然而，除了相似产品外，许多基层单位也会提供一些批发零售服务、运输服务和建筑活动；建筑活动生产有时是为了自用，此时应作为资本形成。

2. 核算规则

14.28 第 3 章所述的交易记录时间、改道和分解等所有规则，同样适用于供给使用表中的项目。

14.29 尽管供给使用表不记录财产收入流量，但是与利息支付、金融资产和负债获得及处置有关的金融服务都要记录在供给使用表中。第 17 章将详细解释哪种类型的金融服务流量与金融资产交易和财产收入流量有关。

14.30 与流通费用有关的流量的改道，将在下面估价部分阐述。

3. 生产

14.31 在供给使用表中记录产出的原则和第 6 章所述生产账户中记录产出的原则是完全一致的。需要强调的是，前面有关账户序列各章节中所阐述的 SNA 的所有概念和定义，都完全适用于供给使用表和投入产出表；区别只在于账户的表现形式，而不是 SNA 的基本原则。

14.32 正如引言部分所述，供给使用表中的生产单位，是参照产业分类标准如 ISIC 来确定的。然而，将生产单位分为市场性的与非市场性的也是非常有用的。这种分类可以普遍应用，或者只应用于那些两种生产通常都大量出现的情况，例如卫生服务和教育服务。类似的，自给性生产也需要特别关注，最好能够从 ISIC 分类中区别出来。（例如建筑活动）

14.33 一般的，为了与第 4 章与第 5 章中的处理保持一致，辅助活动的产品在账户中不记录为产出。但是也有例外。比如某些产品既属于为自身使用的辅助活动，同时也向其他单位提供。另一种例外是比较适合将某生产辅助产品的单位作为一个单独的基层单位处理，例如，处于某地点的某辅助活动单位，已经成为当地的重要就业来源。

14.34 考虑到之前关于单位的讨论，供给表的生产部分是一个以产品组为行、生产单位组为列的矩阵。这个矩阵中之各项分别表示各生产单位组生产的各种类型产品的产出价值。创建基层单位的目的，就是为了对横向和纵向一体化企业进行分解，以使矩阵的每一行、列都有一个主要项，除此之外则仅有几个数值虽不为零但通常却相当小的项目。第 5 章对有关企业的这种分解有更多的讨论。

14.35　表 14.1 展示的是表 14.12 中供给矩阵的第 16、20、23 和 24 列。在完整表中可以清楚地看到，市场生产子矩阵中的大部分项目都是 0。显而易见，即使在删简表中，为自身最终使用的生产和非市场生产中的大部分项目也都是 0。

表 14.1：供给表生产部分：删简版

	市场生产	为自身最终使用的生产	非市场生产	合计
农业、林业和渔业产品（0）	78	9	0	87
矿石和矿物，电、气、水（1）	195	0	0	195
制造业产品（2-4）	1707	7	0	1714
建筑（5）	213	31	0	244
贸易、住宿、餐饮、运输服务（6）	233	0	0	233
金融保险（7，不包括 72-73）	146	0	0	146
房地产服务、租赁服务（72-73）	100	95	0	195
商务和生产服务（8）	256	0	0	256
社区和社会服务（92-93）	63	0	212	275
其他服务（94-99）	86	5	0	91
公共管理（91）	0	0	168	168
合计	3077	147	380	3604

4.　进口

分类

14.36　为了把进口货物和国内生产相加以得到总供给，进口也必须使用与国内生产相一致的产品分类。但是二者的对应并非总是那么直接，因为进口（出口）不是按 CPC 而是按 HS 或 SITC 分类的。能否找到足够详细且与国内生产分类一致的贸易分类数据，可能是确定供给使用表所用分类详细程度的一个主要因素。

加工品

14.37　传统观念认为，投入产出表和供给使用表描绘了生产的物理过程或技术过程，目的是为了显示哪些产品按什么比例结合起来去生产其他产品。结合基层单位概念来说就是，如果某企业的一个基层单位生产钢材，而另一个基层单位生产钢材制品，那么第一个基层单位的钢材就被认为是交付（或出售）给了第二个基层单位。这就意味着最终消费者购买的钢材制品完全是来自于第二个基层单位，而生产账户中，此钢材价值会同时显示在中间投入和产出里。对那些运到海外加工再运回原经济体的货物，也采用类似的方法处理。

14.38　根据 SNA，如果货物从第一家单位交付给第二家单位，要虚拟其发生了所有权变更。但对进出口特别是在把货物运到海外加工的情况下也这样处理，是不适当的，因为，为了确保 SNA 的一致性，必须虚拟一个金融交易，和虚拟的货物所有权的变更相匹配。然而在实际上，货物加工单位不承担任何与产品有关的市场风险，所有的风险仍属于其法定所有者。加工者不承担与部件或最终产品有关的任何意外价格变化带来的风险（也不会因此而获益），它所承担的唯一风险仅限于如何通过最有效的管理来满足合同约定的要求。加工者的产出价值是商定的加工费，所加工的货物服务价值的任何其他变化——例如持有损益、研发的合并、营销资产的收益——都属于该产品的法定所有者。如果加工是在海外发生的，产品加工国的出口价值仅包括加工费。

14.39　在全球化市场中，由于业务外包的重要性日益增加，以下问题越来越引起关注：劳动报酬从何而来，营业盈余有多少属于加工者又有多少属于委托加工的单位。

14.40　某基层单位为另一个单位加工货物，其投入模式与自己生产类似货物的投入模式可能大不相同。下面以原油加工为例来做简单描述。自己炼制石油的单位，原油是其中间消耗，精炼石油产品是其产出。为其他单位加工的单位，拥有所有其他类似投入，使用一样的固定资产，但是在其生产账户上，既不显示原油也不显示精炼石油产品。对大体等量的原油加工而言，增加值和其他投入是可比的，但若加工是由非常住单位完成的，则进口不包括原油，出口不包括精炼石油产品，而只包括加工费。这种处理不会影响对外经常交易差额，但只记录加工费而不是加工后的全价，却会影响进口和出口占 GDP 的比重，而且会更加真实地描述国内金融资源需要为进口提供多少资金，以及从出口中获益多少。

14.41 常住生产者进行的产品加工，可以有同样的结论。第 6 章讨论了是否需要记录同一企业内部不同基层单位之间的交付。

14.42 用加工费而不是加工后的全价来测算加工品，改变了投入产出系数的性质。它们代表的不再是产业生产的技术结构而是经济过程的技术结构。在本例中，系数的变化可能不是由技术变化引起的，而是由为自己加工与为其他单位加工之原油比例的变化引起的。第 26 章对如何处理加工品（以及相似但又有所区别的转口货物）进行了更深入的讨论；但是，这样一来，对供给使用表和投入产出表的后续影响会非常大，同时会改变对这些表所传达信息的许多传统看法。

14.43 只将投入产出系数理解为产业的技术结构，显然没有认识到其他因素的作用，例如固定资产是自有的还是租赁来的，辅助活动的重要性，为实现表上统计平衡所带来的后果。这些因素在确定投入产出系数时发挥着重要作用，但是越来越多的第三方产品加工，可能是对系数变化影响最大的一个独立因素。

5. 估价

14.44 正如引言所述，为了使总供给和总使用保持平衡，两方必须按相同的方式计价。达到这个目标的最通常做法，是将按基本价格计算的总供给提升到按购买者价格计算，这里描述的也是这种方法。另外一种替代方法是 D 节中在讨论供给使用表价格缩减时所提到的，将按购买者价格计算的总使用降低到按基本价格计算。

14.45 首先需要扼要重述一下第 6 章所述的购买者价格、生产者价格和基本价格之间的差异，并且，由于增值税和类似的可抵扣税的复杂性，需要先列举增值税的三种不同记录方式。

a. 发票单列增值税是生产者销售时的应交增值税，它在生产者对购买者开具的发票上单独列出；

b. 可抵扣增值税是购买用于中间消耗、固定资本形成和转售货物或服务时的应交增值税，允许用于抵扣生产者在出具给顾客的发票上单列的、应交给政府的增值税；

c. 不可抵扣增值税是购买者支付的、无法从其应交增值税额（如果有的话）中扣除的增值税。

14.46 与增值税的记录方式有关，SNA 中的价格有如下表现形式：

a. 购买者价格，是购买者在指定时间地点获得每单位货物或服务所支付的金额，它不包括任何可抵扣增值税或类似的可抵扣税。货物的购买者价格包括按购买者要求在指定时间运送货物到指定地点而另行支付的运费；

b. 生产者价格，是生产者就其生产的每单位货物或服务产出从购买者那里所获得的、扣除了向购买者开列的增值税或类似的可抵扣税后的金额。它不包括生产者在发票上单独列出的任何运费；

c. 基本价格，是生产者就其生产的每单位货物或服务产出从购买者那里所获得的、扣除了生产或销售时应付的所有产品税、再加上所获得的所有产品补贴后的金额。它不包括生产者在发票上单独列出的任何运费。

14.47 如果产品不是由生产者直接出售，而是要通过一个或多个批发商或零售商转售，就必须要考虑如何分配这些批发商和零售商对这些产品成本的加价。一种处理方法是把这些加价作为从生产者价格提升到购买者价格的另一个因素。另一种处理方法是认为购买者进行了两笔不同的交易，一笔交易是直接从生产者那里购买了产品，另一笔是购买了相关加价服务。按购买者价格计算的供给使用表采用了前一种处理方法，而按基本价格计算的供给使用表则是从后者来考虑的。

14.48 无论选择哪一种处理贸易加价的方法，这三种价格之间都有以下联系：

购买者价格

- 批发零售分配的加价（贸易加价）
- 发票上单列的运输费用（运输加价）
- 不可抵扣增值税

= 生产者价格

- 与生产有关的产品税，不包括单列在发票上的增值税

+ 与生产有关的产品补贴

= 基本价格

14.49 因此，要将产出和进口的价值转变为以购买者价格计价，需要考虑三个因素：

a. 贸易加价

b. 运输加价

c. 产品税减补贴

下面将依次考虑这些项目。贸易加价通常在数值上会比运输加价更加显著，但在概念上比较明确。运输加价则很复杂，因为要考虑运输费用的不同收取方式。

贸易加价

14.50 贸易加价可能很显著，而且几乎所有的货物都会有。如果按购买者价格编制供给使用表，必须将贸易加价添加到产品组各行。

14.51 为说明批发零售服务的使用，供给使用表在供给部分增加了一个调整列。通过该列表示，每一货物组在价值上追加的贸易加价，正好与贸易服务这一行中的负数项抵消。典型的运输加价项目也以同一方式处理。表 14.2 给出了这个调整列——来自表 14.12 完整供给表的第 2 列。

表 14.2：包含在供给中的贸易和运输加价：调整项示例

	贸易和运输加价
农业、林业和渔业产品（0）	2
矿石和矿物，电、气、水（1）	2
制造业产品（2-4）	74
建筑（5）	0
贸易、住宿、餐饮、运输服务（6）	-78
金融保险（7，不包括 72-73）	0
房地产服务、租赁服务（72-73）	0
商务和生产服务（8）	0
社区和社会服务（92-93）	0
其他服务（94-99）	0
公共管理（91）	0
合计	0

14.52 贸易加价通常发生在经济体内，但既可附加于国内生产上也可附加于进口上。另一方面，运输加价可能由常住单位提供也可能由非常住单位提供，同时既可以向常住单位提供也可以向非常住单位提供，下面各段要讨论运输加价问题。

运输加价

14.53 在讨论进口品运输加价之前，先讨论国内运输费用，看其在供给使用表中是如何体现的。

国内运输费用

14.54 如第 6.65 段与第 6.66 段所述，如果生产者允诺为购买者运送产品，且不加收其他费用，那么运送的费用就会包括在基本价格里。只有那些购买者在发票里特意注明的运输加价，才构成购买者价格的一部分。

14.55 考虑这样一种情况，单位 A 出售产品给单位 B。为了简单，假设它们都是生产者，工厂间有一定的距离。假如 B 从 A 那里收

到产品，支付了 200，从 A 工厂到 B 工厂的运费是 10。A 和 B 都有运输队，可以把产品从 A 工厂运到 B 工厂，或者也可以请第三方 C 来运输。产品和运费都要支付 10% 的税（不是增值税）。那么，把产品从 A 运到 B，不同运输方式会导致在三种价格下的不同价值，结果见表 14.3。

14.56 表 14.3 给出了六种情况，结果显示，即使 B 负担的总费用相差不多，使用矩阵中的项目却大不相同。只有在 B 自己运送产品时，产品的购买者价格加上运费才少于 231。这种情况下，必须假定为运送产品发生的内部费用是 10——与其他方式一样，只是少了应交税金 1 才造成运送 A 产品的总费用下降，虽然这时的购买者价格是 220，而其他运送方式下的购买者价格是 231。

14.57 如果 A 或 B 将运输作为辅助活动，汽油和其他消耗费用将会出现在中间消耗中，司机的工资是雇员报酬的一部分，而运输工具的使用将体现在固定资本消耗中。

14.58 如果 A 将运输作为一种次要活动，也将会有这些项目，但这些次要活动的费用要作为 A 的主要活动的中间消耗显示。

14.59 如果 C 作为 A 的代理，不论 A 是否直接从 B 那里收取了 C 服务的费用，C 的服务费用都是 A 的中间消耗的一部分；当 C 是由 B 直接雇用时，那么 C 的服务费用是 B 的中间消耗的一部分。

14.60 这些不同的记录方式背后的基本原理是：不同情况下，所有权发生变更的时点是不一样的。如果 A 同意提供或者不得不提供到 B 的运输服务，即使是由 B 付费的，那么，把产品运到 B 的工厂时其所有权才发生变更。如果 B 同意或者不得不自行安排运输，那么产品在离开 A 的工厂时，所有权就发生了变更。

国际运输费用

14.61 国民核算人员用来分配国内运输费用的信息通常来自国内基层单位调查。在上面的例子中，关于单位 A、B 和 C 的信息从理论上来说是可以得到的。但是对运送到国外基层单位的产品来说，情况就不一样。A、B、C 都有可能是非常住单位。最通常的情况是必须利用由海关编制的行政记录信息。然而，越来越普遍的情况是，一些产品的流通并未在海关留下直接监管记录。如果服务业涉及与服务交付相关的运输费用，也会发生上述困扰，不过这种情况在服务业中非常少见。

14.62 下面就是未包括在海关统计中的一些货物：

a. 货物在跨越几个经济体的单一关税区流通；

b. 货物被运送到离岸基层单位，例如石油平台；

c. 某些类型的货物，例如像钻石和其他高价值但体积小的贵重物品，可能由个人携带；

d. 船舶和航空器，自身很难隐藏，但难以从交通工具本身来判断是属于另一个经济体，还是运行在国内经济范围内。

表 14.3：一个例子：运输费用对价格的影响

运送方式	基本价格	税	生产者价格	运输加价及相关税	购买者价格	说明
A 向 B 收取全包价，利用自己的车队运输	210	21	231		231	运输是 A 的一种辅助活动
A 向 B 收取运费，但利用自己的车队运输	200	20	220	11	231	运输是 A 的一种次要活动
A 向 B 收取全包价，但利用 C 运输	210	21	231		231	C 的生产活动是 A 的中间消耗
A 向 B 收取运费，但利用 C 运输	200	20	220	11	231	C 的生产活动是 A 的中间消耗
B 利用自己车队运输	200	20	220		220	运输是 B 的一种辅助活动
B 利用 C 运输	200	20	220		220	B 买了两件产品，从 A 那里买了 220，从 C 那里买了 11
	10	1	11		11	

因此，有必要考虑把向海关申报的产品和其他国际贸易产品分开。同时还需要单独考虑与转口货物及海外加工货物有关的运输服务。

未包括在海关记录中的产品

14.63 在缺少海关记录情况下，必须通过调查和其他资料来源获取有关的信息，并且通常要记录实际交易发生时的价格。前面对国内货物运输的分析，也可以类似地应用于国际运输。当供给方（出口商）负责把货物运给进口商，货物的价值将包括运费。当购买者（进口商）负责运输时，货物的价值不包括运费，运输部分要作为一项单独的服务购买。无论哪一个单位负责运输，货物的价值对进口商和出口商来说，都是相同的。这是与下面即将讨论的海关商品贸易统计中所使用的估价之间的一个重要区别。

14.64 继续使用之前提到的那个例子。如果 A 和 B 是不同经济体中的常住单位，只要 A 负责为 B 运送货物，从 A 出口的价值（相应的就是 B 进口的价值）中就包括了运输因素。如果 B 负责运输，那么无论是 A 出口的价值，还是 B 进口的价值，都不包括运输价值。

14.65 如果由第三方 C 承担运输，C 的常住性对于决定进口和出口的总价值就是非常重要的。如果 C 和 A 属于同一经济体，并为 A 提供服务，这就是 A 所在经济体的国内交易。然而，A 的出口货物价值将会反映这个事实，其中必须包括从 C 购买的服务的价值。如果 C 和 A 属于同一经济体，但为 B 提供了从 A 运货到 B 的服务，那么意味着 C 也向 B 提供了出口，但要记录在运输服务出口中，而不是货物出口。

14.66 如果 C 和 B 属于同一经济体，并和 A 签订合约给 B 运送货物，那么，就要视为 A 所在经济体从 B 所在经济体进口了运输服务，它要包括在从 A 到 B 的出口价值中。如果 C 是和 B 签订合约来运送货物，那么即使 C 是在国外的领土上运营，收集和运送货物，这也是 B 所在经济体内的国内交易。

14.67 如果 C 属于与 A 和 B 都不同的另一个经济体，那么，对 A 提供的服务构成了 C 所在经济体对 A 所在经济体的服务出口，从 A 到 B 的出口货物价值应包括这个服务进口费用，正如前文应包括国内交易价值一样。如果 C 和 B 签订合约来运送货物，那么费用就是 C 所在经济体到 B 所在经济体的服务出口。

14.68 正如国内运输的那个例子一样，货物价值是否包括运输费用，取决于进口商或出口商谁负责运输。这等同于所有权变更是发生在货物从 A 运到 B 之前还是之后。

包括在海关记录中的产品

14.69 在绝大多数国家，货物进出口的绝大部分信息都来自于海关申报单。这些申报单是为了行政管理的目的，也就是为了征收进口和出口税而编制的；因此用于国民核算或者国际收支时并不那么理想，但是由于其可得性以及估价的一致性，目前也还都在使用它。

14.70 在海关申报中，进口通常是以物品进入进口国时的 CIF（到岸价格）来估值的（也就是说其中包括了货物成本、保费和运费）。作为标准，这种估价方式不考虑 CIF 中的各种成分是否由国内企业提供，因为进口关税是按 CIF 估值征收的。它也不包括从进口经济体国界把货物运到进口商预定地的运输费，而这种运输服务的提供者可能是常住单位也可能是非常住单位。出口是以离开出口国时的 FOB（离岸价格）来估值的。它包括了从出口商厂房到出口经济体边界的运费。CIF/FOB 的估价原理在于，普遍的情况是货物要由船从一个国家运送到另一个国家，因此可以合理地假定，上船前或卸货后的运输将由相关经济体内的常住运送者承担。这个假定在海运和航空运输中依然适用。但对于通过陆路运送的货物，即通过一辆车就把货物从出口方运送到进口方并不在国境上停留的情况，这一假定并不令人满意。

14.71 正如已经提到的，如果是出口商和运送者（不论运送者是哪个国家的）签订合约，那么运费就已包括在进口货物的价值中；尽管将其称为 CIF，但对 SNA 来说这没什么用处，因为它是进口货物成本的一个合法组成部分，不应该被认为是运输服务的单独进口。如果运输合约是与出口方的非常住单位签订的，那就是为出口商提供了运输服务，这要作为出口经济体的服务进口。

14.72 如果是进口商和非常住运送者订立了合约，那么就发生了服务的进口，对 SNA 来说，最好是能够把按 CIF 计算的价值区分为货物价值和运输服务价值两部分。如果进口商自己运送或者和本经济体内的一家单位签订运送合约，那么实际上没有发生服务的进口，即使进口货物以 CIF 记录时会显示出这部分进口。为了抵消这一部分，需要虚构一个同样数量的服务出口，以修正货物和服务的经常项目差额。

三角贸易货物的运输

14.73 三角贸易是指 X 经济体的单位从 Y 经济体购买货物然后向 Z 经济体出售的过程。货物从法律上来说变更了所有权，但却没有实际进入所有者的经济体系内。按照惯例，转售货物的获得应记录为负的出口。当货物销售后，它们再记录为“正”的出口。如果货物获得和出售发生在同一核算期，其差值记录为出口的增加。如果当期只发生了货物的获得，那么负的出口就会被转售货物的存货增加所抵消，即使这时那些货物还留在国外。在下一个核算期，货物被出售时，其销售所发生的出口，被存货的减少所抵消。通常，存货的减少应该以当时的价格估算，由于价格变化而导致的价值增长应记为持有损益。

14.74 从 Y 到 Z 的货物运输服务，可能是由 X、Y 或者 Z 经济体内的单位支付费用，其记录原则应与前面提到的原则一致。（有关三角贸易的更多内容可参见第 26 章）。

海外加工货物的运输

14.75 X 经济体把货物运到 Y 经济体进行加工，但是没有改变货物的所有权，加工后它们又返回到 X 经济体，这既不记录为货物从 X 经济体到 Y 经济体的出口，也不记录为 Y 经济体到 X 经济体的出口。如前所述，只把加工费记录为 Y 向 X 的服务出口。然而，需要考虑货物从 X 运送到 Y，以及从 Y 运回 X 的运输费用。这段路程上的费用，不包括在货物自身的价值中，必须记录为运输服务。如果 X 负责货物的往返运输费用，除非运输是由 X 或者 X 所在经济体的另一常住单位提供的，否则这部分费用是 X 的进口。如果 Y 负责货物的运输费用，除非运输是由 Y 或者 Y 所在经济体的另一常住单位提供的，否则这部分费用是 Y 的进口。当 Y 负责运费（单程或往返）时，费用将包含在商定的加工费中，进而也将包含在 Y 向 X 出口的服务价值中。

供给使用表中对运输加价的记录

14.76 在供给使用表中，必须二者择一：要么将按基本价格计算的供给项调整为按购买者价格计算，要么将按购买者价格计算的使用项调整为按基本价格计算，因为平衡表的双方必须以同一价格表示。通常在编制使用表时，至少最初是按购买者价格计算的。正如表 14.3 所示，不论货物如何从卖方运到了买方，价值通常是一样的，其中唯一的例外情况是，买方使用自己的资源取回了货物。但是，在使用表中记录运输服务的方式，严格来说将取决于运输服务是如何提供的（利用自身的资源还是第三方的资源），以及由谁提供的（买方还是卖方）。表 14.3 所示就是对应不同情景的不同记录方式。

14.77 供给表中货物进口是以基本价格记录的，随后加上各种税和加价。并没有一个普遍适用的方法用于估计进口货物的基本价格。下面的建议应该注意。

a. 如果数据并非来自海关记录，则假定使用实际交易价格作为基本价格，这时需要弄清运输服务是否在发票中单列。如果是的话，基本价格就未包括运输费用；如果不是的话，基本价格就包含了运输费用，此时购买者价格和基本价格之间的差异就仅仅是购买者支付的税。

b. 如果数据来自海关记录，同时货物出口方负责运输费用，以基本价格计算的货物价值中就包括了运输费用。在这种情况下，CIF 近似于基本价格（除非假定由国内运送者负责从出口国的边境运送货物）。购买者价格与基本价格的差异仅在于由购买者支付的税的净额。

c. 如果数据来自海关记录，同时货物进口方负责运输费用，以基本价格计算的货物价值中则不包含运输费用。在这种情况下，FOB 近似于基本价格（近似相等是因为从原产地到出口国国界的运输费会包括在 FOB 中）。购买者价格和基本价格的差异就在于发生的运输费用，以及购买者支付的税的净额。

d. 从海关申报单中判断哪个单位负责运输费用或许是不太可能的，而且即使可能，理论上来说，也应该将运输费用从货物价值中单独区分出来，但在实践中却可能没有相关信息和数据来源进行此种区分。在这种情况下，只能对进口的 CIF 按货物类型分解。假如货物进口使用了经分解的 CIF 数据，那么，也包括在服务进口中的运输和保险费用将被重复计算。为了避免这种情况出现，所以要在供给表中插入一个调整列。该调整列由对运输服务和保险服务这两个项目的减值组成，等于对这些项目的 CIF/FOB 调整，同时要对货物进口进行一次抵消性总调整。表 14.4 给出了进行此类调整的一个例子。

表 14.4：一个例子：对供给表中进口项进行 CIF/FOB 调整

	CIF/FOB 调整	货物	服务
农业、林业和渔业产品（0）		37	
矿石和矿物，电、气、水（1）		61	
制造业产品（2-4）		284	
建筑（5）			
贸易、住宿、餐饮、运输服务（6）	-6		62
金融保险（7，不包括 72-73）	-4		17
房地产服务、租赁服务（72-73）			
商务和生产服务（8）			5
社区和社会服务（92-93）			
其他服务（94-99）			
公共管理（91）			
CIF/FOB 调整	10	-10	
常住者在国外的购买		20	23
合计	0	392	107

产品税和产品补贴

14.78　增加了经济体可用产品价值的产品税和产品补贴，正是那些在第 7 章中提到的产品税和产品补贴。其他生产税包括在以基本价格计算的产出中，而其他生产补贴不包括在内，因此，此类税收调整数据不会干扰基本价格和购买者价格估价。

14.79　SNA 中，增值类税包括真正的增值税和类似于增值税的可抵扣税。SNA 建议，产出价值（即使以生产者价格计算）不包括生产者单列在发票上的增值税，进口的价值也同样不包含发票单列增值税。对于中间使用和最终使用，所记录的货物服务购买也只包括不可抵扣增值税。

14.80　哪些增值税通常是可抵扣的、哪些是不可抵扣的，以及哪些是不征收增值税的，其一般情况可表述如下：

可抵扣增值税的情况：

- 绝大部分中间消耗
- 绝大部分固定资本形成

- 部分存货变化

不可抵扣增值税的情况：

- 绝大部分最终消费支出
- 部分固定资本形成
- 部分存货变化
- 部分中间消耗

不征收增值税的情况：

- 出口
- 增值税率为零的货物或服务，不论其用途为何
- 无须进行增值税注册登记的生产者（小规模企业或类似生产者）

14.81 当产出以基本价格计算时，税收这一列包括了对产品征收的全部的不可抵扣增值税、进口税和进口关税（不含增值税）、出口税及产品税（不含增值税、进口税和出口税）。当产出以生产者价格计算时，税收这一列只包括进口税和进口关税（不含增值税），加上对这些产品征收的全部的不可抵扣增值税。

14.82 补贴记录为负的生产税或负的产品税。在估计供给时，只有产品补贴（如果有的话）能进入税收调整这一列，它们以负号出现，表示它们减少了而不是增大了购买者价格。

14.83 表 14.5 所示内容来自表 14.12 这一完整供给矩阵中的第 3 列和第 4 列，是与产品税和产品补贴有关的调整。

表 14.5：一个例子：调整供给使其包含产品税净额

	产品税	产品补贴
农业、林业和渔业产品（0）	5	-3
矿石和矿物，电、气、水（1）	5	
制造业产品（2-4）	94	-5
建筑（5）	17	
贸易、住宿、餐饮、运输服务（6）	5	
金融保险（7，不包括 72-73）	0	
房地产服务、租赁服务（72-73）	0	
商务和生产服务（8）	11	
社区和社会服务（92-93）	0	
其他服务（94-99）	4	
公共管理（91）	0	
合计	141	-8

C. 使用表

14.84 使用表可以认为是一张包括四个象限的矩形表，两个象限在上方，两个象限在下方。左上方的象限，是一个表示不同生产单位对不同产品使用情况的子矩阵。换句话说，这个象限是由中间消耗构成的，行表示产品，列表示产业。右上方的象限，包括一个表示最终消费者对不同产品使用情况的子矩阵、一个出口子矩阵和一个表示不同产品资本形成的子矩阵。这三个子矩阵合计起来就是最终需求。左下方的象限，是关于增加值的一些信息，它分为雇员报酬、营业盈余总额或混合收入总额、生产税减补贴，是收入形成账户的要素。这五个子矩阵均会在下文阐述。右下象限是空的。

14.85 使用矩阵的上半部分（中间需求和最终需求象限）可以用购买者价格或者基本价格来估算。本节讨论以购买者价格估算的子矩阵。以基本价格估算的使用表以及物量使用表将在 D 节讨论。

14.86 把左边的两个象限（中间消耗象限和增加值象限）结合起来看，即从列向来看，每一列都与一组生产单位有关（其分类水平比企业组更细），可以提供其生产账户和收入形成账户的信息以及其他信息。其他信息主要包括每个生产单位组的资本形成和雇员人数。这些问题也会在 D 节讨论。

1. 生产单位使用的产品

14.87 记录每类生产单位对特定产品使用情况的

子矩阵（表的左上象限）一直以来被认为是供给使用表和投入产出表中最受关注的部分。它刻画了产品是如何转化为更复杂的产品，用于进一步的加工、或销售给最终使用者或者出口的。与表示生产单位所生产产品的供给表或制造矩阵相比，使用表之子矩阵（有时称为“投入矩阵”）相对比较密集。对同一产品的市场生产者、自给性生产者和非市场生产者来说，其投入模式彼此之间可能很类似，但其间差异也足以说明这三种生产的不同特性。

14.88　中间消耗的定义以及与劳动使用、资本使用支付的区别，与第 6 章的解释是一样的。

14.89　编制这一子矩阵通常要从基层单位提供的中间消耗信息开始。这些信息可能是按照其使用目的而不是商品种类来分类的。基层单位的中间消耗采用按目的划分的生产者支出分类（COPP），它包括六个主要类别，其中仅有一类与当前生产技术有关。其他五类包括了对大部分基层单位都通用的更一般的类别，例如市场和人力资源开发支出。第 29 章会作为卫星账户对这些细节进行讨论。

14.90　如果这些信息就是提供给编制者的全部信息，那他就必须考虑到不同类型生产单位的差异，判断每一类下应包括哪种类型的产品。

14.91　重要的是要牢记对子矩阵中数据的解读。行合计数表示某种产品中有多少被生产单位用于中间消耗。列合计数表示某一类生产单位用作中间投入的各类产品的合计。这两个合计项的大小绝对没有任何联系，但对那些不熟悉供给使用表特点的人来说，常常会将这两个概念混为一谈。

14.92　表 14.6 所示来自使用矩阵的第 16、20、23 和 24 列，其中包括了各类生产的中间消耗。它与表 14.1 形成了一个对照，表 14.1 摘录了表 14.12 之供给部分中的同样几列。表 14.1 显示出，制造业中的市场生产者生产了绝大多数的工业产品；而表 14.6 则显示，三类生产者都使用了工业产品，制造业仅使用了大约一半的制造业产品。尽管这一比例是由这一例子算出来的，但通常都能观察到这一现象。

表 14.6：使用表之中间消耗部分：删简版

	市场生产	为自身最终使用的生产	非市场生产	合计
农业、林业和渔业产品（0）	82	1	5	88
矿石和矿物，电、气、水（1）	208	0	9	217
制造业产品（2-4）	878	32	80	990
建筑（5）	22	0	18	40
贸易、住宿、餐饮、运输服务（6）	110	0	9	119
金融保险（7，不包括 72-73）	76	5	23	104
房地产服务、租赁服务（72-73）	39	0	18	57
商务和生产服务（8）	171	12	39	222
社区和社会服务（92-93）	2	0	32	34
其他服务（94-99）	6	0	4	10
公共管理（91）	0	0	2	2
合计	1594	50	239	1883

2.　用于最终消费的产品

14.93　正如第 9 章所述，进行最终消费的单位有三类：即住户、NPISH 和一般政府。编制使用表该子矩阵的方式说明，这三类消费者最终使用的产品是类似的，但各自却是从不同的分类开始的。

14.94　住户消费信息一般来自住户调查。在这些调查中，住户支出分类是根据个人消费目的分类（COICOP）来进行的。COICOP 将住户支出分为十大类，例如食物、服装和住房。这些对于分析住户有多少必需性消费是非常有用的；它也是确定消费者价格指数之权重的基础，但是它不是以使用表中需要的形式出现的。因此，必须做一张转换表，来说明所购买的产品应归为食品还是服装。需要注意的是，住户调查会包括住户在国外的支出，例如度假，这必须从供给使用表中的国内经济需求中分离出来。

14.95　NPISH 的消费支出使用了类似的方法，但它基于 NPISH 的目的分类（COPNI）。

COPNI 按照其目标将 NPISH 分为不同类别，例如是否承担研究和科学服务、教育服务，或者是否是宗教协会。根据这些信息，有可能确定 NPISH 的主要花费是用在经营有少数付酬雇员的办公室上，还是用于获取要转移给住户的货物服务上。

14.96 一般政府消费支出使用的分类是政府职能分类（COFOG）。这个分类和 GFSM 2001 的建议一致，是将政府支出按标准职能细分，如一般公共服务、国防、司法等。与 NPISH 的分类一样，了解了职能类型，可以将支出在中间消耗和其他支出之间进行分配，并将中间消耗分配到具体的产品类型上。

14.97 如果有可能，把一般政府（如果合适的话，也包括 NPISH）这一列区分为个人消费支出和公共消费支出是有用的，这样就可以计算实际消费而不仅是消费支出，正如第 9 章所述。

14.98 如果这些项目是以购买者价格编制的（这正是本节的假设），就不会有批发零售服务消费这一项，因为它们已包括在其所服务的产品支出中。同样地，为产品支付的税也已包括在购买者价格里，不会单独表示出来。（同样的判断也适用于用作中间消耗和资本形成的产品，但是在用作最终消费的产品中更加明显。）

14.99 表 14.7 所示来自使用表的最终消费部分（表 14.12 的列 30、31、32 和 29）。住户自给性生产这一项包括虚拟估算的自有住房租金。住户非市场生产支出这一项显示住户对政府和 NPISH 以象征性价格所提供项目的部分支付。

3. 用于资本形成的产品

14.100 需要考虑三种类型的资本形成：固定资本形成总额、存货变化、贵重物品获得减处置。

固定资本形成总额

14.101 将固定资本形成总额分配到各类产品上，是使用表中最简单的部分，因为固定资本的类别天然就是产品组。而且，它们通常是免除了产品税的，也不受贸易加价的影响。然而，有些资产会受到资产获得和处置时所发生的所有权转移费用的影响，这些费用需要分配给适当的产品。例如，可能是一项贸易或者运输服务，也有可能会是法律服务或者房地产服务——这要取决于资产的相关情况。

表 14.7：使用表的最终消费部分

	住户	NPISH	一般政府	合计
农业、林业和渔业产品（0）	28	0	2	30
矿石和矿物，电、气、水（1）	40	0	0	40
制造业产品（2-4）	570	0	3	573
建筑（5）	2	0	0	2
贸易、住宿、餐饮、运输服务（6）	42	0	0	42
金融保险（7，不包括 72-73）	53	0	0	53
房地产服务、租赁服务（72-73）	115	0	0	115
商务和生产服务（8）	40	0	0	40
社区和社会服务（92-93）	21	14	204	239
其他服务（94-99）	85	0	0	85
公共管理（91）	5	2	159	166
居民在国外的购买	43	0	0	43
非居民在国内的购买	-29	0	0	-29
合计	1015	16	368	1399

14.102 还有一种情况必须注意，就是现有货物再次出售给另一个单位应如何处理。（这也适用于消费支出，但在此处描述，是因为在固定资本中这种情况更常见。）

现有货物的转售

14.103 严格来讲，认为国内市场可供购买的所有货物都来自于国内生产或者进口是不确切的。有些货物已经存在于经济体中，不过是所有权发生了变化。最明显的例子是固定资产，建筑物和汽车在达到使用寿命之前经常会被出售。在这种情况下，货物的供给不是在供给表中记为正项，而是在使用表中记为负项。

14.104 例如，出售一座建筑物时，出售者记录为负的固定资本形成，同时购买者记录为正的固定资本形成。这些项目通常不能完全抵消，因为还有一些和所有权转让有关的交易费用。正如第 10 章所述，销售方发生的所有权转让费用，应该在销售者拥有该资产的期间内摊销，因此到资产出售时，为获得资产而发生的所有权转让的所有费用，应该已被摊销完。对于购买者，资产获得时发生的所有权转让费用，应记录为固定资本形成的一部分，同时应在购买者预期使用这项资产的期间内摊销。在这种情况下，处置或者获得资产所发生的所有权转让费用，被认为是新的固定资本形成。

14.105 固定资产不一定都是销售给同一经济体中的其他生产者。例如，飞机出售到外国是很常见的事情。在这种情况下，飞机的供给仍然记为负的资本形成，飞机的使用则记录为出口。

14.106 即使一项资产已不能有效地使用，它还有残余价值，例如可作为废品。（但是，需要注意的是，废品收购商的毛利相对于他们为获得废品支付的价格而言，通常是很高的）。这种情况下，供给应记录为负的资本形成，使用则应记录为废品加工生产单位的中间消耗。第 10 章也解释了为什么在资产的整个使用期内，固定资本消耗总数不等于获得资产时的全值，而等于资产获得时的价值减去最终处置的价值——在此处就是废品的价值。假如报废时的价值和资产负债表上即将处置前的残值不一致，应通过资产其他物量变化账户来调整。

14.107 二手资产也可能会成为住户的消费支出，举例来说，一家租车公司将汽车出售给住户，用于娱乐或者消遣。

14.108 如果一个单位在一个时期处置的资产超过其获得，那它的资本形成将是负的。虽然这种情况不是很普遍，但可能性是存在的，在这种情况下，生产单位的资本形成数据也是负的。

14.109 正如第 9 章所述，这里假设住户在得到产品时就将其消费掉。但是对耐用消费品而言，这种假设并不严格相符，耐用消费品有可能在后来出售或者捐赠给其他单位（例如为了响应救灾的捐赠）。在这种情况下，这些货物的供给由原所有者记录为负支出，由新所有者（包括国外的住户）记录为正的使用。正如第 8 章所述，向其他单位捐赠的收入，是作为转移来处理的，不会影响到供给使用表，因为这里只记录对产品的实物处理。

存货变化

14.110 将固定资本形成分配到各类产品上是一项相对比较简单的工作，而将存货变化分配到各类产品上就是一种挑战了。第 10 章说明了 SNA 中区分的存货类型，包括材料和用品、在制品、制成品以及转售的商品。在制品和制成品可以直接分配，因为它们所涉及的产品必定是报告存货的单位所生产的产品。材料和用品的情况则复杂一些，有些专属于报告它们的生产单位，但几乎所有生产单位都会拥有一些办公用品和清洁材料，虽然所占比例也许不大。但是，对于转售的商品，实际上各种货物都会包括在存货中。不仅商品品种繁多，而且用于转售的货物的类型在不同时期，甚至是在同一核算期内，其变化也是非常大的。

14.111 在平衡供给使用表的过程中，由于存货构成的不确定性，再加上存货变化的估价可能比预想的更不稳定，结果意味着，存货通常是根据平衡供给使用表的需要，作为操作过程的约束条件之一间接计算得到的。

贵重物品

14.112 作为贵重物品持有的产品的范围是相当广泛的，任何有特色的现有产品都可以归入其中。举例来说，古董和绘画名作按其性质都不是当期的产出。尽管如此，作为一种资本形成，贵重物品获得减处置的重要性却是有限的，而且所发生的主要处置事项（例如博物馆的出售活动）可能是广为人知的。

14.113 表 14.8 所示来自使用表的资本形成部分。

表 14.8：使用表的资本形成部分

	固定资本形成总额	存货变化	贵重物品获得减处置	合计
农业、林业和渔业产品（0）	2	1	0	3
矿石和矿物，电、气、水（1）	0	-1	0	-1
制造业产品（2-4）	161	5	10	176
建筑（5）	190	23	0	213
贸易、住宿、餐饮、运输服务（6）	0	0	0	0
金融保险（7，不包括 72-73）	0	0	0	0
房地产服务、租赁服务（72-73）	22	0	0	22
商务和生产服务（8）	1	0	0	1
社区和社会服务（92-93）	0	0	0	0
其他服务（94-99）	0	0	0	0
公共管理（91）	0	0	0	0
合计	376	28	10	414

4. 出口

14.114 与进口的分类一样，出口按产品分类需要在 SITC 或 HS 编码之间进行同样的转换。但是，出口价值是容易得到的，因为贸易统计中出口都一致采用 FOB 来计价。这种估价未必与 SNA 中的记录完全一致，因为估价的时点是到达边境时，而这未必就是所有权发生变更时。与进口估价一样，理想的出口估价应该是在所有权从常住单位转移到非常住单位的那个时间与地点；但是，仍与进口一样，在目前数据来源情况下，唯一实际可行的，就是假设这种所有权变更发生在国界上。

5. 引入增加值

14.115 对每一类产品来说，使用表上每一行的合计数，即中间消耗、最终消费、资本形成和出口的合计数，必定等于供给表中同类产品行的合计数（国内生产加上进口，再加上使供给表与使用表中之估价保持一致的那些估价调整项）。供给表中每一列下方的合计数表示相关类型生产单位的产出价值。在使用表中，同类生产单位列下方的合计数代表了该类生产单位的中间消耗。因此，很显然，可以在使用表中记录生产单位的列的下方增加两行以将它扩展。第二行是供给表中产出的价值，而第一行就是该产出价值与上述中间消耗的差额，代表此类生产单位的增加值。

14.116 引入增加值和产出对实现供给使用表之重要目标很关键，要利用它们来确保账户的内在一致性。为了说明这点，需要回到引言部分所提到的例子。

14.117 假设从住户调查获得的香烟消费数据是准确的，同时为了简单起见，假定香烟没有出口。那这个消费数据实际上就确定了烟草的总使用，然后减去香烟的进口，就可得到国内香烟厂家的产出数据。这可能会比香烟制造厂商报告的数据低很多，编制者可能会倾向于认为香烟厂商的产出报多了。然而，香烟制造厂的主要中间投入就是烟草，而且还有其他关于烟草的产量或进口的数据。假定除了中间投入和出口，烟草的其他使用非常少，这样，如果供给使用表编制者希望支持住户调查的数据，他就需要面对以下假设：要么是香烟制造、烟草生产、烟草进口的数据被高估了，要么是住户香烟消费的数据被低估了。

14.118 假定某个国家是以公共出租车作为个人出行主要方式的，然后考虑其出租车服务的处理。除了出租车司机所报告的出租车服务价值之外，同时还有出租车数量，以及申报的汽油或柴油消耗量（用于出租车服务可以申请税收减免）等信息。为此编制者需要判断，这些投入的数据是与住户支出调查数据更加一致，还是与司机报告的产出数据更加协调一致。

14.119 在更一般意义上还应注意，一旦供给使用表达于平衡，那么任一货物之最终使用的任何增加，必定要来自总供给的增加或者是中间消耗的减少。如果增加的供给来自于国内生产，那么和最终使用增长相匹配的还会有增加值的增长；假如增加的供给来自于进口，那么增加值和 GDP 都不受影响（如果考虑货物的进口税，或许会有少量的影响）。类似的，中间消耗的任何增长，如果没有相应的国内产出增长发生，必定会导致最终使用的减少，同时还有增加值的减少。

6.　增加值的扩展

14.120 在使用表底部添加一行增加值是非常有用的，而增加值的各分项更有用，它记录了收入形成账户（第 7 章）中的所有项目，表 14.9 所示来自表 14.12 之使用部分在第 14、17～25 行记录的与各类生产有关的项目。

7.　其他变量的补充

14.121 除了增加收入形成账户中的项目以外，还可以加上与其他变量相关的备忘项目，以便于研究基层单位这一层次上的生产情况。这些变量包括基层单位的固定资本形成总额和雇员人数。正如在第 19 章中讨论的，最好是记录全职雇员人数，如果能够得到这些数据的话。

表 14.9：使用表的增加值部分

	市场生产	为自身最终使用的生产	非市场生产	合计
中间消耗	1594	50	239	1883
总增加值合计/GDP	1483	97	141	1721
雇员报酬	1041	0	109	1150
生产及进口税减补贴	56	0	2	58
混合收入总额	46	15	0	61
营业盈余总额	340	82	30	452
固定资本消耗－混合收入	5	3		8
固定资本消耗－其他	168	16	30	214
总产出	3077	147	380	3604

D.　使用表的有关细节

1.　产业与机构部门的交叉分类

14.122 可以把使用表的每一列与生产单位联系起来，并将其分配到经济体的某个机构部门中。*ISIC* 第 K 类（金融和保险）这一列可以归入金融公司。非市场产出这一列可以归入到一般政府或者 NPISH。其他列大部分可以归到非金融公司，但是其中那些非法人企业需要归入到住户。此表提供了供给使用表和账户序列之间的联系，因为分机构部门的合计数和生产账户及收入形成账户的相关数据是相符的。第 28 章将详细讨论这张表并给出一个数字例子。

2.　按基本价格计算的使用表

14.123 到目前为止，本章假设供给表和使用表都是以购买者价格计算的，这是通过在供给估价基础上加上一些解释基本价格和购买者价格之间差异的项目而实现的。因此，也可以通过扣减使用表，得到按基本价格计算的使用表，从而使这两张表，有相同的估价基础，这就是本节要讨论的主要内容。之所以要采取这样一种困难的方式来处理，原因之一是，这样可以更加方便地获得供给使用表的物量，这在下面的内容中会有表述。

14.124 考察按购买者价格计算的使用表的全部元素，明显看出它是由如下六个部分构成的：

a. 按基本价格计算的国内生产

b. 进口

c. 贸易加价

d. 运输加价

e. 产品税

f. 产品补贴

14.125 为了把使用表转换为以基本价格计算，表里的每个单元都必须要分解到这六个构成项。这可以看作是建立六张相似的表，每张表都只包括其中一个构成项的全部单元。这和把供给表转化为以购买者价格计算相比，需要更多的数据信息；供给表的转换只需要六列数，每一列对应六个构成项中的一项。

贸易加价

14.126 加价服务在 SNA 中是一类重要活动。许多货物从生产者转手到购买者都需要依靠批发或者零售。事实上，有些货物可能要经过好几个批发商才能到零售商那里。另一方面，许多服务是由生产者直接提供给购买者的。但也不都是如此，旅行社和一些体育、娱乐活动的售票部门就属于服务“零售”。另外，许多金融工具会用于提供出售（和回购）服务，以赚取在买入价和卖出价之间的价差，外汇交易就是最明显的例子。这些价差同时也代表了对顾客提供的加价服务。对服务而言，加价应被视为相关服务产业所提供的产品之一。而在货物情况下，批发零售服务就是一类独立的活动，包括所有货物上的贸易加价。其中大部分属于批发零售业的产出，但有些可能是作为次要活动提供的。

14.127 只要使用表以购买者价格计算，批发商和零售商提供的商业服务就不会有单独的使用发生。表 14.4 表示，各种货物价值的增加正好被贸易加价服务供给的负项所抵消，因此实际上没有剩余的供给需要在使用表中解释。

14.128 正如第 3 章和第 6 章所述，批发零售贸易活动是 SNA 强行加入的一种交易组成成分。供给使用表可以解释为什么这是必须的。假定批发商和零售商控制的所有货物都首先被记录为运送给批发商或零售商，然后再记录为由它们提供给购买者。那么供给使用表中记录货物的各行将会变得相当无趣。几乎所有货物都将被批发商和零售商使用，而几乎没有什么会被提供给其他生产单位、住户或政府。住户消费模式将会显示出对批发零售服务的大项购买，却没有对制造业或者农业的购买。即使把杂货店从家具店中分离出来，也不再可能准确地看出购买了什么食品，以及出售的家具是木制的还是金属制的。

14.129 因此，在供给使用表中，标准的处理方式是遵从测算批发零售活动产出时所采取的分解交易的原则。从批发商或零售商那里获得的每一件产品，都被认为是获得了两个不同的产品：一个是实物产品，以生产者价格估价；另一个是贸易加价。货物购买记为对该货物的使用，加价记为对批发商和零售商所提供服务的使用。但是，正如前面提到的，在供给使用表中，以这种方式描述批发零售活动需要大量数据，因为不同类购买者会支付不同比例的加价，这是一种常见现象，例如住户会比企业支付更高的加价。事实上，即使在住户内部，同一商场同样货物的加价也可能会由于数量不同而不一样，购买大量货物可能会比少量购买支付更小比例的加价。因此，编表者不得不运用大量的专业知识和判断，以便在详细产品分类层次上进行这种分解。

运输加价

14.130 回顾购买者价格、生产者价格和基本价格之间的差异可知，运输加价只有在运输服务是单独开列在发票上时才发生。如果运输费用是单独开票的，就没有必要确定什么比例，因为运输服务已经被作为单独的一件产品来对待了。但这对于编表者的要求也还是很高的，因为当购买者购买超过一定价值时，供货方有时候会为购买者提供免费的运输服务，但是对于价值量较小的购买者，供货方就要收取运费。

产品税

14.131 对于同样的产品，有些使用者（主要是生产单位）的增值税是可抵扣的，有些使用者（住户）是不可抵扣的，这就是为什么按购买者价格计算的供给使用表有时难以解释的原因之一。与生产单位在使用中的占比相比，住户在总使用中的份额会被不可抵扣的增值税所夸大。因此，从购买者价格估计值中去掉贸易和运输加价之后，下一步就是要去掉不可抵扣的增值税。去掉不可抵扣的增值税对于最终使用来说相当简单，但是对于中间消耗来讲可能会比较复杂，因为中间消耗产品的增值税绝大部分是可抵扣的，但并非全部。一旦去掉不可抵扣的增值税，使用表中的项目就是以生产者价格计算的了。

14.132 对有些国家来说，最多只能做到这种程度，然而如果还可以把其他产品税扣除掉，就可以得到按基本价格计算的使用表。在这么处理的时候，有必要在使用表中引入新的一行。这一行表示生产单位支付的产品税，它是按购买者价格计算的中间消耗的一部分，这与贸易和运输加价的处理是一样的。如果中间消耗里有进口品，且进口品在进入经济体时交了税，则这一行也将包括一些进口税。如果产出是按生产者价格计算的，在使用表中间消耗部分的税收行，不要和出现在使用表增加值部分的那个税收行相混淆。增加值部分的那一行记录的是生产单位提供产品时应付的产品税，而不是生产单位使用产品时应付的产品税。

产品补贴

14.133 如果可以把产品税从使用表的项目中扣除，那么产品补贴就必须要添加回去。在补贴里，没有和增值税相对应的部分；因此补贴的消除应该与产品税——而不是增值税——的消除相对应。

把国内生产与进口分开

14.134 对按基本价格计算的使用表做更进一步细化，是把进口与国内生产分开。在某些情况下，如果某种产品只有一种来源，全部是进口或者都不是进口，做这种分离是没有问题的。如果产品是从国内和国外两个渠道获得的，要把它们分开就很困难。一个解决办法是在这样一种分类水平上开展工作：在该分类水平上能够判断产品全是进口或者从不进口；但总的来说，要做此项区分，需要相当多的专业知识和基于广博知识的判断。

14.135 表 14.15 显示了表 14.12 的进口部分。表 14.10 来自表 14.15 的第 24、29 和 35 列，分别表示中间消耗、最终消费和资本形成中所包括的进口品数量。

表 14.10：使用矩阵中的进口部分

	中间消耗	最终消费	资本形成	总进口
农业、林业和渔业产品（0）	27	10	0	37
矿石和矿物，电、气、水（1）	61	0	0	61
制造业产品（2-4）	100	100	84	284
建筑（5）	0	0	0	0
贸易、住宿、餐饮、运输服务（6）	37	25	0	62
金融保险（7，不包括 72-73）	17	0	0	17
房地产服务、租赁服务（72-73）	0	0	0	0
商务和生产服务（8）	0	5		5
社区和社会服务（92-93）	0	0	0	0
其他服务（94-99）	0	0	0	0
公共管理（91）	0	0	0	0
CIF/FOB 调整	-5	-3	-2	-10
常住居民在国外的直接购买		43		43
总进口	237	180	82	499

3. 以物量表示的使用表

14.136 供给使用框架不仅可以约束供给和使用的现价测算，使之达到平衡；它还能提供一种方法，确保相关的物量测算（即用其他年份价格计算）也是平衡的；同时现价表中隐含的价格序列和物量表的价格序列是严格一致的。一般而言，确保相互协调的最好办法是同时编制以现价和物量表示的供给使用表。

14.137 绝大多数国家都编制了可用于消费者价格、生产者价格和进出口价格的一整套价格指数。关于这些指数的编制方法，都有国际指导手册。开发和利用适当的价格指数去缩减国民账户的一般问题，是第 15 章要讨论的主题。因此，下面对此做一般性讨论，仅仅是为了完善供给使用表。本节主要说明以物量表示供给使用表需要考虑的问题，而不是给出详细的编制建议。为此，需要推荐有关的价格手册以及供给使用表和投入产出表的参考文献，例如《欧盟统计局供给、使用和投入产出表手册》（欧盟统计局，2008）。

缩减哪一种价格的表?

14.138 在编制物量型供给使用表时，首先要确定以基本价格计算的表还是以购买者价格计算的表为基础。如何选择一直各存争议。

14.139 如果以按基本价格计算的供给使用表为基础，所有与贸易及运输加价有关的要素，以及与产品税减补贴有关的因素，都已经从按基本价格计算的货物服务中分离出来了。令人困惑的是，以生产者价格指数（PPI）著称的价格所对应的概念，并非 SNA 中的生产者价格，而是基本价格。它们都不包括贸易和运输加价，也不受产品税减补贴的影响。PPI 因此看来适用于对按基本价格计算之供给使用表的行进行缩减，因为，此时使用表中行向各项目比在购买者价格情况下更具同质性。但是，结果项具有充分同质性，由此可以将一个单一价格指数用于每一行，做此断言还需要证明其合理性。另外，那些与加价和税收有关的项目必须分别缩减，由此会同时涉及一些概念性和实际性问题。

14.140 如果在按购买者价格计算的表的基础上来缩减，较多的使用项要通过 CPI 来完成，且在加价和税的处理上会较少出现问题。然而，虽然 CPI 通常是稳健的，但其基本假设不一定和供给使用表中的情况完全一致。

14.141 不论是对按购买者价格计算的表还是按基本价格计算的表进行缩减，在缩减进出口时都会遇到难题。

同质性

14.142 用 PPI 去缩减供给使用表的行，其理由是，行向中的元素是充分同质的，可以整行使用一个价格指数。但有以下两个原因说明情况可能并非如此。

14.143 对按购买者价格计算的表来说，其行向上的元素当然不是同质的，因为它们不仅包括了贸易和运输加价，同时还包括了税减补贴。如前所述，对不同使用者而言，即使是同一产品，这些项目所占比重也可能是不同的。去掉这些项目无疑可以减少那些引起不同质的原因，但不可避免地要加入一定程度的估算，因此，有些非同质性因素仍然会保留在其中。

14.144 非同质性的另一个原因是汇总。即使供给使用表已经将产品分为特别多的类别，但每一行还是会有相当程度的汇总。即使把螺丝钉从其他金属制品中分离出来，但是螺丝钉的价格还是会由于长度、直径、钉头类型和使用材料不同而有差异。显然，要把这些各种类型的螺丝钉再做区分是不太可行的，而且，把螺丝钉和钉子或者其他金属建材分开实际上已经很难做到了。因此，非同质性问题是不可避免的，但可以减少非同质性，为此需要在确定供给使用表中的产品类别时，考虑 PPI 的分类详细程度。

CPI 的适用性

14.145 消费者价格指数（CPI）适用于缩减在一定分类水平上的以购买者价格计算的住户消费。用来编制 CPI 的权重通常不完全和隐含在住户消费支出列中的权重一致。这是由于 CPI 的权重和以往的年份有关，同时还有一些支出类别并不包括在内。CPI

数据来自于住户调查。住户调查通常不包括最富有和最贫穷的住户，于是其覆盖面就不如供给使用表中的住户消费数据全面。正如上文所述，对表进行平衡，可能会引起对来自住户调查的一些内容的修正。例如在烟草制品的例子中，理论上来说，对于 CPI 的权重也要作适当的调整；但是在其他一些情况下，可能未进行这种 CPI 权重的匹配调整。

进出口

14.146 进口价格指数可能比较成问题。许多国家依赖于单位价值指数，其中没有充分考虑质量变化的影响。即使可以得到真正的进口价格指数，要将价格指数的详细程度与供给使用表中产品的详细程度相匹配也是一个问题。而且，正如在讨论正确进行进口估价时所提到的，进口价格指数不可避免地会遇到这样的情况：对于不同的购买者，支付贸易和运输加价有不同的假定。在出口价格中可以明显地看到这一情况。对于同样的产品，出口价格和 PPI 的差别在于，出口价格是以在经济体边界的价值来衡量的，而 PPI 则是在产品离开工厂时衡量的。

贸易和运输加价

14.147 贸易和运输加价也需要用物量来表示。如果该加价在当年购买者价格中所占比例和基年相同，那么该加价的物量指标就和所讨论的支出物量成比例，物量和价格的变化与加价所附着的产品变化是一致的。但是，由于不同的费用比率，也由于产品组的分类变化，加价费率从基年到当年是经常变化的。估计加价物量指标的方法可以参考 CPI 和 PPI 手册。

产品税减补贴

14.148 计算税减补贴之物量指标有不同方法，这要取决于征税的方式。

14.149 假如税额是基于某项价值量的一定百分比计算出来的（**从价税**），例如增值税，那物量指标的计算就和贸易和运输加价的物量指标测算方法一致。

14.150 有些税是按照购买数量来征收的，这被称为***从量税***，消费税通常就是这样征收的。对于这些税，物量效应被严格限制为所购买项目的数量变化，从量税税率的任何变化都应属于价格提高。从量税的价格提高幅度可能与通货膨胀的一般水平相一致，但很多时候则是完全不同的，比如在政府想抑制发生在诸如烟草或酒精等项目上的支出时。

14.151 税收体制的变化意味着，从某一年到下一年的征税范围会发生变化，有些税消失了，另一些则代替了它们。物量序列意味着不仅要使用基年的价格，同时还要使用基年的税收结构。因此某一项目的物量序列可能会包括一些该项目现价中不包含的税收成分，或者是现价中的某些税收成分并不造成对物量序列的影响。在这种情况下，购买者价格指数仍是有用的，但“税收价格指数”的概念是毫无意义的。

14.152 产品补贴不像税那样普遍，但是如果存在，则其物量指标应该使用同样的原则来计算。

增加值

14.153 在 SNA 中，像增加值这样的平衡项被认为是没有价格和物量维度的。然而，运用平衡项方法，通过账户中其他项目物量估计值推导出的数据，可以视为“不变价”增加值。

14.154 假定存在一套 PPI 可用于使用表中各行的缩减，那么，它们同样可以用于供给表中的各行，这样，各列合计数就提供了产出的物量数据。从中扣除中间消耗的物量数据（通过对使用表中各产品行进行缩减得到），则各类生产单位的增加值作为剩余项就可以被计算出来。这个剩余项就是“不变价”增加值。用现价增加值除以不变价增加值，就可以得到关于增加值的隐含缩减因子。

14.155 许多分析人员都在研究如何更明确地缩减增加值。如果能够得到足够的按工人分类的工资率和雇员人数信息，就可以计算出雇员报酬的物量。津贴应被视为非工资报酬的变动，同时它也是全职员工和兼职员工之间的一个差异，但是对报酬做缩减在理论上还是有一些问题。

14.156 为了缩减生产税净额，必须了解征税的基础。在绝大多数情况下，生产税与生产过程中所使用的部分或全部雇员人数或资本不无关系。至于产品税，在计算物量指标变动时可能同时兼具价格因素和数量因素。

14.157 不变价营业盈余和不变价混合收入数据可以用不变价增加值减去雇员报酬和生产税净额的物量值来得到。然而，资本服务法的倡导者们建议，应在测算营业盈余时采取一种更直接的方式得到不变价营业盈余。这种方法不是 SNA 中的一个标准部分，第 20 章会对此进行描述。

E. 一个数据例子

1. 一张完整的供给使用表

14.158 表 14.12 是一张完整的供给使用表。最上面部分是供给表。第一列是以购买者价格计算的总供给。紧随其后的数据首先是贸易和运输加价（见表 14.2），然后是产品税减补贴（见表 14.5）。从按购买者价格计算的总供给列的各项中扣除这些相应项，就可得到按基本价格计算的总供给，它被置于随后的一列。紧接着就是该表的最大组成部分，即按国内生产单位类型分类的产品供给。它是表 14.1 的扩展表式。在供给表的最右端是进口的信息，对应着表 14.4。

14.159 表 14.12 的中间部分是使用表的产品部分。第一列是按购买者价格计算的总供给，和上面供给表的那一列完全一致。接下来的三列在使用表中是空白的。然后是按生产单位类型分类的产品使用详细信息。这是表 14.6 的扩展版本。出口、最终消费和资本形成各列紧随其后，它们对应着表 14.7 和表 14.8。

14.160 在使用表产品部分下面是增加值部分。税和补贴这两列显示了生产税和生产补贴的信息。各类生产单位收入形成账户的细项记录在其中间消耗产品的下面。这些项目对应着表 14.9 中的概要信息。表中还显示了按生产单位类型分类的资本形成信息和雇员信息。在出口、最终消费和资本形成各列下面没有这些项。

2. 加价和税

14.161 在表 14.12 内，第 3 行显示以基本价格计算的制造业产品价值是 1998。从此价值中扣除生产补贴 5，加上税 94 和贸易运输加价 74，就可得到按购买者价格计算的制造业产品价值 2161。在表 14.12 的使用部分中，全部价值 2161 就是这样计算得到的。这意味着，加价 74 不是作为对贸易和运输业的直接需求，而是按照这种方式来处理的。因此，在该表供给部分的第 5 行中，这些加价显示为贸易和运输服务供给的抵消项（各种农业产品、矿石、矿物也有加价 2），所以第 1 列所示的按购买者价格计算的贸易和运输加价总数，少于第 5 列中以基本价格计算的总数。

14.162 在供给表的最右边部分，显示了包含在进口中的加价是如何处理的。它假定只能得到以 CIF 计价的货物进口。但在国际收支平衡表的服务进口数据中，数据 6 和 4 是包括在这些产品的服务进口中的。因此，第 26 列记录的是一些必须的调整。数据 6 和 4 的负项被该列的调整项 10（位于专门记录 CIF/FOB 调整的那一行）所抵消。反过来，这一调整项 10 又被同一行货物进口列（第 27 列）中的负项所抵消。

14.163 如果不是这样对加价进行处理，也可通过从购买者价格供给使用表的各使用项中减去这些加价和税，结果即可得到按基本价格计算的各使用项。正如 D 节最后一部分所述，这通常是进行缩减得到物量表的基础。表 14.13 显示了表 14.12 中的贸易和运输加价、产品税和产品补贴，它并没有按生产类别区分各列，但是为了方便参考，表 14.13（当然也是表 14.14 和 14.15）的列号，与表 14.12 中所使用的列号是完全相符的。

3. 按基本价格计算的使用表

14.164 表 14.14 是以基本价格计算的使用表。它是通过将表 14.13 中的所有单元从表 14.12 的相应单元中扣除而得到的。由于篇幅的关系，这里列出的是不区分市场生产、为自身最终使用的生产和非市场生产的一张简表，但是为了方便参考，列的序号和完整版本是一致的。

4. 进口矩阵

14.165 除了可以从表 14.12 中扣除加价和税以外，还可以识别由进口而不是由国内生产供给的那部分并将其分离出来。为做到这一点，需要编制一张和表 14.1 及表 14.14 相似的矩阵，但只包括进口。表 14.15 就是这样一张表。然后，可以从表 14.14 的每一个单元中将表 14.15 的相应单元扣除，得到一个仅记录以基本价格计算的国内生产的使用。（这个进口矩阵不包括与进口有关的加价和税，因此必须从按基本价格计算的表中扣除，而不是从按购买者价格计算的表中扣除。）

14.166 虽然并未给出仅记录国内使用的完整表，但表 14.11 给出了如何通过国内供给、进口、贸易和运输加价、产品税和产品补贴，构建出一张可得到按购买者价格计算的总供给的简表。

表 14.11：以购买者价格估价的五个使用构成项：按生产单位分组

	国内生产	进口	贸易和运输加价	产品补贴	产品税	合计
1. 农业、林业和渔业产品（0）	59	27	1	0	0	87
2. 矿石和矿物，电、气、水（1）	148	61	2	0	4	215
3. 制造业产品（2-4）	788	100	35	0	32	955
4. 建筑（5）	40	0	0	0	0	40
5. 贸易、住宿、餐饮、运输服务（6）	117	37	0	0	3	157
6. 金融保险（7，不包括 72-73）	87	17	0	0	0	104
7. 房地产服务、租赁服务（72-73）	57	0	0	0	0	57
8. 商务和生产服务（8）	213	0	0	0	9	222
9. 社区和社会服务（92-93）	34	0	0	0	0	34
10. 其他服务（94-99）	10	0	0	0	0	10
11. 公共管理（91）	2			0		2
合计	1555	242	38	0	48	1883

表 14.12：按购买者价格计算的供给表和使用表

	产品的供给	按购买者价格计算的总供给	贸易及运输加价	产品税	产品补贴(-)	总供给(基本价格)	分产业的产出(按ISIC的类别分组) 市场生产者 农业、林业和渔业	制造业和其他工业	建筑业	贸易、运输、住宿、餐饮业	信息及通信业	金融和保险业	房地产业	商务服务业	教育、卫生及社会服务业	其他服务业	市场生产者小计
							(A)	(B-E)	(F)	(G-I)	(J)	(K)	(L)	(M-N)	(P-Q)	R-T及U	
		(1)	(2)	(3)	(4)	(5)	(6)	(7)	(8)	(9)	(10)	(11)	(12)	(13)	(14)	(15)	(16)
	产品(按CPC的大部类分组)																
1	农业、林业和渔业产品(0)	128	2	5	−3	124	78	0	0	0	0	0	0	0	0	0	78
2	矿物和矿石, 电、气、水(1)	263	2	5	0	256	0	195	0	0	0	0	0	0	0	0	195
3	制造业产品(2-4)	2 161	74	94	−5	1 998	0	1 650	6	24	18	0	0	9	0	0	1 707
4	建筑(5)	261	0	17	0	244	0	7	201	3	2	0	0	0	0	0	213
5	贸易、住宿、餐饮、运输服务(6)	216	−78	5	0	289	0	6	1	226	0	0	0	0	0	0	233
6	金融保险(7, 不包含72-73)	159	0	0	0	159	0	0	0	0	0	146	0	0	0	0	146
7	房地产服务、租赁服务(72-73)	195	0	0	0	195	0	2	0	4	0	0	94	0	0	0	100
8	商务和生产服务(8)	272	0	11	0	261	0	1	0	3	80	0	0	172	0	0	256
9	社区和社会服务(92-93)	275	0	0	0	275	0	0	0	0	0	0	0	0	63	0	63
10	其他服务(94-99)	95	0	4	0	91	0	0	0	2	0	0	0	2		82	86
11	公共管理(91)	168				168											
12	进口的CIF/FOB调整	0				0											
13	常住居民在国外的直接购买	43				43											
14	合计	4 236	0	141	- 8	4 103	78	1 861	208	262	100	146	94	183	63	82	3 077

	产品的使用	按购买者价格计算的总供给		产品税	产品补贴		分产业的中间消耗(按ISIC的类别分组) 市场生产者 农业、林业和渔业	制造业和其他工业	建筑业	贸易、运输、住宿、餐饮业	信息及通讯业	金融和保险业	房地产业	商务服务业	教育、卫生及社会服务业	其他服务业	市场生产者小计
							(A)	(B-E)	(F)	(G-I)	(J)	(K)	(L)	(M-N)	(P-Q)	R-T及U	
		(1)	(2)	(3)	(4)	(5)	(6)	(7)	(8)	(9)	(10)	(11)	(12)	(13)	(14)	(15)	(16)
	产品(按CPC的大部类分组)																
	总使用																
1	农业、林业和渔业产品(0)	128					2	71	0	3	1	2	1	2	0	0	82
2	矿物和矿石, 电、气、水(1)	263					3	190	1	6	3	2	1	2	0	0	208
3	制造业产品(2-4)	2 161					27	675	63	44	16	16	9	19	4	5	878
4	建筑(5)	261					1	9	5	3	1	1	1	1	0	0	22
5	贸易、住宿、餐饮、运输服务(6)	216					3	65	3	25	4	4	2	4	0	0	110
6	金融保险(7, 不包含72-73)	159					1	36	5	18	1	3	3	7	1	1	76
7	房地产服务、租赁服务(72-73)	195					1	15	1	8	2	5	2	4	0	1	39
8	商务和生产服务(8)	272					2	70	12	15	10	18	9	19	7	9	171
9	社区和社会服务(92-93)	275					0	1	0	0	0		0	1	0	0	2
10	其他服务(94-99)	95					1	1	0	1	1	1	0	1	0	0	6
11	公共管理(91)	168					0	0	0	0	0	0	0	0	0	0	0
12	常住居民在国外的直接购买	43															0
13	非常住居民在国内的购买	0															0
14	合计	4 236					41	1 133	90	123	39	52	28	60	12	16	1 594
15	总增加值合计/GDP			141	−8		37	728	118	139	61	94	66	123	51	66	1 483
16	雇员报酬						19	547	79	102	32	44	49	79	43	47	1 041
17	生产及进口税减补贴			141	−8		−2	43	5	−5	−1	4	6	4	1	1	56
18	混合收入总额						4	30	3	9	0	0	0	0	0	0	46
19	营业盈余总额						16	108	31	33	30	46	11	40	7	18	340
20	固定资本消耗—混合收入						1	3	0	1	0	0	0	0	0	0	5
21	固定资本消耗—其他						8	80	11	30	7	12	5	12	1	2	168
22	总产出						78	1 861	208	262	100	146	94	183	63	82	3 077
23	劳动投入(工作小时)						1 840	31 962	4 244	8 786	1 332	1 290	920	1 562	494	642	53 072
24	固定资本形成总额						10	122	8	49	14	7	5	7	1	2	225
25	期末固定资产存量						142	1 861	143	731	208	143	102	147	22	29	3 528

表 14.12（续）：按购买者价格计算的供给表和使用表

	自给性生产者				非市场生产者						进口	
	农业、林业和渔业	建筑业	房地产和私人住房服务	自给性生产者小计	教育、卫生及社会服务业	公共管理	非市场生产者小计	产业合计	经济体合计	进口的CIF/FOB调整	货物	服务
	(A)	(F)	(L+T)		(P-Q)	(O)						
	(17)	(18)	(19)	(20)	(21)	(22)	(23)	(24)	(25)	(26)	(27)	(28)
1	9	0	0	9	0	0	0	87			37	
2	0	0	0	0	0	0	0	195			61	
3	2	5	0	7	0	0	0	1 714			284	
4	0	31	0	31	0	0	0	244				
5	0	0	0	0	0	0	0	233		−6		62
6	0	0	0	0	0	0	0	146		−4		17
7	0	0	95	95	0	0	0	195				
8	0	0	0	0	0	0	0	256				5
9	0	0	0	0	212	0	212	275				0
10	0	0	5	5	0	0	0	91				0
11						168	168	168				
12										10	−10	
13											20	23
14	11	36	100	147	212	168	380	3 604		0	392	107

	分产业的中间消耗(按ISIC的类别分组) 自给性生产者				非市场生产者						出口	
	农业、林业和渔业	建筑业	房地产和私人住房服务	自给性生产者小计	教育、卫生及社会服务业	公共管理	非市场生产者小计	产业合计	经济体合计		货物	服务
	(A)	(F)	(L)		(P-Q)	(O)						
	(17)	(18)	(19)	(20)	(21)	(22)	(23)	(24)	(25)	(26)	(27)	(28)
1	1	0	0	1	3	2	5	88			7	0
2	0	0	0	0	5	4	9	217			7	0
3	5	17	10	32	42	38	80	990			422	0
4	0	0	0	0	11	7	18	40			6	0
5	0	0	0	0	4	5	9	119			0	55
6	0	2	3	5	6	17	23	104			0	2
7	0	0	0	0	8	10	18	57			0	1
8	0	5	7	12	15	24	39	222			0	9
9	0	0	0	0	24	8	32	34			0	2
10	0	0	0	0	2	2	4	10			0	0
11	0	0	0	0	1	1	2	2				0
12												
13											20	9
14	6	24	20	50	121	118	239	1 883			462	78
15	5	12	80	97	91	50	141	1 721	1 854			
16	0	0	0		70	39	109	1 150	1 150			
17	0	0	0	0	1	1	2	58	191			
18	3	12	0	15				61	61			
19	2	0	80	82	20	10	30	452	452			
20	3	0	0	3				8	8			
21	1	0	15	16	20	10	30	214	214			
22	11	36	100	147	212	168	380	3 604				
23	218	780	0	998	7 299	8 000	15 299	69 369				
24	1	1	124	126	13	12	25	376				
25	17	17	1 851	1 885	201	169	370	5 783				

	最终消费支出			一般政府			资本形成总额			
	最终消费支出小计	住户	NPISH	小计	公共消费	个人消费	资本形成总额小计	固定资本形成总额	存货变化	贵重物品的获得减处置
	(29)	(30)	(31)	(32)	(33)	(34)	(35)	(36)	(37)	(38)
1	30	28	0	2	0	2	3	2	1	
2	40	40	0	0	0	0	−1	0	−1	
3	573	570	0	3	0	3	176	161	5	10
4	2	2	0	0	0	0	213	190	23	
5	42	42	0	0	0	0				
6	53	53	0	0	0	0				
7	115	115	0	0	0	0	22	22	0	
8	40	40	0	0	0	0	1	1	0	
9	239	21	14	204	0	204				
10	85	85	0	0	0	0				
11	166	5	2	159	156	3				
12	43	43								
13	−29	−29								
14	1 399	1 015	16	368	156	212	414	376	28	10

表14.13：供给表和使用表：中间使用和最终使用产品中的贸易和运输加价、税和补贴

产品的使用	总使用 (1)	分产业的中间消耗(按ISIC的类别分) 市场生产者 农业、林业和渔业 (A) (6)	制造业和其他工业 (B-E) (7)	建筑业 (F) (8)	贸易、运输、住宿、餐饮业 (G-I) (9)	信息及通信业 (J) (10)	金融和保险业 (K) (11)	房地产业 (L) (12)	商务服务业 (M-N) (13)	教育、卫生及社会服务业 (P-Q) (14)	其他服务业 R-T及U (15)	市场生产者小计 (16)	自给性生产者 农业、林业和渔业 (A) (17)	建筑业 (F) (18)	房地产和私人住房服务 (L+T) (19)	自给性生产者小计 (20)	非市场生产者 教育、卫生及社会服务业 (21)	公共管理 (P-Q) (22)	非市场生产者小计 (O) (23)	产业合计 (24)	出口 货物 (25)	服务 (26)	最终消费支出 最终消费支出小计 (27)	住户 (28)	NPISH (29)	一般政府 小计 (30)	公共消费 (31)	个人消费 (32)	资本形成总额 资本形成总额小计 (33)	固定资本形成总额 (34)	存货变化 (35)	贵重物品的获得减处置 (36)
产品(按CPC的大部类分组)																																
总使用																																
1 农业、林业和渔业产品(0)																																
贸易和运输加价	2	0	1	0	0	0	0	0	0	0	0	1	0	0	0	0	0	0	0	1	0	0	1	1	0	0	0	0	0	0	0	
产品税	5	0	0	0	0	0	0	0	0	0	0	0	0	0	0	0	0	0	0	0	0	0	5	5	0	0	0	0	0	0	0	
产品补贴	−3	0	0	0	0	0	0	0	0	0	0	0	0	0	0	0	0	0	0	0	0	0	−3	−3	0	0	0	0	0	0	0	
2 矿物和矿石，电、气、水(1)																																
贸易和运输加价	2	0	2	0	0	0	0	0	0	0	0	2	0	0	0	0	0	0	0	2	0	0	0	0	0	0	0	0	0	0	0	
产品税	5	0	4	0	0	0	0	0	0	0	0	4	0	0	0	0	0	0	0	4	0	0	1	1	0	0	0	0	0	0	0	
3 制造业产品(2-4)																																
贸易和运输加价	74	1	25	3	2	0	0	0	0	0	0	31	0	0	0	0	0	4	4	35	16	0	20	20	0	0	0	0	3	3	0	0
产品税	94	1	26	4	0	0	0	0	0	0	0	31	0	0	0	0	0	1	1	32	10	0	48	48	0	0	0	0	4	4	0	0
产品补贴	−5	0	0	0	0	0	0	0	0	0	0	0	0	0	0	0	0	0	0	0	0	0	−5	−5	0	0	0	0	0	0	0	0
4 建筑(5)																																
产品税	17	0	0	0	0	0	0	0	0	0	0	0	0	0	0	0	0	0	0	0	0	0	0	0	0	0	0	0	17	17	0	0
5 贸易、住宿、餐饮、运输服务(6)																																
产品税	5	0	2	0	1	0	0	0	0	0	0	3	0	0	0	0	0	0	0	3	0	0	2	2	0	0	0	0	0	0	0	0
6 金融保险(7,不包含72-73)																																
产品税	0	0	0	0	0	0	0	0	0	0	0	0	0	0	0	0	0	0	0	0	0	0	0	0	0	0	0	0	0	0	0	0
7 房地产服务、租赁服务(72-73)																																
产品税	0	0	0	0	0	0	0	0	0	0	0	0	0	0	0	0	0	0	0	0	0	0	0	0	0	0	0	0	0	0	0	
8 商务和生产服务(8)																																
产品税	11	0	3	1	1	0	1	1	0	0	0	7	0	0	0	0	1	1	2	9	0	0	2	2	0	0	0	0	0	0	0	0
9 社区和社会服务(92-93)																																
产品税	0	0	0	0	0	0	0	0	0	0	0	0	0	0	0	0	0	0	0	0	0	0	0	0	0	0	0	0	0	0	0	0
10 其他服务(94-99)																																
产品税	4	0	0	0	0	0	0	0	0	0	0	0	0	0	0	0	0	0	0	0	0	0	4	4	0	0	0	0	0	0	0	0
11 公共管理(91)																																
产品税	0	0	0	0	0	0	0	0	0	0	0	0	0	0	0	0	0	0	0	0	0	0	0	0	0	0	0	0	0	0	0	0
贸易和运输加价合计	78	1	28	3	2	0	0	0	0	0	0	34	0	0	0	0	0	4	4	38	16	0	21	21	0	0	0	0	3	3	0	0
产品税合计	141	1	35	5	2	0	1	1	0	0	0	45	0	0	0	0	1	2	3	48	10	0	62	62	0	0	0	0	21	21	0	0
产品补贴合计	−8	0	0	0	0	0	0	0	0	0	0	0	0	0	0	0	0	0	0	0	0	0	−8	−8	0	0	0	0	0	0	0	0

表14.14：供给表和使用表：按基本价格计算的中间使用和最终使用，ISIC分类

产品的使用			分产业的中间消耗(按ISIC的类别分组)													出口		最终消费支出			一般政府			资本形成总额			
	按基本价格计算的总使用	产品税减补贴	农业、林业和渔业	制造业和其他工业	建筑业	贸易、运输、住宿、餐饮业	信息及通信业	金融和保险业	房地产业	商务服务业	教育、卫生及社会服务业	其他服务业	公共管理	产业合计	经济体合计	货物	服务	最终消费支出小计	住户	NPISH	小计	公共消费	个人消费	资本形成总额小计	固定资本形成总额	存货变化	贵重物品的获得减处置
			(A)	(B-E)	(F)	(G-I)	(J)	(K)	(L)	(M-N)	(P-Q)	R-T及U	(O)														
	(1)	(3)-(4)	(6)+(17)	(7)	(8)+(18)	(9)	(10)	(11)	(12)	(13)	(14)+(21)	(15)	(22)	(24)	(25)	(27)	(28)	(29)	(30)	(31)	(32)	(33)	(34)	(35)	(36)	(37)	(38)
产品(按CPC的大部类分组)																											
总使用																											
1 农业、林业和渔业产品(0)	124		3	70	0	3	1	2	1	2	3	0	2	87		7	0	27	25	0	2	0	2	3	2	1	
2 矿物和矿石，电、气、水(1)	256		3	184	1	6	3	2	1	2	5	0	4	211		7	0	39	39	0	0	0	0	−1	0	−1	
3 制造业产品(2-4)	1 998		30	624	73	42	16	16	19	19	46	5	33	923		396	0	510	507	0	3	0	3	169	154	5	10
4 建筑(5)	244		1	9	5	3	1	1	1	1	11	0	7	40		6	0	2	2	0	0	0	0	196	173	23	
5 贸易、住宿、餐饮、运输服务(6)	289		4	91	6	26	4	4	2	4	4	0	9	154		16	55	61	61	0	0	0	0	3	3	0	
6 金融保险(7,不包含72-73)	159		1	36	7	18	1	3	6	7	7	1	17	104		0	2	53	53	0	0	0	0	0	0	0	
7 房地产服务、租赁服务(72-73)	195		1	15	1	8	2	5	2	4	8	1	10	57		0	1	115	115	0	0	0	0	22	22	0	
8 商务和生产服务(8)	261		2	67	16	14	10	17	15	19	21	9	23	213		0	9	38	38	0	0	0	0	1	1	0	
9 社区和社会服务(92-93)	275		0	1	0	0	0	0	0	1	24	0	8	34		0	2	239	21	14	204	0	204	0	0	0	
10 其他服务(94-99)	91		1	1	0	1	1	1	0	1	2	0	2	10		0	0	81	81	0	0	0	0	0	0	0	
11 公共管理(91)	168		0	0	0	0	0	0	0	0	1	0	1	2		0	0	166	5	2	159	156	3	0	0	0	
12 非居民在国内的购买	0		0		0				0		0					20	9	−29	−29								
13 居民在国外的直接购买	43		0		0				0	0	0							43	43								
按基本价格计算的总使用	4 103*		46	1 098	109	121	39	51	47	60	132	16	116	1 835		452	78	1 345	961	16	368	156	212	393	355	28	10
产品税减补贴	133		1	35	5	2	0	1	1	0	1	0	2	48		10	0	54	54	0	0	0	0	21	21	0	0
14 按购买者价格计算的总使用	4 236		47	1 133	114	123	39	52	48	60	133	16	118	1 883		462	78	1 399	1 015	16	368	156	212	414	376	28	10
15 总增加值合计/GDP		133	42	728	130	139	61	94	146	123	142	66	50	1 721	1 854												
16 雇员报酬			19	547	79	102	32	44	49	79	113	47	39	1 150	1 150												
17 生产及进口税减补贴		133	−2	43	5	−5	−1	4	6	4	2	1	1	58	191												
18 混合收入总额			7	30	15	9	0	0	0	0	0	1	0	61	61												
19 营业盈余总额			18	108	31	33	30	46	91	40	27	18	10	452	452												
20 固定资本消耗－混合收入			4	3	0	1	0	0	0	0	0	0	0	8	8												
21 固定资本消耗－其他			9	80	26	30	7	12	5	12	21	2	10	214	214												
22 总产出			89	1 861	244	262	100	146	194	183	275	82	168	3 604													

*：原文为4060，疑有误，改为4103。相应地，该行后面"最终消费支出小计"由1302改为1345，"住户"由918改为961；行14"按购买者价格计算的总使用"的对应项也做了修改。——译者注

表14.15：中间消耗和最终需求中的进口品

		中间消耗											最终消费支出			一般政府			固定资本形成				出口	
	产品(按CPC的大部类分组)	农业、林业和渔业	制造业和其他工业	建筑业	贸易、运输、住宿、餐饮业	信息及通信业	金融和保险业	房地产业	商务服务业	教育、卫生及社会服务业	其他服务业	公共管理	产业合计	小计	住户	NPISH	小计	公共消费	个人消费	小计	固定资本形成总额	存货变化	贵重物品的获得减处置	货物	服务
		(A)	(B-E)	(F)	(G-I)	(J)	(K)	(L)	(M-N)	(P-Q)	R-T及U	(O)													
		(6)+(17)	(7)	(8)+(18)	(9)	(10)	(11)	(12)	(13)	(14)+(21)	(15)	(22)	(24)	(29)	(30)	(31)	(32)	(33)	(34)	(35)	(36)	(37)	(38)	(27)	(28)
	总使用																								
1	农业、林业和渔业产品(0)	0	27	0	0	0	0	0	0	0	0	0	27	10	10	0	0	0	0	0	0	0	0	37	
2	矿物和矿石、电、气、水(1)	0	61	0	0	0	0	0	0	0	0	0	61	0	0	0	0	0	0	0	0	0		61	
3	制造业产品(2-4)	0	95	0	5	0	0	0	0	0	0	0	100	100	100	0	0	0	0	84	74	0	10	284	
4	建筑(5)	0	0	0	0	0	0	0	0	0	0	0	0	0	0	0	0	0	0	0	0	0	0	0	0
5	餐饮、运输服务(6)	0	25	0	11	0	0	0	1	0	0	0	37	25	25	0	0	0	0	0	0	0	0	0	62
6	金融保险(7,不包括72-73)	0	5	0	0	0	7	0	5	0	0	0	17	0	0	0	0	0	0	0	0	0	0	0	17
7	房地产服务、租赁服务(72-73)	0	0	0	0		0	0	0	0	0	0	0	0	0	0	0	0	0	0	0	0	0	0	0
8	商务和生产服务(8)	0	0	0	0	0	0	0	0	0	0	0	0	5	5									0	5
9	社区和社会服务(92-93)	0	0	0	0	0	0	0	0	0	0	0	0	0	0	0	0	0	0	0	0	0	0	0	0
10	其他服务(94-99)	0	0	0	0	0	0	0	0	0	0	0	0	0	0	0	0	0	0	0	0	0	0	0	0
11	公共管理(91)	0	0	0	0	0	0	0	0	0	0	0	0	0	0	0	0	0	0	0	0	0	0	0	0
12	到岸价/离岸价调整		-5										-5	-3	-3					-2	-2			-10	
13	居民在国外的直接购买													43	43									20	23
14	总进口	0	208	0	16	0	7	0	6	0	0	0	237	180	180	0	0	0	0	82	72	0	10	392	107

第 15 章　价格和物量核算

A.　引言

15.1　第 14 章介绍了如何编制货物和服务账户以及如何在供给使用表中细化体现。货物服务流量的价值变化可以直接分解为两个组成部分，一个反映相关货物服务的价格变化，另一个反映其物量变化。在一个核算框架（例如供给使用表所提供的核算框架）下编制价格和物量测度指标的优点主要在于，它可以对数值的一致性和整个指标集的可靠性进行检验，如果经济中每一个货物服务流量（包括用物量形式表示比用现价形式表示更难的非市场货物服务）都必须包括在内，那么这是非常重要的。

15.2　在一个核算框架下进行价格和物量测度指标的另一个优点是，针对某些重要的平衡项目可以推导得出其隐含的价格和物量测度指标。特别地，可以通过总产出物量减去中间消耗物量计算得到实际总增加值，这就是所谓的“双缩”法。双缩法可以用在单个企业、产业或部门层面。然而，SNA 的主要目标不是简单地为测算其中主要总量的价格和物量变化提供指导，而是要确保能够对通货膨胀和经济增长进行系统而详尽的分析。

1.　指数理论

15.3　B 节将对 SNA 所应用的指数理论进行概述，最近十年，这一领域得到了显著的发展。围绕消费价格指数（CPI）和生产者价格指数（PPI）的理论与实践，都出版了新手册，包括《消费价格指数手册：理论与实践》（国际劳工组织、IMF、OECD、欧盟统计局、联合国欧洲经济委员会、世界银行（2004））和《生产者价格指数手册：理论与实践》（国际劳工组织、IMF、OECD、欧盟统计局、联合国欧洲经济委员会、世界银行，2004）。《出口和进口价格指数手册：理论与实践》（国际劳工组织、IMF、OECD、欧盟统计局、联合国欧洲经济委员会、世界银行，2009）是关于出口和进口价格指数（XMPI）的更详细的手册。为了方便读者，这些手册是按照同样的结构编写的。特别地，CPI 手册和 PPI 手册的第 14 章以及 XMPI 手册第 15 章都介绍了这些指数如何与 SNA 框架相匹配。

15.4　B 节主题涉及在国民经济核算中如何选择适当的方法编制货物服务流量的跨期价格指数和物量指数。B 节还考虑了由差别定价造成的价格差异问题，即：如何处理在同一时期同一市场上以不同价格销售给不同购买者的货物或服务，这样的价格差异应该区别于由质量差异造成的价格差异。该节还讨论了如何处理随着时间推移而发生的质量变化，包括新产品的出现和旧产品的消失。

2.　价格和物量时间序列

15.5　C 节介绍如何将 B 节所考虑的内容应用到 SNA 中，以及如何获得物量和价格的时间序列。此节不仅讨论货物服务账户中的项目，还讨论了非金融资产存量如何分解为物量和价格成分。进而，该节还阐述了如何对 SNA 中那些自身不存在价格和物量成分的各主要总量给予“实际”表述的问题，举例而言，通过这样分解，其结果即可分析贸易条件对国民收入的影响。

15.6 和 B 节一样，C 节并不是要穷尽所涉及的全部内容，而是要对近十年来开发的各种手册加以回顾，提取其中的精华，尤其是《国民经济核算中的价格与物量测算手册》（欧盟统计局，2001）和《季度国民经济核算手册：概念、数据来源和编制》（IMF，2001b）第 IX 章。

3. 价格的国际比较

15.7 大部分价格和物量指数是用来测算随时间推移所发生的价格和物量变化的，但它们也可以用来比较不同区域或国家在同一时期的价格和物量差异。为了能够对不同国家生活水平、经济发展或生产率水平进行比较，这样的比较是必需的。

15.8 D 节先在理论上讨论这些主题，然后按照国民经济核算人员的操作规范进行解释。《全球购买力平价和实际支出——2005 国际比较项目方法手册》（世界银行，2008）介绍了 2005 年国际比较项目（ICP）的方法。

4. 更多信息

15.9 本章的目的只是介绍重要的概念，以及将指数理论应用于 SNA 之物量序列所需考虑的问题。更多信息应该参阅所引用的其他手册。

B. 指数理论概述

1. 数量、价格和价值

15.10 对于每一种货物或服务，必须找到适合度量它的数量单位。货物或服务的单位可能是离散变量也可能是连续变量，汽车、飞行器、电脑、理发、阑尾切除术是以离散或整数单位计的货物或服务，其数量可以通过简单地记录单位个数得到。石油、电、糖和运输是以连续单位计的货物或服务，这类单位会根据不同特征连续变化，例如重量、体积、能量、持续时间和距离。选择物体单位及相应于此单位的价格是为了方便，例如，按每吨计的价格是按每千克计的价格的 1000 倍。只要价格以与物量单位一致的方式计，对于单一同质的货物或服务，价值（v）总是等于价格（p）乘以数量（q），即：$v = p \times q$。

数量、价格和价值的可加性

15.11 简单地说，数量、价格和价值的可加性包括几个重要的性质：

a. 数量只可以对单一同质产品相加，例如，20 吨煤加上 20 吨糖是没有经济意义的，不太明显的是，如果两种类型的汽车在质量上不同，其中一种 10 辆与另一种 20 辆相加也是没有经济意义的。

b. ***货物或服务的价格是指一单位该货物或服务的价值***。价格随所选数量单位的尺度不同而变化，在许多情况下，通过改变数量单位，价格即可随之改变，例如，用吨计可以取代用千克计。价格和数量一样，不能针对不同产品或服务进行相加，不同产品或服务价格的平均数是没有经济意义的，也不能用来度量随时间推移的价格变化。

c. 价值以共同的货币单位形式表示，不同产品的价值可以相加。价值不会因为数量单位的不同选择而产生差异。

15.12 在一个市场系统中，不同货物服务的相对价格应该既反映生产的相对成本，又反映购买者的相对效用，无论购买者是用来进行生产还是用来消费。相对成本和相对效用会影响销售者和购买者在市场上打算以此交换货物服务的比率。必须有一个不同货物服务的价值总和，用以反映在当期通行价格水平上所做出的货物服务生产和消费选择。

物量、数量、价格和单位价值指数

15.13 ***物量指数是指一组货物或服务的数量在两段时期之间成比例变化的平均数***。和度量货物服务在一个时期或者其他时期、或者两个时期的相对价值一样，这种随时间推移的数量比较必须是针对同质产品的，不同货物服务的数量变化必须用其经济重要性进行加权，因此，为了强调必须对数量进行调整以反映质量变化，物量一词比数量更正确、更合适。

15.14 遗憾的是，有时，尤其是在采用海关文档记录的对外贸易统计领域，价格和物量指数方面的数据实际上是不够详细，或者说是不适当的。例如，可以得到的基本信息主要限于进口或出口某组产品的单位总数，或者其总重量（比如鞋的总双数，或某种类型设备的总重量）。如果单位数或者重量包括以不同价格销售的不同产品，在这样的信息基础上构建的指数不是物量指数。因此，这种指数有时被称为“数量指数”。相应的“价格”指数常常被称为平均指数或“单位价值”指数。单位价值指数度量的是非同质并且同时受产品组合及其价格变化影响的平均单位价值的变化。因此，单位价值指数不是度量非同质产品组随时间推移之平均价格变化的好指标。

2.　价格和物量的时期指数

15.15 SNA 对指数的兴趣主要在于把价值总量变化分解为全部价格变化和全部物量变化。价格指数是某组货物服务两个时期（比方说参考期 0 和当期 t）之间价格（按比例）变化的加权平均。类似地，物量指数是某组货物服务两个时期（比方说参考期 0 和当期 t）之间物量（按比例）变化的加权平均。有许多价格指数公式，在相对价格或相对数量的权重、具体使用的平均形式（算术平均、几何平均、调和平均等）等方面，这些公式各有不同。关于这些公式的性质和各自的优点，CPI 手册和 PPI 手册中有详细的介绍。

拉氏指数和帕氏指数

15.16 拉氏指数和帕氏指数是最常用的两个指数公式。拉氏价格指数（L_P）被定义为用参考期 0 的价值份额为权重的相对价格的加权算术平均；

$$L_P = \sum_{i=1}^{n}\left(\frac{p_i^t}{p_i^0}\right)s_i^0 = \frac{\sum_{i=1}^{n}\left(\frac{p_i^t}{p_i^0}\right)p_i^0 q_i^0}{\sum_{i=1}^{n} p_i^0 q_i^0} = \frac{\sum_{i=1}^{n} p_i^t q_i^0}{\sum_{i=1}^{n} p_i^0 q_i^0} \quad (1)$$

这里，p_i^0、q_i^0 和 $v_i^0 = p_i^0 \times q_i^0$ 分别代表 0 时期 i（$i = 1, \cdots, n$）产品价格、数量和价值，$s_i^0 = v_i^0 / \sum_{i=1}^{n} v_i^0$ 代表 0 时期价值份额。同样地，用 t 作为上标代表 t 时期。

15.17 由（1）式可知，拉氏价格指数是将用于计算的一篮子产品组合固定在参考期 0 水平上而得到的价值变化。类似地，拉氏物量指数（L_Q）可以定义为每一时期的产品组成都在更新，但一直采用参考期 0 的价格计算从而得到的价值变化，即：

$$L_Q = \sum_{i=1}^{n}\left(\frac{q_i^t}{q_i^0}\right)s_i^0 = \frac{\sum_{i=1}^{n} p_i^0 q_i^t}{\sum_{i=1}^{n} p_i^0 q_i^0} \quad (2)$$

15.18 帕氏指数也有价格指数和物量指数。帕氏指数与拉氏指数之间的区别在于两个方面。帕氏指数采用调和平均而不是算术平均；物量或价格的固定时期是在当期 t。帕氏价格指数即为：

$$P_P = \left[\sum_{i=1}^{n}\left(\frac{p_i^t}{p_i^0}\right)^{-1} s_i^t\right]^{-1} = \frac{\sum_{i=1}^{n} p_i^t q_i^t}{\sum_{i=1}^{n} p_i^0 q_i^t} \quad (3)$$

固定当期权重或价格的帕氏物量指数为：

$$P_Q = \left[\sum_{i=1}^{n}\left(\frac{q_i^t}{q_i^0}\right)^{-1} s_i^0\right]^{-1} = \frac{\sum_{i=1}^{n} p_i^t q_i^t}{\sum_{i=1}^{n} p_i^t q_i^0} \quad (4)$$

使用拉氏公式和帕氏公式得到的缩减序列和物量序列

15.19 两个时期之间的货币价值变化指数，$I_V = \sum_{i=1}^{n} v_i^t / \sum_{i=1}^{n} v_i^{t-1}$，反映了价格和数量变化的混合效应。使用拉氏指数和帕氏指数时，只要以拉氏价格指数与帕氏物量指数相匹配，就可以将价值变化精确地分解为价格指数乘以物量指数，即：$L_P \times P_Q = I_V$，或者可以用拉氏物量指数与帕氏价格指数相匹配，$L_Q \times P_P = I_V$。例如，以价格指数 1.05（代表5%的变化）乘以物量指数 1.08（代表8%的变化），即可得到 1.134 的价值变化（代表 13.4%的变化）。

15.20 只要两个时期的当期总价值已知，同时还知道价格指数或物量指数中的一个，就可以探索应用上述这种关系。例如，假设编制者想要得到物量指数，用适当的价格指数去分解（缩减）对应的价值变化，就可以得到拉氏物量指数和帕氏物量指数，分别表示为 $L_Q = I_V / P_P$ 和 $P_Q = I_V / L_P$。由等式（2）右边所得的 L_Q 产生了 t（$t = 1, \cdots, T$）时期拉氏物量指数的时间序列：

$$\frac{\sum_{i=1}^{n} p_i^0 q_i^1}{\sum_{i=1}^{n} p_i^0 q_i^0}, \frac{\sum_{i=1}^{n} p_i^0 q_i^2}{\sum_{i=1}^{n} p_i^0 q_i^0}, \cdots, \frac{\sum_{i=1}^{n} p_i^0 q_i^T}{\sum_{i=1}^{n} p_i^0 q_i^0} \quad (5)$$

用共同的分母 $\sum_{i=1}^{n} p_i^0 q_i^0$ 乘以该序列，即可得到对应的物量序列：

$$\sum_{i=1}^{n} p_i^0 q_i^1, \sum_{i=1}^{n} p_i^0 q_i^2, \cdots, \sum_{i=1}^{n} p_i^0 q_i^T \quad (6)$$

这个序列从一个时期到下一个时期的相对变化与等式（5）所提供的有关拉氏物量指数的相对变化是一致的，两组序列的差异只是标量不同——0 时期的价值。

15.21 正如（6）式所解释的，采用基年价格的序列很容易理解，但是，在国民经济核算体系中，如果时期 T 很长，经济结构在此期间发生了变化，那么这个序列就不是最优的了。例如，如果按照 1995 年不变价测度 10 年间的物量变化，比方说 1995 年至 2005 年，那么，最近几年的物量变化是以一个很可能已经改变的价格结构为基础的。更好的办法是改变 2000 年帕氏缩减因子的权重（换基），把所得指数与 1999 年的指数联系起来。所得到的 10 年物量序列不再按照 1995 年不变价计，但却是更具有代表性的物量指数。如果资源允许，更好的做法是要形成不变价比较的年度双边联系的序列。物量序列一词比“不变价”更适合用来表述这样的序列。

拉氏指数和帕氏指数之间的关系

15.22 在考虑其他替代公式之前，有必要先确定拉氏指数和帕氏指数之间的相互关系。一般来说，拉氏指数表示的自基年以来的增长会高于帕氏指数，即一般有：

$$L_P > P_P,\ L_Q > P_Q \quad (7)$$

只要相对价格和相对物量（按价值加权）是负相关的，即：如果价格上涨，购买的数量就下降，反之亦然，那么，关系（7）就成立。出价者（包括消费者和购买中间投入的企业）预期价格与购买量存在这种负向关系，他们会用那些变得相对不那么贵的货物服务替代变得相对更贵的货物服务，以应对相对价格的变化。定价企业则希望价格与购买量存在正关系，这些企业会更新产出组合，生产那些变得相对更贵的货物服务，在这样的情况下，式（7）中的不等号就会反过来。

15.23 假设消费者效用最大化，这种效用又与所购买的货物服务组合有关。理论生活成本指数（COLI）定义为在两组价格下使消费者获得固定水平的效用所需最小支出之比。如果保持相同的效用水平所需支出增加，那么 COLI 增长。拉氏 COLI 保持参考期的偏好和效用水平不变，帕氏 COLI 则保持当期的偏好和效用水平不变。

15.24 拉氏价格指数是理论拉氏 COLI 的上限，在 COLI 下，通过用相对便宜的产品替代相对昂贵的产品，消费者应该能够保持相同的效用水平，而固定篮子的拉氏指数不允许这种替代。同理可证明帕氏指数是理论帕氏 COLI 的下限。

其他指数公式

15.25　不同的公式会给出不同的结果，为此需要考虑选择指数公式的新方法，而这又反过来促使人们考虑新的指数公式。

15.26　从等式（1）和（3）的拉氏价格指数和帕氏价格指数可以很容易看到，这两个指数都采用一个数量固定的篮子，不同之处在于拉氏指数采用参考期的固定篮子，而帕氏指数采用当期的固定篮子。如果目的仅仅是度量两个独立时期之间的价格变化，那么，没有理由认为用前一期的篮子比用最近一期的篮子更好，或者反过来。从概念上看，两个篮子同等重要。因此不能认为一个公式比另外一个好，然而，两个公式得到的结果却不同。

15.27　价格指数的一个折中方案是用一个能够对称地使用基期和当期数量信息的公式。基于此，费舍指数是最适合的。（有关为什么的解释见 CPI 和 PPI 手册的第 15 章。）费舍指数（F）被定义为拉氏指数和帕氏指数的几何平均，其价格指数和数量指数分别为：

$$F_P = \{L_P \cdot P_P\}^{1/2} \text{和} F_Q = \{L_Q \cdot P_Q\}^{1/2} \tag{8}$$

15.28　经济理论假定存在无差异曲线，该曲线反映消费者如何对价格变化做出反应以改变其支出模式。除非无差异曲线所代表的效用函数在 0 期和 t 期是相同的，否则该期拉氏指数和帕氏指数会对应不同的效用函数。一般地，拉氏指数是其潜在效用函数的上界，而帕氏指数是其潜在效用函数的下界，但是，这两个效用函数是不同的。

15.29　为了解决这个两难的局面，出现了一系列指数，被称为超越指数，它们与效用函数相对应，适用于随时间推移由价格变化带来的数量变化。费舍指数就是超越指数的一个代表，唐氏指数是另一个代表。唐氏指数是用两个时期平均支出份额加权的价格相对数的几何平均。这样，唐氏价格和物量指数被定义为：

$$T_P = \prod_{i=1}^{n}\left(\frac{p_i^t}{p_i^0}\right)^{(s_i^0+s_i^t)/2} \quad \text{和}$$

$$T_Q = \prod_{i=1}^{n}\left(\frac{q_i^t}{q_i^0}\right)^{(s_i^0+s_i^t)/2} \tag{9}$$

费舍指数和唐氏指数出于加权的目的都要同时使用两个时期的价值份额信息，都认为这两个时期的价值份额信息是同等重要的。因此，它们会如人所愿地介于拉氏指数和帕氏指数之间。在唐氏指数和费舍指数以及其他这样的对称指数之间，其数值差异是很小的，需要注意，唐氏和费舍物量指数并没有使用一个具体单一时期的价格，“按照不变价格”一词对于这样的指数序列来说是不恰当的；正确的术语是物量序列。

15.30　上面的分析是从消费者或者购买者的角度进行的。经济理论还从生产者角度定义拉氏和帕氏的边界。使收入最大化的生产者希望适应相对价格的上涨而提高其生产的相对数量。产生的拉氏—帕氏边界与上面所描述的恰好相反，因为生产数量的替代方向倾向于高于平均价格变化的商品。不过用唐氏指数和费舍指数剔除替代偏差仍然成立。

合意指数的特征

15.31　用于缩减国民账户的指数应该满足以下常被引用的两个特征，即其必须通过“时间互换”检验和“因素互换”检验。时间互换检验要求 t 期与 0 期比较得到的指数应该是以 0 期与 t 期比较之指数的倒数。因素互换检验要求价格指数和物量指数的乘积应该等于其总价值指数。如前面部分所讨论的那样，拉氏指数和帕氏指数都不能通过这两个检验。然而，根据式（8）的定义，费舍指数可以通过这两个检验。

15.32 费舍指数有这许多吸引人的性质，因此使它在一般经济统计中得到广泛使用，为此费舍把该指数称为“理想”指数。然而，费舍指数要求同时具备参考期和当期的权重信息，这会影响指数的时效性；它也不像拉氏指数或帕氏指数那样容易理解。

15.33 CPI 和 PPI 手册在第 15、16 和 17 章中从非常宽阔的视角提供了选择指数的各种方法。16 章中还包括了支持唐氏指数的随机方法。大量的这些工作表明：所有三种方法都支持费舍指数；像费舍指数和唐氏指数这样的超越指数得到的结果几乎相等，都可以用经济理论方法进行判别；而超越指数和拉氏或帕氏指数之间的不同或者差异则是由替代偏差造成的。

实践中的指数

15.34 式（1）中，拉氏价格指数的价格和权重的参考期是一样的：都是参考期 0，实际中，尤其是对 CPI 这样时效性至关重要的指数，与价格参考期 0 不同，权重参考期应是更早的时期比如 b，因为从住户、基层单位和其他来源编制指数中使用的权重结果，需要花费时间。按照式（1）给出的拉氏指数会用权重 S_i^b 而不是 S_i^0。这个指数就是 Young 指数，和拉氏指数一样，该指数也有不满足时间互换检验这一不尽如人意的性质。

15.35 统计部门常常通过 b 和 0 之间的价格变化来调整用作权重的价值份额，得到 Lowe 指数，即：

$$L_{oweP} = \frac{\sum_{i=1}^{n}\left(\frac{p_i^t}{p_i^0}\right)\left(\frac{p_i^0}{p_i^b}\right)v_i^b}{\sum_{i=1}^{n}v_i^b\left(\frac{p_i^0}{p_i^b}\right)} \equiv \frac{\sum_{i=1}^{n}p_i^t q_i^b}{\sum_{i=1}^{n}p_i^0 q_i^b} \qquad (10)$$

3. 链式指数

指数的换基和链接

15.36 如前所述，随着时间的推移，基期相对价格模式与近期经济环境的相关性会越来越差，因此，继续使用这样的基期相对价格来测度物量变化变得让人难以接受。于是，有必要更新权重。对于长期序列而言，对很久以前的时期使用最新权重，对当前时期使用很久以前的权重，二者都不恰当。因此，有必要把旧序列与采用新权重的新序列通过连乘链接起来。这是一个简单的数字运算，需要同时用旧权重和新权重估计重叠时期的指数或序列。

15.37 实现链接有许多种计算方法。按新权重计算的当期指数，乘以一个由老指数比新指数所得的链接系数，即可将新指数转化到老指数的参考期。另外，指数可以把参考期更改到新权重引入的时期，以老指数除以链接系数就可以进行这样的更改。通过一个重叠期链接把老序列和新指数链接起来的过程，就是所谓的链锁。

15.38 无论链锁是为了在新序列中保持早期作为参考期，还是为了将旧序列的参考期变到新参考期，都必须在组成总量的各个分量层次上进行——由于非可加性，必须就每个组成元素和汇总量分别进行链接。

逐期链锁

15.39 权重更新越频繁，所得到的价格或物量序列就越有代表性。每年均采用更新的权重连续编制两年年度指数，就可以得到年度链式指数。这些“链接”是通过连乘实现的，由此形成了一个序列。为了理解链式指数的一般性质和表现，有必要首先了解链式拉氏和帕氏指数与定基指数相比的作用如何。

链式拉氏指数和链式帕氏指数

15.40 链接 0 期和 t 期的链式拉氏物量指数 L_Q 是如下形式的指数：

$$L_Q = \frac{\sum_{i=1}^{n}p_i^0 q_i^1}{\sum_{i=1}^{n}p_i^0 q_i^0} \times \frac{\sum_{i=1}^{n}p_i^1 q_i^2}{\sum_{i=1}^{n}p_i^1 q_i^1} \times \cdots \times \frac{\sum_{i=1}^{n}p_i^{t-1} q_i^t}{\sum_{i=1}^{n}p_i^{t-1} q_i^{t-1}} \qquad (11a)$$

相应的链式帕氏物量指数 P_Q，形式如下：

$$P_Q = \frac{\sum_{i=1}^{n} p_i^1 q_i^1}{\sum_{i=1}^{n} p_i^1 q_i^0} \times \frac{\sum_{i=1}^{n} p_i^2 q_i^2}{\sum_{i=1}^{n} p_i^2 q_i^1} \times \cdots \times \frac{\sum_{i=1}^{n} p_i^t q_i^t}{\sum_{i=1}^{n} p_i^t q_i^{t-1}} \tag{11b}$$

物量指数公式中的 p 与 q 互换，即可得到链式拉氏和帕氏价格指数。

15.41　一般地，如果用链式指数代替定基指数，拉氏和帕氏指数之间的数值差距可能会大大缩小。因此链式指数较之定基指数更有优势。然而，定基指数和相应的链式指数之间的关系并不总是一成不变的，因为这种关系必须依赖于个体价格和数量随时间的变化轨迹。

15.42　如果个体价格和数量随着时间而稳定地上涨或下跌，可以看到，链锁将显著地降低两个指数的数值差距，甚至会使差异得到完全消除。CPI 和 PPI 手册的第 9 章和 19 章提供了解释性的例子，第 15 章解释了这个现象背后的理论。

15.43　但是，如果个体价格和数量不稳定，使早期相对价格和相对数量的变化与近期恰好相反，那么，链锁指数会比一个简单的指数造成的后果更严重。

15.44　总的来说，支持使用链式拉氏和帕氏指数的情况多于不支持的情况。导致相对价格和数量观测值长期变化的那些潜在经济动力——比如技术进步和收入增长——常常不会逆转，因此，一般建议对年度价格指数进行链锁。受季节性和短期无规律变化影响，月度和季度数据中的价格和物量值常常不如相应年度值稳定。所以，在这些较高频率的指数基础上，进行链锁就会丧失优势，并且，切不可对没有进行季节波动调整过的季度数据进行链锁。

年度链锁的季度拉氏指数

15.45　可以用年度权重而不是季度权重构建季度链式指数。就季度拉氏物量指数而言，该指数测度 y 年度第 c 季度物量与 $y-1$ 年度平均季度物量相比的变化。

$$L_Q^{\overline{(y-1)}\to(c,y)} = \frac{\sum_i P_i^{y-1} q_i^{c,y}}{\sum_i P_i^{y-1} Q_i^{y-1}} = \sum_i \frac{q_i^{c,y}}{Q_i^{y-1}} S_i^{y-1} \tag{12a}$$

大写字母 P 和 Q 代表一年的季度平均值，而 p 和 q 代表具体的季度值。上标表示年度（y）和季度（c）。P_i^{y-1} 表示第 i 个项目 $y-1$ 年的平均价格，$P_i^{c,y-1}$ 表示第 i 个项目 $y-1$ 年第 c 季度的价格，S_i^{y-1} 表示基期的价值份额，即第 i 个项目在 $y-1$ 年总价值中的份额。于是：

$$P_i^{y-1} = \frac{\sum_c p_i^{c,y-1} q_i^{c,y-1}}{\sum_c q_i^{c,y-1}};$$

$$Q_i^{y-1} = \frac{\sum_c q_i^{c,y-1}}{4}; \text{和}$$

$$S_i^{y-1} = \frac{P_i^{y-1} Q_i^{y-1}}{\sum_i P_i^{y-1} Q_i^{y-1}} = \frac{\sum_c p_i^{c,y-1} q_i^{c,y-1}}{\sum_i \sum_c p_i^{c,y-1} q_i^{c,y-1}} \tag{12b}$$

15.46　于是，季度拉氏物量指数就可以与年度链锁链接在一起。对季度数据按年度链接有两种可选方法：年度重叠法和季度重叠法。除了这两种传统的链接方法外，有时基于与上年同期相比的变化，采用第三种方法（“跨年度方法”）。在许多情况下，三种方法会得出类似的结果，然而，如果在相对数量和相对价格变化很大的情况下，跨年度方法会导致链接序列扭曲季节变化模式。国民经济核算中编制标准的价格统计资料时，对于拉氏物量指数，如果不能使用季度重叠法，使用年度重叠法可能更实际，因为年度重叠法所得到的数据可以直接加总得到相应的年度指数。但季度重叠法和跨年度方法得到的数据则做不到这一点。季度重叠法可以为每个链接之间提供最平稳的转换，与年度重叠法不同的是，它可以在每个链接之间——即本年第四季度和来年第一季度之间——加入一次链接。

15.47　使用年度重叠法意味着，每个季度都要按照上年加权年度平均价格编制估计量，对于随后的链接，采用相应的年度数据提供链接因子，按季度数据上调或下调。除了按照上年平均价格编制估计量外，单季重叠技术还要求对重叠的季度按照当年年度加权平均价格编制估计量。对季度数进行上调或下调的链接因子等于按当年平均价格与按上年平均价格估计的季度链接之比。除了按照上年平均价格编制估计量外，跨年度技术需要对每个季度按照当年的年度加权平均价格编制估计量。然后，这些物量序列与上年同期数字相比的变化就用于外推选定参考期的季度物量序列。

15.48 将使用单季重叠技术进行年度链接得到的四个季度物量序列加起来形成的年度物量序列，与年度链式物量序列之间是存在差异的，这些差异会随着时间的推移而增大。因此，按这种方式得到的季度链式物量序列通常是以相应的年度链式物量序列为基准，对季度物量序列的误差进行最小化处理，同时达到与年度链式物量序列保持一致。关于这方面的讨论见《季度国民经济核算手册》第 VI 章。

15.49 如果年度物量序列源于供给使用表中的平衡项数据（如 C 节建议的那样，此数据以上年价格表示），那么标准的做法是以年度平衡项估计量为基准，调整相应的季度数据。基准化消除了季度和年度链式物量序列之间的所有差异，包括由使用季度重叠法引起的差异。

15.50 最后，将采用季度重叠法的链接与基准化结合，来剔除季度和年度数据之间的所有差异，以得出最好的结果。然而，在许多情况下，年度重叠法也可能会得出类似的结果。应该避免使用跨年度方法。

链式拉氏指数还是链式超越指数?

15.51 如前所述，当价格和数量随着时间推移而平稳变动时，拉氏指数和帕氏指数之间的数值差距可能会通过链接而大大缩小。在这种情况下，选择指数公式就不那么重要了，因为所有的相关指数都在拉氏和帕氏指数的上限和下限之间。尽管如此，如果选择诸如费舍指数或唐氏指数这样的能够对称地处理两个相比较的时期的指数，仍然有其好处。

15.52 这样的指数很可能更接近于以潜在的效用函数或生产函数为基础的理论指数，即使链接可能减少了它们在这方面相比拉氏指数或帕氏指数的优势。当价格和数量出现波动时，一个链式对称指数，例如费舍指数或唐氏指数，也有可能起到较好的作用。然而，链式拉氏指数不需要当期权重数据，从而可能会使估计更具及时性。对在国民经济核算估计量中使用链式拉氏指数还是链式费舍指数或唐氏指数的差异进行回溯探索研究，将有助于明确使用费舍指数或唐氏指数公式的优势所在。

年度链锁的季度费舍指数

15.53 正如有年度链锁的拉氏季度指数一样，也有年度链锁的费舍季度指数。连续两年的配对拉氏和帕氏季度指数都是针对第一年（$y-1$ 年）最后两季度和第二年（y 年）前两个季度编制的。帕氏季度指数是作为后向拉氏季度指数编制然后再施以转换得到的。这样做是为了确保得到的费舍季度指数能够是对称的。前向拉氏指数中的年度值份额与两年中的第一年有关，后向拉氏指数中的年度值份额却与两年中的第二年有关。

$$L_Q^{\overline{(y-1)}\to c} = \frac{\sum_i P_i^{y-1} q_i^c}{\sum_i P_i^{y-1} Q_i^{y-1}} = \sum_i \frac{q_i^c}{Q_i^{y-1}} s_i^{y-1} \quad (13)$$

$$P_Q^{\bar{y}\to c} = [L_Q^{\bar{y}\to c}]^{-1} \quad (14a)$$

$$L_Q^{\bar{y}\to c} = \frac{\sum_i P_i^y q_i^c}{\sum_i P_i^y Q_i^y} = \sum_i \frac{q_i^c}{Q_i^y} s_i^y \quad (14b)$$

q_i^c 是第 i 个项目在 $y-1$ 年后两个季度或者是 y 年前两个季度中的季度 c 的数量。

15.54 四个季度中每个季度的费舍指数都是相应拉氏和帕氏指数的几何平均。然后，采用季度重叠法可以将相邻的四个季度链接起来。由此得出的经年度链锁的费舍季度指数需要基准化为年度链式费舍指数，从而与年度估计量保持一致。

15.55　由于不可能编制采用当年年度权重的帕氏季度指数——至少不可能采用实际的观测数据，所以在序列的末尾就产生了难题。一种解决方案是，编制最近一年或两年的“真实”季度链式费舍指数，并用它们来外推年度链锁的费舍指数。但是，这样做必须采用经季节调整的数据。大多数情况下，只要季度相对价格和物量不规则变化不那么剧烈，可以预期，采用经季节调整的数据编制季度链式费舍指数可以得出令人满意的结果。

链锁和数据范围

15.56　由于技术进步、新发现、口味和时尚变化、各种灾害等原因，产品不断从市场上消失，而代之以新的产品，这是指数编制中所面临的一个主要实际问题。价格指数或物量指数的编制方法是要对具有相同特征或质量的货物（即同质货物）在不同时期的价格或数量进行比较。在质量变化迅速的产品（比如个人电脑）领域，这是不容易做到的。

15.57　链锁有助于改进这种固定质量比较的问题，因为重叠产品在两个相邻时期的价格相似度是最高的，并且链锁指数能够调节权重，适应新产品和消失产品所带来的权重变化。

可加性和链锁

15.58　一个总量总是其组成部分之和。国民经济核算体系中，所谓可加性，就是物量序列也要保持这样的等式关系。虽然从核算的角度说希望具有可加性，但它实际上是一种限制性很强的性质。在这里考察过的指数中，拉氏物量指数是唯一具有可加性的指数公式。

15.59　一个链式指数的链接足以破坏可加性——即使是对拉氏物量指数这样的可加指数进行链接。因此，如果用链式物量指数外推基期的总价值得到一个价值时间序列，在随后时期里，指数的各组成部分相加可能就不等于其总量。如果总量链式指数数值出现在其组成部分链式指数给出的范围之外，就会出现不具有可加性的怪形式，许多用户可能认为这种结果在直观上不可接受。为此应该在脚注或其他附注中向用户说明链式物量序列具有不可加性。

15.60　通常，远离参考年的时期越远，由链锁造成的差异倾向于越大。如果参考年选在序列的末尾附近，那么就最近季度来说，该差异将相对较小。的确，如果采用链式拉氏公式，并且参考年选在最近的基年，那么参考年之后的季度就具有可加性。参考年选在链式物量序列末尾附近的另一个优点在于，如果价格变化的速度适当，那么以货币价值表示的链式物量序列大小与最近时期的当期价值差别不会太大。当在链式指数中加入一个新链接时，要保持这种情况，需要每年重新更换序列的参考期，这就需要修订整个链式物量序列。值得注意的是，更换参考期需要修订的是链式物量水平，而不是增长率。

15.61　如果不对权重进行更换，可能会使可加性得以保持，但是，所使用权重越来越不符合实际的缺点会明显超过这个优点。正如下面所解释的那样，各子时期序列的变化率（包括年度变化率），可以称为对总变化的贡献。

取正负号的变量

15.62　一般来说，指数公式不适用于那些可以取正值、负值和零值的时间序列。尽管如此，在这种情况下，也有方法可以获得以货币价值表示的虚拟链式物量序列。最普遍采用的方法是找出两个关联的时间序列，这两个序列都取正值，并且二者之差等于目标序列。一个典型的例子是期初和期末的存货存量，二者相减即等于核算期的存货变化。链式物量序列是不可加的，这里却构造了一个可加关系，因此显然这并不是一个完美的方法。为此，用来相减的序列应该尽可能按照价格和物量组成部分的形式与目标系列对应。因此应该用期末存货的链式物量序列减去期初存货的链式物量序列，得到存货变化的链式物量序列。有时公共部门会向私营部门销售资产，由此导致其固定资本形成总额取负值，在这种情况下，可以用购买和销售的链式物量序列相减。

对增长的贡献

15.63 如果在基年与参考年一致情况下使用拉氏公式，其物量在随后的时期中就具备可加性，此时，某组成部分 I_i 对总量（比如 GDP）在两个时期（$t-n$ 和 t）间增长的贡献就可以直接用如下公式得到：

$$\% \triangle_i^{(t-n)\to t} = \frac{100(I_i^t - I_i^{t-n})}{\sum_i I_i^{t-n}} \qquad (15)$$

如果链式物量序列是采用拉氏年度指数或者年度链接的拉氏季度指数推算出来的，那就可以使用在链锁前一年价格表示的数据，直接推算出对年与年相比或季度与季度相比之增长的贡献。这些数据是可加的，所以等式（15）可以在 $n=1$ 时使用。如果国家统计部门没有发布对增长的贡献，用户可以自己估计。假定采用季度重叠法，计算对从 $t-1$ 期到 t 期百分比变化的贡献，其公式如下：

$$\% \triangle_i^{(t-1)\to t} = \frac{100(I_i^t - I_i^{t-1})s_i^{t-1}}{\sum_i I_i^{t-1}s_i^{t-1}} \qquad (16)$$

其中 s 是各组成项在总量中所占的份额，如方程（12）所示。

4. 价格变化的原因

由于质量差异引起的价格变化

15.64 一般来说，大多数货物服务——无论是简单的食品（例如马铃薯）还是高技术产品（例如计算机），在市场上都会以许多不同的质量形式出现——代表了各不相同的物理特性。例如马铃薯，可以是陈的或鲜的、红的或白的、清洗过或没有清洗过的、散装的或预包装的、定级的或没有定级的。消费者知道并认可这些差别，就会为此支付不同的价格。对于某些货物服务，例如个人电脑和电信服务，品种间具有高度差别，而且会非常快速地更新换代（见下面的讨论），由此会给价格变化的测度带来严重的问题。

15.65 同一个通用名称——例如马铃薯、计算机或运输——会被用来描述价格决定特征彼此不同的货物服务。两种不同质量的货物服务，其价格或数量不能直接对比。不同质量必须被视为不同货物服务处理。

15.66 由货物服务不同物理特性形成的质量差别很容易辨认，但并不是所有的质量差异都属于此类。货物服务在不同的地理位置或者不同的时间（例如季节性水果和蔬菜）销售，必须视为不同质量处理，即使它们在物理特性上相同。提供或销售货物的销售条件或者环境、氛围也是造成质量差异的一个重要原因。例如，有保证的或者售后服务免费的耐用品，其质量要高于没有保证或服务的同样产品；不同种类的零售商（例如便利店、专卖店、百货公司、超市）出售的同种货物服务也必须作为不同质量处理。

15.67 经济分析中通常假定，如果两个看上去物理上相同的货物服务在价格上不同，那么一定有别的因素，例如地点、时间或销售条件造成了质量差异。否则，可以说差异是持续不下去的，因为理性的购买者总是会购买较低价格的东西，较高价格的东西是卖不出去的。

15.68 如果货物服务的质量相同但其价格不同，则计算指数所用的相对价格应该定义为该货物服务在两个时期加权平均价格之比，权重是按每种价格出售的相对数量。例如，假设一定数量的某货物服务以较低价格出售给某类购买者，这些货物服务的特性、地点、时间或销售条件或其他因素没有任何差别。按照假设，如果后来按较低价格出售的产品所占比例降低了，那么，尽管货物服务质量相同并保持不变，但购买相同数量货物服务的平均价格却会提高。对于出售者而言，虽然没有任何质量变化，但收到的平均价格也提高了。这种情况必须记录为价格上升，而不是物量增加。

不是由质量差异引起的价格变化

15.69 然而，必须搞清楚所观测到的价格差异是否总是意味着质量存在相应的差异。在标准观点下隐含有很强的假定，这些假定极少是清晰的，通常与实践并不符合，例如，购买者信息充分，他们可以自由地在不同价格的货物服务之间选择。

15.70 第一，购买者可能对现有的价格差异不够了解，因此可能无意中以较高价格实施购买。尽管他们也想寻找最低的价格，但是寻找的过程也是有成本的。由于不确定性和缺乏信息，寻找过程中发生的潜在成本——即获得以较低价格出售的同样货物服务的成本可能大于潜在的节余，会使购买者接受他无法以最低价格购买的风险。单个购买者或销售者进行谈判或讨价还价的情况，为购买者无意中以更高价格实施购买提供了进一步例证。另一方面，在单个购买者可以讨价还价的市场或集市上购买货物的平均价格与在各种零售店中出售货物的价格之间的区别，通常被视为由于货物出售条件不同而引起的质量差异。

差别定价

15.71 第二，购买者不能自由选择购买价格，可能是因为销售者在同一个地点对不同类型的购买者在完全相同的情况下就同样货物服务按不同的价格收费，也就是说，实行了差别定价。经济理论表明，销售者有实施差别定价的动机，因为这样可以使他们获得更高的收入和利润。然而，在购买者可以将货物重新出售给其他购买者（即当购买者以较低的价格购买到商品时，他可以将该商品转售给其他购买者）的情况下，很难实现差别定价。大多数货物都可以重新出售，但服务一般是不可能重新出售的。因此，大多数国家在诸如运输、金融、商务服务、卫生、教育等行业广泛地实行了差别定价。通常会针对低收入购买者或低平均收入人群（比如领取养老金的人或学生）的购买者按较低的价格收取费用。从福利角度看，政府实施或鼓励实施差别定价通常是合理的，但市场生产者也有理由实施有利于低收入住户的差别定价，因为这样会增加生产者的利润。因此，面对就不同消费者按不同的价格收取费用，至关重要的是要确定是否存在与低价有关的质量差异。例如，如果老人、学生或小学生随时都可以以较低的票价来乘坐飞机、火车或公共汽车，这就应该称为纯粹的差别定价。但是，如果他们只可以在特定时间（典型的非高峰期）以较低的票价旅行，那么他们享受的就是较低质量的运输服务。

平行市场的存在

15.72 第三，购买者可能无法以较低的价格购买尽可能多的商品，因为在该价格水平上的供应量是不充足的。如果有两个平行的市场，通常就会发生这种情况。可能有一个一级市场或官方的市场，其销售的价格和销售的数量要受政府或官方的控制，同时会有一个二级市场——自由市场或非官方市场，可能会、也可能不会被正式承认。如果按官方市场确定价格所获得的数量有限，无法满足需求，所以供应方要定量分配或通过一些形式的排队加以分配。因此，二级市场或非官方市场会出现一个较高的价格。二级市场或非官方市场也可能按较低的价格收费，比如在这样的市场上可以避免支付产品税，但发生此类情况的可能性很低。

15.73 上面给出的三个原因——缺乏信息、差别定价和平行市场的存在——表明，同样的货物服务有时会以不同的价格出售给不同的购买者。因此，不同价格的存在并不总是反映所出售货物服务存在质量差异。

15.74 如果货物服务的质量相同但价格不同，则计算指数所用的相对价格应该定义为该货物服务在两个时期加权平均价格之比，权重是按每种价格出售的相对数量。例如，假设一定数量的某货物服务以较低价格出售给某类购买者，这些货物服务的特性、地点、时间或销售条件或其他因素没有任何差别，按照假设，如果后来按较低价格出售的产品所占比例降低了，则尽管货物服务质量相同并保持不变，但购买相同数量货物服务的平均价格却提高了。这种情况必须记录为价格上升，而不是物量增加①。

15.75 在不同价格反映不同质量的情况下，很难区分真正的差别定价。不过，有的情况下，大的生产商（尤其是运输、教育和卫生领域的大服务生产商）能够区分差别定价，并提供必要资料。如果对价格差异是否属于差别定价有疑问，那似乎最好是假定价格差异即能反映质量差异，因为过去一直是假设价格差异反映质量差异的。

5. 质量变化的测度

15.76 货物服务及其销售条件都会随时间推移而不断变化，一些货物服务从市场上消失了，而另一些新质量或者新的货物服务取代了它们。对于消费额、生产额和投资额这样的总量指标，国民经济核算人员可以用细分的价格指数对其进行缩减，以此作为决定物量变化的主要工具。价格指数的问题会传递给物量变化的估计。例如，就计算机来说，价格指数估计值中会包括一部分计算机质量随时间推移的提高，这样就会夸大价格变化并低估物量变化。为了反映此类质量变化，国民经济核算人员需要注意价格指数编制人员所使用方法的范围和性质，以便正确地把价格指数用作缩减因子。这反过来对价格指数编制者提出要求，应对其所使用的方法保留解释性注释——这也是 CPI 手册第 8 章和 PPI 手册第 8 章所主张的策略。

15.77 质量调整程序是针对具体产品组量身定制的，当然，实施这些调整程序需要成本。特别值得国民经济核算人员和价格指数编制者注意的是，质量变化是产品市场日渐突出的特征。处理质量变化的默认程序——特别是对所有替代物进行可比性处理，或者将消失的品种从样本中取消——隐含地会将不同质量进行合并估价，但这种估价可能并不恰当，是可以改进而且是应该加以改进的。

15.78 用于处理缺失值的常用程序之一是将价格从前一个时期结转到当前时期，但这种方法是不合适的，会使指数产生偏差，因此这里强烈反对这种做法。

15.79 下面简单介绍一些较常见的方法。更广泛的讨论可参阅 CPI、PPI 和 XMPI 这三个价格指数手册。这些方法可分为直接法（或显示法）和间接法（或隐含法）。

直接法

15.80 原则上，用于计算时期间价格指数的相对价格，应当通过对同一组货物服务组成的样本在不同时期的价格进行比较，以衡量纯粹的价格变化。这种方法被称为匹配规格法（matched - models method）。为了确保能够进行适当的匹配，价格指数编制者应当针对在连续各个时期采价的项目保留详细信息。如果一个样品由于过时而缺失，质量调整问题就产生了。有许多方法可以用来处理质量变化，以保证序列的连续。

15.81 一种办法是用所估计产品的相对生产成本作为估计相对价格和相对质量的基础。生产者常常可以提供此类估计值。但是，如果可以得到新的质量特征在前一个时期的价格信息——那时是作为替补，现在则成为一种标准特征，那么，就可以以该替补的（相对）价格为基础估计质量变化。

15.82 规格定价法（model pricing）是对生产成

① 74段与68段完全相同，原文如此。——译者注

本方法的扩展，通常应用于那些定制产品。建筑成本测度就是其中一例。房屋和其他建筑物常常有各种不同的特征，几乎找不到在不同时期生产的完全相同的房屋和建筑物。在这些情况下，需要确定几类假定的、相对比较简单的标准房屋和建筑物，估计它们在每一个时期的价格。这些标准房屋和建筑物的规格是根据建筑专家的意见挑选的，同时请这些建筑专家估计它们在每一个时期的价格。《服务业生产者价格指数编制方法指南》（欧盟统计局和 OECD，2005）中描述了针对服务产品的规格定价法。

特征模型

15.83 特征回归方程是处理质量变化较常用也较有效的方法。通过特征回归方程，可以将不同规格品的市场价格与其可度量的价格决定特征联系起来。如果有足够多的不同规格品在同时销售，就可以用该估计回归方程确定对应每个特征的价格变化有多大，如果这些规格品在此时期并未实际销售，也可以用该估计回归方程预测出由不同特征组合而成的规格品的价格。

15.84 特征回归方程已经在高技术产品（比如计算机和电子产品）和服务产品（比如空中运输）领域得到应用。还可以用于住宅，根据占地面积、房间数量、地点等特征对房屋的价格（或房租）进行回归。这种方法不仅可以用于跨期的价格计算，而且也可以用于国际比较。

间接法

15.85 如果两种质量没有同时生产、也没有在市场上同时销售，就需要求助于那些量化新旧质量之间质量变化的间接方法。如果两种质量同时生产，并在市场上同时销售，在这种情况下，需要估计新旧规格品或质量的相对价格，并用该相对价格来确定其相对质量。

15.86 一个规格品缺失时，如果可以找到质量可比的替代品，那就可以继续进行价格比较。如果没有可比替代品，就要用预期价格发生类似变化的一组产品的价格变化来估算缺失时期的价格变化。在计算中丢掉该产品，相当于假定缺失规格品的价格变化与指数中所有货物服务的价格变化是一致的，这种计算假定听起来显然不如那些更具目标性的计算假定那么合理。无论采用哪种计算方法，发生质量变化的项目往往是非典型的、没有代表性的，因此，假定它们的价格变化与那些没有发生特征变化的货物服务价格具有同样的变化速度，是不能令人信服的。

15.87 在规格品发生替代的重叠时期，如果原规格品与替代规格品在质量上不能直接可比，并且这两种规格品在市场上同时销售，那么新规格品的价格变化就很容易与旧规格品的价格序列连接起来。隐含的假定是：重叠连接时期的价格差异就是质量差异的一个很好的估计值。如果重叠时期该规格品处于其生命周期中的一个异常点，例如当规格品即将过失和淘汰时，或者规格品以异常高价刚刚引入一个被分割的市场可以获取暂时的垄断利润时，这种假定就是无效的。

差异化产品市场的迅速变化

15.88 需要特别考虑在迅速变化的差异化产品市场上如何依质量变化来调整其价格变化的问题。在这种情况下，匹配模型方法失效了。质量相似的规格品只能在相当短的时期内进行比较，并且对全部市场并不具有代表性。用指数公式（比如公式（1）的拉氏价格指数）加总会形成误导，因为在 t 时期生产或消费的 n 个项目与 0 时期市场上的这些项目可能差别很大。

15.89 当有差异的货物服务迅速更新换代时，价格指数编制者可以使用一个短期公式来解决价格比较的困难。例如，用拉氏价格指数比较 0 时期与 t 时期的价格，表示如下：

$$L_p = \frac{\sum_{i=1}^{n} p_i^0 q_i^0 \left(\frac{p_i^{t-1}}{p_i^0}\right)\left(\frac{p_i^t}{p_i^{t-1}}\right)}{\sum_{i=1}^{n} p_i^0 q_i^0} \qquad (17)$$

15.90 如果一种新型货物，比如数码相机，在 $t-1$ 时期引入，以替代非数码相机，那么只能等待该货物在市场上销售两个连续时期后，编制者才能将其纳入指数中。这就提供了一种机制，以支持在指定权重的产品类别内改变有代表性的项目。在分类较粗的样品组内，还需要额外的加权信息来增加照相机的权重。然而，为达此目的，更好的机制是定期更新链式公式中的权重。

15.91 虽然短期链式指数公式（比如式（17））会改善差别品种迅速更新换代的市场中的测度问题，但它不考虑 t 时期引入的新品种对 $t-1$ 时期到 t 时期整体价格变化的影响，也不考虑 $t-1$ 时期舍弃的旧规格品的影响。式（17）和链式指数要求对两个连续时期的价格实施报价。特征指数才是合并这些影响的工具。它有若干种形式，但都要在每个时期都收集决定价格的那些质量特征——比如不同种类个人电脑的速度、RAM 等——的价格和价值。以 $t-1$ 时期数据为基础，通过对质量变量的价格进行初步的特征回归估计，可得到帕氏特征估算价格指数，然后使用估计出来的系数推算那些在 t 时期可得到的品种（包括在 $t-1$ 时期不能得到的品种）在 $t-1$ 时期的价格。用 t 时期特征在 t 时期的价值与 t 时期特征在 $t-1$ 时期估计的价值直接进行比较，就可以得到帕氏价格指数。同样，可以用 t 时期回归估计的特征集和 $t-1$ 时期的不变特征集比较，得到拉氏特征指数。费舍特征指数则是上述二者的几何平均数。另一种备选公式是将 0 时期和 t 时期两个观测值集合在一起，同时在特征回归方程中包括一个虚拟变量，以将两个时期的观测值区分开来。虚拟变量的系数就应该是控制质量变化影响的两个时期间的价格变化的估计值。

进一步的细节

15.92 有关上述所有方法的详细说明，可从 CPI 和 PPI 手册第 7 章和第 8 章得到。其中包括所使用的估算、重叠价格、可比较的替代物、用生产成本估计的不可比较的替代物、选择成本和特征回归、以及针对差别品种迅速更新换代的市场所采用的方法，包括短期比较、链接、产量增加和特征指数。

15.93 关于这个主题进一步的讨论，可以参阅《特征指数与价格指数的质量调整手册：对信息技术产品的具体应用》（OECD，2004）。

6. 编制链式指数的实践优势

15.94 理论显示，最好进行链接以形成长期物量和价格指数时间序列。问题是多久进行一次链接。通常认为年度链接从理论上说是最好的，但其实践性又怎样？有许多问题需要考虑，包括数据要求、计算要求、人力资源要求、可加性丧失、修订以及告知使用者。

a. 如果可以得到年度的当期价值及相应的物量或价格数据，那么就可以进行年度链接，不需要其他数据。

b. 编制年度链式指数的计算要求比固定权重拉氏指数的计算要求高，没有充分、适合的软件就不应该尝试。软件的复杂性取决于所采用的公式和链接方法。比如，根据年度链接方法开发软件，以获得年度链锁的拉氏季度物量测度，这是非常简单的。

c. 经验表明，在引入链式物量测度之前，如果能够通过文件和研讨会仔细地向用户解释链式物量测度指标的优点，并说明这样做会丧失可加性，链式物量测度指标通常会得到用户认可。特别注意要事先通知各主要用户，包括经济新闻记者。

d. 如果要更新物量估计的基期，比方说每隔 5 年或 10 年，那么，一般而言需要对增长率做修订。如果相对价格和相对物量发生了迅速变化，那么增长率就会发生显著的变化，比如那些计算机在其中占据相当大份额的总量指标。通过年度链锁，历史每年仅仅被“改写”一点点，就不会像每隔 5 年或每 10 年那样出现一次大的跳跃。显然，如果每隔 5 年或 10 年进行一次那种与链锁有关的大型修订，用户很可能会认为将来还会进行类似修订，由此会引发用户对国民经济核算的信任危机。年度链锁不仅可以更好地测度其间发生的变化，而且有可能增加人们对据此编制的国民经济核算物量指数的信任。

C.　国民经济核算中的物量测度

1.　引言

15.95　本节主要关注 B 节介绍的理论如何应用于实际推导 SNA 物量测度指标，主要涉及货物和服务账户的构成。原则上，如下所述，这些工作应该在供给使用表中完成。正如资本形成流量可以用物量形式表述，非生产资产存量也可以用物量形式表述。如下所述，通常认为不能将所有的收入流量划分为价格和物量两个成分，但个别指标（如实际收入）仍然是可以的。

15.96　获得宏观经济总量物量估计的理想方式，是在一个非常详细的水平上、严格地使用适当的价格指数去缩减每个成分。然而在有些情况下，种种原因会使这种方法不可能实现：或者是不存在适当的价格指数、或者是现价数据存在不一致性、或者是价格指数存在不一致性，这些情况都会影响到缩减结果。此时必须考虑其他方法，包括利用前几年数据进行前瞻性预测（或外推）的可能性，或者在特定情况下使用测度物量增长的其他指标。

15.97　一旦在给定的时间内可以得到一套物量测度指标，就需要以时间序列的形式提供其他时期的数据。在链接时，应该引入按单个成分缩减的数据。正如 B 节所建议的，理想状态是每年都使用前一年的价格指数进行计算，但如果难以做到，那就要采用较长时期的链接。如果经济结构发生重大变化，比如石油价格急剧波动，在变化前与变化后使用相同基年数据计算其对石油出口经济指标的影响，就很可能会形成误导的经济发展指标。在这种情况下，链接就变得十分重要。

物量估计中的术语

15.98　如果一个时间序列是这样构建的：在最详细的水平上，以每年的现价价值除以一个固定基年的拉氏价格指数，那么，就可以称其为基年不变价格序列（这是因为，在此足够详细的水平上计算，用帕氏价格指数会得到与此非常近似的结果。）。然而，如果使用不同基年的价格指数缩减每年的价值，严格来说，就不能以此描述得到的时间序列。更准确的术语是“链式物量序列”、“链式物量测度指标” 或者 “链式物量指数” （如果序列是以指数形式表示的）。如果需要把具体的参考年体现在术语中，可以采用“以某参考年［货币单位］计算的链式物量序列”。

15.99　使用“不变价格”这个术语对链接频率低于年度的序列来说是不合适的，也不适于以费舍公式和唐氏公式为基础的物量序列，因为其价格结构在序列的持续期间内并不是固定不变的。对这些序列或指数，称其为“物量序列” 或 “物量指数” 比较合适。

15.100　只有使用同一套价格指数（例如使用拉氏指数）表示的序列才是可加的，所以上述术语变化同时也反映了时间序列可加性的丧失。

2.　价格缩减与数量重估价①

15.101　只有存在价格和数量成分的变量才可以计

① 原文标题号为 1，疑有误，修改为 2，以下顺延。译者注。

算物量指数和价格指数，涉及货物服务交换和非金融资产存量水平的所有交易都具有这种特征，收入流量、金融资产和负债则不具有这种特征。有些平衡项具有这种特征，另一些平衡项则不具有这种特征，因此，对平衡项需要做单独考虑。

15.102 物量指标和价格指标在国民经济核算中都非常重要，但使用者主要关注的是物量测度的增长率，而不是价格变化。因此，首先编制的是实际物量的国民经济账户和现价的国民经济账户，价格指标则是通过现价值与相应的物量值相除推算出来的。

15.103 如果有独立、可靠和全面的现价价值数据，一般就无需通过汇总相关数量来构建物量测度指标。多数情况下，用价格指数缩减当期价值数据会更好、也更可行。即使对"电"这种其物量测度指标似乎很容易得到的产品而言，如 15.69—15.70 段所述，由于不同市场采用的价格不同，直接加总得到的物量测度指标也是不合适的。即使"电"的物理数量分布没有发生变化，各类型用户构成的变化也会导致 SNA 内"电"的价格和物量发生变化。

15.104 正如 B 节所解释的那样，价格信息比物量信息更容易收集和汇总，因为所有价格都是以共同单位表示的，而表示物量的单位却很多。此外，货物服务规格品的相对价格可以代表同一组货物服务的价格，但在某种程度上物量测度指标却不具有这样的代表性。更重要的是，用（如 B 节所述的）价格指数缩减当期价值，可以比较恰当地反映与新产品和消失产品有关的物量变化。

15.105 某些产品比如种类相近的农产品或矿物，可能其当期价值数据就是用物量值乘以适当的价格得到的。对于这样的产品，如果产品组之间不存在汇总问题，那么，对质量差别做调整会比较容易，并且能直接获得令人比较满意的物量值。尽管此类产品价值在某些国家可能比较显著，但在产品总数中，只有一小部分可以这样处理。

15.106 为获得一个拉氏物量测度，适宜用来缩减当期价值的价格指数是帕氏指数，反之亦然。然而，现有价格指数几乎都是用拉氏/Lowe 公式编制的，这是因为，编制帕氏价格指数与直接编制拉氏物量指数对数据的要求是完全相同的，并会面临同样的问题。如果可以得到该项目的当期价值数据和拉氏价格指数，并且数据的细分水平足够，那么就可以使用拉氏公式将细分水平的数据汇总，得到帕氏物量指数，从而获得该总量之真实拉氏物量测度的一个近似值。

15.107 对拉氏物量指数和帕氏物量指数取几何平均，或用费舍价格指数缩减当期价值指数，即可以获得费舍物量指数。

3. 可得到的价格指数

15.108 在国民经济核算中，用以推导物量值的价格指数主要有四种：消费者价格指数（CPI）、生产者价格指数（PPI）、出口价格指数（XPI）和进口价格指数（MPI）。CPI 是按购买者价格测算的，PPI 是按基本价格测算的，XPI 是按 FOB 价格测算的，MPI 是按 FOB 或 CIF 价格测算的。

15.109 一笔交易的记录包含两个方面的定义：记录时间和估价。因此，保证价格指数和被缩减的现期价值在这两方面以及范围方面相符合至关重要。上述四种价格指数通常都可以按月得到，所以，无论是流量还是存量，都可以通过对月度指数求平均数，将平均值集中于所期望的估值点，从而得到季度和年度价格缩减因子。对于流量变量，期望的估值点通常是时期的中点，而对于存量变量，通常是（但不总是）时期的末尾。对流量变量来说，一时期的平均价格应该反映整个该时期内所发生的已知变化。当存在很强的季节变化、某些月份出现较大的异常波动或恶性通货膨胀时，平均价格要反映这些变化，这是非常重要的。如果不存在上述情况，平均价格与时期中点的观测价格就会很接近。虽然事实上平均价格常常都接近期中观测价格，然而，这并不意味着采用期中价格作为平均价格在理论上总是正确的。

4.　作为 GDP 物量值基础的供给使用表

15.110 第 14 章描述了供给使用表，解释了供给表如何逐项列出每个行业生产的产品，以便在使用表——它阐明每种产品在中间消耗和最终需求之间的分配——中识别这些产品。按现价编制供给使用表，可以确保不同方法计算的 GDP 的一致性。更重要的是，通过编制物量供给使用表，可以确保 SNA 在物量和价格上都具有一致性。原则上，为了充分利用编制者可以得到的所有信息，应该同时编制现价表和物量表。

15.111 通常情况下，并不是每个时期都能得到编制供给使用表必需的所有详细数据，为此需要进行估计以填补空白单元。例如，极少能收集到按行业划分的中间消耗产品的详细数据。为此只能假定，随时间推移，中间投入的物量构成比现期价值构成更具稳定性。然后，就可以用上期或下期的价格和物量增长率来调整原始数据和估计数据。因此，建议同时编制现价和物量供给使用表，并同时保持供给和使用平衡。

15.112 为了获得一套以物量形式表示的具有可加性的供给使用表，可取方式是按上年价格计算本年的供给使用表，就是说，和以当年比上年的拉氏物量指数一样，要以前一年为参考期。为了获得年度链式费舍物量测度，还有必要推导出以当年价格计算的上年供给使用表。这种价值实际上就是以当年价格为参考的后向拉氏指数。帕氏物量指数是对后向拉氏指数取倒数得到的。费舍物量指数是两个邻近年份拉氏物量指数和帕氏物量指数的几何平均数。

5.　生产法 GDP 的物量值

市场产出

15.113 原则上，可以对所有的市场产出编制 PPI，于是就可以将其用于缩减当期价值，来获得不变价估计值。

15.114 实践中，某些产品的价格指数难以得到，必须采取专门措施来获得相应的物量值。那些加价服务行业（包括金融服务业）的价格指数便是一个比较特殊的例子，在这些行业，其产出通常是以加价率乘以交易价值得到的。为确定其物量数，需要以下两项数据：基年加价率，一个经过适当缩减使其保持在基年价格水平上的交易价值。还有间接计算的金融中介服务（FISIM），需要将参考利率和银行利率与用基年价格指数缩减的贷款和存款结合起来考虑。

15.115 如果不具备适当的缩减因子用于缩减当期价值，可以用适当的指标外推基期现价价值来得到物量指数。

政府和 NPISH 的非市场产出

15.116 正如第 6 章解释的那样，由政府单位或 NPISH 生产的非市场货物服务产出，包括交付给住户个人的货物服务和提供给整个社会的公共服务，其当期产出价值是基于生产总成本估计的。基于生产它们所需要的投入价值估价，这并不意味着不能将产出与相应的投入区分开来。特别地，产出物量变化应该不同于投入物量变化。在所有的生产领域，包括非市场服务的生产，都会发生生产率变化。

15.117 实践中，编制非市场货物和服务的产出物量估计值有三种方法。第一种方法是设法得到一种虚拟产出价格指数，它与总投入价格指数的差异可以反映生产过程中生产率的提高。有若干种方法可用以计算该虚拟产出价格指数，比如，根据有关生产过程的生产率提高来调整投入价格指数，或者以相似产品的产出价格指数为基础计算虚拟产出价格指数的增长。然而，对于政府或 NPISH 提供的货物服务而言，这种数据很少能够获得。

15.118 第二种方法是“产出物量方法”，适用于个人服务，特别是保健和教育。该方法使用各种适当加权的非市场货物服务产出指标，以产出物量测度计算为基础。这些产出指标应该可以充分反映数量和质量的变化。

15.119 第三种方法叫“投入法”，适用于公共服务，比如国防——这是“产出物量方法”很难适用的领域，因为一般来说，这个领域没有那么多经过质量调整的产出数量指标可以用。“投入法”通过所有投入物量值加权和的变化来测度投入的变化。投入物量值的变化应该充分反映数量和质量的变化，一般是用相应的同质价格指数来缩减各种投入费用得到，或者，如果这种同质价格指数得不到，就使用反映投入物量变化的物量测度（例如雇员工作小时数）。

15.120 在这个阶段，对投入、活动、产出和成果这些术语加以定义是很有用的。以保健服务为例，投入定义为医疗和非医疗工作人员的工作时间、药物、电、购买的其他投入、所用设备和建筑物的固定资本消耗。这些资源用于初级护理和住院活动，比如，一位普通医师做一项检查、完成一项心脏手术和其他有益于单个病人的活动。病人的利益则构成了与这些投入活动有关的产出。最后还有保健成果，但保健成果可能会取决于许多保健护理产出之外的其他因素，比如个人是否放弃吸烟。

15.121 测度非市场个人服务产出的物量应该避免两个易犯的错误。第一，不要仅限于反映投入或提供服务的单位的活动。投入不是一个合适的指标，活动可能是唯一可得到的指标，因此更常用，但它也是一个中间变量，真正应该测度的是提供给消费者的服务。第二个风险是，如果成果被定义在非市场服务的福利目标方面（比如，测度保健服务的健康质量变化，或者测度教育服务的教育质量变化），那么成果指标的变化就不能反映非市场单位的产出物量变化。这是因为，与非市场服务活动没有直接关系的其他方面也会影响成果指标。例如，就保健来说，众所周知，除了非市场保健单位的产出外，还有许多其他因素，比如卫生、住房、营养、教育、烟草消费、酒精消费、毒品消费、污染等，这些因素对公众健康状况的综合影响，可能远远大于保健服务对健康的促进作用。同样，教育服务的产出与社会成员所拥有的知识或技能水平也是完全不同的。教育服务主要是教育服务生产者——学校、学院、大学——向教育服务消费者即大、中、小学生提供的教学。社会的知识和技能水平还取决于其他因素，比如教育服务消费者的学习量或努力程度，以及他们的态度和动机。

15.122 鉴于这些观察资料，建议使用“产出物量方法”来编制非市场服务的物量变化指标。该方法以数量指标为基础，对数量指标要进行适当的质量调整，用平均成本作为权重进行加权求和。编制适当的物量变化指标应该遵守两个标准。首先，所用的数量和成本应该反映所涉及范围内的全部服务，成本权重应该定期更新。如果数量指标没能涵盖涉及范围内的某些成本，不应假定未涵盖部分的变化和涵盖部分的变化具有一致性。如果没有直接的产出物量方法可以应用于未被涵盖的部分，那么就应该使用投入法。第二，应该针对质量变化来调整数量指标。例如，为了让所分类别可以视为具有同质性，就要对服务做充分地区分。如果能经常更新赋予每个类别的权重；那么不同类别所占比例的变化就可以反映质量变化。另外，某个明显的质量调整因素可能会提高每一类别的数量指标。识别这些明显的质量调整因素的方法之一，就是评价该服务对成果指标的影响。

15.123 在纳入国民经济账户之前，应该在该领域专家的帮助下就某一重要时期对这些物量测度进行检测。在保健和教育领域——该领域通常主导着个人服务的供应，专家意见非常重要。此外，在采用之前要对估计结果（包括连带的生产率指标）进行充分地评估。只有调查和评估结果能够令人满意，采用次优的方法——投入法——才是可取的。

15.124 一般来说，衡量公共服务的物量变化，比衡量个人服务的物量变化更难，因为前者更难以定义和观察。原因之一是多数公共服务本质上是预防性的：保护住户或其他机构单位不受暴力行为（包括战争）的侵害，或者保护他们不受其他灾害（比如交通事故、污染、火灾、盗窃或可避免的疾病）的危害，这些都是很难转化成数量指标的概念，因此这是一个需要进一步研究的领域。

15.125 如果不可避免地要使用投入值作为产出的近似值时，该投入值应当是全面的：不应该仅限于劳动投入，而是要涵盖所有的投入。另外，全国性估计量要附随提供相应的解释性信息，通过这些信息提醒用户注意测度方法。

为自身最终使用的产出

15.126 为自身最终使用的产出分为两类：住户生产出来又被住户消费的货物，以及为自身使用而生产的固定资产。其中还包括制成品和在制品存货变化。

15.127 对于许多为自身最终使用的产出，采用虚拟产出价格指数是有效的、低成本的选择。对住户自产自用的货物来说，类似货物的 CPI 是能够得到的。（然而，就农产量增加和住户消费来说，所使用的价格指数应该不包括实际上没有发生的任何利润和税。）同样地，对固定资产来说，比如为自身投资形成的生产设备、房屋、建筑物，可以得到它们的产出价格指数。对出于自身目的生产的某些类型的固定资产来说，可能得不到类似产品的产出价格指数，这就需要考虑另外的办法。相关问题将在固定资本形成总额部分进一步讨论。

中间消耗

15.128 如前所述，估计中间消耗物量，最稳健的方式是在不变价供给使用表框架内进行，其中的物量增长率和价格信息都可以用来估计中间消耗物量。

15.129 各国家通常是针对产出编制 PPI，虽然在统计体系发达的国家也会针对投入编制 PPI。这种投入 PPI 可直接应用于缩减中间消耗。

15.130 如果没有编制投入 PPI，那就要用产出 PPI、MPI 代替，在有限的范围内，也可以用 CPI 代替。中间消耗按购买者价格估价，而产出 PPI 按基本价格估价。这样，按购买者价格估价用作中间消耗的货物价值与产出 PPI 之间就会存在价差，该价差来源于运输费用（除非生产者提供这些运输服务不另外收费）、可能的保险费用、批发和零售贸易加价以及产品税减去产品补贴。该价差的规模将取决于具体经济状况。一般地，就货物而言，中间消耗上发生的贸易加价会小于最终消费，在增值税体系下，其税收也会较小。就服务而言，中间消耗部分出现的价差仅限于产品税减补贴。

15.131 第 14 章描述了如何将使用矩阵部分的中间消耗按基本价格的国内投入、进口、加价和税收等区分开来。如果可以得到这些资料，缩减工作的质量就会得到改善，因为这样就没有必要假定使用矩阵行元素之间的进口、税收和加价是等比例分配的了。

国内生产总值和总增加值

15.132 如果国内生产总值（GDP）是这样计算得到的：由国内最终支出加上出口再减去进口，或者由总产出减去中间消耗再加上产品税减产品补贴，那么，GDP 物量值就是可获得的——假定用于汇总的各物量是可加的（即是以拉氏公式为基础汇总）。

15.133 一个基层单位、企业、产业或部门的总增加值等于该单位、企业、产业或部门生产的产出价值减去其中间投入（消耗）价值，公式为：

$$\sum PQ - \sum pq \qquad (18a)$$

在公式中，Q 指产出，P 指基本价格，q 指中间投入，p 指购买者价格。现价的 t 年增加值计算公式为：

$$\sum P^t Q^t - \sum p^t q^t \qquad (18b)$$

而按基年（即 0 年）价格计算的 t 年增加值，其公式为：

$$\sum P^0 Q^t - \sum p^0 q^t \quad (18c)$$

这种计算增加值的方法一般被称为“双缩减”法，因为在此种方法中，先用适当的（帕氏）价格指数缩减产出当期价值，又以类似方式缩减中间消耗的当期价值。

15.134 从理论上来说，双缩减法是很好的，但其估计结果会受到来自产出物量和中间消耗物量两方面所产生的测量误差的影响。如果将产出 PPI 应用于投入，而投入中的许多产品都是进口的，那么，这种影响就会特别突出。因为在这两个非常大的数字之间，增加值作为差值只占很小一部分，它对误差极其敏感。因此，为了确定增加值的可信度，应该将近年增加值之价格和物量增长率与相应产出和中间消耗的价格和物量增长率进行比较，如果有可能，还应该与劳动和资本服务投入的物量估计值进行比较。

15.135 使用双缩减法估计增加值可能会出现某些问题，为此，直接使用某一个时间序列来估计增加值物量增长的做法也很常见，即用“单指标”法替代双缩减法。其中之一就是在产出相应水平上按物量变化比例外推出增加值。

15.136 究竟使用单指标法（可能得到有偏结果），还是使用双缩减法（可能得到不稳定的结果），必须经过判断方能做出选择。不需要对所有产业都采用同一种方法。此外，在一年还没有结束，也没有更好的双缩减估计值之前，可以在季度数据中采用单指标法。

15.137 在某些非市场服务行业中，有必要根据该产业的投入物量变化来估计增加值物量变化。投入可以是指总投入、自雇劳动投入或自用中间投入。例如，在市场和非市场服务行业，常有的情况是用基于固定工资率计算的雇员报酬变化均值，甚至仅仅用雇员人数的变化来估计隐含的增加值物量变化。（通过更客观地测度政府提供的保健和教育产出来改进这些操作性假定，需要大量的工作。）

15.138 数据编制人员可能不得不采取各种权宜之计，甚至在没有充分理由假定劳动生产率在短期或长期内保持不变的情况下，也是如此。有时可利用中间投入的物量变化，例如，建筑业增加值实际物量的短期变化可根据所消耗的建筑材料——水泥、砖、木材等——的物量变化来估计。利用这类指标可能是估计其产出或增加值短期变动的唯一方法，但是，在长期上这个方法是不可接受的。

6. 支出法 GDP 的物量值

15.139 支出法 GDP 的各成分可以以物量形式计算，接下来介绍推导这些估计值的主要方法。

住户最终消费支出

15.140 住户消费支出应该在尽可能细分水平上缩减。一般而言，这需要使用 CPI，但为了确保所使用的 CPI 范围与缩减的消费支出类别相匹配，需要非常仔细。即使细分消费支出估计值不是根据住户调查和其他主要数据推导的，但是，与只用一个总量数据做单缩减的方法相比，按供给使用表之产品类别分别缩减得到的住户消费支出估计值，将会很显著地改善消费支出物量估计值。

15.141 有些成分找不到对应的 CPI，其中一个主要成分是自有住房租赁服务。CPI 手册第 10 章和第 23 章列出了三种可供选择的方法，但只推荐采用基于使用的方法来对国民经济核算中住房服务消费进行测度。这种方法的目标，要么是以使用者成本公式测度业主自用住宅的成本变化，要么是采用等价租金公式测度业主可以为其住宅支付多少租金。CPI 一般采用后面这种方法。

政府和 NPISH 的最终消费支出

15.142 一般政府和 NPISH 的最终消费支出等于：

其非市场产出，减去所有杂项销售收入，再加上为了以经济意义不显著的价格转交给各个住户而从市场生产者那里购买的货物服务的价值，扣除任何分期付款。（第 9 章讨论了这个等式的来源）。

15.143 这些项目中，每一个都应该以物量形式单独计算。以物量形式计算非市场产出会出现的问题已经在上面讨论过了。对提供给住户的货物服务来说，所使用的价格指数应该是针对为货物支付款项减去住户支付后的部分。如果政府（或 NPISH）支付的比例在两年之间发生变化，应视为是一般政府（或 NPISH）和住户支出的物量变化。

固定资本形成总额

15.144 对应固定资本形成总额能否得到合适的价格指数，需要区分不同资产类别考虑。

15.145 通常有适用于新住宅的 CPI 和适用于新房屋新建筑物的 PPI。所有权转让费用要单独缩减。现价和物量估计值是通过分别估计各要素成分、法律费用、运输和安装成本等得到的。

15.146 对那些用作资本形成的标准产品来说，有可能得到其 PPI，但是大多数资本形成是有特定购买者的，因此，需要使用可以得到的最好的资料计算出适当的价格指数。

15.147 不同设备的价格指数增长率差别很大。例如，电脑设备的价格指数每年都迅速下降，而运输设备的价格指数则趋于上升。在这种情况下，必须对不同类型的设备采用与其相匹配的物价指数分别进行缩减（或者用适当加权的帕氏价格指数来缩减这些总量）。

15.148 通常可得到的价格指数都不那么适用于知识产权产品。其中有若干种原因，一是许多知识产品是为自身使用而生产的，可能不存在可观测的市场价格，另一个原因是知识产权产品具有很大的异质性。然而，这些并不是不能克服的困难，而且有应对这些困难的策略。作为案例，以下就这个类别中的两个主要项目——软件和数据库、研究与开发——予以讨论。

15.149 为了得到软件和数据库的资本形成物量估计值，需要把软件分解为三个部分：套装部分、定制部分、自用部分，并分别对这几个部分和数据库进行缩减。这样做有以下几种原因：

a. 在是否存在可以用来编制价格指数的价格数据方面，软件的三个组成部分与数据库具有不同。

b. 它们的价格和物量可能以不同的速度增长，特别是套装软件、另外两部分软件和数据库之间的增长速度具有不同。

c. 尽管前面的观点成立，如果没有更适当价格指数，那就可以用套装软件的价格指数来代替另外两部分软件的价格指数。

d. 项目的物量估计值本身就是有用的指标。

15.150 套装软件的购买规模非常庞大，一般通过授权使用，有大量的价格数据可以得到。当前面临的挑战是，所构建的价格指数需要摒除规格变化和任何其他质量方面变化的影响。

15.151 定制软件也在市场上销售，但每个定制软件产品都是一次性的，这就为编制价格指数提出了一个挑战。虽然各定制软件产品都是不同的，但不同的产品可能共享某些公共组成部分，或者，用于开发某一产品的策略也能用于开发另一个产品。这不仅意味着编制价格指数的一种可能的方式，而且也意味着可以通过这种方式提高生产率从而压低价格。在 B 节，曾针对衡量定制房屋的价格变化而介绍了模型定价方法。类似的方法也可以应用于定制软件。

15.152《特征指数、质量调整和 PPI 手册》（国际货币基金组织、OECD、联合国、欧洲经济委员会、世界银行，2004）针对异质性产品组和规格迅速变化的产品，给出了编制价格指数的方法。

15.153 软件固定资本形成中有一大部分是出于自

用目的而发生的。因此，不可能得到这种软件的真实产出价格指数。接下来的问题是如何在虚拟产出价格指数和投入价格指数之间进行选择，后者是通过将各种投入的价格指数加权在一起得到的。正如前面已经指出的，用投入物量估计值来代替产出，无法反映生产率的增长，所以不推荐这么做。在没有更好的备选方案时，最显而易见的方案是使用定制软件的价格指数。

15.154 数据库通常是具有异质性的产品，由于大部分数据库是出于内部使用的目的而制作的，因此它的市场很小。对自用软件来说，数据库的异质性使得要开发一个真实的产出价格指数（如果有可能）是很困难的，为此再次需要在虚拟产出价格指数和投入价格指数之间做出选择——尽管很难想象如何构建一个虚拟的产出价格指数。

15.155 研究与开发（R&D）通常是另一种出于自用目的而实施的活动。考虑到 R&D 本质上有异质性，为进行缩减，就要在得到虚拟产出价格指数和使用投入价格指数之间加以选择。

存货变化

15.156 相对于 GDP 的其他构成来说，库存变化是一个很小的成分，但事实上，库存变化的相对规模从一个时期到另一个时期之间可能变化非常显著，这意味着存货变化会占据 GDP 增长的一大部分，尤其是在季度国民经济账户中。因此，以物量形式计算库存变化尤其重要。然而，这是一项充满挑战的工作。如 15.62 段所述，存货变化可以取正值、负值和零，所以不能直接得到一个链锁指数。需要先获得期初存货和期末存货的链锁物量估计值，然后求它们之差，才能得到存货变化的链锁物量估计值。

15.157 应该对不同类型的存货（在制品、制成品、材料和用品、供转售的货物）在细分水平上进行物量估计。缩减存货存量必须在产品层面上进行，而不是在持有存货的行业层面上进行。缩减因子通常采用的指数有 PPI、MPI、CPI 和劳工成本指数，并且要对这些指数的估价基础进行适当调整。了解企业如何对其存货进行估价是很重要的，根据这些信息，不仅能确定属于哪些类型的产品，而且能够确定平均存放时间多长的货物可以作为存货。

15.158 有些货物会运往国外加工但所有权不变，因此必须记住，一些存货可能会在国家领土之外保存，但应该用本国价格计算其相应的物量。

贵重物品获得减处置

15.159 国家统计局一般不编制贵重物品的价格指数。应该使用可得到的最适当的价格指数对其主要成分进行缩减。

出口和进口

15.160 出口和进口既包括货物也包括服务。对出口和进口来说，由于货物和服务的信息来源非常不同，所以计算货物物量和服务物量所使用的缩减因子完全不同。目前已经有机构开始着手改进对外服务贸易价格指数，这个领域中的数据将来应该会有所改善。

15.161 第 14 章讨论了货物进口和出口估价。原则上，应该在常住单位和非常住单位所有者之间的所有权发生变更时对它们进行估价，并根据供应商是否对购买者收取运输费用来决定是否包括运输成本。然而，许多国家实际上是根据货物进口和出口的关税申报数据，在到岸价格的基础上估价进口，在离岸价格的基础上估价出口。这是假定所有权变更总是发生在出口国边境上。为实现支付平衡，货物进口通常要在总量水平上转换为离岸价格，而且只在供给使用框架下分解。

15.162 假定存在细分水平的货物 XPI 和 MPI，为了近似使用拉氏物量或帕氏价格指数，那么在和实际一样的细分水平上，缩减货物进口和出口的现价估计值就会比较简单。为了在供给使用表中编制货物进口的详细物量估计值，在离岸价格基础上估计岸价格，或在到岸价格基础上调整 MPI。正如第 14 章所解释的，通常假定 CIF 和 FOB 分别与购买者价格和基本价格接近，是否足够近似则取决于运输加价情况。

15.163 编制 XPI 和 MPI 一般有三种方法，其本质在很大程度上取决于所使用的原始数据。其中，单位价值指数是最重要的、占主导地位的方法（至少就使用它的国家数量而言）。该指数根据详细的进口和出口商品贸易数据编制，这些数据源于海关报关单。正如 B 节所指出的，单位价值指数的变化中既包括价格变化也包括（各成分的）数量变化，所以它不是价格指数。然而，许多国家以单位价值指数替代价格指数来使用。第二种方法是使用来自基层单位调查的代表项目出口和进口价格数据编制价格指数。所调查的价格针对那些按照详细规格定义的项目，以便测度随时间推移相同规格项目的价格变化。第三种方法是一种混合方法，其中对某些产品组采用基于基层单位调查编制的价格指数，对其他产品组则采用基于海关资料编制的单位价值指数。

15.164 单位价值指数来源于商品贸易数据，成本相对较低。将其作为缩减因子需要慎重，因为事实已经表明，该指数与价格指数相比存在较大偏差。海关报关单记录的是异质项目的混合变化，并且记录的数量数据常常质量较差，由此导致单位价值指数产生了偏差。在现代产品市场上，产品差异化越来越显著，海关报关单记录中包含的异质项目混合变化也就越来越不容忽略。由于服务贸易以及电子商务占总贸易的比例越来越大，而商品贸易数据不能涵盖这些信息，单位价值指数的原始数据越来越丧失全面性，因此，单位价值指数今后还会进一步遭受冲击。进一步地，关税和货币联盟的成员国不大可能把联盟内部贸易数据作为海关报关单的副产品。最后，海关管辖范围可能不涉及某些贸易，例如电力、汽油和水，或者某些贸易可能是“独一无二”的货物，比如船舶和大型机器，这都给单位价值带来了深层次的度量问题。

15.165 如前所述，对于国际服务贸易，价格指数的当期数据来源不如其他领域那么全面。如果可以得到服务出口和进口的 XPI 和 MPI，那么很容易就可以用它们来估计所需要的物量值。如果不能得到 XPI 和 MPI，那么出口的服务物量值只能混合使用 CPI 和 PPI 来估计。例如，货物运输服务的物量值可以分别运输形式用 PPI 来估计，而住宿服务的物量值可以用适当的 CPI 来估计。如果进口的服务没有 MPI 可以用，那就只能用（经汇率变化调整的）服务出口国的价格指数来估计。

15.166 必须谨记，如果货物进口额中包括了运输服务，那么应该将这些运输服务从服务进口总额中扣除。

7. 固定资产存量和固定资本消耗的物量和价格

15.167 首先考虑单个类别的资产。此类资产存量中会包括许多项，典型特征是制造年份不同，它们要按照一组一致的价格来估价并汇总。这里“一致”应该理解为属于同一时期或时点的价格，并以相同的价格概念（比如购买者价格）为基础。因此，按历史价格测度（即把按照不同时期价格估价的数量加起来）得到的存量不是一致的。有时会在企业会计中发现这种存量，但在国民经济核算体系下它不是一个有经济意义的指标。

15.168 如果是为期初或期末资产负债表而计算存量价值，用来对资产数量进行估价的价格向量必须保持在同一个时间点（期初或期末）上。如果是出于其他目的，资产数量就可能用核算期平均价格向量进行估价。例如，固定资本消耗通常等于期初资产存量减去期末资产存量，再加上资本形成总额，为了消除持有收益和损失（并且假定没有资产其他物量变化），每个变量都要按核算期的平均价格来估价。

15.169 许多资本存量都是用永续盘存法（PIM）计算的。对某一特定的资产类型来说，固定资本形成总额的时间序列要用该类资产的购买者价格指数来缩减，以便资产数量可以表示为特定参考期的物量。把这些时间序列物量相加就会得到存量值，计算中根据所计算的存量指标的特点，要考虑到固定资本的报废、老化或消耗。由此得出的存量就可以表示为按所选参考期价格计算的物量。参考期可以是当期，以这种方式估价的存量通常称为“现价资本存量”。然而，这并不完全准确，正如永续盘存法（PIM）的介绍所说明的那样，要得到这些指标需要缩减。于是，这些指标构成了不变价估价的一个特例，即按当期价格向量进行估价。

15.170 即使不用永续盘存法计算，例如就直接调查的资产来说，对某项资产在不同年份的价值进行估价，也不能使用反映历史价格的账面价值。一致性估价要求对该资产较早年份的价值要按调查时点上该特定年龄资产的价格进行估价。

15.171 接下来是将各种资产类型的资本存量变动按照物量进行汇总。如前面所讨论的，当构建一个延伸到过去很远的时间序列时，当期价格结构将不再有代表性，为此需要采用链接或链锁指数。

15.172 在本书第20章以及《资本测度手册》提供了更多关于永续盘存法、不同类型资本存量及其测度的细节。

8. 增加值的组成部分

15.173 迄今为止所考虑的价格和物量测算主要涉及作为生产过程产出而存在的货物和服务流量。然而，其他一些流量也可以直接分解为其本身的价格和物量两个组成部分。

雇员报酬

15.174 雇员报酬的数量单位可以认为是一定技能类型和水平的一小时工作量。和货物服务一样，必须鉴别不同质量的工作，并为每一单独类型的工作计算相对数量。每一类型工作的价格是每小时支付的报酬，当然，不同类型工作的报酬可能差异相当大。所做工作的物量测度可以被计算为不同种类工作相对数量的加权平均值，权重是上年或固定基年所支付的雇员报酬相对价值。或者，可以计算工作的“价格指数”，办法是计算不同类型工作小时报酬率按比例变化的加权平均数，这里也要用雇员的相对报酬作为权重。如果拉氏物量指数是以小时报酬率指数缩减现价雇员报酬间接计算出来的，那么，小时报酬率指数就应该是帕氏指数。

产品税和产品补贴

15.175 产品税有两种类型，按产品物量征收的从量税，以及按照产品价值征收的从价税。将基年从量税率和经适当缩减的承担从量税项目的当期物量数据结合起来，即可以估计出从量税的税收物量，将基年从价税率与经适当价格缩减的受从价税影响项目的当期价值结合起来，即可以估计出从价税的税收物量。可以用当期价值的税收数据和物量形式税收数据相比计算出一个比例，但很难将该比例视为一项价格指数，因为它同时反映了税率变化和纳税项目购买的构成变化。补贴也可以按类似的方法计算。

15.176 关于这个问题更多的讨论见14.148段至14.152段。

营业盈余净额和混合收入净额

15.177 如果GDP是由产出减中间消耗的差额再加上产品税减产品补贴而确定的，总增加值就是该账户的余项。现价GDP和GDP物量都是这样计算的。不同方法计算的GDP物量值之间存在等式关系，不可能赋予总增加值以价格和物量维度。余项被称为“按实际价值计算”更合适。如果可以得到固定资本消耗和雇员报酬的物量估计值，那么可以计算出营业盈余净额和混合收入净额，但仅仅是按实际价值计算，不存在价格和物量维度。因为总有一个项目是从余项得到的，所以，不能从收入法得到一个独立的 GDP 指标。

15.178 由于含有营业盈余净额，要在 SNA 核算框架内计算一套完整的价格和物量值就受到了限制。在概念上，将 SNA 收入账户中的所有流量（包括经常转移）分解为其本身的（明确的）价格和物量两个组成部分是不可能的。但是，任何收入流量都能够用一套用作定值标准的货物服务价格指数来缩减，以衡量这一收入在该定值标准上之购买力的增减。正如 D 节将描述的一个特例，常常会计算贸易条件对实际收入的影响。

9.　季度和年度估计值

15.179 原则上，估计年度物量值和估计季度物量值应该采用相同的方法。《季度国民经济核算手册》第 3 章和第 9 章分别对编制季度价格和物量估计值的数据来源和方法提供了指导。主要问题如 15.45 段至 15.50 段所述。一般来说，年度数据实际上比季度数据更全面、更准确——也有重要的例外，比如货物出口和进口。虽然年度数据不如季度数据及时，但总体状况是年度数据更丰富、更准确，基于这个原因，一个合理的方法是编制现价和上年价格表示的经平衡的年度供给使用表，然后获得与它们一致的季度估计值。该方法有助于年度链锁季度拉氏物量测度指标的编制，也适用于年度链锁季度费舍指标的编制。

10.　建议总结

15.180 针对上述按不变价表示的国民经济账户，所得出的建议可总结如下：

a. 货物服务交易的物量估计值最好是在供给使用框架下编制，同时与现价估计值一起编制会更好。这意味着，只要资源允许，就应努力得到产品层面的详细数据。

b. 一般而言（但并非一定），最好用适当的价格指数缩减当期价值来得到物量估计值，而不是直接编制物量估计值。因此，能得到一套广泛的价格指数是非常重要的。

c. 用作缩减因子的价格指数应该与所缩减的价值相匹配，尽可能接近该价值的口径、估价和记录时间。

d. 在供给使用框架下，获得实际增加值的估计值并不现实，要么是产出和中间消耗的物量估计值不稳健，要么是不能得到中间消耗的物量估计值，于是，符合要求的估计值通常是使用产出指标获得——至少在短期内。对季度数据而言，这是首选方法，即使季度数据是以年度数据为基准估计的。由缩减得到的产出指标优于通过数量外推得到产出指标。

e. 最后的办法是只用投入数据得到以物量形式和实际形式计算的产出和增加值估计值。因为投入没有反映任何生产率的变化。

f. 测度逐年 GDP 物量变动的首选指标是费舍物量指数；通过链接——即累积的逐年变动——可以获得长时期的变化。

g. 针对 GDP 和其他总量测度逐年通货膨胀，首选指标是费舍价格指数；长时期的价格变化，可以通过链接逐年价格变动来获得，或用当期价值序列指数去除费舍链氏物量指数而间接求得。

h. 使用拉氏物量指数的链锁指数可测度 GDP 物量的逐年变动，使用相关的隐含帕氏价格指数可测度逐年通货膨胀，这就为费舍指数提供了可接受的选择机会。

i. 无论使用哪个公式，总量链锁指数与其分量链锁指数之间都不具有可加一致性，但这并不会妨碍使用适当的链锁指数，通过外推基年价值来编制价值时间序列。

j. 获得季度当期价值和物量估计值的一种可行的方法，是以供给使用框架下编制的年度估计值为基准。该方法有助于使用费舍或拉氏公式来编制年度链锁季度物量测度指标。

D. 经济总体的实际收入测度

1. 实际收入的概念

15.181 SNA 中的许多流量，比如现金转移，没有它自己的价格和数量维度，因此，不能像有关的货物服务流量一样，按同样的方式分解。虽然这种流量不能按不变价计算，然而，为了衡量充当估价标准之一篮子货物服务的实际购买力，也可以用价格指数对其价值作缩减，即“按实际价值计算”来测度。

15.182 可以用某一价格指数缩减账户中的任何收入流量，包括像储蓄之类的平衡项，以便衡量有关项目对一组充当估价标准的货物和服务的购买力。通过将缩减后的收入价值与基年的实际收入价值相比较，就有可能计算出收入的购买力增减了多少。经此缩减的收入一般称作“实际收入”。

15.183 不管所使用的术语如何，“实际”收入是人为编制的，它取决于两个参照点。

a. 实际收入是参照某一被选参照年的价格水平衡量的，会随参照年的不同选择而变化。

b. 实际收入所衡量购买力的变化是相对某一选定的定值标准而言的，会随定值标准的不同选择而变化。

15.184 定值标准的选择往往不是显然的、没有争议的，因此国民经济核算总是不太愿意提供实际收入，理由是定值标准应由统计资料的用户而不是编制者去选择。然而，当价格出现重大变化时，可以认为，统计资料的编制者有义务至少应该计算某些项目的实际收入。并不是所有用户都有机会、愿意或擅长计算最适合他们需要的实际收入。此外，许多用户需要多用途的实际收入值，至少在总体经济这一级是如此。本节的目的即在于说明如何编制这种实际收入值。

2. 贸易条件变化引起的贸易损益

15.185 在一个没有出口或进口的封闭的经济体内，GDP 等于最终消费加资本形成之和，该总和被称为国内最终支出。GDP 也是经济体中由生产产生的收入值。虽然收入不能表示为价格和物量的乘积，但是如果能缩减 GDP，那么，缩减的 GDP 一定就是按实际价值计算的收入值。然而，在包括进口和出口之后，GDP 与国内最终支出不再是同一的，缩减 GDP 时必须同时考虑到进口和出口以及国内最终支出的缩减。即使进口和出口的当期价值相等，它们的价格通常也是不同的，所以进口和出口价格测度会影响到实际收入。一般情况下，计算进出口价格对实际收入的影响要从贸易条件入手，计算贸易条件变化引起的所谓贸易损益。

15.186 此外，居民从国内生产中得到的实际收入总额，也会依赖于出口和（来自国外的）进口的交换比率。

15.187 ***贸易条件是指出口价格与进口价格的比率。***如果一国的出口货物价格比其进口货物价格上升得更快（或下降得更慢）（也就是说，如果该国贸易条件有改善），为支付一定量的进口而需用的出口就减少了，这样，在一定的国内生产水平上，有可能将原本应该供出口的货物服务重新分配给国内消费或资本形成。换句话说，贸易条件的改善，会使居民在一定国内生产水平上形成的收入所能购买的货物服务物量增加。

15.188 ***实际国内总收入（实际 GDI）用以衡量国内生产所形成的总收入的购买力。***这是一个仅以实际形式存在的概念。如果贸易条件发生变化，那么 GDP 物量的变动与实际 GDI 的变动之间就会出现显著的不一致。GDP 物量变化和实际 GDI 变化之差一般被称作“贸易收益”（或损失），或者反过来说，***贸易条件变化引起的贸易损益就是实际 GDI 变化和 GDP 物量变化之差***。GDP 物量与实际 GDI 的变动之差未必总是很小。如果进口和出口相对于 GDP 较大，并且，如果进口和出口的货物服务商品构成大不相同，那么潜在的贸易损益变化幅度就可能很大。例如，如果一国的出口主要由为数不多的几种初级产品组成，如可可、食糖或石油，而其进口又主要是制成品，上述情况就会发生。不难证明，贸易收益或损失 T 由下式计算：

$$T = \frac{X - M}{P} - \left\{ \frac{X}{P_x} - \frac{M}{P_m} \right\} \qquad (19)$$

式中：

X = 按现价计算的出口

M = 按现价计算的进口

P_x = 出口价格指数

P_m = 进口价格指数

P = 以某一选定定值标准为对比基础的价格指数

P_x、P_m 和 P 在基年都等于 1。括号内的项目衡量按参考年的出口和进口价格计算的贸易差额，而第一项则衡量由用作定值标准的价格指数缩减后的实际当期贸易差额。二者符号相反是完全有可能的。

15.189 在衡量贸易损益时，要作一项重要的选择，即要对用来缩减经常贸易差额的价格指数 P 做出选择。关于指数 P 的选择，已有大量的文献论及，只是没有就此形成最后的结论，但一般都认同 P 的选择有时会对结果产生实质性的影响。因此，在衡量实际 GDI 时，对 P 的选择有时可能是很敏感的，这一问题也因此还没有达成一致意见。

15.190 选择这个还是那个缩减因子，这里没有必要总结所有的争论，但是，说明所提出的 P 的主要备选方案则是有用的。这些备选方案可以分成以下三类：

a. 一种方案是用进口价格指数（这得到有力的支持）或出口价格指数缩减当期差额 $X - M$，有些权威人士认为，对 P_x 和 P_m 的选择应取决于经常贸易差额是正还是负。

b. 第二种方案是用 P_x 和 P_m 的平均数来缩减经常贸易差额：建议使用的平均数也有很多种，简单算术平均或调和平均，或更加复杂的贸易加权平均。

c. 第三种方案是用某些与外贸无关的一般价格指数缩减经常贸易差额：例如，采用国内最终支出总额的价格指数或消费者价格指数。

15.191 无法就采用一个缩减指数达成一致，这反映了一个事实，即：没有任何一个缩减指数在所有情况下都是最佳的。如何选择缩减指数，有可能取决于诸如经常贸易差额是顺差还是逆差，相对于 GDP 的进口和出口规模等因素。另一方面，人们普遍认为，计算由于贸易条件发生变化而造成的贸易损益是值得的，对某些国家来说甚至是至关重要的。为了解决这个难题，建议采取以下做法：

a. 应当把上面界定的贸易损益作为 SNA 必不可少的一个组成部分；

b. 如何选择用于经常贸易差额的缩减指数，相关工作应由一国的统计部门去做，以便把该国的具体情况考虑进去；

c. 如果一国统计部门无法确定用哪种缩减因子 P 最合适，那就应当使用进出口价格指数的某个平均数，最简单、最透明的平均数是进出口价格指数的未加权算术平均数。（这在有关的专业文献中称为吉尔里法。）

15.192 提出这些建议是为了确保虽然不能就一个共同的缩减指数达成一致意见，但是并不妨碍计算实际收入总量。贸易收益总是应当计算的，即使所有国家没有使用同一种缩减指数也应该计算。在不能肯定选择哪种缩减指数好的情况下，进出口价格指数的平均数很可能就是一个合适的缩减指数。

3. GDP 物量值与实际收入总量的相互关系

15.193 计算实际收入通常要先计算实际 GDI，接着就整个收入总量序列做计算，每个序列都要进行调整缩减为实际价值。这个过程可以说明如下：

a. 国内生产总值物量

\+ 由于贸易条件发生变化引起的贸易损益

b. = 实际国内总收入

\+ 从国外得到的实际初始分配收入

\- 向国外支付的实际初始分配收入

c. = 实际国民总收入

\+ 从国外得到的实际经常转移

\- 对国外支付的实际经常转移

d. = 实际国民可支配总收入

\- 固定资本消耗物量

e. = 实际国民可支配净收入

15.194 由（a）到（b）的过程是由贸易条件发生变化引起的贸易收益，已在前节作了说明。为了从（b）计算到（d），其间需要逐步缩减常住单位和非常住机构单位之间的各种收入流量，即来自国外和支付给国外的初始分配收入和经常转移。不可能自动选择价格缩减指数，建议用基础广泛的定值标准——尤其是构成国内最终支出总额的那组货物服务——来计算这些流量的购买力。当然，这个价格指数的定义应与 GDP 的物量和价格指数相一致。

15.195 在此过程中的每一步，都应该首先计算相邻年份的可加物量，然后计算作为链锁指数的长期序列。

15.196 一个可供考虑的替代办法是先从 GDP 物量到国内最终支出净额物量，然后对当期贸易差额的购买力影响做一次调整，使用国内最终支出净额的缩减指数来缩减按实际价值计算的当期贸易差额。该替代框架的优点是可以采用单一的定值标准，即按构成国内最终支出净额的那组货物服务的价格指数来计算。这将有助于理解实际国民可支配收入净额的意义，因为其缩减指数是明确的。

15.197 然而，此替代框架是用国内最终支出净额的缩减指数作为一般缩减指数 P 来计算贸易损益的，而通常认为，P 应该以进入对外贸易的流量为基础。因此，总的来说，建议优先使用原来的框架。

E. 价格和物量的国际比较

1. 绪言

15.198 用户不仅要比较一个（些）国家在不同时期的 GDP 及其组成部分，以分析经济增长，也要比较某个时期内不同国家的 GDP 及其组成部分，以分析相对经济规模。进行这种比较的一个通用方法是用汇率调整国民经济账户的价值，使其能够采用共同货币表示。这种方法的优点是数据很容易得到，而且是最新的。如果用户需要了解一国在国际市场上的相对支出能力排名，那么这种方法就足够了。然而，要比较生产率和生活水平就不够了，因为它没有对国家之间价格水平的差别进行调整，因此就不能度量各国生产货物服务物量的相对规模。

15.199 购买力平价（PPP）用于计算一组可靠的按共同货币表示的各国活动水平估计量。***所谓 PPP，是指 1 单位 A 国货币在 A 国所购买的某货物服务数量，在 B 国购买时所需的 B 国货币单位数***。一国的 PPP 通常是以基国货币表示的，通常使用的是美元。于是，PPP 是不同国家间可比较项目相对价格（按照本国货币计）的加权平均数。

把 PPP 作为缩减因子使用，由此即可对国家之间的 GDP 及其支出成分进行比较。

15.200 本节首先考察针对总量的价格和物量进行国际比较所出现的指数问题。按照地区划分，每隔三到五年，国际比较项目（ICP）提供了一套国际可比的经济总量物量、PPP 和价格水平指数（PLI）。开始于 1968 年的 ICP 已经发展为涵盖世界所有地区的项目，到 2005 年已有 107 个国家加入。参加该项目的国家加上 OECD/欧盟统计局 PPP 项目的 43 个国家，总共达到了 150 个国家。

15.201 基于 PPP 进行数据编制是一件成本高、耗时长的事情，进行这样的比较自然是不可能的。收集数据编制基于 PPP 的估计值需要全世界的协作。然而，参与国的国民经济核算人员需要理解比较的基本原理，理解编制 PPP 指数向他们提出的实际数据需求，进而还要理解 GDP 的物量比较。这些内容是本节最后一小节的主题。

2. 指数问题

15.202 针对时间序列形成的指数理论，不能简单地用“国家”一词代替“时期”一词，机械地应用于国际比较。国际比较在许多方面是不同的。

a. 时间序列是按照观测日期整理的，但国家序列没有这样一种优先排序。结果，编制链式指数就无法以预先确定的方式来对国家排序。

b. 对国际价格比较来说，不同的价格收集者会报告不同国家的项目价格。因此，这就需要对每个项目提供灵活而详细的产品规格描述（SPD），从而保证无论是对两个国家 SPD 之规格非常相似的项目的价格进行比较，还是对 SPD 之质量不同、规格不同的项目价格进行调整，针对的都是相似项目。

c. 国际比较是不定期进行的，部分原因是国际比较面临大规模合作的挑战，涉及所有参与国家的统计部门和国际组织。

15.203 PPP 的核心是对相同或非常相似的产品规格的价格进行比较。为了定义这些规格，并确保详细价格比较的质量，2005 年 ICP 使用了 SPD。每个项目都有其技术特征的详细规格描述，所以价格收集者能在当地市场上精确的识别每个项目。除了技术特征外，当对项目定价时，产品规格还包括需要考虑的其他变量，比如销售条件、附件、运输和安装费用。这些结构描述和收集的价格所构成的数据库，使得不同国家之间的项目可以更精确地匹配。

代表性与可比性

15.204 用于计算 PPP 的定价产品选择有两个关键的标准：“代表性” 和 “可比性”。代表性产品是居民住户经常购买的那些产品，并可以在一个国家内广泛地得到。代表性是 ICP 的一个重要标准，因为非代表性产品的价格水平与代表性产品相比普遍较高。因此，如果一国价格的代表性产品与另一国价格不具有代表性的产品出现在同一支出类别中，那么各国之间的价格比较就会被扭曲。可比性则与一个产品的物理特征有关。如果一些产品的物理特征（比如大小和质量）以及经济特征（比如蜡烛主要用作照明还是主要用作装饰）都是相同的，那么就认为这些产品是可比较的。

15.205 在实践中，两难的是如何选择产品用于计算 PPP，使所选的产品既有代表性又有可比性。用来计算 PPP 的产品清单是在权衡国家内的代表性和国家间的可比性这两个竞争目标基础上开发的。为达此目的，这个产品清单一般与任何一国编制其价格指数（比如消费者价格指数或一定范围内的任何一个生产者价格指数）所使用的产品组都不同，与编制缩减因子以计算国民经济核算中物量时间序列所使用的产品也不同。就一个国家的时间序列来说，代表性是选择规格品的关键标准，而与其他国家的可比性则不那么重要。一旦选择了某个用于定价的代表性产品，那么重要的问题是，在随后的时期，要对同样的产品测算价格，以便测度产品随时间推移的价格变化。对于 ICP 来说，只要求在一个时间点上具有代表性，不要求随时间推移保持代表性。

汇总

15.206 计算和汇总 PPP 有两个阶段：先估计细类的 PPP，再对细类 PPP 汇总，形成较高层次的总量。估计细类 PPP，要以单个产品在不同国家的价格之比为基础。典型的情况是，在一个细类内无法得到数量和支出方面的信息，这样，计算整个细类 PPP 时，就不能对各单个价格之比加权。在此水平上，有两种汇总方法可计算 PPP，即（下面要介绍的）EKS 方法和国家产品虚拟（CPD）方法。对这些方法的描述可参阅《ICP 方法手册》（2005）第 11 章。在第二阶段将细类 PPP 汇总到 GDP 层次时，权重是至关重要的。下面的段落总结了汇总中所使用的主要方法。

两国比较

15.207 如 C 节所述，GDP 或其中某个组成部分的货币价值（I_V）反映了价格和数量的混合效应，即 $L_P \times P_Q = I_V$ 或$_Q \times P_P = I_V$。那些用来衡量时期之间变化的指数公式，也可以用来编制各成对国家之间的价格和物量指数。以 A 国为基础的 B 国拉氏价格指数可以界定如下：

$$L_p = \sum_{i=1}^{n} \left(\frac{p_i^B}{p_i^A}\right) s_i^A \equiv \frac{\sum_{i=1}^{n} p_i^B q_i^A}{\sum_{i=1}^{n} p_i^A q_i^A} \qquad (20a)$$

帕氏指数为：

$$P_p = \left[\sum_{i=1}^{n} \left(\frac{p_i^A}{p_i^B}\right)^{-1} s_i^B \right]^{-1} \equiv \frac{\sum_{i=1}^{n} p_i^B q_i^B}{\sum_{i=1}^{n} p_i^A q_i^B} \qquad (20b)$$

式中：权重 s_i^A 和 s_i^B 是 A 国和 B 国以当期价值表示的组成部份占 GDP 的份额。

15.208 根据前面指出的拉氏价格和物量指数以及帕氏价格和物量指数间的互补关系，用帕氏价格指数（20b）缩减分别以本国货币表示的 B 国和 A 国的价值比率，就能求出以 A 国为基础的 B 国的拉氏物量指数。同样，用拉氏价格指数（20a）缩减 B 国和 A 国的价值比率，即可得到帕氏物量指数。

15.209 通常，两个不同国家间的相对价格和数量结构的差别要远大于同一国家不同时期间的差别。这就导致国家间的拉氏和帕氏价格和物量指数产生很大的差别。因此需要采用一种指数公式（比如费舍指数），使其能够对称使用各国的价格和数量信息。

多边比较

15.210 由于各种原因，可能需要进行多边国际比较，例如，为多于两个国家的集团确定 GDP 总量，或对集团中各国的 GDP 物量或人均 GDP 物量排位，都需要进行多边比较。希望这种排位具有传递性。

传递性

15.211 考虑一组 m 个国家。由于在任何一对国家之间都可以进行物量和价格比较，所以，可能进行的双边比较的总数等于 m（m - 1）/2。假设将以 i 国为基础的 j 国价格或物量指数写成$_iI_j$，当下列条件对一组指数中的每一对都成立时，那么这组指数就被认为具有传递性：

$$_iI_j \cdot {}_jI_k = {}_iI_k \qquad (21)$$

这个条件意味着，以 i 国为基础的 k 国直接（双边）指数等于以 i 国为基础的 j 国直接（双边）指数乘以以 j 国为基础的 k 国直接（双边）指数所得出的间接指数。如果整组指数是可传递的，那么连接各对国家的间接指数应始终等于相对应的直接指数。实际上，常用的标准指数——如拉氏、帕氏指数或费舍指数——没有一个是具有传递性的。

15.212 此处的目标是找到一种多边方法，该方法能够生成一组可传递的价格和物量值，并且对所有国家赋予同等的权重。有四种差别很大的方法可以使用。第一种是用集团内部的平均价格来计算多边物量指数，从而获得传递性。第二种是从所有可能结对的国家之间的双边比较着手，并用某种方法转化它们，使其达到可传递性。第三种是利用回归方法，在国家间比较的基础上用其他产品的价格比来估计缺失价格。第四种是建立在链接双边比较基础上的多边链接方法，首先链接价格结构最相似的国家。

集团法

15.213 使用最广泛的方法是用集团的平均价格对集团所有成员国的数量进行重估价。这就自动地确保了传递性。相对于 A 国的 B 国物量指数定义先见于等式（20），这里表述如下：

$$GK_Q = \frac{\sum_{i=1}^{n} \bar{p}_i q_i^B}{\sum_{i=1}^{n} \bar{p}_i q_i^A} = \frac{\sum_{i=1}^{n} \bar{p}_i q_i^C}{\sum_{i=1}^{n} \bar{p}_i q_i^A} \times \frac{\sum_{i=1}^{n} \bar{p}_i q_i^B}{\sum_{i=1}^{n} \bar{p}_i q_i^C} \quad (22)$$

从公式可看出其传递性。每一种货物服务的平均价格 $\bar{p}_i$ 被简单地界定为：以某种共同货币计算的在该集团的总值除以其总数量，即：

$$\bar{p}_i = \frac{\sum_{j=1}^{m} c^j p_i^j q_i^j}{\sum_{j=1}^{m} q_i^j}$$

$$\text{其中：} \sum_{j=1}^{m} q^j = \sum_{j=1}^{m} \frac{v_i^j}{p_i^j} \quad (23)$$

总和是对集团内 m 个不同国家的加总，公式（23）中的 c^j 项是一个货币转换因子，它可以是一个市场汇率或者是一个 PPP，用于将每个国家在项目 i 上的支出 $v_i = p_i q_i$ 转换为共同货币。

15.214 最常用的集团方法是吉尔里—哈米斯（GK）法，在该方法中，式（23）的货币转换因子是（22）式界定的物量指数中隐含的 PPP。在这种方法中，平均价格和 PPP 被一组基本联立方程所界定，所以它们是相互依赖的。实际求解时，它们可通过迭代法获得，比如，先用汇率作为货币转换因子计算一组平均价格，然后用求得的物量指数来获得一组隐含的 PPP，这组 PPP 接下来用于计算第二组平均价格、物量指数和 PPP，以此类推。

15.215 如 GK 法这样的集团法有如下优点：

a. 国家集团本身被看作是一个实体。

b. 使用单一的价格向量能确保传递性，物量值具有可加一致性，而且，它可以用集团平均价格的形式来表示（可以用一张表表示一组国家的结果，表中各列表示国家，各行表示最终支出，在表中，不仅可以汇总各行的价值，还可以汇总各列的价值）。

c. 由于所有国家都用相同的价格向量，这就有可能对比率进行比较，比如固定资本形成总额占 GDP 的份额。

15.216 然而，建立在多边集团法比较结果基础上的任何两个国家的比较都不是最优的。在传递性描述中已经表明，A 国和 B 国之间的价格和物量比较应该对称地使用两国价格和数量方面的信息。如果 A 国的相对价格比平均价格高，而 B 国的相对价格比平均价格低，那么使用平均价格就会压低以平均国际价格计算的 A 国支出，提高 B 国（相对于接近国际平均价格的国家）的支出。发达国家和发展中国家之间的服务经常会产生这种差别。因此，当使用 GK 方法时，对穷国来说通常其 PPP 支出会有夸大倾向。

双边法

15.217 计算一组多边物量值和 PPP 的另一种方法是从所有可能的 $m(m-1)/2$ 对国家的双边比较开始。如果孤立地考虑每一次双边比较，那么优先考虑的方法应该是一个费舍指数。

15.218 费舍指数不具有传递性，但它可以从一组 $m-1$ 个可传递的指数中导出，这些可传递指数按传统的最小平方标准尽可能接近原费舍指数。为使原费舍指数与所求可传递指数之间的偏差最小化，引出了所谓的 EKS 公式，这一公式是由埃尔特茨、科维克斯和斯卡尔茨（Elteto，Koves and Szulc）独立提出的。

15.219 i 国和 k 国之间的 EKS 指数是 i 国和 k 国间的直接指数和连结 i 国和 k 国之各个可能的间接指数的几何平均数，其中直接指数的权重比每个间接指数要大一倍。如果每一对国家的 EKS 指数都涉及集团中的所有其他国家，该指数就获得了传递性。

15.220 EKS 指数：

a. 可以为一对国家间的单一总量提供最好的传递性计算值，其方式很像一个环比费舍指数所提供的单一总量在一段时间内变动的最佳计算值；

b. 对相比较的两个国家赋予相等的权重；

c. 一个可取的性质是它不受国家相对规模的影响。

然而，EKS 指数类似于时间序列中的环比指数。要想将一个总量和其分量的 EKS 物量指数转化成一组具备可加一致性的价值，是不可能的。这与 GK 方法相反。

环形比较

15.221 以上方法都假定，存在这样一组比较，包含了集团内的所有国家。随着参与国家数量的增多，作为单一的集团管理它们变得越来越困难。而且，很难找到同时具备全国代表性和全球可比性的项目，因为各国在地理上和发展水平上都差距甚远。这就是采用区域化方法编制 PPP 的优势。以区域为基础，可以就每个区域确定产品规格，针对区域内各个国家计算一组独立的 PPP。

15.222 这种方法改善了区域层次上的 PPP 质量，但它仍然需要将各个区域合并在一起来获得一个全球性比较。传统做法是选择“桥梁国家”作为各区域之间的纽带。桥梁国家将参与不只一个区域的价格调查。环形方法拓展了这个想法，在每个区域内确定一组国家，共同作为“环形国家”。由这些国家组成了一个人工合成的“区域”，覆盖了即将联系在一起进行比较的所有的区域。

15.223 应用该方法要取决于许多因素，包括分析目的，汇总水平，数据多寡，是对区域、环形国家还是整个数据汇总，可加性的意义，以及各国的对称处理。

3. 国民经济核算人员的实际考虑

PPP 和国民经济核算

15.224 PPP 最重要的用途之一是消除国家之间价格水平差别的影响，计算用共同货币表示的可比 GDP 及其主要成分的估计值。从以下两方面说，国民经济核算是 PPP 估计值的基础。第一，国民经济核算提供了用于价格汇总的权重，这就可以将价格从细分水平汇总到较高类别的总量，直到 GDP 本身。第二，国民经济核算提供了将要用 PPP 来缩减的价值，从而提供了按共同货币表示的物量（也称为“实际支出额”），这样 GDP 及其支出成分才可以在国家之间进行比较。

15.225 应用 PPP 还可以得出比较价格水平指数（PLI）。PLI 是一国 PPP 与其官方汇率之比，PPP 与官方汇率都是相对于一个参照货币来测度的。PLI 通常按基准等于 100 表示，基准可以是一个单独的参考国家，也可以是一个区域的平均。

15.226 如果一个国家的 PLI 小于 100，那就意味着其价格水平就低于该基准国家（或区域）。可以对任何一对国家进行类似的直接比较。如果一个国家的 PLI 小于另一个国家的 PLI，即可认为，低 PLI 国家的价格比另一个国家的价格“便宜”，不管其 PLI 是高于还是低于 100。

15.227 实际上，PPP 不会随时间推移迅速变化，因此，一个国家的 PLI 如果出现显著变化，通常是由于汇率的显著变化造成的。

15.228 不能将ICP中的物量与本章前面提到的时间序列物量混为一谈，这是很重要的，因为它们是不同的指标，虽然它们也有一些相似之处——设计的目的都是要从中剔除价格差异的直接影响。对一个物量时间序列而言，所要剔除的是价格在不同时期变化所带来的影响，以便得到用于计算经济增长率的物量测度指标。国际比较是以基于PPP的物量测度为基础的，从国民经济核算价值中剔除的，是汇率差异和各国价格水平不同所产生的影响，以便对有关国家的物量测度指标进行比较。

15.229 可以对PPP进行国际比较的最低水平是所谓的“细类”，这也是国民经济核算价值作为权重所要求的最低水平。实际上，国民经济核算价值提供了可将细类数据汇总到更大范围之国民经济核算总量——包括GDP本身——的权重。要基于细类确定产品规格，然后从细类层面选取代表规格品并确定其价格。

15.230 在过去的大约半个世纪里，基于PPP进行比较大多采用支出法GDP估计值，因为最终支出的价格比产出和投入的价格更容易观察，如果采用生产法GDP估计值比较，就需要有产出和投入的价格。国民经济账户的一致性对于获得可供国际比较的估计值来说是很关键的，所以SNA在基于PPP的比较中起了很重要的作用，它为获得GDP及其主要总量的一致估计量提供了框架。

15.231 ICP是计算PPP涉及范围最广的项目；大约150个国家参与了世界范围的2005 ICP。从2005 ICP得到的按共同货币计算的物量估计值，为全世界各国间关系提供了一张快照。ICP是非常昂贵、非常耗费资源的项目，所以它只能按一个较长时间间隔提供基准结果。为此，不得不使用参与国家的国民经济核算时间序列来外推PPP基准（比如来自2005 ICP那个基准）。对相隔数年编制的两组PPP的基准外推结果进行比较，是很有趣的。实际上，外推序列并没有与基准严格对应，产生差别的原因有多个，其中一个重要的原因是用于国民经济核算时间序列的价格和用于计算PPP的价格之间的一致性问题，这在前面代表性和可比性部分已经做了解释。此外，价格和物量结构可能随时间推移发生显著的变化，外推技术或许并没有顾及这些变化。

ICP增长率为什么不同于各国计算的增长率

15.232 将PPP从基准年外推到另一年的一般方法是，用来自每个国家国民经济核算的缩减因子与定值标准国家（通常是美国）之比，将每个国家的PPP从基准年向前推。然后将得到的PPP应用于有关国民经济核算的成分，以获得所研究年份以共同货币表示的物量。

15.233 理论上说，从基准年外推PPP的最好方法是，使用ICP中每个国家单个产品水平上的价格时间序列来外推ICP基准所包括的单个产品的价格。实际中，从基准年外推PPP时采用这个步骤是不可能的，因为所有国家都不能得到所需的详细价格数据。因此，通常采用在宏观层次（GDP或几个GDP成分）进行外推的方法。不考虑所有参与国家在数据收集方面的一致性，是在此过程中出现的一个主要概念问题，因为数学上可以证明，保持时间和空间上的一致性是不可能的。换句话说，即使所有的数据都能完全一致，在较高水平（比如GDP）上使用价格时间序列外推PPP也不会与基于PPP的基准估计值相匹配。

15.234 GDP时间序列和PPP基准比值之间存在差异的原因之一是由产品定义造成的。正如15.66—67段解释的，地理位置在国民经济核算中是一个重要的产品特征，而PPP比值则采用整个国家的平均价格。另一个问题是国民经济核算中缩减因子时间序列背后的加权结构不同于PPP基准时间序列中缩减指数背后的加权结构。另外，如上所述，PPP的产品定价不同于时间序列背后的产品定价，因为空间价格指数要求在各国内部具有代表性、在国家间具有可比性，而时间序列主要要求随时间推移具有一致性。总体看，为编制一个国家的价格指数而定价的产品，要多于为计算 PPP 而定价的产品。最后的也是最关键的，国民经济核算要对形成缩减因子的价格进行调整，以剔除随时间推移的质量变化，而各国进行这种质量调整的方法也极其不同。特别地，在针对那些特征迅速变化的产品进行调整过程中，各国采用特征方法的范围也有很大的差异。电子产品（比如电脑）是特征质量调整应用最多的领域，此外还有一些国家将特征方法用于诸如服装和住房之类的产品。一些国家使用特征方法对国民经济核算的价格指数进行质量调整，而另一些国家没有进行这种调整，对这两类国家的价格变化进行比较，必然会导致基准序列和外推序列之间产生非常大的不一致。

15.235 影响外推 GDP 序列和 PPP 基准计算结果之间差别的最大因素可能是出口和进口。国民经济核算的 GDP 物量值不受贸易条件变化的影响，然而贸易条件会直接影响空间比较中的实际 GDP。例如，能源价格的上涨，会导致名义 GDP 增加。在空间比较中，其结果体现为能源出口国（相对于其他国家）的 GDP 物量增加，因为净贸易 PPP 是以汇率为基础的，它一般在短期内难以对贸易条件的改变做出反应，由此会将贸易条件的提高视为基于 PPP 基准下的物量效应。另一方面，如果能源出口国出口了同样数量的能源，那么其国民经济核算中的 GDP 物量就会保持不变，由此就会将贸易条件的提高视为价格效应（这是在 GDP 缩减因子作为价格外推因子过程中观测到的）。

非市场服务

15.236 引起各国 PPP 物量之间一致性问题的另一个领域是一组所谓“难以比较的服务”。它们在非市场服务领域占主导地位（但不是独占），随着政府服务逐渐成为非市场服务的主要组成部分，需要为 PPP 项目对它们进行定价。非市场服务定价的主要问题涉及提供服务的质量和相应的劳动生产率。在大多数国家的国民经济核算中，计算政府部门估计值的一个惯常做法是用提供服务所使用的劳动和原材料投入之和衡量产出价值，这实际上就是假定：成本增加就等于产出增加。另外，国民经济核算中经常做的一个假定是，提供这种服务的劳动生产率不随时间推移发生变化。与此类似，要在计算 PPP 的各国之间给出以下假定：参与比较的所有国家的生产率都是相同的。当参与 PPP 比较的国家经济发展水平大概相同时，该假定是合理的。然而，当参与比较的国家经济发展水平差别很大时，这种假定就会失效。

15.237 PPP 编制者面临的选择是，要么假定各国的生产率水平相同——即使它们处在非常不同的经济发展阶段，要么以某种方式调整非市场服务的估计值，以解决生产率的差别。对不同经济的生产率差异进行调整，除了为确定适当的理论方法所牵涉的问题之外，如何获得调整所必需的数据也是个问题——尤其是如果该方法要基于有关国家的相对资本密度进行调整的话。尽管存在这些问题，有时必须对非市场服务进行生产率调整，因为调整生产率所带来的问题远远小于在比较中假定所有国家生产率都相等所引发的后果。

结论

15.238 基于 PPP 比较不同国家的活动水平是国民经济核算的一个重要用途。尽管理论上和实践中面临许多困难，但是，与通常采用汇率将国民经济核算总量转换为用共同货币表示相比，基于 PPP 的物量为国际比较奠定了更为坚实的基础。

第16章　账户综述和整合

A.　引言

16.1　本章对第6—13章所阐述的账户序列进行综述，并说明如何将它们与第2章中的那些表联系在一起。本章将说明SNA中最常见的总量指标——包括国内生产总值（GDP）、国内生产净值（NDP）和国民总收入（GNI）——是如何与不同账户中的平衡项联系在一起的。同时，本章将显示常住单位与来自国外的非常住单位之间的交易对国民总量指标的影响，此外还将描述积累账户间的联系。

16.2　本章将为后续章节奠定基础——这些后续章节的主要内容是对此套账户体系进行更为细致的解析，包括展示方式和更进一步的分析。

B.　账户的整合

16.3　在之前各章节出现的表，采用的是一种在出版物中很常见的格式，右边的项目代表来源，左边的项目代表使用。这种格式是灵活的，因为在表格的左右两个部分中可以设置多个列，而且当列数非常多的时候，这两个部分还可以被显示在不同的页中。然而，除此之外还有另外一种表格形式特别适用于做解释，那就是T形账户。

16.4　在T形账户中，只有一列描述性标题显示在表格中间，代表来源的值出现在标题列右边的列中，代表使用的值出现在标题列左边的列中。表16.1给出了一个T形账户的例子。表中各行来源于表6.1、7.1、7.2、8.1和9.1中的行，但只保留了一些较高层次的总量项目。没有显示各机构部门账户的数据，只有经济总体、国外以及二者的合计显示在表格中。此外保留了货物和服务账户列。

1.　经常账户综述

16.5　表16.1中的经常账户包括生产账户、收入初次分配账户、收入再分配账户以及收入使用账户。除这些账户以外，T形账户还以来自国外账户的登录项目——货物和服务的进出口——作为起始行，记录了本国经济体内来自国外的货物服务价值，以及由本国生产并提供给国外的货物服务价值。

生产账户

16.6　接下来的行显示生产账户中的主要登录项目，其中产出、税减补贴在来源方，中间消耗在使用方。然后是生产账户的平衡项——增加值，同时它也是生产账户的结束项，也出现在使用方。增加值是决定GDP的基础。

收入形成账户

16.7 接下来的几行同收入形成账户对应。这是收入初次分配账户的第一部分。生产账户的平衡项——增加值——是这个账户来源方的唯一登录项目。该账户左边使用方的登录揭示了有多少增加值是由劳动创造的——以雇员报酬的形式表现，有多少产出是应付给政府的——以未包含在产出估值之内的产品税减产品补贴的形式表现。平衡项是营业盈余和混合收入，代表资本对增加值形成的贡献。

初始收入分配账户

16.8 在初始收入分配账户中，增加值的这些贡献因素显示为相关部门的来源；雇员报酬是住户的来源，税减补贴是政府的来源，营业盈余和混合收入是相关生产单位所属部门的来源。除此之外，初始收入分配账户还揭示了这三项中的每一项有多少是应付给非常住单位的，以及相应地，这些项中哪些价值是由非常住单位创造并应付给常住部门的。

16.9 在生产过程中，生产者有可能会使用属于其他单位的金融资产或非生产资产。由于使用这些资产而发生的支付显示为财产收入。财产收入可能是常住单位或非常住单位应付的，也可能是常住单位或非常住单位应收的。一旦其中三项的值已知，就可以确定另外一项的值。例如，常住单位应收的财产收入一定等于常住单位与非常住单位应付财产收入之和减去非常住单位应收财产收入。因此常住单位或非常住单位应收的财产收入（出现在来源方）必定等于常住单位和非常住单位应付的财产收入（出现在使用方）。

16.10 来源方的增加值，加上雇员报酬、营业盈余、混合收入和财产收入登录在来源方的值，再减去相应登录项目在使用方的值，结果就是初始收入。它是初始收入分配账户的平衡项，出现在使用方，同时也将是收入再分配账户的第一项，出现在来源方。

16.11 由初始收入可导出SNA体系中另外一个关键的总量指标——国民收入。增加值是同常住性的判定紧密相关的，总增加值由所有常住单位并且仅由常住单位创造。从增加值到初始收入，不仅实现了由生产到收入的转换，而且实现了由生产单位本身之常住性向接收生产所创造收入的单位之常住性的转换。有关国民收入的进一步讨论将在下面国外账户部分进行。

收入再分配账户

16.12 收入再分配账户揭示初始收入是如何通过经常转移的支付和接收而转换为可支配收入的。有多个因素影响收入在经济体中各部门之间的再分配。其中之一是政府在征收所得税、财产税等经常税中扮演的角色；还有社会保险计划在将在职人员的社会保险缴款再分配给退休人员中扮演的角色；另外，保险提供了一种将众多单位的小额常规付款转移给遭受预设种类损失的少数单位的机制，它所扮演的角色也是一个影响因素。在其他各类经常转移之中，纯粹的自愿转移所起的作用正在引起人们更多的兴趣，比如通过政府间国际合作向为住户服务的非营利机构（NPISH）提供主要的资金支持，又如通过雇员汇款在常住住户和非常住住户之间进行的转移。

16.13 常住单位和非常住单位应付的经常转移一定等于常住单位和非常住单位应收的经常转移，这样，使用方和来源方的数值是相等的，就像财产收入中的情况一样。

16.14 可支配收入是账户体系中重要的平衡项，它揭示了在不需降低资产或发生负债的前提下有多少资金可以被用于消费，同经济学理论中关于收入的概念相一致。

收入使用账户

16.15 可支配收入使用账户揭示有多少可支配

收入被实际用于消费，有多少被用于储蓄。对于机构部门账户来说，必须要对养老金权益变动进行调整，以保证其影响反映在住户部门的储蓄中，而不是反映在养老金中。然而，在总量层次上，只有当养老金权益包含非常住雇员或非常住企业的常住雇员时，有关的流量才会出现。

16.16　表 16.1 没有包括实物收入再分配账户和调整后可支配收入使用账户，但这两个账户可插入到账户序列中替代可支配收入及使用账户，或者是作为后者的补充。

2.　积累账户综述

16.17　表 16.2 展示了积累账户和资产负债表的概要，使用了同表 16.1 经常账户详略程度相同的分类。在这里，左右列的标题名称改变了，右侧各列描述的是负债和资产净值的变化，左侧各列描述资产的变化。

资本账户

16.18　资本账户的第一个项目是储蓄和对外经常差额，出现在账户的右边。同样作为来源出现的还有应收资本转移。按照惯例，应付资本转移也列在来源方下，但符号为负。对于包括了与国外之间交易的经济总体而言，其应收和应付资本转移恰好相互抵消，就像财产收入和经常转移一样。但是对于不包括与国外之间交易的经济总体和它内部的各机构部门而言，这个等式一般是不成立的。

16.19　总的来说，储蓄加上（净）资本转移表示经济体内有多少资金可用于非金融资产的获得——主要是资本形成，也包括非生产非金融资产获得。加总之后的合计数是一个特殊的总量指标，被称为储蓄和资本转移引起的资产净值变化。它不是一个平衡项，但作为一个出于特殊分析目的而构建的概念，它具有和平衡项一样的特征。

16.20　资本账户的使用方显示生产资产和非生产非金融资产的获得。资本账户的平衡项是净借入或净贷出。当有净贷出时，表示储蓄与资本转移之和在实际用于非金融资产获得后仍有富余可借给国外，净贷出的数值表示有多少资金被借给了国外。当有净借入时，表示储蓄加资本转移不足以支持所有的非金融资产获得，必须从国外借入资金。

金融账户

16.21　金融账户通过列示金融机构间的所有交易，精确解释了净贷出或净借入是如何发生的。金融资产的交易表现为资产变化，其数值恰好等于负债和资产净值变化的值，这是因为，如果将常住单位之间或常住单位与非常住单位之间的所有交易都考虑在内，就不会有不能被解释的净贷出或借入了。

16.22　因为金融账户没有引入新的平衡项，只是解释了净贷出或借入是如何实现的，同时还因为它需要与其他账户非常不同的数据来源以及对数据来源的理解，因此国民经济核算人员未必编制该账户。然而，如果没有金融账户，国民经济账户编制者就不能确定其他账户的估计是否是充分一致的和完备的。就像国民经济核算人员必须对国际收支平衡表有一定的理解，以保证所有同国外有关的交易都在账户中被完全考虑了一样，对应金融账户，有必要把握货币和金融统计体系的内容含义。后面有两章（第 26 章和第 27 章）将对 SNA 与这些其他统计体系之间的关系进行更加细致的讨论。

表 16.1：账户序列中的经常账户概览

使用								来源
经济总体	国外	货物和服务	合计	**交易和平衡项**	经济总体	国外	货物和服务	合计
		499	499	货物和服务进口		499		499
		392	392	货物进口		392		392
		107	107	服务进口		107		107
	540		540	货物和服务出口			540	540
	462		462	货物出口			462	462
	78		78	服务出口			78	78
				生产账户				
		3604	3604	产出	3604			3604
		3077	3077	市场产出	3077			3077
		147	147	用于自身最终使用的产出	147			147
		380	380	非市场产出	380			380
1883			1883	中间消耗			1883	1883
		141	141	产品税	141			141
		-8	-8	产品补贴（-）	-8			-8
1854		1854		总增加值/国内生产总值				
222		222		固定资本消耗				
1632		1632		*净增加值/国内生产净值*				
	-41	-41		*货物和服务对外差额*				
				收入形成账户				
				总增加值/国内生产总值	1854			1854
				净增加值/国内生产净值	1632			1632
1150			1150	雇员报酬				
235			235	生产和进口税				
141			141	产品税				
94			94	其他生产税				
-44			-44	补贴				
-8			-8	产品补贴				
-36			-36	其他生产补贴				
452			452	营业盈余总额				
61			61	混合收入总额				
214				营业盈余总额中的固定资本消耗				
8				混合收入总额中的固定资本消耗				
238			238	*营业盈余净额*				
53			53	*混合收入净额*				
				初始收入分配账户				
				营业盈余总额	452			452
				混合收入总额	61			61
				营业盈余净额	238			238
				混合收入净额	53			53
	6		6	雇员报酬	1154	2		1156
			0	生产和进口税	235			235
			0	补贴	-44			-44
391	44		435	财产收入	397	38		435
1864			1864	初始收入总额/国民总收入				0
1642			1642	*初始收入净额/国民净收入*				0
				收入再分配账户				
				初始收入总额/国民总收入	1864			1864
				初始收入净额/国民净收入	1642			1642
1212	17		1229	经常转移	1174	55		1229
212	1		213	所得、财产等经常税	213	0		213
333	0		333	净社会缴款	333	0		333
384	0		384	实物社会转移以外的社会福利	384	0		384
283	16		299	其他经常转移	244	55		299
1826			1826	可支配收入总额				
1604			1604	*可支配收入净额*				
				可支配收入使用账户				
				可支配收入总额	1826			1826
				可支配收入净额	1604			1604
1399			1399	最终消费支出			1399	1399
11	0		11	养老金权益变化调整	11	0		11
427			427	总储蓄				
205			205	*净储蓄*				
	-13		-13	*对外经常性差额*				

表 16.2：积累账户和资产负债表概览

资产变化　　　　　　　　　　　　　　　　　　　　负债和资产净值变化

经济总体	国外	货物和服务	合计	交易和平衡项	经济总体	国外	货物和服务	合计
				资本账户				
				净储蓄	205			205
				对外经常差额		-13		-13
414			414	资本形成总额			414	414
192			192	资本形成净额			192	192
376			376	固定资本形成总额			376	376
-222			-222	固定资本消耗			-222	-222
				分资产类型的固定资本形成总额				
28			28	存货变化			28	28
10			10	贵重物品获得减处置			10	10
0			0	非生产资产获得减处置			0	0
				应收资本转移	62	4		66
				应付资本转移	-65	-1		-66
				储蓄和资本转移引起的资产净值变化	202	-10		192
10	-10		0	*净贷出（+）/净借入（-）*				
				金融账户				
				净贷出（+）/净借入（-）	10	-10		0
436	47		483	金融资产/负债净获得	426	57		483
-1	1		0	货币黄金和特别提款权				
89	11		100	通货和存款	102	-2		100
86	9		95	债务性证券	74	21		95
78	4		82	贷款	47	35		82
107	12		119	股权和投资基金份额	105	14		119
48	0		48	保险、养老金和标准化担保计划	48	0		48
14	0		14	金融衍生工具和雇员股票期权	11	3		14
15	10		25	其他应收/应付款	39	-14		25
				资产物量其他变化账户				
13			13	物量其他变化总计	3			3
-7			-7	生产性非金融资产				
17			17	非生产性非金融资产				
3			3	金融资产	3			3
				资产物量其他变化引起的资产净值变化	10			
				重估价账户				
				名义持有损益				
280			280	非金融资产				
84	7		91	金融资产/负债	76	15		91
				名义持有损益引起的资产净值变化	288	-8		280
				中性持有损益				
198			198	非金融资产				
136	12		148	金融资产/负债	126	22		148
				中性持有损益引起的资产净值变化	208	-10		214
				实际持有损益				
82			82	非金融资产				
-52	-5		-57	金融资产/负债	-50	-7		-57
				实际持有损益引起的资产净值变化	80	2		66
				存量和负债变化				
				期初资产负债表				
4621			4621	非金融资产				
8231	805		9036	金融资产/负债	7762	1274		9036
				资产净值	5090	-469		4621
				资产和负债变化总计				
482			482	非金融资产				
523	54		577	金融资产/负债	505	72		577
				资产净值变化总计	500	-18		482
				储蓄和资本转移	202	-10		192
				资产物量其他变化	10			10
				名义持有收益/损失	288	-8		280
				中性持有收益/损失	208	-10		198
				实际持有收益/损失	80	-2		82
				期末资产负债表				
5103			5103	非金融资产				
8754	859		9613	金融资产/负债	8267	1346		9613
				资产净值	5590	-487		5103

3. 货物和服务账户

16.23 在整个账户序列中，每个交易行都是平衡的。对于那些分配和再分配交易而言，如果数据是完全协调的，这种平衡就会自动成立，因为一个单位的应付必定是另外一个单位的应收。然而对于同货物服务有关的交易而言，情况并非如此。为了保持账户的平衡性，账户的每一边都要包括一个名为“货物和服务”的列。对于任何同货物服务有关的交易，除相关机构部门在账户的某一边有相应登录外，还要在账户另外一边的货物服务列做一个登录。

16.24 账户左边的登录表示向经济体供应的所有货物服务价值，包括生产和进口，同时还要加上对其征收的产品税减去产品补贴。账户的右边表示货物服务的使用，包括中间消耗、最终消费、资本形成和出口。

16.25 显然，根据以前的分析，供应给经济体的货物服务总量一定等于其使用总量。令左边货物服务列的登录等于右边的相应登录，就可以给出第 14 章描述过的常见的货物和服务账户形式：

产出 + 进口 + 产品税减产品补贴
= 中间消耗 + 最终消费 + 出口 + 资本形成

16.26 这个等式反映了如下的见解：当前生产的货物服务，或者用于在当期生产更多的货物服务（中间消耗），或者用于在将来生产更多的货物服务，或者立刻用于满足人们的需求（最终消费）。但是由于没有一个经济体是完全封闭的，因此必须考虑由经济体外供给的货物服务（进口）以及被其他经济体使用的货物服务（出口）。

16.27 上述恒等式说明了货物服务账户的内容。***货物和服务账户揭示了货物服务供给总量与使用总量之间的平衡，其中供给的表现形式为产出和进口（包括产出估值中未包括的产品税减产品补贴），使用的表现形式为中间消耗、最终消费、资本形成和出口。***

4. 国外账户

16.28 在综合账户中，国外的登录项目与 BPM6（《国际收支手册》第 6 版）中所列国际收支平衡表的登录项目是一致的。表 16.3 以国际收支平衡账户的结构给出了国外的登录项目。

表 16.3：BPM6 账户结构下的国外项目

使用		来源
国外	交易和平衡项	国外
	货物和服务账户	
	货物和服务进口	499
540	货物和服务出口	
－41	*货物服务对外差额*	
	初始收入账户	
6	雇员报酬	2
	生产和进口税	
	补贴	
44	财产收入	38
－10	*初始收入对外差额*	
－51	*货物服务及初始收入对外差额*	
	二次收入账户	
17	经常转移	55
38	*二次收入对外差额*	
	养老金权益变化调整	
－13	*对外经常性差额*	
	资本账户	
	非生产资产的获得减处置	
	应收资本转移	4
	应付资本转移	－1
3	*对外资本账户差额*	
－10	***净贷出（＋）／净借入（－）***	

16.29 国外有三个经常账户，一个是货物和服务账户，一个是初始收入账户，还有一个是二次收入账户。每个账户都有一个平衡项，但其平衡项不像在 SNA 中那样可以从一个账户转到下一个账户。然而，这些平衡项可与 SNA 中的某些平衡项相对应。货物服务及初始收入对外差额是货物服务［对外］差额与初始收入［对外］差额之和，它对应于经济总体的初始收入。在此基础上加上二次收入的对外差额，结果是对外经常性差额，它对应于经济总体的储蓄。

16.30 在国外的资本账户中，仅有来自国外的应收资本转移、向国外的应付资本转移、非生产非金融资产的获得减处置三个项目。由这三项可得到对外资本差额。对外资本差额再加上对外经常差额，结果就是向国外的净贷出或来自国外的净借入。

5. 存量数据和流量数据的整合

联接期初和期末资产负债表

16.31 资产负债表是 SNA 中不可或缺的一部分。资本账户、金融账户、资产其他变化账户中与资产有关的流量都同资产负债表具有密切关联，清晰地理解这一点，对于理解资本积累在 SNA 中所扮演的角色至关重要。

16.32 对于某单一类型的资产来说，把期初和期末资产负债表的数值连接起来的基本核算等式可以概括如下：

某特定类型资产在期初资产负债表中按资产负债表所指日期价格估价的存量价值；

\+ 在核算期内发生的交易中获得的资产总价值，减去处置的资产总价值；

\+ 所持有资产物量的其他正的或负的变化价值（例如发现了地下资产，或者由于战争或自然灾害造成了资产的破坏）；

\+ 由于资产价格变动引起的正的或负的名义持有收益价值；

= 某特定类型资产在期末资产负债表中按资产负债表所指日期价格估价的存量价值。

16.33 在核算期内所发生交易中获得的非金融资产总价值减去处置总价值，会记录在资本账户中，与金融资产和负债有关的交易则会记录在金融账户中。资产物量的其他变化（正的或负的）价值会记录在资产物量其他变化账户中。由于资产价格变动引起的正的或负的名义持有收益价值会记录在重估价账户中。这就意味着，期末资产负债表中每一个项目的数值，原则上都可以通过期初资产负债表中的数值加上与该资产有关的登录在四个积累账户中的数值得到。

16.34 名义持有收益可以被分解为中性持有收益和实际持有收益。名义持有收益表示一项资产在一段时期内升值了多少，中性持有收益则表示该项资产在此时期内为保持其购买力不变所必须达到的升值。如果名义持有收益大于中性持有收益，则资产所有者可以获得一笔实际持有收益（等于名义持有收益与中性持有收益的差）。如果名义持有收益小于中性持有收益，那就意味着所有者遭受了持有损失。

16.35 即使考虑那些仅在核算期内被短暂持有、不出现在期初或期末资产负债表上的资产，上述联接期初资产负债表、期末资产负债表和积累账户的等式也是成立的。例如，一项资产有可能在核算期内被获得，由于价格上升产生了持有收益，然后在期末之前尚未转售时即遭受了某种损毁。

16.36 重估价账户中的名义持有损益既包括已实现的损益，也包括未实现的损益，但是已实现的损益会包含在资产交易价值中，因此期末资产负债表中仅包括未实现的损益。

16.37 资产负债表与金融资产和负债流量账户之间的联系一般都会被认识到，并会被表述出来。相比之下，发生在非金融资产上的上述联系则较少受到关注，然而，正如第 20 章针对资本服务所阐明的，这种联系并非无足轻重，它对于理解经济生产率的提高非常有用。

资产净值

16.38 资产净值是资产负债表的平衡项，它等于所有资产之和减去所有负债之和。从期初资产负债表到期末资产负债表，其间的资产净值变化来自三个项目：

a. 第一项是储蓄和资本转移引起的资产净值变化。它来自于资本账户，等于该账户中所有来源项之和。

b. 第二项是资产物量其他变化引起的资产净值变化。它等于资产物量其他变化账户中所有资产变化项目之和减去所有负债变化项目之和。

c. 第三项是名义持有损益引起的资产净值变化。它等于重估价账户中所有资产的名义持有损益项目之和减去所有负债的名义持有损益项目之和，进一步可被分解为中性持有损益引起的资产净值变化和实际持有损益引起的资产净值变化。

资产账户

16.39 连接期初和期末资产负债表的恒等式不但对于资产合计和每一类资产都成立，而且对于每一项独立的资产也成立。资产账户可以描述一项资产或一类资产的存量从一个资产负债表到下一个资产负债表过程中所发生的变化，并揭示出哪些变化是由资本转移引起的，哪些变化是由金融交易引起的，哪些变化是由物量其他变化和重估价引起的。有关资产账户的描述见第 13 章。

6. 合并账户

16.40 虽然很少用完全合并的形式去表现各个账户，但是从教学角度出发，看看由完全合并的账户可以得到什么结果是有益的。

合并经常账户

16.41 表 16.1 中，与收入分配和再分配有关的所有项目都在账户的两边同时出现。这样，由这些项目即可推导出各个重要的平衡项。但是，也可以这样考虑：如果通过合并剔除其中一些项目，结果会有哪些登录被保留下来。实际上，保留下来的项目将会是对应货物和服务列的那些项目以及储蓄和对外经常性差额。具体结果如下：

a. 来源

- 进口 499
- 产出 3604
- 产品税 141
- 产品补贴 -8
- 合计 4236

b. 使用

- 出口 540
- 中间消耗 1883
- 最终消费 1399
- 储蓄 427
- 对外经常性差额 -13
- 合计 4236

16.42 对外经常性差额（-13）等于货物服务对外差额（-41）加上来自于国外的收入流量（28）。如果像刚才描述的那样，把货物服务进口、出口和对外差额从合并后账户中移除出去，就可以得到如下结果：

产出 3604；

\+ 产品税 141

\+ 产品补贴 -8

\- 中间消耗 1883

（结果 1854）

等于

最终消费 1399

－　储蓄 427

＋　来自国外的收入 28

16.43　该等式的第一部分是对经济体中所形成收入的定义。如果将来自国外的收入视为类似于国内经济中生成的储蓄，该等式就可以直接表达收入等于消费加储蓄这一组经济概念。

合并积累账户

16.44　资本账户和金融账户合并后，金融账户的所有登录都没有了，两个账户中净借入和净贷出的登录也消失了。剩下的唯有：

资本形成（414）

＋　非生产资产的获得减处置（0）

等于

储蓄（427）

＋　对外经常性差额（－13）.

合并国外账户

16.45　只看国外资本账户和金融账户：

对外经常性差额（－13）

＋　应收资本转移（4）

－　应付资本转移（1）

＝　净借入或净贷出（－10）

16.46　将该等式与前一个等式合并，可归纳为：

资本形成（414）

＋　非生产资产的获得减处置（0）

等于

储蓄（427）

＋　来自国外的净贷出或净借入（－10）

－　向国外应付的资本转移（4）

＋　来自国外的应收资本转移（1）

换句话说，投资等于在经济总体内部生成的储蓄以及来自于国外的资金。

C.　SNA 中的宏观经济总量指标

1.　GDP 恒等式

16.47　对货物和服务账户中各项目的顺序进行重新排列，就可得到最为人熟悉的 GDP 的定义：

产出（3604）

－　中间消耗（1883）

＋　产品税减产品补贴（141－8）

等于

最终消费（1399）

＋　资本形成（414）

＋　出口（540）

－　进口（499）

等于　GDP（1854）

这样，GDP 可以通过两种相互独立的方式加以定义：

a. ***从生产角度测算的国内生产总值（GDP）等于产出减去中间消耗，再加上任何未包括在产出估值中的产品税减产品补贴。***

b. ***从支出角度测算的国内生产总值（GDP）等于最终消费支出、资本形成总额、出口减进口之和。***

16.48　从生产角度测算的 GDP，也可以按包括所有产品税减产品补贴在内的调整后的增加值来表示。正如第 7 章所描述的，增加值可被视为构成收入的各项要素之和：雇员报酬、营业盈余、混合收入，以及其他生产税减生产补贴。如果这些构成项都能单独计算，那么就有可能通过第三种方法测算 GDP，即从收入方测算。因为其他生产税减生产补贴应包括在增加值中，产品税减产品补贴也要被包括在内，因此，可以将这两项加起来，合称为生产和进口税减生产和进口补贴。

GDP（1854） =

雇员报酬（1150）

\+ 营业盈余总额（452）

\+ 混合收入总额（61）

\+ 生产和进口税减生产和进口补贴（191）

这样，GDP 可通过第三种方式定义：

c. ***从收入角度测算的国内生产总值（GDP）等于雇员报酬、营业盈余总额、混合收入总额、生产和进口税减生产和进口补贴之和。***

2. 对产出估价的一个说明

16.49 第6章曾阐明，测算产出最好采用基本价格。如果采用基本价格，产出价值中不会包括所有产品税但会包括所有产品补贴，同时，它会包括所有其他生产税但不包括所有其他生产补贴。然而，在一些国家，其基础资料不允许采用这种估价方式。在这种情况下，产出将按生产者价格估价。这时，所有的产品税和生产税（可能会排除各类增值税）都将被包括在产出中，所有的产品补贴和生产补贴都将被排除在外。

16.50 因为上述原因，上面给出的从生产方定义的 GDP 中包含了短语“加上任何未包括在产出价值中的产品税减产品补贴”。如果产出是按生产者价格估价的，无须再加产品税（除了一些可能的增值税），因为它们已经被包括在产出价值中了（类似地，产品补贴也已被扣除了）。在这种情况下，GDP 可被定义为：***从生产角度测算的国内生产总值（GDP）等于按生产者价格估价的产出减去中间消耗***。如果产出是按基本价格估价的（正如 SNA 推荐的以及下文所给出的数值例子那样），GDP 的定义可被重新表达为：***从生产角度测算的国内生产总值（GDP）等于按基本价格估价的产出减去中间消耗，再加上产品税减产品补贴***。

3. 国内生产总值和国内生产净值

16.51 虽然 GDP 的第三种定义从经济学上和统计学上都是正确的，但它不是测算收入的最好方法。收入通常被定义为：在保持资本水平不变的前提下可供花费的数额（关于此内容的进一步讨论见第 8 章）。正是由于这个原因，固定资本消耗这个项目在账户中才如此重要，并在每个账户中都要显示为总额平衡项和净额平衡项之间的差值。如要按净额测算国内生产，必须：

a. 从生产法 GDP 中扣除固定资本消耗，

b. 将支出法 GDP 中的资本形成总额替换为资本形成净额，

c. 将收入法 GDP 中的营业盈余总额替换为营业盈余净额，混合收入总额替换为混合收入净额。

16.52 从 GDP 中扣除的每一个减项都是相等的，因为资本形成总额和净额之间的差值就是固定资本消耗，它同时也是营业盈余总额与营业盈余净额之差同混合收入总额与混合收入净额之差的和。这样，可以***将国内生产净值（NDP）定义为国内生产总值（GDP）减去固定资本消耗***：

NDP（1632） =

GDP（1854）

\- 固定资本消耗（222）

4. 国民总收入和国民净收入

16.53 在某些国家，边境工人或季节性工人对雇员报酬总量可能会有显著影响，有应付给国外的报酬，也有从国外应收的报酬。雇员在国外赚得并返还到常住国（不同于他或她工作的国家）的报酬会增加住户可用于消费的收入。这样，国民收入就成为 SNA 中相对于国内生产的另一个关键总量指标。除了以雇员报酬形式表现的从国外得到的劳务收入之外，在国外赚得的表现为财产收入的资本收入，特别是金融资本收入，也应包括在国民收入内，此外还应包括由非常住居民应付的任何产品税。类似的，为得到国民收入，由本经济体流出到国外的支付必须从 GDP 中扣除。

16.54 ***国民总收入（GNI）定义为 GDP 加上从国外应收的雇员报酬，加上从国外应收的财产收入，加上从国外应收的生产税减生产补贴，减去应付给国外的雇员报酬，减去应付给国外的财产收入，减去应付给国外的生产税减生产补贴***。具体表达式为：

GNI（1864）＝

GDP（1854）

＋ 从国外应收的雇员报酬（6）

＋ 从国外应收的财产收入（44）

＋ 从国外应收的生产和进口税减生产和进口补贴（0）

－ 应付给国外的雇员报酬（2）

－ 应付给国外的财产收入（38）

－ 应付给国外的生产和进口税减生产和进口补贴（0）

16.55 正如上面提及的，收入最好是在减去固定资本消耗后计算，因此***国民净收入（NNI）定义为 GNI 减去固定资本消耗***。

NNI（1642）＝

GNI（1864）

－ 固定资本消耗（222）

5. 国民可支配收入

16.56 如果想进一步检验国外对于国民经济的影响，就需要考虑从国外应收的经常转移和应付给国外的经常转移。从国外应收的转移包括在国外工作的侨民的汇款——这些侨民在国外工作的时间已经足够长（超过一年），因此要被视为国外的常住居民。然而，与从国外应收的雇员报酬一样，这些来自非常住居民的转移也会对本国经济可利用资源产生重要影响。另外，海外援助——资本项目下的发展援助除外——也属于经常转移的范畴。像前面一样，应付给国外的转移必须从国民收入中扣除，以得到国民可支配收入。

16.57 相对于国内生产和国民收入而言，国民可支配收入通常更多是以净额形式出现。***国民可支配收入净额（NNDI）定义为国民净收入（NNI）加上从国外应收的经常转移，减去应付给国外的经常转移***。其具体表达式为：

NNDI（1604）＝

NNI（1642）

＋ 从国外应收的经常转移（17）

－ 应付给国外的经常转移（55）

D. 综合经济账户序列的一个示例

16.58 如表 16.1 和表 16.2 所示的 T 形账户，可以扩展至经济中的所有部门，账户中的项目分类也可以做到尽可能的详细。这样经过扩展后的表现形式称为综合经济账户序列。表 16.4 和表 16.5 给出了一个综合经济账户序列的例子，两张表都采用了 SNA 中常见的核算结构，并且对每个机构部门、经济总体和国外都给出了数据。

16.59 该表将以下账户合起来做了统一展现：

机构部门账户

国外账户，以及

货物和服务账户

16.60 为了在简化该表的同时仍保持其综合性，表中机构部门、交易和其他流量、资产和负债的分类都限定在不影响理解 SNA 结构的最高总量层次上。然而，行和列都是可以进一步细分的，以便引入子部门以及更详细的交易和其他流量、资产和负债分类。

1. 机构部门账户

经常账户

16.61 以下以非金融公司列作为机构部门经常账户的例子。

16.62 *生产账户*中，产出（2808）在右边，中间消耗（1477）和增加值（总额为 1 331，净额为 1 174，两者的差值为固定资本消耗（157））在左边。增加值——生产账户的平衡项——在*收入形成账户*中作为来源再次出现在同样的行中。

16.63 *收入形成账户*的使用（雇员报酬（986），其他生产税（88）减其他生产补贴（35））出现在左边，平衡项是营业盈余净额（135），在*初始收入分配账户*中它作为来源项再次出现。

16.64 在*初始收入分配*账户中，应收财产收入（96）和营业盈余记录在右边，应付财产收入（134）记录在左边。平衡项是初始收入净额（97），在*收入再分配账户*中它作为来源项再次出现。*收入再分配*账户中列示了应付经常转移（98）和应收资本转移（72），其平衡项为可支配收入净额（71）。该项目也可被描述为非金融公司的未分配收益，在*收入使用账户*中作为来源项出现。

16.65 *公司部门收入使用账户*中出现的唯一交易是养老金权益变化。在本例中该项目数值为零，因此*收入使用账户*的平衡项——储蓄——与可支配收入的值相等。

16.66 其他机构部门的账户可按同样的方式进行解读，但根据所涉及的机构部门不同，相关的交易也有所不同。

收入使用账户

16.67 可支配收入同最终消费的联系有两种表述方式，一个考虑实物收入再分配以导出实际最终消费，另一个则直接显示对应可支配收入的最终消费支出，这两种方式在表 16.4 中做了简化处理。如下所示，实物收入再分配账户、调整后可支配收入使用账户同收入使用账户合并在了一起。可支配收入净额：政府部门是 317，NPISH 是 37，住户部门是 1 219。最终消费支出：政府部门是 352，NPISH 是 32，住户部门是 1 015。总的消费支出是 1 399。储蓄由可支配收入减去最终消费支出得到。

积累账户

16.68 对于机构部门来说，经常账户序列之后紧接着是积累账户。以住户部门为例，其净储蓄是 192，收到的资本转移是 23，支付的资本转移是 5，这样住户部门由于储蓄和资本转移引起的资产净值变化就是 210。住户部门的固定资本形成总额为 48（扣除固定资本消耗（23）后的净额为 25），存货变化为 2，贵重物品获得减处置为 5，非生产非金融资产（土地）获得减处置为 4，由此可以计算得到住户部门的净贷出为 174。与此对应，住户部门发生的金融负债（净）为 15，获得的金融资产（净）为 189。住户部门的资产物量其他变化为 2，由价格变化引起的持有资产价值增加了 96，其中非金融资产增加了 80，金融资产增加了 16；负债上没有发生名义收益/损失，这说明其所有的负债都是以货币形式——并且可能是本国货币形式——存在的。

资产负债表

16.69 资产负债表也是综合经济账户的组成部分。为了看清积累账户和资产负债表之间的关系，以下以一般政府为例进行说明。期初资产是 1 185（789 是非金融资产，396 是金融资产），期初负债是 687，因此其资产净值是 498。非金融资产总价值增加了 57，分别来源于积累账户记录的这些资产的所有变化，其中包括固定资本形成总额（35），固定资本消耗（ - 27），贵重物品获得减处置（3），非生产非金融资产获得减处置（2），其他物量变化（0）以及名义持有收益（44）。金融资产价值减少了 9

（金融资产净处置 10，其他物量变化 0，名义持有收益 1）；在右边，负债增加了 102，这同样来源于积累账户记录的负债的所有变化（负债净发生（93），其他物量变化（2），负债的重估价（7））。因此期末资产是1 233（846 + 387），期末负债是 789；期末资产净值（444）在一年内减少了 54，其变化的根源可概括于资产负债变化账户的右边，包括储蓄和资本转移引起的资产净值变化（ -90，也见于资本账户的右边），资产物量其他变化引起的资产净值变化（ -2，也见于资产物量其他变化账户的右边），名义持有收益/损失引起的资产净值变化（38，也见于重估价账户的右边）。

2.　国外账户

16.70　正如前面解释过的，国外账户是从国外视角呈现的。货物和服务进口（499）是国外的来源，即使它们表示的是本国经济的流出，同时出口（540）是国外的使用。这样进口出现在表的右边，出口出现在左边。对外货物和服务账户按与机构部门生产账户同样的层次呈现。货物服务的对外差额是 -41。如果带有一个正号，则表示国外有顺差（国内有逆差），反之亦然。

16.71　正如在表 16.3 相关内容中所解释过的，初始收入的对外差额是 -10，再分配收入的对外差额是 38，总起来，得到对外经常差额是 -13。

16.72　积累账户的交易出现在国外列中（主要是资本转移和金融交易）。国外列给出了国外对本国的资产及负债头寸（资产和负债外部账户）。国外的“储蓄和资本转移引起的资产净值变化”行，对应于对外经常性差额和资本转移。

3.　货物和服务账户

16.73　在综合经济账户中，货物和服务账户显示为一列而不是一行。它反映了出现在机构部门账户中的与货物服务有关的各种交易。在机构部门账户中，中间消耗和最终消费作为使用出现在左边。但对于货物和服务账户来说，它们却出现在右边的列，即使右边一般用于表示来源而消费是一种使用。这种同常规账户相反的设计，可以保证货物和服务账户中每一个项目的行平衡。在表的来源方，出现在货物和服务列中的数字对应于不同机构部门和国外的使用，包括出口（540）、中间消耗（1 883）、最终消费支出/实际最终消费（1 399）、固定资本形成总额（376）、存货变化（28）和贵重物品获得减处置（10）。在表的使用方，货物和服务列中的数字对应于不同机构部门和国外的来源，包括进口（499）和产出（3 604）。产品税减产品补贴（133）也位于使用方，直接显示在货物和服务列中，它们是货物和服务供给值的组成部分，但不与任何机构部门的产出相对应。

4.　经济总体的列

16.74　还剩下经济总体列没有进行解释。除了产品税减产品补贴，以及国内生产总值和净值，这些列中的数值都是相应机构部门数值的直接加总。在经济总体的生产账户中，来源方包括产出（即经济的总产出（3 604））和产品税减产品补贴（133），其中后者是与货物服务左边列的数字相对应的；使用方包括中间消耗（1 883）和按市场价格估价的国内生产（国内生产总值 1 854，国内生产净值 1 632），后者是各机构部门的增加值与产品税减产品补贴之和。这样，国内生产就作为经济总体之收入形成账户的来源项出现在右边。产品税减产品补贴再次出现在经济总体列的左边，同时作为来源项出现在政府部门的右边（如果有的话，也会出现在国外）。产品税和产品补贴出现两次的原因，是为了在总体账户中直接得到国内生产总值和净值，正如上面解释过的。

16.75　经济总体列中的其他项目是不言自明的。按市场价格估价的国民净收入（1 642）可直接由各机构部门初始收入加总得到，国民可支配收入和国民储蓄等总量也可以这样直接得到。

表 16.4：显示各机构部门的经常账户概览——使用

使用

交易和平衡项	非金融公司	金融公司	一般政府	住户	NPISH	经济总体	国外	货物和服务	合计
货物和服务进口								499	499
货物进口								392	392
服务进口								107	107
货物和服务出口							540		540
货物出口							462		462
服务出口							78		78
生产账户									
产出								3604	3604
市场产出								3077	3077
用于自身最终使用的产出								147	147
非市场产出								380	380
中间消耗	1477	52	222	115	17	1883			1883
产品税								141	141
产品补贴（-）								-8	-8
总增加值/国内生产总值	1331	94	126	155	15	1854			1854
固定资本消耗	157	12	27	23	3	222			222
净增加值/国内生产净值	1174	82	99	132	12	1632			1632
货物和服务对外差额							-41		-41
收入形成账户									
雇员报酬	986	44	98	11	11	1150			1150
生产和进口税						235			235
产品税						141			141
其他生产税	88	4	1	0	1	94			94
补贴						-44			-44
产品补贴						-8			-8
其他生产补贴	-35	0	0	-1	0	-36			-36
营业盈余总额	292	46	27	84	3	452			452
混合收入总额				61		61			61
营业盈余总额中的固定资本消耗	157	12	27	15	3	214			
营业盈余净额中的固定资本消耗				8		8			
营业盈余净额	135	34	0	69	0	238			238
混合收入净额				53		53			53
初始收入分配账户									
雇员报酬							6		6
生产和进口税									0
补贴									0
财产收入	134	168	42	41	6	391	44		435
初始收入总额/国民总收入	254	27	198	1381	4	1864			1864
初始收入净额/国民净收入	97	15	171	1358	1	1642			1642
收入再分配账户									
经常转移	98	277	248	582	7	1212	17		1229
所得、财产等经常税	24	10	0	178	0	212	1		213
净社会缴款				333		333	0		333
实物社会转移以外的社会福利	62	205	112	0	5	384	0		384
现金形式的社会救济福利			52			52			
其他经常转移	12	62	136	71	2	283	16		299
可支配收入总额	228	25	317	1219	37	1826			1826
可支配收入净额	71	13	290	1196	34	1604			1604
可支配收入使用账户									
最终消费支出			352	1015	32	1399			1399
养老金权益变化调整	0	11	0		0	11	0		11
总储蓄	228	14	-35	215	5	427			427
净储蓄	71	2	-62	192	2	205			205
对外经常性差额							-13		-13

表 16.4（续）：显示各机构部门的经常账户概览——来源

来源

交易和平衡项	非金融公司	金融公司	一般政府	住户	NPISH	经济总体	国外	货物和服务	合计
货物和服务进口							499		499
货物进口							392		392
服务的进口							107		107
货物和服务出口								540	540
货物出口								462	462
服务出口								78	78
生产账户									
产出	2808	146	348	270	32	3604			3604
市场产出	2808	146	0	123	0	3077			3077
用于自身最终使用的产出	0	0	0	147	0	147			147
非市场产出			348		32	380			380
中间消耗								1883	1883
产品税						141			141
产品补贴（－）						－8			－8
收入形成账户									
总增加值/国内生产总值	1331	94	126	155	15	1854			1854
净增加值/国内生产净值	1174	82	99	132	12	1632			1632
雇员报酬									
生产和进口税									
产品税									
其他生产税									
补贴									
产品补贴									
其他生产补贴									
初始收入分配账户									
营业盈余总额	292	46	27	84	3	452			452
混合收入总额				61		61			61
营业盈余净额	135	34	0	69	0	238			238
混合收入净额				53		53			53
雇员报酬				1154		1154	2		1156
生产和进口税			235			235			235
补贴			－44			－44			－44
财产收入	96	149	22	123	7	397	38		435
									0
									0
收入再分配账户									
初始收入总额/国民总收入	254	27	198	1381	4	1864			1864
初始收入净额/国民净收入	97	15	171	1358	1	1642			1642
经常转移	72	275	367	420	40	1174	55		1229
所得、财产等经常税			213			213	0		213
净社会缴款	66	213	50	0	4	333	0		333
实物社会转移以外的社会福利				384		384	0		384
现金形式的社会救济福利				52		52			
其他经常转移	6	62	104	36	36	244	55		299
可支配收入使用账户									
可支配收入总额	228	25	317	1219	37	1826			1826
可支配收入净额	71	13	290	1196	34	1604			1604
最终消费支出								1399	1399
养老金权益变化调整				11		11	0		11

表 16.5：显示机构部门的积累账户和资产负债表概览——资产及其变化

资产变化

交易和平衡项	非金融公司	金融公司	一般政府	住户	NPISH	经济总体	国外	货物和服务	合计
资本账户									
资本形成总额	308	8	38	55	5	414			414
资本形成净额	151	-4	11	32	2	192			192
固定资本形成总额	280	8	35	48	5	376			376
固定资本消耗	-157	-12	-27	-23	-3	-222			-222
分资产类型的固定资本形成总额									
存货变化	26	0	0	2	0	28			28
贵重物品获得减处置	2	0	3	5	0	10			10
非生产资产获得减处置	-7	0	2	4	1	0			0
应收资本转移									
应付资本转移									
净贷出（+）/净借入（-）	-56	-1	-103	174	-4	10	-10		0
金融账户									
金融资产/负债净获得	83	172	-10	189	2	436	47		483
货币黄金和特别提款权		-1				-1	1		0
通货和存款	39	10	-26	64	2	89	11		100
债务性证券	7	66	4	10	-1	86	9		95
贷款	19	53	3	3	0	78	4		82
股权和投资基金份额	10	28	3	66	0	107	12		119
保险、养老金和标准化担保计划	1	7	1	39	0	48	0		48
金融衍生工具和雇员股票期权	3	8	0	3	0	14	0		14
其他应收/应付款	4	1	5	4	1	15	10		25
资产物量其他变化账户									
物量其他变化总值	14	-1	0	0	0	13			13
生产资产	-2	-2	-3	0	0	-7			-7
非生产资产	14	0	3	0	0	17			17
金融资产	2	1	0	0	0	3			3
重估价账户									
名义持有损益									
非金融资产	144	4	44	80	8	280			280
金融资产/负债	8	57	1	16	2	84	7		91
中性持有损益									
非金融资产	101	3	32	56	6	198			198
金融资产/负债	18	71	8	36	3	136	12		148
实际持有损益									
非金融资产	43	1	12	24	2	82			82
金融资产/负债	-10	-14	-7	-20	-1	-52	-5		-57
资产存量及变化									
期初资产负债表									
非金融资产	2151	93	789	1429	159	4621			4621
金融资产/负债	782	3421	396	3260	172	8231	805		9036
资产和负债变化总值									
非金融资产	300	-2	57	116	11	482			482
金融资产/负债	93	230	-9	205	4	523	54		577
期末资产负债表									
非金融资产	2451	91	846	1545	170	5103			5103
金融资产/负债	1075	3651	387	3465	176	8754	859		9613

表 16.5（续）：显示机构部门的积累账户和资产负债表概览——负债、资产净值及其变化

负债和资产净值变化

交易和平衡项	非金融公司	金融公司	一般政府	住户	NPISH	经济总体	国外	货物和服务	合计
资本账户									
净储蓄	71	2	-62	192	2	205			205
对外经常差额							-13		-13
资本形成总额								414	414
资本形成净额								192	192
固定资本形成总额								376	376
固定资本消耗								-222	-222
分资产类型的固定资本形成总额									
存货变化								28	28
贵重物品获得减处置								10	10
非生产资产获得减处置								0	0
应收资本转移	33	0	6	23	0	62	4		66
应付资本转移	-16	-7	-34	-5	-3	-65	-1		-66
储蓄和资本转移引起的资产净值变化	88	-5	-90	210	-1	202	-10		192
金融账户									
净贷出（+）/净借入（-）	-56	-1	-103	174	-4	10	-10		0
金融资产/负债的净获得	139	173	93	15	6	426	57		483
货币黄金和特别提款权									
通货和存款		65	37			102	-2		100
债务性证券	6	30	38	0	0	74	21		95
贷款	21	0	9	11	6	47	35		82
股权和投资基金份额	83	22				105	14		119
保险、养老金和标准化担保计划		48	0			48	0		48
金融衍生工具和雇员股票期权	3	8	0	0	0	11	3		14
其他应收/应付款	26	0	9	4		39	-14		25
资产物量其他变化账户									
物量其他变化总计	0	0	2	1	0	3			3
生产资产									
非生产资产									
金融资产	0	0	2	1	0	3			3
资产物量其他变化引起的资产净值变化	14	-1	-2	-1	0	10			
重估价账户									
名义持有收益和损失									
非金融资产									
金融资产/负债	18	51	7	0	0	76	15		91
名义持有损益引起的资产净值变化	134	10	38	96	10	288	-8		280
中性持有收益和损失									
非金融资产									
金融资产/负债	37	68	13	5	3	126	22		148
中性持有损益引起的资产净值变化	82	6	27	87	6	208	-10		214
实际持有收益和损失									
非金融资产									
金融资产/负债	-19	-17	-6	-5	-3	-50	-7		-57
实际持有损益引起的资产净值变化	52	4	11	9	4	80	2		66
负债和资产净值存量及其变化									
期初资产负债表									
非金融资产									
金融资产/负债	3221	3544	687	189	121	7762	1274		9036
资产净值	-88	-30	498	4500	210	5090	-469		4621
资产和负债变化总计									
非金融资产									
金融资产/负债	157	224	102	16	6	505	72		577
资产净值变化总计	236	4	-54	305	9	500	-18		482
储蓄和资本转移	88	-5	-90	210	-1	202	-10		192
资产物量其他变化	14	-1	-2	-1	0	10			10
名义持有损益	134	10	38	96	10	288	-8		280
中性持有损益	82	6	27	87	6	208	-10		198
实际持有损益	52	4	11	9	4	80	2		82
期末资产负债表									
非金融资产									
金融资产/负债	3378	3768	789	205	127	8267	1346		9613
资产净值	148	-26	444	4805	219	5590	-487		5103

第 17 章　账户的交叉和其他特殊问题

第 1 部分：保险的处理

A.　引言

17.1　从最简单的意义上来说，一份保单就是保险公司和另一个机构单位（称为投保人）之间的一纸协议。在这份协议下，投保人向保险公司做出一定的支付（即保费），如果（或当）某一特定的事件发生，保险公司向投保人做出偿付（即赔付）。投保人通过这种方式使自己得以免受某种形式的风险；而保险公司，通过建立风险池，以期实现保费收入大于赔付支出的目标。然而，如果只是将实际的保费和赔付支出记入 SNA 账户，保费和赔付之间的联系将难以得到反映。为了能将实际发生的基础经济过程体现出来，需要对一些交易进行分解或虚拟。

17.2　保险最常见的形式是所谓的直接保险，即保险公司向另一类型的机构单位签发保单。但另一种很重要的保险形式是，一家保险公司向另一家保险公司签发保单；这种形式的保险称为再保险。

17.3　这一部分将对直接保险和再保险加以讨论，以期将与保险相关的所有账户项目放到一起并解释它们之间的关联。第二部分将讨论社会保险计划下的养老金和非养老金保险。

17.4　为了方便进一步讨论，需要先定义保险行业的某些特殊术语。对于直接保险，保费一词系指对保险公司的支付；而保险公司的支付称为赔付（非人寿保险）或保险金（人寿保险）。***实际保费是指为了获得在一具体时期内某个特定事件的保险覆盖而向直接保险人或再保险人支付的金额***。实际保费是在考虑了所有补贴、折扣或红利后的应付金额。一次提供的保险常常覆盖一年，保费要在年初支付；但覆盖的时间也可能短一些（或长一些），保费也可能分期支付，比如按月支付。

17.5　***实收保费是指实际保费中覆盖核算期的那一部分***。比如，如果一份 120 单位保费的年度保单在 4 月 1 日生效，且账户按日历年度编制，则该日历年度的实收保费就是 90 单位。未满期保费是指已收取的、实际保费中覆盖核算时点以后部分的金额。在刚刚给出的例子中，在核算期末将会有 30 单位的未满期保费，为次年的头三个月份所准备。***赔付（保险金）是指在保单有效期内所覆盖事件发生的情况下，由保险人或再保险人支付给投保人的金额***。当事件发生时，赔付一般会变成应付状态，即便支付是在此后某时发生的（例外情况可见于 C 节）。变成应付状态的赔付称为已生索赔。在某些极端的情形下，引发索赔事件的发生和赔付完成之间可能会有几年的时间差。***未决索赔包括未报告、已报告未受理及已报告已受理但未付款的各种索赔情况***。

1.　直接保险

17.6　直接保险有两种，人寿保险和非人寿保险。***人寿保险是指，投保人向保险人作规律性***

支付，作为回报，保险人保证在或早于（如果投保人提前死亡）一特定日期给予投保人（有些情形下是指定的另一人）一项既定的金额，或一项年金。保单下的应付金额（保险金）可以是固定的，也可以是变动的——以反映保单经营期内保费的投资所得。对于可变回报的保单，一般会用到“共享”利润人寿保险或分红保单等术语。尽管日期和金额可能是变动的，人寿保单的赔付却一定会发生。***非人寿保险与人寿保险类似，但其覆盖的是所有其他的风险、意外、疾病和火灾等***。通常被称作定期人寿保险的保单只为在特定时期内的死亡（不含其他情形）提供保险金，也被认为是一种非人寿保险，因为像其他非人寿保险一样，它只在指定的意外事件发生时（其他情形除外）索赔才是应付的。在实践中，鉴于保险公司的记账方式，将定期人寿保险从其他人寿保险中分离开来并不总是能实现的。这么一来，可能是仅仅基于实践的原因，定期人寿保险不得不按照与人寿保险相同的方式加以处理。

17.7　人寿保险与非人寿保险的共同之处在于，两者均涉及分散风险。保险人从投保人那里获得大量的（相对而言）小额规律性保费支付，而当保单覆盖的意外事件发生时，向索赔人付出大额的款项。对于非人寿保险，风险分散到取得保单的整个总体上。比如，保险公司在确定某年收取的机动车辆险保费数额时，会将保费与其同年期望支付的赔付数额相关联。通常来说，索赔人数要比投保人人数小得多。对于单个非人寿保险投保人而言，支付的保费和收到的赔付之间没有任何关系，即便从长期看来也是如此；但保险公司会逐年对各种非人寿保险建立起这种关联。对于人寿保险而言，保费和随后的赔付两者之间的关联对于投保人和保险公司都很重要。对于取得人寿保单的某个人来说，得到的保险金应该至少不小于保险金支付前所付出的保费总额，这可以视为一种形式的储蓄。保险公司在确立保费水平和保险金水平之间的关系时，必须将单份保单的这一方面同被保险总体期望寿命（包括死亡事件的风险）的精算结合起来。再进一步而言，在保费收取和保险金支付之间的间隔中，保险公司获得了已收保费的投资收入。这一收入也会对保险公司设定的保费和保险金水平产生影响。

17.8　尽管人寿保险和非人寿保险活动之间存在相似性，但两者之间的差异也是很显著的，这就导致了 SNA 账户项目的不同。非人寿保险由所有投保人和部分索赔人之间的当期再分配构成。而人寿保险主要将在一段时期内收取的保费再分配为今后支付给同一投保人的保险金。根本上来说，人寿保险的保费和保险金是金融交易，而非经常交易。

17.9　年金是通过规律性收入流来实现对预先趸缴金额的回报的一种方式。年金常常由人寿保险公司提供，因而本部分最后对 SNA 中年金的记录进行了讨论。

2.　再保险

17.10　正如单个机构单位保障其免受损失或毁坏引发的财务后果一样，保险公司也会通过向另外的保险公司取得再保险保单，以保障其免受未预期大额赔付或特别重大赔付的影响。所有的保险公司都会取得某种形式的再保险，但一些大型公司往往倾向于专门签发再保险保单。因为这些公司集中在一些金融中心，所以很多与再保险相关的流量会涉及与国外的交易。再保险人进一步从其他保险公司取得再保险保单以分散其风险，这一现象也很常见。这种形式的再保险称为转分保。

17.11　再保险保单对于非人寿保单最为普遍，但也可适用于人寿保险保单。再保险的形式有两种：比例再保险和超额赔款再保险。在比例再保险协议下，再保险人接受一定比例的风险；这一比例的保费将“让与”再保险人，而后者将承担相同比例的赔付。在这种情形下，再保险人支付给投保人（直接保险人或另一再保险人）的再保险佣金视为应付再保险保费的一种折扣。在超额赔款再保险情形下，再保险人承担超过一定界限的全部损失。如果没有超过界限的赔付（或很少），再保险人会将其收益的一部分让给直接保险人。按惯例，收益分享处理为再保险人向直接保险人的经常转移，类似于赔付的支付。

3. 涉及的单位

17.12 直接保险和再保险涉及的机构单位主要是保险公司。原则上说，可能会有其他企业将保险活动作为一项非主营业务，但根据有关保险行为的法律规定，通常意味着必须要有一套独立账户覆盖各方面的保险活动，因而在 SNA 中需要确认出一个独立的机构单位，将其划分到保险公司和养老金基金子部门下。有时政府可能会进行其他的保险活动，但同样可以识别出一个独立的单位。就是说，保险活动可能会涉及其他的部门，但在下文中我们要假定：所有的保险活动均是由保险公司进行的，可能是常住的也可能是非常住的。

B. 直接保险的产出

17.13 非人寿保险保单下，保险公司接受并留存客户的保费，直至做出赔付或保险到期。同时，保险公司将保费用于投资，投资收入成为弥补应付索赔的一项额外资金来源。投资收入代表了客户的预计收入，因此应作为实际保费的隐性补充来处理。保险公司设置保费水平时，会使实际保费加上实际保费赚取的投资收入之和在减去预期赔付后能给自己留下一个差额；该差额即代表了保险公司的产出。在 SNA 中，为确定保险行业的产出，需要模拟保险公司设定保费的过程。为此目的，需要对四个不同的术语加以定义，即实收保费、追加保费、已生索赔（或福利）和准备金。在分别讨论直接非人寿保险、直接人寿保险和再保险的产出测算之前，需要先对这四个术语逐个加以描述。

1. 实收保费

17.14 正如在 A 部分所解释的，实际保费和实收保费是有区别的，前者是因一定时期内的保险覆盖而要支付的，后者是对应于核算期（而非保单所覆盖的时期）的实际保费的那一部分。

2. 追加保费

17.15 特别是对于人寿保险（在一定程度上也包括非人寿保险），某一给定时期内的应付索赔总额往往会大于应收保费。对此保险公司是可以接受的，因为在保费支付的同时，保单覆盖的意外事件（甚至是覆盖的整个总体）并未发生。保费的支付通常是规律性的，且常常是在保险期间的一开始就支付，而索赔却在以后发生，在人寿保险的情形下则常常是很多年以后。在从保费支付到应付索赔的时间里，涉及的金额是处于保险公司控制下的（投资并从中获得收入）。这些金额称为准备金。依靠准备金赚取的收入使得保险公司可以收取较少（与无投资收入的情况相比）数量的保费。要对所提供服务进行完备测算，必须在考虑保费和赔付相对规模的同时，将此项收入的规模也考虑在内。

17.16 上述收入来自于保险公司准备金（代表了对投保人的负债）的投资。对于非人寿保险，即便保费在保险覆盖期之初就应支付，但保费也是连续地（对应覆盖期的进度）挣得的。在覆盖期结束之前的任何一个时点上，保险公司都对投保人承担了一定金额的与服务相关联的负债，以及将来要提供的可能性赔付。这是投保人向保险公司的一种信用延展形式，即未满期保费。相似地，尽管当保单所载之意外事件发生时索赔变成了应付状态，但常常由于支付金额的谈判，索赔直到一段时间以后才会实际支付。这是另外一种相似的信用形式，称为未决索赔准备金。

17.17　对于人寿保险，也存在相似的准备金，但其保险准备金还有另外两个成分，即人寿保险精算准备金和共享利润保险准备金。它们代表了为将来保险金支付而准备的金额。准备金通常投资于金融资产，而收入则表现为投资收入（利息和红利）。但有时它们也被用于产生营业盈余净额（独立的机构单位或作为一项附属活动），最为常见的就是房地产。

17.18　人寿保险保单中常见的做法是，保险公司每年将该金额明确地归属于投保人。这些款项常称为红利。此处的款项并不实际支付给投保人，而是视为保险公司对投保人的负债增加了这么多额度。这一额度体现为归属于投保人的投资收入。部分额度可能来自于持有收益，但这一事实并不改变上述的安排；因为就投保人看来，这是让保险公司得到金融资产而应取得的回报。此外，非人寿保险准备金投资的所有收入，以及任何超过明确归属于投保人金额的人寿保险准备金投资收入部分，都体现为归属于投保人的投资收入，而不管其收入来源如何。

17.19　所有归属于投保人的投资收入，无论是明确来自于保险公司，还是隐存于 SNA 中，在初始收入分配账户中都要体现为应付给投保人的。对于非人寿保险，同样的金额将作为追加保费再支付给保险公司，体现在收入再分配账户中。对于人寿保险，保费和追加保费以及保险金都要体现在金融账户中。

17.20　对于非人寿直接保险，归属于投保人的投资收入原则上应该可以按照归属于不同保险类别和投保人的准备金比例加以明确。但在实践中使用的方法是，将投资收入按比例对应于应付的实际保费。对于直接人寿保险，所有的投保人都是个人，所以投资收入归属于住户（可能包括一些非常住住户）。

3.　赔付和保险金

非人寿保险的赔付

17.21　各年之间，非人寿保险保单的保费水平是有差异的，并且可能存在非正常事件导致奇高的赔付水平。然而保险服务的理念在于提供风险覆盖服务；服务生产是连续发生的，而不是仅仅存在于风险发生时。因此，其测算不应受到风险发生不稳定性的影响。保险服务的物量和价格都不能受到赔付不稳定性的直接影响。保险公司是基于其自身对赔付可能性的估计来设定保费水平的。鉴于这样的原因，SNA 计算产出所应用的公式不应该使用实际赔付数据，而应该是基于过去经验和将来期望的数据。确定产出价值时所使用的赔付水平，用“调整后赔付”一词来描述。

17.22　调整后赔付的数据，从统计而言可以由基于既往赔付水平经验的预期法得到。然而在考虑既往赔付历史时，必须要考虑到这些赔付中符合直接保险人再保险保单条款（如果有的话）的那部分份额。例如，当直接保险人拥有超额损失再保险时，其设置的保费水平包含了再保险保单覆盖的最大损失额加上其必须支付的再保险保费。在比例再保险保单下，其设置的保费水平包含了其需支付的赔付比例加上再保险保费。

17.23　或者，也可以采纳一种使用保险公司账户信息的方法。这些账户中可能包括均衡准备金（是一种反映年度之间赔付差异的调整）。因此不管使用哪种方法，调整后的赔付数据都是对期望赔付水平的近似。

人寿保险的保险金

17.24　人寿保险的保险金是指在所考虑的核算期内保单项下应付出的金额。在人寿保险的情形下，不需要对预料之外的波动加以调整。

4.　准备金

17.25　与推导保险产出价值的公式中所使用的准备金概念相对应的，是非人寿保险的专门准备金、人寿保险和年金的权益，有关二者的定义见于第 13 章。这些准备金覆盖了对未满期保费、未到期风险、未决索赔以及红利和折扣准备（只用于人寿保险领域）等各种预留。对未满期保费和未决索赔的覆盖 A 节中已经给出。

5. 保险产出的界定

非人寿保险

17.26 保险公司的产出代表（保险公司）对投保人提供的服务。非人寿直接保险的产出基于如下原理计算：保费加上追加保费减去调整后已生索赔。

17.27 如果使用的是期望法，计算产出的公式如下：

实际实收保费；

\+ 追加保费；

\- 调整后已生索赔；

其中，调整后索赔由既往经验估算而得。如此一来，则从概念意义来说，追加保费也应该基于既往经验估算。但是因为追加保费的波动要小于赔付，实践中这样的调整可能并不需要。若要使用一个统计基础来估计其产出，建议使用按照“业务范围”分解的信息，比如机动车辆险和建筑物保险等。

17.28 或者也可以使用另一种核算方法计算其产出，计算公式如下：

实际实收保费

\+ 追加保费

\- 调整后已生索赔

其中，调整后赔付按以下方法确定：用应付保费加上均衡准备金的变化以及自有资金的变化（如有需要）。

17.29 如果得不到必要的核算数据，且历史统计数据不足以对产出做出合理的平均估计，非人寿保险的产出可以按照成本的总和（包括中间成本、劳动力和资本成本）加上“正常利润”附加来估计。然而，因为对“正常利润”的任何合理估计都可能牵涉期望赔付，所以这种替代方法和期望法几乎没有区别。

人寿保险

17.30 直接人寿保险的产出要单独计算，公式如下：

实际实收保费

\+ 追加保费

\- 应付保险金

\- 寿险专门准备金的增加（加上减少）

17.31 如果没有充分数据支持按照上述公式计算人寿保险的产出，可以使用一种基于成本之和的方法，与上述非人寿保险的方法相似。对于非人寿保险，必须要包括正常利润附加。

再保险

17.32 再保险服务产出的计算公式完全可以类比直接保险的计算公式。但是，因为再保险的最初动机是限制直接保险人的风险暴露，所以再保险人处理的索赔量相当之大（实乃正常业务之常态）。由于这样的原因，而且再保险市场常集中于相对少数的几个世界级公司，所以与直接保险人相比，再保险人经历意料之外大额损失的可能性很低，尤其在超额赔款再保险情形下。

17.33 再保险产出的测算方法与非人寿直接保险相类似。但是对于再保险而言有几种特殊的支付：比例再保险下对直接保险人的应付佣金，和超额赔款再保险下的共享利润。将这些因素考虑进来后，再保险的产出可以按如下方法计算：

实际实收总保费减去应付佣金

\+ 追加保费

\- 调整后已生索赔和共享利润

C.　与非人寿保险相关联的所有交易

17.34　本节介绍记录非人寿保险保单所有信息的各账户所需要的整套项目。取得保单的可能是企业、政府单位、NPISH、住户以及国外单位。但是，如果住户成员所取得的保单符合社会保险时，所需项目在本章第 2 部分关于社会保险处描述，此处不做介绍。

1.　净保费和保险服务的消费

17.35　应付实际保费和追加保费在 SNA 中被分解为两类交易来反映。其一是保险产出价值，作为保险服务的消费或出口显示。其二是保险公司收取的净保费。***净保费是指实际保费加上追加保费减去投保人应付的保险服务收费***。鉴于服务产出的定义方式，非人寿保险的净保费在总量上等于调整后的赔付（而非实际赔付）。调整后保费赔付和实际赔付之间的差异代表了投保人和保险公司之间的转移支付。长期来看，一个方向上的转移支付会被另一方向的转移所抵消。

17.36　保险服务提供给支付保费的部门（以及国外部门）消费。为得到按部门分解的消费价值估算，通常要将服务总价值按应付实际保费比例进行分配。净保费的估算则是从应付实际保费和追加保费价值的总和中扣减服务消费得到。（因为追加保费也是按照实际保费的比例分配的，所以净保费实质上也是以实际保费的比例进行分配的。）

2.　非人寿保险赔付的记录

17.37　已生索赔的记录时间是保险期内索赔相关联事件发生的时间。即便在争议索赔的情况下，理赔可能是在相关事件发生后的若干年，这一原则也是适用的。此处的例外是，索赔仅在相关事件发生后很长时间才能被确认。比如，只有当石棉风险被确认为是一种致病原因，并判定为可在某项保单风险有效期内进行索赔时，才会对一批重要的索赔进行确认。在这样的情形下，赔付是在保险公司接受该项负债时进行记录。这与协议赔付规模达成或索赔实际支付的时间可能并不相同。

17.38　因为计算产出使用的是调整后赔付而非实际赔付，所以只有当实际赔付和期望赔付水平恰好相同时，该时期的净保费和赔付才是相等的。然而从若干年份看，二者应该是近似相等的，除非某年记录了一次灾难性事件。

17.39　赔付通常记录为保险公司对投保人的经常性应付转移。在某些情况下，一家保险公司可能将保费水平设置得偏低，以至于保费不足以覆盖成本和期望的赔付水平。这一情况可能发生于以下情形：某一业务领域的业务盈余，比如家庭保险，被交叉贴补到另一业务领域，比如汽车保险。

17.40　有一种情况——巨型灾害发生——下，赔付可能记录为资本转移，而不是经常转移。何时应做如此处理，其标准必须依据国情决定，但也可能会取决于受影响的投保人数量和受灾金额。此时将赔付记录为资本转移的原理源于这样的事实，即很多索赔都与诸如住所、建筑物和构筑物等资产的毁坏和严重损害相关联。一般索赔水平对应的损害由固定资本消耗或存货损失等覆盖，所以这些损失在账户体系的其他地方体现为经常性支出。但是，巨灾发生时的重大损失要作为无法预见事件的结果记录在其他资产变化账户中，不在经常性支出中反映。因此我们建议将其类似地记录为经常或资本转移。

17.41　建议在巨灾发生后，将超出保费部分的赔付总价值记录为从保险公司到投保人的资本转移。这意味着在保险公司的账户中，这一部分不是由保险专门准备金覆盖的，而是来自于其自有资金，但是从整体来看，保险公司的资产净值并不会被这种记录方式所改变。

17.42 将此类赔付记录为资本转移的一个后果是，住户和其他投保人的可支配收入不会像将其记录为经常转移那样出现相应增长，这与直觉是相悖的。投保人的资产净值将会同时显示出资产的损毁（作为其他物量变化）和由资本转移引起的金融资产（最初）增加。这样的记录方式与政府向为住户服务的非营利机构（NPISH）提供补助以弥补其修复或重置受灾资产（未受保单覆盖的）之部分或全部成本的处理是一致的。

3. 由国外和向国外提供的保险服务

17.43 常住保险公司常会向国外的住户和企业提供风险覆盖服务，常住住户和企业也可能会向国外的保险公司购买风险覆盖的服务。归属于投保人的来自于常住保险公司的投资收入中包括了国外投保人的份额，这些非常住投保人也向常住保险公司支付了追加保费。常住保险人应该是可以得到这些信息的，应将其记入国外账户中。

17.44 在处理常住企业和住户向非常住保险人购买保单时，相似的思路也是适用的。他们从国外取得虚拟的投资收入，向国外支付保费和追加保费。对这些流量规模的估计难度较大，在没有相似类型的常住保险人可供对比时，尤其如此。但是提供服务的国家常常是可知的，且利用其相应数据对国内经济做出估计是可能的。常住单位的交易水平应该是已知的，提供保险服务经济体中的追加保费与实际保费的比率可以用来估计应收投资收入和应付追加保费。

4. 核算项目

17.45 对于不属于社会保险的其他非人寿保险共有 6 对交易需要记录：与测算保险服务的生产和消费相关的有 2 对；与再分配相关的有 3 对；金融账户上有 1 对。在特殊情况下，还有与再分配相关的第 7 对交易，需要记录在资本账户中。对于其他非人寿保险，保险活动产出的价值，归属于投保人的投资收入，服务收费的价值可参照上述方式具体计算。

17.46 生产和消费交易如下：

a. 因为所有常住机构单位的此类活动都是由保险公司进行的，所以产出要记录在保险公司的生产账户下；

b. 保险服务可以为经济体的任何一个部门或国外部门所消费；将服务价值付给保险公司。非金融企业、金融公司、政府或非营利机构的支付构成了中间消耗，记入其生产账户。明显与住户非法人企业之生产性活动相关联的保险，记入住户生产账户的中间消耗。住户的其他保险支付，是最终消费支出的组成部分，应记入收入使用账户。国外的支付，要作为出口记入货物和服务对外账户。

表 17.1：个人非人寿保险账户——使用

使用

	公司	保险公司	住户	其他部门	经济体总和
生产账户					
中间消耗	1.0		3.0		4.0
产出					
初始收入分配账户					
归属于非人寿保险投保人的投资收入		6.0			6.0
收入再分配账户					
非人寿保险净保费	8.0		31.0	6.0	45.0
非人寿保险赔付			45.0		45.0
收入使用账户					
最终消费支出			2.0		2.0
金融账户					
非人寿保险专门准备金			3.0		3.0
其中：未满期保费			1.0		1.0
未决索赔			2.0		2.0

17.47　再分配性交易包括其他非人寿保险中归属于投保人的投资收入，非人寿保险净保费，以及保险赔付：

a. 非人寿保险中归属于投保人的投资收入记录为保险公司的应付项，所有部门和国外的应收项。应付项和应收项均记入初始收入分配账户。

b. 非人寿保险净保费等于实收保费加上追加保费（等于归属于投保人的投资收入）减去所消费服务的价值。这些净保费是经济体所有部门或国外的应付项，保险公司的应收项。

c. 已生保险索赔是保险公司的应付项，所有部门和国外的应收项。净保费和赔付都记入收入再分配账户。

d. 如果某些赔付是作为资本转移而非经常转移处理的，则这些赔付要记入资本账户，由保险公司付给投保人。

17.48　非人寿保险净保费应该基于在核算期内可得到的金额记录，而不是期内实际支付的金额。保险索赔应该基于相应事件发生日记录为应付，但如果出现上面所说的情形，则要在保险公司承认某项负债存在时加以记录。应付保费和实收保费、已生索赔和应付赔付之间的差值记录在金融账户的项目下。

17.49　按照惯例，未满期保费和未决赔付准备金，应作为保险公司的负债变化（如需要可加注负号）以及所有部门和国外的资产变化记录。

17.50　表 17.1 是对这些流量的一个示例。

D.　与人寿保险相关联的所有交易

17.51　本节通过与非人寿保险对比来介绍人寿保险的记录方法。符合社会保险条件的人寿保单不作为人寿保险，其记录方式不在此讨论，本章第 2 部分将专门介绍（在实践中尤为如此）。一般人寿保险保单和符合社会保险条件的人寿保单之间的主要差异在于，在前者中，来自保单的保险金主要作为财富的减少，记录在金融账户中；而对于符合社会保险条件的人寿保险保单，保险金（养老金）则要作为收入记入收入再分配账户。之所以作不同处理，是因为非社会保险的个人保单完全是出于投保人的主动而产生的。符合社会保险条件的人寿保险保单则反映了第三方的介入，通常是政府或雇主，以鼓励或强制投保人为退休收入做准备。将社会保险计划下的所有支出（包括来自符合个人保单条件的支出）分离出来，可以反映社会政策对退休后收入的保障程度。

表 17.1（续）：个人非人寿保险账户——来源

来源

	公司	保险公司	住户	其他部门	经济体总和
生产账户					
中间消耗					
产出		6.0			6.0
初始收入分配账户					
归属于非人寿保险投保人的投资收入	5.0		1.0		6.0
收入再分配账户					
非人寿保险净保费		45.0			45.0
非人寿保险赔付	6.0		35.0	4.0	45.0
收入使用账户					
最终消费支出					
金融账户					
非人寿保险专门准备金		3.0			3.0
其中：未满期保费		1.0			1.0
未决索赔		2.0			2.0

17.52 人寿保险保单的投保人都是个人。（如果一家公司取得了一份基于雇员个人的人寿保险保单，这应该视作定期保险，在 SNA 中按非人寿保险处理）。因此人寿保险交易只在保险公司和住户（常住的和非常住的）之间发生。一方是保险服务的生产，另一方是住户将其作为最终消费支出的一部分以及作为出口的服务消费价值，二者应该相匹配。归属于保单投保人的投资收入作为追加保费处理。但是保费和赔付在其他人寿保险情形下并不是单独显示的，也不作为经常转移处理。它们构成记入金融账户净交易的一部分，其涉及的金融资产则是人寿保险和年金权益。

17.53 记入账户的有 4 套交易：与保险服务的生产和消费相关的各 1 套，体现归属于投保人投资收入的 1 套，体现人寿保险和年金权益变化的 1 套：

a. 人寿保险活动的产出记入保险公司的生产账户；

b. 所消费服务的价值作为住户的应付最终消费支出，记入可支配收入使用账户，或作为国外的应付项（向非常住住户的出口）。住户可能也会向非常住保险人做出支付，此类支付作为保险服务的进口处理；

c. 归属于人寿保险投保人的投资收入记录在初始收入分配账户。与人寿保险保单相关联的已宣派红利处理为归属于投保人，即便其超过了宣派红利机构已赚取的投资收入。投资收入记为保险公司的应付项，常住住户或非常住国外住户的应收项；

d. 在金融账户下，人寿保险和年金权益变化显示为住户和国外资产的变化，以及保险公司负债的变化。它等于实际保费加上追加保费（等于归属于投保人的投资收入）减去所消费服务的价值，再减去所欠保险金。

17.54 表 17.2 给出了这些流量的示例。

1. 年金

17.55 某些人寿保险保单是在一个时间点上产生一笔趸缴金额，而不是支付流。该笔趸缴金额可用于购买一种年金，将趸缴金额转化为一种支付流。年金的记录方式在 F 节介绍。

E. 与再保险相关联的所有交易

17.56 在讨论 SNA 如何记录再保险产出测算的各种元素之前，有必要先介绍一下再保险是如何测算和记录的。

表 17.2：个人人寿保险账户——使用

使用

	公司	保险公司	住户	其他部门	经济体总和
生产账户					
产出					
初始收入分配账户					
归属于人寿保险投保人的投资收入		7.0			7.0
收入使用账户					
最终消费支出			4.0		4.0
金融账户					
人寿保险和年金权益			22.0		22.0
其中：净保费			113.0		113.0
保险金			-91.0		-91.0

17.57　直接保险人和投保人之间的各种交易已在以前的章节中做了介绍，彼时并未考虑直接保险人和再保险人之间的任何交易。直接保险人和再保险人之间的交易是作为一套完全独立的交易账户记录的，而未对直接保险人（一方面作为其客户的保单签发人，另一方面又充当再保险人的投保人）的各种交易加以合并。

17.58　直接保险的投保人并不知道，或者说并不需要知道，直接保险人是否引进了再保险人以防范其保单的损失。直接保险人从其投保人处获得实际保费，其中一部分让渡给再保险人。保费首先显示为应付给直接保险人，然后较少部分再显示为应付给再保险人。这种“不合并”有时作为总量记录在直接保险人一方。另一种替代的方法（净记录）是将一部分的直接保险人保费记录为付给直接保险人，另一部分付给再保险人，但在商业核算和 SNA 中都不提倡这种方法。

17.59　直接保险人应付给再保险人的实际保费，由再保险人使用赚取投资收益。这作为应付给直接保险人的投资收入，再回到再保险人作为追加保费。因此直接保险人基于实收保费（或应付的近似额）的全部向其投保人支付投资收入，但又按照其须让渡给再保险人的相应保费额度向再保险人收取投资收入。直接保险人从再保险人处取得的应收投资收入可用于抵消直接保险人应付给其投保人的投资收入，但实际中并不明确地如此记录。

17.60　对于直接保险而言，在巨型自然灾害发生的例外情形下，一部分的再保险赔付可以记录为资本转移（而不是经常转移）。

17.61　再保险人的所有产出都要作为持有再保险保单的直接保险人的中间消耗。如上所述，很多再保险保单发生于不同经济体的常住保险公司之间。因此此类情形下的产出价值要作为取得再保险保单保险公司的进口，以及再保险公司的出口。

17.62　与再保险相关联的流量的记录与非人寿保险类似，不同的是再保险保单的投保人是另外一家保险公司。

17.63　生产和消费交易记录如下：

a. 因为常住机构单位的所有此类活动都是由保险公司完成的，所以其产出要记录在保险公司的生产账户上。再保险服务可能由，也经常是由非常住单位提供，因此记录为进口。

b. 服务的消费者只能是另外的一家保险公司（尽管可能是非常住的），构成后者的中间消耗，如果投保人是非常住单位，则记录为再保险人的出口。

表 17.2（续）：个人人寿保险账户——来源

					来源
	公司	保险公司	住户	其他部门	经济体总和
生产账户					
产出		4.0			4.0
初始收入分配账户					
归属于人寿保险投保人的投资收入			7.0		7.0
收入使用账户					
最终消费支出					
金融账户					
人寿保险和年金权益		22.0			22.0
其中：净保费		113.0			113.0
保险金		−91.0			−91.0

17.64 再分配交易包括再保险项下归属于投保人的投资收入、再保险净保费和再保险赔付：

a. 再保险投保人的应收投资收入应由保险公司（常住或非常住的）支付，而收取方也是相似的常住或非常住机构；

b. 再保险净保费等于实收保费加上追加保费（等于归属于投保人的投资收入）减去所消费服务的价值。这些净保费应由保险公司付出，也由（其他）保险公司收取。（应该做出支付的单位和收取的单位都可能是非常住的）；

c. 再保险赔付的应付方是保险公司，应收方也是（其他）保险公司，可能是常住的也可能是非常住的。净保费和赔付均记入收入再分配账户；

d. 再保险人应付给保险公司（作为再保险投保人）的佣金处理为保险公司应付给再保险人保费的扣减；

e. 再保险人应付给直接保险人的共享利润记录为一项经常转移（尽管记录方式不同，但应付的佣金和共享利润都将降低再保险人的产出）。

f. 如果某些直接保险的赔付作为资本转移而非经常转移处理，则与同一事件关联的任何再保险赔付也应该作为资本转移处理。

17.65 应付保费和实收保费、已生索赔和应付赔付之间的任何差异都将记录在金融账户项目下。

F. 年金

17.66 最简单情形的人寿保险保单是，投保人为了在将来某个时点上收取单一金额的赔付，而在一段时间内向保险公司做出一定的支付流。对于最简单情形的年金，则是由与投保人等价的所谓年金受益人，向保险公司趸缴一笔款项，作为回报，在一个指定的期限里或年金受益人的剩余寿命中（或可能是年金受益人和另一指定人的剩余寿命中）得到一个支付流。

17.67 年金由保险公司组织，是风险管理的一种。年金受益人通过同意接受一已知（明确条款规定或基于某一公式，如指数关联）支付流而放弃一定金额来避免风险。保险公司则承担了投资所得要大于应付给年金受益人金额的风险。年金率的确定考虑了期望寿命的因素。对于寿命长的年金受益人，保险公司所需支付的要大于其原先计划的数额，而前者所得要大于其原先的计划支出和支出所带来的收入。而那些早亡之人所得较少，甚至可能减少很多，保险公司的所得却又超出了预期。

1. 年金的原理

17.68 以例子的方式来解释年金的原理最为简单。假定一家保险公司在收取趸缴的10000 货币单位后，每年向该个体支付600；并假定保险公司认为该个体的预期剩余寿命为 25 年，所使用的贴现率为5%。如图 17.1 所示，25 年每年 600 的净现值只有 8700。因此剩余的 1300 代表了保险公司预计每年收取约 90 服务费的净现额。所以，不管年金受益人是否意识到，保险公司每年支付的 600 乃是一个净额。年金受益人每年实际应得的为 690，但其中的 90 被保险公司留作了它的服务收费。

17.69 每年均存在应付给年金受益人的投资收入，其值等于保险公司所持有剩余金额按 5% 的贴现率所返算出的金额。在第一年中，预付保费（1300）部分所对应的投资收入为 65，而服务收费另外的 25 则是 1300 与 1275 的差。剩余部分的投资收入（435）要加到 8700 的净年金准备金价值中。因此第一年末，年金准备金为 8535，即原始的 8700 加上 435 的收益，减去已支付的 600。所以净年金准备金在起始年份的扣减为 165，预付保费的扣减为 25。

17.70　这一过程年复一年继续下去。随着时间推进，剩余准备金的扣减项在应作支付中的比重越来越大，而应付投资收入的扣减则越来越小。原则上说，保险公司每年可就其对年金受益人预期剩余寿命的假设做出修订，并重新计算出可以作为服务收费的金额（实践中此项工作可按年金受益人的年龄群定期实施）。

17.71　这个详细的数字示例意在说明年金运作的方式，但实际上，在确定保险公司的产出时，并没有必要进行所有这些计算。其产出价值可以更简单的方式确定：年金受益人的应得总投资收入（500），减去应付给其的金额（600），减去准备金价值的变动（－190），结果为 90（500－600－（－190））。这一过程与人寿保险的产出测算相类似，只是这里没有实收保费项。

2.　与年金相关联的产出

17.72　涉及年金管理的保险公司的产出可计算如下：

归属于年金受益人的投资收入；

- 年金条款下应付给年金受益人（或存活受益人）的金额；
- 年金准备金变动，但不包括新年金的初次支付。

其数值等于贴现率乘以起始年份的准备金，与保险公司赚取的实际投资收入相独立。该项与人寿保险内容中的追加保费概念相类似。

3.　与年金相关联的所有交易

17.73　对于业已存在的年金，需要记录 3 套交易；而对于年金的初次发行和终止则需要更多的项目。

a. 每年需支付的与年金相关联的服务收费。记录为保险公司的产出，受益人所属住户的最终消费支出。该住户也可以是非常住的。

b. 投资收入，等于贴现因子乘以年金在期初的准备金水平，记录在初始收入分配账户，是保险公司的应付项、住户的应收项。

c. 年金准备金价值的变动，记入金融账户，由住户应付给保险公司。

图 17.1：年金示例

起始点					
年金购买价（A）		10000			
25 年，每年 600，按 5% 的净现值（B）		8700			
服务收费的净现值（C）		1300			
年率（600 * 1300/8700）		90			
第一年			第二年		
各项的投资收入（收益）			各项的投资收入（收益）		
	A	500		A	491
	B	435		B	427
	C	65		C	64
应作的支付			应作的支付		
	A	690		A	690
	B	600		B	600
	C	90		C	90
存量价值的减少			存量价值的减少		
	A	－190		A	－200
	B	－165		B	－173
	C	－25		C	－26
年末存量			年末存量		
	A	9810		A	9611
	B	8535		B	8362
	C	1275		C	1249
			以此类推		

17.74 年金初次发行时，存在一次住户向保险公司的资金转移。但在很多情形下，这可能只是一种简单的“翻转”，从来自于该保险公司或另一家保险公司普通人寿保险到期保单的一笔应付趸缴金额立即转化为一份年金。在这样的情形下，没有必要记录该笔金额的支付和年金的获取；只是人寿保险准备金变化为该保险公司和其下属养老金部门的年金准备金。如果年金的购买与人寿保险保单的到期无关，则可以记录为住户和保险公司之间的一对金融交易。住户向保险公司做出支付，而作为回报，产生了一项以年金形式存在的资产，保险公司从住户处取得了一项金融资产，因而产生了对其的负债。

17.75 年金通常在死亡时终止，其时该年金受益人的任何剩余准备金都将转入保险公司。然而，对于整个组别的年金受益人，如果保险公司对预期剩余寿命做出了精确的预计，剩余的平均资金将在死亡时为 0。如果期望发生变化，必须对准备金加以修正。对于已存在的年金，期望寿命的延长，将减少保险公司可得的服务收费金额，可能将此变为负值。在这样的情况下，保险公司必须要从其自有资金中支取，并期望今后能通过在新年金中收取较高的服务费用来弥补这一部分。

第 2 部分：社会保险计划

G. 引言

17.76 社会保险计划是一种向参与某项计划的个人支付保险金的重要方式，该项计划可以确保保险金——即所谓的社会福利——能够在影响个人福利的特定（不利的）条件下发放。但也有一些社会福利的应付条件与是否参与社会保险计划无关。本体系确认社会保险计划的依据是应付福利的各种条件，而非福利本身的性质。

17.77 社会保险计划是一种签约形式，通常都要涉及除受益人以外的至少一个单位，可以是雇主、一般政府或金融机构（常为保险公司），或者有时为非营利机构。

17.78 本节的目标是要介绍社会保险计划下各种类型的社会福利如何在 SNA 中记录。为了做到这一点，有必要先明晰社会保险计划的独特特征，所涉及的其他单位的性质，应付福利的类型，以及资金组织的方式。

H. 基本定义

1. 社会福利

17.79 在特定事件发生或特定条件下会出现应付社会福利，由于这些事件或条件，可能对住户资源提出了更高的要求，或者减少了其收入，从而对该住户的福利产生了不利的影响。社会福利的提供可能是现金也可能是实物形式的。社会福利的应付情形有很多：

a. 受益人或其抚养人，由于疾病、伤害、怀孕、慢性病或年老等原因，需要内科、牙科或其他治疗，或住院，康复治疗或长期看护。社会福利可能以实物形式提供，表现为免费或以无经济意义价格提供的治疗或看护，或者是返还住户的支出。也可能是现金形式的社会福利支付给需要卫生保健的受益人；

b. 受益人需要抚养其各类亲眷：配偶、孩子、年长的亲戚、病人等。社会福利常常以现金形式支付，表现为规律性的抚养人或家庭补贴；

c. 受益人会因为不能参与工作或全职工作而导致收入减少。社会福利通常在这一条件的持续期内规律性地以现金的形式支付。在某些情形下，还可能提供一次性的额外款项，或以这一金额代替规律性支付。可能导致无法工作或无法全职工作的原因有：

- 自愿或强制退休；
- 非自愿性失业，包括暂时离岗和短期工作；
- 疾病、意外伤害、婴孩出生等。

d. 受益人因为其主要收入者的死亡而收入减少，需要得到支付来补偿。

e. 受益人被给予免费住房，或仅支付无显著经济意义的价格，或住房支出得到报销。这些都是实物形式的社会福利。

f. 为受益人自身或其抚养对象的教育支出提供补贴。有些情况下，教育服务以实物形式提供。

17.80 以上是社会福利应付的各种典型情形。但这只是列举的而非穷尽的。例如，在某些社会保险计划下也可能要支付其他的福利。相反地，也不是所有的社会保险计划会在上面列举的所有情形下都支付福利。在实践中，社会保险计划在各国之间的差异往往是很显著的；在同一个国家，一个计划和另一个计划之间的差异也很显著。

2. 政府提供的社会福利

17.81 很多社会福利是由政府提供的，显示在账户中，可以是社会保障下的支付、社会救助或实物形式的社会转移。

17.82 社会保障特指由政府运作的社会保险计划。为了取得社会保障福利，个人必须参与到社会保障计划中，下文将对此加以解释。

17.83 社会救助不是一种计划，因而无参与之说，然而社会救助常常仅面向低收入、残疾或具备其他特殊属性的个人。但在某些国家也存在一种不需要参与的普遍性福利，这也属于社会救助的一部分。第 8 章有一节详细介绍了社会保险和社会救助之间的差异。

17.84 社会福利定义中包括可能提供的卫生和教育服务。通常政府会向所有的社会成员提供此类服务，而不要求其参与某项计划或符合某种要求。这些服务作为实物形式的社会转移看待，不作为社会保障或社会救助的一部分。实物形式的社会转移也在第 8 章中做了介绍。

17.85 除了政府提供的卫生和教育服务，各类 NPISH 也会提供这些服务。这些也作为实物形式的社会转移处理，不作为社会保险计划的一部分。

3. 其他机构单位提供的社会福利

17.86 社会福利也可以是由雇主向雇员或其抚养对象提供的，也可能由诸如工会的其他单位提供。政府以外的其他单位支付的所有社会福利都属于社会保险计划下支付的。

4. 社会保险计划

17.87 社会保险计划是一种契约式保险计划，投保人在第三方的强制或鼓励下参与保险，以防范特定的不确定事件。比如，政府强制所有雇员参与一项社会保障计划，雇主也可能将雇员参与雇主指定的某项社会保险计划作为雇用的一项条件，也可能通过代为缴款鼓励雇员加入某项计划；或工会可能会安排只面向工会成员的优势保险计划。社会保险计划的缴款通常由雇员支付，或由雇主代缴，但在某些条件下，非雇用或自雇人员也在社会保险计划覆盖下。

17.88 *一项社会保险计划需满足下列两个条件：*

a. 福利的取得是以参与计划为前提的，并构成了SNA 中所谓的社会福利；

b. 至少满足下列条件中的一个：

- *参与计划是强制性的，或由法律规定，或作为雇员（或雇员群体）就业的条款或条件；*
- *集体性计划，旨在谋求一个特定员工（雇用或非雇用的）群体的利益，并仅限于该群体员工参与；*
- *雇主代雇员向计划缴款（实际地或虚拟地），不管员工是否也支付缴款。*

17.89 参与社会保险计划的人向计划缴款（或由别人代缴），取得福利。缴款和福利的定义方式与保险保费和赔付相似。***社会保险的缴款是指为了使指定受益人有权取得社会福利而应向提供保险覆盖的社会保险计划支付的金额。社会保险的福利是指由于受益人参与某项社会保险计划，且保险覆盖的社会风险出现时应付的社会福利。***

17.90 社会保障是社会保险计划的形式之一。与其他社会保险计划相比，社会保障的相对重要性取决于制度的安排，在各国之间差别很大。在某些国家，社会保障可能仅仅限于针对社会安全的净变动提供基本的养老金。在这样的情形下，即便是向政府雇员提供的养老金，也可能是通过社会保障以外的方式来处理的。另一种极端情况是，几乎所有提供的养老金，包括向私营企业雇员提供的，都可能是借助社会保障实现的。

17.91 社会保险计划有两种类别：

a. 社会保障；

b. 社会保障以外的、和就业相关联的社会保险计划。

社会保障以外的社会保险计划可由保险公司通过团体保单或一系列保单来安排，或缴纳一定费用由保险公司管理。或者，计划由雇主直接以自身名义管理。

多雇主计划

17.92 保险公司出于费用考虑可能会同意管理养老金计划，并承担与之相关联的各种风险。这种情况存在的背景是，保险公司为很多计划统一提供该项服务，此即所谓多雇主计划。在大量的此类计划下，保险公司承担起管理其可支配资金的责任，以便得到充足的资金应对养老金负债，并赚取其可存留的利润。如果它不能得到足够的资金来满足养老金权益，那么要负责以其自身资源抵偿该项不足的一方是保险公司，而不是原来的雇主。

17.93 如果政府承担了为群体中的大部分提供养老金的责任，社会保障的功能实际上是填补了多雇主计划的角色。像保险公司一样，政府就有责任对与养老金负债不足的部分进行弥补，或可有权保留产生的任何盈余。但社会保障的资金往往是建立在现收现付基础上的，因而不存在产生盈余的问题，而且如果出现资源的不足，政府可有权联系将来和过去的就业情况对权益进行变更。

5. 符合社会保险条件的个人保险保单

17.94 很多社会保险计划是对各类员工统一组织的，如此一来参与者就不必取得冠以其自身名字的个人社会保险保单了。在这样的情形下，在社会保险和以个人为基础取得的保险之间做出区分没有什么难度。然而有一些社会保险计划可能会允许，甚或要求，参与者以其个人名义取得保单。一项保险之成为社会保险的决定因素是，保险金必须是社会福利形式的，雇主为雇员支付了实际或虚拟的缴款。

17.95 社会保险计划下取得的个人保单的应付保费和应收赔付记录为社会保险缴款和社会福利。社会保险计划的缴款常按月度或更频繁的频率支付，因为其常常在薪资支付时直接缴付。

17.96 大多数符合社会保险计划条件的个人保单往往指向的是养老金，但也可能是来覆盖其他风险事件的，比如在投保人由于健康原因长期无法工作时提供收入。

17.97 不符合社会保险条件的个人保险保单常称为非社会保险条件之个人保险，或简称为其他保险。它们记录在本章第 1 部分所描述的 SNA 账户里。

6. 社会保险计划下的应付福利

17.98 在 SNA 中，社会福利和相应的缴款被分解为两部分：与养老金相关联的部分和与其他福利形式相关联的部分。退休后的收入是社会保险计划下最重要的养老金收益，但计划也可能覆盖很多其他的不确定事件。比如，养老金也会支付给鳏寡之人，或由于工业伤害不能再从事工作者。由于主要收入贡献者不能（因为死亡或残疾）再为其自身和其抚养对象带来收入，所有这些不确定事件将导致福利的支付，它们都被作为养老金处理。

17.99 所有其他的福利归类为非养老金福利。两者之间的区分很重要，因为 SNA 对某些养老金认定了负债项，不论实际中是否设立了资产来对应此权利；但对于非养老金福利，只有在准备金实际存在时才会加以认定。

I. 非养老金缴款和福利的核算

17.100 非养老金福利会在社会保障、及社会保障以外与就业相关联的计划下支付。尽管可能在很多国家实际上并不存在非养老金福利，但这里还是介绍了在非养老金福利存在的情况下如何加以记录的问题。其他的社会保险计划有不同记录方式，这要取决于是否设定了将来提供福利的准备金。在很多时候，这种准备金可能是没有的，福利按照现收现付的原则支付，但本文还是对各种情形的准确记录方法进行了介绍。

1. 社会保障下应付的非养老金福利

17.101 社会保障计划的典型特征是存在雇主和雇员均需要做出支付的缴款。运作社会保障计划的成本是政府正常支出的一部分，因而社会保障运作的核算不包括产出的测算。

17.102 SNA 中，流量的记录方式如下。

a. 雇主的社会保障缴款是雇主所在部门的应付项，住户的应收项。雇主的部门可以是非金融公司、金融公司、政府（作为雇主）、作为雇主的住户、NPISH 以及国外（常住居民为非常住机构单位工作的情况下）。对于常住雇主，应付体现在收入形成账户里；非常住雇主的应付体现在国外的初始收入分配账户里。常住住户的应收体现在初始收入分配账户里，非常住住户的应收体现在国外的初始收入分配账户里。

b. 在收入再分配账户中，雇主的社会保障缴款及住户自身作为雇员的社会保障缴款之和记录为住户的应付和政府的应收。进而，现金形式付给住户的社会保障福利记录为政府（或在来自外国政府的情况下，体现为国外）的应付、住户的应收。

17.103 上述流量的示例见表 17.3。

2. 来自社会保障以外的无备资非养老金福利

17.104 在 SNA 里，运作无备资计划的雇主被认为是代表雇员向该计划支付了虚拟的社会缴款。在实践中，雇主和雇员的缴款价值常常设定为等于该核算期内应付的福利（加上运作计划的成本，下段将会介绍）。虚拟缴款构成了雇员报酬的一部分，加上雇员的实际支付款项，合起来体现为雇员的应付（向计划）。尽管该计划是无备资的，但雇员可能仍会支付缴款；然而，对于无备资计划而言，雇员不做缴款也不属罕见。

表 17.3：通过社会保障支付的非养老金福利账户——使用

使用

	雇主	社会保障基金	住户	其他部门	经济体总和
收入形成账户					
雇主实际社会保障缴款（非养老金）	15.0				15.0
初始收入分配账户					
雇主实际社会保障缴款（非养老金）					
收入再分配账户					
社会保障缴款（非养老金）			25.0		25.0
雇主实际社会保障缴款（非养老金）			15.0		15.0
住户实际社会保障缴款（非养老金）			10.0		10.0
社会保障非养老金福利		22.0			22.0

表 17.4：未备资其他就业相关保险计划的非养老金社会福利账户——使用

使用

	雇主	社会保障基金	住户	其他部门	经济体总和
收入形成账户					
雇主虚拟非养老金缴款		9.0			9.0
初始收入分配账户					
雇主虚拟非养老金缴款					
收入再分配账户					
住户非养老金总缴款			9.0		9.0
雇主虚拟非养老金缴款			9.0		9.0
未备资非养老金福利		9.0			9.0

表 17.5：备资其他就业相关保险计划的非养老金社会福利账户——使用

使用

	雇主	社会保障基金	住户	其他部门	经济体总和
生产账户					
产出					
收入形成账户					
雇主实际非养老金缴款	6.0				6.0
初始收入分配账户					
雇主实际非养老金缴款					
投资收入				4.0	4.0
非养老金权益的应付投资收入		4.0			4.0
收入再分配账户					
住户非养老金总缴款			14.0		14.0
雇主实际非养老金缴款			6.0		6.0
住户实际非养老金缴款			5.0		5.0
住户非养老金追加缴款			4.0		4.0
社会保险计划服务收费			-1.0		-1.0
备资非养老金福利		7.0			7.0
收入使用账户					
最终消费支出			1.0		1.0
非养老金权益变动调整		-2.0			-2.0
储蓄	-6.0	10.0	0.0	-4.0	0.0
金融账户					
养老金权益变动			-2.0		2.0

表 17.3（续）：通过社会保障支付的非养老金福利账户——来源

来源

	雇主	社会保障基金	住户	其他部门	经济体总和
收入形成账户					
雇主实际社会保障缴款（非养老金）					
初始收入分配账户					
雇主实际社会保障缴款（非养老金）			15.0		15.0
收入再分配账户					
社会保障缴款（非养老金）		25.0			25.0
雇主实际社会保障缴款（非养老金）		15.0			15.0
住户实际社会保障缴款（非养老金）		10.0			10.0
社会保障非养老金福利				22.0	22.0

表 17.4（续）：未备资其他就业相关保险计划的非养老金社会福利账户——来源

来源

	雇主	社会保险基金	住户	其他部门	经济体总和
收入形成账户					
雇主虚拟非养老金缴款					
初始收入分配账户					
雇主虚拟非养老金缴款			9.0		9.0
收入再分配账户					
住户非养老金总缴款		9.0			9.0
雇主虚拟非养老金缴款		9.0			9.0
未备资非养老金福利			9.0		9.0

表 17.5（续）：备资其他就业相关保险计划的非养老金社会福利账户——来源

来源

	雇主	社会保险基金	住户	其他部门	经济体总和
生产账户					
产出		1.0			1.0
收入形成账户					
雇主实际非养老金缴款					
初始收入分配账户					
雇主实际非养老金缴款			6.0		6.0
投资收入		4.0			4.0
非养老金权益的应付投资收入			4.0		4.0
收入再分配账户					
住户非养老金总缴款		14.0			14.0
雇主实际非养老金缴款		6.0			6.0
住户实际非养老金缴款		5.0			5.0
住户非养老金追加缴款		4.0			4.0
社会保险计划服务收费		-1.0			-1.0
备资非养老金福利			7.0		7.0
收入使用账户					
最终消费支出					
非养老金权益变动调整			-2.0		-2.0
储蓄					
金融账户					
养老金权益变动		-2.0			0.0

17.105 即便一项计划是无备资的，但仍然会涉及管理成本。从原理上说，产出（等于这些成本的和）应该视为由受益人支付，它来源于缴款中的一个虚拟成分。为雇员支付的虚拟缴款应该包括这些成本和雇员收到的福利的价值。等于运作计划成本额的那部分价值将在收入使用账户中记录，作为雇员向雇主购买了一项服务。

17.106 对于雇主提供的服务，要按照生产和消费两项交易记录。因为计划是无备资的，所以不存在要记录的投资收入流量和追加缴款。所记录的再分配交易有 2 套。

17.107 生产和消费交易如下：

a. 在雇主的生产账户中，该服务的产出是虚拟的。产出的价值构成了雇主向社会保险虚拟缴款的一部分，包含在雇员报酬中；

b. 该服务的消费作为住户的最终消费支出记入常住住户的收入使用账户，或作为非常住住户的进口。

17.108 再分配交易如下：

a. 雇主向无备资社会保险计划的虚拟缴款，体现为雇主所在部门的应付项，记入收入形成账户，同时体现为住户的应收项，记入初始收入分配账户；

b. 在收入再分配账户中，雇主的虚拟缴款和雇员的实际缴款，体现为住户的应付项和雇主的应收项。进而，雇主应付给住户的保险金体现为雇主的应付项和住户的应收项。

17.109 上述流量的示例见表 17.4。

3. 养老金以外的备资社会保险

17.110 上已述及，养老金以外的备资福利计划并不是很常见。然而在两种情形下，此类计划也会存在。其一是，雇主已为此类福利备资，将某年少花费的资金积累起来，以支付将来年份可能出现的超支。抑或其二，雇主可能意识到，因为将来付款的义务，谨慎起见，需要建立准备以保证支付此类款项。例如，为目前和既往雇员提供健康保险的计划。和养老金情形不同的是，对于养老金计划以外的社会保险将来可能出现的赔付的估计，SNA 不必包括在内。只有当雇主账户中存在这样的负债时，它们才会被记入 SNA。

17.111 养老金以外的备资社会保险可由保险公司提供，或由雇主代表其雇员推出。这一活动之产出的测算方式和非人寿保险相同，但对应的该服务的消费却只由受益人住户支付。这些住户是常住的，除非常住生产者需要向非常住的当前或既往雇员支付福利，或向拥有有权领取福利的非常住家庭成员的当前或既往雇员支付福利。归属于社会保险计划的投资收入只能由相同的住户收取。

17.112 雇主的缴款仅与雇员相关。然而现在或将来可能是受益人的当前和既往雇员也可向计划缴款并获取投资收入。则这一投资收入处理为获得者应付的追加缴款。

17.113 所有对计划的缴款记录为住户的应付。这些缴款包括收入形成账户中作为雇员报酬一部分的雇主支付部分，以及雇员直接支付的缴款（来源于薪酬）或包括既往雇主的其他单位支付的部分。再者，住户如果获得基于这些缴款的归属于住户的投资收入，这些要全部作为追加缴款处理。收入再分配账户上出现的缴款有两项。第一，雇主实际社会缴款，其价值正好等于收入形成账户中住户从雇主那里获得的数额。第二项称为住户社会缴款，即住户直接支付额加上追加缴款减去应付给社会保险计划的服务收费。

17.114 必须记录的交易有 8 项，对应保险服务生产和消费的各 1 项，对应缴款和保险金的 3 项，对应归属于投保人的投资收入的 1 项，对应缴款和福利差异的 2 项：

a. 保险公司或雇主作为常住单位从事的活动；其产出记入保险公司或雇主所在部门（视情况而定）的生产账户；

b. 雇主向就业相关社会保险计划的实际缴款，作为雇主所在部门的应付项，体现在收入形成账户里；作为住户的应收项，体现在初始收入分配账户里；

c. 与这些计划相对应的归属于投保人（受益人）的投资收入，是保险公司和雇主的应付项，住户的应收项。应收和应付都记录在初始收入分配账户；

d. 净缴款体现在收入再分配账户中，是住户的应付项，保险公司或雇主所在部门（视情况而定）的应收项；

e. 养老金以外的就业相关社会福利中，也体现在收入再分配账户里，是保险公司或雇主所在部门的应付项，住户的应收项；

f. 服务的价值，由住户支付，并作为其最终消费支出的一部分，记录在收入使用账户里；但非常住雇员住户除外，后者记录为由国外支付；

g. 净缴款超出福利的部分代表了保险计划对受益人负债的增加。这一项作为收入使用账户中的调整项。作为负债的增加，它也反映在金融账户中。如前文所述，该项目发生的可能性很小，出于实用的原因考虑，此类非养老金权益变动可包括在养老金权益的变动中。

17. 115 上述流量的示例可见表 17. 5。

J.　养老金缴款和养老金的核算

17. 116 在一个经济体中，养老金以三种机制提供给个人：社会保障，社会保障以外的就业相关保险计划，社会救助。社会保障和社会保障以外的就业相关保险计划一起构成了社会保险计划。尽管社会救助项下提供的福利和一些社会保险计划可能很相似，但其关键的区别在于，社会保险福利只在受益人参与社会保险计划的前提下支付（而证明是否参与通常是看受益人或代表其的另一方是否支付了限定的缴款），而社会救助的支付却不要求支付限定的缴款（尽管可能会对申请人进行经济状况审查）。

17. 117 养老金支付给退休人员的方式在各国之间的差异很大。这一部分将介绍社会保险计划下最常见的养老金提供方式，但并不是所有的方面都会适合每个国家。社会救助下提供的养老金不在此章讨论，可参见第 8 章和第 9 章。

17. 118 所有国家的社会保险养老金都是由政府提供一部分，雇主提供一部分（就已知而言）。政府提供的部分称为社会保障，雇主部分称为社会保障以外的就业相关保险计划。由社会保障提供养老金和由其他就业相关保险计划提供养老金，这两者之间的区分会因国各异，因此各国对社会保险的范围以及对“社会保障”一词指向的认识都存在很大差异。为了使 SNA 中的各种建议更为清晰，有必要考察一下不同国家提供的保险覆盖类型。

17. 119 最窄范围的社会保障养老金是很有限的。覆盖水平的确定可能独立于缴款的规模（但需要有在特定时期内支付缴款的事实）。一个雇员对社会保障下养老金的权利常常是可以转移的（“可携带的”），其他养老金通常并不总是具备这一优势，而且，对于很多低收入工作者、临时工作者或间歇性工作者而言，社会保障下的养老金可能是这些人群可以期望的唯一形式的养老金。

17. 120 然而在一些国家，绝大多数或所有的养老金可能都是通过社会保障提供的。在这样的情形下，政府就扮演了雇主的中间体，一旦雇主将其支付的和由雇员支付的缴款移交给社会保障计划，政府就承担了最终支付的风险。政府减轻了雇主的风险（养老金的成本可能太大使其企业无法承受），也确保了大众养老金的发放，但政府这么做也可能会有条件：它可能会改变应付养老金的数额，如果经济条件限制，甚至会顺延支付。

17. 121 私营雇主养老金计划通常不会出现应付金额追溯性调整，但也存在一个风险，即雇主可能因为业务破产而没有能力支付养老金。然而对个人养老金权益的保护正变得越来越常见。同样存在的另一个问题是，一个雇主建立起来的养老金可能不能转移到另一个新的雇主那里，尽管这一情况也在发生变化。社会保障可能是（通常也确实是）建立在现收现付基础上的，不会为将来的负债建立准备金；但其他的雇主养老金计划越来越倾向于设立准备金，即便未设立，会计规定也会要求在账户中体现当前和既往雇员的养老金权益。

17.122 最基本形式的社会保障以外的就业相关养老金，被视为雇员报酬的一部分；雇员和雇主之间在谈判中可能对养老金权益、当前服务条件以及支付水平都会加以关注。养老金常常由私营雇主通过其控制的或签约的第三方（如保险公司）基金提供。这些基金在提供养老金之外可能也会提供社会福利，比如私营医疗保险。有时可能会出现这样的情况：一个专业单位负责为很多雇主提供养老金，而雇主则要保证足够基金兑付承诺的养老金。此种安排被称作多雇主养老金计划。

17.123 对于非养老金社会福利，作为现在或将来受益人的当前和既往雇员也可向计划缴款并获取投资收入。这一投资收入接着要被处理为获得者应付的追加缴款。

1. 社会保障养老金

17.124 雇主和雇员共同向社会保障养老金支付缴款，这一点很常见，却非基本要素。强制性缴款也很常见。社会保障养老金筹集资金的方式通常是现收现付。在 SNA 的主要账户中常常假定这就是社会保障养老金的资金筹集方式。在一个时期里，应付福利的资金来源恰是同一时期内的应收缴款。对于运作计划的政府或参与计划的个人，均不涉及储蓄的因素。SNA 的主要账户中不识别该项计划的负债，但常常存在这样的担心，即福利可能会超过缴款，在人口老龄化下，这一情形会更趋恶化。有鉴于此，社会保障和主要账户中未包括的其他任何养老金计划的负债估计值，要被包括在下面 J 部分所介绍的补充表中。

17.125 社会保障养老金计划的流量记录很简单。雇主支付的任何缴款都作为雇员报酬的一部分来处理，在收入形成账户中记录为雇主的应付，在初始收入分配账户中记录为雇员的应收。那么雇员向社会保障基金支付的缴款就等于：其从雇主处得到的那一部分金额加上其代表自身支付的任何款项。在收入再分配账户中，这一金额记录为住户的应付，政府的应收。个人独立经营的或非雇用人员支付的缴款也包括在住户向政府支付的缴款项下。也是在收入再分配账户中，社会保障福利记录为政府的应付，住户的应收。

17.126 上述流量的示例可见于表 17.6。该表的内容与表 17.1 相类似，但表 17.1 是与非养老金福利相关联，而表 17.6 则与养老金福利相关联。

表 17.6：通过社会保障支付的养老金福利账户——使用

使用

	雇主	社会保障基金	住户	其他部门	经济体总和
收入形成账户					
雇主实际社会保障缴款（养老金）	139.0				139.0
初始收入分配账户					
雇主实际社会保障缴款（养老金）					
收入再分配账户					
社会保障缴款（养老金）			226.0		226.0
雇主实际社会保障缴款（养老金）			139.0		139.0
住户实际社会保障缴款（养老金）			87.0		87.0
社会保障养老金福利		210.0			210.0

2.　社会保障以外的就业关联养老金计划

17.127 社会保障以外的就业关联养老金计划有两种形式。其一称作定额缴款计划，有时也称为现金购买计划（“定额缴款养老金计划”的表述并不直观，但广泛应用于养老金行业）。另一种形式是定额福利计划，有时也称作最终薪资计划，但后者并不能准确描述所有的定额福利计划。通常情况下，这两种形式都是缴款型的，常由雇主和雇员共同缴纳。

17.128 ***定额缴款计划是指，应在退休时支付给雇员的福利只取决于雇员工作期间缴款所建立起的基金水平和养老金计划管理者基金投资带来的价值增长***。因而该计划是否能在退休时提供足够收入的风险全部由雇员承担。

17.129 ***定额福利计划是指，应在退休时支付给雇员的福利是通过一个公式确定的，或是一个确定值或以此作为最小应付额***。在这样的情形下，该计划是否能在退休时提供足够收入的风险由雇主承担，或由雇主和雇员共担。在某些情况下，雇主的风险可能由代表雇主运营定额福利养老金计划的多雇主计划来承担。一项计划可能以与定额缴款计划相类似的条款定义，但保证了最低值，或其他此类的复合计划，在 SNA 中都划分为定额福利养老金计划。

17.130 对于这两类计划，参与者的养老金权益都要在权利建立时记录。在此两类情形下都会有靠已有权利获取的投资收入，这都要记录为已分配给受益人、并由受益人再投资到养老金计划中。但这两种计划之间还存在很多不同的特征，所以与各计划相关联的交易在转化为养老金权益水平变化之前，应分别给予详细描述。我们将首先介绍定额缴款计划交易的记录，它要比定额福利计划交易的记录来得简单。

17.131 对于这两类计划，都将假定存在一项养老金基金。对于定额缴款养老金计划，必须要存在一项基金。而对于定额福利养老金计划，该项基金可能在实际中存在，也可能只是名义上的。如果存在，它可能是与雇主相同的机构单位的一部分，也可能是一个单独的机构单位（一项自主型养老金计划），也可能是另一个金融单位的一部分——保险公司或多雇主养老金计划。在介绍交易的记录时，与养老金基金的交易必须归属到基金所在的部门。

定额缴款养老金计划

17.132 记录与定额缴款养老金计划相关联的交易，不存在概念上的难题。对于所述流量或资产负债表中出现的受益人养老金权益价值，都不会有问题，也不存在是哪个单位的负债、哪个单位的资产等疑惑。

定额缴款养老金计划交易的记录

17.133 由雇主代表其雇员向定额缴款养老金计划支付的缴款作为雇员报酬的一部分处理，在收入形成账户中记录为雇主的应付，在初始收入分配账户中记录为雇员的应收。

表 17.6（续）：通过社会保障支付的养老金福利账户——来源

来源

	雇主	社会保障基金	住户	其他部门	经济体总和
收入形成账户					
雇主实际社会保障缴款（养老金）					
初始收入分配账户					
雇主实际社会保障缴款（养老金）			139.0		139.0
收入再分配账户					
社会保障缴款（养老金）		226.0			226.0
雇主实际社会保障缴款（养老金）		139.0			139.0
住户实际社会保障缴款（养老金）		87.0			87.0
社会保障养老金福利			210.0		210.0

17.134 积累的养老金权益所带来的投资收入，在初始收入分配账户中记录为已分配给住户（应收），体现为养老金基金的应付。投资收入包括利息、应付分红加上集体投资计划的已分配收入（如果养老金基金在其中占有份额）。养老金基金也可能拥有财产，并据此产生了净营业盈余，它要和投资收入一起包括在可分配给养老金受益人的内容中。在这样的情况下，投资收入一词的诠释应该是弹性的，以便能足以包括此类收入来源（如果存在的话）。积累的养老金权益投资所产生的持有损益不应包括在投资收入中。

17.135 分配给养老金受益人的收入中有一部分是用于弥补养老金基金的经营成本。这一成本要记入养老金基金在生产账户中的产出，住户在收入使用账户中的消费支出。分配收入中的剩余部分要作为养老金追加缴款处理，由住户返回给养老金基金。

17.136 在收入再分配账户中，社会缴款体现为住户的应付和养老金基金的应收。应付的社会缴款总额包括雇主实际应付缴款（作为雇员报酬的一部分），雇员（也可能是其他的个人，以前参与计划的个人，自营和非雇用人员以及退休人员）实际缴款，以及刚刚指出的追加缴款。为明确起见，也是为了加强与定额福利计划的对比，追加缴款全额要同时体现在初始收入分配账户（体现为投资收入）和收入再分配账户（体现为追加缴款）中。然而，服务收费要体现在收入再分配账户中，作为住户总缴款的冲减项。住户向养老金计划支付的缴款总额要取净值，其方式与保险保费相同，即等于总缴款减去收入使用账户中出现的服务收费。

17.137 雇员以外的向定额缴款养老金计划支付缴款的其他人可能是依靠其职业或既往就业情况参与定额缴款养老金计划的自雇者或无业者。

17.138 收入再分配账户也要记录养老金基金应付给住户的养老金福利。但是在定额缴款养老金计划下应付的福利是以退休时点上的应付趸额形式出现的。这可能就会要求计划将这些

表 17.7：定额缴款计划下应付养老金福利账户——使用

使用

	雇主	养老金基金	住户	其他部门	经济体总和
生产账户					
产出					
收入形成账户					
雇主实际养老金缴款	11.0				11.0
初始收入分配账户					0.0
雇主实际养老金缴款					0.0
投资收入*				3.0	3.0
养老金权益的应付投资收入*		16.2			16.2
收入再分配账户					0.0
住户养老金总缴款			37.3		37.3
雇主实际养老金缴款			11.0		11.0
住户实际养老金缴款			11.5		11.5
住户养老金追加缴款			16.2		16.2
养老金计划服务收费			-1.4		-1.4
定额缴款养老金福利		26.0			26.0
收入使用账户					0.0
最终消费支出			1.4		1.4
养老金权益变动调整		11.3	0.0		11.3
储蓄	-11.0	-11.8	25.8	-3.0	0.0
资产变动					
金融账户					
净借入/净贷出					
养老金权益变动			11.3		11.3
其他金融资产	-11.0	-0.5	45.5		0.0

*：原文为“财产收入”。考虑到与本部分其他账户相关项目的一致性，以及与文字叙述中用语的一致性，改为“投资收入”。投资收入属于财产收入的一部分。——译者注

金额立即转换成同一个或另一个金融机构的年金，但这一点并不是普遍的。记录福利的适当方式是在退休时不将福利立即体现为应付，而是在适当的情况下以年金或其他金融资产形式再投资，然后在名义上体现为人寿保险权益到年金权益的重新划分。然而，因为通常在这两类权益之间不做区分，所以在账户中将不会出现实际的划分变化。年金的记录在本章的第一部分已作介绍。

17.139　收入使用账户中，有一个项目对应于对养老金基金所提供服务的支付（等于养老金基金产出的价值），它是由住户支付给养老金基金的。

17.140　在同一账户中，另一个项目反映了收入再分配账户中应付缴款减去应收福利的盈余（或不足）引致的养老金权益的增加（或减少）。这一金额体现为养老金基金向住户的应付。因为定额缴款养老金计划参与者养老金权益的大部分增加，及由此而最终引起的福利资金来源增加，来自于持有损益（不包括在定额缴款养老金计划参与者追加缴款中），所以对这些个体养老金权益变动的调整常常是负值。

17.141　养老金权益变动的调整包括在收入使用账户中，作为养老金基金向住户的应付，但在金融账户中却要作为住户向养老金基金的应付。偿付养老金权益的义务在同一部门两个单位之间的任何转移，其效应也将体现在金融账户的项目中。

17.142　影响资产负债变动表中养老金权益变动的其他因素，体现在资产其他变化账户中。尤其要说明的是，计划对受益人的负债应作为重估价账户中的持有损益，与计划持有的资产（以对应负债义务）精确对应。当定额缴款计划下的支付通过年金实现时，就需要像 17.136 段介绍的那样将其记录为其他物量变化。

17.143　表 17.7 展示了记录定额缴款计划相关交易所涉及的各项目。由于没有虚拟交易，与接下来要介绍的定额福利计划相比，该表比较简单。

表 17.7（续）：定额缴款计划下的应付养老金福利账户——来源

来源

	雇主	养老金基金	住户	其他部门	经济体总和
生产账户					
总产出		1.4			1.4
收入形成账户					
雇主实际养老金缴款					
初始收入分配账户					
雇主实际养老金缴款			11.0		11.0
投资收入		3.0			3.0
养老金权益的应付投资收入			16.2		16.2
收入再分配账户					0.0
住户养老金总缴款		37.3			37.3
雇主实际养老金缴款		11.0			11.0
住户实际养老金缴款		11.5			11.5
住户养老金追加缴款		16.2			16.2
养老金计划服务收费		-1.4			-1.4
养老金福利			26.0		26.0
收入使用账户					0.0
最终消费支出					
养老金权益变动调整			11.3		11.3
储蓄					
					负债变动
金融账户					
净借入/贷出	-11.0	-11.8	25.8	-3.0	0.0
养老金权益变动		11.3			11.3
其他金融资产					0.0

定额福利养老金计划

定额福利和定额缴款养老金计划之间的差别

17.144 定额福利养老金计划与定额缴款养老金计划相比，在核算方面最根本的差别是，对于定额福利养老金计划，核算期内雇员的福利是以雇主承诺承担的最终应收养老金水平来确定的，而对于定额缴款养老金计划而言，核算期内雇员的福利则完全由其向计划支付的缴款以及在该项和既往缴款基础上获得的投资收入和持有损益来确定。因此，对于定额缴款养老金计划的参与者而言，（原则上）可以得到关于福利的确切信息，而定额福利养老金计划参与者的福利则必须要估算，其估算值来源于雇主在编制其自身账户时所需要的精算估计值。

17.145 定额福利养老金计划下养老金权益的变化有四种来源。首先是当期服务的增加，即与当期所得薪资相关联的权益增加。第二种来源是既往服务的增加，即对于所有计划参与者而言，退休（和死亡）又近了一年这一事实所引起的权益价值的增加。权益水平的第三种变化是由于向该计划下退休人员支付福利而引起的权益减少，第四种来源是其他因素，即在资产其他变化账户中反映的各种因素。

17.146 与定额缴款养老金计划一样，雇主和雇员可能在当期都向该计划实际支付缴款。但是这些支付可能并不足以弥补从当期就业开始累积的福利增加。为此要虚拟一项额外的雇主缴款，以建立起缴款和当期服务权益增加之间的对等关系。这些虚拟的缴款通常是正数，但如果已收缴款总额超过了当期服务权益增加，也可能为负值。下文在考察雇主和基金之间的关系时将对这一情形的意义加以讨论。

17.147 核算期末，应付给目前和既往雇员的养老金权益水平可以通过估算退休时应支付金额的现值（利用受益人期望寿命长度的精算估计值）得到。这一金额出现在资产负债表中，作为对雇员的负债。致使该金额年复一年增长的一个因素是，年初存在且在年末仍为在欠的权益的现值增加了——下一年计算现值时会少使用一年的贴现因子。正是因为对贴现的逐步释放，导致了既往服务权益的增加。

17.148 定额缴款养老金计划和定额福利养老金计划之间的另一个基本区别是对养老金计划运营成本的支付。上已述及，在定额缴款养老金计划下，所有风险由受益人承担。养老金计划是以受益人名义运作的，并由其支付成本。因为该基金可能由雇主以外的另一单位运作，所以适当的处理方法是：将运作成本作为被基金留存下来的投资收入的一部分，以弥补其成本（和产生利润）。为了与保险的处理相一致，投资收入要按全额归属于受益人，其中部分用于弥补成本，剩余部分作为对基金的再投资。

17.149 对于定额福利养老金计划，情况有所不同。基金不能达到权益承诺的风险部分，可能全部地由养老金管理者（雇主或承担偿付养老金义务风险的单位）承担，或者，即使不是全部由管理者承担但也不是由受益人单独承担。基金可能直接由雇主控制，可能是同一机构单位的一部分，也可能仅仅只是一个名义上的单位。即便在这样的情况下，也存在与计划运营相关联的成本。尽管这些成本一开始是由雇主承担，但更适宜的处理方式是将其作为一种向雇员提供的实物收入，方便起见，可将其包括在雇主缴款中。（这其中包含了实用主义的因素，因为这假定了所有成本是由当前雇员承担的，而不含退休员工。还假定，在名义计划下必须支付的缴款也适用于其他情形。）

17.150 对于定额福利计划，自雇者和未就业者在当期不可能缴款，尽管可能出现这样的情况：其既往的就业增加了定额福利养老金，且其现在有权继续参与计划。那些先前曾就业的人员（不管其当期是否收到了养老金）都会获取投资收入并支付追加缴款。

定额福利养老金计划交易的记录

17.151 一开始的讨论假定雇主保留了保证支付养老金的全部责任。随后我们将讨论多雇主计划或政府代表雇员承担责任情况下所涉及的情形。

17.152 雇主代表其雇员向定额福利养老金计划支付的总缴款必须足够到如下程度：加上雇员的实际缴款减去计划运作成本后，与雇员当前服务的养老金权益增长正好匹配。雇主的缴款分为实际和虚拟两部分，计算后者是为了满足精确匹配的需要，即增加雇员权益的所有基金缴款与这些权益当前服务成本的匹配。

17.153 雇主缴款的计算应该和当期获得的养老金权益相联系起来，而不论同一时期内计划赚取的投资收入或基金的额外资金来源如何。现期权益是雇员报酬的一部分，如果不将雇主缴款的全部价值包含在内，就会低估雇员报酬，从而高估营业盈余。以往发生过这样的极端事件，养老金权益的投资情况很好，以致于雇主享受起了“缴款假期”（Contribution Holiday），即雇主未向新的权益支付任何缴款。很重要的一点是，即便在缴款假期期间也要记录缴款，雇主的收益要看作养老金基金和雇主之间的负债变化。这将使二者的资产净值与在缴款假期期间不记录缴款但人为地使得雇员报酬没有减少的情形保持同样的水平。

17.154 在很多定额福利计划下，雇员实际拥有退休时获得养老金的权利之前存在一个考察期。尽管存在这样的考察期，但缴款和权益都应该在就业开始时就加以记录，另加上一个调整因子以反映雇员通过考察期的概率。

17.155 雇主实际和虚拟养老金缴款合起来作为雇员报酬的一部分来处理。在收入形成账户中将其记录为雇主的应付，在初始收入分配账户中记录为雇员的应收。

17.156 持续服务雇员以及不再缴款但仍有权要求未来养老金的人员（既往服务增加）权益现值的增加代表了应分配给雇员的投资收入。对于来自持有损益或与已有资金不匹配的任何金额均不做扣减。其对应的金额是当前协议下明确应付给雇员的金额；雇主最终匹配该义务的方式与将其记录为投资收入并不相关，不像利息或分红的实际处理方式影响其作为投资收入记录那样。投资收入记为养老金基金的应付和住户的应收。旋即由住户再投资到基金中，又被描述为养老金追加缴款。

17.157 在收入再分配账户中，社会缴款体现为住户的应付和养老金基金的应收。应付社会缴款总额由雇主应付的实际和虚拟缴款（作为雇员报酬的一部分，不包括养老金计划的运营成本）、雇员的实际缴款以及刚刚指出的追加缴款构成。如在定额缴款计划下所解释的那样，账户上体现的是缴款和追加缴款的全部价值，另加一个抵消项代表应付的服务收费。因此实际应付额度是一个净的缴款数值。

17.158 养老金基金应付给住户的养老金福利也体现在收入再分配账户中。如果福利以年金形式发放，支付的年金要在此显示，而不是退休时点上的应付趸额。（如果退休者的人口统计特征不出现重大变化，这两者将会很相似。）

17.159 收入使用账户中有一个项目对应住户应付给养老金基金的服务费用（等于养老金基金产出价值加上和养老金权益一起购买的年金运作企业产出），由住户支付给养老金基金，并记录为最终消费支出。

17.160 同样，在收入使用账户中有一个项目反映了养老金权益的增加（或减少），即来自于收入再分配账户中应付缴款大于应收福利的部分。这一金额体现为养老金基金对住户的应付。其原理是，因为养老金权益的增加（或减少）直接影响了住户的资产净值，所以它应该包括在住户部门的储蓄中。在定额福利养老金计划下，此金额不太可能为负值，除非这是一项已死亡的雇主计划，只支付福利不收取新的缴款。

17.161 收入使用账户中作为养老金权益变动调整的同一金额也包括在金融账户中，作为住户在养老金基金的一项权益（这一科目的其他部分则反映了养老金权益的各种其他变化，记录为资本转移的一部分）。影响资产负债表中对应于权益变动项目的其他因素，体现在资产其他变化账户中，这将在第 4 部分讨论。

由雇主以外的单位运作的定额福利养老金计划

17.162 也可能出现一些其他的组织，比如工会，运作为其成员提供的定额福利养老金计划，其在各个方面和雇主的定额福利养老金计划并无二致。这些计划的记录方式与刚刚介绍的完全一样，只是雇主一词应该理解为计划组织者，雇员理解为计划参与者。

雇主和养老金基金之间的关系

17.163 如上所述，雇主可能会将基金的管理以及受益人的受偿安排签约给另一个单位完成。这存在有两种方式。如果养老金基金的运作者只充当雇主的代理，基金的任何短缺都由雇主负责，此时处理养老金基金日常经营的单位，称为养老金代管人。

17.164 然而单一单位与多家雇主签约管理其养老金基金（多雇主养老金基金）的形式也并不罕见。其制度安排是，多雇主养老金基金承担基金短缺的责任以弥补负债，但同时有权保留多余部分的资金。通过建立多个雇主的风险池，多雇主养老金基金期望能用保险公司建立多个客户风险池的类似方式平衡资金的短缺和过剩，以在所有基金基础上实现盈余。此时承担偿付养老金义务责任的单位代替雇主被称为养老金经理人。

表 17.8：定额福利计划下的应付养老金账户——使用

使用

	雇主	养老金基金	住户	其他部门	经济体总和
生产账户					
产出					
收入形成账户					
雇主实际养老金缴款	10.0				10.0
雇主虚拟养老金缴款	**4.1**				**4.1**
初始收入分配账户					
雇主实际养老金缴款					
雇主虚拟养老金缴款					
投资收入				2.2	2.2
养老金权益的应付投资收入		**4.0**			**4.0**
收入再分配账户					
住户养老金总缴款			19.0		19.0
雇主实际养老金缴款			10.0		10.0
雇主虚拟养老金缴款			***4.1***		***4.1***
住户实际养老金缴款			1.5		1.5
住户养老金追加缴款			***4.0***		***4.0***
养老金计划服务收费			***-0.6***		***-0.6***
养老金福利		16.0			***16.0***
收入使用账户					
最终消费支出			0.6		0.6
养老金权益变动调整		3.0			3.0
储蓄（实际）	-10.0	-5.3	17.5	-2.2	0.0
储蓄（虚拟）	-4.1	4.1			0.0
资产变动					
金融账户					
净借入/贷出（实际）					
净借入/贷出（虚拟）					
养老金权益变动			3.0		3.0
养老金基金在雇主的权益（当前服务）		4.1			4.1
其他金融资产	-10.0	-2.3	14.5	-2.2	0.0

17.165 如果雇主保留了资金不足引起的负债或资金过剩带来的收益，养老金基金在雇主（养老金经理人）的权益（或负债）应在出现赤字或盈余的情况下加以记录。这一权益等于养老金权益的增加额与养老金累积额之间的差异，后者等于该期缴款与追加缴款之和加上权益获得的投资收入，加上持有收益，减去应付养老金，减去养老金行政费用。如果养老金累积额大于权益的增加额，则养老金基金应支付给雇主（养老金经理人）一定金额。这么一来养老金基金的资产净值始终为 0。

17.166 养老金基金欠付养老金经理人一定金额时，“缴款假期”的影响就会显现，因为该金额中包括了正常情况下雇主本应支付的缴款。

数字实例

定额福利计划下的交易

17.167 为了阐释定额福利养老金计划相关交易的记录，表 17.8 给出了一个数字实例。虚拟的数字以粗体显示；由于改道处理而产生的数字以斜体显示。

17.168 精算计算显示，源于当前服务的养老金权益增长，即核算当年“赚取”的养老金数额是 15。住户（雇员）缴纳了 1.5，因此雇主需提供 13.5。此外，运作计划的成本估算为 0.6。因此雇主总共需提供 14.1。雇主实际缴纳的为 10，所以剩余的 4.1 为虚拟缴款。0.6 的产出体现在生产账户中；雇主的缴款体现为收入形成账户中雇主的应付项，初始收入分配账户中住户的应收项。

表 17.8（续）：定额福利计划下的应付养老金账户——来源

	雇主	养老金基金	住户	其他部门	经济体总和
					来源
生产账户					
产出		**0.6**			**0.6**
收入形成账户					
雇主实际养老金缴款					
雇主虚拟养老金缴款					
初始收入分配账户					
雇主实际养老金缴款			*10.0*		10.0
雇主虚拟养老金缴款			***4.1***		***4.1***
投资收入		**2.2**			**2.2**
养老金权益的应付投资收入			***4.0***		***4.0***
收入再分配账户					
住户养老金总缴款		19.0			19.0
雇主实际养老金缴款		10.0			10.0
雇主虚拟养老金缴款		**4.1**			**4.1**
住户实际养老金缴款		1.5			1.5
住户养老金追加缴款		**4.0**			**4.0**
养老金计划服务收费		**-0.6**			**-0.6**
养老金福利			16.0		**16.0**
收入使用账户					
最终消费支出					
养老金权益变动调整			3.0		3.0
储蓄（实际）					
储蓄（虚拟）					
					负债变动
金融账户					
净借入/贷出（实际）	-10.0	-5.3	17.5	-2.2	0.0
净借入/贷出（虚拟）	-4.1	4.1			0.0
养老金权益变动		3.0			3.0
养老金基金在雇主的权益（当前服务）	4.1				4.1
其他金融资产					

17.169 初始收入分配账户中也体现了投资收入。源于既往服务的养老金权益的增加（因为退休又逼近了一年，贴现因子逐步释放）为 4。这一数字体现为从养老金基金到住户的虚拟投资收入流量。同时，养老金基金从其管理的基金上实际取得的投资收入为 2.2。因而此时养老金基金存在 1.8 的资源短缺，但这没有体现在经常账户中。

17.170 住户向养老金基金的支付体现在收入再分配账户中。这可以通过两个角度来看。住户支付的缴款总额应该等于源于当前服务的权益增加（15），加上既往权益带来的收入部分（4），即共为 19。实际支付的金额为：雇主的实际缴款 10，虚拟缴款 4.1，住户自身的缴款 1.5，追加缴款 4，减去服务收费 0.6；共计也是 19。在同一账户下，也体现出养老金基金应付给住户 16 的养老金。

17.171 在收入使用账户中，购买服务的支出体现为住户最终消费支出的一部分，养老金权益的变动体现为养老金基金向住户的应付。在本例中，与住户缴款金额 19 对应的养老金收益为 16。因此养老金权益（属于住户）也增加了 3。

17.172 住户的储蓄为 17.5，其中养老金权益的增加为 3。这意味着他们已经取得了 14.5 的其他金融资产（或负债减少）。这一数字是应收福利（16）和住户实际缴款（1.5）的差。

17.173 对于养老金基金而言，储蓄为 -1.2，这可以视为实际和虚拟元素的混合物。就实际流量而言，养老金基金从雇主处取得缴款 10（通过住户的路径），从住户处取得 1.5，付出福利 16。另外他们还取得了 2.2 的投资收入。因此其可支配收入为 -2.3。如果将养老金权益变动（3）也考虑进来，那么储蓄为 -5.3。此外雇主还支付虚拟缴款 4.1。这部分经由住户流入，为养老金基金的储蓄增加了 4.1，也使雇主的储蓄减少了 4.1。

17.174 在养老金基金的金融账户中，虚拟缴款的数字 4.1，体现为养老金基金对雇主的权益。养老金权益变动 3，代表住户对养老金基金拥有权益。此外养老金基金资产损失了或负债增加了 2.3，即对应于可支配收入（不包括雇主的虚拟缴款部分）的数值。

定额缴款养老金计划

17.175 表 17.7 可以针对定额缴款计划显示类似流量。与定额福利计划相比，因为不存在虚拟缴款，这些账户相对简单。而且养老金基金应付给住户的投资收入只体现养老金基金收到的投资收入，而不涉及运用公式计算权益的增加额。

17.176 定额缴款养老金计划权益的投资带来了持有收益（也可能是损失）。这来自于基金持有资产的管理，但归属于受益人的养老金权益增加应该与持有损益的金额完全相等。持有收益反映在养老金基金重估价账户的相关资产项目下，与养老金基金对住户负债增加的项目相匹配。

定额福利养老金计划的其他流量

17.177 乍看上去，对于定额福利养老金计划而言，在资产其他变化账户中似乎没有项目可作记录，因为记录为养老金缴款和投资收入的两个部分和权益的增加完全匹配。但是，由于定额福利养老金计划的本质是应付金额由公式确定，所以会存在其他因素的干扰致使权益水平发生变化。这些因素包括价格上涨条款，确定福利的公式，关于寿命长度的人口统计假设。升职对权益的影响这一特殊情况将在下文另文讨论。

17.178 养老金基金将其可支配的基金用于投资。如果其投资是建立在资金充分基础上的，则投资收入应该完全足以覆盖养老金协议中的任何价格上涨条款。超出部分可能也足以覆盖权益的其他调整。但是收入的主要来源是投资的持有收益。这被假定为能足够覆盖绝大部分的或全部的权益变动。有一点变得很清晰，即很多计划是不足资的，期望持有收益能弥补这一块的不足。

17. 179 如果这些调整所需的资金大部分要来源于出现在重估价账户中的持有收益，那么似乎就有理由将那些包含了其他变化的或有事件记录在资产其他物量变化账户中，但价格上涨因素除外（应该出现在重估价账户中）。

晋升的问题

17. 180 很多定额福利养老金计划利用一项公式来确定福利，其中都会将最终薪资或平均薪资作为一个关键的决定因素。这就意味着，任何职位晋升都会增加累计至今的养老金权益总额，以反映新的薪资水平。这对于晋升的个人而言是一项显著的收益，而对于雇主的养老金负债，后果又将如何呢?

17. 181 核算人员在此沿用了两个精算术语。累积福利义务（ABO），顾名思义，它只记录实际累积至今的福利，代表雇员在明日离开公司时可带走的金额，也可以作为评估个人资产净值的基础，比如离婚处置情况下。预计福利义务（PBO），是对最终权益水平可能值的审慎测算。对于个人而言，PBO 假设了其将来可能得到晋升的次数，并计算出其相应的最终薪资。这样，如果他实际上只工作了期望 40 年中的 20 年，这种方法将其最终薪资取半数，将该数值虚拟为其当前薪资，并计算出其养老金权益。ABO 在个人晋升时依次增长，而 PBO 在整个期间内稳定上升。对于个人而言，PBO 一直高于 ABO，直到退休时 ABO 达到 PBO 的水平。

17. 182 初看上去一个公司的养老金权益水平似乎应该就是所有雇员的全部养老金权益的总和，由此则 PBO 估算值的总和要远远高出 ABO 估算值的总和，并随着时间的变化平稳演进。但是对于个人而言的事实却不一定构成雇员整体的事实。假定雇主要负责 5 个级别人员的养老金——4 个等级的雇员和 1 组退休人员，为简单起见，还假定各个级别的人数相同。现在我们考虑这样的情况：某年中退休人员死亡，最高等级的雇员退休，以下 3 个级别的雇员全部晋升，并且招录了 1 组新员工处于最低等级水平。每一个当前雇员在晋升后境遇均得到改善，但雇主的整体负债却未发生变化。这可以类比为，每一个仍为该雇主工作的既往雇员均得到晋升，但公司的人数不变，且每个级别的雇员数目不变。将 ABO 加总的结果是熨平了权益总量；尽管其仍低于加总的 PBO，但它的波动不一定会那么大了。它确实可能会更稳定。

17. 183 尽管个人 ABO 曲线在晋升发生时会显示出跃进式变化，但对于一群雇员而言其效应会平滑很多。对于整个工作生涯都在同一家公司的相同年龄的一群雇员，在前些年度 ABO 估算值比 PBO 估算值要低得多，但 ABO 估算值的增长率要大于 PBO，在退休前的瞬间，两组估算值将会变为相等。新出现的具有不同工作期限的雇员组也会将所有雇员的 ABO 估算值向 PBO 估算值拉近。

17. 184 只要公司内的等级结构保持不变，ABO 和 PBO 都会以跳跃式波动前进。如果企业扩张并招收了很多低等级雇员，PBO 的增长将显著快于 ABO，因为 PBO 估计的是新雇员留在公司的时间长度及其晋升的程度；而 ABO 只记录了这些雇员在第一年累积的养老金。如果企业打算削减规模并裁减其管理层员工，这将降低雇员的晋升预期，有必要对 PBO 进行向下的调整。ABO 只反映“锁定的”养老金，因此其估算值不受到影响。

17. 185 但问题是，如果使用 ABO，那么雇员晋升的效应将如何记录。不管如何将权益的增加作为一种雇员报酬或投资收入来处理，它们都将回到这样的假设：权益的总额是单个权益的求和，而不考虑其他个体对总和的影响，比如某些人离职并因服务时间不足而丧失了养老金权益，或某些人在退休年龄之前死亡。一个简化且有效的解决办法是将该单位的晋升因素整体作为价格的变化，并将这一变化记入重估价账户。

17. 186 如果优先选择 PBO 方法来记录权益，则仅在企业结构发生变化进而晋升可能性产生变化的情况下才需要对资产其他物量变化账户加以调整。另外一方面，从系统意义上说，雇主向社会保险计划缴款（包括在雇员报酬中）的常规性估算值要高于 ABO 方法下的估算结果，因为决定缴款规模的养老金权益的增长是基于 PBO 方法下计算的名义薪资而不是实际值得到的。

3. 转移养老金权益

17.187 养老金环境变化的特征之一是拥有“可携带养老金”的机率越来越大。以前往往是一个人离开雇主后，其养老金就在彼时点上冻结了，他需要和新雇主开始一项新的养老金。而现在变得较为常见的是，换工作的人可以将其养老金权益从原雇主那里转换到新雇主处。这一情况发生后，该住户的养老金权益并不受影响，但如果新雇主承担了原雇主的负债，两个养老金基金之间就会存在一笔交易。另外还将有一笔相应的针对某项资产的交易以匹配这些负债。如果新雇主运作的计划实际是未备资的，他可能从原雇主处取得现金。如果该项现金接着被雇主用于非养老金基金用途，则其对基金的负债增加，而对现金的使用则体现为净借入。

17.188 如果政府通过一项明确的交易负责为非政府单位的雇员提供养老金，应该在政府的资产负债表中记录一项养老金负债。如果政府未取得匹配的资产作为回报，则政府负债的增加和获得资产之间的差要作为其对非政府雇主的资本转移。有关这种安排的进一步讨论见第 22 章。

17.189 养老金权益在基金之间转移的另一种方式是，一家公司接收了另一家。如果该养老金基金是一个独立的机构单位，则所有的变化受控于该基金。如果不存在独立的机构单位，假定此次接收行为没有改变已有参与者的养老金计划，则被接收企业会将养老金负债和相应的资产转嫁到新的所有者身上。

4. 核算表说明

17.190 为了其他章节交叉引用方便，表 17.9 分条列举了表 17.1 至 17.8 关于社会保险和其他保险的各项交易。

K. 政府通过社会保障提供养老金的特殊情形

17.191 有鉴于社会保障通常基于现收现付的形式，社会保障下累积的权益（养老金和其他社会福利）没有正常地反映在 SNA 中。如果所有国家都有由社会保障和私人计划提供的类似福利，国际间的对比将会相对简单明了。然而正如本章一开始所指出的，实际情形远非如此，且各国对社会保障确切覆盖范围的认识也存在很大的差异。

17.192 简单地建议将社会保障下的权益体现在 SNA 中将会出现两个难题。其一，可能会难以得到关于权益的可信估算，而这越来越成为私人计划下权益估算所面临的问题。其二，有观点认为此类估算的意义有限，而政府为了将权益保持在财政可行的范围内，可能会改变权益确定的基础。但是，如果只将私人计划下的权益体现在 SNA 中而不管社会保障下的权益，那就会导致这样的结果：在一些国家，养老金权益的大部分会包括在账户中，而在另一些国家，能够在账户中反映出来的部分几乎为零。

17.193 认识到这样的两难境地，针对政府支持的面向所有雇员（无论是私人部门雇员或政府自身雇员）的未备资养老金计划下养老金权益的记录，这里提供了一些具有弹性的处理方法。考虑到各国的不同制度安排，这些养老金权益中可能仅有一部分记录在主要账户序列（在此称为“核心账户”）中，然而可以给一张附表，以此提供信息，揭示核心账户所覆盖养老金计划对应的权益与其他计划的近似估算之间的比例。当

表 17.9：社会保险相关交易详表

	表号	雇主	社会保险基金	住户	其他部门	经济体总和
中间消耗		1		3		4
	17.1 非人寿保险	1		3		4
产出			-13			
	17.1 非人寿保险		-6			
	17.2 人寿保险		-4			
	17.5 其他就业关联计划－备资非养老金福利		-1			
	17.7 其他就业关联计划－DC 养老金福利		-1.4			
	17.8 其他就业关联计划－DB 养老金福利		-0.6			
雇主实际社会保险缴款		181				181
	17.3 社会保障非养老金福利	15				15
	17.5 其他就业关联计划－备资非养老金福利	6				6
	17.6 社会保障养老金福利	139				139
	17.7 其他就业关联计划－DC 养老金福利	11				11
	17.8 其他就业关联计划－DB 养老金福利	10				10
雇主虚拟社会保险缴款		13.1				13.1
	17.4 其他就业关联计划－未备资非养老金福利	9				9
	17.8 其他就业关联计划－DB 养老金福利	4.1				4.1
住户实际缴款				115		115
	17.3 社会保障非养老金福利			10		10
	17.4 其他就业关联计划－未备资非养老金福利					
	17.5 其他就业关联计划－备资非养老金福利			5		5
	17.6 社会保障养老金福利			87		87
	17.7 其他就业关联计划－DC 养老金福利			11.5		11.5
	17.8 其他就业关联计划－DB 养老金福利			1.5		1.5
投资收入			37.2			37.2
	17.1 非人寿保险		6			6
	17.2 人寿保险		7			7
	17.5 其他就业关联计划－备资非养老金福利		4			4
	17.7 其他就业关联计划－DC 养老金福利		16.2			16.2
	17.8 其他就业关联计划－DB 养老金福利		4			4
住户支付的保险服务收费				6		6
	17.1 非人寿保险			2		2
	17.2 人寿保险			4		4
社会保险服务收费				-1		-1
	17.5 其他就业关联计划－备资非养老金福利			1		1
	17.6 社会保障养老金福利					
	17.7 其他就业关联计划－DC 养老金福利			-1.4		-1.4
	17.8 其他就业关联计划－DB 养老金福利			-0.6		-0.6
社会福利			290			290
	17.3 社会保障非养老金福利		22			22
	17.4 其他就业关联计划－未备资非养老金福利		9			9
	17.5 其他就业关联计划－备资非养老金福利		7			7
	17.6 社会保障养老金福利		210			210
	17.7 其他就业关联计划－DC 养老金福利		26			26
	17.8 其他就业关联计划－DB 养老金福利		16			16
养老金权益变动			-2	14.3		12.3
	17.5 其他就业关联计划－备资非养老金福利		-2			-2
	17.7 其他就业关联计划－DC 养老金福利			11.3		11.3
	17.8 其他就业关联计划－DB 养老金福利			3		3
养老金基金在雇主的权益			4.1			4.1
	17.8 其他就业关联计划－DB 养老金福利		4.1			4.1

然，这就需要提供一套标准来解释这些进入核心账户的计划（可能是这些计划下的养老金承诺有足够的份量）和只在补充表中记录的那些计划之间的差异。

17.194 可供参考的一套标准如下：政府雇主养老金计划与当前社会保障养老金计划越接近，则其出现在核心账户的可能性越小；福利根据个人具体特征确定的程度越低，对社会大众的适用性越高，则其出现在核心账户的可能性越小；政府改变福利计算公式的能力越强，则其出现在核心账户的可能性越小。但是上述任何一项标准都不能必要地确定养老金计划是否可进入核心账户。

17.195 通过填制这样一份补充表，并对国际报告按照标准要求进行说明，分析者就可以进行跨国比较而不会被各国之间制度上的差异所困扰。作为 SNA 研究日程的一部分，进一步的工作是，提炼相关标准，以明确全部记录在核心账户中的和权益只在补充表中体现的养老金计划之间的区别。

17.196 补充表见表 17.10。对于拥有大规模社会保障部门的国家而言，此表包括的有效估算可能不多，同时对于所有被分析国家而言，可能需要重新计算以缩小私人养老金计划的范围。

17.197 上已述及，提供定额缴款计划的详情相对比较简单，因为全部的账户都一定可以得到，且不涉及精算估计。这些计划的绝大部分发生在企业部门中（列 A），但也可能覆盖一些政府雇员（列 D）。所有的定额缴款养老金计划都应该包括在核心账户中。对社会保障以外的所有定额福利养老金计划的估算也应该被包括在内（列 B）。

17.198 政府为其自身雇员安排的计划（与社会保障相区别的，单独的核算信息），体现在核心账户中，即列 E 和列 F。列 E 反映了保险公司管理的计划，而列 F 显示了政府自己管理的计划。任何未出现在核心账户的、政府为其自身雇员安排的计划（与社会保障相区别的），显示在列 G。因此列 E、F 和 G 加起来反映了政府为其自身雇员承担的全部养老金计划责任（列 F 显示了政府的所有定额福利养老金计划中保留在政府账户的部分，它们与独立到单独单位的或由另一机构单位代政府管理的不同）。列 H 与社会保障计划相关联。列 C 反映了所有非政府计划的总和，列 I 则是包括社会保障在内的所有计划的总和。

17.199 在大多数情况下，养老金计划的受益人往往是常住住户。但是在一些国家，获取养老金福利的非常住住户数目也可能很大。在这样的情况下，我们需要增加列 J 来反映所有与非常住住户相关的金额。

17.200 列 G 和列 H 中，某些行的项目会出现在核心账户中，即便权益和权益变动（特别是由雇主和雇员同时支付的实际缴款）并未出现在核心账户中。列 G 和列 H 对应的其他项目则只出现在补充表中，它们已在表中以阴影标识并在表后给出了解释。

17.201 对于那些政府计划（其权益在列 G 中显示，但并不出现在核心账户中）中雇主的虚拟缴款，需要做特别考虑。在核心账户中，这些项目按惯例计算，等于当前应付福利和应付实际缴款（雇主和雇员）之差。在补充表中，则由用于确保总缴款以及雇主和雇员的实际和虚拟缴款的金额代替，它涵盖了源于当前服务的养老金权益的增加以及运作计划的成本。

17.202 社会保障下基于同样基础计算得到的一个项目体现在行 3 中，即“社会保障基金中养老金权益的其他（精算）累积”；这里有意将它与雇主虚拟社会保险缴款区分开来，意在强调这些估算值可能存在的脆弱性。

17.203 与私人计划下住户社会保险追加缴款和权益其他变动对应的项目也基于同样基础体现。

17.204 养老金权益在下列情形下作为交易记录：

a. 如果养老金计划包括在核心账户中，且雇主经理人通过和受影响受益人协商同意了养老金权益条款的变更，这样的变更应该作为一项交易记录在核心账户中；

表 17.10：SNA 账户序列中包括和未包括的养老金计划内容补充表

行号	头寸/交易/其他流量	在国民核心账户中出现的负债						在国民核算人账户中未出现的负债			
		非政府			政府						
						政府雇员定额福利养老金计划			社会保障养老金计划	养老金计划总和	其中：非常住住户
		定额缴款计划	定额福利计划	总计	定额缴款计划	金融公司部门	政府部门	政府部门			
	列号	A	B	C	D	E	F	G	H	I	J
	期初资产负债表										
1	养老金权益										
	交易										
2	与养老金计划相关的社会缴款										
2.1	雇主实际社会缴款										
2.2	雇主虚拟社会缴款										
2.3	住户实际社会缴款										
2.4	住户追加社会缴款										
3	社会保障基金中养老金权益的其他(精算)累积										
4	养老金福利										
5	养老金权益变动调整										
6	源于权益转移的养老金权益变动										
7	源于计划结构协商调整的权益变动										
	其他经济流量										
8	重估价										
9	其他物量变化										
	期末资产负债表										
10	养老金权益										
	相关指标										
	产出										
	养老金计划年末持有资产										

空格单元表示该项目出现在主要（“核心”）账户中。黑色单元表示无合适之项目。灰色单元表示信息只在补充表中提供。

行 2 是行 2.1 至行 2.4 的加总。行 3 是在政府承担养老金基金不足责任的情况下与雇主虚拟缴款相类比的处理。

行 5 是行 2 与行 3 之和减去行 4。关于行 8 和行 9 基础要素的更多信息将另有补充表体现，以实现对这些估算值不确定程度的评估。

b. 如果养老金计划不包括在核心账户中，但雇主经理人通过和受影响受益人协商同意了养老金权益条款的变更，这样的变更应该作为一项交易记录在补充表中；

c. 在社会保障情形中，如果权益变动得到议会同意，则也作为交易记录（视作是协商结果）。

17.205 未经协商强行实施的养老金权益变动记录为资产其他物量变化。

17.206 原则上，对不同类型的交易应作不同的记录，但应该意识到，在实践中，由于各国的不同情况，哪些是协商的，哪些是未经协商强行实施的，这两者之间的差别很难确定。

第3部分：SNA中标准化担保的处理

L. 担保的类型

17.207 贷款担保通常是一种协定，一方（即担保人）向贷出方保证，如果借入方违约，担保人将补偿贷出方因此遭受的损失。对于提供的担保常常需要支付一项费用，但其形式各异。有时担保人会获取对违约借入方的某些权利。类似的担保也可以其他金融工具的形式提供，如保证金。这一部分讨论了所有金融工具形式的担保。

17.208 担保会对经济主体的行为产生显著的影响，影响其关于生产、收入、投资或储蓄的各项决策，并修正金融市场上的贷出和借入条件。有些借入方在没有担保的情况下可能无法取得贷款，或者需要缴存保证金，而另一些可能是无法得到相对较低的利率。担保对于政府部门和公共部门的影响尤其显著，因为政府活动常常会关系到担保的生效或触发。

17.209 我们将担保区分为三类。对于制造商质量保证或其他形式的担保，我们没有提出特别的处理建议。（更换瑕疵商品的成本是制造商的中间成本。）

17.210 第一类担保是借助金融衍生工具（比如信贷违约掉期）形式提供的担保。这些衍生工具在金融市场交易活跃。衍生工具是建立在参考工具的违约风险基础上的，因此实际上与单笔贷款或债券并无关联。对此类金融衍生工具相关交易的整合已在第11章讨论过。

17.211 第二类担保是标准化的贷款担保，由大批量生效的担保构成，它们通常金额很小，且条款相同。这些协定中涉及三方，借入方（债务人），贷出方（债权人）和担保人。借入方或贷出方与担保人订立契约，让其在借入方违约时偿还贷出方。典型的例子是出口信用担保和助学贷款担保。政府为贷款等其他金融工具和某些债权提供担保并收取费用也属于此范畴。此时尽管不可能确定某个债务人违约的可能性，但是估计一批相似债务中违约的数量是可能的，这也是实践中的标准做法。如果担保人是从事单纯的商业业务，他将会期望，所有支付的费用加上费用上产生的投资收入以及准备金，可以覆盖期望的违约损失和成本，并留下一定的利润。这和非人寿保险的运作机制是完全一致的，因此对这些担保，即“标准化贷款担保”也采取了相似的处理方式。这就要包括与非人寿保险相平行的交易和资产负债表项目，如产出的形成，费用补充的支付，以及由取得担保的一方支付的服务费用。

17.212 第三类担保被称为一次性担保，其包括的贷款或证券很特殊，与债务相关的风险度不可能精确计算出来。在大多数情形下，一次性担保的授予被认为是一项风险事件，并不记录为金融资产/负债。（一个例外是，由政府在某些确定的财务危机且代偿很有可能发生的情况下向企业提供的一次性担保，在危机确认时作为要求担保代偿处理。）如果收取了费用，该费用在发生时作为对服务的支付记录。如果担保下出现了代偿，则在违约发生时记录一项担保人向担保持有人的资本转移，或在担保人获得担保持有人的有效权益时，记录一笔金融交易（包括股本参与的增加）。

17.213 标准化担保与一次性担保的区分是基于以下两项标准：

a. 标准化担保的特征是相似性征并具备风险池的经常性重复交易；

b. 标准化担保的担保人可以根据已有数据利用概率权重概念估算平均损失。

而一次性担保则相反，它是单一的，且担保人不能对代偿风险做出可靠的估计。

17.214 金融衍生产品已在第 11 章介绍。标准化贷款担保的处理如下。

1.　标准化贷款担保

17.215 标准化贷款担保可以由金融机构提供，包括但不限于保险公司。也可以由政府提供。也可能是非金融企业提供这种担保，但实际发生的可能性很小；向非常住单位提供此类担保的可能性几乎没有。如上所述，标准化担保与非人寿保险有很多的共同之处。在一般情况下，我们建议用下面介绍的与非人寿保险相似的记录方法。

17.216 一家单位在提供标准化担保时，它接受了费用，也产生了担保代偿的负债。在担保人的账户中，负债的价值等于担保下期望代偿的现值减去担保人期望从违约借入方取得弥补后的净值。负债为标准化贷款担保下的代偿义务。

17.217 担保覆盖的期限可能是多年的。费用的支付可以是按年度的或提前一次付清。原则上费用应该代表担保存续期间每年获得的收费，而负债伴随着期限变短逐渐减少，所以这里应该沿用相同的记录方式，正如年金情形下费用的获得也伴随着未来负债的减少。在实践中，经营担保的一些单位可能只拥有基于现金形式得到的数据。对于单笔担保而言，这是不准确的；但是标准化贷款担保的本质是，存在很多同类型的担保，尽管并不是所有的担保期限都相同或起讫日期都一样。除非有理由假定今后担保持有人的性质发生较大的变化，否则利用现金形式的数据将不应该带来显著的谬误。

17.218 对于标准化担保，共有 6 套交易需要记录：2 套与担保服务的生产和消费测算相关；3 套与再分配有关；还有金融账户中的 1 套。活动的产出价值，归属于担保持有人（债权人或债务人）的投资收入以及服务收费的价值，都按上述关于非人寿保险的方式计算，但要以费用的概念取代保费，以标准化贷款担保代偿代替赔付。

17.219 生产和消费交易如下：

a. 产出记录在担保人所属部门或子部门的生产账户中；

b. 服务费用可能由担保债务的借入方或贷出方支付。如果是非金融公司、金融公司、政府或非营利机构支付费用以取得此类担保，费用构成中间消耗，记入其生产账户。住户支付的任何担保费用构成其最终消费支出的一部分，记入收入使用账户。

17.220 再分配性交易包括标准化担保下归属于担保持有人的投资收入，净费用，以及标准化担保下的代偿。

a. 标准化贷款担保下归属于担保持有人的投资收入记录为担保人的应付和支付费用单位的应收。应收应付均记录在初始收入分配账户里。

b. 净费用等于应收费用加上费用补充（等于归属于支付担保费用单位的投资收

入)，减去所消费服务的价值。净费用是经济体内所有部门的应付项，担保人部门的应收项。

c. 标准化担保下的代偿是担保人的应付，担保债务贷出方的应收，不管支付费用的是借入方还是贷出方。净费用和代偿都记录在收入再分配账户中。

17.221 在金融账户中有一个项目反映了新担保费用支付和已有担保的代偿之间的差。

2. 政府提供的担保

17.222 政府经常会出于政策目的提供担保。出口信用担保就是一例。担保可能由可以视作一个单独机构单位的政府单位发起。如果是这样，则将政府单位分解为公共控制企业或作为政府的一部分这一通常规则是适用的。如果担保单位收取的费用具有显著的经济意义（这么一来就等于是说大部分的代偿加上行政成本可以被收取的费用所覆盖)，那么这将构成一项市场活动。它就应该被作为金融企业处理，而交易应该按上述方法记录。如果费用覆盖了大部分但非全部的成本，仍可依上述方法记录。提供担保的单位面临的损失由政府规律性地或间断地予以弥补，但这不能作为补贴传递给寻求担保的单位。规律性的支付记录为向担保单位的补贴，而间断的支付（弥补累积的损失）仅在支付发生时记录为资本转移。

17.223 一般而言，如果政府单位提供的标准化担保是无偿的，或费用很低，显著低于代偿和行政成本，则该单位应该作为政府内的非市场生产者处理。然而，如果政府认为担保下的某些代偿发生的可能性较大并在其账户中包括了准备金，那么就应该记录一项从政府向该单位的同等规模的转移和负债（标准化担保代偿准备金项下)。

3. 资产负债表的意义

17.224 理论上，被担保工具在资产负债表上的总价值应该减去标准化担保债务代偿准备金的金额（对可能违约贷款金额的估计)。在实践中，与该项工具相比，这一金额可能并不显著。

第 4 部分：金融资产和负债相关流量的记录

M. 引言

17.225 本节的目标在于说明，各类别金融资产和负债的价值变化在 SNA 中如何记录及其记录的位置，以及在何种情况下与金融工具相关的某部分交易不被视为改变工具自身的价值，而是要作为金融机构产出的测度。在详细描述这些流量之前，先有必要回忆一下金融机构的特性、与提供金融服务相关的流量的种类，以及与持有金融资产和负债相关的收入和持有损益的种类。

1. 金融机构的特性

17.226 在 SNA 中，公司一词既包括提供金融服务的机构单位，也包括提供非金融服务的机构单位。于是这些公司就可以划分成两个部门：非金融公司和金融公司。金融公司与非金融公司不同，它们在经济体中扮演了一个特殊的角色。一些金融公司可以使其他单位之间的支付方式变得更为便利，因而避免了实物交易。一些金融公司提供的工具则可以使那些寻求额外资金用于资本形成、获得金融资产甚或消费的单位能够利用其他单位的储蓄资金。资本形成必须等于储蓄加上国外净借入，这一等式对于经济体的运转、金融市场的运行方式及至核算体系本身都具有非常根本的意义。

17.227 在单独或与货币金融统计等其他统计资料一起考虑金融部门时，通常称之为金融机构，而不是金融公司。这一称谓的改变并不意味着定义或范围的变化。在金融部门细分时，正如第 4 章所介绍的，我们区分了主要从事金融中介服务的金融公司（即所谓的金融中介）和其他金融机构。

17.228 金融中介服务是将借入者的要求与贷出者的需求相匹配的活动。从事金融中介活动的金融机构准备了多套备选条件，在这些条件下客户可以借入贷出。这些条件中考虑了回报率的变动——通常高回报的投资可以期望较好的回报率，但其确定性却不如低回报的投资，或者意味着要放弃资金使用权的时间更长。现今资金拆借的方式很多也很广泛。因此金融中介的行为之一就是设置金融工具，鼓励有储蓄的客户在工具所陈述的条件下把钱借给金融机构，由此金融机构可以将同一资金以具有不同条件的另一套工具出借给他人。这一活动涉及金融风险的管理和流动性的转换。

17.229 SNA 中的所有金融中介行为都由金融机构承担。但是金融部门中的一些公司其自身并非中介机构，而只是提供金融中介辅助服务。比如，它们可能向客户提供关于具体借贷品种下可用条款的建议，如按揭经纪；或提供特定类型的金融资源，如外汇局的货币兑换。这些单位称为其他金融机构。

17.230 金融机构提供服务的同时也收取费用。但其收取费用的方式通常是隐性的。在一家银行提供“免费银行”业务时，那只意味着没有明确的费用，而隐含的费用却并非不存在。费用的收取可能是间接的，即向一项金融资产购买者的要价会高于同一资产的出售者的所得。例如，外汇交易商通常会以不同汇率价格买卖；而这些汇率水平和中间价之间的差异就代表了顾客支付的服务费用。

17.231 可能需要间接测算的也不仅仅是服务收费。票据是将来某个时间点上一定金额的支付承诺，而这一承诺可以折价变卖。买入价和赎回价之间的价值增长在 SNA 中是作为利息处理的。

17.232 金融市场上使用的术语和 SNA 也不完全相同。比如，银行在存款上支付的金额被银行作为利息，但 SNA 中记录的却不是这一金额，因为银行支付的金额被假定为是一项复合性的支付，SNA 中理解的利息要减去因管理账户成本向客户征收的服务收费。在 SNA 中，在需要区分这两个概念时才使用银行利息和 SNA 利息这两个术语。除非符合银行利息的条件，SNA 中的利息一词是指 SNA 利息。

2.　金融服务的收费

17.233 如上所述，金融机构对其所提供服务收取费用的方式常常不像大部分货物服务收取费用那样明显。有些金融机构对其提供的服务收取显性费用，而其他金融机构收取的费用可能是隐性的，或单独收取，或与显性费用结合在一起。

17.234 显性费用通常应该记录为接受服务单位的应付，提供服务机构的应收。如果服务的对象是一家企业或政府，则该成本构成了中间消耗的一部分。如果是住户，则将会作为最终消费处理，除非金融服务的提供与非法人企业（包括占有或拥有住所的）相关。在 SNA 中，金融服务不能和任何金融资产的价值混合在一起，即便其发生对于该资产的获得是必需的（这和非金融资产的处理是相反的，非金融资产的获取成本包括在资产负债表里的资产价值中）。显性费用对金融资产在市场上的实际交易价值也不产生影响。

17.235 金融服务的隐性费用需间接测算。费用可能只是上文所引外汇一例中的买入价与中间价之间和卖出价与中间价之间的差值。（每一项服务的费用应该在相关交易发生时计算，这样买卖时点之间发生的持有损益才不会被当作服务费用。）其他隐性费用可能与特定金融工具上的其他交易（或其他流量）结合在一起。与借贷相关的服务收费就是一例，此时费用和利息是结合在一起的。在第 6 章讨论金融服务的产出时已述及，忽略金融服务的隐性收费可能会导致低估金融行业和部门的产出。

3. 与金融工具相关联的投资收入

17.236 大部分的金融工具会带来投资收入。诸如国际货币基金组织的特别提款权（SDR）等债务工具、大部分的债券、存款以及一些未分配黄金账户（金额按一固定公式偿还）都会产生利息。股权和投资基金份额会带来红利或公司收入的其他分配。在其他应收/应付账户中应尽量不要存在利息，因为产生利息支付的未偿付款项应该作为贷款处理。在实践中，这一点并不总是能做到的，在该项金融工具下也会体现一定的利息金额。除了其他应收/应付账户外，只有金块（条）、通货、无息存款、金融衍生品和雇员股票期权不产生投资收入。

4. 金融工具的持有损益

17.237 按常理而言，以本国货币计值的存贷款不产生名义上的持有损益，但在通货膨胀下对于资产持有人而言常常会存在实实在在的持有损失。以本国货币计值的证券，如果仅仅存在票息形式的收入，则可能存在持有损益。之所以会如此，是因为当利息率发生变化时，未来票息的支付和偿还价值的现值会发生变化并反映在市场价格上。

17.238 对于货币市场基金份额以外的股权和投资基金份额，名义持有收益很普遍，且可能数额巨大。获取这些工具最常见的原因也的确是为了从因持有之而产生的持有收益中获益。

N. 金融工具流量的记录

17.239 正如上文所解释的，服务费用和投资收入流量都可能与获取和处置金融资产和负债结合在一起。因此本节将依次考察每一类工具，确认各类别下应该记录的流量。这里不再包括显性费用，因为即便包括，其价值对于金融资产换手时的价值而言也是额外的。因此本节包括了三种相关联的流量：金融机构的隐性收费，各种收入流量和持有损益。图 17.2 总结了与各种工具相关的流量类型。隐性费用可以分解为：以买卖价格之间的利差形式出现的隐性费用，以及代表支付和收到的利息差（间接测算的金融中介服务，FISIM）的隐性费用。所有的收入流量都是投资收入，这些流量包括利息、分红、从准公司收入中的提款以及归属于投资基金持有人的投资收入。仅仅与保险、养老金和标准化贷款计划相关的工具不在此列，因为有关这些计划的处理本章其他部分中已经做了详细介绍。

1. 货币黄金

17.240 货币黄金（包括已分配黄金账户）包括两个子类，金块（条）和未分配黄金账户，两者均由货币当局（或其授权的其他单位）作为储备的一部分持有。尽管可能处于保密的原因，不能单独给出这两个子类的数据，但理解各自的不同考虑因素也很重要。

17.241 金块（条）的形式包括纯度至少为 995‰的金币、金锭或金条。商业银行作为贵金属或某些特殊行业作为（如珠宝商）存货持有的黄金，可能与金块（条）无差异，也可能纯度较低。实金，除包括在货币黄金中的金块（条）之外，不管是否是金块（条），都可以称作商品黄金（因其在商品市场交易）。

图 17.2：与不同金融工具相关的流量示意

	服务，生产账户		财产收入，初始收入分配账户				重估价账户
金融工具	买卖价差	利差	利息	红利	准公司收入提款	归属于全体投资基金份额持有人的投资收入	持有损益
货币黄金和 SDR							
金块（条）							×
未分配黄金账户			×				×
SDR		×	×				×
通货和存款							
通货							
本币							
外币							×
可转让存款							
本币		×	×				
外币		×	×				×
银行间存款		（×）	×				
其他存款							
本币		×	×				
外币		×	×				×
债务性证券	×		×				（×）
贷款							
本币		×	×				
外币		×	×				×
股权和投资基金							
股权							
上市股份	×			×			×
未上市股份	×			×			×
其他股权					×		×
投资基金							
货币市场基金份额	×					×	×
其他投资基金份额	×					×	×
金融衍生工具和雇员股票期权							
金融衍生工具	×						×
雇员股票期权							×
其他应收/应付账户			（×）				

17.242 金块（条）可由一国的货币当局出售给另一国的货币当局。在此情况下，这一交易被记录为金融资产交易。而对于所有的其他情形，黄金都要被重新归类为商品黄金，作为被货币当局持有的贵金属（不再作为储备的一部分），然后作为商品黄金出售。此类重新分类要作为黄金非货币化记录在资产其他物量变化账户中。如果黄金对国外出售，则要将其记录为该国的出口和另一国的进口。商品黄金出售时，可能附带有贸易加价。当一国货币当局取得了货币黄金，则要遵循以下路径记录为储备：黄金先作为商品黄金从国内单位或国外获得，随后通过黄金货币化被重新归类为货币黄金，记录在资产其他物量变化账户中。

17.243 作为贵金属持有的金块（条）不带来利息，但当黄金价格变化时，却存在名义的和实际的持有损益。当一个货币当局将作为储备的金块（条）借给另一个货币当局时，就可能产生应付的利息。

17.244 未分配黄金账户作为外币存款处理，除非其被货币当局持有作为外汇储备的一部分。与金块（条）不同的是，未分配黄金账户有对应的负债方。因为被划分为货币黄金的未分配黄金账户必须作为外汇储备的一部分，相应的负债须被国外持有。在对应的国家，该项对应的负债不会作为货币黄金的一部分（作为外汇储备持有的境外资产通常无法通过伙伴国的负债来识别）。如果货币当局获得了可作为储备处理的未分配黄金账户，首先要将其记录为外汇存款的获得，然后重新分类为货币黄金，作为资产其他物量变化账户中的一项分类变化。要从储备中去除一项未分配黄金账户，要首先将其记录为从货币性黄金到外汇存款的分类变化，然后作为存款处置。

17.245 未分配黄金账户会产生利息和服务收费，在黄金价格变化时也会存在名义的和实际的持有损益。

2. SDR（特别提款权）

17.246 SDR 由 IMF 分配给那些参加其 SDR 部的国家和主权当局。这些国家必须是 IMF 的成员；其他参与者包括中央银行、政府间货币机构和发展机构。由于参与者之间会发生 SDR 交易，参与者实际持有的 SDR 可能少于或多于其分配的额度。SDR 会产生利息，但没有服务收费，因为持有多于其配额的参与者支付的利息和持有少于其配额的参与者应得的利息是完全匹配的。应付利息率的数据可以从 IMF 定期得到。SDR 价值是以包括四种关键货币的货币篮子为基础的，所以 SDR 价值总是存在名义和实际的持有损益。动态看，有可能会出现 SDR 的新配额；这种情况发生时，要将该分配记录为一项交易。

3. 通货

17.247 纸币和硬币是记录最为简单的金融资产，因为对于国内通货而言，不需要记录任何的服务收费、投资收入或名义持有损益。但在通货膨胀情况下，纸币和硬币的持有者常会遭受实际持有损失。制造纸币和硬币实物的成本记录为政府支出，且不扣除发行货币的收入。

17.248 外币应该记录在国家资产负债表中，并用资产负债表编制日期的汇率转换为本国货币价值。当外币与本币的汇率发生变化时，这一价值会出现名义和实际的持有损益。上已述及，获得或处置外币时通常要牵涉到服务收费。

4. 存款和贷款

17.249 在 SNA 1993 中，FISIM（即间接测算的金融中介服务）用于表现存款和贷款的间接服务收费。而对于其他金融工具的间接费用却没有做明确的描述（除保险外）。此次修订识别了其他与金融中介相关的间接测算的服务收费，但就其传统含义而言，即与金融中介机构持有的存贷款相关联的金融中介服务，继续使用 FISIM 的惯用表述还是很方便的。

17.250 6.163 至 6.169 段介绍了 FISIM 的基本原理，并解释了进行以下区分的必要性，即持有存款和发放贷款的银行所理解的利息与 SNA 中记录的投资收入流量之间的区分。为了确定 SNA 记录的利息流量，应该对存贷款水平使用一个（或可能多个）参考利率。这些流量和银行利息之间的差要记录为存贷款单位应付给银行的服务费用。这对常住和非常住单位及其持有的存款和贷款均适用。为了明晰起见，银行利息一词是指金融中介机构向其客户报出的直接利息；SNA 利息是指 SNA 记录为利息的金额，即存贷款水平乘以所选的参考利率。对于银行存款，服务费用等于 SNA 利息减去银行利息；对于贷款，服务费用等于银行利息减去 SNA 利息。对于非常住单位贷款和存款的各种计值货币，应该使用不同的参考利率，这一点至少是可能办到的。

17.251 这里不排除自有资金的贷出。尽管贷出和收取 SNA 利息并不是生产性活动，但却存在与贷出相关联的服务收费。从银行借款的个人并不知道所借金额是来自于中间资金还是银行的自有资金，对服务收费也应不作区别。相似地，如果一个人从资金贷出者处获得借款，也存在应付的服务收费。(实际上服务收费很高，反映了资金贷出者面临的违约风险显著上升。某些小额信贷计划的突出特征是，因为违约并不常见，服务收费比较低廉。)

17.252 银行间头寸应该被认定为存款还是贷款，这一问题的确定并不总是那么简单的。在一张完整的资金流量报表中，这个问题必须解决；但如果不存在资金流量的分析，银行间头寸可以体现在现金和存款项目下。依惯例，它们体现在存款项目下。我们假定，银行间利率通常要符合参考利率的标准（在某些情况下可将银行间利率作为参考利率）。基于这样的原因，假定国民经济内银行间的借贷行为不存在相关的 FISIM，这常常是比较合适的。

17.253 信用卡或零售商账户上的未偿还额度常常需要支付利息。这些未偿还额度应该作为贷款，而不是应收/应付款项。如果提供贷款者属于金融机构，要计算基于其的 FISIM。

17.254 回购协议被认为会产生存款或贷款，这取决于其是否包含在广义货币的测算范围内。因此回购协议带来的利息可能含有 FISIM 的成分。此外签署协议也会涉及费用问题。

17.255 以本币计价的存贷款不存在名义持有损益(不管持有者是常住的或非常住的)。但只要存在任何的通货膨胀，本币计价的资产都会有实际的持有损失。其他货币计值的或未分配黄金账户（或相似的其他贵金属账户）中持有的存贷款都可能存在名义和实际持有损益。

17.256 金融机构因管理账户而收取的任何费用，开立支票或自动取款机提现的费用，都要作为显性费用处理。

17.257 不良贷款的特殊情形及其在 SNA 中应如何处理已在第 13 章中做了介绍。

5. 债券

17.258 根据相关流量的记录方式，债券可以分为三种。第一种，债券存续期末的应付金额与债券的初始额度相同，但会存在相关的“票息”，使持有人可以在该工具的存续期内获得固定或变动利率的利息。第二种债券是，没有中间支付，但发行价格低于赎回价格。发行价格等于赎回价格按适当的利率（相当于相似特性的存款可以获得的利息）贴现到发行日的价值。债券存续期内价值的增长，作为债券持有人累积的利息，并“再投资”到债券中增加其价值。第三种债券是前两种形式的复合；初始价值低于赎回价值，但也存在附加的“票息”。在某些情况下，如果票息代表的利率高于发行时相似债券市场的通行利率，债券的发行价格可能会高于赎回价格。

与债券相关联的服务收费

17.259 对于债券而言，根据息票或债券价值增长计算出来的利息应直接记录在 SNA 中，不做服务收费的调整。但是债券发行时与获得债券相关的、以及债券存续期内与获得和处置债券相关的服务收费是存在的。这些服务收费被认定为是一个债券的购买（出价）和出售（报价或要价）报价与中间价之间的差。出价和要价应该是单个买家或卖家的价格，因为这两者可能会因交易数量或其他因素而有所不同。

17.260 假定一项工具以 102 买进，随后以 118 卖出，即便利息率（及工具的持有损益价值）没有发生变化。初看上去，似乎应该记录 16 的利息。但若假定购买时的中间价为 100，出售时的中间价为 120。正确的记录应该是，债券的发行者应付给持有人 20 个单位的利息，同时持有人应付给债券交易商 4 个单位的购买服务收费。忽视买卖差价将会低估利息，并会忽略买卖债券的金融中介所提供的服务。

贴现债券的利息

17.261 如果当前利率不同于债券发行时的通行利率，存续期内贴现债券价值的确定有两种方式：债务人方法是从发行债券单位的角度出发，债权人方法则从持有债券单位的角度出发。债务人方法下，在整个存续期内继续使用发行时的通行利率。债权人方法下，则要用当前利率估计存续期内任意两点之间利息的价值。

17.262 假定一项工具的发行价格为 90，赎回价格为 100。如果贴现（利息）率在存续期内不发生变化，利息在整个期间内将稳步产生。但是我们假定当该工具的价值达到 95 时利息率下降了，此时赎回价值的贴现因子变小了，于是债券价值上升，比如达到了 97。在利率下降之前的期间内，债权人方法和债务人方法记录的利息都将是 5。在债权人方法下，价值从 95 到 97 增加的 2 作为持有收益处理，且只有随后增加到 100 赎回价值的部分记录为利息。因此在该项工具的整个存续期内，它带来了利息 8 和持有收益 2。

17.263 SNA 使用的是债务人方法。在该方法下，利率上升之前期间产生的利息仍为 5，但利率上升之后期间的利息也为 5。将这一利息水平与上升时的 97 相加将会产生一个 102 的赎回价值。因为这一价值过高，SNA 必须记录一项持有损失 2。因此在该项工具的整个存续期内，利息为 10，初始持有收益 2（利息率变化时）被之后的持有损失 2 所抵消。在记录持有收益和赎回之间的期间内，持有损失稳定发生。使用债务人方法的理论依据在于，债务人，即债券的发行人，在债券到期之前往往不会做出支付，且从其角度而言应将利息额看作是在债券存续期内稳步产生的。

票据和债券利息流量的确定

票据及相似工具的利息

17.264 票据是指持有人（债权人）有权在特定时间无条件获得一项固定金额的短期证券。票据在有组织的市场上签发和交易，其贴现率取决于当前市场短期利率及其到期的时间。大部分票据到期的时间为一个月至一年。

17.265 当票据接近到期时，其市场价值上升，因为其贴现减少。这种价值的增长，与其他资产由于贴现因子逐步释放而出现的价值增长相同，在 SNA 中作为收入处理。对于金融资产而言，此项收入记录为利息。

17.266 假定票据签发时支付的价格在扣除服务费用后为 L：这代表了购买者（债权人）向签发人（债务人）提供资金的数额，用于衡量签发人发生的初始负债价值。票据的票面价值设为 F：这代表了票据到期时付给持有人（债权人）的金额（包括服务收费）。两者之差，F－L，或票据的贴现额，衡量了票据存续期内的应付利息。

17.267 票据在货币市场交易的价值逐渐上升，反映了在接近到期日的过程中票据上累积的利息。累积利息的增加所引起的票据价值上升并不构成持有收益，因为它是未偿付本金的增加所致，而不是由于资产价格的变化。

公债和公司债的利息

17.268 公债和公司债是长期证券，持有人无条件拥有下列权利：

a. 票息形式的固定或约定变动的货币收入；或

b. 证券到期时或约定时间上的固定金额；或

c. a + b。大多数公债属于这一类。

17.269 如果公债折价发行，则发行价格和面值或赎回价格之间的差构成了公债存续期内的利息，这与票据是一样的。但是账户编制的时期通常会大大短于公债的存续期，因此利息必须在存续期内加以分配。分配方式下文将会述及。

零票息债券

17.270 零票息债券是与票据相似的长期证券。其持有人没有获得固定或可变货币收入的权利，而只得到一个固定的金额作为本金和某个或某些特定时点上累积利息的偿付。如果其发行时卖出的价格大大低于其到期兑付的价格，则 $F-L$ 构成了该债券存续期内的应付和应收利息的价值。这里的利息必须分配到其到期前的各年份。可以假定，利率 r 下的利息在各年末按年利率（债券存续期内保持不变）记录，因此终值 $F=L\ (1+r)^n$。

17.271 利率 r 由下式得到：

$$r=\ (F/L)^{1/n}-1$$

其中：n 为从发行至到期的年数。则第 t 年的累积利息为：$rL\ (1+r)^{t-1}$。其中：$t=1$ 表示第一年年末。

17.272 每年累积的利息由持有人有效地再投资到债券中。因此，与累积利息相等的对应项目必须记录在金融账户上，作为持有人（债权人）在债券上的获得，以及发行人（债务人）在债券上的发行。

其他债券，包括高贴现债券

17.273 大多数的债券会支付一定或可变额度的货币收入，也可能是折价（也或贴水）发行。在这样的情形下，债券持有人的应收利息包括两个成分：

a. 每期票息支付的应收货币收入金额；

b. 每期累积的可归结于赎回价格和发行价格之差的利息金额。

第二种成分的计算和上文述及的零息票债券相同。对于高贴现债券，大部分的利息都可以归结于赎回价格和发行价格之差。另一种极端情况是，某些债券提供永久性的收入流而从不赎回。

指数关联型证券

17.274 指数关联型证券是指票息金额（利息）或未偿付本金或两者同时与某一般价格指数、特定价格指数、某种商品的价格指数或汇率指数相关联的金融工具。交易的记录可以有不同的处理方式，这要取决于利息关联的本金水平计量所使用的指数类型以及计值利息和本金的币种。

17.275 指数机制将到期日应该支付的金额和/或票息与各方协定的指标关联在一起。指标值事先是未知的。对于到期日应付金额指数化的债券，指标值可能只在赎回时才能知晓。这样一来，赎回之前的利息流是无法确定的。为了估算在参考指标值明确之前累积的利息，我们必须使用一些近似的测算。有鉴于此，区分下列三种协议将会很有意义：

a. 仅对票息指数化，到期日应该支付的金额不指数化；

b. 仅对到期日应该支付的金额指数化，票息不指数化；

c. 票息和到期日应该支付的金额均指数化。

下述指数关联债券的原则适用于所有的指数关联债务工具。

17.276 如果仅对票息指数化，指数化带来的所有金额都视为该票息期内累积的利息。很有可能到一个报告期的数据编制时点上，票息支付的日期已过，因而指数值也成为已知。如果票息支付的日期未过，票息覆盖期间的指数变动可以用来计算累积的利息。

17.277 如果到期日应付金额是与指数关联的，累积利息的计算将会变得不确定，因为赎回价值是未知的；某些情况下到期日可能是将来的几年后。我们可以采用以下两种方法来确定各核算期内累积的利息：

a. 到期应付金额指数化引起的某核算期内的累积利息可以计算为，该未偿付金额价值由于相关指数变动而引起的核算期期初到期末的变化。

b. 在发行时固定一个累积率，也可以计算出累积利息。在这样的情况下，利息就是发行价格和市场最初预期债务人将来所有支付之间的差；这一金额记录为该工具存续期内累积的利息。这一方法将发行时的到期收益记录为收入，而前者融入了工具产生时所预计的指数化结果。基础指数发生的任何有别于原期望“路径”的变化，都将导致持有损益（在工具存续期内通常不会消失）的产生。

17.278 第一种方法（利用指数变动）具有简便易行的优势，利息包括了相关指数变动引起的各核算期内当期应付金额价值的所有变化和波动。如果指数出现了较大的波动，这一方法会在某些核算期内产生负的利息，即便发行时和当期的市场利率是正的。同时，利息的波动与持有损益相似。第二种方法（发行时固定累积率）避免了上述问题，但将来实际的现金流量可能会与起初预期的有所不同，除非事先市场预期与实际完全相符。这意味着该工具存续期内的利息可能会不等于发行价格与赎回价格之差。

17.279 如果对到期应付金额的指数化是建立在一个覆盖较广的指数（比如消费者价格指数）之上的，第一种方法效果较好，因为这样的指数变化相对平稳。然而，当到期应付金额的指数化综合了利息收入和持有收益两种动机（比如商品价格、股票价格或黄金价格），第一种方法可能会给出有悖直觉的结果。因此如果指数化含有了持有收益的动机（通常是那些基于单一、定义面较窄项目的指数化），我们会倾向于第二种方法，否则应该用第一种方法来测算累积利息。

17.280 如果到期应付金额和票息均以广义的基准项目进行指数化，一个核算期内的累积利息可以加总下面两项得到：票息指数化得到的归属于该核算期的金额（17.276 段所描述的），以及由于相关指数变动引起的未偿付金额价值从核算期期初到期末的变化（17.277（a）段所描述的）。如果到期应付金额和票息均以包括持有收益动机的狭义指数进行指数化，则任一核算期的累积利息都可通过固定发行时的到期收益率来确定，如 17.77（b）段所描述的。

17.281 对于到期应付金额和票息均以外币指数化的债务工具，可将其作为外币计值的债务工具来处理；利息，以及此类工具的其他经济流量和存量水平，其计算都应该根据与外币计价工具适用的相同原理进行。利息的累积应该贯穿整个期间，以外币作为计价货币，并以市场中间汇率将其转换为本币。相似地，未偿付金额的估价应该使用外币作为记账单位，并在国际投资头寸中以期末汇率确定整个债务工具（包括累积的利息）的本币价值。汇率波动和/或利率变化引起的债券市场价值变化要作为重估价处理。

17.282 对于其他证券，由于指数化累积的利息会被有效再投资于证券，由此这些对证券价值的附加必须记入持有人和发行人的金融账户。

6. 股权和投资基金份额

17.283 股权和投资基金份额交易上收取的金融服务费用，应以与债券相同的方式计算，即金融中介卖出价与中间价、买入价与中间价之差。它们要作为显性费用处理。

17.284 公司股权上的投资收入表现为公司的已分配收入。对于公司而言，已分配收入就是红利。对于准公司，投资收入来自于对准公司的收入提取。第 7 章已经说到，红利或其他从公司收入的提款在其份额状态为除权报价时记录为投资收入。对于巨额红利，其与公司所有者既往可得分配收入的金额有很大出入，则要采用另一种记录方式。任何过多的分配都将记录为权益的提取（记录在金融账户上），而不是投资收入的一部分。第 22 章讨论了公共企业大额红利的情形。

17.285 对外国直接投资企业，还存在再投资收益这种形式的投资收入。

17.286 对于投资基金，收入因素出现的形式是对所有投资基金份额持有人的投资收入返还。在 SNA 中，获得的投资收入的全部价值在初始收入分配账户中体现为已分配给所有份额持有人。但是，如果一个投资基金也是一家外国直接投资企业，则要在剩余的投资收入分配给投资基金份额持有人之前先记录为再投资收益。

17.287 前文述及，对于股权和投资基金份额而言，可能存在可观的持有损益，名义的、实际的都有。

17.288 金融账户中与权益获得有关的项目就其概念意义而言包含两种不同的交易。一是机构单位之间股权和投资基金份额交易。因为交易以中间价计算价值，所以总获得必须等于总处置。因此，其净效果就是机构部门和国外份额持有人之间的结构变化。包括在金融账户中的第二种交易是收到的收益再投资，即与公司应付投资收入下记录的流出量相对应的部分。在计算资产负债表期初和期末之间的重估价成分时，必须注意排除掉收益再投资部分。

7.　金融衍生工具

17.289 安排一项金融衍生工具可能涉及设立费，这应该做为相关金融机构收取的显性费用，由金融衍生工具持有人支付。对于某些金融衍生工具，尤其是基于产品的期权，金融机构可能扮演了做市商的角色，其卖出产品时存在买入价和卖出价之间的利差。这一利差应作为与其他金融工具相同的服务收费处理。

17.290 远期金融衍生工具的初始价值为 0，但是一旦环境发生变化（金融衍生工具设计的目的就是为了对环境变化提供金融保护），该金融衍生工具就获得了一定的价值。这时一项金融资产和相应的负债就成立了，并要记入金融账户作为金融衍生工具的一项交易。以后的价值变化要记录在重估价账户中。如果价值变为负数，它就变成了持有人的一项负债（而非资产），以及卖出者的资产（而非负债）。

17.291 在一开始，期权具有正值，通常等于设立期权的费用。这在金融账户中要记录为一项金融衍生工具的交易。而后，其价值的任何变化都要记入重估价账户。期权通常构成购买者的资产和卖出者的负债。

17.292 金融衍生工具不存在累积的投资收入。

8.　雇员股票期权

17.293 如第 7 章所述，股票期权的给予可能会构成雇员报酬的一部分。所有与雇员股票期权相关的问题在本章第 6 部分讨论。

9.　其他应收/应付款

17.294 其他应收/应付款基本上是以赊销和预付款为代表的发生额调整项。赊销是指货物和服务已交付，但支付尚未收到。预付款是指对在制品的支付，预付已发生，但货物尚未交付。融资支付的方式，包括使用信用卡，不在此列；信用卡资产负债要作为贷款处理，而诸如利息或滞纳金的支付则与贷款的记录方式相同。

17.295 以本币计价的其他应收/应付款可能不存在名义持有损益，但存在实际持有损益。对于任何以外币计价的项目，名义的和实际的持有损益可能都会存在。

第 5 部分：合约、租约和许可

O.　引言

17.296 经济体内发生的、并在 SNA 中记录的许多交易都对应着两个机构单位之间的某项合约。一个机构单位以一个协定的支付额在一定时间上（可能即在议定价格后的片刻之内）向另一个机构单位提供货物、服务或资产，大多数的合约均是如此。这些合约可以是书面的、具有法律约束力的，也可能是非正式的，甚或仅是隐含的。如果一个单位接受了建筑商提供的关于特定项目成本的估价，则该合约就是书面的，也是具有法律约束力的。如果从书店订购了一本书但在运送时出现了延误，则书店和顾客之间就存在一种非正式的合约但对双方可能不是强制性的。无论何时，顾客询问某项服务的价格——不管是理发、搬运重物或进电影院看电影，以报价接受了该项服务，实际上就是一种隐含的合约。然而所有这些合约只是就条款（如何将货物、服务或资产提供给顾客，以及标的的法定所有权）所达成的一致。这些合约对于 SNA 而言只是，它们确定了交易记入账户的时点。在这一点上，货物、服务或资产的所有权发生了变化。对于服务而言，这一点通常就是服务的交付点；对于物品，它可能也会和交付的时间相吻合。但是记录的时间并不用支付的时间来确定。支付时间和所有权变更时间之间的差异记入金融账户中的一个项目即其他应收/应付款之下。

17.297 然而还存在其他的合约以及被称为租约和许可（或准许）的各种合法协定，其协议条款可能会影响协议下交易的记录时间以及协议项下的支付和标的所有权的分类。本节的目的就是为如何将这些复杂协议下的交易记录在 SNA 中提供指导。

17.298 首先要讨论的项目就是 SNA 中确认的不同类型的租赁。接下来要讨论的主题是自然资源使用许可的处理。如果是政府代表全社会宣称对资源的所有权，这一问题将尤为重要，同时这也适用于私有资源的处理。这就自然引向另一个问题，即对于所有权归属于多个单位或产生的所有权收益归属于多个单位的资产，我们如何处理。

17.299 某些合约与资产的使用并不相关。首先讨论许可（或准许），它允许采取特定的活动，该活动可能独立于在活动中所使用的资产。如果准许是由政府颁发，或由其他机构单位授予，就会有不同的处理办法。接下来要考虑的是，一项合约本身可形成一项资产——独立于合约的标的。最后是对一项合约下支付的时限和本质做说明。

P. 租赁

17.300 SNA 中识别的租赁有三种：经营租赁，融资租赁以及资源租赁。这些租赁中，每一项都与一种非金融资产的使用相关。不同租赁之间的最基本区别在于法定所有权和经济所有权之间的差异。这种区别已在第 3 章中做了解释。一项资产的法定所有者是指由法律授权并在法律下可持续要求与该项资产相关收益的机构单位。与此相反，一项资产的经济所有者是指因为在经济活动过程中接受了使用资产的各种风险而有权要求相关收益的机构单位。法定所有者常常也是经济所有者。如果两者不同一，那就意味着法定所有者放弃了上述风险，接受了来自经济所有者的协议支付。

1. 经营租赁

17.301 ***经营租赁是这样一种租赁，法定所有者也是经济所有者，承受经营风险并通过将资产使用到生产性活动中获取经济收益***。经营租赁的一个标志性标准是，法定所有者要负责为资产提供必要修理和维护。在经营租赁下，租赁资产应保留在出租人的资产负债表中。

17.302 经营租赁下所做的支付称为租金，应记录为对一项服务的支付。经营租赁的特征以设备为例来解释可能最为容易，因为经营租赁常常会涉及交通工具、起重机和钻孔机等。但一般而言，任何类型的非金融资产，如知识产权产品或一项非金融资产，都可以进行经营租赁。出租人提供的服务不再是仅仅提供资产，还包括了其他诸如便利和保障等成分，这些从使用者角度来看可能是很重要的。以设备为例，出租人，或设备的所有者，通常会存有一批处于正常运转状态的设备，以便在需要或在收到通知后的短时间内就能出租。出租人通常必须是该设备运转方面的专家，这一因素在高度复杂设备（如电脑）的情形下很重要，而承租人及其雇员自身可能不具有必需的知识或设施对设备进行适当的处理。出租人可能还承担了在出现严重或长期故障时更换设备的义务。如果是建筑物，则出租人要负责建筑物的结构完整性；对建筑物的损坏（比如自然灾难引起的）承担责任；通常也要保证电梯、热力和通风系统的功能完善。

17.303 经营租赁的初衷是为了满足对某种设备仅有间歇性需求的用户的需要。很多的经营租赁仍然是短期的，但承租人在到期后可能会续租，同一使用者也可能会在不同的情况下租用同一件设备。然而随着设备的日益复杂，尤其是在电子领域，出租人提供的维修和后台支持设施成为可能影响使用者是否租用的重要因素。促使用户长期租用而不购买的其他因素包括企业资产负债表、现金流量或税务负担等方面的要求。

2. 融资租赁

17.304 ***融资租赁是指这样一种租赁，作为资产法定所有者的出租人将经济所有权传递给承租人，后者承担了经营风险，并将资产运用于生产性活动而获得经济收益***。作为对价，出租人接受了另一个来自于承租人的风险和收益包。尽管出租人作为法定所有者，但它通常并不接手资产实物，而是直接将其交给承租人。融资租赁的一个标志性标准是，经济所有者要负责为资产提供必要的修理和维护。融资租赁应体现为：法定所有者向承租人发放贷款，而承租人获得了资产。而后资产记录在承租人（而不是出租人）的资产负债表中；相应的贷款要作为出租人的资产和承租人的负债。融资租赁下的支付不作为租金处理，而要视为利息的支付和本金的返还。如果出租人是金融机构，支付中的一部分也应处理为服务收费（FISIM）。

17.305 融资租赁项下的资产在性质上通常会和出租人用于其生产性活动的资产有很大区别。比如一家银行将依法拥有的商务客机租给了一家航空公司，在银行的账户中记录该飞机或其固定资本消耗，或在航空公司的账户中忽略这些项目，这都有悖于经济常识。融资租赁的出现，即可避免对飞机所有权及其价值下降做上述不合意记录，并可在整个租赁期间正确记录两方的资产净值。

17.306 融资租赁会覆盖项下资产的整个存续期，这是很正常的情况但并不是必然的。如果租赁覆盖了项下资产的整个存续期，其虚拟贷款的价值将对应于租赁协议下应作支付的现值。这一价值将覆盖资产的成本并包括出租人收取的费用。向出租人的规律性支付应该记为利息的支付、（可能的话）服务费用和本金偿还。如果协议条款未明确如何确认这三个项目，那么，应该用本金偿还对应于资产价值的减少（固定资本消耗），利息支付对应于资产的资本回报，服务收费对应于总应付金额和上述两项之差。

17.307 如果租赁短于资产的整个存续期，则贷款的价值仍应估算为资产的价值加上租赁条款下应支付的服务费用价值。在租赁期末，资产将出现在承租人的资产负债表中，其价值等于该时点上所欠出租人的贷款价值。在该点上，资产可以返还出租人以撤销贷款；或者出租人和承租人之间可达成新协议，包括直接购买该项资产。因为融资租赁要求承租人得到与资产相关联的所有风险和回报，所以，如果租赁期限短于资产的期望使用年限，该项租赁通常会明确在租赁结束时属于出租人的价值，或续租的条款。资产价格与租赁协议中价值的任何差异都由承租人承担。

17.308 尽管融资租赁通常可持续若干年，但租赁的持续时间不能用来确定一项租赁应视为经营租赁还是融资租赁的标准。在某些情况下，一项大型复杂资产（如飞机，甚或是一幢建筑物）可以短期租赁，有时可能仅是一年，但条件是承租人要承担资产的所有责任，包括所有的维护以及额外的损坏。尽管租赁期限较短，出租人可能并不是金融机构，但如果承租人必须接受与资产用于生产相关的所有风险和回报，则该项租赁应作为融资租赁处理，而非经营租赁；该项资产应出现在承租人的资产负债表中，并有一项出租人发放给承租人的贷款与之相对应。

17.309 因此，任何专事此类租赁的公司，即便它可能叫做财产公司或者飞机租赁公司，都应该作为发放贷款（向其租赁资产的单位）的金融公司来处理。如果出租人不是金融公司，则支付只分解为本金偿还和利息即可；如果出租人是金融公司，则利息还要分解为 SNA 利息和服务收费（FISIM）。

3. 资源租赁

17.310 ***资源租赁是指，自然资源的法定所有者允许承租人使用资源，而作为回报，法定所有者将得到一项规律性的支付（称为地租，记录为投资收入）***。尽管资源为承租人所用，但仍要记录在出租人的资产负债表中。按照惯例，SNA 中不记录自然资源价值的减少，这种记录方法不同于对固定资本消耗交易的记录。

17.311 土地是被作为资源租赁的典型的资产，自然资源一般也此方式处理。土地的长期租赁可作为土地的出售处理，这一例外情形将在 17.319 介绍。

17.312 资源租赁项下的支付（也仅限于此支付）作为地租记入 SNA。后面的小节将对自然资源租赁做进一步的讨论。

Q. 使用自然资源的许可和准许

17.313 上已述及，在很多国家，使用自然资源的准许证由政府颁发，因为政府代表全社会拥有资源的所有权。但是私有的资源也适用同样的处理方式。

17.314 使用自然资源可适用的条件大体有三类。所有者准许该资源用至枯竭；所有者准许在相当长一段时间内使用该资源，使用者在这段时间内实际控制了资源的使用而几乎（如有）不受法定所有者的任何干预；第三种情况是，所有者在年度交替时可延展或收回继续使用该项资产的许可。

17.315 第一种选择的结果是资产的出售（或开发）。第二种选择对于使用者而言意味着创造了一项区别于资源本身的资产，但资源价值和该资产（资源使用许可）又是关联的。第三种选择则又回到了资源租赁的处理方式。第二种和第三种选择之间在处理方式上的区别可由移动电话许可案例得到清楚表现；在考察各种选择对应的不同种类自然资源之前，要重述一下 SNA 的建议（见 SNA 新闻及说明（SNA News and Notes）第 14 卷，联合国，2002 年）。

1. 自然资源使用许可或准许的“移动电话”处理方式

17.316 该案例发生于2000 年，彼时第三代移动电话无线电频谱使用许可的出售引起了渴望得到该频谱独家许可的各公司的强烈兴趣，随后各公司纷纷准备以巨额竞价（通常通过拍卖的方式）该频谱的许可权。

17.317 关于移动电话许可权，取得了八项共识。以更新后的术语表述即：

a. 频谱构成了一种自然资源；

b. 使用频谱的许可——即自然资源的使用准许——构成了一项资产，它是合约、租约和许可资产大类下的一个子类；

c. 对许可的支付既非通常的税收，也非购买频谱本身；

d. 土地、矿产资源和频谱是相似的资产类别，基于这些资产之上的许可和租赁也是相似的；

e. 尚没有单一的、普遍适用和清晰的标准来区分资产的租金和出售；有一系列标准需要考虑；

f. 所考虑的大多数情形都倾向于将许可支付作为购买一项资产（而非租金）来处理；

g. 许可价值和频谱价值之间存在对称性的变化；

h. 将来还需要做进一步的解析。

17.318 第五项共识下所指的一系列标准包括以下六个：

a. **许可对应的成本和收益**：许可之下一项资产使用权相关的风险和收益越大，一项交易被归类为资产出售（而非租金）的可能性就越大。这样，关于支付（无论是趸付还是分期支付）价值的预先协定会有效地将所有的经济风险和收益转移给受许可人，其指向的就是资产的出售。另一方面，如果支付的价值有赖于许可使用的结果，则收益和风险仅部分转移给了受许可人，所以该情形更具支付租金的特征。在移动电话一例中，应付的总金额往往是预先商定的。考察商业风险转移给受许可人程度的一个附加指标是假定受许可人破产时的情形，如果在破产时许可人不返还受许可人的任何预先支付，这将构成一项典型的非租金交易，因为受许可人显然承担了所涉及的所有风险。

b. **预付或分期支付**：像其他指标一样，支付模式本身并不是决定资产购买或租金支付的唯一指标。一般而言，许可支付的方式是一个融资的问题，而非决定是否是资产出售的一个相关指标。然而，在商业实践中，较长期限（移动电话一例中是 15 – 25 年）的租金预付是很少见的，由此这更应解释为一项资产的出售。

c. **许可的期限**：较长期限的许可意味着可视作资产的出售，而较短期限的许可则应作为租金支付处理。移动电话许可中牵涉的时间（15 – 25 年）若从租金的固定支付来看是很不寻常的，因此更进一步表明其应被视为一项资产的出售。

d. **实际或事实转让**：许可出售的可能性是所有权的重要指标；如果存在转让，则这将被认为是标志许可行为构成第三方财产权出售的重要条件。在实践中，移动电话许可常常是可转让的，可能是直接地转让（一企业将许可出售给另一企业），也可能是间接地转让（通过接管获得拥有许可的企业）。

e. **撤销的可能性**：对许可人撤销许可能力的限制越强，该交易越容易被视作资产的出售。相反地，如果许可人可以很容易地撤销许可，则收益和风险的所有权并没有完全转移给受许可人，该项交易更应被作为租金处理。

f. **商业理念和国际会计准则**：根据国际会计准则，商业中常常将使用频谱的许可作为一项资产来处理。然而这一点并不意味着在国民经济账户中也应做此处理，因为在其他方面也存在企业编制账户的方法不同于国民经济账户的情形。但是在企业账户中将获得移动电话许可作为资本投资，使我们更加倾向于将其在国民经济账户中作类似的处理。

17.319 将许可认定为资产的出售，并不需要满足上述所有的因素，也不需要满足简单多数。但是，要识别哪些属于租金协议，应至少满足下列条件中的若干项：

a. 合约是***短期的***，或在短期间隔后需重新商定。在租赁项下，资产的市场价格上升时，此类合约不同于固定、长期的合约，不会为承租人提供一定的收益。价格上升带来的收益属于持有收益，通常归属于资产所有者；

b. 合约是***不可转让***的。不可转让性是将许可支付作为租金处理的一个重要的但非充分的标准，因为尽管其排除了承租人从持有收益中套现，但无法排除承租人获取比较经济收益（比如在其业务中使用该许可）；

c. 合约中包含了关于承租人应该如何使用资产的***详细约定***。此类条款常见于土地的租用，土地所有者希望能保留对土地用途的控制。在许可情形下，此类条款可以是通过合约约定服务客户的所在区域或类型，或设置承租人可收取费用的界限；

d. 合约中包含了出租人在不做赔偿（比如因为项下资产承租人使用不足）的情况下***单方面终止***租赁的条件；

e. 合约要求***在合约期限内支付，而非大额的预付***。尽管这一条件本质上是融资的属性，不能决定租赁的种类，但它可能表明出租人在一定程度上能指导频谱的使用。如果案例中的支付与承租人从许可中获得的收入相关，则将进一步支持将其作为租金处理。

17. 320 与上文介绍如何区分经营租赁和融资租赁时所使用的经济所有权和法定所有权的区别相比较，这两组考虑因素可以看作是更加具体化了。将支付处理为资产获得或租金支付的这些条件是指示性的而不是规定性的。如果某些条件不符合，确定适当处理方式时就需要考虑如何记录那些未符合的条件。例如，如果权衡之下决定将支付作为租金处理，但又存在巨额预付，此时就应该按照权责发生制记录预付款项。然而，如果接受者在合约暂停时不愿意考虑退款，权责发生制的记录将较难实现。这也是为什么预付通常意味着是资产出售而不是租金支付的理由。

17. 321 以下介绍这些原则在主要自然资源上的应用，先从无线电频谱开始。

2. 无线电频谱

17. 322 当受许可人获得了基于频谱使用的有效经济所有权权利时，对移动电话许可的支付就构成了一项资产出售（而非租金支付）。为了确定所有权是否发生了有效转让，需要考虑上文介绍的六项标准。

17. 323 如果能够作为资产出售，且许可期限和频谱寿命相吻合，则对许可的支付可视为频谱本身的出售。后一种情形通常适用于无期限授予的许可。

17. 324 如果适用于资产出售，但许可期限和频谱寿命不同，则对许可的支付应处理为法定所有者（许可人）向经济所有者（受许可人）出售了使用一种自然资源的准许。

17. 325 如果许可协议本身就可以作为资产出售来处理，则其价值在出售时确定。该价值将随着有效期临近逐渐下降，并在许可到期时点上归零。对应地，该频谱对于出租人的价值在许可价值获得后将逐步下降，并伴随许可逐渐到期而不断重新确定。该价值与频谱使用权在下一时期的再出售价值是一致的。这一过程也保证了在许可持续期内对整体经济资产净值的中性效应。

3. 土地

17. 326 土地可以直接出售，其法定所有权从一个机构单位转移到另一个机构单位。（土地不会记录为出售给一个非常住单位。如果出现这样的情况，就要创造一个拥有该土地所有权的名义常住单位；而彼非常住单位拥有该名义常住单位的股权。）

17. 327 土地是资源租赁下最为常见的资产类型。佃农通常会向其地主支付规律性的租金。如果一项土地资源租赁满足了与上述将对移动电话许可的支付作为资产出售所列举的大多数标准，该土地资源租赁可以视为土地资产的出售。如果土地以其他情形租赁，则其支付应记录为资源租赁协议下的地租。

17.328 在某些司法体系下，建筑物下方土地的法定所有权仍为地主所有，而不是建筑物所有者。如果要对地主作规律性支付，则这些支付应记录为地租。然而有时则是这样的情形，尽管土地在法律意义上归属于另一个单位，但在较长一段时期内占有土地的权利常常是在获得建筑物时通过预付一笔金额得到的。正如前一节所解释的，这就意味着要将该支付记录为资产的获得。这么一来，当建筑物所有权发生变更时，购买价格中就会包括一项代表未来租金现值的成分。在这样的情形下，该土地在 SNA 中记录为（仿佛）所有权和地上建筑物一起发生了转让。如果在土地租赁期末，续租另一段较长的期限需要进一步的支付，那么这应该记录为资本形成和资产的获得，其方式类似于资产买卖时发生的所有权转移成本。

4.　木材

17.329 如果一个单位得到准许可以砍伐一片天然林，尤其是可以自由砍伐而不受限制，则向所有者的支付就构成了一项资产的出售。（林地的出售可以根据各自的使用目的记录为木材和土地的分别出售。）

17.330 一方面允许承租人在将来某段时间内按其意志砍伐一片林地，同时又要求对方保证在未来某一时间上使土地恢复，达到可接受的森林覆盖状态，这样的条件似乎是不可能的。更为常见的是，允许在严格限定下砍伐林木，按砍伐单位林木量支付费用。通常以这些限定保持林木的可持续开发，所以所支付的金额应记录为针对天然林的租金。

17.331 森林也可能是生产资产，则此时木材的取用要作为产品出售处理。

17.332 跨越国境的非法采伐在某些国家很普遍。在这样的情况下，作为一种可能发生的案例，采伐林木的数量应该记录为自然资源或培育资产的无偿取得。

5.　鱼

17.333 具有经济价值的鱼类的自然存量是一种资产，针对其他自然资源的处理方法也适用于这里。认为捕捞准许将会导致鱼类存量耗竭是不切实际的，但非法捕捞可能使存量降至可持续点以下，或使之完全枯竭。在这样的情况下，应该对鱼类存量的无偿获取加以记录。

17.334 捕捞配额可能会永久性地或长期地分配给特定的机构单位，比如在渔业是当地的既定生存方式，且几乎没有可供替代的经济性就业的地方。在这样的情况下，配额可能是可转让的，而且如果是这样的话，配额交易可能因此会有一个很发达的市场。所以市场配额被认为是使用自然资源的可转让准许，它们构成了 SNA 中的资产。

17.335 另一种制度安排是，向提名的机构单位（常是非常住的）签发严格界定期限（少于 1 年）的准许。这在太平洋的某些岛屿上是一种很平常的做法。在此情况下，许可收入应该记录为资源租赁项下的地租。

17.336 按照惯例，休闲渔业许可一直被视作是一种税收的支付。这一处理方式并未因对商业渔业越来越多的考虑而有所改变。

6.　水

17.337 具有经济价值的水体可整体出售，或作为其环绕土地的一部分，或作为一项单独的实体。

17.338 和鱼类资源一样，在没有预先约定应返还给所有者相当数量和品质的水资源的长期租赁下，经济所有权的让与是不可能的。然而水面却可能以长期合约的形式对外租赁，比如出于休闲目的。此类租赁的处理应和土地租赁相同。

17.339 对从水体中抽取水资源的问题正在受到越来越多的关注。取水（不同于水上运输）的支付应作为租金处理。

7. 矿产资源

17.340 矿产资源与土地、木材和鱼类不同，尽管它也构成了一种自然资源，但其利用方式是不可持续的。所有的开采都必定会减少该资源未来可利用的数量。这么一来，对于其利用的相关交易应如何记录，需要提出一套稍有区别的处理建议。

17.341 当拥有矿产资源的单位将矿产资源上的所有权利让与给另一单位时，这构成了资源的出售。与土地一样，矿产资源只能为常住单位所有；如有必要，必须设立一个名义的常住单位以贯彻这一传统。

17.342 如果一个单位开采矿产资源时要根据协议每年按照开采量做出一定的支付，则该项支付（有时称为使用费）应记录为租金。

17.343 所有者（很多情况下是政府，但不总是如此）并不进行与开采相关的生产性活动，而资源所代表的财富会随着开采逐步减少。实际上，该项财富被流动化为租金的支付，后者则覆盖了资产回报和财富减少的补偿。尽管财富的减少是由开采者造成的，但是，即便资源显示于开采者的资产负债表上，财富的降低也不会反映在开采者的生产账户中，因为矿产资源是非生产资产，不存在固定资本消耗。（SEEA2003 引入一种卫星账户，其中，会将对国民收入的扣减应用于矿产资源和其他不可持续自然资源上。）基于这些原因，建议应将开采者每年向所有者的支付直接记录为租金，将存量规模和价值的变化记入法定所有者的资产其他变化账户。

R. 共有资产

17.344 资产共有的方式有两种。资产可由两个或多个单位完全所有，各单位可在不同的时点上持有资产。另一种方式是，资产的风险和收益可由单一时点上的两个或多个单位共有。

17.345 SNA 中，即便资产可由不同时点的不同单位所有，在编制资产负债表时，资产的全部价值也要归属于一个单位。对于经营租赁下的资产，不存在任何的含糊。法定所有者也是经济所有者，资产在其资产负债表上体现。对于融资租赁项下的资产，则要由经济所有者在其资产负债表上体现该资产，资产的价值是法定所有者应收的未来支付和租赁协议中约定的租赁期末资产价值的现值。这种处理方式符合以下观点：资产的价值代表了来自该资产的未来收益流量，经济所有者因接受了与将该资产用于生产的风险而有权获取这些收益。对于资源租赁项下的资产，资产价值体现在法定所有者的资产负债表中。

17.346 如果使用诸如无线电频谱、土地、木材和鱼类等自然资源的许可满足“移动电话”标准，则要设立另一项独立的资产，称为使用自然资源的准许。该资产是合约、租约和许可子类的一个组成部分。它们体现在受许可人的资产负债表中。

17.347 不同单位在一个时点上共享一项资产的风险和回报，这种情况并不常见。最常见的情形是，单个单位承担了资产使用的活动，该单位以已分配投资收入的形式与所有者们分享回报。但是通常这样的单个单位可能是不存在的，且合理地创造出一个单位也没有意义。当参与单位是来自不同经济体的常住单位时，这种情形最为普遍，如航空公司或某些非法人合资企业（UJV）。UJV 设立的条款形形色色，但有一种形式允许所有成员平等共有资产。在此情形下，SNA 将所有者之间共有的资产按其所有权比例分摊后加以记录。

17.348 在某些合资企业中，一方可能会依据购买资产的成本份额来划分资产。如果是这样，则应该先记录一项等于该资产价值的资本注入，然后记录该资产的购买，并将资产所有权分配到协议各方。

S.　进行特定活动的准许

17.349　除了上一节描述的使用一项资产的许可和租赁外，进行一项特定活动可能也要获得准许，该准许完全独立于活动所涉及的任何资产。因此，为了取得租金回报的矿产开采准许不在此类准许之列。这些准许并不依赖于一项合格标准（如准许驾车需要通过一项考试），而是用于限制有权从事该项活动的单个单位的数目。此类准许可由政府或私有机构单位授予，但两者适用的处理方式具有不同。

1.　政府授予的准许

17.350　当政府对可作出租车运营的汽车数量做出限制，或通过授权牌照而控制赌场数量时，政府实际上是为授权经营者创造了垄断利润，并要对部分利润征收费用。SNA 中，这些费用要记录为税收——作为其他生产税。对于政府颁发许可限制特定领域经营单位数量（其中对限制的设定是主观的，不依赖于合格标准）的所有情形，这一原则都适用。

17.351　从原则上来说，如果许可在若干年内有效，支付应该按照权责发生制记录，并设有一个其他应收/应付款项目记录未来数年的许可费用金额。然而，如果政府在撤销许可时不负有偿还受许可人的负债，所有应付费用都应在费用支付时记录。

17.352　获取这样一个许可的动机在于，受许可人认为它因此可有权获得至少等于其许可支付金额的垄断利润。如果受许可人通过出售该资产意识到这一点，则这一未来收入流应作为资产处理。资产的类型称为进行特定活动的准许。该资产的价值取决于其出售的价值，在无法得到此数据时，可采用估算的未来垄断利润流的现值。如果许可支付被政府以权责发生制记录，则受许可人应在其资产负债表的应收或应付账户下拥有一项等于未来支付价值的资产，因此许可本身的价值应仅限于垄断利润超出其成本的部分。如果许可又被出售，则新的所有者获得了从政府得到偿付的权利（如果许可被撤销）以及获得垄断利润的权利。如果许可只记录为单一的税收支付，则该资产的价值应取决于其出售的价值，在无法得到此数据时，可采用估算的所有未来垄断利润流的无扣减价值。该项资产先要记录在资产其他物量变化账户中，此后的价值的变化，无论是增加还是减少，都要记录在重估价账户中。

一个例子

17.353　假定一个单位 A 与政府签约购买了一项经营赌场的许可，为期 3 年，总成本为 12。因为许可排除了其他赌场的经营，该单位预期每年获得垄断利润 7。如果 A 丧失许可，政府可能会也可能不会对其进行偿付。A 可能在许可的 3 年有效期内对其加以利用，或可能在第 1 年末将该许可出售给单位 B。以下是在这四种可能性下的记录方式。

情形 1：政府不提供偿付，且 A 持有许可 3 年

17.354　第 1 年年初，A 支付了 12 的税收，并拥有了一项起始价值为 21 的资产。到第 1 年年末，该资产的价值减少了 7（作为其他物量变化），因为许可有效的第 1 个年度已经到期。在该点上，此项资产对其资产净值的贡献为 14。第 2 年年末，A 又注销了其他物量变化 7，并留下 7 的资产净值贡献。第 3 年年末，此项资产的价值为 0。

情形 2：政府不提供偿付，且 A 在 1 年后将许可出售给了 B

17.355　第 1 年年初，A 支付了 12 的税收，并拥有了一项起始价值为21 的资产。到第1 年年末，该资产的价值减少了 7（作为其他物量变化），因为许可有效的第 1 个年度已经到期。在该点上，此项资产的价值为14。但 B 只准备以 13 购买此资产，而 A 接受了这样的价格。因此 A 将其资产的价值减少 1，作为重估价变化。而后 B 获得了此项资产，并在以后 2 年中每年在资产其他物量变化账户中减少资产价值 6.5。

情形3：政府提供偿付，且A 持有许可3 年

17.356 第1 年年初，A 向政府支付了12，但在当年支付的税收记录为4，在第 1 年年末政府拥有对 A 的应付账款 8。对于 A，许可的价值只是垄断利润和 A 需向政府总支付金额的差。该价值起初为9（7 与 4 的差，乘以 3 年），但到第 1 年年末，该资产的价值只有6。第 1 年年末，A 的资产净值包括从政府的应收账款 8，以及许可的剩余价值 6。总计为14，同于情形 1。在第 2 年中，A 从政府的应收账款减少了 4，用于支付了第 2 年应付的税收。在该年，许可的价值也减少了3，从6 变为3。第2 年年末，A 的资产净值包括从政府的应收账款 4，以及许可的价值3，总计为7，同于情形 1。第 3 年年末，应付账款和许可的价值都降为0。

情形4：政府提供偿付，且A 在 1 年后将许可出售给了B

17.357 第1 年年初，A 向政府支付了12，但在这一年中支付的税收记录为4，且在第 1 年年末政府拥有对 A 的应付账款 8。对于 A，许可的价值只是垄断利润和应付账款的差。该价值起初为9（7 与4 的差，乘以3 年），但到第 1 年年末，该资产的价值只有 6。第 1 年年末，A 的资产净值包括从政府的应收账款 8，以及许可的剩余价值 6。总计为 14，同于情形 1。如同情形 2，A 需将其许可的价值降低（此时从 6 降为 5），因为它准备将该资产以 13 的价格出售给 B。实际上，从政府的应收账款 8 转移给了 B，且该资产以 5 的价格出售。B 的资产净值不变。它对 A 支付了 13，但是获得了应付账款 8、资产价值5 作为回报。在第 2 年，应付账款减少了 4，税收支付4，许可的价值从 5 降低为2.5。

作为资产的政府准许

17.358 政府颁发的进行特定活动的准许，只有在下列条件满足时才可作为资产处理：

a. 该项活动没有利用属于政府的资产；否则，利用资产的准许要作为一项经营租赁、融资租赁或资源租赁处理，或可能是一项资产的获得（代表着受许可人在一段较长时期内可自由使用资产的准许）；

b. 准许的颁发不受限于合格标准；此类准许处理为税收或服务费用；

c. 准许的数目有限，因此可使准许持有人在进行该项活动时获得垄断利润；

d. 准许持有人必须在法律上和实践中可将准许出售给第三方。

17.359 即便所有的条件都满足，但如果在实践中该准许并未出售，也不应将其记录为资产。如果条件中的某项条件未获符合，则准许支付都应作为税收处理，而不是在合约、租约和许可类下创造一项资产。（可存在一项应付账款，如例中的情形 3 和 4。）

2. 其他单位授予的准许

17.360 政府以外的单位也可限制某项活动的参与，但这样的情况并不普遍。例如，你必须或需要加入一个行业协会，但此时一般没有参与数量的限制。再比如，财产所有者会限制可经营其财产的单位数量（一家酒店规定只允许某一家出租车公司接送客人）。在这些情形下，准许应作为服务费用处理。原则上来说，这些支付应该在整个准许有效期内按照权责发生制记录。但如果这些准许是可交易的（尽管这样的情形可能并不常见），在理论上就没有理由不把它视作资产。

作为资产的非政府准许

17.361 由政府以外单位授予进行特定活动的准许，仅在所有下列条件都获满足时才可作为资产处理：

a. 该项活动没有利用准许授予者的资产；否则，利用资产的准许应作为经营租赁、融资租赁或资源租赁处理；

b. 准许数量有限，因此可使准许持有者在进行该项活动时获得垄断利润；

c. 准许持有者必须在法律上和实践中可将该准许出售给第三方。

17.362 即便所有这些条件都满足，但如果实践中该准许未被出售，也不应将其作为资产记录。如果某项条件不满足，则该支付应记录为服务费用。

3.　向自然资源排放的许可

17.363 各国政府正越来越多地将排污许可授权作为控制总排污水平的一种方法。这些许可不涉及自然资产的使用（大气并未被赋予价值，因此它不能作为一项资产），所以要归为税收，即便准许的“活动”创造了一种外在性。概念上看，该项许可中内含了可交易性，由此会存在一个活跃的市场，所以该许可构成了资产，应该以其出售的市场价格评估其价值。

17.364 对污水排放的支付或可视作演示各种不同支付处理方式的一个示例。

17.365 如果对污水排放的支付是一种意在杜绝排放的罚款，则该支付应作为一种收费处理。

17.366 如果签发的许可数量有限，且其意在限制排放，则该支付应作为税收处理（如果污水所进入的介质在 SNA 中不被视为一项资产）。

17.367 如果排放介质是一项资产，且排放许可中约定的必要条件得到了满足，则对许可的支付应以与移动电话无线电频谱使用许可付费的相同处理方式处理。如果收费与补救活动相联系，则该费用是对一项服务的支付，除非征收的金额与随后的水处理成本完全不成比例（在此情形下应作为一项税收处理）。

T.　未来生产的合约

17.368 尽管在 SNA 中人力资本未被认定为资产，但是经常存在某项合约，可使持有人有权限制指定个人服务于其他单位的能力，这种合约可视作一项资产。针对体育运动员的合约可能最为常见，盈利性也最高，比如，一家足球俱乐部可将其球员“出售”给另一家。实际上它们卖出的并不是人，而是该人为其工作的排他权利。出版文学作品或音乐演出的权利也存在类似的合约。所有这些合约都要作为资产处理，该类资产拥有在排他性的基础上获得货物和服务的权利，属于合约、租约和许可这一资产类别。

17.369 可以想象，对于未来货物的生产，相似的合约也会存在。但是通过考察未来飞机生产期权的购买实践，可以发现，在此情形下并不存在可转移的资产，而且，如果潜在购买者改变主意或供应商无法交货，可由双方变更协议解决，不会导致将期权出售给第三方的情况。如果出现购买货物的期权以与指定个人服务合约相同的方式处理，则可采用相同的资产分类。

U.　作为资产的租赁

17.370 如本节开篇所述，合约项下有很多交易要记录在 SNA 中，理解其涵义对于确定合约下交易的记录时间和分类都很重要。我们已经知道，使用自然资源的准许或许可，像进行特定活动的准许和未来生产的合约一样，可构成一项资产。此外还有一种条件，合约在其下可视作一项资产，这也是合约可转让给第三方（即原合约明确的两方以外的一个单位）的另一种情形。

17.371 假定一段时间以前签订了一份公寓租赁合同，其中明确每月租金为 100，但如果现在出租一套相同的公寓每月可收到 120。在出租人看来，该公寓为既存之租赁所“妨碍”，即由于该项租赁的存在，公寓承担了一定的罚金（本例中为每月 20）。公寓的妨碍价值是以既存租赁之未来租金的现值为基础的，即在该租赁存在时未来收入流量为 100，此后为 120（不考虑通胀）。公寓的未妨碍价值则是基于今后每月 120 的收入流的现值。记入房主资产负债表的价值是妨碍价值。如果房主希望卖出公寓，且当前租户有权按议定价格继续居住，则妨碍价值将是房主（出租人）能实现的所有价值。如果希望实现未妨碍价值，他必须要向租户支付妨碍价值和未妨碍价值之差才能解除租赁。这一未妨碍金额在某些情形下可作为租户的一项资产处理。这里所指的“情形”，就是租户在法律上和实践中都能将公寓转租给第三方。因为难以识别此类资产何时存在，因此建议，在实践中，仅在有证据表明其已实现时才将这些资产予以记录。

17.372 如果租金下降，因为租赁合同已定，公寓的妨碍价值也可能高于未妨碍价值。在这样的情况下，房东从合同价格和市场价格之间的差异中获得了利益，因为其资产负债表中公寓的价值仍为妨碍价值。如果租户希望解除租赁，则他需要向房主支付妨碍价值和未妨碍价值的差。租户以租赁约定的价格支付给第三方来获得此项租赁，只有在这样例外的情形下，该项支付才对租户意味着实现了一项负值资产。一旦租赁到期或解除，公寓的价值回归到其未妨碍价值。

17.373 反映此类第三方财产权利的资产通常是暂时的，它们只在租赁期限内和当妨碍价值和未妨碍价值有差异时存在。随着时间推移，因为差异存在的期限缩短，其价值逐步下降；但如果新的租赁价格上升，其价值也可能增加。

17.374 一套公寓的市场租金价格是指当前租户支付的实际价格。在本例中，如果原租户仍居原处，且每月支付 100，这就是市场价格，即便新的租赁可达到 120 的租金。只有当原租户以 120 的价格将该公寓转租，市场价格才会记录为 120。其中，100 将支付给房主，20 支付给原租户。

17.375 上述例子说明了一个可交易的经营租赁何时可能获得一个可作为资产的价值。使用自然资源的准许以及未来生产的合约也可存在这种第三方财产权资产。进行特定活动的准许也可能如此，即便支付作为税收记录（如果支付给政府）。融资租赁不会引起此类资产。如果租赁资产的价值上升，大于融资租赁下的欠付款项，承租人通常可有权出售该资产，偿还贷款并留存其差值。

作为资产的可交易经营租赁

17.376 只有当下列两个条件符合时，可交易经营租赁才可作为一项资产处理：

a. 租赁中明确了一项资产使用的预定价格，且该价格与该资产当前租赁的价格不同；

b. 承租人在法律上和实践中都能通过转租给第三方来实现这一价格差异。

17.377 在实践中，我们建议，只在承租人实际运用其实现价差权利时才记录该项资产。

V.　其他方面

1.　分时安排

17.378 共享一项提供住宿的资产可通过“分时”安排的方式实现。但该表述也可用于很多不同的安排。

17.379 一种安排与购买房屋类似，其“所有权”限于每年的一个特定时期，但是是永久性的。每年所有者可用的物理空间也是完全相同的。另一种安排则保证了每年给定时期内的住宿，但不一定在同一个物理空间。其他的安排包括在一项计划下买“点”，所有者可根据可得性用“点”在不同地方和不同时间购买住宿。

17.380 所有的分时计划都有一个负责维持、保养和保险等的单位，但该单位是否是该复合房屋的最终所有者，认购者是否是承租人，或者该单位是否扮演着所有者/认购者的代理角色，这些都有很多的不同情形。相似地，所有者/认购者是否将其所有权永久地出售或遗赠给另一单位，以及他们是否能偶尔转租，也都会有差异。

17.381 参与分时计划是否会产生一项资产，要取决于上述各问题的答案。如果所有者拥有一处指定的处所，永久可用，有义务作为该计划管理委员会的一部分，能自由出售或遗赠该处所，则该项持有往往构成了一项与房屋相同类型的资产。如果所有者在一段固定的时间内，可根据一项固定协议得到某种形式的既定期限住宿，则这可能代表着一种预付性质的租赁，但该租赁可偶尔转租或在该租赁作为可转移经营租赁的剩余期间内出售。“点”计划下的参与可能只能作为一项资产下的应收账款处理。

17.382 在分时安排很明确的情况下，应参照本节描述的一般原则考察与其相关的条件，以确定如何记录涉及的交易并对资产进行分类。

2.　保证金遗失

17.383 在任何形式的合约下，都可能存在一方作了支付，而另一方并未送达合约中约定的货物、服务或资产。在很多情况下，这将产生一项第一方要求第二方支付的应付或应收账款。有时这又可能是无法做到的。比如，廉价机票常常是在不退还的基础上提供的。预付款不退还是公司商业计划的一部分。其产出应该按销售额的价值计算，无须扣减客户为有权获得但没有实际得到的服务所做的支付。产出的物量测算值取决于实际提供的服务，不退还的保证金被视为是一种价格效应。最终未得到服务的支付也将反映在其消费支出数据中。

第 6 部分：雇员股票期权

W.　引言

17.384 雇主给予雇员在将来某个时间上购买股票（股份）的期权，这种做法是一种特殊形式的实物形式收入。雇员股票期权（ESO）类似于一种金融衍生工具，雇员也可能不行权，或是因为当前估价低于其可行权价格，或是因为雇员离开了该雇主，丧失了其期权。下面介绍股票期权如何估价，其中考虑了未全部行权的可能性。

1. 术语

17.385 通常雇主通知其雇员，可在某个时间的一定条件下（比如，雇员仍在企业服务，或以企业的业绩为前提）以一个既定的价格（执行价或行权价）得到一项股票期权。国民经济账户中须仔细确定记录雇员股票期权的时间。“授权日”是指期权提供给雇员的日期；“含权日”是指可行权的最早日期；“行权日”是指实际行权（或权利消失）的日期。在某些国家，含权日和行权日之间可允许的时间跨度很长；而另一些国家则很短。

2. 估价

17.386 国际会计准则委员会（IASB）的核算建议是，授权日企业期权的公允价值等于当时的行权价乘以含权日可行权的期望期权数，除以含权日之前的期望服务年数。将这一公允价值与每年提供的服务年数结合起来，得到公司在各该年度上的成本。如果关于将行权期权数目的假设发生变化，则每个服务年的公允价值要随之加以调整。

17.387 在 SNA 中，如果既没有可观测的市场价格，也没有公司根据上述建议做出的估算，则期权的价值可利用股票期权定价模型进行估算。这些模型旨在捕捉期权价值中的两个作用。第一是反映该股权份额的市场价格超出含权日执行价部分的金额，第二是显示含权日到行权日之间价格进一步上升的期望。

3. 作为金融资产的 ESO

17.388 在期权行权之前，雇主和雇员之间的这种安排具有金融衍生工具的性质，并在各自的金融账户中如此体现。有时，这些期权可能是可交易的，或者，雇主可能会以现金（而非发行股份）回购该项期权。跨国公司可能会向一个经济体中的雇员提供另一个经济体中母公司的股票期权。

4. 在 SNA 账户中记录 ESO

17.389 在授权日应该对 ESO 的价值做出估计。如果可能，这一金额应该作为雇员报酬（跨越授权日与含权日之间的时期）的一部分。如果不能实现，期权价值应该在含权日加以记录。

17.390 管理 ESO 的成本应由雇主承担，并像与雇员报酬相关的其他管理功能一样，作为中间消耗处理。

17.391 尽管股票期权的价值应作为收入处理，但不存在与 ESO 相关联的投资收入。

17.392 在金融账户中，住户获得 ESO 应与雇员报酬中的相应部分相匹配，同时雇主要有一项相应的负债。

17.393 原则上说，在含权日和授权日之间的任何价值变化都应作为雇员报酬处理，而在含权日和行权日之间的任何价值变化都不应作为雇员报酬处理，而是要作为持有损益处理。实践中，ESO 作为雇主的成本估算值在授权日和行权日之间不可能加以调整。因此，从实用角度考虑，授权日和行权日之间的全部增长都可作为持有损益处理。在这一段时期内，股票价格高于执行价的价值增长是雇员的持有收益，雇主的持有损失，反之亦然。

17.394 当 ESO 行权时，资产负债表中的项目消失，被所获得的股票（股份）价值所取代。这一分类变化应通过金融账户的交易实现，而不是资产其他物量变化账户。

5. 不同的 ESO 使用

17.395 从一致性的角度考虑，将雇员股票期权记入账户会有两个后果。一是涉及公司中与股票关联的雇员奖励方式。二是以股票期权弥补雇员报酬以外的费用。

17.396 第一个后果针对于基本雇员股票期权模型上的各种情形。公司可将其自身股份用于养老金基金。这种情形常被称作雇员持股计划或股票所有权计划。在 SNA1993 中，这些股份没有被识别为住户的权益，因为这种资金来源不构成“正常交易”。随着将其记录为养老金权益而不是既有资产，反对意见逐渐消失，就是说，应遵循国际会计准则委员会建议的方式进行记录。

17.397 另一种利用股票期权奖励雇员的方式是在一项雇员股票（股份）购买计划下让雇员以优势价格购买股份。雇员并不被强制接受此要约，但如果其接受了，则股份价值的折让应该处理为雇员报酬的一部分。相似地，如果雇员接受了与公司股份变化相关的收益，但又不是股份本身，这种支付也应该处理为雇员报酬的一部分。

17.398 第二个后果是企业可能以股票期权来支付货物和服务，相当于对其雇员支付了“一篮子”雇员报酬。如果这种情况发生，股票期权的价值应该通过交换得到的货物服务价值来估计（如果可能的话）。如果做不到，则应该使用和雇员股票期权相似的估价方法。期权应该记录为金融账户中发行者与货物服务供应商之间的赊销。这种安排常常被称为股份（股票）增值权。为了简单起见，SNA 在雇员股票期权中包括了股票升值权。

第 18 章 账户的扩展与呈现

A. 引言

18.1 前面各章介绍了 SNA 的核算概念及系列账户的形式。本章及以下章节将阐述如何以这些信息为基础，用一种最能满足用户需要的方式运用 SNA，并举例说明 SNA 和其他国际统计标准之间的关系。

18.2 本章特别关注以下问题：维护国民经济核算的数据基础并以最合适的形式展现账户，以满足不同类型分析的需要。重点列示如下：

a. 如何处理数据的修订和差异，以及如何在及时性和准确性之间达成平衡，

b. 哪些账户是以物量形式展现的，

c. 比年度数据频率更高的数据之作用，

d. 地区账户，

e. 出版物中可能包括哪些类型的细节信息。

18.3 SNA 的主要用途是在时间序列方面，账户的使用者可用以评估经济如何随时间而演变和发展，尽管在前面的章节中没有使用表格举例说明这一点。与其他统计学家一样，国民经济核算人员经常面临如何尽可能迅速地编制出所估计账户的压力。由于更全面和更稳健的数据通常比短期指标需要耗费更长的时间，因此在及时性和准确性之间将不可避免地产生矛盾。使用当时可用的最佳信息尽可能迅速地编制账户，就不可避免地意味着有必要对最初估计进行修改。系列修订本的出版并非是统计系统薄弱的标志，而应看成是统计学家在最初估计和随后修订过程中自信程度的标志。质量最差的账户是那些多年不曾更改变动的账户。B 节将讨论与时间序列出版及必要修正有关的内容。

18.4 第 15 章介绍了价格指数理论，通过这些指数，可对国民经济核算的某些方面进行缩减，使其从当期价格转化为物量估计。C 节将简要介绍账户的哪些部分用这种方式展示比较有用。

18.5 年度序列能够识别经济中的长期变化，但不能估计出短期的变化情况，高频国民经济核算在短期指标和编制精细的年度账户之间发挥了关键作用。讨论这些账户本身也需要指导手册，D 节将给出一些关键问题的参考标准。

18.6 地区账户是账户的另一个方面，地区可能是一国的细分，也可能是包含几个经济体的经济区域。E 节将简要介绍地区核算方面的一些问题。

18.7 为了最恰当地反映当地环境，SNA 需要具备灵活性。F 节将介绍利用账户之某些关键部分达此目的的途径。需要强调的是，本章所给各表并非严格意义上的准则，而是一种简要的指导，意在说明，为了突出经济的某些方面，可以在不同的情况下压缩或扩展各种具体信息。

B.　时间序列，修订和差异

1.　时间序列

18.8　本手册中的表格是用于解释说明的，因此给出的示例数据仅仅涉及一个单独时期。实际上，对分析者最具吸引力的、可以解释经济指标变化情况的，是时间序列数据。第 6 至 13 章中使用的表格形式都适宜于展示时间序列，因为那些纵列在必要时可予以扩展，以适应越来越长的时间序列。例如，不再采用一张表中设置七列（即五大机构部门各占一列，另外一列反映经济总体、一列代表国外部门）的形式，而是直接设置七张表，每张表对应原来的一列，可以包含若干年份的数据。

18.9　时间序列的跨度是由一系列因素决定的。为了实现某些目标，尤其是为了建立宏观经济模型，可能需要足够长的序列，如一些国家拥有超过 50 年的序列。然而，大部分印制出来的表所呈现的数据都在最近 10－15 年左右，更早的数据只提供电子版。通常，我们更为关注近期数据，希望其尽可能地完整和准确，而很少关注更早年份的数据。这虽然可取的，但是，要想考察经济体的长期演变情况，就需要链接到更早的序列。

18.10　可能存在某些因素，促使用户主要出于学术兴趣而关注长期时间序列。例如，20 世纪 90 年代初东欧由计划经济转变为市场经济，从而导致经济行为属性发生了根本变化，因此使人们对从 20 世纪 80 年代后期到 20 世纪 90 年代初期之时间序列进行分析的兴趣受到限制。此时，政治变革遮蔽了经济的成果。对所有国家而言，经济的长期演变反映了产品创新、市场机制和不断变化的进口模式等因素，这意味着进行多年比较时需要认真加以解释。

2.　修订

18.11　在连续若干年基础上编制国民账户，会引起数据来源的变更和完善问题。一些间歇性数据来源会变得可用（例如每五年进行一次的调查），它会显示出原先基于以前调查设定的假设是有缺陷的。在这种情况下，简单地把数据换成最近一期的数据（甚至是来自最新调查的数据）往往是不够的，为了在尽可能长的时间里准确描述出时间序列所涵盖的演进过程，必须对整个时间序列进行适当调整。如果没有进行上述调整，序列将会出现错误的不连续性，从而严重误导分析人员，使他们难以察觉出数据的来源已经发生变化。

18.12　修订数据的必要性产生了统计中固有的矛盾——数据尽量准确与数据尽量具有时效性。使用者希望数据既准确又具时效性，但在实际中必需要在这两个目标之间进行权衡。每个统计部门都必须做出判断，以平衡这些要求所产生的冲突，而无论结果如何，时间序列必须在时间上保持一致，与此同时，有必要向分析人员进行解释，以确保他们能够理解统计部门所做出的权衡。

18.13　已经形成了一个工作组——由来自 OECD、欧盟统计局以及这些组织之成员国的代表组成，准备了一系列最优做法指南，用来指导如何修订以及如何使用修订的结果，并指导如何制定有效支持用户需求的修订政策。该工作组准备的论文可参见《修订政策与分析指南》（OECD 与欧盟统计局，2008）。

3.　差异

18.14　尽管 SNA 可以确保 GDP 三种核算方法之间的完美一致性，但这仅仅只是理论上的一致性，一般不会出现在数据编制中。其中原因主要有二，一是数据来源的巨大差异（这是必须指出的）；二是基于这样一个事实，即任何来源的任何误差都会导致至少两种 GDP 核算方法之间出现差异。毫无疑问，实践中存在很多这样的数据误差，由此会导致诸如供应使用表上之核算平衡方面的差异变得很明显。

18.15 统计单位不仅需要在及时性和准确性之间做出选择，还必须就如何处理出现的差异做出决策。可以投入更多资源，以完善数据调查、问卷形式、抽样技术，包括处理缺失数据在内的技术等。虽然这最终是值得的，但这种方法往往成本较高且耗时较长。即使有非常复杂的数据收集方法，不同估计方法之间的差异也会因覆盖面、估计方法和记录的滞后性而持续存在。此外，统计部门还会或多或少地依赖于行政数据来源，且不能确保这些数据正好能够满足统计学家的需要。

18.16 统计部门可以采用两种方法。第一种方法是不处理这些问题，但报告所存在的统计差异。如果这样做，通常是将其与统计部门感觉最不准确的 GDP 测算方法放在一起，其目的是使用户了解已出版数据的可靠程度。例如，统计部门可能觉得生产法估计的 GDP 是相当可靠的，而对一些支出项目存有疑问。

18.17 鉴于 SNA 中存在着诸多核算限制，统计部门的另一种选择是通过检查数据，对误差最有可能出现在哪里尽可能做出最佳判断，并通过修改数据来消除差异。第 14 章所介绍的供给使用框架是进行这类工作的有力工具。更多关于此类平衡技术的信息可以在联合国和欧盟统计局编写的投入产出手册里找到。

18.18 实践中，一些国家可能不能同时按照三种方法核算 GDP。事实上，有时候只能按照生产法核算，而支出法只能提供某些项目，主要是政府支出、资本形成（有可能包括存货变化的部分信息）及货物服务的进出口。在这种情况下，可以按照支出法核算 GDP，其中住户部门的消费支出要作为总的平衡项。这样得到的估计值不仅包括真实但未知的住户部门消费支出，还包括了来自其他估计部分之所有误差积累起来的净影响。

18.19 生产法中的任何误差，服务进出口中的缺失数据，或者政府支出按收付实现制而非权责发生制进行记录的事实，均会扭曲住户消费支出的价值。然后，如果营业盈余总额数据是通过从这个不正确的 GDP 数值中扣除雇员报酬及生产税减生产补贴后得到的，那么，该误差还会带到营业盈余这个总量指标之中。因此，对于那些没有从统计差异角度看待账户的使用者，必须要理解这些差异是如何被消除的。对于编制人员而言，则需要研究在更详细分类水平上开展工作的可能性，以避免发生不得不对缺失项目进行假定的情况，尤其是用于评价生活水平的居民消费等关键项目。

净贷出或净借入上的差异

18.20 一般而言，金融账户及资产负债表的编制过程是独立于其他账户的。因此，虽然从理论上说，来自不同账户的净借入与净贷出数据应该相等，但在实践中所实际获得的数据结果却常常不同。出现差异，可能意味着在金融账户或其他任何能够影响资本账户平衡的账户中存在误差。按部门逐一核查这些差异，将有助于识别出最有可能发生误差的来源。例如，住户部门在净借入上存在较大差异，可能意味着一些住户部门成员的收入未被记录；非金融企业部门在净贷出上存在较大差异，则可能意味着花费在固定资产上的某些支出未被记录。但是，具体情况到底如何，还是应该进行逐项调查分析。

C. 物量账户

18.21 建立跨越很长时期的账户的主要目的，是研究经济基础结构的演变方式。这可以通过研究不断变化的现价宏观经济总量构成来实现。然而，确定增长率时需要剔除价格变化的影响。这就需要建立已剔除价格变化但仍能使用户看到逐年变化情况的物量账户。第 15 章详细介绍了构造价格指数并进行物量核算的理论和实践。本章还要解释如何使用链式指数计算物量形式的时间序列，因为价格变化的某些冲击确实会影响到物量估计。

18.22　物量估计只针对货物与服务账户及非金融资本存量的组成部分。一般来说，财产收入、转移和金融交易等流量仅以名义值表示。在高通胀情况下，可能也要对这些流量进行调整，不过所采取的表述方式不是常规采用的方式。

18.23　与货物服务物量账户项目的表述类似，整个供给使用表也可以以物量形式表示。编制这样一个表，不仅可以保证以现价表示的货物服务的平衡，还能确保用于缩减的价格指数是严格一致的。从理论上来说，生产指数应该与投入品价格的加权指数相关联，此处权数对应于不同投入类别的价值。如果用于缩减产出的价格与缩减中间消耗的价格不一致，那么用于增加值的隐含缩减因子就是不可信的。如果发现这种情况，要么是现价数据没有得到很好的平衡，要么是使用的价格不一致或不合适，或者两者兼有。

18.24　应该首先分别考虑 GDP 的支出构成项目和 GDP 的生产构成项目，然后考虑供给使用表，最后再考虑资本存量度量。

1.　GDP 的支出构成

18.25　以物量形式核算 GDP 的最简单方法是支出法。只要有合适的价格指数，居民消费、资本形成及进出口的价格缩减在理论上都不存在问题。对于每一总量指标，最好使用尽可能详细的可用产品信息。正如第 15 章所言，必须保证编制价格缩减指数时正确处理了质量差异。这一点在资本形成中尤为重要，很多产品（如电脑）会受到技术变革的影响，与此同时，越来越多的产品实现了定制化，比如按照具体规格制造重型机械。

18.26　与货物相比，服务的价格指数更难编制，非市场服务则尤为困难。由于非市场服务的现期价值通常是由成本总和决定的，显而易见的方法是缩减其中的每一项（包括以固定报酬率计算雇员报酬）。然而，这样缩减的前提是所提供的服务质量没有发生任何变化，尤其是没有对已实现的生产率变动产生影响。在某些情况下，可以按照《国民经济核算中的价格与物量核算手册》以及《教育与健康服务物量核算手册》（OECD，2009）进行直接物量核算。获得产出物量估计的研究工作正在积极进展中，其中将考虑所提供服务在数量和质量上的变化。

2.　GDP 的生产构成

18.27　生产法 GDP 的核心是增加值，这是生产账户的平衡项。有观点认为平衡项不可能同时具有价格和物量两个维度。迄今为止，最常见的做法是将产出和中间消耗分别按产业进行价值缩减，然后将其差值作为每一产业的增加值。出于以下两个原因，缩减过程中需要使用不同的价格指数。第一，任何产业用于中间消耗的货物服务与该产业的产出并不是一样的；第二，中间投入常常按购买者价格度量，而产出则要么按基本价格度量，要么按生产者价格度量。

18.28　近年来，越来越多的研究试图将剔除价格影响之后的增加值变动与劳动和资本投入的变化联系起来。在《生产率测算：总量和产业生产率测算》（OECD，2001）里可以找到生产率的不同定义。该手册讨论了资本和劳动力成本估计是否能够完全解释来自直接物量估计的增加值估计，这一议题将在第 20 章资本服务中讨论。

3.　物量形式的供给使用表

18.29　使用表在行向上展示所供给产品如何用于中间消耗、最终消费、资本形成和出口。

这一恒等式仅在价值形式下成立。如果所关注的产品也有明确的数量测度，那么该等式在物量形式下也能成立。如果物量数据是通过缩减现价得到的，那么当且仅当缩减每一类别所使用的价格指数对其而言非常合适时，该等式方能成立。

18.30 采用现期价格和物量形式同时编制供给使用表是一种很好的做法，由此可以对包括价格指数在内的所有投入数据的一致性进行审查。

4. 资本存量

18.31 即使不考虑对资本服务或生产率做估计，仅从推导固定资本消耗出发，也需要在进行资本存量估计时剔除价格变化的影响。资本存量水平通常来自在连续多个时期内累加其资本形成然后扣减已消耗量。按实际支付的价格对资本形成进行总量估计显然是没有意义的，因为，价格上升的影响（甚至价格仅仅略有上升）将会夸大“新”资产相对于“旧”资产的增加数量。

18.32 最好的方法是先以某单一年份的价格估计所有资本存量，然后在编制资产负债表时按现行价格重新估价，特别是该核算期的第一天和最后一天的价格。这应该在可实行的最详细水平上实施。与此有关的更多内容将在第 20 章探讨。

D. 季度账户和其他高频账户

18.33 为应对关于数据时效性的要求，可以编制比年度账户频率更高的账户。原则上，SNA 可以适用于任何时间长度，但是与年度核算相比，高频账户需要考虑一些特别事项。季度核算是高频数据的一种常见选择。编制季度账户所需的更详细信息，可参见《季度国民经济核算手册：概念、数据来源与编制》或《季度国民经济核算手册》（欧盟统计局，1999）。这些手册详细讨论了如何使用指标外推数据，以及如何将季度估计值基准化为年度数据等内容。以下简单介绍一些只适用于季度核算而不适用于年度核算的关键因素。相似的思路也适用于其他高频账户。

1. 概念问题

记录时间

18.34 季度国民账户与年度账户的记录时间原则是一致的。账户编制应遵从权责发生制原则而非收付实现制。然而，总存在应计但尚未支付或收到的数额，相对于核算期的总流量，对于一个较短的时期而言，这些数额的比例将会更大。

一年及以上的界定标准

18.35 固定资产的界定标准是其应该在生产中使用一年以上。为了保持季度账户和年度账户之间的简明性和一致性，在季度账户中仍然采用这一标准。

18.36 类似地，在金融资产分类中，短期和长期的界定标准依然是一年。

季节性

18.37 季度账户的一个特点是其供给和需求模式可能会随季节变化而受到影响。例如，冬天需要给建筑物供暖故会比夏天消耗更多的电，或者相反，即为了制冷夏天可能会耗电更多。很多农产品有淡旺季之分，旺季时价格就会相应较低。出于这些原因，虽然季度账户首先应该使用所观察到的数据来编制，但最好是在经季节调整基础上核算季度数据，这样才能用于研究剔除季节影响后的经济体的演变模式。

18.38　每年同一时期的许多假期会使每个季度的工作日天数不同。因此，基于一个时期的工作日天数对时间序列进行调整是很常见的做法。综合以上，对因季节性和工作日天数影响而调整高频数据是值得的。

2.　数据质量

18.39　编制季度账户时，有必要比较季度数据相对于年度数据的可获得性。通常而言，有更多的年度数据可以利用，因此，与季度数据相比，年度数据更加全面或者说质量更佳。在这种情况下，季度账户从某种意义上说可能是临时的，当更可靠的年度数据可用时，就需要对季度数据进行修订。简单地将四个季度的观测值基准化为最终的年度数据，可能会使从上一季度修订数据到下一季度数据之间产生意料不到且难以置信的变化（即所谓“台阶”），这一问题只有通过技术手段方能解决。统计部门最常使用的计算机程序能够进行自动调整，以确保不会产生这样的台阶效应。

18.40　在调整之前，通常很容易保证四个季度的合计能够等于年度数据，但是如果想避免刚刚提到的台阶问题，那在季节调整数据上保持这种一致性就很困难，故而这不是一个可取的建议。

18.41　一些数据不能按季度获得，因此其季节性估计需要利用年度信息进行内插和预测。然而，应尽可能少用此类数学方法来获取数据，因为这样将不太可能获取季度账户需要监测的经济体的波动信息。已通过内插和预测得到的数据值也不大可能包括很强的季节成分，因此，包含全部季节变化的完整账户可能并不存在。

存货

18.42　存货变动的度量可能是“年度数据质量优于季度数据”这一普遍准则的一个例外。对期初和期末的存货水平进行减缩，二者相减所得差值正是存货变动。当货物以存货形式持有时，将会产生持有收益（损失），与此同时，估计剔除持有损益的存货变化的时期越短，估计值质量通常越好（与此类似的是股票，持有收益可通过每日报价的数据而消除，或者在某些情况下使用更频繁的数据）。简单地可以考虑这样一种情况，即在连续年份的同一日期上库存水平是相同的（可能为零），而在此时期内有相当多的货物在库存中进出。在这种情况下，存货变动的季度（或者是更短时间）估计的总和要比年度估计好。

3.　物量形式的季度账户

18.43　正如货物与服务年度账户可以表示为物量形式一样，季度账户也可以用物量表示。虽然建议物量指数应该是链式的，但对于季度账户而言，建议物量指数应仅仅只在年度基础上链合，以避免由季节影响导致的虚假结果。15.45 至 15.55 段详细介绍了这些技术。

4.　季度账户的覆盖范围

18.44　原则上说，在季度基础上编制包括资产负债表在内的一整套 SNA 账户是可能的。而最常见的系列季度账户只包括货物和服务账户、增加值的收入构成、政府支出、资产负债表以及资产负债表中金融资产和负债项目的变化。货物和服务季度账户也可以采用物量形式编制。

E.　地区账户

18.45　当一个国家里不同地区之间的经济社会发展水平严重不一致时，地区账户就显得特别重要。

18.46　地区水平上的完整账户系统意味着将每一地区视为一个不同的经济体。在这种背景下，与其他地区的交易要记录为外部交易。地区的外部交易必须进一步区分为与本国其他地区之间的交易以及与国外之间的交易。

18.47 在地区账户背景下需要考虑以下三种类型的机构单位。

a. 区域单位，该单位在某一个地区具有主要经济利益中心，且其大部分活动都发生在这个地区。区域单位包括住户、所有基层单位都设在该地区的企业、地方和州政府、部分社会保障机构，以及众多为住户服务的非营利机构（NPISH）。

b. 多区域单位，该单位的主要经济利益中心存在于一个以上地区，但与国家整体无关。很多企业及一些 NPISH 都属于这种情况。

c. 少数单位是国民单位，即其主要经济利益中心并未按地理定位，甚至是在多区域位置意义上也是如此。通常而言，包括中央政府和少部分公司（可能是国有的），其一般处于垄断或准垄断状态，如国家铁路公司或国家电力公司。

18.48 将区域单位的交易分配给一个特定的地区，在理论上没有任何问题。但将多区域单位的交易在各个区域之间进行分配则困难得多。考虑到同一企业在不同地区的单位之间的收付，需要应用 6.104 段中推荐的企业内部收付的处理方法。此类收付只有在接收单位有责任做出向市场供应产品的数量和价格的决策时方能记录。否则，接收单位则被认为是只为发出单位提供了加工服务。

18.49 此外，多区域单位的某些交易无法在其经营的不同地区之间直接进行分配，如大多数财产收入和金融交易。因此，唯一能在地区水平上决定的多区域单位下的平衡项是增加值和营业盈余。这些难题与试图建立产业账户时出现的问题是相似的，在这些产业中，同一企业的不同基层单位承担着不同类型的活动。

18.50 按地区分配国民机构单位交易会产生更加复杂的问题，而且这样做的好处可能会受到质疑。虽然由中央政府支付的电力销售、铁路服务或雇员报酬可以分配给各地区，但是中央政府和国家企业应缴的公共债务利息则不能按地理位置划分。因此，一种合理的解决办法是引进一类国民“准区域”，这样就无须在地区之间分配，而是分配给这样一个附加地区。那些在各个区域设有基层单位的企业的总部就可能会包括在这类国民“准区域”中。

18.51 这些理论难题在一定程度上解释了，为什么没有哪个国家会为每个地区建立一套完整的 SNA 账户。在大多数情况下，地区账户只限于记录各产业的生产活动（在对其中一些产业进行定位时也会产生理论问题，如运输与通信），以及由区域单位组成的更为完整的机构部门账户，如住户部门、地方政府和州政府。建立地区货物服务账户以及投入产出表不会带来不可解决的理论问题，虽然这也会涉及需将来自或去往其他地区的货物作为进出口处理。然而，由于缺少一个成熟的运输统计系统，这样做还是会产生相当多的实践难题。

18.52 需要注意的是，对于大国而言，同一产品在不同地区的价格可能会有显著差异。对于地区生产和支出价格变动影响的完整调查，应该包括建立一类能够估计不同地区购买力差异的购买力平价指数。

18.53 然而，即便有上面提到的诸多不足，地区账户依然是一种对经济政策十分有用的工具。可以在地区账户中插入一套与劳动力参与程度、失业以及贫困状况等有关的区域统计指标。一个国家不同地区之间的差异越大，这样一套包括人均增加值、人均家庭可支配收入及人均家庭消费支出等在内的区域指标体系就越有用。如何建立地区账户和统计指标是一个国家自己的事情，需要考虑国家的具体情况以及可以用于该项工作的数据体系和资源。

18.54 以下两部手册对区域账户做了详尽的介绍：一是《区域账户方法—按活动区分的总增加值及固定资产形成总额》（欧盟统计局，1995），另一部是《区域账户方法——住户部门账户》（欧盟统计局，1996）。

F.　展示问题

18.55　正如已经指出的，通过引入更多子部门列以及更多交易分解行，就可以展现更多的综合经济核算详细信息，但这将会形成一张非常复杂且难以操作的核算表。因此，对于货物服务的生产和交易、金融交易、详细资产负债表的更为详细的分析，以及按目的的分析，需要以其他形式的表格来呈现。以下各节将介绍其中的一些替代方法。本节侧重于介绍包含细目的主要宏观总量。

18.56　要理解 SNA，最基本的是要掌握生产法、支出法和收入法等三种计算 GDP 的方法。第 16 章给出的定义只强调在最综合水平上的不同流量，以便使三种方法之间的区别尽可能清晰化。实际上，要把结果展现给用户，必须有更多的细类信息。细类的数量和种类可因国而异，如果要同时编制多个国家的核算表，则可以参考国际组织广泛使用的一些指导。

1.　生产法 GDP

18.57　对于生产法 GDP，给出一些产业层次的具体信息通常是合适的。根据国际标准产业分类（ISIC）修订第四版，最高层次包括 21 个部门，第二层次包括 88 个大类。为了展示国民经济核算的汇总数据，已经开发了 10 个类别的高层次汇总数以及 38 个类别的中间层次汇总数，这些类别可适用于大多数国家上报 SNA 数据。这两种 SNA/ISIC 汇总结构分别命名为 A＊10 和 A＊38，ISIC 修订版 4 的 199 至 212 段对其进行了详细介绍。表 18.1 展示了高层次（A＊10）的产业集合。

关键产业

18.58　在一些国家，按照农业（ISIC 之 A 部门）、工业（ISIC 之 B 到 F 部门，其中制造业属于 C 部门，是单独介绍的）以及服务业（ISIC 之 G 到 U）等分类来展现一些产业汇总数据是很常见的。在那些存在少部分关键产业的国家，有必要进一步拆解这些产业，而合并其他产业。例如，为深入观察经济运行情况，可以从小规模非正规农业活动中区分出用于生产出口经济作物的商业化农业活动，或者是区分出电子产品的组件，是很有用处的。同样地，在一些国家，合并一些服务小类也是有效的。然而，无论显示的信息详细程度如何，遵循 ISIC 采用的基本排序是一种很好的做法。

表 18.1：高层次的 SNA/ISIC 集合（A＊10）

	ISIC 修订版 4 门类	描述
1	A	农业、林业和渔业
2	B、C、D 和 E	制造业、采矿业、采石业和其他产业
2a	C	制造业
3	F	建筑业
4	G、H 和 I	批发和零售贸易，运输和仓储，住宿和餐饮服务活动
5	J	信息和通信
6	K	金融和保险活动
7	L	房地产活动
8	M 和 N	专业、科学、技术、行政和辅助服务活动
9	O、P 和 Q	公共行政管理、国防、教育、人类健康和社会工作活动
10	R、S、T 和 U	其他服务

18.59 在那些存有大量生计性经济活动的国家，最好能够展示出其产出是货币形式的还是非货币形式的。表18.2显示了主要的ISIC产业细分以突出这一区别。需要视具体情况而定，这里给出的这些子类（或者在合适时再做更详细的分解）只是给出了一种展示一国生产活动信息的方法。

表18.2：生计性经济特征国家的产业层次细目

ISIC 修订版4			描述
门类	类	大组	
			货币形式
A			**农业、林业和渔业**
	01		动植物生产、狩猎和相关服务活动
			经济作物
			粮食作物
		014	畜牧生产
	02		林业和伐木业
	03		捕鱼业和水产养殖业
B			**采矿和采石业**
C			**制造业**
			正规
			非正规
D和E			**电力、煤气、蒸汽和空调供应；供水；污水处理、废物管理和修复活动**
F			**建筑业**
G			**批发和零售贸易；汽车和摩托车修理**
			正规
			非正规
I			**住宿与餐饮服务活动**
H			**运输和仓储**
		491	铁路运输
		492	其他陆路运输
		511、512、493、521、522	航空运输、管道运输、仓储和支持运输的活动
	53、60和61		邮政和邮递活动；电台和电视广播以及电信
J到U			**其他活动**
	84		公共管理和国防；强制性社会保障
	85		教育
	86、87和88		人类健康和社会工作活动
	68		房地产活动
			杂项
			货币总量
			非货币形式
A			**农业，林业和渔业**
	01		动植物生产、狩猎和相关服务活动
			粮食作物
		014	畜牧生产
	02		林业和伐木业
	03		捕鱼业和水产养殖业
F			**建筑业**
	68		自用住房的虚拟租金
			其他非货币活动
			非货币总量
			按基本价格计算的总增加值
			生产税减生产补贴以及进口
			国内生产总值

2.　支出法 GDP

18.60　支出法核算的 GDP 等于住户最终消费支出、政府最终消费支出、资本形成总额以及货物服务进出口之和（通常而言，在简化表示的项目中，住户最终消费支出项目也包括 NPISH 的最终消费支出）。详情可参见表 18.3。表中显示了按产品类别或按 COICOP 类别提供详细信息的可能性。与此类似（尽管没有显示），也可以在这些类别的适当之处包括按产品或 COPNI、COFOG 分类的详细信息。

3.　收入总量

18.61　收入法 GDP 展示的标准化程度要低得多。一些展示集中在雇员报酬和营业盈余（混合收入）上，这些项目采用与生产法 GDP 相同的产业分类。其他展示则给出了雇员报酬的不同组成部分（工资和薪金、雇主的社会缴款），以及生产中征收的不同类型的税收和补贴。如前所述，严格来讲，收入应该扣除固定资本消耗，从而展现国民生产净值而非国内生产总值的构成。对于分析人员来说，与国内生产净值相关的国民收入也很有意义，应该展现出来。

18.62　决定账户的展示形式时也应该考虑国民需求。在一个实物收入或生计收入很重要的国家，应该考虑拆解雇员报酬，在细分结果中要包含这些项目。

表 18.3：按支出法核算的国内生产总值

GDP：支出法
最终消费支出
住户最终消费支出
按产品或 COICOP 分类提供详细数据
NPISH 最终消费支出
政府最终消费支出
个人消费支出
公共消费支出
其中：*个人实际消费*
资本形成总额
固定资本形成总额，合计
分资产类别的资本形成总额
存货变化
贵重物品获得减处置
货物服务对外差额
货物服务出口
货物出口
服务出口
货物服务进口
货物进口
服务进口
统计误差
国内生产总值

4. 物量账户

18.63 物量账户可以用多种方法展示，这些方法之间不必是互相排斥的。可用水平形式展现这些账户，故对于某一年（参照年）来说，现价数据和物量形式的数据是相等的。这一结果意味着，正如 SNA 建议的那样，其物量估计是用链式方法获得的，而在除参照年以外的各年，总量数可能不等于其组成部分之和。另一种可供选择的方法是用指数形式展现物量估计。同时针对总量和其组成部分将此前同一年份的水平设为 100，由此可以使变化很容易识别，但是，如果希望能将基准年水平值应用到物量指标时，使用者仍然需要计算该水平值是多少。然而，这种替代方法对于存货变化等合计可能取零或负值的项目来说是不合适的。第三种替代方法是用针对以前年度或基准年度的增长率来表示物量指标。但是，因四舍五入问题表明，这可能不是唯一的展现方式，而是有另外的展现形式（更多内容参见 15.63 段关于计算链式指数对增长之贡献的讨论）。

5. 季度账户

18.64 正如上文对季度账户的讨论，季度估计值应该分别在经季节调整及未经季节调整两种基础上展示。通常用现价和物量序列来表示。

6. 部门账户

18.65 SNA 将机构部门作为其重要组成部分，其中原因在于，它在理解经济发展如何影响经济体中各类不同单位方面发挥着关键作用。如下面各章所建议的那样，每个部门的账户都可以进行自我检查，但是，账户的某些特征只有在所有部门账户都放在一起展示时才会突出出来。例如，财产收入流量的检查可以显示哪些部门支付利息、哪些部门收到利息、养老基金收到的红利比例以及地租是否主要由住户部门支付。收入再分配账户可用于比较企业部门和住户部门支付的经常性收入税或财产税数额，显示哪一部门支付保险费、哪些部门接受赔付，以及经常性转移在经济中的重要性。

18.66 这些阐释部门账户的章节也考虑到了其展示形式与其他统计系统的联系，尤其是与政府财政统计、对外贸易统计以及货币金融统计等的联系。在所有的情况下均要注意，应以一种对使用者来说最为实用的方式展示账户（有关展示的出版物正在设计中）。一类出版物可能与另一类出版物有很大的区别，为了确保读者能够最好地利用所展示的数据，方法的灵活性至关重要。

7. 综合性积累账户

18.67 第 13 章解释了非金融资产积累账户与金融资产积累账户之间的衔接。正如 20 章所解释的，资产负债表中期初非金融资产与期末非金融资产之间的联系，对于推导固定资本消耗以及测度资本服务和生产率是十分重要的。然而，通常而言，进行估计所依赖的基本数据是不定期公布的，甚至根本不公布。尽管其重要性显而易见，居民住宅存量数据在很多国家是不公开的。

18.68 对于金融资产和负债而言，情况要好一些。在某些情况下，流量数据确实来自资产负债表的期初和期末数据。尽管这些数据是定期公布的，但是可以获得的表格并不总是与定期发行的国民经济核算出版物相联系，所以用户并不是总能了解账户体系中金融部分和其他部分之间的内在联系。

第 19 章　人口和劳动投入

A.　引言

19.1　经济行为本质上是人类行为，然而在账户体系里并没有直接提及“人”。组成住户部门的所有个人（即全体居民）只有在发生消费支出时，才能在账户中识别。那些作为雇员的个人仅仅表现为报酬接受者，却不能显示其中一小部分人所获得的报酬非常高，而另一小部分人的报酬非常低(尽管事实上两种人都存在，且差距很大)。本章的研究目的是展现如何使人口和劳动数据与系列账户的关键项目联系起来，从而显示出普通居民从经济行为中获得了多大的利益，每个普通就业者对产出的贡献有多大，前者用人均 GDP 来衡量，后者则通过劳动生产率来衡量。这些数据本身就是人们关注的对象，此外，它们还被用于对比不同时期的同一数据以及不同国家的同一数据。

19.2　本章仅涉及总人口、劳动投入和劳动生产率。第 24 章将考虑不同类型的住户。为了将资本的影响包含在内，对生产率的扩展将在第 20 章简要介绍，而更详细的介绍可参阅 OECD 编制的《生产率测度》手册。

19.3　SNA 要求对人口进行定义，以期从人均角度来衡量 GDP 和消费支出总额。事实上，从人均角度衡量 GDP（或居民最终消费支出）物量，可以基于人口调整一个国家的规模，使这些总量得以“标准化”。尽管一些社会学研究者质疑这一衡量方法的充分性，但是针对主要总量计算的人均量通常是可以用于衡量一个国家的相对生活水平的。即使人均 GDP 有一些缺陷，但毫无疑问，一国的人均 GDP 与其生活水平是有密切关系的。

19.4　用劳动投入变量来衡量生产率是非常必要的。生产率随时间的变动情况是衡量经济生产效率的重要指标之一。同样地，一国与类似国家生产率水平之间的差异是衡量该国生产过程相对效率的重要指标。生产率有多种不同的衡量方法，最简单的方法是用单位时间 GDP 来度量劳动生产率，也有一些较为复杂的测量指标，如多要素生产率（有时也称全要素生产率），里面同时含有劳动投入和资本投入，从而可以得到一个总和投入，用以分解 GDP 总量。

1.　劳动力统计的国际标准

19.5　显然，如果要在产出和劳动投入之间构造一个比例，那么所使用的劳动概念必须与 SNA 中的产出范畴相匹配。相关的劳动力统计标准由国际劳工组织（ILO）提出，这个 ILO 标准已包含在国际劳工统计学家会议（LCLS）所采纳的“决议”当中。根据 2008 年决议，***经济活动人口是指愿意提供劳动力以从事SNA 范畴内的经济活动的所有个人***。

19.6　并非每一个经济活动人口都是为常住机构单位工作的，有一点尤为重要，即支撑人口估计的常住性概念必须与劳动力估计中的常住性概念相一致，而且就业估计中关于个人的常住性概念必须与 SNA 中的机构单位常住性准则相一致。

2. 本章结构

19.7 人口与诸如 GDP 等总量指标之人均指标的推导是 B 节的主题。C 节将从描述总人口如何分解为劳动力人口与非劳动力人口开始，然后考虑在国外工作的常住居民以及在本国经济体中工作的非常住居民，以对人口总量进行调整。与此同时，C 节还将介绍如何定义不同类别的劳动力，同时还讨论了一些边界问题。

19.8 D 节将讨论如何借助于不同的生产率测度标准来简化和完善雇员人数统计。E 节将介绍劳动生产率指标的推导，本章结尾即 F 节简要讨论了数据来源。

B. 人口

19.9 年度人口估计是由频率较低的人口普查所推得的。人口普查通常会统计在某一指定夜间存在的人口数，或者经常居住于某一地点的人口数（即使普查时他们并不在此地）。然而，普查通常是每隔五年或十年才开展一次，有时频率还会更低。在两次普查之间的年份，需要通过出生率、死亡率和净移民数等信息来更新国家当年信息。

19.10 ***对一国人口最简单的定义通常是指该国的所有常住居民***。该定义使用了 SNA 和 BMP6 对“常住性”的界定，即一个国家的常住居民是与该国联系最为紧密从而在该国具有主要经济利益中心的人群。通常而言，该标准基于这些人在该国居住时间应该在一年以上。虽然有一些临界情况（将在第 26 章进一步讨论），但在多数情况下，可以直接基于一个人拥有一套永久住所来确定常住性概念。

19.11 一般来说，如果一个人在一国居住一年以上，无论他拥有哪国国籍，都应该包含在该国的人口测量范围内。特例是外国的外交人员、防卫人员及其家人，这些人应包含在其祖国的人口总量中。“一年准则”意味着那些在国外居住少于一年的普通居民应该包含在本国的人口统计中，而在本国居住少于一年的外国游客（如度假者）则不应包含在本国人口中。关于在特殊情况下应用常住性标准的更多详情可参见 4.10 -4.15 段。

1. 增长量的人均估计

19.12 GDP 物量增长率是一个由国民经济核算提供的衡量经济增长的重要指标。由于 GDP 增长率是以通用单位（百分比变化）表示的，且不受表示 GDP 的计价货币所影响，故该增长率可以直接用于国家间的比较。然而，每一国家的 GDP 总量增长中有一部分取决于人口变动，故有必要计算人均增长率来使其标准化。例如，如果一个国家的人口增长速度快于 GDP 增速，那么人均产出将下降。另一方面，一个国家的 GDP 增长率虽降低了，但如果该国人口在不断下降，那么人均 GDP 也有可能上升。

19.13 正如引言中所言，人均 GDP 指标是有缺陷的。以下两例可以说明这一点。对于一个住户单体规模较大的经济体，通过在所有住户成员共享的住房或其他产品项目上发生较小比例的支出，即可获得与住户单体规模较小的经济体等效的效果。同样地，如果对参与体力劳动的小孩和成人赋予同样的权重，那就会导致对食物消费充足性的信息产生误解。

19.14 实际国民收入或实际消费支出的人均增长率通常能比 GDP 变动更好地测度国民平均福利变化。GDP 用于衡量一个国家的产出，而来自国外的收入或流向国外的支出对人均实际国民收入的水平和增长率都有显著影响。类似地，由于 GDP 中资本形成和净出口所占份额在不同国家差异很大，故 GDP 的水平和增长率明显不同于住户最终消费水平和增长率。

2.　人均 GDP 绝对水平

19.15　正如第 15 章所述，国际比较项目（ICP）估计了不同国家的 GDP 绝对水平和人均 GDP，以便为表述繁荣状况而构建一个相对标准。这些估计涉及 GDP 的测量、购买力平价指数（PPP）以及以前在测度增长时介绍过的人口数估计值。

C.　劳动力的测算

19.16　并不是所有个体都包含在生产性人口中，有一些人年龄太小、有一些人年龄较大，有人选择不工作，而另一些人虽然有工作能力却有时会由于生病、未被雇用或者在休假而暂时不工作。因此，从总人口中筛选出就业人口的第一步就是对劳动力进行界定。

19.17　***劳动力是指在任何特定核算期都积极地准备提供劳动以生产 SNA 产出核算范畴里的货物或服务的人群***。劳动力可进一步划分为就业劳动力与失业劳动力。因此，一个国家的总人口可细分为三类：就业人口、失业人口和非劳动力人口。一个人的身份取决于其在某一特定核算期（通常是一个星期）里的活动（或者没有活动）。

19.18　由于劳动力是基于短期定义的，因此任一时点的劳动力人口可能会小于经济活动人口。例如，在一年的某些时候，季节性工人可能包含在经济活动人口之中，却不属于劳动力人口。

19.19　劳动力由以下四部分人组成：在常住机构单位里做雇员的常住者，在非常住单位里做雇员的常住者，未被雇用的常住者，自雇者（一个自雇者必然与一个常住住户相联系。如果这个人在国外提供了货物服务，要记录为出口）。***SNA 中，就业是指所有从事 SNA 所定义之生产范畴内的、由某个常住机构单位实施的生产活动的人，其中既包括雇员也包括自雇者***。

1.　雇员

19.20　**雇员是指按合约要求为一个常住机构单位工作并获得雇员报酬的人**。SNA 中将这类报酬记录为雇员报酬。当雇主和某人签署合约后，就出现了雇主－雇员关系，合约是由双方自愿签订的，有正式和非正式之分，雇员为雇主工作可获得相应的实物报酬或现金报酬。雇主无需向任何官方机构披露雇员申请职位的合约。

19.21　雇员包含但不局限于以下类别：

a. 在雇佣合同下，由雇主雇佣的人（体力劳动者或非体力劳动者、管理人员、家政人员以及在雇佣项目下开展有偿生产活动的人）；

b. 公务员以及其他政府雇员，其就业期限和身份由法律规定；

c. 武装部队，包括那些已经在服役的短期和长期军人，以及被征者（包括为民事目的而征召者）。

d. 由政府或者非营利机构直接支付薪水的牧师；

e. 公司或准公司所有者，且其在这些公司里工作；

f. 与公司签有正式契约的学生，其为公司的生产过程提供劳动投入，从而获得相应的报酬或教育服务；

g. 存在正式或非正式雇主－雇员关系的残疾工人；

h. 在某一机构暂时工作的人，他们隶属于其雇佣机构所在的行业，而非实际工作之企业所在的行业。

19.22　外包工是指按照先前与某一公司的合同或者协议，同意为该公司工作或提供一定数量货物/服务而其工作地又不在该公司里的人。如果协议明确规定，外包工的酬劳按其完成的工作（即投入生产过程的劳动量）支付，那么应该将外包工视为雇员对待。7.34至7.38段进一步探讨了外包工分类问题。

19.23 如果暂不工作的人有正式的就业隶属关系，那么他们仍被视为雇员。“正式的就业隶属关系”可根据以下准则判断：

a. 持续收到工资或薪金；

b. 在意外事件结束后保证回来工作，或协议规定了返回期限；

c. 在离职期间，工人不必接受其他工作而能得到报酬给付。

上述类别里的人群是那些由于疾病、受伤、休假、罢工、接受培训或教育、休产假、减少经济活动，由于坏天气、机械设备或电力故障以及原材料或燃料短缺等原因而临时解散或暂停工作，以及因其他临时请假缺席或擅自缺勤等而暂时不工作的人。如果可能，区分出暂时不工作的雇员是很有用的。

19.24 SNA将公司（或者准公司）的管理者视为雇员，而ILO中却将其归为自雇者。

2. 自雇者

19.25 ***自雇者是其工作的非法人企业的唯一所有者或者联合所有者，此处的非法人企业不包括归类为准公司的非法人企业***。如果为非法人企业工作的人员的雇员报酬不是其收入的主要来源，应将其归入自雇者，反之，则将其归为雇员。出于某些特殊原因，自雇者在核算期间可能会暂时不工作。因为难以将雇员报酬与非法人企业中的资本报酬区分开来，故自雇者的报酬应包含在混合收入中。（对于某些分析目的而言，有必要分别估计雇员报酬和混合收入。参见20.49和20.50段。）

19.26 自雇者包括以下三类：

a. 为非法人企业工作的家庭成员；

b. 外包者，其收入取决于所承担生产过程的产出价值，而不管投入了多少劳动；

c. 从事的生产活动完全用于个人或集体性自用最终消费或资本形成（如社区建设）的人员。

19.27 家庭服务人员常常被称为无薪工人，但还有其他的无薪工人或义工。

19.28 在ILO统计中，自雇者包括那些在合法的非法人企业中工作的人，尽管可获得足够的信息从而将这些非法人企业视为SNA中的准公司。在SNA中，这些人的报酬则被包含在雇员报酬而非混合收入中。此外，还可能把生产合作社成员包含在内。

3. 失业

19.29 劳动力被划分为就业者（即雇员和自雇者）与失业者，因此，为了完整勾勒出劳动力状况，有必要考虑失业。失业者是指那些未被雇用但拥有工作能力并正在积极求职的人。由于失业者对产出没有贡献，故国民经济核算对“失业者”这一概念未做要求。但是，从“就业人口”概念转向“经济活动人口”概念时，必然会涉及到失业人口。

4. 界限问题

职位和雇员

19.30 一个人可能为多个雇主工作，或者在为多个雇主工作的同时还作为自雇者为自己工作，故其有可能拥有一种以上收入来源。雇主和雇员之间的协议被定义为一个职位，与此同时，每一个自雇者也是一个职位。因此，在一定程度上看，一些雇员拥有一个以上职位这一现象会使经济体所包含的职位数目超出其雇员数目。拥有多个职位的个体可能在一周的某些时间里从事一份工作，而在其余时间里从事另一份工作，或者是同时从事两份工作（白天从事一份工作，晚上从事另一份工作）。也存在一个职位由两人共同承担的情况。

19.31 雇主可能不会知道其雇员从事第二职业的信息，而且在任何情况下也不会要求他提供这些信息。当雇主提供雇员人数信息时，实际提交的是其所提供的职位数。值得注意的是，用职位数核算雇员数时，职位数并不包括空缺职位数。进行生产率统计时，必须认真处理职位数和雇员数之间的差异。

常住性

19.32 人口数量取决于个人的常住性，但是雇员并不需要居住于其所工作的经济体中。对一个常住生产单位而言，只有当其就业中既包括常住居民也包括为其工作的非常住居民时，该生产单位的活动成果才能与其就业相比较。就业人口主要由为常住机构单位工作的常住居民和自雇者组成，但是，也应该包括以下在是否属于常住者方面具有疑问的类别。

a. 非常住边界工人，即每天跨越国界在该经济领土内工作的人；

b. 非常住季节工人，即进入经济领土、为了在那些周期性需要额外劳动力的行业工作而在该国经济领土内停留不到 1 年的人；

c. 驻守国外的国家武装部队；

d. 设置在国家地理领土之外的国家科研基地上的工作人员；

e. 国外外交使团的工作人员；

f. 在常住单位经营的渔船、其他船只、飞机和浮动平台上工作的船员；

g. 在一般政府机构所处经济领土之外的政府雇员；

h. 从事工作的学生是否包括在其中，应根据第 26 章介绍的识别常住居民或非常住居民的分类标准予以判断。

19.33 另一方面，以下类别的人口应排除在就业人口之外：

a. 作为边界工人或季节工人在另一经济领土内工作的本国居民；

b. 在非常住单位经营的渔船、其他船只、飞机和浮动平台上工作的船员；

c. 作为本国地理领土上之外国政府机构雇员的本国居民；

d. 位于本国地理领土内的国际民间组织职员（包括直接招募的本地雇员）；

e. 与位于本国地理领土内的国际军事组织一起工作的军人；

f. 为在本国经济领土内设立的外国科研基地工作的本国居民。

19.34 劳动力统计可能基于住户调查（所有的常住居民都应接受调查），也可能基于基层单位调查（如果只关注在常住机构单位中的就业）。但是，为了确保基于 SNA 的就业范围是完整的，需要进行以下调整：

a. 基层单位调查中通常不包括招募的武装部队成员，住户调查中可能也不包括这部分人口，但在 SNA 中，这些人应视为政府雇员。

b. 住户调查与基层单位调查中通常不包括在机构性住户部门（如宗教组织或监狱）生活的常住工作者，但他们属于 SNA 所定义的就业人口；

c. 为常住机构工作的低于法定劳动年龄的常住工作者，属于 SNA 所定义的就业人口。

5. 未观测经济

19.35 国民经济核算非常关注是否完整测算了 SNA 生产范畴内的所有经济活动，即所谓国民经济核算的“穷尽原则”。实际上，这就意味着要在账户中核算所有非法或隐藏生产活动（即地下经济或隐藏经济）以及被称为非正规经济活动的产值。对 SNA 而言，原则上，此类工人的报酬或应计入雇员报酬，或应计入混合收入。于是，在比较劳动力统计和产出时，将此类人员纳入劳动力统计也是很重要的。

6. NPISH 中的劳动力

19.36 NPISH 的产出是免费或以没有显著经济意

义价格提供的产出，故其要按照生产成本核算，而成本中包括雇员报酬。将这些雇员记录在就业人口中，对于推导生产率变化是很重要的。然而，NPISH 中通常有义工，核算这些人群时需要格外慎重。

7. 义工

19.37 签订了提供劳动以获得酬劳或仅获得实物报酬协议的人，明确不收取报酬的人，以及那些表面没有报酬但却能从其所创造的产出中获利的人，这三者之间是有区别的。在 ILO 统计中，这三类人都属于经济活动人口中的就业人口。

19.38 在 SNA 中，那些领取定额或仅领取实物报酬的工作人员的报酬是以其成本来计算的，不包括任何虚拟的附加酬劳。例如，如果医生或老师工作仅仅只为食宿而工作，那就没有其他收入可以支付给他们。这样的例子可能出现在宗教机构中或者自然灾害之后。如果无论多么少的酬劳都由雇用这些员工的单位承担，那么这些员工应包含在就业人口中。

19.39 如果员工是完全义务地为那些被认可的机构单位工作而不领取任何现金或实物报酬，那么从 SNA 角度看，这些人仍属于就业者，但却不核算雇员报酬（或混合收入）。（对于为其他单个团体提供服务的个人，如少年足球队教练，没有任何相关基础设施，无论其成就有多大，均被视为从事闲暇爱好活动而非就业。）

19.40 如果家庭成员对一个非法人企业的产出有贡献，那么从 SNA 角度来看，其酬劳应记为混合收入，且应将其视为经济活动人口对待。在 ILO 统计中，如果这些工人的年龄低于法定工作年龄（最低工作年龄限制取决于具体国情），那么不能将其记作经济活动人口。

19.41 按照惯例，劳动力服务中不包括自有住房服务（参见 24.50 – 24.58 段）。相反，如果一群人约定建造一栋大楼或房屋，如一所学校或一口井，那么应该将这些人当作劳动力看待，且要根据其所付出的劳动计算混合收入。除非有一个相似的建筑与之对照，否则对这类工程进行估值将异常困难。因此，建筑物价值可基于其所承担的成本进行估计。劳动力是建筑工程非常重要的投入要素，因此，必须将以当地劳动力市场上类似工种的薪酬率估计的雇员报酬包含在总成本中（参见 6.127 和 7.30 段）。接下来，这一收入将用于获得其工作成果，这些成果随后会移交给第三方保管。后一行为将记录为实物资本转移。

D. 劳动投入的标准化测度

19.42 计算生产率时所需要的劳动投入可以用就业人数粗略估算。以此为出发点，可以通过调整劳动投入标准以提供复杂程度不同的各种指标。比如，从全职当量、实际工作总时间，到基于模型得到的经质量调整之劳动力投入，所得指标的难度会逐渐增大。下面依次讨论这些测度。

1. 以全职当量为基础的就业人数

19.43 ***全职当量就业人数是全职当量职位数，即所有雇员的实际工作时间之和除以一个全职职位的实际平均工作时长。***

19.44 这一定义中没有介绍如何进行估计。有时可以采用这样一种方法，即将兼职当作部分全职来计算，这种估算方法比较粗糙。由于全职工作的时长会随时间而变化，且在不同行业也各不相同，故应使用更为精细的方法，比如对每一工作组分别测算少于全周或全日工作的平均比例和平均工作时间。

19.45 SNA 并不推荐使用全职当量就业人数来估算劳动力投入。但是，如果数据足够完备从而能够估计出实际工作总时间，那么全职当量就业人数也应该与国民经济核算数据放在一起。因为这便于与那些仅估算全职当量就业人数的国家进行国际比较。然而，随着 ILO 逐渐开始建议将实际工作总时间作为测算劳动力投入的首选方法，全职当量法可能会被逐渐淘汰。

19.46 正如前面提到的，全职当量雇员数是以平均全职工时数为基础的。如果全职工作时数是因年度假期或公共节假日而减少的，在此情况下，即使实际工作总时间减少，全职当量可能只有很小变化或者没有变化。病假增加也可能带来类似的影响。因此，在估算全职工作时长时，应根据核算期病假数和年假数的变化而做出相应调整。

2. 工作时间

19.47 即使已经对全职当量数进行了上述调整，在生产率估算中还是倾向于使用实际工作总时间。

19.48 实际上，可能必须要估计出实际工作总时间和实际年度（全职）工作时间。在很多国家，特别是按月计薪的工作，仅仅包括正常工作时间或通常工作时间，应保证加班加点时间以及年假和法定假期能被确认。很可能在估算时无法将因病离职的平均时间从实际工作总时间或者年度（全职）工作时间中扣除。如果兼职工作和全职工作的病假率一样，那么这一错误将不影响全职当量就业人数。

19.49 如果用于提供调查数据的核算周不具有代表性，那么应使用现有的能反映全年变动的全部信息来估计全年的数据。

定义实际工作时间

19.50 根据 SNA，工作时间被定义为从事 SNA 生产范畴内的货物服务生产活动所花费的时间。在 2008 年 11 月第 18 届 ICLS 有关工作时间测算的决议中，给出了以下七种工作时间概念的定义。

a. 实际工作时间；

b. 付薪时间；

c. 正常工作时间；

d. 协议工作时间；

e. 通常工作时间；

f. 加班加点时间；

g. 离职时间。

19.51 实际工作时间是 SNA 中最重要的工作时间概念，与生产率测算的联系最为密切。这一概念包括：

a. 直接时间，即在任何地点为完成工作职责而花费的时间，而不论雇员和雇主之间所签协议中约定的时间量如何；

b. 相关时间，包括电话时间、工作途中所花时间、工作培训时间以及完成协议中列出的其他任务所花费的时间；

c. 停工时间，包括工人可以工作但由于暂时的技术、材料和经济性质等原因而不能开工；

d. 休息时间，如短休和茶歇等。

19.52 工作时间不包括：

a. 各种离职时间（年假、公共节假日、病假、产假和履行公民义务的时间）；

b. 未从事生产性工作时的往返时间；

c. 培训之外的其他教育时间；

d. 公差时的就餐时间以及其他长休。

19.53 与这些准则有关的更多定义可参见 ICLS 决议。

19.54 不言而喻，对于雇员职位而言，其工作时间等于付薪时间减去没有工作但仍然支付了薪水的时间，再加上工作但未付薪的时间，这是因为许多基层单位调查记录的是付薪时间而非工作时间，因此，需要借助于任何可利用的带薪休假等信息，来估计每一工作组的工作时间。

3. 经质量调整的劳动投入

19.55 用实际工作总时间作为计算随时间变化的劳动生产率的投入指标，暗含这样一种假设，即每一工作时间具有相同的质量（也就是说，所雇用劳动力的熟练程度和技能水平没有什么不同）。换句话说，每个小时都是由熟练人员完成的，比如，假定脑外科医生与不熟练工人每小时会创造出相同数量和质量的产出。可以以不同等级工人工作质量指数作为权数，设计一种经质量调整的劳动投入度量方法，该方法考虑到了工人构成随时间发生的变化。（此处的“质量调整”术语与质量调整价格指数相类似，但是它也可以视为对有关工人构成变动的调整。）

19.56 这里所使用的质量指标与学术资质、职业资质、经验程度（一般以工人年龄为基础）和雇用行业等指标有关。不同指标用每类工人的平均工资来加权。该方法的应用前提是，直到劳动力边际价格（即包括间接成本在内的工资）等于从其生产中预期可得的边际收入，雇主才停止增加雇佣工人。使用的指数公式可以是固定权重（拉氏）公式，也可以是更复杂的公式（如唐氏公式），后者在分析中使用来自每一时期的权数，因此考虑了权数的变化。

19.57 使用这一方法计算经质量调整之劳动投入指标需要大量数据，只有那些统计系统高度完善的国家才有可能拥有所需的详细数据资料。

4. 不变报酬的雇员劳动投入

19.58 实际工作总时间和全职当量就业人数都属于劳动投入实物度量方法。产出通常也能从实物角度度量，如以吨和立方米进行度量，但由于每吨或每立方米的基本价值在不同产品上的差异非常显著，使这些实物度量指标缺乏一般经济意义，故在国民经济核算中并不进行实物核算。然而，每小时报酬或每一全职职位的年度报酬也存在巨大差异。只有当不同种类劳动力的结构在不同国家中或不同时点上基本相同时，进行劳动投入的实物度量才是有效的。

19.59 产出可同时按现价和从物量角度衡量，因此，也可对劳动投入和中间投入进行同样的处理。然而，自雇者的酬劳包含在混合收入中，且不能对二者加以明确识别。为此，这里仅将雇员的劳动投入按不变报酬显示。

19.60 以现价和物量核算的雇员劳动投入应与产出核算相对称，且需要注意以下事项：

a. 市场价格和市场报酬被确定用于测算不同货物、服务和职位的相对经济重要性，由此带来的缺陷对于产出和投入是一样的；

b. 尽管物量指标和不变报酬在概念上应该按照基期价格或报酬水平对其数量进行重估价，但在实际中，它们也可以这样估算：用现期价格或报酬水平下的每组总价值分别除以适当的工资指数，然后加总所有各组价值求总和；

c. 各组指标是就各该组职位或货物服务的一个代表样本计算出来的估计数，其权数反映了所代表的每一子组（由选定的职位、货物服务所代表）的相对重要性。换句话说，一个报酬指数可以作为一种价格指数来构建。

19.61 正如上面所提到的，以不变报酬计量的雇员劳动投入价值可以通过缩减其现价价值来估算，同时也可以用直接方法计算，即用每一工作组的现有职位数乘以该工作组基年的平均劳动报酬。

E. 估算劳动生产率

1. 劳动生产率和多要素生产率（MFP）

19.62 劳动生产率通过每小时工作（或每一雇工）的产出物量来表现。然而，由于该指标的变化除了可以反映雇佣劳动力工作时间的变化以外，还反映了其他很多因素的变动，故该指标不够精细。特别需要注意的是，所用资本数量的增长会对该比率产生影响，劳动力构成的变化也会改变这一比率。

19.63 用产出除以资本所提供的服务，结果是资本生产率指标，该指标也面临同样的缺陷，因为它不能反映雇佣劳动人数、资本投入效率及构成的影响。

19.64 一种同时考虑劳动力和资本对产出增长之贡献的方法是多要素生产率（MFP），有时也称为全要素生产率（TFP）。使用 MFP 测度生产率的优点是，该指标包含了劳动力和资本投入之外的要素对产出的影响。这一论题在第 20 章和《资本测算手册》中有进一步讨论。

19.65 可以扩展生产率模型，使其能够包括生产中所使用的能源和原料等其他要素。它可延伸到用最详细的投入产出表来估算生产率。在 EU – KLEMS 项目中可以找到类似的案例。EU – KLEMS 最初是一个统计与分析研究项目，着重研究欧盟产业水平上的生产率分析和增长核算。有关该项目的详细信息可通过 http：//www.euklems.net/找到，其成果已被官方采用。

2.　用于生产率估计的就业估计

19.66 正如 D 节所述，不仅仅是雇员人数，甚至是全职当量雇员数，都不是研究生产率的理想测度指标。但由于“实际工作总时间”是粗糙测度方法与数据密集方法（该方法对熟练程度、技能水平和劳动构成上的差异进行了调整）之间的折中测度指标，故许多人首选这一指标。

19.67 无论使用哪种劳动指标来计算生产率，确保劳动力数据覆盖范围与国民经济核算覆盖范围相一致是非常重要的。换句话说，劳动投入必须是在相同的生产范畴内核算的，且要使用与国民经济核算一致的常住居民标准。一般而言，最麻烦的是常住居民（特别是边境工人）、防卫军人和外交人员（一般未包括在提供基础数据的劳动力调查中）、无薪工作时间（如无偿加班）信息或者是某些自雇者信息（如家庭服务工人）。

19.68 在关注经济整体生产率的同时，分析人员对行业生产率的关注程度也在日益提高。分行业计算就业人数和工作时间数会加大估算过程的难度。使用工作时间的另一个优点是，当一个工人拥有不属于同一行业的两份或两份以上工作时，使用工作时间指标能克服按行业测算就业人数时所带来的问题。

19.69 特别地，国民经济核算数据来自基层单位调查，而就业估计则通常使用住户调查结果获得。通常很难将具有独立来源的数据正确地匹配到行业分类中。进行地区估算时应该在地区水平（而非国家水平）上应用常住性概念，故类似的困难也可能会对地区估算产生潜在影响。

19.70 劳动生产率（包括行业生产率）与 MFP 都是衡量经济发展的有效工具。从实践角度来看，在估算生产率指标时，确保这一系列估算指标彼此之间在就业人数、工作时间和产出测度上保持一致是非常重要的。

3.　数据一致性

19.71 多数分析人员认为有必要考察不同行业的相对生产效率。实际上，对经济总体的劳动投入估算可能是“自下而上”得到的，也可能是“自上而下”展开的。对于前一种情况而言，经济总体合计数将与行业估算结果完全一致，因为劳动力总估计值就是通过将各行业数加起来得到的。然而，对于“自上而下”这种情况，可能会利用一系列不同的数据源来获得行业分量数。在这类情况下，需要确保行业估计值之和与国民意义上的总数相一致。

19.72 按行业划分就业并不总是简单明了的。主要问题是要确保每一行业的就业估算值与国民经济核算的价值和物量尽可能一致，以此保证生产率估计的有效性。如果员工是通过外部招聘机构进入公司的，就会产生一个特殊问题。保持行业产出的一致性意味着，此类就业应该归入合法雇用员工之基层单位所在的行业，而实际上，一般却是由招聘机构来支付这些员工的工资以及相关的社会缴款，因此员工被归为“劳动力招募和职员供给”这个行业（代码7491）。该行业的产出会包括向那些需要员工的基层单位提供雇员所获得的收入；一般来说，那些基层单位隶属于其他行业。使用这些雇员的基层单位会付钱给雇佣机构，然后这些雇佣机构再给员工发放工资，因此，“使用”基层单位的支付将记录为该使用行业的中间投入。

19.73 对于生产率而言，理想的情况是将这些员工创造的产出以及其工作时间记入他们实际工作的行业而非“*劳动力招募和职员供给*”行业。然而，在实际中，不太可能收集到数据，支持按上述方法对产出和工作时间进行归类。出于某些目的，将雇佣机构招聘的员工分摊到实际使用这些员工的行业是有用处的。然而，这种分摊应该展示在附表中，而非中心账户中。

4. 国际比较

19.74 生产增长率通常以百分数形式表示，且国家之间的比较也用百分数表示。假设类似方法已在进行比较的国家编制估计量时使用，且它们已进行了生产率水平的粗略比较，那么此类比较是有意义的，而且比直接进行水平比较的做法更为简单。测度国家之间的相对生产水平（如 GDP 总物量或人均 GDP）或生产率会更加复杂，因为需要将国民经济核算数据转换成通用的货币。因此，最好的方法是计算购买力平价指数（PPP），用该指数作为意在使有关国家之间一揽子货物服务价格相等的货币换算率。在实际中，PPP 既调整了国家之间的价格水平差异，也调整了汇率差异（参见 15 章 E 节）。

19.75 在 GDP 之下水平——如按行业——上进行生产率的国际比较，是存在问题的。计算 PPP 时使用的是支出法 GDP，因此，对创造 GDP 的每一单独产业而言是没有 PPP 的。为此有必要假定，针对 GDP 等单个总量指标的 PPP 同样适用于所有行业。而检查不同支出构成在 PPP 上的差别可以发现，它们是存在显著差别的，因此这一假定并不怎么好。所以，在分量层次上进行稳健的生产率国际比较，是一项非常有难度的工作。

F. 数据来源说明

19.76 一般来说，就业数据有三类数据源。这些来源既可以单独使用，也可以结合起来使用，尤其是当各自的周期不同时。通常应注意的是，就业数据调查及其他调查中，调查的质量取决于适用于该项调查的样本大小、调查设计、回答率和参照期。因此，需要采取相应步骤以应对无回答和错报等情况。

19.77 三种数据来源是：

a. 住户调查，比如劳动力调查；

b. 基层单位调查；

c. 行政数据（如与工资所得税有关的就业数据）。

偶尔也能获得人口普查数据。

19.78 通过住户调查得到的就业估计，是那些拥有工作的人员数或其工时数。一方面，如果测度劳动投入时使用的是一个国家的职位数，除非住户调查收集了与持有多份职位有关的信息，否则此类调查将会在一定程度上低估劳动投入，因为有些人可能拥有一份以上的职位。另一方面，如果住户调查收集了每个人在其受聘职位上工作的工时数，那么它就可以较好地估计出经济总体的就业状况。

19.79　把基层单位调查作为就业数据的来源，可能会有一些问题。首先，用于更新抽样框的来源（如合适的权威机构认证的新基层单位注册）存在固有的滞后性，故很难保证基层单位调查所依托的抽样框是最新的。即使更新抽样框时的滞后具有一致性，但其对就业估计值的影响会随着经济周期的波峰波谷而发生变化。其次，很难收集到自雇者的数据，尤其当这些人经营的是非法人企业时。临时工应视为服务提供者还是雇员，企业会在此问题上产生混淆。此外，还可能存在故意低报就业人数的情况。

19.80　行政数据为得到就业数据提供了一种有用的数据来源，但使用时需要慎重，且必须与其他来源结合起来使用。即使行政数据覆盖范围相当全面（如基层单位税收数据），但这些数据可能在参照年度以后很久都无法获得，且只能提供该年就业数据的概览而非年度平均情况。像工资税这样的数据，其来源常常会受到小型基层单位企业（包括非法人企业）免税的影响，从而会降低数据的完整性。由于农业、建筑业和零售业等行业中会有较多的小型基层单位，故基层单位的覆盖面可能因行业不同而存在差异。

19.81　与国民经济核算中处理边境工人有关的问题已经在常住性部分做了说明。从数据来源来看，住户调查可能仅包括属于所调查国家（即其常住国）的就业人口，除非调查中包含详细的用于识别和排除这些工人的问题。

19.82　对那些当期有一份以上职位的受雇人员，只能通过应用非常随意的标准（例如对其来说哪一工作最为重要）来确定其工作所在行业和工作职位。在实践中，基层单位调查仅提供与职位有关的数据，而住户调查则可提供就业人数或职位数，或同时提供这两类数据。

第 20 章　资本服务和国民账户

A.　引言

20.1　本章的内容和风格与 SNA 账户的内容和风格有所不同，其目的是揭示如何在生产中所使用资产的价值与所创造的营业盈余总额之间建立起联系。在过去大约 50 年间，资本服务理论已经描述了这种联系，然而，仅仅在最近，才有一些统计机构将来自该理论的有关思想纳入到生产中所使用资产的存量测算中来。有证据表明，这种方法将改进资本的存量测算，因此，有人建议，为了满足这些机构的兴趣，应该编制一张表，作为标准账户的补充，以显示非金融资产所提供的隐性服务。生产中所投入劳动的贡献被视为雇员报酬。通过将资本服务的估算与增加值的标准组成成分联系起来，就可以用生产率分析中所采用的与 SNA 账户完全一致的方法，来描述劳动和资本对生产的贡献。

20.2　引言的其余部分将对联接资本服务与国民账户所涉及的思想给予概述。B 节将阐述资本存量测算如何才能与资产效率概念和资产价格协调一致。接下来，C 节将阐述在账户的现有项目内如何确定资本服务的流量。D 节用以阐述如何考虑资产价值与其对营业盈余的贡献之间的基本联系，以便于确定适当的方式来解释与资产获得和处置有关的费用，以及当不能得到足够的市场价格信息时如何对资产进行估价。最后，E 节讨论附表的可能格式。

1.　资本服务的基本思想

20.3　在生产中使用非金融资产，或者在一段时期内持有非金融资产，均可产生收益。本章关注那些对生产有贡献的非金融资产以及如何在账户中记录这种贡献。与之相关的资产是固定资产、存货、自然资源和那些在生产中使用的合约、租约和许可。贵重物品的收益产生于因将其作为价值贮藏手段而持有（而非使用），因此不包括在本章范围之内。

20.4　先要识别在经济所有者资产负债表中出现的资产，和相邻两期资产负债表之间的价值变化，并将其包含在适当的账户中。重估价账户体现了由于绝对或相对价格引起的资产价值变化，资产物量其他变化账户体现了没有反映在交易中的突发事件所引起的资产价值变化。其他每一种价值量变化均应视为交易，必须在 SNA 的其他地方予以记录。如果资产的使用者不是其法定所有人，则应按以下两笔交易记录：一是引起其使用者和所有者之间产生支付行为的交易，二是体现使用者获得使用资产所带来收益的交易，后者记录为使用者的内部交易。如果资产的法定所有人也是其使用者，则只须记录内部交易。

20.5　生产中所使用的资产必须得到补偿，但这个补偿不是仅从获得资产那一时期的生产价值中扣除，而是覆盖了在生产中使用该资产的整个期间。对于固定资产而言，此类对资产的逐步补偿记作固定资本消耗，即因用于生产过程而使该资产减少的价值。然而，资产不只是生产手段，同时也是营业盈余的来源，所以也会对企业的盈利能力做出贡献。长期以来，营业盈余是对生产中所使用资产的回报，这一点已经取得共识，但是 SNA 以往并没有解释这个盈余是如何产生的，它与资产价值是如何联系起来的，以及资产价值在一段时期内是以何种方式变化的。正如这里所说的，要对这些问题予以解释，就需要引入资本服务理论。这里所涉及的服务不是生产过程的产出（如运输或教育服务），所以这个术语会给国民经济核算人员带来极大的不方便。不过，只要记住资本服务不是生产性服务，就可以很好地使用这个术语，而且完全不会造成困难。或者，可以简单地认为，资本服务就是这样一个术语：以此方式在生产账户和资产负债表中记录用于生产过程的资产的价值变化。

20.6 为什么要识别国民账户中与资本服务有关的项目，动力主要来自旨在利用这些信息进行分析的人，特别是对生产率研究感兴趣的人。由于大部分工作是由研究者承担的，因此，不可避免地，其建议背后的机理与逻辑要用一种十分学术的方式予以表达，有时还会大量使用相当复杂的代数学。本章采用一种不同的方式对此进行描述，其目的是要表明，这样做并非要将一个新的概念引入 SNA——理论上说，在现有账户中就能够识别资本服务。更进一步，识别资本服务，能够改进对固定资本消耗（生产账户中通常需要该指标值）和资本存量价值（资产负债表中需要该指标值）的估算。这样，以分析的方法推导这些对生产率研究十分有用的信息，可视为是改进国民账户编制实践的副产品，而不是一项额外的任务。本章以一个高度概括的数字实例作出解释，但其目的仍是论证资本服务有关之研究中所涉及的概念和对资本进行估价以及对资本存量进行推导的国民账户方法之间的联系。

20.7 本章的目的在于对概念做一个概括性介绍，并在整体上简要说明为什么资本服务理论与国民账户有关，所以，这里给出的解释在某些程度上可能是肤浅的。要想深刻理解这个问题，可参阅 OECD 与此有关的两个手册：《资本测算手册》与《生产率测算手册》，以及这些手册中所引用的一些实践和理论工作成果。

B. 对资本存量进行估价

20.8 对资本存量的价值进行估计不是一个简单的过程。尽管可以直接测算所有各年新增的资本形成并将其直接加总起来，但是，要估算那些虽然类别相同但具有不同特征和不同使用期的资本存量的全部价值，却不是一件简单的事情。理论上说，如果每一项具体资产都存在一个良好的二手市场，那就能够利用这些观察到的价格对每项资产以给定年份通行的价格进行重估价，但实际上，很少能够得到此类信息。因此必须采用间接的方法对资本存量进行测算。按照惯例，估算资本存量必须依据资产价格如何随时间衰减的假定，并且使用基于永续盘存法（PIM）的模型（包含了上述假定）。总的来说，通过 PIM，能够减记所有在所涉年份年初既存资产的价值（即资产在这一年的价值下降），注销在那一年达到使用年限的资产，再加上在那一年内所获得的经过减记的资产价值。这个例行作法已经约定俗成，以至于有可能忽略了它所依赖的假定，但是正是对这些假定的研究，揭示了来自资本服务价值的双重好处。

20.9 如果缺乏可以观察到的价格，资产价值可由其未来收益的现值决定。经济理论表明，在一个即使具有可观测价格的运作良好的市场（适当界定）中，这个关系式也能成立。这样，就提出了两类关于资产价值的问题：（i）如果出售的话它值多少钱，和（ii）在其使用年限内它将对生产做出多大贡献。第一个问题是由国民经济核算人员所提出的传统问题，第二个问题则是生产率研究中的基本问题。然而，这两个问题不是独立的。

1. 识别对生产的贡献

20.10 假定一项资产在接下来的五年内将分别为生产增加价值 100、80、60、40 和 20。为简单起见，假定所有产品价格相同且没有通货膨胀。更进一步，假定整个五年的真实利率都是每年百分之五。

20.11 使用如表 20.1 所示的现值法，可以推导出五年中各年的资产价值。（为简单起见，在这个例子以及所有接下来的例子中，所显示的价值均为年初的价值，因此，贴现时应该使用全年的系数。这种简化仅仅是为了便于这里的解释说明；实践中应该使用年中的数字。还必须指出，表中的数字是四舍五入得到的，因此看起来其合计数并不正好等于各项相加之和。然而，在电子数据表中模仿这些例子的读者将正好获得这里所显示的数字。）

20.12 来自于第 2 年的期望收益 80，使第 1 年的资产价值增加了 76，即 80 除以 1.05。（或者，第 1 年的资产增值，可以被看作是 80 乘以贴现因子 0.9524，即 1.05 的倒数。）来自于第 3 年的期望收益使第 2 年的资产价值增加了 57（60 除以 1.05），使第 1 年的资产价值增加了 54（57 除以 1.05），依此类推。当第一年的收益价值 100 加上 76（第二年所获得收益在第一年的价值），再加上 54（第三年所获得收益在第一年的价值）、35 和 16（分别代表第四年和第五年所获得收益在第一年的价值），就得到第一年的资产价值 282。当整个表完成以后，可以看到，资产在这五年中的价值依次为 282、191、116、59 和 20。

20.13 将资产的当年价值减去其后一年的价值，就可得到其逐年减少的价值量。这样，就得到了 91、74、57、39、20 这样一个序列，序列之和为 282，即该资产的原始价值。如果从资产对生产所做的贡献（第一年为 100）中减去资产价值的减少量（第一年为 91），结果就是当年所产生的收入价值（第一年为 9）。为了看清楚这个项目代表的是收入，需要想一想，第一列中第 2 年至第 5 年的各项数字相加之和（182）代表了第 2 年在役的相同资本存量但以第一年的价格水平来衡量的价值。在第一年至第二年中，这个价值量由 182 增加至 191，增加了 9。这个数字完全符合收入的评判标准，即收入是资产所有者在其期末与期初处境一样好的前提下能够花费的价值量。

表 20.1：根据资本对生产的贡献推导其存量价值的例子

贴现率 5%

	第1年	第2年	第3年	第4年	第5年	5年总和
各年收益对资产价值的贡献值：						
第 1 年	100					
第 2 年	76	80				
第 3 年	54	57	60			
第 4 年	35	36	38	40		
第 5 年	16	17	18	19	20	
当年的价值	282	191	116	59	20	
价值指数（环比）	1.00	0.68	0.61	0.51	0.34	
衰减的价值	91	74	57	39	20	282
收入	9	6	3	1	0	18

20.14 在这五年内，收入的价值量等于对角线上的元素之和（300）与这五年间减少的价值量（282）二者相减之差，或者，换句话说，资产所产生的收入价值量恒等于在确定资产现值时内含的贴现数额。

2. 识别任意时刻的资产价值

20.15 现在假定没有任何有关资产对生产贡献的信息，但是知道资产在这五年内由于老化而衰减的价值。如果假定已知资产价值相对于前一年价值的价值指数，且资产的初始价值为 282，这样就能计算出表 20.2 中的各项数据。这里特意假定其资产价值序列与表 20.1 中的数据保持一致。用价值衰减系数 0.68 乘以资产的初始价值 282，就可得到第 2 年的资产价值 191；用价值衰减系数 0.61 乘以 191，就可得到第 3 年的资产价值 116，依此类推。（或者也可以假定已知资产价值的时间序列，利用它去求初始价值。）从这里可以推算出资产逐年衰减的价值，可以看出，它与表 20.1 中的资产衰减价值相同。

20.16　总的来说，这就是 PIM 所要达到的两个目的，第一是计算资产负债表中的资产价值，第二是计算固定资本消耗的数值，显然这些要求都得到了满足。最后一年资产对生产的贡献（20）与最后一年的资产价值相等。如果用百分之五的利率对其贴现，由此决定了第 4 年年初资产增加的价值为 19。根据第 4 年年初的资产价值为 59，即可确定那一年资产对生产的贡献肯定是 40。依此类推，第 3 年的资产价值 116 中肯定包括了第 5 年资产对生产的贡献 18（由 20 贴现两次得到）和第 4 年资产对生产的贡献 38（由 40 贴现一次得到），因此，剩余部分即第 3 年资产对生产的贡献肯定是 60。用这种方法，表的上半部分，即三角形部分都可以推算出来，而且每年的收入值也可以推算出来，就像在表 20.1 中一样。

表 20.2：根据资本价格的下降推导其存量价值的例子

贴现率 5%

	第1年	第2年	第3年	第4年	第5年	5年总和
各年收益对资产价值的贡献值：						
第 1 年	100					
第 2 年	76	80				
第 3 年	54	57	60			
第 4 年	35	36	38←	40		
第 5 年	16	17	18←	19←	20	
当年的价值	282	191	116	59	20	
价值指数（环比）	1.00	0.68	0.61	0.51	0.34	
衰减的价值	91	74	57	39	20	282
收入	9	6	3	1	0	18

3.　年限效率模式和年限价格模式

20.17　表 20.1 和 20.2 从不同的假设前提出发，却得到了完全相同的结果，尽管是按照不同顺序来完成这两张表的。表 20.1 从资产对生产的贡献是逐渐衰减的这个假定出发，推导出每一年的资产存量和价值衰减量。表 20.2 则从资产存量是衰减的这个假定出发，推导出每一年资产对生产的贡献值和价值衰减量。两种方法都给出了资产负债表中所包括的资产存量价值和固定资本消耗的数值。在两个例子中所做的假定必须是一致的。事实上，可以看出，资产对生产贡献的任何衰减模式（通常叫做年限效率模式）都会对应一种——而且也只对应一种——价格衰减模式（通常叫做年限价格模式）。

20.18　根据这一点，似乎可以从 PIM 的一系列假定中提取信息，直接推导出资产对生产的贡献。虽然这样做是有可能的，但一般来说，由一系列年限效率模式假定出发重新进行推导应该更为可取。表 20.3 可以阐明其中原因。

20.19　表 20.3 与表 20.2 一样，也是从一系列相对价格变化开始的，但这些变化与表 20.2 有些不同。价值指数序列不是 1.00、0.68、0.61、0.51 和 0.34，而是 1.00、0.75、0.55、0.30 和 0.20。这些变化低估了第二年的资产价值衰减率，且假定在后来年份有更快的衰减率。乍一看，这些假定似乎没什么不合理的，然而却对资产之生产贡献产生了很大的影响，由此得到的序列 80、101、83、28 和 7 看起来有些令人难以置信。哪一类资产会在第二年比第一年的效率高百分之二十，而且在此后快速衰减之前，第三年的效率仍然比第一年高。然而，与表 20.2 一样，把这五年衰减的价值累加，这种流量模式仍然可以与资产初始价值 282 保持一致。

表 20.3：价格下降模式与表 20.2 稍有不同

贴现率 5%

	第1年	第2年	第3年	第4年	第5年	5年总和
各年收益对资产价值的贡献值：						
第 1 年	80					
第 2 年	96	101				
第 3 年	75	79	83			
第 4 年	24	26	27	28		
第 5 年	6	6	6	7	7	
当年的价值	282	211	116	35	7	
价值指数（环比）	1.00	0.75	0.55	0.30	0.20	
衰减的价值	70	95	81	28	7	282
收入	10	6	2	0	0	18

20.20 这就是为什么我们认为，估计资产存量价值、资产衰减价值和资产产生的收入时，对效率衰减做出假定比对价格衰减率做出假定可能会导致更好的结果的原因。以下再举一个例子，来说明为什么这么做会更简便。考虑这样一个例子，一项资产在五年中的每一年对生产的贡献都是一样的，我们假定是 100，然后突然报废，就像一个电灯泡。在这个例子中，假定一个不变的年限效率模式是很容易的，但是凭直觉可知，相应的年限价格模式很明显要低很多，而且会根据所使用的贴现因子而变化。

20.21 然而，尽管有很好的理由以年限效率模式作为出发点，但实际可得到的信息却是关于年限价格模式的（即使只是部分信息），因此应该确保所选择的年限效率模式与观察到的年限价格变动保持一致。

4. 几何级数衰减模式特例

20.22 一些模式既可适用于年限价格模式，也可适用于年限效率模式。这些模式包括直线折旧和在《资本测算》中所讨论的各种非线性模式。其中一种特别令人感兴趣的模式是价格呈几何级数衰减，即每一年价格（已经过通货膨胀调整）均是前一年价格的一个固定比例（f）。这样的序列会趋近于0，但从来不会真正等于0，所以在一张类似于上面所显示的表中对它进行描述是有困难的，但借助于一些非常简单的代数知识，即可推导出其有趣的特性。

20.23 从上面的表可以看出，每一年年初的资产价值（V_t）都等于那一年所产生的资本服务（a）加上贴现因子（d）与下一年年初资产价值（V_{t+1}）的乘积。即：

$$V_t = a + dV_{t+1}$$

在这里，$V_{t+1} = fV_t$，$V_t = a/(1-df)$。

照此类推，如果资产在第 $t+1$ 年所产生的资本服务价值是 b，$V_{t+1} = b/(1-df)$。但是既然 $V_{t+1} = fV_t$，，那么 b 肯定等于 af。由此可知，年限价格模式的形式与年限效率模式在形式上完全相同。

20.24 如上所述，有一种而且只有一种年限价格模式对应于某种年限效率模式，所以可以推出几何级数衰减模式是唯一对价格衰减和效率衰减都相同的模式。其结果是依价值衰减而调整的资本存量数据等于依效率衰减而调整的资本存量数据。这种特性使我们更有理由相信，选择这种模式来决定资本存量价值是可取的。

5. 实际的考虑

20.25 正如本节开始所提到的，为了便于向初次接触这种思想的人解释资本服务理念背后的基本理论，这里对给出的例子进行了许多简化。要想进行更详细的讨论，考虑诸如选择这种年限价格（或年限效率）模式而不是另一种模式的基本原理、如何估算资产的寿命期和其退出模式以及计算过程中期望值的作用，应该去查阅《资本测算》手册。

20.26 该手册还讨论了这样一些实际问题，即资本回报应该足够支付针对这里所涉资产征收的税，这也是以简化之名而被省略的一点。

20.27 确切地说，利率或贴现率（即 r，本章通常假定为 5%）与贴现因子（即（1 + r）的倒数）之间是有区别的。当 r 是 5% 时，贴现因子是 95.24%。当贴现因子是 95% 时，贴现率是 5.26%。

C. 对流量的解释

20.28 上面各表生成了三个特别有趣的时间序列。一个是资产随时间对生产的贡献，一个是资产价值的衰减，一个是由资产产生的收入。很明显，中间一个术语相当于 SNA 通常理解的固定资本消耗。资本对生产的贡献就是所谓的营业盈余总额，因此第三个时间序列（收入）正好相当于营业盈余净额。然而，这些流量也能冠以其他名称。表中对角线上的各元素，表明了资本对生产的贡献，也被称作资本服务价值。收入这个元素是对资本的回报，因此资本回报率是收入对资本价值的比率。对于表 20.1 和 20.2 而言，收入流量占下一年度资本存量价值的百分比也是百分之五，与贴现率相等。表 20.4 展示了这些替代术语。

表 20.4：资本服务与 SNA 的术语

贴现率 5%

	第1年	第2年	第3年	第4年	第5年	5年总和
各年收益对资产价值的贡献值：	资本服务价值或营业盈余总额					
第 1 年	100					
第 2 年	76	80				
第 3 年	54	57	60			
第 4 年	35	36	38	40		
第 5 年	16	17	18	19	20	
当年的价值	282	191	116	59	20	
价值指数（环比）	1.00	0.68	0.61	0.51	0.34	
衰减的价值	91	74	57	39	20	282
	固定资本消耗					
收入	9	6	3	1	0	18
	资本回报或营业盈余净额					

1.　资本服务和营业盈余总额

20.29　国民经济核算人员可能要问，如果把营业盈余总额作为源自收入形成账户的平衡项，如何才能用这种方法估算营业盈余总额？对于这个问题有两个可能的答案。第一个答案是，没有一个完全等同于营业盈余总额的东西，但资本服务价值是暗含在其中的，所以资本服务可以被记为相对于营业盈余总额的子项目。比方说，假设这里选择的贴现率就是银行存款能够获得的利率。如果资产是具有成本效益的，这就决定了资产使用者需要创造并当做营业盈余净额的价值应该有多大。如果资本服务的数值和营业盈余总额的数值都是 100，那意味着生产者已经作了一个合理的资产选择；该资产为他所挣得的收入正好等于他把这笔钱存在银行可以获得的收入。如果他获得的收入多于 100，那就意味着比起把钱存在银行，他做了一个更好的选择。如果国民账户显示他获得了 150，也就是说，生产者是非常幸运的，甚至他还获得了一些垄断利润。然而也存在下述可能，他正在使用的某些类型的资产在计算资本服务时没有被识别出来，比如某些无形资产。类似地，如果营业盈余总额比估计的资本服务低很多，也许就有理由置疑假定用于生产的资产范围和价值是否合理，或者营业盈余总额的估算质量是否可靠。因此用这种方式来推导资本服务价值，也是一种检验数据质量的有用工具。

20.30　将资本服务看作营业盈余总额的另一种做法是通过确定合适的回报率（贴现率），使营业盈余总额与资本服务正好相等。许多传统的生产率分析已经使用了这种方法，一些生产率的跨国比较也依赖于这种假定。在行业层面进行的其他研究表明，以此类方法得到的回报率可能会有各种变体，使用时必须非常小心。在学术界，关于确定回报率之首选方法的讨论仍然十分热烈，在前面描述中它被视为是外生的而在此处则被视为是内生的。对其间差别给出的一种解释是：使用外生回报率只能使资本成本（资本服务）与收益（营业盈余总额）相对应；而内生回报率则给出了一个单一数字，从而可以与作为标准的“正常”回报率进行对比。

2.　价格和数量

20.31　仔细审查表 20.1（或其他表）可以发现，在某一个时间点（例如年初）的资产价值，可以巧妙地表达为在那一年所提供的资本服务加上那一年年末资产的贴现价值之和。这是文献中资本服务许多代数表述的出发点，但伴随有一个重要区别。尽管大部分国民经济核算专家倾向于认为应该先考虑一个现价总量，然后（也许）将其分解为一个物量和一个相应的价格，但大部分资本服务的描述却与此相反：先假定一个物量，提出一个相应的价格理论

（“使用者成本”）。二者可以相乘给出现价价值，但大部分分析却是利用物量或价格信息完成的。

20.32 之所以按这种方法处理，原因之一就是表20.1中隐含的假定（即资产在寿命期内对生产的贡献是已知的）在实践中常常是不成立的。如我们所知，估计的或者简单假定已知的是一个反映资本效率如何随时间变化的指数。同样地，表20.2中假设已知的资产价值也仅仅是在各项资产是新资产时才是已知的；由于上面所解释的原因，所有其他价值量的值都是估算出来的。将这样一个恒等式——一项资产年初的价值等于这一年所提供的资本服务加上年末的贴现价值（所有的价值都用指数形式表达且假定没有通货膨胀）——可以表述为，资本服务价值取决于由于老化而衰减的资产价值（贬值的成分）和回报率（货币的机会成本）。如果考虑一般通货膨胀的影响，可以认为，资本服务价格（通常叫做使用者成本）取决于同类型新资产价值量的增长、货币的名义成本和资产由于老化相对去年同期下降的价值。

20.33 进一步看，不同类型的资产可能有不同的价格，由此应该考察各类资产价格变动与通货膨胀一般水平变动之间的差别。（表20.1是建立在非常严格的假定基础上的，既没有绝对通货膨胀，也没有相对通货膨胀。）

20.34 接下来要考虑另外一个在数据简表中被忽略的重要因素。对于资产负债表的数据而言，需要知道编制资产负债表那一天的资产价值。对于估算资本服务/营业盈余总额以及固定资本消耗和收入流量来说，则必须知道以年平均价格计算的价值量。实际上，通常假定年中所观察到的价格近似等于年度平均价格，但是事实并非总是如此，特别是在有显著通货膨胀的时候。

D. 资本服务模型的应用

20.35 一旦上述理论联系——营业盈余总额所包含的内容与用于生产之资产中所包含的资本服务之间——被大家所接受，就会对国民账户产生许多其他的有利影响，其中涉及生产用土地的使用问题、自然资源的估价问题、将混合收入分解为劳动和资本两部分的问题、带有残存价值的资产的测算问题、与购置有关的所有权转移成本的处理问题、终期费用的处理问题、资本维护问题、关于长期项目在建工程的估价问题、估算自有住房虚拟租金的备选方法问题，以及将融资租赁下所支付款项分解为本金偿付和利息支付两部分的问题。接下来将对这些问题做进一步解释。

20.36 在讨论土地和自然资源之前，有必要回顾一下资产不是由其法定所有人使用所产生的结果。其中的重要区别在于使用者是否承担生产中与使用资产有关的风险。如果使用者不承担这个风险，即可认为该资产是通过经营租赁得到的。在此情形中，使用资产所支付的款项就是租金，属于中间消耗的组成部分。由生产中使用该资产所自然产生的收益应该属于所有者的营业盈余，记在其与租赁行为有关的生产账户中。（参见17.301段至17.303段。）

20.37 如果使用者确实承担了生产中与使用该资产有关的风险，在生产中使用这些资产所获得的收益应归使用者所有，且要记录在使用者的营业盈余中。这对于生产资产和非生产资产都是正确的，对应的区别只是法定所有人和使用者之间会签署不同的租约，支付给资产法定所有人的财产收入会属于不同类型。

20.38 对生产资产而言，资产使用者承担了所有与资产有关的风险，成为该资产的经济所有者。资产应记录在其经济所有者的资产负债表中。如果法定所有人不同于经济所有者，任何由经济所有者支付给法定所有人的款项都应记作融资租赁下的应付财产收入。（参见 17.304 段至 17.309 段。）

20.39　对非生产资产而言，如果资源使用者不同于其法定所有人，资产仍然保留在法定所有人的资产负债表中，由于法定所有人和使用者之间存在资源租赁，后者必须以地租形式向前者支付财产收入。（参见 17.310 段至 17.312 段。）

20.40　对于所有在生产中使用的非金融资产而言，如果估算出与资产有关的资本服务价值，就可以以此资本服务价值与因使用资产而应付的财产收入进行对比，以确定该项资产的使用是否划算。

1.　土地

20.41　首先要识别的、最古老的非生产资产是土地。土地的特别之处在于，如果管理得当，除了因通货膨胀引起土地价格变化外，可认为土地价值每年都保持不变。也就是说，土地没有折旧，对生产的所有贡献均可视为收入。为了说明这是如何与前面的例子联系起来的，表 20.5 展示了与土地相对应的部分，这块土地每年都对生产有 20 的贡献，直至永远。一张完整的表可能有无限多的行和列，这里只展示了一部分，然后使用一些非常简单的代数学（及其解释）去说明合计数是如何得到的。

20.42　第一列的价值是 20、20 贴现一次（第二年对生产的贡献贴现一次）、20 贴现两次（第三年），以此类推，得到的和即使不是类推到永远，至少可以类推很多年。就像以前一样，使用一个 5% 的贴现率，得到列和 400。为了看清楚为什么是这样，用一个简单的几何级数，序列的和可以写成这样：

$$S_n = a + ad + ad^2 + ad^3 + ad^4 + \cdots + ad^n$$

在这里，a 是每一时期的资本回报，d 是贴现因子。（如前所述，对于 5% 的贴现率来说，贴现因子是 95.24%）如果等式中的每一项都乘以一个额外的因子 d，结果就得到：

$$dS_n = ad + ad^2 + ad^3 + ad^4 + \cdots + ad^{n+1}$$

第一个等式的两边同时减去第二个等式的两边：

$$S_n(1-d) = a(1-d^{n+1})$$

如果 d 比 1 小（在贴现框架内，它应该是小于 1 的），且 n 非常大，这样最后那一项就不太显著，序列的和（S_n）就由 $a/(1-d)$决定。在表 20.5 中，a 是 20，d 是 0.9524，所以序列之和为 420。

表 20.5：以土地为例

贴现率 5%

	第1年	第2年	第3年	第4年	第5年	…	第10年	…
各年收益对资产价值的贡献值：								
第 1 年	20							
第 2 年	19	20						
第 3 年	18	19	20					
第 4 年	17	18	19	20				
…								
第 10 年	13	14	15	15	16	…	20	…
…						…		…
第 25 年	6	7	7	8	8	…	10	…
…								
第 40 年	3	3	3	3	4	…	5	…
当年的价值	420	420	420	420	420	…	420	…
价值指数（环比）	1.00	1.00	1.00	1.00	1.00	…	1.00	…
衰减的价值	0	0	0	0	0	…	0	…
收入	20	20	20	20	20	…	20	…

20.43　然而，既然表中每一列都是以完全相同的方式开始的无限序列（虽然每一列都比其前一列短），所以每一列的和都是 420。因此，每年土地的价值衰减量都是零，20 不仅仅是对生产的贡献，而且也是收入。按照国民账户的说法，营业盈余总额和营业盈余净额都是 20，没有折旧。同样地，资本服务价值和资本回报也都是 20。

20.44　如上所述，在国民账户中，服务总是生产性的，因此，认为非生产资产对一项“服务”有贡献，也许看上去稍微有些奇怪。这仅仅表示，经济学家选择了这些词用来描述资本对生产的贡献，而没有将“服务”这个词与 SNA 对“服务”的特定解释联系起来。类似地，你还会听到用雇员报酬来描述劳动服务成本的说法。

20.45　资本服务所使用的另外一个术语是经济租金，就土地的情形而言，这个词乍看上去似乎更合适，但是它也有缺陷。在表 20.5 中，土地的经济租金是农民出于农业生产目的从使用土地中获得的收益（20）。不管农民是耕种自己的土地还是租种别人的土地，都会产生租金。佃户应该支付给其地主的款项就是国民账户中所显示的财产收入下的地租。如果农民以其部分农作物产出支付地租，其间联系就更明显。他所保留的部分应足以弥补他的成本和他自己（和任何雇佣人员）的劳动成本。在货币经济中，应该支付给地主的地租通常会提前很久就商议好。将所获得的地租（作为营业盈余）与应付地租（作为财产收入）进行对比，可以显示所商定的地租是否“公平”，即相对于农业收入而言，这个地租是否太多了。

2. 自然资源的估价

20.46 将自然资源作为资产进行估价，此类兴趣越来越大，但是，由于这些资产很少在市场上出售，所以如何对自然资源估价尚存很多疑问。以下以矿床或天然林为例，说明采用经济租金概念是解决此类问题的一种方法。

20.47 假设采矿公司知道所要开采矿床的规模、平均开采率和开采一单位矿物所需成本。扣除所有的中间成本、劳动成本和所用固定资产的成本，留下的部分必然是自然资源的经济租金。将此应用于未来预期开采，就可以估计出未来的收入流，然后根据这个收入流，使用上面已经描述过的技术，就可以得到任意时点上的资源存量价值。

20.48 事实上，应用资本服务方法可以比上述更进一步。以天然林为例，如果再生率不小于采伐率，那么森林的价值不会衰减，该采伐率就是可持续的。然而，对不具备天然可再生能力的矿产资源而言，可以像前面一样，将其对生产的贡献分解为显示资产价值衰减的部分和残存部分。这个残存价值符合维持财富完整无缺的概念，所以可以将其视为收入。很明显，这将开启所谓绿色核算的领域，并有可能在卫星账户中用一种不同于国民账户的表达方式来考虑自然资本消耗和固定资本消耗。事实上，这就是一般称为 SEEA 的《综合环境与经济核算体系—2003》（联合国、欧洲委员会、国际货币基金组织、经济合作与发展组织和世界银行，2003）第 7 章 D 节所进一步详细阐述并将其应用于特定资源的基本论点。

3. 混合收入

20.49 上面讨论土地时曾指出，土地的经济租金是不能由中间消耗、雇佣劳动成本、固定资产所提供的资本服务和农民的劳动成本所解释的其余部分。通常很难对自雇者的劳动进行估价，所以它会与土地的经济租金及一切固定资产所提供的资本服务混合在一起，即所谓混合收入。可是原则上，如果能够根据经济中其他部分类似资产所提供的服务的信息，分解估计出固定资产所提供的资本服务，那么混合收入也可能分解为劳动和资本两个部分。

20.50 实践中，由于代表自雇者收入的剩余部分可能非常小，甚至是负的，所以，对混合收入分解而言，这种做法往往是很难行得通的。最有可能的原因就是对资本服务的估计太高了。这也许是因为大公司能更有效率地使用资产，例如持续地而不是间歇地使用一套价值较高的设备，或者因为它们实际上使用了其他生产者不会考虑的无形资产。这就意味着，那些未被测量的资产所提供的资本服务可能被当成由那些已识别资产所提供，但这个新增价值并不适合自雇工作者。因此，资本服务模型不太可能快速、准确地进行混合收入分解，但它确实针对大企业和小企业提供了研究相关数据的方法，以确保全面可靠地对资本进行测算。

4. 带有残存价值的资产

20.51 很多资产只由一个所有者使用，直到其被耗尽不再具有什么价值。然而，不是所有资产都是如此的。有些资产会在使用若干年之后就被处置掉——也许是其现有所有者认为相对于资产对生产的贡献价值来说，其常规的维护成本太高了。一些航空公司也许希望用它们正在不断更新飞机这一事实来为自己做广告。在其他情况下，例如施工设备，其原始所有者可能将来再也不会使用该资产。

20.52　表 20.6 举了一个这样的例子，一项资产只使用了四年，然后以价值 300 处置掉了。为了简化起见，再次假定四年后获得的资产处置价值是已知的——也许有一个很完善的二手资产市场，可以确保任何时点的资产价值都等于资产所能提供的剩余服务。通货膨胀仍然假定为零。

表 20.6：带有残存价值的资产

贴现率 5%

	第1年	第2年	第3年	第4年	残值	4 年总和
各年收益对资产价值的贡献值：						
第 1 年	400					
第 2 年	286	300				
第 3 年	227	238	250			
第 4 年	194	204	214	225		
当年的价值	**1107**	**742**	**464**	**225**	**0**	
衰减的价值	**365**	**278**	**239**	**225**		**1107**
收入	35	22	11	0		68
残存价值	**247**	**259**	**272**	**286**	**300**	
收入	12	13	14	14		53
联合价值	**1354**	**1001**	**736**	**511**	**300**	
衰减的价值	**352**	**265**	**226**	**211**		**1054**
收入	48	35	24	14		121

20.53　表格最上面的三角形部分显示计算资产在这四年中所提供资本服务价值的常规过程，可以看出，最开始的价值是 1107。然后必须加上残存价值 300 的贴现值，即 247，这样资产的总价值为 1354。伴随资产价值逐渐被消耗殆尽，在每一年份上，包含残存价值的资产的衰减值都要低于资产在这四年中所提供的总资本服务的衰减值，因为随着资产处置时间越来越临近，资产的残存价值增大了，因此产生了收入。资产价值的总衰减，即表中所示的固定资本消耗，是 1054。这个价值加上残留价值 300，等于资产的原始价值 1354。总收入（营业盈余净额）是 121，等于生产中使用资产所获得的收入之和（68）加上对终端价值进行贴现所产生的收入（53）。表 20.6 通过举例说明，固定资本消耗的累计价值应该等于资产的原始价值（视为固定资本形成）减去其所有者处置资产时得到的价值。不管该资产是由另一个使用者作为固定资产投入使用，还是在同一经济体中用做其他目的或者被出口，上述等式都是成立的。

5.　与购置有关的所有权转移成本

20.54　购置资产时产生的所有权转移成本应被视为固定资本形成。这个命题等价于假定资产所产生的服务必须足以弥补该资产的成本和所有权转移成本。表 20.7 举了这样一个例子，假定购置表 20.6 中的资产产生了 30 的成本。为了使资产价值正好与处置前的价值（300）相等，在承担成本的所有者将其用于生产的期间内，必须将所有权转移成本考虑进来。表 20.7 中三角形部分的数字加上表 20.6 中相应部分的数字，结果使每一年的资产价值（直到第四年年末）和固定资本消耗都增加了，收入也略有增长，因为，所有权转移成本也要被视为为弥补成本所提供的额外服务的现值。

20.55　如果将所有权转移成本在资产的整个寿命期（而不仅仅是成本支付单位拥有资产的时期）内进行分摊，那么由此计算的资产价值会与市场价值（通过出售价值 300 来体现）不匹配。在这种情况下，必须在资产物量其他变化账户中进行记录，使数据保持一致，但这将意味着，估计总增加值时，并非所有的由原始所有者承担的成本都能得以体现，所以收入被高估了。当资产被意外销售时，这种情况是不可避免的，但对于许多交通工具和大型移动施工设备来说，购买者很可能会考虑在一段给定的时期后销售该资产所能实现的价值。此时，在计算能被归因于所有权转移成本的固定资本消耗时，应竭尽所能，不仅考虑资产的残存价值，也要考虑资产预期使用寿命因素，从而在处置时使上述成本不留残值。

表 20.7：与表 20.6 中资产购置有关的所有权转移成本的例子

贴现率 5%

	第1年	第2年	第3年	第4年		4年总和
各年收益对资产价值的贡献值：						
第 1 年	10					
第 2 年	9	9				
第 3 年	6	7	7			
第 4 年	5	5	6	6		
当年的价值	**30**	**21**	**13**	**6**		
衰减的价值	**9**	**8**	**7**	**6**		**30**
收入	1	1	0	0		2
残存价值	**1384**	**1022**	**749**	**517**	**300**	
衰减的价值	**361**	**273**	**232**	**217**		**1084**
收入	49	36	25	14		123

6. 终期费用

20.56 表 20.6 考虑了当前所有者处置资产时资产有残存价值的情况。还有一类资产，其处置时可能需要相当大的费用，比如核力发电站或石油钻塔的退役费用，垃圾填埋场的清洁费用。以下讨论并不意味着估算终期费用不存在实际困难，而是旨在阐明，为什么原则上终期费用的存在会降低资产在整个生命期的价值。

20.57 终期费用应该包含在资产用于生产时所产生的收入中，所以其类似于资本形成。如果没有照此记录，当生产中不再产生任何收入时，这些数额很大的费用可能会被视为中间成本，由此导致其增加值为负。另一种做法是，将其记为资本形成，而不是包含在形成增加值的成本中，然后这些成本通过资产物量其他变化账户直接被减记。这种做法会在计算宏观经济总量时忽略了其合理经营成本，由此会在很多年份里造成国内生产总值和净值的高估。

20.58 表 20.8 展示了一个如何记录终期费用的例子。事实上，这些数据相当于表 20.6 中每一年资产对生产的贡献值，但是在这个例子中终期费用是负值，而不是正值。

20.59 这里对数据的分析正好紧接表 20.6。使用中的资产所提供的资本服务价值仍然是 1107。然而，既然终期费用的现值是 -247，所以资产的总价值是 860。和前面一样，固定资本消耗的累计价值 1160 等于资产总价值减去最终价值 -300，结果，不仅每一年的资产价值低于在生产中使用的价值，第四年的资产价值居然是负值。其中的基本原理是，虽然资产在那一年生产了 225 的服务，但即将产生的成本 300 意味着其所有者将不能销售这项资产；事实上他必须支付款项给其他所有者以便其接收资产，因为支付处置成本 300 是下一个所有者的责任。

20.60 在资产处置过程中，与所有权转移有关的预期成本，包括法律费用、佣金、运输和拆卸费用等，原则上都应该视作终期费用。

表 20.8：含有终期费用的资产

贴现率 5%

	第1年	第2年	第3年	第4年	残值	4年总和
各年收益对资产价值的贡献值：						
第 1 年	400					
第 2 年	286	300				
第 3 年	227	238	250			
第 4 年	194	204	214	225		
当年的价值	**1107**	**742**	**464**	**225**	**0**	
衰减的价值	**365**	**278**	**239**	**225**		**1107**
收入	35	22	11	0		68
残存价值	**-247**	**-259**	**-272**	**-286**	**-300**	
收入	-12	-13	-14	-14		-53
联合价值	**860**	**483**	**192**	**-61**	**-300**	
衰减的价值	**377**	**291**	**253**	**239**		**1160**
收入	23	9	-3	-14		15

7. 重大修理和更新

20.61 为延长资产使用寿命而进行的重大修理和更新，应被视为资本形成，要将修理和更新的价值加到修理和更新前的资产价值中去。与购置有关的所有权转移成本的例子能够直接应用于这种情形，不同之处仅在于这个成本不是产生在资产购置的那一年。假定资产修理的价值等于资本所提供服务的贴现价值，通过增加资产在原始寿命期剩余年份内每一年的服务量，或者通过延长使用寿命，或者同时使用两种方式，资本所提供的服务是不断增长的。

20.62　将修理价值与所考虑的资产价值合并，重新计算资产提供的服务、资产所产生的收入和资产的固定资本消耗，并考虑资产的维护，这样就能够对资本修理的价值展开分析了。然而，如表 20.7 所示，也有可能不改变原来计算的资本价值，而是将其与对资产所采取的维护加起来，就好比后者涉及的是一项全新的资产。

8.　长期项目的在建工程

20.63　表 20.9 涉及一项建造了四年、最终价值为 200 的资产。一个可能性是，假定没有通货膨胀，在四年中的每一年都应记下在建工程 50。然而，为了与对未来收入进行贴现的概念保持一致，另外一种观点更可取。仍然假定贴现率是 5%，则第一年至第三年已完工的资产价值分别是 172.8、181.4 和 190.5。按照 5% 的速度，这三个值分别在三年、二年和一年之后累计到 200。然后将上面得到的每一个值都除以 4，表明即使每一年完成的工程量都相等，但这四年应该记录的价值量分别应为 43.2、45.4、47.6 和 50.0。另外，尽管如此，从已完工工程的回报中会产生收入。这将产生一个已完工工程的时间序列，然后给定部分完工工程的价值是 43.2、90.7、142.9 和 200，推导出在第二年至第四年的每一年中其他收入为 2.2、4.5 和 7.1。43.2、90.7、142.9 和 200 是部分完工工程的购买者根据他将因此放弃收入而愿意支付的价值，这个收入来自到第三年为止已完工的工程。

9.　自有住房

20.64　SNA 详细说明了自有住房的虚拟租金应该属于生产，而且应该是家庭消费的组成部分。如果没有这样一个资产租赁市场或者仅仅只有一个非常有限的租赁市场，计算虚拟租金是很困难的。对自有住房的虚拟租金进行跨国比较（正如在世界比较项目中所做）发现，使用不同方法产生的结果很不稳定。此时，使用本章所描述的方法也许是很有用的。

表 20.9：对跨越数年的在建工程估价

贴现率 5%

	第1年	第2年	第3年	第4年
每一年最终产品的价值	172.8	181.4	190.5	200.0
建筑活动的价值（最终产品价值的 1/4）	43.2	45.4	47.6	50.0
由已完工工程产生的收入				
第 1 年		2.2	2.3	2.4
第 2 年			2.3	2.4
第 3 年				2.4
年末价值	43.2	90.7	142.9	200.0

20.65　以土地为例，可以推导出，一块无限期的、每年产生经济租金 20 的土地价值是 420。然而房屋不会永远存续，不妨假定它们能存续 50 年，那么适用于这段时期的贴现因子应使得所计算的资产价值到最后会小到可以忽略不计，此时即可假定，如果房屋价值是 420，那么其虚拟租金就是 20。考虑到房屋销售市场比房屋租赁市场发展得更好，这也许可以为国民账户感到棘手的这一领域提供一个有用且可比的数据来源。然而使用这种方法时必须注意，购买房屋的人通常预期自己会得到大量实际持有收益。同时也应该认识到房屋租金中通常包含了地租。

10.　融资租赁

20.66　对未来收入流进行贴现以决定其现值的流程，既适用于非金融资产也适用于金融资产。考虑与银行签订这样一个协议，借款 1000，五年期，利率为 5%。总共要支付给银行的款项为 1100，相当于每年 220。但是，如表 20.10 所示，每年支付的款项并不是由偿还本金 200 和支付利息 20 组成的。利息是根据余额来支付的，所以第一年的利息最高，最后一年的利息为零。（这是本章简化的结果。实际上，利息是每天都要求支付的，所以即使在最后一年也要支付利息。然而，用这种方法，随着贷款的偿还，利息与应偿还本金之间的平衡会随时间而改变。）

20.67 表 20.10 背后的算法与本章其他表没有区别，这表明对金融资产的估价与非金融资产是一样的，可以采用相同的原理。一套被用来说明对生产的贡献中有多少来自固定资本消耗、有多少是对营业盈余净额的贡献的方法，同样能够用来说明支付给银行的款项中有多少是对本金的支付，有多少是对利息的支付。固定资本消耗和资本偿还都属于资本存量价值变化，在积累账户中具有重要作用。而对营业盈余净额的贡献和利息两者都属于收入流量，需要在经常账户中列示。

20.68 当资产是以融资租赁的方式获得时，这种对偶性是特别重要的。在这个例子中，可以使用表 20.10 去体现资产价值的变化和为取得资产而支付的贷款的变化。对通过借款以获得资产这种方法的优点进行成本收益分析也借助此类计算。除非资产对生产的贡献至少与借款者应支付的利息一样多，否则它就不是一项好投资。即使生产者有足够可用的资金，不用借款就可以购买资产，做这样一个分析也是有意义的。因为，如果不用于获得这项资产，就可以将资金转换为或者会产生收入、或者会涨价产生持有收益的其他资产。

表 20.10：金融贷款的例子

贴现率 5%

	第1年	第2年	第3年	第4年	第5年	5年总和
各年应付款项对贷款价值的贡献值：						
第 1 年	220					
第 2 年	210	220				
第 3 年	200	210	220			
第 4 年	190	200	210	220		
第 5 年	181	190	200	210	220	
当年贷款的价值	**1000**	**819**	**629**	**430**	**220**	
偿还的本金	**181**	**190**	**200**	**210**	**220**	**1000**
利息	39	30	20	10	0	100

E. 关于资本服务的补充表

20.69 以下给出一张表格，用于对两组数据进行比较：一组是来自标准国民账户作为总增加值组成部分的数据，另一组是与资本服务理论应用于国民账户中与资本存量有关的数据后推导出来的数据。在介绍这张表之前，需要简要回顾一下本章前面部分隐藏在数字实例背后的各种为简化而做出的假定——如果要对资本服务流量做出严谨的估计，这些假定可能完全不合适。其中最重要的是：

a. 如果在年初、年末或者年中能够分别计算这些表，得到的数据结果会稍有不同。例如，需要用年贴现率的一半去贴现年中流量以获得年初的数据。

b. 假定不存在价格变化——无论是就全部资产整体还是不同资产之间，这显然是不现实的。由价格变化引起的价值变化必须单独识别出来，包括在重估价账户中。

c. 一般应优先选择年限效率方法去确定资本存量的价值，这并不意味着可以忽略与年限价格衰减有关的信息（当存在这样的信息时）。解决这个问题的方法是寻求一种与观察到的价格衰减可以配比的年限效率模式。这就意味着，在可以进行这样配比时，如果没有相匹配的价格信息可以利用，选择年限效率衰减也是可行的。

20.70 如何选择适宜的资产细分类也存在问题。资产差异很大，甚至看起来表面上很相似的产品，如飞机，也许有完全不同的规格。不管怎么样，这是一个必须解决的问题，它意味着如何确定一项被使用资产的存量数据。最终的选择可能就是导致数据不准确的原因，或者反过来，可能会导致额外的资源成本而结果却没有丝毫改进。

20.71　表 20.11 给出了应该予以检查的第一层分类。这里假定按机构部门分类的增加值信息是可以得到的。非金融公司和金融公司的营业盈余数据也许可以与这些部门所用固定资产提供的资本服务（经过必要的自然资源和存货调整）进行比较。在国民账户资料中，一般政府和 NPISH 的数据与资本服务的数据必须相等。这是因为，按照惯例，如果按照成本之和来估计产出，就不应该包括在非市场生产中使用该资产的资本回报。因此，营业盈余总额等于固定资本消耗，营业盈余净额是零（可能除了来自于二级市场生产的少量营业盈余）。自有住房的资本服务应该与住户的营业盈余相匹配，其他的家庭非法人企业的资本服务应该能够与国民账户的混合收入（应该也包括劳动报酬）数字相比较。

表 20.11：可能的补充表——概述

国民账户数据	合计/总额	固定资本消耗	净额
总增加值			
雇员报酬			
混合收入			
营业盈余			
非金融公司			
金融公司			
一般政府			
NPISH			
住户			
生产税减生产补贴			
资本服务	资本服务	价值衰减	资本回报
固定资产			
市场生产者（除住户外）			
非金融公司			
金融公司			
非市场生产者			
一般政府			
NPISH			
住户			
住宅			
其他非法人企业			
自然资源			
存货			

第21章　公司活动核算

A.　引言

21.1　本章的目的是讨论公司部门所面临的一些特殊问题，既包括金融公司，也包括非金融公司。B节从讨论公司的生命周期开始；它们是如何产生的，它们是如何消失的，它们如何相互合并。在SNA中，这些活动造成的后果几乎总是关系到对公司所有者权益的获得的记录，在某些情形下则与部门之间资产和负债的重新分类有关。

21.2　C节讨论公司的子部门以及如何对此展开有效的分析。

21.3　D节仔细考虑了国内经济体中的公司与国外公司之间的关系。此部分的很多内容涉及到全球化方面的问题和相关指标的推导。

21.4　E节回顾了第20章的一些讨论，进一步考虑了资产对生产的贡献。

21.5　F节考察财务困境的后果和补救行为的含义，以便在SNA范围内予以记录。

21.6　最后一节，即G节，会涉及一个相当不同的问题：考察过去几年里企业会计准则的出现，以及开发新准则的过程何以有助于在SNA范围内开发新的方法。

1.　对术语的注释

21.7　正如第4章B节所解释的，SNA使用公司（corporation）这个术语包括了机构单位的多种法律形式。另外，在与生产活动有关的表述中，也会使用企业（enterprise）这个概念。一般而言，SNA优先使用公司（corporation）这个术语，但是其他文件，特别是*BD*（即OCED《外国直接投资基准定义》），更倾向于使用企业（enterprise），而不是公司（corporation）。更进一步，所有企业（enterprise）或公司（corporation）的注册通常都叫做企业注册（business register），尽管“企业（business）”并非SNA中普遍使用的一个术语。本章中将对这三个术语不加区别地使用。

B.　公司的生命周期

21.8　维护一份公司名录类似于维护一份目前全国所有人口的名录，因为当公司成立和停止运作时，都必须予以记录。营业登记通常具有对经济体中现存企业进行记录的行政管理功能，同时也可以作为针对企业进行调查的基本抽样框。因此，营业登记包含每一个企业的行为、规模、位置等等信息是很正常的，同时，当企业的主要活动从一种类型转变为另一种类型时，要予以备案。另外营业登记也许还会包括一个企业与其他常住和非常住企业之间联系的信息。

1.　设立公司

21.9　设立一家公司有许多种途径。途径之一是住户部门内先前的非法人企业法人化。(法人化的具体过程，例如什么时候可能或者必须法人化、法人化是如何实现的，实际上将取决于有关国家的公司法。) 当法人化发生时，先前与住户混在一起的资产和负债就要被单独区分出来，成为公司的资产和负债。住户放弃了对资产的控制，也不再承担偿还负债的责任，作为回报，住户在新公司中获得了相应的权益，这个权益最初正好等于转移给公司的资产和负债的价值。一旦公司法人化，作为所有者的住户不再对资产有要求权，也不再对负债承担责任，但是作为替代，其在公司中拥有权益。

21.10 个人也许会直接决定建立一个企业并开始运作。最初，这个实体也许没有资产和负债，但是随着资产和负债的产生，它们就成为了公司，且所有者权益相应地会发生变化。对于较大规模的公司而言，可能会在许多单位之间签订一个协议，其中一个或者更多单位提出一项营业计划，一个或者更多单位同意对该计划的实施进行投资。会有一个正式协议对公司活动的收益分配和责任分配作出规定。通过协议，新公司获得了资产，并予以记录，其所有者则由于承担了为公司提供资金的责任，因而在公司中获得了相应的权益，这也要进行记录。

21.11 公司没有必要为了对其利润（产生于公司经营活动）分配达成协议而发行股票，合作社和有限责任公司是 SNA 视为公司的两个例子，对于这类公司，虽然形式上没有股票，但是所有者之间的利润分配是很清楚的。

21.12 公司也有可能是由政府、NPISH 或者另一个经济体中的单位发起成立的。另外，也可能将先前存在的公司进行分解后再成立一个公司。在下面的兼并与收购部分将讨论这种可能性。

2. 公司解散

21.13 类似地，解散公司也有几种方式。第一种是实体宣告破产之后清盘。（不同国家的具体过程会有差异。在有些国家，宣告破产意味着公司必须马上停止经营，开始结束其各项事务。在其他国家，在宣告破产与公司清盘之间可能会有一个时间滞后，公司有机会继续经营，以改善其经营状况，只有当这种努力失败以后，公司才被清盘。）当公司被清盘了，清算管理人（负责执行公司清算的单位）会出售公司的所有资产，并按照法律规定的顺序，在那些对公司有索赔权的单位之间进行收益分配。股东总是最后分配收益。在公司破产情况下，股东一无所获是相当普遍的。只有在非常特殊的情况下，股东才有责任提供资金用于偿还公司的其他负债。

21.14 企业所有者可能会自愿对公司进行清盘。这时，资产被出售，并且根据每个所有者在公司中拥有的股份，在所有者之间对所得收益进行分割。如果公司已经发行了股票，只有当绝大多数股东同意，或者按所持股份排名在前的少数几个足以达到多数股份的单位就公司清盘达成了一致，公司才能清盘。

21.15 在公司停止运作之前，并不一定要预先收购公司的所有股份；它可能由较少数的股东所有，甚至成为一个未上市的私人公司。保留法人属性的好处是在弥补公司资产负债表上的亏空时，可以对所有者的债务责任有一个限制。这样即使一个人或一群人想控制整个公司，他们也许只是选择让这个公司不上市，但仍然是一个有限责任公司。

21.16 公司消亡的第三种方式是与其他公司合并，虽然合并并不自动意味着被合并公司消失。这也将在下面的兼并与收购部分进行讨论。

3. 国有化和私有化

21.17 政府可能出于很多原因决定拥有一家公司的所有权，要么是它觉得由政府控制公司比较符合公众利益，要么是为了对付金融危机，或者是出于其他政治动机。这时，公司的所有权转移给了政府，即政府在公司中获得了相应的权益，但公司的资产仍然保留在公司的资产负债表上，除非政府决定将公司国有化，且同时解散公司。政府通常（但并不总是）可能会给之前的公司所有者支付一笔款项，但不一定与后者心目中的公平价格相当。除非公司被解散，否则国有化的过程只是导致公司所有权从私人单位转移到政府，而公司的资产和其他负债将继续由公司所有。公司中的所有者权益应记录为金融账户中的交易。在公司国有化过程中，其资产和负债也会重新分类，从私人子部门转移到公共子部门，记录在资产物量其他变化账户中。

21.18 政府也可能决定将它当前控制的公司进行私有化处理。这时，最常见的途径是将其股份提供给公众，或者用出售的方式，或者在有些情形中是免费或以低于市场价格的水平出售。当股份免费提供或低价出售时，在账户中应该记录从政府到最终股东所发生的资本转移和股份获得。与国有化一样，只有公司权益需要换手，其资产和其他负债不用换手，权益的所有权变更记录为金融账户中的交易。资产和负债的所有权仍然保留在公司中，但要对资产和负债进行重新分类，从公共子部门转移到私人子部门，记录在资产物量其他变化账户中。

21.19 第 22 章将对国有化和私有化进行更多的探讨。

4. 兼并与收购

21.20 在一个经济体内，公司兼并和公司解散的过程很有意思，如果兼并（或解散）涉及到不同经济体中的单位时，则尤其引人关注。如果不考虑兼并和收购的问题，几乎无法讨论外国直接投资。下面列出了这个领域普遍使用的一些表述。这些表述来自于《外国直接投资的基准定义》（*BD*），但在*BPM6* 中也出现了类似的概念。（《外国直接投资的基准定义》（*BD*）的修订版是 2008 年发布的。它与 SNA 和*BPM6* 都保持了一致。）详细说明在 SNA 内记录兼并和收购的有关建议是研究议程的一部分。

21.21 *兼并*（*merger*）是指为了达到共同的目标，两个或者更多公司联合起来，以分享资源。兼并意味着，作为商业运作的结果，只有一个实体能存活下来，而且接下来经常会发生收购（下面会对此进行描述）。可能有以下几种类型的兼并。

a. *法定兼并*（*statutory merger*）是指被兼并（或目标）公司将不复存在的公司合并。收购公司将承担被兼并公司的资产和负债。在大多数情况下，合并公司的所有者仍然共同拥有被兼并公司。

b. *子公司兼并*（*subsidiary merger*）是指被收购的公司成为母公司的一个子公司的交易。在反向子公司并购中，收购公司的子公司将合并到目标公司中。

c. *合并*（*consolidation*）是这样一类兼并，即两个或更多公司联合起来形成一个全新公司。卷入兼并的所有公司都将不复存在，它们的股东将成为新公司的股东。合并和兼并这两个术语经常交替使用。然而，两者之间的区别通常与合并公司的规模有关。在合并中，进行联合的公司有类似的规模，而兼并一般意味着进行联合的公司在规模上有显著差异。

d. *反向兼并*（*reverse merger*）是这样一笔交易，即收购公司不复存在，且被并入目标公司。如果一个公司渴望在短期内获得公开上市，成为一个拥有可交易股份的新公司，它可以收购一个已经公开上市的公司，并且并入这个公司。

e. *对等兼并*（*merger of equals*）是这样一类兼并，即所涉公司规模相当。

21.22 *收购*（*acquisition*）是两个参与方之间根据通过市场建立的条款而进行的交易，在交易过程中，每个公司都为了自己的利益采取行动。收购公司获得了对目标公司的控制权。目标公司成为收购公司的联营公司或子公司或子公司的一部分。

a. *接管*（*takeover*）是指收购公司比目标

公司大很多的一种收购类型。这个术语有时用来表达恶意交易。然而对等兼并（在规模上类似或属于同一个部门的活动）也可能导致一个恶意收购。

b. *反向收购*（*reverse takeover*）是在目标公司比收购公司大的情况下进行的收购。

21.23 *撤资（公司解散）*（*divestment（de－merger）*）是指由于种种原因要出售公司的一部分：

a. 与其竞争对手比较，公司的子公司或公司的一部分可能不再运行良好；

b. 公司的子公司或公司的一部分也许运行良好，但是从维持竞争及满足长期目标的需要来看，可能在行业内定位不好；

c. 公司为了保持竞争力，其战略重点可能随时间发生改变，并导致了资产剥离；

d. 失去了管理上的控制或不能有效管理；

e. 太多的多样化经营可能带来了一些困难，为此母公司要减少其活动的多样化；

f. 母公司可能遇到资金困难，需要筹集现金；

g. 撤资也许是为抵御恶意收购而实施的。

21.24 公司撤资可以用以下几种不同的方式来进行：

a. *法人抛售*（*corporate sell－off*），是指向购买者出售子公司，在大部分情形中，购买者是其他公司。

b. *公司分拆*（*corporate spin－off*），是指公司被处置部分在证券交易市场交易。该新出售公司要在证券交易中单独估价，它是一个独立的公司。新上市公司的股份要分配给母公司的股东，此后，这些股东会拥有两个公司而不是一个公司的股份。

c. *股权剥离*（*equity carve－out*），类似于公司分拆，但是母公司保留了大多数控制权。这种形式有利于出售者筹集现金。

d. *管理层收购*（*Management buy－outs and buy－ins*），是指被出售公司被其原来的某个管理者或一组管理人员所收购。

21.25 在所有这些情形中，两个相关公司的权益交易必须记录在金融账户中，同时有可能会在资产其他物量变化账户中记录其部门分类的变化。

C.　子部门

21.26 第 4 章讨论了公司部门的子部门分类，按照建议，可以将其分作三类：本国私人公司、由政府控制的公司和由国外控制的公司。在每一类公司内部，最好能够识别出市场性非营利机构（NPI）。

21.27 识别非营利机构的原因有二。首先，为了对 NPI 有一个全面的了解，正如第 23 章所描述的，必须能够识别那些归属于公司部门的市场性 NPI。有些用户也许并未期望单独识别它们，因为通常有一个误解：所有的 NPI 都是非市场性的，都应该放在 NPISH 部门内。单独识别 NPI 的另一个原因是：如果感觉到一般公司与 NPI 的经济行为是明显不同的，对于有些分析而言，最好能够对除 NPI 之外的公司进行分析。

21.28 识别公有公司时，如果在那段期间公有公司的数量和类型有了显著变化，那么如何提供长期时间序列就存在问题。通常要就每个时期内的公有公司提供一个时间序列。因为，通常所关注的有多少公司被政府控制以及如何随时间变化，通过这个时间序列就能做出合适的描述。但是，如果目的是探究同一组公司在各个时期上的行为，那么就需要准备一张附表，覆盖当前定义的公有公司，然后用于整个期间，而不管在此期间内它们是否都是公有公司。

21.29 如何识别由外资控制的公司，是考虑国内经济与国外之间相互作用的关键。下面的部分将对此进行详细阐述。

D. 不同经济体的公司之间的关系

21.30 放松市场管制、技术创新和更便宜的通信工具，都会使投资者可以通过多种方式分享海外的竞争市场。结果，跨国界金融活动（包括直接投资）的显著增长成为了世界经济整合（更一般的说法是全球化）中的关键因素。

21.31 对直接投资的趋势及其发展进行常规分析，是大部分宏观经济和跨国界金融分析的内在组成部分。识别这些投资的来源地和目的地，对政策分析者是头等重要的。根据直接投资统计所计算的以下几个指标将有助于测算全球化的广度和影响。

1. 外国直接投资

21.32 外国直接投资（FDI）是国际收支统计的关键内容，回顾一下与 FDI 有关的一些基本概念是有用的。更详细的资料可以参照 *BPM6* 和 *BD*。在谈论 FDI 的上下文中，更倾向于使用企业（enterprise）这个术语，而不是公司（corporation），但正如绪言中所提到的，它们在含义上没有差别。

21.33 直接投资统计包括四个不同的统计账户：

a. 投资头寸；

b. 金融交易；

c. 通过直接投资关系联系起来的企业之间的相关收入流量；

d. 资产价值的其他变化，特别是重估价项目。

21.34 直接投资是跨境投资的一种，在这种投资方式下，一个经济体中的常住者（*直接投资者*）控制了作为另一个经济体常住者的企业（*直接投资企业*），或者对这个企业的管理有相当大的影响力。

21.35 直接投资会使直接投资者进入直接投资企业所在的经济体——用别的方式它不能进入。直接投资者的目的与证券投资者不同，后者对企业的管理没有明显的影响力。

21.36 直接投资企业也许是另一个企业的子公司，如果后者持有其超过 50% 的投票权；或者是另一个企业的联营企业，后者持有其 10% 至 50% 投票权；或者是准公司，如分支机构，即它实际上 100% 归其母公司所有。如果某企业对另一个企业没有直接投资影响（即不满足 10% 投票权的条件），但二者在所有权结构中被同一个企业（必须至少是它们中一个企业的直接投资者）直接或者间接影响，那就可称其为同母公司企业。

21.37 根据直接投资关系框架（FDIR，在 *BD* 中有描述）的判断标准，通过所有权链条可以识别直接投资关系，包括直接关系和间接关系。假定公司 A 控制了公司 B，B 控制了 C，因此 A 实际上也就控制了 C。

2. FDI 和全球化

21.38 直接投资头寸显示在给定参考时点上基于投往国外和从国外收到的投资所给出的一个重要指标，投往国外的叫资产，从国外收到的叫负债。FDI 头寸占 GDP 的百分比可以体现当时全球经济一体化的程度。这些结构性指标表明了经济体之间的相互依赖。

21.39 金融交易显示了任何给定时期在按金融工具分列的资产（获得减处置或偿还）和负债（新增债务减清偿债务）上发生的内向和外向净投资。FDI 金融交易占 GDP 的百分比可以反映那段时期一个经济体之全球化程度的变化情况，通过这个指标，可以提供经济体（国内和国外）对新投资者之相对吸引力（在考虑了同一时期内撤资或收回投资之后）的初步信息。

21.40 直接投资收入可以提供关于直接投资者和直接投资企业间利润的信息。直接投资收益来自于（i）已分配利润和被该企业中视作再投资的未分配利润，（ii）公司间贷款、贸易信贷和其他形式的债务上产生的利息。通过 FDI 收入流量占 GDP 的百分比，可以体现直接投资收益在报告经济体和国外的相对重要性。

3.　“过路资金”的作用

21.41 “过路资金”或“在途资金”是指那些经过在本经济体中的某常住企业、去往位于另一个经济体的附属机构的资金，这些资金尚未进入附属机构所属经济体。这些资金经常与直接投资联系在一起。这样的流量对其所经过的经济体影响很小。特殊目的实体、控股公司和为其他非金融附属机构服务的金融机构会与这些在途资金具有特殊联系，其他企业也会在其直接投资流量中包含过路资金。

21.42 在标准的表述中，过路资金是包括在直接投资中的，因为它们是直接投资者金融交易不可或缺的部分，同时是其附属企业的头寸。（金融机构之间债务工具上的头寸是个例外。）从直接投资中扣除这些资金，在总体水平上会扭曲和大大低估直接投资的金融流量和头寸。而且，在直接投资中列入这些数据，有助于实现各经济体记录的对称性和一致性。不过，对于这些资金路过的经济体而言，有必要识别这些不打算用于当地有关实体的资金流入和流出。

21.43 在发展中国家，特别是在新兴国家，FDI 起了关键作用。为了研究全球有多少 FDI 到达了这些国家以及 FDI 来自于哪里，有必要进行一些补充研究。在此类分析中，不是要识别东道国或投资经济体（在外向或者内向链条中）的过路资金，而是要通过识别第一个单位来确定过路资金最初来自于哪个国家。

4.　最终投资国

21.44 根据 *BD* 中关于 FDI 的表述，可以看出外向 FDI 直接对应的国家和直接对应的行业。对于内向 FDI，则不仅能确定其直接对应的投资者，也可以确定其最终的投资者。所谓最终投资者，是指控制其投资决策、在直接投资企业中拥有 FDI 头寸的企业，也是控制了那个直接对应某直接投资企业之直接投资者的企业。通过控制关系（拥有超过 50% 的投票权），可以连续追踪直接投资者的所有权链条，直到出现一个不再被其他企业控制的企业，由此即可以识别出最终投资者。如果没有企业能够控制该直接对应的直接投资者，那么该直接投资者实际上就是直接投资企业的最终投资者。

21.45 最终投资者常住的国家就是直接投资企业的最终投资国。有可能最终投资者和直接投资企业是同一个经济体中的常住单位。（A 控制了 B，B 控制了 C。A 和 C 是同一个经济体中的常住单位，B 是另一个经济体中的常住单位。）

21.46 为了将通常分国别的表述转换为针对最终投资国的补充表述，需要把归属于直接对应的直接投资者常住国家的全部 FDI 头寸划归于最终投资国。如果直接投资企业中有不止一个直接对应的直接投资者，就需要根据每个直接对应之直接投资者的最终控制母国，将每一个直接对应之直接投资者的全部内向 FDI 头寸重新划归到各自的最终投资国。通过这种方法，可以确保根据标准表述确定的进入一个国家的直接投资数值与根据补充表述确定的数值相同。

5.　跨国公司

21.47 跨国公司（MNE）活动分析与有关外国直接投资信息一样，都令人感兴趣，确定外国直接投资者只要求达到 10% 的投票权即可，而确认跨国公司，则要求其必须持有超过 50% 的投票权。因此，就 SNA 中的子部门而言，跨国公司相当于是由外国控制的公司。（关于控制权的问题，*BD* 和 *BPM6* 与 SNA 有细微的差别。*BD* 和 *BPM6* 要求严格应用 50% 的投票权原则，但 SNA

则比较灵活。具体可参见第 4 章）

21.48 除了对跨国公司的活动进行统计以外，也可以就与其他经济体相联系的更大范围的企业类别进行统计，而不仅限于那些外资拥有大多数所有权的企业（即外国附属机构）。这些统计就是外国附属机构统计（FATS），《外国附属机构生产统计（FATS）的建议手册》（欧盟统计局，2007）对此进行了描述，《全球化指标：经济全球化统计手册》（经济合作与发展组织，2005）对此进行了详细阐述。有关工作仍在继续，以确保这些文献中所引用的各种统计数据集与关于全球化的其他出版物相一致。

6. 外包

21.49 经济体 X 中的公司 A 有两种方式使经济体 Y 中的公司 B 为其组装零件。虽然结果看起来是类似的，但在账户中记录的结果却完全不同。假设 A 和 B 是没有关联的企业，B 按照合同为 A 工作并获得一笔费用作为回报。（其他地方也对这种情况进行了描述，例如在第 28 章。）在这个例子中，不记录加工对象从 A 到 B（或者从 X 到 Y）的转移，只将按协议支付的费用记为两个经济体之间的交易。

21.50 可是，如果 A 和 B 都属于同一个企业集团，那么事实也许是，在产品从 A 运送到 B 的过程中存在着产品风险和收益的转移。问题在于当产品在国际间移动时，A（和 X）和 B（和 Y）之间的贸易数据中该产品是否采用了合适的价格。如果 A 和 B 有关联，有时候就会使用“转移定价”这种做法。假定 Y 的税收制度比 X 更自由。那么实际情况也许是，为了使在 X 中的利润最小化，A 人为降低了运送到 B 的产品价格，而 B 记录一个相对较高的利润，这个利润在 Y 中对应的税率较低。原则上，国际会计准则和国际收支平衡表都建议跨界移动的产品应该以“公平”价格估价，即假如这里涉及的两个企业之间没有关联时通行的价格。做这样的调整并非易事，而且，税务当局、海关和统计人员是否有兴趣，要看如果所涉及的产品总数相当大时能否进行适当的调整，同时这个调整能否具有充分的可靠性。

E. 资产对生产的贡献

21.51 第 20 章讨论了生产中资本服务的作用和多要素生产率（MFP）的计算。在计算生产率时所考虑的资产，是那些由企业所拥有和使用的固定资产，加上企业拥有并在生产中使用的一切自然资源和其他非生产资产，包括合约、租约和许可以及可能的营销资产。法律上不归企业所有、但通过融资租赁归企业使用的那些资产也包括在内，同样地，在企业资产负债表中也会对它们予以记录。可是，通过经营租赁协议而租借的资产被排除在外。这也许意味着两个开展类似活动、使用类似资产的企业可能表现出不同的生产率，因为一个使用自己拥有的资产，另一个使用租借的资产。为此需要一些补充分析，即根据使用资产而不是拥有资产的行业来编制有关资产的信息，并分析使用租借来的资产而不是自己拥有的资产对于营业盈余和生产率的意义。

F. 财务困境的后果

21.52 一个非金融公司遭遇财务困境的标志，第一是这个公司近来的利润水平，第二也可能是它能够提供的股息水平。还有可能是它的现金流出了问题，不能及时偿还债务。其竞争对手可能利用这个机会发起收购要约。可是，如果没有人出价收购，这里的问题就是公司究竟如何才能生存下来。

21.53　类似地，一个金融公司可能因为在筹集资金方面有困难，不能应对其负债而遭遇财务困境。同样地，在这种情况下，其竞争对手也可能发起收购要约，但是也可能没有人收购。

21.54　不管是金融公司还是非金融公司，如果这个公司被认为对国家很重要，政府就可能会插手，或者收购这个公司，实际上使其国有化，或者可能注入一大笔资本，作为回报，获得公司一定的控制权或者全部控制权。第 22 章探讨了如何记录国有化、政府注资和在紧急援助下可能采取的措施。

21.55　另外一种可能性是政府给处于困境中的公司的债权人提供担保。同样地，启动一次性担保与承担债务的处理方法相同。原始债务被清偿，然后在担保人与债权人之间产生了一项新的债务。在大多数情况下，担保人被视为向原债务人做了一次资本转移，除非担保人获得对债权人的有效索赔权，在后一种情况下应确认为一笔金融资产（对债务人而言是负债）。第 17 章第 3 部分讨论了如何记录担保，包括那些由政府提供的担保。

1.　坏账

21.56　所有企业，尤其是金融公司，都有可能遭受坏账。如果经济中的其他方面也对公司施加了财务压力，这种现象可能会特别严重。在 SNA 范围内，贷款总是按应偿还给债权人的数值来记录的。如果债务人的信用等级较低，上述做法可能就高估了贷款的市场价值。对单笔贷款很少这么做，但对于一类贷款则经常这么做。

21.57　SNA 将部分坏账确认为不良贷款。正如 13.66 段所解释的，这些坏账都是其利息或本金支付已逾期 90 天或更长时期，或其 90 天或更长时期的利息支付已资本化、再融资、或通过协议推迟，或者其付款虽然逾期不到 90 天，但还有其他充分的理由（如债务人申请破产）怀疑款项是否能全额偿还的贷款。SNA 建议为账户编制备忘录项目，以显示不良贷款的名义价值和市场价值以及对利息流量的含义、根据名义价值计算的利息、前面各期的未支付利息和与本期有关的未支付利息。13.67 – 13.68 段讨论了拟议的备忘录项目。

21.58　正如附录 4 所解释的，详细阐述当市场价值突然偏离过去的趋势值时应如何对资产进行核算以及什么时候适宜于界定和使用“公允价值”的整个问题，是已列入研究日程的一个项目。此外，将继续监测 2008 年信贷危机后的经济状况，看看是否需要提出其他备忘项目和其他措施建议。

2.　优惠性贷款和债务重订计划

21.59　第 22 章的 D 节详细探讨了政府对优惠性贷款和债务重订计划的作用。

G.　与企业会计核算的联系

21.60　近年来，作为企业会计核算标准的制定者，国际会计准则委员会（IASB）的重要性日益突出。IASB 发布了国际财务报告准则（IFRS），目前，有 100 多个国家参与了这一协调过程。许多大公司，特别是跨国公司，已经开始应用这些国际会计准则。

21.61　在大部分情形中，国际财务报告准则所隐含的基本原则与 SNA 的基本原则是完全一致的。特别值得注意的是，该准则在序言中说明，经济实质应优先于法律形式。与 SNA 一样，国际财务报告准则不仅注意到了理论上的首选方法，也注意到了其实际可能性。

21.62　制定一个新准则的过程分三步。第一步，提出一份文件，就赞成还是反对新准则进行讨论，并发布这份文件，同时邀请大家对此进行评论。收到各种评论并对其进行分析后，如果决定继续这个过程，就要准备好一份征求意见稿，然后邮寄出去，继续让全球评论。只有当这份征求意见稿得到了大量好评，它才成为正式要制定的准则。在每一个阶段，给出的文件都会探讨准则的背景和它的正式措辞。

21.63 既然国民经济核算不可避免地必须从根据国际会计准则编制的数据中提取信息，特别是对于大公司，那么，对于国民经济核算的诸同仁而言，对制定国际会计准则的三个阶段给予更多关注并提出自己的观点将是有意义的。

21.64 对于跨国公司，标准账户可能只提供作为整体的集团公司的核算结果，其中位于不同国家的企业之间的关系已经被合并。在这种情况下，国民经济核算人员为了所需的非合并数据，必须查阅其他来源的数据。

21.65 在国际财务报告准则所采用的方法中，有两个特别的地方与 SNA 的方法有些不同，一是将持有损益看做收入，二是对准备金与或有负债的记录。进一步考查国际会计准则委员会的观点，会有助于改善 SNA 对这些问题的处理，如果不是完全接受国际会计准则委员会的观点，至少也要在其观点与 SNA 观点之间进行协调。

21.66 除了国际会计准则委员会针对私人公司规定的准则外，国际公共部门会计准则委员会（IPSASB）也提出了对政府部门的有关准则。有关国际公共部门会计准则委员会的内容，可参见第 22 章。

第 22 章　一般政府和公共部门

A.　引言

22.1　SNA 的主要优点之一在于能够编制整个部门、单个单位或某些中间层级上的账户，并以不同的方式对这些账户加以汇总。SNA 将经济体分解成各种不同的部门和子部门，由此可以对经济体不同部分之间的相互作用进行观察和分析，以便于政策的制定。本章将重点介绍一般政府部门（定义见第 4 章）和公共部门（定义见本章），其中很多概念在以前的章节中已做过介绍。这一章旨在将这些概念综合在一起，更加具体地阐释如何将它们用于实践，并将它们与其他侧重于政府的经济统计体系联系起来，比如《政府财政统计手册》（GFSM2001），《ESA95 有关政府债务和赤字手册》（欧盟统计局 2002a），以及《外债指南》。

22.2　政府的权力、动机和功能有别于其他部门。政府可以利用其权力推行影响其他经济单位行为的各种法律，可以自由地通过税收和社会保险金等各种手段对收入和财富进行重新分配。一般政府部门账户展示了向整个社会或单个住户提供的货物服务是如何主要依赖于财政收入的。政府提供的货物服务的范围和价格，是基于政治和社会因素考虑的，而不是为了追求利益最大化。

22.3　财政运行由政府完成，资金来源于正常预算程序下产生的预算资金。但是，有一些政府单位发起的行为却需要包括公共企业在内的经济主体的介入，而这些经济主体并不受法定政府框架的管制。这些行为可以称为准财政活动。

22.4　与公共企业私有化和重组有关的操作，以及通过特别目的的实体（包括国外的）的介入而完成的资产证券化行为可以归入这一类。尽管这些行为未列入预算报告，且可能避开了常规的控制程序，但其对政府财政收入和支出具有显著影响。

22.5　除了直接提供服务，政府还常通过公共企业（如铁路、航空、公用设施和公共金融企业）来实现其公共政策的目标。政府可要求公共企业向某些特定领域提供服务，而如果没有价格补贴，这些领域将不会被一般经济活动所覆盖。如此一来，该公共企业的经营利润可能会下降或面临亏损。

22.6　因此，为了全面分析政府对经济体的影响，构建一个包含所有政府单位和公共企业的部门将很有意义。这一复合部门就是公共部门。

22.7　对于一般政府和公共部门，除了 SNA 常规的账户序列外，还可以用一种更适合于政府财政分析人士和政策制定者的方式来呈现其账户，而后一种方式正越来越多地使用以 SNA 之概念、定义、分类和核算规则界定总量和平衡项，以便于与其他宏观经济变量相关联，并与他国的相同项目相比较。某些项目，比如储蓄、净贷出/净借入业已存在于账户序列中。但像财政总收入、总支出和总开支、税负、财政运行净结余和总债务等其他项目并未出现在 SNA 中。此类总量和平衡项可用于评价个人服务和公共服务生产的资源使用情况、征缴税收和其他财政收入的必要性、政府借入和偿还债务的能力，以及理想水平的财政运行的可持续性。

22.8 本章将对此所谓公共财政或政府财政账表做扼要介绍。为了生成该表，需要对 SNA 经常账户和资本账户的交易进行重新排列，以推导出对一般政府和公共部门有意义的那些总量和平衡项。比如，将税收、使用者费用和他国政府援助等汇总起来，就形成了政府的财政总收入，该收入是从其运作中得到的，用来为政府服务提供支持。

22.9 B 节总结了对政府单位和其他政府控制单位的定义，并介绍了这些单位在 SNA 中的部门归属。

22.10 C 节介绍了政府财政统计报表。

22.11 D 节讨论了政府独有的或对其特别重要的若干核算问题。

22.12 最后的 E 节说明了如何以一种与 D（原文如此，疑为 C，译者注）节的政府财政统计报表大体平行的方式体现公共部门的相关信息。

1. 数据来源

22.13 在实践中，宏观经济账户很少能够通过简单加总相关微观数据来构建，但政府是个例外，政府单位和公共企业的账户常常直接通过政府财政核算数据库中的微观数据得到。因此，政府单位和公共企业的统计数据编制者通常主要依赖于会计信息，而不是统计调查的结果。国际会计师联合会国际公共部门会计准则理事会（IPsAsB）所推行的国际公共部门会计准则（IPSAS）在近年来的发展，更是越来越需要清晰的政府财政统计编制指导，以期可将详细的会计数据准确地移植到 SNA 框架中。如果政府财政账户的编制是基于收付实现制，就必须将其转换成权责发生制以适应 SNA 的核算原则，这样的指导将变得尤为重要。

2. 合并

22.14 通常 SNA 中的项目是不作合并处理的。合并将意味着剔除同一机构部门或子部门内两个交易者之间的交易或债权/债务关系。但是正如第 3 章所阐述的，合并对于一般政府部门可能是有意义的。比如，政府单位对政府以外单位的债务信息可能比将政府单位对其他政府单位之债务包括在内的总债务更有意义。关于合并处理的指导可见于 C 节。

B. 一般政府和公共部门的定义

22.15 一般政府单位包括一些非营利机构（NPI）和不作为公司处理的公共企业。公共部门则包括一般政府和公共企业。为了识别哪些非营利机构属于一般政府单位，必须先对政府控制的要素条件加以确认。为了确定哪些企业作为公共企业，哪些作为一般政府的一部分，需要先明确政府控制的要素条件以及有显著经济意义价格的概念。

22.16 以下将先重述 4.117－118 段关于政府单位的定义，这将有助于我们明确哪些单位既属于一般政府部门，又属于公共部门，然后将会讨论所谓政府控制和有显著经济意义的价格的含义。

1. 政府单位

22.17 ***政府单位是唯一一类通过政治程序设立的、在特定区域内对其他机构单位拥有立法、司法或行政权的法律实体***。作为机构单位的政府，其主要功能在于，用来源于税收或其他收入的资金承担为社会和住户提供货物和服务的责任；通过转移手段进行收入和财产的再分配；从事非市场生产。一般而言：

a. 政府单位通常有权通过税收或从其他机构单位的强制转移获得资金。政府单位必须通过对其他单位征税或接受其他政府单位的转移为自己筹集资金；在追求其政策目标过程中必须有权支出上述资金中的部分或全部。它必须能够自行借入资金。

b. 政府单位通常会做出以下三种不同的最终支付：

- 第一类，由政府统一组织、资金来源于一般税收或其他收入、向整个社会免费提供公共服务（如公共管理、国防、司法和公共卫生等）所发生的实际或虚拟支出。
- 第二类，向单个住户免费或以没有显著经济意义的价格提供货物服务所发生的支出。这些支出是政府在追求其社会或政治目标过程中有意发生的，资金来源于税收或其他收入，即便个人可能根据其使用情况支付了费用。
- 第三类，为了收入或财富的再分配而向其他机构单位（主要是住户）的转移支付。

22.18 在单一经济体中，如果存在中央、州或地方等不同级别的政府，则会存在很多单独的政府单位。社会保障基金也属于政府单位。

22.19 在所有的国家，都存在一个规模和权力（尤其是对很多其他单位能施予控制的权力）方面很重要的一般政府机构单位，该单位常被称为国民政府，并由主预算账户所覆盖。正是由这个单一的中央政府单位来完成全国行政、立法和司法等基础性活动，其收入以及其花费和支出通常由财政部或与其功能相当的部门通过由立法授权的一般预算来规约和控制。组成这一中央政府单位的各部委、部门、机关、理事会、委员会、司法当局、立法实体以及其他实体，大多都不是独立的机构单位，而只是这一主要中央政府机构单位的一部分，因为它们一般无权以其自身的名义拥有资产、发生负债或进行交易。如果存在省级或地方政府，则这些政府也可能拥有一个涵盖核心执法、立法和司法权力的主要政府单位。

22.20 此外，也可能存在具有独立法律身份和充分自主（包括自由决定支出和开支的数量与构成的权力，以及直接的收入来源，比如专项税款）的政府实体（支出、开支和收入等术语经常用于政府账表中。其定义及其与 SNA 各概念的关系见 C 节）。设立此类实体常常是为了实现某些具体的功能，比如道路建设，或卫生、教育服务的非市场生产。如果这些实体保有全套的账户，以自己的名义拥有货物或资产，依法从事可进行核算的非市场活动，有能力以自身名义发生负债和对外订立契约，则它们可作为单独的政府单位处理。这些单位常被称作预算外单位，因为其拥有独立的预算，任何来自于预算主账户的转移都可由其自身收入补充。各国预算的差别很大，且用于描述这些单位的术语也多种多样。考虑到这些单位是非市场生产者，且常被另一个政府单位所控制，我们将这些单位归入一般政府部门。

22.21 社会保障基金是一种致力于运作一个或多个社会保障计划的特殊政府单位。社会保障基金必须满足作为一个机构单位的一般要求，即必须区别于政府单位的其他活动而另行组织，单独持有其资产和负债，并以自身的名义从事金融交易。

22.22 前文已述及，作为非市场生产者、并受控于政府的非营利机构也是一般政府部门中的单位。尽管其设立依法独立于政府，但它所实现的是政府政策，并有效地构成了政府的一部分。政府可能更愿意选择非营利机构，而不是政府机关，去实现某些政府政策，因为非营利机构被认为是不面临政治压力的，例如，卫生、安全、环境和教育等领域的研发、各种标准的设立和维持，在这样的领域中，非营利机构可能比政府机关更为有效。

22.23 从事金融活动的单位需要特别考虑。正如 4.67 段所介绍的，由政府设立的、具有专属金融机构类似功能的单位，如果无权独立行为，而只局限于其从事的若干交易，不承担与其持有的资产和负债相关的风险和回报，且常住于同一经济体中，则应视其构成一般政府的一部分，而不作为单独的单位处理。如果该单位是非常住的，则作为单独单位处理，但其进行的作为准财政行为的交易要反映在该单位与政府之间的交易中。特别地，如果该非常住单位从国外借款，则可认为其将相同的款项以相同的条件借给了政府。

22.24 同时，任何政府层级的一般预算都可能会对符合下文准公司标准的市场生产者形成控制。这些单位不应该归入一般政府部门，准确地说应该是属于非金融或金融公司部门，但作为公共单位，它们是公共部门的一部分。

2. 政府控制的非营利机构

22.25 确定非营利机构是否为政府控制的标准见于4.92 段。为了便利起见，此处再加以总结。

22.26 对非营利机构的控制是指，有能力决定非营利机构的总体政策或规划。为了便于对整个非营利机构集合的分析，所有归于一般政府部门的非营利机构在统计记录上都应该保留其非营利机构的身份。确定非营利机构是否为政府所控制，应考虑下述五个控制指标：

a. 官员的任命；

b. 其他授权工具的提供；

c. 契约协议；

d. 政府资助的程度；

e. 风险暴露。

在有些情况下，单一的指标可能已足以证明控制的存在，但有时可能需要多个指标综合起来才能确认控制是否存在。从本质上说需要基于所有指标做出判断决策，对于相似的情形应做出一致的判断。

3. 政府控制的企业

22.27 被归为公共企业的公司不仅必须是由另一个公共单位控制的，还必须是一个市场生产者。所谓控制是指，有能力决定一个机构单位的总体政策或规划。政府所处的地位，使其可以对很多种单位施予控制：各种预算外的机关，非营利机构和公司（金融或非金融的）。一家企业被控制的标准见于4.77－4.80 段。需要考虑的关键因素有：

a. 拥有大多数的表决权；

b. 控制了董事会或其他治理实体；

c. 控制了关键人事的任免；

d. 控制了该实体的关键委员会；

e. 金股和黄金期权；

f. 管制和控制；

g. 通过某主导消费者进行控制；

h. 对向政府借款行为的控制。

在有些情况下，单一的指标可能已足以证明控制的存在；但有时可能多个指标综合起来才能确认控制是否存在。从本质上说需要基于所有的指标做出判断决策，对于相似的情形应做出一致的判断。

4. 有显著经济意义的价格

22.28 作为市场生产者的单位，会将其产出的全部或大部分以有显著经济意义的价格提供给其他单位。***所谓有显著经济意义的价格，是指对生产者愿意提供的数量和购买者希望购买的数量有显著影响的价格。这样的价格往往存在于：***

a. ***为了实现在长期内盈利或者至少弥补资本和其他成本的目标，生产者希望对供给进行调整；***

b. ***消费者可自由决定购买与否，且其选择是基于索要的价格做出的。***

22.29 如果销售收入弥补了生产者大部分的成本，且消费者可基于索要的价格自由做出购买与否和购买数量的选择，通常这就意味着价格有显著的经济意义。尽管在产出价值（不包括产品税和补贴）和生产成本之间并不存在确定的数量关系，但通常认为所售货物服务的价值在一个持续多年的期限内至少平均应在生产成本的一半之上。

22.30　因经济环境差异巨大，为了实现长期一致的经济测算，在各单位之间、各国之间可以采用不同的门槛标准。原则上来说，市场和非市场之间的差别应该具体问题具体分析。

22.31　如果生产者是私有的，则可假定其价格是具有显著经济意义的。但在存在公共控制时，该机构单位的价格可能会出于公共政策目的做出调整。这就增加了判定价格是否具有显著的经济意义的难度。设立公共企业的目的常常是为了生产具有某种期望品质或期望价格的货物，而同样品质或价格的货物在市场上是不会生产的。即便该类企业的销售收入可能弥补了其很大一部分的成本，但可以想象，其对市场力量的反应与私有企业是非常不同的。

22.32　得到政府财政大力支持或享受其他降低风险因素（政府担保）的企业，与没有此类优势的企业相比，其行为肯定是存在差异的，因为其预算约束相对宽松。非市场生产者面临着很宽松的预算环境，其对经济环境变化的反应方式可能不同于市场生产者。

政府的货物服务供应商

22.33　向政府供应货物服务的单位应视作市场生产者还是非市场生产者？根本的问题是，提供货物服务的单位是否与私有生产者形成竞争，供应商的选择是否是基于价格做出的，不管供应商是否唯一，也不管政府是否是该供应商的唯一消费者。

销售收入与成本的定义

22.34　为了判断一个生产者是否是市场生产者，我们有必要在产品的销售所得和生产成本之间做一比较。销售收入的测算是在任何产品适用税附加之前进行的。销售收入不包括从政府得到的所有支付，除非进行相同活动的每一个生产者都会得到这一支付。此时自产自用的产品不能作为销售收入的一部分。

22.35　生产成本是中间消耗、雇员报酬、固定资本消耗及（其他）生产税的总和。如果该单位是市场生产者，则资本回报也应包括在生产成本中，但生产补贴不做扣减。

5.　公共单位的决策树

22.36　图 22.1 显示了一般政府部门、公共部门和其他主要国民经济部门之间的关系。

22.37　4.117 段已述及，政府单位通过政治程序设立，在特定领域内享有对其他机构单位的立法、司法和执法权力。这些单位属于一般政府部门，也属于公共部门。为了确定什么样的机构单位属于一般政府部门和公共部门，应遵循图 4.1 介绍的决策树，顺序回答下述问题：

a. 该实体是否是机构单位？若否，但其是常住的，则作为其控制单位的一部分。如果不是机构单位，但是非常住的，则作为其常住经济体中的准公司。

b. 根据刚刚给出的标准，该单位属于市场生产者还是非市场生产者？

c. 该单位是否为政府或另一公共企业所控制？

图 22.1：公共部门和其他主要国民经济部门之间的关系

非金融公司	金融公司	一般政府	NPISH	住户
公共	公共	公共	私有	私有
私有	私有			

22.38 对后面两个问题的回答，决定其部门归属的情况如下：

a. 如果该单位是市场生产者，且不被政府控制，则其不属于一般政府部门或公共部门。

b. 如果该单位是市场生产者，但被政府或另一公共企业控制，则其不属于政府部门，但属于公共部门。

c. 如果该单位是非市场生产者，但被政府控制，则其属于一般政府部门和公共部门。

d. 如果该单位是非市场生产者，且不被政府控制，则视其为 NPISH，不属于一般政府部门或公共部门。

6. 一般政府部门的子部门

22.39 如第 4 章所述，一般政府部门可按两种方式中的任一种划分成子部门。一种方法是共划分为三个子部门：中央政府、省级政府和地方政府，社会保障基金包括在各层级的政府部门中。有时一般政府可能只有一个或两个层级；有时则可能必须在三层结构中纳入更多级别的政府。另一种方法是将社会保障基金从各政府层级中排除，并设立一个单独的子部门覆盖所有政府层级上的社会保障基金。选用何种分类取决于社会保障基金是否独立于其运作所处层级的政府。

22.40 关于一般政府子部门划分的更多细节见于第 4 章 F 节。

7. 公共部门的子部门

22.41 为了满足分析的要求，可以构造公共部门的子部门。有两种构造方法可考虑。第一，可以将公共部门划分为一般政府部门，以及由所有公共公司构成的另一个子部门。公共公司子部门又可进一步划分为非金融公共公司，以及中央银行以外的公共金融公司和中央银行。

22.42 第二，可以根据与一般政府部门相同的方式将公共部门按照政府层级进行划分。这种情形下的子部门有：中央政府公共部门、省级政府公共部门和地方政府公共部门。每一个子部门又包含着相应层级的一般政府部门及该层级政府单位控制的所有公共企业。如果一个单位由两个不同层级的政府单位控制，则必须根据诸如控制单位所施加的控制程度等因素，将该单位分配到某一层级的政府。社会保障基金可以独立构成一个子部门，或融入到各层级政府中。应该指出的是，如果设立了单独的基金来管理政府雇员的养老金，则这样的基金应该排除在社会保障基金之外。

8. 边缘情形

22.43 关于政府创设的某些实体在何种情况下可归入公共部门，需要给予具体指导。这些实体包括准公司、重组机构、特殊目的实体、合资企业以及超国家机构。

准公司

22.44 准公司是非法人制企业，但仿照公司模式运营。在 SNA 中，准公司是视作公司处理的，即作为一个与其法律归属单位相分离的机构单位。因此，政府单位拥有的准公司应归入金融或非金融部门的公司。

22.45 准公司概念的提出意在将其与其所有者相分离，这些非法人制的准公司独立自治，足以使其能按照公司的相同方式活动。如果其像公司一样行为，则其必须拥有完整的账户。对于一个企业而言，存在或可能构建一整套的账户（包括资产负债表）确实也是将其作为独立机构单位处理的一项必要条件，否则从核算的角度来说将准公司与其所有者相区分将是不可行的。

22.46 要实现将一个企业作为准公司处理，政府对其管理必须给予相当的自主性（不管是生产程序的管理还是资金的使用）。政府准公司必须有能力持有其自身的周转结余和商业信用，且能够利用其自身储蓄、金融资产或借入款项满足其部分或全部的资本形成。能够将准公司与政府之间的收入和资本流量相区分，意味着在实践中准公司的经营和融资活动与政府的收入或财政数据是可分离的，尽管其并非独立的法律实体。政府拥有的准公司，其营业盈余净额并不构成政府收入的一部分，且政府账户只记录准公司和政府之间发生的收入和资本流量。

重组机构

22.47 一些公共单位会卷入（金融或非金融的）公司的重组。这些公司可能为政府所控制，也可能不被其控制。重组机构可能是长期存在的公共单位，也可能是专为此特殊目的而设立的机构。政府会以各种不同的方式对重组予以资金支持，或直接通过资本注入（资本转移、贷款或购买股份），或间接地给予担保。像重组机构这样的单位几乎没有产出，因此以产出是否市场化来判断其何种情况下可作为一般政府的一部分，这样的常规标准并不充分。此时应该考虑下面的建议：

a. 只服务于政府的单位，相对于同时服务其他单位的单位，往往更会被归入到一般政府；

b. 不以市场价值出售金融资产的单位，往往更会被归入到一般政府部门；

c. 因得到强大公共财政支持并且在法律上或有效地代表政府而承担了较低风险的单位，可能会被归入到一般政府部门。

22.48 重组机构可以通过很多方式运作，下文给出了两种常见的情形。

22.49 重组机构可以承担公共部门的重新组织以及对私有化的间接管理。这里存在两种可能：

a. 重组单位是一家真正的控股公司，控制和管理着很多子公司，但其活动中仅有小部分是代表政府和为了公共政策目的来充当两家子公司之间的资金融通渠道。这样的单位应归入公司一类，其代表政府进行的交易应归入一般政府。

b. 重组单位（不管其法律地位如何）扮演了政府的直接代理人，且不是市场生产者，其主要功能在于，重新分配国民收入和财富，充当单位间的资金渠道。这样的单位应归入一般政府部门。

22.50 另一种情形是，重组机构主要是关心受损资产，常存在于银行或其他金融危机的背景下。这样的重组机构必须根据其承受的风险度进行分析，并考虑政府资助的程度。也可有两种情形：

a. 重组机构自行在市场上借入资金以购置其有效管理的金融或非金融资产。在这样的情形下，该机构单位应该归入金融公司部门。

b. 重组机构在政府的直接或间接资助下故意以高于市场的价格买入资产。它主要从事国民收入（和财富）的再分配，不脱离政府独立行为或自行承担风险，因此应该归入一般政府部门。

特殊目的实体

22.51 政府单位一直被认为是常住的，因为根据定义，一国的经济领土包括了其政府管理的地理领土，以及政府用于外交、军事、科学及其他目的的一些国外飞地（通常会与所在国的政府签订正式协议）。这些飞地是一般政府部门的一部分。

22.52 一些政府可能会出于金融方面的考虑而设立从事财政或非财政活动（包括资产证券化、借款等）的特殊目的实体（SPE）。从事财政类活动且仅以一种被动方式（相对于政府）运作的常住SPE，不管其法律地位如何，在SNA中不作为单独的机构单位，而是视作一般政府的一部分。如果其行为独立，且代表其自身获得资产和发生负债，并承担相应的风险，则作为单独的机构单位处理，并按其从事的主要活动划分到对应的部门或行业。

22.53 非常住SPE通常被视为其所在经济体的单独机构单位。这类实体设立后，必须注意如实反映该政府的财政活动。一般政府和非常住 SPE 之间的所有流量和存量水平应该在其发生于一般政府和国外账户时加以记录。

22.54 一个政府可能会创设一个非常住的 SPE 用于承担其在国外的政府借款或政府开支。即便在该政府和与这些财政活动相关的 SPE 之间没有实际的经济流量记录，也要在政府和国外账户中虚拟各种交易以反映由 SPE 发生的政府财政活动（包括借款在内)。证券化单位的特殊情况将在 D 节讨论。

合资企业

22.55 很多公共单位会与私有实体或其他公共单位协议共同从事各类活动。活动产生的产出可是市场化的或非市场化的。合资经营可以从广义上分为三种类型：联合控制单位，此处称作合资企业；联合控制经营；联合控制资产。

22.56 ***合资需设立一家公司、合伙制企业或其他类型的机构单位，在该公司中各方依法对该单位的活动进行共同控制***。该单位的经营方式与其他单位相同，只是各方之间订立协议，对该单位进行共同控制。作为一个机构单位，合资企业可以其自身名义对外签订合同，筹集资金用于其自身目的。合资企业有自身的核算。

22.57 这里要考虑的主要问题是，对合资企业的有效经济控制产生的是公共单位还是私有单位。如果合资企业以非市场生产者的角色经营，则必定是政府实施了有效控制，从而其应作为一般政府的一部分。

22.58 如果合资企业是市场生产者，则需要利用前述标准判断其是否为政府所控制，并据此将其作为公共或私有企业处理。通常来说，所有权比例将足以确定控制的强弱。如果公共单位和私人单位拥有同样比例的合资企业所有权，则必须考虑其他的控制判断指标。

22.59 公共单位也可能涉足不设立单独机构单位的共同经营协议。在这样的情形下，不存在需要分类的单位，但必须注意确保对资产所有权给予恰当记录，并根据主协议条款对支出的共担和收入的共享进行确认。比如，两个单位可能协议对共同生产程序的不同阶段负责；或者一个单位拥有一项资产或相关资产复合体，但两单位均同意共担支出并共享收入。

超国家机构

22.60 一些国家可能会参与涉及资金转移（从成员国向超国家机构，或相反）的超国家制度安排协议。超国家机构也可从事非市场生产。在各成员国的国民账户中，超国家机构是非常住机构单位，是国外的一部分，可以归入国外部门下的一个具体子部门。

22.61 因为超国家机构实现的是政府层面上的功能，因此不妨将该机构作为该成员国的一个常住单位（尽管它仍然是非常住的），为其构建一套账户。这样的一个额外账户可为进行成员国经济活动分析提供有益的补充。

C. 政府财政统计报表

1. 引言

22.62 第 6 至 13 章介绍了所有机构单位和部门的账户序列。但对于政府部门以及某些情形下的公共部门，经验表明，另外一种报告方式，即通常称作政府财政报表或公共财政报表（包括存量和流量），会更能满足某些分析的需要。本节将概括性地介绍政府账户应如何在比如*GFSM2001* 中呈现，进一步的解释和讨论可参阅该手册。

22.63 政府财政报表主要由以下交易组成：增加资产净值的各种交易，得出称作财政收入的总量指标；减少资产净值的各种交易，得出称作财政支出的总量指标。此外还有两个主要的平衡项，净结余和净借入或净贷出。对其他经济流量可编制额外的账户及资产负债表。

22.64　以下部分将概括介绍政府财政中涉及的各项概念。

2.　财政收入

22.65　财政收入是增加资产净值的交易。在政府财政报表中，财政收入概念包括了 SNA 中计入经常转移账户的政府的所有来源，以及计入资本账户的应收资本转移。具体而言，财政收入可作如下界定：

财政收入 =

税收

\+ 社会缴款

\+ 其他经常性收入

\+ 应收资本转移

22.66　政府财政收入通常主要来自于税收和社会缴款等形式的强制性征收。而对于某些层次的政府，拨款（来自于其他政府单位和国际组织的转移）却是其主要的收入来源。其他种类的政府财政收入包括财产收入、货物服务销售收入以及拨款以外的各种转移。

22.67　对税收和社会缴款进行测算非常困难。涉及的问题和建议的解决办法将在 D 节介绍。税收记录于账户序列的多个账户中。政府财政报表的一个优势就在于所有的税收都作为财政收入的一个类别反映，并可根据税基的不同作次级划分。特别要指出的是，经常税和资本税可能会在单一项目下反映。

22.68　其他经常性财政收入包括财产收入、货物与服务销售收入、罚没收入、拨款以外的自愿转移以及其他未识别的杂项收入。政府将货物服务免费或以没有显著经济意义的价格出售，这种分配方式与财政收入的一般理念（作为增加资产净值的一项交易）并不相符。因此财政收入中只包括货物服务的实际销售收入，或由政府生产但作为实物形式的雇员报酬提供的货物服务（作为实物雇员报酬提供的货物服务，之所以作为财政收入处理，是因为其抵消了支出）。

22.69　从一个政府单位向另一个政府单位的转移，常是中央或省级政府向低一层级政府的转移，是政府收入非常重要的一个来源。政府财政报表允许将所有这样的所得集中到财政收入的一个单独类别下，通常冠以拨款之名。其他转移，包括补贴，一般金额较小，要单另反映。财产收入可能是也可能不是财政收入的重要来源，但不管是与否，它都与初始收入分配账户中的相同类别直接关联。

3.　财政支出

22.70　财政支出是减少资产净值的交易。在政府财政报表中，财政支出概念包括了计入经常转移账户的政府的所有使用，以及计入资本账户的应付资本转移。具体而言，支出可作如下界定：

财政支出 =

生产支出（雇员报酬、中间消耗和固定资本消耗）

\+ 应付利息

\+ 拨款

\+ 社会福利

\+ 其他经常支出

\+ 应付资本转移

22.71　政府财政报表（如 *GFSM2001*）在很多地方有别于 SNA 账户序列。在政府财政报表中没有生产账户，这使其无法反映政府自用性生产的成本结构及最终使用情况。比如，从事自用性资本形成活动的雇员报酬会直接归入资本形成的获得，而不是记为雇员报酬。相反，产生实物形式社会福利的雇员报酬会记作雇员报酬，而不会再作为实物形式社会福利的（一部分）支出。

政府财政报表使用的某些名称和定义也不同于账户序列，同时还引进了各种各样的简化方式。比如，FISIM 和保险服务的支出不再与利息和净保费相区分。

22.72 政府通常会生产很多服务和某些货物，然后将其免费或以没有显著经济意义的价格分配出去。在 SNA 中，这些货物服务的成本，在生产时要记录为一项使用，而在分配后记录为社会福利或最终消费支出。为减少不必要的重复，这些成本在政府财政统计报表中仅记录为生产费用。

22.73 原则上说，支付给政府雇员的退休金应被视作是一项负债的清偿，而不是经常费用的支出。但是在实践中，政府账户反映的社会福利可能已经包括了支付给政府雇员的退休金。如果排除掉这些养老金负债的交易，相应的社会缴款和养老金权益变化调整项也必须从财政收入和财政支出中去除掉。

4. 开支

22.74 非金融资产的购置并非一项支出，因为其对资产净值没有发生影响，它代表两种类型资产的交换，或者负债的发生相应匹配了资产的获得。但它应包含在一项称为开支（或有时为支出）的总项中。开支作如下界定：

开支 =

财政支出

\+ 非金融资产的获得减处置

非金融资产的净获得等于资本形成总额加上非生产非金融资产的获得减处置。

5. 结余

22.75 结余定义为财政收入减财政支出。它是所有影响资产净值变化交易的平衡项。它等价于 SNA 账户序列中的由于储蓄和资本转移引起的资产净值变化。它衡量了政府政策的可持续性，因为它反映了政府当期运作中获得或消耗的资源。具体而言：

结余 =

财政收入

\- 财政支出。

6. 净贷出或净借入

22.76 净贷出或净借入等于结余减去非金融资产净获得，或者总收入减去总开支。它代表政府可用于借出的金额，或为满足其非金融运作的资金需要必须借入的金额。具体而言：

净贷出或净借入 =

结余

\- 非金融资产的获得减处置

或，净贷出或净借入 =

财政收入

\- 开支

22.77 净贷出或净借入也是金融账户的平衡项，但在实践中，由于使用的数据来源不同以及可能存在的错误和遗漏，可能会出现一定的统计误差。

7. 合并

22.78 从分析目的看，常常比较关心净贷出或净借入与政府负债变化之间的关系。对政府负债变化的关注通常集中在政府对其他非政府单位的负债金额，但在两个政府单位之间也可能有大额负债发生。政府财政报表对各部门和子部门的所有流量和存量都进行了合并，因此省略了同一分类项下各单位之间所有资产和负债头寸情况。然而，运用这种方法，仍然可以对一般政府部门、中央政府子部门以及公共部门的负债进行单独的确认，这对分析将是有益的。

22.79 合并是一种将某类单位集合视作一个单一单位的统计数据报告方法。通过合并，会省略被合并单位间的交易和重复的存量头寸。该方法可对任一组的单位实施，但对一般政府部门及其子部门内单位的合并将更有意义。比如，在评估政府运作对于整个经济体的综合效应或政府运作的可持续性时，省略不同层级政府之间的交易而仅涵盖其与其他部门或非常住单位之间的交易，将会使评估更为有效。合并尤其适用于诸如财产收入（特别是利息）、经常转移和资本转移等交易，以及金融资产与负债的交易。例如，在某些情况下合并后的收入或支出与 GDP 的比率会比未合并数据更为有用。

22.80　SNA 是不鼓励合并的。即便是在政府财政统计报表中，虽然合并常常很有意义，但也只是在成对的收入和支出科目出现时才会在单一账户中使用该方法。因此，合并调整对平衡项并不产生影响。例如，中央级政府向地方级政府单位的拨款（或转移），在合并过程中是将中央级政府的支出和地方级政府的收入同时略去，而一般政府部门的结余是不发生变化的。

22.81　从概念上说，合并应该省略被合并单位间的所有流量，但在实践中应该做具体分析。比如有关生产账户交易的合并就存在争议，诸如产出以及货物服务中间消耗等交易就不应合并。合并应该在哪一层次进行，应该基于合并数据的政策有用性以及各种交易或存量的相对重要性来考虑。

22.82　在政府财政报表中，可考虑加以合并的主要交易，按其重要性可作如下排序：

a. 经常转移和资本转移，例如中央政府向低层级政府的拨款；

b. 金融资产和负债交易，例如向其他政府的政策性贷款，社会保障单位获取的政府债券和债务豁免等；

c. 政府间持有金融资产和负债的利息收入和支出；

d. 非金融资产的获得和处置，包括政府间的土地、建筑物和设备交易；

e. 政府单位或实体之间的税收支出；

f. 政府单位之间的货物服务购买和销售。

22.83　有两类发生在政府单位间的交易从不合并，因为 SNA 要对其进行改道处理。第一是所有的雇主社会缴款，无论是支付给社会保障基金还是政府养老基金，它们都作为雇员报酬的一部分支付给雇员，然后由雇员支付给基金。第二是政府单位从雇员报酬中代扣（如代扣所得税）并支付给其他政府的所有税收，应视为由雇员直接支付。此时政府雇主只是其他政府单位的税收代理人。但是对于不作为社会缴款处理的针对薪酬和劳动力的税金，如其金额较大且可以确认，应该合并处理。

22.84　合并通常会遇到一些实践上的困难。例如，如果一项要合并的交易在一个单位的账户上得以确认，则相应的该交易应该同时出现在其交易对手的账户中，但可能在彼处并不存在该交易，或者可能在不同的时期进行了记录，或者记录了不同的价值，或者被划分成了另一种交易。在严格施行四式记账的核算体系中，上述种种情形可存在于任一交易下，但当尝试合并时，这样的差错就会变得很突出。

22.85　在报告整个一般政府部门的账户时，政府子部门之间的交易将被合并，但单独考虑每个子部门的账户时，这些交易是不应省略的。

8.　政府功能分类

22.86　利用《政府职能分类》（联合国，COFOG）对开支相关交易进行分类，是政府财政报告不可或缺的一部分。这种分类反映了开支的目的。这些目的可能和政府的行政职能安排有着显著的不同。比如，负责卫生服务的行政单位可能会从事一些教育目的的活动，比如医疗专业人员的培训。应该鼓励根据经济本质和功能对政府交易进行交叉分类，如 *GFSM2001* 所介绍的。

D. 一般政府和公共部门中的特殊核算问题

22.87 在 SNA 核算规则的适用性方面，一般政府和公共部门与经济体所有其他部门是相同的。但是由于政府活动的特殊性质，附加一些指导将有助于某些交易的处理。这些指导可以归结到以下四个项目中：

a. 税收记账问题的说明；

b. 与非常住政府类权力机构的相互关系（包括支付给另一当局的税收）；

c. 债务相关问题；

d. 与企业部门的相互关系；

以下分别对上述项目做说明。

1. 税收记账问题的说明

政府颁发的许可

22.88 税收是各机构单位向行使统治权力的一般政府或超国家机构做出的现金或实物形式的义务性无偿支出。这些支出通常构成了政府财政收入的主要部分，在某些国家占比可达 90%。税收被描述为无偿的，是因为在大多数情形下，政府对各单个单位的支出并不做出任何等价的回报，但有时政府会以直接给予许可或授权等形式回报单个单位的支付。这种情形下的支付是强制性程序的一部分，保证了所有权的准确确认或活动依法授权进行。此类支付何时作为税收处理，何时作为政府的服务销售收入或资产出售收入处理，这两者之间的界限需要另行给出指导建议。

22.89 第 7 和第 8 章在讨论税收和服务费用之间的差异时已经指出，上述界限在实践中并不总是泾渭分明的。可以采用下列建议予以确认：

a. 如果许可或准许由政府自动授予，作为进行某项活动或获得某项资产的一项强制条件，或者政府履行极少的或不履行任何工作，只对许可获取者的法律能力施以最低水平的控制（如确认申请者是否无犯罪记录），则该项支付作为税收记录。此时的费用支付与政府履行的控制职能是不匹配的；

b. 如果签发许可或准许意味着政府通过对该活动施加控制或审核该从业者的能力或资格等实现了恰当的监管职能，则该项支付作为服务购买记录。此时的支付对于所有或任何服务受益实体而言与生产服务的成本是成比例的，并且由全体受益实体承担。只有当该项支付与生产服务的成本不成比例时，才将其作为税收处理。

22.90 第 17 章对那些由政府签发的严格限制数量的许可进行了讨论。

a. 如果许可不是针对于使用符合资产标准的自然资源，但政府代表整个社会对此施加控制，则该项对许可的支付应视为税收。尽管如此，但如果许可在法律和实践中都可转移给第三方，那么它仍会被归为合约、租约和许可项下的一项资产；

b. 如果许可是为了使用符合资产标准的一项自然资源，且政府是代表整个社会对此施加控制，则该项对许可的支付可处理为合约、租约和许可项下资产的获得，或是租金的支付。是获得资产还是支付租金，在确认时所需考虑的条件已在第 17 章第 5 部分做了详细介绍。

政府拥有的生产资产的使用许可，应视情况处理为经营性租赁或融资租赁。

以权责发生制记录税收

22.91 与体系中的所有交易一样，政府交易也应该基于权责发生制记录。无论对于财政收入（如税收和社会缴款）还是财政支出（如利息支付），均应如此。如果一项交易的双方不在同一时点记录各自一方的交易，账户就会出现不平衡。

22.92 对于政府而言，要在基础事件发生时记录收入和权益是特别困难的，因为政府会计常常是基于收付实现制的，收税尤其如此。而且，如果从应付税收评估时计算权责发生累计的税收，就会存在多计或少计税收收入的风险。因为税收是政府财政中一个关键的总量指标，这样的错误是必须要避免的。

22.93 正如第 3 章中已解释的，税收或任何的分配性交易按权责发生制计入非金融账户的时点与实际支付发生的时点之间的时期，是以金融账户中记录的应收或应付账款作为过渡的。如果有时向政府支付了覆盖两个或以上核算期的预付款，则需在政府的金融账户中记录一笔应付账款对应未来核算期的到期款。实际上这是支付人支付给政府的财政预支，它是政府的负债，支付人的资产。这是一项特殊的负债，因为该项金额在未来核算期才会生效。

22.94 按权责发生制记录税收款项，意味着原则上应收的某些税款可能在实践中无法收取。进行必要调整的方式见于 8.58－8.59 段。

税收抵免

22.95 税收减免可以采取的形式有税额免征、豁免、扣减或抵免。税额免征、豁免和扣减应在计算税收负债前从税基中减除。税收抵免是在计算税收负债后直接从受益住户或企业应付的税收负债中减除。有时会出现应付税收抵免，是指超过税收负债部分而要支付给受益人的税收抵免金额。但有些税收抵免不允许出现应付（有时称为有剩余的抵免），其抵免额不会超过税收负债规模。

22.96 在《财政收入统计》和 *GFSM2001* 中，税收系统中所体现的税收减除应记录为纳税人之税收债务的减少，由此会减少政府的税收收入。税额减免、豁免和扣减均是如此，因为它们会直接计算在税收债务中。非应付的课税扣除也是如此，因为其对于纳税人的价值不会超过后者税收负债的规模。而对于应付形式的课税扣除，只有超过相应税收负债的那部分（对应于政府的一项开支）才表现为一项支出。

22.97 但 SNA 的处理却与此不同，应付形式课税扣除项下的总金额应该被视为支出，并以全部金额记录为支出。这样一来，税收收入在记录时就应该不做任何的课税扣除。

22.98 对应付形式的课税扣除作如此处理，不会对一般政府的净借入或净贷出有任何影响，但会影响税负水平及公共花费或支出与 GDP 的比率。但是因为需要解释不同统计体系在报表上的差异，税收负债所抵消的应付形式课税扣除也应该反映在 SNA 中。

2.　与其他全国性、国际性或超国家组织的交易

22.99 政府单位与国际性或超国家组织（视作非常住单位）之间也可能会发生交易。即便政府单位充当的是非常住单位的资金渠道，此类的交易也要体现为政府单位与非常住单位之间直接发生的交易。需要考虑以下六种情形：

a. *税收*：某些产品税，如进口关税、消费税和增值税等，可能是应付给超国家组织的，因为它们要被视作是该超国家组织直接征收的。

b. *补贴*：任何由超国家组织直接支付给常住生产者的补贴，都应记录为超国家组织的应付项，而不是常住政府单位的应付项。

c. *经常性国际合作*：包括不同国家政府之间的或政府与国际组织之间的现金或实物形式的经常转移，具体包括：

- 政府之间的经常转移且被接受者用于经常性支出，包括自然灾害后的紧急救援；包括以食物、衣物、毛毯和药物等实物形式出现的转移；
- 成员国政府向国际组织支付的年度或

常规缴款（不包括支付给超国家组织的税收）；

- 政府或国际组织向另一国政府支付的用于支付技术援助员工（常住于其工作的国家并为东道国政府所雇用）工资的款项。

d. *其他经常转移*：包括向国际或超国家机构的各项强制性非税收支出。

e. *资本转移*：包括投资补助金或其他资本转移（包括作为应付资本转移的债务取消对应交易，作为应收资本转移的债务承担对应交易）。

f. *金融交易*：某些金融交易可能也需要记录，通常为贷款，国际组织（如世界银行和国际货币基金组织）提供的，或向其他政府提供的。

国际组织成员会费

22.100 在一些情况下，应付给国际组织的成员会费和认缴额可以不作为经常转移处理，而是对一项服务的支付，按照权责发生制记录。特别地，如果存在全额返还的可能性，即便可能性微乎其微，则该项支付可代表获得了一项金融资产。

国际援助

22.101 有时，国际援助的形式是在一次自然灾害后提供食物、衣物和紧急设备等货物。除了货物或服务本身，输送货物服务中伴随的所有可确认成本都应包括在该项转移的价值中，比如运往国外过程中以及在受援国国内发生的运输成本，援助国在准备或监管运输过程中发生的政府雇员报酬、保险等，因为这些成本都是由援助国承担的。

22.102 所援助货物服务在受援国的价格可能迥异于援助国。作为一项一般原则，向受援国捐献的价值应视为等于提供援助的成本。这意味着，应以援助国的价格作为计算捐献价值的基础。

22.103 如果货物服务以及相应的运输费用是由政府、NPISH 或住户援助的，则该标的物作为负的最终消费记录，它对应着一项实物转移。如果所有标的物由企业提供，则应将其记录为一项现金转移，并对应着一项由接受者购买该货物的交易。在两种情况下，所涉及的标的物均包含在援助国的出口和受援国的进口中。

3. 债务及其相关的运作

债务

22.104 债务是一个常用概念，是负债里的一个子集，通过包括哪些金融工具类型或排除哪些金融工具类型来确认。一般来说，债务是指在将来某个日期或某些日期需要由债务人或向债权人支付（或支付本金或利息）的所有负债。所以，所有的债务工具都是负债，但诸如股份、股权和金融衍生品等负债则并非债务。但是，由于特定的法律、制度或实践安排，也可能存在其他的债务定义。因此不管在何种情形下，根据所包括的金融工具来明确债务的定义将很有意义。

22.105 债务运作是一种经常被政府用于向其他单位提供经济帮助的方式。一个单位以协议形式撤销或承担了另一个单位的债务，一般的处理原则是认为该两个单位之间发生了一笔自愿的财富转移。这意味着，债务承担或权益撤销的对应交易就是一笔资本转移。

债务重组

22.106 债务重组主要有四种类型：

a. 债务豁免。债权人通过一项契约削减债务人一定金额的债务义务，或使全部债务义务灭失。

b. 债务展期或再融资。对欠付金额的期限或条件进行变更，可导致（或不导致）债务负担现值的降低。

c. 债务转换。债权人将债务权益转换为具有经济价值的某物（而不是同一债务人的另外一项债务）。包括债权转股权，以及通过其他安排实现的债务预偿。

d. 涉及第三方的债务承担，以及代他人偿还债务。

债务豁免（或债务撤销）

22.107 债务豁免是指债权人和债务人间通过契约合同实现的全部或部分债务义务的自愿撤销。债务豁免因各方之间的协议和输送利益的目的而显著区别于债务注销，它不是债权人单方面确认一笔金额无法收回。债务豁免可包括全部或部分的未决本金、所有的欠付利息（既往应付的利息）和已经发生的其他利息成本。尚未发生、尚未成为欠款的未来利息的撤销不构成债务豁免。

22.108 债务豁免应记录为一笔资本转移，是债务人的应收项，债权人的应付项，记录时点为债务豁免协议生效的特定时间，并在金融账户中记为债务人负债的偿还，债权人的相应收回。在资产负债表中，债务人的负债和债权人的资产均会下降，幅度为所豁免的债务数量。豁免债务的估价应采用存量和流量的市场价格，但对于贷款则采用名义价值。

债务展期和再融资

22.109 *债务展期*或*再融资*是一项对已有债务的条款和条件进行变更的契约，通常更有利于债务人。债务展期是对同一种债务工具的重新安排，其本金价值和债权人与原债务相同。再融资则涉及到不同的债务工具，其价值不同于原债务，债权人也可能发生变化。

22.110 但在这两种安排下，被展期的债务工具均认为是消失了，被一项新的债务工具（新的条款和条件）所取代。如果灭失的债务工具和新债务工具之间在价值上存在差异，有些可认为是一种政府的债务豁免，并需有一项资本转移来解释这一差异。

22.111 *债务展期*是债权人与债务人之间关于债务偿还正式推迟和新期限（一般是延长了的）适用的双边协议。新条款通常会包括以下一个或多个要素：偿还期限延长，协议利率降低，还本宽限期的延长或增加，将外汇债务的汇率固定在有利水平上，推迟逾期债款（若存在）的偿付。

22.112 债务展期的核算处理是，原债务消失，新债务生成。适用的原债务记录为已被偿付，同时构建新债务条款和条件下的同种类型的新债务工具（债权人不变）。

22.113 该项交易的记录时间应为双方在其账薄上变更债务条款时，价值为新债务的价值。

22.114 *再融资*是以新债务工具置换已有债务工具（包括逾期债款）。可能涉及同种债务工具的置换（以贷款置换贷款），或不同种债务工具的置换（以贷款置换债券）。例如，公共部门会将各种出口信用债务转换成一项单一的贷款。如果债务人经其债权人同意将已有债券转换为一项新的债券（而不是变更条款和条件），也可以视作是一次再融资。

22.115 再融资交易的处理与债务展期类似，被再融资的原债务灭失，被新的债务工具取代。但与债务展期不同的是，除了非市场化债务以外，灭失的原债务价值应等于新债务价值。资产负债表要将该笔交易记录为原债务工具消失、新债务工具生成，估价变化则要体现于重估价账户。

债务转换

22.116 *债权转股权*是指，债权人同意将对方欠付的债务以股权代替。比如，政府可与公共企业协议增加其在该公共企业的股份（而不是给予贷款）。如果灭失的债务工具和新的股权工具在价值上存在差异，则该差异是一种政府的债务豁免，并需有一项资本转移来解释这一差异。

债务承担

22.117 *债务承担*是指一个单位承担了另一个单位

对债权人的未决负债责任。如果政府承担了一项债务，在大多数情形下，新政府负债的对应交易是一笔向违约债务人的资本转移。但是，如果政府获得一项有效的对违约单位的法律权益且权益实现存在现实的可能性，政府可能会将新负债的对应交易记录为获得了一项金融资产，其价值等于期望收取金额的现值。如果该金额等于所承担的负债，则不需要再行开立科目加以记录。但如果期望收取的金额小于承担的债务，则政府要记录一笔资本转移，以反映发生的债务和获得的资产之间的差值。相似地，如果该政府的债务由另一个政府承担，则记录为一笔应收资本转移，或一笔对债务承担政府的新债务，或上述两种记录的结合。

22.118 债务承担常发生于这样的情形下：政府为另一单位提供担保，该项担保被要求代偿（或执行）。担保本身的处理可见于后文。

22.119 *代表其他单位偿付债务*与债务承担相类似，但偿付的单位不承担所有的债务。交易的记录类似于债务豁免。

与债务重组相关的其他问题

22.120 *债务注销*是指债权人单方面削减对方所欠付的金额，通常是由于某项债务部分或全部不会被偿付，致使债权人认为该项债务义务的价值已经消失或减少。债务人往往已经破产或消失，债务注销因此应记录为一项资产物量其他变化。与债务承担和豁免不同的是，此时不记录任何的资本转移，因而对政府的净贷出或借入不发生影响。

22.121 *债务逾期*是指债务人未按期偿还到期的利息或本金。债务工具常常不会变更，但了解逾期债务可以带来重要的信息。因此如果可行且必要，应该将每种类别的债务划分成逾期和未逾期债务工具。

22.122 *债务废止*，允许债务人（其债务常体现为债务证券和贷款）通过为某项负债不可撤销地匹配等值的资产而将该项负债从其资产负债表中移除出去。债务废止可通过下列方式实现：将匹配的资产和负债置于该机构单位内的信托账户中，或将匹配的资产和负债转移至另一机构单位。在前一种方式下，债务废止没有相对应的交易，相应的资产和负债也不能排除在该单位的资产负债表之外。在后一种情形下，相应的资产和负债移至后一个单位的资产负债表中（只要该单位在 SNA 中被确认为机构单位）。匹配资产和负债移至的单位通常会是一个特殊目的实体。在何种条件下特殊目的实体应视为机构单位，可见于 4.55 - 4.67 段。如果该特殊目的实体完全是被动的，则其不能视为机构单位，相应的资产和负债也不能从资产负债表中移除。

22.123 *优惠条款债务*。关于优惠贷款没有确切的定义，但一般认为，优惠贷款是指一单位借款给另一单位，协议利率有意设立在同等情形下可能适用的市场利率水平以下，并可伴随宽限期、偿付频度和有利于债务人的到期日等增强优惠程度。优惠贷款的条款比同等情形下的市场条件更有利于债务人，因此优惠贷款有效地包含了一次债权人向债务人的转移。

22.124 向外国政府提供的优惠利率贷款可以视为提供了一次经常转移，其价值等于实际利息和市场等价利息之差。但如果确认了这样的转移，则该项转移通常将被记录为经常国际合作，记录的利息也将按上述的相同金额加以调整。然而，将这种效应融入 SNA 和国际账户的方法尚未完全形成（尽管已经提出了各种替代方法）。因此，在未就适当的优惠债务处理方式达成一致前，应该在补充表中反映优惠债务的相关信息。

22.125 关于债务运作记录方式的更多细节可见于 *GFSM2001*、欧盟统计局《政府债务和赤字手册》、《外债指南》以及 *BPM6* 的附录 2。

政府担保

22.126 SNA 认定的担保有三种：标准化担保，符合金融衍生工具定义的担保以及一次性担保。标准化担保的记录方法见于第 17 章的

第 3 部分（针对政府和其他单位提供的此类担保）。

22.127 符合金融衍生工具定义的担保是指在金融市场活跃交易的担保，比如信用违约互换。该衍生工具是基于某项参考工具违约风险之上的，因此并不实际关联到某单项贷款或债券。它们对政府的净贷出或净借入不发生影响。

22.128 如果贷款或证券的条件很特殊，以至无法精确计算与该项贷款相关联的风险度，此时可能出现一次性担保。在大多数情形下，授予一次性担保被视作一项偶然性事件，并不记录为担保人的负债。如果担保被要求代偿或者担保代偿的事实充分成立，则需要对一次性担保下的偿付进行记录。另需指出一项例外情形，某些金融萧条形势下政府为企业提供的具有很高代偿可能性的一次性担保，在处理时应视作这些担保一开始就被要求代偿了。这里的一个特例就是政府的救助行为，后文将会加以讨论。

22.129 一次性担保的代偿触发，其处理方式同于债务承担。原债务消灭，担保人和债权人之间生成新的债务。在大多数情况下，担保人被认为是向原债务人做了一次资本转移，除非担保人获得了一项对债权人的有效权益，此时将需要确认一项金融资产（债务人的负债）。

22.130 一项担保的代偿触发可能要求也可能不要求立即偿付债务。权责发生制原则要求债务承担的总金额在代偿触发和债务承担时加以记录。担保人（新债务人）偿付本金和所承担债务发生的利息应在这些流量发生时记录。

证券化

22.131 证券化是指一个单位（称为发起人）将金融或非金融资产的所有权或获得特定未来流量的权利让与另一单位（称为证券化单位）。作为回报，证券化单位以自身资金来源向发起人支付一定金额。证券化单位常常是一个特殊目的实体。证券化单位利用发起人转移的资产或未来流量权利作为担保物通过发行证券获得其资金。这种资金来源已被政府单位广泛使用。

22.132 针对政府需要考虑的第一种情形，是证券化包含了资产的出售（或转移）。（在 SNA 中，未来税收收入现金流并不被认为是可以用于证券化的政府资产。）正确记录该类交易的关键是要确定，资产的转移是将现存资产出售给证券化单位，还是以未来可能的收入流量作为担保物而借款。若作为出售处理，则该项资产必须业已出现在政府的资产负债表中，且所有权必须完全变更至证券化单位（其证据就是与该项资产相关的风险和回报的转移）。还必须考虑到下列因素：

a. 作为一项销售，购买价必须等于当前市场出售价；

b. 如果作为发起人的政府为与该项资产相关的任何证券化单位发生的债务提供偿付担保，那么不是所有与该项资产相关的风险都发生了转移。

22.133 涉及政府的第二种情形是未来财政收入流量的证券化。在 SNA 中，未来收入流未被认定为一项资产。此时在大多数情形下，用作担保物的不是对收入的权利，而是政府以足够的未来收入偿付全额借款的义务。如果获得的收入大于需偿付的借款，溢出额由政府留存。因为未来收入的获得是不确定的，对溢出收入的“权利”通常将用作偿付证券化单位借款的担保物。政府作为发起人所获得的金额应作为借款处理，通常表现为一笔贷款。

政府承担养老金负债

22.134 政府和另一单位（通常是与养老金改革或公共企业私有化相关的一个公共企业）之间有时会发生大额的一次性交易。其目标可能是增强公共企业的竞争力，通过从该公共企业的资产负债表中移除已有的养老金负债使其财务更具吸引力。实现这一目标的途径是由政府承担该项负债，而作为交换，政府应获得一项同等价值的现金支付。如果现金支付不等于发生的负债价值，则要将其差值记录为一笔资本转移。

4. 一般政府与企业的关系

股权投资收益

22.135 政府单位和其控制的公共企业或准公司之间有着密切的关系。但尽管关系密切，政府单位和其所控制企业之间的股权投资相关流量在处理上与企业及其控制者之间流量的处理方式相同。股权投资是经济主体将资金置于企业控制的行为。所投资的金额（称为股本）是企业自有资金的一部分，企业对该资金的使用拥有很大的自由度。反过来，所有者将获得股份或其他形式的权益证券。这些金融资产代表了对企业和准公司的财产权，并使持有者有权获得：

a. 一定份额的企业自主决定支付的红利（或准公司收入提取），但不是固定的、预定的收入；

b. 企业解散时一定份额的净资产。

红利与权益收回

22.136 在企业支付给其所有者的股权投资回报和以红利形式的收入派发之间做出区分非常重要。只有规律性分配的企业收入才记录为财产收入（红利或准公司的收入提取）。基于累积储备或资产出售的大额非规律性支付应记录为权益收回。

资产处置

22.137 公共企业出售其拥有的非金融资产（比如建筑物和土地），其本身不构成私有化，其中，固定资产或其他非金融资产处置应记录在企业部门的资本账户上。但是如果公共企业出售了资产，然后将出售收益让与了一般政府，则应记录为政府在该企业的权益收回。如果公共企业处置了金融资产，并将收益让与政府，也要记录为权益收回。

股权获得、资本转移和补贴

22.138 补贴是经常转移，通常表现为政府向企业的规律性支付，其目的是为了影响后者的生产水平、产出销售价格或企业的报酬。向公共企业的大额非规律性支付（媒体中常称为“资本注入”）不属于补贴，而要作为资本转移或股权获得处理：

a. 为了弥补公共政策目的引起的累积损失而做出的支付，应记录为资本转移；

b. 在商业或竞争性背景下做出的支付可作为股权获得处理。这应该仅限于政府扮演类似私有控股人角色的情形，此时政府对以未来收入形式的现金回报有着正当的期望。在这样的情形下，企业将会向政府发行新的股份，并对所提供资金的使用拥有很大的自由度。

是否将该类支付处理为股权获得，取决于企业的营利能力和将来支付红利的能力。

私有化

22.139 私有化通常被理解为将政府在公共企业持有的股份或其他权益出售给其他单位。这里的其他单位常常不属于公共部门，但也不是非此不可；比如一个公共企业也可以购买刚脱离政府的某个单位的股份。此类出售是完全的金融交易，应记录在 SNA 的金融账户里。公共企业拥有的资产仍然属于该企业；而企业本身的所有权（由股份的所有权代表）则换手了。实际上，政府在该公共企业的权益减少了，因为政府将在该公共企业的股份换成了现金或其他金融资产。政府为实现销售而必须购买的任何金融服务的成本要作为费用处理，在 SNA 中应该记录为一般政府的中间消耗。

22.140 私有化可能会在更加复杂的机构安排中组织实施。比如，一个公共企业的所有或部分非金融资产由公共控股公司或政府控制的其他公共代理机构售出，收益的全部或部分将支付给政府。在这样的情况下，该公共企业应将非金融资产处置记录在资本账户里，而支付给政府的出售收益则要记录为权益收回。

22.141 借由重组机构安排的私有化可见于 22.47 - 22.50 段。

国有化

22.142 国有化是政府控制特定资产或整个企业的过程，通常是通过获得该企业全部或大部分的股权来实现。相关流量的记录方式会根据政府控制的方式而有所差异。

a. *占有或没收*：资产所有权的变更不是双方协议交易的结果。不对所有者进行支付（或者报酬与资产的公允价值不对等）。所获得资产的市场价值和所提供的任何报酬之间的差值应记录在资产其他物量变化账户的无偿占有项目下。

b. *购买股份*：政府以市场价格或非常接近市场的价格购买企业的全部或部分股份。该项交易通常存在一个法律背景，以保证其是在相互协议项下发生的，尽管原所有者可能对是否接受要约或商谈价格毫无选择可言。购买股份是一项金融交易，应记录在金融账户。

救助

22.143 救助一词是指金融萧条时的援助行为，常用于政府单位向企业提供短期金融援助以帮助其渡过金融困难期，或更为永久的金融资源注入以帮助调整企业资本。如果政府获得了受救助企业的控制权，救助实际上可能会构成另一种国有化的方式。对金融机构的救助尤其值得关注。救助可能涉及高度公共化的一次性大额交易，因而很容易识别。

22.144 一般政府的介入可有多种形式。比如：

a. 政府可以以极为有利的条款提供权益融资；

b. 政府可以以高于市场价值的价格购买拟援助企业的资产；

c. 政府可设立特殊目的实体或其他类型的公共实体资助或管理拟援助企业的资产出售或负债。

22.145 在大多数情况下，政府向财务困难单位所提供的援助应记录为资本转移。在确定资本转移的维度时，需要考虑下述几点：

a. 如果政府购买了拟援助企业的资产，支付的金额通常将高于该项资产的真正市场价格。所购买资产（不包括贷款）应该以实际市场价格记录，市场价格和支付的总金额之间的差值则应该记录为一笔资本转移。

b. 在救助中，政府常会向金融机构购买贷款。如果贷款不是可交易的，也没有以确定的市场价值进行交易，则在 SNA 中该贷款应按名义价值记录。只有当该贷款的交易市场形成并在市场上进行了常规交易，才将该贷款重新划归为证券并以市场价值记录。

c. 政府以名义价值购买了某笔贷款，但其公允价值远低于此，这时并不就差值记录资本转移。但是如果有可靠的信息表明某些贷款是无法收回的，则其价值降为 0，在企业资产负债表中应记录为其他物量变化，并应该记录一笔政府向企业的资本转移以反映其原来的名义价值。如果该笔贷款的某些部分有可能在将来无法收回，在记录资本转移的同时，应将该贷款从企业的资产负债表重新划归（以其 0 价值）政府的资产负债表。如果该笔贷款的价值后来增加了，则要在政府资产负债表的重估价项目下反映。

d. 作为救助的一部分，政府可能会扩大其拟担保的范围。这些担保应该根据其是一次性担保还是标准化担保计划的一部分，按照 22.126 - 22.130 段所介绍的方式进行记录。

22.146 如果政府设立的一个机构单位只是承担救助的管理职能，则该单位应该划分到一般政府部门。如果新单位还有其他的职能，而救助只是一项暂时性的任务，其划分为政府单位还是公共企业则要遵循有关重组代理机构一节所介绍的一般规则。从财务困难企业购买金融资产以实现有计划售出的单位不能视为金融中介。如果是政府为了这一特定的目标而设立了该单位，则其应属于一般政府部门。

重组、合并和重新划分

22.147 一家公共企业重组时，金融资产和负债可能会出现或消失，以反映新的金融关系。这些变化应记入资产其他物量变化账户的部门分类和结构变化项目下。例如，一家企业被分割成两家或多家机构单位，由此就会形成新的金融资产和负债。

22.148 而另一方面，作为合并的一部分，购买企业的股份和其他权益应记录为购买者和原所有者之间的一次金融交易。

22.149 与重组或部门分类变化无关的资产和负债分类变化应记入资产其他物量变化账户的资产或负债分类变化项目下。

与中央银行的交易

22.150 先回忆一下第4章对中央银行的定义及相关的解释。中央银行是对金融系统的关键方面施以控制的国家金融机构。一般而言，下述金融机构属于这一子部门：

a. 国家中央银行，包括属于中央银行体系一部分的各单位；

b. 发行有外汇储备充分支持的国家货币的货币发行局或独立的货币权力机关；

c. 中央货币代理机构，本质为公共属性（比如管理外汇或发行银行票据与银币的代理机构），保留有整套的账户，但不能作为中央政府的一部分。构成独立机构单位的监管权力机关不属于中央银行，而是被包括在金融辅助机构中。

只要中央银行是一个独立的机构单位，就总是要将其归到金融公司部门中，尽管其主要是一个非市场生产者。

22.151 尽管中央银行可能在法律上独立于政府，但它会在设立其的立法机关要求下推行政府政策。中央银行通常是作为被政府控制来处理的，是属于金融公司部门的一家公共企业。其产出主要是非市场的，却被划分到公司部门，中央银行是SNA规则的一个例外。

22.152 需要澄清的中央银行向政府的支付有两种：

a. 基于中央银行的经常性活动（比如管理外汇储备）而形成的规律性支付，通常采用红利形式。只要不是异常高于中央银行应收的净利息和净佣金之和，这些支付都应记录为红利。超过部分将记录为权益收回。

b. 储备资产出售或重估价带来的额外支付。这些支付应该作为权益收回记录。原因在于这些资产是作为国家（而不是中央银行自身）的经济财产被管理的，其估价影响着中央银行的权益负债和政府的权益资产。储备资产（中央银行的资产）的持有所得也对应于中央银行的权益负债和中央政府的权益资产。

22.153 中央银行产出的测算见于6.151－6.156段。作为政府政策的一部分，中央银行可能会以人为的高利率或低利率支付存款利息。这种情形下的利息支付处理方法见于7.122－7.126段。

公私合伙经营

22.154 公私合伙经营是两单位间的长期契约，一个单位获得或建造某项资产或资产组，经营一段时间后将该资产移交给另一个单位。这种安排常见于私有企业和政府之间，但也可能存在其他的组合，比如以公共企业或私有非营利机构（NPI）作为另一方。这些计划会被称为诸如公私合伙经营（PPP）、私人主动融资（PFI）、建造－拥

有 - 运营 - 转让计划（BOOT）等。所有这些计划的基本原理都是相同的，在 SNA 中也以相同方式处理。

22.155 政府涉足 PPP 的原因多种多样，包括希望私有管理带来更高效率的生产、获得更广泛的融资来源等。一旦契约到期后，政府即获得了经济和法律所有权。在契约期内哪个单位是资产的法律所有者，经济所有者变更时隐性交易应该如何记录，这两个问题的确定都比较困难。对于经济所有权转移的时间可能存在一项补充协议，协议的条款并不反映资产的市场价格。因此可能需要对某些实际交易加以分解，以揭示其真正的经济特征。

22.156 各种 PPP 之间的差异很大。下面给出了一个包含大部分共同安排特征的一般性描述。私有企业同意购买一组固定资产，然后利用这些资产结合其他生产投入进行服务生产。这些生产是面向政府的，用作政府自身生产的一项投入（比如机动车辆维修服务）；或者免费分配给公众（比如教育服务），此时政府将在契约期内定期向企业支付。私有企业期望以这些支付弥补其成本，并获得充分的投资回报率。或者，私有企业将服务出售给公众（如收费公路），而价格则由政府管制，设定在私有企业期望弥补其成本、并获得充分投资回报率的水平上。契约期末，政府可获得该资产的法律和经济所有权，可能不需要做任何支付。根据资产在契约期末的处置方式、契约期间规定的资产经营和维护、所生产服务的价格、质量和数量等因素不同，PPP 契约可有多种不同形式。

22.157 私有企业负责资产的获得，尽管这常常会有政府的支持。但是契约会要求该项资产必须符合政府规定的设计、质量和能力水平，必须按照政府规定的方式使用，以生产契约中要求的服务，并按政府规定的标准进行维护。而且该项资产的服务寿命通常会远远长于契约期限，以使政府可以在该项资产的大部分服务寿命期间内对其施以控制、承担风险和获得回报。因此，在资产服务寿命中施以控制、承担大部分风险或获得大部分回报的是私有企业还是政府往往并不明显。

22.158 对于租赁，与 PPP 相关的资产经济所有者可通过评价哪个单位承担了大部分风险、期望获得大部分回报来确定。在做此类评价时需要考虑的因素可以从广义上分为两类：一类与获得资产相关，另一类与将其用于生产相关。与获得资产相关的风险有：

a. 政府控制资产设计、质量、规模和维护的程度；

b. 建设风险，包括可能存在的由于交付不及时、不符合规范或建筑标准、环境因素以及可能引起向第三方支付的其他风险所导致的额外成本。

与将资产用于生产相关的风险有：

a. 供给风险，包括政府控制所生产服务的程度、服务面向的单位以及所生产服务的价格等；

b. 需求风险，包括对该项服务的需求（来自于政府或付费服务形式下的公众）低于或高于预计的可能性；

c. 残值和过时风险，包括资产价值不同于契约期末向政府转移资产的契约价格的风险；

d. 可得性风险，包括因为服务的物量和/或质量未能符合契约规定的标准而引起额外成本或罚金的可能性。

22.159 各因素对各种 PPP 的相对重要性可能存在差异。不可能制定适合所有情形的确定规则来满足各种要求。要确定哪个单位是法律所有者，必须对各 PPP 的条款进行评估。

22.160 同样地，由于 PPP 契约的复杂性和多样性，无法列举出详尽的规则来决定资产控制和使用的相关交易该如何记录。相反地，应该对各契约的所有事实和情形加以考虑，然后选择一个能最好地反映基础经济关系的核算处理方式。但这也存在一些常见的难题。

22.161 如果私有企业被判断为契约期内的法律所

有者，且政府在契约期末照例无任何显性支付地获得了法律和经济所有权，则必须记录一笔政府获得该项资产的交易。一般的方法是政府逐渐建立起一项金融权益，而私有单位逐渐累积了一项相应的负债，这样两者的价值就可以等于契约期末的资产残值。实施这一方法，需要对已有的货币交易进行重新安排，或者利用有关期望资产价值和利率的假设构造新的交易。

22.162 另一种替代方法是将法律和经济所有权变更记录为一次资本转移。这种资本转移方法也没有反映基础的经济事实，但是出于数据的局限性、资产期望残值的不确定性以及允许各方以不同方式行权的契约条款等原因，将其记录为资本转移在实用的背景下是可以接受的。

22.163 如果政府被判断为契约期内的法律所有者，但在契约起始时不做任何的显性支付，则必须虚拟一项交易以反映该项资产的获得。最常见的建议是，获得要通过一次虚拟的金融租赁实现，因为其同实际的金融租赁很相似。但是这一建议的实施却要取决于具体的契约条款、条款的解读以及可能的其他因素。比如，可以虚拟一项贷款，然后对政府向私有单位的实际支付（如果存在）加以分解，使每一部分支付都代表了该贷款的偿付。如果政府没有发生实际的支付，那就需要针对该项贷款的偿付构造一组非货币交易。

E. 公共部门统计报表

22.164 如B节所述，公共部门包括了常住政府单位直接或间接控制的所有常住机构单位。换言之，公共部门是由所有的一般政府部门单位和所有常住公共企业组成的。

22.165 根据统计数据的使用情况，公共部门核算可以在机构单位和部门的账户序列中加以反映，或者在与本章C节所介绍的政府财政统计相同的框架中体现。

22.166 不管采用何种数据展现方式，反映公共子部门和整个公共部门（用经合并的统计数据和未经合并的统计数据）的状况都是有益的。比如，可以用一列显示一般政府部门的统计数据，一列显示所有公共企业的总数，再一列显示未经合并的整个公共部门的合计数。根据所涉及的流量，可设置第4列显示合并中消失的金额，第5列显示整个公共部门的合并后总数。

22.167 不是所有的公共部门流量都需要进行合并。由于公共部门中包括了市场和非市场生产者，因此大部分的财政收入和财政支出构成成分对于公共部门的经济意义是有限的。金融账户和资产负债表中的各元素最可能被合并。

22.168 一般政府部门所强调的平衡项可能对公共部门也是重要的。公共部门营业盈余净额（或账户序列中的储蓄）可以表明由于公共部门当前经营所导致的资产净值变化趋势。如果公共企业的经营亏损比较显著，这一点将尤其有用。

22.169 整个公共部门的净贷出或净借入称为公共部门的借款要求。净贷出表明向其他经济部门或国外的资金净输出，净借入则表明公共部门从其他经济部门或国外获得的净融资。

22.170 资产负债表提供了有关资产净值（由总资产价值减去总负债价值确定）和金融资产净值（由总金融资产价值减去总负债价值确定）的信息。后者经常会被引用，既因为公共部门对金融系统有重要影响，又因为很难对政府独有的非金融资产进行估价。

第 23 章　非营利机构

A. 引言

1. SNA 中的非营利机构

23.1　非营利机构（NPI）在 SNA 中扮演了某种不同寻常的角色。有些非营利机构像企业一样，生产用于出售的货物服务以弥补成本，也即从事市场生产。它们和其他市场生产者一样，不发生最终消费。但有些非营利机构却像政府单位一样是非市场生产者，免费或以没有显著经济意义的价格向单个住户或整个社会提供其产出。此类非市场生产者中有些为政府所控制，并包含在一般政府部门中；另外一些却自己构成一个部门，即为住户服务的非营利机构（NPISH）。

23.2　大多数的非营利机构是可独立识别的机构单位，即它们有能力自行拥有资产，发生负债，从事经济活动并与其他实体进行交易，已经编制或可以编制（如需要）包括资产负债表在内的完整一套账户。在某些国家，尤其是在发展中国家，非营利机构可能是一个非正式的实体，由社会确认其存在，但没有任何法律地位。

23.3　有一个显著特征可用于非营利机构的识别，那就是非营利机构的地位要求，设立、控制或资助它的单位不能将它作为获取收入、利润或其他金融收益的来源。非营利机构可产生利润，可免除税收，可带有慈善目的，但这些都不是决定性的特征。将一个单位作为非营利机构处理的唯一本质标准是，它不可以成为其所有者之收入、利润或金融收益的来源。

23.4　所有的非营利机构都生产货物与服务，最常见的是服务，以供住户或企业消费之用。有些非营利机构为企业生产服务时通常会收取费用（有时称为会员费）以弥补成本。这些机构常以联合会形式设立，只向会员提供服务。收取费用的水平，即会员价，通常符合 SNA 有显著经济意义价格的标准。商会就是一种为企业服务的非营利机构。

23.5　非营利机构可能被政府控制，由政府任命该机构的官员，决定其经营目标。此时应将它作为一个独立于政府的机构单位来处理，因为它可以独立控制自身的预算（尽管全部或大部分的资金来自于政府），但它应该包括在一般政府机构部门内。此类机构会提供个人服务和公共服务。政府控制的研究机构就是一例。

23.6　另外的一些非营利机构是向住户提供服务的，可能免费，也可能会收取一定费用作为回报。如果收取了费用，这些费用可能会（也可能不会）弥补非营利机构的大部分成本，因此可能会（也可能不会）被认为是有显著经济意义的。如果收取的费用被认为是有显著经济意义的，则该非营利机构被视作提供了市场化服务，应属于企业部门，否则该机构就要划入 NPISH。

23.7　于是可将非营利机构作如下分类：

a. 向企业提供服务的非营利机构，产出售予企业并被用作中间消耗；

b. 政府控制的、提供非市场性的个人服务或公共服务的非营利机构；

c. 向住户提供货物服务的非营利机构，进一步区分为：

- 以有显著经济意义的价格向单个住户提供货物与服务的；
- 免费或以没有显著经济意义的价格向单个住户提供服务的；
- 免费或以没有显著经济意义的价格提供公共服务的。

23.8 c 类第 1 项下的非营利机构归属于公司部门，住户对其产出的支出作为住户的最终消费支出处理。c 类第 2 项下的非营利机构属于 NPISH，其产出作为社会实物转移计入住户实际最终消费。c 类第 3 项下的非营利机构属于 NPISH，但其产出仍然作为本部门的实际最终消费。

23.9 因此，SNA 中含有非营利机构的部门不止一个：金融公司部门、非金融公司部门、一般政府部门和 NPISH。前三个部门要设立一个只包含非营利机构的子部门。公司部门中的非营利机构可进一步划分成国外控制的、公共控制的和国民私人控制的非营利机构。一般政府部门中的非营利机构可按照政府层级进行细分：中央政府、省级政府和地方政府。NPISH 可进一步区分为国外控制的和国民私人控制的。

2. SNA 中有关非营利机构的核算规则

23.10 非营利机构产出的估价方式和所有机构单位相同。如果该机构是非市场生产者，产出的价值等于成本之和，其中包括固定资本消耗但不包括资本回报。如果该机构是市场生产者，则产出应按销售额度量，但要经过存货变化和供自用资本形成之生产进行调整。对那些销售额能弥补大部分但非全部成本的非营利机构而言，其营业盈余有可能为负，亏损部分可由捐款（经常转移）弥补。

3. NPI 卫星账户

23.11 一段时间以来，越来越多的研究关注诸如 NPI 等机构对经济的贡献，因为它们正日益成为经济或政策关注的焦点。这些机构被称为“非营利”、“志愿”、“公民社会”或“非政府”等各种组织，合在一起则构成了“第三方”、“志愿”、“非营利”或“独立”部门。此类机构之所以引起人们的兴趣，是因为其经营特征在某种程度上有别于公司和政府部门中的其他单位。具体而言就是：

a. 不允许分配利润；

b. 既生产公共货物也可生产私人货物；

c. 可能会获得与出售其产出相等或者更多的经常转移；

d. 可以依靠志愿劳动力，也可依靠付酬劳动力；

e. 不能支付红利，因此它在与企业竞争时不能吸引股权投资；

f. 在很多国家，有资格享受特殊的税收优惠；

g. 通常有特殊的法律条款对其治理、报表和政治参与等做出规范；

h. 尽管可以提供公共货物服务，但在决定提供哪些货物服务以及如何分配方面，不存在类似政府的权力和限制。

23.12 鉴于这样的兴趣，已经开发了针对 NPI 的卫星账户，即《国民经济核算体系之非营利机构手册》（联合国，2003）。B 节和 C 节将介绍这一卫星账户的基本特征。D 节将讨论在卫星账户以外应予以探索的问题。

B. NPI 卫星账户所包括的单位

23.13 卫星账户的起点是识别出那些相关单位。可以看到，所选择出来的单位与 SNA 中的

NPI 是大体（但不是完全）相符的。因此构造该卫星账户的一种方式就是，将其作为一个单独的部门，编制一套完整的账户序列，该部门由包含在非金融公司部门、金融公司部门和一般政府部门中的 NPI 子部门与 NPISH 共同构成。但是，因为很多对 NPI 账户感兴趣的人并不了解 SNA 的背景，所以该手册是从识别相关单位的特征开始的。

1.　确定卫星账户中之单位的特征

23.14　在非营利机构卫星账户构建之前，已经提出了各种各样的替代概念。

23.15　第一种便是“社会经济”概念，它从社会或集体角度描述非政府机构。通常包括互助协会、合作社和联合会。

23.16　第二种概念是“公共福利”组织。这一概念通常涵盖那些在小范围内服务于公众目的的机构，不包括只为其会员服务的机构。

23.17　非营利部门概念居于上述两种概念之间，最初是由约翰斯·霍普金斯大学的比较非营利部门项目（Johns Hopkins，Comparative Non－Profit Sector Project）提出的。该项目对非营利单位的定义是从结构性、经营性角度阐述的。作为非营利单位，需要满足如下要求：

a. 这些组织应以可识别的机构形式存在；

b. 应在机构上独立于政府；

c. 不分配利润；

d. 自行治理，即不受其他单位的控制；

e. 该单位的成员资格既不是强制的，也不是自动的，而是某种程度上自愿参与的。

23.18　SNA 的 NPI 集合不包括归属于一般政府部门的 NPI，因为，尽管这些 NPI 在机构上独立于政府，但却是为政府单位所控制的。还有一小部分非正式（通常也是临时性的）非营利机构也被排除在外，这些机构将在 D 节讨论。

2.　被包括单位举例

23.19　下面举例说明哪些种类的实体可能会包含在 NPI 卫星账户的“非营利部门”中：

a. *非营利服务提供者*，比如医院、高等教育机构、日托中心、学校、社会服务提供者和环保团体；

b. 在欠发达地区推进经济发展或减少贫困的*非政府组织*；

c. *艺术和文化组织*，包括博物馆、艺术表演中心、管弦乐队、合奏小组以及历史或文学社团；

d. 从事业余运动、训练、健美和竞技的*体育俱乐部*；

e. *推促团体*，旨在促进公民权利和其他权利，或维护一般或特殊选区的社会和政治利益；

f. *基金会*，拥有可处置的资产或捐赠、利用这些资产产生收入，并将其捐给其他组织或用于实施其自身项目和计划的实体；

g. *社区或草根社团*，基于会员制，倡导邻里、社区或村庄间的会员互助或为其提供服务；

h. *政党团体*，支持特定候选人登上政治岗位；

i. *社交俱乐部*，包括旅游俱乐部和乡村俱乐部，向单个成员或群体提供服务和娱乐机会；

j. *工会、商业和专业社团*，促进和保护劳工、商业或专业人员利益；

k. *宗教团会*，如教区、犹太教堂、清真寺、寺庙和殿堂等，推进宗教信仰，管理宗教服务和仪式。但是纳入州行政管理的官方州立教堂，尤其是有义务性税收支撑的教堂，并不符合“机构上独立于政府”的标准，因此将不会包括在卫星账户的 NPI 集合中。应该指出的是，宗教社和卫生、教育和社会服务等领域的宗教附属服务机构是不同的。相似地，只要与州立教堂相关的服务组织是独立的机构单位且符合所有的定义标准，它们仍然视作属于非营利机构部门。

只要一个机构是非营利机构（且不仅是为住户服务的非营利机构），不管该单位是市场的还是非市场的，都应该包括在上述各类别中。

3. 边缘情形

23.20 某些组织可能属于其他类型，处于非营利机构与公司或政府之间的灰色区域。出于 NPI 卫星账户的考虑，其中某些实体被归入非营利部门比较合理，而其他的则不能被纳入。在决定纳入与否时，下述指南或将有所帮助（很显然，这些指南应针对不同类型的组织应用，而不是做具体个案分析，但其判断的规则仍是有启发意义的）。这里给出的指南来源于上面提到的手册，只是结合账户实施经验作了些许调整。有人提议应将这里所做调整纳入下一版手册中。

23.21 *合作社*，由个人自由成立的、追求其会员经济利益的组织。合作社的基本原则包括：

a. 民主控制，即一人一票；

b. 角色两兼，会员既是所有者又是消费者；

c. 旨在以“成本价”向会员提供服务。

像其他的机构单位一样，如果合作社规定不能分配其利润，即可将其作为非营利机构处理；如果可以向其会员分配其利润，则不是非营利机构（不管在 SNA 中，还是在卫星账户中）。

23.22 *互助协会*，包括诸如互助储蓄银行、储蓄和贷款协会、互助保险公司、疾病和丧葬基金等组织。互助协会像合作社一样，是由个人组织成立的，通过集体活动寻求改善其经济状况。但它们与合作社不同的是，其机制是通过向共同基金定期缴款来分担个人或财产的风险。通常互助协会的存款人能正式控制其经营。

23.23 因为互助协会是在商业环境中经营的，所以它们归属于金融公司部门。只有当协会规定不能将利润分配给其所有者时，SNA 才将其作为非营利机构处理（但仍属于金融公司部门），NPI 卫星账户才将其纳入核算范围。

23.24 *自助团体*，与合作社和互助协会相似，都是个人为了实现互相支持的目标（在个体水平上无法达成的）而参与的组织。但与两者不同的是，它们主要从事的不是商业活动。作为一项一般原则，自助团体应该作为会员制组织处理，且应包括在非营利部门内。

23.25 *社会企业*，是为了雇用和培训弱势个体（残疾、长期失业等，否则无法实现就业）的目的而组织设立的企业。该类组织应视作非营利机构，除非其产生利润并向其所有者或股东分配利润。

23.26 *准非政府组织*，存在于许多欧洲国家及其他地方，其运作能与政府部门保持距离，因而避免了直接的政治控制。考虑到它们是确实的自我治理实体，应该将其作为非营利部门的一部分，尽管其行使了政府机构授予其的有限权力。

23.27 *大学*，像其他类型的机构一样，可以是非营利机构，可以是公共机构，也可以是营利性公司。将非营利机构与公共机构进行区分特别困难，因为两者可能都会得到显著的政府支持（直接地或间接地），而且即便是公共机构，也可能拥有相当程度的自主权。因此关键是该机构是否明显地实行自我治理，而不是政府行政系统的一部分。属于非营利机构的教育机构也可拥有自身的自我延续的理事会，该理事会可决定组织运营的所有方面而不需任何的政府官员批准，可终止其经营而不需任何政府当局许可。而公共教育机构的理事会则在很大程度上是政府官员或机构选举产生的，且缺乏在无政府法案许可下终止经营的权力。

23.28 *医院*，像教育机构一样，也可存在非营利机构、公共机构和营利公司三种类型。教育机构适用的规则同样适用于医院。

23.29 *原住民或区域性团体*，如加拿大的“社议会”（第一民族政府的形式之一）以及秘鲁的农民或原住民社群，基于文化或种族族群而组织，或在一个特定的地理区域内组织，主要是为了提升其成员的福利。如果这类团体本质上是作为当地政府运作的（通常制定和执行其自身的法律），其归类就会产生困难。如果是这样，该类团体就不符合“机构上独立于政府”的标准，因此就超出了非营利机构卫星账户的边界。

4.　非营利机构的划分

23.30 可以根据非营利机构从事的活动或其设想的目的对其进行分类。从活动的角度而言，通常将会使用 *ISIC* 分类。但非营利机构所涉及的很多社会服务在第三版 *ISIC* 中显示的不够充分，因此 NPI 卫星账户在使用基本 *ISIC* 编码时对其进行了进一步的阐释，即所谓的《非营利组织的国际分类》（IC-NPO）。相似地，目的角度的分类也做了一定的细化，即 COPNI。但是在第四版的 *ISIC* 中，D 节的第 4 部分给出了非营利机构报告数据的另一种汇总方法。所涉及的 12 种主要类别见于表 23.1。

表 23.1：ICNPO 类别

类别	
1	文化与休闲
2	教育与研究
3	卫生
4	社会服务
5	环境
6	发展与住房
7	法律、推促与政治
8	慈善中介与志愿行为鼓动
9	国际性活动
10	宗教活动和组织
11	商会、专业协会、工会
12	未作分类的其他活动

C.　NPI 卫星账户的账户

23.31 卫星账户中的第一组账户正好与 SNA 账户序列中的账户相对应。事实上，这可以视作是对公司部门的非营利子部门和 NPISH 的简单加总。一般政府部门中的非营利机构不包括在上述的卫星账户中。

23.32 第二组账户考虑具有下述特征的非营利机构：以具有显著经济意义的价格提供服务，其产出所带来的收入虽经济显著，但不足以覆盖其全部的成本。这里可能存在着两种情形。其一，企业从事着多种不同的活动，有些是市场化的，有些则是非市场化的，但是以市场化活动为主。尽管两种类型的活动不能分配到单独的机构单位中，但可以为其区分出单独的基层单位。原则上说，从事市场化活动的基层单位的生产账户应该按照惯例编制，非市场基层单位的生产账户应该基于成本之和编制。这种产出的价值应该作为实物社会转移处理为分配给住户，并加到住户实际最终消费中。

23.33 其二，企业只从事了一种活动，但销售收入覆盖了大部分的成本，缺口部分则由捐赠构成。捐赠在 SNA 中作为经常转移处理（出于资本目的的捐赠作为资本转移处理）。卫星账户将这些捐赠比照补贴进行处理，所以其测算的成本价值等于总成本。在这样的情况中，依此方法测算的产出大于销售所得的部分视为非市场产出、实物社会转移以及住户实际最终消费的一部分。

23.34 第三组账户是在第二组基础上的变异，包括了对非营利机构所使用的志愿劳动力价值的测算。志愿劳动力构成了很多非营利机构的一项重要投入。如果对其计算价值，则对于某些非营利机构而言该价值可能会超过货币捐赠的价值。卫星账户建议志愿劳动力的价值基于从事类似工作雇员的报酬率测算，而不是基于志愿者的机会成本。

23.35 卫星账户下志愿劳动力的测度工作正在推进中。国际劳工组织已于 2008 年 12 月向 ICLS 提交了《志愿劳动力测算手册》（即将面世）的草稿。

23.36 志愿劳动力的成本同时作为雇员报酬和这些雇员对其工作的非营利机构的转移处理。非营利机构的产出价值，以及作为实物社会转移处理的金额都将高出第二组账户给出的金额，高出部分就是志愿劳动力的估计值。

23.37 除账户序列外，卫星账户还包括了其他一些表格。其中有一张表详细反映了所获得的收入（按来源部门和交易类型进行了分解）。特别建议应将来自政府的收入区分成销售收入和拨款，将来自其他经济部门的收入区分成特卖收入和经常转移（捐赠）。如有可能，销售收入和转移都应该区分出来自国内还是国外。

23.38 另有一张表涉及以物理单位计量的信息，比如雇员数、志愿者人数、实体数和组织成员数等。此外还包含了一些关于金融账户和非营利机构所持资产的信息。

23.39 关于各表的详尽注解，可见该卫星账户手册。

D. SNA 关于 NPI 的一些其他问题

1. NPISH 和政府

23.40 在一些国家，NPISH 负责向住户提供的某些特定服务，政府并不将其视作自己的份内之事。但在另一些国家，尤其是发展中国家，NPISH 则可能提供了政府要提供却只因无足够资源而无法提供的某些服务。在一次自然灾难发生时，这一现象尤为突出：此时 NPISH 在救灾工作中非常活跃。

23.41 承担该项工作的单位是否是常住的，取决于判断常住的一般规则。如果援助单位行为上快速响应，但不长期局限于被救援国，则可视其为是非常住的，其生产活动应记录在该单位的母国，援助本身体现为货物与服务的进口（由转移者出资）。如果援助时间超过了一年，援助单位应被视为是常住的，归属于受援国的 NPISH。如果国际救助的重要性比较突出，或有必要将国外控制的 NPISH 从其他 NPISH 中单独识别出来，同时还应对所有 NPISH 的国外捐款加以识别。

2. 非正式的和临时性的 NPISH

23.42 经常会出现下述情形：很多住户团结起来以集体的知识和劳动力资源为当地社区提供服务，包括在非正式学校的任教、提供医疗援助和道路、水井和校舍等的建设。如果所提供的服务只是依赖于志愿劳动力，那么 SNA 将不会记录该活动的产出价值。

23.43 如果产生了物理建筑，则该活动应包括在生产边界内。该项产出的价值应比照经济体中其他类似产品进行估算，或者，如果需要基于成本之和进行估算，则要对劳动力投入的隐性价值进行估计。这里的劳动力投入要作为住户的混合收入总额处理，随后住户又用这些收入"购买了"该产品。实际上，这些住户可能接下来会将该产品转移给另一个单位（通常是政府）维护。但正如 4.168 段介绍的，SNA 建议此类组织应该作为非正式合伙企业处理，而不是 NPISH。

23.44　如果一组住户合作生产用于出售的货物，尽管其经营目标仍然是对经营共同资产工作的支付，但也不应将其作为非营利机构处理，而是作为住户部门的非法人企业处理。

23.45　作为解决共担成本的一种实用方式，也可能存在很多由个人或住户组成的小集体。这可以是工作间简单的"咖啡俱乐部"，也可以是一种更为正式的协议——向一栋公寓所有房客提供共同服务，所发生的成本由房客均摊。这样的集体是实用性的，而非经济性的。它们不应作为非营利机构处理，其活动也不记录在 SNA 中。此类成本应在发生时记录为最终分摊单位的支付。

23.46　对于小额信贷，提供服务的单位很可能是一个公司，也可能是非法人企业。尽管该企业的所有者可能并不保有利润，而是将利润用于产生新的贷款，但这一点并不能使其成为一个非营利机构。非营利机构的定义不是所有者选择不收回利润，而是法律不允许其这么做。

23.47　在实践中，编制关于非正式 NPISH 的相关信息可能很困难，除非编制结果足以引起大家的重视。

3.　NPISH 的产出

23.48　NPISH 会生产货物与服务（通常是服务），并免费或以没有显著经济意义的价格提供给单个住户。但是从概念上说，NPISH 提供公共服务也是可能的。比如，一个资金充足的机构从事研发活动，然后将结果免费提供。这样的机构从事的是非市场生产，但不由政府控制，因此应属于 NPISH。NPISH 产出的价值应作为其自身的最终消费支出和实际最终消费处理。

23.49　不仅 NPISH 产出所提供的服务与政府很相似，而且在测算产出和选择合适的价格指数缩减产出以得到实际产出时，两者也面临着差不多相同的困难。

第 24 章　住户部门

A.　引言

24.1　经济之所以能够运行，是由于人们需要货物与服务并愿意通过工作来换取。在最基础的水平上，人们通过劳作，种植食物以维持生计。任何形式的发展都会提供通过为他人工作而赚钱的机会，并用这些钱购买该劳动所创造的货物服务之外的货物服务。

24.2　在此之外，社会意识到一些个体不能通过这种方式参与到经济活动当中。因此，社会会向诸如年轻人、老人、病人等进行转移支付。通常情况下，由政府承担这些转移支付，并在最大程度上代表公众对收入进行再分配。此外，基于传统及文化规范，非营利机构、大家族成员或者其他个人、组织也可能会进行转移支付。一些个体并不花完其全部的收入，而是用一部分收入来获取财富。

24.3　最后，财产所有权会带来收入。从最简单的意义上来看，财产取决于早期（可能是几代人）收入的积累。财产产生收入，这是因为其他人希望利用其财产并愿意为之付出回报。在 SNA 中，这样的报酬称之为财产收入。与收入类似，财产也可能在不同的所有者之间转移。

24.4　SNA 对住户在一定期间内发生的收入予以分类记录，形成了清晰并完整的核算。同时，SNA 还对这些收入如何用于货物服务消费、转移给他人，或获取更多财产的状况作了详细核算。然而，虽然通过这些账户结果能够保证整个住户部门的核算是平衡的，但并不能说明对一部分住户而言这种平衡是如何达到的。

24.5　本章的主要目标是根据 SNA 提供的住户部门信息，并结合其他数据来源对住户行为进行详细考察。重点是在细分水平上研究收入是如何被使用的，不同住户子部门的收入结构及使用情况有何不同，以及收入与财富之间有何联系。分析者和政策制定者对此都很关注。这种观察经济行为的视角与此前 SNA 的视角十分不同，后者主要关注收入是怎样产生的。

1.　非法人企业

24.6　所有住户都进行最终消费，并或多或少进行积累，但作为住户并不需要从事生产活动。可能的话，住户内的生产活动应被视为准公司，并纳入公司部门，与住户其他活动区分开来。但是，正如段落 4.155 至 4.157 所阐述的那样，仅当一套完整的账户，包含资产负债表项目及从准公司提取收入的信息均可获得时，它才能称之为准公司。经常地，特别是在自由职业者的情形下，尽管可获得生产活动的完整信息，却不太可能将与该生产活动相关的其他收入流、转移支付、金融交易从整体住户中分离出来。在这种情况下以及生产活动相关信息不完整的情况下，非法人企业仍被视为住户的一部分。

24.7　即使能够创建一个准公司，并从住户其余账户中剥离出来，住户可能仍然会包含一个与其他活动相关的非法人企业。例如，在给定的一个住户内，一个成员也许能够将修理汽车活动与住户其他活动分开，但另一个成员却不一定能够将出售食物与住户其他活动分开。并且，许多不从事其他生产活动的住户也会包含提供自有住房服务和雇佣家政服务人员完成家庭服务的非法人企业。

24.8 正是由于住户部门可能从事生产活动，因此有可能存在向这些非法人企业提供劳动的人群。住户成员在这些非法人企业工作被称之为自雇，他们的报酬被称之为混合收入，而不是雇员报酬。非住户成员的个人如果被非法人企业雇佣则应称之为雇员。作为企业，它有可能、但并不总是为这些人群支付社会保险。作为住户，它几乎不太可能为这些雇员支付其他社会保险福利。

24.9 有关住户范围内的雇佣，在第 19 章和第 25 章有进一步讨论。

2. 与住户子部门相关的问题

24.10 对住户部门进行分解核算存在一定的困难，其原因如下：

a. 第一，收入获得按个人记录，但是消费却是以住户为单位记录。

b. 第二，很难为住户部门找到一个参考基准，使每个子部门内的住户行为彼此相似。即使住户在收入形式上具有较高程度的相似性，但其消费形式可能会因成员数多少以及年龄差异而具有很大不同。如果根据后者来归类，就可能在收入水平上无法找到共性。

c. 第三，关于住户收入及消费数据来源问题。一般地，关于公司的信息来自于企业调查，政府信息来自于行政记录。这些来源是比较综合全面的，在很大程度上是 SNA 所需数据的唯一来源，或者至少是主要来源。住户部门的数据来源于收入及消费调查，但是这些调查的样本量一般比较小，且频率要低于前述的企业调查。同时，所取得的数据也许难以与 SNA 核算规则下的总收入和总消费协调一致。

3. 本章结构

24.11 根据分析重点不同，看待住户部门的方式各不相同，关注的重点可能是住户采取何种生产方式获得利益，可能是赚取的收入属何种类型，也可能是所描述的消费属何种形式。基于这些不同视角，很难给出单一的住户部门子部门的定义。本章 B 节将对造成这些困难的理论及实际缘由进行评述。C 节将针对可能存在的住户子部门作综述。其后的三节（即 D、E 和 F 节）依次将住户视为生产者、消费者和收入者，从这三个角度进行研究。最后的 G 节考察住户财产及相关收入流动。

B. 住户组成及子部门

1. 住户的定义

24.12 首先有必要回顾一下 4.149 至 4.157 段提出的住户定义。***基于本体系的目标，住户是指这样的一群个人：他们共用生活设施，把成员的部分或全部收入或财产汇聚起来使用，集体性地消费某些货物和服务——主要是住房和食物***。总的来说，住户中的每一个成员都应具有集体资源的部分索取权。至少某些影响消费或者其他经济活动的决策，必需要由住户做为一个整体来做出。

24.13 住户通常和家庭是一致的，但是只要可以共享资源与消费，同一个住户的成员未必非得属于同一个家庭。住户的规模大小可能各不相同，且受传统、宗教、教育、气候、地理、历史及其他社会经济因素的影响，住户在不同的社会及文化中将呈现出各种形式。调查统计人员（对给定国家的社会经济因素非常熟悉）所接受的住户定义与 SNA 定义的住户概念非常近似，尽管他们可能会针对特定国家添加一些更加精确、更具可操作性的标准。

24.14 和雇主共同居住在同一住所内的家政服务人员并不构成该雇主住户的一部分，即使他们会获得住宿及膳食等作为实物报酬。受雇佣的家政服务人员对雇主住户的集体资源无索取权，他们消费的住宿及膳食并不包括在雇主的消费当中。因此，这些雇员所属的住户应区别于雇主所属的住户。

24.15 那些永久居住在一个机构中，或者可能被预计在很长或无限期的时间内居住在一个机构中的人，如果几乎没有或根本没有行动自治权或相关经济活动的决定权，应视为共同属于一个单一机构住户。属于机构住户的人包括：

a. 居住在寺院、修道院或者类似宗教机构中的成员；

b. 在包括精神病医院在内的医院中长期住院的病人；

c. 长期服刑的犯人；

d. 永久居住在养老院的老人。

24.16 与此不同，短期进入医院、诊所、康复中心、宗教收容所或者类似机构人，以及进入寄宿学校、学院或者大学，短期在监狱内服刑的人，均应被视为他们通常所属住户的成员。

2. 常住性

24.17 所有的住户都是一个经济体里的常住单位。但是下述现象在日益引起关注：一个在国外工作的人，通常是但不限于家庭成员，给母国经济体内的家庭汇回一笔可观的收入。（同样的现象也会在一个国家内存在，比如在城市和农村之间。）为了获得更好的工作前景而出国工作，这可被视为全球化的具体表现，并且值得跟踪研究。

3. 确定子部门

24.18 正如引言所述，存在一系列因素会给住户部门分解造成困难。第一条就是收入由个人获得，但消费却以住户为单位计算。尽管所有的住户总体上会包括所有的个人，但很难将特定的收入获得者与特定的住户群组联系起来。当然，用一张表来展示所获得收入类别与这些收入获得者的类别是有可能的。同样也可以通过一张表来显示住户的类别与住户消费的每一类别。只有在高度标准化的情况下，即每个住户只有一个收入获得者（并且收入来源唯一），收入类别才可能与住户类别相匹配，即使这样，也仅当住户是根据收入类别分类的情况下才成立。这个问题与供给使用表的问题类似，不过供给使用表可以确定哪些行业生产了哪些产品，而当住户是按照主要收入来源以外的标准进行分类时，在获得收入的个人与所属的住户之间并不存在天然的对应关系。

24.19 如何将 SNA 中的收入流与一组理想的住户特征衔接在一起，是构建社会账户矩阵最难以解决的问题之一。通常情况下，需要借助于建模来协调与个体相关的收入和与住户相关的消费。

24.20 第二个问题涉及住户的同质性。分解住户部门可能会采用不同的标准（见本章 C 节讨论），但是无论采用哪一种标准，都很难确定样本的行为在总体中具有代表性。在产业分类和调查中通常不太会遇到这一困难，如果一项调查覆盖了给定行业 50% 的公司，就可以合理地认为支出模式在总体中较为典型。如果一个企业营业额翻倍，那么中间消耗水平很有可能大约也翻倍，而消耗结构可能不会改变太大。但同样假设在住户群体中却很成问题。这是在不进一步借助于建模而使用社会账户矩阵进行分析时所要面对的另一个困难领域：需要确定住户群体面对不同刺激会做何反应。

24.21 公司层面的信息来自于调查。住户部门的总收入与总支出可以在系列账户的核算恒等式中找到。虽然通过住户调查获得的信息有时可能会揭示出行业数据存在的错误，反之亦然，但是通过住户调查来获得一个住户群体的支出模式，并假定该群体所有其他成员行为一致，这种处理方式的问题会更大。由于这个原因，住户收支调查经常被单独报告，难以像企业调查那样与整个国民核算整合起来，作为完整的国民核算体系汇总的一部分。为了找到其背后的原因，有必要简要考察一下住户调查所遇到的问题。

4. 住户调查

24.22 要对住户部门做分解，离不开住户收支调查。调查统计人员与国民经济核算人员采用的惯例并不总是一致。比如，住户支出调查不包括自有住房的虚拟租金或其他自给性生产。它测算的可能是税后收入、以现金计的支出，且不以权责发生制为基础。各种各样的出版物已经准备研究这些差异，并为怎样使调查数据与国民核算账户要求相一致提出建议。关系最密切的是 2001 年出版的《专家组关于住户收入统计的最终报告及建议》（堪培拉小组，2001）以及《住户收入与支出》（国际劳工组织，2003）。

24.23 住户调查的一个最大问题是回答者经常低报或者不上报收入。这也许是故意的，或者仅仅是对应该包含什么缺乏理解，或者仅仅是疏忽。

24.24 同样的，有一些消费项目经常被低报，最常见的是酒和烟草。而另一些项目的消费则会被多报。比如，如果调查访问需要被访者对过去 2～3 年的耐用消费品支出情况做回忆时，应答者通常会低估自购买到现在的时间，同时所报的在该期间的支出费用会多于实际情况。这个现象不仅适用于大项目的支出；据报道，以牙膏为例，住户调查结果显示的购买比商店上报的销售额要高出很多倍。

24.25 在住户调查中，无回答是一个受关注的问题，因为很有可能那些拒绝回答者的收支模式与回答者是不相同的。比如，那些通过非法活动获得收入的人群可能不愿意提供这方面的信息，并且有可能选择不参与这个调查。同样的，处于收入顶端或者底层的住户通常不被调查，或者出于设计的需要，抑或是基于可行性的考虑。

24.26 住户调查可能被用于针对某些特定现象进行调查，国民账户对这些现象未必很感兴趣。例如，调查对象可能仅限于城市地区的低收入人群。尽管这些信息相当有价值，但对于国民账户产生汇总数据却没有多大用处。有时即使覆盖范围较为全面，但其样本大小也可能无法保证按照国民核算所希望的路径实现分解。非常重要的一点是，在进行调查前需要确定一个符合要求的子部门，以确保想要的特征能在调查样本中得到充分体现。

C. 划分住户子部门

1. 生产角度

24.27 首先考虑根据其所涉及的生产来划分住户子部门的可能性。为此需要遵循第 25 章给出的模式，以对住户非正规活动与其他生产活动进行识别。

24.28 第一种分法是将机构住户、拥有非法人企业的住户与那些没有此类企业的住户区别开来。然后很自然地，即可识别出那些其生产活动仅与房屋所有者或者雇佣家政服务人员有关的住户。剩下来的住户可以进一步划分为在其非法人企业中有雇员和无雇员两部分。正如本章对非正规部门所描述的，依此路线进行分类，有时就能比较好地分辨出非法人企业的活动形式，特别是可以将农业活动从其他活动中单独区分出来。

24.29 在 SNA 中，所有可被视为准公司的住户企业都要归入公司部门，这些企业有完整的系列账户来显示其对资产的所有权（与它们所属的住户区别开）以及由所有者提取的收入。可视为准公司的住户企业（因此排除在住户部门之外）的数量在国与国之间差别非常大，这将取决于账户信息的可获得性，以及有无可利用的资源来识别这些企业并将其视为准公司。

24.30 尽管有可能识别出仅仅把自有住房作为非法人企业的住户，但在很多情况下，其他非法人企业同样也会占用自有住房。虽然从生产的角度来看，区分生产活动的不同形式是有可能的，但对于整个机构单位而言，不太可能作这样的区分。

24.31 在大多数国家，多数住户没有非法人企业，因此，如果根据住户从事的生产来划分子部门，这些没有非法人企业的住户将集聚成一个单一的子部门。这些住户的唯一共同特征是他们不拥有非法人企业。因此，虽然依据生产划分子部门住户在一些场合下非常有用，但它在鉴别经济体中不同类型的住户时却作用不大。

2. 消费角度

24.32 随着住户收入增加，消费模式会随之改变，这是能够广泛观察到的。因为有了较多的收入，食品以及其他必需品的支出份额会减少，同时开始消费更具奢侈性的货物。因此，所谓根据消费模式来分解住户部门，实际上所依据的是收入水平，其假设是收入水平体现了消费模式的差异。最常见的研究是分别收入各个十分位水平来显示其消费模式，由此可以提供显示消费模式如何随总体收入水平提高而转变的有趣信息。

24.33 这就产生了一个问题：住户消费模式与个人收入有着怎样的联系？由于收入的十分位数是以住户为基础计算的，因此很难找到一种好的方法将收入接受者归入某一个十分位中。那些拥有高收入的住户，可能是因为有一个高薪工作者，也可能是有数个中等收入者所致。进一步来看，尽管生产账户可以显示出雇员总报酬，并有可能将其与雇员总数作对比，但却没有给出企业劳动力收入分配的任何信息。

24.34 不是所有的收入都来自雇员报酬，而其他来源的收入对住户总消费的影响也同样具有不确定性。

24.35 用住户收入水平作为消费模式的代理变量，存在一些突出问题。另一种对消费模式显著不同的住户进行分解的方式，是根据住户家中是否有小孩。对那些没有小孩的住户，可根据住户组建的新（也许第一次组建家庭）与旧（此类住户对耐用消费品的支出可能会低于其他组别）再做分组。然而，这里仍然没有一种简单方法能将收入来源与收入接受者所属住户类型联系在一起。

3. 收入角度

24.36 划分子部门的一个更好的方法似乎是考虑收入的类型，而不是收入的水平。正如第 4 章所提及的那样，可以考虑以下方案。

24.37 根据最大收入来源的性质，住户可以归入不同的子部门。基于此目的，需要区分出下列住户收入类型：

a. 来自住户非法人企业（有付酬雇员）所有者的收入（雇主的混合收入）；

b. 来自住户非法人企业（无付酬雇员）所有者的收入（自雇工作者的混合收入）；

c. 雇员报酬；

d. 财产收入及转移收入。

24.38 根据住户总体上之最大收入来源所属类别，可以将住户分配到相应的子部门中，即使这类收入的占比不一定超过住户总收入的一半。如果同一个住户在某个类别内收到不止一份收入，比如，因为住户中不止一个成员获得雇员报酬，抑或因为收到不止一份财产收入或转移收入，分类应基于住户在每一类中的总收入。由此形成如下四个子部门：

a. 雇主；

b. 自雇工作者；

c. 雇员；

d. 财产收入及转移收入接受者。

24.39 第四个子部门——即由某类财产收入及转移收入构成其收入最大来源的住户——是一个具有显著异质性的群体。因此，建议如有可能应将其进一步分为以下三个子部门：

- 财产收入接受者；
- 养老金领取者；
- 其他转移收入接受者。

4. 使用参考人

24.40 其他子部门划分方法通常要求为每一住户确定一个参考人。这个参考人不一定被其他住户成员视为“户主”，因为，这个参考人应由经济重要性而不是年龄或者尊卑级别来决定。这个参考人通常应该是最大收入获得者，当然他也可能是能够就住户消费做出重大决策的人。

24.41 一旦参考人确定，就可以基于该参考人的特征，将住户归类于不同子部门。比如，子部门可根据以下条件来界定：

a. 参考人的职业；

b. 如果有的话，参考人工作的行业；

c. 参考人的受教育程度；

d. 参考人所拥有的资格或技能。

5. 人口变化的影响

24.42 一些国家的政策关注点是人口变化对住户福利的影响以及政府需要作出的响应。比如，在一个人口老龄化社会，可能对教育服务需求较少而对医疗服务的需求较多。

24.43 另一个关注焦点是能否提供足够的养老金，确保个人在退休后无需政府支持即可达到足够的收入水平。如果关注这样的问题，建议应根据主要收入来源者是否正在工作、处于工作年龄但没有工作、或者处于退休状态来划分住户子部门。再次看到，根据主要收入来源者得到的分类结果与按照总收入的分类结果会有不同。

6. 其他因素

24.44 还可以基于不同背景来考虑住户的划分。例如，住户中包括的成员人数，住户所在地区，户主的资质或者受教育水平，户主工作的行业，住户是否拥有财产或者其他资产等。

D. 作为生产者的住户

1. 住户和非正规部门

24.45 每个国家都有一些生产活动是由住户完成的，其中很多被视为是非正规的，正如第 25 章所描述的那样，对非正规部门的范围进行测算，并显示这些部门如何随着经济发展而变化，便可以深入了解正规企业之外市场经济的范围。

24.46 将住户生产活动与机构单位其余部分进行分离的困难已经在前几章很多地方讨论过，特别是第 4 章，并且在上述关于住户子部门的讨论中也有述及。因此本部分仅讨论那些不可避免地会留在住户部门中的生产活动的一些特征。

2. 农业

24.47 在一些国家，自给性农业，或者事实上其产出全部被其生产单位所使用的农业生产，是住户消费从而也是 GDP 的一个重要组成部分。在那些大部分主粮生产用于自给性消费、并且具有季节性的国家，需要考虑由存储引起的农作物价值增加是否应作为生产的一部分。关于这部分的细节可参见第 6 章附件。

24.48 应该回顾一下，作为自给性消费的农产品，其购买者价格并不是当地附近市场上的价格，后者会包含运输成本。该市场价格是指人们愿意为当地生长的作物所支付的价格。这就是常说的农场交货价格。

24.49 原则上看，所有住户种植的自给性水果或者蔬菜，无论是小块租地还是大型庄园，都应该包含在生产范围内，即使在发达国家也是如此。但实际上，除非所涉及的量很大，否则不太值得花费精力去做估算。

3. 住房

24.50 在绝大多数经济体中，大部分住户生活在他们自有的住房内。租赁市场的规模可能很小或者可能只限于某些区域，比如市区，由此就难以应用市场租金来估算那些由拥有自用房的业主提供的自有住房服务。第 20 章曾指出，原则上，针对一项资本资产的租金可以这样计算：以一个贴现因子去乘期初的资本存量。因此，如果房屋价值已知，就可以估计其所提供的服务。然而，这种方法在一些场合是有问题的，比如不掌握资本存量数据，或者所估计的收益率存在不确定性。对于简单的农村住宅，可能需要计算建筑成本并要估计在无大修前提下该建筑物能使用多久。

24.51 所有的住宅都需要日常维修。自用住房的生产账户中，仅将那些在建筑物出租情形下由房主负责房屋维修所必要的货物服务视为中间消耗，其中可能包括支付给专业人员的费用，比如水管工或者油漆工，比如应付给他们的雇员报酬。但是，如果这些工作是由房主自己完成的，那么只有材料的费用才计入中间消耗，并不估算房主在维修上所花的时间价值。因此，自用住房的生产账户中并不出现雇员报酬。（这可被视为一项出于实用的规定。如果在房主本人从事维修工作时估算人工成本，接下来就需要记录住户收入的增加，而房屋租金收入就会有等额的抵减。）

24.52 虚拟估算的租金总额减去实际成本（包括维修之外的费用），所余被视为房主的营业盈余。在房主的账户上，虚拟估算的总租金价值记为总产出，所发生的费用记为中间消耗，差额记为营业盈余总额，该盈余支付给作为非法人企业主的住户。在收入使用账户中，租金的总价值被记为对自用住房虚拟租金的消费。

24.53 如果进行大修理，其价值可被视为固定资本形成总额，但是关于雇员报酬的记录仍要遵循以上惯例。

24.54 一些房屋为住户所有但被他们租了出去。在这种情况下，房客支付的租金应记为做为租赁服务的产出价值。在这些收房租的住户的生产账户中，这一总产出扣除中间消耗，可以得到这项活动的营业盈余，该盈余被视为房主的收入。在某些情况下，中间消耗可能全部由支付给租赁代理的服务费构成。可以想象，有时候，支付给租赁代理的服务费可能会超过租金收入，由此会导致租赁活动产生损失。比如，如果房屋空了一段时间，但可能仍然需要向代理人支付费用。收房租的住户对此通常可以接受，因为拥有房屋并出租的一个主要原因是希望在长期拥有该房屋的过程中获得持有收益。

24.55 按惯例，从出租住宅获得的增加值应视为营业盈余，而不是混合收入。

24.56 有一些房子可能是房主在同一经济体内或者国外拥有的第二套居所。上面介绍的业主自用住房的租金估算方法，以及由出租房屋而产生的租赁服务的核算方法，在此仍然可以沿用。如果该房屋在另一个国家，应将其视为那个国家的一个名义常住单位，然后法定拥有者将对该名义常住单位拥有金融债权。因此，该名义常住单位看起来就是一个由非常住单位完全拥有的直接投资企业。然而，该单位的唯一资产就是该项财产的价值，通过出租房屋获得的全部营业盈余应作为从名义单位提取出来并汇给所有者处理，因此没有什么留存收益可被视为再投资收益。

24.57　如果处于国外的房屋被其法定所有者所在经济体的常住单位所使用，则租金应记录为外国的服务出口、国内经济的服务进口。然而，该名义单位的营业盈余将被汇给所有者，并记录为外国的财产收入流出、国内经济体的流入，从而即可冲减租赁服务流量（至少是部分冲减）。

24.58　如果一套房子是通过按揭融资的，原则上和贷款利息支付相关的 FISIM（间接测算的金融中介服务）费用应记录为与租用该财产相关的生产活动（房主自用或者由房客使用）的中间消耗的一部分。然而，可能很难识别仅与按揭利息相关的 FISIM 费用。在有些情况下，使用资产作为担保品的贷款，其目的可能并不是为了获得一所住宅。实际上，如果不将 FISIM 记录为租赁活动的中间消耗，会使从租赁活动中获得的营业盈余有一些高估，但住户的消费支出也会高出相同的金额。

4.　家政服务人员

24.59　由付酬家政服务人员提供的服务价值，可以根据支付给这些员工的雇员报酬来估算，包括所有的实物收入，如免费的住宿或者免费的膳食以及可能替员工缴纳的任何社会保险。按常规，针对有偿家庭服务的生产账户上仅包括雇员报酬。在家务活动中使用的所有产品，诸如用于清洗的材料和工具，都将视为住户的最终消费支出。

24.60　提供有偿家庭服务的个人必须是其他住户的成员。由于孩子们在家里完成一些工作而支付给他们的费用，并不算是提供有偿家庭服务，而仅仅是住户内部的费用转移。另一方面，由于照看邻居家的孩子而支付给充当保姆的孩子的费用原则上应被视为家庭服务，但这些活动的规模可能太小，因而难以测量。

24.61　实际上，有些国家可能将提供全职服务的家政服务人员视为住户的成员，在这种情况下，应记录住户内部的转移，尽管对一个机构单位内部的转移通常并不加以记录。这就意味着有可能存在重复计算，即住户支付给家政服务人员的费用以及这些员工花费该笔费用都会被计入住户的消费支出中。

24.62　第 29 章将讨论在卫星账户下扩展生产边界的可能性，彼时就可以将所有家务劳动包括在内（那些不支付报酬的服务也包括在内）。

E.　作为消费者的住户

1.　提供的货物和服务

24.63　第 9 章描述了消费支出、实际消费以及消费性货物服务的使用等不同概念。在 SNA 中，只有前两个被纳入了核算，并且通过政府和 NPISH 提供的实物社会转移来说明两者之间的区别。原则上，如果能够识别出给予儿童的实物社会转移（例如大部分教育服务）、给予老年群体（尤其是医疗保障）的社会转移，或者是基于地区的社会转移，将会很有意义。但很难达到如此详细的程度，因此，此类额外细节信息很可能只能在卫星账户下提供。

24.64　原则上，住户间的实物转移应该记录在 SNA 里。但是，如果不存在住户部门下的子部门，当此类转移发生在常住住户之间时，将不会出现在账户中。另一方面，常住住户和非常住住户间的实物转移可能十分显著，应该通过国际收支数据中的汇款信息进行捕捉。实际处理方法在《汇款的国际交易：编制者与使用者手册》（国际货币基金组织，2008b）中有所描述。

24.65　如果自给性生产、实物收入、易货交易或者实物转移体现出的消费数量十分显著，那么，对住户实物消费支出与从市场购买的消费支出做出区分将十分有用。

2. 旅行者的支出

24.66 大多数从供给方面测量的住户消费数据不能区别一项购买究竟是由常住住户还是由非常住住户发生的。同样的，这些数据也不会显示常住住户在国外的购买情况。这两类项目的规模往往很大，因此，估计其数值以显示其对国际收支的影响并确保供给使用表能够实现平衡很重要。第 29 章在旅游卫星账户下将进一步讨论旅行者支出。

3. 分产品类别的消费支出

24.67 大多数住户调查按照服务目的划分消费类别，如食品、居住等。这就是 COICOP 中的划分方法。为了将其列入供给使用表，事实上也为了用于其他分析，准备一个按消费目的和产品进行交叉分类的表很有用。这不仅可以为供给使用表提供信息，而且也可以为编制消费价格指数提供验证信息，消费价格指数反过来可用于缩减消费支出。如果数据允许，根据家庭类别来观察消费支出的构成，从而计算不同住户组别（比如老年群体或者有孩子的家庭）的消费价格指数也很有用。

F. 住户收入

24.68 收入分布不平均且偏度很大的现象在各国均非常普遍。大多数人的收入显著低于平均或中位数收入，而少数人收入则远高于此水平。有时候，贫困线被设为中位数收入的一半，但是中位数的两倍并不意味着拥有巨大的财富；经济体中最富有个体所拥有的收入会是平均数或中位数的许多倍。

24.69 账户序列之所以重要，是因为它描绘了收入是如何通过强制性的税收和福利、自愿的转移、抑或由于拥有金融或者其他资产（财产收入）而实现了分配和再分配的。为了检验收入分配和再分配过程是否显著地改变了经济体中个体收入的总体分配状况，有必要显示不同住户组别间的收入流动。正如引言所提及的，很难将特定来源的收入对应于某一类住户而不是另一类住户。这既不容易实现，同时也不是 SNA 的标准组成部分。然而，很有必要向分析人员提供更多关于住户收入类别的信息，而不仅仅是标准账户序列中所包含的信息。就增加值所涉及的内容而言，有可能区分各个产业所支付的雇员报酬，也可以依据受教育水平和地区来区分雇员报酬。混合收入同样也能够进行类似的区分。固定资本消耗应该按照自用住宅和与非法人企业相关的资产加以区分。

24.70 标准账户中会包含如下转移的信息：税收、社会福利、养老保险和其他福利。在一些国家，显示出那些和国外有密切联系的居民的个人汇款对国内经济的影响很有意义。同样的，对于拥有大量移民的国家，找出相应的资金流出及资金流向的目的地也可能很有用。

24.71 对财产收入，有必要区分可由接受者支配的资源流量和已经绑定为储蓄的收入流量（例如养老金权益、人寿保险的财产收入以及产生于债券增值的资本利得）。应该注意到，如果有很多被视为准公司的住户企业，那么，如果能识别出从准公司中提取的收入就非常有用了。

24.72 下面的做法可能很有用，即先分别识别和显示各种实物收入，比如实物报酬和实物转移，然后减去这两项实物收入和那些绑定储蓄，最后得到一个可视为保守估计的收入的总数。

G. 住户财富和相关收入流

1. 住户资产负债表

24.73 对于许多住户来说，主要资产就是土地、房屋以及累积的养老金。同时，对企业的债权也可能很大。在一些国家，投资养老基金以外的金融资产也很重要。但是，资产的对立面就是住户的债务，包括抵押贷款和其他金融债务，例如信用卡或其他债务。

24.74 对于包括非法人企业的家庭来说，资产负债表中可能会记录其他固定资产，但相比房产其数额会比较小。

2. 家族信托基金

24.75 家族信托基金为住户所拥有，尽管有些基金是由一些住户（可能包括非常住住户）集体拥有的。设立信托基金可能是为了保护财产，直到受益人成年或达到其他标准，也可能是为了保护家族的不动产等。SNA 建议应将信托基金视为准公司，并将其做为专属金融机构而纳入金融公司部门。然而，信托基金承担的对受益人的负债必须足以将其资产净值减少至零。在编制住户部门的资产负债表时，必须要将与常住住户负债相对应的资产价值纳入进来。在家族信托基金非常重要、住户财富是所关注的主题情况下，在住户拥有的其他资产下引进一个补充项目可能会很有用，从而可以将信托价值与诸如合伙企业等其他准公司的资产分离开来。

3. 财富的分配

24.76 人们对沿着住户收支调查的类似路径进行住户财富调查的兴趣在日益浓厚。再一次地，人们希望通过住户部门分解来发现住户财富的构成以及和住户收入的关系。

24.77 总的来说，财富的分配比收入更不均等。收入主要获得者为中等职业的家庭可能有着可观的收入水平，拥有自己的房产，但仍然担负大量的抵押贷款，且可能还没有建立充足的养老储备。

4. 养老金

24.78 存在着这样一个问题：退休后财富的下降应记录为收入还是记录为逆储蓄。

24.79 如果将养老金视为一项社会保险计划，养老金便应作为经常转移，从而应视为收入而不是储蓄的减少项。如果养老计划不以这种方式来处理，养老金受益人仍可基于对养老金的权益获得由此产生的作为应付财产收入的收入。对于定额福利计划，这一财产收入代表了对未来权益贴现因子的释放。权益的减少等价于应付福利和财产收入的差额，类似于第 17 章第一部分结尾处所解释的对年金的处理。

24.80 如果说养老金价值作为一种财富形式是基于未来收入流的净现值的话，那么养老金收入可以划分为储蓄的减少和收入的产生。在没有养老金权益的情形下，拥有大量金融资产的家庭仍有很大可能获得可观的财产收入，尽管财产收入和持有损益取决于相关住户的投资策略。

24.81 如果一个住户中有一个或多个成员建立了养老金，其每年将产生可观的收入，但这些收入并不能被住户用来消费。养老金必须逐步积累，为未来养老金权益提供资金，因而显示为财富的增加。

24.82 可以构建一个养老金权益的资产账户，显示权益起始年份的水平、源于各年工作量的增加额、基于退休逐渐临近这一事实的额度增加（贴现因子的释放）以及其他变化——例如通货膨胀补贴、源于养老金支付的减少和其他减少权益的变化。

5. 耐用消费品

24.83 在 SNA 中，耐用消费品并未做为财富处理，而是作为一种支出。但是，在资产负债表中，用备忘项目来显示耐用消费品的价值将很有意义。耐用品的购买可能是周期性的，而卫星账户对此也非常感兴趣，像处理固定资产那样，利用同一项目下提供的服务流量数据来取代将耐用消费品的购买作为经常支出的做法，将在第 29 章中详细讨论。

第 25 章　非正规经济

A. 引言

25.1 没有一个经济体是完全受管制的，并能被统计调查所完整记录。因此，必须采取措施来尝试涵盖这些未受管制的活动，弥补调查的不足之处，这是一项特别的工作。有两种方法可供采用，尽管这两种方法有很多共同点，但它们所针对的却是两个截然不同的目标。第一种方法是确保所有活动，包括那些被称之为“隐形”或者“地下”经济的活动，都涵盖在总体活动的测算当中。第二种方法是先定义非正规经济单位集合究竟是什么，然后对其进行测算。

25.2 第一种方法的基本原理非常明显，即把经济体看成一个尽可能全面、且在不同时间与不同国家之间尽可能可比的整体。经济体中难以测算的那部分常被称作未观测经济（NOE），已经有一些出版物专门讨论如何测算这部分经济，著名的手册如《未观测经济测算手册》（经济合作与发展组织、国际货币基金组织、国际劳工组织和 CIS STAT，2002）。随着手册中所提到的技术日渐清晰，关于 NOE 的具体测算方法本身已不再重要。关注的焦点集中于确保整体经济的测算是完整的或者是“穷尽的”。

25.3 第二种方法认为：对于无正规工作，但从事某种形式的货币经济活动的人来说，如果能够测算出这部分经济，是具有分析上的重要性的，尤其对发展中国家，意义重大。这部分经济就是人们所熟知的非正规部门。估计出非正规部门的活动规模，才有可能评估发展为居住在街道或棚户区的人们带来了多大好处。那些支持第二种方法的人并不否认对经济进行全面测算的重要性，但在他们看来，这还不够。尽管这么做存在困难，但必须尝试识别出非正规部门并对其进行测算。

25.4 这两种方法的关注点有很大重叠。然而，尽管 NOE 与非正规部门有重叠，却不能说一个完全是另一个的子集。这从图 25.1 即可看出。实线圆圈代表未观测经济，虚线圆圈代表非正规部门。因此，重叠部分代表未观测到的、非正规的活动，但是也存在一些活动虽未被观测但却是正规的，一些活动虽是非正规的却已被观测。图 25.1 显示的三个部分的相对大小在各国之间并不相同。

25.5 努力将 NOE 涵盖其中，目的是确保统计估计能够包括所有的企业，即使有些企业未包括在统计调查中。为此进行的补充估计有些可能会涉及非正规的住户非法人企业（本章称之为非正规企业）活动，但有些也会涉及那些正规的大企业。另外，NOE 还会考虑如何弥补大企业的误报，无论这

图 25.1：未观测经济与非正规部门

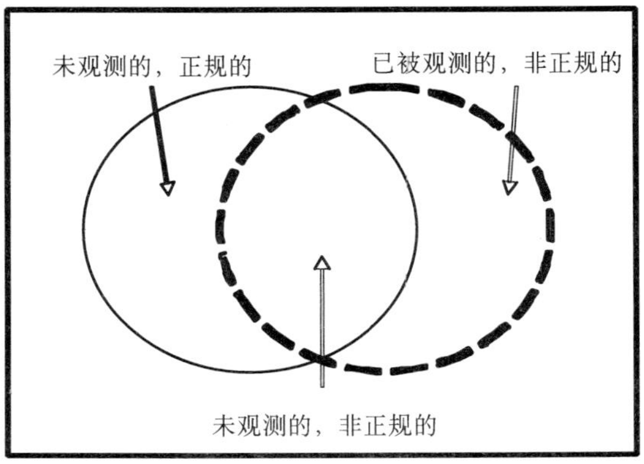

些误报是出于无意还是故意。因此，NOE 中既包括非正规企业的一些活动，也包括一些正规企业的信息。

25.6 在非正规部门内，有些信息可以通过统计获知。比如，一个住户将房间租给客人住一晚或数晚。该项活动不能按照准公司来处理，因为不可能将其成本从住户日常成本中清晰地划分出来，也不可能将那部分被视为资产的出租房从作为这家的住房（体现主要功能）中分离出来。但是，出租房屋活动的价值可能会在诸如针对旅游活动的调查中获知。

25.7 还可以考虑其他例子。街头商贩或者出租车司机都可能是未被观测且非正规的。一家拥有 5～10 个员工的汽车修理店可能是正规的，但可能会由于规模太小而未包括在统计调查中，因此未被观测。助教可能是非正规的但已被观测。由于街头商贩、出租车司机、汽车修理店以及家教可能在一些国家是正规的，而在另一些国家却是不正规的，在有些国家可能被观测到，而在另一些国家却未被观测到，因此情况非常复杂。

25.8 需要注意的是，各国经济体中都存在未被观测部分以及非正规企业，但是这两部分的规模以及识别后者的政策兴趣却有所不同。

1. 测算非正规企业活动的政策兴趣

25.9 非正规经济的生产在不同国家呈现出不同的方式。如果动机只是单纯地为了生存，或者只是想实现有弹性的工作方式，非正规经济很有可能会受到鼓励。然而，如果动机是为了避税或避开管制，或者从事非法活动，则会被制止。大多数非正规生产活动可能由非正规单位从事。这些单位可能没有固定的经营地点，可能是在家、小店或者工作坊经营。涉及的活动可能是诸如街头商贩、擦鞋等只需少量资本甚至不需要任何资本及技能的活动，也可能是需要一定量的投资或者一定程度的专业技能的活动，比如裁缝、汽车修理以及专业服务。许多非正规企业都是由一个人作为自营企业家（自雇工作者）单独地、或者在无须支付报酬的家庭成员的帮助下经营，但也有一些非正规的非法人企业可能会雇用工人。

25.10 非正规企业的生产规模及其重要性取决于一国的社会结构、国家及地方的经济法规以及执法力度。各国非正规活动的类型及规模互不相同，因此各国的政策兴趣会因国家而异。生产单位的大小、是否注册以及其他特征是其中的关键变量，它们决定了是鼓励还是抑制某些生产，或者是否要通过承认此前所定门槛以下的经营单位来扩大正规经济的范围。可以设计特定的社会支持以及援助项目，监测它们如何支持诸如增加生产、扩大就业和保障、减少贫困以及赋予妇女权利等目标。

2. 本章结构

25.11 B 节将考察生产单位的特征，以此确定未观测经济、非正规部门、或者两者的显著特征。

25.12 在编制国民账户时，大部分注意力集中在未观测经济。这个话题将在 C 节做简单陈述。

25.13 国际劳工组织（ILO）采用国际劳工统计学家会议（ICLS）决议建立了非正规部门概念，在识别 SNA 住户部门中与政策分析及政策制定（尤其是在许多发展中国家及转型国家内）特别相关的那些生产单位方面一直发挥着作用。这项工作陈述了市场经济怎样渗透到正规经济以外的领域这一问题。这个话题将在 D 节和 E 节陈述。

25.14 确立一个非正规部门的定义，使之在有着不同的微型及小型企业结构、不同的企业注册立法及劳动法的国家之间达于严格可比，这是非常困难的。在对这一点的认识上，ILO 是务实的。非正规部门统计专家小组（称为德里小组）于 1997 年成立，目的是解决 ILO 定义的概念、操作以及其他一些问题。德里小组的工作将在 F 节阐述。

25.15　G 节讨论了可能被视为非正规但在实践中并不记入住户部门的单位的分界线，以及住户部门中并不被视为非正规活动的分界线。继而指出如何从 SNA 账户中得到与非正规部门概念相匹配的数据。

25.16　H 节讨论了搜集非正规企业活动数据以及非正规就业数据的一些方法，是对 G 节的补充。

25.17　基于对非正规部门的兴趣，已经产生了好几本手册以及对目前实践的研究。本章不可能对此进行深入报告，但 I 节将对这些内容作简单描述并指出可在哪里查阅。

B.　非正规单位的特征

25.18　正如引言中所提到的那样，无法直接给“非正规”这一形容词下一个定义。它描述的是活动的一种本质，还是活动实施的方式，还是统计调查中记录活动的方式？为了能够准确描述所关注的对象是什么，可以列出“非正规”这一术语意在传达的若干潜在特征。尽管不同评论者所强调的标准不同，但已取得共识：没有单一标准足以确定何谓非正规；必须考虑若干条标准。

25.19　在考虑每一条可能的标准时，必须牢记以下两个问题：

a. 它对于定义由（被视为）非正规企业之单位所从事的活动真的很重要吗？

b. 它能够作为旨在形成国际可比结果之定义的基础吗？

25.20　*注册*。什么是非正规，其中一种解释是不能在政府行政部门注册。该标准存在的问题显而易见。不同的国家有不同的注册制度。有些国家可能坚持认为，所有活动，无论多小多琐碎，都应该注册；其他国家可能更务实些，仅在活动营业额超过一定数额或者雇员超过一定人数时才要求它们注册。再者，无论官方注册的必要条件是什么，对这些条件的遵守程度将因实际执行程度的不同而异。因此，基于是否注册来定义非正规部门，将缺乏国际可比性，而且，如果注册的必要条件或对注册条件的遵守程度发生变化，该定义在一国内不同期间上也可能会缺乏可比性。

25.21　*法人*。与注册性质紧密相关的就是所谓法人。在 SNA 中，所有依法成立的企业均被纳入某个公司部门中，但这些部门也包括所谓准公司。SNA 对准公司的定义是，该单位必须具备或者能够编制一套包括资产负债表在内的完整账户。如此，那些其业主选择不成立公司（很多情况下相当合法）的单位，在 SNA 中也将其视为公司，但是拥有一套完整的账户是一个相当严苛的要求。有些单位可能有非常详细的生产活动信息，但没有其他账户信息，因此，尽管从其活动本质来说，这些单位是“正规”的，却不能从住户部门分离出来，作为准公司处理。此类情况可能发生在与医生、律师、工程咨询和其他职业有关的领域。统计上对生产活动的处理具有一定限制，似乎它们都是由公司型单位实施的，除此之外，各国规定或允许成立公司的法律并不相同，因此也限制了国际可比性。

25.22　*规模*。面对统计及行政规范的不同，可以考虑直接用企业规模来识别非正规企业，企业规模既可用营业额也可用雇员数量来定义。以营业额为标准，所产生的问题还是不同国家间及不同时期间可能存在的潜在变异。用雇员最大数量来识别非正规企业，可能会导致拥有完整账户因此被归入公司部门的一些单位被判定为非正规单位，而住户部门中一些并没有完整账户的单位被判定为正规单位。

25.23　*统计调查范围*。统计调查范围，特别是基层单位调查范围，在国与国之间相差很大，在一国的行业与行业之间相差也很大。通常，小规模企业会被排除在外，因为统计部门认为，从这些单位在产出中所占比例以及所报告数据中的潜在不精确性来看，获取数据的成本太过昂贵。但是，可用

"总体推断"程序来考虑统计范围之外的小单位。在这种情况下，这些单位的生产活动很有可能会被归入公司部门，尽管如若严格遵照 SNA 准则应将这些单位放入住户部门。

25.24 *活动边界*。第 6 章讨论了 SNA 的生产范围。如该章所述，一些具有经济性质的活动并没有包括在生产范围内，特别是住户自产自用的服务（自有住宅服务和付酬家务雇员的服务除外）。尽管从某些分析目的出发测算这些活动具有意义，但大家已达成共识，即在衡量非正规企业所从事的活动时，还是应该遵循 SNA 的生产范围。当然，自有住宅服务是例外。

25.25 *非法活动*。第 6 章已明确指出，原则上，一项活动可能是非法的，这一事实并不是应将其排除在生产范围之外的理由。在一些国家，记录非法活动的困难可能意味着，这些活动要么未被涵盖要么从实际情况出发而被故意忽视。但是，对一些国家而言，如果（例如）忽略了毒品的生产，将会严重低估其经济活动的总体水平。总的来说，正如 C 节所要讨论的，SNA 中可能包括了一些非法活动（可能只是间接的），因此，将非法活动完全排除在外在任何情况下都是不可能的。

25.26 *地点*。一些分析师可能主要对城市地区、特别是所谓大城市郊区之棚户区的非正规企业发展感兴趣。这种方法可能体现了其政策意图，但是，主要城市地区以外的非正规经济的作用同样非常重要，而且为了国际可比和在国内人口迁移较大时能做跨期比较，以地点来限制统计范围是不可取的。

25.27 *雇佣条款*。一些雇员的雇佣条款使其拥有在工资及薪金之外享受各种福利的权利。这些福利通常包括带薪年假、病假及养老金权益。即使是那些对一些工人提供此类条款的生产单位，也可能会雇佣一些不提供这些条款的工人（即在工资和薪金之外无任何福利）。为自己工作的人（自雇者）为了获得一些额外收入可能会选择接受这样的工作，无法获得一份带福利工作的人可能会选择接受这样的工作，还有种种原因导致干脆选择接受这样的工作，比如可以灵活选择所从事工作、为谁工作和工作多久等。在后一种情况下，其中很多人可能没有雇佣合同，而是在一份服务合约条款下进行工作。

C. 未观测经济

25.28 SNA 1993 修订伊始，一般认为识别非正规部门主要是发展中国家的问题。然而，到修订完成之时，已经很明显，这个问题将影响所有经济体，无论该其处于哪一发展阶段。在欧盟内部，为了确保其成员国之间国民账户统计范围的严格可比，采取了一系列措施以确保账户是"穷尽的"（即全面的）。同样的，在 1990 年代初期，中欧及东欧国家正处于市场经济的转型期，涵盖以前报告方法范围之外的活动（无论是源于正规单位还是非正规企业）的需要变得十分迫切。

25.29 统计数据收集及行政管理数据来源中缺失的经济活动，就是为人们所熟知的"未观测经济"。在一些国家，重点不是放在识别这样的未观测经济，而只是要确保账户是全面的（"穷尽的"），但是通过未观测经济概念来描述影响穷尽性的因素是最简单的。

25.30 正如引言中所解释的那样，未观测经济与非正规部门有所重叠，但不是完全相同。为了将从统计搜集网络中漏掉的活动（有时被称为"地下"经济或者"隐形"经济）涵盖在内，应注意确保所报告信息不仅是全面的而且是精确的。

25.31 如第 6 章所述，一些活动本身是违法的或者可能在实施过程中是违法的，这一事实并不能将它们排除在生产范围之外。原则上，在测算未观测经济时也应该包含这种非法活动。在实际中能测算到什么程度，将取决于非法活动的显著性、具体怎样做以及可获得的资源。

25.32　就未观测经济对国民经济核算做额外的评估，不只是为了检验统计调查的全面性和精确性。通过将系列国民账户组合为一体的过程，特别是在使用供给使用框架的情况下，已经使缺失的信息明朗化，并帮助改善了总体估计。以某些非法活动为例，逃税是违法的，而且税收征管可能比统计报告更有力，因此一个娼妓报告的收入大体会是正确的，只是她可能将自己从事的职业说成是模特、演员或其他职业。同样的，也许香烟走私者不会报告他的活动，但香烟要由住户购买，由此或许就能够提供更好的记录，在账户中获知隐藏的非法进口。

25.33　有人认为，有一张完全平衡的供给使用表，就不可能遗漏任何重大的经济活动。尽管有些活动可能被遗漏了，但只要表是平衡的，那么在账户的其他方面必然会恰好弥补此项遗漏。然而，尽管通过供给使用表的平衡，确实可以有效地将一些未观测活动估计在内，但却并不足以捕捉到所有的未观测活动。

25.34　需要注意的是，同样如引言中指出的那样，关注未观测经济，不等于要对其进行单独测算。供给使用表就是一个例子，通过该表的平衡，可以作为确保其穷尽的一种方法，但却不太可能据此对未观测经济进行单独测算。

25.35　对未观测经济的测算可能与非正规活动重合，但并不完全匹配。未观测到的成分会包括对统计调查中未涵盖的非正规企业所进行的估计，也会包括对统计调查中已记录的非正规企业某些测算值的修正。然而，统计调查中已经包括且被认为是准确的非正规企业的估计值则不在其中。不过，估计未观测经济时所使用的许多方法——比如在*《未观测经济测算手册》*中所描述的方法——对测算非正规企业也非常有用。

D.　ILO 定义的非正规部门

1.　ILO 的非正规部门概念

25.36　本章的一个重点是给出“非正规部门”的概念，将其作为住户非法人企业的一个子部门，这也是第 15 次 ICLS 非正规部门就业统计决议中提出的非正规部门的特征，它详细描述了 ILO 中使用的定义，具体如下：

（1）非正规部门可被广泛地定义为：基于创造有关人群的就业及收入这一主要目标而从事货物服务生产的单位集合。这些单位通常组织程度较低，很少或没有区分生产要素中的劳动与资本，并且规模很小。劳动关系——如果有的话——主要是基于临时雇佣、亲属或个人以及社会关系，而不是通过有正式保障的合同安排。

（2）非正规部门的生产单位具有住户企业的特征。使用的固定资产及其他资产不属于生产单位本身而属于其所有者。单位本身不能以自己的名义从事交易，或与其他单位签订合同，或发生债务。所有者必须自担风险筹集必要的资金，且对生产过程中产生的任何债务或义务负无限个人责任。生产支出通常很难从住户支出中区分出来。同样的，像楼房或汽车这样的资本品可能也很难区分出究竟是商用还是家用。

25.37　尽管 ILO 在工作中使用“非正规部门”这个表述，但部门这个词与 SNA 中所指的一组机构单位有着不同的意思。ILO 的工作焦点仅限于生产活动，而不包括一单位的消费及积累活动。

2. 部门的定义

25.38 SNA 中，住户企业不是一个独立于拥有它们的住户成员的独立法人实体。生产中使用的固定资本可能会被用于其他目的，比如，实施活动的经营场所可能就是其家庭住宅，汽车既用于运输家庭生产的货物也用于日常家庭运输。这些资产不属于企业本身而属于住户成员。因此，几乎不可能为住户生产活动——包括用于那些活动的金融资产和非金融资产——编制一套完整的账户。正是因为缺乏这样一套完整账户，这些生产活动只能作为非法人企业留在住户部门，而不是作为准法人公司进入公司部门。

25.39 ILO 的非正规部门概念以住户非法人企业为基础，将其细分为三部分：第一部分形成非正规部门，第二部分由于其雇员数量或注册情况而被视为正规单位，第三部分直接定义为住户。（有关部门及住户等术语的不同用法将在本节最后指出。）

25.40 被视为非正规部门的住户企业子部门，具有不同于其他非法人企业的经济目标、行为及组织形式。特别要指出，非正规部门是根据企业从事的生产类型来定义的，它仍然使用 SNA 的生产范围，并未将其延伸至将家庭服务包含在内。

不包括纯粹为自身最终使用而进行生产的单位

25.41 第一个限制条件是，至少某些生产成果必须被出售或用于交换。因此，那些被 SNA 视为“为自身最终使用”而生产的住户企业，如果其大部分产出是这样使用的，便包括在非正规部门内，而那些专门为自身最终使用的生产则被排除在非正规部门之外。据此，纯粹供业主自住的住宅服务活动不包括在非正规部门中。

不包括拥有正规经济特征的单位

25.42 另外，非正规部门的覆盖范围还受到雇员数量或注册情况这一附加标准的限制。确定的雇员最小数量要由各国按照各自的国情来决定。只有那些没有在特定形式之国家法律（比如商法、税法、社会保障法和管理法规）下予以注册的单位才被视为非正规单位。

非正规企业的两种类型

25.43 不包括在非正规部门中的单位在各国之间大不相同，这取决于各国所确定的注册条款或者最少雇员数，它们决定了哪些单位可被视为正规单位。但是，ILO 的非正规部门概念总是 SNA 生产范围内之住户非法人企业的一个子集。

25.44 这些单位被划分为如下两类：

a. *无雇员的非法人企业。*ILO 中的术语是“非正规自营企业”。

b. 有雇员的非法人企业。ILO 中的术语是“非正规雇主企业”。

25.45 根据这些附加标准，非正规部门的生产单位可以被定义为这样的住户企业：至少部分生产是为了出售或者交换，并且在雇员规模有限、企业或雇员未注册等几个标准中符合一个或更多标准。从 SNA 部门角度来描述这组单位，可见表 25.2。

图 25.2：识别 ILO 非正规部门中的单位

一般政府	非金融及金融公司	住　　户			NPISH
		包括一个已注册或者雇员数超过一定数量的非法人企业的住户	非正规部门企业 (a) 无雇员的“非正规自营企业” (b) 有雇员的“非正规雇主企业”	机构住户，无非法人企业的住户，仅为自身最终使用而生产（包括住宅业主自住活动）的住户	

不包括在内的活动

25.46 除了定义非正规部门，第 15 次 ICLS 对非正规部门的范围及其统计处理提出了如下额外考虑因素：

a. 原则上，所有货物服务生产活动都在范围内。可以根据 ISIC 第 4 版建议的非正规部门活动分析的备选汇总方法来展示这些活动。这一备选展示包括了诸如一般政府单位从事的公共行政及国防（ISIC 84）等经济活动，因此不能将其定义为非正规部门活动。进而，ICLS 提出如下建议：

- 农业活动（ISIC A 部分）要与其他经济活动分开测算，以确保国际可比，并便于选择和应用合适的统计数据收集工具和抽样设计。（那些仅从事自身生计活动的单位已被排除在外，因为它们不出售任何产出。）
- 作为家政人员雇主的住户活动（ISIC 97）以及作为自给性生产者的住户活动不包括在非正规部门范围之内。

b. 地理范围既包括城市也包括农村，即使起初更倾向于在城市地区经营的非正规企业。

c. 外包工人如果作为自雇者或者作为非正规部门中的雇员进行工作，则应被包括在内。

3. 澄清类似术语的使用

部门

25.47 “非正规部门”中的“部门”和 SNA 中通常使用的部门一词具有不同的基础。SNA 中，部门由完整的机构单位组成；非正规部门则仅涉及生产活动。这样，很重要的一点是，在识别哪些由住户经营的非法人企业应纳入非正规部门的过程中，无生产活动的住户根本不在考虑范围内。

企业

25.48 在 SNA 中，一个公司代表一个单独的企业，但是，每一个这样的企业可能由许多基层单位组成。企业和基层单位的关键差别是，企业必须具备或者能够编制一套完整的账户。但对于基层单位而言，只能获得非常有限的数据，通常仅能获得生产、雇员数量以及和生产活动相关的资本形成的信息。

25.49 在一个住户内，可能会发生许多不同的生产活动。但无论是单个活动还是所有活动整体，都不存在一套完整的账户，因此不能视作准公司。SNA 使用“非法人企业”来表示一住户从事的所有非公司活动的总称，尽管在供给使用表中，这些活动可以按活动类型分割开来，归入从事同样活动的公司基层单位中去。

25.50 ILO 在描述非正规部门时使用的非法人企业，对应的并非一个住户所从事的非公司活动的总和，而是每一项单独的活动。用 SNA 术语表述，非法人企业被分解为许多非公司基层单位，有些可能会包括在非正规部门中，另一些则被排除在外，即使它们发生在同一个住户中。进一步地，ILO 还对一个住户内作为每个基层单位/企业的拥有者并能雇佣工人的个体成员做了识别。而在 SNA 中，住户要作为一个集体对所有生产活动以及雇佣工人负责。

生产的子部门

25.51 SNA 将生产进一步划分为市场生产、为自身最终使用的生产以及非市场生产。非市场生产在此不成问题，因为住户从来不从事这样的生产。然而，为了符合 ILO 的准则，需要将为自身最终使用的生产者进一步划分为两类，即部分用于出售或交换的生产者，及专门为自身最终使用的生产者。如果某非法人企业有一部分生产是用于出售或者交换的，则该单位生产的所有货物及服务都要包含在非正规部门中。

正规部门、非正规部门及住户

25.52 SNA 不使用非正规部门这一表述，但是当涉及生产时，不难想象公司部门、一般政府以及 NPISH 的所有单位都是正规部门的一部分。公司部门中包括准公司，因此准公司也被包含在正规部门之内。然而，这并不意味着，一个单位只要不是非正规的就肯定是正规的，因为，未包括在非正规部门中的带有非法人企业的住户被划分为两类，一类作为正规部门处理（由于其规模较大或进行了注册），另一类则直接保留在住户这一类别中。

25.53 因此，ILO 所指的住户与 SNA 十分不同，SNA 的住户包括 ILO 准则下视为非正规部门的所有单位，加上那些带有被视为正规非法人企业的单位，加上由于生产仅供自身最终使用而被排除在外的非法人企业，加上无非法人企业的住户以及机构住户。

E. 非正规就业

1. 非正规就业

25.54 人们已经逐渐意识到，将经济区分为正规与非正规来提供信息，不仅要考虑生产，同样也涉及到就业。

25.55 ILO 将正规工资下的就业定义为：带有相关福利条款——如带薪休假以及养老金权益——的就业。ILO 认为，所有其他形式的就业（包括自雇者）都是非正规的。

25.56 正如 B 节所述，正规单位也可能拥有非正规雇员，而被列为非正规的单位也可能（虽然可能性很小）会对部分员工执行雇佣条款，使其成为正规雇员。非正规就业的程度见表 25.3 中的阴影部分。

25.57 正如第 19 章所解释的那样，职位和雇员之间是有所区别的，一个雇员可拥有好几份职位。ILO 考虑的是如下五类职位：

a. 自营工作者（SNA 中称为自雇者）

b. 拥有雇员的非法人企业主管，被视为雇主

c. 为非法人企业工作的无酬家庭工作者

d. 雇员

e. 生产合作社成员

25.58 正规企业仅提供雇员或者无酬家庭工作者这两类非正规职位。非正规企业可提供上述五种类型的非正规职位也可提供正规职位。（ILO 意义上的）住户提供自营工作者、雇员以及无酬家庭工作者类型的非正规工作。有些家政人员可能有正规工作。

图 25.3：非正规就业与非正规部门就业

	正规职位	非正规职位
正规企业		
非正规企业		
其他住户非法人企业		

2. 非正规部门就业

25.59 除了非正规就业总量之外，识别在非正规单位中就业的程度也非常有用。它不包括正规单位中的非正规职位，也不包括在其他住户非法人企业中的非正规职位，但包括在非正规单位中的正规职位。ICLS 将非正规部门从业人员定义为：在规定报告期内，至少在一个非正规部门单位从业的全部人员，无论其所处的就业状态以及这项工作是他们的主要工作还是第二份工作。非正规部门就业的统计范围在表 25.3 中用黑色粗线边框表示。

F.　德里小组的工作

25.60　1997 年，联合国统计委员会针对非正规部门统计成立了一个专家小组，即众所周知的“城市小组”——德里小组。建立该组织的目标之一就是试图为非正规部门（或至少是其中的一个共同子部门）形成国际可比数据。

25.61　1999 年，德里小组第三次会议提出了一个可在国家间进行一致定义的非正规部门子部门，尽管该子部门目前仅覆盖了非正规部门的一小部分。所提的建议如下：

a. 所有国家都应采用以下标准：法定组织类型（非法人企业）、账户类型（没有完整账户）以及生产目的（至少有一些市场产出）。

b. 在各国非正规部门定义中，企业就业人数限制的具体规定由各国自由裁量。但是，针对国际报告，各国需单独提供雇员少于 5 人的企业的数据。如果存在多个基层单位企业，人数限制应该以最大的那个基层单位为准。

c. 以就业人数为标准的国家，应该分别提供非注册企业数据以及注册企业数据。

d. 以非注册为标准的国家，应分别提供雇员少于 5 人的企业数据以及雇员多于 5 人的企业数据。

e. 包含农业生产活动的国家，应分别提供农业活动数据及非农业活动数据。

f. 如果从事专业或技术服务的人员符合非正规部门定义的标准，则各国应将他们包含在内。

g. 各国应包含有偿家政服务数据，除非这些服务由服务于该家庭的雇员提供。

h. 各国需遵循第 15 次 ICLS 通过的决议中第 18 段所述的外包工人与家庭工人的相关准则。各国需分别提供包含在非正规部门中的外包工人与家庭工人的数据。

i. 同时涵盖城市与农村的国家，需分别提供城市与农村的数据。

j. 使用住户调查或者混合调查的国家，应努力尝试：不仅涵盖其主要职位在非正规部门的人群，还要涵盖那些主要职位在另外一个部门、但在非正规部门有第二职位的人群。

25.62　德里小组的后续工作就是研究各国实践中对非正规部门数据的采集，从而汇编非正规部门及非正规就业手册，并由 ILO 出版。

G.　从 SNA 账户中获取非正规企业活动的数据

25.63　在国民账户中识别由非正规企业从事的活动，需要三个步骤。第一步是从 SNA 整个住户部门（备选者包括在其中）内识别非法人企业。第二步是研究各国构建住户部门的具体做法，以查看是否需要对第一步进行调整。第三步是根据活动类型对活动进行分解，据此排除某些活动。

1.　备选住户

25.64　首先，要从住户部门中将以下机构单位排除出去，它们是：

a. 监狱、宗教团体及养老院等机构住户；

b. 无生产活动的住户（确实没有非法人企业的住户）；

c. 唯一的活动是自有住房服务生产、或者是雇佣家政人员的服务生产，或者二者皆有的住户。

25.65　剩余的住户都会包括某些生产活动，但可能是市场生产也可能是仅为自身最终使用的生产。ILO 准则在确定被视为非正规的住户活动时，所采用的市场生产概念与 SNA 的类别并不一致。ILO 认为只要有产出被出售即可将该企业视为市场生产者，而 SNA 要求该企业的大部分或者全部产品被出售才能作为市场生产者。为了克服这一不同之处，建议对生产进行以下三种方式的划分：

a. 根据 SNA 的标准，大部分或者全部产出被出售的市场生产；

b. 产出为自身最终使用，但有部分出售的生产；

c. 产出专为自身最终使用的生产。

于是，前两类合起来，即可与 ILO 准则中的非正规部门市场生产者达成一致，尽管 SNA 中只将第一类视为市场生产者。

25.66 ILO 还按照是否有常规雇员对住户进行了如下区分：

a. 无常规雇员的非法人企业；

b. 有常规雇员的非法人企业。

这一分类与前一分类合起来，见表 25.4。

2. 调整各国做法

25.67 尽管 SNA 建议应将 NPISH 与住户区别开来，独立形成一个部门，但并不是所有的国家都这样做。如果它们还未从住户中独立出来，那么应该在这个阶段将这些单位排除在外。

25.68 非正式成立公司但拥有完整账户的生产单位应视为准公司，并且应从住户部门中排除掉。如果某些国家不是这样做的，那就需要做进一步调整，将其排除出去。

25.69 SNA 还建议，没有完整账户的小企业应作为非法人企业包含在住户部门中。但是，有一些国家，在供给使用框架下进行分活动类型的生产估计时，并不考虑其是否有一套完整的账户。这种情况下，住户部门中那些只有少量生产（自有住房虚拟服务和付酬家政人员服务除外）的所有单位都可能被纳入公司部门。因此，建议应将雇员少于 5 人的非注册企业从公司部门数据中剥离出来，和住户部门中的数据放在一起。同样的，应单独识别那些不是公司但已注册的企业。

25.70 图 25.4 展示了按 ILO 非正规部门定义处理的潜在单位与 SNA 机构部门之间的联系。公司部门下方的浅色阴影部分表示，原则上，任何包括在公司类别中的未注册以及雇员少于一定数量的企业均应被识别出来。实际上，可能无法区别那些注册的和未注册的企业。

图 25.4：从 SNA 机构单位中识别 ILO 的非正规部门单位

一般政府	非金融及金融公司		住　　户								NPISH
	已注册或雇员数量大于一定数目的公司	未注册或雇员数量少于一定数目的公司	已注册或雇员数量大于一定数目的企业	自雇者（非正规自营企业）			有雇员的非法人企业（非正规雇主企业）			机构住户，没有非法人企业的住户，仅从事为自身最终使用之生产的住户（包含自有住房）	
				市场生产者	自给性生产者		市场生产者	自给性生产者			
				出售全部或大部分产出	出售部分产出	不出售任何产出	出售全部或大部分产出	出售部分产出	不出售任何产出		

3.　按活动类型分解

25.71　第三步是按照上述分类建议来分解住户的生产活动，并将从公司部门中剥离出来的小规模活动按所涉及的活动类型进行分类。由于起初是按照单位而不是活动来剥离的，其中仍然包括自有住房服务，所以这些需要被去除掉。如果能够针对活动和单位类型做交叉分类，便可针对包括还是排除专为自用的产出活动做出选择，即使同一个单位同时从事着另一项向该住户之外出售的活动。

25.72　需要进一步排除一些活动，比如付酬家政人员提供的服务以及农业生产。

25.73　余留的问题是如何处理仅知道生产信息却没有完整账户的个体，如前文所述的医生以及其他专业工作者。它们仍然是非法人企业，并且由于注册以及雇员数量原因而包括在非正规部门内，但是这些个体通常并不被认为具有非正规部门的特征。

25.74　德里小组认为，这些个体应成为非正规部门的一部分。但是，无论是希望将其视为子部门被识别出，还是希望将它们从非正规部门中彻底排除出去，都需要设定一些经验规则来实现这一点。比如可以以活动类型、支付率或者一项任务的持续时间为标准，但对其中任何一条都很容易出现反对意见，并且实施起来会非常困难。

4.　非正规部门及非正规就业的数据呈现

25.75　与非正规活动相关的信息仅限于生产账户及收入形成账户，很难延伸至其他系列账户，原因是很难确定其他收入流量、消费及资本形成仅与这里所讨论的活动有关，还是与它们所属的那个作为一个完整机构单位的住户有关。因此，如前所述，非正规部门不是 SNA 中严格意义上的部门，它的数据不能通过完整的系列账户呈现。但是，如果可能，建议编制两张补充表，一张涵盖生产以及收入形成，另一张涵盖就业。

生产

25.76　建议为表 25.4 中的每一个阴影部分提供如下类型的信息：

a. 生产

- 其中：自用

b. 中间消耗

c. 增加值

d. 雇员报酬（仅对有雇员的非法人企业）

e. 混合收入总额

f. 固定资本消耗

g. 混合收入净额

25.77　进一步的信息如果能获得的话也很有用。比如，根据活动的类型来分解生产，产业总产量中非正规企业生产所占比例。

25.78　有些国家在基层单位调查中涵盖了某些应被纳入非正规部门的小单位，并将它们归入了公司部门，这些国家可能会对表 25.4 中浅阴影单元格的单位有兴趣。如果是这样，且能够得到它们的单独的估计值，则有必要在住户部门中增加一些项目单独显示这些单位。

就业

25.79　关于就业数量需展示如下信息：

a. 非正规部门的就业

- 正规职位
- 非正规职位

b. 非正规部门外的非正规就业

- 在正规部门内
- 在其他住户非法人企业内

25.80　如果可能，针对每一类别提供工作时间信息将会很有用。

H. 测算非正规经济活动的方法

25.81 在 SNA 中详细介绍调查方法以及问卷设计是不可能的也是不合适的。但是，若国民核算人员知道其中一些方法，也许对他们搜集非正规企业的生产数据会有所帮助。更多的细节可在《未观测经济测算手册》中获得。

25.82 如何选取测算非正规部门的合适方法，取决于基础数据收集方法覆盖所感兴趣活动的充分程度。此处考虑以下三种主要测算方法。具体选择哪一种方法，取决于现有数据收集中缺失的信息、统计系统的架构、可获得的资源以及使用者的需要。

1. 住户调查

25.83 住户调查（或劳动力调查）也许会提供一种搜集住户企业生产——这些企业并未包含在基层单位调查的抽样框内——信息的方法。通过住户或劳动力调查也可以搜集非正规部门就业的数据。在调查统计期间，为寻求这方面信息而提出的问题应对样本住户中的所有人提出，无须考虑他们的就业状态以及是主业和副业，因为在很多国家，大量非正规部门的活动是作为第二职业从事的。可能需要提出一些专门问题来识别小型家庭企业中的无酬工作、妇女及儿童从事的活动、外出从事的活动、未申报的活动、作为副业来从事的非正规部门的商业活动等。这种方法能否成功，取决于调查样本是否涵盖了住户活动发生及非正规部门工人所居住的代表性地区。

25.84 然而，需要牢记的是，尽管雇员、无酬家庭工作者以及受访者代理人可能在住户及非正规企业工作，但他们可能对企业的运营所知较为有限，也许无法回答所提出的问题。

2. 基层单位调查

25.85 大多数情况下，因为抽样框也许未包含住户企业信息，或者未包含最新的住户企业信息，所以仅当在经济普查或者基层单位普查结束后就实施住户基层单位调查，才可以用基层单位调查来测算非正规企业从事的活动。

25.86 即使可以用基层单位调查来测算住户生产单位（包含属于非正规部门的那些单位）时，也需要注意，在数据收集过程中非常容易遗漏那些没有固定地点或者无法识别营业场所的生产单位。另外，如果不同类别经济活动的数据收集是在不同时间进行，而不是在一个综合设计中同时进行时，很有可能会重复计算住户生产。比如，在小作坊或者在家中生产货物的住户制造业活动可能被计入这一轮调查收集，而生产这些货物的同一住户的零售活动可能被计入另一轮调查。

3. 住户企业混合调查

25.87 所谓住户企业混合调查方法，是在现有劳动力或其他住户调查中增加企业模块的设计。这种调查可以覆盖样本住户中的所有住户企业主，包括非正规企业主（包括无固定场所的运营单位，如移动单位）以及他们的活动，不论企业规模、活动类型、使用的工作场所类型，以及从事的活动究竟是主业还是副业。

25.88 《国际工业统计建议》（联合国，2008）中描述了另一种调查类型，被称为经修正的住户企业混合调查。

25.89 如果优先选择使用住户企业混合调查，需注意其样本是否充分代表了住户生产经济活动的地理分布。同样需要考虑如何处理拥有不在一处的多个生产单位的企业，以及如何避免合伙企业的重复统计（即不同住户的每一个合伙人都报告了同一企业）。

I.　非正规经济的指南、研究及手册

25.90　自 SNA 1993 出版以来，非正规经济领域的方法研究已取得重大进展。同时，许多国家在搜集及处理非正规部门的数据方面已获得大量经验。这些发展（其中主要进展如下）表明，在更新 SNA 中非正规部门的处理方法时，需要考虑一系列工作。

- 非正规部门统计德里小组成立于 1997 年，其会议记录及研究论文中包括大量概念性研究结果以及分析工作，其中包含了国家层面在非正规部门方面的实践。非正规部门统计专家小组（德里小组）的各种文献资料可参见：http：//www. mospi. nic. in/mospi_ informal_ sector. htm.
- 《住户核算：概念和编制经验第 1 卷：住户账户》（联合国，2000）是 1997 年专家小组的研究结果，其中包括了处理及测算非正规部门各方面的论文。"作为住户部门一部分的非正规部门"这一章特别引人注目。
- 1990 年代中期由欧盟统计局发起，并通过基础数据准确性评价工作队在欧盟成员国实施所得到的工作结果，以及在候选国实施的相关试点研究，显示了穷尽性调整的程度以及它们对 GDP 值的影响。
- 完善经济生产测算之穷尽性的统计方法研究为《未观测经济测算手册》打下了基础。该手册在非正规部门生产这一章提供了一个核心定义，明确区分了非正规部门生产与其他经常混淆的概念，并且概述了主要测算方法。
- UNECE 出版了《隐形经济统计指南》（联合国欧洲经济委员会，1992），此后进行了三次各国做法调查并出版了调查结果。第一次调查为 1991 年，覆盖 9 个国家。其研究结果《在国民账户中估计隐形及非正规活动的各国做法目录》于 1993 年出版。第二次调查为 2001/2 年，覆盖 29 个国家。第三次调查于 2005/6 年实施，调查了 45 个国家。第二、第三次调查都要求估计未观测经济的规模并阐释所使用的方法。这两次调查结果在《国民账户中的未观测经济——各国做法调查》的两个版本（联合国欧洲经济委员会，2003 与 2008）中作了总结。
- ILO 有许多文件阐释了非正规部门与非正规就业的概念。这些文件包括第 15 次 ICLS 通过的《非正规部门就业统计决议》（国际劳工办公室，1993），第 17 次 ICLS 通过的《非正规就业统计定义指南》（国际劳工办公室，2003）。其他有用信息可以在如下文献中找到：《ILO 非正规部门就业官方统计数据汇编》（Hussmanns and du Jeu，2002）、《非正规经济中的女性和男性：统计图景》（国际劳工办公室，2002）、《非正规经济测算：从非正规部门就业到非正规就业》（Hussmanns，2004）、《非正规就业测算：目前的国际标准》（Hussmanns，2005）。
- 数十年来，联合国统计处、地区委员会、ILO 以及其他机构独立地或者共同组织了许多有关非正规部门的研讨会。最近的研讨会有：2004 年 5 月在曼谷举行的关于评估及改善未观测经济测算之统计质量的 OECD/UNESCAP/ADB 研讨会；2008 年 4 月在莱索托马塞卢举行的关于住户调查和非正规经济中之劳动力测算的南部非洲发展共同体国家研讨会。

第 26 章　国外账户及其与国际收支平衡表的联系

A.　引言

26.1　本章介绍 SNA 之国外部门与 BPM6（即《国际收支》手册第 6 版）所述国际账户之间的关系。本章会说明，这两本手册采用的是同样的宏观经济框架，只不过国际账户在国际交易或头寸方面会提供更详细的信息。

1.　SNA 中的国外账户

26.2　在 SNA 中，记录常住单位与国外之间的交易时，国外单位就好像是经济体的另一个部门一样。生产账户和收入形成账户只涉及本国经济内部的交易，除此之外，其他所有账户的流量中都隐含有与国外交易的登录。为了保持账户序列各行的平衡，这些登录是必需的，但它们不会进入总量平衡项中。例如，GDP 与 GNI 之间的差异就来源于初始收入分配账户使用方和来源方所记录的、对应方是国外某个单位的那些交易。如果把国外那些对应方登录项目也包括进来，平衡项间就没有差别了。

经常账户

26.3　正因为国外账户以这种方式显示，流往国外的流量就显示为国外的使用，来自国外的流量则显示为来源。例如，出口显示为国外的使用，进口显示为国外的来源。进口和出口登录项目形成了 SNA 账户序列中货物与服务账户的一部分。

26.4　和进口、出口及初始收入分配账户中出现的项目一样，还有一些隐含的与国外的交易，需要记录在收入再分配账户的所有登录项目，以及收入使用账户中养老金负债净变化调整项目中。

26.5　国外账户不涉及中间消耗、最终消费（或者固定资本形成）这两个项目，因为另一个经济体所生产的货物和服务——除出口到本国的总量外——与本国经济无关。

26.6　虽然 SNA 中并不对国外账户中的每一个单个账户计算平衡项，但是有两个与经常账户有关的平衡项非常重要。第一是对外货物和服务平衡项，即：进口和出口之差；第二是对外经常性平衡项，即：所有来自国外的来源项目之和减去所有去往国外的使用项目之和——包括进口和出口，经常性外部平衡因此可表示常住单位对非常住单位之储蓄的依赖程度。

积累账户

26.7　如前所述，在国外部门的资本账户中，没有固定资本形成这个项目。一项交易可能因涉及自然资源、合约租约许可、或者商誉和营销资产而被记录。但是，按照这些资产的性质，并考虑到土地几乎总是为常住单位所获得，此类项目应不常见。另一方面，对国外的资本转移和来自国外的资本转移可能非常重要。

26.8　国外部门金融账户和资产负债表详细记录了合约一方是非常住者的金融资产和负债的交易与存量，它们被视为国外账户中特别重要的组成部分。事实上，BPM6 在这些项目上的叙述篇幅已经超过了经常账户中的项目。

26.9 另外，资产负债其他物量变化和重估价项目中可能也有一些与国外账户相关。

2. BPM6 中的国际账户

26.10 之前介绍国外账户时曾以举例的方式提到：出口应处理为国外的使用，进口应处理为国外的来源。顾名思义，国外账户是站在国外角度来编制的，而 BPM6 则是站在国内经济角度来看待相同存量和流量的。因此，BPM6 的登录项目是 SNA 中与国外有关登录项目的镜像。

26.11 进一步，在 BPM6 中，存量水平通常被称作头寸，针对那些合约一方是非常住者的金融资产和负债而编制的资产负债表被称为国际投资头寸表。

26.12 一个经济体的国际账户概括了该经济体常住者与国外之间的经济关系。该账户包括：

a. 国际收支平衡表，概括反映特定时期内常住单位与非常住单位之间的交易；

b. 国际投资头寸表（IIP），展示某时点上的如下信息：经济体常住者所持有的那些对非常住者拥有要求权的金融资产或者作为储备资产持有的黄金；经济体常住者对非常住者的负债；

c. 金融资产和负债的其他变化账户，所谓其他变化是指如估价变化等其他流量，该账户显示由经济事件所引起的金融资产和负债变化，而不是那些常住者与非常住者之间交易所导致的变化，通过该账户，可使特定时期国际收支平衡表与 IIP 吻合起来。

这些账户分别与 SNA 中的交易账户、资产负债表和资产物量其他变化账户相对应，但需要注意的是，在国外账户作为资产的项目，在国际账户中要作为负债，反之亦然。

3. 本章的结构

26.13 本章 B 节讨论国际账户的核算规则。这些规则与 SNA 的核算规则是一致的，并且在界定适用于两套体系的规则时，何时以 SNA 为先、何时以 BPM6 为先，也已经达成了一致。常住性就是一个 SNA 遵从 BPM6 的例子。

26.14 C 节的主题是国际账户的结构及它们与类似 SNA 账户的相关关系。

26.15 国际账户中之金融账户和 IIP 的一个特征，是引入了描述对外金融投资主要目的的功能分类。这是 D 节的主题。

26.16 E 节涉及一些对国际账户而言特别重要的注意事项，包括全球失衡、例外融资、债务重组、货币联盟和货币互换。

B. 核算原则

1. 与 SNA 核算原则的比较

26.17 SNA 是采用四式记账的核算体系，而国际收支平衡表却只是一个复式记账体系。如果两个常住单位间发生了一笔交易，需要进行四笔登录，例如：两笔登录显示货物的交换，两笔登录显示支付工具的交换。然而，在常住单位与非常住单位间进行一笔交易时，本国编表者并不能独立地核实国外的对应登录。结果，虽然原则上国际收支平衡表是平衡的，但实践中却可能是不平衡的，因为，在数据源和编制方法上所存在的缺陷，会使金融交易与其在国内经济中的对应方不相匹配。这种失衡是已经公布的国际收支平衡表数据的普遍特征，被记为净误差与遗漏。国际收支手册讨论这一项目已成惯例，它强调应明确公布该项目，而不是将其与其他项目不加区分地混杂在一起，该项目应当用来表明可能的测算误差来源。

26.18 然而，可以从具有更完善的统计范围和估价等优势的对应方报告中推出估计值，目前对此种做法的兴趣在日益增长。有大量工作致力于从双边角度（例如一国的出口与贸易伙伴国记录的对应进口）以及全球合计角度来对数据进行协调。将货币或经济联盟个体成员国的数据合并为联盟整体的数据，也需要用到对应方数据。实际上，所有这类工作都基于这样一个事实：如果在双边或全球水平上进行国际收支统计，它实际上就变成了一个四式记账体系。

估价

26.19 SNA 与国际账户的估价原则是一样的：都采用市场价值，对于某些工具的头寸，如果其市场价格不可观测，则采用名义价值。在国际账户中，货物出口和进口的估价是一种特殊情况，它们采用货物在出口经济体海关边界的价值作为统一的估价点，也就是 FOB 型估价（离岸价）。这种处理方法使得出口者和进口者的估价能够保持一致，并且提供了在各种情形下进行测算的一致基础，所谓各种情形是指交易双方的合约安排可能有很多种：从一个极端的“工厂交货价”（此时进口者负责安排所有运输和保险）到另一极端的“完税后交货价”（此时出口者负责安排所有运输、保险和任何进口关税）。在国际交易中，为了避税或者避开外汇管制，可能会有低报货价和高报货价的动机，为此 BPM6 提供了指南，就这种情况得到确认时如何开发市场等价物价格，以及如何对其他受到影响项目进行必要的调整给予指导。第 14 章和第 28 章针对进口和出口记录有进一步的讨论。

记录时间和所有权变更

26.20 SNA 和国际账户在记录时间和所有权的原则上是相同的，实践中，常常在货物记入海关数据之时，认为货物经济所有权发生了变更。但海关数据和所有权的实际变更在某些时候是存在差别的，例如一些大额项目或者寄售货物（即在出售前发货），此时就需要加以调整。

26.21 将经济所有权变更作为记录依据，在这一点上不存在任何例外。然而，对于三角贸易活动而言，它可能会有不同表现，就是说，如果所有者在相同条件下购买并转售某货物，该货物并不通过所有者所在领土，在这种情况下，获得货物被确认为所有权变更，但应显示为负出口而非货物进口，处置货物则应记为正出口。如果货物在某一个核算期获得，并且直到接下来的核算期之前都没有处置，那么应将其计入批发零售商的存货变化中，即使这些存货为外国持有也是如此。如此变通处理的后果是：在国际账户中，三角贸易作为货物交易出现，而原先转卖是作为服务交易记录的。

26.22 所有权变更发生时记录进口和出口的原则还适用于诸如高价值资本货物这样的项目，对此类项目而言，当一切都已完成时才记录所有权的变更。（参见 10.53 段和 10.55 段）

取净额

26.23 SNA 中的取净额原则同样适用于 BPM6。除了金融资产和负债的交易记录之外，一般不建议取净额。然而，只有同类资产的获得和处置（或者同类负债的发生或偿还）才需要取净额。资产与负债之间则不取净额——即使对同类型工具的资产与负债也一样，不同类型工具间也不取净额。BPM6 第 3 章 3.109 至 3.121 段有更多关于金融工具取净额方面的细节。

2. 单位

26.24 国际账户和 SNA 都以同样的机构单位和常住性定义为基础。国际账户主要关注常住者和非常住者之间的经济关系，因此 BPM6 中更详细地讨论了其界限问题的各种情况。

经济领土

26.25 最常用的经济领土概念是指由单一政府进

行有效经济控制的区域。然而，如果货币或经济联盟、区域或世界整体也成为宏观经济政策或分析的焦点，那么它们也可以作为经济领土处理。

26.26　经济领土涵盖包括岛屿在内的陆地区域、领空、领水和物理上位于其他领土上的国外领土飞地（如免受所在领土法律管辖的大使馆、领事馆、军事基地、科研站、信息或移民机构）。经济领土既有坐落何处的物理属性，又有归谁管辖的社会属性，所以，依法建立并受到管辖的公司是该经济体的一部分。经济领土还包括一些特殊区域，例如自由贸易区和离岸金融中心。这些区域在政府控制范围内，因此是其经济体的一部分，即使它们适用不同的管理和税收制度时也是如此。（然而，单独显示这些区域的数据可能也是有意义的。）经济领土不包括物理上位于本国领土上的国际组织和其他政府的飞地。

机构单位

26.27　SNA 和 BPM6 关于机构单位的概念是一样的。因为关注焦点在本国经济，所以对跨境单位有一些特殊的处理。如前所述，在某些情况下，如果多个法律实体常住于同一经济体，那么它们会被组合成为一个单一机构单位，但如果常住于不同经济体，就不这样处理。类似地，当一个单一法律实体在两个或两个以上的经济体从事实质性运营活动时，可以对该法律实体做拆分处理。通过如此处理，所涉及的有关单位的常住性会变得更清晰，经济领土的概念会得到强化。

26.28　正如第 4 章所讨论的，常住的虚拟子公司和特殊目的实体（SPE）应与其所有者合并为单一法律实体。然而，常住于一个管辖范围内的法律实体决不能与常住在另一个管辖范围内的法律实体合并。结果，那些由非常住者拥有的 SPE 和其他类似企业组织要被视为其所在领土的常住公司，即使其大部分或者全部所有者、大部分或者全部资产都在另一个经济体。

26.29　同样地，住户成员必须全部常住于同一经济体。如果住户中有一个人常住在与住户其他成员不同的经济体，那么这个人不能视为该住户的成员，即使他们共享收入、共担支出，或者共同持有资产。

分支机构

26.30　分支机构是属于非常住单位——称为母公司——的非法人企业。分支机构具有常住性，应处理为准公司。将分支机构确认为单独的机构单位，需要证明该分支机构拥有能与实体其他部分相独立的实质运营。出现下列情况即可视为分支机构：

a. 该分支机构或者已编制有一套包括资产负债表在内的全套账户，或者如有需要有可能编制出这样的全套账户，而且其编制在经济和法律视角下是有意义的。能够得到独立记录，才能表明这个单位的实际存在并且具有统计可行性。

另外，还应满足以下一个或两个条件：

b. 该分支机构应在与总部所在地不同的经济领土内从事或意向从事一年或一年以上有显著规模的生产活动：

- 若生产过程涉及物理存在，则其运营活动在物理意义上应在该领土范围内进行；
- 如果生产不涉及物理存在，例如在银行、保险、其他金融服务、专利所有权、转卖和“虚拟制造”等情况下，则应该通过其运营活动的注册地或法律处所来确认其运营活动是否在该领土范围内进行。

c. 分支机构应被认定要受所在地所得税制度的管理，即使是享有免税待遇时也是如此。

26.31　分支机构一旦得以确认，意味着母公司和分支机构都要进行统计申报。分支机构的运营不应该包括在其总部那个机构单位中，而且所涉及的两个经济体对分支机构和母公司的描述应该保持一致。建筑项目或者诸如运输、捕鱼、咨询等移动运营都可以被确认为分支机构。但是，如果运营的实质程度还不足以确认其为分支机构，那么就应将它们处理为总部的货物或服务出口。

26.32 在某些情况下，在建立企业之前所进行的与未来直接投资项目有关的筹备性活动本身，就可以作为确认常住性也即形成准公司的充分证据。例如，一个项目的许可证和法律费用应显示为是由准公司支出的，进而要将该支出作为总部注入该单位之直接投资流量的一部分，不能作为对非常住者的许可销售，也不能作为对总部的服务出口。

名义常住单位

26.33 如果非常住实体拥有位于本领土内的土地，为统计之目的，要虚设一个处理为常住者的名义单位作为土地的所有者。名义常住单位是一类准公司。名义常住单位的处理方法还适用于土地上的相关建筑、构筑物和其他改良，长期的土地租约以及除土地之外的自然资源的所有权。这样处理的结果是：非常住者是名义常住单位的所有者，但不直接拥有土地，因此，存在一笔对该非常住单位的权益性负债，而土地和其他自然资源将总是其所在经济体的资产。该名义常住单位通常会向其所有者提供服务，例如由度假屋提供的住宿服务。

26.34 一般而言，如果一个非常住单位对诸如建筑物等不可移动资产拥有一项长期租约，那么，该非常住单位就有可能在资产所在经济体利用该资产从事生产活动。如果出于种种原因没有发生相关生产活动，为了覆盖这样的租约，也需要创建名义常住单位。

跨国企业

26.35 有些企业在一个以上的经济领土上进行着完全连续的运营，比较典型的是诸如空运、水运、界河上的水电工程、管道、桥梁、隧道和海底电缆等跨境活动。如果可能，应当识别出单独的分支机构，但是，如果实体的运行过程不可分，在其运营所在的每个经济体没有独立的账户或决策，那么就不可能将其视为分支机构。在这种情况下，因为关注焦点是每个国家经济体的数据，因此有必要将该运营活动在经济体之间进行分摊。分摊时应当基于某项相关的企业指标，计算该运营活动在每个经济领土上所占的比例。对于那些处于由两个或两个以上政府联合管辖区域的企业，也可以采纳这种按比例处理的方法。

3. 常住性

26.36 ***所谓一个机构单位的常住性，是指它与其所在的经济领土有着最紧密的联系，表现为在此经济领土上具有显著的经济利益中心***。如果一个机构单位使用一个经济领土内的一些地点、住宅、生产场地或其他活动场所，从事而且有意持续（无限期或者相当长期限）从事具有显著规模的经济活动或交易，那么就说这个机构单位是该经济领土上的常住单位。只要在该经济领土内即可，具体地点可以并不固定。判定常住性的可操作定义是，事实上或意向上住在一地的时间达一年或一年以上。当然选择一年作为规定期具有一定主观性，之所以如此，是为了避免不确定性，并有利于实现国际一致性。大多数单位仅跟一个经济体有紧密的联系，然而，在全球化背景下，越来越多的单位会与两个及两个以上经济体产生紧密联系。

住户的常住性

26.37 如果住户在一个经济领土内保有或意图保有一处住所或住所的继承——该住所被住户成员处理和使用为主要住所，那么，这个住户就是该经济领土上的常住单位。如果不能明确哪一处住所是主要住所，则要根据成员在住所停留的时间长短来确定，而不是根据诸如成本、规模或保有时间等因素来确定。在领土内停留或意图停留一年及一年以上，即可充分证明其在该领土拥有了主要住所。表 26.1 总结了住户常住性对记录相关流量和存量的影响。

表 26.1：住户常住性状态对东道国经济核算的主要影响

经济流量或头寸	常住者（如长期客座工作人员）	非常住者（如短期客座工作人员）
来自报告国企业的雇员报酬	常住者支付给常住者的雇员报酬	常住者支付给非常住者的雇员报酬
在报告国的个人支出	常住者与常住者的交易	服务出口，主要是旅游
对在母国亲属的转移支付	常住者对非常住者的经常转移或资本转移	非常住者对非常住者的转移（经常出现一些这样的国际金融交易——短期工作人员从其东道国向其母国寄回资金，例如通过东道国银行）
常住机构单位对住户的债权或负债	常住者对常住者的的债权	国际债权
在东道国拥有的土地和建筑物	非金融资产	名义常住单位的非金融资产和直接投资负债
在母国拥有的土地和建筑物	名义常住单位的直接投资资产	不显示在东道国资产负债表中

26.38　除一般原则外，还有在下列特殊情况下如何确定住户常住性的一些附加指导原则：

a. *学生*。一般将赴国外进行全日制学习的人继续作为其出国学习前常住领土上的常住单位。即使学习的过程可能超过一年，也是如此处理。然而，对于那些学习完成后仍有意继续停留在学习所在的领土上的学生来说，他们就成了其学习所在领土的常住者。同一住户中陪读的成员视为与学生常住在相同的经济体。

b. *病人*。赴国外就医者的显著利益中心依然在就医前所常住的领土上，即使少数复杂的治疗需要花费一年乃至更多的时间也不能改变这一事实。病人陪同人员的处理方式与学生陪同者的处理方式相同。

c. *船员等*。如果船舶、飞机、石油钻探设备、空间站或其他类似设备是在经济领土之外运行或跨越多个经济领土运行的，这些设备上的成员要处理为其总部所在领土的常住单位。成员不承担任务时在哪里花费时间最多，那里就认定为总部。总部所处位置可以不同于那些移动设备操作者所处的位置。

d. *外交官、军人等*。在境外本国政府飞地工作的外交官、军人和其他公务员及其家眷，应视为雇用他们的政府所在经济领土的常住单位。然而，如本地招聘人员等其他雇员以及国际组织工作人员等，则是其主要住所所在地的常住单位。

e. *跨境工作者*。对此类工作者并无特殊处理。有关人员的常住性要看其主要住所，而不是就业的领土，因此，跨境工作的雇员依然根据其主要住所来确定其常住性。

f. *难民*。对难民并无特殊处理。因此，如果难民在另一经济体停留或试图停留一年或一年以上，那么无论他们的法律身份如何，也无论他们有没有回国的意愿，都认为他们的常住性发生了变化，不再是原领土的常住单位。

g. *频繁移动的个人*。有些人与两个或两个以上的经济体都有密切关系。如果他们没有主要住所，或者有两个或两个以上分布在不同经济体的主要住所，那么他们本年度大部分时间在哪个领土上度过，他们就是哪个领土的常住单位。如果出于统计的目的需要将这些人归为一个单一经济体的常住单位，那么，为识别他们与另一经济体的密切联系，可能需要更多的信息。

26.39　如果住户的常住性发生改变，它们所拥有的资产和承担的负债在分类项目上也会发生变化。这些变化应在资产物量其他变化账户中记录为再分类。由于针对非常住单位所有的土地需要设立名义常住单位，故而当所有者的常住性发生改变时，可能需要确立新的名义单位，或者把资产的所有权转到既有名义单位的名下。

企业的常住性

26.40 当一个企业在经济领土内某个地点进行了有显著规模的货物服务生产活动时，该企业就是该经济领土的常住单位。由于税收和其他法律上的需要，倾向于把每个法律管辖范围内的运营活动用一个单独的法律实体来代表。此外，如果一个单一法律实体在两个或两个以上经济领土上有实质性运营活动（例如前述的分支机构、处理土地所有权时所虚拟的名义单位和跨国企业），那么出于统计之目的，应该通过拆分来形成一个单独的机构单位。对此类法律实体进行拆分，通常能使得由此而得的每一个企业的常住性更为清楚。表 26.2 总结了企业常住性对于记录其流量和存量的影响。

表 26.2：企业常住性对东道国经济核算的主要影响

经济流量或头寸	常住企业（如重大的长期建筑项目）	非常住企业（如次要的短期建筑项目）
企业对常住者的销售	常住者对常住者的交易	货物和服务的进口
企业从常住者的购买	常住者对常住者的交易	货物和服务的出口
应付给东道国常住者的雇员报酬	常住者给常住者的雇员报酬	非常住者给常住者的雇员报酬
应付给母国常住者的雇员报酬	常住者给非常住者的雇员报酬	不属于东道国交易的范围
营业盈余净额	应付红利或再投资收益	不属于东道国交易的范围
所有者资金注入	报告国的直接投资负债	不属于东道国交易的范围
常住机构单位对企业的债权或负债	常住者对常住者的债权	国际债权

26.41 在某些情况下企业几乎没有或完全没有物理存在，此时仅凭企业的物理场所就不足以确认其常住性，例如：其管理完全外包给其他实体的企业。银行、保险、投资基金、证券化机构以及一些特殊目的实体可能会以这样的方式运营。许多持有私人财产的信托基金、法人团体或基金会也几乎没有或完全没有物理存在。类似地，通过采用虚拟制造，所有的物理过程都可以外包给其他单位。如果企业没有任何重要的物理属性方面的信息，其常住性的确定方法是：企业是按哪个经济领土上的法律登记或注册成立的，它就是哪个经济领土上的常住单位。登记和注册与对企业存在和运营的管辖范围相关联，代表了企业与经济体关系的实质程度。相比而言，其他联系——如所有权、资产所处地点、其经理人或管理者所处地点——可能在判断关系的实质程度方面就不如登记和注册那么清晰。

26.42 在某些相当少见的情况下——如在一个经济联盟内部，法律允许企业变更其常住经济体。在这样的情况下，和住户一样，常住性的变化意味着其资产和负债的分类状态发生了变更，核算中应通过其他物量变化来体现。比较普遍的情形是所谓的“企业移民”，即一个经济体的某企业将其资产和负债转让给在另一个经济体的有关实体，此时应作为交易记录，而不记录为实体常住性的变更。

其他实体的常住性

26.43 一般政府要包括如大使馆、领事馆、军事基地以及其他在国外的领土飞地。然而，政府在另一法律管辖范围内创建的实体是东道国的常住企业，不属于任何一方的一般政府部门。

26.44 国际组织常住于它们自己的经济领土，而不是其物理所在之经济体的常住单位。即使一个国际组织操控了军事力量或临时作为一个领土的行政管理机构，它也仍然是一个国际组织，是该领土上的非常住单位，就算该国际组织在该领土承担了一般政府的职能也是如此。如果这些国际组织很重要，可能有必要单独识别它们。一些国际组织会包含一个特定区域里的一组经济体，例如经济或货币联盟。如果要对该区域整体进行统计，那么这些区域组织是整个区域的常住单位，即使它们并非任何成员经济体的常住单位。

26.45 一个为住户服务的非营利组织（NPISH）应在其依法建立或得到其他方式官方承认的经济体具有经济利益中心。当 NPISH 从事国际范围内的慈善或救济工作时，如果其在国外的运作具有充分的实质性，则可以确认其为分支机构。

C. 国际账户与 SNA 国外账户的比较

26.46 和 SNA 一样，国际账户包括经常交易账户、积累账户和资产负债表。交易账户合称为国际收支平衡表。表 26.3 给出了国际账户表式的一个概览（用 SNA 中的数值例子）。三个经常账户是货物和服务账户、初始收入账户和二次收入账户。初始收入账户对应 SNA 中的初始收入分配账户，二次收入账户对应 SNA 的收入再分配账户。BPM6 的收入账户不在标题中使用分配和再分配等词，是因为这些账户不显示一方对另一方的分配和再分配，而仅是从一方的角度列示收入。因为国际账户中没有与收入使用对应的账户，养老金权益变化调整项作为单独的一个项目显示在二次收入账户之后。（对于大部分经济体，跨境养老金的规模通常很小。）

26.47 国际账户中没有与生产账户、收入形成账户和收入使用账户严格并列的账户，这是因为国际账户不描述生产、消费（或资本形成）。产品进口和产品出口在所有的情况下都作为简单的交易处理，因为在国际交易情境中，是不知道产品最终将用于中间消耗、最终消费、资本形成亦或是再次出口的。从本质上来说，产品的使用完全发生在国内。

26.48 表 26.3 还显示了国际账户中资本账户的紧缩形式，以及按金融交易功能分类而非 SNA 之工具分类排列的金融账户。功能分类就是由一组工具所构成的，所以这两种分类在范围上是严格一致的。下文 D 节将介绍该功能分类。（D 节也将解释显示为阴影单元格的储备资产负债。）

1. 货物与服务账户

26.49 货物和服务账户只由货物服务的进口和出口组成，因为这是唯一具有跨境属性的货物服务交易。如果货物服务的经济所有权从一个经济体的单位变更到另一个经济体的单位，就要记录在该账户中。所有权变更时通常也会出现货物的物理移动，但事情并非总是如此。就三角贸易而言，有可能出现货物所有权已变更，但直到货物被转售到第三方其位置都没有发生变化的情况。

26.50 存放地点从一个经济体变到另一个经济体但经济所有权不变更的货物，不属于进口和出口。因此，送往国外加工的货物、或者加工后返回的货物都不作为货物的进口和出口；只有经协议的加工费才作为一种服务计入进出口。

26.51 国际收支平衡表强调货物和服务的区别。这是政策的需要，因为货物和服务分别适用于不同的国际协议；同时也与数据有关，因为货物数据常常来自海关，而服务数据则通常来自支付记录或调查。

26.52 货物数据的主要来源是国际商品贸易统计。《国际商品贸易统计：概念和定义》（*IMTS*）（联合国，1998）给出了国际标准。*BPM6* 确认了数据差异的一些来源，这些差异可能会发生在某些国家或所有国家。*BPM6* 还推荐使用标准的对照表帮助用户理解这些差异。一个主要的差异来源是：按照 IMTS 的标准，进口使用 CIF（成本、保险费和运费）估价，而国际收支平衡表对进口和出口都统一使用 FOB 估价。因此，有必要扣除发生在出口者海关边界与进口者海关边界之间的运费和保险费用。由于 FOB 型估价与实际合约安排中的价格会存在差异，一些运费和保险费用需要改道做专门处理。

26.53 国际收支平衡表采用的所有权变更原则意味着，货物的登录时间与相应金融流量是一致的。BPM6 中再也没有任何不遵循所有权变更原则的例外情况。相比之下，IMTS 则按照海关通关的时间进行记录。虽然这个时间通常是一个可接受的近似值，但在某些情况下，还是需要进行调整，例如寄售的货物。对于送往国外加工、所有权没有发生变更的货物，IMTS 包含了货物移动的价值，但是在国际收支平衡表中，所有权变更是首要的原则。（然而，为了理解这些安排的性质，建议将货物移动的价值作为补充项目。）第 21 章给出了记录这些加工安排的进一步的详情。还需要对 IMTS 进行其他调整，以使估计值与货物的经济所有权变更保持一致，这些调整可能是普遍性的，也可能要取决于每个国家的特定覆盖范围。可能的例子包括：三角贸易、非货币黄金、非法进入或离开领土的货物、承运人在港口获得的货物，以及那些在物理上移动但尚未发生所有权变更的货物。

表 26.3：国际收支平衡表概览

	贷方	借方	差额
经常账户			
货物和服务账户			
货物	462	392	
服务	78	107	
货物和服务	*540*	*499*	*41*
初始收入账户			
雇员报酬	6	2	
利息	13	21	
已分配的公司收入	17	17	
再投资收益	14	0	
初始收入	*50*	*40*	*10*
货物、服务和初始收入	*590*	*539*	*51*
二次收入账户			
对收入、财产等的经常税	1	0	
非寿险净保费	2	11	
非寿险赔付	12	3	
经常性国际转移	1	31	
其他经常转移	1	10	
二次收入	*17*	*55*	*-38*
经常账户平衡差额			*13*
资本账户			
非生产资产的获得或处置	0	0	
资本转移	1	4	
资本账户平衡差额			*-3*
净贷出（+）或净借入（-）			*10*
金融账户（按功能分类）			
直接投资	8	11	
证券投资	18	14	
金融衍生工具（除储备外）和 ESO	3	0	
其他投资	20	22	
储备资产	8		
资产或负债总变化	*57*	*47*	
净贷出（+）或净借入（-）			*10*
净误差和遗漏			*0*

26.54 再出口指的是外国货物（在其他经济体生产并已经进口的、经济所有权已变更的货物）的出口，其货物状态与之前进口时相比没有发生实质性变化。因为再出口的货物不是由所关注经济体生产的，因此这些货物与该经济体的联系要弱于其他出口。在那些主要转运点和批发商所在的经济体，再出口的价值常常很大。再出口既会抬高进口数据，又会抬高出口数据，当再出口规模很大时，进口和出口占经济总量的比例也会上升。因此，将再出口单列出来是有意义的。已经进口、正在等待再出口的货物应记为常住经济所有者的存货。

26.55 国际收支平衡表是在总量水平上列示货物的。IMTS 则可以提供更详细的商品分类数据。

26.56 服务可分为如下 12 个标准构成项目，按此可得细分数据：

a. 在由他人拥有之实物投入上发生的制造服务

b. 别处未包括的保养和维修服务

c. 运输服务

d. 旅游服务

e. 建筑服务

f. 保险和养老金服务

g. 金融服务

h. 别处未包括的知识产权使用费用

i. 电信、计算机和信息服务

j. 其他商业服务

k. 个人、文化和娱乐服务

l. 别处未包括的政府货物和服务

26.57 上述标准构成项目中，有三个是基于交易者的项目，也就是说，它们涉及获得者和提供者，而不是产品本身。这几个类别是旅游服务、建筑服务和别处未包括的政府货物和服务。

a. 旅游服务包括非常住者在访问期间获得的所有货物和服务，无论是自用还是带走。旅游服务包括货物、本地交通、住宿、餐饮和其他服务。

b. 建筑服务既包括承包人交付的产品的总价值，也包括承包人在当地获得的、没有记录在货物进出口中的货物和服务。

c. 别处未包括的政府货物和服务涵盖了不能归入更具体标题下的一系列项目。

除了这三个基于交易者的项目之外，余下的项目都是基于产品的，其基础是 CPC2（即《主产品分类》第二版）的详细分类。服务贸易的附加标准可见《国际服务贸易统计手册》（*MSITS*）（联合国、欧盟、国际货币基金组织、经济合作与发展组织、联合国贸发会议和世界贸易组织，2002），该手册与国际账户是完全一致的。

2. 初始收入账户

26.58 初始收入账户——确切地说是 SNA 之初始收入分配账户——中的项目涉及雇员报酬、财产收入。常住者对国内政府的生产税支付以及从国内政府获得的补贴收入应记入收入形成账户，这个账户不构成国际收支平衡表的一部分。常住者对另一个政府的所有应付生产税以及应得补贴都要记录在国际收支平衡表的初始收入账户中。与此相对应，国内政府的相应登录项目应显示在 SNA 的初始收入分配账户中，外国政府的相应登录项目应显示在该账户之国外列和国际收支平衡表的初始收入账户中。

26.59 跨境情况下虽说可能产生地租，但因为所有的土地都认定由常住者拥有，跨境地租很少发生，如有必要，则可以通过建立一个名义常住单位来解决。国际账户记录地租的一个例子是：向外国捕鱼船队提供的在其水域的短期捕捞权。国际账户通常使用投资收入项目来代表不包括地租的财产收入。因此，投资收入反映来自金融资产所有权的收入，投资收入可以进行分解以与金融资产和负债的分类相匹配，以便于计算出回报率。

26.60 *BPM6* 中，测算利息流量的原理和 SNA 完全一样——与 *FISIM* 分开，作为金融服务的进口或出口处理。

直接投资企业的收入

26.61 直接投资企业的作用非常重要，既反映在国际账户的流量中，也反映在该账户的头寸中。D 节将对直接投资企业的识别及其作用进行扩展讨论。

26.62 7.136 段到 7.139 段曾解释过，就直接投资企业而言，要假设企业将一定比例的留存收益以投资收入的形式分配给直接投资者。这一比例与直接投资者在该企业持有的股份相对应。

26.63 留存收益等于企业的营业盈余净额加上获得的所有财产收入，减所有应付财产收入（计算再投资收益之前），再加应得经常转移，减应付经常转移，最后再减去养老金权益变化调整。来自任何现有子公司的再投资收益都属于该直接投资企业的应收财产收入。

26.64 再投资收益可以是负的，例如，在企业遭遇损失、从持有收益中分配红利、抑或在某个季度支付一年的红利等情况下，再投资收益就会为负。然而，如果支付的红利与近期的红利和收益水平相比大得过分，就像第 7.131 段解释的那样，超过的部分应该记录为所有者从公司撤股。

26.65 对于由非常住者 100% 拥有的直接投资企业来说，再投资收益等于留存收益，企业的储蓄正好为零。

3. 二次收入账户

26.66 经常转移是二次收入账户中的登录项目，这些登录项目正好对应于 SNA 之收入再分配账户中的项目。其中有几个项目在国际账户中特别重要，尤其是经常性国际合作和在外国工作者寄回母国的汇款。

26.67 跨境个人转移是住户对住户的转移，对于那些有大量在外国长期工作者的国家而言，这是其外汇的重要来源，因而跨境个人转移受到关注。个人转移包括在外国长期工作者——也就是说他们的常住经济体发生了变化——的汇款。

26.68 其他工作者——如边境工作者和季节性工作者——的常住经济体仍是其母国经济体。这些工作者的国际交易包括雇员报酬、税和旅游费用等，而非转移。关于个人汇款的补充说明，可以将这些项目与个人转移放到一起，此时个人汇款包括个人转移、雇员报酬减税和旅费、住户之间的资本转移。想了解更多信息，可参见 BPM6 附录 5——汇款。

26.69 保险流量，尤其是与再保险有关的流量，在国际上可能很重要。这些流量的记录方式与 SNA 相同：保险和再保险流量都不算做一种金融服务费，同时直接保险和再保险流量要分开而非合并处理。第 17 章第 1 部分给出了关于这种分开处理的详细信息。

4. 国际账户中经常账户的平衡项

26.70 国际收支平衡表之平衡项的结构跟 SNA 略有不同，因为每个账户都有其自身的一个平衡项，同时还有结转到下一个账户的另一个平衡项。为阐明这一点可举例如下：初始收入账户有其自身的平衡项（初始收入差额）和一个累计平衡项（货物服务和初始收入差额）。对外初始收入平衡对应初始收入差额，该项目进入 GNI。对外经常性差额则对应国外相对于本国之储蓄。BPM6 账户结构中的平衡项已在表 16.3 中显示，这里出于方便再一次列为表 26.4。

5. 资本账户

26.71 国际账户仅限于刻画国际交易，因此其资本账户涵盖的内容要比 SNA 中的资本账户更受限制。此时资本账户的登录项目包括非生产非金融资产的获得和处置以及资本转移，没有交易会被记录为生产资产的资本形成，这是因为出口的最终使用不是本国经济关心的内容（如前所述）。

26.72 和 SNA 一样，净贷出或净借入是经常账户和资本账户之和的平衡项，也是金融账户的

表 26.4：国际账户中与 SNA 账户序列有关的平衡项

使用　　来源

国外	交易和平衡项	国外
	货物和服务账户	
	货物和服务进口	499
540	货物和服务出口	
-41	*货物和服务对外差额*	
	初始收入账户	
6	雇员报酬	2
	生产税和进口税	
	补贴	
44	财产收入	38
-10	*初始收入对外差额*	
-51	*货物服务和初始收入对外差额*	
	二次收入账户	
17	经常转移	55
38	*二次收入对外差额*	
	养老金权益变化调整	
-13	*对外经常性差额*	
	资本账户	
	非生产资产的获得减处置	
	应收资本转移	4
	应付资本转移	-1
3	*对外资本账户差额*	
-10	***净贷出（+）/净借入（-）***	

平衡项，它包括为提供或获得资金而使用的所有工具而不仅仅只是借贷。在概念上，此处净贷出或净借入的数值与经济总体国民经济核算的对应项目相等，也和国民经济核算中之国外部门的对应项目相等，只是符号相反。

6.　金融账户和 IIP

26.73　国际收支平衡表的金融账户和 IIP 特别重要，因为它们有助于理解国际融资以及国际流动性和脆弱性。表 26.5 显示了 IIP 综合表，其中包括 IIP 以及相关的金融和其他变化账户。其主要分类以功能类别为基础，同时包括关于工具和机构部门的附加数据。

26.74　D 部分所描述的功能类别传递了更多关于动机和参与方关系的信息，这是国际经济分析的关注焦点。按功能分类的数据可进一步按工具和机构部门分解，这使得按功能分类的数据有可能与 SNA 以及货币金融统计的有关项目相衔接。其机构部门分类和 SNA 是一样的，但通常会被简化（标准构成为五个部门）。此外，会设置一个补充的子部门代表货币当局，作为一个与储备资产有关的功能性子部门，它包括中央银行和中央银行以外持有储备资产的一般政府或金融公司的任何组成部分，对于那些部分或全部储备不由央行持有的国家来说，这样的界定是有意义的。

26.75　国际账户中包含的资产负债表部分被称为 IIP。通过这一术语，可以突出显示国民资产负债表的某些特定部分，就是说，IIP 只包括具有跨境性质的金融资产和负债。例

表 26.5：综合国际投资头寸表术语概览

	期初头寸	交易（金融账户）	资产物量其他变化	重估价	期末头寸
资产（按功能分类）					
直接投资	78	8	0	1	87
证券投资	190	18	0	2	210
金融衍生工具（除储备外）和 ESO	7	3	0	0	10
其他投资	166	20	0	0	186
储备资产	833	8	0	12	853
合计	*1274*	*57*	*0*	*15*	*1346*
负债（按功能分类）					
直接投资	210	11	0	2	223
证券投资	300	14	0	5	319
金融衍生工具（除储备外）和 ESO	0	0	0	0	0
其他投资	295	22	0	0	317
合计	*805*	*47*	*0*	*7*	*859*
净 IIP	*469*	*10*	*0*	*8*	*487*

如就金融债权而言，交易双方如果一方是常住者而另一方是非常住者，就具备了跨境性质。此外，尽管黄金是没有对应负债方的资产，但如果作为储备资产持有，则考虑其作为国际支付工具的作用，也应包括在 IIP 中。然而，非金融资产不包括在内，因为非金融资产没有对应的负债方或者其他国际性的属性。

26.76 IIP 的平衡项是净 IIP。在国民资产负债表中，常住者对常住者的金融债权净额应等于零，因此，净 IIP 加国民资产负债表上的非金融资产，结果就等于国民资产净值。

26.77 投资收入和 IIP 的细分水平是一样的。这样，平均回报率就能计算出来。回报率可以跨时比较，也可以按不同的工具和到期日比较。例如，可以分析直接投资回报的变化趋势，或者与其他工具的回报做比较。

7. 资产其他变化账户

26.78 国际资产和负债可能会遭遇各种其他物量变化以及重估价变化。

26.79 因为这些工具常常按外币计价，并且针对汇率变化影响进行分析特别重要，所以会将重估价分解为汇率变化和其他因素两部分。

D. 国际账户的功能类别

26.80 国际账户的功能类别是指国际账户中用于归集每笔投资收入、金融交易和头寸的主要分类。具体类别确定为如下五种：

a. 直接投资

b. 证券投资

c. 金融衍生工具（除储备外）和雇员股票期权

d. 其他投资

e. 储备资产

26.81 本节随后会给出上述各个类别的详细定义。功能性类别是在第 11 章和第 13 章所讨论的金融工具分类基础上构建的，但考虑参与方关系和投资动机的某些方面而增加了一个维度。因此，不同的类别会表现出不同的行为模式。例如，直接投资者与持有较少权益的证券投资者相比，参与方关系的类型是不同的。直接投资意在控制或获得显著的影响力，因此虽然直接投资也可能会是短期的，但通常会更倾向于建立持久关系。除资金外，直接投资者还常常带来其他要素，例如知识、技术、管理和营销。此外，具有直接投资关系的企业更愿意相互贸易和彼此借贷。与直接投资相比，证券投资者在企业决策制定中——这些决策会对未来流量、头寸的价格波动和物量有潜在重要影响——所起的作用一般较小。证券投资与其他投资的不同之处在于：证券投资能够直接进入金融市场，因此具有流动性和灵活性。

26.82　储备资产所包括的一系列工具，当其不为货币当局或货币当局授权的其他单位所拥有时，要列在其他类别下；有时甚至即使为货币当局所持有，也要列在其他类别下。作为储备资产，要在能够满足国际支付的资金需要、并能进行市场干预以影响汇率情况下，才能得到确认。

26.83　仅靠工具分类并不能完全反映出这些行为差异。例如，直接投资或其他投资都会发生贷款，但参与方关系的不同性质意味着，风险和交易背后具有不同的动机。因为参与方的关系，直接投资下的贷款更可能发生，并且一般来说给借入经济体一方带来的风险较小。表 26.6 显示了工具类别和功能类别之间的关系。

表 26.6：金融资产分类和功能类别之间的联系

SNA/MFSM 金融资产和负债分类	功能类别				
	直接投资	证券投资	金融衍生工具（除储备外）和 ESO	其他投资	储备资产
货币黄金					X
特别提款权				X*1	X*1
通货和存款：					
通货				X	X
银行间头寸				X	X
其他可转让存款	X			X	X
其他存款	X			X	X
债务性证券	X	X			X
贷款	X			X	X
权益和投资基金份额：					
股权：					
上市股票	X	X			X
非上市股票	X	X			x
其他股权	X			X	
投资基金份额/单位：					
货币市场基金份额/单位	x	X			X
其他投资基金份额/单位	x	X		x	X
保险、养老金和标准化担保计划：					
非寿险专门准备金	x			X	
寿险和年金权益	x			X	
养老金权益				X	
养老金经理人的养老基金债权	X			X	
非养老保险金权益				X	
标准化担保代偿准备金	X			X	
金融衍生工具和雇员股票期权：					
金融衍生工具			X		X
雇员股票期权			X		
其他应收/应付款：					
商业信用及预付款	X			X	
其他应收/应付款	X			X	

*1：SDR 资产属于储备资产；SDR 负债属于其他投资；

X 表示适当的功能类别；x 表示被认为相对不常见的情况。

1. 直接投资

26.84 ***直接投资是跨境投资的一种，通过直接投资，一个经济体的常住者会对作为另一经济体常住者的企业拥有控制权，或者对其管理具有显著程度的影响***。除了包括能产生控制或影响的权益以外，直接投资还包括相关的债务（不包括附属金融中介机构之间的债务）。

26.85 如果直接投资者拥有直接投资企业 50% 以上投票权，即可以确定一定存在控制，这样的企业称为子公司；如果直接投资者拥有直接投资企业 10% 到 50% 的投票权，可以确定存在显著程度的影响，这样的企业称为联营公司。为了保证双边的一致性，避免对实际控制或影响作主观决定，这些操作性定义应适用于所有的情况。

26.86 不仅存在直接的直接投资关系，由于所有权链条的原因，也可能存在间接的直接投资关系。另外，伙伴企业可能是直接投资的重要一方（伙伴企业是这样的企业——相互持股比例少于 10%，但是都处在同一外国投资者的控制或影响下，这个投资者至少是其中一个伙伴企业的直接投资者）。如果直接投资企业向其自身直接投资者进行投资，但在其直接投资者处拥有的投票权低于 10%，就构成反向投资。

26.87 直接投资除权益投资外还包括参与方之间的债务，但相关金融机构间的债务头寸要除外。此类相关企业间的债务可称为公司间拆借。一组直接投资企业的特点之一是：与无关的企业相比，其成员更倾向于相互之间提供贷款和贸易信贷。

26.88 由于存在控制或影响关系，直接投资者在子公司或联营公司的留存收益份额要进行虚拟处理：首先作为一笔收入流支付给直接投资者，再作为一笔金融交易计作直接投资者的再投资。这个收入项目称为再投资收益；金融账户中相应的登录项目则称为收益再投资。再投资收益定义为由直接投资者占有的企业留存收益份额，因此与相应的 SNA 项目保持一致。采用此种处理方法的一个后果是：对于 100% 由外国拥有的企业，不会存在储蓄，因为所有的储蓄都将分配给其直接投资者。

26.89 由非常住者控制的那些直接投资企业对应于 SNA 的一个子部门——外国控制的企业。然而，直接投资企业也包括那些虽不受外国控制，但仍受到显著影响的企业。SNA 中显示的外国控制企业仅限于内向直接投资，而国际账户也涉及外向直接投资。SNA 中外国直接投资的再投资收益在范围上和国际收支平衡表是一致的（尽管在国际账户背景下“外国”一词因多余而省略掉了）。

26.90 除了与直接投资有关之国际金融流量统计以外，通过跨国企业活动统计（AMNE 统计）和与之密切相关的外国附属机构统计（FATS），也可以得到受国外控制企业的信息，包括诸如货物服务出口、进口、国内销售和国内购买等项目。因此，它们提供了有关跨国公司运营的一幅更宽广的图景。通过《外国附属机构生产统计指南》、《经济全球化指标手册》和 MSITS，还可获得更多的信息。

2. 证券投资

26.91 ***证券投资被定义为：涉及债务或权益证券的跨境交易和头寸，但不包括那些属于直接投资或储备资产的跨境交易和头寸***。证券是为便于参与方之间转让而设计的工具，它包括股票、债券、票据和货币市场工具等。证券的可转让性是便利交易、允许在证券有效期内由不同参与方持有的一种手段。可转让性允许投资者进行分散化的组合投资并很容易地撤回其投资。

26.92 证券投资通常依赖于有组织的金融市场以及诸如券商、交易所和管制者等相关主体。与此形成对比的是，直接投资和其他投资工具的参与方通常相互之间直接进行交易。证券投资工具的可转让性使其成为一种方便和灵活的投资渠道，但也可能带来波动性。

3. 金融衍生工具（除储备外）以及雇员股票期权

26.93 金融衍生工具（除储备外）和雇员股票期权作为功能类别的定义在很大程度上与第 11 章和第 13 章所讨论的相应的金融工具类别是一致的。功能分类与金融工具在覆盖范围上的差异在于：与储备资产管理有关的金融衍生工具不包括在功能分类中，而是包括在储备资产中。这一类别要单独识别，因为它关系到风险转移，而不是资金或其他资源的供给。

4. 其他投资

26.94 ***其他投资是一个剩余类别，凡不包括在直接投资、证券投资、金融衍生工具（除储备外）和雇员股票期权以及储备资产内的那些头寸和交易都包括在其中。***该类别包括如下金融工具中未纳入其他类别的剩余交易和头寸：

a. 其他权益

b. 通货和存款

c. 贷款（包括 IMF 贷款使用和从 IMF 的贷款）

d. 非寿险专门准备金、寿险和年金权益、养老金权益以及标准化担保代偿准备金

e. 贸易信贷及其预付款

f. 其他应收/应付款

g. SDR 分配（SDR 持有包括在储备资产中）

5. 储备资产

26.95 ***储备资产是货币当局为了满足平衡国际收支的资金需要，为了干预外汇市场以影响汇率以及为了实现其他有关目的（例如保持对货币和经济体的信心，作为对外借款的基础），而随时可以利用并控制的对外资产。储备资产必须以外币计量和结算。***储备资产概念的支撑点在于货币当局的“控制”和“使用的可得性”这两个概念。

26.96 一般而言，只有货币当局实际拥有的对外债权才归为储备资产。然而，所有权不是掌握控制权的唯一条件。如果出现如下情况：报告经济体的机构单位（除货币当局之外）对外部外币资产持有法律权利，并且只有在满足货币当局所规定的条件或得到货币当局明确同意的情况下才能行使权利，则这种资产可以视为储备资产。这是因为，这样的资产是处在货币当局直接和有效控制之下的。

26.97 储备资产必须能够在完全无条件方式下很容易地获得。储备资产具有流动性，因为它可以以最低的成本和最短的时间购买、出售和清算为外币（现金），且不会过分影响该资产的价值。此概念既可包含不可出售资产，如活期存款，也可包含可出售资产，如那些存在有准备和有意愿之卖者和买者的证券。为了使货币当局能够很容易地加以运用以满足平衡国际收支的资金需要，以及在不利情况下实现其他有关目的，储备资产一般应该是高质量资产。

26.98 储备资产仅限于资产，但也可以为那些包括在其他功能分类中与储备相关的负债——主要是证券和其他投资——提供一个备忘项目。（这就是表 26.3 中对应储备的负债单元格被加以阴影的原因。）

E. 国际账户的一些特别注意事项

1. 全球失衡

26.99 近年来，IMF 就全球统计失衡做了大量工作。把所有经济体的数据加总起来，可以得到全球合计。（虽然作为一种功能分类，储备资产没有对应的负债，但为了进行这里描述的这种应用，可将储备资产的各种

构成工具配之以对应的负债。）实际不一致的程度已被用来识别系统偏差，以显示出所报告的问题，例如贷方服务记录的范围要大于借方服务。

2. 特殊融资

26.100 特殊融资是将货币当局的各种金融安排组合在一起，以满足平衡国际收支的需要。因此，应根据动机来识别交易是否属于特殊融资。此外，发生的欠款要包括在特殊融资中，虽然这不是交易，但却是货币当局为了管理其支付要求而可能采取的行为。

26.101 特殊融资会出现在“分析型”国际收支平衡表中——见《国际收支统计年鉴》（国际货币基金组织，各年）。在此种呈现方式下，与储备有关的登录项目、IMF 贷款和特殊融资都被称为“线下”项目，而其他所有需要资金的登录项目都显示在线上。这种呈现方式可便于分析货币当局的国际流动性。

26.102 BPM6 附录 1 中更详细地讨论了特殊融资。

3. 债务工具

26.103 债务工具对国际流动性和风险具有特殊意义，因此有必要对不同类型的债务工具进行分组。债务工具是要求在未来的某一时点或某些时点支付本金或利息的那些工具。债务工具包括特别提款权、通货和存款、债务性证券、贷款、保险专门准备金以及标准化担保代偿准备金和其他应收/应付款。金融衍生工具不是债务工具，但是金融衍生工具合同的逾期义务属于应付款，因此应包含在债务工具中。

26.104 在负债和风险的性质上，债务工具不同于权益和投资份额。权益提供了实体资产的剩余索取权，而债务工具则涉及依据预定规则支付一定量本金或利息或两者兼有的义务，这意味着贷方的风险暴露会更为有限。与之相反，权益的回报在很大程度上要依赖于发行者的经济表现，因此持有人会承担更多的风险。《外债指南》提供了更多此方面的信息。

26.105 债务工具的流量和头寸都要按长期和短期分别显示。区分的主要依据是各种工具的原始有效期，即从发行到合同规定的最终支付这一段时期。此外，由于国际账户涉及国际流动性问题，作为补充，负债数据还可以按剩余的有效期来分类提供，即从参考日期到合同规定的最终支付的这一段时期。

4. 债务重组

26.106 ***债务重组（也称债务重建）是指为了处理好一笔现有的债务，债权人和债务人（有时还有第三方）达成协议来修改已经建立的条款***。政府常常卷入债务重组中，或作为债务人、或作为债权人、或作为担保人。但是债务重组也可能会通过如债务互换等方式涉及到私人部门。债务重组涉及一系列不同类型的交易，也涉及定价和记录时间的问题。

26.107 债务重组有四种主要类型：

a. 债务减免：债权人通过与债务人的合约安排减少债务的数量或豁免所有债务；

b. 债务展期或者债务再融资：变更决定应付债务数量的条款和条件，这可能会也可能不会导致负债现值的减少；

c. 债务转换：债权人用债务的索取权来交换某些经济价值，但所谓经济价值不包括对同一债务人的另一项债务索取权。如下方式都属于债务转换：债权转股权、债权转房地产、债权转开发、债权转自然环境、债权转提前偿还、债权转现金；

d. 有第三方介入时，代表其他方的债务承担和债务支付。

跨国债务减免通常都有政府参与，第 22 章、BPM6 和诸如《外债指南》这样的专业手册对此类安排的处理提供了更进一步的指导。

26.108 单方面的债务拒付、债务注销和减值，无论是 SNA 还是 BPM6 都不作为交易处理，因此不属于债务重组。

5. 区域性安排，包括货币联盟

26.109 区域性安排包括：

a. 货币联盟。货币联盟在一定区域内采用统一的货币政策。如果一个经济体单方面采用另一个经济体的货币，例如“美元化”，也会遇到一些相同的问题；

b. 经济联盟，联盟会协调某些经济政策以促进经济一体化程度的提高；

c. 关税联盟，联盟成员对非成员经济体执行共同的关税和其他贸易政策。

BPM6 对这些安排应如何处理给出了详细的指导。所处理的问题包括：如何合并数据以得到联盟整体的数据，如何处理区域性组织（包括中央银行），如何处理货币联盟的银行票据，以及如何处理关税联盟中的收入共享安排。

6. 货币转换，包括多重汇率

26.110 汇率的变化会对指标测算形成扭曲，所以，在测度国际交易和头寸时必须仔细考虑汇率问题。外币计值的流量是按照流量发生时的通行汇率转换为本币价值的，而头寸的转换则要依据资产负债表编表日期的通行汇率。具体来说，在交易（对于交易而言）时，以及在头寸之估价参照日期的交易活动结束时，都应当使用买入汇率和卖出汇率的中间值。买入/卖出价格与中间价格间的差异代表服务费并要据此记录。

26.111 原则上，货币转换应当使用适用于每笔交易的实际汇率。每日交易的日平均汇率通常是实际汇率的非常好的近似。如果不能用日汇率，则应当使用最短时期的平均汇率。一些交易在一段时期内是连续发生的，例如应计利息。因此，对于这样的流量，应该使用流量发生期间的平均汇率进行货币转换。

26.112 多重汇率制度下，会有两个或两个以上的汇率分别适用于不同类别的交易，以此鼓励某些类别并限制其他类别的发展。此种汇率制度包含了一些类似于税收或补贴的因素。因为多重汇率会影响用本币计量的交易价值和交易的进行，货币当局因这些交易而隐性获得的净收益要算作隐性税收或补贴。每笔交易的隐含税收或补贴的计算方法是：按适用的实际汇率和单一汇率分别计算该交易的本国货币价值，再取两者之差额。单一汇率是通过将对外交易所用的所有官方汇率进行加权平均计算而得的。在多重汇率制度下，要对对外金融资产和负债头寸进行货币转换，须在核算期期初或期末采用适用于特定资产或负债的实际汇率。

26.113 在多重汇率制度的背景下，平行的（非官方的）汇率或黑市汇率不能忽视，可以用不同的方式来处理。例如，如果有一个官方汇率和一个平行市场汇率，两者应当分别处理。平行市场上的交易应当采用适用于该市场的汇率来转换。如果有多个官方汇率和一个平行市场汇率，在单一汇率的任何计算中，官方汇率和平行市场汇率都应当作为不同的市场处理。受平行市场汇率影响的交易通常应当单独按照该汇率转换。然而，在某些情况下，平行市场可以与官方汇率制度有效地整合到一起。例如，如果平行市场上大部分或所有交易得到当局的认可，或者当局积极地进行市场干预来影响平行市场汇率，或者两种情况同时存在时，就可以把两者综合在一起。在这种情况下，单一汇率的计算应该既包括官方汇率又包括平行市场汇率。如果平行市场上只有有限的交易为当局所认可，计算单一汇率就不应当包含平行市场汇率。

第 27 章　与货币统计和资金流量的联系

A. 引言

27.1　第 11 章介绍了 SNA 账户系列中的金融账户，它展示了国民经济各机构部门和国外部门在各类金融资产和负债上的交易。

27.2　如第 11 章及第 4 章介绍的四式记账原则所述，每一笔交易都会在 SNA 账户中产生两对登录。对于许多交易而言，一对会记录在非金融账户中，另一对则记录在金融账户中。对于其他一些只涉及金融资产和负债组合构成变化的交易，两对登录都会记录在金融账户中。正因如此，只有将金融账户包含在账户系列中，核算体系的充分衔接才得以实现。

27.3　然而，金融账户的信息本身就是分析者和政策的关注点，也是货币和金融统计的重要组成部分。这些统计数据通常作为反映经济状况的指标，尤其是可用于监测货币和其他金融市场的状况。作为反映经济状况的指标，它与 SNA 其他账户的联系常常是隐含的，并不甚明确。

27.4　本章的目的是对涉及货币金融统计的各种分析做一般介绍，说明 SNA 账户系列的数据是如何与货币金融统计等其他统计体系联系在一起的。货币金融统计的更多细节可以在《货币与金融统计编制指南》（MFSM，国际货币基金组织，2008）、《编制 ESA95 金融账户的数据来源和方法手册》（欧洲统计局，2002b）、《货币金融机构与市场统计手册》（欧洲中央银行，2007）和《SNA 中金融产品的流量和存量》（联合国和欧洲中央银行，即将出版）中找到。

1.　货币统计

27.5　货币统计数据包括金融公司资产和负债的存量和流量数据，既包括国内的流量和存量，也包括与国外单位之间的存量和流量。但是，货币统计之子部门的汇总程度要高于 SNA 的子部门。在最高层次上，金融公司仅分为存款性公司和其他金融公司两个子部门，存款性公司又进一步分解为中央银行和其他存款性公司这两个子部门。B 节将提供更多关于货币统计的信息。

2.　金融统计

27.6　金融统计将货币统计的范围扩展到包括经济体内各部门之间以及这些部门与国外部门之间的所有金融资产和负债的流量和存量。

27.7　SNA、*BPM6* 与 *MFSM* 在基本核算原则、常住性概念、记录时间、金融资产和负债的分类方面是一致的。*MFSM* 使用了比 SNA 汇总水平更高的部门分类，但其部门分类与 SNA 是严格一致的。

27.8　C 节以金融账户所使用的分类为基础，进一步讨论了金融统计的一些内容。

3.　资金流量

27.9　资金流量表以三维结构来表述金融统计数据，它详细阐述了交易双方和交易所用金融工具的性质。金融资产和负债存量也可以用类似的三维表来展示，显示出每一种金融工具的债权人与债务人。资金流量将在 D 节讨论。

B. 货币统计[①]

1. 定义存款性公司

27.10 货币是一个非常重要的金融变量，但在不同国家定义货币的方法多种多样，从而妨碍了在 SNA 中对货币下一个简单的定义。

27.11 广义货币和其他货币总量指标包括多种存款和某些类别的短期证券，尤其是可转让存款凭证，因此其组成在不同国家间的差异非常大。另外，许多国家会编制一组货币指标，还可能编制更广义的流动性指标。即使在一个国家内，为了适应金融工具和货币市场组织的变化，创新、放松管制或技术进步都会导致广义货币的定义随时间不断变化。

27.12 *MFSM* 使用各国的广义货币概念作为货币的国家定义。虽然广义货币的具体组成在不同国家可能不同，但是在所有情况下，都是用国家定义的货币概念来确定存款性公司，即指那些发行广义货币负债的金融公司。

27.13 第 4 章介绍了金融公司部门的九个子部门，表 27.1 列出了这些子部门，其中的两个或多个子部门的组合应该可以确认为存款性公司。这一组合至少包括中央银行和存款性机构。在一些国家，还会包括货币市场基金，因为它们被视为广义货币的一部分。

27.14 一旦将存款性公司识别出来，就可以按三个子部门——中央银行、其他存款性公司和其他金融公司——进行货币统计。

2. 货币统计资料的展示

27.15 货币统计按照如下分类对所有金融公司进行记录：

a. 存款性公司，

- 中央银行，
- 其他存款性公司，

b. 其他金融公司。

27.16 如表 27.2 所示，金融工具采用了金融账户的标准进行分类，根据金融工具是按本币还是外币计价，可以进一步分类。

27.17 对于每一种金融工具，均给出了相当于一个资产账户的一套登录，即：

a. 期初存量，

b. 交易，

c. 估价变化，

d. 其他物量变化，

e. 期末存量。

表 27.1　金融公司部门的子部门

1. 中央银行
2. 存款性公司，除中央银行
3. 货币市场基金（MMF）
4. 非货币市场基金的投资基金
5. 其他金融中介，除保险公司和养老金基金
6. 金融辅助机构
7. 专属金融机构和贷款人
8. 保险公司（IC）
9. 养老基金（PE）

① 原文此处为“A”节，这里做了更正，以下各节顺延。——译者注

C. 金融统计

27.18 如引言所述，金融统计扩展了货币统计的范围，包括一国所有部门之间以及这些部门与国外之间的金融资产负债的存量和流量。从某种程度上说，金融统计包括金融账户、资产负债表、资产其他变化账户，在某种意义上也要包括资本账户，因为净借入和净贷出就来自该账户。除了包括所有部门之外，金融统计使用的格式和货币统计是类似的。此外，对金融部门子部门的划分也是相同的。虽然如其所显示的那样，可能会将金融公司部门外的部门做合并，通常是将一般政府、还有国外部门做单独列示。如果有特别的需要，还可以将公共非金融公司作为一个单独的部门列示。

27.19 如表 27.2 所示，金融资产分类主要基于两

表 27.2：金融资产和负债分类

货币黄金和特别提款权（SDR）
- 货币黄金
- 特别提款权

通货和存款
- 通货
- 可转让存款
  - 银行间头寸
  - 其他可转让存款
- 其他存款

债务性证券 *
- 短期
- 长期

贷款
- 短期
- 长期

股权和投资基金份额 **
- 股权
  - 上市股票
  - 非上市股票
  - 其他股权
- 投资基金份额/单位 *
  - 货币市场基金份额/单位
  - 其他投资基金份额/单位

保险、养老金和标准化担保计划
- 非寿险技术准备金
- 寿险和年金权益
- 养老金权益
- 养老金经理人的养老基金债权
- 标准化担保代偿准备金

金融衍生工具和雇员股票期权
- 金融衍生工具
  - 期权
  - 远期 ***
- 雇员股票期权

其他应收/应付款
- 商业信用和预付款
- 其他

备忘项目：外国直接投资
- *股权*
- *贷款*
- *债务性证券*
- *贸易信贷*
- *其他*

* 债务性证券和投资基金也可以按上市/非上市划分。
** 此类中可能有再投资收益。
*** 代替担保的信用违约互换包括在此类中。

种标准：资产的流动性和法律特征（债权人/债务人基本关系的形式）。流动性在概念上包括其他许多具体特点，如：可流通性、可转让性、可销售性或者可兑换性。这些特点在确定类别时具有重要作用，尽管没有用系统的方法一一识别这些特点。分类是为了便于分析机构单位间的交易而设计的，它为评估这些单位的资金来源、使用以及流动性程度提供了一个框架。

27.20　到期时间可以作为二级分类标准。一年及一年以内定义为短期，超过一年则定义为长期。为了监测可能的流动性风险，区分出剩余到期时间在一年及一年以内的长期工具同样是有意义的。（剩余到期时间是指从参考日期到合同约定的最后支付日之间的那段期间长度。）

27.21　分类中不包括诸如直接投资、证券投资和国际储备等功能性类别，这是国际收支平衡表之金融账户的基本分类标准。考虑到这些类别的重要性，分类中为涉及外国直接投资关系的金融账户交易提供了备忘项目。第 21 章和 26 章对这一问题进行了更详细的讨论。

D.　资金流量

27.22　通过货币统计给出的表式，可以说明如何针对一个特定部门就其整套资产进行期末存量分析，即：观察期初存量如何因资产交易、重估价变化和资产物量其他变化而发生改变，最终变为期末存量。这是第 13 章所介绍的资产账户的一个具体应用。

27.23　另一种常见表式是所谓资金流量表。资金流量表有若干种形式，可以从中任选一种。最常用的表式是具体展示各种金融工具的流量（或存量）是如何衔接起来的，即：哪些部门或子部门是债权人，哪些部门或子部门是债务人。另一种表式是将资本账户和金融账户中的要素予以合并，以考察所有积累交易，而不仅仅是那些涉及金融资产的交易。如此处理的基本依据是，金融账户右边的平衡项与资本账户左边的平衡项在数额上应该正好相等，只是符号相反。将资本账户的项目包含在内，其账户的差额即可通过一张完整的资金流量表显示出来，而无需假设净贷出或净借入总额已经确定。（但这种表式仍然需要假定所给出的储蓄是正确的。如果一部门记录的储蓄数据与其所记录的资本和金融交易数据不一致，为使资金流量表保持平衡，可能就需要对经常账户进行重新审查。）

1.　流量账户

27.24　为方便起见，这里将表 11.1 所示的金融账户在表 27.3 中重新列示出来，它记录了所有机构部门在各类金融资产上的金融资产净获得和负债净发生。通过金融账户，可以针对每一个部门，显示其为筹集金融资源而发生的负债和获得的金融资产；可以针对每一种金融资产和负债，显示交易对各部门资产水平和负债水平的影响。这些信息对弄清净借入部门用于弥补短缺的金融资产和净贷出部门用于安排盈余的金融资产是非常有价值的。但是，尽管这些记录能够勾画出金融流量的运动，却不能回答谁为谁提供资金的问题。表 27.3 表明，非金融公司主要以贷款、股权和投资基金份额的形式发生负债，金融公司通过使用各种金融工具发生净负债。尽管该账户清楚地显示了负债得以发生的各种工具，但要弄清楚提供资金的部门是不可能的。同样地，可以追踪金融资产的净获得：住户可以在各种金融资产上形成净获得，而金融公司净获得的金融资产主要是贷款和证券的形式。然而，从这种记录中，不能确定它们向哪些部门提供了资金。

表 27.3：金融账户简表——资产变动

资产变动

交易和平衡项	非金融公司	金融公司	一般政府	住户	NPISH	国内合计	国外	货物和服务	合计
金融资产净获得	83	172	-10	189	2	436	47		483
货币黄金和 SDR		-1				-1	1		0
通货和存款	39	10	-26	64	2	89	11		100
债务性证券	7	66	4	10	-1	86	9		95
贷款	19	53	3	3	0	78	4		82
股权和投资基金份额	10	28	3	66	0	107	12		119
保险、养老金和标准化担保计划	1	7	1	39	0	48	0		48
金融衍生工具和雇员股票期权	3	8	0	3	0	14	0		14
其他应收/应付款	4	1	5	4	1	15	10		25

27.25 为了全面认识金融流量及其在经济体中的作用，了解部门之间更详细的金融关系以及这些关系据以发生的金融资产是很重要的。例如，政府采用何种负债来弥补赤字，哪些部门（或国外）为其提供了这些资金，说明清楚这些问题很有意义。对金融公司（及其监管者）来说，不仅要说明其获得的金融资产（贷款和证券）的构成，还要说明它们是对哪些部门的债权，这些内容也是人们感兴趣的。此外，常常有必要分析同一部门内各子部门之间的金融流量（中央政府与地方政府的金融交易或中央银行与存款性机构之间的金融交易）和跨部门的金融流量（存款性机构对公共非金融公司债权的变化）。这样详细的信息是了解融资如何进行以及如何随时间变化所必需的。

27.26 此类更详细的处理对清楚说明金融公司在金融交易中的作用尤其重要。金融公司的净贷出或净借入余额与其金融资产和负债的总交易量相比，一般都非常小。这就反映出金融中介的基本作用：筹集金融资源，通过转换可用资产的具体形式及到期日，使这些资产以适合于其他部门的形式被这些部门获得。更一般地讲，金融公司所扮演的主要角色可以这样概括：考虑到机构单位在投资安全性和回报率、流动性偏好和不断变化的市场境况中的便利性方面的偏好，帮助他们重新平衡其资产和负债组合。因此，金融公司所发挥的关键作用是：引导金融流量从净贷出部门流到净借入部门，为借出者选择其资产工具、借入者选择其债务形式提供支持。

账户的格式

27.27 表 27.4 的第一部分展示按资产类型和债务人部门交叉分类的资产交易，类似的，第二部分展示按债务类型和债权人部门交叉分类的负债交易，这样就为进行上述更详细的金融分析提供了便利。该表中，各列按照进行资产或负债交易的部门展示，各行则展示按债务人部门分解的资产类型。理论上，可以在此一张表中列出所有债权人和债务人之间的关系，但是，这样的一张表会有许多单元格，并且其中很多格将是空白的。

27.28 表 27.4 只是为希望开发详细的资金流量账户的国家提供了一个范例。最初可能仅将一般政府、金融部门和国外与其他部门分开在列向上展示出来，然而，只要有相应的货币统计数据，即使在这一水平上，将金融部门分解为上述三个子部门也应该是可能的。

表 27.3（续）：金融账户简表——负债和资产净值变动

负债和资产净值变动

交易和平衡项	非金融公司	金融公司	一般政府	住户	NPISH	国内合计	国外	货物和服务	合计
净贷出（+）/净借入（-）	-56	-1	-103	174	-4	10	-10		0
负债净发生	139	173	93	15	6	426	57		483
货币黄金和 SDR									
通货和存款		65	37			102	-2		100
债务性证券	6	30	38	0	0	74	21		95
贷款	21	0	9	11	6	47	35		82
股权和投资基金份额	83	22				105	14		119
保险、养老金和标准化担保计划		48	0			48	0		48
金融衍生工具和雇员股票期权	3	8	0	0	0	11	3		14
其他应收/应付款	26	0	9	4		39	-14		25

27.29　最终希望展示所有 SNA 的机构部门和可能的子部门，例如中央政府和公共控制的企业。

27.30　金融工具列示的详细程度要看数据可得性和各自的相对重要性。下面列出了可能的分类清单。

27.31　通货和存款可以分成通货、可转让存款和其他存款，并且要明确它们是用本币还是外币计价，债权人或债务人是常住单位还是非常住单位。

27.32　债务性证券和贷款既按部门分类，也按到期时间（短期和长期）分类。

27.33　股权除了按上市、非上市和其他股权区分之外，按常住和非常住企业区分也可能会有用。

27.34　对于保险、标准化担保计划和金融衍生工具，因为交易的一方必须是一个常住或非常住金融公司，所以其表述可以简化。对于雇员股票期权，债务人必须是金融或非金融公司。大部分养老金计划都是由金融公司运作的，但是有一些可能由非金融雇主运作，并不涉及金融公司。

27.35　任何部门都可能产生商业信用和预付款。原则上，养老金经理人的债权会涉及任何部门，但是几乎不涉及住户。其他应收应付款可以分为与常住单位的和与非常住单位的其他应收应付款两部分。

27.36　表 27.4 应作为一般模式看待，针对各国国情，应当允许有相当大的灵活性。在许多国家，该表的维数会由于数据的可得性而受到严重制约。还应指出，这些表只是基本金融账户的扩展——通过确认特定资产或部门（或子部门）的关系（应达于一个必要的详细程度），有选择地为分析增加了第三个维度。

分析性用途

27.37　详细的资金流量表至少可应用于以下三个重要经济政策领域。第一，表中数据可以用于经济分析以及描述当期活动和趋势。第二，可为在经济计划制定中进行预测提供帮助，或为评估当前经济政策或经济政策变化对经济未来走向的影响提供帮助。此外还可在那些通过建立经济模型来研究经济行为的项目中应用，帮助制定经济政策。当然，这些研究是对 SNA 其他账户数据类似分析的补充。尤其有用的是，使用资金流量账户将有助于研究经济中金融系统的运营情况，并将这些交易与非金融经济体的行为联系起来。同样，资金流量账户可以追踪净贷出通过各种金融公司、以各种资产形式流入最终借入者的渠道，由此将有助于研究使储蓄和投资达于平衡的过程。

表 27.4：按债务人和债权人分解的详细资金流量表或金融资产存量表表式

第 1 部分：资产和债权人 第 2 部分：负债和债务人	部门和子部门

货币黄金和 SDR
  货币黄金
  SDR
通货和存款
  通货
    本币
      常住者
      非常住者
    外币
  可转让存款
    银行间头寸
    其他可转让存款
      本币
        常住者
        非常住者
      外币
        常住者
        非常住者
  其他存款
      本币
        常住者
        非常住者
      外币
        常住者
        非常住者
债务性证券
  短期
    {部门}
  长期
    {部门}
贷款
  短期
    {部门}
  长期
    {部门}
股权和投资基金份额
  股权
    上市股票
      常住企业
      非常住企业
    非上市股票
      常住企业
      非常住企业
    其他股权
      常住企业
      非常住企业
  投资基金份额/单位
    货币市场基金份额/单位
      常住企业
      非常住企业
    其他投资基金份额/单位
      常住企业
      非常住企业
保险、养老金和标准化担保计划
  非寿险技术准备金
  寿险和年金权益
  养老金权益
  养老金经理人的债权
  标准化担保代偿准备金
金融衍生工具和雇员股票期权
  金融衍生工具
    期权
    远期
  雇员股票期权
其他应收/应付款
  商业信用和预付款
    {部门}
  其他应收/应付款
    {部门}	

27.38　在政策方面，以下几个例子可以说明这些表的作用。例如，许多国家都会面临以下共同的政策问题：中央政府的赤字如何弥补，主要的非金融公共公司怎样融资以及向谁融资。要回答诸如此类的问题，就需要对各个部门、各种交易进行影响分析。使各账户基于资金流量衔接起来，将有助于此类分析，并可以为评价其答案提供框架。

27.39　在金融预测方面，使用资金流量表相关部分的时间序列数据，可以对许多分别开展的部门预测或者市场预测进行一致性检验，可以就一组特定未来事件（例如：利率、汇率、增长率、部门盈余或赤字）假设分析其对未来金融交易的影响。

27.40　在其他政策方面，比如考虑经济体中金融市场和机构单位的长期发展，估计对（用来满足储蓄者和投资者要求获得可靠流动资产的潜在需求的）新类型资产的需要时，这些预测和研究也可以派上用场。

2.　存量账户

27.41　以上说明在流量意义上可以编制上述表格，编制出来对流量分析会非常有用；与此相似，在存量意义上也可以编制完全类似的表格，并且，它对分析金融资产和负债存量也是有意义的。流量在相邻两个时期之间可能波动相当大，而存量水平则会显得比较稳定，因此，存量水平的波动程度可以传达出特别有用的额外信息。

第 28 章　投入产出及其他基于矩阵的分析

A.　引言

28.1　本章的目的在于：在第 14 章所论述的供给使用表的基础上，更细致地检验以矩阵形式表示账户的可能性。本手册已经多次提到，SNA 的设计意图在于：在遵守固有的核算规则的前提下，允许在实施过程中存在一定程度的灵活性。来源和使用之间需要保持平衡这一事实在矩阵框架内是显而易见的，矩阵框架是在保证来源和使用相互平衡的同时探索不同选择的一种有力工具。本章的目标之一就是用此种方式展示矩阵表示方法所具有的功能。

1.　投入产出表

28.2　本章的第二个目标是阐述投入产出矩阵的基本思想。供给使用表是 SNA 不可或缺的组成部分，编制供给使用表的过程就是确保各种数据来源之间一致性的有力方式。然而出于多种分析目的，把一对供给表和使用表转化为一张行和与列和相等的投入产出表，将会为分析带来相当大的优势。不经历编制供给表和使用表的阶段，（除非在非常严格的假定条件下）是不可能编制出投入产出表的。因此，投入产出表作为一种分析工具，在其编制过程中必然会涉及某种程度的建模问题。

28.3　关于投入产出表编制和使用的文献很多，不可能在这样一个短章内对投入产出表编制的复杂性及其应用的创造性给予充分的展现。本章的目的只是为了让读者感受到将供给使用表转化为投入产出表的各类操作，并针对投入产出表的可能用途给出一些想法。若想对这个领域之潜力有更详细的了解，阅读《供给、使用和投入产出表手册》、访问国际投入产出协会网站（www.iioa.org），都是很适合的起点。

2.　社会核算矩阵

28.4　供给使用表以及投入产出表都是货物和服务账户的矩阵表示。以矩阵形式表示整个账户序列（包括货物和服务账户）也是有可能的，这种矩阵就称为社会核算矩阵（SAM）。

28.5　对现有流量或新的流量类型进行各种细化分解，只要按照惯例保证这些流量的使用和来源之间的平衡，就可以对 SAM 进行扩展。这种扩展对 SAM 而言非常常见，因此常常不能仅将 SAM 理解为是一个涵盖了标准账户序列的矩阵，而要将它视之为进一步包括了各种扩展——尤其是住户部门——的矩阵。

3.　本章的结构

28.6　第 14 章描述了应该如何使用供给使用表来确保不同数据集的内在一致性。本章 B 节将讨论供给使用表的两个特殊方面，一是关于进口货物保险费和运费的处理方式，二是货物在其加工单位并非其法定所有者时的处理方式。可以根据这两个方面来选择第 14 章所描述的各种方法。B 节还将讨论按基层单位和产业交叉分类的信息如何转化为按机构部门分类的信息。

28.7　C 节将讨论如何将一对供给表和使用表转

化为一张对称型投入产出矩阵。供给表和使用表都要按产品和产业两个维度进行分解，而在投入产出表中，则只按其中的某一个维度（产品或产业）进行分解。因此，在一张投入产出表上，或者可以显示产品供给与使用之间的关系，或者可以显示各产业产出与对各产业产出的需求之间的关系。

28.8　D 节继续讨论如何把整个核算体系表示为矩阵形式。矩阵是一种非常有用的教学工具，而且对于账户扩展（比如社会核算矩阵）而言，是有益的起点。

B.　供给使用表中的灵活性

1.　进口加价的处理方式

28.9　第 14 章 B 节在讨论估价问题时，就考虑到了如何将运输费用纳入账户中，尤其是应该如何记录国际运输费用。14.61 段到 14.77 段解释了为什么基本价格与生产者价格的差别不能简单地归结为 CIF 价格和 FOB 价格的区别。后两者的区别取决于一个单位是提供货物的单位还是也要负责运输和保险的提交货物的单位。第 14.77 段最后简单讨论了根据可得数据资料推出所需估价时会遇到的实际问题。为方便起见，在这里要对这些问题重新进行阐述。

28.10　海关申报单一般不能确定运输费用是由哪个单位来承担的，即使能够确定，在概念上也应该将运输费用从货物本身的价值中单独区分出来。但在实践中却可能没有信息和数据来源进行此种区分。在这种情况下，按货物类型细分的进口 CIF 价值可能是唯一的资料来源。假如货物进口使用了经分解的 CIF 数据，那么，已包括在服务进口中的运输和保险费用将被重复计算。为了避免这种情况出现，需要在供给表中插入一个调整列。该调整列由对运输和保险这两个服务项目的减值组成，等于对这些项目进行了 CIF/FOB 调整，同时要对货物进口进行一次抵消性总调整。表 14.4 曾给出过一个此类调整的例子，表 28.1 重新列出了这个例子。

表 28.1：一个例子：供给表中进口项从 CIF 到 FOB 的整体调整

	CIF/FOB 调整	货物	服务
农业、林业和渔业产品（0）		37	
矿石和矿物，电、气、水（1）		61	
制造业产品（2-4）		284	
建筑（5）			
贸易、住宿、餐饮、运输服务（6）	-6		62
金融保险（7，不包括 72-73）	-4		17
房地产服务、租赁服务（72-73）			
商务和生产服务（8）			5
社区和社会服务（92-93）			
其他服务（94-99）			
公共管理（91）			
CIF/FOB 调整	10	-10	
常住者在国外的购买		20	23
合计	0	392	107

28.11　调整列显示了服务加价从其产生的产业（无论是常住生产者还是非常住生产者）向 CIF/FOB 调整项目所在行所进行的重新分配。货物列按产业分类给出每个产业的进口价值，该价值包括了服务加价，但这一部分在该列的 CIF/FOB 调整行进行了统一扣除，此时该列总和就等于 FOB 总进口。此列调整类同于一个解释购买者价格与基本价格之间调整的列。

28.12 一个比上述程序更简单但与BPM6建议并非严格一致的程序是：忽略国际收支平衡表中货物和服务的界限，通过非常住居民提供服务的数量——该数据包含在货物进口的详细数据中——来调整服务进口数据。该程序能确保货物和服务进口总量与国际收支平衡表中的总量一致，但与这里显示的FOB货物进口和服务进口的总量却不一致。该程序能简化供给使用表的编制，但也意味着不可能用FOB基础的货物进口数据去与其他国家的那些货物的出口数据匹配。然而，即使遵循此种简化版本，由常住单位负担的进口运费和保险费也必须显示为服务出口。

2. 由不具经济所有权的单位所加工的货物

28.13 一个生产者可能会在非常不同的经济条件下从事相同的活动。农民种植的谷物在食用之前要先磨成面粉。假设某一农民获得了一家磨坊来加工自家的谷物，但一旦磨坊为其所得，他就可以为别人提供碾磨谷物的服务并收取费用。因此，拥有磨坊之农民的生产账户与没有磨坊但向前者支付碾磨费用之农民的生产账户就会有所不同，即使他们所生产的面粉都是用于销售。

28.14 就磨面这个例子来说，将碾磨活动分包给另一方，原因可能在于所需固定资产的可获得性。但是，现在类似的加工活动正日益国际化，而且越来越与零部件组装等制造活动紧密关联。这种情形出现的动因很少是源于资产可获得性方面的问题，而更多是源于劳动力成本的差异。如果X国的平均工资是Y国平均工资的二分之一，那么Y国某单位将零部件发包给X国某单位进行组装，然后再将成品返回给Y或直接发给最终购买者，可能在成本上会更加节省。

28.15 旧版SNA建议，用于组装的零部件应该记录为向X国单位的交付，然后应将组装后成品的整体价值记录为X国的产出和X国向Y国的出口。这种处理与谷物碾磨或如设备维修等情况的处理方式是不匹配的，因为在这些情况下并未虚拟认为所加工货物所有权发生了变更。对那些待组装零部件的所有权变更进行虚拟处理，会引起重大的数据编制问题，这是因为组装后的产品价值可能比零部件的成本与组装费用之和都要高。例如，成品价值中可能包含了承接组装单位的研发成果。考虑上述情况，SNA现在的建议是：只有符合以下两种情况，才应该将产品的流动记录为向另一个单位的交付。一种情况是所有权的确发生了变更，另一种情况是，两个生产单位属于同一企业，但接收产品的生产单位要在加工的数量、收取的价格以及出售的时机等方面做出决策，并承担随后的风险和享有生产的收益。

28.16 问题在于，组装其他单位订购货物的活动在供给使用表以及投入产出表中应该如何记录。为自己组装和为他人组装在物理上类似，但二者的经济意义是不同的。

28.17 假设第1年某加工单位仅为自己加工产品。在第2年该单位不仅为自己加工相同数量的产品，同时还为另一个单位加工了类似数量的产品。假设第1年加工项目的费用为90，组装所需相关产品的费用为10，增加值为35，则产出总价值为135。第2年，在所有条件不变的情况下，由于为另一个单位加工了相同数量的产品，中间消耗增加了10，变为110，增加值变为70，因此产出价值达到180。在没有生产者角色发生改变——生产者不再仅为自己生产还为他人生产——的信息的情况下，是难以理解其生产结构的改变的。

28.18 在经济所有权不发生改变的情况下，有两种基本记录方式。第一种是将为自己加工和为他人加工作为不同的活动类型处理，加工后的产品也相应地作为不同的产品处理。用此种方式，生产者在第2年将有一种活动与第1年相同：投入为100，增加值为35，产出为135；还有另一种活动其投入为10，增加值为35，产出为45。

28.19　第二种记录方式是，将生产者在第 2 年的中间投入记为 200，增加值记为 70，产出记为 270。由此可见，两种记录方式的增加值是相同的。但如果想从物质转化角度对第 1 年和第 2 年进行比较，则第二种记录方式更有意义。然而，产出和中间消耗各增加 90 在本质上是人为的。此外，正如前面所述，加工者在接受来料并将成品提供给其他单位的过程中可能难以提高产品的价值。往往出现的情形是：该加工者仅仅知道他得到的 45 中包含了组装费用 10，剩下的部分就是增加值，在本例中为 35。这些记录方式显示在表 28.2 中。

表 28.2：经济所有权未发生改变时记录货物的两种方式

	第 1 年	第 2 年	方式 1		方式 2
材料费	90	90	90		180
其他费用	10	20	10	10	20
中间消耗合计	100	110	100	10	200
增加值	35	70	35	35	70
产出	135	180	135	45	270

28.20　应该强调的是，SNA 的建议是采用记录方式 1，针对把货物运往国外加工的情况，*BPM6* 也是如此建议的。为了与过去的做法保持连续性，可以采用方式 2 作补充说明。方式 1 能够更准确地反映所发生的经济过程，而方式 2 则重点反映了物质转化过程。

28.21　如果将货物运往国外加工，那么在 SNA 或 *BPM6* 中，既不能把货物记为拥有其经济所有权国家的货物出口，也不能记为加工国家的货物进口。同样，在加工之后既不能记为加工国家的出口，也不能记为拥有其经济所有权国家的进口。唯一记录为出口和进口的项目是经济所有者和加工者之间商定的费用。

28.22　货物的实物流量将继续出现在商品贸易数据中。然而，加工后的产品代码可能与进入该国待加工产品的代码并不相同，因此进来的流量和出去的流量就难以匹配起来。

28.23　从记录方式 2 的表述可以看出，可以依据到达加工国的货物价值与离开加工国的成品价值的差额来推算加工费。可是，尽管有时推算的结果可能是加工费的合理近似，但也存在多种原因使它无法达于合理近似。

a. 如果加工过程会耗费大量时间，那么就可能存在会影响货物价值的持有损益。这些损益应计入经济所有者而非加工者名下。

b. 货物在加工过程中有可能丢失、损坏或者过时（在电子元件加工案例中已经观察到此种现象），这些其他物量变化也应该计入经济所有者而非加工者名下。

c. 加工后的货物价值在一定程度上可能远远大于零部件成本和加工费用之和，这是因为成品价值中会包括一部分 R&D 价值，它应处理为经济所有者的固定资本形成。

28.24　所有这些情况都强化了对表 28.2 两种记录方式中选择记录方式 1 的偏好。

3.　供给使用表与部门账户

28.25　正如第 14 章所解释的，从一套供给使用表中可以推导出 GDP 的三个估计值。由于供给使用表可以用物量单位表示，因此在其基础上可以估计经济增长率。然而，为得到一套完整的账户序列，需要按机构部门编制生产账户。为确保供给使用表与账户序列能够完美整合并具有一致性，需要在使用表中显示中间消耗和增加值的构成，并在纵列上按机构部门展开。

28.26　编制的起点是表 14.12 中有关中间消耗和增加值的那部分使用表。表 28.3 显示了一个略加合并后的使用表。

28.27　金融公司的归并是最简单的，因为通常情况下这类公司不会从事次要活动，其他机构单位也不会从事金融活动。在这些条件基本具备的情况下，金融和保险活动所在列就可完整地处理为金融公司机构部门。金融公司可能会为自身最终使用（如资本形成）从事一些生产活动，在这种情况下，应该在表 28.3 与自给生产有关部分的某个合适的列中增加一些内容来进行展示。但在本例中没有进行这种调整。

28.28 与非市场生产者相关的那些列必须划分为一般政府和 NPISH 两部分。此外，一般政府或 NPISH 有可能设立一些基层单位来从事市场生产活动——尽管本示例中并没有这样设定。这就可以解释，为什么非市场生产者也可能会获得少量营业盈余了。一般政府和 NPISH 还可以为自身最终使用（如资本形成）从事一些生产活动，但示例中没有做这样的设定。

28.29 最后一步是应将其余所有的列划分为非金融公司和住户两部分。由于一部分市场生产活动应该划归住户部门，所以生产活动的增加值中会含有混合收入。就是说，在本例中，住户不仅为自身最终使用而生产，还会从事部分农业、制造业、建筑业和贸易等市场活动。（需要注意的是，一般而言，其他部门也可以进行一些为自身最终使用的生产，但为了在总量层面保持简洁，本示例中没有做这样的设定）。

28.30 一旦这些计算都完成，就可以得到表 28.4，该表不仅显示了每个部门的总中间消耗，而且能显示出中间消耗的构成，此外，该表也能显示出增加值的构成项目。

表 28.3：来自表 14.12 的使用表

	产品使用	按购买者价格计算的总供给		产品税	产品补贴		产业中间消耗（按 ISIC 分类） 市场生产 农业、林业和渔业	制造业和其他工业	建筑业	贸易、运输、住宿餐饮业	信息及通信业	金融和保险业	房地产业	商务服务业	教育、卫生及社会服务业	其他服务业	市场生产小计
							(A)	(B－E)	(F)	(G－I)	(J)	(K)	(L)	(M－N)	(P－Q)	R－T 及 U	
		(1)	(2)	(3)	(4)	(5)	(6)	(7)	(8)	(9)	(10)	(11)	(12)	(13)	(14)	(15)	(16)
	产品（按 CPC 部门分类）																
	总使用																
1	农业、林业和渔业产品（0）	128					2	71	0	3	1	2	1	2	0	0	82
2	矿石和矿物，电、气、水（1）	263					3	190	1	6	3	2	1	2	0	0	208
3	制造业产品（2-4）	2161					27	675	63	44	16	16	9	19	4	5	878
4	建筑（5）	261					1	9	5	3	1	1	1	1	0	0	22
5	贸易、住宿、餐饮、运输服务(6)	216					3	65	3	25	4	4	2	4	0	0	110
6	金融保险（7，不包括 72-73）	159					1	36	5	18	1	3	3	7	1	1	76
7	房地产服务，租赁服务（72-73）	195					1	15	1	8	2	5	2	4	0	1	39
8	商务及生产服务（8）	272					2	70	12	15	10	18	9	19	7	9	171
9	社区和社会服务（92-93）	275					0	1	0	0	0		0	1	0	0	2
10	其他服务（94-99）	95					1	1	0	1	1	1	0	1	0	0	6
11	公共管理（91）	168					0	0	0	0	0	0	0	0	0	0	0
12	常住居民在国外的直接购买	43															0
13	非常住居民在国内的购买	0															0
14	合计	4236					41	1133	90	123	39	52	28	60	12	16	1594
15	总增加值/GDP			141	－8		37	728	118	139	61	94	66	123	51	66	1483
16	雇员报酬						19	547	79	102	32	44	49	79	43	47	1041
17	生产、进口税减生产、进口补贴			141	－8		－2	43	5	－5	－1	4	6	4	1	1	56
18	混合收入总额						4	30	3	9	0	0	0	0	0	0	46
19	营业盈余总额						16	108	31	33	30	46	11	40	7	18	340
20	固定资本消耗－混合收入						1	3	0	1	0	0	0	0	0	0	5
21	固定资本消耗－其他						8	80	11	30	7	12	5	12	1	2	168
22	总产出						78	1861	208	262	100	146	94	183	63	82	3077
23	劳动投入（工作小时数）						1840	31962	4244	8786	1332	1290	920	1562	494	642	53072
24	固定资本形成总额						10	122	8	49	14	7	5	7	1	2	225
25	固定资产期末存量						142	1861	143	731	208	143	102	147	22	29	3528

28.31　该表所显示的每个机构部门的中间消耗、产出和增加值构成的数据，就是账户序列中生产账户和收入形成账户里所列示的那些数据。

C. 投入产出表的推导

1.　什么是投入产出表？

28.32　从本质上说，投入产出表是根据使用表推导出来的：要么把使用表最左边两个象限中表示产业的列替换为产品，要么把使用表最上方两个象限中表示产品的行替换为产业。由此得到的中间消耗矩阵就是一个方阵，其行与列要么同时表示产品，要么同时表示产业。在这两种情形下，所得到产品 × 产品矩阵或产业 × 产业矩阵就整个矩阵而言，行和与列和都是相等的，因此，这种矩阵被认为是对称的。

表 28.3（续）：来自表 14.12 的使用表

	产业中间消耗（按 ISIC 分类划分）										出口		最终消费支出						资本形成总额			
	自给性最终使用				非市场生产											一般政府						
	农业、林业和渔业 (A)	建筑业 (F)	房地产和私人住户服务业 (L)	自给性最终使用小计	教育、卫生及社会服务业 (P－Q)	公共管理 (O)	非市场部分小计	产业合计	经济总体		货物	服务	最终消费支出小计	住户	NPISH	小计	公共消费	个人消费	资本形成总额小计	固定资本形成	存货变化	贵重物品获得减处置
	(17)	(18)	(19)	(20)	(21)	(22)	(23)	(24)	(25)	(26)	(27)	(28)	(29)	(30)	(31)	(32)	(33)	(34)	(35)	(36)	(37)	(38)
1	1	0	0	1	3	2	5	88			7	0	30	28	0	2	0	2	3	2	1	
2	0	0	0	0	5	4	9	217			7	0	40	40	0	0	0	0	－1	0	－1	
3	5	17	10	32	42	38	80	990			422	0	573	570	0	3	0	3	176	161	5	10
4	0	0	0	0	11	7	18	40			6	0	2	2	0	0	0	0	213	190	23	
5	0	0	0	0	4	5	9	119			0	55	42	42	0	0	0	0				
6	0	2	3	5	6	17	23	104			0	2	53	53	0	0	0	0				
7	0	0	0	0	8	10	18	57			0	1	115	115	0	0	0	0	22	22	0	
8	0	5	7	12	15	24	39	222			0	9	40	40	0	0	0	0	1	1	0	
9	0	0	0	0	24	8	32	34			0	2	239	21	14	204	0	204				
10	0	0	0	0	2	2	4	10			0	0	85	85	0	0	0	0				
11	0	0	0	0	1	1	2	2				0	166	5	2	159	156	3				
12													43	43								
13											20	9	－29	－29								
14	6	24	20	50	121	118	239	1883			462	78	1399	1015	16	368	156	212	414	376	28	10
15	5	12	80	97	91	50	141	1721	1854													
16	0	0	0		70	39	109	1150	1150													
17	0	0	0	0	1	1	2	58	191													
18	3	12	0	15				61	61													
19	2	0	80	82	20	10	30	452	452													
20	3	0	0	3				8	8													
21	1	0	15	16	20	10	30	214	214													
22	11	36	100	147	212	168	380	3604														
23	218	780	0	998	7299	8000	15299	69369														
24	1	1	124	126	13	12	25	376														
25	17	17	1851	1885	201	169	370	5783														

28.33 用产业维替代产品维，要以下面将讨论的若干可能模型中的某一个为基础。替代过程必然意味着：相对于供给使用表来说，对称型投入产出矩阵会更加远离基础数据源。因此，有必要说明为什么要做这种转换。

28.34 需要指出的是，表 14.12 中没有与矿石和矿物、电和水这一类产品相对应的列。如果存在这样的产品，没有一个产业将它作为主要产出，那么，要靠识别主要生产者（而非产品数）来决定对称型（方）矩阵的最终规模。

2. 投入产出矩阵的分析潜力

28.35 投入产出表的代数性质使其特别适合于分析，由此可对如下问题进行估计：相对价格变化的影响、由于产出水平变化而对劳动和资本需求变动的影响、需求模式变化之后果的影响等。投入产出表也可以作为扩展版本的基础，例如，用扩展表可以估计经济需求对环境的影响。

表 28.4：按产业和机构部门交叉划分的中间消耗和增加值

产品使用	非金融公司										金融公司	
	农业、林业和渔业	制造业和其他工业	建筑业	贸易、运输、住宿餐饮业	信息及通信业	房地产业	商务服务业	教育、卫生及社会服务业	其他服务业	产业合计	金融和保险业	产业合计
（按主产品划分的）货物和服务												
总使用												
1. 农业、林业和渔业产品（0）	2	68	0	3	1	1	2	0	0	77	2	2
2. 矿石和矿物，电、气、水（1）	3	182	1	6	3	1	2	0	0	198	2	2
3. 制造业产品（2-4）	24	643	61	38	16	9	19	4	5	819	16	16
4. 建筑（5）	1	8	5	3	1	1	1	0	0	20	1	1
5. 贸易、住宿、餐饮、运输服务（6）	3	61	3	23	4	2	4	0	0	100	4	4
6. 金融保险（7），不包括房地产	1	36	5	18	2	3	7	1	1	74	2	2
7. 房地产服务，租赁服务（72-73）	1	15	1	8	2	2	4	0	1	34	5	5
8. 商务及生产服务（8）	2	68	11	14	9	9	19	7	9	148	19	19
9. 社区和社会服务（92，93）	0	1	0	0	0	0	1	0	0	2	0	0
10. 其他服务（94-99）	1	1	0	1	1	0	1	0	0	5	1	1
11. 公共管理（91）	0	0	0	0	0	0	0	0	0	0	0	0
14. 合计	38	1083	87	114	39	28	60	12	16	1477	52	52
17. 总增加值/GDP	31	691	115	127	61	66	123	51	66	1331	94	94
28. 总产出	69	1774	202	241	100	94	183	63	82	2808	146	146
雇员报酬	18	540	79	99	32	49	79	43	47	986	44	44
混合收入总额												
营业盈余总额	15	108	31	32	30	11	40	7	18	292	46	46
生产、进口税减生产、进口补贴	-2	43	5	-4	-1	6	4	1	1	53	4	4
固定资本消耗	8	80	11	31	7	5	12	1	2	157	12	12
其中：混合收入												0
混合收入净额												
营业盈余净额	7	28	20	1	23	6	28	6	16	135	34	34

28.36　正如引言中所提到的，关于如何编制和使用投入产出表的文献很多。本节的目的只是为了说明将一对供给使用表转化为一张投入产出表时需要注意的几个关键方面。

28.37　将产业间矩阵中的每个元素除以位于相应列底部的总产出，并将得到的矩阵记为 A；总产出向量记为 x，总最终需求向量记为 y，则有：

$$Ax + y = x$$

该公式可改写为：

$$(I - A)\ x = y$$

或

$$x = (I - A)^{-1} y$$

28.38　矩阵（I－A）就是著名的列昂惕夫矩阵——列昂惕夫是利用投入产出表的先驱，矩阵 $(I-A)^{-1}$ 称为列昂惕夫逆。它是使得投入产出分析具有分析力的最终公式。

表 28.4（续）：按产业和机构部门交叉划分的中间消耗和增加值

产品使用	一般政府			NPISH		住户						总计
	教育、卫生及社会服务业	公共管理	产业合计	教育、卫生及社会服务业	产业合计	农业、林业和渔业	制造业和其他工业	建筑业	贸易、运输、住宿餐饮业	房地产业	产业合计	
（按主产品划分的）货物和服务												
总使用												
1. 农业、林业和渔业产品（0）	3	2	5	0	0	1	3	0	0	0	4	88
2. 矿石和矿物，电、气、水（1）	4	4	8	1	1	0	8	0	0	0	8	217
3. 制造业产品（2-4）	36	38	74	6	6	8	32	19	6	10	75	990
4. 建筑（5）	9	7	16	2	2	0	1	0	0	0	1	40
5. 贸易、住宿、餐饮、运输服务（6）	4	5	9	0	0	0	4	0	2	0	6	119
6. 金融保险（7）不包括房地产	5	17	22	1	1	0	0	2	0	3	5	104
7. 房地产服务，租赁服务（72-73）	7	10	17	1	1	0	0	0	0	0	0	57
8. 商务及生产服务（8）	13	24	37	2	2	0	2	6	1	7	16	222
9. 社区和社会服务（92，93）	21	8	29	3	3	0	0	0	0	0	0	34
10. 其他服务（94-99）	1	2	3	1	1	0	0	0	0	0	0	10
11. 公共管理（91）	1	1	2	0	0	0	0	0	0	0	0	2
14. 合计	104	118	222	17	17	9	50	27	9	20	115	1883
17. 总增加值/GDP	76	50	126	15	15	11	37	15	12	80	155	1721
28. 总产出	180	168	348	32	32	20	87	42	21	100	270	3640
雇员报酬	59	39	98	11	11	1	7	0	3		11	1149
混合收入总额						7	30	15	9		61	61
营业盈余总额	17	10	27	3	3	3	0	0	1	80	84	453
生产、进口税减生产、进口补贴	0	1	1	1	1	0	0	0	－1	0	－1	58
固定资本消耗	17	10	27	3	3	5	3	0	0	15	23	222
其中：混合收入												
混合收入净额						4	3	0	1	0	8	8
营业盈余净额	0	0	0	0	0	2	0	0	2	65	69	239

28.39 假设对制造业产品的需求增加了。甚至从供给使用表中也可以看到，为了满足制造业产品产出增长的需要，需要加大几乎所有类型产品的投入。对一系列产品需求的此类增长称为需求变化的直接效应。然而，所有这些产品的需求增加后就会导致又一轮所有产品产出的增加，而这又引发了另一组产出的增加，以此类推。每一轮产生的效应都小于上一轮，直到这些效应变得微不足道。第二轮和以后各轮产生的效应的总和，被称为需求变化的间接效应。

28.40 用刚刚引入的上述数学符号来表示：直接效应等于 Ay，第二轮效应为 A^2y，第三轮效应为 A^3y，依次类推。可以证明：$(I-A)^{-1}$可以写为 $I+A+A^2+A^3+A^4\cdots$。对称矩阵的分析功能就是来源于此，因为只有 A 是方阵，这个公式才能运行。

28.41 只要需求 y 的变化足够小，矩阵 A 的平均系数就可能是对新情形的一个较好的逼近，这样就能计算出 x 的新水平。如果需求变化大到使得 A 矩阵发生了显著变化——此时需要依据的是边际系数而非平均系数，该方法就会失效。

28.42 矩阵 A 有时也被称为技术系数矩阵，可以提供观察经济运行方式的视角。在初级产品占主导地位、国内经济几乎不存在加工活动的经济中，矩阵 A 内显著非零的元素相对较少。随着经济发展和对初级产品的加工越来越普遍，经济体系内活动的纵向和横向一体化程度增加，矩阵 A 中越来越多的元素会反映出此种情况。通过研究与在生产过程不同阶段有关的各个产业，就能理解增加值是如何产生的。例如，棉花作为一种农产品被种植，收获后要分捡为棉绒和种子（轧棉），然后棉绒可纺成纱，纱又可织成布。如果这些活动都是由不同产业进行的，那么就可以看到从棉花的种植到最终供使用的布料之整个过程中，增加值是从何处产生的。

3. 次要产品

28.43 如 *ISIC* 等产业分类基本上是根据所生产的典型货物或服务的种类来确定产业的。但由于种种原因，产品个数要多于产业个数，一些产品可能会在几个产业生产。

28.44 为了限制每个单位的产品个数并能与基本生产统计接轨，引入了基层单位的概念。原则上，一个基层单位只能在一个地点生产一种产品，但 SNA 也承认在实践中不可能把生产划分得如此精细。对很多基层单位生产超过一种产品的情况进行处理，是计算对称型投入产出矩阵的基本思想。

28.45 由于次要产品的存在，需要将供给使用表转化为投入产出表。如果产品个数与产业个数相等，且每个产业仅生产一种产品，编制国内经济的供给表是没有必要的；而且各产业列的列和在数值上会等于各产品行的行和；此外，在此种情况下，产业间矩阵在最初编制时就是方阵。正如其他地方所提到的，使用基层单位而非企业的背后意图，以及要在相当细分类的层次上编制供给使用表的原因，就是为了在满足操作可行性的条件下尽可能接近此种情形，尽管仍难免存在一些次要产品。

28.46 有三种类型的次要生产：

a. 辅助产品：是指那些与主要产品技术上无关的产品。恰当的例子包括：大型零售商拥有卡车车队主要用于为自身提供服务，但有时也会用于为其他单位提供运输服务；又如农民将其一部分土地作为拖车营地使用；再如采矿公司为其工人修建通行道路和提供膳宿。

b. 副产品：是在另一产品的生产过程中同时生产出来的、被认为相对次要的产品，例如高炉所产生的气体。

c. 联产品：是另一产品的生产过程中同时生产出来的、不能视为相对次要的产品（例如牛肉和牛皮）。

将一对供给使用表化简化为一张投入产出矩阵，有两种可能的操作方式：一种是只按产品表示投入产出矩阵，另一种是只按产业表示投入产出矩阵。

4. 重新分配次要产品

28.47 有两种基本方法可用来消除次要产品，这两种方法都是将来自使用矩阵的信息应用到供给矩阵，将其化简为纯对角阵。一旦这样做了，供给矩阵就不再包含更多的有用信息，也不再需要展现。转换后的使用矩阵就是通常所指的投入产出矩阵。

28.48　在利用最简单可行的方法推导产品×产品矩阵时，使用矩阵的最终需求象限应保持不变。因为该象限已经表示了按产品分类的需求，故而不需要改变。但是，使用矩阵的中间消耗和增加值部分需要从产业维变为产品维。矩阵的行和已经给出了正确的产品总量，所以只需在行和给定的情况下，从一列到另一列重新分配表中各单元格的数值。该方法称为工艺方法，它假定产品的性质决定了对中间消耗、劳动和资本投入的需求。

28.49　在利用最简单可行的方法推导产业×产业矩阵时，使用矩阵的增加值部分是无须改变的，而且由于总产出水平不变，只有中间消耗的构成而非总计发生变化。因此，需要在行之间而不是在列之间进行重新分配。与产品×产品矩阵的推导成对比的是，最终需求象限将会改变，要变为显示对供给产品之产业的需求而非显示对产品本身的需求。该方法称为销售份额方法，它假定产业的销售份额不随其产出水平的变化而变化。

28.50　技术假定和销售份额假定都非常简单，在实践中可能会使用更一般化的方法，但首先对这两个假定进行更细致的检验是有帮助的。

产品×产品表

28.51　通过以下两种途径可以推出一个产品×产品矩阵：

a. 产业部门工艺假定，它假设每个产业无论产品构成如何，都有自己特定的生产工艺(即生产的所有产品都具有相同的投入结构)。

b. 产品工艺假定，它假设每一种产品不论由哪个产业生产，都具有自己特定的生产工艺（即具有相同的投入结构）。

28.52　用实例来解释是最简单的。从表 14.12 的上半部分可以看出，建筑业生产的 208 单位的产品中有 6 单位是制造业产品。从表 14.12 的下半部分（表 28.3 又再次给出）可以看出制造业和建筑业生产中的必要投入。表 28.5 前两个数值列又重新列出了这些数据，接下来的两个数值列则以百分比形式给予显示。例如，制造业生产一单位的产品需要使用 0.038 单位的农产品、0.102 单位的矿石和矿物产品等等；建筑业生产一单位的产品不需要农产品，需要使用 0.005 单位的矿石和矿物产品等。

28.53　为了创建产品×产品矩阵，有必要从建筑业一列中扣除生产 6 单位制造业产品的有关成本，加到制造业一列中。所有次要生产的调整完成之后，这些列表示的就是产品而不是产业了。

产业部门工艺假定

28.54　在产业部门工艺假定下，显示制造业产品是如何生产出来的系数要取决于生产它们的产业。因此，为了从建筑业重新分配 6 单位制造业产品到现在仅指制造业产品的列中（暂时忽略其他次要产品），要以 6 乘以建筑业系数，将所得数值作为一组投入从建筑业一列中减去，增加到制造业一列中。这些结果在表 28.5 的第 5 个和第 6 个数值列中列出。

产品工艺假定

28.55　在产品工艺假定下，显示制造业产品是如何生产出来的系数就是制造业的系数，无论它们实际上是在哪个产业生产的。在这种情况下，为了从建筑业重新分配出 6 个单位的制造业产品，要以 6 乘以制造业系数，将所得数值从建筑业一列里减去，增加到制造业列中，这些结果在表 28.5 的第 7 个和第 8 个数值列中列出。

28.56　特别需要指出由这些假定所引起的问题。如果使用产品工艺假定，那就意味着，假设建筑业所生产的制造业产品需要消耗数量不多的食品。然而，建筑业消耗的农产品实际记录为零，因此从该单元格的记录值中扣除这些农产品投入就会得出负值。在产业部门工艺假定下不会出现负值元素。从逻辑上讲是不可能出现负值元素的，由

表 28.5：一个例子：从建筑业到制造业重新分配产品

产品使用	制造业和其他工业	建筑业	制造业和其他工业	建筑业	制造业和其他工业	建筑业	制造业和其他工业	建筑业
	使用表		系数形式		产业部门工艺		产品工艺	
1. 农业、林业和渔业产品（0）	71	0	3.8	0.0	71.0	0.0	71.2	-0.2
2. 矿石和矿物，电、气、水（1）	190	1	10.2	0.5	190.0	1.0	190.6	0.4
3. 制造业产品（2-4）	675	63	36.3	30.3	676.8	61.2	677.2	60.8
4. 建筑（5）	9	5	0.5	2.4	9.1	4.9	9.0	5.0
5. 贸易、住宿、餐饮、运输服务（6）	65	3	3.5	1.4	65.1	2.9	65.2	2.8
6. 金融保险（7，不包括 72-73）	36	5	1.9	2.4	36.1	4.9	36.1	4.9
7. 房地产服务，租赁服务（72-73）	15	1	0.8	0.5	15.0	1.0	15.0	1.0
8. 商务和生产服务（8）	70	12	3.8	5.8	70.3	11.7	70.2	11.8
9. 社区和社会服务（92-93）	1	0	0.1	0.0	1.0	0.0	1.0	0.0
10. 其他服务（94-99）	1	0	0.1	0.0	1.0	0.0	1.0	0.0
11. 公共管理（91）	0	0	0.0	0.0	0.0	0.0	0.0	0.0
合计	1133	90	61	43	1135.6	87.4	1136.7	86.3
总增加值	728	118	39	57	731.4	114.6	730.3	115.7
总产出	1861	208	100	100	1867	202	1867	202

此为赞同使用产业部门工艺假定而非产品工艺假定提供了一个论据。

产业×产业表

28.57 正如有两种途径可以得到产品×产品表一样，获得产业×产业表也有两种途径，分别为：

a. 固定产品的销售份额，假设使用者的需求结构取决于产品而非销售该产品的产业。

b. 固定产业的销售份额，假设使用者对同一产业的各种产品总是有相同的需求结构。

28.58 虽然没有针对产业×产业表的编制提供类似于表 28.5 的表，但该表的构建方式是相似的且并不复杂，只不过此时使用表上的调整应该按行进行而非按列进行。

28.59 为了创建一个产业×产业表，有必要将 6 单位制造业产品的使用从制造业行转到建筑业行。所有次要生产的调整完成之后，这些行表示的将是产业而非产品。

固定产品销售份额

28.60 在这种情况下，为了将建筑产业提供的 6 单位制造业产品分配给建筑业所在行，要按制造业行的产品去向比例将制造业行的一部分分配给建筑业行。这样处理所获得的矩阵不会包含负值元素。

固定产业销售份额

28.61 此时要按建筑业行的产品去向比例，将建筑业提供的 6 个单位制造业产品从制造业行重新分配给建筑业行，这样处理所获得的矩阵可能就会包括负值元素。

方法的选择

28.62 对投入产出表编制者而言，有四种基本方案可供选择：

a. 使用产品工艺假定编制产品×产品表

b. 使用产业部门工艺假定编制产品×产品表

c. 假定产品销售份额固定编制产业×产业表

d. 假定产业销售份额固定编制产业×产业表

选用方案 a 和 d 可能会出现负值元素，选用方案 b 和 c 则不会出现负值元素。

28.63 可以同时编制产品×产品表和产业×产业表，它们各自具有不同的分析功能。例如，为确保与价格指数严格保持一致，编制产品×产品表更为可取。为与劳动力市场问题衔接，编制产业×产业表可能会更有用。但是，传统上大量研究兴趣聚焦于产品×产品表，这在很大程度上与对背后技术问题的关注相关。而随着不同产业之间的经济关联逐渐增强，对产业×产业表的研究兴趣必然会更加浓厚。

混合方法

28.64 在实践中，一般不会单独地使用某一种方法。了解所关注的产品或产业类型应有助于判断，基于产业的转化程序亦或基于产品的转化程序哪一个最合适。尽管在一开始有时会出现负值，次要产品仍可以选择不同的处理方式。

28.65 各种方法之间的差异程度取决于多种因素，尤其是取决于体现在供给矩阵中的次要生产程度。一般来说，产业分解得越细，需要重新分配的次要产品就越少，投入产出表与供给使用表就越接近。一些国家确实更偏好于使用分类非常详细的供给使用表，从来都不编制对称表。

28.66 为了详细说明所涉及的各种方法之间的差异，表 28.6 和表 28.7 首先展示了将第 14 章中之供给使用表仅按产业部门工艺假定转化为产品×产品表所得到的结果，然后展示了将供给使用表只按照产品销售份额固定假定转化为产业×产业表所得到的结果。

转换所需的数据库

28.67 对称型投入产出表编制的起点是一对以基本价格表示的供给使用表。即使基本价格使用表的估算与基础统计资料和实际观测值相去不远，但仍然需要强调，投入产出表是一种分析架构，不是直接观测到的现象的汇编。

28.68 进而，将基本价格使用表划分为如下两部分是有好处的：一部分呈现与国内产出有关的元素，另一部分呈现与进口有关的元素。这种划分对统计资料的要求非常高，但其结果允许在处理进口时存在很大的灵活性，还能就需求对常住生产者和国外生产者供给的影响作出清晰的分析。

28.69 进口的实际处理方式是一个非常复杂的话题，会有多种方案可供选择。在一些经济体中，一些重要的产品只能通过进口获得，所以从进口中将“非竞争性”的进口分离出来特别引人关注。

28.70 另一个需要认真考虑的问题是所需要的产品和产业分类的详细程度，它将随着统计机构可获得的资料和结果的用途不同而变化。

D.　社会核算矩阵

1.　以矩阵形式表示账户序列

28.71 使用表中有一部分与产品的去向有关，它以矩阵形式展示了货物和服务账户的一方。然而，它也可以用如下一系列子矩阵来表示：反映中间消耗的子矩阵、反映最终消费的子矩阵、反映资本形成的子矩阵以及

表 28.6:产品×产品投入产出矩阵示例

产品使用	按产品组划分的中间消耗：农业、林业和渔业产品	制造业和其他工业产品	建筑	贸易、运输、住宿餐饮	0	金融和保险	房地产活动	0	商务和信息服务	教育、卫生及社会服务	其他服务	公共管理	产业合计			出口：货物	出口：服务	最终消费支出合计	住户	NPISH	一般政府：小计	一般政府：公共消费	一般政府：个人消费	资本形成总额小计	固定资本形成总额	存货变化	贵重物品获得减处置	经济总计
农业、林业和渔业产品	3	43	0	3	0	2	1	0	3	3	0	2	60			7	0	17	15	0	2	0	2	3	2	1	0	87
制造业和其他工业产品	32	658	74	39	0	18	21	0	37	47	6	42	974			403	0	449	446	0	3	0	3	84	80	4	0	1910
建筑	1	10	5	3	0	1	1	0	2	11	0	7	40			6	0	2	2	0	0	0	0	196	173	23	0	244
贸易、运输、住宿餐饮	4	69	6	18	0	4	2	0	6	8	0	5	123			16	55	36	36	0	0	0	0	3	3	0	0	233
金融和保险	1	34	7	16	0	0	6	0	2	7	1	17	91			0	2	53	53	0	0	0	0	0	0	0	0	146
房地产	1	16	1	7	0	5	2	0	5	8	1	10	57			0	1	115	115	0	0	0	0	22	22	0	0	195
商务和信息服务	2	72	16	12	0	17	15	0	26	21	10	22	212			0	9	33	33	0	0	0	0	1	1	0	0	255
教育、卫生及社会服务	0	1	0	0	0	0	0	0	1	24	0	8	34			0	2	239	21	14	204	0	204	0	0	0	0	275
其他服务	1	1	0	1	0	1	0	0	2	2	0	2	10			0	0	81	81	0	0	0	0	0	0	0	0	91
公共管理	0	0	0	0	0	0	0	0	0	1	0	1	2			0	0	166	5	2	159	156	3	0	0	0	0	168
调整：																												
税收减补贴	1	35	5	2	0	1	1	0	0	1	0	2	48	0	0	10	0	54	54	0	0	0	0	21	21	0	0	133
进口	0	213	0	10	0	3	0	0	6	0	0	0	232	0	0	0	0	140	140	0	0	0	0	84	74	0	10	456
常住居民在国外的直接购买																		43	43									43
非常住居民在国内市场的购买																20	9	−29	−29									0
总计，按购买者价格计	46	1151	114	110	0	52	50	0	90	133	19	118	1883			462	78	1399	1015	16	368	156	212	414	376	28	10	4236
总增加值/GDP	41	758	130	123	0	94	145	0	166	142	72	50	1721		185													
雇员报酬	19	565	80	90	0	44	51	0	100	113	49	39	1150		4													
生产税减补贴	−2	43	5	−4	0	4	6	0	3	2	1	1	58		191													
固定资本消耗	12	88	11	27	0	12	20	0	17	21	3	10	222															
混合收入总额	6	33	13	8	0	0	0	0	0	0	0	0	61															
营业盈余总额	18	118	31	29	0	46	88	0	63	27	23	10	452															
总产出	87	1909	244	233	0	146	195	0	256	275	91	168	3604															

表 28.7：产业×产业投入产出矩阵示例

产品使用	按产品组划分的中间消耗												出口					一般政府							
	农业、林业和渔业	制造业和其他工业	建筑业	贸易、运输、住宿餐饮业	金融和保险业	房地产业	商务和信息服务业	教育、卫生及社会服务业	其他服务业	公共管理	产业合计		货物	服务	最终消费支出小计	住户	NPISH	小计	公共消费	个人消费	资本形成总额小计	固定资本形成总额	存货变化	贵重物品获得减处置	经济总计
农业、林业和渔业	3	44	0	3	2	1	3	3	0	2	61		7	0	18	16	0	2	0	2	3	2	1	0	89
制造业和其他工业	32	632	72	43	18	20	39	46	5	41	948		392	2	435	432	0	3	0	3	85	81	5	0	1862
建筑业	1	13	5	3	1	1	2	11	0	7	44		8	0	5	5	0	0	0	0	187	165	22	0	244
贸易、运输、住宿餐饮业	4	74	7	21	4	2	8	9	0	6	135		20	53	45	45	0	0	0	0	8	7	0	0	262
金融和保险业	1	31	7	18	0	6	3	7	1	17	91		0	2	53	53	0	0	0	0	0	0	0	0	146
房地产业	1	15	1	8	5	2	6	8	1	10	56		0	1	116	116	0	0	0	0	21	21	0	0	194
商务和信息服务业	2	76	17	14	17	15	29	21	9	22	223		5	9	41	41	0	0	0	0	5	4	0	0	282
教育、卫生及社会服务业	0	1	0	0	0	0	1	24	0	8	34		0	2	239	21	14	204	0	204	0	0	0	0	275
其他服务业	1	1	0	1	1	0	2	2	0	2	9		0	0	73	73	0	0	0	0	0	0	0	0	82
公共管理	0	0	0	0	0	0	0	1	0	1	2		0	0	166	5	2	159	156	3	0	0	0	0	168
调整：																									
税收减补贴	1	35	5	2	1	1	0	1	0	2	48		10	0	54	54	0	0	0	0	21	21	0	0	133
进口	0	213	0	10	3	0	6	0	0	0	232		0	0	140	140	0	0	0	0	84	74	0	10	456
常住居民在国外的直接购买															43	43									43
非常住居民在国内市场的购买													20	9	−29	−29									0
总计，按购买者价格计	47	1133	114	123	52	48	99	133	16	118	1883		462	78	1399	1015	16	368	156	212	414	376	28	10	4236
总增加值/GDP	42	728	130	139	94	146	184	142	66	50	1721	1854													
雇员报酬	10	122	8	49	7	5	21	71	2	39	334														
生产税减生产补贴	−2	43	5	−5	4	6	3	2	1	1	58	191													
固定资本消耗	4	0	0	0	0	15	0	21	2	10	52														
总混合收入	3	0	12	0	0	0	0	0	0	0	15														
总营业盈余	2	0	0	0	0	80	0	20	0	10	112														
总产出	89	1861	244	262	146	194	283	275	82	168	3604														

反映出口的子矩阵。这些子矩阵可以分别与生产账户、收入使用账户、资本账户和国外账户相联系。与之类似，供给表则展示了货物和服务账户的另一方，它也可以用两个子矩阵表示，一个与生产账户（产出）相联系，一个与国外账户（进口）相联系。用这些子矩阵及其有关账户在水平方向上列出使用表，在纵向上列出供给表，就可得到表 28.8。表中行和列标有 E 者表示该经济总体，标有 R 者表示国外。

28.72 这种表述形式的吸引力在于，货物和服务账户这一组的行和与列和是相等的。对第二组即生产账户而言，行和与列和并不匹配，但做到这一点并不难。可以在中间消耗的下方，插入增加值各项作为第三组行，这样生产账户的列和就会等于其行和。但现在并没有给出一个包括增加值在内的第三组行。由于增加值最后会结转到收入初始分配账户里，因此第三组行可如表 28.9 的方式列出。

28.73 为了与第三组行相匹配，在生产账户和收入使用账户这两组列之间插入了第三组列，将财产收入置于第三组行和第三组列的交叉处，进而插入第四组行以显示初始收入，因为它会出现在收入再分配账户中。按这样的方式进行，就可以连续插入行组和列组，直到如表 28.10 一样覆盖整个账户序列。

28.74 通过纳入反映国外和经济总体的单元，国际收支平衡表的平衡项也能得到显示，如表 28.9 中的 -41。

28.75 扩展表 28.10，可以将资产负债表纳入其中，如表 28.11 所示。为此需要在初始表的上方增加一行，引入期初资产负债表；在下方添加如下三行：第一行显示资产物

表 28.8：以矩阵形式表示的货物和服务账户

		货物和服务账户 E	R	生产账户 E	R	收入使用账户 E	R	资本账户 E	R	总使用
货物和服务账户				中间消耗		最终消费		资本形成总额		
	E	出口	540	1883		1399		414		4236
	R	进口 499								
生产账户		产出								
	E	3737								
	R									
总供给		4236								

表 28.9：以矩阵形式表示的供给使用表

		货物和服务账户 E	R	生产账户 E	R	收入使用账户 E	R	资本账户 E	R	合计
货物和服务账户				中间消耗		最终消费		资本形成总额		
	E	出口	540	1883		1399		414		4236
	R	进口 499								499
生产账户		产出								
	E	3737								3737
	R									
收入初始分配账户				增加值 1854						
			-41							
合计		4236	499	3737						

表 28.10：以矩阵形式表示账户序列中的流量账户

		货物和服务账户		生产账户		收入初次分配账户		收入再分配账户		收入使用账户		资本账户		金融账户		合计
		E	R	E	R	E	R	E	R	E	R	E	R	E	R	
货物和服务账户	E	出口	540	中间消耗 1883						最终消耗 1399		资本形成总额 414				4236
	R	进口 499														499
生产账户	E	产出 3737														3737
	R															0
收入初次分配账户	E			增加值 1632		财产收入 438	50									2120
	R		−41			40										−1
收入再分配账户	E					初始收入 1642		经常转移 1174	17							2833
	R						−51	55								4
收入使用账户	E							可支配收入 1604		养老金权益变化 11						1615
	R								−13							−13
资本账户	E			固定资本消耗 222						储蓄 205		资本转移 61	1			489
	R										−13	4				−9
金融账户	E											净借入或净贷出 10				10
	R												−10			−10
合计		4236	499	3737	0	2120	−1	2833	4	1615	−13	489	−9	0	0	

表 28.11：以矩阵形式表示的包括资产负债表在内的账户序列

		货物和服务账户 E	货物和服务账户 R	生产账户 E	生产账户 R	收入初次分配账户 E	收入初次分配账户 R	收入再分配账户 E	收入再分配账户 R	收入使用账户 E	收入使用账户 R	资本账户 E	资本账户 R	资产账户 E	资产账户 R	金融账户 E	金融账户 R	合计
期初资产负债表														非金融资产 4621		金融资产减负债 469		
货物和服务账户	E	出口	540	中间消耗 1883						最终消费 1399				资本形成总额 414				4236
	R	进口 499																499
生产账户	E	产出 3737												固定资本消耗 −222				3515
	R																	0
收入初次分配账户	E			增加值 1632		财产收入 397	50											2079
	R		−41			40												−1
收入再分配账户	E					初始收入 1642		经常转移 1174	17									2833
	R						−51	55										4
收入使用账户	E							可支配收入 1604		养老金权益变化 11								1615
	R								−13									- 13
资本账户	E									储蓄 205		资本转移 61	1					267
	R										−13	4						- 9
资产账户	E											非金融资产获得 192						192
	R																	0
金融账户	E											净借入或净贷出 10						10
	R												−10			10		0
合计		4236	499	3515	0	2079	−1	2833	4	1615	−13	267	−9	192	0	10	0	
资产物量其他变化账户														10				
重估价账户														280		8		
期末资产负债表														5103		487		

量其他变化账户，第二行与重估价账户有关，最后一行是期末资产负债表。对表 28.6 还需要做如下两项调整：第一项调整的目标是固定资本消耗项目，需要将原本作为资本账户的行和生产账户的列的固定资本消耗，转置后置于作为资本账户的列和生产账户的行，但需要带负号；第二项调整是将资本账户分为两部分，第一组行和列涵盖账户的所有项目，而第二组行和列涵盖用于资本形成总额的产品细分类信息，由此即可形成资产账户中的非金融资产部分。

28.76　举例来说，从期初资产负债表中固定资产单元格开始沿着列向下阅读，期初固定资产价值加上资本形成价值，减去固定资本消耗，加上资产物量其他变化，再加上重估价项目，就等于期末资产负债表中的固定资产价值。对金融资产减负债而言，上述恒等式也是成立的。

2.　矩阵扩展

28.77　只要在行和列两个维度上保持一致的操作，就可以扩展和重新安排矩阵的行与列。没有必要严格遵循账户序列的顺序或其显示的详细程度。只要机构单位的集合能够确定，就可以扩展或压缩账户中所包括的交易。

28.78　将固定资本消耗从账户的一方转置到另一方，并从正值改为负值，这个例子说明了应该如何使用矩阵形式以加强资产账户间的衔接。

28.79　在关键项目上纳入其他分类方式也是可以的。例如可以包括称为“人类需求”的一行，基于住户消费功能分类来显示每组住户需要多少食品、住房等。在消费支出一列中，可以根据产品和住户组对需求进行交叉分类。

28.80　对矩阵做进一步扩展，可用以显示如财产收入和转移之类流量从谁到谁的详细信息。

28.81　矩阵表述形式具有很强的灵活性，它以简洁的图表形式展示了账户之间的联系。但另一方面，矩阵表述形式也存在以下缺点：

a. 如果不对表中各种主要元素进行详细的文字解释，读者必须对 SNA 有很好的理解，才能理解表中所记录数字的含义。

b. 此类表中总包含许多空白，这意味着它并不是一种对大量数据进行展示的有效方式。

一般来说，矩阵形式最适合解释按单个单元或组合单元等更传统的形式所呈现的账户结构。

3.　分解住户部门

28.82　扩展账户序列的核算矩阵以包括细化的住户部门，常被做为社会核算矩阵（SAM）之卫星账户的通用形式。经过如此处理之后，就会超越严格的基于观测的账户结构，结果就可以基于住户收支调查——在某些情况下也会进行一次性单独调查——将收入分配到各组住户。正如第 24 章中关于住户部门的解释那样，这样做的问题在于：SNA 中的收入流是与个人——雇员、财产收入接受者或是转移接受者——挂钩的，而支出流则是与住户挂钩的。将个人映射到住户肯定不容易，需要一套或强或弱的假定。要针对政府政策如何影响住户及其消费进行分析，都需要进行这种映射。

4.　应用于劳动力账户的 SAM

28.83　SAM 能发挥作用的一个例子是劳动力账户，该账户用来展示就业与失业的水平和结构。在这一领域，SAM 通过按雇员类型对雇员报酬进行细分，常常可以提供额外的信息。这种细分既可以应用于显示按产业分类的劳动力使用，如供给使用表所示，也可以应用于显示按社会经济状态分组的劳动力供给，如住户收入初始分配账户所示。这意味着，该矩阵不仅可以展示各种产品的供给和使用，而且可以展示各种劳动服务的供给和使用。

28.84　为了全面展示住户和劳动力市场之间的关系，可能还需要以下资料：

a. 构成 SAM 中流量之基础的各种存量，

例如按住户类型分类的人口规模和构成（包括潜在劳动力），以及各产业的生产能力；

b. 对自雇者来说，需要获得资产（比如农田、耐用消费品）持有的信息，以及金融资产和负债的相关信息；

c. 相关各种非货币单位的社会经济指标，例如预期寿命、婴儿死亡率、成人识字率、营养摄取量、（公共）卫生和教育设施的可获得性，以及按住户类型分类的居住情况。（参见《社会与人口统计体系》（联合国，1975））；

d. 一些改道处理，比如按住户群体分类的实物社会转移。

28.85 比较 SAM 中列出的所有雇员的劳动收入，将这些收入分解为全时就业当量和平均工资率，以及按人员和住户类型来划分潜在劳动力（以“全时”当量表示），就可以得到失业构成的详细信息，以及在概念上和数量上与其他宏观经济指标一致的一个总量指标（“全时”失业当量），这些信息也可以从 SAM 框架中推导出来。

第 29 章　卫星账户和其他扩展

A.　引言

29.1　由于核算体系的内在严密性，整个账户序列在很大程度上可完全整合为一体。但是，未必非要亦步亦趋地遵循前面章节所述准则。SNA 最大的优点就是其勾稽关系足够稳健，在实施中可以有很大的灵活性而仍能保持其综合性、经济完整性和内部一致性。本章即将阐述如何应用这种灵活性的一些方式。

1.　功能分类

29.2　如前几章所述，由“购买什么”变为回答“支出为什么会发生”，可以大大增强 SNA 的分析力。回答该问题的一种方法是使用支出的功能分类。B 节阐述了这种分类。这些功能分类对 SNA 起着非常重要的作用，并且还会成为某些卫星账户的起点。

2.　关键部门账户

29.3　打破产品分类（CPC）和产业分类（ISIC）的标准顺序与排列层级，从中选择对经济具有特殊重要性的一组产品或产业组成关键部门，是极有意义的。此类选择可能相当具体，如专注于某一种农作物或一种矿物；也可能比较宽泛，如选择主要服务于旅游的全部货物和服务。无论哪种情况，都可以按照集中于关键部门、同时合并所有其他产品和产业的模式编制一套供应使用表。有时，有些活动是由数量相当少且规模相当大的若干企业承担的，如果是这样，则可以更进一步，对这些关键部门编制出完整的账户系列。这些方法将在 C 节阐述。

3.　卫星账户

29.4　更具灵活性并体现进一步扩展的一种形式是编制卫星账户。正如其名称所示，它与中心体系相连接但又不同于中心体系。卫星账户可能有许多个，尽管每个卫星账户都与中心体系一致，但它们彼此之间未必总是一致。

29.5　广义而言，卫星账户有两种。一种涉及重新排列中心分类并可能引入补充内容。这种卫星账户主要包括为教育、旅游和环境保护支出等领域量身定制的账户，可视为刚才所述关键部门账户的扩展。它们可能与中心体系有些不同，如对辅助活动采取了另一种处理方法，但并未从根本上改变 SNA 的基本概念。开发这种卫星账户的主要原因是：如果将感兴趣的所有部门的全部细节都纳入到标准核算体系中，会使该体系负担过重，并可能分散对账户整体主要特征的注意力。卫星账户中显示的许多内容在中心账户中是看不见的。这或者是因为这些内容虽然在编制中心账户时有明确的估计，但它们被合并成更综合的数字来展示，或者是因为这些内容仅是整体估计的交易的内在构成部分。

29.6　第二类卫星分析主要以对 SNA 概念的替代为基础。可供考虑的基本概念的各种变化将在 D 节讨论。这些变化包括生产范围的不同选择、消费概念或资本形成概念的扩大、资产范围的扩展等等。通常可以同时使用若干个替代概念。第二类分析与第一类一样可能会涉及分类变化，但其重点是替代概念。使用这些替代概念，可能会形成局部的补充性总量，其目的是对中心体系进行补充。

29.7 E 节给出了可用于卫星账户的一些表格。在展示这些表格时再次建议要体现灵活性，但 E 节所示表格的主体已被证明在多种情况下是有用的。

29.8 开发多少个以及开发哪些卫星账户或其他扩展账户，是完全灵活的，这是 SNA 重视灵活性的一种延伸表现。卫星账户，尤其是第二类卫星账户，允许使用新概念和新方法论进行实验，因而比在中心体系中有更大的自由度。如果有若干国家开发了类似的卫星账户，通过经验交流可获得有益的改进，从而就可以针对该特定主题建立国际指南，并最终有可能导致中心体系的改变。本章的 F 节将报告此类研究的一些实例。

B. 功能分类

29.9 SNA 使用专门的分类方法——即按照支出发生的目的——来分析各部门的消费或更一般意义的支出。这种分类称为功能分类。有关的分类如下：

a. 个人消费目的分类（COICOP）；

b. 政府职能分类（COFOG）；

c. 为住户服务的非营利机构目的分类（COPNI）；

d. 生产者支出目的分类（COPP）。

29.10 上述分类的全部细节可参见《支出目的分类》（联合国，2000）。

29.11 这些分类的主要目的是提供统计资料，经验表明，这些统计资料可用于多种分析用途。例如，COICOP 分类列示了诸如住户在食品、健康和教育服务上支出之类的项目，它们都是重要的国民福利指标；COFOG 列示了政府在卫生、教育、国防等方面的支出，它们也被用来区分政府提供的公共服务和个人消费性货物服务；COPP 可提供企业服务“外包”信息，即生产者在多大程度上是从外部购买餐饮、清洁、运输、审计和其他服务，而这些服务以前是作为企业内部辅助活动提供的。

29.12 为满足特定类型分析的需要，功能分类还提供了重新加工 SNA 各主要总量指标的方法。其中一些方法将在本章后面几节阐述。例如：

a. 对某些分析目的而言，可以认为 SNA 中资本形成总额的定义过于狭窄。在研究劳动生产率变化的原因时，研究者常常需要测算的“人力资本”通常是根据过去的教育支出资料推算得出的。上述四种功能分类都确认了教育支出，因此可得到住户、政府、非营利机构和生产者所发生的教育支出；

b. 在研究住户的支出和储蓄时，一些研究者会将耐用消费品支出当作资本支出而不是经常支出。COICOP 确认了耐用消费品支出，从而便于实现这一想法；

c. 在研究经济增长对环境的影响时，研究者通常希望能够识别出环境保护支出。COFOG 和 COPP 均将环境保护支出作为其一级分类的范畴之一。

1. COICOP

29.13 COICOP 包括 14 个主要类别。前 12 类之和等于住户的个人消费总支出。后两类是 NPISH 和一般政府所进行的那部分消费支出，它们处理为实物社会转移。全部 14 项的合计就是住户的实际最终消费。这 14 个类别如下所示：

1. 食品和非酒精饮料
2. 酒精饮料、烟草和麻醉品
3. 服装和鞋类
4. 住房、水、电、气和其他燃料

5. 家具、家用设备和家庭日常维修
6. 健康
7. 运输
8. 通信
9. 娱乐和文化
10. 教育
11. 餐饮和住宿
12. 其他货物和服务
13. NPISH 的个人消费支出
14. 一般政府的个人消费支出

29.14　住户收支调查通常使用基于 COICOP 的分类体系来收集住户支出信息，然后再将它们按产品重新分类以便用于供应使用表，这已在第 14 章和第 28 章中进行过讨论。

2.　COFOG

29.15　COFOG 有如下十个主要类别：

1. 一般公共服务
2. 国防
3. 公共秩序和安全
4. 经济事务
5. 环境保护
6. 住房和社区设施
7. 卫生
8. 娱乐、文化和宗教
9. 教育
10. 社会保障

29.16　正如第 22 章所述，COFOG 可用于分析和展示政府财政统计数据。

3.　COPNI

29.17　COPNI 有如下七个主要类别：

1. 住房
2. 卫生保健
3. 娱乐和文化
4. 教育
5. 社会保障
6. 宗教
7. 政治团体、劳工和专业组织

29.18　本分类是第 23 章所给出的非营利机构分类的一个略经简化版本。

4.　COPP

29.19　COPP 有如下六个主要类别：

1. 基础设施支出
2. 研究和开发支出
3. 环境保护支出
4. 营销支出
5. 人力资源开发支出
6. 经常性生产计划、行政与管理支出

29.20　原则上，COPP 适用于所有生产者，无论是市场生产者，还是非市场生产者，尽管对这两类生产者而言，该分类的所有类别未必都同样重要。实际上，生产者支出目的分类可能主要是用于市场生产者的交易分类。

C.　关键部门的卫星账户和其他特殊部门账户

29.21　一套账户序列通常是针对经济整体、或属于同一机构部门或子部门内的全部机构单位编制的。在供给使用表中，可能会就生产单位进行分类——即使生产单位并非完整的机构单位，显示生产账户和收入形成账户中的各要素。供给使用表的行通常按 CPC 分类，列通常按 ISIC 分类，但在这两种层级的类似水平上，非常可能选择出某个国家特别感兴趣的一些产业。实践中通常将此类产业组称为“部门”，尽管它们并不构成 SNA 中所指的那种机构部门。

29.22 识别出在经济体之外部交易中起关键作用的那些特殊活动，对经济分析非常有用。这些关键活动可能包括：石油部门、采矿活动或农作物（例如咖啡），前提是它们在出口、外汇资产以及政府资源中具有重要作用。

29.23 SNA 并未试图提供具体而精确的准则来定义如何识别关键部门或活动。这要由各国基于经济分析和经济社会政策需求，自己判断决定。例如，即使处于起步阶段的一个小产业，也可能值得作为关键活动来对待。

29.24 编制关键部门账户的第一步，是识别关键活动及其相应产品。这可能涉及将 ISIC 或 CPC 中不同层次上的某些项目合并成一组。例如，对石油和天然气的核算可能包括原油和天然气开采（ISIC 06 门类），石油炼制品的制造（ISIC 1920 小类），管道运输（ISIC 4930 小类），固态、液态、气态燃料与相关产品的批发（ISIC 4661 小类），汽车燃料的零售（ISIC 4730 小类）。关键部门的扩展取决于具体环境，例如，对能源部门来说，将石化加工包括进来可能是有用的。

29.25 可以借助于供给使用表框架进行关键产品和关键产业账户分析。在各列排列中，关键产业可详细显示，其他产业可合并显示。在各行排列上，关键产品同样要详细显示，其他产品则合并显示。在供给使用表下方添加数行，可以显示劳动投入、固定资本形成总额和固定资产存量。在表中的使用部分，固定资本形成总额和存货变动这两列可以按照一个（或多个）关键部门或产业与其他部门或产业细分。如果某国关键活动的生产者属于非常异质的类型，如小农户与由公司拥有并经营的大种植园，则将这两类生产者分开显示是有益的，因为它们有完全不同的成本结构，以及不同的行为。

29.26 之后，就可以尽可能按照账户序列针对关键部门编制一套账户。在能源和采矿活动中，关键部门一般由少量的大公司组成，因此通常能获得这些公司的经营核算。这些经营核算可以涵盖公司的所有交易，甚至它们所从事的次要活动。了解次要产品的性质是有用的，但不必知道其去向。

29.27 当关键部门与农业或农产品（如某些国家的咖啡）相关时，情况要更加复杂。许多生产者可能是那些不满足准公司资格的非法人企业。理想状态下，关键部门账户应包括从事这些生产性活动的住户的全套账户。由于这在实践中非常难以做到，因此可能有必要只显示与关键活动最相关的账户和交易，比如生产账户和收入形成账户，以及资本账户和金融账户上的主要交易。

29.28 在许多情况下，政府通过征税、获取财产收入、管制活动或补贴在关键活动中发挥了重要作用。因此，对关键部门和一般政府之间的交易进行详细研究非常重要。为了识别与关键活动有关的那些流量（包括相关的产品税），可扩展其交易分类。这些流量可能流入各种政府机构，如特殊目的部门、大学、基金或财政专户。类似地，显示政府如何使用这些资源对经济分析也非常有用，尤其是在经由一个政府机构流出的情况下。这就要求对这一部分政府支出按目的进行具体分析。

29.29 处理关键部门时，首先要区分公营公司、受外国控制公司或国内私营公司。

29.30 下一步是在附表中显示关键部门、其他部门和国外之间“从谁到谁”的关系。

D. 卫星账户；改变概念的不同方法

29.31 本节将讨论在开发第二类卫星账户时可能会采用的一些方法，即人为改变中心体系的某些基本概念。下文并未对此进行全面详尽的论述，只精选了几个例子。

1. 生产和产品

29.32 在 SNA 中心框架的生产范围中，生产者单位是基层单位，要按其主要经济活动根据 ISIC 进行分类。

29.33 如果基层单位在进行主要活动的同时还从事一种或多种次要活动，则这些基层单位及其相应产业在 ISIC 的某一特定层次上就是不同质的。这些次要活动的产出可根据其性质，依照产品分类来识别，但其投入却不能从主要活动的投入中分离出来。另一方面，辅助活动并未根据其性质进行分析与分类，其相关产品也不以独立产品的形式出现。

29.34 在研究某些活动和产品时，如果能将次要活动从主要活动中分离出来，并能够识别和确定那些辅助活动，可有助于了解所研究活动之相应投入的全貌。

29.35 以运输为例，中心框架中的运输活动产出只包括作为主要产品或次要产品提供给第三方的运输服务。自给性运输视为辅助活动，其投入是它所服务的生产单位成本中的未识别部分。如果想要更全面了解运输活动的情况，就应识别和测度生产单位的自给性运输。

29.36 有时，考虑扩大生产范围可能是有用的。例如，为了全面估算运输在经济中的作用，将住户用自己的汽车提供的运输服务包括在内，并设法估计人们使用运输设施所花费的时间，可能是有用的。一般而言，非市场活动的范围可能会得到很大的扩展。

29.37 如果被识别的有关活动是标准分类中的一种，并出现在中心框架中，则主要活动、次要活动和辅助活动的识别过程就能够很好地实现。但是，在一些重要情况下，如旅游和环境保护活动，识别过程是复杂的，因为有关的活动和产品并非全部都出现在中心框架分类中。在此种情况下，"产业"一词的用法与常规用法并不严格一致，就象在关键部门账户中从某种特殊意义上来使用"部门"一样。

2. 收入

初始收入

29.38 当按上述建议扩大生产范围后，初始收入的规模会加大，因为，对于嵌入到生产范围内的附加活动，要虚拟估算其收入。

29.39 在高通货膨胀条件下，可以断定，名义利息不再是贷出资金回报的合适测度。名义利息会包括一个隐性或显性的部分，作为对因通货膨胀引起的货币资产和负债实际价值变化的补偿。它可以视为是借款者的持有收益和贷款者的持有损失，而不是财产收入。

转移和可支配收入

29.40 除了在中心框架中的那些转移外，如果有意义的话，可以再区分几类转移。以下是几个例子。

29.41 隐性转移可以变成显性转移。隐性转移会改变单位之间的状况，但在中心框架中却没有将此类流量作为虚拟转移处理。例如，税收优惠——是参考一般情形制定税法的结果——可能会有利或不利于某经济单位。再如政府单位向市场生产者免费提供的非市场服务，在中心框架中，被视为政府的公共消费。如果能在进一步分析中将它们计入市场生产者的中间消耗，则最好将其对应部分归入生产补贴。采用这种方法可以系统地衡量政府与农业等特定部门之间的全部转移。由税收减免、参股、软贷款、差别汇率、差别国内价格等产生的隐性收益，就可以逐一加到补贴、其他经常转移或资本转移这些中心框架数据项目中。

29.42 外部效应是对第三方的影响，这些影响不计入两个经济单位的货币交易价值中，或者这些影响就是在货币交易缺失情况下由这些单位的活动引起的。这样，外部效应可能会产生大量的隐性转移。例如，生产者造成的污染和噪声可能会对最终消费者产生负面影响。这些负面影响可以（但相当困难）估计出来，并记录为生产者对住户的负转移。为平衡这些负转移，一种可能的方法是引入外部性生产这样一个概念，这将导致负的或正的服务产出以及相应的最终消费。

29.43 中心框架之资产物量其他变化账户和重估价账户中的许多流量都可以作为扩大了的转移概念和可支配收入概念处理。例如，无偿没收可记录为一种转移（尽管原物主并不情愿）。在有些国家，金融资产/负债的持有损益很显著，由此即可将金融资产和负债的实际持有损益加到可支配收入中，得到一个更广义的收入测度指标。

3. 货物和服务的使用

29.44 货物服务的使用范围，无论是中间消耗、最终消费还是资本形成，显然都会因生产概念的扩大而变化。例如，如果同一住户之成员间互相提供的服务包括在生产中，则这些服务也应该包括在最终消费里。

29.45 中间消耗、最终消费和资本形成之间的界线也可以按不同方式修改。经常提到的两个例子是人力资本和耐用消费品。如果对教育和卫生的最终消费中至少有一部分被视为固定资本形成，则中心框架里的相应交易就应从消费被重新分类到固定资本形成，从而形成人力资本资产。其直接后果就是固定资本消耗的概念也要做相应延伸。

29.46 汽车和家具等耐用消费品支出通常归入住户最终消费，另一种方法是将它们作为固定资本形成处理。结果，对应列入最终消费的，只是那部分被当做固定资产估计的耐用品所提供的资本服务。严格地讲，这种处理意味着扩大了生产概念，使其包括了住户服务。（此议题将在 E 节进一步讨论。）

29.47 受上述变动影响，储蓄的概念也将扩展。

4. 资产和负债

29.48 正如前面几段所述，由于生产概念的扩展或消费和资本形成之间界限的改变，非金融资产的范围也会发生改变。

29.49 如果将或有资产和负债纳入金融工具分类之中，金融资产和负债的范围也可以扩大。进一步地，进行金融资产估价也可能会采用其他备选规则，例如使用公允价值估计值来代替市场价值。

5. 目的

29.50 B 节阐述了功能分类。在标准版本中，每个给定层次上的标题项之间是相互排斥的。例如，医院教育必须要么划为教育支出，要么划为卫生支出，但不能同时划入这两个类别。因此，对教育账户或卫生账户而言，它们可能宁愿对许多交易进行重新分类。为尽可能地与中心体系保持一致，所谓重新分类，应是从一标题项下移到另一标题项下，而不允许出现重复计算。重复计算意味着按目的划分的交易分类不再可加，因为它们有些可能同时出现在两个或更多的标题项下。但是，即使没有重复计算，也应注意，具有不同主题的不同卫星账户在其他标题项上可能未必一致。例如，如果教育卫星账户将某些在医院里进行的教育视为教育而不是卫生，则该卫星账户中对卫生的测算将不同于其他没有进行这种处理的卫星账户。

6. 总量

29.51 上述某些补充分析或替代性分析可能会直接或间接改变中心框架中显示的主要总量。直接改变的例子是：如果把对住户自给性服务的最终消费包括在生产范围内，就会增加产出和增加值；如果把人力资本视为经济资产，就会增加固定资本形成。其他总量是被间接改变的，如在后一例中的储蓄；在前一例中的可支配收入。

29.52 在有些类型的分析中，分析目标集中在人们关心的一个特定领域，如教育或旅游。在这些分析中，可能会使中心框架中的一些概念和总量发生改变，但这并非主要目的，也不是打算对整体经济过程给出不同的描述。

E.　卫星账户相关内容一览表

29.53　前一节阐述了应用于卫星账户时的 SNA 基本概念、核算规则以及分类的变化。本节则给出这些问题的一览表，它们在编制卫星账户时可能是有用的。

1.　划定功能导向型账户的范围

29.54　起点是判断哪些产品是兴趣所在，它们的生产会涉及哪些产业。生产产品所用的资源，不仅包括经常成本还应包括生产中使用的固定资本。一旦产品被生产出来，接下来的问题是如何使用它们。为回答这些问题，需要如下主题的资料：

a. 相关产品供应和使用的详细分析；

b. 关于生产过程中使用的固定资本的资料。

29.55　对许多产品而言，应由使用产品的单位负责承担获得产品的费用，但卫星账户通常是按领域——如卫生或教育——来编制的，因此，谁为产品付费与谁消费了产品之间可能会存在重要区别。

29.56　此外，对许多有特殊利益的产品来说，可能要对其生产或使用征收特种税或发放补贴。因此，结合这两个因素可知，除上述两项资料外，还需要如下资料：

c. 与生产或使用有关的全部转移的分析。

29.57　在许多情况下，将非价值型数据与价值型数据联系起来是有用的，这意味着要收集如下资料：

d. 就业和现有资产的相关资料。

29.58　一旦上述四套资料齐备，就应该有可能开发一个包括下述分析内容的卫星账户：围绕该项目之各项支出的使用与受益分析，包括所用劳动和资本在内的生产分析，转移和其他资金使用方式的分析。所有这些分析都能以价值量表示，必要时也能用实物量表示。

2.　确定要关注的产品

29.59　对任何所关注的领域而言，起点是确定该领域特有的产品。在卫星账户中，习惯上将这些产品称为特征产品和关联产品。所谓特征产品，是指那些在该领域具有典型性的产品，例如，对卫生而言，特征产品是卫生服务、卫生公共管理服务、卫生教育和卫生研发服务。

29.60　第二类，即关联货物服务包括如下这样的产品：首先，它们清楚地包括在特定领域支出概念内，因此其使用受到关注；其次，它们不具有典型性，这或是因为其本质、或是因为它们会被归入更大的产品类别。以卫生为例，病人的运输可视为关联服务；药品和其他医疗物品如眼镜，通常也被视为关联货物服务。

29.61　特征产品和关联产品合在一起，被称为特有产品。

3.　生产的测度

29.62　就特征产品而言，卫星账户应显示这些货物和服务的生产方式、涉及的生产者类型、使用的劳动和固定资本的种类、生产过程以及由此而决定的资源配置的效率。

29.63　由于关联产品不是所关心领域里的典型性产品，因此无须特别关注其生产条件。如果生产条件是重要的，则该产品应视为特征产品而不是关联产品。例如，对那些国内产业发展处于初级阶段的国家而言，药品可考虑做为该国卫生账户的特征产品处理。特征产品和关联产品之间的精确界限取决于给定国家的经济组织状况和编制卫星账户的目的。

4.　使用/国民支出的构成

29.64　使用或国民支出的构成项包括：

1. 特有货物服务的消费
2. 特有货物服务的资本形成
3. 非特有产品中之特征活动的固定资本形成
4. 特有经常转移
5. 特有资本转移

上述各项将在下面逐项讨论。

消费

29.65 第 1 项是特有货物服务的消费，包括实际最终消费（与中心框架中的定义相同）和中间消耗。需要对市场产品、供自己最终使用的产品和非市场产品作区分，非市场产品可能还要分别列出个人消费和公共消费。相关辅助活动的产出应作为企业内部交货量来记录，所以，此处中间消耗的覆盖范围一般比在中心框架中的覆盖范围要广，即它既包括中心框架中定义的（实际）中间消耗，还包括内部中间消耗。在有些情况下，如运输服务，内部中间消耗的规模可能相当重要。有时，可以考虑将内部中间消耗作为最终消费，并加入到实际最终消费中去，就像辅助性教育和卫生服务的使用一样，这样就扩大了住户实际最终消费的范围。另一方面，如果某些服务的使用在卫星账户中被视为固定资本形成而不是像在中心框架中那样视为中间消耗或最终消费，则消费的范围也可能缩小。

资本形成

29.66 第 2 项是特有货物服务的资本形成。因此，第 2 项包括存货变动，合适的话还可以包括正在进行中的特有服务。以文化账户为例，也可能包括贵重物品获得减处置。

29.67 第 3 项为非特有产品中之特征活动的固定资本形成，以及非生产性非金融资产的获得减处置，该项目的情况要更复杂一些：

a. 不能把这些活动的全部固定资本形成都包括在内，因为构成特有产品的那部分已包括在第 2 项中。

b. 只有产出为特征货物服务的那些活动，其固定资本形成才包括在第 3 项中。（如果产出是关联货物服务的那些活动的资本形成未能纳入第 3 项中被证明是很重要的问题，则应将这些产品和活动重新定义为特征产品和活动。）

c. 基于基层单位的分析可以使覆盖范围比正常情况更宽一些，因为基层单位可能从事一些次要活动。

d. 第 3 项包括非生产性非金融资产的获得减处置。

转移

29.68 第 4 项和第 5 项，即特有经常转移和特有资本转移，是社会保障或发展援助等项下之国民支出中最重要的组成部分。就社会保障或发展援助而言，第 1 项和第 2 项仅指社会保障或国际援助管理机构的行政管理费用，既包括经常费用，也包括资本费用。支出的核心部分是由转移组成的。

29.69 有些情况下，为了降低最终消费者购买诸如食品、运输服务或住房服务等特定货物或服务的价格，可进行补贴。这些补贴通常被称为消费补贴。在中心框架中，当这些货物服务被视为市场产品时，它们以购买者价格计入最终消费。在卫星账户中则存在两种选择：要么以不同于中心框架的方式估价这些消费（第 1 项），以便包括消费补贴的价值；要么消费仍按中心框架的方式估价，但特有经常转移（第 4 项）中必须包括消费补贴。包括在第 4 项中的补贴也可以直接用于降低中间消耗的价格。第 4 项也可包括其他生产补贴。

29.70 每一个领域都要建立针对特有转移的分类。正如在使用和资金来源分析中所使用的分类一样，这种分类也应包括全部的特有转移，无论它们是否是第 1 项或第 3 项的对应项。

总使用和国民支出

29.71 常住单位总使用是上述五项之和。从常住单位总使用中扣除由国外负担的经常使用，即可得到国民支出。因此，国民支出等于由常住单位负担的常住单位总使用。如果可能，最好将国外负担的经常使用和资本使用区分开来。

29.72 按照上述定义，国民支出不包括金融工具交易。但是，对如发展援助之类的某些类型的分析而言，必须考虑以优惠条件提供或获得的贷款。由于这些贷款利率低于市场利率而产生的收益或费用，就是第 22 章所说的隐性转移。

29.73 使用/国民支出可按产品和转移的类型来表示，也可以按目的类型（项目）来表示。可以选择某一种方式作为侧重点，也可结合起来使用，这要取决于所涉及的领域或追求的分析目的。按项目划分的方式特别适用于环境保护或社会保障等情况。

5. 使用者或受益者

29.74 就使用者或受益者而言，不同卫星账户可能使用不同的术语。例如，“使用者”更适用于旅游或住房，而“受益者”更适用于社会保障或发展援助。无论哪种情况，这两个术语都是指使用货物服务的人或从相关转移中受益的人。

29.75 在汇总程度最高的层面，所谓使用者/受益者分类，只需简单地将中心框架的机构部门分类和生产者类型做重新安排即可实现，其中生产与消费是分开的。该分类可能如下：

a. 市场生产者；

b. 自给性生产者；

c. 非市场生产者；

d. 作为公共消费者的政府；

e. 作为消费者的住户；

f. 国外。

29.76 在许多卫星账户中，作为消费者的住户是最主要的一类使用者或受益者。为了使其对社会分析和政策有用，需进一步细分住户。为此，可考虑第 24 章所讨论的各种住户子部门划分方法，择其一而用之。

6. 资金来源

29.77 由于使用者并非总是自己负担费用，因此有必要对最终负担费用的单位进行分析。如果所关注领域包括完整机构单位，而不只是只生产整个企业部分产出的基层单位（或同质生产单位），此分析会更具可行性。

29.78 处理资金来源问题的一种方法是：首先确定所使用资金的来源类型，然后判断各类资金来源是由哪类单位提供的。费用的“最终”负担者这一问题也需要解决。一些住户消费是由政府以实物社会转移方式提供的，其中大部分资金反过来又是来源于政府从住户和企业那儿征收的税收。因此，从某种意义上，可以说实物社会转移最终是由住户和企业提供资金的。关于资金链要追溯多远才能确定“最终的”或可能更正确的间接资金来源，需要建立一些核算惯例。

29.79 另一个问题是，除实物社会转移外，没有必要将某种资金来源与某种支出类型挂钩。但是，将资金来源类型与支出类型按下述方式匹配，将会有利于了解它们的对应程度：

a. 市场生产者的中间消耗与其销售收入；

b. 政府的中间消耗、最终消费与其税收；

c. NPISH 的中间消耗、最终消费与其收到的捐款；

d. 住户的最终消费支出与其所获得的雇员报酬和养老金等转移收入；

29.80 资本形成可能有多种资金来源：销售收入、资产（包括金融资产）处置、实物转移收入或借款。就政府的资本形成而言，可能的资金来源有：证券发行、资本转移或从国外贷款。

29.81 转移的资金来源很大程度上取决于所研究的领域。如果包括社会福利，它们应被视为主要由其他住户的社会缴款提供资金。政府在某些情况下是转移（包括补贴）的提供者，在其他情况下则是转移（包括税收）的接受者。

29.82 在许多情况下，识别来自国外的资金尤其有价值。

7. 生产和产品

29.83 和关键部门账户一样，为所关注的特征产品和关联产品以及特征产品的生产者开发一套供给使用表应该总是有用的。还可以扩展到包括收入形成账户以及就业等非货币性数据和产出指标。

8. 实物量数据

29.84 以实物单位或其他非货币单位测度的数据不应视为卫星账户的次要部分。无论是就其直接提供的信息而言，还是为了充分分析价值量数据而言，它们都是必不可少的组成部分。

F. 卫星账户的例子

29.85 正如引言所述，卫星账户有两类，各自具有两种明显不同的功能。第一类，有时被称为内部卫星账户，它会遵循 SNA 的全套核算规则和惯例，但要打破标准分类和层级关系来重点讨论所关注的某一方面，如旅游、咖啡生产和环境保护支出等方面的卫星账户。第二类被称为外部卫星账户，它可能会增加一些非经济数据，或改变一些核算惯例，或二者兼有。这是一种特别适用于开发新研究领域的方法，义务劳动在经济中的作用就是一例。有些卫星账户可能同时具有内部卫星账户和外部卫星账户的特征。

29.86 卫星账户和一套明确详细的 SNA 之间的界限是不清晰的，甚至与其他统计体系之间的界限也是不清晰的。与 BPM6 展示的国际收支平衡表和国际账户、GFSM2001 展示的政府财政统计、以及 MFSM 展示的货币与金融统计的联系，均可视为卫星账户的一种形式。第 23 章针对 NPI 和第 25 章针对非正规部门的处理，明显就是卫星账户。甚至第 17 章的养老金表也可视为一种卫星账户，尽管其编制是 SNA 中心指南的一部分。

29.87 本节会进一步描述一些卫星账户。这些描述是简洁的，仅仅旨在说明账户的特色；参考书目将给出进一步的信息。本节总共描述了四个领域。其中的两个——旅游卫星账户和环境卫星账户，相关国际手册现在已经是第二版了。卫生卫星账户仍然是初稿但正在积极修订。第四个领域涉及住户无酬生产活动。这是多年来一直关注的领域，但在确定怎样测算无酬活动上存在的困难迄今仍阻碍着在如何处理此类活动上达成国际一致。不过，本节将从所关注的方面对最近的一些工作进行总结。

29.88 其他一些卫星账户也已开发出来或正在开发中。如在《欧盟生产率：产业比较法》（欧盟 KLEMS 项目，2003）中报告的跨国生产率调查卫星账户，是一直在进行的一项研究工作。其他的如水和森林账户，作为环境卫星账户 SEEA 的主要成果，已经开发到其国际指南现已被接受的状态。此外，农产品卫星账户对许多发展中国家来说是有用的。由于各国对如何编制新形式的卫星账户已达成一致，因此各个方面都可以开发新的国际指南。卫星账户国际指南本身应予以修订，并应像 SEEA 计划的那样，最终要成为国际公认的标准。

1. 旅游卫星账户

29.89 旅游卫星账户（TSA）是一个形成已久的卫星账户，有超过 70 个的国家在某个阶段上编制过旅游卫星账户。名为《2008 旅游卫星账户：推荐方法框架》（欧洲统计局、经济合作与发展组织、世界旅游组织、联合国，2008）的国际指南手册是对 2000 年第一版的更新。在 2008 年更新的 TSA 中，其覆盖范围已扩展到了第二居所和会议活动。

29.90 旅游卫星账户的目的是提供如下信息：

a. 描述旅游规模和经济贡献的宏观经济总量指标，如旅游直接总增加值（TDGVA）和旅游直接国内生产总值（TDGDP），它们与经济总体、其他生产性经济活动及所关注之功能领域的类似总量指标是一致的；

b. 旅游消费是与游客作为消费者之活动有关的一个更广义的概念。旅游卫星账户要提供旅游消费的详细数据，以及对国内供给和进口如何满足这一需求的描述，并会将它们整合进用现价和物量编制的供给使用表所推导出的表格中；

c. 旅游业的详细生产账户，包括与其他生产性经济活动相联系的就业数据和固定资本形成总额数据；

d. 经济数据和旅游（或访问）人数、停留时间、旅游目的、交通工具等非货币性旅游信息之间的联系，它们是详细说明经济变量的特征所必需的。

定义游客和旅游者

29.91 TSA 的中心是游客。游客被定义为离开其惯常环境但并未被所访问地的常住实体单位雇用的人。惯常环境与常住国不完全一样，它是指一个人通常能被找到的地方，包括住宅附近区域和工作场所。因此，跨境工作者尽管跨越了国界，但他们不是游客。所以游客是旅行者的一个子集。

29.92 游客可分为两类：过夜游客被称作旅游者，当日游客被称作一日游客。进一步，将旅游者按其常住国分为国内和国外旅游者很重要。常住居民在国外的旅游是出境旅游，非常住居民在该国内的旅游是入境旅游。常住居民的旅游总额，称为国民旅游，是其本国旅游（常住居民在本国内的旅游）与出境旅游之和。国内旅游是本国旅游与入境旅游之和。

	国内	国外	总计
常住居民	本国旅游	出境旅游	国民旅游
非常住居民	入境旅游		
总计	国内旅游		

29.93 旅游并不局限于通常视作典型娱乐的那些活动，而是包括旅游者的全部活动，出于商务目的或教育培训目的的旅行都要包括在内。旅游者的旅游目的分为私人的或商务/公务的。私人旅游项下又可进一步分为八个类别：度假、休闲娱乐、探亲访友、教育培训、卫生和医疗保健、宗教或朝圣、购物、中转及其他。

旅游支出的定义和范围

29.94 旅游支出被定义为：在旅游期间或其后出于自己使用或赠送他人的目的，购买消费性货物服务以及贵重物品所支付的金额。包括游客自己支付的费用以及由其他人支付或报销的费用。

旅游消费的定义和范围

29.95 旅游消费的概念大于旅游支出的概念，大于之处在于：旅游消费还包括临时自给性住宿服务、旅游实物社会转移和其他虚拟消费。尽管旅游支出的信息可通过旅游者调查获得，但要调整到旅游消费，还需要通过其他数据来源进行估计。

29.96 旅游消费可用类似于描述旅游的方式来描述，即按旅游发生地、旅游者是常住居民还是非常住居民来刻画。

特征产品

29.97 TSA 将消费品分为旅游特征产品和其他消费品。旅游特征产品进一步分为国际可比旅游特征产品和本国特有旅游特征产品。TSA 手册提供了第一类的名录。其他消费品分为旅游关联产品和非旅游相关产品。非消费品是指那些不构成消费性货物服务的产品，包括贵重物品、旅游固定资本形成总额和公共消费。TSA 手册中给出了 12 种旅游特征产品和活动类别的名录。

旅游产业

29.98 旅游产业是那些其主要活动对应于某种旅游特征产品的基层单位的集合。旅游产业包括：游客住宿业，餐饮服务业，铁路，公路，水路和航空客运业，运输设备租赁业，旅行社和其他预订服务业，文化产业，体育和娱乐业，本国特有旅游特征货物的零售贸易和本国特有旅游特征产业。

29.99 在这些信息基础上，可编制由 10 张表格组成的一整套 TSA 账户。前三张表格是关于旅游支出的。表 4 区分了本国旅游和入境旅游，以及从旅游支出到旅游消费的调整。表 5 显示了旅游产业的供给。表 6 是 TSA 的核心，显示了可得到的主要总量指标，这些总量指标将在下面列示。表 7 是就业，表 8 是固定资本，表 9 是公共消费，表 10 是非货币性信息。

主要总量指标

29.100 下列总量指标是用来衡量经济中旅游规模的一套有价值的指标。它们包括：

a. 国内旅游支出；

b. 国内旅游消费；

c. 旅游产业总增加值（GVATI）；

d. 旅游直接总增加值（TDGVA）；

e. 旅游直接国内生产总值（TDGDP）。

29.101 TSA 手册的表 6 显示了这些指标的推导，这里作为表 29.1（原文为表 28.1，译者注）列示。

2. 环境核算

29.102 环境核算的目的是在以 SNA 为基础的一个框架内反映自然资源使用（有时是耗竭）以及残余物产生（会污染空气和水）的影响。它们还要识别用于预防或阻止人类活动之环境影响的各种专门活动。

29.103 综合环境经济核算卫星账户（SEEA）的临时版本于 1993 年出版。更新版于 2003 年出版。目前进行的工作是进一步修订 SEEA，以期于 2012 年出版。SEEA 的目的是协助如下目标的实现：

a. 鼓励环境统计采用标准分类，这将扩大现有环境信息的价值和相关性；

b. 使用经济核算连接存量与流量的惯例，为环境统计提供新维度；

c. 提供与传统经济核算所含经济信息联系的纽带，改进这两套信息的可靠性和一致性；

d. 识别使用和所有权，从而确定环境影响的责任；

e. 促进跨时全面一致数据集的开发；

f. 便利国际比较。

29.104 与 SNA 一样，SEEA 的账户提供了一种记录功能，从中可推导出一些关键性指标；同时也提供了一种管理功能，可用于政策选择分析。该套账户为计算已包括在可持续发展指标集中的测度指标打下了坚实的基础，而且，它们还可用于开发新的指标，如经环境调整的宏观经济总量指标，这些指标是无法以其他方式得到的。

SEEA 的各个部分

29.105 SEEA 应视为 SNA 的一个卫星账户，它同时具有内部卫星账户和外部卫星账户的特征。整个体系包括三个主要部分，其中有两个主要部分或多或少可以独立进行，第三个主要部分是用来将前两个主要部分相互整合并与 SNA 整合起来的。这三部分包括：

a. 一种扩展形式的供给使用表，可单独纳入实物量数据，或将实物量数据附加到价值量数据之下；

b. 对 SNA 中心框架中具有扩展性的部分进行详细说明；

表 29.1：旅游卫星账户手册中的表 6

国内总供给和国内旅游消费（购买者价格）（＊）

产品	旅游产业												其他产业		国内生产者的产出（基本价格）		进口*		本国生产和进口产品税减补贴		贸易和运输加价		国内供应（购买者价格）	国内旅游消费	旅游比率（%）
	1－游客住宿		1. a－		1. b－		…		12－		总计														
	产出 (5.1)	旅游份额（价值）	产出 (5.1a)	旅游份额（价值）	产出 (5.1b)	旅游份额（价值）	产出 (5…)	旅游份额（价值）	产出 (5.12)	旅游份额（价值）	产出 (5.13)	旅游份额（价值）	产出 (5.14)	旅游份额（价值）	产出 (5.15)＝(5.13)＋(5.14)	旅游份额（价值）	产出 (6.1)	旅游份额（价值）	产出 (6.2)	旅游份额（价值）	产出 (6.3)	旅游份额（价值）	(6.4)＝(5.15)＋(6.1)＋(6.2)＋(6.3)	(4.3)	$(6.5)=\frac{(4.3)}{6.4}\times100$
A. 消费品（＊）																									
A.1 旅游特征产品（d）																									
1－游客住宿服务																					×	×			
1. a－除 1. b 外的游客住宿服务																					×	×			
1. b－度假置业住宿服务																					×	×			
2－餐饮服务																					×	×			
3－铁路客运服务																					×	×			
4－公路客运服务																					×	×			
5－水路客运服务																					×	×			
6－航空客运服务																					×	×			
7－运输设备租赁服务																					×	×			
8－旅行社和其他预订服务																					×	×			
9－文化服务																					×	×			
10－体育和娱乐服务																					×	×			
11－本国特有旅游特征货物		×		×		×		×		×		×		×		×		×							
12－本国特有旅游特征服务																					×	×			
A.2 其他消费性产品（a）（d）																					×	×			
B. 非消费品（d）																					×	×			
B.1 贵重物品		×		×		×		×		×		×		×		×		×							
B.2 其他非消费品（＊＊）（b）（d）																					×	×			
I. 产出总计（基本价格）																									
II. 中间消耗总计（购买者价格）（c）																									
（I－II）总增加值总计（基本价格）																									
雇员报酬																									
其他生产税减补贴																									
混合收入总额																									
营业盈余总额																									

×：不适用。　　…：意味着要将建议的全部旅游产业名单逐一列举。　　*：进口不包括常住居民直接在国外的购买。

（＊）："A. 消费品"的价值是支付给旅行社、旅游组织者和其他预订服务的总服务费用净额。　　（＊＊）：包括在经济体内流通的所有其他货物和服务。

（a）：如果相关且可行，对"旅游关联产品"和"非旅游相关产品"都应按国家分列。如果可能，在这两种情况下货物和服务都应分开显示（参见 4.15 段）。

（b）：如果可能，货物和服务应分开显示（参见 4.16 段）。

（c）：如果可能，应提供明细分类（参见 4.17 段）。

（d）：对货物而言，旅游份额仅在零售贸易加价基础上计算（参见附录 4）。

c. 扩展 SNA，以考虑耗减和退化对宏观总量指标如 GDP 的影响。

实物型和混合型供给使用表

29.106 SEEA 中区分了四类不同的流量。

a. ***产品，***是指经济范围内生产并使用的货物和服务，包括本国与国外间的货物和服务流量。

b. ***自然资源，***包括矿物和能源资源、土壤、水和生物资源。

c. ***生态投入，***包括燃烧所需的空气、气体和维持生命所需的水。

d. ***残余物，***是经济体无意生产且不需要的产出，其价格为零，可以回收或排放到环境中。"残余物"这个单一的词可用来包括固体废弃物、液态排放物（排放到水里）和气态排放物（排放到空气里）。

29.107 第一组环境账户体现与环境统计数据的联接，是通过将环境实物量数据纳入供给使用框架或投入产出框架而形成的。实物流量账户由产品、自然资源、生态投入和残余物的合并账户组成，每一账户均按对经济体的供给和经济体的使用来表达。纯实物量账户可显示不同经济活动对环境影响的相对重要性。

29.108 然而，这种方法的效力来自能够提炼出实物流量和价值流量的相似之处，从而能够将环境重要性与相应的经济活动重要性进行比较和对比。混合型供给使用表或投入产出表将产品的价值量置于产品的实物当量之上，并加入增加值这一平衡项。混合型投入产出表已被成功地用来研究温室效应或固体废弃物等环境主题。在 SEEA 手册中可找到实例。

29.109 SEEA 混合型投入产出表的一个例子见表 29.2。

识别中心框架中与环境有关的方面

29.110 核算体系的第二部分是准确识别 SNA 中与环境直接相关的那些货币交易。就流量而言，这些交易涉及环境税、财产收入与产权、环境保护与自然资源使用和管理支出。

环境税、财产收入与产权

29.111 环境税是以确实具有特定负面环境影响的实物单位（或其代理）为税基的一种税。有四种税可认为是环境税：能源税、运输税、污染税和资源税。与 SNA 的其他地方一样，必须注意区分税和服务费。例如，填埋费可能就是一种服务费，即使它是由政府征收的。

29.112 SNA 把自然资产的资源租金视为支付给其他单位的财产收入。但是，正如第 20 章所示，将与所有者使用自然资产的资源租金相对应的那部分营业盈余识别出来也是可能的。

29.113 自然资源使用的另一个重要方面是延期使用这些资产的许可问题，这已在第 17 章讨论过。自然资源的开采或将自然资源作为受纳体使用，都可能涉及许可问题。

关于环境保护支出的一套账户

29.114 使用相当标准的卫星账户技术，按照下列步骤，可编制出一套环境保护账户。

a. 将相关辅助活动作为次要产品处理；

b. 识别环境保护的一组特征产品；

c. 识别针对环境保护的特有转移；

d. 计算国民环境保护支出；

e. 识别负担支出的部门。

29.115 SEEA 手册详细阐述了上述全部步骤。它还讨论确定了"环境产业"的一系列特征产品，以用于国际比较。环境保护支出账户的例子见表 29.3。

资产账户

29.116 利用第 11 章所述的资产账户，可以从价值量和实物量两方面来核算自然资源的存量

表 29.2：SEEA 中混合型供给使用表的例子

价值量数据（斜体）单位：10 亿货币单位；实物量数据（非斜体）单位：百万吨

		经 济						经济合计	残余物		9.物质平衡	总使用
		1.产品 实物单位	1.产品 货币单位	2.产业	3.消费	4.资本	5.国外(产品)		10.排放到本国	11.排放到国外		
经济	1.产品 实物单位			用于产业 442	用于消费 39	用于资本 119	用于国外(出口) 101				0	701
	货币单位			*664*	*506*	*146*	*403*	*1 719*				
	2.产业	各产业供给 551	*1 356*					*1 356*	产业产生的残余物 275	产业在国外产生的残余物 5	0	831
	3.消费								消费产生的残余物 47	在国外消费产生的残余物 1	消费物质净积累 17	65
	4.资本								资本产生的残余物 73		资本物质净积累 72	145
	5.国外(产品)	国外供给(进口) 150	*363*					*363*	非常住居民产生的残余物 6		国外物质净积累 −52	104
	增加值			*692*				*692*				
	经济合计		*1 719*	*1 356*								
自然资源	6.本国环境			用于产业 256	用于消费 1		被国外获取 1				本国自然资源净积累 −258	0
	7.国外来源			用于产业 5	用于消费 1						国外自然资源净积累 −6	0
生态投入	8.本国环境			对产业投入 118	对消费投入 23		对国外投入 2				本国生态投入净积累 −143	0
	9.国外来源			对产业投入 3	对消费投入 1						国外生态投入净积累 −4	0
残余物	10.本国来源			由生产吸收 7		填埋 26				残余物跨境流出量 4	本国残余物净积累 373	409
	11.国外来源								残余物跨境流入量 8		国外残余物净积累 1	9
总供给		701		831	65	145	104		409	9	0	2 264

表 29.3：环保货物服务供给使用合并表示例

表 5.6 环保货物和服务供给使用合并表

百万货币单位

	政府服务	专业服务	辅助服务	清洁/关联产品	非环保货物服务	**总计**	环境服务政府生产者	环境服务专业生产者	环境服务辅助生产者	清洁/关联产品生产者	其他生产者	**中间消耗总计**	政府消费	住户消费	资本形成	出口	**总计**
政府服务												**0**	1800	1320			**3120**
专业服务								1500			3400	**4900**		1650	100		**6650**
辅助服务											4000	**4000**					**4000**
清洁/关联产品								400			200	**600**		600			**1200**
非环保货物服务							2000	1100	1000	300	*	*					*
总计							**2000**	**3000**	**1000**	**300**	*	*	**1800**	**3570**			*
政府生产者	3000				0	**3000**											
专业生产者		6500		0	0	**6500**											
辅助生产者			4000			**4000**											
清洁/关联产品生产者				1000	0	**1000**											
其他生产者	0	0	0	0	*	*											
总产出																	
雇员报酬							600	2000	2000	500	*	*					
固定资本消耗							400	1000	1000	200	*	*					
生产税减生产补贴							0	0	0		*	*					
营业盈余净额							0	500	0		*	*					
基本价格总产出	**3000**	**6500**	**4000**	**1000**	*	*	**3000**	**6500**	**4000**	**1000**	*	*					
进口				50	*	*											
税和加价	120	150		150	*	*											
购买者价格总产出	**3120**	**6650**	**4000**	**1200**	*	*											
固定资本形成总额							1100	1000	2500	1500	*	*					
资本存量							7000	15000	12000	10000	*	*					
劳动投入							4000	10000	8500	5000	*	*					

来源：SEEA 岛数据体系。

及存量变动。在 SEEA 中，对那些没有货币价值因而不在 SNA 资产范围之内的自然资源，其资产账户可以按实物量编制。对空气和水等可能没有货币价值、甚至没有存量价值的资源来说，编制实物单位存量变动账户仍然是有用的。

在流量账户中整合环境调整

29.117 SEEA 之第三个即最后一个主要部分体现外部卫星账户的性质。它放松了前文所列账户一直尊重的、不能对 SNA 账户作任何根本性改动的限制。该部分的思想很简单，就是将混合表转换成完全的价值量表，方法是将这些流量的货币价值放在一直仅用实物单位表示的混合表的下方和右方。但是，尽管思想很简单，实施却并不容易。SEEA 的这一部分更多是实验性的，至今还未达成共识。

耗减

29.118 估价经济体系中的环境投入是第一步也是较简单的一步。由于这些投入是在市场上出售的产品中的一部分，原则上，可以使用直接方法，以市场原则为基础将这部分价值分离出来。即使在 SNA 内，有时也进行这种估价，但其估价结果是放入资产其他变化账户而不是流量账户。因此，将环境投入的使用纳入经济体系的另一种方法是：将某些资产其他变化项目重新分配到描述交易的账户中。特别地，如果某种环境资源不是以可持续方式利用的，则可以考虑采用另一种收入指标，其中不仅考虑了固定资本消耗，而且考虑了自然资本消耗，此时就会涉及自然资源的耗减。

防御支出

29.119 为了限制残余物的产生，减轻已排放残余物的影响，已采取了一些措施。在此方面的支出有时称作防御支出。调整宏观经济总量的一种可能方法，是将这些支出作为抵消折旧的资本形成处理。

环境退化核算

29.120 这是环境核算中最困难的部分，也是看法仍有很大分歧之处。如何将退化效应纳入 SNA 存在两个问题：第一个问题是如何估价退化；第二个问题是如何将这些估值纳入账户之中。

29.121 为集中注意力，下面只简要阐述所推荐的各种方法。

29.122 一种方法聚焦于维护成本。（这是 1993 版 SEEA 所采取的方法。）实施该方法的目的是要回答如下问题：*如果使用当前成本和当前技术达到假定的环境标准后，国内生产净值是多少？*

29.123 该方法的问题出现在环境标准发生了显著变化之时。原因在于：环境标准的大幅提升会造成相关产品价格上升，并很可能由此带来行为改变，从而影响对这些产品的需求水平，进而或表现为这些产品产出水平的改变，或表现为生产技术的改变以减少对这些新近变贵产品的依赖。但是，在环境标准只有细微变化情况下，可以使用此法得到转而采用更严格的环境标准对国内生产净值影响的上限。根据此法得到的总量指标被称为“经环境调整的”总量指标。

29.124 第二种基于成本的估计法称作“绿色经济建模”，它试图解决维护成本法在环境标准重大变动情况下存在的问题。它们试图回答的问题是：*如果采取措施将维护成本内部化后，GDP 将达到什么水平？*

29.125 绿色经济模型有一种特别应用：它的目标不只是确定满足国民经济核算平衡的一组产出价值、需求价值等，而是要确定能够带来一定时期内可持续收入的产出水平。它试图回答的问题是：*什么样的收入水平和环境功能是永远可持续的？*

29.126 基于损害的测度法是要测度实际产生的残余物的影响。残余物最大的影响是对人类健康的影响。此法试图回答的问题是：*自然资本、人造资本和人类健康受到的环境影响对 NDP 水平的影响是多少？*

29.127 因此，“经损害调整的收入”是将 GDP 类测度指标转换为福利指标的第一步，但是福利的其他许多方面都被有意忽略了。

3. 卫生卫星账户

29.128 从就业人数、营业额水平来说，在许多国家，卫生保健产业都是一个规模巨大、非常重要的产业，并且总是受到大量政策关注。《卫生核算体系（SHA）》（经济合作与发展组织，2000）总结了过去 15 年来收集卫生数据信息的经验。该手册的主要目的之一是提供一个与国民经济核算规则保持一致的、从经济角度分析卫生保健系统的框架。探讨 SHA 与卫生卫星账户间的概念性联系是该手册的一部分。目前，OECD、欧盟统计局和 WHO 正在共同努力更新该手册，其修订版预计可在 2010 年末完成。

29.129 要想了解如何开发一个卫生卫星账户，应该从研究 SHA 着手。SHA 提供了四种信息：有关卫生保健的功能分类、针对卫生保健提供单位的分析、卫生保健支出的信息和卫生保健资金来源的信息。下面将依次简要介绍这些信息。

卫生保健的功能分类

29.130 卫生保健活动包括机构或个人运用医学、辅助医学和护理学的知识技术而实现的下列目标的活动：

a. 促进健康、预防疾病；

b. 治疗疾病、减少过早死亡；

c. 对需要护理的慢性疾病人群提供关怀服务；

d. 对需要护理的损伤、失能、残障人群提供关怀服务；

e. 协助病人有尊严地死去；

f. 提供和管理公共卫生；

g. 提供和管理卫生规划、健康保险和其他资金安排。

29.131 因此，卫生保健的功能主要分为三类：

a. 个人卫生保健服务和货物；

b. 公共卫生保健服务；

c. 卫生保健相关功能。

29.132 每一功能都可以细分为许多类别。个人卫生保健服务和货物可分为治疗服务、康复保健服务、长期护理保健服务、辅助性医疗服务和用于门诊病人的医疗商品。公共卫生保健服务可分为预防和公共卫生服务、卫生管理和健康保险两类。卫生保健相关功能包括卫生服务提供机构的资本形成，卫生从业人员的教育和培训，卫生方面的研究和开发，食品、卫生和饮用水控制，环境卫生，帮助疾病和损伤人群的实物社会服务的提供和管理，卫生相关现金福利的提供和管理。

卫生保健提供单位

29.133 卫生保健的提供者可分为如下类别：

a. 医院；

b. 护理与居民保健机构；

c. 门诊医疗保健提供者；

d. 医疗商品的零售商和其他提供者；

e. 公共卫生计划的提供与管理；

f. 卫生行政管理和保险；

g. 其他产业（其他经济部门）；

h. 国外。

29.134 所有这些提供者分散存在于 SNA 的一个或多个机构部门中。

卫生保健支出

29.135 卫生总支出测度的是：常住单位对卫生保健货物服务的最终使用，加上卫生提供者产业（以卫生作为其主要活动的机构）的资本形成总额。

29.136 卫生支出可分为如下类别：

a. 个人卫生服务；

b. 用于门诊病人的医疗商品；

c. 个人卫生总费用；

d. 预防和公共卫生服务；

e. 卫生管理和健康保险；

f. 经常性卫生总支出（上述各项之和）；

g. 卫生产业的资本形成总额；

h. 卫生总支出。

29.137 卫生服务的生产范围与 SNA 非常近似，但有如下两个例外：首先，与职业有关的卫生保健包括在 SHA 中，但在 SNA 中作为辅助服务处理；其次，对私人住户（家庭看护者）的现金转移视为由转移者支付购买的国内服务产出。

卫生保健的资金来源

29.138 用于卫生保健的资金由一般政府、私人部门和国外提供。一般政府要细分为各级政府和社会保障基金。私人部门要细分为私人社会保险、其他私人保险、私人住户、NPISH 与公司（不包括医疗保险）。

将 SHA 转换为卫生卫星账户

29.139 将 SHA 的经济框架转换为一套卫生卫星账户，需要经过以下步骤：

a. 确定作为卫生保健服务生产的特有货物和服务的完整清单；

b. 确定定义卫生总支出的生产范围；

c. 确定应作为资本形成记录的活动；

d. 识别特有交易；

e. 对作为卫生核算组成部分之一的转移进行详细分析；

f. 识别卫生费用的最终使用者和最终负担者。

29.140 确定特征产品清单的困难之一在于，CPC 并未提供卫生账户所需的详细的卫生保健服务目录。因此，需要一个更加详细的分类。而且，由于卫生保健通常是一种来自行政管理数据的公共责任信息，因此其详细程度通常不足以满足卫星账户的需要。

29.141 尽管存在这些困难，但一般认为，只要增加如下四个账户，就可将 SHA 扩展为卫生卫星账户：

a. 卫生保健产业之生产账户和卫生保健增加值；

b. 按投入类型分类的卫生保健产业生产过程中的中间投入；

c. 卫生保健产业的总资本存量；

d. 卫生保健产业的投入产出表。

29.142 表 29.4 显示了针对卫生保健制定的供给使用表的示例。

4. 未付酬住户活动

29.143 本节不属于常规的卫星账户。尽管很难确定具有未付酬住户活动独一无二特征的产品，也没有制作出公认的标准表格，但是，这是一个存在大量分析需求和政策兴趣的领域，也是目前有大量研究工作正在进行的领域。因此，本节的目的仅在于简要报告目前正在考虑的方法，并指出何处可找到正在进行中的研究的详细信息。

29.144 为方便起见，将需要考虑的问题分为下列三方面：

a. 未付酬的住户服务；

b. 关于耐用消费品处理的考虑；

c. 一般性义务劳动问题。

未付酬住户服务

29.145 住户自用服务的估价问题就其本身而言是有意义的。此外，经常有人认为，第二次世界大战结束以来工业化国家 GDP 的增长，部分原因在于原来仅从事家务活动的妇女越来越多地参与到劳动力大军中。他们认为，如果对家务活动进行了估价，妇女工作的变化就不会造成 GDP 如此大幅度增加。因此，就长期分析而言，对未付酬住户活动进行估价相当有意义。

表 29.4：卫生核算体系中的供给使用表示例

表 8.2：SHA 的供给使用表(第 1 部分)

来　源	总供给，购买者价格	产品税减产品补贴*	卫生保健服务和货物提供者					其他生产者	经济总体	卫生保健货物和服务的进口
			总计	主要生产者	次要生产者	职业卫生保健	住户（家庭看护）			
货物和服务			产　出							
供给：										
按功能分类的卫生保健货物和服务										
HC. 1 治疗服务										
HC. 2 康复保健服务										
HC. 3 长期护理保健服务										
HC. 4 辅助性医疗服务										
HC. 5 用于门诊病人的医疗商品										
个人卫生保健总供给										
HC. 6 预防和公共卫生服务										
HC. 7 卫生管理和健康保险										
卫生保健服务和货物总供给										
其他产品										
总计										

注*：包括贸易和运输的加价，虽然它们在卫生服务和货物的最终使用中是微不足道的。

表 29.4(续)：卫生核算体系中的供给使用表示例

表 8.3 SHA 投入产出表(第 2 部分)

来源	总使用购买者价格	产品税减产品补贴*	卫生保健服务和货物提供者					其他生产者	经济总体	卫生保健货物和服务的进口	最终消费支出			资本形成总额
			总计	主要生产者	次要生产者	职业卫生保健	住户(家庭看护)				住户	NPISHs	政府	
货物和服务			中间消耗											
使用：														
按功能分类的卫生保健货物和服务														
HC.1 治疗服务														
HC.2 康复保健服务														
HC.3 长期护理保健服务														
HC.4 辅助性医疗服务														
HC.5 用于门诊病人的医疗商品														
个人卫生保健总计														
HC.6 预防和公共卫生服务														
HC.7 卫生管理和健康保险														
卫生保健服务和货物总计														
其他产品														
总计														
总增加值总计/GDP														
雇员报酬														
产品税														
其他生产税														
产品补贴														
其他生产补贴														
营业盈余净额														
混合收入净额														
固定资本消耗														
营业盈余总额														
混合收入总额														
总计														
劳动投入														
固定资本形成总额														
固定资产存量净额														

注*：包括贸易和运输的加价，虽然它们在卫生服务和货物的最终使用中是微不足道的。

29.146 SNA 的中心框架将未付酬住户服务排除在生产范围之外是毫无疑义的。但是，通过卫星账户，完全可以扩展生产范围以包括未付酬住户服务。但即使是扩展的生产范围，也不可能将吃、睡和锻炼等不能由第三方执行的活动包括在内。已经有一些研究试图通过其中一些活动的估价来估计闲暇的价值，但这不是本节所考虑的内容。

29.147 一个很宽泛的共识是，住户自用消费服务测算的起点是测算住户为自用服务所花费的时间。人们越来越有兴趣进行时间利用调查以获得这类信息。但是，时间利用调查是含糊的，问题在于多重任务的处理。例如，在同一时间段，某人可能会一边准备午饭，一边照顾幼儿，一边帮助较大的孩子完成家庭作业。这一时间段应分为三段，还是每项活动都按整个时长计算？

29.148 闲暇的边界也存在问题。有些人将园艺视为家务杂事；有些人则可能将园艺视为闲暇活动。尽管全职照顾孩子明显是一种住户服务，但祖父母花在孙子身上的时间必须作为住户服务计算还是作为一种闲暇活动计算？

29.149 如何估价家务活动也存在问题。一种可能性是编制完整的生产账户，例如，将住户购买的食物作为烹调的投入。这种方式下，住户直接消费的货物极少；很多货物都被视为某种服务产出的中间消耗。另一种方法也是通常采用的一种方法，是将投入视为住户消费支出，而仅对以前未估价的时间另作估计。

29.150 对住户服务所费时间进行估价的基本问题在于：估价时是应使用一个人执行该任务的机会成本，还是应使用其比较成本。这两种方法都存在困难。机会成本似乎更有吸引力，因为从经济理论来说，能挣更多钱的人确实应该去挣这些额外的钱，并付费请别人来承担家务。但在实践中是否确实如此并不清晰。比较成本可能很难得到，并且可能不切实际。例如，一名专业水管工人可能在数分钟内就修理好漏水的龙头，而一个业余者可能要花一小时。如果用水管工人的工资来估价业余者所花时间，估计出的生产量明显会不切实际得高。

29.151 文献中可以找到解决产出估价问题的各种尝试。这些文献有：《住户生产和消费：住户卫星账户方法建议》（欧洲统计局，2003），《住户卫星账户——2001 年芬兰住户生产和消费》（芬兰统计局和国家消费研究中心，2006），以及《超越市场：美国的非市场账户设计》（美国国家研究委员会，2005）。

耐用消费品

29.152 经常有人认为，耐用消费品应视为住户固定资本形成的一种形式，而不仅作为最终消费支出。的确，在家用设备方面存在着一块灰色地带：有时，住宅成本可能包括炊具、电冰箱和洗碗机等全部厨房设施，有时这些设施又被作为消费支出处理。

29.153 耐用消费品未包括在资产范围内的主要原因，与住户服务未包括在生产范围内有关。如果住户用机器洗衣服是生产活动，则用手洗衣服为何不是生产活动就无法说清了。

29.154 不过，监测耐用消费品购买的确具有意义。购买从本质上看通常是周期性的，尽管有时支出变动可能仅仅是受到新产品介绍的吸引。

29.155 卫星账户中可采用两种方法。第一种是在估价未付酬住户生产的同时，对耐用消费品采用备选处理方法。另一种是仍将未付酬住户生产排除在生产范围之外，但通过估计耐用消费品提供的服务来取代耐用消费品。将耐用消费品视为资产，也是测算住户储蓄和财富之所需。此类分析实例可参见《欧洲地区耐用货物及其对住户储蓄率的影响》（Jalava 等，2006）。

义务劳动

29.156 对住户提供的未付酬服务不包括在生产范围内。无论得到服务的住户是志愿者所属住户，还是其他住户，均不包括在生产范围内。

29.157 如果志愿者向非市场生产者或市场性 NPI 提供了服务，他们所参与的活动应包括在生产范围内。但是，所提供的服务价值应以成本计量。这些成本可能确实为零，或者可能是名义上的，包括实物工资和薪金。例如，宗教团体支付给卫生和教育服务提供者的可能不是工资，而是供应他们食宿。原则上，这些成本应视为实物工资和薪金。

29.158 政府内部可能也有一些义务劳动，例如支教。公司里可能也有些未付酬人员在工作（例如实习计划的一部分），但市场性 NPI 中的义务劳动相当普遍，如在博物馆或美术馆作向导或管理员。

29.159 即使准公司或企业的所有者未领取工资，也应该认为，这笔工资原则上应先处理为雇员报酬收入，然后再处理为对企业注入了相同金额的资本。虽然不太可能如此记录，但是这种情况与通常理解的义务劳动明显有实质上的不同。

29.160 义务劳动估价问题与未付酬住户活动时间的估价问题是一样的，因而有同样的备选方法可供使用。如果要估价义务劳动，则必须核算下列条目：

a. 使用义务劳动的单位的雇员报酬；

b. 志愿者所属住户的收入；

c. 志愿者向使用单位进行的相同金额的转移；

d. 使用单位的最终消费支出；

e. 实物社会转移（几乎总是）。

此方法与公共建设项目劳动投入的推荐测算方法相同。

29.161 正如第 23 章所述，在卫星账户内，即使市场性 NPI 也可被视为从事非市场活动，而这些非市场活动将包括志愿者的活动。

附录1　SNA中的层级分类及相应编码

A.　引言

A1.1　正如第2章所言，SNA中的账户是围绕为数不多的几个理论要素建立的，主要包括部门、交易以及按交易和其他流量划分的各类项目，尤其是资产与负债要素。每个要素都有一个层级分类。按层级的高低程度，可以编制或详或略的账户。在某些情况下，全面的描述需要两个甚至三个层级的信息。例如，账户中的登录一般总会涉及一个部门、一项交易或其他流量，还可能会指明记录的是哪类产品或资产。

A1.2　除SNA特有的理论要素的分类层级外，也会用到其他分类体系，例如生产中所用的产业分类、货物与服务分类，这些分类有的旨在描述各项目的本质，有的则是要说明项目所服务的目的。

A1.3　国际组织一般要收集各国的概括性账户，为了便于收集，需要采用一套标准代码来识别需要传输的项目，这些项目通常采取时间序列的形式。

A1.4　本附录的目的是对上述几个方面进行详细的解释。B节列出了本体系的所有分类层级。国际数据库无法包括这里列出的所有细分类，但是只要数据的收集比较普遍而且已经建立了代码，就应按照本体系的分类显示。

A1.5　SNA常用的外部主要国际分类体系有以下几类：

COFOG，COICOP和COPNI

出版物：联合国，2000年，《支出目的分类：政府职能分类》（COFOG），《个人消费目的分类》（COICOP），《为住户服务的非营利机构支出目的分类》（COPNI），《生产者支出目的分类》（COPP）。联合国统计司经济与社会处，统计论文M系列，第84卷，联合国，纽约。

网址：http//unstats. un. org/unsd/class/default. asp

ISIC

出版物：联合国，2008年，《全部经济活动的国际标准产业分类》（ISIC）修订版4，联合国统计司经济与社会处，统计论文M系列，第4卷，修订版4，联合国，纽约。

网址：http//unstats. un. org/unsd/class/default. asp

CPC

出版物：联合国，2008年，《主产品分类》（CPC）第2版，联合国统计司经济与社会处，统计论文M系列，第77卷第2版，联合国，纽约。

网址：http//unstats. un. org/unsd/class/default. asp

SITC

出版物：联合国，2006 年，《标准产业贸易分类》修订版，联合国统计司经济与社会处，统计论文 M 系列，第 34 卷修订 4，联合国，纽约。

网址：http//unstats. un. org/unsd/trade/default. htm

HS

出版物：国际海关组织，2007 年，《海关商品说明与编码体系》修订 4，布鲁塞尔。

网址：http//publication. wcoomd. org/indes. php

B. SNA 中的分类层级

A1.6 以下描述四套层级分类。第一套是部门，第二套反映交易，第三套反映其他流量，最后一套涉及存量。以下各节将依次介绍各套层级分类。

1. 部门分类（代码 S）

A1.7 第 4 章介绍了 SNA 中的部门分类原则。以下列表全面地给出了尽可能详尽的分类。该列表所涉范围很广，并不是每个国家在任何阶段都会用到所有的细分类别。其中有些细分类别可能不会包含任何机构单位，或者可能仅包含极少的单位，因而不可能提供此种细分类别的信息。但为了保持完整性，这里还是列出了全部的分类。

A1.8 SNA 中的一些标准缩写被用到细分类中。机构单位中的非营利机构以 NPl 标记。在公司部门中，不属于 NPl 的单位被称为营利机构，以 FPl 标记。需要重申的是，并不是禁止 NPl 谋取利润，只是禁止将利润分配给其所有者。公司部门中的 NPl 与 FPl 一样，也是市场生产者。

A1.9 并非所有的 NPl 都是市场生产者。对于那些作为非市场生产者的 NPl，需要区分两个类型，即受政府部门控制的（也被称为 NPl）与不受政府控制的。这些单位为住户服务，并组成一个单独的部门，称之为为住户服务的非营利机构，即 NPlH。

A1.10 并非分类中的每一项都有指定的代码；只有那些在国际传输项目中经常用到的项目才有代码。

A1.11 所有机构部门与子部门列表如下：

经济总体（S1）

非金融公司（S11）

非金融公司 – NPl

非金融公司 – FPl

公营非金融公司

公营非金融公司 – NPl

公营非金融公司 – FPl

本国私营非金融公司

本国私营非金融公司 – NPl

本国私营非金融公司 – FPl

外国控制非金融公司

外国控制非金融公司 – NPl

外国控制非金融公司 – FPl

金融公司（S12）

中央银行（S121）

中央银行以外的存款性公司（S122）

存款性公司 – NPl

存款性公司 – FPl

公营存款性公司

公营存款性公司 – NPl

公营存款性公司 – FPl

本国私营存款性公司

本国私营存款性公司 – NPl

本国私营存款性公司 – FPl

外国控制存款性公司

外国控制存款性公司 – NPl

外国控制存款性公司 – FPl

货币市场基金（MMF）（S123）

货币市场基金 – NPl

货币市场基金 – FPl

公营货币市场基金

公营货币市场基金 – NPl

公营货币市场基金 – FPl

本国私营货币市场基金

本国私营货币市场基金 – NPl

本国私营货币市场基金 – FPl

外国控制货币市场基金

外国控制货币市场基金 – NPl

外国控制货币市场基金 – FPl

非 MMF 投资基金（S124）

非 MMF 投资基金 – NPl

非 MMF 投资基金 – FPl

非 MMF 公营投资基金

非 MMF 公营投资基金 – NPl

非 MMF 公营投资基金 – FPl

非 MMF 本国私营投资基金

非 MMF 本国私营投资基金 – NPl

非 MMF 本国私营投资基金 – FPl

非 MMF 外国控制投资基金

非 MMF 外国控制投资基金 – NPl

非 MMF 外国控制投资基金 – FPl

保险公司和养老基金以外的其他金融中介机构（S125）

其他金融中介机构 – NPl

其他金融中介机构 – FPl

公营其他金融中介机构

公营其他金融中介机构 – NPl

公营其他金融中介机构 – FPl

本国私营其他金融中介机构

本国私营其他金融中介机构 – NPl

本国私营其他金融中介机构 – FPl

外国控制其他金融中介机构

外国控制其他金融中介机构 – NPl

外国控制其他金融中介机构 – FPl

金融辅助机构（S126）

金融辅助机构 – NPl

金融辅助机构 – FPl

公营金融辅助机构

公营金融辅助机构 – NPl

公营金融辅助机构 – FPl

本国私营金融辅助机构

本国私营金融辅助机构 – NPl

本国私营金融辅助机构 – FPl

外国控制金融辅助机构

外国控制金融辅助机构 – NPl

外国控制金融辅助机构 – FPl

专属金融机构和贷款人（S127）

专属金融机构和贷款人 – NPl

专属金融机构和贷款人 – FPl

公营专属金融机构和贷款人

公营专属金融机构和贷款人 – NPl

公营专属金融机构和贷款人 – FPl

本国私营专属金融机构和贷款人

本国私营专属金融机构和贷款人 – NPl

本国私营专属金融机构和贷款人 – FPl

外国控制专属金融机构和贷款人

外国控制专属金融机构和贷款人 – NPl

外国控制专属金融机构和贷款人 – FPl

保险公司（S128）

保险公司 – NPl

保险公司 – FPl

公营保险公司

公营保险公司－NPI
公营保险公司－FPI
本国私营保险公司
本国私营保险公司－NPI
本国私营保险公司－FPI
外国控制保险公司
外国控制保险公司－NPI
外国控制保险公司－FPI

养老基金（S129）
养老基金－NPI
养老基金－FPI
公营养老基金
公营养老基金－NPI
公营养老基金－FPI
本国私营养老基金
本国私营养老基金－NPI
本国私营养老基金－FPI
外国控制养老基金
外国控制养老基金－NPI
外国控制养老基金－FPI

A1.12 一般政府的社会保障基金在不同国家有不同的运作方式，为此，对一般政府部门设立了两种编码体系。如果社会保障基金是由一个单位为各级政府部门进行运作的，则一般政府部门包括四个子部门，各级政府为一个部门，另外还有一个社会保障基金。如果各级政府自己运作其社会保障基金，则只包括三个子部门，即每一级包括社会保障基金在内的政府是一个子部门。理论上，政府部门的层级分类如下：

一般政府（S13）

一般政府社会保障基金
除社会保障基金以外的一般政府
一般政府非营利机构
中央政府
中央政府社会保障基金
除社会保障基金以外的中央政府
中央政府非营利机构
省级政府
省级政府社会保障基金
除社会保障基金以外的省级政府
省级政府非营利机构
地方政府
地方政府社会保障基金
除社会保障基金以外的地方政府
地方政府非营利机构

A1.13 实践中，一般政府的两种分类及相应编码如下：

一般政府（S13）	一般政府（S13）
社会保障基金由一个独立机构单位为各级政府部门进行运作。	*社会保障基金不是一个独立的机构单位，而是包含在相应级别的政府部门中。*
除社会保障基金以外的**中央政府**（S1311）	包含社会保障的**中央政府**（S1311）
除社会保障基金以外的**省级**政府（S1312）	包含社会保障的**省级政府**（S1312）
除社会保障基金以外的**地方政府**（S1313）	包含社会保障基金的**地方政府**（S1313）
一般政府的社会保障（S1314）	

住户（S14）

雇主（S141）
自雇工作者（S142）
雇员（S143）
财产收入与转移收入接受者（S144）
财产收入接受者（S1441）
养老金领取者（S1442）
其他转移收入接受者（S1443）

为住户服务的非营利机构（S15）

本国私营
外国控制

国外（S2）

2. 交易分类

A1. 14 交易分类包括：

a. 产品（包含生产资产）；
b. 非生产资产；
c. 分配性交易。

产品交易分类（代码 P）

A1. 15 产品代码用来描述 SNA 中生产的所有货物服务的供给和使用。所有列出的分类都会出现在货物和服务账户中。另外，产出与中间消耗会出现在生产账户中，最终消费支出与实际最终消费会出现在收入使用账户中，资本形成总额会出现在资本账户中。

A1. 16 分类中的所有类别都还可以进行二级分类。对积累账户中的资本形成总额，可按资产进行分类（代码 AN1）。对总产出、中间消耗和最终消费，可使用 CPC 中的产品分类。对实际消费，可使用相应的功能分类：政府消费采用 COFOG，居民消费采用 COICOP，NPISH 采用 COPNI。对于进出口，则可采用 SITC 或 HS。

A1. 17 资本形成与固定资本形成（以及其他平衡项）可以列出总额，也可以列出减去固定资本消耗之后的净额。总额代码末位是 g，净额代码末位是 n。固定资本消耗，即总额与净额之间的差额，用 c 表示。

产出（P1）

市场产出（P11）
为自身最终使用的产出（P12）
非市场产出（P13）

中间消耗（P2）

最终消费支出（P3）

个人消费支出（P31）
公共消费支出（P32）

实际最终消费（P4）

实际个人消费（P41）
实际公共消费（P42）

资本形成总额（P5）

固定资本形成总额（P51g）
固定资本消耗（－）（P51c）
营业盈余总额中的固定资本消耗（－）（P51c1）
混合收入总额中的固定资本消耗（－）（P51c2）
固定资本形成净额（P51n）
固定资产的获得减处置（P511）
新固定资产的获得（P5111）
现有固定资产的获得（P5112）
现有固定资产的处置（P5113）
非生产资产所有权的转移费用（P512）
存货变化（P52）
贵重物品的获得减处置（P53）

货物和服务出口（P6）

货物出口（P61）
服务出口（P62）

货物和服务进口（P7）

货物进口（P71）
服务进口（P72）

非生产资产交易分类（代码 NP）

A1.18 同产品（如资本形成总额、出口与进口）一样，非生产资产也可以是交易的对象。如果需要，可以按照非生产性非金融资产的分类（AN2）对非生产资产的交易代码进行细分。

非生产资产的获得减处置（NP）

自然资源的获得减处置（NP1）
合约、租约和许可的获得减处置（NP2）

商誉和营销资产的购买减销售（NP3）

分配性交易分类（代码 D）

A1.19 分配性交易代码出现在从收入形成账户到资本账户的一系列账户中。顾名思义，它们反映收入分配和再分配（以及储蓄在资本转移过程中的分配）的影响。对所有分配性交易而言，所有部门（包括国外部门）的应收方登录一定与应付方登录相等。

A1.20 在收入形成账户与初始收入分配账户中有四组交易，即：劳动者报酬，生产与进口税，补贴，以及财产收入。

雇员报酬（D1）

工资和薪金（D11）

雇主社会缴款（D12）

雇主实际社会缴款（D121）

雇主实际养老金缴款（D1211）

雇主实际非养老金缴款（D1212）

雇主虚拟社会缴款（D122）

雇主虚拟养老金缴款（D1221）

雇主虚拟非养老金缴款（D1222）

生产和进口税（D2）

产品税（D21）

增值类税（VAT）（D211）

进口税和进口关税，不包括 VAT（D212）

进口关税（D2121）

进口税，不包括 VAT 和关税（D2122）

出口税（D213）

产品税，不包括 VAT、进口和出口税（D214）

其他生产税（D29）

补贴（D3）

产品补贴（D31）

进口补贴（D311）

出口补贴（D312）

其他产品补贴（D319）

其他生产补贴（D39）

财产收入（D4）

投资收益

利息（D41）

公司已分配收入（D42）

红利（D421）

准公司收入提取（D422）

外国直接投资的再投资收益（D43）

投资收入支付（D44）

属于投保人的投资收入（D441）

养老金权益的应付投资收入（D442）

属于投资基金股东集体的投资收入（D443）

地租（D45）

A1.21 在收入再分配账户中有四组交易：所得、财产等经常税，社会净缴款，社会福利和其他经常转移。它们反映 SNA 中除实物社会转移以外的所有经常转移。

A1.22 雇主社会缴款在收入形成账户与初始收入分配账户中是雇主的应付，雇员的应收。在收入再分配账户中，这些缴款是住户的应付，社会保险计划管理单位的应收。为了保证在不同账户中记录的数额完全相等，在收入再分配账户中，单独列出了被扣减的、作为保险计划总产出组成部分的服务费和受益住户的最终消费这两个项目。这样，社会保险计划服务费只是一个调整项，而不是一个分配性交易项。

经常转移（不包含实物社会转移）

所得税、财产税等经常税（D5）

所得税（D51）

其他经常税（D59）

净社会缴款（D61）

雇主实际社会缴款（D611 = D121）

雇主实际养老金缴款（D6111 = D1211）

雇主实际非养老金缴款（D6112 = D1212）

雇主虚拟社会缴款（D612 = D122）

雇主虚拟养老金缴款（D6121 = D1221）

雇主虚拟非养老金缴款（D6122 = D1222）

住户实际社会缴款（D613）

住户实际养老金缴款（D6131）

住户实际非养老金缴款（D6132）

住户追加社会缴款（D614）

住户追加养老金缴款（D6141）

住户追加非养老金缴款（D6142）

社会保险计划服务费（-）

实物社会转移以外的社会福利（D62）

现金形式的社会保障福利（D621）

社会保障养老金福利（D6211）

社会保障养老金以外的福利（D6212）

其他社会保险福利（D622）

其他社会保险养老金福利（D6221）

其他社会保险非养老金福利（D6222）

现金形式的社会救济福利（D623）

其他经常转移（D7）

非人寿保险净保费（D71）

非人寿直接保险净保费（D711）

非人寿再保险净保费（D712）
非人寿保险赔付（D72）
非人寿直接保险赔付（D721）
非人寿再保险赔付（D722）
一般政府内部的经常转移（D73）
国际合作中的经常转移（D74）
杂项经常转移（D75）
向 NPISH 的经常转移（D751）
常住住户与非常住住户之间的经常转移（D752）
其他经常转移杂项（D759）

A1.23 与实物社会转移以及养老金权益变化调整有关的交易显示在实物收入再分配账户、收入使用账户以及调整后可支配收入使用账户中。

实物社会转移（D63）

实物社会转移 - 非市场产出（D631）
实物社会转移 - 从市场购买的产品（D632）

养老金权益变化调整（D8）

A1.24 资本转移出现在资本账户中。按照惯例，正如在第 10 章所解释的，所有的资本转移项都记录在该账户的左方，支出用负数表示。因此，资本转移代码在基本代码后边加 r 表示应收，加 p 表示应付。

应收的资本转移（D9r）

资本税（D91r）
投资补助（D92r）
其他资本转移（D99r）

应付的资本转移（D9p）

资本税（D91p）
投资补助（D92p）
其他资本转移（D99p）

金融资产与负债交易分类（代码 F）

A1.25 金融资产与负债交易代码与非金融资产略有不同，因为在金融账户中只有一类交易，要么是资产与负债的获得，要么是其处置。此处的层级与相应的资产和负债有关。除前缀为 AF 表示存量、F 表示交易之外，金融资产与负债存量（即头寸）所用的代码与其流量所用的代码完全一致。

A1.26 以下是金融资产与负债交易分类代码：

金融资产净获得/负债净发生（F）

货币黄金和特别提款权（F1）

货币黄金（F11）
特别提款权（F12）

通货与存款（F2）

通货（F21）

可转让存款（F22）

银行间头寸（F221）

其他可转让存款（F229）

其他存款（F29）

债务性证券（F3）

短期（F31）

长期（F32）

贷款（F4）

短期（F41）

长期（F42）

股权与投资基金份额（F5）

股权（F51）

上市股票（F511）

非上市股票（F512）

其他股权（F519）

投资基金份额/单位（F52）

货币市场基金股份/单位（F521）

其他投资基金份额/单位（F522）

保险、养老金和标准化担保计划（F6）

非寿险专门准备金（F61）

寿险和年金权益（F62）

养老金权益（F63）

养老金经理人的养老基金债权（F64）

非养老保险金权益（F65）

标准化担保代偿准备金（F66）

金融衍生工具和雇员股票期权（F7）

金融衍生工具（F71）

期权（F711）

远期（F712）

雇员股票期权（F72）

其他应收/应付款（F8）

商业信用和预付款（F81）

其他应收/应付款（F89）

3.　其他流量

A1.27　其他流量包括资产物量其他变化账户中的项目以及平衡项和资产净值项。

资产物量其他变化账户中的登录（代码 K）

A1.28 K1 到 K6 是资产物量其他变化账户中的其他流量。K7 反映重估价账户中的持有收益和损失。

资产的经济出现（K1）

非生产资产的经济消失（K2）

自然资源的耗减（K21）
非生产资产的其他经济消失（K22）

巨灾损失（K3）

无偿没收（K4）

未另分类的物量其他变化（K5）

分类的变化（K6）

部门分类与结构的变化（K61）
资产与负债分类的变化（K61）

名义持有收益和损失（K7）

中性持有收益和损失（K71）
实际持有收益和损失（K72）

平衡项与资产净值项分类（代码 B）

A1.29 经常账户中的平衡项代码从 B1 到 B8。每一项都既可以是总额，也可以是扣除固定资本消耗后的净额。为了区分二者，在代码后边加 g（总）或 n（净）。

A1.30 代码 B10 都与资产净值的变化有关。像平衡项一样，资产净值是由账户一端的项目减去另一端的项目得到的。然而，平衡项反映的是账户左方大于右方的数值，而资产净值反映的则是账户右方大于左方的数值。

A1.31 代码 B11，即货物和服务的对外交易差额，是国外账户中的一个项目。它在经济总体各部门的账户中没有直接的对应项，而是要加到经济总体的国内总（或净）支出上，从而得到国内生产总值（或净值）。代码 B12，即对外经常交易差额，也是国外账户的项目，如果以货物和服务对外交易差额取代增加值，则它与国内部门的储蓄项相类似。

A1.32 与这一节中的其他代码不同，代码 B90 与存量有关，而不是流量有关。它反映资产大于负债的资产净值。

A1.33 以下是所有平衡项与资产净值项的代码：

增加值，国内生产总（净）值（B1g）

营业盈余总额（B2g）

混合收入总额（B3g）

业主收入（B4g）

初始收入总额，（总）国民收入（B5g）

可支配收入总额（B6g）

调整后可支配收入总额（B7g）

总储蓄（B8g）

净借出（+）/净借入（-）（B9g）

资产净值变化（B10）

储蓄和资本转移引起的资产净值变化（B101）
资产其他物量变化引起的资产净值变化（B102）
名义持有收益和损失引起的资产净值变化（B103）
中性持有收益和损失引起的资产净值变化（B1031）
实际持有收益和损失引起的资产净值变化（B1032）

货物与和服务的对外差额（B11）

对外经常性差额（B12）

资产净值（B90）

4.　资产与负债存量项目

资产负债表项目（代码 L）

A1.34　和金融账户一样，一张资产负债表中所需要的代码，只需用 AN 和 AF 表示出详细的资产种类即可。不过，需要编制期初资产负债账户（LS）和期末资产负债账户（LE）来反映资产的存量水平，并编制一个反映期初期末间的变化（LX）的账户。这三类代码要与资产的分类一致。LX 项目是一定时期内某资产项下代码 P5、NP、F 和 K 所对应的登录项目的总和。

A1.35　从期初资产负债表的项目可以计算出资产净值（B90）。该数额与期末资产负债表中 B90 数额之差，必须等于代码 LX 的各项目之和，同时也应等于 B10。

期初资产负债表（LS）
资产负债的变化（LX）
期末资产负债表（LE）

非金融资产（代码 AN）

A1.36　非金融资产交易根据获得资产的目的进行分类。所有非金融资产都有价值贮藏功能，但是，除贵重物品只能充当价值贮藏手段外，获得非金融资产的目的主要是为了在生产过程中使用它。下面列出的 AN 项目体现了某些功能要素与描述代码的结合。例如，桌子可能是 AN113（即机器和设备）的一部分，也可能是某种存货的增加，或者可能是某种贵重物品。

A1.37　首先将非金融资产分为生产资产（AN1）与非生产资产（AN2）两类。生产资产又分为三大类：固定资产（AN11），存货（AN12），贵重物品（AN13）。非生产资产也分为三类：自然资源（AN21），合约、租约和许可（AN22），商誉与营销资产的购买减出售（AN23）。

A1.38 非生产资产所有权转移费用（即 AN116）是个例外。该流量是存在的，并且被作为固定资本形成总额的一部分，即固定资产的获得。但当单独记录资产的存量时，所有权转移费用包括在相应的非生产资产中，并不单独表现为 AN11 的一部分。在下面的代码中列出此项，只是出于说明的需要。

生产非金融资产（AN1）

固定资产（AN11）

住宅（AN111）

其他建筑和构筑物（AN112）

非住宅建筑（AN1121）

其他构筑物（AN1122）

土地改良（AN1123）

机器和设备（AN113）

运输设备（AN1131）

ICT 设备（AN1132）

其他机器和设备（AN1133）

武器系统（AN114）

培育性生物资源（AN115）

重复提供产品的动物资源（AN1151）

重复提供产品的林木、庄稼和植物资源（AN1152）

（非生产资产所有权转移费用 AN116）

知识产权产品（AN117）

研究与开发（AN1171）

矿藏勘探和评估（AN1172）

计算机软件和数据库（AN1173）

计算机软件（AN11731）

数据库（AN11732）

娱乐、文学或艺术品原件（AN1174）

其他知识产权产品（AN1179）

存货（AN12）

材料和用品（AN121）

在制品（AN122）

培育性生物资源在制品（AN1221）

其他在制品（AN11222）

制成品（AN123）

军事存货（AN124）

供转售的货物（AN125）

贵重物品（AN13）

贵金属和宝石（AN131）

古董和其他艺术品（AN132）

其他贵重物品（AN133）

非生产非金融资产（AN2）

自然资源（AN21）

土地（AN211）

矿物和能源储备（AN212）
非培育性生物资源（AN213）
水资源（AN214）
其他自然资源（AN215）
无线电频谱（AN2151）
其他（AN2159）
合约、租约和许可（AN22）
可交易的经营租赁（AN221）
自然资源使用许可（AN222）
从事特定活动的许可（AN223）
货物和服务的未来排他性权利（AN224）
商誉和营销资产的购买减出售（AN23）

金融资产（代码 AF）

A1.39 正如在金融资产与负债交易部分所解释的那样，从理论上说，F 代码与存量或头寸代码（即 AF 代码）之间，具有一一对应的关系。但在实践中，资产负债表中的数据可能不那么细，除下面列出的第一级分类外不存在其他细分类。当然，如果需要，AF 代码可以像 F 代码那样进行细分。

货币黄金与特别提款权（AF1）

通货与存款（AF2）

债务性证券（AF3）

贷款（AF4）

股权和投资基金份额/单位（AF5）

保险、养老金和标准化担保计划（AF6）

金融衍生工具和雇员股票期权（AF7）

其他应收/应付款（AF8）

C.　补充分类项目

A1.40 本手册的许多地方都提到了列示补充分类或备忘项目的可能性。下面列出了此类建议，以说明补充分类项代码是如何设计的。一般惯例是，附属项目以 X 开头，再加上与之相关的标准项目代码。

1.　不良贷款

A1.41 以下代码用于第 11 章到 13 章中提到的不良贷款存量和流量。因为贷款的代码是 AF4 和 F4，所以不良贷款存量的补充分类代码是 XAF4，流量的补充分类代码是 XF4。不良贷款存量的代码为：

XAF4_NNP　不良贷款名义价值
XAF4_MNP　不良贷款市场价值

相应的流量代码：

XF4_NNP　不良贷款名义价值
XF4_MNP　不良贷款市场价值

在两套编码体系中，下划线是细分类代码中相应贷款所在的位置，如资产负债表中的贷款。

XAF41NNP　短期不良贷款名义价值
XAF42NNP　长期不良贷款名义价值

2.　资本服务

A1. 42　以下代码用于第 20 章中的资本服务项：

XCS　资本服务
XCSC　资本服务——公司与一般政府
　P51c1　固定资本消耗
　XRC　资本收益
　XOC　其他资本成本
XCSU　资本服务——非法人企业
　P51c2　固定资本消耗
　XRU　资本收益
　XOU　其他资本成本

3.　养老金表

A1. 43　以下代码用于第 17 章第 2 部分的附属表。该表的行与列采用不同的代码。

表中各列

A1. 44　对列而言，代码中的字母 W 代表非政府，数字则是指相应的机构部门。

a. 记录在中心账户序列中的负债

- 一般政府以外的部门负责设计与实行的计划

XPC1W　定额缴款计划
XPB1W　定额福利计划
XPCB1W　合计

- 一般政府部门负责设计与实行的计划

XPCG　定额缴款计划

- 一般政府雇员的定额福利计划

XPBG12　在金融公司部门中
XPBG13　在一般政府部门中

b. 没有记录在中心账户序列中的负债

XPBOUT13　在一般政府部门中
XP1314　社会保障养老金计划
XPTOT　养老金总计划

XPTOTNRH 其中：非常住住户

表中各行

a. 期初资产负债表

XAF63LS 养老金权益

b. 交易

XD61p 与养老金计划有关的社会缴款
XD6111 雇主实际社会缴款
XD6121 雇主虚拟社会缴款
XD6131 住户实际社会缴款
XD6141 住户追加社会缴款
XD619 社会保障基金中养老金权益的其他（精算）累积
XD62P 养老金福利
XD8 养老金权益变化调整
XD91 源于权益转移的养老金权益变动
XD92 源于计划结构协商调整的权益变动

c. 其他经济流量

XK7 重估价
XK5 物量其他变化

d. 期末资产负债表

XAF63LE 养老金权益

e. 相关指标

XP1 总产出
XAFN 养老金计划年末所拥有的资产

4. 耐用消费品

A1.45 耐用消费品指在第 3 章和 13 章中的耐用消费品，其代码以 X 开头，接着是 DHHCE（居民耐用消费品支出），之后的一位数字表示组别，两位数字表示具体项目。此外还提供了相应的 COICOP 分类代码。

COICOP	SNA 码	
	XDHHCE1	家具与家用器具
05.1.1	XDHHCE11	家具、用具
05.1.2	XDHHCE12	地毯及其他地面料
05.3.1	XDHHCE13	主要家用电器与非电器
05.5.1	XDHHCE14	居家及花园主要工具及设备
	XDHHCE2	个人交通工具
07.1.1	XDHHCE21	汽车
07.1.2	XDHHCE22	摩托车

07. 1. 3	XDHHCE23	自行车
07. 1. 4	XDHHCE24	畜力交通工具
	XDHHCE3	文化娱乐用品
08. 2. 0	XDHHCE31	电话及传真设备
09. 1. 1	XDHHCE32	招待用品，刻录机、扫描仪等
09. 1. 2	XDHHCE33	照相机、家庭影院及光学仪器
09. 1. 3	XDHHCE34	信息处理设备
09. 2. 1	XDHHCE35	主要室外娱乐用品
09. 2. 2	XDHHCE36	乐器及室内娱乐主要用品
	XDHHCE4	其他耐用消费品
12. 3. 1	XDHHCE41	珠宝、钟表及手表
06. 1. 3	XDHHCE42	医疗设备及用品

5. 外商直接投资

A1. 46 对于外商直接投资的补充项目（例如在第 11 章和 13 章所提到的），其代码以 X 开头，再加 F 或 AF 及 FDI 作为后缀，例如：

XF42FDI 长期贷款中的外商直接投资交易

6. 或有头寸

A1. 47 对于第 11 章和 12 章所提到的或有头寸补充项目，其代码以 X 开头，再加 AF 及 CP 作为后缀，例如：

XAF11CP 货币黄金，抵押时可能影响到它作为储备资产的可用性

7. 通货与存款

A1. 48 对于第 11 章所提到的本币或外币结算的通货与存款补充项，其代码以 X 开头，后加 F 或 AF，再加 NC 表示本币通货与存款，或加 FC 及国际货币代码表示外币通货与存款，例如：

a. 对交易

XF21LC① 本币纸币或硬币
XF22FC 外币存款

b. 对存量

XAF21LC 本币纸币或硬币
XAF22FC 外币存款

8. 按未偿债务证券的到期时间分类

A1. 49 第 11 章建议对债券按到期日进行分类，其代码以 X 开头，后加 AF 和到期日，例如：

① 代码中用 LC（local currency），而文字说明部分为 NC（national currency），二者不一致，原文如此。——译者注

XAF32Y20　2020 年到期的债券

9.　上市与未上市债务证券

A1.50　对于债务证券补充项，其代码以 X 开头，后加 F 或 AF，再加上 1 表示上市，2 表示未上市，例如：

a. 交易

XF321　上市的债务性证券
XF322　未上市的债务性证券

b. 存量

XAF321　上市的债务性证券
XAF322　未上市的债务性证券

10.　到期日短于一年的长期贷款及长期抵押贷款

A1.51　对于到期日短于一年的长期贷款及长期抵押贷款，其代码以 X 开头，后加 F 或 AF，再加上 L1 表示到期日短于一年的长期贷款，LM 表示长期抵押贷款，例如：

a. 交易

XF42L1　到期日短于一年的长期贷款
XF42LM　长期抵押贷款

b. 存量

XAF42L1　到期日短于一年的长期贷款
XAF42LM　长期抵押贷款

11.　上市与未上市投资基金份额

A1.52　对于上市与未上市投资基金份额，其代码以 X 开头，后加 F 或 AF，再加上 1 表示上市，2 表示未上市，例如：

a. 交易

XF5291　上市的投资基金份额
XF5292　未上市的投资基金份额

b. 存量

XAF5291　上市的投资基金份额
XAF5292　未上市的投资基金份额

12.　利息及还款拖欠

A1.53　对于利息及还款拖欠，其代码以 X 开头，后加 AF，再加上 IA 表示利息拖欠，PA 表示还款拖欠，例如：

XAF42IA　长期贷款利息拖欠
XAF42PA　长期贷款还款拖欠

13. 个人汇款及汇款总额

A1. 54 对于第 8 章提到的常住住户与非常住住户之间的个人汇款及汇款总额，其代码以 X 开头，后加经常支出代码，再加 PR 表示个人汇款，TR 汇款总额，例如：

XD5452PR　　常住住户与非常住住户之间的个人汇款

XD5452TR　　常住住户与非常住住户之间的汇款总额

附录 2　账户序列

阴影部分是使用本体系的核算规则确定的价值；“0”表示该项可能发生，但在实际中可能是微不足道的。空白部分表示该项要么是不可能发生的，要么就是没有明细数据。

生产账户

使用

代码	交易和平衡项	S11 非金融公司	S12 金融公司	S13 政府	S14 住户	S15 NPISH	S1 经济总体	S2 国外	货物和服务	合计
P7	货物服务进口								499	499
P71	货物进口								392	392
P72	服务进口								107	107
P6	货物服务出口							540		540
P61	货物出口							462		462
P62	服务出口							78		78
P1	产出								3604	3604
P11	市场产出								3077	3077
P12	自给性最终使用产出								147	147
P13	非市场产出								380	380
P2	中间消耗	1477	52	222	115	17	1883			1883
D21	产品税								141	141
D31	产品补贴（－）								－8	－8
B1g	*总增加值/国内生产总值*	1331	94	126	155	15	1854			1854
P51c	固定资本消耗	157	12	27	23	3	222			222
B1n	*净增加值/国内生产净值*	1174	82	99	132	12	1632			1632
B11	货物服务对外差额							－41		－41

收入形成账户

使用

代码	交易和平衡项	S11 非金融公司	S12 金融公司	S13 政府	S14 住户	S15 NPISH	S1 经济总体	S2 国外	货物和服务	合计
D1	雇员报酬	986	44	98	11	11	1150			1150
D11	工资和薪金	841	29	63	11	6	950			950
D12	雇主社会缴款	145	15	35	0	5	200			200
D121	雇主实际社会缴款	132	14	31	0	4	181			181
D1211	雇主实际养老金缴款	122	14	28	0	4	168			168
D1212	雇主实际非养老金缴款	10	0	3	0	0	13			13
D122	雇主虚拟社会缴款	13	1	4	0	1	19			19
D1221	雇主虚拟养老金缴款	12	1	4	0	1	18			18
D1222	雇主虚拟非养老金缴款	1	0	0	0	0	1			1
D2	生产税和进口税						235			235
D21	产品税						141			141
D211	增值类税（VAT）						121			121
D212	进口税和关税，不包括 VAT						17			17
D2121	进口关税						17			17
D2122	进口税，不包括 VAT 和关税						0			0
D213	出口税						1			1
D214	产品税，不包括 VAT、进口出口税						2			2
D29	其他生产税	88	4	1	0	1	94			94
D3	补贴						－44			－44
D31	产品补贴						－8			－8
D311	进口补贴						0			0
D312	出口补贴						0			0
D319	其他产品补贴						－8			－8
D39	其他生产补贴	－35	0	0	－1	0	－36			－36
B2g	营业盈余总额	292	46	27	84	3	452			452
B3g	混合收入总额				61		61			61
P51c1	营业盈余总额中的固定资产消耗	157	12	27	15	3	214			
P51c2	混合收入总额中的固定资产消耗				8		8			
B2n	*营业盈余净额*	135	34	0	69	0	238			238
B3n	*混合收入净额*				53		53			53

生产账户

来源

代码	交易和平衡项	S11 非金融公司	S12 金融公司	S13 政府	S14 住户	S15 NPISH	S1 经济总体	S2 国外	货物和服务	合计
P7	货物服务进口							499		499
P71	货物进口							392		392
P72	服务进口							107		107
P6	货物服务出口								540	540
P61	货物出口								462	462
P62	服务出口								78	78
P1	产出	2808	146	348	270	32	3604			3604
P11	市场产出	2808	146	0	123	0	3077			3077
P12	自给性最终使用产出	0	0	0	147	0	147			147
P13	非市场产出			348		32	380			380
P2	中间消耗								1883	1883
D21	产品税						141			141
D31	产品补贴（－）						－8			－8

收入形成账户

来源

代码	交易和平衡项	S11 非金融公司	S12 金融公司	S13 政府	S14 住户	S15 NPISH	S1 经济总体	S2 国外	货物和服务	合计
B1g	总增加值/国内生产总值	1331	94	126	155	15	1854			1854
B1n	*净增加值/国内生产净值*	1174	82	99	132	12	1632			1632
D1	雇员报酬									
D11	工资和薪金									
D12	雇主社会缴款									
D121	雇主实际社会缴款									
D1211	雇主实际养老金缴款									
D1212	雇主实际非养老金缴款									
D122	雇主虚拟社会缴款									
D1221	雇主虚拟养老金缴款									
D1222	雇主虚拟非养老金缴款									
D2	生产税和进口税									
D21	产品税									
D211	增值类税（VAT）									
D212	进口税和关税，不包括 VAT									
D2121	进口关税									
D2122	进口税，不包括 VAT 和关税									
D213	出口税									
D214	产品税，不包括 VAT、进口出口税									
D29	其他生产税									
D3	补贴									
D31	产品补贴									
D311	进口补贴									
D312	出口补贴									
D319	其他产品补贴									
D39	其他生产补贴									

初始收入分配账户

使用

代码	交易和平衡项	S11 非金融公司	S12 金融公司	S13 政府	S14 住户	S15 NPISH	S1 经济总体	S2 国外	货物和服务	合计
D1	雇员报酬							6		6
D11	工资和薪金							6		6
D12	雇主社会缴款							0		0
D121	雇主实际社会缴款							0		0
D1211	雇主实际养老金缴款							0		0
D1212	雇主实际非养老金缴款							0		0
D122	雇主虚拟社会缴款							0		0
D1221	雇主虚拟养老金缴款							0		0
D1222	雇主虚拟非养老金缴款							0		0
D2	生产税和进口税									0
D21	产品税									0
D211	增值类税（VAT）									0
D212	进口税和关税，不包括 VAT									0
D2121	进口关税									0
D2122	进口税，不包括 VAT 和关税									0
D213	出口税									0
D214	产品税，不包括 VAT、进口出口税									0
D29	其他生产税									0
D3	补贴									0
D31	产品补贴									0
D311	进口补贴									0
D312	出口补贴									0
D319	其他产品补贴									0
D39	其他生产补贴									0
D4	财产收入	134	168	42	41	6	391	44		435
D41	利息	56	106	35	14	6	217	13		230
D42	公司已分配收入	47	15				62	17		79
D421	红利	39	15				54	13		67
D422	准公司收入提取	8	0				8	4		12
D43	外商直接投资再投资收益	0	0				0	14		14
D44	投资收入的支付		47				47	0		47
D441	属于投保人的投资收入		25				25	0		25
D442	养老金权益的应付投资收入		8				8	0		8
D443	属于投资基金股东集体的投资收入		14				14	0		14
D45	地租	31	0	7	27	0	65			65
B5g	初始收入总额/国民总收入	254	27	198	1381	4	1864			1864
B5n	*初始收入净额/国民净收入*	97	15	171	1358	1	1642			1642

初始收入分配账户

来源

代码	交易和平衡项	S11 非金融公司	S12 金融公司	S13 政府	S14 住户	S15 NPISH	S1 经济总体	S2 国外	货物和服务	合计
B2g	营业盈余总额	292	46	27	84	3	452			452
B3g	混合收入总额				61		61			61
B2n	*营业盈余净额*	135	34	0	69	0	238			238
B3n	*混合收入净额*				53		53			53
D1	雇员报酬				1154		1154	2		1156
D11	工资和薪金				954		954	2		956
D12	雇主社会缴款				200		200	0		200
D121	雇主实际社会缴款				181		181	0		181
D1211	雇主实际养老金缴款				168		168	0		168
D1212	雇主实际非养老金缴款				13		13	0		13
D122	雇主虚拟社会缴款				19		19	0		19
D1221	雇主虚拟养老金缴款				18		18	0		18
D1222	雇主虚拟非养老金缴款				1		1	0		1
D2	生产税和进口税			235			235			235
D21	产品税			141			141			141
D211	增值类税（VAT）			121			121			121
D212	进口税和关税，不包括 VAT			17			17			17
D2121	进口关税			17			17			17
D2122	进口税，不包括 VAT 和关税			0			0			0
D213	出口税			1			1			1
D214	产品税，不包括 VAT、进口出口税			2			2			2
D29	其他生产税			94			94			94
D3	补贴			-44			-44			-44
D31	产品补贴			-8			-8			-8
D311	进口补贴			0			0			0
D312	出口补贴			0			0			0
D319	其他产品补贴			-8			-8			-8
D39	其他生产补贴			-36			-36			-36
D4	财产收入	96	149	22	123	7	397	38		435
D41	利息	33	106	14	49	7	209	21		230
D42	公司已分配收入	10	25	7	20	0	62	17		79
D421	红利	10	25	5	13	0	53	14		67
D422	准公司收入提取			2	7		9	3		12
D43	外商直接投资再投资收益	4	7	0	3	0	14	0		14
D44	投资收入的支付	8	8	1	30	0	47	0		47
D441	属于投保人的投资收入	5	0	0	20	0	25	0		25
D442	养老金权益的应付投资收入				8		8	0		8
D443	属于投资基金股东集体的投资收入	3	8	1	2	0	14	0		14
D45	地租	41	3	0	21	0	65			65
										0
										0

业主账户

使用

代码	交易和平衡项	S11 非金融 公司	S12 金融 公司	S13 政府	S14 住户	S15 NPISH	S1 经济 总体	S2 国外	货物 和 服务	合计
D4	财产收入	87	153				240			240
D41	利息	56	106				162			162
D42	公司已分配收入									
D421	红利									
D422	准公司收入提取									
D43	外商直接投资再投资收益									
D44	投资收入支出		47				47			47
D441	属于投保人的投资收入		25				25			25
D442	养老金权益的应付投资收入		8				8			8
D443	属于投资基金股东集体的投资收入		14				14			14
D45	地租	31	0				31			31
B4g	业主总收入	301	42				343			343
B4n	*业主净收入*	144	30				174			174

其他初始收入分配账户

使用

代码	交易和平衡项	S11 非金融 公司	S12 金融 公司	S13 政府	S14 住户	S15 NPISH	S1 经济 总体	S2 国外	货物 和 服务	合计
D1	雇员报酬							6		6
D2	生产税与进口税									
D3	补贴									
D4	财产收入	47	15	42	41	6	151	63		214
D41	利息			35	14	6	55	13		68
D42	公司已分配收入	47	15				62	17		79
D421	红利	39	15				54	0		54
D422	准公司收入提取	8					8	36		44
D43	外商直接投资再投资收益						0	14		14
D44	投资收入的支付						0	0		0
D441	属于投保人的投资收入						0	0		0
D442	养老金权益的应付投资收入						0	0		0
D443	属于投资基金股东集体的投资收入						0	0		0
D45	地租			7	27	0	34			34
B5g	初始收入总额/国民总收入	254	27	198	1381	4	1864			1864
B5n	*初始收入净额/国民净收入*	97	15	171	1358	1	1642			1642

业主账户

来源

代码	交易和平衡项	S11 非金融公司	S12 金融公司	S13 政府	S14 住户	S15 NPISH	S1 经济总体	S2 国外	货物和服务	合计
B2g	营业盈余总额	292	46	27	84	3	452			452
B3g	混合收入总额				61		61			61
B2n	*营业盈余净额*	135	34	0	69	0	238			238
B3n	*混合收入净额*				53		53			53
D4	财产收入	96	149				245			245
D41	利息	33	106				139			139
D42	公司已分配收入	10	25				35			35
D421	红利	10	25				35			35
D422	准公司收入提取						0			0
D43	外商直接投资再投资收益	4	7				11			11
D44	投资收入的支付	8	8				16			16
D441	属于投保人的投资收入	5					5			5
D442	养老金权益的应付投资收入						0			0
D443	属于投资基金股东集体的投资收入	3	8				11			11
D45	地租	41	3				44			44

其他初始收入分配账户

来源

代码	交易和平衡项	S11 非金融公司	S12 金融公司	S13 政府	S14 住户	S15 NPISH	S1 经济总体	S2 国外	货物和服务	合计
B4g	业主收入总额	301	42				343			343
B4n	业主收入净额	144	30				174			174
D1	雇员报酬				1154		1154	2		1156
D2	生产税与进口税			235			235			235
D3	补贴			-44			-44			-44
D4	财产收入			22	123	7	152	38		190
D41	利息			14	49	7	70	21		91
D42	已公司分配收入			7	20	0	27	17		44
D421	红利			5	13	0	18	14		32
D422	准公司收入提取			2	7	0	9	3		12
D43	外商直接投资再投资收益			0	3	0	3	0		3
D44	投资收入的支付			1	30	0	31	0		31
D441	属于投保人的投资收入			0	20	0	20	0		20
D442	养老金权益的应付投资收入			0	8	0	8	0		8
D443	属于投资基金股东集体的投资收入			1	2	0	3	0		3
D45	地租			0	21	0	21			21

收入再分配账户

使用

代码	交易和平衡项	S11 非金融公司	S12 金融公司	S13 政府	S14 住户	S15 NPISH	S1 经济总体	S2 国外	货物和服务	合计
	经常转移	98	277	248	582	7	1212	17		1229
D5	所得税、财产税等经常税	24	10	0	178	0	212	1		213
D51	所得税	20	7	0	176	0	203	1		204
D59	其他经常税	4	3	0	2	0	9			9
D61	净社会缴款				333		333	0		333
D611	雇主实际社会缴款				181		181	0		181
D6111	雇主实际养老金缴款				168		168	0		168
D6112	雇主实际非养老金缴款				13		13	0		13
D612	雇主虚拟社会缴款				19		19	0		19
D6121	雇主虚拟养老金缴款				18		18	0		18
D6122	雇主虚拟非养老金缴款				1		1	0		1
D613	住户实际社会缴款				129		129	0		129
D6131	住户实际养老金缴款				115		115	0		115
D6132	住户实际非养老金缴款				14		14	0		14
D614	住户追加社会缴款				10		10	0		10
D6141	住户追加养老金缴款				8		8	0		8
D6142	住户追加非养老金缴款				2		2	0		2
	社会保险计划服务费				6		6	0		6
D62	实物社会转移以外的社会福利	62	205	112	0	5	384	0		384
D621	现金形式的社会保障福利			53			53	0		53
D6211	社会保障养老金福利			45			45	0		45
D6212	社会保障非养老金现金福利			8			8	0		8
D622	其他社会保险福利	62	205	7	0	5	279	0		279
D6221	其他社会保险养老金福利	49	193	5	0	3	250	0		250
D6222	其他社会保险非养老金福利	13	12	2	0	2	29	0		29
D623	现金形式的社会救济福利			52			52			52
D7	其他经常转移	12	62	136	71	2	283	16		299
D71	非寿险净保费	8	13	4	31	0	56	2		58
D711	非人寿直接保险净保费	8	0	4	31	0	43	1		44
D712	非人寿再保险净保费		13				13	1		14
D72	非寿险赔付		48				48	12		60
D721	非人寿直接保险赔付		45				45	0		45
D722	非人寿再保险赔付		3				3	12		15
D73	一般政府内部的经常转移			96			96	0		96
D74	国际合作中的经常转移			31			31	1		32
D75	杂项经常转移	4	1	5	40	2	52	1		53
D751	对 NPISH 的经常转移	1	1	5	29	0	36	0		36
D752	常住住户与非常住住户间的经常转移				7		7	1		8
D759	其他经常转移杂项	3	0	0	4	2	9	0		9
B6g	可支配收入总额	228	25	317	1219	37	1826			1826
B6n	可支配收入净额	71	13	290	1196	34	1604			1604

收入再分配账户

来源

代码	交易和平衡项	S11 非金融公司	S12 金融公司	S13 政府	S14 住户	S15 NPISH	S1 经济总体	S2 国外	货物和服务	合计
B5g	初始收入总额/国民总收入	254	27	198	1381	4	1864			1864
B5n	*初始收入净额/国民净收入*	97	15	171	1358	1	1642			1642
	经常转移	72	274	367	420	41	1174	55		1229
D5	所得税、财产税等经常税			213			213	0		213
D51	所得税			204			204	0		204
D59	其他经常税			9			9			9
D61	净社会缴款	66	213	50	0	5	333	0		333
D611	雇主实际社会缴款	31	110	38	0	3	181	0		181
D6111	雇主实际养老金缴款	27	104	35	0	2	168	0		168
D6112	雇主实际非养老金缴款	4	6	3	0	1	13	0		13
D612	雇主虚拟社会缴款	12	2	4	0	1	19	0		19
D6121	雇主虚拟养老金缴款	12	1	4	0	1	18	0		18
D6122	雇主虚拟非养老金缴款	0	1	0	0	0	1	0		1
D613	住户实际社会缴款	25	94	9	0	1	129	0		129
D6131	住户实际养老金缴款	19	90	6	0	0	115	0		115
D6132	住户实际非养老金缴款	6	4	3	0	1	14	0		14
D614	住户追加社会缴款		10				10	0		10
D6141	住户追加养老金缴款		8				8	0		8
D6142	住户追加非养老金缴款		2				2	0		2
	社会保险计划服务费	2	3	1			6	0		6
D62	实物社会转移以外的社会福利				384		384	0		384
D621	现金形式的社会保障福利				53		53	0		53
D6211	社会保障养老金				45		45	0		45
D6212	社会保障非养老金现金福利				8		8	0		8
D622	其他社会保险的保险金				279		279	0		279
D6221	其他社会保险养老金				250		250	0		250
D6222	其他社会保险非养老保险金				29		29	0		29
D623	现金形式的社会救济福利				52		52			52
D7	其他经常转移	6	62	104	36	36	244	55		299
D71	非寿险净保费		47				47	11		58
D711	非人寿直接保险净保费		44				44			44
D712	非人寿再保险净保费		3				3	11		14
D72	非寿险索赔	6	15	1	35	0	57	3		60
D721	非人寿直接保险赔付	6		1	35		42	3		45
D722	非人寿再保险赔付		15				15	0		15
D73	一般政府内部的经常转移			96			96	0		96
D74	国际合作中的经常转移			1			1	31		32
D75	杂项经常转移	0	0	6	1	36	43	10		53
D751	对 NPISH 的经常转移					36	36			36
D752	常住与非常住住户间的经常转移				1		1	7		8
D759	其他经常转移杂项			6			6	3		9

可支配收入使用账户

使用

代码	交易和平衡项	S11 非金融公司	S12 金融公司	S13 政府	S14 住户	S15 NPISH	S1 经济总体	S2 国外	货物和服务	合计
P3	最终消费支出			352	1015	32	1399			1399
P31	个人消费支出			184	1015	31	1230			1230
P32	公共消费支出			168		1	169			169
D8	养老金权益变化调整	0	11	0		0	11	0		11
B8g	总储蓄	228	14	-35	215	5	427			427
B8n	*净储蓄*	71	2	-62	192	2	205			205
B12	对外经常项目差额							-13		-13

实物收入再分配账户

使用

代码	交易和平衡项	S11 非金融公司	S12 金融公司	S13 政府	S14 住户	S15 NPISH	S1 经济总体	S2 国外	货物和服务	合计
D63	实物社会转移			184		31	215			215
D631	实物社会转移—非市场产出			180		31	211			211
D632	实物社会转移—从市场购买的产品			4			4			4
B7g	调整后可支配收入总额	228	25	133	1434	6	1826			1826
B7n	*调整后可支配收入净额*	71	13	106	1411	3	1604			1604

调整后可支配收入使用账户

使用

代码	交易和平衡项	S11 非金融公司	S12 金融公司	S13 政府	S14 住户	S15 NPISH	S1 经济总体	S2 国外	货物和服务	合计
P4	实际最终消费			168	1230	1	1399			1399
P41	实际个人消费				1230		1230			1230
P42	实际公共消费			168		1	169			169
D8	养老金权益变化调整	0	11	0		0	11	0		11
B8g	总储蓄	228	14	-35	215	5	427			427
B8n	*净储蓄*	71	2	-62	192	2	205			205
B12	对外经常项目差额							-13		-13

可支配收入使用账户

来源

代码	交易和平衡项	S11 非金融公司	S12 金融公司	S13 政府	S14 住户	S15 NPISH	S1 经济总体	S2 国外	货物和服务	合计
B6g	可支配收入总额	228	25	317	1219	37	1826			1826
B6n	*可支配收入净额*	71	13	290	1196	34	1604			1604
P3	最终消费支出								1399	1399
P31	个人消费支出								1230	1230
P32	公共消费支出								169	169
D8	养老金权益变化调整				11		11	0		11

实物收入再分配账户

来源

代码	交易和平衡项	S11 非金融公司	S12 金融公司	S13 政府	S14 住户	S15 NPISH	S1 经济总体	S2 国外	货物和服务	合计
B6g	可支配收入总额	228	25	317	1219	37	1826			1826
B6n	*可支配收入净额*	71	13	290	1196	34	1604			1604
D63	实物社会转移				215		215			215
D631	实物社会转移—非市场产出				211		211			211
D632	实物社会转移—从市场购买的产品				4		4			4

调整后可支配收入使用账户

来源

代码	交易和平衡项	S11 非金融公司	S12 金融公司	S13 政府	S14 住户	S15 NPISH	S1 经济总体	S2 国外	货物和服务	合计
B7g	调整后可支配收入总额	228	25	133	1434	6	1826			1826
B7n	*调整后可支配收入净额*	71	13	106	1411	3	1604			1604
P4	实际最终消费								1399	1399
P41	实际个人消费								1230	1230
P42	实际公共消费								169	169
D8	养老金权益变化调整				11		11	0		11

资本账户

资产变动

代码	交易和平衡项	S11 非金融公司	S12 金融公司	S13 政府	S14 住户	S15 NPISH	S1 经济总体	S2 国外	货物和服务	合计
P5g	资本形成总额	308	8	38	55	5	414			414
P5n	资本形成净额	151	−4	11	32	2	192			192
P51g	固定资本形成总额	280	8	35	48	5	376			376
P511	固定资产获得减处置	263	8	35	48	5	359			359
P5111	新固定资产获得	262	8	38	45	5	358			358
P5112	现有固定资产获得	5	0	0	3	1	9			9
P5113	现有固定资产处置	−4		−3	0	−1	−8			−8
P512	非生产资产所有权转移费用	17					17			17
P51c	固定资本消耗	−157	−12	−27	−23	−3	−222			−222
AN11	*分资产类别的固定资本形成总额*									
AN111	*住宅*									
AN112	*其他建筑和构筑物*									
AN1121	*非住宅建筑*									
AN1122	*其他构筑物*									
AN1123	*土地改良*									
AN113	*机器和设备*									
AN1131	*交通设备*									
AN1132	*ICT 设备*									
AN1139	*其他机器和设备*									
AN114	*武器系统*									
AN115	*培育生物资源*									
AN1151	*重复生产产品的动物资源*									
AN1152	*重复生产产品的林木、庄稼和植物资源*									
AN116	*非生产资产所有权转移费用*									
AN117	*知识产权产品*									
AN1171	*研究和开发*									
AN1172	*矿藏勘探和评估*									
AN1173	*计算机软件和数据库*									
AN11731	*计算机软件*									
AN11732	*数据库*									
AN1174	*娱乐、文学或艺术品原件*									
AN1179	*其他知识产权产品*									
P52 *AN12*	存货变动	26	0	0	2	0	28			28
AN121	*材料和用品*									
AN122	*在制品*									
AN1221	*培育生物资产的在制品*									
AN1222	*其他在制品*									
AN123	*制成品*									
AN124	*军事存货*									
AN125	*供转售的货物*									
P53 AN13	贵重物品的获得减处置	2	0	3	5	0	10			10
NP	非生产资产获得减处置	−7	0	2	4	1	0			0
NP1	自然资源获得减处置	−6	0	2	3	1	0			0
AN21	*自然资源*									
AN211	*土地*									
AN212	*矿物和能源储备*									
AN213	*非培育性生物资源*									
AN214	*水资源*									
AN215	*其他自然资源*									
AN2151	*无线电频谱*									
AN2159	*其他*									
NP2	合约、租约和许可获得减处置	−1	0	0	1	0	0			0
AN22	*合约、租约和许可*									
AN221	*可交易的经营租约*									
AN222	*自然资源使用许可*									
AN223	*从事特定活动的许可*									
AN224	*货物与服务的未来排他性权利*									
NP3 AN23	商誉和营销资产购买减销售	0	0				0	0		0
D9r	应收资本转移									
D91r	应收资本税									
D92r	应收投资补助									
D99r	其他应收资本转移									
D9p	应付资本转移									
D91p	应付资本税									
D92p	应付投资补助									
D99p	其他应付资本转移									
B9	净贷出（+）/净借入（−）	−56	−1	−103	174	−4	10	−10		0

资本账户

负债和资产净值变动

代码	交易和平衡项	S11 非金融公司	S12 金融公司	S13 政府	S14 住户	S15 NPISH	S1 经济总体	S2 国外	货物和服务	合计
B8n	净储蓄	71	2	-62	192	2	205			205
B12	对外经常差额							-13		-13
P5g	资本形成总额								414	414
P5n	资本形成净额								192	192
P51g	固定资本形成总额								376	376
P511	固定资产获得减处置								359	359
P5111	新固定资产获得								358	358
P5112	现有固定资产获得								9	9
P5113	现有固定资产处置								-8	-8
P512	非生产资产所有权转移费用								17	17
P51c	固定资本消耗								-222	-222
AN11	*分资产类别的固定资本形成总额*									
AN111	*住宅*									
AN112	*其他建筑和构筑物*									
AN1121	*非住宅建筑*									
AN1122	*其他构筑物*									
AN1123	*土地改良*									
AN113	*机器和设备*									
AN1131	*交通设备*									
AN1132	*ICT 设备*									
AN1139	*其他机器和设备*									
AN114	*武器系统*									
AN115	*培育生物资源*									
AN1151	*重复生产产品的动物资源*									
AN1152	*重复生产产品的林木、庄稼和植物资源*									
AN116	*非生产资产所有权转移费用*									
AN117	*知识产权产品*									
AN1171	*研究和开发*									
AN1172	*矿藏勘探和评估*									
AN1173	*计算机软件和数据库*									
AN11731	*计算机软件*									
AN11732	*数据库*									
AN1174	*娱乐、文学或艺术品原件*									
AN1179	*其他知识产权产品*									
P52 AN12	存货变动								28	28
AN121	*材料和用品*									
AN122	*在制品*									
AN1221	*培育生物资产的在制品*									
AN1222	*其他在制品*									
AN123	*制成品*									
AN124	*军事存货*									
AN125	*供转售的货物*									
P53 AN13	贵重物品的获得减处置								10	10
NP	非生产资产获得减处置								0	0
NP1	自然资源获得减处置								0	0
AN21	*自然资源*									
AN211	*土地*									
AN212	*矿物和能源储备*									
AN213	*非培育性生物资源*									
AN214	*水资源*									
AN215	*其他自然资源*									
AN2151	*无线电频谱*									
AN2159	*其他*									
NP2	合约、租约和许可获得减处置									
AN22	*合约、租约和许可*									
AN221	*可交易的经营租赁*									
AN222	*自然资源使用许可*									
AN223	*从事特定活动的许可*									
AN224	*货物与服务的未来排他性权利*									
NP3 AN23	商誉和营销资产购买减销售									
D9r	应收资本转移	33	0	6	23	0	62	4		66
D91r	应收资本税			2			2			2
D92r	应收投资补助	23	0	0	0	0	23	4		27
D99r	其他应收资本转移	10	0	4	23	0	37			37
D9p	应付资本转移	-16	-7	-34	-5	-3	-65	-1		-66
D91p	应付资本税	0	0	0	-2	0	-2	0		-2
D92p	应付投资补助			-27			-27			-27
D99p	其他应付资本转移	-16	-7	-7	-3	-3	-36	-1		-37
B101	储蓄和资本转移引起的资产净值变化	88	-5	-90	210	-1	202	-10		192

金融账户

资产变动

代码	交易和平衡项	S11 非金融公司	S12 金融公司	S13 政府	S14 住户	S15 NPISHs	S1 经济总体	S2 国外	货物和服务	合计
	金融资产净获得	83	172	-10	189	2	436	47		483
F1	货币黄金和 SDR		-1				-1	1		0
F11	货币黄金		0				0	0		0
F12	SDR		-1				-1	1		0
F2	通货和存款	39	10	-26	64	2	89	11		100
F21	通货	5	15	2	10	1	33	3		36
F22	可转让存款	30	-5	-27	27	1	26	2		28
F221	银行间头寸		-5				-5			-5
F229	其他可转让存款	30	0	-27	27	1	31	2		33
F29	其他存款	4	0	-1	27	0	30	6		36
F3	债务性证券	7	66	4	10	-1	86	9		95
F31	短期	10	13	1	3	0	27	2		29
F32	长期	-3	53	3	7	-1	59	7		66
F4	贷款	19	53	3	3	0	78	4		82
F41	短期	14	4	1	3	0	22	3		25
F42	长期	5	49	2	0	0	56	1		57
F5	股权和投资基金份额	10	28	3	66	0	107	12		119
F51	股权	10	25	3	53	0	91	12		103
F511	上市股票	5	23	1	48	0	77	10		87
F512	非上市股票	3	1	1	2	0	7	2		9
F519	其他股权	2	1	1	3	0	7	0		7
F52	投资基金份额/单位	0	3	0	13	0	16	0		16
F521	货币市场基金份额/单位	0	2	0	5	0	7	0		7
F522	其他投资基金份额/单位	0	1	0	8	0	9	0		9
F6	保险、养老金和标准化担保计划	1	7	1	39	0	48	0		48
F61	非寿险专门准备金	1	2	0	4	0	7	0		7
F62	寿险和年金权益	0	0	0	22	0	22	0		22
F63	养老金权益				11		11	0		11
F64	养老金经理人的养老基金债权		3				3	0		3
F65	非养老保险金权益				2		2	0		2
F66	标准化担保代偿准备金	0	2	1	0	0	3	0		3
F7	金融衍生工具和雇员股票期权	3	8	0	3	0	14	0		14
F71	金融衍生工具	3	8	0	1	0	12	0		12
F711	期权	1	3	0	1	0	5	0		5
F712	远期	2	5	0	0	0	7	0		7
F72	雇员股票期权	0			2		2			2
F8	其他应收/应付款	4	1	5	4	1	15	10		25
F81	商业信用和预付款	3		1	3		7	8		15
F89	其他应收/应付款	1	1	4	1	1	8	2		10

金融账户

负债和资产净值变动

代码	交易和平衡项	S11 非金融公司	S12 金融公司	S13 政府	S14 住户	S15 NPISH	S1 经济总体	S2 国外	货物和服务	合计
B9	净贷出（+）/净借入（-）	-56	-1	-103	174	-4	10	-10		0
	金融负债净获得	139	173	93	15	6	426	57		483
F1	货币黄金和 SDR									
F11	货币黄金									
F12	SDR									0
F2	通货和存款		65	37			102	-2		100
F21	通货			35			35	1		36
F22	可转让存款		26	2			28	0		28
F221	银行间头寸		-5				-5			-5
F229	其他可转让存款		31	2			33			33
F29	其他存款		39				39	-3		36
F3	债务性证券	6	30	38	0	0	74	21		95
F31	短期	2	18	4	0	0	24	5		29
F32	长期	4	12	34	0	0	50	16		66
F4	贷款	21	0	9	11	6	47	35		82
F41	短期	4	0	3	2	2	11	14		25
F42	长期	17	0	6	9	4	36	21		57
F5	股权和投资基金份额	83	22				105	14		119
F51	股权	83	11				94	9		103
F511	上市股票	77	7				84	3		87
F512	非上市股票	3	4				7	2		9
F519	其他股权	3					3	4		7
F52	投资基金份额/单位		11				11	5		16
F521	货币市场基金份额/单位		5				5	2		7
F522	其他投资基金份额/单位		6				6	3		9
F6	保险、养老金和标准化担保计划		48	0			48	0		48
F61	非寿险专门准备金		7				7	0		7
F62	寿险和年金权益		22				22	0		22
F63	养老金权益		11				11	0		11
F64	养老金经理人的养老基金债权		3				3	0		3
F65	非养老保险金权益		2				2	0		2
F66	标准化担保代偿准备金		3	0			3	0		3
F7	金融衍生工具和雇员股票期权	3	8	0	0	0	11	3		14
F71	金融衍生工具	2	7	0	0	0	9	3		12
F711	期权	2	2	0	0	0	4	1		5
F712	远期	0	5	0	0	0	5	2		7
F72	雇员股票期权	1	1				2			2
F8	其他应收/应付款	26	0	9	4	0	39	-14		25
F81	商业信用和预付款	6	0	6	4	0	16	-1		15
F89	其他应收/应付款	20	0	3	0	0	23	-13		10

资产物量其他变化账户

资产变化

代码	交易和平衡项	S11 非金融公司	S12 金融公司	S13 政府	S14 住户	S15 NPISH	S1 经济总体	S2 国外	货物和服务	合计
K1	资产的经济出现	26	0	7	0	0	33			33
AN1	非金融生产资产			3			3			3
AN2	非金融非生产资产	26	0	4	0	0	30			30
AN21	自然资源	22		4			26			26
AN22	合约、租约和许可	4					4			4
AN23	商誉和营销资产						0			0
K2	非金融非生产资产的经济消失	−9	0	−2	0	0	−11			−11
K21	自然资源耗减	−6	0	−2	0	0	−8			−8
AN21	自然资源	−6		−2			−8			−8
K22	非金融非生产资产的其他经济消失	−3	0	0	0	0	−3			−3
AN21	自然资源						0			0
AN22	合约、租约和许可	−1					−1			−1
AN23	商誉和营销资产	−2					−2			−2
K3	巨灾损失	−5	0	−6	0	0	−11			−11
AN1	非金融生产资产	−5		−4			−9			−9
AN2	非金融非生产资产			−2			−2			−2
AF	金融资产/负债						0			0
K4	无偿没收	−5	0	5	0	0	0			0
AN1	非金融生产资产	−1		1			0			0
AN2	非金融非生产资产	−4		4			0			0
AF	金融资产/负债						0			0
K5	未另分类的物量其他变化	1	1	0	0	0	2			2
AN1	非金融生产资产	1					1			1
AN2	非金融非生产资产						0			0
AF	金融资产/负债		1				1			1
K6	分类变化	6	−2	−4	0	0	0			0
K61	部门分类和结构变化	6	0	−4	0	0	2			2
AN1	非金融生产资产	3		−3			0			0
AN2	非金融非生产资产	1		−1			0			0
AF	金融资产	2					2			2
K62	资产和负债分类变化	0	−2	0	0	0	−2			−2
AN1	非金融生产资产		−2				−2			−2
AN2	非金融非生产资产	0	0	0			0			0
AF	金融资产	0	0	0			0			0
	物量其他变化总计	14	−1	0	0	0	13			13
AN1	非金融生产资产	−2	−2	−3	0	0	−7			−7
AN11	固定资产	1		−3			−2			−2
AN12	存货	−3					−3			−3
AN13	贵重物品		−2				−2			−2
AN2	非金融非生产资产	14	0	3	0	0	17			17
AN21	自然资源	10	0	1	0	0	11			11
AN22	合约、租约和许可	4		2			6			6
AN23	商誉和营销资产	0					0			0
AF	金融资产	2	1	0	0	0	3			3
AF1	货币黄金和 SDR						0			0
AF2	通货和存款						0			0
AF3	债务性证券						0			0
AF4	贷款						0			0
AF5	股权和投资基金份额/单位	2					2			2
AF6	保险、养老金和标准化担保计划		1				1			1
AF7	金融衍生工具和雇员股票期权						0			0
AF8	其他应收/应付款						0			0

资产物量其他变化账户

负债和资产净值变化

代码	交易和平衡项	S11 非金融 公司	S12 金融 公司	S13 政府	S14 住户	S15 NPISH	S1 经济 总体	S2 国外	货物 和 服务	合计
K1	资产的经济出现									
AN1	非金融生产资产									
AN2	非金融非生产资产									
AN21	自然资源									
AN22	合约、租约和许可									
AN23	商誉和营销资产									
K2	非金融非生产资产的经济消失									
K21	自然资源耗减									
AN21	自然资源									
K22	非金融非生产资产的其他经济消失									
AN21	自然资源									
AN22	合约、租约和许可									
AN23	商誉和营销资产									
K3	巨灾损失									
AN1	非金融生产资产									
AN2	非金融非生产资产									
AF	金融资产/负债									
K4	无偿没收									
AN1	非金融生产资产									
AN2	非金融非生产资产									
AF	金融资产/负债									
K5	未另分类的物量其他变化	0	0	0	1	0	1			1
AN1	非金融生产资产									
AN2	非金融非生产资产									
AF	金融资产/负债	0	0	0	1	0	1			1
K6	分类变化	0	0	2	0	0	2			2
K61	部门分类和结构变化	0	0	2	0	0	2			2
AN1	非金融生产资产									
AN2	非金融非生产资产									
AF	金融资产	0	0	2	0	0	2			2
K62	资产和负债分类变化	0	0	0	0	0	0			0
AN1	非金融生产资产									0
AN2	非金融非生产资产									0
AF	金融资产	0	0	0	0	0	0			0
	物量其他变化总计	0	0	2	1	0	3			3
AN1	非金融生产资产									
AN11	固定资产									
AN12	存货									
AN13	贵重物品									
AN2	非金融非生产资产									
AN21	自然资源									
AN22	合约、租约和许可									
AN23	商誉和营销资产									
AF	金融资产	0	0	2	1	0	3			3
AF1	货币黄金和 SDR									
AF2	通货和存款									
AF3	债务性证券									
AF4	贷款						0			0
AF5	股权和投资基金份额/单位			2			2			2
AF6	保险、养老金和标准化担保计划				1		1			1
AF7	金融衍生工具和雇员股票期权									
AF8	其他应收/应付款									
B102	资产物量其他变化引起的资产净值变化	14	−1	−2	−1	0	10			

重估价账户

资产变化

	其他流量		S11 非金融公司	S12 金融公司	S13 政府	S14 住户	S15 NPISH	S1 经济总体	S2 国外	货物和服务	合计
名义持有损益	AN	非金融资产	144	4	44	80	8	280			280
	AN1	非金融生产资产	63	2	21	35	5	126			126
	AN11	固定资产	58	2	18	28	5	111			111
	AN12	存货	4		1	2		7			7
	AN13	贵重物品	1		2	5		8			8
	AN2	非金融非生产资产	81	2	23	45	3	154			154
	AN21	自然资源	80	1	23	45	3	152			152
	AN22	合约、租约和许可	1	1				2			2
	AN23	商誉和营销资产									
	AF	金融资产/负债	8	57	1	16	2	84	7		91
	AF1	货币黄金和 SDR		11	1			12			12
	AF2	通货和存款						0			0
	AF3	债务性证券	3	30		6	1	40	4		44
	AF4	贷款						0			0
	AF5	股票和投资基金份额/单位	5	16		10	1	32	3		35
	AF6	保险、养老金和标准化担保计划						0			0
	AF7	金融衍生工具和雇员股票期权						0			0
	AF8	其他应收/应付款						0			0
中性持有损益	AN	非金融资产	101	3	32	56	6	198			198
	AN1	非金融生产资产	60	2	20	34	5	121			121
	AN11	固定资产	58	2	18	28	5	111			111
	AN12	存货	1		1	2		4			4
	AN13	贵重物品	1		1	4		6			6
	AN2	非金融非生产资产	41	1	12	22	1	77			77
	AN21	自然资源	40	1	12	22	1	76			76
	AN22	合约、租约和许可	1					1			1
	AN23	商誉和营销资产									
	AF	金融资产/负债	18	71	8	36	3	136	12		148
	AF1	货币黄金和 SDR		14	2			16			16
	AF2	通货和存款	8		3	17	2	30	2		32
	AF3	债务性证券	2	18		4	1	25	3		28
	AF4	贷款	1	24	3			28	1		29
	AF5	股票和投资基金份额/单位	3	14		9		26	2		28
	AF6	保险、养老金和标准化担保计划	1	1		5		7	1		8
	AF7	金融衍生工具和雇员股票期权						0			0
	AF8	其他应收/应付款	3			1		4	3		7
实际持有损益	AN	非金融资产	43	1	12	24	2	82			82
	AN1	非金融生产资产	3	0	1	1	0	5			5
	AN11	固定资产	0	0	0	0	0				
	AN12	存货	3	0	0	0	0	3			3
	AN13	贵重物品	0	0	1	1	0	2			2
	AN2	非金融非生产资产	40	1	11	23	2	77			77
	AN21	自然资源	40	0	11	23	2	76			76
	AN22	合约、租约和许可	0	1	0	0	0	1			1
	AN23	商誉和营销资产									
	AF	金融资产/负债	-10	-14	-7	-20	-1	-52	-5		-57
	AF1	货币黄金和 SDR	0	-3	-1	0	0	-4	0		-4
	AF2	通货和存款	-8	0	-3	-17	-2	-30	-2		-32
	AF3	债务性证券	1	12	0	2	0	15	1		16
	AF4	贷款	-1	-24	-3	0	0	-28	-1		-29
	AF5	股票和投资基金份额/单位	2	2	0	1	1	6	1		7
	AF6	保险、养老金和标准化担保计划	-1	-1	0	-5	0	-7	-1		-8
	AF7	金融衍生工具和雇员股票期权	0	0	0	0	0	0			0
	AF8	其他应收/应付款	-3	0	0	-1	0	-4	-3		-7

重估价账户

负债和资产净值变化

		其他流量	S11 非金融公司	S12 金融公司	S13 政府	S14 住户	S15 NPISH	S1 经济总体	S2 国外	货物和服务	合计
名义持有损益	AN	非金融资产									
	AN1	非金融生产资产									
	AN11	固定资产									
	AN12	存货									
	AN13	贵重物品									
	AN2	非金融非生产资产									
	AN21	自然资源									
	AN22	合约、租约和许可									
	AN23	商誉和营销资产									
	AF	金融资产/负债	18	51	7	0	0	76	15		91
	AF1	货币黄金和 SDR							12		12
	AF2	通货和存款									
	AF3	债务性证券	1	34	7			42	2		44
	AF4	贷款									
	AF5	股票和投资基金份额/单位	17	17				34	1		35
	AF6	保险、养老金和标准化担保计划									
	AF7	金融衍生工具和雇员股票期权									
	AF8	其他应收/应付款									
	B103	名义持有损益引起的资产净值变化	134	10	38	96	10	288	−8		280
中性持有损益	AN	非金融资产									
	AN1	非金融生产资产									
	AN11	固定资产									
	AN12	存货									
	AN13	贵重物品									
	AN2	非金融非生产资产									
	AN21	自然资源									
	AN22	合约、租约和许可									
	AN23	商誉和营销资产									
	AF	金融资产/负债	37	68	13	5	3	126	22		148
	AF1	货币黄金和 SDR							16		16
	AF2	通货和存款	1	26	2		1	30	2		32
	AF3	债务性证券	1	21	4			26	2		28
	AF4	贷款	18		7	3	1	29			29
	AF5	股票和投资基金份额/单位	14	14				28			28
	AF6	保险、养老金和标准化担保计划		7				7	1		8
	AF7	金融衍生工具和雇员股票期权									
	AF8	其他应收/应付款	3			2	1	6	1		7
	B1031	中性持有损益引起的资产净值变化	82	6	27	87	6	208	−10		214
实际持有损益	AN	非金融资产									
	AN1	非金融生产资产									
	AN11	固定资产									
	AN12	存货									
	AN13	贵重物品									
	AN2	非金融非生产资产									
	AN21	自然资源									
	AN22	合约、租约和许可									
	AN23	商誉和营销资产									
	AF	金融资产/负债	−19	−17	−6	−5	−3	−50	−7		−57
	AF1	货币黄金和 SDR	0	0	0	0	0	0	−4		−4
	AF2	通货和存款	−1	−26	−2	0	−1	−30	−2		−32
	AF3	债务性证券	0	13	3	0	0	16	0		16
	AF4	贷款	−18	0	−7	−3	−1	−29	0		−29
	AF5	股票和投资基金份额/单位	3	3	0	0	0	6	1		7
	AF6	保险、养老金和标准化担保计划	0	−7	0	0	0	−7	−1		−8
	AF7	金融衍生工具和雇员股票期权	0	0	0	0	0	0	0		0
	AF8	其他应收/应付款	−3	0	0	−2	−1	−6	−1		−7
	B1032	实际持有损益引起的资产净值变化	52	4	11	9	4	80	2		66

资产负债表

		资产存量和变化	S11 非金融公司	S12 金融公司	S13 政府	S14 住户	S15 NPISH	S1 经济总体	S2 国外	货物和服务	合计
期初资产负债表	AN	非金融资产	2151	93	789	1429	159	4621			4621
	AN1	非金融生产资产	1274	67	497	856	124	2818			2818
	AN11	固定资产	1226	52	467	713	121	2579			2579
	AN12	存货	43		22	48	1	114			114
	AN13	贵重物品	5	15	8	95	2	125			125
	AN2	非金融非生产资产	877	26	292	573	35	1803			1803
	AN21	自然资源	864	23	286	573	35	1781			1781
	AN22	合约、租约和许可	13	3	6			22			22
	AN23	商誉和营销资产	3								
	AF	金融资产/负债	982	3421	396	3260	172	8231	805		9036
	AF1	货币黄金和 SDR		690	80			770			770
	AF2	通货和存款	382		150	840	110	1482	105		1587
	AF3	债务性证券	90	950		198	25	1263	125		1388
	AF4	贷款	50	1187	115	24	8	1384	70		1454
	AF5	股票和投资基金份额/单位	280	551	12	1749	22	2614	345		2959
	AF6	保险，养老金和标准化担保计划	25	30	20	391	4	470	26		496
	AF7	金融衍生工具和雇员股票期权	5	13	0	3	0	21	0		21
	AF8	其他应收/应付款	150		19	55	3	227	134		361
资产变化总量	AN	非金融资产	300	-2	57	116	11	482			482
	AN1	非金融生产资产	195	-4	29	67	7	294			294
	AN11	固定资产	165	-2	23	53	7	246			246
	AN12	存货	27	0	1	4	0	32			32
	AN13	贵重物品	3	-2	5	10	0	16			16
	AN2	非金融非生产资产	105	2	28	49	4	188			188
	AN21	自然资源	101	1	26	48	4	180			180
	AN22	合约、租约和许可	4	1	2	1	0	8			8
	AN23	商誉和营销资产	0	0	0	0	0	0			0
	AF	金融资产/负债	93	230	9	205	4	523	54		577
	AF1	货币黄金和 SDR	0	10	1	0	0	11	1		12
	AF2	通货和存款	39	10	-26	64	2	89	11		100
	AF3	债务性证券	10	96	4	16	0	126	13		139
	AF4	贷款	19	53	3	3	0	78	4		82
	AF5	股票和投资基金份额/单位	17	44	3	76	1	141	15		156
	AF6	保险、养老金和标准化担保计划	1	8	1	39	0	49	0		49
	AF7	金融衍生工具和雇员股票期权	3	8	0	3	0	14	0		14
	AF8	其他应收/应付款	4	1	5	4	1	15	10		25
期末资产负债表	AN	非金融资产	2451	91	846	1545	170	5103			5103
	AN1	非金融生产资产	1469	63	526	923	131	3112			3112
	AN11	固定资产	1391	50	490	766	128	2825			2825
	AN12	存货	70	0	23	52	1	146			146
	AN13	贵重物品	8	13	13	105	2	141			141
	AN2	非金融非生产资产	982	28	320	622	39	1991			1991
	AN21	自然资源	965	24	312	621	39	1961			1961
	AN22	合约、租约和许可	17	4	8	1	0	30			30
	AN23	商誉和营销资产	0	0	0	0	0	0			0
	AF	金融资产/负债	1075	3651	387	3465	176	8754	859		9613
	AF1	货币黄金和 SDR	0	700	81	0	0	781	1		782
	AF2	通货和存款	421	10	124	904	112	1571	116		1687
	AF3	债务性证券	100	1046	4	214	25	1389	138		1527
	AF4	贷款	69	1240	118	27	8	1462	74		1536
	AF5	股票和投资基金份额/单位	297	595	15	1825	23	2755	360		3115
	AF6	保险、养老金和标准化担保计划	26	38	21	430	4	519	26		545
	AF7	金融衍生工具和雇员股票期权	8	21	0	6	0	35	0		35
	AF8	其他应收/应付款	154	1	24	59	4	242	144		386

资产负债表

		负债存量和变化	S11 非金融公司	S12 金融公司	S13 政府	S14 住户	S15 NPISH	S1 经济总体	S2 国外	货物和服务	合计
期初资产负债表	AN	非金融资产									
	AN1	非金融资产									
	AN11	非金融生产资产									
	AN12	固定资产									
	AN13	存货									
	AN2	贵重物品									
	AN21	非金融非生产资产									
	AN22	自然资源									
	AN23	合约、租约和许可									
	AF	商誉和营销资产	3221	3544	687	189	121	7762	1274		9036
	AF1	金融资产/负债						0	770		770
	AF2	货币黄金和 SDR	40	1281	102	10	38	1471	116		1587
	AF3	通货和存款	44	1053	212	2		1311	77		1388
	AF4	债务性证券	897		328	169	43	1437	17		1454
	AF5	贷款	1987	765	4			2756	203		2959
	AF6	股票和投资基金份额/单位	12	435	19		5	471	25		496
	AF7	保险、养老金和标准化担保计划	4	10				14	7		21
	AF8	金融衍生工具和雇员股票期权	237		22	8	35	302	59		361
	B90	资产净值	−88	−30	498	4500	210	5090	−469		4621
负债和净变化总量	AN	非金融资产									
	AN1	非金融生产资产									
	AN11	固定资产									
	AN12	存货									
	AN13	贵重物品									
	AN2	非金融非生产资产									
	AN21	自然资源									
	AN22	合约、租约和许可									
	AN23	商誉和营销资产									
	AF	金融资产/负债	157	224	102	16	6	505	72		577
	AF1	货币黄金和 SDR							12		12
	AF2	通货和存款	0	65	37	0	0	102	−2		100
	AF3	债务性证券	7	64	45	0	0	116	23		139
	AF4	贷款	21	0	9	11	6	47	35		82
	AF5	股票和投资基金份额/单位	100	39	2	0	0	141	15		156
	AF6	保险、养老金和标准化担保计划	0	48	0	1	0	49	0		49
	AF7	金融衍生工具和雇员股票期权	3	8	0	0	0	11	3		14
	AF8	其他应收/应付款	26	0	9	4	0	39	−14		25
	B10	资产净值变化总量	236	4	−54	305	9	500	−18		482
	B101	储蓄和资本转移	88	−5	−90	210	−1	202	−10		192
	B102	资产物量其他变化	14	−1	−2	−1	0	10			10
	B103	名义持有损益	134	10	38	96	10	288	−8		280
	B1031	中性持有损益	82	6	27	87	6	208	−10		198
	B1032	实际持有损益	52	4	11	9	4	80	2		82
期末资产负债表	AN	非金融资产									
	AN1	非金融生产资产									
	AN11	固定资产									
	AN12	存货									
	AN13	贵重物品									
	AN2	非金融非生产资产									
	AN21	自然资源									
	AN22	合约、租约和许可									
	AN23	商誉和营销资产									
	AF	金融资产/负债	3378	3768	789	205	127	8267	1346		9613
	AF1	货币黄金和 SDR							782		782
	AF2	通货和存款	40	1346	139	10	38	1573	114		1687
	AF3	债务性证券	51	1117	257	2	0	1427	100		1527
	AF4	贷款	918	0	337	180	49	1484	52		1536
	AF5	股票和投资基金份额/单位	2087	804	6	0	0	2897	218		3115
	AF6	保险、养老金和标准化担保计划	12	483	19	1	5	520	25		545
	AF7	金融衍生工具和雇员股票期权	7	18	0	0	0	25	10		35
	AF8	其他应收/应付款	263	0	31	12	35	341	45		386
	B90	资产净值	148	−26	444	4805	219	5590	−487		5103

附录3　与SNA1993相比的变化

A.　引言

A3.1　2008年国民账户体系（SNA2008）承袭了前一版，即1993年国民账户体系（SNA1993）的基本理论框架。不过，根据联合国统计委员会的要求，SNA2008对经济中出现的一些重要的新现象作了处理，对那些日益成为分析焦点的方面进行了详尽的阐述，并对很多问题的核算原则做出了澄清。SNA2008的这些变化使得该核算体系更能够适应新的经济环境、方法研究的进展以及用户的需求。

A3.2　SNA2008的所有变化分为六个部分，分别在第B节到第G节中加以介绍。本附录仅重点介绍SNA1993与SNA2008的重要差别，而没有穷尽所有的变化。讨论这些变化时，会涉及对前面章节中有关段落的交叉引用，H节按照章节顺序给出了一个变动清单。

B.　对统计单位的进一步规定以及对机构部门的修订

1.　在某些情形下，从事辅助活动的生产单位被确认为单独的机构单位

参见：第5章，5.41－5.42段

A3.3　SNA2008建议，对于一个仅从事辅助活动的单位，如果该单位的活动在统计上是可观测的——可以获得针对其所从事生产活动建立的独立账户，或者其所处地点独立于其所服务的机构单位，则它即应被视为一个单独的机构单位。此类机构单位一经确认，就应根据其主要活动归类，并视同它生产了非辅助产出。

A3.4　辅助机构单位的产出价值应当根据其生产总成本来计算，其中包括该单位所使用的资本成本。该辅助单位的产出被记录为其所服务的那些机构单位的中间消耗，并应当按照适当的指标（例如产出、增加值或雇员人数）在各机构单位之间进行分配。如果母公司是市场生产者或者是为自身最终使用的生产者，则该辅助单位的产出将被作为市场产出看待，否则将被视为非市场产出，在后一种情形下，估计产出价值时不应当包括资本成本在内。

A3.5　在SNA1993中，那些仅从事辅助活动的生产单位总是被视为其所服务的机构单位的组成部分。

2.　虚拟子公司不作为机构单位看待，除非对一经济体而言，该子公司的常住性不同于其母公司

参见：第4章，4.62－4.64段

A3.6　SNA1993中所谓的附属公司在SNA2008中被称为虚拟子公司。所谓虚拟子公司，是指由母公司完全拥有的子公司，母公司创立此类公司是为了向母公司或同一集团内的其他公司提供服务，以便在特定国家的现行税法或公司法之下，达到避税、在破产情形下最小化债务或者保证其他技术利益等目的。虚拟子公司不被视为机构单位，

除非对于一经济体而言，该子公司的常住性不同于其母公司的常住性。

3.　可确认为一个机构单位的非常住单位的分支机构

参见：第 4 章，第 4.47 段

A3.7　对于一个由非常住机构单位所拥有的非法人企业，SNA1993 只是说应将其视为所在国的一个名义常住单位，而 SNA2008 则将其确认为一个分支机构，并视为一个机构单位。SNA2008 规定了一些指示性条件，以助于将非常住单位的分支机构识别为一个机构单位，即：该单位在某一经济领土内长期从事大量的货物服务生产活动，并遵守其所在经济体的所得税法（如果有的话），即使它可能获得免税待遇。

4.　澄清了跨国企业的常住性

参见：第 4 章，第 4.13 段

A3.8　针对那些在一个以上经济领土内进行无缝作业的跨领土运营企业，SNA2008 提出了一些确定其常住性的原则。此类企业通常从事跨境活动，诸如海运、空运、界河上的水电项目、管道运输、桥梁、隧道以及海底电缆等。如果无法确认母公司或独立的分支机构属于哪个经济体，SNA2008 建议将该企业的总营业额在其作业的各个经济领土内按比例进行分配。

A3.9　SNA1993 对于如何确定跨领土运营企业的常住性问题没有给出明确的指导。

5.　确认了特殊目的的实体

参见：第 4 章，第 4.55 – 4.58 段；第 22 章，第 22.51 – 22.54 段

A3.10　对于各种既无雇员也无非金融资产、被称为特殊目的的实体（SPE）或者特殊目的的载体的单位，SNA2008 提供了一些核算指导。尽管没有关于 SPE 的公认的定义，但是此类机构具有如下一些特征：几乎没有实体形态，总是与其他公司有关，常常是一个子公司，往往常住在其母公司常住经济领土之外的经济领土内。

A3.11　此类单位被确认为一个机构单位，并按照其主要活动归入相应的机构部门或产业部门，不过下述三个类型除外，即：（a）专属金融机构，（b）公司的虚拟子公司，以及（c）政府的特殊目的单位。

A3.12　SNA1993 对于如何记录该类单位没有给出明确的指导。

6.　划分为金融公司部门的控股公司

参见：第 4 章，第 4.54 段

A3.13　如 ISIC 第 4 版中门类 K 的 6420 小类所述，控股公司虽然持有子公司的资产，但是并未从事任何管理活动，故而此类单位只生产金融服务。因此，SNA2008 建议应将控股公司划分为金融公司部门，并将其确认为专属金融机构，即便其子公司都是非金融公司也应如此。

A3.14　SNA1993 建议应根据所有子公司的主要活动而将控股公司归入相应的机构部门。这样，只有当控股公司的所有子公司的主要活动是金融活动时，控股公司才会被划分为金融公司部门。

7.　按照子公司的主要活动将公司总部划入相应机构部门

参见：第 4 章，第 4.53 段

A3.15　“控股公司”这一术语有时会误用于应该称为“公司总部”的地方。根据 ISIC 第 4 版中门类 M 的 7010 小类所作的定义，公司总部的活动包括对企业其他单位进行指导和管理，从事企业战略性或组织性计划和决策，实施运营控制并管理其他有关单位的日常运营。故而应根据其子公司的生产性质，确认此类机构生产的是非金融服务或金融服务。因此，SNA2008 建议将此类公司总部划分为非金融公司部门，除非其子公司全部是或大部分是金融公司，在后一种情形下，按照惯例，公司总部被视为金融公司部门的金融辅助机构。

A3.16 SNA1993 对于公司总部的部门归属问题没有给出明确的指导。

8. 引入非营利机构部门的子部门

参见：第4 章，第4.35、4.94、4.103 和 4.128 段

A3.17 如同 SNA1993 一样，SNA2008 将非营利机构单位（NPI）划分到不同的机构部门，而不论其动机如何、纳税状况如何、雇员类型如何，或从事何种活动。考虑到人们对将所有的 NPI 作为“公民社会”存在的证据越来越感兴趣，SNA2008 建议把那些隶属于公司或政府部门的 NPI 视为单独的子部门，这样，就可以随时单独获得符合要求的所有 NPI 活动的汇总补充表。

9. 扩展了金融服务的定义

参见：第4 章，第4.98 段；第6 章，第 6.158 段

A3.18 与 SNA1993 相比，SNA2008 对金融服务的定义更加清晰，从而可以确保将金融中介以外的金融服务的增长包含在内，尤其是金融风险管理和流动性转换。金融服务包括监管服务、便利服务、提供流动性、承担风险、承销和交易服务。第 17 章对下述问题给出了一些指导，即在何种情况下，应对显性的和隐含的金融服务同时加以确认，包括外汇交易和证券交易中的加价。

10. 修订了金融公司部门的子部门，以反映金融服务、金融市场和金融工具的新发展

参见：第4 章，第4.98 –4.116 段

A3.19 SNA2008 对金融公司部门引入了更为详细的分类，以便具备灵活性，更好地适应诸如国际货币基金组织和欧洲中央银行等制定的其他货币和金融统计体系。根据机构单位在市场上的活动类型及其负债的流动性，金融公司部门被划分为 9 个子部门（SNA1993 仅分为 5 个子部门），具体包括：（i）中央银行，（ii）中央银行以外的存款性公司，（iii）货币市场基金（MMF），（iv）非 MMF 投资基金，（v）保险公司和养老基金（ICPF）以外的其他金融中介，（vi）金融附属机构，（vii）专属金融机构和贷款人，（viii）保险公司（IC）和（ix）养老基金（PF）。

A3.20 鉴于不同国家在货币定义上存在很大的差别，SNA2008 并未给出货币的定义。不过，SNA2008 所设计的金融公司和金融工具的分类能够与不同国家的货币定义相兼容。由于单独区分了“货币市场基金”子部门，因此可以根据需要确定将其包含在内或者排除在外。

C. 包括生产边界在内的交易范围的其他规定

1. 研究与开发不是附属活动

参见：第6 章，第6.207 段

A3.21 SNA2008 没有把研究与开发活动作为附属活动看待。研究与开发是一种系统开展的创造性工作，其目的是为了增进知识存量（包括人类、文化与社会的知识），并利用此类知识来开发出新的应用。这种做法没有扩展到将人力资本视为 SNA 体系中的资产。SNA2008 建议，如果可能的话，应当为研究与开发活动单独设置一个基层单位。

A3.22 SNA2008 建议，如果研究与开发被购买（外包），则其产出应当按照市场价格进行估价；如果是自给性生产，则其产出应当按照生产总成本加上适当的加成进行估价，其中加成部分应反映生产中所使用的固定资产的成本。对于由特定的商业化研究实验室或研究机构进行的研究与开发，应当

按照通常的方式，以得自销售、契约、佣金、费用等的收入进行估价。由政府单位、大学以及非营利研究机构等进行的研究与开发活动属于非市场生产，应当按照发生的总成本进行估价，生产中所使用的资本的回报不包含在内。

A3.23　SNA1993 承认进行研究与开发乃是出于改进效率或生产率，或者获得其他未来收益之目的，但是，尽管这些特征具有投资活动的性质，研究与开发仍被作为中间消耗的一部分处理。不过，SNA1993 建议不应将研究与开发视为一种附属活动，而应将其确认为次要活动，为其设置一个单独的基层单位。

2.　改进了金融中介服务的间接测算方法（FISIM）

参见：第6 章，第6.163－6.165 段

A3.24　根据各国在执行 SNA1993 建议中所积累的经验，SNA2008 就间接测算金融中介服务的方法（通常被称为 FISIM）做出了改进。按照惯例，SNA2008 建议 FISIM 只适用于贷款和存款，并且只有当贷款由金融机构提供以及存款存入金融机构时，才使用该方法。利用参考利率（rr），SNA2008 只计算贷款（y_L）和存款（y_D）的 FISIM 产出。假定这些贷款和存款吸引的利率分别是 r_L 和 r_D，则应当根据公式（r_L － rr）y_L ＋（rr－r_D）y_D 来计算 FISIM 产出。

A3.25　与 SNA1993 的计算公式相比，SNA2008 所建议的 FISIM 产出计算方法有所不同。对于金融中介，要包括所有的贷款和存款，而不仅是与中介资金有关的贷款和存款。参考利率应当不包含任何服务成分，并且能反映贷款和存款的风险与到期日结构。通行的银行间借款和贷款利率可能是参考利率的一个合适的选择。然而，如果不同的贷款和存款的计值货币不同，则可能需要针对不同币种使用不同的参考利率，尤其是在涉及非常住金融机构的时候。对于同一经济体内的银行，当一家银行向其他银行提供贷款或从其他银行借款时，一般不含什么服务成分。

A3.26　SNA2008 建议，对 FISIM 的消费应当在用户（既可能是贷款人也可能是借款人）之间进行分摊，分摊的数额或者作为企业的中间消耗，或者作为最终消费支出或出口。

A3.27　在 SNA1993 中，FISIM 等于应收财产收入和应付利息之差。应收财产收入不包括自有资金投资上的应收财产收入。SNA1993 承认在实践中，可能很难找到一种在不同用户之间分摊 FISIM 的方法，因而认可某些国家宁愿沿用传统方法（即将所有的服务全部作为一个名义产业的中间消耗）的做法。SNA2008 杜绝了这种可能性。

3.　澄清了中央银行的产出

参见：第6 章，第6.151－6.156 段；第7 章，第7.122－7.126 段

A3.28　由中央银行生产的服务被确认为三个组别，即金融中介服务、货币政策服务以及对金融公司的监管服务。SNA2008 建议，如果其活动规模相对于整体而言比较显著，那么，从事以上不同类型服务生产的中央银行各单位就应被作为单独的基层单位。这种做法有利于区分中央银行的市场产出与非市场产出。金融中介服务代表市场生产，货币政策服务代表非市场生产，一些边缘情形（例如监管服务）可能被记录为市场服务，也可能被记录为非市场服务，到底如何记录取决于直接的收费是否可以充分地弥补提供此类服务的成本。

A3.29　SNA2008 提供的指导认为，非市场活动应当被视为由一般政府获得的公共服务，相应地有一笔从中央银行向政府的转移，因为政府并没有为此类服务发生净成本。市场产出应被视为按照所收取的服务费用向经济体所有部门提供了单项服务。

A3.30　对于中央银行设置的利率过高或过低，以至于包含了隐性补贴或税收在内的情形，SNA2008 建议，如果这些隐性补贴或税收数量很显著，则应对其加以明确记录。这些税收或补贴应被记录为政府的应收或应付；与此同时，对于税收情形，应相应地记录为从政府向中央银行的转移，对于补贴的情形，则应相应地记录为从中央银行向政府的转移。

A3.31 SNA1993 建议，应当按照收费、佣金以及间接测算的金融中介服务来测算中央银行的服务。使用这种方法估计的产出有时会得到异常大的、或正或负的结果。为此，国民经济账户秘书处间工作组（ISWGNA）于 1995 年修订了测算中央银行产出的建议。如果传统方法总是导致不正确的结果，则应采用次优方案，允许各国按照成本测算产出，方法与对其他非市场产出的估计相同。不过，对于按成本估价产出对中央银行所从事的其他交易（例如利息的收支）的记录所产生的影响，ISWGNA 并没有提供进一步的指导。ISWGNA 也没有指出如此估计的中央银行产出是由哪个或哪些单位使用的。

4. 改进了非寿险服务产出的记录

参见：第 6 章，第 6.184 – 6.190 段和第 6.199 段；第 17 章，第 17.13 – 17.42 段

A3.32 人们认识到，在巨灾损失的情形下，利用 SNA1993 中基于（权责发生制下）保费和理赔之差的基本算法所估计的保险活动产出可能是极其不稳定的（甚至是负的）。因此，SNA2008 建议，应当利用调整后的理赔和调整后的补充保费来计算非寿险活动的产出。但是，利用该方法，应收的净保费和应付的调整后理赔可能不再对每一期都恒等。

A3.33 SNA2008 建议用三种方法来估计非寿险产出，即“期望法”、“会计法”和“成本法”。期望法套用保险公司在设定其保费时所使用的基于期望的事前模型。保险公司在接受风险并设定保费时，既要考虑期望损失（理赔），也要考虑预期收入（保费和追加保费）。相对于 SNA1993 应用的事后法而言，二者的预期差额（保费加上预期追加保费减去预期理赔）能更好地测算保险服务的产出。从理论上说，为了使用期望法估计保险公司的产出，可能需要来自保险公司会计的微观数据，但是统计机构很少能够获得此类数据。如果没有此类数据，SNA2008 建议利用宏观统计数据，应用统计技术来模拟该方法，并使用对历史数据进行平滑的方法来预测预期理赔和预期追加保费。

A3.34 此外，还可以采用会计方法来计算产出，即：实收保费加上追加保费减去调整后的已生索赔；其中，调整后索赔是根据应付索赔加上均衡准备金的变动来确定的，必要的时候还要加上自有资金的变动。

A3.35 如果无法获得所需的会计数据，同时以往的统计数据也不足以支持采用期望法来估计产出，则可以用总成本（包括中间成本、劳动成本和资本成本）加上一定的“正常利润”来估计非寿险产出。

A3.36 如果理赔数额奇高，例如在巨灾之后发生的理赔，则理赔中的一部分可以记录为资本转移，而非通常的经常转移。

A3.37 SNA2008 将原来的“应付索赔”改称“已生索赔”。

5. 参照直接保险来记录再保险

参见：第 6 章，第 6.200 段；第 17 章，第 17.56 – 17.65 段

A3.38 SNA2008 建议，应按照直接保险的核算方法来核算再保险，将直接保险人与再保险人之间发生的交易作为一套完全独立的交易加以记录。一方面，对于客户，直接保险人作为保单签发者与之发生交易，另一方面，对于再保险人，直接保险人则作为保单持有者与之发生交易，对这两种交易不应做任何合并。保费的记录方法为：首先记录为对直接保险人的应付保费，然后再记录对再保险人应付的较少的保费。这种不合并的记录方法，就直接保险人而言，被称为总额记录制。

A3.39 再保险公司生产的服务被记录为直接保险人的中间消耗。

A3.40　在 SNA1993 中，再保险交易与直接保险交易被合并记录，因此无法显示直接保险与再保险之间的区分。

6.　包括资本回报在内的住户与公司自给性产出的估价

参见第 6 章，第 6.125 段

A3.41　SNA2008 建议，为了估计住户与公司自给性货物服务的产出价值，在没有可比的市场价格而需要采用总成本来估价时，应将资本回报作为总成本的一部分。不过，如果自给性生产是由非市场生产者完成时，则不应包括资本回报。

A3.42　根据 SNA1993，在按照总成本估计住户与公司的自给性货物服务产出时，不包括资本回报。

D.　关于资产、资本形成和固定资本消耗的概念扩展及其进一步规定

1.　引入了经济所有权变更

参见：第 3 章，第 3.21、3.26、3.169 段；第 10 章，第 10.5 段

A3.43　所有权变更原则是确定货物、服务和金融资产交易之记录时点的关键。术语“经济所有权”更准确地反映了本体系试图测算的现实经济账户的实质。经济所有权考虑的是所有权的风险与回报之所在，从经济角度所理解的所有权变更，意味着现实中所有权的全部风险、回报、权利和义务都被转移了。

A3.44　对于如何识别法定所有权和经济所有权，SNA2008 给出了一些指导，并建议应将资产记录在经济所有者、而非法定所有者的资产负债表上。对于非金融资产，如果法定所有者同意用户有权获得因在生产中使用该资产而产生的收益，以弥补其所承担的风险，则享有经济所有权的可能是用户，而非法定所有者。同理，如果产品易手，则承担因产品毁损、失窃等所带来风险的单位是经济所有者。对于金融资产，所有权也与承担风险有关。如果记录时点取决于所有权变更，则如无其他说明，应视经济所有权变更的时点而定。

A3.45　SNA1993 没有明确定义所有权。似乎它通常隐含着法定所有权，但是在某些情形下，当法定所有权不变时，它也使用了法定所有权变更的概念。

2.　扩展了资产边界，将研究与开发包括在内

参见：第 10 章，第 10.103–10.105 段

A3.46　如同第 C 节所指出的那样，SNA2008 未将研究与开发作为附属活动看待。研究与开发的产出被资本化为“知识产权产品”，不过研发活动不能为其生产者（及其所有者）带来经济利益的情形除外，后者被记录为中间消耗。由于将研究与开发纳入资产边界之内，原来包含在 SNA1993 资产分类中、作为非生产资产之一的专利权实体就被取消了，取而代之的是固定资产项下的研究与开发。

A3.47　为了用上述方法记录 R&D，必须解决若干问题，包括：研究与开发的测算、价格指数与使用寿命。除了方法手册和操作手册，还会有一些专门指南，它们将提供一种可行的方法来形成解决方案，从而保证测算结果具有适当的置信水平。

A3.48　视研究与开发为生产资产的做法消除了 SNA1993 的一个矛盾，即：将专利权实体视为非生产资产，而将专利使用费支出视为对服务的支付。

3.　引进了经修订的资产分类

参见：第 3 章，第 3.5、3.30–3.31、3.37–3.39 段；第 10 章，第 10.8 段

A3.49 SNA2008 对资产的定义进行了修正，其中涉及诸如风险、显见价值和推定债务等问题。资产被定义为价值贮藏手段，其经济所有者通过在一段时间内持有和使用该实体可得到的某种收益或一系列收益，是将一个核算期的价值转移到另一个核算期的途径。

A3.50 至于资产分类，与其先前版本一样，SNA2008 在第一级别上将资产分为非金融资产和金融资产/负债。在非金融资产内部，SNA2008 区分了生产资产和非生产资产。生产资产和非生产资产之下不再区分有形资产和无形资产。SNA2008 将非生产资产分为三个类型：自然资源，合约、租约和许可，外购商誉和营销资产。

A3.51 SNA2008 中关于非金融资产的分类如下：

生产资产

固定资产
- 住宅
- 其他建筑物和构筑物
  - 非住宅建筑
  - 其他构筑物
  - 土地改良
- 机器和设备
  - 运输设备
  - ICT 设备
  - 其他机器和设备
- 武器系统
- 培育性生物资源
  - 重复产生产品的动物资源
  - 重复产生产品的林木、庄稼和植物资源
- 非生产资产所有权转移的费用
- 知识产权产品
  - 研究与开发
  - 矿藏勘探与评估
  - 计算机软件与数据库
    - 计算机软件
    - 数据库
  - 娱乐、文学或艺术品原件
  - 其他知识产权产品
- 存货
  - 材料和用品
  - 在制品
    - 培育性生物资源在制品
    - 其他在制品
  - 制成品
  - 军事存货
  - 待转售货物

贵重物品
- 贵金属与宝石
- 古董和其他艺术品
- 其他贵重物品

非生产资产

自然资源
- 土地
- 矿物和能源储备
- 非培育性生物资源
- 水资源
- 其他自然资源
  - 无线电频谱
  - 其他

合约、租约和许可
- 可交易的经营租赁
- 自然资源使用许可
- 从事特定活动的许可
- 货物与服务的未来排他性权利

商誉和营销资产

A3.52 在 SNA2008 中，关于生产资产类别的资产分类有几处变化，即：

a. 在建筑物和构筑物类别中，增加了土地改良。该类别取代了 SNA1993 中的“非生产非金融资产的重大改良”这一术语。所有土地的所有权转移费用都被含在土地改良中；

b. 在机器和设备项下增加了一个新的类别：信息、计算机和通讯（ICT）设备；

c. 武器系统被确认为生产资产，并单独分为一类；

d. 术语“无形固定资产”被更名为“知识产权产品”。使用“产品”一词指明此类资产不包括 SNA 中被作为非生产资产的第三方权利；

e. 研究与开发产品包含在知识产权产品类下。结果，专利权实体不再出现在非生产资产中，而是并入研究与开发。

f. 术语“矿藏勘探”更名为“矿藏勘探与评估”，旨在强调该类别与国际会计准则保持一致；

g. 对计算机软件类别进行修订，将数据库纳入进来；软件和数据库是两个子类；

h. 术语“其他知识产权产品”取代了“其他无形固定资产”。

A3. 53 存货的唯一变化是单独列出了军事存货。

A3. 54 非生产资产类别的变化如下：

a. SNA1993 中的“有形非生产资产”被更名为“自然资源”；

b. 增加了诸如无线电频谱等其他自然资源，原来的大类“无形非生产资产”被分为两个子类，即“合约、租约和许可”和“商誉和营销资产”。

- 合约、租约和许可被区分为四个小类，即：可交易的经营租赁、自然资源使用许可、从事特定活动的许可以及货物与服务的未来排他性权利。
- 原来的类别“外购商誉”变为“外购商誉和营销资产”，其范围的变化见下面的第 11 条。

4. 扩展了资产边界和政府固定资本形成，将武器系统支出包含在内

参见：第 10 章，第 10.87 和 10.144 段

A3. 55 军事武器系统包括运载工具和其他设备，如军舰、潜水艇、军用飞机、坦克、导弹承载与发射装置等。武器系统视为在国防服务中被连续使用，即使它们在和平时期仅仅是用作威慑手段。因此，SNA2008 建议应将军事武器系统归入固定资产类下，同时，作为固定资产的军事武器系统的分类标准应当与其他固定资产的分类标准相同，即属于在一年以上的生产过程中被重复或连续使用的生产资产。

A3. 56 由武器或武器系统发送的单一用途的产品，例如炸药、导弹、火箭、炸弹等被视为军事存货。不过，有些单一用途的产品，例如具有大规模杀伤性的某些类型的弹道导弹，可能提供对入侵者的持续的威慑服务，从而也符合归入固定资产类别的一般标准。

A3. 57 与 SNA1993 不同，战略性存货不再与同类产品的其他存货单独列示。

A3. 58 在 SNA1993 中，只有那些可作民用生产目的的军事固定资产的支出才被记录为固定资本形成。另一方面，只能用来发射或运载军事武器的军事武器、运载工具和设备则没有作为固定资本形成记录，而是记录为中间消耗。

5. 修订了“计算机软件”资产类别，将数据库包含在内

参见：第 10 章，第 10.110 – 10.114 段

A3. 59 SNA2008 对 SNA1993 的资产类别“计算机软件”进行了修订，形成将数据库包含在内的“计算机软件和数据库”，进一步细分为“计算机软件”和“数据库”。

A3. 60 对于从市场购买或自主开发的计算机软件和数据库的估价，SNA2008 给出了明确的指导。从市场购买的计算机软件和数据库应按照购买者价格估价，而自主开发的计算机软件和数据库则应按照估计的基本价格进行估价，如果无法估计基本价格，则按照其生产成本（对于市场生产者而言，应包括资本回报在内）进行估价。

A3. 61 SNA2008 建议将所有在一年以上的有效期内储存数据的数据库确认为固定资产。无论是自用的还是供出售的数据库，只要满足这个条件，都应包括在固定资产类下。

A3. 62 SNA1993 只把“大型”数据库确认为资产。

6. 将原件与拷贝视为不同的产品

参见：第 10 章，第 10.100 – 10.101 段

A3. 63 关于将知识产权产品的原件及其拷贝作为不同产品核算的方法，SNA2008 提供了一

些指导。SNA2008 建议，如果一件拷贝被一次性卖断，以期在一年以上的生产中使用，则应被记录为固定资产。如果一件拷贝经许可可在一年以上的生产中使用、并且获许可的一方承担了所有权的全部风险和收益，则该拷贝也应被记录为固定资产。

A3.64 如果许可使用的拷贝是在多年合同下通过定期付款购买的，且获许可一方被判定为已获得拷贝的经济所有权，则应视其获得了一项资产。如果对一项许可的定期付款不是在一个长期合同下发生的，则付款应被视为对所使用拷贝的服务的支付。

A3.65 如果先有一个大额首付，之后的若干年内又有一系列小额支付，则首付应被记录为固定资本形成，后续支付应被记录为对服务的支付。

A3.66 如果许可同意获许可的一方复制原件，从而承担了这些拷贝的分销、支持和维护的义务，则应将其表述为复制许可，并应视为向持有复制许可单位的部分或全部原件的销售。

A3.67 SNA1993 没有指导如何将原件和拷贝作为不同产品进行核算。

7. 引进了资本服务的概念

参见：第20 章

A3.68 SNA1993 暗含了在市场生产中使用的资产的资本服务，但是没有对其进行单独确认。在明确确认了资本服务对于生产率测算以及其他分析的意义之后，SNA2008 新增了一章来阐述资本服务的功能和表现。对于市场生产者而言，可通过一张补充表来展示细节，从而在 SNA 中引进近年来在增长和生产率研究领域的新进展，并有助于满足很多用户的分析需求。

8. 详细阐述了关于所有权转移费用的处理

参见：第10 章，第10.48 – 10.52 段，第10.97 段和第10.158 – 10.162 段

A3.69 与 SNA1993 一样，SNA2008 仍将所有权转移费用作为固定资本形成来记录。围绕资产获得所发生的所有权转移费用，应由购买者在预计持有该资产的时期内逐步摊销，而不是在资产的整个寿命期内摊销（这是 SNA1993 推荐的做法）。围绕资产处置发生的所有权转移费用也应在该资产的持有期内逐步摊销，考虑到如果缺乏充分数据，这一建议很难实施，因此，SNA2008 建议仍应将这些费用记录为固定资本形成总额，但要作为固定资本消耗摊销在其实际发生的那一年。如果安装和拆卸费用能够单独开具发票，则这些费用应包含在所有权转移费用中，否则应包含在资产的购买者价格中。

A3.70 终期费用（例如拆卸费用）理应在资产的整个寿命期内摊销，无论在其寿命期内有几个所有者。在实践中，可能很难准确预测终期费用。在资产的寿命期内尚未由固定资本消耗覆盖的任何费用都应在费用实际发生之时作为固定资本消耗加以注销。

A3.71 SNA1993 建议将获得资产所发生的所有权转移费用在资产的整个寿命期内进行摊销。如果资产在其寿命结束之前被出售，则尚未摊销的所有权转移费用要在资产物量其他变化账户中注销。

A3.72 关于终期费用的核算，SNA1993 没有给出明确的说法。

9. 矿藏勘探与评估

参见：第10 章，第10.106 – 10.108 段

A3.73 SNA2008 保留了矿产资源勘探（视为生产资产）与矿产资源自身（视为非生产资产）之间的区别。术语“矿藏勘探”被更名为“矿藏勘探与评估”，以求与国际会计准则中的用语相一致，且定义也与后者相吻合。

A3.74 关于矿藏勘探与评估的估价，SNA2008 建议，如果在市场上出售，则应按照市场价格估价，如果是内部活动，则按照总成本加上适当的利润估价。

A3.75 SNA2008 承认如下事实：由于很少能够获

得矿产资源的市场价格，因此默认的估价方法是未来资源租金收入的现值。

A3.76　根据资源租金的份额，由开采者向矿物资源所有者所做的支付应记录为财产收入，即使政府财政将其作为税处理。

A3.77　SNA1993 建议，如果是矿藏储量的法定所有者与其他单位签约进行开采，为实践计，资源可继续出现在法定所有者的资产负债表上，开采者向所有者所做的支付则被记录为财产收入（资源租金）。

10.　土地改良

参见：第 10 章，第 10.79 – 10.81 段

A3.78　土地改良仍被记录为固定资本形成总额。SNA2008 建议将土地改良作为固定资产中的一个类别，以区别于土地这种非生产资产，因为土地先于改良而存在。如果不可能将改良前土地的价值与改良价值区分开，则土地应归入价值较高的类别中。围绕所有土地的所有权转移费用都应包含在土地改良中。

A3.79　SNA1993 将土地改良记录为固定资本形成总额，但是在资产负债表中，此类改良被包含在土地自身的价值中。

11.　商誉和营销资产

参见：第 10 章，第 10.196 – 10.199 段

A3.80　SNA2008 将“外购商誉”更名为“外购商誉和营销资产”。外购商誉和营销资产仍然被划分为非生产资产，不过其分类级别高于 SNA1993 中的级别，特别地，外购商誉和营销资产与自然资源、合约租约许可属于同一级别。

A3.81　在 SNA1993 中，只有当一个企业被收购时，才对商誉进行记录。正是出于这个原因，采用了“外购商誉”这一术语，在其他情况下并不确认商誉。SNA2008 认为，此类差异实际上可能还涉及诸如报头、标识、客户清单等资产，这些资产被统称为“营销资产”。特别地，确认的营销资产可能会从整个公司中分离出来而单独出售，在此情形下，其销售额也应记录在这个项目下。

A3.82　SNA2008 建议采用一种一致的方法来计算“外购商誉和营销资产”的价值：用购买一家持续正常经营企业而支付的金额，减去该企业的总资产与其总负债之差，这样，其中的每个项目都已经被单独确认和计值，无论该实体是上市公司还是非上市公司，是准公司还是非法人企业。

A3.83　在 SNA1993 中，针对非法人企业和法人企业，外购商誉的计算方法是不一样的。对于非法人企业，外购商誉等于其单独识别和计值的资产和负债与其售价之间的差额。对于法人企业，外购商誉等于临出售前的股票价格与每股实际售价之差乘以股份数。SNA1993 计算外购商誉时，未对上市公司与非上市公司进行区分。

12.　在某些情况下被记录为资产的水资源

参见：第 10 章，第 10.184 段

A3.84　SNA2008 对水资源的定义做了扩展，除了蓄水层和其他地下水资源外，还将河流、湖泊、人造水库以及其他地表蓄水池等也包括在内。水资源是指因其稀缺性导致行使所有权和/或使用权、进行市场估价和采取某些经济控制措施来提取的地表水和地下水资源。

A3.85　SNA2008 建议，水体估价原则上应按照与矿产资源相同的估价方法进行，但同时指出，也可能不得不采用某些更为实用的做法，例如按照获取费用进行估价。

13.　利用相关资产的不变质量价格指数，按照一时期的平均价格来测算固定资本消耗

参见：第 10 章，第 10.156 段

A3.86　SNA2008 建议，应当利用相关资产的不变质量价格指数，采用一时期内的平均价格来测算固定资本消耗。

A3.87　SNA1993 没有指出用来测算固定资本消耗的价格是应当与一般价格水平有关，还是

与特定资产的价格水平有关。

14. 使培育性生物资源的定义与非培育性资源的定义相对称

参见：第10 章，第10.88 段

A3.88 SNA2008 对培育性生物资源的定义进行了澄清，特别指明，只有当其自然生长与再生是在机构单位的直接控制、负责与管理之下，才被视为生产。

A3.89 SNA2008 将 SNA1993 中的培育资产改称为培育性生物资源。

15. 引入了知识产权产品

参见：第10 章，第10.98 段

A3.90 SNA2008 对原称为“无形生产资产”的资产进行了新的核算处理，对其澄清，改称为更加直观的“知识产权产品”，并进行了扩展。此类资产被进一步划分为研究与开发；矿藏勘探与评估；计算机软件与数据库；娱乐、文学或艺术品原件；以及其他知识产权产品。

16. 引入了针对自然资源的资源租赁概念

参见：第7 章，第7.109 段

A3.91 SNA2008 引入了资源租赁的概念，该概念系指如下情形：自然资源仍然出现在其法定所有者的资产负债表中，但是承租人是在生产中使用该资产的单位，因此是实质上的经济所有者。作为回报，承租人需要对资产所有者进行定期支付，该支付被记录为所有者的财产收入，称为地租。按照惯例，在 SNA 中，自然资源价值的下降不会作为与固定资本消耗相类似的交易而加以记录。因此，在 SNA 中，就收入形成而言，自然资源实质上被视为有无限的寿命。资源租赁可以适用于 SNA 中确认为资产的所有自然资源。

A3.92 SNA1993 没有讨论对应自然资源的资源租赁概念。

17. 引入了出现在资产物量其他变化账户中的项目变动

参见：第12 章

A3.93 为了对交易以外的资产变化之可能原因列出一个结构性更强的清单，SNA2008 修改了出现在资产物量其他变化账户中的项目。资产物量其他变化列示了如下七大类以及某些子类的资产/负债变化：

资产的经济出现
非生产资产的经济消失
　　自然资源耗减
　　非生产资产的其他经济消失
巨灾损失
无偿没收
不另分类的物量其他变化
分类变化
　　部门分类和结构的变化
　　资产和负债的分类变化
名义持有损益
　　中性持有损益
　　实际持有损益

E. 关于金融工具和金融资产之处理和定义的进一步完善

1. 澄清了对证券回购协议的处理

参见：第11 章，第11.74 – 11.77 段

SNA2008 增加了关于证券回购协议以及黄金贷款和存款的解释。证券回购协议（repo）是指这样一项安排：以特定的价格销售证券或其他资产，并承诺在未来某个规定的日期以固定的价格回购相同或近似资产。

A3.94 SNA2008 仍然把证券回购协议（“repo”）

视为抵押贷款，并承认已回购证券的出售的可能性。如果已回购证券被出售，则应对贷款人记录一个负资产，以避免发生重复记录。

A3.95 SNA1993 认为，已回购证券的出售或者不被准许，或者尚无先例。

2. 描述了雇员股票期权的核算

参见：第 11 章，第 11.124 段；第 17 章，第 17.384 – 17.398 段

A3.96 雇员股票期权是公司用来激励其雇员的常用手段。雇员股票期权是在某一特定日期（授权日）订立的一个协议，按照该协议，雇员可以在一个规定的日期（含权日）或者在紧随含权日的一段时期内（行权期）按照约定价格（执行价）购买特定份额的雇主股票。SNA2008 建议在金融账户中记录雇员股票期权的交易，对应于由股票期权价值所代表的雇员报酬。理想地，期权价值应当对应于授权日与含权日之间的整个时期；如果不可能采取这种做法，则可以在授权日记录之。

A3.97 SNA1993 没有就雇员股票期权的核算提供指导。

3. 详细阐述了不良贷款的处理

参见：第 11 章，第 11.129 段；第 13 章，第 13.66 – 13.68 段

A3.98 SNA2008 详细阐述了关于减值（不良）贷款的核算处理。不良贷款的定义为：利息和/或本金支付逾期 90 天及以上的贷款，或者按照协议对逾期 90 天或超过 90 天的利息支付进行资本化、再融资或延迟的贷款，或者逾期支付利息在 90 天之内、但有充分理由（如债务人申请破产）怀疑利息能否完全支付的贷款。

A3.99 SNA2008 建议，应继续按照名义价值将不良贷款记录在主要账户中，并记录应收利息，直至贷款被偿还或者遵照双方协议而注销本金。建议设立两个与不良贷款相关的备忘项目，一是被视为不良贷款的名义贷款价值，一是这些贷款的市场等量值。对市场等量值最逼近的近似是以公允价值定价或“以市值定价”，即“近似于当事人之间进行市场交易而发生的价值”。如果没有公允价值数据，则不得不采用次优的方法来记录备忘录项目，即名义价值减去预期贷款损失。此外，在不良贷款上的应收利息应记录为“其中”项。

A3.100 SNA2008 建议，无论对于政府部门、金融公司部门还是对于国外部门，这些备忘项目都应当成为一种标准。

A3.101 对于注销不良贷款的标准，SNA1993 没有给出指导。

4. 详细阐述了对担保的处理

参见：第 17 章，第 17.207 – 17.224 段

A3.102 SNA2008 澄清了对各种类型担保的核算方法。确认了三种类型的担保，并对其核算方法提供指引。第一类是借助金融衍生工具形式提供的担保，例如信贷违约掉期。这些衍生工具在金融市场上的交易活跃，而且对 SNA 而言，这些工具不具有任何新的特征。

A3.103 第二类担保，即标准化担保，由各类大量发行的担保构成，其金额通常很小，而且条款相同，例如出口信贷担保和学生贷款担保。对于这种情形，不可能估计某一个贷款违约的可能性，标准的做法是估计一批类似贷款中可能会有多少违约。它遵循与非寿险相同的原则，而且应做类似的核算处理。如果担保者是一般政府的一部分，且有意将收取的费用置于预期违约水平之下，则应虚拟一个对担保持有者的补贴。

A3.104 第三类担保被称为一次性担保，包括那些风险非常特殊，以至于不可能精确估计其风险的担保。在大多数情形下，一次性担保的授予被认为是一项风险事件，而不是作为金融资产/负债记录。

A3.105 最初的讨论仅考虑了贷款担保，但到 2008 年底，标准化担保和其他金融工具也被包含在内，因此对核算方法进行了推广。

A3.106 SNA1993 将担保视为或有负债，因此在担保被实际执行之前，并不记录担保的存在。另外，它也没有就担保执行时所发生的流量提供明确的指导。

5. 详细阐述了对指数关联型债务证券的处理

参见：**第17 章，第17.274－17.282 段**

A3.107 指数化机制将诸如债券等证券的应付票息金额或本金支付，或者是两者兼有，与交易双方同意的指数联结起来，但指数的价值预先不可知。在这种协议之下，证券价值的上涨应记录为利息，但在发行之时并不知悉。SNA2008 推荐了两种确定每个核算期应计利息的方法。

A3.108 如果票息金额与一个广泛的指数相关联，则经指数化后，作为票息支付的全部金额都记录为应计的利息。如果本金价值与指数关联，则最终赎回价格与发行价格之间的差额应作为应计利息，在金融工具的整个寿命期内记录。

A3.109 如果与一个较窄的指数相关联，则应将应计利率固定在发行时点的水平来确定应计利息，然后将指数相对于预期路径的所有偏离都记录为持有损益。由于利率被固定在证券发行时点的水平，一般来说持有损益在金融工具的寿命期内不会相互抵消。

A3.110 在 SNA1993 中，关于如何记录与指数关联型债务证券有关的交易，并没有一个精确的指导。

6. 修订了对外币关联型债券工具的处理

参见：**第17 章，第17.281 段**

A3.111 SNA2008 建议，本金和票息均以外币进行指数化的债务工具在归类和记录时应视同为以外币计值的债务工具。

A3.112 SNA1993 建议，对于以外币计值的债务工具，由于汇率波动所导致的本金的本币价值变化应当记录为持有收益（非交易）。但是，如果债务工具以外币进行指数化，此类变化则应记录为利息（交易）。SNA2008 建议摒除了这种矛盾的做法，对具有相同经济特征的工具作相同的处理。

7. 非上市股权估价的灵活性

参见：**第13 章，第13.69－13.70 段**

A3.113 并非所有的股权都是上市的、并在股票市场上报价。这种情况常见于直接投资企业、私募股权、非上市公司以及从证券市场退出的公司、上市但是非流通的公司、合资企业以及非法人企业等。SNA2008 为此类股权提供了其他估价方法。所推荐的备选方法包括如下一些做法：近期的交易价格，净资产价值，当期市盈率，经统计人员在宏观水平上调整后的企业报告的账面价值，以账面价值计的自有基金，以及分摊总价值。

A3.114 关于如何对非上市股权进行估值，SNA1993 只给出了有限的指导。它建议对于上市公司之不在股票交易所或其他场所进行经常交易的股份价值，应当根据在过去及未来的盈利和红利上与其具有可比性的上市股份的价格进行估计，考虑到非上市股份的交易性或流通性较差，必要的时候，可以将价格调低一些。

8. 作为金融资产与负债处理的未分配黄金账户

参见：**第11 章，第11.45 段**

A3.115 SNA2008 建议，未分配黄金账户应作为金融资产和负债记录，并建议，如果以黄金计值的外币存款由非常住单位持有，则未分配黄金账户应与外币存款归为一类。

9. 修改了货币黄金和金块的定义

参见：**第11 章，第11.45－11.46 段**

A3.116 为了与 BPM6 保持一致，SNA2008 对货币黄金的定义进行了修改。这一改动源于对已分配的和未分配的黄金账户的确认，其中，已分配黄金账户的记录对象是实体黄金，而未分配黄金账户的记录对象则是以黄金计值的存款。如果后者是对非常住单位持有，则应作为外币记录。如果金块（即纯度至少为995‰的金币、金砖或金条）由货币当局作为储备资产而持有，则只被确认为金融资产，而没有对应的负债。货币黄金被定义为货币当局（或由货币当局有效控制的其他单位）所有的、并作为储备资产所持有的黄金，包括金块和对非常住单位的未分配的黄金账户。

A3. 117 SNA1993 没有讨论已分配的或未分配的黄金账户。

10.　确认了特别提款权负债

参见：第11 章，第11. 47 –11. 49 段

A3. 118 SNA2008 建议将由国际货币基金组织发行的特别提款权（SDR）视为 SDR 持有国的资产，以及对计划参与者的集体求偿权。此外，它还建议将 SDR 的分配与取消记录为交易。SDR 的资产与负债应分别加以记录。受这一关于 SDR 核算方法变动的影响，SNA2008 建议应将货币黄金和 SDR 分列为子项目。

A3. 119 在 SNA1993 中，SDR 被归为没有对应负债的资产。

11.　将存款与贷款区别开来

参见：第11 章，第11. 56 段

A3. 120 SNA2008 仍然区分贷款和存款。为了避免交易双方均为银行时所引起的贷款和存款之间的模糊性，SNA2008 引入了一个类别，即“银行间头寸”。

12.　证券借贷和黄金贷款的应付费用

参见：第17 章，第17. 254 段

A3. 121 SNA2008 建议，按照惯例，所有因证券借贷而对证券所有者的应付款，以及因黄金贷款（无论是来自已分配还是未分配黄金账户）而对黄金所有者的应付款，都应记录为利息。如果提供贷款的单位被归为金融机构，则该利息可能含有应单独识别的 FISIM 成分。

A3. 122 关于证券借贷和黄金贷款的应付费用，SNA1993 没有提供指导。

13.　金融资产分类

参见：第11 章

A3. 123 为了反映 SNA1993 推行以来在金融市场上出现的各种创新，也为了保持其有用性，SNA2008 修改了对金融资产的分类。SNA2008 中的金融资产/负债分类如下：

- 货币黄金和 SDR
  - 货币黄金
  - SDR
- 通货与存款
  - 通货
  - 可转让存款
    - 银行间头寸
    - 其他可转让存款
  - 其他存款
- 债务性证券
  - 短期
  - 长期
- 贷款
  - 短期
  - 长期
- 股权与投资基金股份
  - 股权
    - 上市股票
    - 非上市股票
    - 其他股权
  - 投资基金份额/单位
    - 货币市场基金份额/单位
    - 其他投资基金份额/单位
- 保险、养老金和标准化担保计划
  - 非寿险专门准备金
  - 寿险和年金权益
  - 养老金权益

养老金经理人的养老基金债权
非养老保险金权益
金融衍生工具和雇员股票期权
金融衍生工具
期权
远期
雇员股票期权
其他应收/应付款
商业信用和预付款
其他应收/应付款

A3. 124 SNA2008 将原“股票以外证券”更名为“债务性证券”，将原“股票和其他股权”更名为“股权与投资基金份额”。对 SNA1993 的一个更新是引入了金融衍生工具类别，并对其进行了扩展，将雇员股票期权包括在内。

14. 基于经济所有权来区分融资租赁与经营租赁

参见：第 17 章，第 17. 301 – 17. 309 段

A3. 125 SNA2008 做了一个综述，设定了正确处理租赁与许可的原则。它确认了经营租赁与融资租赁之间的区别，依据是看承租人是否可视为资产的经济所有者。

A3. 126 在 SNA1993 中，经营租赁与融资租赁之间的区别是依据租赁期的长短来划定的。

15. 记录养老金权益的若干建议发生了变化

参见：第 17 章，第 17. 116 – 17. 206 段

A3. 127 SNA2008 认为养老金承诺是一种契约性约定，即预计它们（或可能）是可执行的，因此应当被确认为对住户的负债，而不管在单独设置的计划中是否存在必要的资产。

A3. 128 然而，如果养老金系由政府通过社会保障提供的，则一国在编制标准表时，可以适当偏离这一规则，原因在于由社会保障提供的养老金与由其他雇佣相关计划提供的养老金之间的区别在不同国家之间有较大差异。但是，应在一个附属表中提供对养老金进行全面分析所需的所有信息，该表应显示所有私人与政府养老金计划的负债及其有关流量，这些计划可以是设立基金的，也可以是未设立基金的，并包括社会保障在内。

A3. 129 SNA1993 指出，雇主和雇员在一定时期内的实际社会保障缴款应当等于支付养老金的实际数额。对于定额缴款计划，这种做法是正确且完整的，因为最终给付额只依赖于养老基金积累的数额。但是，对于定额福利计划，则不能保证积累的数额正好等于雇主相对于雇员养老金权益的负债。

A3. 130 因此，SNA2008 建议，针对定额福利计划，应对 SNA1993 建议的做法进行修改，即：

a. 应通过估计雇员在所考察期间内挣得的养老金权益净现值的增加，加上养老基金为运作该计划而收取的各项费用，再减去雇员的所有缴款，来确定雇主缴款的水平；

b. 该数额应当通过精算来确定，只需要考虑雇员的预期寿命，而不需要考虑任何的未来收益，也不需要考虑最终养老金福利的未来提高的影响；

c. 养老基金对雇员的显性债务应当显示在金融账户和资产负债表中；

d. 基金的资产应被视为属于基金，而不是（像 SNA1993 中所说的那样）属于雇员。

A3. 131 根据基金与雇主之间的关系，负债超出可获得资产的差额可以被视为养老基金对雇主的求偿权（同理，资产超出负债的差额则被视为雇主对养老基金的求偿权）。

A3. 132 SNA2008 认为，管理任何养老计划（包括非自主计划和未设立基金的计划）都有成本。原则上，养老基金应当有一个产出值，该数值根据总成本来确定，依惯例应被视为持有养老金权益的雇员的应付款。

A3. 133 SNA2008 建议，如果养老金的支付义务由一个单位转移给另一个单位，则应视为养老金负债的交易，即使两个单位之前都没有记录此类负债。

A3. 134 SNA1993 只对设立基金的“私人”计划才在其资产负债表上确认养老金义务。因此，许多养老金计划的活动，例如社会保障和未设立基金的雇主计划，就不会确认金融资产/负债。此外，经确认的养老金负债仅限于可获得的资金，而不是根据雇员和其他单位对计划的求偿权来确定。

A3. 135 SNA1993 将非自主养老基金和未设立基金的养老计划的活动视为附属活动，从而不单独确认其产出。

F. 关于政府和公共部门交易范围的进一步规定

1. 澄清了私人/公共/政府部门的界限

参见：第4 章，第4. 25 段和第4. 77 –4. 80 段；第22 章

A3. 136 SNA2008 认为，政府在权力、动机和功能方面均有别于经济体中的其他部门，它可以透过不同机构单位组织其运作，因此，SNA2008 针对一般政府与公营公司之间的差别给出了特别的指导。为了厘清将机构单位归入互斥的机构部门时所依据的理论基础，SNA2008 绘制了一个决策树，该决策树还有助于在政府与其他公共单位之间划清界限。

2. 详细阐述了对重组机构的处理

参见：第22 章，第22. 47 –22. 50 段

A3. 137 公司重组过程中会涉及某些公共单位，无论这些公司是否受政府控制。下面是两个有关公共重组机构的例子：（a）公共部门重组以及对私有化的间接管理；（b）受损资产，主要发生在银行危机或其他金融危机的背景下。关于重组机构的核算，SNA2008 提供了一些指导。

A3. 138 SNA1993 并未就重组机构提供任何指导。

3. 澄清了对政府发放的许可的处理

参见：第22 章，第22. 88 –22. 90 段

A3. 139 SNA2008 建议，如果由政府发放的许可不涉及对政府自有资产的使用，则对该许可的支付就是一种税。然而，如果许可在法律上且事实上是可以转移给第三方的，则它就具有资产的特征，可以被归类于资产中的合约、租约与许可。

A3. 140 如果许可是对政府自有资产（包括具有资产特征的、由政府代表全社会控制的自然资源）的使用，则对许可的支付应记录为合约、租约与许可项下的资产获得，或者记录为地租支付。

4. 公营公司的异常支付应记录为权益收回

参见：第22 章，第22. 135 段

A3. 141 SNA2008 建议，公营公司所做的异常支付应当被记录为权益收回，因为这些支付来自累积的公积金或资产销售。只有对公司业主收入的定期分配才应当记录为红利。

A3. 142 SNA1993 关于这个问题的建议与对公司及准公司的建议不一致：公营公司的异常支付被记录为红利的定期支付，而公营准公司的类似支付则被记录为权益收回。

5. 政府对公营准公司的异常支付应被记录为资本转移

参见：第22 章，第22. 138 段

A3. 143 SNA2008 建议，政府对公营准公司作出的为弥补累积亏损的异常支付应当记录为资本转移，对公营公司的支付也做类似记录。但是，如果政府向公营公司或公营准公司所作的异常支付有明确的商业目的，即对以财产收入形式体现的回报具有明确预期，则该支付应当记录为权益增加。

A3. 144 在 SNA1993 中，政府对公营公司的异常支付作为资本转移记录。与此不同，政府对公营准公司的异常支付则被记录为权益增加。

6. 按权责发生制记录税收

参见：第22 章，第22.91 –22.94 段

A3.145 SNA2008 明确了税的记录应遵照权责发生制。但是，在下述两种情况下，它也允许在实践中对该原则进行灵活应用，以确保不会将未收税款显示为应计款项。第一种情况与所得税有关，只有在能够较为确定地估计纳税义务之时，才加以记录。第二种情况与“平行”经济产生的税有关，此时不可能知道应税事务的发生时间。在后一种情况下，记录的时点也应当是估计的时点。SNA2008 还就如何估计应计税额给出了一些指导，提醒读者千万要注意：不要把决不可能收缴上来的税款包括在内。

7. 税收抵免

参见：第22 章，第22.95 –22.98 段

A3.146 税收抵免是指税收减免，从而减轻了受益人的纳税义务。有些税收抵免是应付的，即超过纳税义务的所有抵扣应付给受益人。有些补贴或社会保障福利可以通过税收系统以税收抵免的形式获得，而且将支付系统与收税收缴系统联系在一起的做法越来越普遍。SNA2008 建议，应付的抵免应按照总额制记录，虽然这种作法有悖于 GFSM2001 和财政收入统计中的建议。它也允许按照净额制来计算税收抵免。

A3.147 关于如何处理税收抵免，SNA1993 没有给出相应指导。

8. 澄清了通过公 – 私合伙所创立的固定资产所有权的核算原则

参见：第22 章，第22.154 –22.163 段

A3.148 公 – 私合伙（PPP）是指以下两个单位之间的长期契约：一个私人单位获得或建立了一项或一套资产，在一定时期内运营这些资产，然后将该资产移交给公共部门。此类安排通常发生在私营企业和政府之间，不过也可能是其他组合，例如公营公司是其中一方，而私营 NPI 作为另一方。针对应该检验哪些特征以确定究竟是私人合伙人还是公共合伙人拥有相关资产的经济所有权，SNA2008 给出了一些指导性建议。

A3.149 关于公 – 私合伙的核算，SNA1993 没有给出指导。

9. 继续将持有收益税记录为所得和财富经常税

参见：第8 章，第8.61 段

A3.150 SNA2008 建议，继续将持有收益产生的税记录为所得和财富经常税，尽管其税基（实现的持有收益）不属于 SNA 定义的收入。它建议如果有可能且有必要的话，应将该税记录为一个单独的子类。

G. SNA 与 BPM6 在有关概念与分类上的协调

1. 主要经济利益中心是确定单位常住性的基本依据

参见：第4 章，第4.10 段

A3.151 随着经济全球化，与两个或两个以上经济体有关联的机构单位越来越多。SNA2008 与 BPM6 都采用了“主要经济利益中心”这一概念，将其作为确定一个实体是否属于一个经济领土内的常住单位的基本依据。

A3.152 SNA1993 建议根据经济利益中心来确定机构单位的常住性，但是对于有几个国际住所、而在这些住所内可能只作短暂停留的个人常住性问题则没有给出指导。

2. 常住性改变的个人

参见：第 26 章，第 26.37－26.39 段

A3.153 SNA2008 明确指出，如果一个人改变了他/她的常住国，围绕这个人所有的非金融资产、金融资产与负债的所有权不会有任何变化。需要做的只是对这些项目之（经济）所有者的常住国进行重新分类。因此，此种变化更适于记录在资产物量其他变化账户中，而不是记录为资本转移。

A3.154 关于如何记录由于个人常住性变化所引起的货物流动以及金融账户发生的变动，SNA1993 没有提供明确的指导。

3. 根据所有权变更原则记录送到国外加工的货物

参见：第 6 章，第 6.85－6.86 段；第 14 章，第 14.37－14.42 段

A3.155 SNA2008 建议，应严格按照所有权变更原则来记录进口和出口，即：货物在拥有货物的国家与提供加工服务的国家之间的流动不应记录为货物进口和出口，而应记录为拥有货物的国家的加工服务进口，以及提供加工服务的国家的加工服务出口。

A3.156 同理，如果一个基层单位将货物送到同一企业在同一经济体内的另一个基层单位进行加工，而接收单位并不负责后续生产过程的后果，则应采用同样的记录方法。对于这种情形，货物接收单位的产出只限于所提供的加工服务。

A3.157 SNA1993 将送到国外加工、然后又返回货物发出国的货物视为经历了所有权的有效变更。因此，这些货物在离开第一国时被记录为出口，在返回该国时又被记录为进口。从事加工的国家被显示为生产了这些货物，以全价加以记录，尽管加工者根本不必在货物进入本国时进行支付。

4. 三角贸易

参见：第 14 章，第 14.73 段

A3.158 三角贸易被定义为：（编制国的）一个常住单位向一个非常住单位购买了货物，随后又将该货物转售给另一个非常住单位，而该货物根本没有进入转售贸易商所在的经济体。SNA2008 建议，由全球化制造商、批发商和零售商以及其他商品经纪所获得的货物，应在获得时点记录为负出口，而在处置时点记录为正出口。二者之差出现在货物出口项下，但要与国内交易的货物的贸易加价一样，记录为转售贸易商所在经济体的服务生产。如果货物在一个时期获得但在另一时期处置，则应将其记录为转售贸易商的存货变化，即使这些存货是在国外持有。

A3.159 关于三角贸易的核算，SNA1993 没有给出指导。

H. 各章变动清单

1. 简介

A3.160 本节的目的是列出与 SNA1993 的文本相比，影响 SNA2008 各章的议题清单。这里不准备给出一个各种变动所带来影响的详尽清单，只是归纳出影响前一版文本的项目。

A3.161 这里没有给出第 1 章和第 2 章的变动。因为，第 1 章绪论，基本上没有因各种变化的细节而受到什么影响；第 2 章综述则简要概括了后面各章的所有变动。

A3.162 第 3－13 章是与 SNA1993 各章一一对应的内容，本节列出这些章节的变动，但假定读者熟悉各章内容，因此不再给出各章的要点。第 14－29 章则要么重排了原有内容，要么包含了新的内容，或者二者兼有，因此除了列出变动，必要时还简述了这些章节的主要内容。

A3.163 有关 SNA1993 章节和附录的索引均采用罗马字母，与 SNA2008 章节和附录有关的索引则采用阿拉伯字母。

第 3 章：存量和流量与核算规则

- 本章的主要议题是引入经济所有权和法定所有权之间的区别。

第 4 章：机构单位和机构部门

- 常住性的表述没有实质性变动，但是所用措辞保证了 SNA 和 BPM6 的完全一致。
- 引入图 4.1，通过流程图显示如何将机构单位归入机构部门。
- 金融公司和非金融公司被进一步分解，从而将非营利机构单位显示为单独的子部门，以便于得到 NPI 的卫星账户。
- 对一般政府进行了类似的区分，也是为了单独识别出 NPI。
- 区分了公司总部和控股公司之间的差别，以避免将公司总部不严格地表述为控股公司。
- 设置了一个小节介绍特殊目的实体，澄清了不同类型实体的目的，在对这些实体进行正确分类时应当考虑这些目的。
- SNA2008 避免使用“附属公司”的称谓，SNA1993 使用这个称谓造成了一些误解。
- 新增了一部分，用来建立一套可用来确定政府是否对公司和非营利机构形成控制的指标。
- 对金融公司的子部门进行了扩展和完善。
- 本章最后简要解释了货币联盟与中央银行的关系。

第 5 章：企业基层单位和产业

- 有关横向一体化企业的表述与 ISIC 第 4 版取得一致。
- 对于纵向一体化企业，SNA 建议对其基层单位加以识别，而 ISIC 则把企业作为一个整体、按照其主要活动（即增加值中贡献份额最大的活动）进行分类。
- 对辅助活动作了一个新的更为广泛的讨论。

第 6 章：生产账户

- 引入“知识载体产品”这一术语，以将那些兼具货物和服务之某些特征的产品纳入进来。
- 提到未观测经济，第 25 章还将对此作进一步讨论。
- 介绍了依据经济所有权和进一步加工中所涉及风险是否发生转移来判断，货物交付究竟应该作为同一企业内部不同基层单位之间的交付来核算，还是应该作为不同企业之间的交付来核算。（这实际上是将货物送到国外进行加工的国内版）
- 生产被区分为三个类型，即：市场生产、为自身最终使用的生产和非市场生产。
- 如果使用总生产成本法来估计市场生产者为自身最终使用而生产的产出，则应包含固定资本回报。
- 围绕如何测算经历长时期才能完成的产出进行了更多的讨论。
- 进一步明确了如何测算仓储活动，以及如何将这一生产活动与持有收益区分开来。这一主题在第 6 章的附录中有详细的解释。
- 围绕如何测算中央银行的产出进行了更为广泛的讨论。

- 第 6 章更详细地介绍了金融服务的核算，在第 17 章第 4 节中还有更详细的讨论。自 SNA1993 版本出版以来，关于间接测算金融中介服务（FISIM）的部分进展在这一章中有所介绍。
- 修订了保险核算方法，将特别工作组关于这一主题的研究结果考虑了进来。
- 类似地，修订了关于再保险的核算方法。
- 讨论了如何核算与发行标准化担保相关联的产出。
- 研究与开发不再被记录为中间消耗，而是在大多数情况下被记录为固定资本形成。
- 遵照堪培拉小组的建议，新增了如何对原件和拷贝进行正确核算的内容。
- 在固定资本形成总额中新增了一个类别：武器系统。
- 在描述固定资本消耗时，建议使用特定资产价格、而不是一般缩减指数来估计资产价值的下降。估计固定资本消耗的过程应当与资本存量的估计相联系。这一主题在第 20 章还有进一步讨论。

第 7 章：收入初次分配账户

- 业主收入账户以及其他初始收入分配账户仅限于对金融和非金融公司编制。
- 更新了关于就业的测算，将 2008 年底召开的劳动统计学家国际大会（ICLS）的建议包含在内。
- 对社会保障缴款的测算作了重大改动。首先，区分了与养老金有关的缴款和与其他权益有关的缴款。其次，即使有时没有专门设立基金以满足要求、仍然要对养老金权益加以记录，由此将影响到社会保障的测算。
- 投资收入包含在投资基金的所得中。
- 生产税包括出租车许可和博彩许可。
- 财产收入包括一个新的子类，即投资收入，这一概念与 BPM6 的用语相对应。
- 引入了与地租支付有关的资源租赁概念。
- 关于中央银行收取和支付的利率，有可能将其记录为隐含税收和补贴。
- 关于从公司和准公司中获取的超额红利和收入提取的核算方法更加合理。与此相关联的是，对各类企业都明确引入了“留存收益”这一术语。
- 在定额福利计划的情形下，对养老金中视为应付投资收入的核算发生了变化，养老金权益的所有增加都被包括进来，而不论该收入是否真的由养老基金的负责单位所挣得。

第 8 章：收入再分配账户

- 第 7 章中提到的有关社会保障缴款的变动在本章也成立。
- 明确指出应将住户向在国外工作之个人的应付汇款和从在国外工作之个人的应收汇款记录为转移。
- 简化了对实物社会转移的分解。

第 9 章：收入使用账户

- 修改了个人服务和公共服务之间的区别，修改后的区分与 COFOG 的分类变动相一致。
- 已经认识到 NPISH 也有可能发生公共消费，不过没有必要过分强求对此加以识别。

第 10 章：资本账户

- 非生产资产被区分为三个类别：自然资源；合约、租约和许可；外购商誉和营销资产。
- 土地改良被视为一类单独的固定资产，

区别于自然资产，后者反映了土地在未经改良状态下的价值。

- 关于所有权转移费用，澄清了终期费用的核算方法，以及对固定资本消耗和所有权成本进行摊销的时期。
- 引入信息、计算机和通信设备，构成固定资本形成总额中一个新的类别。
- 引入武器系统，构成一个新的类别。
- 引入知识产权产品，构成一个新的类别。
- 在大多数情形下，将研究与开发视为固定资本形成。
- 修改了矿藏勘探的名称，按照 IASB 的建议，根据数据的可获得性将评估包含在内。
- 修改了软件类别，明确将数据库包含在内，并进一步阐释了应在何种情形下将数据库包含在内。
- 增加了一个新的存货类别：军事存货。
- 澄清了对合约、租约和许可的核算方法，在第 17 章第 5 部分还有更进一步的解释。
- 澄清了关于外购商誉和营销资产的测算方法及其范围。

第 11 章：金融账户

- 从总体上修改了货币黄金和黄金账户的核算方法。
- 确立了 SDR 的负债。
- 在金融资产的新分类中，引入了银行间头寸这一类别。
- 对于与较窄指数关联的指数关联型证券，修改了其核算方法。
- 引入两个与投资基金有关的术语。
- 扩大了保险专门准备金的范围，将养老金权益（即便没有设立基金）、养老金经理人的可能索赔以及标准化担保代偿准备金等包含在内。
- 将雇员股票期权作为并列于金融衍生工具的一个类别。
- 建议增加关于不良贷款的备忘项目。

第 12 章：资产其他变化账户

- 对物量变化进行了新的分类，其中每个分类都适用于任何资产类型，使得从一张资产负债表到另一张资产负债表的过渡更为简明。
- 澄清了如下事实：出现在物量其他变化账户中的存货损失仅指那些异常的损失。只要存货损失是经常性发生，尽管数额极大，也应记录为存货提取。

第 13 章：资产负债表

- 本章提出资产账户的概念，此前这一概念仅在第 2 章中出现过。
- 详细解释了对股权进行估价的各种可能的方法。
- 将资金流量分析移至第 27 章。

第 14 章：供给使用表及货物服务账户

- 本章包括旧版第 XV 章的部分内容。其余部分在第 28 章中叙述。
- 本章内容有较大调整。
- 更详细地解释了如何在供给表中记录运输费用，以及记录方法会对生产者价格和购买者价格带来何种影响。
- 修改了关于企业内交付以及送到国外加工的货物的核算方法，这种变动对本章有重大影响。
- 陈述了供给使用表中的缩减方法。

第 15 章：价格和物量

- 在 SNA1993 中，价格和物量在第 XVI 章讨论。现在这一章则包括了 1993 年以来出版的各种手册所给出的主要修改，如消费者价格手册、生产者价格手册、进口和出口价格手册以及修订后的国际比较项目手册等。

- 本章包括应用价格指数对国民账户进行缩减的内容。

第 16 章：账户综述和整合

- 本章总结了各章的主要内容，旧版中仅在第 II 章中出现过。

第 17 章：账户的交叉和其他特殊问题

- 本章无论在细节的数量上，还是在主题的范围上，都取代和扩展了 SNA1993 附录 III 和附录 IV 的内容。对于体系更新过程中广受关注的一些问题，本章给出了详细的解释，包括：
- 保险，包括再保险和年金；
- 社会保险计划，尤其是养老金，包括一个附属表；
- 标准化担保；
- 金融服务，解释了如何对整套金融工具收取显性费用和隐性费用；
- 合约、租约和许可，解释了此类安排的各种问题；
- 雇员股票期权。

第 18 章：账户的扩展和展示

- 与第 16 章一样，本章是新设的关于账户综合的内容，但重点介绍核算的实践问题。

第 19 章：人口和劳动投入账户

- 本章以旧版的第 XVII 章为基础，但在解释有关劳动力的不同概念时，不那么依赖于流程图。
- 吸收了 2008 年底召开的 ICLS 所达成的结论。
- 设了一节介绍志愿者。
- 讨论了经质量调整的劳动投入。
- 设了一节介绍劳动生产率。

第 20 章：资本服务和国民账户

- 本章是新设的，是 SNA1993 研究议程中的议题之一。本章为资本服务主题提供了一个非技术性的介绍，并讨论其与营业盈余总额之间的关联。建议有条件的话，可以为此设立一个附属表。

第 21 章：公司活动核算

- 本章是新设的，讨论诸如公司兼并与收购、全球化、财务困境的后果及其与企业会计之间的联系等主题。关于兼并与收购的内容取自外国直接投资基准定义。

第 22 章：一般政府部门和公共部门

- 本章是新设的，旨在针对公共部门，将政府财政统计、债务和赤字程序以及外债等联系起来。
- SNA1993 并未讨论公共部门主题。
- 关于如何确定政府在何种情形下控制公司和非营利机构作了专门说明。
- 对“有显著经济意义的价格”这一概念进行了讨论，并加以定义。
- 展示了与政府财政统计的联系。
- 关于税收抵免的核算更加明确了。
- 讨论了债务运作问题。
- 讨论了政府担保的记录方法。
- 讨论了在发生财务困境的情况下，应如何记录政府与公司之间的关系。
- 讨论了公－私合伙问题。

第 23 章：非营利机构部门

- 本章也是新设的，讨论 SNA 与关于非营利机构部门的卫星账户手册之间的联系。

第 24 章：住户部门

- 本章详细讨论了住户子部门的有关问题。
- 本章详细讨论了住户生产的某些方面。

第 25 章：非正规经济

- 本章也是 SNA1993 研究议程中的一部分。
- 本章包括两个内容，一是未观测经济，二是非正规部门。后者遵照 ILO 强调非正规就业以及非正规生产的倡议。该主题仍列入研究议程。

第 26 章：国外账户及其与国际收支平衡表的联系

- 本章取代了 SNA1993 的第 XIV 章和附录 II，修改后的内容与 BPM6 相一致。在 BPM6 与 SNA 的起草过程中有广泛的合作，因此在很多情形下，二者的措辞完全相同。
- BPM6 引入了一套新的账户，与 SNA 的系列账户非常相似，从而使得与 SNA 的沟通更为容易。
- 引入了 BPM6 的功能性分类，即直接投资、证券投资、金融衍生工具、其他投资以及储备资产。

第 27 章：与货币统计和资金流量的联系

- 本章的部分内容见于旧版第 XI 章和第 XII 章但做了扩展，以能够展示与货币和金融统计之间的联系。
- 本章讨论了资金流量账户。

第 28 章：投入产出表与其他基于矩阵的分析

- 本章取自旧版第 XX 章以及研究议程中关于矩阵展示的一个议题，也取自欧洲关于投入产出表的一个手册，该手册 2008 年刚刚面世。
- 本章涉及对供应和使用表中的内容进行部门细分，目的是建立与系列账户之间的联系。

第 29 章：卫星账户及其扩展

- 本章的部分内容取自旧版第 XVIII 章、第 XIX 章和第 XXI 章，此外还包括 1993 年以来新开发的或经修订的卫星账户。

2. 附录和其他项目

A3. 164 附录 1 和附录 2 对应于原来的附录 V。

A3. 165 本附录，即附录 3，对应于原来的附录 I。

A3. 166 附录 4 是新增的，包括 SNA1993 扉页中所提及的研究议程。

A3. 167 SNA2008 列出了参考文献，而 SNA1993 则没有提供外部参考文献。

A3. 168 SNA2008 包括了一个术语表，而不是将其作为一个单独的文件。

A3. 169 更多关于修订过程的信息可到联合国统计署网站查找，该网站还挂有关于研究议程进展的进一步的信息。

附录 4　研究议程

A.　引言

A4.1　SNA 的功能是对经济运行过程进行现实而综合的观察，从而适合于政策和分析之用。随着经济环境的变化和政策与分析需求的演进，必须对 SNA 予以检视，以判断该体系是否能满足这些目的。经济环境变化的最典型的例子是 2008 年下半年以来的金融危机，该危机促使人们重新评估国民经济核算体系的充分性。幸好还来得及在新版 SNA 定稿以前对其进行评估，并且发现，在已经建议的修改之外，只需做一些小修改，尤其是有关标准化担保的核算部分。原来建议标准化担保只适用于贷款，但是此次金融危机使得 SNA 建议将其应用于范围更广的金融工具。

A4.2　经济观点的变化很少像 2007—2008 年这样变化得如此迅速，如此剧烈。不过，总会出现一些新兴特征，促使国民经济核算人员重新评价现有的方法。其中一个例子是为了遏制全球气候变暖而推行的可交易的排污许可。如何记录此类交易，在 SNA2008 中尚未得到充分的解决，并且，由于此类交易激增且交易额巨大，显然 SNA2008 的这一缺陷需要尽快得到补救。

A4.3　虽然 SNA2008 已经解决了有关全球化的一些问题，例如，为了反映与日俱增的服务外包，SNA 改变了对货物加工的核算方法，但是很显然，全球化进程的其他方面还会促使人们重新考虑现在的核算体系是否反映了这一现象。一种可能是使用另一种常住性和所有权定义，在另外的附属表中展示跨国公司的活动。

A4.4　把那些在不久的将来会出现的所有议题全部罗列出来是不可能的。本章的目的是列出那些在目前的修订过程中已经出现、然而受时间限制尚需进一步讨论的议题。其中有些议题可能不会引起 SNA 的变动，而仅仅是对某些核算点的澄清。这份清单将挂在联合国统计司的网站上，一旦出现新项目，或者关于现有项目形成共识，就会对其进行更新。

A4.5　在评估给予一个项目的优先性时，需要回答三个问题：

a. 为了确保 SNA 仍然对用户有用，该主题有多迫切和多重要？

b. 变动的影响有多广泛，以及实施这些变动有多难？

c. 该主题是全新的吗？或者，与该项目有关的准备工作是否大多已经完成？

选择项目进行调查的过程是一个广泛咨询的过程，而且在评论过程中既涉及编制者，也涉及用户。

A4.6　所有更新 SNA 的努力（包括 1993 和 2008 修订的经历在内）都表明，即使只对核算体系的部分内容进行更新也是非常困难的，皆因账户规则具有综合性质。下述议题清单根据主题领域进行了大体的分组，但是一开始就应该指出，每个议题都可能有超乎其主题之外的影响。

A4.7　目前确认的主题被分为四个大类，即：

a. 基本核算规则；

b. 收入的概念；

c. 与金融工具有关的议题；

d. 与非金融资产有关的议题。

下面各节分别阐述这几个类别。

B. 基本核算规则

1. SNA 与 IASB 的关系

A4.8 国际会计准则委员会（IASB）设在英国伦敦，是一个独立的、私人资助的会计准则制定者。委员会成员来自 9 个国家，并有不同的职能背景。IASB 承诺要为了公众利益而制定一套高水准的、通俗易懂的、可执行的全球会计准则，这些准则要求，一般目的的财务报表应当提供透明和可比的信息。

A4.9 IASB 与各国的商业会计准则制定者一道，致力于实现会计准则的全球一致性。目前已经有近 100 个国家要求采用或允许采用 IFRS（国际财务报表准则），或者其政策与 IFRS 相一致。IFRS 的发展反映了全球经济的需求和环境的变化，这些变化与 SNA 的应用和要求直接相关。公司采用 IFRS 可能会对公司会计和从公司账户中采集的数据产生重大影响。

A4.10 IASB 建立一套新准则要经历三个阶段。第一步是邀请讨论（ITC）稿；第二步是征求意见稿（ED）同时邀请讨论；第三步是建立新准则。在每一个阶段中，议题的背景要得到清晰的解释，并给出推荐选择的理由。在前两个阶段，会邀请来自其他利益方的成员进行讨论。在各国国民经济核算团体与 IASB 之间进行经常性对话，既是保证将各国核算人员的需求反映给 IASB 的途径，也是保证各国核算人员知晓数据来源之可能的变化的途径。在 2008 修订规程中，向 IASB 准则及与其相应的公共会计准则（国际公共部门会计准则委员会，IPSASB）的咨询已使修订受益颇丰。因此，为了使修订的 SNA 能够适时遵循新会计准则，建立并保持与 IASB 的对话是值得的。

A4.11 对国际会计感兴趣的领域之一，是与跨国企业问题有关的兼并和收购。第 21 章吸收了 OECD《外国直接投资的基准定义》中的信息。也应当跟踪 IASB 在该领域的进展，看看是否需要对相关建议进行修订。

2. 企业集团的合并

A4.12 借助完全或部分的共同所有权和共同的管理架构，在一个经济体内运营的许多企业彼此联系在一起，形成一个企业集团。企业还常常与外国分支机构享有共同的所有权和管理。对于企业而言，如果它们处在纵向一体化生产过程的中间环节、共享附属生产活动的产出和成本时，在一个企业集团内彼此交易是习以为常的，有时甚至仅限于在集团内交易。企业也可能分享研究与开发活动有关的产出与成本。鉴于企业间的紧密联系，有时可能需要将企业集团作为一个实体看待，并合并其成员的账户。（这种做法在其他某些统计中已经被采用，例如 AMNE、FATS 和国际清算银行（BIS）的合并展示中）一个企业集团的成员常常从事不同的活动，有时会跨多个部门，因此合并会对总量产生影响，例如产业增加值和部门资产负债表。为此，大概最有可能采用的方式是设置附属表。

A4.13 如果集团的某些部分是非常住单位，应予以单独考虑。

3. 信托机构

A4.14 SNA 建议将信托机构视为准公司。但是在某些情况下，如果一个信托机构事实上充当了公司的 SPE 时，只要该信托机构与其母公司是同一经济体的常住单位，就不能将其视为一个单独的机构单位，而应与其母公司合并。

A4.15 除了被公司所有之外，有些信托机构还会被住户和 NPI 所有，但尽管如此，SNA 并没有对信托机构给予详细描述。进一步澄清信托机构的特征，以及其资产何时应视为属于独立的单位、何时应与其所有者的资产进行合并，将会有助于其核算。

4.　公司的最终消费

A4.16　一般认为公司不是货物和服务的最终消费者，因此在 SNA 中，除了为生产目的而获得的资本品（贵重物品除外）以外，不会记录公司的最终消费。然而，大公司常常赞助文化和体育赛事。目前，SNA 将此类活动涉及的支付视为广告形式的支付，但有不同观点认为，此类支付是个人消费形式的支付，因此可以被记录为公司的最终消费支出，以及向住户的实物社会转移。进而言之，通过对诸如环境标准等施加管理，政府可能产生这样的效应：它们好像在征税，并将其收入用于环境保护，这种支出会被视为公共消费。因此，在某些情形下，可能更适于将公司的某些支出记录为最终消费。

5.　测算政府服务的产出

A4.17　SNA 建议，对于免费或以不具有显著经济意义价格提供的非市场生产的价值，应当按照生产总成本来估计（第 6.128 至 6.132 段）。这一建议的前提是没有非市场生产的市场价格。但是，不断有研究试图找到测算政府产出的其他方法。

6.　对国外的实物社会转移的处理

A4.18　在 SNA 中，实物社会转移仅发生在政府单位和 NPISH 与住户之间。按照第 8.141 段的解释，这样处理的假定前提是，对国外的实物社会转移可能是微不足道的，而且无论如何会与来自国外的类似给付相抵消。在某些情况下，这些假定可能是不对的，因此应当阐述明确记录这些转移的方法。为此可能不得不考虑这种做法带来的后果，即消费支出总计不等于实际最终消费总计。

7.　中央银行的产出：中央银行采用的利率上的税和补贴

A4.19　第 6.150 至 6.151 段陈述了对中央银行产出的处理与测算。确认了三大类金融服务：货币政策服务、金融中介服务以及边缘情形。

A4.20　如果中央银行的金融中介包括了政策手段，例如设定的利率高于或低于市场利率，就属于一种边缘情形。这就提出了很多议题。首先，如何测算中央银行的产出，因为中央银行采用非市场利率可能会扭曲对其产出和增加值的测算。第二，采用非市场利率意味着在金融中介流量之外，还产生了中央银行与交易对方之间的流量。

8.　SNA 对基层单位的处理

A4.21　目前 SNA 出于以下两个原因保留了基层单位这一概念。第一个原因是，如果数据从基层单位收集，则可以提供与基础数据的联系。如果基础数据是从企业来收集的，则这个原因不成立。第二个原因是为了在投入产出表中使用。历史地看，根本原因在于需要找到一个与仅在一个地点、仅从事一种活动的单位尽可能接近的单位，从而使得与生产的物理过程的联系尽可能清晰。随着投入产出的重点从物理观点向经济观点的转变，以及从产品 - 产品矩阵向产业 - 产业矩阵的转变，在 SNA 中保持基层单位概念的必要性实际上已经不那么显著了。

9.　在 SNA 中包括国际组织

A4.22　在 SNA 中，国际组织被视为国外部门的常住单位（参见第 4.173 至 4.175 段）。原则上，可以将国际组织视为国外部门的一个标准子部门，并为它们实际编制一整套账户。

C. 收入概念

1. 澄清 SNA 中的收入概念

A4.23 如第 8.24 段所讨论的那样，SNA 中的收入概念有别于经济学中通常所理解的收入概念。特别地，在 SNA 中并不把持有损益视为收入的一部分。不仅经济学理论主张将持有损益包括在收入中，企业会计准则亦然。SNA 将持有损益排除在生产之外，推而广之，大多数收入流量也将其排除在外，不过利息不同，利息仍然按照名义价值记录。对 SNA 中收入概念以及各种财产收入流量的含义做一个透彻的评述将是大有裨益的。下面有关各项目的某些内容会解释其中的某些方面。

2. 基本价格 GDP

A4.24 国内生产总值（GDP）等于一经济领土内所有从事生产活动的常住机构单位的总增加值之和（即基本价格增加值），加上没有包含在其产出价值中的产品税减产品补贴。GDP 也等于一经济领土内所有常住机构单位的最终支出之和减去进口支出。对于生产法 GDP，其“自然”估价是基本价格，而对于支出法 GDP，其“自然”估价则是市场价格。在 SNA 中，通过调整生产法 GDP（即加产品税减产品补贴）来保持估计的一致性。这种做法隐含着如下的意思：产品税减产品补贴是收入的一种形式，而不仅仅是收入的再分配。

A4.25 如果决定以基本价格对 GDP 进行估价，则需要对系列账户进行调整，至于如何进行调整，有多种可能的做法。这会导致分别显示政府的两种主要功能，即非市场服务的生产和国民收入再分配。

3. SNA 中税收的作用

A4.26 如前所述，产品税在 SNA 中被视为一种收入。但是绝大部分经济学家倾向于将这些税视为消费税。在 SNA 中并无此类税，也没有消费补贴。对金融交易征收的税（如对发行、购买和销售证券所征收的税）被视为生产税，尽管这些活动通常并不涉及服务成分。可能需要评估 SNA 中各种税和补贴的核算方法，以确保其符合用户的理解和需求，或者，如果不符合，则应明确阐述采用不同做法的原因。

4. 人寿保险

A4.27 目前在 SNA 中，关于定额福利计划下养老金受益人应计财产收入的核算不同于其他形式的人寿保险。对于养老金受益人，不会考虑基金来源是否来自持有收益而对财产收入进行扣减，这些财产收入都会增加其权益。对于寿险保单，保险公司会留存部分得自准备金的持有收益，这些持有收益是属于投保人的，但并不将保险公司留存的收益视为保险公司之收费的一部分。这样一来就会低估保险公司的产出。这个问题有待解决，此外，如果出现持有损失，也需要进行适当的处理。

5. 再投资收益

A4.28 SNA 建议对外国直接投资企业的留存收益应做如下核算：这部分收益是按照属于外国直接投资者的股权比例计算的，并已分配给外国直接投资者，然后又由外国直接投资者进行再投资，从而增加其股权，这些再投资要在金融账户中记录。这部分金额是在对可分配收入的实际分配之外发生的。对投资基金收益的核算也采用该方法。

A4.29 有人建议将该核算方法扩展到其他类型的单位，尤其是公营公司。如果将留存收益归于公司所有者，则意味着在初始收入分配账户中，红利将被再投资收益所取代，同时，应将该总额减去实际支付的红利之后的部分，在金融账户中记录为股权的增加（某些情况下则为股权收回）。这就意味着，公司收益分配是基于严格的权责发生制而记录的，但同时也意味着公司的储蓄永远为零。这样的变动会对账户的解释具有重大影响，因为对红利及公司储蓄的核算将不同于现今的方法。

6. SNA 中的应计利息

A4. 30 在整个 1990 年代，国际统计界就如何正确记录证券（如债券）利息展开了热烈的讨论，这一讨论延续到了 2000 年之后。讨论中提出了两种基本方法，即所谓债务人法和债权人法。

A4. 31 为了推进讨论，ISWGNA 于 1999 年建立了一个电子讨论小组（EDG），就宏观经济统计应如何记录债券和其他可交易债务证券的应计利息，广泛征集来自各类用户和编制者的观点。EDG 的主持人在 2002 年 10 月提交了一份报告，报告指出：尽管 EDG 的参与者分为泾渭分明的不同阵营，但是大多数倾向于采用债务人法。随后，ISWGNA 仔细考虑了这份报告，最终支持其结论。因此 ISWGNA 向 UNSC 建议，提议 SNA 应当推荐债务人法，得到 UNSC 的赞同。关于这两种方法的建议和描述请参见第 17. 252 至 17. 254 段。

A4. 32 某些更新议题（包括对优惠贷款、不良贷款、指数关联型债务证券和逾期账款的利息等的核算）的讨论表明，债务人/债权人法的争议有超乎证券利息记录方法之上的意义。对 SNA 之收入定义进行全面考察时，应当重新审议这个议题。

7. FISIM 的计算

A4. 33 第 6. 163 至 6. 169 段介绍了间接测算的金融中介服务（FISIM）的核算方法。SNA 建议应当根据一个不含任何服务成分的、且反映存款和贷款风险和期限结构的参考利率来计算 FISIM。对于国内和国外金融机构，可能需要采用不同的参考利率。FISIM 方法背后的假设是：风险的不同程度由服务要素而非利息流量来反映，风险较高的客户应支付较高的服务费用。这个假设已经受到质疑，正在接受审查。

8. 高通货膨胀

A4. 34 长久以来，人们意识到高通货膨胀会扭曲对利息的测算，因为在所要求的利息中，有一部分只是为了抵消未与通货膨胀挂钩的金融工具所产生的实际持有损失。到 20 世纪 70 年代，其时通货膨胀在世界上大部分地区都甚为严重，高通货膨胀下的利息核算被作为国民经济核算中的一个重要议题。但是，SNA1993 附录 B 给出的指导与第 14 章以及《通货膨胀核算——高通货膨胀条件下的国民经济核算手册》（OECD，1996）第 17 章中给出的指导是相互矛盾的。因此，SNA 2008 建议，如何为在高通货膨胀下进行利息核算提供一种单一且广为接受的方法，仍应纳入研究议程。

9. 中性和实际持有损益的测算

A4. 35 SNA 建议，应将记录在重估价账户中的名义持有损益分解为中性和实际持有损益。在第 12. 85 段中，建议使用一个覆盖尽可能多的货物、服务和资产的综合价格指数。有些国民经济核算人员建议，对不同种类的资产应当使用不同的价格指数。应当考察这一建议的全面影响。

10. 资产带来的收入

A4. 36 SNA 中资本服务的引入确认了如下事实，即：增加值的一部分来源于固定资产和其他非金融资产在生产过程中对收入形成的贡献。因此产生了一个问题，即增加值的一部分是否也应归因于生产者所获得的金融资源。

11. 从事非正规经济活动所产生的收入

A4. 37 SNA2008 的一大贡献是建立了在非正规部

门工作与 SNA 之间的联系。对该领域的兴趣引起了持续的关注，尤其是发展中国家。希望有更多的国民经济核算人员参与到德里小组以及该领域其他发起者的研究工作中。

D. 与金融工具有关的议题

1. 由金融危机引发的议题

A4.38 如引言所述，金融危机对 SNA 稳健性及其所提建议的充分性构成了重大检验，自 SNA 面世以来首次遭遇这种情形。在 2008 年金融危机的所有后果全部显现之前，实际上也包括显现之后，需要不断检视为应对危机而采取的措施，以确保国民经济核算体系充分反映这些措施及其后果。

2. 将社会保障权益确认为负债

A4.39 如第 17 章第 2 部分所讨论的那样，社会保障权益不在中心账户中记录，而仅仅是与一般政府部门所管理的其他养老金计划之养老金权益一起显示在附属表中。第 17.187 段给出了在确定将其纳入中心账户还是放在附属表中时所依据的临时准则。要完善这些准则，并找到一种公认的方法来确定这些负债的价值，还需要做进一步的研究。

3. 对贷款更多地使用公允价值

A4.40 SNA 建议，应在债权人和债务人的资产负债表中，按照名义价值记录贷款价值，即按照贷款到期时，债务人理论上有义务偿还给债务人的本金数额来记录。但是，出于多方面的原因，贷款的公允价值往往不同于其名义价值。目前，SNA 建议仅仅针对具有不良贷款性质的贷款设立备忘项目加以记录。可以考虑在更大范围内以公允价值取代名义价值的可能性。

4. 拨备

A4.41 在企业会计中，“承诺”的等级有三种，即：负债、拨备和或有负债。其定义如下：

a. 负债是指企业因过去的事项而发生的现时义务，预计该义务的履行会导致含有经济收益或服务能力的资源流出企业。

b. 拨备是指时间或金额不确定的负债。

c. 或有负债是指过去的事项形成的潜在义务，其存在须通过一项或多项未来不确定事项的发生或不发生予以证实，这些事项不完全由该企业所控制。

A4.42 在 SNA 中，对于与金融工具有关的负债和拨备，只有在交易对方持有对应的等值金融资产的情况下，才在中心账户中加以确认。但是，SNA2008 建议，对于某些不满足该条件的拨备，例如不良贷款拨备，应当记录为备忘项目。除标准化担保之外，中心账户根本不对或有负债加以确认。

A4.43 问题在于，确认 SNA 中一项资产价值的减少，必然意味着相应的负债价值减少，但是资产持有者可能不希望向对方披露如下的事实，即它们认定某些权利是不可履行的。然而，如果不这样做就会高估资产的价值。

5. 债务减让

A4.44 进一步地，需要澄清优惠贷款是否包括补贴在内，这些补贴是针对与利息支付有关的服务收费而做出的，或是针对与反映市场利率和商定利率之间差异的转移有关的服务收费而做出的。如果是后者，则下一个问题就是，补贴应作为经常转移在持续经营假定下逐期支付，还是应在贷款发放时点作为一次性的资本转移加以记录。

6. 股权估价及其含义

A4.45 目前，SNA 中给出了多种股权估价方法。

问题在于是否可以给出更为标准化的建议。

7.　逆向交易

A4.46　围绕所谓逆向交易的一组复杂交易的研究已经进行了若干年。这些交易因如下两个基本特征而得名：（i）承诺在未来某个规定的（或要求的）日期逆向进行交易；（ii）尽管法定所有权已被转移给购买者，所有权的许多风险和收益仍然由其初始所有者承担。可逆交易包括回购协议、无现金抵押的证券贷款、黄金掉期和黄金贷款/存款。

E.　与非金融资产有关的议题

1.　可交易的排污许可

A4.47　可交易的排污许可是一种相对较新的现象，但是其重要性遽然显现。SNA 中并未明确解释对所有类型许可的全面核算，为了减少不确定性，应当尽快解决这一问题。

2.　自然资源使用或开采租赁

A4.48　第 17 章第 5 部分介绍了如何对自然资源使用许可和准许进行核算。由于每项资源的核算方法都是独立开发出来的，因此所建议的核算方法之间存在一些不一致之处。

A4.49　如果自然资源的寿命是无限期的，且其在生产过程中的使用不影响该资产的属性或价值，则其所有者可能允许使用者延期使用该资源，其结果是：如果法定所有者不加以干预的话，使用者实际上在使用期内控制了对该资源的使用。对于土地，SNA 建议将所有者和使用者之间达成的协议视为土地的销售。对于无线电频谱租赁，SNA 指出对使用频谱的许可并不改变频谱的所有权，而是形成了一项隶属于合约、租约和许可项下的非生产资产。对于将大气或水体用作环境受纳体的许可，SNA 建议其支付应记录为税。

A4.50　对于可补充的、其使用受到限制因此可在不确定时期内使用的、且所有者逐年对继续使用该资产的许可进行延期或收回的自然资源，使用者所作的支付被记录为地租。无须根据使用实际上是否可持续而对所记录的地租价值进行调整。如果使用不可持续，则支付中的一部分应当视为对不可持续使用的补偿。

A4.51　对于在人类时间尺度下不能补充的、通过生产过程使用最终将耗竭的资源，所有者可能会许可使用该资源直至枯竭。对于这种情形，SNA 建议自然资源的经济所有者依然是出租者，租赁者支付的许可费被记录为地租。是承租者、而非出租者在从事生产活动。这意味着由于生产活动导致的资本价值的减少，应作为资产物量其他变化，记录在所有者的资产负债表上。资产价值的减少与其在生产过程中使用之间的关联就看不到了。如同前一种情形一样，此处对于地租中的一部分是对资产价值减少的补偿这一事实不做确认。

3.　扩展固定资产的边界，包括其他知识产权资产在内

创新

A4.52　对 SNA 中固定资产边界的扩展，将研究与开发（R&D）的产出包括在内，这符合关于资产的一般定义。显然，R&D 涵盖了创新过程的一部分，但不是全部。它没有包括由企业生产部门和工程部门所做的很多支出。这些部门也可能负责识别潜在的新产品，将其提交给 R&D 部门从而使 R&D 部门开发其背后的科学知识。此外，企业在新产品上市之前也可能发生其他的支出，其中包括为确定对新产品的需求进行的市场调研，以及为了推销该产品而发生的营

销支出。

营销资产

A4.53 营销资产包括品牌名、报头、商标、标识和域名。营销是形成品牌价值的关键动因，大公司通过广告、赞助和其他手段大力投资于品牌的建立和支撑，从而在客户中建立正面形象。SNA 将营销资产视为非生产资产，将其创建过程中所发生的支出视为中间消耗。只有当这些资产被出售时，才会出现在资产负债表中。不把营销资产视为固定资产的主要原因在于很难测算其价值。

人力资本

A4.54 除了将新产品推向市场所需的职员培训之外，创新支出与从事创新人员的培养无关。因此，创新支出在很大程度上不包括“人力资本投资”。

A4.55 人力投入是大多数生产过程的主要投入，该投入的价值在很大程度上取决于由人力带入生产过程中的知识。大多数国家普遍认为，受教育人口对于经济福利至关重要。虽然关于如何测算受教育劳动力的价值，尚存在一些重大的理论和实践上的问题，但是人们再三要求在 SNA 中解决这一问题。

4. 贵重物品和非生产资产的所有权转移费用

A4.56 SNA 对获得和处置非金融资产时发生的所有权转移费用与获得和处置金融资产时发生的所有权转移费用进行了区分。在非金融资产交易时所发生的所有权转移费用被记入固定资本形成总额，而在金融资产交易时所发生的所有权转移费用被记录为中间消耗。这一不同处理的原因在于，非金融资产是在生产过程中使用的，从生产中产生的收入应当足以覆盖使用这些资产的费用，包括所有权转移费用。金融资产并不用于生产过程，而是作为价值贮藏手段持有，是为了赚取财产收入或期望获得持有收益。对于金融资产和负债，所有权的频繁易手也是很普遍的。

A4.57 贵重物品是非金融资产，但它们是作为价值贮藏手段而持有，而不是用于生产过程。因此，它们更类似于金融资产，而不是类似于非金融资产。于是，关于是否应将贵重物品所有权转移费用记录为中间消耗、而不是按照现行的方法记录为固定资本形成，是可以商榷的。

A4.58 固定资产的所有权转移费用没有单独记录，在获得和处置价值时，要加在购买者支付的价格之上，而从出售者收到的价格中减去。非生产资产的所有权转移费用记录为固定资本形成的一个单独类别。对于土地要做特殊处理，按照惯例，其所有权转移费用被记录为土地改良。

A4.59 对这些做法进行评述和理论解释是有益的。

5. 经常维修和资本修理之间的区别

A4.60 SNA 对固定资产的普通维修与其重大更新、重建或扩建做了区别（参见第 6.225 至 6.228 段），但承认这一区别并不清晰。前者记录为中间消耗，后者则记录为固定资本形成总额。

A4.61 重大更新或扩建会提高现有固定资产的功能或性能，或者显著延长原先预计的服务寿命。为了在获得时所预计的整个服务寿命内利用一项资产，需要做普通的维修。如果所有者忽视了维修，则预计的服务寿命有可能会大大缩短，而这些未预计的报废必须记录为资产其他物量变化。

A4.62 如果记录为固定资本的依据是避免缩短、而不必是延长服务寿命，则普通维修和重大改良之间的区别就消失了，而且也可避免出现这样的问题：未将忽视维修的后果反映在国内生产净值减少中。

6. 对公私合伙的处理

A4.63 第 22 章介绍了公私合伙（PPP）。SNA 对

公私合伙的核算方法的进一步改进，还有待于 IASB 和 IPSAS 未来对相关准则的改进和采纳。ISWGNA 正在监测这一进展。

7. 在寿命期内的资产所有权转移

A4.64 自然资源被延期出租以及 PPP 这两种情形，都属于资产的经济所有权在其寿命期内被事实上转手的情形。根据此类安排的条款，初始使用者在将所有权转移给第二个使用者时所得的补偿被捆绑在租赁期内的支付安排之中。所有权的转移必须记录为资产分类的其他变化，而不能反映在生产账户或收入分配账户中。这是一个不足，为此需要对金融租赁的概念进行详尽解释而加以修正。

参考文献

Bank for International Settlements, the Commonwealth Secretariat, Eurostat, International Monetary Fund, Organisation for Economic Cooperation and Development, the Paris Club Secretariat, the United Nations Conference on Trade and Development and World Bank (2003): *External Debt Statistics: Guide for Compilers and Users.*
Also available from: http://www.imf.org/external/pubs/ft/eds/Eng/Guide/file1.pdf

Canberra Group (2001): Expert Group on Household Income Statistics*The Canberra Group: Final Report and Recommendations*, Ottawa.
Available from: http://www.lisproject.org/links/canberra/finalreport.pdf

EU KLEMS Project: *Productivity in the European Union: A Comparative Industry Approach* (*EU KLEMS* 2003).
Available from: http://www.euklems.net/

European Central Bank (2007): *Monetary Financial Institutions And Markets Statistics Sector Manual.* Frankfurt am Main.
Available from: http://www.ecb.int/pub/pdf/other/mfimarketstatisticssectormanual200703en.pdf

Eurostat (1995): *Regional accounts methods-Gross value-added and gross fixed capital formation by activity.* Office for Official Publications of the European Communities, Luxembourg.

Eurostat (1996): *Regional accounts methods - Households Accounts.* Office for Official Publications of the European Communities, Luxembourg

Eurostat (1999): *Handbook on Quarterly National Accounts* . Office for Official Publications of the European Communities, Luxembourg.
Available from: http://epp.eurostat.ec.europa.eu/cache/ITY_OFFPUB/CA-22-99-781/EN/CA-22-99-781-EN.PDF

Eurostat (2001): *Handbook on Price and Volume Measures in National Accounts.* Office for Official Publications of the European Communities, Luxembourg.
Also available from: http://epp.eurostat.ec.europa.eu/cache/ITY_OFFPUB/KS-41-01-543/EN/KS-41-01-543-EN.PDF

Eurostat (2002a): *ESA95 Manual of Government Deficit and Debt.* Office for Official Publications of the European Communities, Luxembourg.
Also available from: http://epp.eurostat.ec.europa.eu/cache/ITY_OFFPUB/KS-42-02-585/EN/KS-42-02-585-EN.PDF

Eurostat (2002b): *Manual on Sources and Methods for the Compilation of ESA95 Financial Accounts.* Office for Official Publications of the European Communities, Luxembourg.
Also available from: http://epp.eurostat.ec.europa.eu/portal/page/portal/product_details/publication? p_product_code = KS-BE-02-004

Eurostat (2003): *Household Production and Consumption: Proposal for a Methodology of Household Satellite Accounts.* Office for Official Publications of the European Communities, Luxembourg

Eurostat (2007): *Recommendations Manual on the Production of Foreign AffiliaTes Statistics (FATS).* Office for Official Publications of the European Communities, Luxembourg.
Also available from: http://epp. eurostat. ec. europa. eu/portal/page/portal/product_details/publication? p_product_code = KS-RA-07-002

Eurostat (2008): *Eurostat Manual of Supply, Use and Input-Output Tables.* Office for Official Publications of the European Communities, Luxembourg.
Available from: http://epp. eurostat. ec. europa. eu/portal/page/portal/product_details/publication? p_product_code = KS-RA-07-013

Eurostat and Organisation for Economic Co-operation and Development (2005): *Methodological Guide for Developing Producer Price Indices for Services.*
Also available from: http://www. oecd. org/dataoecd/44/40/36274111. pdf

Eurostat, Organisation for Economic Co-operation and Development, World Tourism Organization, United Nations (2008): 2008 *Tourism Satellite Account: Recommended Methodological Framework.* Luxembourg, Madrid, New York, Paris. United Nations publication sales No. E. 01. XVII. 9.
Available from: http://unstats. un. org/unsd/tradeserv/TSA% 20RMF% 202008% 20edited% 20whitecover. pdf

Hussmanns, R.; du Jeu, B. (2002): *ILO Compendium of Official Statistics on Employment in the Informal Sector*, Working Paper No. 1,

Bureau of Statistics, ILO, 2002. Paper prepared for the discussion on Decent Work and the Informal Economy during the 90th Session of the International Labour Conference, Geneva.
Available from: http://www. ilo. org/public/english/bureau/stat/download/ilocomp. pdf

Hussmanns, Ralf (2004): *Measuring the Informal Economy: from: Employment in the Informal Sector to Informal Employment*, ILO, Working Paper No. 53, Geneva.
Available from: http://www. ilo. org/public/english/bureau/stat/download/papers/wp53. pdf

Hussmanns, Ralf (2005): *Measurement of Informal Employment: Recent International Standards* 2005. Paper presented to the 14th Conference of Commonwealth Statisticians, Cape Town South Africa.
Available from: http://www. ilo. org/public/english/bureau/stat/papers/comp. htm

International Labour Office (1993): *Resolution Concerning Statistics of Employment in the Informal Sector* 15th International Conference of Labour Statisticians: Highlights of the Conference and text of the three resolutions adopted. In Bulletin of Labour Statistics 1993-2, IX-XXIV, Geneva 25. 87

International Labour Office (2002): *Women and Men In The Informal Economy: A Statistical Picture*, Geneva.
Available from: http://www. wiego. org/publications/women% 20and% 20men% 20in% 20the% 20informal% 20economy. pdf

International Labour Office (2003): *Guidelines Concerning a Statistical Definition of Informal Employment* Report of the 17th International Conference of Labour Statisticians, Geneva.
Available from: http://www. ilo. org/public/english/bureau/stat/download/17thicls/final. pdf

International Labour Office (2003): *Household Income and Expenditure* Report of the 17th International Conference of Labour Statisticians, Geneva.

Available from: http://www.ilo.org/public/english/bureau/stat/download/17thicls/r2hies.pdf

International Labour Office (forthcoming): *Manual on the Measurement of Volunteer Work*.
Available from: http://www.ilo.org/global/What_we_do/Statistics/events/icls/lang__en/docName__WCMS_100574/index.hm

International Labour Organization, International Monetary Fund, Organisation for Economic and Co-operation and Development, Eurostat, United Nations Economic Commission for Europe and World Bank (2004): *Consumer Price Index Manual: Theory and Practice*, Geneva, International Labour Organisation.
Also available from: http://www.ilo.org/public/english/bureau/stat/guides/cpi/index.htm

International Labour Organization, International Monetary Fund, Organisation for Economic Co-operation and Development, United Nations, Economic Commission for Europe and the World Bank (2004): *Producer Price Index Manual: Theory and Practice*, Washington, International Monetary Fund.
Also available from: http://www.imf.org/external/np/sta/tegppi/index.htm

International Labour Organization, International Monetary Fund, Organisation for Economic Co-operation and Development, United Nations Economic Commission for Europe and World Bank (2009): *Export and Import Price Index Manual. Theory and Practice.* Washington, International Monetary Fund.
Also available from: http://www.imf.org/external/np/sta/tegeipi/index.htm

International Monetary Fund (2000): *Monetary and Financial Statistics Manual*, IMF, Washington DC.
Available from: http://www.imf.org/external/pubs/ft/mfs/manual/index.htm

International Monetary Fund (2001a): *Government Finance Statistics Manual.* IMF, Washington DC.
Available from: http://www.imf.org/external/pubs/ft/gfs/manual/pdf/all.pdf

International Monetary Fund (2001b): *Quarterly National Accounts Manual – Concepts, Data Sources, and Compilation*. IMF, Washington DC.
Available from: http://www.imf.org/external/pubs/ft/qna/2000/Textbook/index.htm

International Monetary Fund (2008a): *Balance of Payments and International Investment Position Manual, Sixth Edition (BPM6)*, IMF, Washington DC.
Also available from: http://www.imf.org/external/pubs/ft/bop/2007/bopman6.htm

International Monetary Fund (2008b): *International Transactions in Remittances: Guide for Compilers and Users* (draft). IMF, Washington DC.
Available from: http://www.imf.org/external/np/sta/bop/2008/rcg/pdf/guide.pdf

International Monetary Fund (2008c): *Monetary and Financial Statistics: Compilation Guide*, IMF, Washington DC.
Available from: http://www.imf.org/external/pubs/ft/cgmfs/eng/pdf/cgmfs.pdf

International Monetary Fund (Annual): *Balance of Payments Statistics Yearbook*, IMF, Washington DC.

Jalava, Jukka; Kavonius, Ilja Kristian, (2006): *Durable Goods and their Effect on Household Saving Ratios in the Euro Area.* VATT Discussion Paper, Government Institute for Economic Research, Helsinki, Finland.
Available from: http://www.vatt.fi/file/vatt_publication_pdf/k409.pdf

Organisation for Economic Co-operation and Development (1996): *Inflation Accounting-A Manual on National Accounting Under Conditions of High Inflation*, OECD, Paris.

Available from:http://browse. oecdbookshop. org/oecd/pdfs/browseit/3096061E. PDF

Organisation for Economic Co-operation and Development (2000):*A System of Health Accounts.* OECD, Paris. Available from:http://www. oecd. org/dataoecd/41/4/1841456. pdf

Organisation for Economic Co-operation and Development (2001):*Measuring Productivity: Measurement of Aggregate and Industry-level Productivity Growth*; OECD, Paris. Available from:http://www. oecd. org/dataoecd/59/29/2352458. pdf

Organisation for Economic Co-operation and Development (2004):*Handbook on Hedonic Indexes and Quality Adjustments in Price Indexes: Special Application to Information Technology Products.* Also available from: http://browse. oecdbookshop. org/oecd/pdfs/browseit/9306081E. PDF

Organisation for Economic Co-operation and Development (2005):*Measuring Globalisation: OECD Handbook on Economic Globalisation Indicators*, OECD, Paris. Available from:http://browse. oecdbookshop. org/oecd/pdfs/browseit/9205061E. PDF

Organisation for Economic Co-operation and Development (2008):*OECD Benchmark Definition of Foreign Direct Investment , fourth edition*; OECD, Paris. Available from:http://www. oecd. org/dataoecd/26/50/40193734. pdf

Organisation for Economic Co-operation and Development (2009);:*Towards Measuring the Volume of Health and Education Services*: OECD Handbook; OECD, Paris.

Organisation for Economic Co-operation and Development (2009): *Measuring Capital*: (*revised version*) OECD, Paris. Also available from: http://www. olis. oecd. org/olis/2009doc. nsf/LinkTo/NT00000962/ $ FILE/JT03258144. PDF

Organisation for Economic Co-operation and Development: (forthcoming): *Handbook on Deriving Capital Measures of Intellectual Property Products* ; OECD, Paris.

Organisation for Economic Co-operation and Development (Annual):*Revenue Statistics* , OECD, Paris.

Organisation for Economic Co-operation and Development and Eurostat (2008): *Guidelines on Revisions Policy and Analysis* Available from:http://www. oecd. org/document/21/0,3343,en_2649_34257_40016853_1_1_1_1,00. html

Organisation for Economic Co-operation and Development, International Monetary Fund,International Labour Organisation and CIS STAT(2002): *Measuring the Non-Observed Economy-A Handbook* ; OECD, Paris: Available from: http://www. oecd. org/dataoecd/9/20/1963116. pdf

Statistics Finland, National Consumer Research Centre (2006):*Household Production and Consumption in Finland 2001-Household Satellite Account*, Helsinki. Available from:http://www. stat. fi/tup/julkaisut/isbn_952-467-570-6_en. pdf

United Nations (1975):*Towards a System of Social and Demographic Statistics*, New York. Studies in methods, Series: F, No. 18, United Nations Publication Sales number: E. 74. XVII. 8 Available from:http://unstats. un. org/unsd/publication/SeriesF/SeriesF_18E. pdf

United Nations (1998):*International Merchandise Trade Statistics: Concepts and Definitions* . Studies in Methods, Series M, No. 52, Rev. 2, United Nations Publication Sales No. E. 98. XVII. 16 Available from:http://unstats. un. org/unsd/publication/SeriesM/SeriesM_52rev2E. pdf

United Nations (2000): *Classifications of Expenditure According to Purpose*: Classification of the Functions of Government (COFOG); Classification of Individual Consumption According to Purpose (COICOP); Classification of the Purposes of Non-Profit Institutions Serving Households (COPNI); Classification of the Outlays of Producers According to Purpose (COPP). Statistical Papers, Series M, No. 84, United Nations Publication, Sales No. E. 00. XVII. 6
Also available from: http://unstats. un. org/unsd/publication/SeriesM/SeriesM_84E. pdf

United Nations (2000): *Household Accounting: Experience in Concepts and Compilation, Volume 1 Household Accounts.* Studies in Methods, Series F, No. 75 (Vol 1). United Nations Publication Sales No. E. 00. XVII. 16 (Vol. 1)
Available from: http://unstats. un. org/unsd/publication/SeriesF/SeriesF_75v1E. pdf

United Nations (2002): *SNA News and Notes*, Vol. 14, April 2002.
Available from: http://unstats. un. org/unsd/nationalaccount/snanews. asp

United Nations (2003): *Handbook on Non-Profit Institutions in the System of National Accounts*, New York. Studies in methods, Series: F, No. 91, United Nations Publication Sales no. 03. XVII. 9
Available from: http://unstats. un. org/unsd/publication/SeriesF/SeriesF_91E. pdf

United Nations (2006): *Standard Industrial Trade Classification Revision* 4. Statistical papers, Series M, No 34, Rev. 4. United Nations Publications Sales No. E. 06. XVII. 10
Also available from: http://unstats. un. org/unsd/publication/SeriesM/SeriesM_34rev4E. pdf

United Nations (2008a): *International Standard Industrial Classification of All Economic Activities Revision* 4, New York, Statistical Papers Series M No. 4 Rev. 4 United Nations Publication Sales No. E. 08. XVII
Also available from: http://unstats. un. org/unsd/cr/registry/isic-4. asp

United Nations (2008b): *Central Product Classification Version* 2. Department of Economic and Social Affairs, Statistics Division, Statistical Papers, Series M, No 77, Ver. 2. United Nations Publications, Sales No. E. 08. XVII. 7.
Also available from: http://unstats. un. org/unsd//cr/registry/cpc-2. asp

United Nations (2008c): *International Recommendations on Industrial Statistics.* Statistical Papers, Series M, No. 90, United Nations publication sales no. E. 08. XVII. 8
Available from: http://unstats. un. org/unsd/industry/docs/M90. pdf

United Nations (forthcoming): *Companion Guide to ISIC and CPC*, Statistical papers, series F, No. 101, United Nations publication

United Nations Economic Commission for Europe (1992): *Guidebook to Statistics on the Hidden Economy*

United Nations Economic Commission for Europe (1993): *Inventory of National Practices in Estimating Hidden and Informal Economic Activities for National Accounts.*
Available from: http://www. unece. org/stats/publications/NOE1993. pdf

United Nations Economic Commission for Europe (2003): *Non-observed Economy in National Accounts-Survey of National Practices*, Geneva. United Nations Publication Sales No. E. 03. II. E. 56.
Available from: http://www. unece. org/stats/publications/NOE2003. pdf

United Nations Economic Commission for Europe (2008): *Non-observed Economy in National Accounts-Survey of Country Practices*, Geneva. United Nations Publication Sales No. E. 08. II. E. 8.
Available from: http://www. unece. org/stats/publications/NOE2008. pdf

United Nations and the European Central Bank (forthcoming) *Financial Production, Flows and Stocks in the SNA.*

United Nations, European Commission, International Monetary Fund, Organisation for Economic Co-operation and Development, United Nations Conference on Trade and Development and the World Trade Organization (2002): *Manual on Statistics of International Trade in Services*, New York. Statistical Papers Series M No. 86, United Nations Publication Sales No. E. 02. XVII. 11.
Available from: http://unstats. un. org/unsd/publication/Seriesm/Seriesm_86e. pdf

United Nations, European Commission, International Monetary Fund, Organisation for Economic Cooperation and Development and World Bank (2003): *Integrated Environmental and Economic Accounting* 2003, Studies in Methods, Series F, No16 Rev. 1. United Nations Publication, Sales No. E. 06. XVII. 8
Also available from: http://unstats. un. org/unsd/envaccounting/seea2003. pdf

United States National Research Council, Panel to Study the Design of Nonmarket Accounts (2005): *Beyond the Market: Designing Nonmarket Accounts for the United States.*
Available from: http://www. nap. edu/catalog. php? record_id = 11181#toc

World Bank (2008): *Global Purchasing Power Parities and Real Expenditure*: 2005 *International Comparison Program Methodological Handbook.* World Bank, Washington.
Also available from: http://go. worldbank. org/MWS20NNFK0

World Customs Organization (2007): *Harmonized Commodity Description and Coding* System, Revision 4.
Also available from: http://publications. wcoomd. org/index. php

术语与词汇

获得（Acquisition）：当机构单位成为货物的新的所有者，或者对其提供的服务业已完成，谓之机构单位获得了货物与服务。 …… 9.36

活动（Activity）：见主要活动、次要活动、辅助活动。

实际最终消费（Actual final consumption）：已获得的货物服务消费量。 …… 9.7

政府实际最终消费（Actual final consumption of general government）：由政府向社会或社会大部分成员提供的公共消费性服务的价值。…… 9.117

住户实际最终消费（Actual final consumption of households）：常住住户获得的所有个人消费性货物服务的价值。…… 9.116

NPISH 的实际最终消费（Actual final consumption of households of NPISH）：由 NPISH 向社会或社会大部分成员提供的公共消费性服务的价值。…… 9.118

实收保费（Actual premium）：见保费。

调整后可支配收入（Adjusted disposable income）：实物收入再分配账户的平衡项。等于一个机构单位或部门的可支配收入加上该单位或部门的应收社会实物转移价值，减去该单位或部门的应付社会实物转移价值。 …… 8.32

辅助活动（Ancillary activity）：为了创造条件使主要或次要活动得以进行而在一个企业内部进行的支持性活动。 …… 5.36

重复提供产品的动物资源（Animal resources yielding repeat products）：其自然生长和再生由机构单位直接控制、负责和管理的动物。…… 10.92

资产（Asset）：是价值贮藏手段，其经济所有者通过在一段时间内持有和使用该实体可得到某种收益或一系列收益，是将一个核算期的价值带入另一个核算期的途径。…… 3.5，3.30，10.8，11.3

固定资产的资产边界（Asset boundary for fixed assets）：可在一年以上的生产过程中使用的货物与服务。 …… 10.33

资产证券和抵押债务义务（Asset-backed securities and collateralized debt obligations）：一种安排，利息和本金的支付依赖于特定资产或收入流的支付。…… 11.67

初始收入（Balance of primary incomes）：一个机构单位或部门应收初始收入总价值减去应付初始收入总价值。 …… 7.18

资产负债表（Balance sheet）：在特点时间点上编制，是关于一个或一组机构单位所拥有资产和负债价值的报表。 …… 13.2

平衡项（Balancing item）：一项核算设置，由一个账户一侧（使用或资产变化）的总价值减去另一侧（来源或负债变化）的总价值得到。 …… 3.9

银行承兑（Banker's acceptance）：一个金融机构在收取一定费用的前提下承诺兑付支票或汇票，无条件

保证在特定日期支付特定款项。…… 11.68

以货易货（Barter）：以一篮子货物服务交换另一篮子货物服务，不伴随任何货币支付。…… 9.49

基本价格（Basic price）：生产者就其生产的一单位货物或服务而从购买者处收到的金额，减去生产者因其生产或销售产品而应付的税项，加上应收补贴。不包括生产者单列发票收取的任何运输费用。…… 6.51

票据（Bills）：一种证券，赋予持有者拥有在约定日期收取预先声明的固定数额的无条件权利。…… 11.64

债券和债权证（Bonds and debentrues）：一类证券，赋予持有者拥有收取固定付款或合约规定的可变付款的无条件权利，也就是说，利息收益不取决于债务人的收益。…… 11.64

边界（Boundary）：见生产边界、资产边界。

非住宅建筑（Buildings other than dwellings）：包括未被指定为住宅的整个或部分建筑物，固定装置、设施和设备等建筑物的组成部分也包括在内。…… 10.74

资本税（Capital tax）：基于机构单位拥有的资产价值，或因法律、赠予或其他机构单位间转移的资产价值，而不定期收取的各项税收。…… 10.207

资本转移（Capital transfer）：无回报转移，做出转移的一方知道该项转移需要处置一项（非现金或存货）资产或放弃一项（非应收账款）金融要求权；或接受转移的一方有义务获得一项（非现金）资产；或上述两个条件同时具备。…… 8.10，10.19

专属金融机构和贷款人（Captive financial institution and money lender）：大部分资产或负债不在公开金融市场交易的金融服务机构单位。…… 4.113

中央银行（Central bank）：对金融体系各主要方面进行控制的国家性金融机构。…… 4.104

存货变化（Changes in inventories）：核算期内核增的存货价值，减去核销的存货价值，减去存货持有货物的周期性损失价值。…… 10.118

名义持有损益引致的资产净值变化（Changes in net worth due to nominal holding gains/losses）：一个机构单位在其所有资产和负债上产生的正值或负值名义持有损益的代数和。…… 12.77

储蓄和资本转移引致的资产净值变化（Changes in net worth due to saving and capital transfers）：机构单位或部门可用来获得非金融资产或金融资产的或正或负的金额。…… 10.21

赔付（Claim）：或保险金，在保单有效期内当保单所覆盖事件发生时，由直接保险人或再保险人应付给投保人的金额。…… 6.187，17.5

未决索赔（Claim outstanding）：未报告、已报告未处理或已报告已处理但未支付的所有索赔。…… 6.187，17.5

公共消费服务（Collective consumption service）：同时向社会或社会某一特定部分的所有成员——比如居住在特定区域内的所有住户——提供的服务。…… 9.4

雇员报酬（Compensation of employee）：核算期内企业向其雇员支付的作为其工作回报的现金或实物形式的报酬总额。…… 7.5

计算机软件（Computer software）：包括计算机程序、程序说明以及系统和应用软件的支持材料。…… 10.110

耐用消费品（Consumer durable）：以消费为目的、可以反复或连续使用一年以上的货物。…… 9.42

消费性货物与服务（Consumption good or service）：住户、NPISH 或政府单位用于（不作进一步生产加工的，如 SNA 所述）直接满足个人需要（或需求），或满足社会成员公共需要的货物与服

务。…………………………………………………………………………………………… 9.2

固定资本消耗（Consumption of fixed capital）：在核算期间内，由于物理退化、正常报废或一般意外损伤导致的，生产者拥有和使用的固定资产存量现期价值的减少。 ……………… 6.240，10.25

货物服务消费（Consumption of goods and services）：在生产过程中或为了直接满足人类需要或需求而完全用尽货物服务的行为。 …………………………………………………………………… 9.39

消费行为（The activity of consuption）：是指为满足个人或公共需求（或需要）而使用货物服务的行为。 ………………………………………………………………………………………………… 9.39

合约、租约和许可（Contract，lease and licence）：只有当下述两个条件都满足时才作为资产处理。合约、租约和许可的称谓明确了使用一项资产或提供一项服务的价格，且该价格不同于当合约、租约和许可不存在时的价格；合约的一方必须在法律上和实际上有能力实现这一价差。 ………………………………………………………………………………… 10.16，10.186

公司（Corporation）：包括依法设立的公司、合作社、有限责任合伙制企业、名义常住单位和准公司。 ……………………………………………………………………………………………… 4.7

所有权转移费用（Cost of ownership transfer）：包括以下内容：（i）获得或处置一项资产所发生的一切专业性收费或佣金，如律师、建筑师、质检师、工程师和估价师的费用，以及地产中介和拍卖师佣金等；（ii）向购买单位另开具发票的贸易和运输费用；（iii）资产获得单位在资产所有权转移时应付的所有税收；（iv）处置一项资产时的应付税收；（v）未包含在获得或处置资产价格中的配送和安装或拆卸成本；（vi）资产寿命终结时的终期费用，如结构安全拆卸、或恢复处所环境。 ……………………………………………………………………………… 10.51

信用衍生工具（Credit derivative）：主要目的在于信用风险交易的金融衍生工具。 ……………… 11.123

交叉货币利率交换协议（Cross-currency interest rate swap）：也称货币互换，包括按事先约定的合约期末汇率进行的本金交换，以及与利息支付相关的现金流的交换。 …………………… 11.121

培育性生物资源（Cultivated biological resource）：能重复提供产品的动物资源和能重复提供产品的林木、庄稼和植物资源，其自然生长和再生由机构单位直接控制、负责和管理。…………… 10.88

货币（Currency）：包括固定面值的纸币和铸币，由中央银行或政府签发或授权。 ………………… 11.52

经常性国际合作（Current international cooperation）：不同国家政府之间和政府与国际组织之间发生的现金或实物形式的经常转移。…………………………………………………………………… 8.128

经常资本税（Current tax on capital）：周期性（通常是年度的）支付的基于机构单位财产或净财富的各种税收。不包括土地税，或基于企业拥有或租用为自身生产之用的其他资产的税收，此类税收作为其他生产税处理。 ……………………………………………………………………… 8.63

所得、财产等经常税（Current tax on income，wealth，etc.）：主要包括每个缴税期内规律性支付的（与不定期征收的资本税相区别）、基于住户收入和公司利润的各种税收以及基于财富的各种税收。 ………………………………………………………………………………………… 8.15

经常转移（Current transfer）：一个机构单位向另一个机构单位提供货物、服务或资产，而不接受后者的任何货物、服务或资产作为对等回报，不强迫一方或两方去获得或处置一项资产。 … 8.10

住户之间的经常转移（Current transfer between households）：常住住户从其他常住住户或非常住住户处接受的、或向其做出的任何经常转移。……………………………………………………… 8.133

向 NPISH 的经常转移（Current transfer to NPISH）：NPISH 从其他常住或非常住机构单位处以会费、认

捐和自愿捐献等形式接受的转移，可以是规律性的，也可以是偶发性的。…………… 8.132

一般政府内部的经常转移（Current transfer within general government）：不同政府单位之间的经常转移。………………………………………………………………………………………… 8.126

数据库（Database）：以某种方式组织起来的数据档案，作为有效资源，允许对数据的访问和使用。………………………………………………………………………………………… 10.112

债务重组（Debt reorganization）：也称债务重建（debt restructuring），涉及债务人和债权人（有时也包括第三方）对已有债务期限进行变更的各种协议。 ………………………………… 26.106

债务重建（debt restructuring）：见债务重组。

债务性证券（Debt securities）：作为一项债务证明的可变现工具。 ………………………………… 11.64

可抵扣增值税（Deductible VAT）：购买用于中间消耗、固定资本形成或再销售的货物服务时应付的，允许生产者在向其客户开立增值税发票时从其自身增值税债务中进行扣减的增值税。………………………………………………………………………………………… 6.58

定额福利计划（Defined benefit scheme）：是这样一种计划：雇员退休后的应付福利由一项公式确定，或按公式计算值本身支付福利，或以其作为最小应付额。 ……………………………… 17.129

定额缴款计划（Defined contribution scheme）：是这样一种计划：雇员退休后的应付福利完全根据雇员在工作期限内缴费所确立的基金水平以及计划管理者以基金进行再投资而获得的价值增长水平来确定。 ………………………………………………………………………… 17.128

中央银行以外的存款机构（Deposit-taking corporations except the central bank）：以金融中介为其主要活动，因此其负债形式为存款或作为存款近似替代品的各种金融工具（比如短期存单）。 ………………………………………………………………………………………… 4.105

直接投资（Direct investment）：跨境投资的一类，涉及到一个经济体的常住单位控制或显著影响另一经济体中一家企业的管理。……………………………………………………………… 26.84

可支配收入（Disposable income）：收入再分配账户的平衡项。等于一个机构单位或部门的初始收入分配账户的平衡项加上该单位或部门的所有应收经常转移（不包括实物形式的社会转移），减去该单位或部门的所有应付经常转移（不包括实物形式的社会转移）。 ……………… 8.20

公司可分配收入（Distributable income of a corporation）：业主收入加上所有的应收经常转移，减去所有的应付经常转移，减去与该公司养老金计划相关的养老金权益变动调整。…………… 7.131

红利（Dividend）：股东因将其资金置于公司处置下而有权获得的一种财产收入。 ………………… 7.128

耐用品（Durable good）：在假定正常或平均物理使用率条件下，可在一年以上期限内重复或持续使用的物品。耐用消费品是指可在一年或以上时期内重复或持续用于消费的物品。 ………… 9.42

住宅（Dwelling）：完全或主要用于居住的建筑物或其指定部分，包括各种相关的结构物（如车库），以及居住时通常安装的所有永久性固定物。……………………………………………… 10.68

经济流量（Economic flow）：反映经济价值的产生、转化、交换、转移或消失，会涉及到一个机构单位资产和负债的物量、构成或价值变化。……………………………………………………… 3.6

经济所有者（Economic owner）：诸如货物与服务、自然资源、金融资产与负债等实体的经济所有者，是指由于承担了风险而有权从一项与使用该实体有关的经济活动过程中获取收益的机构单位。………………………………………………………………………………………… 3.26

有显著经济意义的价格（Economically significant price）：对生产者愿意供应量和购买者愿意购买量有显

著影响的价格。常存在于下列情形：1）生产者为了实现长期获益或至少覆盖资本和其他成本的目标而有意调整供应量；2）消费者有自由决定购买与否并能基于价格做出上述决定。……………………………………………………………………………… 6.95，22.28

雇员股票期权（Employee stock option）：在特定日期（授权日）达成的协议，在该协议项下，雇员可以按指定价格（行权价）在指定日期（含权日）或含权日后的一个时期内（行权期）购买一定数量的雇主股票。 ……………………………………………………………… 11.125

雇员（Employee）：按协议为常住机构单位工作并获取酬劳的人。 …………………………… 19.20

雇主社会缴款（Employer's social contribution）：雇主为了保障其雇员的社会福利而向社会保障基金或其他就业关联社会保险计划支付的社会缴款。 ………………………………………… 7.56

就业者（Employment）：从事 SNA 生产边界内某项生产性活动的所有人员，包括雇员和自雇者。……………………………………………………………………………………… 19.19

企业（Enterprise）：作为货物与服务生产者角色的机构单位。 ……………………………… 5.1

娱乐、文学和艺术品原件（Entertainment, literary and artistic original）：包括记录和体现戏剧表演、广播电视节目、音乐表演、体育事件、文学和艺术作品等的原创影片、声音录制品、手迹、磁带和模型等。 ……………………………………………………………………… 10.115

货物与服务的未来排他性权利（Entitlement to future goods and service on an exclusive basis）：属于这样一种情形：以合同形式约定，在将来某个时间以一固定价格购买货物或服务的一方能够将合同中另一方的这种义务转让给第三方。 ………………………………………………… 10.195

股权（Equity）：确认对公司或准公司在满足所有债权人权利后的剩余部分价值之要求权的各种工具和记录。……………………………………………………………………………………… 11.83

ESO：见雇员股票期权。

基层单位（Establishment）：企业或企业的一部分，位于单独场所，仅从事单一性生产活动或其主要生产活动产生了大部分增加值。……………………………………………………… 5.2，5.14

现有固定资产（Existing fixed asset）：价值在以往时点（现期或前一核算期）已经记录在经济体里至少一个生产者之固定资本存量中的固定资产。…………………………………………… 10.38

支出法国内生产总值（Expenditure measure of GDP）：等于最终消费支出、资本形成总额、出口减进口之和。……………………………………………………………………………………… 16.47

货物服务支出（Expenditure on goods and service）：为换取出售者向其或其指定的其他机构单位提供货物与服务，购买者支付的或同意支付的款项。 ……………………………………………… 9.32

出口补贴（Export subsidies）：当货物离开经济领土或向非常住单位提供服务时，政府应付的所有货物服务补贴。………………………………………………………………………………… 7.103

出口税（Export tax）：当货物离开经济领土或向非常住单位提供服务时，政府应收的所有货物服务税收。……………………………………………………………………………………………… 7.95

最终消费支出（Final consumption expenditure）：因消费货物服务而支出的金额。 ………………… 9.7

住户的最终消费支出（Final consumption expenditure of households）：见住户最终消费支出。

一般政府的最终消费支出（Final consumption expenditure of general government）：见政府最终消费支出。

NPISH 的最终消费支出（Final consumption expenditure of NPISH）：常住 NPISH 代表个人进行货物服务消费发生的或可能发生的支出，包括需间接测算其价值的支出。…………………… 9.115

金融资产（Financial asset）：公司所有的金融权利、股份或其他权益，加上货币当局作为储备资产的黄金。 ……………………………………………………………………………… 3.36，11.8

金融辅助机构（Financial auxiliaries）：包括主要从事与金融资产和负债交易相关的活动，或与提供该类交易合规背景相关的金融机构，但通常不包括对所交易金融资产和负债具有所有权的辅助机构。…………………………………………………………………………………… 4.111

金融债权（Financial claim）：在一项负债下债务人需向债权人作出的支付或支付序列。 …… 3.35，11.7

金融公司（Financial corporation）：主要从事向其他机构单位提供金融服务（包括保险、养老金基金）的所有常住公司。 …………………………………………………………………… 4.98

金融衍生工具/金融衍生工具/金融衍生品（Financial derivatives）：与具体的金融工具、指数或商品相联系的各种金融工具，具体的金融风险可藉其在金融市场自行交易。 ……………… 11.111

金融中介（Financial intermediary）：为在市场上从事金融交易获得金融资产之目的而以自身发生负债的机构单位。…………………………………………………………………………… 4.101

罚金和处罚（Fine and penalty）：由法庭或准司法实体施加于机构单位的强制性经常转移。……… 8.135

制成品（Finished goods）：生产者在提供给其他机构单位之前无意进一步加工的货物产出。 …… 10.142

固定资产（Fixed asset）：在一年以上的生产过程中重复或持续使用的生产资产。 ……………… 10.11

流量（Flow）：见经济流量。

外汇掉期/互换（Foreign exchange swap）：按即期汇率出售/购买一种货币，同时在将来按约定的远期汇率进行同一种货币的购买/出售。…………………………………………………… 11.121

远期合约（Forward contract）：代表了特定日期结算义务的无条件金融合约。期货和其他远期合约通常（但非一贯）以现金支付或提供另一项金融工具结算，而不是基础项目的实际交付，因此与基础项目分别计价和交易。 ……………………………………………………………… 11.120

远期外汇合约（Forward foreign exchange contract）：双方约定在将来一定日期按约定价格交易特定数量的外国货币。 ……………………………………………………………………… 11.121

远期利率协议（Forward rate agreement，FRA）：协议双方为了应对利率变化，同意在特定结算日期基于不变的名义本金数额支付利息。 ……………………………………………………… 11.121

全职当量就业（Full-time equivalent employment）：全职当量工作人数，等于所有雇用人员实际工作小时总数除以一个全职工作者平均实际工作小时数。………………………………………… 19.43

GDP：见支出法国内生产总值、收入法国内生产总值、生产法国内生产总值。

政府最终消费支出（General government final consumption expenditure）：常住政府为个人和公共货物服务消费发生的支出，包括需间接测算其价值的支出。………………………………… 9.114

GNI：即国民总收入，等于 GDP 加上雇员从国外收到的报酬、加上从国外收到的财产收入、加上从国外收到的生产税净额，减去向国外支付的劳动报酬、减去向国外支付的财产收入、减去向国外支付的生产税净额。………………………………………………………………………… 16.54

货物和服务账户（Goods and services account）：反映以下两方面的平衡：来源方记录来自产出和进口而提供给该经济体的货物服务总量（包括未计入产出估算的生产税净额），使用方记录用于中

间消耗、最终消费、资本形成和出口的货物服务总量。…………………………………… 16. 27

货物（Goods）：具有实物形态的生产性物品，存在需求，其所有权可确立并可通过市场交易从一个机构单位转移至另一个机构单位。…………………………………………………………………… 6. 15

供转售货物（Goods for resale）：企业（如批发商或零售商）为了能转售给客户而获得的货物。 … 10. 145

商誉和营销资产（Goodwill and market asset）：商誉和营销资产的价值等于以下两个项目之差：出于某项意图为一个企业支付的价值，该企业资产总和减去其负债总和之后的余值。每项商誉和营销资产已经过单独确认并估价。 ………………………………………………………………… 10. 199

政府单位（Government unit）：因政治程序而设立的特殊法律实体，在既定区域内享有对其他机构单位的立法、司法和行政权威。……………………………………………………………………………… 4. 9

资本形成总额（Gross capital formation）：在固定资本形成、存货或贵重物品上发生的生产资产获得减去处置。………………………………………………………………………………………………… 10. 24

分固定资产类别的固定资本形成总额（Gross fixed capital formation in a particular category of fixed asset）：生产者获得的该类已有产品或新产品的价值减去该类固定资产的处置价值。 ………… 10. 64

固定资本形成总额（Gross fixed capital formation）：核算期内生产者获得的固定资产总价值减去处置的总价值，加上非生产资产上的特定服务支出。……………………………………………………… 10. 32

国民总收入（Gross national income）：所有部门初始收入总额的加总值。 ………………………… 7. 20

国民总收入（Gross national income）：见 GNI ……………………………………………………………… 。

国民可支配收入总额或净额（Gross or net national disposable income）：国民总/净收入加上常住机构单位从非常住机构单位处应收的所有现金或实物形式的经常转移，减去常住机构单位向非常住机构单位支付的所有现金或实物形式的经常转移。 ………………………………………………… 8. 26

按基本价格计算的总增加值（Gross value added at basic price）：基本价格的总产出价值，减去购买者价格的中间消耗。 ………………………………………………………………………………………… 6. 77

按生产者价格计算的总增加值（Gross value added at producers' price）：生产者价格的总产出价值，减去购买者价格的中间消耗。 ……………………………………………………………………………… 6. 78

总增加值（Gross value added）：产出价值减去中间消耗价值。 …………………………………… 6. 8

横向一体化（Horizontal integration）：一个横向一体化的企业是指，生产不同种类用于市场出售之货物服务的不同类活动在该企业内平行进行。 …………………………………………………………… 5. 21

住户（Household）：居住在同一处所，分享其部分或全部收入与财富，并共同消费某些货物服务（主要是居住和食物）的一群人。 ……………………………………………………………………………… 4. 4

住户最终消费支出（Household final consumption expenditure）：常住住户花费在个人消费性货物服务上的支出，其中包括以经济意义不显著价格出售的货物服务以及在国外获得的货物服务，也包括需间接测算其价值的支出。………………………………………………………………………… 9. 113

住户实际社会缴款（Households' actual social contribution）：由雇员、自雇者或非雇用人员向社会保险计划支付的各种社会缴款。 ……………………………………………………………………………… 8. 85

住户追加社会缴款（Households' social contribution supplement）：养老金和非养老金权益存量在核算期内赚取的财产收入。 ……………………………………………………………………………………… 8. 86

进口关税（Import duty）：特定种类货物进入经济领土时需支付的各种关税，或其他进口收费。 … 7. 93

进口补贴（Import subsidy）：当货物进入经济领土边界或向常住机构单位提供服务时应付的货物服务补贴。…… 7.101

雇员实物收入（Income in kind received by employees）：雇主向其雇员提供的作为其工作回报的货物服务价值。…… 9.51

收入法国内生产总值（income measure of GDP）：等于雇员报酬、营业盈余总额、混合收入总额、生产和进口税减生产和进口补贴之和。…… 16.48

指数关联型证券（Index-linked securities）：券息（利息）或本金或两者的支付与某指数（如价格指数）或某商品价格相关联的工具。…… 11.70

个人消费性货物或服务（Individual consumption good or service）：由住户获得，用于满足其成员需要或需求的货物或服务。…… 9.3

产业/行业（Industry）：由从事相同或相似种类活动的一组基层单位构成。…… 5.46，5.2

信息、计算机和通信（ICT）设备（Information，computer and telecommunications equipment）：使用电子控制、其中包含电子元件的各种装置。…… 10.85

机构单位（Institutional unit）：有能力自行决定拥有资产、发生负债、从事经济活动并能与其他实体进行交易的经济实体。…… 4.2

保险赔付（Insurance claim）：见赔付。

保险公司（Insurance corporation）：主要功能为向单个机构单位或一组机构单位提供人寿、意外、疾病、火灾或其他保险服务，或向其他保险公司提供再保险服务的公司型、互助型或其他实体。…… 4.115

保险保费（Insurance premium）：见保费。

知识产权产品（Intellectual property product）：研究、开发、调查或创新的结果，开发者可以出售其产生的知识，或将其用于自己的生产而获益，因为该知识的使用受到了法律或其他保护的限制。…… 10.98

利息（Interest）：收入的一种，某种金融资产（比如存款、债务性证券、贷款以及其他可能的应收账款）的所有者由于将该金融资产置于其他机构单位处置之下而收到的收入。…… 7.113

利率互换协议（Interest rate swap）：与一段时间内某货币名义本金数额的利息支付或收取有关的现金流量交换契约，本金并不交换。…… 11.121

中间消耗（Intermediate consumption）：生产过程中作为投入而消耗的货物服务价值。不包括固定资产，其消耗计入固定资本消耗。…… 6.213

存货（Inventories）：属于生产资产，是当期或前期存在的货物服务，持有的目的是为了以后的出售、生产中使用或其他使用。…… 10.12

投资基金（Investment fund）：集体性投资措施，投资者设立资金池投资于金融或非金融资产。…… 11.94

投资补助（Investment grant）：政府向其他常住或非常住机构单位的资本转移，以解决其获得固定资产的全部或部分成本。…… 10.208

投资收入（Investment income）：金融资产所有者由于向其他机构单位提供资金而收到的收入。…… 7.108

发票单列增值税（Invoiced VAT）：生产者销售收入的应付增值税，在生产者向购买者出具的发票上单独反映。…… 6.58，6.58a

合资企业（Joint venture）：涉及公司型、合伙型和其他机构单位的设立，各方依法对该单位的活动享有共同控制权。…… 22.56

活动类型单位（Kind-of-activity unit）：企业或企业的一部分，从事单一性生产活动，或所从事的主要生产活动会产生大部分增加值。…… 5.12

劳动力（Labour force）：可在SNA货物服务生产边界内之任何特定生产期间随时提供其劳动的人员。…… 19.17

土地（Land）：地表，包括覆于其上的土壤及相关的地表水系，所有权可确立，且所有者可通过持有或使用它而获得经济收益。…… 10.175

土地改良（Land improvement）：带来土地数量、质量或生产能力的重大提升或防止其恶化的各种行为的结果。…… 10.79

租赁（Lease）：见融资租赁，经营租赁，资源租赁，合约、租约与许可，特许。

融资租赁（Lease-financial）：作为资产法定所有者的出租人将经济所有权传递给承租人，后者则接受了经营风险，并可将资产用于生产性活动获得经济收益。…… 17.304

法律实体（Legal entity）：其存在得到法律或社会的确认，并独立于控制或拥有该实体的个人或其他实体。…… 4.6

法定所有者（Legal owner）：诸如货物、服务、自然资源、金融资产和负债等实体的法定所有者，是指法律授权或支持、享有对实体相关收益要求权的机构单位。…… 3.21，10.5

依法设立的公司（Legally constituted corporation）：基于为市场生产货物服务（可构成其所有者利润或其他金融所得的来源）之目的而创建的法律实体；由股东共同拥有，股东有权指派负责公司全面管理的领导人员。…… 4.39

负债（Liability）：当一个单位（债务人）在特定情况下有义务向另一单位（债权人）作出支付或支付序列时，负债确立。…… 3.5，3.33，11.5

寿险和年金权益（Life insurance and annuities entitlement）：投保人享有的对人寿保险或年金提供企业的金融要求权。…… 11.106

许可（Licences）：见合约、租约与许可。

人寿保险（Life insurance）：投保人向保险人作规律性支付，作为回报，保险人保证在特定日期或早些时候（如投保人提前死亡）向投保人（有时为其指定的另一人）提供一规定金额的款项或年金。…… 17.6

上市股票（Listed share）：上市的权益证券。…… 11.86

贷款（Loan）：债权人直接将资金借给债务人而形成的金融资产，以不可撤消的文件作为证明。…… 11.72

地点单位（Local unit）：一个企业或一个企业的一部分，在某地点或来自某地点从事生产性活动。…… 5.13

机器和设备（Machinery and equipment）：包括运输设备，信息、计算机和通信设备，以及其他机器设备。…… 10.82

市场产出（Market output）：拟以有显著经济意义的价格出售的产出。…… 6.99

市场生产者（Market producer）：所有或大部分产出属于市场生产的基层单位。…… 6.133

可交易的经营租赁（Marketable operating lease）：与固定资产相关的第三方财产权利。…… 10.190

营销资产（Marketing asset）：包括诸如品牌、报刊名称、商标、标识和域名等项目。…………… 10.198

材料和用品（Materials and supplies）：企业持有的存货中拟用作生产过程之中间投入的所有产品。…………………………………………………………………………………… 10.131

军事存货（Military inventories）：由武器或武器系统发送的单一用途物品，如弹药、导弹、火箭和炸弹等。…………………………………………………………………………………… 10.144

矿物和能源资源（Mineral and energy resource）：在现有技术和相关价格下可实现经济开发的地表或地下矿产与能源储藏。…………………………………………………………………… 10.179

矿物勘探与评估（Mineral exploration and evaluation）：石油、天然气和非石油储量的勘探费用，以及发现之后的评估。…………………………………………………………………… 10.106

杂项经常转移（Miscellaneous current transfer）：与保险相关的保费和赔付，除政府及现有国际合作之经常转移以外的经常转移。………………………………………………………… 8.129

货币黄金（Monetary gold）：货币当局（或货币当局有效控制的其他机构）所有的作为储备资产持有的黄金。…………………………………………………………………………………… 11.45

货币交易（Monetary transaction）：一个机构单位做出以货币单位标记的支付（或收取），或发生了以货币单位标记的负债。…………………………………………………………………… 3.55

货币市场基金份额或单位（Money market fund share or unit）：代表对已成立的货币市场基金之部分价值的权利。…………………………………………………………………………………… 11.99

货币市场基金（Money market fund，MMF）：通过向公众发行份额或单位募集资金的集体性投资计划。主要用于投资货币市场工具、MMF 份额/单位、到期时间不超过一年的可转移债务工具、银行存款以及追求收益率接近货币市场工具利息率的各种工具。MMF 份额可通过支票或其他直接三方支付方式进行转移。…………………………………………………………… 4.107

自然资源（Natural resource）：包括各种自然发生的资源，如具有经济价值的土地、水资源、非培育性森林和矿藏等。…………………………………………………………………………… 10.15

国内生产净值（Net domestic product，NDP）：国内生产总值（GDP）减去固定资本消耗。……… 16.52

净借入（Net borrowing）：见净贷出。

净贷出（Net lending）：由储蓄和资本转移所导致的资产净值变化，减去非金融资产净获得（非金融资产的获得减去处置，减去固定资本消耗）之后的差值。如果结果为负，则代表净借入。…………………………………………………………………………………… 10.28

国民可支配收入净额（Net national disposable income）：见 NNDI。

国民净收入（Net national income）：见 NNI。

非寿险净保费（Net Non-life insurance premium）：核算期内投保人为了获得保险而支付的实际保费（已收保费），加上财产收入中归属于投保人的应付保费追加，减去应付给保险公司的服务收费。…………………………………………………………………………………… 8.117

净社会缴款（Net social conrtibution）：住户向备付社会福利的社会保险计划所支付的实际或虚拟缴款。计划管理者所收取的服务费不属于应付缴款。在收入使用账户中，这些服务费视为住户的消费支出。…………………………………………………………………………… 8.82

净增加值（Net value added）：产出的价值减去中间消耗和固定资本消耗的价值。…………………… 6.8

资产净值（Net worth）：机构单位或部门拥有的所有资产价值减去所有未决负债的价值。………… 13.4

中性持有损益（Neutral holding gains and losses）：一段时期的中性持有损益是指，在既无交易也无资产物量其他变化的情况下，为了维持与期初相同的对货物服务的支配而需要资产价值所产生的增长（降低）。………… 12.75

国民可支配收入净额（Net national disposable income，NNDI）：国民净收入（NNI）加上从国外收到的经常转移减去向国外支付的经常转移。………… 16.57

国民净收入（Net national income，NNI）：国民总收入（GNI）减去固定资本消耗。………… 16.55

金融资产名义持有收益（Nominal holding gain-financial asset）：除资产交易（包括一段时期内累积的利息）和资产物量其他变化以外的资产价值增长。………… 12.74

负债名义持有收益（Nominal holding gain-liability）：除交易或其他物量变化原因之外的负债价值下降。………… 12.74

非金融资产名义持有收益（Nominal holding gain-Non-financial asset）：一段时期内由于资产价格变化导致的归属于资产所有者的收益价值。………… 12.74

非培育性生物资源（Non-cultivated biological resource）：只产生一次和重复产生产品的动物、鸟类、鱼类和植物，其所有权可确立，但其自然生长和/或再生不受机构单位的直接控制、负责和管理。………… 10.182

不可抵扣增值税（Non-deductible VAT）：不能从生产者自身的增值税负债（若存在）中扣减的应付增值税。………… 6.58

非金融公司（Non-financial corporation）：主要活动属于市场性货物或非金融服务生产的公司。… 4.94

非寿险赔付（Non-life insurance claim）：在当前核算期中由于非人寿保单项下事件导致的损害理赔的应付金额。………… 8.118

非人寿保险（Non-life insurance）：与人寿保险相似的活动，但其覆盖的是意外、疾病等所有的其他风险。………… 17.6

非人寿保险专门准备金（Non-life insurance technical reserve）：预付的净保费和为满足未决非人寿保险索赔而预留的准备金。………… 11.105

非市场产出（Non-market output）：为住户服务的非营利机构（NPISH）或政府生产的、免费或以不具有显著经济意义的价格向其他机构单位或整个社会提供的货物和个人或公共服务。………… 6.128

非市场生产者（Non-market producer）：向住户或整个社会免费或以不具有显著经济意义的价格提供货物服务的政府单位或 NPISH 拥有的基层单位。………… 6.133

非货币交易（Non-monetary transaction）：最初未以货币单位标记的各种交易。………… 3.75

非货币市场投资基金（Non-money-market investment fund）：通过向公众发行份额或单位募集资金的集体性投资计划。主要用于投资短期资产以外的金融资产和非金融资产（常为房地产）。………… 4.108

不良贷款（Non-performing loan）：属于如下三种情形之一的贷款即属于不良贷款：应付利息和/或本金逾期 90 天及以上；根据协议逾期 90 天及以上的应付利息被资本化、再融资或延期；虽然应付利息逾期不足 90 天，但债权人有充分理由（如债务人申请破产）怀疑利息不能完全支付。………… 13.66

非生产资产（Non-produced asset）：包括三类：自然资源，契约、租赁和许可，外购商誉和营销资产。………… 10.14

非营利机构（Non-profit institution）：以生产货物服务为目的而创建的法律或社会实体，但其社会形象不允许设立、控制或资助其的单位将其作为收入、利润或其他金融所得的源泉。 …… 4.8，4.83

为住户服务的非营利机构（Non-profit institutions serving households，NPISH）：不受政府控制的非市场NPI。 …… 4.93

经营租赁（Operating lease）：租赁的一种，资产的法定所有者也是经济所有者，接受经营风险，并因将资产用于生产性活动而从中收取经济收益。 …… 17.301

期权（Option）：契约形式，赋予期权购买者在一个时间跨度内（美式期权）或既定时间点上（欧式期权）以一既定价格（行权价）买入（认购期权）或卖出（认沽期权）一项具体的金融工具或商品。 …… 11.117

其他建筑和构筑物（Other buildings and structures）：包括非住宅建筑、其他构筑物和土地改良。 …… 10.73

其他资本转移（Other capital transfer）：资本税和投资补贴以外的所有资本转移。 …… 10.210

其他经常转移（Other current transfer）：除收入/财富经常税、社会缴款和福利以及社会实物福利以外的，常住机构单位之间及常住和非常住单位之间的所有经常转移。 …… 8.19

其他存款（Other deposit）：除可转移存款以外的所有可被存款证明反映的权利。 …… 11.59

其他就业关联社会福利（Other employment-related social insurance benefit）：社会保障计划以外的社会保险计划应付给计划缴款者、其抚养人或遗属的社会福利。 …… 8.109

其他股权（Other equity）：证券形式以外的权益。 …… 11.88

其他金融机构（Other financial corporation）：提供金融服务的机构单位，其大部分金融资产或负债无法在公开金融市场获得。 …… 4.101

保险公司和养老基金以外的其他金融中介机构（Other financial intermediaries except insurance corporations and pension funds）：通过自行产生除通货、存款或存款近似替代工具以外的负债而提供金融服务的金融机构，目的是在市场上从事金融交易获得金融资产。 …… 4.109

其他流量（Other flow）：不是由交易导致的资产和负债价值变化。 …… 3.7，3.99

其他知识产权产品（Other intellectual property product）：构成固定资产但不属于研究与开发、矿物勘探与评估、计算机软件与数据库或娱乐、文学与艺术品原件的各种产品。 …… 10.117

其他投资基金份额或单位（Other investment fund share or unit）：对货币市场基金以外的已有投资基金之部分价值的要求权。 …… 11.100

其他投资（Other investment）：直接投资、证券投资、金融衍生工具、雇员股票期权和储备资产未能包括的头寸和交易。 …… 26.94

其他机器和设备（Other machinery and equipment）：其他分类中未能包括的机器和设备。 …… 10.86

其他构筑物（Other structure）：建筑物以外的构筑物，包括街道、下水道等的成本。 …… 10.76

其他生产补贴（Other subsidies on production）：常住企业除因从事生产而收到的补贴以外的各种补贴。 …… 7.106

其他产品补贴（Other subsidies on product）：发生在常住企业产出之货物服务或进口品上，由于这些货物服务的生产、销售、转移、租赁或传递，或由于用作自身消费或资本形成而应支付的补贴。 …… 7.105

其他生产税（Other tax on production）：企业除因从事生产而发生的产品税以外的所有税收。…… 7.97

其他可转让存款（Other transferable deposit）：交易的一方或双方、债权人或债务人或双方都不是银行的那些存款。…… 11.58

其他在制品（Other work-in-progress）：尚未完全达到可正常供应给其他机构单位状态的产出（不包括培育性生物资源）。…… 10.141

供自身最终使用的产出（Output for own final use）：生产者留作自身最终消费或资本形成之用的产品。…… 6.114

产出（Output）：基层单位生产的货物和服务。不包括基层单位不承担任何生产活动中使用风险的货物服务价值，也不包括该基层单位消费的该类货物服务价值，但包括用于资本形成（固定资本或存货变化）或自身最终消费的该类货物服务价值。…… 6.89

所有者（Owner）：见法定所有者，经济所有者。

补偿支付（Payment of compensation）：一个机构单位由于人员损伤或财产损失（非人寿保险未解决的）而需向另一个机构单位支付的经常转移。…… 8.140

养老金权益（Pension entitlement）：现有和未来养老金受领人持有的（作为雇主与雇员之间报酬协议的一部分），对其雇主或其雇主所设立的支付养老金之基金的金融要求权。…… 11.107

养老基金部门（Pension fund sub-sector）：仅包括与创立该社会保险养老金单位相分离的养老金机构单位。…… 4.116

从事特定活动的许可（Permit to undertake a specific activity）：属于这样一种情形：许可数量有限，因此可使持有者获取垄断利润，该垄断利润并非来自许可签发人之某项资产的使用，许可持有人可以合法地出售该项许可。…… 10.192

使用自然资源的许可（Permit to use natural resources）：与自然资源相关的第三方财产权利。…… 10.191

人口（Population）：一国的人口简单定义为通常居住于一国的所有人员。…… 19.10

证券投资（Portfolio investment）：直接投资或储备资产中未包括的债务或权益证券的跨境交易和头寸。…… 26.91

实际保费（Premium-actual）：为了取得特定期限内具体事件的保险保障而向直接保险人和再保险人支付的金额。…… 6.186，17.4

实收保费（Premium-earned）：与核算期内保险覆盖相关的实际保费部分。…… 6.187，17.5

净保费（Premium-net）：实际保费加上保费追加，减去投保人应付的保险服务费。…… 17.35

未满期保费（Premium-unearned）：已收取的实际保费中与核算时点以后时期相关的金额。…… 17.5

价格（Price）：货物和服务的价格是指货物和服务的单位价值。…… 15.11

初始收入（Primary income）：由于涉足生产过程或拥有生产所需之资产而归属于特定机构单位的收入。…… 7.2

主要活动（Principal activity）：生产单位的主要活动是指其增加值超过该单位任何其他活动之增加值的生产活动。…… 5.8

生产者价格（Producer's price）：生产者向购买者出售一单位作为产出生产的货物服务而收到的金额，减去向购买者开具发票中的增值税或类似可抵扣税收。不包括生产者单另开具发票的运输费用。…… 6.51

产品平衡（Product balance）：对每一种产品而言，都有如下平衡关系：按基本价格计的产出加上进口、加上贸易和运输加价、加上产品税净额，等于按购买者价格计的中间消耗、最终消费和资本形成之和，再加上出口。 …… 14.5

生产边界（Production boundary）：SNA 的生产边界包含了下列活动：1）向其生产者以外单位供应的或打算供应的所有货物和服务的生产，包括生产这些货物服务过程中完全消耗的货物服务的生产；2）生产者留作自身最终消费或总资本形成的所有货物的生产；3）生产者留作自身最终消费或总资本形成的知识载体产品的生产，不包括住户留作自用的此类产品的生产（按惯例）；4）自有住房居住服务生产；5）支付报酬的家庭成员所进行的家庭和个人服务的生产。 …… 6.27

生产（Production）：在机构单位负责、控制和管理下，旨在利用劳动、资本和货物服务以产生货物和服务而开展的活动。 …… 6.2

生产法国内生产总值（Production measure of GDP）：等于产出减去中间消耗，再加上任何未包括在产出估值中的产品税减产品补贴。 …… 16.47

产品（Product）：由生产过程产生的货物和服务（包括知识载体产品）。 …… 6.14

财产收入（Property income）：投资收入和地租之和。 …… 7.107

标准化担保代偿准备金（Provisions for calls under standardized guarantee）：为满足标准化担保下未决代偿的净费用和准备金支出。 …… 11.110

公共纪念物（Public monument）：由于特定的历史、国别、区域、地方、宗教或象征意义而独具一格的物品。 …… 10.78

外购商誉（Purchased goodwill）：见商誉和营销资产。

购买者价格（Purchaser's price）：为了在购买者要求的时间和地点获取一单位货物服务而由购买者支付的金额，不包括任何购买者可抵扣的增值税或类似税收。一项货物的购买者价格包括为了在指定的时间和地点送达货物而由购买者单另行支付的运输费用。 …… 6.64

购买力平价（Purchasing power parity，PPP）：在 A 国以一单位 A 货币可购买的货物服务，在 B 国实现相同数量的购买所需花费的 B 货币数量。 …… 15.199

准公司（Quasi-corporation）：常住机构单位拥有的非公司制企业，有足够的信息编制完整的账目，并作为单独的公司运营，其与所有者的实际关系和公司与股东的关系相同；或非常住单位拥有的非公司制企业，因其在经济领土内长期或无限期地从事数量显著的生产而实际上构成了一个常住机构单位。 …… 4.42

上市股份（Quoted share）：见上市股份（listed share）。

实际国内总收入（Real GDI）：度量国内生产产生的总收入的购买力。 …… 15.188

实际持有损益（Real holding gain and loss）：在不存在交易和资产物量其他变化的条件下，核算期内超过中性持有收益的资产价值增加（减少）数额。 …… 12.76

已实现的持有收益（Realized holding gain）：由于核算期初以来持有收益（损失）而引起价值增加（减少）的一项资产被出售、兑现、使用或处置，或涉及持有损益的负债被偿付，则谓之实现了持有收益。 …… 12.80

地租（Rent）：自然资源所有者（出租人或地主）因将自然资源提供给另一机构单位（承租人或佃户）用于生产而应收到的收入。 …… 7.109，7.154

租金（Rental）：在营业租赁或类似的契约项下，固定资产使用者因有权在一规定期限内将该资产用于生产而应向其所有者支付的金额。…… 6.245

回购（Repo）：指证券回购协议，出售证券换取现金，并承诺在将来特定日期以一确定价格用现金回购同一或相似的证券。…… 11.74

研究与实验开发（Research and [experimental] development）：为增加知识存量而进行系统性创造工作所花费的支出价值，包括人类、文化和社会知识，以及将知识存量用于新的应用。但SNA没有把人力资本作为资产。…… 10.103

储备资产（Reserve asset）：货币当局为了满足国际收支平衡需要，或对外汇市场进行干预以影响汇率，或出于其他相关目的（如维持对货币和经济体的信心，或作为对外借款的基础）而控制和掌握的外部资产。储备资产必须以外汇计价和结算。…… 26.95

常住性（Residence）：各机构单位的常住性取决于与其有着最强联系的经济领土，换言之，是其主要经济利益的中心所在。…… 4.10

资源租赁（Resource lease）：一种租赁协议，自然资源（SNA中认为其有无限寿命）的法定所有者将其置于承租人之手，并从后者处获得作为财产收入记录的规律性支付（地租）。…… 7.109，17.310

国外（Rest of the world）：所有与常住单位进行交易或有其他经济联系的非常住机构单位。…… 4.172

公司或准公司的留存收益（Retained earning of a corporation or quasi-corporation）：等于可分配收入减去应付红利或准公司收入提取。…… 7.139

储蓄（Saving）：未用于最终货物服务消费的可支配收入（已针对养老金权益变动做了调整）部分。…… 9.28

次要活动（Secondary activity）：一生产单位在主要活动之外开展的活动，其产出像主要活动一样，必须适于提供给其他生产单位。…… 5.9

证券回购协议（Securities repurchase agreement）：协议中包含了如下条款，证券现金交易中承诺在将来某个确定的日期（通常是之后的一天或若干天，也可以是将来的日期）或“开放型”到期日以固定价格回购相同或相似的证券。…… 11.74

自雇者（Self-employed person）：为单一或合伙所有者拥有的非法人企业工作的人，此类企业不包括归入准公司的非法人企业。…… 19.25

服务（Service）：改变消费单位状况，或便利产品、金融资产交易的生产活动结果。…… 6.17

现金形式的社会救济福利（Social assistance benefit in cash）：由政府或NPISH向住户支付的经常转移，其目的是为了满足与社会保险福利相同的需求，但其不要求参与社会保险计划（通常是通过社会缴款的方式）。…… 8.110

社会福利（Social benefit）：住户应收的经常转移，其目的是为了应对特定事件或情形引发的需求，如疾病、失业、退休、住房、教育或亲属等情形。…… 8.17

社会缴款（Social contribution）：为将来领取社会保险福利而向社会保险计划做出的实际或虚拟支付。…… 8.16

社会实体（Social entity）：其存在由法律或社会确认，独立于拥有或控制其的个人或其他实体。…… 4.6

社会保险福利（Social insurance benefit）：因受益人参与某项社会保险计划，当所覆盖的社会风险发生而支付的社会保险福利。…… 17.89

社会保险缴款（Social insurance contribution）：为了使指定受益人获得收取社会保险福利的权益而向社会保险计划支付的金额。…… 17.89

社会保险计划（Social insurance scheme）：满足下列两个条件的保险计划：1）保险福利的获取以参与计划为前提条件，且保险福利构成了 SNA 中的社会保险福利；2）下列 3 个条件中至少满足一个：①参与计划是法律强制性的，或体现在雇员或雇员群的就业条款和条件中；②计划是集合性的，为了员工团体的利益而运作，不管其是否被雇用，但仅限团体内的成员参与；③雇主代表员工向计划缴款（实际或虚拟），不管雇员缴款与否。…………………… 8.65，17.88

现金形式的社会保障福利（Social security benefit in cash）：社会保障基金向住户以现金形式支付的社会保险福利。
…………………………………………………………………………………………… 8.108

实物社会转移（Social transfer in kind）：由政府和 NPISH 免费或以不具有显著经济意义的价格向住户提供的货物服务。…………………………………………………………………………… 8.141

特别提款权（Special Drawing Rights，SDR）：由国际货币基金组织创立的国际储备资产，分配给其成员以补充现有储备资产。…………………………………………………………………………… 11.47

存量（Stock）：一个时点上资产和负债的持有头寸。 ………………………………………………… 3.4

拆分证券（Stripped securities）：将带有券息支付的本金数额转换成一系列零息债券后形成的证券，到期日序列与票息支付日期和还本日期相匹配。………………………………………………… 11.69

补贴（Subsidies）：政府单位（包括非常住政府单位）基于企业生产活动水平或其生产、出售或进口的货物（或服务）数量或价值而向企业做出的经常性单向支付。 …………………………… 7.98

产品补贴（Subsidy on product）：针对每单位货物或服务应支付的补贴。 ………………………… 7.100

供给表（Supply table）：购买者价格的供应表是一长方形矩阵，行向是产品分组，与相应的使用表的产品分组相同，列向项目对应于按基本价格计值的国内产出、进口，以及为实现以购买者价格为各组产品总供应估价所必需的估价调整。…………………………………………………… 14.13

进口关税（Taxes and duties on import）：当货物进入经济领土的国家或海关界限，或当非常住生产者将服务提供给常住机构单位时，应支付的货物与服务税收。 ……………………………… 7.90

税收（Tax）：机构单位向政府做出的实物或现金形式的强制性单向支付。…………………… 7.71，8.52

生产税净额（Taxes less subsidies on production）：发生在作为产出生产的货物服务上的应付税收或应收补贴，以及其他生产税收或补贴——如用于生产的劳动力、机器、建筑物和其他资产的应付税收。…………………………………………………………………………………………… 7.5

增值税及关税以外的进口税（Taxes on imports，excluding VAT and duties）：当货物进入经济领土或服务由非常住单位提供给常住单位时应付的、GFSM/OECD 分类中定义的所有税收（不包括增值税和关税）。 ……………………………………………………………………………… 7.94

收入税（Tax on income）：基于收入、利润和资本所得的各种税收。 ……………………………… 8.61

产品税（Tax on products）：针对某些货物与服务应付的税收。 ………………………………… 7.88

增值税、进出口税以外的产品税（Taxes on products，excluding VAT，import and export taxes）：由于货物服务的生产、销售、转移、租赁或传递，或生产者用于自身的消费或资本形成而需支付的货物与服务税。 ………………………………………………………………………………… 7.96

贸易条件（Terms of trade）：出口价格与进口价格的比率。 ……………………………………… 15.187

经济总体（Total economy）：全部常住机构单位的集合。 ……………………………………… 4.23

贸易加价（Trade margin）：经销商购买用于转售的货物所支付的实际或虚拟价格，与出售该货物的价格

或处置该货物时的重置价格之间的差值。…………………………………………………… 6.146

贸易损益（Trading gain or loss）：因贸易条件变化产生的贸易损益，是指实际国民可支配收入（GDI）和以物量计算的国内生产总值（GDP）之差。…………………………………………… 15.188

交易（Transaction）：经济流量中的交易是指机构单位间经双方同意而完成的交互行为，或机构单位内部作为交易处理的行为（通常限于该单位具有两项不同的功能之时）。……………… 3.7，3.51

交易（Transaction）：也见于货币交易，非货币交易。

转移（Transfer）：是一类交易，一个机构单位向另一个单位提供货物、服务或资产，但并不从后者得到任何货物、服务或资产作为直接对应的回报。…………………………………… 8.10，8.34

可转让存款（Transferable deposit）：可根据需求按面值兑换为纸币或硬币而不会被处以罚金或受到限制，并可通过支票、汇票、转账指令、直接贷记/借记或其他直接支付措施直接用于对外支付。……………………………………………………………………………………………… 11.54

运输设备（Transport equipment）：用于移动人和物体的设备。…………………………………… 10.84

重复提供产品的林木、庄稼和植物资源（Tree，crop and plant resources yielding repeat products）：其自然生长和再生处于机构单位直接控制、负责和管理下的各种植物。……………………… 10.95

预收保费（Unearned premium）：与核算时点以后时期相关的已收实际保费金额。………………… 6.187

非法人企业（Unincorporated enterprise）：反映不能作为准公司生产活动处理的政府单位、NPISH 或住户的生产活动。……………………………………………………………………………………… 5.1

非上市股票（Unlisted share）：未在交易所上市的权益证券。…………………………………… 11.87

非上市股票（Unquoted shares）：**见非上市股票（Unlisted share）**

未实现持有收益（Unrealized holding gain）：归属于核算期末仍持有资产或仍未决负债的持有收益。……………………………………………………………………………………………… 12.80

使用表（Use table）：购买者价格的使用表由覆盖经济体中所有可得产品的一套产品平衡表构成，表式为长方形矩阵，行向按以购买者价格计价的各产品排列，列向按各种产品使用类型排列。……………………………………………………………………………………………… 14.13

贵重物品（Valuables）：具有可观价值的生产品，主要不是用于生产或消费之目的，而是长期作为价值贮藏手段持有。……………………………………………………………………………… 10.13

增值税（Value added tax，VAT）：基于货物或服务的税收，在企业中分阶段归集，最后由最终购买者全额支付。………………………………………………………………………………………… 7.89

纵向一体化（Vertical integration）：通常由不同企业完成的不同生产阶段，现由同一企业的不同部分接续完成。………………………………………………………………………………………… 5.23

物量指数（Volume index）：两个时期之间一组特定货物或服务之数量比例变化的平均值。……… 15.13

许可（Warrant）：可交易工具，赋予持有者在特定条款和时间期限内从签发人（常为一公司）处购买一定数量股份或债券的权利。……………………………………………………………… 11.119

水资源（Water resource）：可抽取的地表和地下水，其稀缺性足以引发所有权和/或使用权的确立、市场估价和某种经济控制。……………………………………………………………………… 10.184

武器系统（Weapons system）：包括运载工具和其他设备，如军舰、潜水艇、军用飞机、坦克、导弹承载与发射装置等。…………………………………………………………………………… 10.87

准公司收入提取（Withdrawal of income from a quasi-corporation）：所有者从准公司提取的可分配收入。 ………………………………………………………………………… 7. 133

在制品（Work-in-progress）：企业生产的尚未达到可正常供应给其他机构单位状态的产出。…… 10. 134

培育性生物资源在制品（Work-in-progress on cultivated biological resource）：尚未成熟到可正常供应给其他机构单位状态的产出。 ………………………………………………………… 10. 140

索　　引

H

L

O

译 后 记

《2008 年国民账户体系》中文译本由中国国家统计局国民经济核算司与中国人民大学国民经济核算研究所联合承担。

全部翻译工作由高敏雪（中国人民大学国民经济核算研究所所长）和施发启（国家统计局国民经济核算司资金处处长）总负责。参加翻译的人员及分工见下表。

<table>
<tr><th></th><th>初　译</th><th>校　译</th><th>审　译</th></tr>
<tr><td>序</td><td>李静萍</td><td>高敏雪</td><td rowspan="31">高敏雪</td></tr>
<tr><td>第 1 章</td><td>施发启</td><td>许　健</td></tr>
<tr><td>第 2 章</td><td>李静萍</td><td>高敏雪</td></tr>
<tr><td>第 3 章</td><td>刘慧平</td><td rowspan="3">许　健</td></tr>
<tr><td>第 4－5 章</td><td>邓卫平</td></tr>
<tr><td>第 6 章</td><td>施发启</td></tr>
<tr><td>第 7－8 章</td><td>许　健</td><td rowspan="4">施发启</td></tr>
<tr><td>第 9 章</td><td>何　静</td></tr>
<tr><td>第 10 章</td><td>张　芳</td></tr>
<tr><td>第 11 章</td><td>何　静</td></tr>
<tr><td>第 12 章</td><td>邱　琼</td><td>高敏雪、施发启</td></tr>
<tr><td>第 13 章</td><td>王益煊</td><td>李静萍</td></tr>
<tr><td>第 14 章</td><td>陈　杰</td><td>何　静</td></tr>
<tr><td>第 15 章</td><td>许晓娟、高亚春</td><td rowspan="7">李静萍</td></tr>
<tr><td>第 16 章</td><td>吕　峰</td></tr>
<tr><td>第 17 章</td><td>夏明忠</td></tr>
<tr><td>第 18－19 章</td><td>钟　诚</td></tr>
<tr><td>第 20－21 章</td><td>张　芳</td></tr>
<tr><td>第 22－23 章</td><td>夏明忠</td></tr>
<tr><td>第 24 章</td><td>梁　烨</td></tr>
<tr><td>第 25 章</td><td>梁　烨</td><td>何　静</td></tr>
<tr><td>第 26 章</td><td>许晓娟</td><td>许　健</td></tr>
<tr><td>第 27 章</td><td>许晓娟</td><td>何　静</td></tr>
<tr><td>第 28 章</td><td>高亚春</td><td rowspan="2">许　健</td></tr>
<tr><td>第 29 章</td><td>何　静</td></tr>
<tr><td>附录 1</td><td>李花菊</td><td rowspan="2">李静萍</td></tr>
<tr><td>附录 2</td><td>何　静</td></tr>
<tr><td>附录 3</td><td>李静萍</td><td>施发启、高敏雪</td></tr>
<tr><td>附录 4</td><td>李静萍</td><td>高敏雪</td></tr>
<tr><td>术语</td><td>夏明忠</td><td>李静萍、高敏雪</td></tr>
<tr><td>索引</td><td>何　静</td><td>高敏雪</td></tr>
<tr><td colspan="2">格式统筹</td><td colspan="2">何　静、谢　俊、周叶婷、代林玲</td></tr>
</table>

为了确保翻译质量，各章翻译均经过了初译、校译、审译三个环节。尤其在校译和审译环节投入了很大精力，对译稿反复推敲，以求臻于信（忠实传达）、达（文从字顺）、雅（言简意赅）之境界，并力求各章之间在用语、阐述等方面的统一。参加校译和审译的人员包括：高敏雪教授（中国人民大学国民经济核算研究所所长）、施发启博士（国家统计局国民经济核算司资金处处长）、李静萍博士（中国人民大学统计学院副教授）、许健博士（中国科学院研究生院副教授）、何静博士（北京中医药大学管理学院副教授）。最后由高敏雪、施发启通读全书统一定稿。

国家统计局高度重视《2008 年国民账户体系》中文翻译工作。国家统计局局长马建堂、副局长许宪春要求翻译小组高水平地完成这项工作。彭志龙（国家统计局国民经济核算司司长）为翻译及出版的有关事宜做了许多组织协调工作。杜卫群（国家统计局国际合作司司长）为获得联合国统计司的中文版翻译授权做了许多沟通工作。

国民经济核算所涉及内容非常广泛，专业性特别强，受译校时间以及译校人员水平所限，错译、漏译恐怕在所难免，为此特恳请各方专家批评指正。这里要特别感谢东北财经大学蒋萍教授率领的研究团队，在最后校稿阶段，他们发现了译稿中的一些疏漏，还对若干处行文用语提出了更正建议。